U0589829

[法]帕特里斯·格尼费 著　王雨涵 黎炜健 译

1769-
BONA
PAR
TE
帝国之路
1802

九州出版社
JIUZHOUPRESS

通向最高权力的拿破仑，*1769–1802*

献给安托万、阿瑙德、卡罗琳、菲利普和维尔日妮

目　录

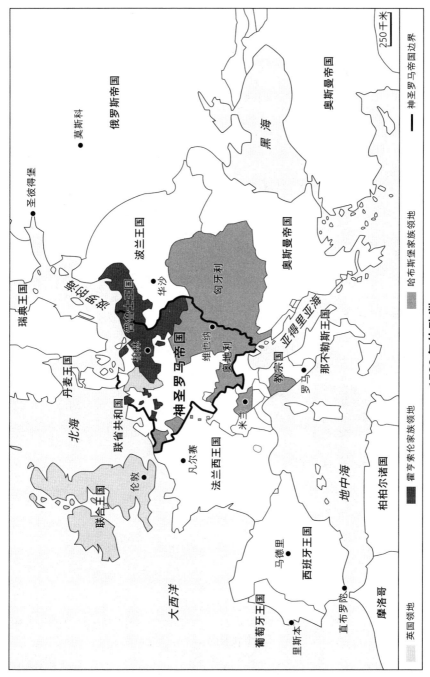

1789 年的欧洲

英国领地　　　霍亨索伦家族领地　　　哈布斯堡家族领地　　　神圣罗马帝国边界

本书地图均为原书地图

250千米

大西洋

北海

黑海

地中海

俄罗斯帝国

莫斯科

圣彼得堡

瑞典王国

丹麦王国

波兰王国

华沙

联省共和国

勃兰登堡

普鲁士王国

维也纳

奥地利

神圣罗马帝国

凡尔赛

法兰西王国

伦敦

联合王国

匈牙利

奥斯曼帝国

奥斯曼帝国

教宗国

亚得里亚海

罗马

米兰

那不勒斯王国

西班牙王国

马德里

葡萄牙王国

里斯本

直布罗陀

摩洛哥

柏柏尔诸国

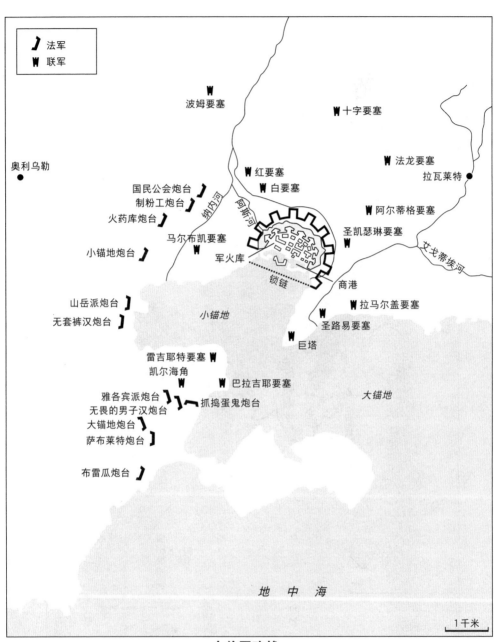

法军

联军

波姆要塞

十字要塞

奥利乌勒

法龙要塞

拉瓦莱特

国民公会炮台

红要塞

制粉工炮台

白要塞

纳内河

阿斯河

火药库炮台

阿尔蒂格要塞

马尔布凯要塞

圣凯瑟琳要塞

小锚地炮台

军火库

艾戈蒂埃河

锁链

商港

山岳派炮台

小锚地

拉马尔盖要塞

无套裤汉炮台

圣路易要塞

雷吉耶特要塞

巨塔

凯尔海角

雅各宾派炮台

巴拉吉耶要塞

大锚地

无畏的男子汉炮台

抓捣蛋鬼炮台

大锚地炮台

萨布莱特炮台

布雷瓜炮台

地 中 海

1千米

土伦围攻战

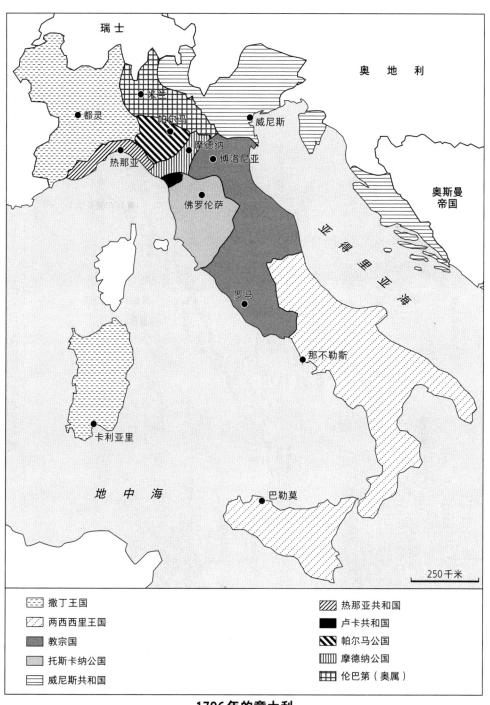

撒丁王国		热那亚共和国	
两西西里王国		卢卡共和国	
教宗国		帕尔马公国	
托斯卡纳公国		摩德纳公国	
威尼斯共和国		伦巴第（奥属）	

瑞士

奥 地 利

奥斯曼
帝国

米兰

都灵

帕尔马

威尼斯

摩德纳

热那亚

博洛尼亚

佛罗伦萨

亚
得
里
亚
海

罗马

那不勒斯

卡利亚里

地 中 海

巴勒莫

250千米

1796年的意大利

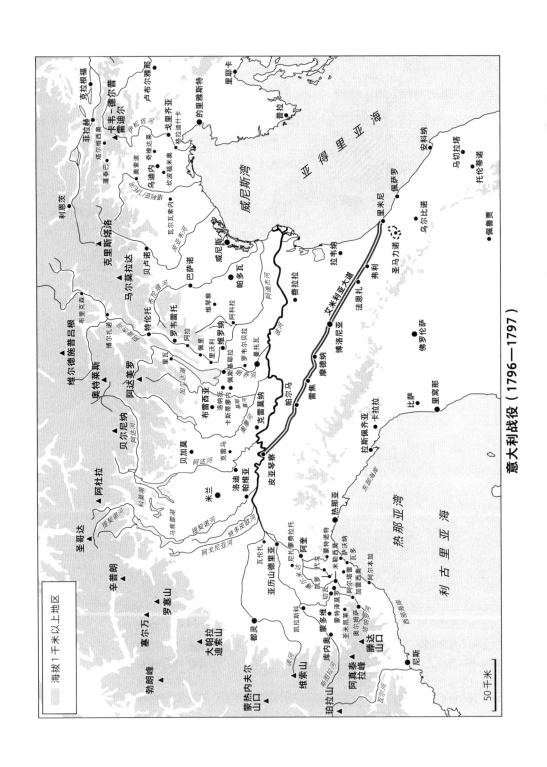

意大利战役（1796—1797）

海拔1千米以上地区

50千米

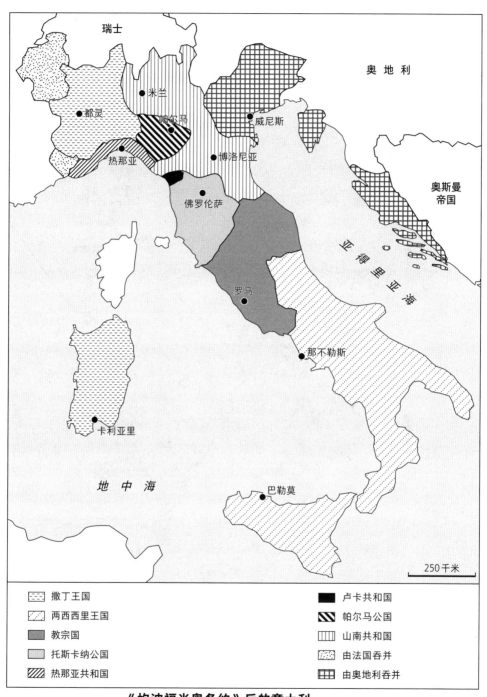

瑞士

奥地利

米兰

都灵

帕尔马

威尼斯

热那亚

博洛尼亚

奥斯曼
帝国

佛罗伦萨

亚
得
里
亚
海

罗马

那不勒斯

卡利亚里

地 中 海

巴勒莫

250千米

撒丁王国		卢卡共和国	
两西西里王国		帕尔马公国	
教宗国		山南共和国	
托斯卡纳公国		由法国吞并	
热那亚共和国		由奥地利吞并	

《坎波福米奥条约》后的意大利

（1797年10月17日）

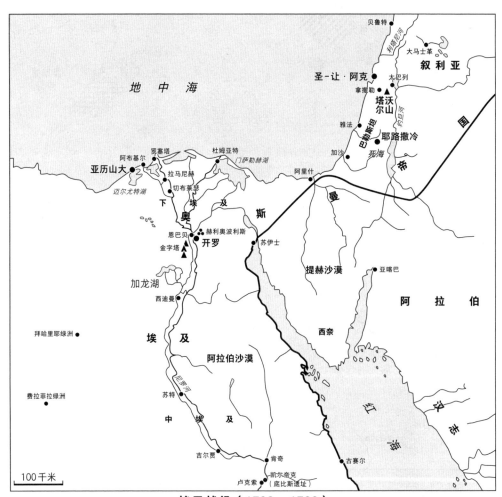

贝鲁特

叙利亚

圣-让·阿克

大马士革

塔沃尔山

拿撒勒

太巴列

地 中 海

雅法

巴勒斯坦

耶路撒冷

加沙

死海

杜姆亚特

门萨勒赫湖

罗塞塔

阿布基尔

阿里什

亚历山大

拉马尼赫

迈尔尤特湖

切布莱蕊

埃

及

曼

斯

下

奥

恩巴贝

赫利奥波利斯

苏伊士

金字塔

开罗

提赫沙漠

亚喀巴

加龙湖

西迪曼

阿 拉 伯

拜哈里耶绿洲

埃

及

费拉菲拉绿洲

阿拉伯沙漠

西奈

尼罗河

苏特

中

埃

及

红

海

汉

志

吉尔贾

肯奇

卢克索

凯尔奈克
(底比斯遗址)

古赛尔

100千米

埃及战役（1798—1799）

1800年意大利战役

前　言

　　1816年的一天，拿破仑正与拉斯卡斯（Las Cases）谈论英国的政策和他与玛丽-路易丝（Marie-Louise）的婚姻。突然，似乎忘记了还有听众在场，他沉默了，"一只手拄着脑袋"。过了一会儿，他直起身子说道："我的一生是怎样的一部小说啊！"[1] 这句话非常有名，时常被引用，而且千真万确。但是无论拿破仑的一生多么传奇，它更像一首乐曲而非一部小说。当《发条橙》（*L'Orange mécanique*）的作者安东尼·伯吉斯（Anthony Burgess）决定写一部关于拿破仑的小说时，他将其命名为《拿破仑交响曲》，[2] 其中每一个章节都以贝多芬后来改名为《向一位伟人致敬的英雄交响曲》的《拿破仑交响曲》中的乐章命名。[3] 贝多芬谱写的第一乐章正展示了拿破仑那非凡命运的节拍：有活力的快板。

　　人们时常会惊叹于有关拿破仑的那数以万计且与日俱增的研究的庞大数量；然而这并不值得震惊，因为没有任何一个时代能像这个短暂的时代一样，经历了如此多的空前的大事、彻底的变革和不朽的崩溃。从法国大革命爆发到拿破仑帝国的崩溃不过经历了区区四分之一个世纪。这场革命即使未如尼采所说，使拿破仑的出现成为必然，[4] 也至少为他的发迹创造了条件。从三级会议到皇帝退位，历史并非在按部就班地前进，而是一路疾驰。拿破仑犹如一道流星划过天际：从1793年他步入舞台到雾月十八政变，才过了仅仅6年，从他手握权力到宣布成为终身执政不过只有3年，从终身执政到帝国时代的到来也才过了2年，雅克·班维尔（Jacques Bainville）指出：

不到10年后，就将是路易十八的复辟……10年之前他刚刚脱颖而出，仅仅10年之后，这一切就要终结了……他25岁时还是个小军官，后来却奇迹般地在35岁成为了皇帝。时代推着他的肩膀一路向前。他时日有限。日子就像一场极度丰富的梦一样飞速流逝，几乎没有停歇，也没有放缓，就这样戛然而止，灾难急不可耐地到来；他短暂的统治期间发生了如此多波澜壮阔的事件，使人不禁误以为其长达一个世纪。[5]

在这如此短的时间内，拿破仑扮演了以下所有的角色：科西嘉爱国者、雅各宾革命党（但不极端）、斐扬党人（时间不长）、热月党人（却为罗伯斯庇尔辩护）、征服者、外交官、立法者、"英雄、统帅和文化艺术的资助人"[6]、共和国的独裁者、世袭的君主、废立君王者甚至是1815年时的立宪君主（如果我们认真地了解一下百日时期所设立的制度）。拿破仑的形象在人们心中的变化简直有如魔术，甚至让人不禁怀疑自己得了替身妄想症。随着形势变化，他不仅变换着角色，被套上了各种戏服，连名字和相貌也随之而变。他起初使用的是一个奇特的、连拼写和读音都尚不明确的名字，是Nabulion、Napolione、Napoléon，还是Nauplion？都不重要，他后来就选择只用姓氏了，并将Buonaparte法国化为Bonaparte。在意大利，一些人声称这个姓氏也不比他那奇怪的名字可靠多少。他本人或许虚构了在圣吉米亚诺（San Gimignano）附近的远亲，他的奉承者则给他杜撰出了异想天开的家族谱系，怀疑论者则声称经过考证，他祖先的姓氏并非是波拿巴，而是马拉帕尔特（Malaparte）。他们在拿破仑的经历中寻找证据，在他们眼中拿破仑干的坏事总比好事多，正如他们宁可相信他姓Mala-parte，而非Buona-parte。*这当然不可能，但是它至少有一个功劳，就是启发了年轻的库尔齐奥·祖克特（Curzio Suckert）用马拉帕尔特作为自己的笔名——或许是被这个兼有族名源流和人物历史考证的故事所吸引的皮兰德娄（Pirandello）给他的建议。[7]1804年，波拿巴在加

---

* 意大利语中，"mala"意为"糟糕的"，而"buona"意为"好的"。（本书脚注如无特别说明，均为编者注。）

冕称帝后再次使用拿破仑这个名字。因为这个名字从那时起就代表着一个王朝的缔造者——人们甚至将由他拔擢的王公们称为"拿破仑的效仿者（Napoleonids）"——所以有必要让它显得不那么怪异。由于教宗希望避免与这个缓和了由大革命带来的针对教会的敌意的人再起龃龉，教士们在罗马拼命翻阅殉道者名单，但并未找到名为拿破仑的圣徒，他们好不容易找到了一位名为纽波利斯（Neopolis）或是尼阿波利斯（Neapolis）的圣徒，此人是否真实存在或许有些疑问，但正能解决问题：尼阿波利斯不是和纳波里奥（Napoleo）相近吗？纳波里奥不是和拿破仑相似吗？就这样，皇帝也有了他的节日，8月15日，他的生日——这天也是圣母升天节。[8] 不知一直叫他波拿巴的约瑟芬（Joséphine）是否也改了习惯？从那时起，他信上的签名就是"NP""Nap""Napo"或是"Napole"。

至于他外形的变化，米歇尔·科万（Michel Covin）做了有趣的描写。[9] 他引用了拿破仑的秘书布列纳（Bourrienne）的话："没有一幅这位伟人的画像完全和他本人相像。"这可能也符合大多数画像的情况，当然有某些画像比另一些更加传神，它们更好地抓住了画家格罗（Gros）所说的"外形特点"[10]。没有一幅画真实还原了拿破仑的形象。一位帝国时期的代表历史学家早就做出了如下观察："大多数画像都让波拿巴（后来的拿破仑）与他戴着神秘面具的形象大有不同。"[11] 大量的肖像在这里也扮演了一定的角色：光是法国国家图书馆就收藏了5 000幅以上拿破仑的画像。[12] 皇帝的轮廓就这样变得有点模糊，哪怕我们总是能即刻认出他。这些画像的传统特性也没有任何帮助。很早以来，遵循"政府风格"的艺术品——尤其是绘画和雕塑——都力图展示画中人物的职位，而非拥有这个职位的人。[13] 我们应该像米歇尔·科万建议的那样，相较于同时代的作品，要更看重后世的作品吗？的确，热拉尔（Gérard）、伊萨贝（Isabey）、大卫（David）和安格尔（Ingres）描绘作为第一执政的波拿巴和登基称帝的拿破仑的大作，并不能助我们理解，黑格尔在耶拿（Iena）的人群之中，亲眼看着他心目中的"世界精神"骑着战马从自己眼前经过时的激动，以及歌德被特准与拿破仑会面时所被激发的热忱。那么，后世的德拉罗什（Delaroche）和菲利波托（Philippoteaux）的画作，是否胜过了和他同时代的大卫和安格尔的作品？我们难道应该认为这些纯粹基于想象的画作中包含了更多的真实成分？米歇尔·科万认为詹姆斯·桑特（James Sant）于20世纪初所作的色调阴沉的《圣赫勒拿岛，最后阶段》（*Saint Helena，The Last Phase*）具有重要意义。我们知道他在最后流放岁月中的身材样貌是什么样子吗？他形象大变，身材发福，而且不再刮脸了，蒙托洛（Montholon）的妻子甚至说"长长的胡子"让他变得认不出来了。与这位在圣赫勒拿的囚犯头戴帽子，思考着奴隶托比的悲惨命运的慈悲形象不同，桑特以他流放时期的记录为基础，根据自己的想象绘出了他的样子：严肃，悲伤，消沉，精神和肉体都极度疲惫。尽管它没有任何真实可信的依据，但这幅画像尚合情理甚至贴近真实。一张照片会更有说服力吗？这可不一定。有几张照片，在照片上，我们能看到一个人，当然，不是拿破仑本人。那是他弟弟热罗姆（Jérome），摄于第二帝国时期，他死前不久。[14] 这些达盖尔式照片吸引了罗兰·巴特（Roland Barthes）："我凝视着曾亲见过皇帝的眼睛。"在看着它们的时候他这般想着。[15] 他几乎可以从中看到皇帝本人，热罗姆在这些照片上与皇帝如此相像，拿破仑到他弟弟这个年龄的时候，或许就是这个样子。那就是他，这不容置疑。很吸引人的照片。然而，我们也只是看到了一个长相酷似拿破仑的老人而已。

所以让我们放弃看到真实的他的打算吧。描绘他形象的众多作品，无论当时的还是后世的，都只能是从不同角度证实"他性格中难以捉摸的神秘感"的精神肖像——至少那些最杰出的名作能做到这一点。[16] 格罗和大卫匆忙画就的侧像，盖拉尔（Gayrard）和瓦萨洛（Vassalo）雕刻的纪念章，切拉基（Ceracchi）创作的胸像，大卫的铅笔素描以及尤其是那幅只完成了头部的画像，都展现了精神上的波拿巴，而非身体上的他。就像格罗的《波拿巴在阿科拉桥上》（*Bonaparte au pont d'Arcole*）赞扬了"个人活力的象征"（这也是后来浪漫主义所赞许的）一样，[17] 皮埃尔–纳西斯·介朗（Pierre-Narcisse Guérin）的画作展现了他性格中毫不妥协的要素，在这一点上他比其他画家都要出色。[18] 皇帝的支持者选择了格罗，他的诋毁者则选择了介朗。

让我们听一下泰纳的说法：

> 看看介朗画里的他，身材瘦削，肩膀不宽，身上的制服因方才的活动而起了褶……颈上系着高级领巾，长长的柔顺直发盖过了太阳穴；脸部光影的强烈对比凸显了他外表的冷酷，如同戴了一副面具；面颊的凹陷一直延伸到眼内角，颧骨突出；下巴大而隆起，柔软而灵活的唇因专注而紧绷；明亮的大眼睛深嵌在眉弓下，他坚定的目光像一把利剑一样斜刺而下，眉头紧皱，仿佛正压抑着怒气，传达出其主人坚定的意志。以及根据曾亲眼见过拿破仑的同时代人的记述，他谈话时发音短促而尖锐，手势粗鲁，带着质问的口吻，盛气凌人。如此我们就不难理解，当他们与他交谈时，所感受到的那种如同被紧攥于手掌之中的压迫感。[19]

所以，拿破仑相较一个人更是一个名字？他就像西蒙·莱斯（Simon Leys）的小说《拿破仑之死》（*La Mort de Napoléon*）中的主人公一样，眼看着自己的名字和历史离自己远去吗？在小说中，皇帝逃离了圣赫勒拿岛，一个长相和他酷似的人顶替了他的位置。如果他还想象着自己会和从厄尔巴岛回来时那样，受到热烈的欢迎，那他就错了。一些人好奇地看着他，但谁能相信他就是真正的拿破仑？拿破仑不是英国人的囚犯吗？难道人们不是刚刚才得知他的死讯吗？那个替身的过早离世，不仅破坏了拿破仑的计划，还剥夺了他的命数："他如今气数已尽……仅仅由于一个籍籍无名的士官，像个傻瓜一样死在世界尽头荒凉的小岛，就使他不得不面对最强大最出乎意料的对手：他自己！更糟的是，拿破仑在开辟道路时不仅要对抗自己，还要对抗一个比原本的拿破仑更为强大的敌人——记忆中的拿破仑！"[20] 他毫无胜算，在一个晚上终于有唯一的一个人认出了他，把他带到了一间大门紧闭的屋子前，他发现屋内有各种各样的与拿破仑多少有些相似的人，他们无不表情奇特、举止怪异，他不得不接受现实。他不再是拿破仑了，从现在起他只能存在于自己的过去之外。

拿破仑是神话，是传说，甚至是一个时代。这个时代充满了他的名字，以至于无法将他与他的时代分隔开来。[21] 历史学家们认为，关于拿破仑的历史与传奇的边界如此模糊，以至于几乎不可能写出一本完全真实可靠的拿破仑传记。皇帝？一个容器，一个空壳，一个对接连出现的问题与诉求而言意义非凡的象征。[22] 拿破仑并不存在早已不是新奇创意。[23] 在复辟时期，就有一个叫让－巴蒂斯特·贝莱（Jean-Baptiste Pérès）的书商声称所谓的拿破仑只是个虚构人物：“他仅仅是一个寓言式的人物；是人格化的太阳。”[24] 他如是说道。证据？他从拿破仑这个名字、皇帝母亲的名字、他的兄弟姐妹及元帅的数量，以及他故事中的每一句话中寻找着证据……种种迹象和象征都证明拿破仑与太阳神话有着紧密联系。但贝莱并未将此当真；他只是想借此嘲笑那些自命不凡的王党。在1814年，路易十八不是在他的第一份命令中声称现在是他在位的“第19年”吗？仿佛自路易十六上断头台以来，法国就无事发生了。当然，不存在的不是拿破仑，而是路易十八头19年的“统治”。

拿破仑并不存在的假设不过是奇谈怪论；尽管如此，他的传记也未必就切合实际。不用说，他传奇一生中的每个时期都存在互相矛盾的叙述，“如果我们相信所有看到的说法”，那么显然就存在不止一位，而是两位甚至三位波拿巴，而“如果我们只相信那些确凿的事实”，那么就没有可信的记载了。[25] 所有的拿破仑传记或多或少都包含关于他的统治的真实历史，反之也都包括了某些不符合实际的内容。梯也尔（Thiers）划时代的著作《执政府与帝国的历史》（Histoires du Consulat et de l'Empire），和路易·马德兰（Louis Madelin）16卷的著作，以及乔治·勒菲弗（Georges Lefebvre）的《拿破仑》都是如此，尽管勒菲弗表示他的作品并不是一部皇帝传记。[26] 在许多时候，不同传记相近的部分仅仅是关于对传主有重大影响的几年的章节。少部分——只是相对较少——的传记证实这种困境并非拿破仑独有：国王的传记必须是他王国的历史，至少在他统治时期是这样。[27] 当然，历史和上没有哪个人有拿破仑那样多的传记；但是与对那个时代的研究相比，它的数量还不是很多，似乎很多历史学家在进取心的困境下退缩了，或者不愿在拿破仑与他的时代间做出最终选择。[28] 现今，拿破仑的传记变少了，尤其是在法国。[29] 并非是前人已经穷尽了这个课题；因为一切传记都是对过去的重构与再解读，这类体裁并不受不断累积的知识观念的影响。没有任何一本"决定性"著作能做到空前绝后；有关一个人的真相永远不会有定论。如果说最近10年来，拿破仑的传记开始变少，其实是因为传记体裁以及这个主题长久以来蒙受着不好的名声。

传记被指责太过于接近文学了，过于依赖想象，并建立在一个"错觉"——传主一生的经历都好似命中注定，它唯一、连贯、条理清晰、简单易懂——的基础之上，而且带有早已过时的历史观，过分夸大了个人意志的作用和个体的独立性。关于这种"驳杂的体裁"[30] 已有了许多论述，不必过多探讨，尤其是因为20世纪的悲剧，最终摧毁了历史的发展服从于必然的规律或是仅由社会力量决定的想象。弗朗索瓦·博勒（François Furet）注意到，"历史唯物主义影响最为广泛之时"，正是"它最不具说服力的时刻"。[31] 因为最终，他补充道："没有什么比马克思主义的分析方法，与出现在20世纪的那前所未有的独裁统治更为水火不容的了。这类政权的秘密，无法通过他们所依靠的社会利益群体来解释（共产主义的无产阶级，纳粹主义的大资本家），因为他们所做之事恰恰表现出相反的特征：他们极大地独立于这些利益群体，无论是资产阶级还是无产阶级。"[32] 在利益对个体行为的影响被高估，而对个体意志的作用估计不足的背景下，社会史显然被认为具有比传记更强的历史解释能力，后者被看作是一种消遣，或是一种用早已过时的历史写作方法创作的类似文学的作品。传记体裁的地位在近几十年来尤为低下，除去来自马克思主义、自由主义以及对于集体进程和渐进改革的偏爱的影响之外，也是民主化趋势的结果。托克维尔早已指出，在民主政治取代贵族统治后，书写历史的方式也随之改变。历史事件中的特定原因与普遍原因的关系倒转了：贵族阶层倾向于将前者置于优先地位，并用"特定个体的意志与情绪"来解释历史，民主主义者则完全相反，即便是在"最微不足道的特定事件"中，也试图找寻"宏大的普遍原因"。前者相信个体的力量，后者相信集体的力量，前者相信意志的力量，后者相信历史的必然。[33] 因为传记从其性质上来讲，就不可能是"必然主义"的，所以只有它让出主流地位，历史学才能由揣测人物意图的心理研究，转变为研究其行动后果的科学，有时甚至达到接近于"无主体叙事"的程度。[34]

假如传记自此取回了自己的地位，那拿破仑也不会从中获益。其中原因并不难理解。假若真如米舍莱（Michelet）所断言的那样，历史的书写将在"历史上那些伟大个体的湮灭"[35]中达到其最圆满的形式，那么拿破仑显然是首要目标。他难道不是贵族时代所特有的那种历史的化身吗？在那个时代，台前的主演似乎支配着事态的走向，即便他们并不总能掌控自己的结局。无论征服者或战败者，全能的英雄或"命运"的牺牲品，他们都证实了个体所具有的力量。反对者们以许多关于拿破仑的传记都有对其过度美化之嫌为借口，对其进行批判。毕竟拿破仑没有什么可抱怨的；他的历史评价已胜过不少历史人物了。司汤达、夏多布里昂（Chateaubriand）、泰纳甚至尼采[36]都认为拿破仑生来就天赋异禀。但他们反对这些著作的真正原因，是拿破仑代表了一种已越来越受人怀疑的史观。人们试着把他从画上抹去，或至少减少他的出现，使他不那么显眼。就这样，历史学家们逐渐由研究皇帝转为研究帝国。当然，我们应该牢记是蒂拉尔（Tulard）1977年出版的《拿破仑》开创了这一趋势，向前追溯的话，路易·贝热龙（Louis Bergeron）和居伊·肖锡南－诺加雷（Guy Chaussinand-Nogaret）关于帝国时代构建了法律基础的"花岗岩块"（masses de granit）的研究也取得了大量有价值的结果。[37]人们开始感兴趣于他的合作者、他的部长、他的官员、他的盟友和他的敌人，重新赋予了在他的时代被人们忽视的东西以重要价值，不仅留意那些为他增光添彩的事，还注意到了那些使他的光芒黯淡的事。[38]从那以后，涌现出了大量关于当时的政治、行政、军事、外交、知识分子、司法、文化等各个方面的历史作品，有数不胜数的著作丰富了我们对拿破仑时代的认识。拿破仑的随从、他的合作者和他的官员，从阴影里走了出来；我们对于当时的职官制度有了更深入的了解；尤其是法国社会，又回到了阳光之下。实际上，过去的30年里历史学家们探索了无数"新道路"。[39]如果还有什么不足的话，可能就是创立将皇帝的形象隐于幕后的新研究时，与面临"负面评价"且被认为带有明显美化传主倾向的传记传统太过对立：废除"拿破仑的历史"，最终是为了谱写"那个时代所有人的历史"。[40] 艰难的赌局，或许是不可能获胜的赌局。就像我小时候读过的诺埃尔－诺埃尔（Noël-Noël）的《睡着的卫兵》（*La Sentinelle endormie*），皇帝无处不在，即便你并未看到他。

如奥雷利安·利涅罗（Aurélien Lignereux）所说，书写拿破仑时代的历史而不把目光聚焦在拿破仑身上，就和乔治·珀雷克（Georges Perec）的文学实验一样——不用字母"e"写一部小说。拿破仑的消失，或许能让历史叙事失去个人色彩甚至终结它，但是这种与传统的行动理论决裂的新历史，毫无疑问，除了留下一个概念外，不会再有后续影响。[41]

拉尔夫·沃尔多·爱默生（Ralph Waldo Emerson）很可能是第一个尝试想象一个没有拿破仑的拿破仑时代的人。皇帝，他告诉我们，仅仅是因为他的品质，特别是属于时代的缺陷而伟大。他是民主主义者的集中体现，19 世纪的真正代表。像他那个时代的资产阶级一样，他渴望用一切手段发财。他有着极其敏锐的现实感，是现实主义者。他实际，工作勤奋，肆无忌惮，是崇高理想和崇高感的敌人。他灵魂卑劣，品味低俗，举止粗鲁。拿破仑是？一个资产阶级，一个平凡时代的见证人，他是英雄的反对者，"普通人"的代表，也是后者的偶像。[42]

爱默生本人呢？他是司汤达和尼采的反对者。对尼采来说，恰恰相反，"拿破仑就像通往另一条路的最后一个指向标"——反对民主进程的路，"一个最为孤立而过时的人，在他身上贵族式理想主义的问题如此突出"。[43] 尼采眼中他是生得太晚的英雄，爱默生笔下他是现代的先驱。他代表着已然逝去的旧时代还是正在诞生的新时代？显然二者皆是，爱默生自己也难以处理拿破仑的个人品质，因为他不得不承认这些品质是整个资产阶级的共性，拿破仑是他们中的佼佼者。我们无法将拿破仑视为低劣之辈，或是忽视他前无古人的经历而使其泯然于其时代，亦无法找到能与之相较的人物。亚历山大？可能吧，但亚历山大乃君王之后。凯撒？他也出身贵胄。从一开始，他们二人就位于所要征服的世界的中心。拿破仑的情况完全不同，他没有显赫的出身，来自王国的边远地区，他不仅登上了顶峰，而且他的形象比他的成就更深入人心。他的成就并不能概括他。拿破仑为大革命画上了句号，又把它的原则写入了法国的制度之中，这一举措与他这个从根本上和时代格格不入的非凡人物之间，究竟存在何种关联？

> "何为这个时期的不寻常之处？"惠特利（Whately）问道："18世纪以及19世纪那有一系列史无前例的重大事件爆发的充分条件为何？那时的欧洲难道如此虚弱，是一个未开化的国度，以至于一介匹夫就能完成如此的征服并建立如此广大的帝国了吗？然而，恰恰相反，它是繁荣的，充满力量与文明……无论我们如何努力寻找帮助我们解释这非凡时代发生的事件的环境外因，我们所能找到的东西都只能让它看起来更不可能。"[44]

即便拿破仑的功业影响了整个欧洲，但它终究是法国历史的一部分。然而，拿破仑本人某种程度上具备着普世的意义。而这也是没有一幅画像能完全表现拿破仑的原因之一。传记文章同样存在这个局限。"我们对拿破仑进行了无数心理、精神、才智的侧写，对他做了无数评价，"班维尔说，"而他总能从我们试图把他关住的书页里溜走。"[45] 这也是他魅力犹存的秘密所在，哪怕是他缔造的世界离我们远去，哪怕是思想的转变让他荣光不再。他的神话已大不如前了：拿破仑那伟大的军事胜利对我们来说，已不再有托尔斯泰那代人所感受到的那样大的魅力了。神话随着维持它的热情的耗尽而消失：对荣誉、英雄主义和战争的热情。战争曾在很长时间内被看作是对美德的培养，但它全部的魔力都随着20世纪的那些残酷屠戮而消散了。但是，在他身上有些东西在现代仍有意义：那就是命运终将屈服于我们的意志的信念，它曾属于年轻的波拿巴，也属于我们，或至少我们希望它属于我们。波拿巴，某种程度上说，是每个人的梦想。或许这也是为什么精神病院里有那么多人自称拿破仑：一个没有显赫祖先和姓氏的人，凭借意志、勤奋和天赋的力量造就了自己。他是自己命运的缔造者，选择了这条以1815年自厄尔巴岛回归——这次他的行为没有半点合理性——告终的道路，为自己的故事写上了应有的结局。他抵达了前所未有的高度，并凭着自己的天分，突破了所有已知的界限。他并非后人可以仿效的典范，而是一个遥不可及的梦想。在这里，存在着拿破仑魅力犹存的秘密，他是现代个体的代表。这，就是本书的主题。

关于拿破仑，传记的领域已有了清晰的划分。拿破仑时代历史的编纂工作就像是一片在翻耕过后又被无数军队踩过的战场，以至于每个历史学家某种程度上都是其他人的继承者。既然如此，写一本全新的拿破仑传记，就需要吸纳这个可追溯至19世纪的庞杂阐述体系，我接下来将进行简要的介绍。

伊波利特·泰纳（Hippolyte Taine）将拿破仑的生平解释为一场冒险，他是持该种观点的学者中，见解最为深刻的代表。[46] 泰纳将整个故事都围绕着主人公本人来展开，他的意志支配一切，这足以构成该时期历史的必要元素：这段历史成了他个人的历史，几乎是他的个性的外在表现。历史融入了心理学。泰纳将拿破仑时代视为历史进程中的插曲，一个没有任何意义的时代错乱：无缘无故地出现，无声无息地消失。在他眼中，拿破仑就像是旧时的佣兵队长，一个袭击了经历了长达10年的革命后筋疲力尽的法国的掠食者，将其猎物用于满足自己的野心：一个"世界帝国"。拿破仑时代的历史无外乎是关于他膨胀的自我和其外在表现的历史。这些评价带着一部分真实：这是一个试图在后革命时代的法国社会构建一个奇特、夸张的拿破仑形象的尝试。泰纳不否认拿破仑的遗产：他给予了法国一个政府，一种货币，众多在一个多世纪后仍能瞥见其作用的制度。但在泰纳看来，拿破仑的遗产中这些有用、积极和必不可少的部分，确切地说并未带有太多他的个人印记。他所做的那些贡献，也可能会在其他人手中完成，不会那么快，不会那么好，可能会有更多的自由精神，但最终还是会完成。拿破仑时期的历史所起的那些必不可少的作用，也处于法国历史的发展进程之中，这一以国家利益优先，通过削减地方自治权利和中间机构所起的作用来实现中央集权化的历史进程，至晚自路易十四时期起就开始了。让拿破仑万人瞩目，使他伟大的（在泰纳眼中是不幸的），并不是他接过了绝对君主制和雅各宾的接力棒，而是他追求的梦想：通过战争和征服统治世界。这既不符合法国历史发展的趋势，也不符合现代的社会精神，只是遵循着他自己的意愿。

在史学界与其对立的一方则认为，自1799到1814年的一切事件都是必然性的结果。拿破仑的一生就是一出宿命的戏剧，一出与命运搏斗的悲剧。泰纳呈现的是一个意志战胜一切的拿破仑，而雅克·班维尔则描述了一个作为无情宿命牺牲品的拿破仑，他既是大革命的继承人也是其囚徒，注定要回到那个他无法脱离的圈子里：逼迫欧洲承认法国的扩张，签订所谓的"光荣的和约"，但却缺乏实现它的物质手段。没有海军，怎么能迫使英国签订一个认可法国利益的和约呢？这一难题让拿破仑绞尽脑汁，甚至想着通过对陆上帝国的征服——以大陆封锁的方式——来弥补无法征服这个海洋帝国的缺憾，让英国在大陆上孤立无援。在众多超乎想象的功绩中，这段故事就非常平淡无奇：无论多么辉煌的胜利，都无助于解决这一问题。最后，一切都归咎于那个时代的"演员"的身不由己。"他自己的绝对权力也为环境所制，"马蒂厄·迪马（Mathieu Dumas）在回忆录中写道，"因此，将由拿破仑莽撞发起的声势浩大的远征行动仅仅归因于其盲目疯狂的野心是不准确和不公正的，行动本身或许也遭过分苛责。一个如此器量宏大、思想深刻、深谋远虑的天才，如此积极的立法者，如此有远见的管理者，不会被发热的头脑支配。"[47]

自由主义的评述涵盖了这两个极端观点：它结合了冒险论和必然论，实际上相比于班维尔的观点更接近于泰纳的观点，因为它对拿破仑的政策和国内成就的看法带有必然论的印记，而对拿破仑时代的战争的解释则运用了冒险论的精髓。在自由主义者眼里，没有人比华盛顿更适合与拿破仑对比以评说其功过了。夏多布里昂与斯塔埃尔夫人（Mme de Staël）一起开创了这一阐释角度，描写了拿破仑与华盛顿之间的截然不同，第一次是在1822年，就在皇帝逝世之后，第二次是在夏多布里昂的《墓畔回忆录》（Mémoires d'outre-tombe）中。[48] 前者揭露了这个不择手段的冒险家为了自己的野心毫不犹豫地牺牲法国，后者则展开了邦雅曼·贡斯当（Benjamin Constant）在《征服的精神与僭主政治》（De l'esprit de conquête et de l'usurpation）中捍卫的观点：即便拿破仑像一个冒险家一样终结，但是从前他的发迹正满足了人们急切的需求，简而言之，他是一个更具天赋的法国华盛顿。在1800年到1804年中，他和华盛顿一样，希望获取的正是他应该获取的东西，与时代的利益与需求一致。法国人民将权柄交托给他，甚至他们以支持雾月十八的方式"选举"他去"组建一个合法而有力的政府，缔造一个适用于各国的法典，建立强大、充满活力又开明的管理制度"；他还"在混乱中让秩序获得重生，迫使那些激进的煽动者为他效命"。[49]夏多布里昂意识到波拿巴因其功业而伟大，其功业甚至比他本人更为长久，他也因那些使他在前人纷纷折戟的领域取得成功的个人品质而伟大，波拿巴从自己的才能中找到了他在律法和传统中无法获取的支持。但是，如果说波拿巴的才能让他一时间成为了法国人民诉求的代表，那么也正是因其才能，他很快地摆脱了对当时一切利益群体的依赖，在自己为时代的利益服务后，又反过来让时代为自己的意志效命：为此他无须诉诸暴力。作为辅助，波拿巴让法国人民半自愿半被迫地接受奴役。为了结束大革命或至少是中止它的进程，他应该用一个人代替一切，正如斯塔埃尔夫人说的那样。[50]在这个层面上，夏多布里昂和斯塔埃尔夫人都避开了曾捕获以贡斯当为首的无数自由主义者的陷阱，这些自由主义者虽对最终成果表示满意，但仍不赞成其实现的手段。不，夏多布里昂回应道，执政府时期不仅仅是现代国家缔造和巩固的时期，还是一个社会受"消极屈从"和"腐化风气"影响，为冒险家铺平了道路的时期。[51]从那个时期开始，波拿巴的身后就能瞥见拿破仑了。但是，拿破仑时代的历史，泰纳相信，并不单纯是拿破仑的自我体现。冒险在拿破仑的生涯中所起的作用并非是毫无缘由的。拿破仑即便脱离了对法国社会中所有利益群体的依赖，他仍是法国社会的代表，然而这一次，他代表的是法兰西的热情，而在这集体的热情中，19世纪的自由主义者看到的是举国的不幸：对自由漠不关心，为了迎合平等而支持专政，为了宏大的事业而牺牲自由。

将此书分为两卷且以1802年他成为终身执政作为分界点，[52]并不意味着我赞同自由主义者的阐释。

与以司汤达的《拿破仑的一生》（ Vie de Napoléon ）的创作理念为代

表的观点相反，传记不能与皇帝的步伐一致，也就是说不能进展那么快。从这方面来说，传记是一种极难的肖像艺术。后者要求一蹴而就，精确描绘相貌，区分重要附属物的能力，也就是用寥寥数页，描绘一个人的真实面貌的能力。传记是一种极为与众不同的、更为劳累的习作，因为所有人的一生，哪怕是为了行动而生的拿破仑，都有其枯燥无聊的地方。"在所有的战略评论中，"克劳塞维茨（Clausewitz）说，"最为重要的就是完全采用当事人的视角。"[53] 在不了解细节和不走迂回路线的情况下，我们如何"了解当时他们的处境"？既然拿破仑能在许多方面都被认为是西方政治史中占据重要地位的"伟人"形象的代表，那么我们就应该了解在他的人格中有什么能够让他具备扮演这一角色的条件；应该描绘出使他能够建立如此功业的那个独特环境；应当评估舆论对他的支持，没有它，他就寸步难行；应当找出那些让他能够在于己不利的环境下获益的品质，例如对形势的洞察力、头脑清醒、大胆；最后，确定博尔热斯（Borges）所说的能够概括"一切命运，无论它多长多复杂"的决定性时刻："让一个人最终知道自己是谁的时刻。"[54]

　　我在2004年开始了这本传记的撰写工作。曾劝我写写拿破仑的弗朗索瓦·傅勒建议我专门研究百日王朝，因为在那个时期，大革命结束后许多悬而未决的问题又重回了视野。因此我从后往前地开始了对拿破仑的研究，不过我尚未完成这一计划。若不是乔治·利埃贝（Georges Liébert）在后来建议我写一本拿破仑的传记，我可能就放弃了。没有他，这本《波拿巴》就不会面世。我很乐意把他和弗朗索瓦·傅勒的名字写在这本多亏了他们才能面世的作品的开端。

第一部分

拿破仑与科西嘉

1769—1793

第 1 章

科西嘉的意大利家族

　　长久以来，拿破仑的家族起源都是个有争议的话题。我们如今知道他的祖先来自萨尔扎纳（Sarzane）。[1] 从 13 世纪开始，波拿巴家族就是这个位于托斯卡纳（Toscane）和利古里亚（Ligurie）之间的城市中的上流家族之一，行政官员、总督和大使辈出。15 世纪，萨尔扎纳被热那亚共和国吞并。从那时开始，或许是因为在热那亚人统治下的日子并不好过，波拿巴家族的一员决定在科西嘉岛（Corse）定居。热那亚这个"最尊贵的共和国"无意将此岛辟为殖民地，不过它需要常驻的行政官员和治安官，因此给予了愿意移居该岛的本国公民特别待遇。1483 年，一位叫乔瓦尼·波拿巴（Giovanni Buonaparte）的人迁往了科西嘉岛，而他的儿子，绰号"萨尔扎纳的摩尔人"的弗朗切斯科（Francesco）于 1529 年在岛上永久地住了下来。

从萨尔扎纳到阿雅克肖

　　波拿巴家族到达科西嘉岛的时间同样富有争议。19 世纪的历史学家伊波利特·泰纳指出这是在 1529 年，我们现在知道这个时间是正确的。考虑到在之后的 1530 年，意大利中部的一众共和国臣服于查理五世，见证了"大规模政治冒险与巧取豪夺"的终结，泰纳将科西嘉岛视为拿破仑之所以有别于他所在时代的关键。"就在中世纪开始失去活力与动力，蓬勃自由的树液在枯萎的树干中干涸之际，它一个小枝在一个岛上扎下根来，岛上的文化同样是意大利式的，却几近野蛮，其制度风俗与民族情感还停留在中世纪早期，社会的粗野氛围使其足以保持自身的强健活力与严酷无情。"[2]

在泰纳看来，拿破仑是"一个15世纪的伟大幸存者"。波拿巴家族移居到了意大利的一个野性未驯的乡僻之地，科西嘉岛。而大陆却陷入了漫长的沉睡之中。因此，在历代波拿巴家族成员以及拿破仑母亲所属的拉莫利诺（Ramolino）家族的先祖的传承下，中世纪的精神存续到了启蒙时代，最后融入了拿破仑的血肉。[3] 实际上，离开了萨尔扎纳的波拿巴家族并非去了一个与大陆文明隔离的蛮荒之地。他们所定居的科西嘉岛不是只有荒山野岭和世代相传的族间仇杀，这里有着后来相继迁入的比萨人和热那亚人建立的城市。这些城市被称为屯堡（presidio），是在岛屿沿岸分散建立的意大利小飞地。这些地方依然自认为属于意大利，是意大利的殖民地，那里的第一批移民的后裔仍旧对他们的出身感到自豪，不想将自己与原住民混为一谈。不过，这是否意味着我们可以断定在科西嘉岛上有意大利人和科西嘉人两个不同的族群，他们毗邻而居，却很不平等地分别住在沿海城市和山区村庄里呢？这一区别并不是虚构的，但也有其前提条件，因为科西嘉岛上的情况是很复杂的。博尼法乔（Bonifacio）也许符合这种情况，这座城市长期禁止科西嘉原住民进入。但对于像阿雅克肖（Ajaccio）这样的热那亚殖民地来说就并非如此了，那里的人民全都拥有利古里亚血统，而他们很快就与来自岛内腹地的科西嘉人混居了。

科西嘉岛上的这些屯堡并不是反科西嘉的，而是呈现出了一个不同的科西嘉，至少阿雅克肖是如此：诚然，它不同于岛内腹地，但却绝非一个纯粹的利古里亚人堡垒。即便两者之间存在显著的区别，那也是城市人口与乡村人口的区别，而不是意大利人与原住民的区别。无可否认，意大利殖民者的后裔被本土的科西嘉人视为"外来人"，他们本身也对自己的大陆出身感到自豪甚至相当珍视。但实际上，他们与那些被其称为"故乡"的乡镇没有任何联系，他们早已离弃了那片土地，来到了科西嘉的城市。他们也许会出于荣誉感和优越感而夸耀自己来自大陆，但这并不能证明他们真的如科西嘉人所说的，或者自己时常想象的那样，与原住民相异。18世纪的科西嘉岛上的热那亚殖民者的后裔，并不能与在阿尔及利亚的法国殖民者相提并论。我们甚至可以说，他们离自己的意大利出身越来越遥远，在联姻的作用下越来越深地融入科西嘉社会中了。波拿巴家族并不例外，而且说实话，他们赖以和热那亚及托斯卡纳的贵族维持关系的贵族头衔也遭到了怀疑。[4] 通过婚姻与子嗣繁衍，他们也和来自岛内地区的彼得拉桑塔（Pietrasanta）家族、科斯塔（Costa）家族、帕拉维奇尼（Paraviccini）家族和博内利（Boneli）家族有了亲戚关系。"我更多是一个意大利人，或者托斯卡纳人，而非科西嘉人。"[5] 拿破仑如是说。而实际上，就像保罗·瓦莱里（Paul Valéry）描述其出身那样，他可以说是"科西嘉与意大利混合"的产物。[6]

显赫世家

旅行者们都一致认为，在热那亚人所建立的殖民地当中，阿雅克肖是最为美丽的："三条街道成扇形散开，与第四条街道相交，高低不同的房子一个接一个地排列着，从钟楼上可以远远地看见一个宁静的港湾，几艘抛锚的帆船静静地停泊着。沿着海岸，越过城墙，可以看到郊区……和周围的一切，乡村里有橄榄树，还有葡萄园和几何形状的花园。"[7] 在阿雅克肖的城墙内住着一群由工匠和渔民组成的普通民众，还有一大帮神职人员。再往上就是一小批中产阶级，靠为"最尊贵的共和国"担任军政官员勉强维持日常开支。在阿雅克肖的小社会里（直到18世纪末其居民才略多于4 000人），波拿巴家族享有一个受人尊敬的、偶尔会被低估的地位。实际上，人们过多地根据波拿巴家族在夏尔·波拿巴（Charles Buonaparte）于1785年逝世后的不稳定的经济状况，来评判他们的生活质量了。虽然在彼时过得比较窘迫，但他们也曾享有更加优裕的生活。我们不太了解他们的家境究竟有多好，但在夏尔与莱蒂齐娅（Letizia）于1764年结婚时，他们的嫁妆和彩礼加起来有将近1.4万里弗尔（livre）*，在

---

* 法国旧货币，1里弗尔约等于1法郎。

1775年时夫妻俩在镇上拥有了三间房子、不少地产、一间工厂和一大群牲畜。[8] 这为他们带来了超过 7 000 里弗尔的年均收入，而据拿破仑说应该是 1.2 万里弗尔。[9] 他们的年均收入是 7 000 里弗尔还是 1.2 万里弗尔并不重要，我们只需要知道当时一位工人每年的工资极少超过 1 000 里弗尔就够了。

尽管相对于大陆居民来说，岛上的穷人可能更贫困一点，而富人则远远没有那么有钱，但在一个以财富的不平等为标志的社会里，波拿巴家族至少可以维持体面的生活方式，尽管他们并不属于那个十分封闭的大地主圈子。在一个首富的年收入才刚刚超过 2 万里弗尔的地方，年收入 7 000 里弗尔的人就算富人了。诚然，这种"富裕"只是相对于岛上普遍不高的生活水准而言的，这里即便是最富有的人也过着朴素的生活，不讲究奢侈和排场。事实上，这里的贸易很大程度上依靠以物易物，这减小了财富的悬殊。拿破仑回忆道：

> 在我的家里，最重要的事情是避免花钱。钱只能花在最必不可少的事物上，比如衣服和家具等。至于食物，除非是咖啡、糖、大米和其他科西嘉岛不出产的东西，否则是不能花钱的。其他的东西都靠土地提供……重要的是不花钱。钱是极为珍贵的。用现金支付是一桩大事。[10]

拿破仑结合了过往的优裕生活和先祖的节俭品质，并且继承了喜欢让财产保持不动的特质。[11] 另外，波拿巴一族很关心缔结有利的婚姻。他们声称自己属于贵族阶级，这不仅是因为他们拥有可观的财产，还因为他们通过婚姻所获得的亲戚关系。这片土地上的人们在衡量势力大小的时候，更多地是以遇到困难时所能召集的亲戚数量而非新娘嫁妆的多少为标准的。波拿巴家族的堂表亲戚住在博库内奥亚诺（Bocognano），一个位于通往科尔特（Corte）的路上的山村，那里的居民据说特别粗鲁无礼和惯于盗窃。而莱蒂齐娅这边的亲戚则住在巴斯特利卡（Bastelica）。对于家族而言，这些亲戚就像羊群和土地那样重要。"这些亲戚是些可怕的人，是岛上的一股强大势力。"[12] 像波拿巴这样，一次能召集三十几位堂表亲戚的家族，自然非同小可。财富首先表现为政治影响力和一个家族赖以登上顶峰的权力。竞争是相当激烈的，就算一个家族取得了成功，在可以从中渔利的新机遇面前，他们依然需要投入大量的资本。土地和亲戚带来权力，而权力反过来又增长了财富。当上当地长老会议首领的人，就是公共财富的主宰，可以将它用来造福自己的家人、亲戚、朋友、姻亲和追随者。

从16世纪的杰罗尼莫（Geronimo）到拿破仑的祖父，逝世于1763年的朱塞佩·马里亚（Giuseppe Maria），每一代波拿巴族人中都有一位参与管理城市的"尊贵长者"。在拿破仑的父亲几乎散尽家财之前，波拿巴家族一直都以其财富、威望和影响力，位居阿雅克肖第一流的名门大族之列。他们的声望可能并未传播到阿雅克肖周边地区之外的地方，这样我们就能理解为什么拿破仑及其兄弟在大革命的头一年只能发挥次要作用了。波拿巴家族在先前的几年里家道中落，他们不再拥有采取政治行动所必需的财富——他们的祖先曾凭借其财富在当地社会中占据了令人艳羡的位置。[13]

科西嘉，一个单纯的"地理名词"

在科西嘉独立时期（1755—1769年）之前，波拿巴家族和阿雅克肖的其他名门望族先是忠于热那亚共和国，在法兰西国王派法军登岛支持他的热那亚盟友之后，他们又向法王效忠。有些历史学家将这种做法视为政治投机，甚至是"叛国通敌"，指责屯堡的显贵们用同胞赋予他们的权力为占领国效劳，以此来为自己牟取利益。然而，民选官员们是否只想着为各自的家族谋利，这件事还不清楚。不管怎样，指责这些统治阶层精英行事投机，其实是忘记了他们在法律上是热那亚而不是科西嘉的公民。在为热那亚总督效劳时，他们是在向自己的国家效忠。在向法兰西国王宣誓效忠时，他们依旧忠心不改，因为法王是在热那亚政府的请求下出面干预的。人们也夸大了科西嘉市政机构相对于热那亚政府的独立性：它们只不过是共和国用来实现对科西嘉岛的（完全是相对意义上的）控制的工具之一而已。此外，地方当局对热那亚表示忠诚，既是因为自己的身份，也是出于自身利益：他们的特权和影响力都是热那亚政府赐予的，迫于自身职责所在，他们更多地代表热那亚政府而不是岛上的人民。尤其是，指责他们叛国通敌，是在预先假定了他们身为科西嘉人的前提下的，但实际上，屯堡的居民们对这种身份十分陌生。即便他们夸大了自身与大陆的联系，并且已经成了科西嘉岛的子民，但他们仍然觉得自己与意大利更加亲近，还会将孩子送去意大利接受教育。

"背叛"的指责在根本上基于一种科西嘉史观，这种史观是在法军于1769年征服该岛之后形成的，与拿破仑在他的《科西嘉通信》（*Lettres sur la Corse*）中为之执言的科西嘉相去甚远："科西嘉的历史，"他写道，"只是一个渴望自由的渺小民族与意图压迫它的邻居之间永恒的斗争。"[14] 在这部未完成的作品中，拿破仑追溯了在科西嘉的"民族"英雄身后联合起来的科西嘉民众的英勇历史，以此证明他们在持续不断的"鸡蛋碰石头"式的斗争中形成了集体认同感。[15] 与这种由启蒙作家创造，并且被后人所发展的传统版本的科西嘉历史相反，佛朗哥·文图里（Franco Venturi）曾写道，科西嘉的与众不同之处正是它没有属于自己的能够从中找到一种共同身份感的历史。[16] 我们必须清楚：一个未受历史动荡所影响的科西嘉岛的形象是荒谬绝伦的，它的的确确饱经沧桑。从罗马人到汪达尔人，从撒拉逊人到罗马教廷，从比萨人到阿拉贡人，从热那亚人到法国人，全欧洲的铁蹄都踏上过科西嘉岛。情况怎么可能不是这样呢？正如塞内卡（Sénèque）所指出的，科西嘉岛因其临近意大利而成了一个诱人的猎物，又因其贫瘠而易于得手。[17] 科西嘉岛并不属于它自己，它是欧洲列国斗争中的一个战略支点。对那些皱着眉头，声称征服这个"无用的石头堆"会给法国带来沉重负担的人，征服的支持者在1768年反驳说征服科西嘉岛会让法国成为地中海地区的主宰。[18] 不过，认为科西嘉岛一直以来都是欧洲各国进行的"大博弈"的受害者的想法也是错误的。它的历史无疑是不幸的，但这并不是一部科西嘉人被优势兵力进攻，最终失去对自身命运的控制的被征服史。科西嘉人自己也帮助塑造了这一命运，哪怕是启蒙运动中编造的传奇也无法掩盖这一面。难道不是连提醒人们科西嘉人是如何被强国入侵、出卖和割让的伏尔泰，也不得不认定，科西嘉人一直都对自身的被征服负有责任吗？[19] 难道西努切诺（Sinucello）没有站在比萨人的一边对抗对自己有恩的热那亚吗？难道温琴泰洛·德斯特里亚（Vincentello d'Istria）不是做了阿拉贡国王的忠实臣属吗？在热那亚从1358年开始合法占有科西嘉岛两个世纪后，难道不是桑皮耶罗·科尔索（Sampiero Corso）把法军带来解放该岛的吗？这一不断在科西嘉岛历史中重现的情形，是不是因为科西嘉人意识到自己无法独立存在，所以才希望将力量强大、声名赫赫的同伴牵扯到他们的命运中呢？[20] 想想这个贫弱的岛屿到底和鼎盛的热那亚共和国，或者法兰西王国结成了怎样的同伴关系，我们可能会因这一假设而发笑：1768年，马泰奥·布塔福科（Matteo Buttafoco）代表保利与法国政府谈判，要求舒瓦瑟尔（Choiseul）与科西嘉签订一份同盟和贸易条约，而这位法国大臣直率地回复："以科西嘉人如今的立场，根本没有资格和法国谈条件。"[21] 然而，这种在强国的大臣们看来过分放肆的示威，却一直是科西嘉人与外界打交道的基础。不过，从征服者的角度来看，这只不过是以对少数权利和特权的正式认可来获得该岛的臣服。他们与科西嘉人签署的协议最多也只是宗主和附庸之间的协议。岛民的幻想越美好，他们的失望就必然越大。因为他们并没有提条件的权力，他们唯一能做的（以及曾经做过的）就是摆脱掉现有的枷锁，换上另一副枷锁。他们可以更换宗主，却不能没有一个支配者。科西嘉岛上的"革命"时代——始于1729年的农民起义，经历了帕斯夸莱·保利（Pasquale Paoli）的统治时期，终结于1769年的驱逐保利的法国入侵——也不例外。如同他的前辈一样，保利也不相信科西嘉有朝一日会赢得独立，尽管他宣布了科西嘉主权独立，但他始终不确定应该接受法国还是英国的"保护"。

　　而且，请求其他势力帮助的主体从来就不是"科西嘉"或者"科西嘉人"，因为岛上并不存在一个意识到彼此间存在共同利益的民族。岛上长年存在忠于不同外国势力的多个派系，正如文图里所暗示的，这就是科西嘉岛没有自己的历史的主要原因。科西嘉的历史是充当欧洲各国代理人的地方派系之间的争斗史。即便是在保利的时代，也不存在"科西嘉"派，也没有"民族"派，只有热那亚派、法国派、罗马派、西班牙派、威尼斯派、英国派，甚至还有忠于马耳他骑士团的一派。科西嘉岛的历史是意大利人、法国人、西班牙人和英国人的，唯独不是科西嘉人的。当科西嘉人回顾他们的过去时，他们在一系列的入侵、起义、阴谋和背叛中找不到团结一致的品质，也没有形成一种连贯统一的精神。这些历经几个世纪的分歧的持久性和顽固性可能会让我们吃惊，而更加让人震惊的事实则是科西嘉人从未将自身看作是一个民族。毕竟，外国占领的负担（尤其是热那亚的）向来都是很容易承受的。如果说，即使是在热那亚统治者留给科西嘉很大的行动自由的情况下，它依然没有自身的历史，那是因为科西嘉民族根本就不存在。可以说，就像梅特涅（Metternich）对18世纪的意大利所做的评语那样，科西嘉岛因为其自身的政治分裂而注定软弱无力，只不过是一个"地理名词"罢了。[22] 除此无他。

血缘法则

在解释这一情况的时候，大多数的科西嘉历史学家都强调岛上的内部分歧和"混乱的无政府状态"。[23] 但是，即便岛民拥有的智慧或者对共同利益的认同更多一点，也不足以终止这些分歧。它们源于岛屿的地理情况，据述，科西嘉岛是"群山的聚合体，深浅不一的山谷纵横交错"，社区之间近乎隔绝，自给自足，由于沟通的道路很少或不存在，彼此之间愈加疏远。[24] 在这里，外国统治十分遥远，其法律要么无人知晓，要么从来没有被重视过。科西嘉岛有其主宰者，但科西嘉人分开居住，接受至高无上的、亘古永恒的法则：血缘法则。根据这一法则，责任和义务不仅仅由那些住在同一屋檐下的人共担，还属于所有认为自己是同一祖先的后裔的人（所谓的"血亲"）。这里没有个人的概念。所以，在保利看来，拿破仑、约瑟夫（Joseph）和吕西安（Lucien）就是别无差异的"夏尔的儿子"。他们将同一宗族的荣辱功过都视作自己的。在这个社会里，没有任何事情会被忘却，一个人的过错会辱及他的亲戚、姻亲、追随者及其后裔，没有任何独立自主可言。在一个封闭而没有出路，由同族婚姻通过血脉关系增强了彼此之间的联系，甚至过去几代人都还未消逝的世界里，一个人只做自己是不可能的。不仅生者之间休戚相关，生者与死者之间也是一样。[25]

除了地理上的隔离、贫困、无知与缺乏有教养的精英这些问题之外，家族结构是阻止岛民形成民族认同感甚至集体认同感的最为突出的障碍。在这个社会里，"家族观念高于其他任何社会或政治理念"，家族首领被视为至高无上的统治者，人们与自己的亲戚和姻亲唇齿相依，并将这种依存关系看得比任何道德观念更重。族间不可消解的仇恨令整个宗族都注定要生活在备战状态中，他们的"房屋都像堡垒那样有雉堞防护"，族人们出去的时候都要成群结队、全副武装。试问这样一个社会怎么可能形成全岛属于同一个利益与命运共同体的观念呢？[26] 不少科西嘉历史学家都避而不谈真实存在的事情（沉默法则或者族间仇杀法则），他们将其看作是某种被浪漫主义宣扬开来的民间传说。诚然，科西嘉从1769年开始逐渐融入法兰西，其暴力冲突的烈度有所消减，但这种下降完全是相对意义上的，在《科隆巴》（Colomba）或者《马泰奥·法尔科内》（Mateo Falcone）里面可以找到的19世纪的"民间传说"，是之前几个世纪的严酷事实。在1683年到1715年间，族间仇杀导致2.9万人丧生，岛上的总人口也仅有10万多一点，每年却有900人以上因此被杀。确实，热那亚试图在岛上公正执法，但并没起到什么缓和社会矛盾的作用。不过，随意判决的传统之所以能流传下来，是因为收集起诉所需的证词是做不到的，这里没有人会指证犯罪者，哪怕是受害者也不例外。过去的科西嘉人宁可遭祸受难，也不愿面上无光地遵从法律将罪犯移交给政府机关。沉默法则禁止科西嘉人出卖其堂表亲戚，无论后者犯了什么罪。连拿破仑本人都对此感到很自豪。"一个科西嘉人不能想象出卖自己的堂表亲戚，"他说道，"他会这么说：'但他是我的堂表亲戚。您怎能期望我出卖他呢？'"[27] 所以，在波拿巴家族选择成为法国人之后，他们依旧帮助亲戚赞帕利诺（Zampaglino）。此人在法国征服科西嘉岛之后就转入地下，袭击任何不幸碰见他的法国人。尽管拿破仑为这个"光荣的亡命之徒"感到骄傲，他还是承认，以血缘的名义庇护罪犯的做法是与"一个有序社会"相悖的，也不符合任何的祖国观念、国家观念或者法律公正理念。[28]

　　在社会的结构、心理和风俗方面，过去的科西嘉岛并没有什么与众不同的。我们在其他地中海岛屿，比如撒丁岛或西西里岛上可以观察到几乎相同的情况。甚至在大陆上也有相似的地区，比如在20世纪初仍旧处于孤立和贫乏状态的巴西利卡塔，卡洛·莱维（Carlo Levi）曾被墨索里尼政权驱逐到那里。或者是阿尔巴尼亚高原，伊斯梅尔·卡达莱在《破碎的四月》里所叙述的族间仇杀就发生在那里。卡洛·莱维所写的以下几行字可以用来形容昔日的科西嘉岛：

　　　　基督还没来过这么偏远的地方，时间没有，个体的灵魂没有，希望没有，因果关系没有，理性和历史也没有。基督没有来过，正如罗马人也没有来过，他们仅止于派兵驻守在大路边，而未穿越山林；活跃在塔兰托湾之外的希腊人也没有来过。没有一个西方文明的先驱能将他关于时间流逝的感觉、奉为神圣的国家观念或那持续不断的自我供给的活力传播到这里，每个人都是以敌人、征服者或陌生访客的身份来到这岛上的。如今，岛上四季仍是年复一年地更替流转，农民仍是日复一日地辛勤劳作，就和基督诞生的3 000年前的时候一样。没有信息、人类或神灵抵达此处顽冥不化的穷乡僻壤……但是这片阴暗的土地，不知罪和赎罪为何物。罪恶无关道德而只是永居于人间的痛楚。基督没来过这里。[29]

启蒙时代的悖论

　　虽然这个民族的文化与价值观阻止了其自身拥有任何集体性的历史生活，然而，似乎正是这个民族光荣地宣布了18世纪的"革命时代"的到来。科西嘉岛由此实现了卢梭的预言，它"震惊了世界"。人们开始认为，在1729年揭竿反抗热那亚统治的科西嘉岛已经向全世界宣布了主权在民，承认了法律面前人人平等、个人权利神圣不可侵犯，甚至实行了权力分立。保利变得闻名遐迩，以至于宾夕法尼亚州的人以他的名字为一个城镇命名。1790年，当这位在伦敦流亡了22年的族长回到岛上时，革命者们将他颂扬为革命先驱。

神话根深蒂固。其中一个典型的神话是：从1729年的农民起义到保利政府时期（1755—1769年），岛上接连发生的革命让科西嘉人发生了深刻的转变，他们心中古老的宗族情感已经被现代、民主的民族情感取代了。[30] 可以肯定的是，对18世纪科西嘉历史的这种解释，即使是那些最支持它的人也对此有所质疑，至少是产生了疑虑："现代读者对这悖论感到诧异，"其中一人写道，"一方面，科西嘉岛的景观及其人民活力蓬勃，原始气息浓郁，另一方面，科西嘉又明确保证自身在进行先进的社会实验。"[31] 如果我们认为18世纪的斗争已经向科西嘉人灌输了现代政治原则，那么在法国大革命期间，该岛的历史就是在以一种奇怪的方式自我重复了。其他的历史学家也有同样的感受，因为他们发现支持这种说法的证据站不住脚。[32] 实际上，革命时期的科西嘉与过去别无二致，岛上没有法律意识、公民意识、公共利益观念，更谈不上民族情感了。[33] 1789年后的科西嘉岛上的民族情感并不比1789年之前更强烈，包括保利的"将军统治"时期。

尽管如此，我们也不能说科西嘉岛在18世纪一成不变。1729年开始的动乱起了一种特殊的作用，将一场农民起义变成了一场革命。热那亚对重整秩序的无能为力以及列强的不作为对此起了促进作用，让科西嘉岛更换主人的古老做法不再奏效。在18世纪30年代期间，有人曾吁请科西嘉历史中的常驻演员们采取行动，但都石沉大海。不过，德意志皇帝（1731—1733年）和法国（1738—1741年以及1748—1753年）为支持衰落的热那亚共和国的权利，都曾采取过军事干预。热那亚的无能加上国际社会的袖手旁观，造成了意想不到的结果：实际上，科西嘉在1753年左右实现了独立，因为当时宗主国热那亚只是控制着沿海的据点。岛屿内部不再受外国势力统治了。

很明显，动乱在1731年到1735年间加剧了。1729年的农民起义变成了一场旨在赶走热那亚人的叛乱。1731年的要求恢复"传统科西嘉宪法"

（据推测是在14世纪经由各方同意而颁布的）的不满情绪，转变成了鼓吹彻底与热那亚决裂的舆论。科西嘉的"古代宪法"的神话烟消云散了，因此革命不能再采取恢复旧秩序的形式，而只能在史无前例的新基础上进行。于是，18世纪的科西嘉被迫进入了历史和当代世界中，却无法找到一丝"自然的"政治秩序的痕迹——换句话来说，它发现自身缺乏历史。1735年1月，一个在科尔特召集的议会冒险尝试决定为科西嘉制定第一部"宪法"，虽然其发起人都一致想要说服西班牙从热那亚手中接管科西嘉。尽管这部"宪法"从未生效，但这无关紧要。由于外部势力的统治已经荡然无存，一个观念诞生了：哪怕科西嘉人依旧要寻找新的庇护者，他们也要自己制定宪法，选出自己的领袖，这样他们就不再是臣民，而是拥有主权的人民了，他们会在实现广泛自治的情况下根据契约接受国家的管理。

然而，认为这一计划得到了科西嘉人的一致同意是没有根据的。如果可以用一个词来形容1729年至1730年的起义与保利在1755年的掌权之间的四分之一个世纪的话，那就肯定是"无政府主义"了。有外国干预的背景，又受到欧陆战争的影响，科西嘉岛上的暴力、私人战争和派系斗争上升到了前所未有的水平。这个时期的科西嘉"政府"不过是派系和宗族的拼合，他们彼此之间的切骨仇恨就像对热那亚占领者的共同憎恶那样强烈。

传说科西嘉人厌倦了泛滥的暴行，把权力交到了帕斯夸莱·保利手上，这效仿了中世纪的意大利公社，后者在面临因为内部分歧而全面崩溃的威胁时会选出一名掌权者（podestà）。这就是卡萨比安卡的议会在1755年7月15日采取的决议的意义，他们授予了保利"首席将军"的职位。[34] 为了巩固"共同的联盟"，它宣称"最合适且有效的方法"，就是"选出一名全体性的政治上的开明的最高领袖，让他全权掌控这个王国"。现实与此有些不同。1751年，叛乱中的科西嘉岛成功任命了加福里为唯一领袖，终结了集体统治制度。热那亚人畏惧加福里，在1753年将其暗杀。科西嘉又回到了无政府状态，再次陷入三头政治。各宗族为争夺霸权斗争不休。保利于1755年4月归来，但他并不是为了回应对和平的普遍期望。克莱门特·保利让他的兄弟在此时归来，以阻止加福里的小舅子马里奥–埃马努埃莱·马特拉接过加福里的遗产。当时帕斯夸莱·保利远非人们心目中的合适人选，所以议会虽然出于让他正式执政的理由而被即刻召集起来，但却拒绝授予他"将军"的头衔。他不得不等候了3个月，直到在卡萨比安卡组织了另一个议会之后，他才获得该职衔。但这个议会的合法性值得怀疑，因为岛上的66个区之中只有16个派出了代表。在保利掌权的同时，马特拉召集了另一个议会，并授予了自己同样的头衔。尽管马特拉在1757年3月被杀，但内战持续了近10年，反对保利的有嫉妒他的影响力的宗族、忠于热那亚的封建主以及亲法派的代表。直到1764年，保利才成了岛上的真正主宰。

可以说，保利的"将军统治"，就像波拿巴后来对他在1796年至1797年间于意大利的总督任期所说的那样：他的权力的真正来源是他能"快速积极地惩罚那些自称为我们的敌人的人"，而非那些虚构的文字（报纸和公告）里所宣扬的人民的爱戴和统治者的仁慈和善。[35] 同样，保利在1755年11月颁布的那部常被誉为首次实现了"现代民主"的宪法，也只是"虚构的文字"而已。[36] 保利借此逐渐确立自己的权威，他所采取的手段尽管偏离了民主和公正的原则，但其有效性可作为补偿。保利的"独裁"首先是建立在他无可否认的个人魅力之上的，这让他克服了许多障碍，此外他还采取了很多特别手段。他的统治靠的是人们的敬意和恐惧，就像博斯韦尔（Boswell）所说的那样，他建立了"与孟德斯鸠的理论相反的，以爱戴之情为基础的专制统治"。[37] 评价保利政权的实际情况时，应该考虑到科西嘉岛的贫困状况与其农村性质，而不是以据说在1755年开始支配该岛的宪法原则为根据。财力匮乏解释了他的政府许多不完全"民主"的方面，比如广泛采用的赦免和死刑，这两种做法都是为了减少关押囚犯的支出。这也导致了新政府的流动性，因为首都科尔特甚至不足以维持一个小规模的官僚机构。"高尚的"保利已经确立了他的最高理想，因为这是一种赋予沉闷的现实以积极意义的简易方式，而社会平等主义是他的政治核心之一，尽管它只是相对意义上的，但却已经成了科西嘉岛社会的特征之一。[38] 同样地，保利的独裁统治的超越环境局限的持久性证明了它的合理性来源于科西嘉的权力性质，这种权力更多地是基于岛上民众对领袖的个人忠诚，而不是法律和制度授予其的优越地位。

当然，宪法的民主性是无可否认的，尽管人们经常夸大其词。这部制定于1755年的宪法旨在让权力建立在共同意志的基础上，从而用法律来约束权力。总之，一切权力都来自代表主权人民的议会，但是保利却被赋予了最高权力，只要他每年向议会解释自己的行动，并获得议会的支持。值得注意的是，保利政权在1764年左右得到了巩固，这也标志着一系列进一步加强他的合法权力的宪法改革的开始。可以说，宪法赶上了现实的步伐：它依附于保利的人身和意志之上。尽管这违背了1755年制定的宪法，但是也不能认为，宪法的作用只不过是掩盖了一个事实：政府不是由主权人民所建立的，而只是博纳罗蒂与保利决裂后所说的"众多暴君的联盟"。[39] 毕竟，保利本人就像拿破仑一样，继承了科西嘉人与意大利人的品质，不过他靠的是后天培养而不是先天遗传。1739年，14岁的保利随父亲流亡到那不勒斯，他在那里遇到了启蒙时代的意大利。他肯定成了一个启蒙主义者，尽管并不完全是。比起自由，他更爱荣耀。在某些方面，他更像是一个18世纪的公民人文主义者，而不是18世纪的启蒙主义者。他更接近于克伦威尔，而不是乔治·华盛顿。有人说他并不是很虔诚的教徒，不过，尽管他曾经反对过科西嘉教会，怀疑其勾结热那亚人，但即使到了晚年，他依旧花很多时间来祷告。这些矛盾，令保利的形象比启蒙运动塑造出来的虔善的传奇人物更加富有魅力，他在这些传说中成了一个努力振兴一个落后国度的哲学家。确切无疑的是，他试图让科西嘉成为一个现代国家。从这个角度看，1790年的法国革命者给予他的赞美仍是合理的。他实际上和他们一样，承诺用单一的法律将人们团结起来。他想将科西嘉从自古以来的分裂中解救出来，摆脱暴力和贫穷，通过合作共享、经济发展和教育事业使它获取政治存在，这将让它能够从那些强国伙伴手中得到对其自由和有价值的生活必不可少的保证，在它所处的环境之下，这种保证是不可或缺的。

从热那亚到法国

尽管延长了自己的独裁统治，保利并未出卖他的理想，也没有背离他为自己设定的目标，因为在内战相对休止之后，最重要的事情依然悬而未决，那就是科西嘉与外国列强的关系问题。保利一直都在关注此事。尽管他不能想象与他的"毕生宿敌"热那亚签署协议，但他在上台之后就立刻开始了和英国的谈判。[40] 但英国并没有像他所期望的那样热切地回应他的提议。尽管在七年战争（1756—1763年）中得胜，但英国也显露出了疲态，它不想面对也承受不起与法国对抗的风险。虽然英国人不为所动，但法国人表现得很活跃。自然，法国和热那亚在1764年8月6日签署协约之后，法国军队被授权登陆该岛，并再占领沿海堡垒四年，官方说法是这样可以让法国维护热那亚的主权。但是，在某种意义上，法国重新在屯堡立足就像回到家了一样。它的军队曾经在1738年到1741年、1748年到1753年和1756年到1760年间占领这些屯堡。在科西嘉岛内支持热那亚的那些地区，保利从未成功树立起自己的权威，一个支持法国国王的强大集团已经出现了。虽然法国对科西嘉的政策与国际局势的演变有关，但是法国人早就有了征服该岛的计划。这个计划的内容包括扶植一支亲法派，以达到让热那亚自愿地无偿地将该岛的主权割让给法国的目的。[41] 这一政策在18世纪50年代初达到了顶峰，当时屈赛（Cursay）侯爵被委任管理法军占领的城市，于是他便施展自己的才能，"给法国博取好名声"。[42] 法国在屯堡居民中取得了更大的成功，尤其是在精英阶层中。不仅因为法国所能提供的东西比热那亚多得多（头衔、退休金、工作和投资），还因为科西嘉人从未察觉到他们在拒绝支持保利。在科西嘉远离热那亚的同时，保利的命星也黯淡了。支持热那亚的科西嘉地区就像是熟透的果子一样待人采摘。诚然，并不是每个人都支持法王。很多人继续向热那亚效忠，譬如波拿巴家族和拉莫利诺家族，少数人甚至还宣称支持保利。但除了政治取向之外，法国人在港口城市的常态性存在已经让当地人习惯了法国的思想、时尚和风俗习惯。博斯韦尔证明了这一点，他写到阿雅克肖的居民是"岛上最有教养的人，与法国人过从甚密"。[43] 保利自己也意识到了这一点，他不接见从阿雅克肖或巴斯蒂亚过来拜访他的年轻人，说"他们有卷曲的头发和来自大陆的香水味"。[44]这些小小的热那亚殖民地已经逐渐成了法国人的殖民地。

英国的背叛让法国成了必要的对话者，保利在1764年开始和舒瓦瑟尔进行谈判。正是在这个时候，屯堡的显要们开始大批聚集到保利身边。这一晚来的支持有几个原因。一方面，保利最终征服了岛内的敌手，在南方那些长期处于动荡之中并与罗马教廷签有协约的区中建立了他的统治。另一方面，热那亚在科西嘉岛的势力看来是注定要失败了，而保利正开始与法国人进行谈判，他和法国占领军的指挥官马尔伯夫（Marbeuf）伯爵之间也维持着良好的关系，这让人联想到双方可能会签署一项协约，让法国成为保利统治的科西嘉的庇护者。看起来保利已经稳固了他的势力，这也许会维持很长一段时间，任何想要在科西嘉岛扮演重要角色的人都要赢得他的好感。保利和法国是未来所在，热那亚则已是明日黄花。

对热那亚保持忠诚的朱塞佩·波拿巴在1763年12月13日辞世，他的儿子卡洛（拿破仑的父亲）在1765年末动身前往科尔特。有人可能会认为卡洛已经成了保利的拥护者，就像"那时每个不在王家科西嘉团服役和没有法国味的人一样"。[45]但他就是那些"有法国味"的人之一，他在前往科尔特的时候也是这么想的。抵达保利的首都之后，他没能见到将军，但是给马尔伯夫伯爵（他与将要让他发迹的人的初次接触）送去了一份关于岛上政治形势的报告。法军指挥官礼貌地回绝了他的效劳提议，马尔伯夫不需要通过卡洛来及时了解科尔特发生的事情。但是在1765年12月，卡洛终于见到了保利，还成了将军的随从之一。他对保利起了什么作用吗？他是传奇故事中所说的"顾问"或"秘书"吗？看起来好像不是这样，因为他的名字并未出现在这段时期的任何一份文件里，除了马尔伯夫手下的警察指控他在阿雅克肖逗留期间为保利从事间谍活动的一份报告。[46]法国总督并不想任用他为告密者，所以卡洛选择了为保利效劳。

就在同年，即1767年，保利与舒瓦瑟尔之间的谈判接近尾声。实际上，根本就不存在真正的谈判，因为双方都没有真正听取过对方的话。将军竟要求科西嘉成为一个"完全分离和独立的国家"。而法国大臣则要求对方承认热那亚的纯名义上的主权，并接受与法国的协定，作为交换，保利可以获得司令官职位或一个头衔。1768年5月2日，舒瓦瑟尔中断了谈判。两周后，他在凡尔赛宫与热那亚共和国的代表签署了将科西嘉割让给法国的条约。双方都准备开战。这是一场难以置信的荒谬战争，双方兵力悬殊。布塔福科力劝保利接受凡尔赛条约，但却徒劳无功。波默勒尔（Pommereul）向我们保证，保利固执己见是出于自负与虚荣，他宁愿权位不保也不愿让自己的权力被削弱，他还错误地相信英国人会来支援他，或者其他反对法国在地中海增强势力的欧洲列强会迫使路易十五撤军。直到最后，保利可能还对国际团结抱有不切实际的希望，但更重要的是，正如伏尔泰所说："他肩负了国家自由的重任。"[47]他宁败不降，认为公共舆论也许会称颂他为英雄，这样有朝一日他就有可能为军事失败进行一次彻底的政治复仇。最后，如果他决心不惜一切代价地开战，那是因为他相信法国迟早会厌倦征服行动，将科西嘉割还给热那亚。[48]

1768年5月22日，保利下令大规模征兵，并向科西嘉的青年们发出了激动人心的呼吁，他保证青年们不会白白做出牺牲。这份公告是卡洛写的吗？有这个可能，不过无法确定。另一方面，我们知道卡洛是志愿参军的。这无疑是他最亲近保利的时期，他如影随形地与将军一道见证了那些他们自己并未亲身参与的战斗。战争持续了将近一年。如果法军的行动还是由敷衍了事的马尔伯夫和肖夫兰指挥，那么科西嘉人就还有一点胜算，但是在沃克斯（Vaux）伯爵于1769年4月接过指挥权之后，科西嘉的所有抵抗在一周内就停止了。1769年5月8日，科西嘉军在蓬特诺沃（Ponte Novo）被击败。6月13日，保利流亡海外。蓬特诺沃之战表明了让科西嘉成为一个国家的努力在岛上未得到普遍认同。传说科西嘉军在戈洛河（Golo）的桥上对法军进行了英勇抵抗，进攻者直到敌军只剩累累尸骸才停火。现实情况糟得多：据说保利请来的雇佣军（瑞士人、德国人和达尔马提亚人）向科西嘉士兵开火，逼迫他们投入战斗，而后者却躺在桥上让法军以为他们已经无法行动。保利的几个副官懦弱地脱逃了，保利自己也并不称职，他谨慎地远离战斗，也没有试图重新召集溃退的军队。[49]将军的权威在各处崩溃。曾被他以为由自己团结起来的一切都分崩离析了。

自然，各个屯堡急忙向法兰西国王宣誓效忠 —— 阿雅克肖于1769年4月18日这么做了，岛屿内部很快也如法炮制：保利出生的村子罗斯蒂诺（Rostino）在5月9日屈服了，而首都科尔特在5月21日投降。在1769年的这次闪电般的战役前后，科西嘉"国"名副其实地瓦解了。对此我们必须补充说明，法国人对反叛的村落进行了残忍的报复，还让科西嘉人在宣言里保证不会再接受热那亚的统治，也不会再听从"许多人（科西嘉领袖）关于民族独立的近似空想的可疑言论"。[50]

蓬特诺沃的牺牲者（500人抑或20人？）的鲜血尚未凝固，保利的军官代表团就前来向沃克斯伯爵表示降服。卡洛·波拿巴则体面地等到几乎彻底众叛亲离的保利登上前往意大利的船之后才行动。卡洛随将军到了韦基奥港（Porto-Vecchio），然后带着儿子约瑟夫和怀有拿破仑的妻子回到了阿雅克肖，那里的波拿巴族人和拉莫利诺家族已经发誓效忠法国了。"国家政府还在的时候，我的内心是一个忠心的爱国者和保利的追随者，"卡洛说道，"但政府不复存在了，我们成了法国人，国王和他的政府万岁！"[51] 时移势易，保利远去了。1769年7月37日，蓬特诺沃之战的两个月后，卡洛被法国监察官（intendant）*纳尔博纳－菲茨拉尔（Narbonne-Fitzlar）设宴款待。"科西嘉国"终结了。

---

* 原本是由国王派往各省巡视当地司法、治安、财政等事务的临时性职务，自路易十四时代起成了代表中央政府常驻各省的行政官员。

第2章
法国式的成长环境

当保利失败后他们回到阿雅克肖时，莱蒂齐娅和卡洛·波拿巴（他在法军进城后就把名字改成了法国式的夏尔）已经结婚5年了。14岁或15岁的时候，莱蒂齐娅被家人强迫嫁给一位18岁的丈夫，她和他素未谋面，而他也不想和她在一起。¹ 他是被硬拉着去公证人那里的，因为当地不举行宗教仪式，所以两个家族在那里而不是教堂里联姻。刚成婚后不久，夏尔就抛下怀孕的妻子，打着学习法律的幌子去了意大利，其实是想在安定下来之前再找点乐子。在他归来时，他的儿子死了。夏尔再次离去。这次他没跑太远，只是去了科尔特。大概是在1766年末，莱蒂齐娅将要生下另一个孩子时，夏尔叫她去科尔特与他团聚，并在教区的婚姻登记册上办理了一份含有虚假内容的婚姻证书，使他们的婚姻合法化。

在20年的婚姻生活中，除了生育过12个孩子，反复多变的夏尔和他害羞腼腆的妻子还共享了什么呢？他们在科尔特才真正成了夫妻。1768年1月7日，约瑟夫出生，这很可能有助于他们走到一起。他是个健康的孩子，父母十分关爱他。对于夏尔来说，不甚检点的青年时代已经过去了，他现在是一家之长，家族的兴盛繁荣是他唯一关心的事情。由于保利在1768年时仍旧试图在科尔特保持一种宫廷般的生活，所以莱蒂齐娅也过得比较安逸。尽管这位美艳的女子出于羞涩而不够优雅得体。她表现出了一个18岁女人的轻佻品质，更关心她的"宫廷礼服"而不是科西嘉的未来。在夏尔和莱蒂齐娅回到阿雅克肖后，他们的第二个儿子拿破仑在

1769年8月15日出生了，雄心抱负取代了爱情，家庭分工如下：莱蒂齐娅操办家务，她的丈夫则专注于政治密谋和发迹致富。

重农主义在科西嘉

　　夏尔发誓效忠法国国王，他匆匆去了比萨，获得了法律博士学位，然后回到科西嘉岛，在阿雅克肖当律师。起先他遇到了麻烦，但他相信科西嘉会从它和法兰西的联盟中得到很多好处，而且法兰西不会对其最热心的仆从忘恩负义的。他是正确的。法国的统治与热那亚的统治实际上是大相径庭的。一个理由是：尽管热那亚是一个贸易强国，但它的政治力量很脆弱，既没有办法也没有意愿将科西嘉变成热那亚的一部分。它对促使岛上形成一个精英阶层，并与之分享荣誉和利益的兴趣不大。[2] 相反，法国在1774年摧毁了剩下地区的抵抗之后，就开始将科西嘉法国化。诚然，官方说法是法兰西国王以热那亚共和国的名义治理该岛，但是在1768年5月15日签署的协议中的此种措辞只是为了避免伤害热那亚的自尊而已。在这一协定中没有任何一方受骗，虽然还维持着热那亚还保有对科西嘉的主权的假象，但1768年的条约已将该岛永久地割让给了法国。此外，法国政府随即便出台了一系列规定，旨在将科西嘉岛最终完全融合进法兰西王国中。因此，1768年8月5日国王颁布了《科西嘉归顺诏书》（*Lettres patentes du roi concernant la soumission de la Corse*），比5月15日的条约更加明确地告知科西嘉人，成为法兰西国王的"臣民"之后，他们会随之享有与其他所有臣民一样的权利和义务。[3]

　　这个融合政策既是一个承诺，亦是一个威胁，纵然它的目标是将科西嘉从那并不令人羡慕的处境中解放出来。法国政府没浪费太多时间。它从废除保利政府制定的法律和宪法开始，只保留了传统的乡村社区组织及其民选官员，还有各区及其掌权者。权力集中在两位王家长官手中，一个是主管军事的总督，另一个是负责民政事务的监察官。与其他具有明显的特殊性的省份，例如布列塔尼或朗格多克一样，科西嘉也获得了三级会议省的地位，建立了一个由来自三个等级的69名代表组成的议会。一位王家长官负责主持议会，但它的职能仅限于咨询顾问而已。司法系统也被重组为11个王家司法管辖区（阿雅克肖是其中之一）和一个高等理事会，后者是一个上诉法院，不久被掌玺大臣莫普作为"高等法院"的模范推行到全国，以终结最高法院的特权和反抗。

岛上的政府成立之后，法国便着手对科西嘉社会进行改革。该岛成了路易十五周围的重农学派大臣还有他的后继者路易十六的实验场所，他们在岛上努力推行在大陆难以实行的改革措施。王家官员将主张国王独立于教宗的高卢派*原则，强加给了被怀疑主张越山主义**的科西嘉教会，然后从社区开始进行社会结构改革。1770年，他们开始了一项广泛的（地籍）调查，他们的目的不仅仅是"确立地产持有的秩序，并做出对农村的详细描述"，还包括明确促进发展政策的主要目标。[4] 法国当局很快就发现了，科西嘉社会中深深吸引启蒙作家的相对平均主义是阻碍其自身现代化的原因："（科西嘉）走向文明的最不可逾越的障碍，也许是这里缺少无产者。"波默勒尔骑士如是写道。[5] 因此，他们认为，必须在这个几乎每个人都是有产者、没人觉得有必要工作的社会里制造不平等。[6] 社区体系成了首要的目标。法国行政官员控制了季节性迁移放牧、圈占土地、狩猎和捕鱼等活动，并将公共用地缩到最小。他们要求出示并不存在的地产所有权书面证明，因而没收了大量的土地，接着又将其划为王家领地。后来这些土地成了庞大的"侯爵领地"，分封给大约30个贵族。[7] 贵族的创立是完成新制度体系的最后一步，然而岛上的贵族并不享有大陆贵族的税收特权。"法国的王室已经明白，为了抗衡第三等级和神职人员，他们必须扶植一个会出于自身利益考虑而依附于政府的阶级。难道那些已经被赐予了一些可观好处的人不会反对任何剥夺他们的特权的革命吗？"[8] 这些措施与其他试图安抚科西嘉的举措（例如建立比大陆地区更温和的财政体系，让国库来承担沉重的负担）都是为了深层次地改革科西嘉社会。这将创立一个精英阶层，这个阶层不只是根据功勋和效劳挑选出来的，还是"一个对地产感到陌生，愿意很快地投身到制造业、商业和艺术中，开始

---

* 法国天主教会中反对教宗控制法国教会、干涉法国政治事务的派别。

** 天主教会中强调教宗权威和教会权力集中的一种思想。

通过实业来创造财富的现代性的良性循环的阶级"。[9]科西嘉人从来没见过这样的政府，它强化法律权威，试图提升民智和改革社会结构，通过修路来发展农村，还鼓励休耕和种植新农作物。所以，毫不奇怪，法王的事业在最后也并没有比保利的更加成功。这不仅是因为很多计划根本才刚刚起步或者只是取得了微小的成果，还因为不管法国怎么做，科西嘉都始终是"一片不善之地"。[10]诚然，法国人和他们在岛上的盟友并非无可指责。裙带关系、资金挪用和贪污腐败是很常见的，特别是因为大臣们会把那些心术不正的官员派来科西嘉岛，好摆脱他们。正如阿尔贝·许凯（Albert Chuquet）指出的那样，他们是"法兰西民族的渣滓"，来到岛上之后首先想着为自己牟利。[11]但即便不考虑贪污腐败，要将艾吉永（Aiguillon）公爵口中的"未开化而又几乎不可能开化的贫穷王国"[12]改造成一个开明政治的展示台也不是一件轻松的任务。惯性战胜了意志。少数科西嘉人攫取了君主制带来的好处，当君主制崩溃的时候，科西嘉几乎和最初没什么两样。

法兰西的忠实臣属

夏尔·波拿巴只会对法国的征服感到高兴。他贫困的律师生涯很快就结束了：1771年5月，他得到了阿雅克肖王家司法管辖区的法官助理的职位，9月时巴斯蒂亚的高等理事会宣布波拿巴家族已经有超过两个世纪的贵族历史了。[13]夏尔很快就乘势而上：次年，他作为阿雅克肖的贵族代表被选入科西嘉议会，然后马上就成了闭会期间执行议会职能的"十二贵族"理事会的成员之一。1777年6月2日，议会选派他担任驻凡尔赛宫代表，这是一项非常显赫但又耗费颇大的荣誉。几年后，他成了岛上最重要的人物之一。作为一个拥有不屈不挠的自信心与执着意志的不知疲倦的逐利者，夏尔利用自己的官方职务获取了更多的利益，他得到了为阿雅克肖附近盐沼地排水的补贴，建立了桑树苗圃并得到了特许经营权，为子女争取到了奖学金，还为家族打赢了一场漫长的遗产官司，成功分到了钱。

夏尔得到的这一切都要归功于科西嘉岛总督马尔伯夫伯爵的庇护。

人们对伯爵的评价存在分歧。1770年，马尔伯夫时年58岁，有些作家向我们保证他为人诙谐慷慨，而且富有魅力，而其他人则发誓称他既自负虚伪又粗鲁无礼。他隐瞒了自己在大陆已有妻子，却炫耀自己在科西嘉岛上的情妇瓦雷兹（Varèse）夫人。他为人勤奋积极又独断专行，对科西嘉人和自己的合作者都漠不关心。因为他一直是政治阴谋的目标，所以他必须有自己的支持者团体。夏尔是为这个团体增添光彩的主要人物之一。总督和这位来自阿雅克肖的律师的关系在1770年或1771年便确立了。从那时起，夏尔就成了马尔伯夫的忠实属下。伯爵尽其所能让夏尔的忠心继续熊熊燃烧，为他安排职位，给予他奖金，资助他的子女，一有选举便毫不犹豫地保举他为阿雅克肖的贵族代表。马尔伯夫的庇护不是没有理由的：夏尔"机智诙谐，有教养，富有口才"，他是个英俊的男人，给人们留下了深刻的印象。据说他"软弱、轻率又奢侈"，但他并不缺乏灵活性、毅力和机敏。他清楚自己的利益所在，也知道怎么去谋取更多利益，他是个有价值的盟友。

　　总督给予波拿巴家族的关照是不是还出于其他动机呢？"他以仁慈赢得了爱国者的尊敬与友谊，"拿破仑如是说，"而我的父亲则跻身于他最重要的追随者之列。我们是因为这样才得到了他的庇护，而不是有些人谣传的他对我母亲怀有所谓的感情。"[14] 尽管大多数历史学家都同意拿破仑——他在内心深处的看法其实与之相反——的说法，但认为莱蒂齐娅与总督之间不存在任何风流韵事的论据并不十分让人信服：他们说荣誉在这里具有至高无上的价值，尤其是女性的名誉，侮辱举动会造成流血事件，因此绝不会有什么私通。他们还说，这个地方的人们简直可以说是生活在家门口，绝对不可能藏得住什么事情。而波拿巴的家就像对四面开放一样，到处都是嬉戏打闹的孩子，家里的姑婶、仆人还有来闲聊的女人在晚上会坐在路边纳凉，一边打量议论着每个人的举止，一边等候在咖啡馆里谈论政治的男人归来，女人们的其他时间则被家务和育儿占据：正是插画杂志里面的典型的地中海生活的景象。莱蒂齐娅怎么会有时间找情人呢？她怎么能有了外遇而不毁灭整个家庭呢？为了让这一形象更加可信，莱蒂齐娅被塑造成了"科西嘉的化身"。[15] 证据呢？她娘家那边的几位先祖来自萨尔泰讷（Sartène），那里是科西嘉岛上最科西嘉的地方。据述，莱蒂齐娅是一位妻子，而不是一个情妇。她被描绘成性情严肃的人，在人生中所经受的全都是压迫，没有梦想或情感，在道德方面毫不妥协，迷信又无知，绝对服从丈夫的一切言行，试图用极度的节俭意识来弥补他的挥霍无度。莱蒂齐娅不仅被塑造成了典型的科西嘉女性，而且还被赋予了古罗马理想女性的形象，同时是主妇和"格拉古兄弟之母"。她在保利被所有人背叛之后仍拒绝弃他而去，当人们恳求她不要再走无望的道路时，她回应道："我不会去一个身为祖国之敌的国家，我们的将军依旧活着，一切的希望都还在。"[16]

　　这些全都是传说的一部分。莱蒂齐娅是在1770年认识马尔伯夫伯爵的。没有哪个历史学家否认过总督对她不懈地献殷勤，他花了很多时间与她待在一起，不必要地频繁来往于巴斯蒂亚和阿雅克肖之间，唯一的目的就是见她。早在1771年之夏，他们就在全阿雅克肖人的眼前一起散过步。这到底是友谊，还是单相思，抑或是一种共同的激情？即便是对莱蒂齐娅的美德的最坚定的辩护者也不得不承认，吸引总督并把他留在她身边那么多年的并不是她的智慧或谈吐。她没有什么智慧，也缺乏谈话的天赋。拿破仑说，她只说自己的"快而不清的科西嘉话"。马尔伯夫则谙熟宫廷的礼仪和习惯，任何一个清楚谈话的艺术在那个世界所起的作用的人都会理解，只有这个比他年轻40岁的女人的美貌才会让他目眩神迷。

　　因为颇难相处的瓦雷兹夫人的监督，马尔伯夫显得比较谨慎，但这件风流韵事还是在1775年左右公开了，马尔伯夫在这时与他麻烦的情妇分了手。莱蒂齐娅住在总督的家里，出行时坐在他的马车上，而夏尔则和孩子们一起坐在另一辆马车上跟随其后。因此，在1778年末，马尔伯夫和莱蒂齐娅带领一列车队，送准备带着约瑟夫和拿破仑前往大陆的夏尔上路。尽管当时只有9岁，拿破仑还是对这一情景感到"极度震惊"。[17]当船只消失在地平线上之后，莱蒂齐娅并未回到阿雅克肖，而是去了马尔伯夫在巴斯蒂亚的家，在那里待了5个月。波拿巴家族每年年末和每个夏天都会在卡尔热斯（Cargèse）度过，因为马尔伯夫在那里有一处庄园。每个阿雅克肖人都知道这件事，而且关于这件事的记忆还没有湮灭：保利派于1793年5月29日拟定的控诉书中就曾提及莱蒂齐娅与总督有染一事，波拿巴家的孩子们被指控为"出生在专制主义的泥潭中"，是在"统治全岛的爱好奢华的帕夏的监管和资助下，被养育成人的"。[18] 难道夏尔是唯一一个不知道这桩私情的人吗？那可太令人惊讶了。戴绿帽子的人往往是最后一个发现被骗的，但夏尔可能是看到了睁一只眼闭一只眼的好处。难道莱蒂齐娅不是以这种方式为家庭的发展做出了贡献吗？难道她不是在夏尔需要总督的支持，好让自己的贵族身份得到承认的时候（1771年8月）才开始回应总督的示好的吗？此外，这样一桩私情算得上丢脸或者令人意外吗？那可是在18世纪，而且阿雅克肖只是地理意义上的科西嘉城市，它的风俗文化已经从本就不太保守的意大利式变成了有过之而无不及的法国式。法国人一面哀叹科西嘉岛的落后，一面又为其城市女性轻松自在地适应了大陆的礼仪举止而感到高兴，尤其是阿雅克肖的女性。这几乎足以让他们认为科西嘉也许不是无药可救的。波拿巴家族是那个时代的人，莱蒂齐娅与马尔伯夫之间公开的私情，只能证明他们融入处于旧制度末期的社会的做法相当成功。最后，我们可以注意到莱蒂齐娅总是指责女儿们的挥霍无度，却从来不批评她们找情人。她不太在意关于风流韵事的规矩。夏尔似乎也对此漠不关心。

莱蒂齐娅和马尔伯夫的恋情在18世纪80年代初走向终点。马尔伯夫的妻子终于在1783年逝世，然后他再婚了。他时年71岁，新妻子18岁。此时莱蒂齐娅29岁，已有7个孩子。1770年时的年轻女子已经变了，变得像我们在肖像上看到的那样朴素无华。总督组建了家庭（他没有子女，除非他像人们暗示的那样是路易·波拿巴的父亲），疏远了莱蒂齐娅。他在1786年逝世。在马勒巴街的波拿巴家里，马尔伯夫伯爵的肖像长期挂在显要位置，就在莱蒂齐娅的肖像旁边。

朦胧岁月

这个相当法国化的家庭，如果会在晚上讨论1769年的战斗和独立的

科西嘉岛的话，那才是十分叫人吃惊的事情。然而，有人提出波拿巴家族
"怀有二心"，他们曾站在法国一边，但却仍怀念往日的英雄岁月。所以，
拿破仑在1789年6月给保利写信时声称，他的摇篮被"垂死的呼喊、压抑
的呻吟和绝望的泪水包围"。[19] 实际上，夏尔已经将这段经历抛诸脑后了：
他不仅不留恋过去，满怀着眼于未来的计划和方案，而且再也不是一个诚
挚的保利追随者了，他已经成了法王的忠实臣属。最后，他只关心自家的
繁荣昌盛。不过我们不能完全肯定这一点，因为我们对波拿巴家族在拿破
仑出生到他前往欧坦（Autun）就学之间的那段岁月不甚了了。

　　这段时间所发生的一切都是具有争议的，人们并不完全清楚个中真
相：拿破仑的出生情况不甚明确，导致以夏多布里昂为首的一些人声称
他出生于1768年而非1769年，[20] 还有人说他的亲生父亲就是马尔伯夫伯
爵。[21] 所有关于这段模糊不清的岁月的证词都是相似的。我们从一系列被
虔诚地收集来的轶事中了解小拿破仑的经历，皇帝的传记作者在对此进行
整理时都或多或少地用了赞扬的笔调：他的童年是在马勒巴街的大房子里
度过的，身边总是围绕着一大群女人；母亲关心家里一大群孩子的家教，
从不让他们躲过责罚，但她总是处在怀孕期或分娩后的恢复期，只能让保
姆、仆人、祖母和众多的姨妈姑妈们陪孩子做游戏，带他们去散步；父亲
总是身处远方，忙碌无暇；他和约瑟夫关系很亲密，约瑟夫是他最喜爱的
兄弟，起初也是唯一的兄弟（拿破仑的第二个兄弟吕西安出生在他6岁那
年）；孩子气的恋情；欢笑与眼泪；他告诉约瑟夫的秘密和约瑟夫挨他的
打；穿过阿雅克肖的街道的赛跑和在附近乡间的漫步；他用来逃避做弥撒
和被母亲打耳光的把戏；他和别人打架后遍体鳞伤地归来，衣服也被扯破
了；他在阿雅克肖的慈善修女身边初次就学，后来坐在雷科修士办的小学
校的长凳上听讲；他对计算和数学的早慧的兴趣——这一切即便不是完
全真实的，也至少是貌似可信的，即便拿破仑在圣赫勒拿岛上声称关于他
的幼年的这些轶事完全是胡扯。我们承认他专断唯我、疾言厉色、难以相
处、动辄争吵，以至于莱蒂齐娅把他看作自己最叛逆的孩子。从拿破仑拒
绝扮演布匿战争中失败的一方，到他因为吃无花果和樱桃而消化不良，一
切，或者说近乎一切都还较为可信，因为谁也不会相信，他在神父将要为

他施洗时（那时他两岁）会大叫道："别把我弄湿！"[22]

我们能从这些早年经历里了解到什么呢？我们可以从这些小故事中推断出这个孩子的某些性格特征，将他的调皮捣蛋视为他对于彰显自己以及吸引母亲注意力的渴望吗？好让她在精力被妊娠、对约瑟夫的爱和与马尔伯夫之间的情事占据时能关注到自己？也许吧。我们从中发现了非比寻常的命运的预兆吗？完全没有，纵然很多历史学家"从辩护者或批判者的角度出发"，声称这些琐事预示了一个"全能的天才"或者是"残忍的暴君"的出现。[23] 他们把这个孩子过于当成第一执政或皇帝的雏形了。

降临之谜

维克多·雨果在提到鲁本斯（Rubens）的时候曾经说："一个伟人要降生两次：第一次是作为凡人，第二次是作为天才。"[24] 任何一个读过历史上伟人（不管结果是好是坏，这些人物都全凭自己顽强的意志改变了命运的进程）的传记的人都会被这一真知灼见所震动。无论是恶魔还是英雄，这些人物成为"伟人"的过程并非像破茧成蝶那样艰难漫长，而是就在一瞬之间。伟人的现身是一种萌发或者说突现。这既是死亡也是新生，这是他曾经所是的那个人的死亡，是他后来所是的那个人的新生。这个断裂非常彻底，我们可以毫不夸张地说，要想回顾性地理解伟人曾经所是的那个人，是一件相当精细的工作。反之，我们也很难明白之前的那个人身上有什么东西预示了他可能会成为伟人。从此到彼的过程总是迷雾重重：其间并没有连续性，连一点明显的线索都没有。这就像我们在和两个不同的人、两种不同的生命打交道。伟人一旦现世，就不再为他曾经身为的人留下线索，而我们又无法从他曾经身为的人推测出他将要成为怎样的人。我们怎能将这两者结合起来呢？即使已经消逝的那个人显然拥有一些卓越品质，但现存的那个人可以说超越了自己，我们如何能够找到这两个人的共同之处呢？人们在谈论伟人的早年生活时，经常会将其说成是一个注定不平凡的人生的序篇。夏多布里昂说这种议论一般都是"胡说八道"，无论怎样，像刚才提到的那些琐事，其本身是微不足道的，但却硬是被说成是未来的非凡成就的预兆。[25]

　　如果我们同意夏多布里昂的话，那么拿破仑的童年和青年经历就不是一段传奇人生的开端。那几乎是另一个生命的历史，而且无论如何，就是一个普通生命的历史。伟人的过去不只是向我们讲述了已经过早地逝去的那个人，更是从反面强调了，他们之所以成为伟人，很大程度是取决于主要存在于非常时势中的伟大之处。所以夏多布里昂告诉我们：

　　　　皇帝的生活有其序篇。一个默默无名的波拿巴出现在伟大的拿破仑之前，〔但是〕在波拿巴亲自来到那个世界之前，他的理念就已经存在了。它悄悄地震撼着大地。1789年，当波拿巴出现时，人们感受到了惊人事物的出现，以及无法解释的焦虑。[26]

　　伟人突然闯入历史之中，这并不取决于一个人天生的非凡才干，也不取决于他为掌控自身进程而做出的努力。拿破仑所扮演的角色主要是依靠法国大革命引起的危机，而不是他自身的存在。伟人诞生于危难时刻，诞生于容许有才华的人充分发挥其能力，尤其是其意志力的时刻，而太平盛世的习俗、法律和制度却会将他们的意志的活动空间限制在狭窄的范围内。

　　不过，如果将伟人的出现当作纯粹的客观过程的结果的话，那又是夸大其词了，就像马克斯·韦伯在描述魅力型权威时说的那样。据韦伯所说，魅力型权威不以个人才能为基础，他的成功是基于这样一种社会关系，即领袖手下的精英对他的信任期望比他的个人才能更加重要。如果我们接受这个观点，那么分析伟大的历史人物的青年经历就毫无意义了：我们从中得不到任何启示。但是常识会提出异议，不是每个人都可以成为一个富有魅力的领袖的。所有伟大的历史人物，不论是英雄还是冒险家，是救世主还是罪人，都在历史上留下了印记，时代以及同时代人对他们的期望无疑也发挥了作用，但这印记最终是属于他们的。如果没有他们，没有让他们出现在正确的时间的意外事件，历史会有不同的走向。我们必须承认，发挥作用的因素包括形势的巧合，以及个人拥有的优点（或缺陷），时代会增强他的这种品质，也会赋予其意想不到的影响力。要是拿破仑生在1789年而不是1769年，那他肯定就来得太晚了。会有其他人扮演革命危机及其死局所创造的"救世主"角色吗？毫无疑问。无论如何，历史会有所不同：被选中的人会以他自己的方式承担这一使命，这取决于他的才能，也与他的个人目标有关。伟人的经历不会与那个时代的历史融合在一起。在某种意义上，这就是伟人的悖论：他身涉历史之中，与历史相结合，这种结合有时是彻底的，但我们必须承认，他同时也赋予了历史完全属于他个人的特征，而个中的奥秘都存在于并且仅仅存在于他的身上。

这就是为什么探寻预示着非比寻常的命运的迹象并不是没有意义的：这是一种试着解释伟人身上的谜团的方式。就像每个人一样，伟人也服从于普遍规律：因为没有什么东西是凭空而来的，成就未来的伟业的因素必然很早就存在于这些人的身上了，也许是与生俱来的，哪怕这些因素不得不一直蛰伏着，直到有利于它们开花结果的形势出现。因此，是有一条线索指引一个个体成为伟人的。夏多布里昂在说到"皇帝的生活的序篇"以及"一个默默无名的波拿巴出现在伟大的拿破仑之前"的时候暗示了这一点，他还补充道：

> 拿破仑——他曾不无道理地叫嚷道："噢，如果我是我自己的孙子那该多好啊！"——并不是从家族中获取力量的，是他自己创造了力量：这一创造意味着多少不同的能力啊！据说，拿破仑仅仅是贯彻了他周围的社会观念的人，而这一观念是源于前所未有的事件和非比寻常的危机吗？如果我们同意这个假定，那他依然是十分让人震惊的：事实上，什么样的人才能掌管如此众多的全然陌生的力量，并将其引为己用啊？[27]

他是从哪里得到这一惊人的能力的？如果他得到了，他是怎么做到的？最重要的是，他是如何全靠自己获得了这一能力的？世人皆知他是唯一一个有能力终结革命、调和众多矛盾的利益关系和对立情绪的人——波拿巴这个小个子科西嘉将军，从出身来说是法国大革命最不可能的继承人，也是最不应该贯彻"他周围的社会观念"的人选。没有人能够完全查清关于他的众多才能的秘密。可以肯定的是，这些秘密都藏在他身上，但除非这些秘密被完全彻底地显露出来，否则想要找到确凿的证据或外在的迹象是很难的。在这件事情上，许多东西还隐遁于无形。"要研究青年是件困难的事，其伴随着隐秘的转变与神秘的心理，即便是最细致的观察者也只能得出很少的头绪。"[28] 他自己意识到甚至领会了这一点吗？我们永远不会知道，而且，"最伟大之人，"尼采写道，"对自己的内心生活缄口不言。"[29] 拿破仑曾经说过，在他还是一个不得不节衣缩食的年轻中尉时，他就已经将贫困锁在了门外。同样，可以说他终身锁上了通往自己内心生活的大门。因此，我们必须从一开始就放弃完整而确切地描绘他能力发展过程的目标。另一方面，我们也并非不可能在他的经历，以及性格和个性中，找到一些条件，这些条件允许他在命运垂青他时，能灵巧地运用夏多布里昂所说的那种能力。

在大陆的发现

在贵族家庭中，家长通常期望长子担任军职，最小的儿子投身教会。但是所有的迹象都表明约瑟夫太温和文静，成不了一个优秀的军官，所以他的双亲违背了传统：让长子进入教会，年幼的儿子则参军。马尔伯夫伯爵将一切都安排妥当。他让战争大臣在一所军校为小拿破仑保留一个位置，而夏尔则准备大量材料，包括一份由于其资产并未受到仔细盘查而获得的贫困证明，这样他的儿子就能拿到一份奖学金。其实他那一年的收入可观。马尔伯夫还写信给他的侄子欧坦主教，让他准许波拿巴两兄弟在该城就学，他们将会在那里学法语，然后拿破仑进入军校，而约瑟夫前往神学院。

他们在1778年12月15日离岛。拿破仑从未提及离开母亲时的感受，也绝口不提经过马赛（Marseille）、艾克斯（Aix）、里昂（Lyon）和索恩河畔维勒弗朗什（Villefranche-sur-Saône）到达欧坦的旅途。他想必会感到惊讶，因为马赛和里昂这两个城市在规模上比阿雅克肖大得多，而且沿途景色随着车辆往北行进而变化，气候也在改变，令他们感受到了冬意。关于他在欧坦学习的经历，我们只知道拿破仑花了4个月便基本掌握了法语基础的口语和书写。他是不是思念家人，感到无所适从，总是避开同学们并表现出"一副不高兴的样子"？[30] 但他并不是完全孤身一人。他的老伙计约瑟夫在那里。他远离了童年的世界，但也还并非身处未知的世界。然而，他很快就不得不离开约瑟夫了。拿破仑在1779年5月15日被托付给马尔伯夫主教的一位朋友，进入了布列讷军校（collège militaire de Brienne）。离开了约瑟夫肯定令他很痛苦。他第一次发现自己只身一人了，而且还被扔进了一个他一无所知的世界。他不得不穿上有着红色袖口和白色纽扣的蓝色制服，遵守严格的日程表，在固定时间里进行宗教活动、上课和休息，他得习惯食堂的饭菜，还有每晚都会被舍监锁上直到第二天早上才打开的个人房间，还要习惯由较小兄弟会（Minimes）神父制定的纪律（其实相当宽松）。他可能因为自己奇怪的名字、[31] 口音和无知而遭到了同学的取笑——有个冬天的早上，他发现自己的玻璃杯里的水结冰了，于是便问是谁往里面放了玻璃。他不得不忍受初来乍到者要面对的各种烦恼，因此他最初是被寄宿学校的规矩所困扰。这样的生活是不是艰难到令这个无所适从的小科西嘉人变得"沉默寡言和不善交际"了呢？[32] 有人说他在这段难过的时期里体验到了某种"放逐感"，使得他与他的岛屿之间的距离更加令人痛苦，正是早年的记忆才让他对科西嘉岛及其英雄们产生了如此深厚的眷恋。雅克·班维尔向我们保证，这突如其来的激情体现了他在外求学遇到的最为艰难之处。[33] 这一图景被描绘得过于忧郁了。年轻的拿破仑不易接近，这是真的。他在许久以后承认了这一点，写道"学童波拿巴不和他的同学来往，也不受欢迎"。[34] 这倒不是因为他是个科西嘉人，而是因为他"表现良好，富有教养"，他更喜欢去图书馆而不是和同学玩游戏。[35] 他有一种喜欢独处的倾向，这在童年时期成了他与别人的宣战理由。正是这个特点令他的同学揪着他的名字和出身刁难他。他们叫他科西嘉佬，而他则称他们为法国佬，就像他在一次争吵后告诉布列纳（Bourrienne）的那样："我会尽我所能给这些法国佬捣蛋！"[36] 这只是一句玩笑话，证明不了什么。我们应该相信布列纳所保证

的，认为拿破仑因为科西嘉的处境而感到痛苦吗？也许不。没有什么东西
能够证明拿破仑在进入布列讷军校时是一个"科西嘉爱国者"，或者说他
因为在那里遭受的恶作剧而成了一个爱国者。我们唯一能够肯定的就是，
在1784年秋天，他满怀着对科西嘉的热爱离开了布列讷，在未来的近10
年内，他还将进一步培育这份热爱。布列纳所刻画的形象并不是不合情理
的，其错误仅仅在于没有对事情所涉及的时间长度给予足够重视。在那
个年纪，在布列讷度过的5年是不寻常的。拿破仑进入学校的时候约莫10
岁，离校的时候刚刚庆祝了自己的15岁生日。那个在1778年离开科西嘉
岛的胖乎乎的男孩，如今已经成了一个体弱多病的少年了。他在布列讷告
别了自己的童年。拿破仑回忆起那时，他的性格发生了巨大的改变，从最
初的"温和、文静、善感"变成了青春期时的"忧郁"。[37] 所以，我们必
须认为，在1782年或1783年左右，在布列讷就学三四年后，他发生了青
春期的蜕变，但其个性没有发生根本变化。也是在这个时候，在1783年
或1784年，他开始转入对家乡岛屿的想象，构想了成为书写该岛遗失的
光荣的历史学家的计划。[38] 所以，他那经常被认为仅仅由于是求学在外的
困难生活所致的激情，其实也是诞生于这同一种现象。

　　此外，如果拿破仑在布列讷度过的时光仅仅充满了苦难，那他还会
在提及这段时期时总是表现出怀恋之情吗？他还会慷慨地向任何曾经在那
里做过他老师和同学的人给予退役金和晋升吗？[39] 他曾说他在位于香槟的
这个"真正的故乡"里"初尝作为成人的滋味"。[40] 1805年4月，在他前
往米兰加冕为意大利国王的途中，他在布列讷作了停留。他问到了堂区
的神父，接见了学校以前的员工，还拜访了学校的废墟。"布列讷对我来
说相当重要。"他透露道。他没有再说什么，而是骑上马，向郊野和森林
飞驰而去，把护卫留在身后。他去了哪里？他在想什么？是在追忆已经永
远逝去的年华？是在想他后来走过的路？又或者什么都没想，完全沉醉在
重访青春之地的快意之中？我们不得而知。3个小时后，他的副官们终于
追上了他，他笑着来到他们面前，只是说他为自己的"捉迷藏"感到自
豪。[41] 他肯定在布列讷有过艰难的时光，不过他只回想起了幸福的时刻，
这些幸福的事的确发生过。布列讷给了他欢乐和小小的痛苦，是他逝去的

童年。就像军人习惯于深情回忆时常要经历艰难困苦的从军生涯一样，拿破仑将他在学校的岁月铭记为童年的幸福暮光。

战神广场军事学院

据说拿破仑起初选择投效海军。他的父亲应该会欣然接受这一选择，因为他希望拿破仑离开布列讷，这样小吕西安（当时7岁）就可以接着领他哥哥的奖学金了。但应该是他们的母亲反对了这一计划，因此拿破仑舍弃了海军，穿上了炮兵的制服。炮兵在当时很吃香。战术论著对这个兵种重新进行了整体评估，不仅是因为其本身的战术重要性，还因为它与工兵一样，是军队中仅有的不看出身看功勋的兵种，这样出身于小贵族家庭或者贫困家庭的孩子就有机会得到缓慢而切实的晋升，而他们在步兵或骑兵中找不到这种机遇。拿破仑为进入专业学校就读的选拔性考试做了准备，后来与其他3位学生一起被选进著名的巴黎军校（École militaire de Paris）。

成功入选者在1784年10月19日到达首都。我们也无法得知拿破仑此时的印象。游客们通常会被这座城市弄得目眩神迷，而这个15岁的年轻人还未做好准备见识这一切。在布列讷的围墙里生活了5年之后，他对外面的世界知之甚少。这座城市在那个时代实属庞大，人口稠密，不乏黑暗肮脏之处，充溢着各种声音与气味，街道狭窄，建筑年久失修，突然之间，他能看见通往公园的宽阔街景，行人敏捷地跳到一旁，躲避车辆与人群，城里生活着他绝不可能想象到的各色人等。他对此有何观感？现存的唯一证言来自未来的阿布朗泰斯（Abrantès）公爵夫人，她家来自卡尔热斯，和波拿巴家族很熟。有一天她的舅舅德梅特留斯（Démétrius）在王宫公园（jardins du Palais-Royal）遇到了年轻的拿破仑。"说实话，"她舅舅说，"他看起来真像个新来的。他目瞪口呆地站在那里，看着周围的一切，浑然不觉，如果他身上有值得偷的东西的话，小偷们会打量一下就下手盗窃，他正是这种人！"[42]

在巴黎军校，一切都不同了。他很快就会从一名学生变为一名军官。监督者不再是穿着长袍的神父，而是"用军人的语调下达明确命令"的士官。[43] 这座由知名建筑师安热－雅克·加布里埃尔（Ange-Jacques Gabriel）设计的壮观建筑令他深受震撼，他不得不再次适应一个全新的世界。这里的学生并不比在布列讷的多（有不到150名军校生），但他们相当不同。理论上，能进入巴黎军校的都是来自各行省军校最应获得奖学金的学生，但是该校也接收来自富裕家庭，有时是名门望族的付费寄宿生。这些学生包括跻身旧制度下社会名流之列的罗昂－盖梅内（Rohan-Guéméné）家族、蒙莫朗西（Montmorency）家族、朱涅（Juigné）家族和波利尼亚克（Polignac）家族的贵族子弟。这体现在无处不在的浮华与奢侈，以及被派来确保学生生活得舒适的大量人员上。"我们吃得很好，服务也很周到，"拿破仑后来说，"在各方面的待遇都像十分富裕的军官一样，这肯定比我们大多数人的家庭条件更好，也比绝大多数人日后的生活更加阔绰。"[44] 有些历史学家向我们保证，这种过度的奢侈令他很痛苦，尤其是当他将其与自己的贫困相比较时。诚然，年轻的波拿巴并不富有，他在巴黎并不比在布列讷时更加有钱。"在布列讷，"他向科兰古（Caulaincourt）透露道，"我是同学之中最穷的。他们的口袋里总是有钱，而我从来没有。"[45] 他甚至可能给父亲发去过一个名副其实的最后通牒，提出父亲要么给他维护自身身份所需的资金，要么就带他回阿雅克肖。在巴黎，被富裕的年轻人们围绕着，他应该愈发感到自身的贫困。但是，退一步说，这些都不过是建立在虚构基础上的猜想罢了。寄给他父亲的信是学校伪造的，而军校的规定严令禁止学生从外部接收资金、衣物或书籍。不管怎样，所有这些证词都试图表明，对他来说，他对18世纪末法国社会的发现就如同他曾经对法国的印象那样痛苦。正如他曾经在布列讷因为口音和出身遭到嘲笑一样，他在巴黎也应该因为自身的贫穷备受冷落，所以他经历了两次差异带来的剧痛：一次是文化差异，一次是社会差异。如果我们接受这种观点的话，那么就很容易得出他对君主制法国及其不平等心存怨恨的结论。这种不满会进一步加剧他的科西嘉爱国主义，同时也令其发生改变，赋予其来自周围各处的思想的共和主义特征。然而，如果据此认为拿破仑因为碰到这些有特权背景的学生而变成了某种雅各宾先锋，或者至少令他变得欢迎大革命的话，那么就误解了学校尤其是军校的世界。现在让我们来看看曾就读于著名的迪普莱西–索邦学院（collège du Plessis-Sorbonne）的诺文（Norvins）写的一段话：

> 所有因出身和财富产生的不平等都极大地消失了，就像施了魔法一样。初次见面时说的单音节的"您"被充满友谊之情的"你"所取代了……因此来自蒙莫朗西、罗昂（Rohan）、塔瓦纳（Tavannes）、拉特雷穆瓦耶（La Trémoille）、黎塞留（Richelieu）、菲茨–詹姆斯（Fitz-James）、达尔古（d'Harcourt）、迪拉斯（Duras）、塞吉耶（Séguier）、达利格尔（d'Aligre）等家族的男生在我接受古典教育的迪普莱西和达尔古学院就学，不论在教堂、食堂还是教室里，他们都和为他们家工作的工匠们的儿子一起坐在同样的长凳上……在运动场上，友谊胜过一切；在教室里最重要的则是学业，而那些特权子弟也乐意看到，那些地位比他们低的人认为自己和他们在学习上是平等的……学习刻苦的贵族子弟会受到赞赏，因为他们不这么做也可以前途无忧。[46]

如果学生们意识到不平等的存在，那么对于他们来说，这些不平等与社会地位无关，而是与男生们在这些小共和国里所拥有的，可以赢得他人尊敬、赞赏或畏惧的优势有关。在任何时期的任何学校中，这些不同的优势（其所形成的等级制度是非正式的，但却被好学生、叛逆者和恶霸们一致接受）也都可以集于某个人一身。

在巴黎，拿破仑不再是在布列讷时的孤家寡人了。他更加喜好交际，尽管在和朋友提到科西嘉的时候，讨论会变得十分激烈。与此同时，他已经获准参加专门为准备投身炮兵的学生预备的课程，并且表现得勤学聪颖，他受通过考试和穿上王军军官制服的真挚愿望所驱使，既梦想着解放科西嘉，同时又想为"压迫"它的国王效劳。他在巴黎军校学习了不到一年。1785年9月28日，他通过了期末考试，成了少尉。因为他在58人当中排第42位，有些人会想当然地以为他的成绩很平庸。不过这只是误解而已。战争大臣每年都会拟定有资格参加炮兵考试的军校生名单。通过考试的人理论上会进入一间专业学校,经过一年的学习之后,再次考试以获得军官委任状。但是,有些人在经过第一次考试后被认为可以立刻进入现役,他们无须再学习一年。1785年,来自全国的136位学生参加了考试,其中有107位通过。通过考试的人当中有49人去了炮兵学校,另外58人(包括拿破仑)则获得了更加理想的委任状。因为大多数获得高分的人都来自梅斯(Metz)的著名军校,而巴黎军校只有16人参加了考试,所以拿破仑的排名不像某些人想象的那样差,实际上已经是相当光荣的了。虽然在全国范围内,他的确在通过考试的58人中排第42位,但在13位通过考试的巴黎军校生当中他排第3位,而其中只有4名巴黎军校生被直接委任为少尉。[47] 这实际上是一个真正的成功,而他永远不会忘记这一天。他回忆他是在"16岁又15天"时成了一名军官,这样精确的描述表明了这段回忆对他有多么珍贵。[48] 1785年10月30日,被分配到拉费尔炮兵团(La Fère-Artillerie)的拿破仑和他的朋友德斯·马齐(Des Mazis)一同启程前往瓦朗斯(Valence)。

启蒙运动之子

在回忆录中,布列纳说拿破仑接受的教育是十分不被重视的。如果说这句话是指培养未来军官的军事教育的话,我们可以进一步地说,军事教育不是不被重视,而是蓄意缺失。不论在布列讷还是在巴黎,他都对战术或战略观念一无所知,在读过若米尼的军事著作之后,他大叫道:"在军校里,我们根本就没学过这样的东西!"[49] 他是对的。当羽翼初丰的军官们离开军校进入现役时,他们还是几乎每件事都需要学习。这些学校只是名义上的军校罢了。就像在其他教育机构里一样,拉丁文和古代历史是主要学科。"所有的门窗似乎都飘扬出一种带有拉丁语的变格和时态变化的韵诗,带着不同的韵律,来自西塞罗的时代。"[50] 然后是语法课、文学课和法国历史课。学校讲授的历史基本上就是混杂了谱系表的大事记,和地理课上的名词表一样冗长乏味。法国文学的内容几乎仅限于17世纪,包括高乃依、拉辛（Racine）、波舒哀（Bossuet）、费奈隆（Fénelon），尤其是布瓦洛（Boileau）。也许是因为法语课教学的不足，所以拿破仑在拼写方面，至少可以说，一直都很平庸。如果考虑到法语并不是他的母语，而且在欧坦的4个月的学习也许太匆促了，那么我们就更容易理解他的法语水平了。不过他的弟弟吕西安坚称，在这方面，拿破仑没什么与众不同的，因为他的一些同学尽管是法国人，在拼写方面也不比他的哥哥更加优秀。

我们知道18世纪的人对当时的中等教育颇有微词，尤其批评其过于重视拉丁语却对现代语和现代史不够关注。人们埋怨中学教育在学生"通晓自己的母语"之前教给他们一门死语言，并将以后用不上的无用知识塞满他们的头脑。它还被指责是在为一个在1 500年以前就已经不复存在的世界培养公民，并给他们灌输与所生活的世界处处相反的原则与价值观。[51] 教育改革的计划在该世纪中期前后大量出现。法语、历史和地理的地位有所提高，但拉丁语和古代史的优势地位却未受挑战。在用作教育实验的特别学校里，拉丁语被弱化了，教师们被允许使用古典作品的法语译文，而不是原文。

比起其他学校，现代语的教育在军校中经历了一个更加值得羡慕的转变。在布列讷，拿破仑曾经饱受德语语法的折磨。因为有位大臣是腓特烈二世的狂热崇拜者，他认为只有普鲁士的军队才称得上是军队，而一个不懂德语的人成不了一名好军官。拿破仑在离校之后就把德语忘掉了，他在巴黎所学的英语也一样。至于科学，数学的授课很充分，拿破仑有幸受到两位杰出教师的教导，一位是在布列讷的帕特罗（Patrault）神父，一位是在巴黎的路易·蒙日（Louis Monge），后者是未来的国民公会成员蒙日的兄弟；但物理、化学和自然史就并非如此了，只是由一名巡回讲师给学生们做些实验，稍加介绍而已。

总而言之，拿破仑并不是一位在许多学科上表现出色的学生。他在拉丁语方面缺乏天分，法语很平庸，是个德语"白痴"，在消遣艺术（绘画、舞蹈、击剑、骑术和音乐）上也没有鹤立鸡群的机会。只有数学为他赢得了好学生的声誉。据说他的文学水平不佳，不过这只是指他的学业情况。

当他不钻研数学的时候，他就会跑去藏书丰富的巴黎军校图书馆。在那里，阅读成了一种强烈的爱好。尽管他总是返顾普鲁塔克的作品，但他应该也会阅读一切碰到的东西，缺乏条理但并不缺乏阅读的方法。他像同时代的其他人那样阅读，手中握笔，随时抄写摘录，会进行总结，并撰写概述。

拿破仑接受了他那个时代典型的教育，而且相对于学校提供的教育来说，与时代的精神更加接近，因为它结合了科学精神与古典精神这两大支柱，按泰纳的说法，这二者混合成了在1789年清扫旧制度世界的"猛药"。诚然，数学在军校中得到优待，这首先是因为它对炮兵和工兵这类兵种有显而易见的实用性，然后还"因为它被视为锻炼头脑的一种方法"。[52] 尽管军校校长们对哲学表现得很谨慎（学校很少或者根本不讲授哲学），但他们同意哲学家们认为数学很重要的观点：他们认为它是理性的力量最崇高的表现。最后，波拿巴通过老师的教导和自学所获得的教育并非那么不足。可以肯定的是，他对自己将来的职业一无所知，但他得到了所受教育所能给予的最好的东西：不是知识，而是对学习的渴望。对这个时期的中学教育的功利性批判没有考虑到当时教育刻意避免追求功利化的事实。军校的真正目标并不是培训军官，而是培养文明的绅士和国王的忠实仆人。塑造学生的举止和传授他们知识同样重要。比起为学生打好坚实全面的知识基础，或者是传授立即可用的实际技术，学校更重视培养学生的决断力。据罗兰（Rollin）修士所说，良好的教育旨在"陶冶青年的心智"，使他们远离"懒惰、游戏和淫逸"，赋予他们"更加优雅的爱好与举止"，让他们有朝一日"能够发挥自己的作用，就像在一个庞大的管弦乐团里面一样，演奏出完美的和声"。[53] 这就是为什么没有任何教育改革能令古典人文学科失去其至高无上的地位。其目的不在于培养语言和古代历史方面的专家，而是让学生熟悉古代世界中那数不胜数的伟大与美德的楷模。这就是为什么教育真正开始于学生离校之后："你的课程结束了，现在你的学习开始了。"[54] 掌玺大臣达盖索（d'Aguesseau）对其子如是说。那时的教育也有少数的捍卫者。哲学家茹贝尔（Joubert）拒绝相信旧的教育体系已经一无是处，并且对旧式学校的消亡表示惋惜：

它们实际上是小型的初级大学。学生在其中接受了非常全面的初等教育……哲学和数学这两个颇受重视的学科占有一席之地；历史、地理和其他被人们谈论的知识学科的地位并不突出和高调，就像今日一样，但是可以说是隐秘幽暗的。它们由其他学科引入、渐进和传达……诸种事物都教授了一点，并且……每种性情的和声都能被听到。每个心智都被要求认识自己，所有的才能都被推动发展。授课进度非常缓慢，不拘礼节，几乎是润物细无声，学生们认为自己知道得很少，所以保持谦逊……他们在离开旧学校的时候是无知的，对自己所知的东西也很无知。他们在离开时渴望学到更多，对他们眼中富有学识的人满怀敬爱。[55]

很显然，这种"隐秘幽暗"的教育并不总是能实现自己的目标。证据就是它培养了一批革命者而不是国王的忠臣良将，催生了一批自然神论者而不是虔诚的基督徒。但与其说是教育的过错，不如说是时代精神使然，即便学生们深居不出也无力阻挡它的影响。卢梭的作品不在书单上，但学生们偷偷地阅读他的书。就像许多同辈青年一样，拿破仑也在神职人员的教导下失去了信仰。他的第一次圣餐仪式是在布列讷举行的，而坚信礼则是在巴黎。但当他离开学校时，他不再是昔日那个虔诚的男孩了。布列讷的较小兄弟会神父确实对履行宗教义务不是很热心。沙托（Château）神父对于他能够在5分钟之内主持完弥撒十分自豪，甚至连校长贝尔东（Berton）神父都不用花10分钟。但是教师们的缺乏宗教热情也对时代精神被注入布列讷和巴黎军校起了作用。拿破仑仍旧服从宗教戒律，但在离开巴黎军校之后就不再参加圣礼了。他已经形成了自己的信念。这是属于那个世纪的信念：宗教是道德的支撑，是社会稳定的一个因素，对妇女和穷人有好处，即便一个人失去了对其信条的信仰，也要像有信仰那样去尊重它。也是在巴黎军校，这个年轻的科西嘉人接受了法国式的教育。在学业的最后一年里，他和4年后即将一头扎进革命中的同辈人并无区别。

第3章
法国军官与科西嘉爱国者

1785年末，一艘内河船停泊在瓦朗斯，那位刚从学校毕业的16岁军官下了船。此时拿破仑正要前往拉费尔炮兵团的兵营，他会在那里接受基本训练、站岗和做杂役，直到穿上少尉制服为止。在他成了第一执政之后，当他穿上一件掷弹兵上校的制服时说道："我不知道有什么衣服能比我的拉费尔炮兵团制服更加漂亮。"[1] 根据他平时谈到生命中的这段时期时的言论来判断，他似乎已经找到了一个与他的性格气质相符的世界，就像一个大家庭一样，由"世上最勇敢和可敬的人"[2] 和"父亲般的"领导者们掌控着。刚一穿上军官制服，他就期盼着能得到他的第一个"半年休假"。[3] 最后，在1786年，服役不到一年的拿破仑回到了科西嘉岛。在和母亲还有约瑟夫重逢之余，他认识了在他离家后出生的弟妹们，继续阅读和开始料理家庭事务，时间过得飞快。太快了。他的休假结束于1787年3月。翌月，他请求延期归队，并且得到了批准。"那是一段多么快乐的时光，一个只服役了10个月的年轻军官可以休一年的假，每个月还能足额领到军饷！"[4] 拿破仑利用并滥用了部门大臣的慷慨大方——直到1788年5月，在科西嘉度过了21个月之后，他才回到了兵营中。与此同时，拉费尔炮兵团已经从瓦朗斯迁往了欧索讷（Auxonne）。拿破仑在那里待了差不多一年半，然后在1789年9月回到了阿雅克肖。对比一下他在1786年到1793年间待在团里和待在科西嘉岛的时间能够揭示很多事情。1785年到1786年间，他在瓦朗斯待了10个月，1786年到1791年间，他在欧索讷待了23个月：在军中总共度过了2年又9个月——这5年又9个月中的剩余时间他都在故岛上度过。[5] 他连个半职军官都算不上。

融入上流社会

在瓦朗斯，拿破仑寄宿在前纽扣制造商布（Bou）先生的家里，并在那里就餐。布先生的女儿是位50岁的老处女，她亲切地与他交谈并帮他修补衬衫。他经常去奥雷尔（Aurel）先生的借阅图书馆，有时也去剧院。这是一种外省生活，有着简单的娱乐消遣，固定的时间表和有限的熟人圈子。简而言之，这种生活有点无聊，但是在学校的围墙内幽居6年之后，拿破仑第一次感觉到他成了自己的主人。[6] 然而他的学习尚未结束：他每周会花3天的时间来研究数学和学习如何绘制地图。但他的学习依然是技术层面的，也很少触及在当时正遭到全面变革的炮兵理论原则。一年后离开瓦朗斯时，拿破仑还远远不能胜任他所属的这个兵种。

兵役占据了他相对较少的时间。正如他后来所说，他那时的生活十分愉快。[7] 这个17岁的男孩穿着制服时十分严肃，但也会享受当时典型的娱乐。一直以来他都被描述为"饱受贫困之苦"。[8] 每天只吃一餐，点心是早上在一家面包店买的两个小馅饼。然而，这种贫困在很大程度上是相对的。他的年薪略多于1 000里弗尔，在波拿巴家族得到一笔渴望已久的遗产之后，他还收获了1 200里弗尔的意外之财。"我吃得很好，食物也很好。"他在圣赫勒拿岛承认道。[9] 当他在1788年回到欧索讷之后，处境发生了变化。他不再过得那么优裕，1786年得到的遗产花掉了，他的薪水也没有增加，现在他还要帮补家用。他得节省开支，但可以肯定的是，他没有陷于贫困之中。

在瓦朗斯这样的卫戍城市中，即便是16岁的军官也能为当地社会增色。拿破仑出现在迪·科隆比耶（du Colombier）夫人和圣吕夫（Saint-Ruf）修士的家里，参加舞会和郊区出游等等。他了解了当时的法兰西，一个属于贵族和资产阶级的法兰西，茹贝尔告诉我们，他们"并不博学，却是知识之友……在他们身上没有什么超凡脱俗的东西，但一切都带有朦胧的华美"。[10] 沉浸在一个女性具有如此优越地位的社会里，拿破仑自身也变得更有教养了：他掌握了礼仪举止，勤学补拙的他还上了舞蹈课和仪态课。他在瓦朗斯的沙龙里面完成了他的教育。后来，他认识到了这段时期在他生命中的重要性，总是满带深情地回忆这段往事，这也许是因为他在此时第一次坠入了爱河。他已经发现了一个新世界。他对自己的贵族出身感到自豪，养成了贵族的品味。这证实了他在结交巴黎军校的上流子弟时并未心怀怨恨，尽管比起波利尼亚克和蒙莫朗西家族的名门子孙，他也许会觉得在瓦朗斯和外省小贵族相处更加平等。

如果只看他在瓦朗斯的经历，拿破仑的青年历程似乎就是一个成功的同化过程。这甚至可以成为旧制度的法兰西在这一方面颇有能耐的良好例证。它的学校向这个小科西嘉人敞开大门，让他成了一个法国人。"不可磨灭的印象必然留在他的脑海中，最重要的是让他能够理解法兰西，并让他懂得如何与其对话。"[11] 那些接受了1814年至1815年编造的抹黑拿破仑的故事的人，将拿破仑视为从未被同化的外国人的典型，但雅克·班维尔反对所有此类看法，他持有相反的观点，那就是没有人比这个17岁的年轻人更像法国人了。此外，当拿破仑在1786年回到科西嘉岛之际，他发现了奇怪的事情：他不会说自己的母语了。他甚至觉得很难重新学会它。直到在1788年第二次逗留于科西嘉岛时，他才能够再次使用母语，他是下了一番功夫才做到的。班维尔也指出："在法兰西度过的7年已经给他打上了印记。他已经不像他所想象的那么像科西嘉人了，尽管他仍激情昂扬地想要成为其中一员。"[12]

一种非凡的冲动

他已经为此做了一段时间的工作了："请让人给我寄来博斯韦尔的《科西嘉史》(*Histoire de Corse*)，以及其他有关这个王国的历史著作或回忆录。"他在1784年9月给父亲的信中如是写道。[13] 这些语句是拿破仑对故岛的热爱的现存最古老的痕迹。他那时15岁。这位青年的"科西嘉主义"在布列讷觉醒，表现得和次年在巴黎，以及日后在瓦朗斯和欧索讷时一样热切和强烈。他对科西嘉心心念念，在青春期之后的很长一段时间里，他的想象空间还完全被其占据。无论是军事训练、团队的友谊，还是在城市里度过的夜晚，都没有让他将其忘却。回到自己的房间，"为了更深入地沉思冥想"而关上百叶窗后，他在想象中回到了他的故岛。[14]

当然，他并不仅仅阅读关于科西嘉岛的著作。他的读书喜好为他开辟了更广阔的视野。当他在1786年回到阿雅克肖时，他带着一个装满了书的沉重箱子下船，箱子里不仅有卢梭和伏尔泰，高乃依和拉辛，普鲁塔克和柏拉图，西塞罗和科尔内留斯·内波斯（Cornelius Nepos）的作品，还有蒙田（Montaigne）和孟德斯鸠，雷纳尔的著作以及莪相（Ossian）的诗。有些作者是他在布列讷时的旧识，少数几个（普鲁塔克和高乃依）陪伴他终生。包括韦尔托（Vertot）修士和罗兰修士在内的其他人很快就被他视为"没有天资和特色"。[15] 也有少数几本小说，尤其是《保罗和维尔日妮》（Paul et Virginie），他百读不厌。除此之外，有些作者并不在学校的阅读名单上面，尤其是让-雅克·卢梭，据约瑟夫所说，在读他的书的时候，拿破仑脱离现实，活在"理想的世界"中。[16] 他读过卢梭的《社会契约论》，而《新爱洛依丝》（La Nouvelle Héloïse）则令他落泪。当他偶然发现一本安托万-雅克·鲁斯唐（Antoine-Jacques Roustan）写的攻击卢梭关于公民宗教的理论的书时，他执起笔来写了《驳鲁斯唐》（Réfutation de Roustan）。他接受了他的英雄的理念，激烈地攻击那位不幸的神父，不仅指责其"愚蠢"，还谴责他没读过卢梭的书就妄加批评。[17] 书籍很昂贵，但没有什么能给他更多的快乐了：

> 我一点一滴地省下了两个六里弗尔面值的埃居，然后带着孩童般的喜悦，走向一位住在主教宫附近的书商开的书店。我经常背负嫉妒之罪地看着他的书架。我对一些书垂涎了很久，直到钱包允许我将其买下。这些是我青年时代的乐趣和嗜好。[18]

因此，在阅毕罗兰的《古代史》（Histoire ancienne）和《两印度哲学史》（Histoire philosophique des deux Indes）后，他在约翰·巴罗（John

Barrow）的《英国史》（*Histoire de l'Angleterre*）上留下了页复一页的潦草笔记，然后继续研究腓特烈二世的统治以及泰雷（Terray）修士的宦途，读完米拉波（Mirabeau）的《密札》（*Lettres de cachet*）又开始研究布丰（Buffon）的《自然史》（*Histoire naturelle*）、马里尼（Marigny）修士的《阿拉伯史》（*Histoire des Arabes*），或者阿姆洛·德·拉乌塞（Amelot de La Houssaye）的关于威尼斯政府的书，更不用说拉克鲁瓦（Lacroix）的《地理》（*Géographie*）了，他在那本书中给这个句子画了线："圣赫勒拿岛，一个小岛。"[19] 这是不是夏多布里昂所说的支配他的头脑的"混乱"的征兆呢？[20] 他从其中几本书中得到灵感，开始编写自己的故事，比如《埃塞克斯伯爵》（*Le Comte d'Essex*），这是一个荒唐可笑的鬼故事，改编自约翰·巴罗的作品；以及《先知的面具》（*Le Masque prophète*），一个灵感来自马里尼的《阿拉伯史》的小故事。[21] 这个故事写得比其他作品要好，除此之外，他写的故事不过是些平庸的短篇作品而已。在这些浮夸的文字中，很难看到拿破仑未来的简洁却又包含大量信息的行文风格。就像年轻时的夏多布里昂一样，拿破仑留下了"大杂烩"般的少年时代作品。[22] 让我们无视那些认为他渴望成为"当代卢梭"的猜想吧。[23] 真相要更加平凡一点：他是个"蹩脚文人"，就像当时的大多数受过教育的年轻人一样。[24] 即使他们并不梦想用笔赢得荣光，但他们就是不由自主地撰写了那些带有学童气息以及属于一个博爱、茫然并善感的年纪的感伤色彩的论文。

　　尽管这位年轻军官的阅读选择并不完全被科西嘉所左右，但他肯定认为自己从头到脚都是个科西嘉人。"我从科西嘉出发描绘我的生活，对我不幸的祖国满怀狂热的爱。"[25] 他也许会这么说，此话出自他从1789年开始写的《新科西嘉》（*Nouvelle corse*）中的一个人物。有人说，他满怀热情地阅读卢梭和雷纳尔修士的作品，是因为他们支持保利。但这么说就把这位年轻人看得太条理分明了。他对卢梭、雷纳尔修士和其他同时代的作家们一样地热衷。重要的不是拿破仑在《社会契约论》中读到了几段赞扬科西嘉的话后就产生了对卢梭的热爱，而是他用卢梭的视角来看待他的岛，这一点可以从他在1786年4月写的未完成的片段中得知，当时他想知道科西嘉人是否有权摆脱外国统治：

> 要么是人民通过向君主臣服而确立了法律，要么是君主设立了法律。在第一种情况下，君主负有不容违背的义务，必须根据国家的本质履行契约。在第二种情况下，这些法律必须指向政府的目标，即人民的安宁与幸福。如果它们没有这么做，那么人民就回到了原始状态，而不为社会契约的目标服务的政府也随之瓦解，但我们还可以进一步地说：人民将主权权力交给任何形式的个体的契约并不是一项合同，也就是说，人民可以随时将授予他人的主权收回……既然热那亚的君权或者说领地权只不过是惯例而已，难道这一道理对科西嘉人不是特别有利吗？因此，科西嘉人可以依据一切正义的法则，摆脱热那亚的统治，而且也可以同样摆脱法国的统治。[26]

年轻的波拿巴用卢梭《社会契约论》中的语言和抽象逻辑为故乡的事业辩护。字里行间不含温情，无关感受，亦不涉及回忆。他以一个陌生人的视角来为他的故岛考虑。我们该为此感到惊讶吗？他生于科西嘉，但在离开它时还很年幼，并不真正了解它。如果说他爱它，那是一种从书中获得的理性的爱。[27]他在谈到它的时候就像个法国人一样。他身上增强了的爱国主义进一步证明了他在大陆所受教育的成功。他正是在成为法国人之后才了解了科西嘉；他愈发认为自己是科西嘉人，但他所受的教育已经将他身上所有曾经属于科西嘉的特质都抹除了，连语言也不例外。这到底是一个乐于看到人们因为一个穿着胜利者的制服的人支持失败者一方而吃惊的青年所摆出的姿态，还是更深层次的感情的表达呢？这位年轻军官写的一段话非常著名：1786年5月3日，在论述了法国的征服的不合法性之后，他宣布他打算自杀。"许多愚蠢的年轻人都痴迷于自杀的想法，以为这样能彰显他们的与众不同。"夏多布里昂冷冷地评论道。[28]这一宣示更像是一种姿态，因为拿破仑那时刚读完《少年维特的烦恼》。此外，他已经获得了先前请求的"半年休假"，正高兴地盼望着回到科西嘉岛。自1778年以来，他第一次准备与家人团聚，回到童年的乐土。然而，他也不免对重返这片让他朝思暮想的土地感到不安。现实恐怕要让他失望了。如果说他害怕见到一个与他的梦想不同的科西嘉的话，那么在假期结束不得不离开故乡时，他的恐惧已经消失了。甚至在离开之前，他还想着要回来。然后，他写道，他得回到并不全然令人愉快的生活中去："生活对我而言是一项负担，"他补充道，"……因为在我周围的人们大概会永远以与我相去甚远的方式生活，就像月华迥异于日辉。"[29] 他夸大了自己与法国人之间的差别，但我们可以看到，尽管教育在语言、思想和举止方面将他塑造成了一个法国人，但这绝不意味着他十分心系法国，或者说他无法设想未来在别的地方生活。他无可否认地是一个法国人，但他并不觉得自己对法国有什么义务。直到很久之后，他实际上是在命运令他脱颖而出后才放弃了离开法国、前往任何可以让他人尽其才的异国追求事业的念头。就像一些流亡家庭的孩子抗拒收留他们的国家，而对已经记不起的故国青睐有加一样，拿破仑对于自己已经成为法国人的事实不抱好感，试图拥有他已失去的科西嘉人身份。

对荣誉的爱，对时代的热情

如果说拿破仑活在他的理想中的科西嘉的话，那也是因为那个岛的历史在他眼中就是英雄主义和荣耀的代名词。科西嘉的史册载满了现代版的普鲁塔克式人物。在他写于1789年和1790年间的《科西嘉通信》里面，他最终抛弃了从《社会契约论》中借鉴来的观点，试图按年代顺序将那些在科西嘉岛青史留名的伟人的形象列成一道长廊，以此展现科西嘉历史上的重大事件。这种荣耀，对一个20岁青年的吸引力，我们如何强调都不为过。这是一种时代激情。如果我们低估了这一点，那么就无法理解那酷烈的革命斗争与帝国的军事史诗。为了这种荣耀，许多人起先投身文学，其后转向政坛，最终奔赴沙场。

当你的声名远播四海，甚至达到连你本人都觉得难以置信的程度时，你难免会对人生的空间性与时间性产生幻想，认为自己拥有属于造物主的超凡特质，这无疑会使人迷醉。你时常感受到万千民众全心全意地为你所吸引，这让你的灵魂充满了自豪的喜悦……你头脑中的每段沉思都能影响那么多人的命运，伟大的事件在你体内发展……你的灵魂被人群的欢呼所唤醒，引你沉思，又使你躁动：荣耀所带来的这一切如此使人心潮澎湃，最终必定会让青年心中充满希望和燃起出人头地的欲望。[30]

就像阅读普鲁塔克的作品一样，科西嘉岛在这个缺乏荣耀的世界中，为他充当了一个慰藉之所。军旅生涯算是惬意，但缺乏崇高的英雄气概。1789年，在里昂学院发起的题为"论幸福"的征文比赛中，他写了以下这些内容，或许可以用来总结他自己的生活：

当一个人在起床的时候不知要做什么，拖着他无聊的形体从一个地方走到另一个地方；当他在考虑未来时总是看到一幅单调乏味的可怕景象，每一天都是雷同的；当他自问"我为何要降生到世上"时，在我看来，那人便是世界上最悲惨的人。他的身体崩溃了，他的心灵失去了人类那与生俱来的活力。这颗空洞的心，它该如何存在呢？他在过的是一种具有异于我们本性的道德能力的野兽般的生活。要是他并不具备这些能力，那他该有多幸福啊！因此，此人会因为一件琐屑小事而气馁。一丁点的挫折对他来说仿佛是无可忍受的灾难……在孤独的虚空中，一股内心的焦虑会对他说：不！我不幸福。[31]

此话若是放在1786年或1788年不难理解，那时拿破仑正过着"和平时代的军官的平淡无奇生活"。[32] 但在1791年就远非如此了，军官团因流亡而出现了大量缺额，这为一名雄心勃勃的青年军官提供了机遇，此时战争即将来临的流言持续传播，法兰西正投身于政治斗争当中，它颠覆了当时社会的价值观，而支持拿破仑理想中的古代世界的那些思想。"古典时代自由"在他周围盛行，伴随着其炽烈的美德、牺牲精神和英雄主义，但他视若无睹，只是继续注视着科西嘉，钦佩着另一个时代的爱国者们。这种奇异的盲目也许不难解释：他的家庭将他与科西嘉岛绑在一起。即便是在1791年，他又怎么能在家人都指望着他的情况下，设想独自在另一个地方过上未来的生活呢？

家庭的重担

　　夏尔·波拿巴于1785年2月24日在蒙彼利埃去世。约瑟夫放弃了学业，回到家中陪伴母亲。她与他的叔祖父卢恰诺（Luceano）很快就意识到他们不能依赖这个长子。另一方面，他们可以从拿破仑的信中找到令他远胜于他哥哥的一切。万事待兴，家族的地位在18世纪70年代达到了顶峰。但是，在马尔伯夫伯爵再婚，与波拿巴家族关系很好的波什布恩监察官也离去之后，情况发生了变化。他们不得不面对手头缺钱的现实。夏尔生前花钱铺张浪费，投资草率。他在游历大陆和作为科西嘉贵族的代表驻于凡尔赛宫时花了很大一笔钱。他获得了经营桑树苗圃和排干阿雅克肖附近的盐沼地的特许权。政府承诺给予补贴，但是并不能定期支付，所以夏尔垫付的费用逐渐累积：据他儿子所说，排干盐沼地花了3万里弗尔。[33] 他去世时不仅一文不名，还留下了一大笔债务。他们可以靠一笔遗产来偿还一些债务和改善日常生活，但只是获得了片刻的喘息时间而已。1786年5月，政府注意到桑树苗圃没有带来预期的收益，于是决定及时止损，取消了1782年时和波拿巴家族签订的合同。于是，波拿巴家族有朝一日得到未付的补贴的希望破灭了，更糟的是，他们不得不向政府偿还一大笔贷款。

　　拿破仑在恰当的时间回到了阿雅克肖。他着手写请愿书和索偿书，在长达一年的徒劳努力之后，他返回巴黎，希望能从中央部门的职员那里得到当地官员拒绝给他的东西。但他失败了。直到3年后巴黎人民攻占巴士底狱时，拿破仑的家庭事务依然毫无进展。

　　虽然他只是家中的次子，但是拿破仑不得不为家族的福利着想，以弥补兄长的懒散，让他不必做那些令人辗转反侧、头痛欲裂的差事。拿破仑对此毫无异议。这是他的孝悌之责，所以他任劳任怨。出于同样的原因，他在抵达瓦朗斯之后，急忙再次申请休假。他的家庭需要他，需要他的勤奋和精力，而他很快也像夏尔那样扮演起请愿人的角色。和父亲一样，拿破仑屡屡造访政府机关，从不因被拒而气馁。"我的家庭困难毁掉了我的青年时代。"他后来如是说。[34] 这么说有其道理，但仅仅说出了开始而已。直到最后，他都背负着来自家人的负担，他们的需索随着他的名望与成就的增长而增加。1795年，在参与镇压了葡月暴动之后，他已经跻身上层人物之列，但他还得努力解决吕西安因为与前恐怖主义者来往所惹的麻烦，为路易找个职位，把妹妹们嫁出去，满足费施（Fesch）的宏伟梦想，照顾拉莫利诺家族，更别提还要顾及最贪婪的约瑟夫了，后者总是决定不了到底是要在巴黎附近住下，用妻子的部分嫁妆来投资在大革命中被国家没收的一处教会地产，还是在意大利某地当外交官，抑或去君士坦丁堡谋求发迹的机会。"我会满足你的所有愿望"，拿破仑在给约瑟夫的信中如此说道，仅仅要求"耐心和时间"。[35] 就像当初在1786年或1787年那样，他写了许多推荐信，尽力确保咖啡豆投机生意的成功，与一位和约瑟夫做生意的在莱比锡的商人联络，去考察他认为约瑟夫可能会感兴趣但其实从未令其满意的地产，还给母亲寄钱，好让家里人像他说的那样"应有尽有"。他从不沮丧气馁。"你知道，我的朋友，"他给约瑟夫写信说道，"我只为给予家人幸福而生，为他们的满足而愉悦。"[36] 在约瑟夫第一千次告诉拿破仑，拿破仑提供给他的东西不能使他满意后，拿破仑回复道："如果你不想当领事，到这儿来。你可以挑选任何适合你的职位。"[37] 但是，终于有一天，他再也抑制不住自己了，在写下了他不得不应付的无数事务之后，他在信的末尾写道："我现在为家里每个人所做的事情，都已达到我的极限了。"[38]

他的心里是怎么想的？他后来承认，他在应对自己的家族时曾经是个"懦夫"。[39] 他负责任的行为是否也出于爱呢？据说约瑟夫一直是他最喜爱的兄弟，因为他记得他们早年的亲密关系。无论怎样，拿破仑总是纵容约瑟夫，原谅后者身上一切不招他喜欢的品质，比如他的优柔寡断和耽于享乐的天性，他的犹豫不决和好逸恶劳。他也看到了约瑟夫身上的良好品质，首先是约瑟夫对他真挚的友谊，他的亲切友善和社交才能。他发自真心地关爱他。此外，他尊重作为长兄的约瑟夫，总是注意找出后者的杰出之处，即便约瑟夫并没有什么资格自视如此。但他并不很器重约瑟夫，更谈不上钦佩。他的喜爱之情中混杂着某种轻蔑，拿破仑曾说，如果他自己没有让约瑟夫扮演超越其才能的角色，"将他扔到他的领域之外"的话，约瑟夫本可成为一个最优秀的人。[40] 这些拿破仑在幻灭和痛苦的时候做出的姗姗来迟的评论，也许并未忠实地反映出年轻的拿破仑对其兄长的感受，但即便如此，拿破仑在年轻时也已经严肃地评判过他了。

　　至于其他家庭成员，他的信中透露出一种冷淡，对那些像是陌生人一样的弟弟妹妹几乎是漠不关心，他对他们知之甚少甚至是毫不知情，直到在1786年回到科西嘉岛之后才认识了他们。吕西安？他们的第一次会面是在1784年的布列讷，两人表现得并不热情。他们之间谈不上默契融洽，而且永远也不会如此。后来他开始喜爱路易，在1791年把他带到了欧索讷。他几乎不认识已经在1779年被带去圣西尔（Saint-Cyr）的埃丽莎（Élisa），[41] 而波利娜（Pauline）和卡罗琳（Caroline）出生于他前往大陆之后，最年轻的热罗姆（Jérôme）也一样。他们完全是陌生人。他在1786年至1788年间与他们熟悉起来，也许对他们形成了某种依恋之情。回到大陆之后，他写信问到了他们，建议吕西安阅读古代历史著作，叮嘱热罗姆要听话。马松（Masson）告诉我们，他"怀恋他的童年"。[42] 许久以后，在圣赫勒拿岛上，他经常回忆他的家人待他多么糟糕，有时是在苛待他，提到他们如何伤害和败坏他的生活，但是他还是忍不住补充道："我们真诚地爱着对方。就我来说，我从未停止珍惜对他们所有人的手足之情。我相信在他们心中也对我有同样的感情。"[43] 他说的这句话也是发自真心的，也许他仍旧在对血亲的爱和认为他们是非常沉重的负担的感受之间左右为难。

身世疑云

　　我们永远都可以引用拿破仑对他与母亲的关系、他们彼此之间的爱以及他欠她的恩情的那触动人心的评价，他欣然承认："我的发迹极大一部分要归功于她抚育我长大的方式……我欠她很多。她对我的品格有明智的影响……我的成功与取得的一切成就都要归功于她教给我的优秀准则。"他沉思着补充："我的一切都归功于我妈妈。"[44] 毋庸置疑，他尊敬她，但他是否爱她或是否与她亲近却始终未经证实。只有在1814年的厄尔巴岛上，母亲与儿子才确实真诚地爱着对方。毕竟，他的幼年时光更多是在保姆而不是她的怀里度过的，直到1799年，他在从埃及归来的途中逗留于科西嘉岛时，他还称呼保姆为"妈妈"。在他写给母亲的信中，我们几乎找不到一丝真切强烈的感情。"照顾好你自己。永远爱我。"他在1789年给她的信中写道。[45] 在长达7年的大陆求学期间，他只在1782年见过她一次，当时她和丈夫在前往波旁莱班进行矿泉疗养的途中停留于布列讷。

那也是他在离岛后第一次见到父亲。他在1783年又见了父亲一次，也是最后一次，那次夏尔带吕西安去布列讷。1785年3月，拿破仑获悉了父亲的死讯。这个消息让他感到难过了吗？他写给母亲和叔祖父卢恰诺的信难以证实这一点。他给副主教写信：

> 告诉您我有多么强烈地感受到不幸已经降临在我们头上是毫无意义的。我们失去了一位父亲，而上帝知道他是怎样的父亲，他的温和，他的慈爱。唉！我们都把他视为我们青年时代的支撑。而您失去了一位孝顺感恩的侄子……啊！您比我更清楚他有多爱您。我甚至敢说，在他死后，祖国失去了一个热心、开明、无私的公民。[46]

他对母亲的话语甚至更加简洁，只是恳求她"节哀"。[47] 这位刚刚得知父亲死讯但却并未深受震动的16岁青年写这些信，是为了尽义务表达他认为恰如其分的痛苦之情。

他失去的也许是一位保护人，但肯定不是一位楷模。拿破仑将保利视为自己的偶像，并且贬低法国压迫者，他做出了与父亲相反的选择，后者抛弃了保利以享受岛上的新统治者给予的优待。据说，他曾告诉布列讷的校长："保利是一个伟人，他爱他的国家，而我永远不会原谅我的父亲，他曾是他的副官，却赞成科西嘉与法兰西的结合。"[48] 在他于1789年6月12日写信给保利，谴责"祖国的叛徒，因为贪恋龌龊的利益而腐坏的可耻的长者"时，很难设想他心里想的不是他父亲。[49] 一年后，在一份写于阿雅克肖的备忘录中，他同样指责了"那些第一时间投入法国人怀抱的卑劣灵魂"。[50] 很长一段时间以来，他都被父亲的"背叛"所困扰。时间并未削弱这些感受，即便"背叛"一词不再出现在对父亲的控诉中。在成为一名国王的军官之后，他越顺应夏尔为他争取的事物，就越像他的父亲，甚至像父亲一样成了一个不知疲倦的请愿人。他越像父亲那样为了家族的幸福牺牲自己，他就越相信和坚称他和父亲不同。他承认他的父亲是"一个很好的人"，迷人、友善又聪明，同时也责备他缺乏权威、总是异想天开、风流成性、在死亡临近时突然虔诚起来，尤其是他的挥霍无度。他把叔祖父卢恰诺当作他的男性楷模，后者通过节省开支"恢复了已经被夏尔的奢侈挥霍大大扰乱的家族事务"。[51] 拿破仑的叔祖父卢恰诺——"我们所有人的父亲"——拥有一切美德，而缺陷则全属于他父亲。[52] 拿破仑有次甚至承认要是父亲还活着会挡了他的路。[53] 在他的父亲死后，拿破仑不可能预见到自己非凡的命运，但他把这当作一种解脱，而我们也可以看出他并不想把关于父亲的记忆与自己的命运联系在一起。1802年，当蒙彼利埃（夏尔葬于那里）的市议会提议建造一个纪念碑以纪念第一执政之父时，拿破仑告诉议会：

> 我们不要打扰死者的安息，让他们的骨灰静静待着吧。我也失去了我的祖父和曾祖父，为什么不给他们立纪念碑呢？这可能追溯得太远了。如果我的父亲在昨天去世，那么我在悲伤之余用某些标志表达对他的尊敬就会是合适和自然的。但他早在20年前就过世了：所以这么做与公共利益无关，唤起那段记忆也毫无用处。[54]

当然了，这是一个政治性的回绝：不触动共和派人士心中犹存的敏感情绪是明智的。但他不愿这么做还有另一个原因。他不认为自己是任何意义上的继承人。相反，他相信他的崛起全靠自己，他是使用"拿破仑"这个名字的第一个人，在这方面，他不受过去的羁束。再者，也许在儿子心中，父亲在被胃癌带走的很久以前就已经死了。事实上，多年以来，拿破仑似乎一直对他的生父到底是谁心存疑惑。我们不知道他是什么时候开始怀疑母亲和马尔伯夫伯爵的关系的性质的。难道是在我们先前提过的1778年12月的那一天吗？[55] 或许是在更早的时候，在阿雅克肖，当莱蒂齐娅命令他的儿子快点穿衣，因为他要去总督家里吃晚餐时？抑或是，后来在布列讷，当他（根据当地传说）连续两年被带到位于离甘冈不远的布列塔尼省的卡拉克，在马尔伯夫的城堡里过暑假时？又或者是再后来，在阿雅克肖，当他看到母亲和总督的肖像并排挂在客厅的墙上时？[56] 无论怎样，有一段时间他曾想象过自己是一个非婚生子，一个私生子，那时（我们认为是当他在布列讷时或更早）他那完美无瑕、秩序井然的童年世界轰然崩塌了，他的父母不再是给予他关爱和保护的近似于守护神的力量。我们不能说他确信自己是马尔伯夫的儿子。但是他的确质疑过，而且疑惑了很长一段时间。如果他的父亲不是他的父亲，那么他是谁的儿子呢？他甚至将母亲怀上自己的日子和马尔伯夫去科西嘉的日子进行比对，最后确认自己不可能是总督的儿子。[57] 那么谁是他的父亲呢？1799年，在从埃及回国的船上，他还向加斯帕尔·蒙日吐露了自己的困惑：[58]

> 他谈到了他关于他的出生的不光彩的疑问。暗示了他的母亲与马尔伯夫先生为人所知的私通，以及后者给予她的孩子的庇护，他说明了他多么想知道自己的亲生父亲是谁。他给出的原因是他很好奇是谁将军事天赋遗传给了他……他像研究科学问题一样对待这一问题，比对了总督离开的时间和他的出生日期，得出了他实际上是夏尔之子的结论……但是这样他就理解不了他从哪里得到领导军队的才能了。[59]

他刚过了30岁生日，仍然不确信自己的父亲是谁。至于他"法律上的"父亲，我们可以说他总是被拿破仑"以可想象到的一切方式抹去、驱逐、删除和否认"。[60] 最终，他没有被最可能的人选（马尔伯夫）取代，而是被一个崇高纯洁的理想的父亲所取代，拿破仑在他身上找到了夏尔缺乏的品质：他就是保利。拿破仑知道《卡斯特鲁乔·卡斯特拉卡尼传》（*Vie de Castruccio Castracani*）吗？在这本书中，马基雅维利似乎是从他的经历中观察到了某种现象：

> 有一个令人震惊的发现……所有或者大多数在世上成就伟业、在他们的时代中脱颖而出的人都出身低下，抑或其来历卑微不明，或至少被命运极大地阻挠过，或被抛弃到野兽中，或拥有一位卑贱的父亲，出于羞惭，他们宣称自己是朱庇特或其他神明之子。[61]

但是他所认的这位传说般的父亲（保利从来没有接纳他，不管他怎么努力，保利总是冷落他）是一位不能示人的父亲，不能真正取代他的真实父亲。他是一位楷模，但拿破仑并不受制于他的权威，他可以想象着模仿他甚至超越他。执笔撰写科西嘉史诗可以向那些英雄和先行者致敬，但同时也可以让他有权评判他们的过错与缺陷。马尔特·罗贝尔（Marthe Robert）对此已有阐述。这一私生子的"传说"尽管不能排遣痛苦，但可以成为具有创造性的自由之源泉。一位想象中的父亲的身份总是国王、贵族或至少是个强人，他们永远不会真正取代失去地位的父亲，也不能真的填补空缺的位置：那个私生子，或至少是认为自己是抑或想要成为一个私生子的人"将他的父亲置于一个一个超乎现实家庭生活的幻想领域，这是一种尊敬，更是一种流放，因为这位崇高的未知的父亲，他在日常生活中担当的永久缺席的角色也可以被当作不存在，他是一个幻影，一个可以被理所当然地崇拜的已逝之人，但他的位置是空的，很容易被人取代"。[62] 马基雅维利说了本质上相同的话：给予某人一个神圣的父亲以取代他卑贱的父亲，是获得不为大多数人所知的自由的一种方式，这种自由让人可以不效仿任何人，不受约束，还获得了"将一切屈辱和不快的因素从传记中去掉"的能力，简而言之，这是成为"自己命运的绝对主人"的自由。[63] 可以肯定的是，由于一切事情都有其反面，所以"私生子"必须一次又一次地抹杀卑下的父亲、超越理想的父亲。掌控自己的命运要付出代价。拿破仑的经历证实了这一点：他在革命初年费尽力气地试图模仿、比肩和超越保利，获得他的认可，直到最后，拒绝过他的保利也成了一个卑下的父亲，这让拿破仑得到了渴望已久的自由，最终让他得以成就凡人所不能及的伟业。

在对拿破仑的命运产生影响的所有因素之中，他父亲的早逝还有拿破仑对自己血统的疑问是很重要的。当然，这些不能解释他那非凡的经历。他当然不是因为觉得自己不是他父亲的儿子才成为法兰西皇帝的。这些因素只是为某种性格提供了心理基础，从夏多布里昂到泰纳，每个深度剖析拿破仑的人都注意到了这种性格。在夏多布里昂眼中，他是"无与伦比""不可归类的"，是一个"从天而降，可以属于任何时代和任何国家"的人物。[64] 在泰纳看来，他是由"一个特殊的模子铸出的"。[65] 诚然，很少有人像拿破仑那样植根于传统、历史、文化和家族过往中。关于他的身份的不确定性无疑是非常重要的，虽然这与他实际上拥有的自由关系不大，但关键是他感觉到自己是自由的——即便他不觉得他是自己的儿子，那么他至少认为自己并没有祖先，他感到他是自己历史的创造者，是自己命运的缔造者。他不受其他事物的支配，除了他经常提到的"命运"之外：那并不是指让人们青云直上又将他们打入深渊的盲目的命运女神，也不是随意奖惩的无休止转动的命运之轮，而是马基雅维利所说的"命运"，是指一个富有远见、处事慎重、具有深思熟虑后的大胆无畏、敏锐觉察到情况的细微变化的人可以驯服并纳为己用的时势境遇。许久之后，布列纳在一本书上看见后来多被认为是出自波拿巴之口的语句，据说在抵达埃及之后，波拿巴担心追击的英舰不给他时间让部队登岸时脱口而出："命运啊，你抛弃我了吗？我只要求5天时间！"根据布列纳的看法，波拿巴不可能说过这些话：因为他不相信迷信之人所说的"命运"，他总是提到"他的命运"，但他从来不向"命运"祈祷。[66] 简而言之，他服从于一股让他确信他是自己的主宰的力量。因为这一信念早就成形了，波拿巴的青年时代有助于我们理解他未来的发展：这让我们瞥见了些许引导凡人成为伟人的线索。但我们不能幻想仅凭这一性格就足以孕育未来。未来是被一系列不可预见的境遇和时机以及意志、坚持和才能塑造的，正如拿破仑所说，是大量的工作与无数不眠之夜的结果。

第4章

阿雅克肖的革命者

据传，拿破仑对三级会议召开前的事态即便并非完全漠不关心，也是处于极其心不在焉的状态，满脑子都想着科西嘉岛，以至于无法持续关注在大陆上发生的事情。事实恰恰相反，从1788年末开始，法兰西的形势在他的书信中占据了越来越重要的地位。他已经站在了"爱国者"的一边。他之所以选择这一立场，不是因为他自己的境况遭遇或者信仰理念，而是深思熟虑的结果。出于对科西嘉的爱，他投向了革命的事业。就在他对"新生的"法兰西表现出热情的同时，他也在纸上写下了散发着对法国和法国人的仇恨的句子——譬如，在他的早期作品《新科西嘉》中，其中一个人物宣称：

> 我已经在我的祭坛上起誓，绝不再饶恕任何一个法国人。几年前我看见那个国家的两艘船沉没。几个水性好的人设法游到了岛边，但是被我们杀掉了。我们救助他们是因为他们是人，杀死他们是因为他们是法国人。[1]

拿破仑希望1789年的法兰西能够补偿舒瓦瑟尔主政下的法国犯下的过错。为了对这些过错表示谴责，他着手撰写一部科西嘉史。这一计划并不新鲜，他在1786年时就已经设想过了。当路易十六在1788年8月8日宣布将要召开三级会议时，拿破仑的科西嘉史编写工作进展顺利。但拿破仑立刻就意识到，这一事件可能会改变法国与科西嘉之间的关系，所以他决定不发表原稿。他的书稿仅有前三章留存了下来。这些章节回顾了这座岛屿于1729年爆发反热那亚起义的历史，这可能是整本书的引入部分，接下来的内容应将描述自1769年法国征服科西嘉岛以来的历史。[2] "我接触革命只是为了……认清当前形势。"[3] 他在给约瑟夫的信中写道。从他在科西嘉于1789年6月选举三级会议代表前写给教父洛朗·久贝加的一封信的手稿的残存内容（或许是仅有的残本）中可以看出，最近在大陆上发生的事件是如何改变了这位青年对科西嘉与法国之间关系的看法的，以及直到那时还只是一个纯粹历史性的、适合在做白日梦时考虑的议题，是如何转变为一个为他开辟了新视野的政治问题的：

　　在法国迎来新生之际，我们这些不幸的科西嘉人又会如何？是如以往一般卑贱，继续亲吻压迫我们的骄横之手吗？我们是否还要看着本该属于我们的职位为那些举止与道德和他们的出身一样卑贱的外国人占据？我们是否继续看着占领军肆行专制之事，却无抑止之屏障，让暴政毫无节制地淹没我们，直至岛上最高的山峰？我们是否要继续将有关生命财产的一切事务都交由一个无权威亦无活力之高等法院与那些组织拙劣、一人独断的下级法院裁决……？先生们，我们是否继续看着包税人侵占我们"地区"（科西嘉）和调停委员会的权利，不听取反对之声就颁布税法，随意支配国库并肆意将他们的权威强加于我们之上？这些代理人还代表着外省地区么？我为此种无耻行为而感到脸红。……我们是否还要在尽管性质各不相同却汇聚起来嘲弄我们的军人、法官、财务官的三重枷锁下低下头颅？被手握行政权力的人嘲弄，对我们的情感来说难道不是最可怕的折磨么？这难道不是最可怕的暴政吗？[4]

　　拿破仑的科西嘉爱国主义已经换上了新面容：不仅以往昔的英雄传说为食粮，还从个人经历与志趣处汲取了能量。由于他现在要负责打理家族事务，却无法解决家中遇到的问题，所以他站在了大革命的一边。这一转变应该发生于1787年到1788年的冬季，由于先前科西嘉岛上的法国行政机关驳回了他的请求，于是那时他前往巴黎，试图解决家里的问题。他在那里也吃了闭门羹，官员们几近无礼地拒绝了他。我们不能说在那个时候他就意识到法国君主政体已行将就木，但无论怎样，他感到（正如他在信中所说）只要正在侵蚀这个国家的财政危机一日不解决，他的家庭福利所寄望的诉讼就不会有什么好结果。他也确信，出于同样的原因，科西嘉的自由不能再依靠一场重现保利当年壮举的起义，而是要依靠这场尚未被冠以"革命"之名的已经在大陆上展开的捍卫现状者与支持改革者之间的斗争。最后，他形成了这样一个信念，那就是科西嘉之"不幸"的原因主要在于法国对岛上的政治机构与行政机关的完全把持。在写给他的教父的一封信当中，他言及科西嘉会在法国人被驱逐出岛并将其职位交给科西嘉人的那一天重获尊严。在即将来临的巨大变动面前，他觉察到了一种可能性，这种可能性不是让科西嘉与法兰西决裂，而是重新定义它们之间的关系，让科西嘉获得广泛的自治权，开始进行我们可以称之为使政府机构与职位"科西嘉化"的改革。在他看来，监察官标志着要被推翻的秩序，拿破仑之所以怀着这样的热情去支持三级会议的事业，那是因为各地监察官对当地人的打压在三级会议的不满之事列表上占据了突出的位置。时机看来对他有利，在写于1789年春的同一封信中，他劝说他的教父加入正如火如荼的运动，支持其原则，这样一来科西嘉也许将不仅仅享有法兰西王国许诺给所有臣属的利益，还可能获得与自身情况相配的特权。但是久贝加并不适合做这种事，而他在岛上事务中扮演某种角色的希望也很快消失了。

拿破仑回到了他的书本上。他之所以延迟了书的出版，不仅仅是因为他担心形势的发展会迫使他做出一定的修正，还因为他希望他的书在保利的支持下发表。1789年6月12日，他给保利寄去了一封后来出了名的信，但后者根本不屑于回信。[5]之后拿破仑转向了另一位良师雷纳尔修士，后者好意地接待了他，建议他再做一些改进。这位"见习历史学家"——拿破仑如此自称——便回去继续工作了，同时也热情地关注着当前的形势发展。有一天他担心"爱国主义的火花"会熄灭得太快，但次日他又重获了希望。不过，不要将1789年的拿破仑当成一个"头脑发热的人"。代表们关于立宪的喋喋不休让他的热情冷却了。他本能够欣然接受路易十六在1789年6月23日的王家会议中宣布的有限的改革。难道国王不是许诺要创建被赋予实权的地方议会吗？难道这不是暗示着监察官的消失以及他们的职权被转交给被统治者们吗？因此，他起初对7月14日巴黎起义的消息感到惊恐："我在那时收到了来自巴黎的消息。我的两位同僚刚刚给我念了他们得到的消息，然后离开了我的房间。这条消息令人震惊并且非常让人心神不宁……骚动已经达到了顶峰。不可预知这一切将会在何处收尾。"[6] 之后他似乎又支持起义了，甚至引用了巴纳夫的双关语："刚才所流的血真的那么纯吗？"[7] 事实上，他对民众暴力的不同反应取决于他是否目睹了它的发生。他并没有看到7月14日的大屠杀，另一方面，当欧索讷在7月19日与20日爆发暴动时，他和他的团在场，那里的船夫、搬运工和贫农袭击了税务机关和富人的家宅。这次拿破仑并没有把这些骚乱视作自由诞生的必要前提。他表现得像一位军官，强烈反对迪泰伊将军的软弱无能："他们不想开火或者造成太多的伤害。那是很令人为难的。"他写信给哥哥，并在提到被关起来的33个暴徒时简短地评论说："我想，市长准备吊死其中两三个人。"[8] 此刻我们得以一瞥革命者身份背后的波拿巴。

法国的选择？

拿破仑在1789年10月末登陆阿雅克肖。有些历史学家说这位已经被争取到大革命一边的年轻军官的到来，对仍然昏昏欲睡的科西嘉岛上的事态进展有决定性的影响。其他人则反对称并未发现有这种影响，除了他于1789年10月31日在一份阿雅克肖市呈给制宪议会的请愿书上签了名。事实支持反对论调，因为科西嘉在拿破仑从大陆归来许久之前就已经在事实上加入了大革命。

三级会议的召集唤起了科西嘉岛许多年未见的热情。在持续谣传科西嘉即将被热那亚共和国收回的背景下，选战为骚乱提供了新的理由。选举缓慢地进行着（自6月初开始），科西嘉并未参与5月至7月间震动整个王国的大事件，但它对巴士底狱被攻占的消息反响热烈。和大陆一样，岛上的人们想摆脱当前的市议会，将公民们武装起来。8月14日在巴斯蒂亚发生的运动迅速扩散，8月17日波及了阿雅克肖，一个36人的委员会（包括约瑟夫·波拿巴）被指派监督市议会。骚乱蔓延到了农村，到处都有农民挑战当局，质疑自从法军征服该岛以来对公共用地的没收充公行为，甚至把他们不喜欢的教区牧师驱逐了出去。在拿破仑回归之际，科西嘉绝不太平。

拿破仑为科西嘉岛上的革命所做的贡献的重要性被夸大了，而几乎随处可见的骚乱的革命性，可能也被夸大了。岛上当然也没有爆发普遍的骚乱。在阿雅克肖，游行示威的借口不是巴士底狱的陷落，而是当地大教堂的糟糕状况。这些不同的运动几乎没有什么共同点，唯一的共同之处就是担心科西嘉会再一次处于热那亚的统治之下。尽管人们对法国，更准确地说是对它在岛上的代表有强烈的愤恨和不满，但他们对热那亚的仇恨更加强烈。20年的法国统治没有消除这种仇恨。是否真的有不为人知的交还计划呢？在国王亲信和国民议会决策层中，都有人确实在考虑将科西嘉割让给热那亚，并在宣布科西嘉岛完全属于法国的1789年11月30日法令投票通过之后仍作此打算。[9] 科西嘉人对此事态表示担忧。10月11日，一个贵族阶层代表团请求战争大臣"恳求"国王发表"一份直截了当地否认存在将科西嘉割还给热那亚人的计划的声明"。[10] 由于这一危险似乎非常实际，所以科西嘉三级会议的代表之一克里斯托夫·萨利切蒂（Christophe Saliceti）派巴泰勒米·阿雷纳（Barthélemy Aréna）代表他去伦敦，请求保利将军重新考虑他之前所拒绝的与法国政府的谈判。保利让步了，派了两名使者前往凡尔赛。8月末，萨利切蒂成功说服法国监察官，使其相信让科西嘉岛重获平静的唯一方法就是让科西嘉人和政府的关系变得更加紧密。萨利切蒂建议他组织一个可以监督国民议会的法令实施与招募民兵的议会。[11] 这等于废除了1769年建立的制度，并赋予了科西嘉岛显著的自治权，但在萨利切蒂看来，这也通过明确承认科西嘉岛像法国其他各省一样，受国民议会通过的法律的管辖，而将科西嘉与法国绑在了一起。如果我们要说谁是将科西嘉正式并入法国之父的话，那应是萨利切蒂而非拿破仑。

然而，在短期内，萨利切蒂的努力落空了。他被科西嘉的贵族和教士代表所反对，这些人获得了反对"萨利切蒂计划"的"十二贵族"理事会（科西嘉三级会议的常务委员会）的支持。政府也不赞成这一计划，宣布1769年所建立的制度不会有任何形式的改变，并决定将抗击热那亚的战争英雄之子弗朗索瓦·加福里派到岛上，认为这有助于恢复岛上安宁。加福里在1789年9月登陆。他的任务变成了一场灾难，他把先前只是因三级会议的召集而爆发骚动的科西嘉推向了革命。他在军队的护送下穿过该岛，宣布解散在夏天成立的市议会和民兵组织。科西嘉各地一个接一个地发起抗议，加福里最后只能在科尔特的要塞避难。

拿破仑在这场混战中挺身而出，发挥的作用不容忽视。10月17日，在"十二贵族"拒绝接受"萨利切蒂计划"之后，阿雅克肖的革命者们动员起来，请求拿破仑撰写一份对国民议会的演说词。很显然，不论波拿巴家族多么穷困，他们还是握有资源。他们在阿雅克肖有支持者：约瑟夫在市议会有一席之地，他们的表哥让–热罗姆·勒维（Jean-Jérôme Levie）在之后的1790年3月被选为市长，而且他们还屡次利用家族关系让巴斯特利卡和博库内奥亚诺的农民成群结队地涌入市内。即便如此，缺乏资金依然是他们最严重的障碍。这比波拿巴家族的恶名和夏尔的不光彩之举更棘手，使他们未能上升到萨利切蒂家族和佩拉尔蒂家族的高度。不过，动乱带来了希望。毕竟，革命不正是一个扭转不利运势的机会吗？10月31日，在包括他的兄长约瑟夫和波茨措·迪·博尔哥[12]在内的约40名"爱国者"面前，拿破仑朗读了他准备的演说：

> 请〔国民议会的〕各位阁下屈尊，考虑一下我们的处境。我们在即将品尝到自由之甜蜜的时候（1769年）却又被强行拉开，在过去的20年里被纳入君主政体之中。20年来，我们一直活得毫无希望，在专制统治的奴役下受苦，而这场造福大众的革命使权利再为人民之权利，法国重为人民之法国，这振作了我们的精神，让我们意志

消沉的心灵重燃希望……请你们，自由的保护者，偶尔俯下身来略看一眼我们这些曾经的最热诚的自由捍卫者，失去自由后，我们失去了一切，只得到了贬损与暴政。一个庞大的民族（指法兰西民族）期望从你们处得到幸福，而我们是它的一部分，而且比其更加苦恼。请看我们一眼，否则我们将会毁灭。

10月31日的阿雅克肖演讲是11月30日法令的前兆，制宪议会在法令中宣布科西嘉岛属于法国。那么我们是否要将这道法令的颁布归功于拿破仑，哪怕是间接的？当然不是。科西嘉的贵族与教士代表早已请求国王发表类似的声明，在凡尔赛，萨利切蒂也为实现同一目标努力争取了很久。如果我们将依附于已有秩序的派别排除在外，那么科西嘉岛在这个问题上是意见一致的：它想要得到它是法国一部分的明确承认，以断绝任何将该岛割让给前任统治者的计划，并迫使地方当局将制宪议会所发起或宣布的一切改革带来的利益给予科西嘉。萨利切蒂又一次起了决定性的推动作用。在注意到制宪议会的法令被忽视后，他写了一封信劝说巴斯蒂亚的居民立即组织自己的国民自卫军。11月5日，流血事件发生了。

这次起义发生的时候，拿破仑在巴斯蒂亚吗？一位名为费利克斯·德·罗曼的炮兵军官在回忆录中声称拿破仑在10月31日的阿雅克肖演说被采纳后匆忙赶到了巴斯蒂亚。此时小规模的战斗已经结束了，根据回忆录的说法，他鼓动了巴斯蒂亚的居民写信请求制宪议会正式确认科西嘉并入法兰西王国。这封信确实与演说的内容雷同，但也许此内容已经在巴斯蒂亚众所周知了。此外，除了总督要求他尽快返回阿雅克肖的一道命令（依然是根据费利克斯·德·罗曼的说法）之外，没有任何证据证明拿破仑在11月5日出现在巴斯蒂亚。他很可能在11月5日的暴动中起了间接作用，不是在幕后操纵，而是用他的10月31日演说为要求合并的巴斯蒂亚人民提供了灵感，从而使岛屿南部的主要城市的诉求与北部首府合流。

制宪议会获知暴动后，在11月30日宣布"科西嘉是法兰西帝国的一部分，〔并且〕其居民必须接受与其他法国人民同样制度的管理"。1768年条约的所有歧义就此消失了。米拉波提出的一个修正案得到通过，批准保利和所有在1769年征服之后被迫流亡的人返回科西嘉。正如那时的人们所说，在该法令于一个月后发表之后，科西嘉岛"被照亮"了。在阿雅克肖，拿破仑在他家房子的正面挂了一条横幅，上面写着"国家万岁！保利万岁！米拉波万岁！"。

　　拿破仑是否在那一天最终地选择了法兰西呢？抑或他始终不打算让科西嘉成为法国的一部分？人们对此各持己见。挂在马勒巴街的横幅是否支持第一种观点呢？上面写着"国家万岁"，没错，但是是哪一个国家呢，科西嘉还是法兰西？米拉波的名字出现在了横幅上，但是曾提出合并法令的沃尔内的名字却没有。也许，之所以会存在多种不同的理解，是因为问题的表述方式已经错了。拿破仑在11月30日之后所面临的选择常常被视为在科西嘉与法兰西之间取其一。事实上，问题的实质并非如此，看似相反的观点见解也并不是水火不容。支持法国还是忠于科西嘉，这一选择在1786年时的含义，与其在1789年时的含义完全不同。在1786年，选择法兰西就意味着与他父亲一样为征服者效力；然而，在1789年这么做，则是宣布支持革命。拿破仑所庆贺的正是后者，11月30日法令不是让科西嘉脱离了法国，而是将它从旧制度的法国的压迫下解放了出来。几周后，约瑟夫发表了一篇演说，表达了与他的弟弟相同的感情：

> 　　在保利的领导下，科西嘉曾经是自由的庇护所，后来却在一个大臣的阴谋策划下被他国统治，任由几个外国人组成的贵族统治所摆布，受一帮冒险家所支配。〔科西嘉的〕国民们遭人白眼，被暴君的走狗所贬损。但是大革命……已经摧毁了专制主义。爱国主义与祖国不再是空言虚辞，我们的自由不再是缥缈不定的了。它不再依赖于某个宠臣反复无常的决定，抑或是宫廷中的阴谋诡计。在牢不可破的联结的作用下，它与一个正在自我革新的伟大帝国之自由合为一体。这个慷慨大度的国家消弭了不公正的前任统治者所犯下的错误，因为它像对待自己的孩子一般将我们拥入了怀中！[13]

　　我们可以肯定地说，拿破仑成了"科西嘉裔法国人"，[14] 而不再"是且仅是科西嘉人"，他很乐意这么做，因为法国在将科西嘉并入王国的同时，实际上将该岛还给了它自己。事实上，11月30日法令意味着科西嘉岛摆脱了总督和监察官的统治，很快也将得到自治的权利。人们没有给予足够关注的是，这一法令在科西嘉岛公布之际，岛上人民也获知了在12月14日和22日施行的新的行政组织法。这些法律终结了君主中央集权制，以分权体制取代之，新体制分为市镇、区和省三层，全都实行选举制，并且在国民议会通过的统一法律框架下享有事实上的自治。有了这道法令，法国的所有行省都获得了科西嘉人民所要求的东西：在遵守共同法律的前提下进行自治。

拿破仑放弃了出版凝聚了他的许多心血的《科西嘉通信》，原因是他关于解放科西嘉的思路已经从与法国决裂转变成了与法国合为一体。他继续写了一段时间的书，但最终为于1790年6月寄给雷纳尔修士的章节附上了一段序言，宣布放弃他的出版计划：

> 您确信记述科西嘉史有其益处……却察觉到我们的著作中缺乏描述科西嘉历史的作品。您出于友谊而信任我能够胜任撰史之事，我也热切地接受了这一任务，心中激起了对我那不幸祖国的热爱，它受尽贬损、郁郁不欢、身披镣铐。我渴望着向正在形成的舆论告发揭露正在毁灭科西嘉岛的暴君走狗，却只听到了对自己之无力的呐喊声……我告诉自己，比起杰出的才干，更需要卓越的勇气……我沉浸在自己将为我们民族做出贡献所带来的愉悦之中，开始收集所需的材料。当大革命降临，恢复科西嘉的自由之时，我的工作已有了相当大的进展。我停了下来，意识到自己已力有不逮，如果此时有谁敢于执起史官之笔，那他还应具备其他才能。当危险出现时，勇气便是所需的一切；当我的作品需要立即发挥作用时，我相信我的能力也足以应付。但现在我将书写我们历史的任务交给其他人，他未必有我这样的热忱，但无疑会更有才华。[15]

那么，我们又怎么理解波拿巴中尉在11月30日法令公布后的六七个月里所做的"反法行为"呢？切记，自治意味着罢免所有从大陆来到科西嘉岛的政府官员。他们在岛内已经备受怨恨，招致无数抨击。人们控诉他们阻挠科西嘉才俊的晋升，谴责他们失德、无能并且对当地风俗一无所知，甚至还责备他们为科西嘉岛带来了一种至今不明的奢侈品味。这些怨言揭示了雄心勃勃的年轻人的愤恨之情，并且依旧包含着对"外国人"的真切反感。在卡尔热斯的希腊移民小聚居地成了1789年夏季暴动的第一批受害者之一，这并非偶然。在这里，政治清算往往与民族清洗合二为一。巴斯蒂亚的墙上贴满了威胁法国人的标语。[16] 法国人离开的时候已经到了。

如我们所见，拿破仑正焦急地等待着这一刻。可以肯定的是，有人会认为，拿破仑要求多年以来管理科西嘉岛的大陆官员们离开，也是投身革命的表现。但是他显然也和同胞一样，渴望摆脱外族，独立生活。拿破仑在瓦朗斯和欧索讷生活的经历并未完全磨灭他那凶猛的科西嘉人天性。在奥雷扎（Orezza），与约瑟夫一道前去参加会议的拿破仑于1790年4月中旬发表了一篇宣言，号召人们将法国人赶出阿雅克肖。这一文件已经佚失，所以我们对其实际内容到底是什么应该谨慎对待。阿雅克肖的市议会随后宣布这份宣言的内容无可指责。但是，议会是由拿破仑的表亲勒维主持的，约瑟夫也是其中一员。更有力的证据是，这两兄弟在1790年4月末从奥雷扎归来后不久遭到了袭击。他们那时正和波茨措·迪·博尔哥还有保利的一名副手菲利普·马塞里亚（Philippe Masseria）同行，一伙人指控拿破仑煽动了对法国人的大屠杀。如果当时不是拿破仑来自巴斯特利卡的体格壮实的表兄弟科斯塔刚好在场的话，事情可能会相当不妙，幸亏他把袭击者们全赶跑了。这个事件正如某些想为拿破仑对1790年6月发生的事件所负责任开脱的人声称的那样，发生在5月初，而不是在7月末，证明他积极参与了导致法国人在6月25日被逐出阿雅克肖的密谋。[17]

这次袭击发生几天之后，勒维主持的市议会展开了攻势。原定在5月10日将会举行一场庆祝阿雅克肖与巴斯特利卡（波拿巴家族在那里有许多亲戚）新签订的同盟协议的典礼，但阿雅克肖的民众们都紧锁房门，任由来自群山的巴斯特利卡人占领街道。在这一群众集会的支持下，市长要求要塞指挥官拉·费朗迪埃拆除瞄准城市的大炮。如果指挥官答应了，要塞就会像马塞里亚建议的那样被突袭拿下或是摧毁，又或者像拿破仑希望的那样被国民自卫军占领。但是由于拉·费朗迪埃拒绝投降，所以市议会在几天后再次发动进攻，发表了对法国官员的猛烈抨击。这次危机在6月16号到了紧要关头，阿雅克肖市议会逮捕了一名叫卡德尼奥尔的法国工程师。6月23日，法院命令立刻将其释放，然后卡德尼奥尔赶忙去了要塞避难。但在6月25日，拉·费朗迪埃指挥官决定将这个不幸的人移交给市政官员。他离开要塞时险遭攻击，跑到一间女修道院里避难才保住了性命，然后在那里惊讶地发现了刚刚被逮捕的阿雅克肖的其他法国官员。他们很快就全都被逐出科西嘉了。

历史学家们曾将巴斯蒂亚暴动归因于拿破仑，却试图就阿雅克肖暴力事件为拿破仑开脱责任。因此他们说，这些自发的反对者是在拿破仑在家安静工作时猝不及防地找上了他。他冲出了房子，之后，在这种不得不破釜沉舟的境况下，他取得了"人群的领导权，这是他无法再推辞的"。[18] 诚然，他一直隐居幕后，但在需要解释发生了什么的时候，他现身为市议会辩护，把暴力事件怪罪到受害者头上，还赞扬了市民们表现出来的镇静与安定："当人们心满意足之后（也就是所有的法国官员都被关押起来，准备永远离开之后），每个人都各回各家，秩序迅速地恢复了。"[19] 主要目标已经达成了：阿雅克肖已经被"清洗"完毕，就像巴斯蒂亚在同一时间所经历的那样。保利可以返回科西嘉了。

保利的归来

之后，一个人在阿雅克肖发挥了主导作用——菲利普·马塞里亚。他是保利的一位战友的儿子，父亲在1763年遭处决，他在伦敦投奔了保利，成了将军的亲密伙伴之一，同时也是英国政府的一名代理人。他在1789年末回到科西嘉，与波拿巴兄弟建立了密切的关系。因为他们总是被看到待在一起，所以阿雅克肖人认为波拿巴家族是坚定的保利派。而且，两兄弟的大多数举措（最早是号召驱逐法国人）或许都是他们的好朋友马塞里亚提议的。拿破仑把这位在1793年将保利推入英国人怀抱的人称为"棒极了的人物"。[20] 和其他所有不属于"布塔福科派"（布塔福科是科西嘉贵族在三级会议的代表）的人一样，波拿巴家族属于保利派。他们都宣称支持保利，在拥护11月30日法令这件事情上，他们拥有同样的诚意，但也和那位旧时领袖一样另有所图。

"流放的痛苦，"托克维尔说，"是难以忍受的，因为它会让人遭受极大的折磨，却得不到任何教训。它使忍受此煎熬者的头脑凝滞不动，正如它本身一样……它就像一个指针停住却仍旧表示时间的钟，无视当下已是何时何刻。"[21] 保利就是一个很好的例子。1789年7月，他仍旧坚称他不会同意和国王谈判，除非科西嘉拥有自己的政府的权利得到承认。外界施加了巨大的压力才让保利同意与法国的新政权进行接触，甚至对11月30日法令表示了支持。"与自由的法国达成的联盟不是被奴役，而是享有权利的参与。"他在1789年12月23日如是写道。[22] 当然了，这个64岁的男人永远不会眼睁睁地看着科西嘉仅仅成为法国的一个省。对他来说，它依旧是法国以外的一个"国家"。他将科西嘉人称为他的同胞，而将法国人称作他的"同仁"。就他而言，11月30日法令宣布的合并是科西嘉与一个监护国之间达成的形式上前所未有的契约性联盟，而这是他在18世纪60年代的时候就已经开始谋求的。他未能把握领土合并与建立联邦制关系之间的区别，从而造成了许多的误解。不过他仍然是诚挚地接受11月30日法令的，尽管他很自然地更希望科西嘉从英国而非法国处获得自由，但他在那个时候并没有考虑英国。向与之斗争过20年的敌人效忠，他付出了一定的代价。

尽管如此，他并没有打算结束自己在伦敦的流亡。他声称自己病了。毕竟，他并不认识这些自称为他的追随者的年轻人，而且他肯定担心自己不能再像以前那样全权统治他的国家。任何民主理念对于他来说都是全然陌生的，他只能想象一种绝对形式的权力：因为他是保利，他要么主宰一切要么一无所有。此外，革命只是部分地讨得他的欢心："对权威原则的迷恋、对人与社会关系的等级观念、狭隘的传统主义、反法的独立承诺，这些要素深深地植根于保利的灵魂中，令他无法全盘接受1789年7月以来所发生的一切事物。"²³ 1790年初，他最终决定离开他在伦敦的避难所，这是因为有人又开始讨论将科西嘉归还给热那亚了。3月6日，他告别了英国国王。

自那以后，科西嘉岛上的一切都在期待着他的回归。每个人都试图让自己变得不可或缺。竞争将会相当猛烈。这部分地解释了人们对保利的逐步升级的阿谀奉承，以及旧制度的党羽遭受的暴力事件。人们争着要表现自己是最彻底的保利派，是对那些被视为旧制度化身的科西嘉人与法国人最不妥协的人。波拿巴兄弟不能在这场竞争中表露出一丝的中庸克制，因为他们有理由担心自己父亲的行为会让将军对他们抱有偏见。为了证明他所信奉的"保利主义"的诚挚性，拿破仑鼓动了导致法国人被逐出阿雅克肖的密谋。他的文章里充斥着对加福里与布塔福科的抨击，其动机亦无他。但是若一个人要吸引保利的注意力，他必须为人所知，在当地有自己的一方势力，并且证明自己的影响力与合法性。1790年春的新一届市议会选举提供了一个机会。已经在成立于1789年8月的市政委员会中占有一席之地的约瑟夫·波拿巴是其中一名候选人，虽然年方22岁的他其实并没有被选举权。²⁴ 眼光长远的拿破仑早已让人伪造了受洗证明，这样他就可以在必要时将其出示，其中一份证明显示约瑟夫生于1765年而非1768年，另一份则给拿破仑增加了两岁。"约瑟夫很有机会，"他在1790年2月10日给舅舅费施的信中写道，"然而，没有什么事情是确定的。人们总是嚷着要他出示他的受洗证明。因此你得办好我拜托你的事情，这是必不可少的……如此一来，当我们展示约瑟夫–拿破仑的受洗证明时，我就可以展示表明我出生于1767年的那份证明，这样会对他有利。"²⁵ 3月7日，亦即选举日那天，一切顺利进行：他的表亲勒维被选举为市长，约瑟夫也成了市政官员。

当波拿巴家族正在积攒让保利感激他们的理由时，将军却不急不忙，决定在科西嘉的大换血结束之前不踏足那里。他在4月3日回到巴黎，在那里待到6月22日，其间他参加典礼，像圣像一样四处现身，并受到路易十六以及制宪议会的尊敬。他每至一处（里昂、马赛和土伦）都会引起对英雄的热爱之情。用罗伯斯庇尔的话来说，他是"在我们还不敢奢望捍卫自由之际便已实现了这一理想"的英雄。[26] 但这都比不上在科西嘉等候他的激动如狂的欢迎大会。约瑟夫是 7 月 10 日在马赛欢迎保利的代表团的一员。拿破仑自己直到 8 月初才得以在巴斯蒂亚会见保利。如果说他曾经担忧记性颇好并且相当记仇的保利会冷淡地接待他的话，那么他肯定完全放心了，原因是，虽然我们对这次会面知之甚少，但所有迹象都表明保利亲切地接见了他，以至于拿破仑在巴斯蒂亚待了一个多月之久，充当这位"老爹"[27] 身边的庞大随从中的一员，并在他前往奥雷扎主持行政部门的组织工作时追随而至：

> 他自豪地回忆起，在他年方 20 岁时，他曾伴随保利踏上盛大的旅途，前往新港。保利的随员甚众：超过 500 名追随者骑着马护送他。拿破仑在他身边骑马行进，一路上保利向他指出为保卫科西嘉的自由而战时进行过抵抗或取得过胜利的阵地或地点。他为他讲述那充满荣誉的战斗中的所有细节，在听到这位年轻同伴的评论与观点时，他说道："啊拿破仑！您没有一点当代的品性！您完全就是照着普鲁塔克笔下人物的模子塑造成的。"[28]

尽管保利对波拿巴家族表露出善意，但约瑟夫并没有获得他想要的在奥雷扎的省政府长官的位置。这一挫折往往被归因于保利隐藏的敌意，因为作为选举的绝对主宰，他亲自起草了获选者们的名单。[29] 事实上，波拿巴家族并没有"受罚"。省政府是这个新国度的主要运作机构，任命一个候选资格像约瑟夫这样可疑的人，是在冒选举遭取消的风险。但是到了任命区长官时，由于管辖区域相对次级，因此也不那么招人注目，在保利的恩赐下，约瑟夫成了阿雅克肖区的行政委员会主席。人们常说，拿破仑在科西嘉遭遇的只有失败与排斥。如果我们承认约瑟夫的成功也是拿破仑的成功的话，那么我们不得不得出结论，事情恰恰相反，第一年的政治活动的整体结果是非常有利的，前景一片光明。拿破仑怀着平静而满足的心情，于 1791 年 2 月回到了大陆和他所属的团中。

瓦朗斯的雅各宾派

拿破仑先是在欧索讷，1791年6月1日时又转到了瓦朗斯。此时已是中尉的他，并没有重温在大革命之前时常体验到的愉快社交生活。不久以前他还试图学习旧制度下社交界的礼仪，现在却不止一次地听到旧友们对大革命充满敌意的尖锐批评。作为一个成熟的"爱国者"，他勇敢地站在了他们的反对面，声音高亢、针锋相对地与之争论。最后经常是由沙龙女主人调解救场，因为旧有的生活方式在总体的危机中尚未完全消退。皇帝日后回忆道："同样的意见分歧，在那时的法国随处可见。在沙龙里、街道上、公路上还有酒馆里，每个人都准备参与到争论当中，对于一个人来说，仅仅从自身处境出发来估计党派与舆论的影响力，是极其容易发生误判的。因此，当一个爱国者身处沙龙或一帮军官之中时，大部分人都明确地与他意见相左，他可能会被轻易地蒙骗，但是当他站在街道上或者士兵们中间时，他会发现自己身处整个国家之中。"[30]

拿破仑在这次短暂的停留期间（不到10个月）收获颇丰。在科西嘉，他学会了"怂恿、煽动、密谋以及蔑视合法性"。[31] 在欧索讷和瓦朗斯，他见证了一个社会是如何被抽象的政治热情割裂的。科西嘉无法教会他这些东西。在那里，一切都是有形的，由私人争执和具体的利益组成。财富与权力是仅有的动机，人们不为抽象的观念而烦恼。在大陆，他见识了由政见催生的狂热，还有这种狂热能够多么迅速地破坏与削弱人们以为已根深蒂固的风俗习惯和人际关系。那些在大革命之前曾优雅地接待过他的沙龙，现在已经开始用怀疑的目光对待他了，就像他自己也把这些他前不久还视作楷模的人当成了敌人一样。他见证了社会的解体，在政治热情与原则的影响下分裂成了不可和解的敌对派系，这些情绪与原则并不具有可以协商或让步的余地，反而是绝对的和不容反对的。他目睹了这种后果，尽管要到后来才能得到经验教训，但他并没有将其忘却。也许是在见证了这残破不堪的社会景象之后，他第一次对卢梭论著的准确性产生了怀疑。直到那时他还信誓旦旦地忠于让-雅克·卢梭的理论。尽管他仍旧写下了"哦，卢梭，为什么您仅仅活了60年啊！为了美德起见，您该永生不死才对！"[32] 这样的句子，但他也开始思忖，自己是否应该真的相信"基于自然的人"的存在。他年轻时对人类的信心动摇了。在参与了科西嘉岛的政事，然后目睹大陆上的纷争之后，他看到了一个社会回归自然状态是什么样子的：与其说是重回黄金时代，不如说是走进了野蛮状态。自然了，他还要经历过战争，还有去往东方之后才会完全对卢梭幻灭，但他已经开始疏远那位"日内瓦公民了"。

他的革命信念达到了顶峰。甫一回到瓦朗斯，他便马上赶去参加当地的雅各宾俱乐部。[33] 当路易十六和王后在瓦雷讷（Varennes）被捕时，拿破仑像他所说的那样正在经受一次"共和主义的危机"。[34] 尽管几个月之前他还以一种普遍的敬意将1789年的所有光辉事迹联想到一起，将稳健派和激进派——巴伊（Bailly）与罗伯斯庇尔，米拉波与佩蒂翁（Pétion）——一概而论，自那时起他就支持共和派人士，尤其是布里索（Brissot）。他与他们身处同一阵营，和那些在战神广场叫喊着要求推翻背信弃义的国王的起义者在一起。不像很多宁愿离开军队也不愿背叛君主的同僚，他对着一份不再提及国王的新忠诚誓词起誓了。随着革命的进展，他变得激进起来。确实，他走上了在瓦雷讷事件后很多从王党转变为共和派的同辈所选择的道路。但这一转变对他来说要比别人轻松很多，因为出身的缘故，他"全然没有对王室的忠诚……而这是他的许多年纪相同的同伴早已养成的"。[35] 他忠于他的团，或者说忠于国家，而非国王。然而，共和主义的狂热很快就冷却了：在制宪议会快结束时还很强烈，但在立法议会期间已经不复存在了。除此之外，他还维持了一定的冷静与客观。如果说他容易变得激动的话，那他还不至于被感情支配到忘却自己的职责。虽然已经成了一名共和派，但他还是在8月25日和军官同僚们庆祝了国王节，甚至拯救了其中一个跑到窗边大唱"噢理查，噢我的国王！"[36] 的军官，让他免于被处以私刑。

尽管如此，他的共和主义是真诚的。原因还是一样：法国越深陷革命，科西嘉就越有机会摆脱种种控制。即便拿破仑自称每天都会更加敬慕法兰西，但这并不意味着他越来越不关心科西嘉。在欧索讷和瓦朗斯，他又重拾了过往的习惯与热情。唯一不同的是他身边多了年少的弟弟路易，后者只有13岁，拿破仑十分喜爱他，因此承担了教育他的责任。他教弟弟法语，让他学习数学和地理，像父亲般欣慰地看待这位少年的进步与在社交上的从容。他说路易不仅是个优秀的人，还是他的兄弟姐妹中最出色和最能干的。[37] 在军事操练、政治讨论和监督路易的功课之余，他仍可找出时间工作。他一天工作十五六个小时，闲暇时间主要用于为里昂学院组织的竞赛撰写论文："什么样的真谛与情感对人类学会幸福至为重要？"我们有时会感到惊讶，脑海中满是革命的喧嚣的拿破仑，居然会在1791年潜心从事一项似乎属于另一个时代的事业。诚然，现在已不是进行学术角逐的时候了，但是除了优胜者能得到的1 200里弗尔奖金之外，这也是他向保利献殷勤的一个机会。他将1791年的春天还有一部分的夏天时间用于写作那篇论文。当他在11月得知"雷纳尔奖"不会颁发的时候，想必感到极其失望吧。提交给评审团的15篇论文中只有一篇被授予优秀奖，而拿破仑的论文则被评审批得体无完肤。其中一位评审称其为"明显至极的梦话"，而另一位则批其"架构混乱，过分杂糅，毫无条理，书写过于潦草，无法吸引读者的注意力"。[38] 此言不虚，一口气读完这篇关于幸福的论述实非易事，通篇尽是夸夸其谈之辞，有些地方显得荒唐可笑，许多论述不合道理，并且总是多愁善感，充斥着牲畜在暮光中返回棚舍、恩爱的夫妻待在小屋里、孩子们匍匐在父亲面前，诸如此类的描述——简而言之，全都是些"他心中从未有过的感受"。[39] 若论这篇"学童的铺陈之作"之中有什么值得注意的东西（有一天塔列朗从别处购买了这篇文章的副本给拿破仑看，被后者扔进了火里），那当属其中所宣告的共和主义信仰，还有对保利的冗长赞颂。法国大革命和科西嘉在文中各自所占的篇幅多少代表了它们在拿破仑心目中的等级次序。尽管大革命先于保利被提及，但拿破仑仅仅就前者写了几行而已，而献给保利的内容则写了几页。[40]

尽管遭受了苦涩的失败，但是为了让这篇对"国家之父"的颂词发挥效用，拿破仑打算自费出版他的论文。他最终在第二年放弃了这个念头，告诉约瑟夫他已不满足于"成为一名作家的微小抱负"。[41] 那他是否还寻求得到保利的赏识，成为他的一名副手呢？将军已有几次伤害到了拿破仑的自尊心。首先，这位老领袖说他像"对儿子"那样爱萨利切蒂，然后又垂青波茨措·迪·博尔哥，而波拿巴家族却因为得不到这种青睐而心生反感。拿破仑是否像波茨措说的那样直率地表达了他的不满呢？[42] 这不确定，但这是他们友谊出现的第一道裂痕。基于抱负的竞争出现后，很快便化作敌意。尔后，在得知波茨措·迪·博尔哥公开指责前科西嘉贵族代表马泰奥·布塔福科之后，拿破仑不甘示弱，决定接着进行抨击。他在1791年3月印刷于多勒的《波拿巴先生致国民议会科西嘉代表马泰奥·布塔福科先生的信》(*Lettre de M. Buonaparte à M. Matteo Buttafuoco, député de la Corse à l'Assemblée nationale*) 也许满足了他的作家虚荣心：这是他的作品第一次得到出版。如果我们把这封信与灾难性的《论幸福》相比的话，那还是有了明显的进步。尽管拿破仑对布塔福科长篇累牍的辱骂并无太多根据，但这本小册子并不比每天都能在书摊上看到的同类作品来得逊色。它不无才华地回顾了布塔福科"罪恶的一生"的主要阶段。这本小册子的目的不仅在于拔高保利、贬低布塔福科，还在于使保利相信，除了拿破仑之外没有更忠实的追随者了。拿破仑的如意算盘彻底落空了。将军在收到此信的印刷本之后并不感到高兴。他原谅了马塞里亚和波茨措对布塔福科的激烈谴责，却没有这么对待拿破仑。他给拿破仑写了一封口吻冰冷、敷衍了事的信：

> 不要费神斥责布塔福科的欺骗行径。一个永远敬重荣誉、现已夺回自由的民族是不会信任那个人的……他靠花言巧语来使人们相信他有所作为。即使他的亲戚都会为之感到羞耻。让他接受公众的蔑视与冷漠吧。[43]

拿破仑的希望破灭了。他与保利的其余的往来书信并没有让他得到安抚。拿破仑一再请求将军给他寄一些对他的《科西嘉通信》有帮助的文件（尽管他曾对雷纳尔修士说已经打算放弃此书），但保利却干脆地拒绝了："现在我无暇打开箱子搜寻我的手迹。而且，历史不应由年轻人书写。"当约瑟夫再次请求的时候，他也没有得到更友好的回复："比起检索我的手迹然后给他寄去抄本，我还有别的事情要考虑。"[44]

到1791年夏末，拿破仑与保利之间并无政治分歧：前者仍然是热心的保利派，后者也依旧忠于他在1790年于制宪议会面前立下的誓言，至少表面上是这样。革命已经不能再协助科西嘉了。这一点在《教士公民组织法》（Constitution civile du clergé）颁布时变得十分明显，科西嘉岛在保利归来后达成的表面上的团结一致被这部法律突然终结了。就保利本身而言，他是乐于见到教会被重组的，但是在看到他所挑选和领导的省政府成员提倡对反对该法律的神父采取严厉措施之后，他感到了担忧。为了不失去教士的支持，同时避免损害他在公共舆论中的形象，他宁愿采取更为温和的态度。但在巴斯蒂亚的阿雷纳和在巴黎的萨利切蒂都力劝他不要妥协，于是他最终如他们所愿。巴斯蒂亚人奋起捍卫他们的前主教。保利并没有心慈手软。军队在街道上巡逻，市议会被暂停职能，一些教士被关了起来。将军明智地将省政府所在地从巴斯蒂亚转到了他在科尔特的领地。暴乱者轻易地被镇压了，这表明将军的权威依旧完整无损。没有人敢违抗他。但是，由于如此明目张胆地站在宗教的对立面，他已经引起了无声的怨恨。最重要的是，他已经违背了自从回归以来所采取的行事方针：掌控所有的权力，但不去行使它们，凌驾于纷争之上，充当施助者与仲裁者。这到底是一种手腕，还是对身边年轻人的不信任呢？他主要是因为后一个原因，而不是出于对革命思想的厌恶，才拒绝了拿破仑表达的敬意以及提出的请求的。拿破仑在他眼中并不是过于革命或者渎神，而是属于那帮与父辈相去甚远的年轻人之列，他们过分地迷恋崇高的信条，并且都希望攀附他的名声，好在权力阶梯上爬得更快。巴泰勒米·阿雷纳还有被他委以省政府成员之位的小集团不都是这样的吗？至于这些操纵选举、侮辱布塔福科——保利禁不住想起，这位落败的政敌曾是自己的朋友，直到两人在1768年决裂——的波拿巴族人，他们不就像其父一样毫无骨气、对法国人摇尾乞怜吗？毫无疑问，他不喜欢"夏尔的儿子们"。难道夏尔的长子约瑟夫不是正在计划成为即将到来的立法议会选举的候选人吗？

如同在1790年那样，保利主持了1791年9月的议会选举。他又一次拟定了未来当选代表的名单。阿雷纳所领导的省政府主要官员都以为自己会因为自己付出良多而得到"老爹"的回报。但他们大吃了一惊，因为保利首先提名了他的一个侄子莱奥内蒂，接着将他的两名心腹弗朗索瓦－马里·彼得里和波茨措·迪·博尔哥推上了选举人位置。保利因阿雷纳迫使他在宗教事务上妥协而怒气未消。波茨措不得不介入此事，最后保利同意让阿雷纳当选，但阿雷纳从未原谅他的这一公开侮辱。至于约瑟夫，他未能当选议会代表，但作为补偿，他被选入省行政委员会，此机构尚有一半空缺。我们无法设想保利会突然对波拿巴家族的长子涌现出强烈的好感，所以唯一似乎合理的解释便是：由于阿雅克肖已经失去了保利最信任的两个人（波茨措·迪·博尔哥和马里乌斯·佩拉尔迪进入了立法议会），他不希望将阿雅克肖拱手让给波拿巴家族。拿破仑只能间歇地待在岛上，保利乐于看到约瑟夫因其新的职务而被迫待在科尔特，这样他就可以将其置于他的监视之下。阿雅克肖终于可以摆脱波拿巴家族的影响了。就在这时，拿破仑再次从大陆归来。不过这次可不是简单的"学期休假"了，他认为自己终于找到了能够永久留在科西嘉的方法。

一次失败的"政变"

如果拿破仑像人们所说的那样选择了法兰西和革命，为什么他还要在1791年10月回到阿雅克肖，而不是参加据传已经迫在眉睫的战争呢？他在这件事上保持了头脑清醒，证据是他并不相信战争一触即发：

> 战争要来了吗？我总是认为不会这样……欧洲的君主分为指挥军队的和指挥牛马的两种。前一种完全了解革命。他们对其惊惧不已，很乐意牺牲金钱来将其扼杀，但他们永远不会这么说，因为他们害怕自己的国家也会接着突然爆发革命……至于那些指挥牛马的君主们，他们不能完全理解法兰西的宪法，对其表示鄙夷。他们相信这种支离破碎的理念造成的混乱会导致法兰西帝国的崩溃……因此他们会袖手旁观。他们等待内战爆发，这在他们还有手下的呆瓜大臣们看来是无可避免的。[45]

拿破仑对此事估计正确：一个派别在要求开战，但敌人不想这么做。即使我们假设拿破仑看到了因为军官流亡而带来的晋升机会，但他也会继续认为军人在和平环境下只能碌碌无为。在这些前提之下，科西嘉仍旧是他最有发迹机会的地方。此外，他刚刚得知在8月4日通过的法令征召9.7万人从军。这些志愿者会被编入省属营之中，每个营的指挥官包括由士兵推选出来的两位中校（其中一个要在正规军中至少位居上尉）和一位挑选自"当前在役"的军官且由"将要统辖该营的将军"任命的少校副营长。[46] 拿破仑立刻意识到，这是一个可以在科西嘉岛服役，又不用失去军衔或薪水的机会。因为负责任命该营的少校副营长的将军是家族的一位朋友，准备返回阿雅克肖的拿破仑希望这次可以不用再离开。

他归乡后正好赶上叔祖父卢恰诺的葬礼，后者于10月15日晚逝世。波拿巴家族陪伴这位长辈度过了最后的时光，一直等到可以最终确认这个老滑头是不是真的在秘密藏有一笔财产的时候。卢恰诺一死，波拿巴族人便把他的房间翻了个底朝天，但是一无所获。他们长久以来所指望的宝藏不过是子虚乌有。叔祖父已经把他的遗产用来一分一分地偿清夏尔留下的债务了。这太让人失望了。难道他们要错过买下即将被出售的国有地产的机会吗？约瑟夫采取了行动。他请了个专家去从宽估算自从波拿巴家族获得特许经营权之后地产的升值数额。拿破仑从王家行政机关那里得不到的东西，约瑟夫从他的省政府同僚那里得到了：那些夏尔发誓称由自己承担的费用，终于得到了偿还。既然现在有了钱，"拿破仑便带着费施舅舅去区当局购置了一套出售的市区国有地产"。[47] 心怀妒意的人称他们侵吞了公款，而波拿巴家族则声称是叔祖父给他们留下了一大笔遗产，以此摆平质疑声。组建省属营的日子临近了，波拿巴家族终于能够影响选民的投票了：那才是重要的事情。然而，关于1791年8月4日法令的一个意想不到的变动却迫使拿破仑放弃了让他自己被任命为少校副营长的计划：1792年2月3日，立法议会禁止现役军官在这些营任职。此刻战争已是风雨欲来，正规军需要召集所有的军官。然而，由士兵推选的中校可以例外。拿破仑别无他选：要是他想留在科西嘉，他就必须让自己当选。

选举定于1792年4月1日举行，三位省代表出席选举。6位候选人中的其中两位堪称劲敌：让－巴蒂斯特·昆扎（Jean-Baptiste Quenza），与保利关系亲近的一位省政府成员，以及马蒂厄·波茨措·迪·博尔哥（Mathieu Pozzo di Borgo），那位立法议会代表的兄弟。为了让事情更加容易，保利指定昆扎（还有穆拉蒂和格里马尔迪）为负责监督投票是否按规则进行的代表。拿破仑马上就知道他永远无法击败昆扎，便接受了昆扎向他提供的第二名中校的位置。3月31日，志愿兵和省代表都到达了城市。后者可不仅仅是简单的旁观者，还是投票现场的经验老到的演员。每一位候选者都有必要表明他得到了他们的支持。拿破仑可以指望昆扎和格里马尔迪。剩下的穆拉蒂毫不掩饰他对波茨措的偏爱。他和波茨措家族和佩拉尔迪家族的朋友待在一起。不过他没有在那里待很久：波拿巴家族的支持者在他吃晚餐的时候闯入宅中，把他抓住并强行带到了马勒巴街，拿破仑在那里对他说：“你在这里就像在家一样。”穆拉蒂很害怕，以至于他在选举日和昆扎与格里马尔迪投了一样的票。波茨措和他的支持者已经被排除在集会之外了，昆扎和拿破仑于是轻易当选。目标依然达成，但代价不菲：这一事件危害了拿破仑与波茨措·迪·博尔哥的关系，而且他还得罪了显赫的佩拉尔迪家族。

如我们所见，[48] 科西嘉岛上原屯堡的居民们与乡下人之间有着强烈的仇恨：市镇里的志愿兵大多数都是来自农村地区，这样一来气氛就相当紧张了。马亚尔（Maillard）上校指挥的第42团士兵们保持着谨慎的中立态度。对于保利而言，组建志愿营是一个让科西嘉军队重新驻扎进被“法国佬”霸占的堡垒里的机会，这样可以加强他对沿岸城市的控制。由萨利切蒂领导的省政府也持同样观点。所以拿破仑并不是唯一一个想要进入阿雅克肖堡垒的人，这次他和刚刚认识的萨利切蒂采取了一致的行动。同样的行动也试图在巴斯蒂亚、卡尔维（Calvi）和博尼法乔进行。拿破仑的行动是整体计划的一部分，计划的目标在于，在行政机关只任用科西嘉的民选官员之后，确保防务也由本土出身的士兵掌握。

本来昆扎和拿破仑很可能会向堡垒的指挥官发出警告，要求他敞开大门，就像在卡尔维和巴斯蒂亚已经发生的那样，但是在4月8日星期天发生的重大事件改变了这一切。当日，水手与志愿兵产生了争执，事件很快演变成了斗殴，志愿兵的一名军官被打死。拿破仑和昆扎批准士兵们反击，并要求马亚尔上校交出堡垒。翌日，形势愈加恶化。马亚尔命令志愿兵们离开城市，身为波拿巴家族的老朋友的区治安官却发出了相反的指令，昆扎与拿破仑借此巩固他们的立场。

> 他们将占领的房屋加固为工事……拿破仑骑马穿过前沿阵地，向士兵们发表慷慨激昂的演说，并对被关在卡皮桑女修道院的300人说，他们已经激怒了整个国家，但它知道如何进行复仇，以牙还牙，实现正义，惩治罪徒……担惊受怕的阿雅克肖的民众用木板把屋子封了起来，保护自己免遭劫掠。[49]

由于未能逼迫指挥官打开堡垒大门，拿破仑试图煽动第42步兵团的士兵们发动起义，但未能奏效。有那么一会儿，马亚尔恢复了一点勇气，决定采取更强硬的行动，他告诉昆扎和拿破仑，要是他们还继续留在城镇里，他就炮轰他们的阵地。两位军官则回复道他们已经准备好战斗了。[50] 堡垒开始炮轰，但充其量只是表示警告而已，之后双方进一步进行谈判。拿破仑他们有理由不让步，因为收到通知的省政府已经向阿雅克肖派出监军和部队了。拿破仑和昆扎自以为已经胜券在握，没想到在4月16日到达的代表们表示，萨利切蒂和保利已经"抛弃了"他们。更有甚者，拿破仑接到了率部前往科尔特的命令。他拒绝服从，出言威胁，但最终还是妥协了。

这一并非十分光荣的事件以苦涩的失败收尾：志愿兵们没有占领堡垒，拿破仑也丧失了所有的信誉。他不能再梦想在阿雅克肖出人头地了。更严重的是，他得罪了保利。将军忘记了是他鼓动志愿兵们夺取堡垒的，将惨败归咎于那些拙劣地执行了他的意图的人："你还能指望什么呢，"他给一位朋友写信道，"当政府由缺乏经验的年轻人（萨利切蒂）运作时，未经世事的孩子（拿破仑）被派去指挥国民自卫军也就不足为奇了。"[51]

积怨渐长的拿破仑决定去巴黎另觅前程。此行格外必要，因为他作为中校的职业生涯已经毁了，如有必要，他必须确保自己在大陆重获任用。实际上，他的三个月休假在1791年12月31日就到期了，他被算作旷职，并于1792年2月6日被从军中除名。5月28日，他抵达巴黎，然后去找了有关部门。这趟没白去，他很快就安下心来。保利并不想大肆宣扬在阿雅克肖发生的事件，所以当时在巴黎的波茨措·迪·博尔哥在见到来找他的拿破仑时压抑住了自己的怒火。"我们显得精神紧张，但依然保持友好。"拿破仑在给约瑟夫的信中如是说。[52] 由于马亚尔在报告中的所述并不比他在危机中的所为更有勇气，所以这件事就这么压下去了。[53] 昆扎和拿破仑都没有被起诉。战争大臣拉雅尔向他在司法部的同僚提及了此事，然而过了几周君主制就被推翻了。拿破仑现在可以得意地欢呼了。[54] 他不仅没有受到任何追究，而且还因为混乱的无政府状态而获准重返炮兵部队，甚至还升任上尉，任期从2月6日起算。法军在起初的战役中受挫，现在他们需要召集所有军官，哪怕是那些最不可靠者亦然。

拿破仑在巴黎

　　拿破仑的革命生涯令他的传记作者颇感尴尬。他在什么时候选择了法兰西？作者们被这个问题所折磨，无法得出明确的答案。皇帝的敌人们倒是毫不迟疑地作出了判断。对他们来说，拿破仑从未选择过法兰西，最为善意的猜测是他只是在不可能再待在科西嘉的情况下才被迫成了法国人，反之则是认为他可能根本从未选择任何一方，而是只忠于自己。但是大多数历史学家表现得更友善。如我们提过的那样，他们最喜欢的答案是1789年11月。[55] 其次的答案是在1791年他逗留于瓦朗斯期间。但拿破仑在那之后的行为与人们的假设很不相符，所以其他历史学家认为拿破仑的自愿同化发生于他在1792年逗留巴黎期间。纠结于这些分歧是毫无意义的，很明显，在1792年10月返回科西嘉的拿破仑与在5月离开该岛的他是同一个人。尽管在导致君主制垮台的危机达到高潮时待在首都的经历对他的心智产生了不容置辩的影响，但却是给他的革命热情明显地降了温。经常出入于巴黎政界上层，乃至于见证了6月20日与8月10日事变的过程，令他产生了对革命的反感。这是在他参加阿雅克肖的俱乐部会议，还有亲历1792年4月的暴力事件时都没有感受到的。[56] 若说他抛却了幻想，那么被抛弃的不是对保利或科西嘉的幻想，而是对法兰西和大革命的幻想。那些立法议会的代表们？他们是"可怜的家伙"。[57] 雅各宾派呢？他们是一群"缺乏常识的疯子"。[58] 如果还有人没有令他幻想破灭，那就是拉法耶特了，当几千名示威者在6月20日涌入杜伊勒里宫，强迫路易十六戴上革命者的红色无檐帽时，是他站出来表示反对。读过拉法耶特的宣言之后，[59] 拿破仑称其"十分有力"。瓦朗斯的雅各宾派不再属于共和派了，如果说他比以往更进一步地反对革命的话，那他现在肯定属于那些希望维持"法律、安宁以及现有权威"[60] 的人之列，包括国王在内。由于身处巴黎，并且如此近地见识了事态的发展，拿破仑从此以后趋于与大革命背道而驰：革命越是激进，他的立场便越稳健。他在瓦朗斯时曾是布里索的支持者，在巴黎却成了拉法耶特的拥趸。

我们知道他对6月20日事件有何反应，他与最近重逢的老同学布列纳一同见证了此事。暴动的光景触怒了他的军人之魂，当他看见国王戴着革命的无檐帽出现在窗边时，他忍不住叫道："真是个蠢材！他们怎么能让暴徒进到那里去呢？用大炮轰掉四五百人，剩下的也就跑了啊！"[61] 这一评论虽然对那位皇帝将来要称之为"内伯"的人很不敬，但体现了评论者的良好判断力。在卡鲁塞尔（Carrousel），他站在布列纳的兄弟开的一家家具店里的有利位置见证了8月10日事件，看着暴徒们攻占了杜伊勒里宫，屠杀了瑞士卫队：

> 我在任何战场上见到过的景象，都不如瑞士卫队惨遭屠杀的场景来得震撼，不知是因为空间的狭小而凸显出其数量惊人，还是因为此类景象给我的第一印象过于深刻。我看见穿着讲究的妇女在瑞士卫队的尸体上做出极度不雅的举动。我走遍集会附近的所有咖啡馆：到处都洋溢着极端的愤怒。狂怒怀于每人心中，见于他们脸上，哪怕是那些并非庸碌群氓的人……尽管我表面上并无异常，但或许正是因为我神情平静，我发现自己招致了许多敌意与挑衅的目光，就好像我是什么陌生可疑之人一样。[62]

拿破仑已经见证了革命最丑恶的一面。这些日子令他产生了对民众暴乱的永恒厌恶。他是否在同一时间丧失了对人民的信心呢？他曾经有过这种信心吗？这是值得怀疑的。

"我比以往更加犹豫不决"，他在 6 月 22 日给约瑟夫写信称，此时他不确定是该留在法兰西还是返回科西嘉。[63] 在他回到军中之后，他曾有一段时间考虑要不要留在大陆，可他这么做只不过是迫于家人的压力而已。他在 8 月 7 日的信中尽可能清楚地表示："如果我只考虑……自己的意愿，那么我早就回科西嘉了，但你们都认为我必须回到自己的团。"[64] 阿雅克肖的事件已经损害了他家族的名誉，他还是谨慎地离开一会儿比较好。

因此，不要以为拿破仑是在"革命的汪洋大海将要漫过海岸"时出于热情而选择了法国。[65] 如果说他已经见证了大革命的一些片段的话，那他还没有亲自参与其中。当周遭的一切都陷入骚动之中时，他在给兄弟写的几句话中表明了他从学习中收获的愉悦："我把待在这里时的许多时间用于学习天文学。这是一门消磨时间而且极其美妙的科学。"[66] 那些事件本身证明了他的信念，那就是他的未来在于科西嘉："这里的一切都最终指向我们的独立。"他如此写道。[67] 他装作屈服于家人的要求，但却下定决心，一有机会便为 1792 年 4 月之失败复仇。机会很快就来了。召集国民公会的 8 月 11 日法令改变了一切。现在已经不可能回到团里了，不可能再留在法兰西了。他要回到科西嘉去：如果独立之钟已经敲响，那么他扮演重要角色的希望就还没有全部失去。

第5章

破灭的幻想

当拿破仑在10月15日到达阿雅克肖时，他听到了一个"坏"消息：约瑟夫没有入选国民公会。拿破仑早知道那是一场艰难的斗争，所以不断力促兄长培养与保利的"友谊"。但约瑟夫已然失败了。保利与此无关，因为将军本人正在经受比约瑟夫严重得多的失败。抱病在床的保利已经提名了人选，满心以为选举人会温顺地遵从他的安排。每个人都期待着他的奖励，希望他能将"元帅的权杖"授予省督政的主要成员。但他却表示只有其中的萨利切蒂能当选，这引起了人们的一片震惊。如果保利在场的话，议会可能会屈从他的意愿。但他不在，所以萨利切蒂掌管了一切。他先是让自己当选，然后是他的朋友们，只给了将军提名的候选人两个席位。萨利切蒂取得了大胜，但他要为保利遭到的冒犯付出代价。

宿怨的开始

当拿破仑回到科西嘉时，将军正准备进行复仇。出于对这位年轻人的不信任，保利借口让他指挥几个志愿连，把拿破仑召到了科尔特，以便更密切地监视他。由于保利最近成了岛上军队的首脑，所以拿破仑无法回绝，只好在科尔特度过了漫长无趣的一个月，梦想能在别的地方飞黄腾达。或许可以去孟加拉，听说那里的人正在抗击英军。他还会在很长一段时间里继续做着这些关于遥远的冒险的梦，但当命运给予了他未必更加宏大，但至少更加实际的机遇时，这些梦想也就顷刻消散了，正如他当时轻易就陷入幻想一样。"我在理性的指引下评估我的幻想。"他后来如是说。[1] 如同梦醒一般，他忘却了孟加拉和那里的大象与王公，因为他得知国民公会在瓦尔密大捷后发起了更大规模的军事行动，并号召科西嘉为此提供部队。

在法兰西东侧开始的战争已经蔓延到了南部和地中海沿岸。法军不久前已经占领了尼斯郡，并且正要入侵萨伏依（Savoie）。国民公会企图对撒丁岛发动攻击，以进一步打击皮埃蒙特（Piémont）王室。保利需要为此提供一支特遣队，以支援来自法国南部的志愿军的进攻。海军少将特吕盖（Truguet）的舰队会充当他们的后援。11月末，兴奋难耐的拿破仑率领志愿兵们去了阿雅克肖。他发现"波拿巴家"一片喜庆。特吕盖成了府上的常客，曾在巴黎最高法院任法官的于盖·德·塞蒙维尔（Huguet de Sémonville）也是，他现在正要前往君士坦丁堡出任大使。特吕盖在追求埃丽莎，而塞蒙维尔则许诺会带吕西安去土耳其。另一方面，港口的水手与海军少将从马赛带来的人互有斗殴。几周过去，1792年已尽，1793年到来，但远征撒丁岛的准备工作并没有向前推进。

当拿破仑得知约瑟夫在谋求连任的新一轮当地行政官员选举中遭遇失败（这次可是货真价实的失败）时，他还在阿雅克肖。保利发动了毁灭性的报复，前任行政部门成员们（包括约瑟夫）没有一个再次当选，位置全被波茨措·迪·博尔哥和他的朋友们给占了。对于波茨措来说，谁是保利的宠儿已经一目了然，现在该是秋后算账的时候了。波茨措响亮而清晰地宣称，他会揭露在阿雷纳（1790—1791年）和萨利切蒂（1791—1792年）所领导的前两任政府中所发生的资金滥用与挪用情况。有说法称在拍卖国有地产期间发生了领多份薪酬、徇私舞弊和贪污欺诈的事件。波茨措并不比他的前任更干净，但他享有职务之便，打算和前任一样将权力用来打压敌人，把自己包装成新政府的"白骑士"。保利对他称赞有加，前任政府成员则瑟瑟发抖。他们这样是有道理的，因为他们已经瓜分了科西嘉岛。好处当然是诱人的：出售的国有地产占了岛上几乎12%的面积。15万科西嘉人当中有约500人参加了这场掠夺。比起狮子大张口的阿雷纳与萨利切蒂一伙，波拿巴家族只拿到了零头。尽管如此，他们还是属于波茨措扬言要摧毁的小集团，并将在1793年5月被放逐。[2] 此时正值1792年12月进行的省政府重组所引发的斗争的紧要关头：这是掠夺者们之间为了掌控权力与地方资源所展开的战争。

萨利切蒂觉得受到威胁，于是采取反击。此时曾受到指控的他又成了一名原告。萨利切蒂对将军滋生了"刻骨深仇"。[3] 他清楚"老家伙"的垂青从此落到了波茨措头上。如果要打击波茨措，就要对付保利，于是他以特有的冷酷决心发动了一场诽谤中伤的运动。"你不知道此人在艰难的时刻会多有用，"拿破仑后来说，"他属于总是得胜的那类人。"[4] 萨利切蒂的指控格外有效，因为分歧已经变得更加严重了，不是革命与保利之间的分歧，而是法兰西与科西嘉之间的。立法议会和国民公会先后要求对此进行调查和报告。这些报告都指责了该岛的管理方式。据在1792年前往科西嘉的沃尔内说，当地的权力已经落入了"那些贫穷贪婪、缺乏经验的家族首脑们手中，他们造成了许多错误与罪行，还出于恐惧与虚荣心将其掩盖"。[5] 大革命开始怀疑解放科西嘉是否有益，就像有些人在1768年质疑吞并它的好处一样。萨利切蒂的指控通过阿雷纳和博纳罗蒂传到了法国南部，旋即开花结果。1793年1月末，比龙（Biron）将军提出了罢免保利的方案。国民公会派到法国南部的成员同意了。国民公会不想让事态发展成这样，但在萨利切蒂的请求下，它决定先让指挥在瓦尔（Var）省的军队的比龙将军掌控科西嘉岛，然后向科西嘉派遣三位代表：萨利切蒂、德尔谢（Delcher）和让-皮埃尔·拉孔布-圣-米歇尔（Lacombe-Saint-Michel）。国民公会错误地将任务委托给了萨利切蒂，但它还有更严重的事情要处理（在同一天它向英国宣战）。等到它萌生新的想法时，事情已经太晚了。

国民公会的最初目的只是采取预防措施而已。毕竟，没有证据证明保利有任何背叛的打算。他的确对大革命怀有不满，年轻一代也让他感到愤懑，萨利切蒂的"变节"伤害了他，大革命的发展方向也让他对科西嘉与法兰西之间的联盟的未来感到忧虑。但他似乎还没有考虑违背他的承诺。1793年4月，他还向其中一位支持者保证，他渴求"科西嘉祖国与法兰西共和国的共同福利"。[6] 波茨措也遵循同一原则：他是个王党，对推翻国王后建立的政府相当敌视，但他无意与法国决裂，或与英国缔结"同盟"协约。不过，可能是在1793年初，保利恢复了与英国的联系。双方在这些不甚明了的谈判中并未得出什么结果，但当国民公会在2月1日批准法国对英国宣战之后，事情就完全改变了，也让萨利切蒂与阿雷纳的指控变得可信。两人提醒人们，保利曾在英国住了超过20年，他们还传播保利的信件，保利在信中除了对革命的法国表达谢意之外，还格外明确地表示他不会参与任何对抗英国的行动。国民公会听信了萨利切蒂之言，康邦（Cambon）道出了人们的普遍看法："皮特让他的心亲英了。"[7]

远征撒丁岛

波拿巴家族在阿雅克肖有何动作？他们是否在阿雅克肖俱乐部参加了在大陆发起的针对保利的运动？他们得小心慎重。萨利切蒂和阿雷纳可以畅所欲言，因为他们远在大陆，一个在巴黎，另一个在土伦。而波拿巴兄弟在阿雅克肖，处于波茨措的监视之下，后者正在寻找机会让他们"变得一无所有"。[8] 如果我们一定要确定拿破仑何时在科西嘉与法兰西之间做出了选择的话，那就应该是在此时，即1793年初，这不是因为他相信保利犯下了叛国罪，而是因为约瑟夫已经被赶出了政府，并且和所有前政府成员以及他们的亲戚与盟友一样，有被波茨措报复之虞。此外，与萨利切蒂站在同一阵线的拿破仑似乎在此时并不比约瑟夫清醒多少，他还想着如果无法与保利和解，起码要在他面前多表现自己。机会？计划中的撒丁岛战役。如果他能在这场军事行动中大放光芒，保利将会不得不正视他。

我们不知道拿破仑为什么对这一计划如此寄予厚望，无论如何，也许他还是希望能在科西嘉扮演一个重要角色，或者得到在炮火下证明自己的机会。3个月以来事情毫无进展，然后在1793年2月，战役突然开始进行了。保利已经任命了行动的指挥官：卡萨比安卡（Casabianca）将军将率领从马赛来的部队进攻卡利亚里，而科隆纳-切萨里（Colonna-Cesari）上校则率领科西嘉志愿军在撒丁岛以北的拉马德莱娜岛（La Madeleine）

上采取牵制行动。"拉马德莱娜岛远征不只是灾难性的,简直是丢尽颜面。"班维尔日后这么写道。[9]一切都没按计划进行,无论是对卡利亚里还是对拉马德莱娜岛的进攻。撒丁人的一阵齐射就足以驱散攻打卡利亚里的马赛志愿军了;拿破仑所乘的船上的水手和科西嘉志愿军受命攻取拉马达莱娜岛,但卡利亚里之败令他们的行动无论怎样都毫无意义了。科隆纳-切萨里上校麾下的几个营登上了岛屿,拿破仑也已经布置好了一个炮组,用来轰击由一小股撒丁军驻守的村落。但是"莺"号巡逻舰的船员却拒绝冒着火力前进,还发生了哗变,上校被迫下令撤退。2月28日,拿破仑回到了博尼法乔。他第一次真正的战争经历就这么结束了。他对这次失败不负任何责任,他自己的行动已经堪为表率了。

吕西安与1793年4月2日的法令

历史学家认为,这次惨败也不能怪保利。虽然他怀疑事情能否如愿,但他已经尽其所能来确保远征成功了。然而,不相信能取得成功本身就是一桩罪行,保利对此事表露的怀疑,为指控他对共和主义信仰淡薄的早已够长了的"罪证"清单又加了一条。阿雷纳将惨败归咎于将军,并且反复提到据传保利曾对科隆纳-切萨里说的话:"记住,撒丁王国是我们岛的天然盟友,而它的国王一直都是科西嘉人之友,所以请当心别让这一事业化为乌有。"[10]科西嘉志愿军的确曾经大喊道他们遭受了背叛,并且第一时间指责了科隆纳-切萨里。但当他们在2月28日回到博尼法乔之后,他们(包括拿破仑)签署了一份证明科隆纳-切萨里的公民精神的证词,只是指控了"莺"号的船员而已。然而,3月2日,拿破仑却改了说法,给战争部长送了一份报告,痛斥了所有(他没有提及名字)未能为远征军提供必要的装备和补给的人。"共和国的利益及其荣耀,"他写道,"要求找出并惩罚导致我们失败的懦夫或叛徒。"[11]拿破仑所指的,除了负责准备远征和挑选军官的保利,还能有谁呢?回到博尼法乔到完成3月2日报告之间的4天是决定性的:他与保利的决裂就发生在这段时间。[12]

也许人们对这些日期没有给予足够的重视:拿破仑对保利的含蓄谴

责发生在3月2日，而他的弟弟吕西安于3月14日在土伦发表了对保利的猛烈抨击，并且很快将演讲提交给了国民公会。

如我们所知，1792年末，波拿巴家族在家中接待了特吕盖和正要前往君士坦丁堡的塞蒙维尔。塞蒙维尔把闲暇时间花在了阿雅克肖政治俱乐部里，吕西安帮他把他的演说翻译成意大利语。1793年2月初，塞蒙维尔收到了坏消息：他出使君士坦丁堡的任务被推迟了。既然已经没理由再待在科西嘉，他便带着吕西安渡海去了土伦。在那时，土伦是保利之敌的大本营。巴泰勒米·阿雷纳和博纳罗蒂正在领导对"老爹"的诋毁运动。萨利切蒂很快便与两位同伴会合。前政府要员组成的小集团现在集齐了。针对保利的运动变得更加凶猛。3月14日，吕西安在土伦俱乐部公开指责将军"变节"，要求实施报复。[13] 他是不是在那一天招致了整个家族的失势呢？我们可以不去理会弗朗索瓦·彼得里的遁词，他为了撇清吕西安的责任，声称后者当时不在土伦，这违背了基本事实。[14] 尽管如此，我们也不可尽信拿破仑之言，他说吕西安应该为与保利决裂的事负全部责任。我们可以认为，由于在科西嘉岛与大陆间通信往来的困难，拿破仑或约瑟夫并没有在幕后指使弟弟发表演说。怂恿吕西安发表演讲的人是阿雷纳和萨利切蒂。但与此同时，吕西安认为自己是在按兄长们的想法行动，而那很明显是他在几周后给他们所写的信所表达的意思，那时他得知他的演讲导致了是否下令逮捕保利的投票：

> 在我于土伦的俱乐部的一次小会议中提议并撰写的一篇演说的作用下，国民公会下令逮捕保利和波茨措·迪·博尔哥。因此我对我的敌人们造成了致命一击。你们应该已经在报纸上得知这件事了。你们不是在等待这一刻吗？保利和波茨措要被逮捕了，我们的好运来了。马赛也已加入了土伦的行动，向公会发去了表达相同意思的演说。但是事情已经奏效了。我迫不及待要看看保利和波茨措·迪·博尔哥会变成怎样。[15]

对于保利来说，他已经确信这是那些"一无是处的"波拿巴族人协商好的成果："他们的行动看似难以理解，"他写信给阿雅克肖市长道，"要是我们不知道他们完全是按萨利切蒂的意志行事的话。"[16] 吕西安、萨利切蒂和阿雷纳无法预知国民公会在收到土伦的雅各宾派的请求之后所做的决定。可以肯定的是，国民公会要求罢免并起诉保利，但若不是因为在4月2日，公会正在讨论已经威胁进军巴黎的迪穆里埃将军的背叛行为的话，它也许不会按他们所请求的那样去做。雅各宾派的罗伯斯庇尔与公社的肖梅特都要求消灭国家的敌人。公会因为吕西安的请求而相信保利密谋反叛，于是下令逮捕保利和波茨措。这下就捅了马蜂窝了，连那些始作俑者都大感意外。

拿破仑步步退让

已于4月6日到达巴斯蒂亚的国民公会使者（萨利切蒂、德尔谢和拉孔布－圣－米歇尔）还全然不知在4天前发出的逮捕令。萨利切蒂在政治俱乐部里面要求逮捕保利，但同时又力劝国民公会保持慎重。实际上他希望没必要走到那一步，他很清楚在将军的岛上实施逮捕是相当困难，甚至不可能的。对于大多数科西嘉人来说，保利依然是"国家之父"。萨利切蒂对此心知肚明，他不打算推翻保利，只是想迫使他远离波茨措，放弃正在进行的对前任政府的调查，同意让萨利切蒂再次在老领袖的象征性庇护之下成为岛上的"主人"。他还怀有对成功的希望，在4月13日与将军进行了长谈，力劝他不要与国民公会划清界限，并邀请他与在巴斯蒂亚的三位使者"一道为科西嘉的防务与国家的安宁努力"。[17] 保利既没有拒绝也没有接受。这远远不算是和解，但也不算断然拒绝。会谈过后，三位代表收到了命令逮捕保利的4月2日法令的通知。他们如遭雷击，立刻执笔谴责这一"鲁莽"的措施，但他们无法阻止判决的公布。4月18日，他们终于妥协了，下令逮捕保利。下完命令之后，他们就在巴斯蒂亚躲了起来。科西嘉岛顿时炸了锅。数以百计的将军支持者前往科尔特保护他，成群结队的农民袭击了阿雷纳家族的领地鲁塞岛（Rousse），尽管国民公会成员保住了巴斯蒂亚和圣弗洛朗（Saint-Florent），但他们正失去对博尼法乔和阿雅克肖的控制。

在拿破仑得知4月2日法令之际，他正准备去巴斯蒂亚见约瑟夫和萨利切蒂。尽管他很关心事态发展，但他尤其担心一道将科西嘉志愿营改编成由行政部门任命的军官领导的猎兵团的法令。萨利切蒂忘了把拿破仑的名字添加到未来军官的名单中了。由于这一令人不安的疏忽，他可能要回到瓦朗斯的团里去。他决定去巴斯蒂亚提出请求。当他正准备出发的时候，约瑟夫通知了他法令的事情。拿破仑的反应——混合了惊愕恍惚与忧惧不安——绝非异常。约瑟夫和萨利切蒂也有同样的反应。他们都明白这道法令会巩固保利和波茨措的联盟，在得到大多数科西嘉人支持的情况下，保利不会放过任何一个被他怀疑是敌人的人。拿破仑急忙草拟了一份要求撤销法令的演讲的大纲。在演说中他抗议对"一个体弱多病的七旬老者"的侮辱，拒绝接受针对他的出于阴谋与野心的指控。[18]

与此同时，他还以阿雅克肖俱乐部的名义为市议会写了一份演说。但他的行动并没有收到他指望的效果。至于波拿巴家族仍占主导地位的俱乐部，它已经影响力大减了。保利派已经另建了一个叫"人民、法律、自由与平等的不可腐蚀之友社团"的俱乐部，并立刻在4月1日的初次会议中谴责波拿巴家族是"煽动蛊惑者"。[19]拿破仑试图让两个俱乐部合并，但对方置若罔闻。尔后，他致信保利，向对方保证自己的忠诚，但是当将军告知拿破仑他"不在乎他的友谊"时，拿破仑知道破釜沉舟的时候到了。他可能试图在4月25日让阿雅克肖的城堡向他敞开大门，重复在1792年4月时的尝试。对这件事的记述含糊不清，不能完全确定其真实性，但如果是真的，那么这次努力的失败想必让他确信，他在阿雅克肖已经没有什么能做的了。他决定去巴斯蒂亚与约瑟夫和萨利切蒂会合。

放　逐

拿破仑叫上一个来自博库内奥亚诺的表兄弟图桑·博内利，两人在5月3日黎明离开了阿雅克肖。晚上，他们经过维瓦里奥，一位亲戚告诉他们，保利的人正在到处找他们，而且人们都在说是吕西安引以为豪的那封信导致了4月2日法令。拿破仑和博内利决定折返。他们在维瓦里奥的一位教区神父家里避难。次日，他们回到了博库内奥亚诺。5月4日晚上，拿破仑与亲戚们待在一起，计划在博库内奥亚诺附近的科萨奇村与博内利碰面，他希望能从那里出发，在次日晚上到达阿雅克肖。但是，当拿破仑在早上到达会合点时，保利派出其不意地抓住了他。博内利去搬了救兵，而拿破仑在被拘禁了几个小时后，设法趁看守不注意时溜走了。[20] 翌日，他悄无声息地回到阿雅克肖，躲进了前市长让－热罗姆·勒维家里。在5月8日晚上来到那里的宪兵们不敢搜查勒维的家，也不敢问他为何让武装人员守着大门。趁着夜色，拿破仑登上了一艘属于一位渔夫朋友的小船。5月10日，他在巴斯蒂亚附近登陆。

所以，拿破仑这次坚决地站在了萨利切蒂一边，后者虽然曾把波拿巴兄弟称为"亲爱的朋友"，但却在最近写道："这些器量狭小的阴谋家没有一个会成为我的朋友。"[21] 不过，萨利切蒂的处境十分微妙，不容他吹毛求疵。他缺乏平息在整个岛上掀起的反叛的必要手段，虽然他现在能保住巴斯蒂亚、圣弗洛朗和卡尔维，但阿雅克肖仍然鞭长莫及。然而，他必须掌控该地，这样才能控制岛屿与大陆的交通线。因此，他张开双臂欢迎拿破仑，后者冷静地向他保证，国民公会要想让阿雅克肖挂上三色旗，唯一要做的就是炫耀武力。他们马上决定乘船前往阿雅克肖。5月24日，搭载了400人的4艘船离开了圣弗洛朗港。

在拿破仑乘船前往自己的家乡时，保利的党羽也没闲着。超过1 000人在5月27日聚集于科尔特。他们发誓向将军效忠，宣称4月2日的判决无效，撤回使萨利切蒂成为科西嘉代表的授权，命令逮捕萨利切蒂"小集团的同伙"。人们一个接一个地发言，有人旧事重提，谈到波拿巴家族与马尔伯夫的关系，其他人提到了吕西安的所作所为。最终，集会者得出了以下决议："考虑到波拿巴兄弟支持阿雷纳的所有努力与欺骗行为，同时又加入国民公会代表一方，后者对让我们屈服于他们的暴君集团感到无望，威胁要把我们出卖给热那亚人；另一方面，考虑到科西嘉人民的尊严并未让其有义务与阿雷纳与波拿巴家族扯上关系，我们让他们承受自身的悔恨与公众的评价，他们已经被判以永久的诅咒与耻辱。"[22]

在保利派走遍科西嘉岛，洗劫"叛徒们"的财产时，国民公会海军的舰队出现在了阿雅克肖的视线之内。拿破仑的第二次军事行动并没有比第一次更成功。不到50个阿雅克肖居民加入了"爱国者"的队伍，而且大多数是平民。行动失败。舰队开走了。波拿巴家族被判流放。拿破仑是不是真的以为可以靠武力拿下阿雅克肖呢？5月23日，在他于圣弗洛朗上船之前，他给母亲写了封信："做好准备，这个国家没有我们的容身之所了。"[23] 关于波拿巴家族在阿雅克肖的最后时光有许多个版本，但都是基于不可靠的证词之上的，所以哪一种说法都不值得考虑。有些作家说，莱蒂齐娅一直留在阿雅克肖，直到市议会批准她登上国民公会的舰队为止，有的人说她主动退往米莱利家族的地产，受武装守卫的保护，还有的人坚称，她在得知一帮保利派逼近之后，急忙带着孩子们躲到了海湾的另一边，靠近卡皮泰洛（Capitello）塔的位置。无论如何，已经上岸的拿破仑找到了她：6月4日，全家在亲戚久贝加家里团聚，然后在6月9日渡海前往法国。

梦的终结

波拿巴家族于1793年6月13日登陆土伦，拿破仑写了一篇针对保利的长长的控诉书。几周前他还说怀疑将军包藏野心是很荒唐的。现在他写道："多么致命的野心才能让一个68岁的老人误入歧途啊？保利的脸上满是仁慈和蔼，心中尽是仇恨与报复。他的眼中流露着虚情假意，心中萦绕着恶毒怨念。"[24]

拿破仑告别了他青年时代的心目中的英雄保利，也告别了让他受缚于家乡那么多年的梦想。我们是否应该引用雅克·班维尔的话作为结论，即拿破仑在同一时间背弃了他曾经相信的一切，譬如"让－雅克、雷纳尔、理论家们还有对大革命的浪漫想象"？没有什么可以证明上述事物曾深深扎根于他心中，也不能表明他的告别有如此决绝与猝然。事实上，他继续用卢梭的风格写感伤故事，比如写于1795年的《克利松与欧仁妮》（Clisson et Eugénie）。不过，在被逐出科西嘉之后，他的确走上了一条新的道路。在遭到保利的慢待之后，他也抛弃了保利，从而扯断了将他和他想象中可充当在未来斩获荣耀之舞台的天地绑在一起的最后绳索。他还没"来到善感的年纪"，但他已经开始"告别他的青年时代"了。[25] 他已经和年少时的理想祖国分道扬镳了。

班维尔还认为，在科西嘉岛上度过的这些年只教会了年轻的拿破仑怎样从事非法勾当，进而毁掉了他曾拥有过的任何道德顾忌。如果这是真的，那么此事绝非无足轻重。事实上，他这次回到大陆时，已不像他在1789年投身于阿雅克肖这个小小舞台中的角逐时那样一无所知。从失败当中，他了解了"政术与人心、诡计与手段"。[26] 而他已经受到很好的教育了：他的导师是保利、萨利切蒂与波茨措·迪·博尔哥，这些品格与能力各异的人。在他们身边，他对"人心做了很好的研究"，曾在达尔马提亚[*]担任总督的马尔蒙（Marmont），在回忆录中正确地将这一研究与拿破仑所处的半野蛮状态社会联系到一起，"那里的家族总是处于持续互相交战的状态"。他解释道。他们从婴儿时期就产生了自我保护的需要，"这在许多人身上发展出了某种独特的天赋：假如能力相同的话，一个法国人、德国人或者英国人在这方面将永远不如一个科西嘉人、阿尔巴尼亚人或希腊人"。[27]

但是，研究政治，以及其手段而非目的，这是一码事，表现出政治素养又是另一码事了。从这个角度来说，拿破仑并没有证明自己有多出色。如果他认识到伪装与谨慎是政治美德的话，当他在1792年的阿雅克肖试图夺权时，他就不会公开表明他的企图，让自己冒得罪权势显赫的敌人的危险，而且他肯定知道他们是不会遗忘或者原谅他的冒犯的。

他的学习生涯的另一部分在大陆上度过。他在那里见证了大革命，还有它所催生的激情与主义。因为科西嘉的政治生活不是靠主义推动的，所以在抵达大陆之后，他不受普遍理念的诱惑。他并不是理解不了这些政治理念，也并不是不懂得估量它们的力量，但他并不担心会身受其害。对于人们表现出来的政治激情，他没有同样的感受，而是显得冷漠，甚或对

---

[*] 达尔马提亚（Dalmatie）位于巴尔干半岛西部，临近阿尔巴尼亚。

抽象概念表示蔑视。他的早年经历令他认为，抽象概念不过是强烈情感、憎恨以及具体的个人利益的掩饰，对他而言，政治显然是一门操纵人的本性、将他们的盘算视为更多地出于利益而非理念的艺术。这种态度不仅确保他从现实的角度考虑人类事务，也是那些"信奉主义的人们"所缺少的中庸智慧。当斯塔埃尔夫人在1797年初次与他见面的时候，她称赞了他在审时度势时表现出来的"智慧"，注意到他行事得体节制，不像声称按主义行事的督政府在同样场合中表现得那么鲁莽与粗暴，同时她也显得有点无知地批评他对共和主义信仰缺乏热情。[28] 这是因为他很早就学会了不要相信政治信仰宣言的真诚性，要将语言视为圈套，革命原则大体上只适用于"传奇故事"，以及在他看来，人民既不够优秀亦无进步的可能，他后来能够统治人民是因为他们想要被统治而不是因为哲学家认为人民应该被统治。在科西嘉学会的强烈的怀疑主义不仅教导他要保持温和稳健，也告诉他要包容一些人的愚行和其他人的罪行。

> "我很清楚……运气拥有胜于我们的政治决心的影响力，对环境形势的了解总是让我对人们在政治动乱中所参加的派系表示宽容。是否是个好的法国人，或者是否想要做个好的法国人，这是我在对待每一个人的时候所看重的东西。"皇帝继续将动荡局势带来的混乱比作夜间的战斗，被夜色所蒙蔽的人攻击旁边的人，难分敌友，但是当晨光降临时，秩序得以重整，每个人都原谅了他所受的误伤。"即便是我自己……又怎么能保证一定不会有足够强大的形势，令我违背自身的天然情感，诱使我移居国外呢？譬如对边境附近地区友好的眷恋，或者某个领袖的影响力……没有什么更加清楚地证明了这种偶然性、不确定性和天意的作用，在革命错综复杂的纠葛之中，正直诚实的心灵常常被它们所引导。"[29]

对于拿破仑来说，在科西嘉这样远离革命激情盛行之地的次要舞台上开始他的政治生涯，最终确是一桩幸事。

阿雅克肖的逗留

拿破仑还没有与科西嘉一刀两断，因为人永远不会和自己的童年一刀两断。无论如何，他怎能让自己不再想起故乡呢？一方面，夺回最终被保利交给英国的科西嘉岛，是他所属的意大利军团在1794年接到的任务之一。另一方面，他还没有放弃有朝一日收回已经被没收了的家族地产的希望，根据一份得到他母亲签名的声明，这些地产价值12万法郎，[30] 这在那时是一个很大的数目。他心系家族利益，而他强烈的自尊心也让他希望能够战胜那些驱逐了他的人。因此，他继续留意岛上形势的发展，寻找将科西嘉带回法国旗帜之下的机会。1795年，他的上级终于委派他准备进行出海远征。土伦集结了一支船队。船队于1795年3月11日出航，3月13日与一支英军舰队遭遇，在损失两艘船之后回到了基地。直到次年，拿破仑才在一长串意大利胜利的列表上加上科西嘉的名字。可以肯定的是，这场胜利是来之最易的：果实已经成熟，他唯一要做的只是采摘而已。法国与西班牙之间缔结了同盟，岛上的"英国-科西嘉王国"政府饱受攻击，而且在保利于1795年被迫第二次流亡英国并且不再复归之后，科西嘉岛变得越来越难以统治了。因此英国人离开了科西嘉。波拿巴在意大利的光辉胜利完成了剩下的事情，尤其是缪拉在1796年6月27日占领了里窝那（Livorno）港，那是科西嘉与意大利间的交通要地。只需要往科西嘉派去一小队在里窝那招募的志愿兵就够了。10月19日，最后的英军离开了巴斯蒂亚。法国未遭激烈抵抗便再次占领了该岛。波拿巴家族收回了部分地产，但拿破仑没有成行。

他只回过一次故乡，是在他从埃及归来途中。当他的小船队沿着科西嘉西海岸航行时，一股强风迫使船队在阿雅克肖湾停靠。得知波拿巴登陆后，市政当局陷入了尴尬的处境。按规定，从东方来的旅行者要接受隔离检疫。但他们怎能拒绝让这位民族英雄上岸呢？争论十分激烈，一些人坚持检疫规定，其他人则认为应该考虑聚集在港口的居民，和往抛锚的舰队靠近的小船。后一种意见最终胜出。"没有什么比他受到的欢迎更感人的了，"陪伴波拿巴的维旺·德农（Vivant Denon）写道，"到处都能听到礼炮响，全体居民都在小船里环绕着我们的舰只。"[31] 波拿巴和他的军官们爬进小船里。阿雅克肖当局在码头恭候他们。他们同意让旅行者们免除检疫，改用醋清洗脸和手作为替代。驻守当地的部队组成荣誉卫队，市镇的钟声在波拿巴前往老宅时敲响。

距离他在 1793 年的匆促离开，已经有 6 年了。一股来自北方的强风让波拿巴在阿雅克肖待了整整一周。这次意外的停留让他忆起了过去的岁月，忆起早年的经历，忆起他曾经寂寂无闻的时候。再次看到童年时的风景与地点想必让他很感动。他走过街道，与人们握手，和他们亲切地打招呼，询问他们的愿望，并听取他们的抱怨。他和农民们聊收成，拜访并拥抱了他的老保姆，问候了在 1793 年帮助过他的牧羊人。不过，他几乎是以外国人的眼光来看待他年少时生活过的地方的。他不再是那个曾经走过小径，穿过街道，凝视大海的人了。布列纳告诉我们，尽管拿破仑的确有所触动，但他对推迟抵达法国感到恼怒，而且也不喜欢看到那些源源不断地到处冒出来的亲戚。"他的巨大声望无疑令他的家族人数极大地增长了……从自称是他的教子或教女的人数来看，人们会以为他给阿雅克肖的四分之一的孩子主持过洗礼。"[32] "我被家族成员淹没了。"他不满地咕哝道。[33]

当他正准备夺取权力时，过往的复苏也可能成为他的障碍。早在 1796 年，当他得知英军离开时，他就写信给约瑟芬："科西嘉是我们的了，好，这对法兰西、对军队、对我们都是好消息。"[34] 对于他的母亲来说，这同样是个好消息，她可以回到老家的房子了。对于约瑟夫来说亦然，他"把全家成员、他的朋友还有他的整个宗族成员都安插进了新的行政机关里"，[35] 还让自己当选为五百人院（Conseil des Cinq-Cents）*的科西嘉代表（1797 年 4 月 11 日）。吕西安也得到了好处，他在哥哥给他安排的许多工作职位上都怠忽职守，最后拿破仑让他当上了在阿雅克肖的战争代表。"他在那个地方会对共和国有益。"拿破仑在给卡诺（Carnot）的信中如是说，好像他是流放了弟弟，以免他再损害共和国和拿破仑的声望一

---

* 热月政变后共和国的下议院，和作为上议院的元老院一起组成了立法团。

样。³⁶ 这些东西是他的家族应得的，但已不再能配得上他。他已经在这么短的时间里成就了那么大的事业，科西嘉对他来说已经太小了。1799年10月6日，风暴终于平息了。当天晚上，波拿巴悄无声息地离开了旧宅。他经过后街，来到岸边。11点，一艘小船把他载回舰上，然后舰队马上出海。他再也没有见过他的故乡。

皇帝与科西嘉

大权在握之后，他就很少关心科西嘉了。"我对科西嘉人忘恩负义了，"他有一次承认道，"我对此感到很抱歉。"³⁷ 不过他是夸大其词了：科西嘉并没有被遗弃。它得到了选自当地的高效的地方长官的管理，法律也注意以适宜当地特点的方式施行。但是，当该岛在1800年末爆发暴动时，科西嘉也确实被宣布为"不受宪法保护"，并且这种状态以各种借口维持到帝国末年。科西嘉人以一种混合了冷漠与敌意的态度回应拿破仑的"忘恩负义"，这并非总是毫无道理的。事实上，他们从来没有忘记总督莫朗将军在1802年到1811年"统治"该岛期间采取的铁腕政策。在此期间，科西嘉实行围捕罪犯与即时处决的制度。作为当地代表的米奥·德·梅利托（Miot de Melito）公开表示，拿破仑就任终身执政的公告在阿雅克肖引起的惊讶要多过热情。在波拿巴家族的地位还没那么显赫时就熟知他们的阿雅克肖居民们对此难以置信，两个科西嘉省引人注目地投了大量的反对票。但是这种敌意还有别的原因。科西嘉人还记得1793年的事情，他们的不满没有熄灭，甚至还随着"夏尔的二儿子"取得的空前成功而增长。他征服了意大利，夺回了科西嘉，进行了惊人的东方远征，然后一回来又掌握了最高权力，住进了旧时国王的杜伊勒里宫！这一无法想象的高升让他与科西嘉人之间有了极大的差距，就像他远超旁人一样。这正是为什么许多科西嘉人无法原谅他的原因。他们不是因为他取得了出人预料的成功而敌视他，而是因为他原是他们中的一员。假如是奥什坐在他的位置，他们也许会表示赞许，但事实是他们的一位同胞登此高位，他们自己却不然——这是他们无法饶恕的。他的成就是一种侮辱，仿佛他成功只是为了证明他觉得他们有多么无能。"嫉妒，"拉罗什富科（La Rochefoucauld）写道，"是一种无法容忍他人好运的愤怒。"

但是，拿破仑对科西嘉的"忘恩负义"可不仅仅是体现在科西嘉岛在他统治下的管理方式，还表现为他在提及自己出身时所保持的完全的政治性的谨慎。他自然要提防那些声称和他有亲属或朋友关系的人，这些人朝他索要职位和关照，但这种亲属朋友关系有时是十分可疑的。以他母亲为首的家族成员带来的亲戚朋友们就已经是个很沉重的负担了。他小心翼翼地不给任何人留下指责他行事是出于一家私计的余地，或者尽量避免如此，这是完全可以理解的，尤其因为这种怀疑并非毫无理由。拿破仑比自己承认的甚或自己想象中的更具科西嘉人特质，他只相信自己的同胞。他的大多数侍从都是故乡本地人，当他需要人去执行一项需要慎重处理的任务时，他通常会将其托付给一个科西嘉人。不过，他对科西嘉人表现出来的偏爱并没有阻止他向贝特朗（Bertrand）透露"他的外国出身是一个必须被掩盖的缺陷，就像一个人要掩饰自己是私生子一样"。他还不无残酷地补充道："人必须粉饰他的弱点。""您了解法国人的思想，并且已经相应地采取行动了。"贝特朗回答道，"身为科西嘉人是一个劣势，必须将其掩盖起来。法国人总是为他们的统治者全都是法国人、是自己的人民所选的君王而洋洋自得。"[38]

在很长一段时间里，"小册子作者们都说（他）不是法国人"。[39]"带来灾难的外国人"的形象最早在埃及战役时期就已经被英国炮制出来了。在英国公众眼里，他早已成了漫画和小册子里面的"科西嘉猴子、科西嘉蠕虫、科西嘉老虎、科西嘉蝗虫、科西嘉蛤蟆和科西嘉狐狸"，[40]其后这一中世纪动物寓言跨过英吉利海峡，传遍了全欧洲。在1814年席卷法国的"黑暗传说"已经成形，并且要素齐全，谴责那个趁着混乱掌握法国大权的外国佬，像一个毫不关心法国的福利与其子民的生死的掠食者一样扑向猎物，心里只想着要满足他的统治美梦。他的权力的合法性被他的家族出身所影响。当他的权力开始采用君主制形式时，问题变得更加严重。每朝着最高权力走一步，他都需要进一步隐瞒他的血统。就像他在1810年相信迎娶一位奥地利女大公可以促使欧洲王室接受他一样，他在1796年也相信，与约瑟芬·德·博阿尔内结婚可以让他融入法国。他以为这样可以让他成为法国国民，尽管他以前在王家学院所受的教育很明显没有做到这一点。虽然他与约瑟芬的婚姻是出于爱情，但他也并非对其他好处无动于衷，关于巴拉斯建议他迎娶博阿尔内将军的遗孀之事，他回忆称："他建议我和她结婚，并且向我保证，她既属于旧政权又属于新政权，所以这桩婚姻可以给予我良好的社会地位。她的房子是巴黎公认最好的，而我不该再被称为科西嘉人了。简而言之，这一步棋可以让我彻底法国化。"[41] 因此，我们可以理解，当他被当面提及他的出身时是何等感受："有一次在里昂，市长自以为是在恭维我，说道：太惊人了陛下，您不是法国人却如此深爱法国，为它贡献了这么多！这就像他在用棍子打我一样！"[42] 在他的敌人对他的所有侮辱之中，"听到〔他〕被称为科西嘉人"是最让他痛苦的。[43]

法兰西鼻子上的一个疣

进一步探讨拿破仑在上台之后是否试图消除对他的出身的所有怀疑是无意义的，更不用说在他尝试让自己建立的王朝被法国和欧洲承认的时候。但是，这个问题并不是在1804年或1802年，甚或雾月十八时开始困扰他的，而是在他第一次踏上公共舞台之后就萦绕于他脑中了。证明他与博阿尔内夫人缔结婚姻的登记处文件的墨迹刚刚干透，他就去掉了姓氏里的字母"u"：他们在1796年3月9日结婚；3月14日，在前往位于尼斯的总部途中，准备执掌意大利军团的拿破仑给约瑟芬写信，第一次使用了"Bonaparte"的签名，而不再是"Buonaparte"了。[44] 为什么他会害怕家族姓氏的外国发音玷污他的荣耀呢？让事情变得更加奇怪的是，他本人喜欢追溯他的意大利血统："我一只脚踏在意大利，另一只在法兰西。"他常出此言。[45] 可以肯定的是，他微笑着接受了被编造出来讨好他的虚构宗谱。奉承者们声称有证据证明，他是拜占庭的科穆宁（Comnenus）王朝的后裔，又或者是罗马的乌尔皮亚（Ulpia）氏族或者尤利亚（Julia）氏族的后代，对此他回应道："我的头衔拜我的剑与共和国的信赖所赐。"

而他的贵族身份来自他在蒙特诺特（Montenotte）和洛迪（Lodi）取得的胜利。[46] 但他没有否认他的先祖也许统治过特雷维索（Treviso）的可能性，甚至还对此抱有某种自豪之情。类似地，他认为他可能与美第奇（Medici）家族和奥尔西尼（Orsini）家族有关系。拿破仑声称他的祖先曾在罗马发挥重要作用，他的名字来自他的意大利先祖与"在意大利编年史中很有名声的拿破仑·德·奥尔西尼（Napoleon des Ursini）"[47] 所维持的关系。自然，他对利用他已经征服并且日后将会成为其总统与国王的意大利的这些贵族先祖很感兴趣：他们对他有用，并且在他大受意大利人欢迎这件事情上贡献良多。如果米兰和博洛尼亚的居民们不是把他当作意大利之子，为他们的国家产生了一位"配得上它失去了的辉煌"[48] 的人物而自豪的话，他怎么能够以凯旋的姿态进入这两座城市呢？可以说，波拿巴的意大利血统把失败者划进了胜利者的阵营。在"这位率领法国大军同时又带有意大利特质的英雄"[49] 身上，即便他们看到的不是自身的映像，那么也至少是他们的辉煌过去的影像。

需要被掩盖的"弱点"不是意大利血统，而是科西嘉血统。他的意大利血统是光辉显赫的，将他与文明和欧洲联系在了一起，而他的科西嘉血统却让他疏远这一切。科西嘉出身确实能让人联想起意大利，但它让人们想起的是野蛮的、贫穷的、蒙昧的意大利。有些人几乎从一开始就将拿破仑视为一介佣兵或冒险家，一个不仅对于法国及其历史与文明，并且对于欧洲的历史与习俗都很陌生的人。在他们看来，他的科西嘉血统证明了他们的看法是对的。

欧洲的人们对18世纪中期爆发的科西嘉反抗热那亚统治者的起义的同情不容小觑。就像伏尔泰所说的那样，所有的开明欧洲人在那时都成了科西嘉人。意大利的启蒙运动作家——从约瑟夫·戈拉尼（Joseph Gorani）到维托里奥·阿尔菲耶里（Vittorio Alfieri）——是首先为保利创立的宪法与科西嘉人取得的胜利表示庆贺的。当然，将军的支持者们自然不甘人后。1758年，那不勒斯的一位神父，同时也是保利的老朋友的格雷戈里奥·萨尔维尼（Gregorio Salvini）发表了全欧洲脍炙人口的《科西嘉革命的理由》（*Giustifi cazione della rivoluzione di Corsica*）。保利在文中被刻画为"一位可与色拉西布洛斯（Thrasybulus）、伊巴密浓达（Epaminondas）和蒂莫莱翁（Timoleon），或者罗马共和国时期的伟人们相匹的颇具古风的英雄"。[50] 18世纪50年代和60年代的"科西嘉爱好"从意大利传到了法兰西。有一段时间，科西嘉人被巴黎沙龙奉若贵宾，至少是象征性的，因为上流社会享受他们来自远方的魅力。德方夫人（Madame du Deffand）认为保利可以与霍拉斯·沃波尔（Horace Walpole）相匹，后者是她心目中历史上最伟大的人物，格里姆（Grimm）为这些自豪的共和派执笔发声，卢梭则宣称，由于科西嘉是欧洲国家中最落后的，所以也是唯一一个还"能够为之立法"的国家，"有一天这个小岛会震惊欧洲"。[51] 这一运动从法国传播到英国，在那里达到了其影响力之巅峰。[52] 凯瑟琳·麦考利（Catherine Macaulay）在《浅述政府的一种民主形式》（*Essai d'une forme démocratique de gouvernement*，1767年）中称赞了科西嘉人所做的试验。年轻的詹姆斯·博斯韦尔（James Boswell）——时年25岁——在读过卢梭的《社会契约论》之后成了科西嘉的热烈支持者：曾有幸与卢梭交谈的他在1765年去了科西嘉岛。最初他几乎要晕过去，他过于感动了，然后，在"一种高尚情操带来的满足感"[53] 的支配下，他一连数日跟随在帕斯夸莱·保利的身旁，被他身上高贵的英雄品质、坚定的性格、灵魂的美德、公正无私的态度、卓越的智慧、深谋远虑、优雅举止以及科西嘉人对他的爱戴惊得目瞪口呆，尽管他也迫不得已地承认，这位伟人周围全是模样凶恶的侍卫。博斯韦尔离开时心满意足：

> 拥有如此品德的沉思者真的存在，他对我的益处比我从书本里、从谈话中还有从我的思索中所得到的还要多。我的心中曾一再产生像这样的人的理想，就像我在人生最好时刻所能想象的那样。但这种理想看起来就像我们在学校学到的那些看似存在实则不然的理想，比如牛奶海和琥珀船。但我看到我的最高理想在保利身上实现了。我高兴地思忖道，我不可能会对他身上的人之天性有任何的意见。[54]

博斯韦尔将保利视作古代的伟大立法者的化身，一个新的梭伦，一个新的吕库古，在不起眼的科尔特镇里，他看到了伯里克利时代的雅典的再现。他写的《科西嘉史》（1768年）大获成功，很快被翻译成各种主要的欧洲语言，这鼓励了其他人效仿他的行动。约翰·西蒙兹（John Symonds）、未来的主教弗雷德里克·奥古斯特·埃尔韦（Frederick August Hervey）、雷韦朗·安德鲁·巴纳比（Reverend Andrew Barnaby）和彭布罗克（Pembroke）勋爵都发现了他们想象中的科西嘉岛，对它报以过分的热情，以至于亲身体验也不足以让他们看清现实。没人质疑保利是否配得上这些赞誉，哪怕是最持怀疑态度的人也是如此。此外，我们确实可以同意伏尔泰所说的"不论别人如何说他，这位领袖不可能没有伟大品质。"[55] 由于科西嘉岛上的人民总是与他们的领袖联系在一起，并且被描绘成他的形象的一部分，所以科西嘉的自卫事业变得更加深得人心。18世纪的启蒙运动者们相信，他们终于在科西嘉岛上重新发现了"自然状态的古代风俗习惯，古典时代的道德品质，从那时留存至今的典型人类学样本"。[56] 在几年的时间里，科西嘉是启蒙时代所梦想的一块白板，是一片新的希望之乡，以往仅见于书上的理想城市将会在那里成为现实。就像皮埃尔·朗弗雷（Pierre Lanfrey）在一个世纪之后依然指出的那样："保利可以认真地考虑在他的国家里扮演梭伦和吕库古的角色……在法国只停留于构思的事情，在科西嘉则成了政治家的计划，并且可以马上实现……科西嘉处于其他国家只能想象的形势下，条件是现存的一切都应该被彻底清扫干净。"[57] 对于这些作家来说，正因为科西嘉一直处于欧洲的文明之外，多亏了保利的美德以及那些伸出援手的哲学家，科西嘉岛很有可能会迅速抵达幸福的顶峰。

这一热情扩散到了远在圣彼得堡和波茨坦的欧洲宫廷，腓特烈二世亲自送了保利一把光荣之剑，剑刃上刻着"祖国与自由"，然而这种热情并没有维持很久。[58] 启蒙运动的舆论渐渐厌倦了科西嘉，并且很快在美国的起义者中找到了其他可以歌颂的古典英雄。人们因为美国人的质朴品质而表现得更加热忱，后者友好而有序，而不像科西嘉人那样，被凶猛原始的风俗以及迷信无知的品性玷污了名声，使他们所受到的仰慕之情蒙上了阴影。有一件事可为明证：当博斯韦尔着手撰写他去见保利的朝圣之旅的报告时，他的一位朋友劝诫他，少写科西嘉或者科西嘉人，多写保利——如果他想让他的书广为阅读的话。"快速略过所有过时的东西，"他建议道，"读者会感到厌烦。是他们现任领袖的美德与功绩令公众对科西嘉人产生了好奇。"[59] 这种热情从未逾越出沙龙与文学团体的狭隘圈子，如果可以进行一次民意调查的话，结果毫无疑问是这样的：尽管保利名声在外，人们也对一个贫穷的小民族先后抵抗热那亚共和国和法兰西国王的军队表示同情与敬重，但是大多数法国人依然像斯特雷波（Strabo）或李维（Livy）那样看待科西嘉：

> 科西嘉是一片环境恶劣、地形多山的土地，几乎到处都无法通行。它养育了一个像它一样的民族。科西嘉人从未接受过半点文明的熏陶，几乎就像野生动物那样难驯。即便沦为奴隶，戴着镣铐的科西嘉人也不会显得更加驯服。相反，他们不管是憎恶劳作还是难忍为奴，都会选择轻生。而他们的固执或是愚昧，使得他们的主人也难以容忍他们！

再者，当关注的焦点从保利转移到一般的科西嘉人时，即便是最看好他们的人也表示了一定程度的怀疑。我们可以举出一些例子，譬如加利亚尼修士，他将科西嘉人看作"贫穷、野蛮的种族，他们以为自由意味着不受惩罚，为自己不受统治而庆幸"。[60] 还有卢梭本人，他曾于1764年被马泰奥·布塔福科邀请为科西嘉起草一份宪法草案，或是仅仅撰写一部科西嘉岛的历史。卢梭接受了这份工作，但越是向前推进，就越感到"立刻研究他为之立法的这个民族，他们栖居的土壤，以及会影响新法律在科西嘉人之中的实施的所有客观情况的必要性"。他写信给布塔福科，告诉他自己准备在不久的将来去科西嘉，之后，在他会见曾在马耶布瓦（Maillebois）元帅手下服役于科西嘉岛（1738—1741年）的达斯捷（d'Astier）先生时，他的旅行准备已经做得很充分了。这次会面具有决定性的意义："他尽其所能地劝阻我实施我的想法，我承认，他向我描述的关于科西嘉人和他们的国家的可怕景象，极大地平息了我启程去与他们一起生活的欲望。"[61] 卢梭放弃了他计划的行程，又继续为宪法工作了一阵子，之后便丧失了兴趣。未来的迪穆里埃（Dumouriez）将军曾在1768年和1769年间参加了与征服科西嘉岛有关的军事行动，他报告称，到处的人都指责舒瓦瑟尔发起的这一行动，他的一位朋友虽然赞成保利将军，但却告诉他，科西嘉人十分难以统治，"我们会巴不得能在岛中央找到一个可以把他们全扔进去的大洞"。[62] 甚至连雷纳尔修士，另一位雄辩地为科西嘉人辩护的人，也对他们怀有复杂的情感，他在1787年决定将他所写的一部小说《黑人女王的加冕》（La Négresse couronnée）的第二卷题献给科西嘉人，并使用了尖刻的措辞：

> 亲爱的公民们，我将这本书题献给你们，因为从来没人题献过任何东西给你们，我渴望向那些被遗忘的人表示公开的敬意。在我看来这是一种为人类的权利复仇的方式。仅将本书的第二部分献给你们并非是一种冒犯，因为整本书是关于黑人王朝的，所以皮肤黝黑的你们不得不屈居其次。[63]

保利就像一个来自古典时代的幸存者，同时又陶冶出了18世纪的礼仪教养与优雅举止，而科西嘉人的风俗却像是"残存于文明欧洲的野蛮"。[64] 在于1769年征服该岛之后，法国人很快就确信了，就像拿破仑所说的那样，科西嘉是"法兰西鼻子上的一个疣"。[65] 因保利于1790年回归而重燃的短暂热情并未改变这一形象，尤其是因为科西嘉岛上的革命很快就通过报告而广为人知，尽管这些报告并不总能摆脱辩术与党派目的，即便其结论不一定准确，其中的实际观察成果是毫无争议的。沃尔内（Volney）认为"科西嘉因其自然状况及其居民的风俗与性情，而与法国其余部分全然相异"，岛上的人民都因其风俗而处于"未开化与早期文明的状态"。[66] 没人质疑他的观点。即便是在1794年控制了科西嘉岛的英国人也感到失望。他们曾经是保利和独立的科西嘉的最狂热推崇者，但英国与科西嘉结盟的亲身经验很快就让他们做出不那么赞许的评论了。有人会说这些都是偏见。但是，当杜邦·德·内穆尔（Dupont de Nemours）

得知波拿巴于1796年被委任指挥意大利军团时，他向他的朋友勒贝尔（Reubell）督政表示了反对：

> 我亲爱的老同事，据说您准备将意大利军团，若我们要继续战争的唯一希望，托付给两个科西嘉人，波拿巴和萨利切蒂……难道您不知道科西嘉人都是一样的吗？两千年以来，没有人能信得过他们。他们天性反复无常，一心只图发财，皮特能给他们开出的价码，多过您能铸造的钱币……最好的做法就是求和……如果您要打仗，至少别让战争的结果取决于科西嘉人和意大利的战况。难道已经没有任何法国人了吗？我问候您，拥抱您，同情您。[67]

1796年时，科西嘉已经被纳入法国17年了。拿破仑仍不得不将自己从这种困境中解放出来，在生命的最后时日里，他告诉贝特朗，如果他不是生在科西嘉岛，而是生在贝里（Berry）的话，他会在出生地盖一座宫殿。[68]

第二部分

初登舞台

1793—1796

第6章

土 伦

波拿巴一家于1793年6月13日在土伦上岸时,几乎一贫如洗。他们的地产被人窃据,细软也遭掠夺。他们在拉瓦莱特(La Valette)附近的村子避难,但很快就被迫离开。波拿巴家族卷入了1793年6月2日推翻吉伦特派而引发的内战。整个法国南部都陷入战火之中。在两个月的时间里,莱蒂齐娅带着她最年幼的孩子从土伦乘船到博塞,在国民公会的军队攻陷马赛之后,又从布里尼奥勒(Brignoles)到马赛,终于在那里觅得了一个更加安全的静居之所。[1] 她在没有儿子们帮忙的情况下经受住了这些考验。吕西安已经找了份不起眼的工作,去圣马克西曼(Saint-Maximin)当补给仓库的看管人,约瑟夫在巴黎向国民公会寻求援助,[2] 拿破仑则回到了在尼斯的炮兵团。

指挥该团的迪泰伊(Du Teil)[3]将军很高兴见到拿破仑,王党军官的大量流亡令军官出现了很大的缺额,任何的人员补充都是受欢迎的,哪怕是一个以其旷职而为人所知的军官。不过,拿破仑并没有得到他想要的一线指挥权。迪泰伊派他去组织火药和物资的运输。他很快就厌倦了这种单调的工作,并请求调动。[4] 在他看来,任何工作都比他摊上的这份管理工作更好。他接到调令前往阿维尼翁(Avignon),在那里见证了讨伐南方联邦主义者的军队攻陷了该城。我们不知道他之后干了什么,[5] 不过在8月末,他跟着卡尔托(Carteaux)将军的得胜之师进入了马赛。9月15日或16日,国民公会成员萨利切蒂和加斯帕兰(Gasparin)向拿破仑伸出了援手，任命他为卡尔托部的炮兵指挥官，负责收复土伦。拿破仑后来说，他偶遇哥哥约瑟夫还有萨利切蒂的经历对他的晋升没起任何作用，事实与之相反。他去和他们会面，抱怨自己的工作吃力不讨好，于是萨利切蒂建议他写一些爱国的文章来吸引人民代表的注意，因为在那个时候来自科西嘉的一切事物都有点可疑。拿破仑写了《博凯尔的晚餐》（ *Le Souper de Beaucaire* ）来表明自己的共和主义信仰，并印刷出版。萨利切蒂同意用军费为其印刷第二版，接着给约瑟夫安排了一份"一级战争特派代表"[6] 的肥差。然后就轮到拿破仑了。9月7日，指挥卡尔托麾下炮兵的多马尔丹（Dommartin）上尉在进攻前往土伦路上的奥利乌勒（Ollioules）峡谷时负伤，萨利切蒂和他的同僚加斯帕兰便将他的位置给了拿破仑。[7] "至少他是我们的一员。"[8] 萨利切蒂说道。他也许从未喜欢过这个科西嘉年轻人——但他也没有遗忘他。

在卡尔托的指挥下

交给波拿巴上尉指挥的大炮并不多：只有大约30门小口径火炮和少量弹药。卡尔托将军的其余部队也不更加乐观。他指挥着1万名经常不愿战斗的士兵，他们来自阿尔卑斯军团和刚刚在马赛被打败的联邦主义部队。[9] 军中缺乏武器，薪饷遭到拖欠，违纪现象普遍，浪费和瞒报成风，训练质量平平，部队管理不力。[10] 在得知里昂与南部的反叛事件之后，救国委员会（Comité de salut public）已经命令阿尔卑斯军团司令克勒曼（Kellermann）和意大利军团司令布吕内（Brunet）暂停在皮埃蒙特边境的行动，前去讨伐联邦主义者。两位将军不愿意打内战，便以之前的任务事关重大为借口，拒绝在没有得到国民公会的明确命令的情况下采取行动。但国民公会派到军团中的代表坚决要求他们执行命令：于是克勒曼被迫向里昂进军，并将部分部队交给卡尔托将军进攻南部的叛军。克勒曼同意"借兵"给卡尔托，但拒绝亲自指挥围城战，他将这项任务交给了多佩（Doppet）将军。

卡尔托曾经参过军，在那之后他成了一名艺术家：据说他的画作

"水平尚可"。[11] 1789年，他加入了巴黎的国民自卫军。起初他支持拉法耶特，后来成了雅各宾派。但他内心其实是温和派，尽管他试着让自己看起来像个雅各宾派。正如饶勒斯描述的埃贝尔派那样，他"胡须下垂，拖着军刀"。但他在私底下表现得截然不同："他不想让人们对他太熟悉，"拿破仑回忆道，"就餐时，他与人民代表坐在中间可以大快朵颐，而坐在桌子两端的客人则一无所得。"[12] 卡尔托在军中升到高层是因为他作为无套裤汉的声望，但他对战争一窍不通。大革命催生了大量才华横溢的军官，但也使一些平庸之辈在军中爬上高位，卡尔托无疑属于后者。然而，他仅是对真正的战争一无所知，就内战而论他的表现远胜于克勒曼，就像他在南方所表现出来的那样——至少在英军抵达土伦，让所有人看到他的无能之前。

在多佩围攻里昂期间，卡尔托向联邦主义者发动进攻，在6周内将其击败，并于8月24日进入马赛。两天后，土伦人将港口拱手献给了英国与西班牙的联合舰队。8月29日，卡尔托率领约4 000人的部队进军土伦。9月7日，他突破了奥利乌勒峡谷，拉普瓦佩（La Poype）将军则率领来自意大利军团的4 000人从东面接近。[13]

波拿巴上尉的计划

土伦城背靠着一个双重锚地。较大的锚地东接布兰角，西接圣芒德里耶半岛，较小的锚地东接巨塔与拉马尔盖要塞，西接凯尔海角及雷吉耶特和巴拉吉耶两个要塞。土伦在海上无懈可击，在陆上也几乎同样坚不可摧：该城有法龙山为屏障，受到在山两侧修筑的12个要塞和工事的保护，陡峭的山坡将卡尔托将军的部队与拉普瓦佩的部队分隔开来。英国人、西班牙人、皮埃蒙特人和那不勒斯人的联军共计2万人，两倍于国民公会调集的兵力。他们已经占据了制高点与防御工事。

这种敌众我寡，敌人防御工事固若金汤的情况下，要如何拿下土伦呢？拿破仑研究了地形，得出如下结论：土伦的叛军一旦失去联军舰队的支持就时日无多了，所以进行没有把握的攻城是徒劳的。只需要占领一个能够炮轰小锚地与大锚地之间通道的地点，切断英军与外海的联系，就足以迫使敌舰离开了。这一地点就是凯尔海角。拿破仑不厌其烦地重复道："为了掌控锚地，我们必须掌控雷吉耶特。"[14] 如果在这一点集结足够的火力，联军为了避免船只被摧毁就会出航。炮兵在这次行动中将会扮演主要角色，步兵可以在之后向城市进发。这一计划是符合实际的：它试图通过将力量集中在一个关键点的方式弥补共和军的数量与物资劣势。部队应遵循的行军路线显而易见：在9月7日突破奥利乌勒之后，向拉塞讷与凯尔海角移动，在海角末端部署强大的火炮，威胁两个锚地，逼迫敌舰出航。

许多历史学家认为不能将这一计划归功于拿破仑。譬如，他们指出，看看地形就知道，这个策略太显而易见了，拿破仑"不过是发现了人尽皆知的事情，谈不上什么功劳"。[15] 实际上这个主意的确曾有其他人想到。但一个酝酿之中的主意距离一个清晰的计划，显然还有一段很长的路要走。没有人提到半点关于凯尔海角或者炮兵的主导作用的事情。[16] 而且，将军们和人民代表们在此时都一致打算发动强攻。[17] 9月10日，人民代表关于进攻敌军控制的要塞，或者是炮轰城市与锚地以"摧毁英军舰队或迫使其撤退"[18] 的讨论仍是混乱不堪。而他们提出的更清晰的计划也并不更能令人信服，其中阿尔比特（Albitte）提议从"拉塞讷的小要塞……打击土伦港与停泊其中的舰队"。[19] 不得不说的是，由于阿尔比特的这一建议，卡尔托将大炮部署到了离海岸更远的位置。他在晚宴上豪饮后作出的部署令拿破仑抵达时印象深刻，后者简直不敢相信：没有任何一门炮能打到锚地。[20] 海军工程师杜梅特－勒韦（Doumet-Revest）也提出了炮击舰队的设想，但只是将其作为次要行动而已，其目的在于支援同时进攻城市的6支步兵纵队。[21] 一位真正的专家，与卡诺共事过的米肖·达尔松（Michaud d'Arçon）提出了与拿破仑的想法非常相近的计划。但是他没有将凯尔海角指定为必须不惜一切代价拿下的战略位置，而是提议占领环绕两个锚地的海角，这是一项庞大的任务，他估计至少需要15万人，可他们连1.5万人都没有。[22]

我并不是说，只有拿破仑独具慧眼。那将会侮辱许多与他在土伦并肩作战的优秀军官。他们之中的许多人都持与他同样的观点，但却不敢依此建言。我们不能忽视那个时期的特殊性。至少可以说，在1793年末支持一个让炮兵发挥主要作用的计划是有风险的。对普遍征兵制的推崇在这时达到了鼎盛。革命军很推崇刺刀冲锋。人们相信战斗热情比军事科学更重要，近身混战胜过精心谋划。另外，炮兵是遭受怀疑的兵种，因为其中充斥着从那些旧制度下最杰出的学校中毕业的专家，而据说存在于这些军人之间的团体意识对共和国来说是很危险的。1791年之后征召的志愿兵营队中的步兵看起来就可靠多了。另一个重要因素是：军官们一直处于被解职的危险之中。在1793年，有不少于1 300名军官被剥夺职务。许多将军被囚禁，其中几位被斩首。大革命消耗了大量的军官，在他们战败的时候施以严惩，当他们打了胜仗的时候又恐其怀有二心。国民公会的代表们也同样危险：在南方的15名代表互相检举。被召回巴黎是一个坏兆头，处于这种威胁之中的代表们会更加倾向于为了政治需要而牺牲战争的需求，用华丽文辞取代实际情形。当他们日复一日地接到政府的警告，要求他们采取"迅速有效的措施""消灭一切叛国者"[23] 时，他们怎么会有别的做法呢？他们忘记了战争有自己的法则，当将军们在报告中表达疑虑，抱怨可供调动的手段不足时，他们常常将其视为应受谴责的"温和主义"。为什么拿破仑不像其他人那样，奉承附和卡尔托将军与那些坚持强攻的特派员，如巴拉斯（Barras）和弗雷龙（Fréron），赞成他们那或许连自己都不相信的派成千上万端着刺刀的士兵去进攻叛乱的城市的方案？因为他将战争置于政治之上，只考虑战争本身的需要，甚至完全不将他的使命与战斗的政治性联系在一起。在他看来土伦只是一个目标而已，他并不怎么在乎这座城市是投入了联邦主义者还是反革命分子的怀抱。他只是刚好在国民公会的阵营中而已，如果他身处敌对的阵营，他也会以同样的严肃态度来研究击退国民公会军的进攻的可能性。战争中的政治利害关系不在他的考虑范围之内。

土伦围攻战

在拿破仑于9月16日或17日到达土伦之前，萨利切蒂与加斯帕兰在9

月 13 日采用了一个新计划：

> 与其对土伦城实施常规的围攻战，我们拥有一个更可靠的削
> 弱它的方法，这一方法可以摧毁敌舰，或者迫使其因为畏惧而撤
> 退……只要等到重炮占据了可以用灼热的炮弹轰击敌舰的位置，我
> 们就可以看看我们到底会不会成为土伦之主。[24]

　　直到那时，还没有人想到控制锚地是征服土伦的关键，或至少没有提过存在着一个占领之后就可以拿下城市的地点。因此，可能是（至少这是最合理的假设）两位代表在 9 月 11 日（定下之前被采用的计划的日子）与 9 月 13 日之间与拿破仑进行了沟通，这次沟通让他们相信进行一次传统的围城战是不可能的。当拿破仑抵达那里的时候，他向他们精确地指出了应布置炮台的位置。他很了解土伦，从前他曾在那里等待载他回科西嘉的船。那个时代的船只起航时间是非常不确定的——无风或者风太大都会让出航延期数小时甚至数天。这位年轻的军官利用等待的时间来观察周围环境。地形对他来说也很熟悉，因为土伦和阿雅克肖都是位于双重锚地的尽头，彼此十分相似。在阿雅克肖，第一个锚地被城堡与阿斯普雷托角包围，第二个被阿斯普雷托角和波蒂乔角包围。1793 年春，在他离开科西嘉前不久，他拟定了一份《阿雅克肖海湾的防卫计划》，指出为了防止敌人登陆，必须在位于两个锚地的连接处的阿斯普雷托海角构建防御工事，正如他在土伦时选定了雷吉耶特海角[*]："在阿斯普雷托海角修建一个炮台，便可以与要塞形成交叉火力，这样敌人只有在解决该炮台之后才能在附近下锚。"[25] 毫无疑问，是拿破仑促成了代表在 9 月 26 日提交给救国委员会的计划：

> 您从我们先前的公报中得知了我们采取的计划：摧毁敌舰或将
> 其赶出港湾，并且切断土伦与外界往来的交通线。这是兵力薄弱的

---

[*] 此章节中，作者时常将凯尔海角称作"雷吉耶特海角"，两者为同一地点，望读者注意，以下不一一标出。

我军唯一可行的办法，从土伦的地形来看，其出口为奥利乌勒和拉瓦莱特两个峡谷，因此只需要少数部队就可以切断其交通线，而敌舰可以交由炮兵独自料理。[26]

然而，光是得到萨利切蒂和加斯帕兰的支持还不够。诚然，要是没有他们则一切皆无可能，而拿破仑从未忘记他们的功劳。他说，他们"开启了他的职业生涯"。[27] 他们保护他，并支持他为了让自己的计划获得批准所做的努力，但他们不能变出不存在的东西。问题在于他们完全缺乏实现他的计划所需的工具。只靠手里这么少的火炮，根本不可能建立所需的大约10个炮台。[28] 作为第一步，拿破仑将现有的大炮移动到离布雷盖隆湾（Brégaillon）更近的地方，对停泊在凯尔海角左侧的舰船进行炮击，迫使他们离开。可以肯定的是，"这不足以让敌舰认为自身处于险境"，[29] 但这让拿破仑证明了对联军舰队造成巨大压力的唯一方法是从近距离轰击他们。然而，他还需要更多的火炮，更多的炮弹，更多的火药。给予炮兵"采取有效行动所必需的尊重与独立性"[30] 也是必不可少的，刺刀冲锋的爱好者最终必须认识到"要靠炮兵攻下（防御坚固的）目标"，而"步兵只是辅助"。[31] 拿破仑抵制上级干扰的行动，简直是另一场战争。每次上级向他借用马匹或车辆以运输军队的装备时，哪怕是卡尔托本人过问，他都断然拒绝，并指出属于炮兵的马匹和车辆不可以用作他处。有时他需要奋力抗争，部分原因是他只是一个少校。[32] 共和二年的无套裤汉军队依然对等级地位十分敏感。因此，拿破仑和他的保护者请求让他直接受一位炮兵将军指挥："他可以以其军衔赢得尊敬，并让无知的参谋们重视他所说的话，这些人的偏见往往要通过让步妥协与独断决定来摧毁。"[33] 迪泰伊将军直到11月才抵达，而拿破仑独自在资源不足的情况下组建炮兵，斥责他的下属，不断向军事与行政当局提出要求，直到他凑齐所需的60门火炮为止。

然而，这种不懈的努力并没有带来重大的改变。卡尔托拒绝让步：土伦将会从陆上被占领。拿破仑指着雷吉耶特海角说："那里就是土伦之所在。"但总指挥回复道："我在做梦吗？那里不是土伦的尖塔么？他还告诉我土伦在那里!"[34] 至于巴拉斯和弗雷龙,他们并不相信波拿巴的计划,但他们也并不对卡尔托的军事才干有更多的信心,两人急于看到围攻迅速结束,于是想出了另一个替代计划,那就是仍然发起围城战,然后退到迪朗斯河后面,执行焦土政策,让土伦城中的居民与英军挨饿,这样他们就会在几个月后投降。然后,"共和军会像洪流一般将那群奴隶逐退,把他们赶进海里"。[35] 看来属于荒诞计划的时代还没结束。尽管如此,卡尔托不能断然拒绝萨利切蒂与加斯帕兰。因此,拿破仑将他的火炮移动到拉塞讷,卡尔托终于开始主动进攻凯尔海角。他"敷衍了事地进攻敌军,然后被击退"。[36] 这次失败的袭击并非毫无结果:英国的援军登陆并占领了雷吉耶特海角,并在那里修筑了一个架满大炮、以其建造者马尔格雷夫勋爵(lord Mulgrave)之名命名的坚固工事。萨利切蒂气坏了:

> 如果说我们的将军没有领会到这是唯一可行的攻占土伦的计划的话,那么英军已经了解到了他们面临的危险,在周六晚上(9月21日),他们的部队发起了登陆,占领高地,在大锚地周围部署了兵力。还有时间可以把他们赶走……所要做的一切事情就是猛攻敌方阵地,不惜一切代价将其强攻下来……无论是将军还是指挥进攻的上校都没明白这一点……因此我们认为我们的总计划已经失败了,攻打土伦……正变成一项需要耗费大量时间与兵力才能完成的长期工作。[37]

卡尔托和拉普瓦佩又回归到他们自己关注的事情上去了。嫉妒卡尔托的拉普瓦佩,向法龙山发动了进攻:他希望能把此处拿下,让他的部队与卡尔托部连成一片,从而带动后者,使其在他的指挥下一同进攻土伦。他的失败是灾难性的,就像在布伦角发生的另一次进攻一样。这次失败太过分了。萨利切蒂和加斯帕兰决定撤掉卡尔托还有他身边的那些"甚至比他更无知和固执的"人。[38] 10月12日,他们说服巴拉斯和弗雷龙在一封请求救国委员会替换总指挥的信上签了名。巴黎立刻回应了萨利切蒂的要求,用迪戈米耶(Dugommier)取代了卡尔托,在他到来前,多佩则被任命为临时指挥官。拿破仑担心卡尔托的继任者依旧无能，于是给战争部长提交了一份长长的报告，再一次重申了他的计划。[39] 但迪戈米耶在11月16日的到来是一个转折点。他是一位功勋卓著的军官，时年55岁，参加过七年战争和美国独立战争，他既不独断专行，也不是个吹牛大王。他重整了军队的秩序，将它从混乱的边缘拉了回来，11月25日，他实施了拿破仑提倡了两个月的计划。[40] 战争委员会决定将主要精力集中在雷吉耶特和法龙山，首要目标是逼迫敌舰离开，次要目标则是切断土伦与内陆的交通线。[41] 进攻发起时间定在12月8日。

但是，英军注意到了共和军的准备措施，在11月30日从马尔布凯堡发起反击。6 000名防卫共和军阵线的士兵被第一轮进攻冲得七零八落。"那个早晨太过美妙，以至于我不能不告诉您发生了什么事情。"拿破仑在给他的朋友、战争部部长的助手之一迪潘的信中写道。[42] 迪戈米耶最终逆转了形势，并俘虏了英军将领奥哈拉，尽管结果十分"美妙"，但部分军队也显露出缺乏战斗精神的问题。总攻被推迟了数日。最后，在12月11日，一切都已准备就绪，总指挥下达了进攻的命令。这次进攻以对敌军阵地进行长达5日的炮击为开场，然后共和军在12月17日晚上按预定计划进攻法龙山和凯尔海角。拿破仑亦在其列。英军战败了。他们被赶出了马尔格雷夫要塞和凯尔海角，于翌日撤离土伦。

重 生

"从此他将青史留名，流芳百世。"[43] 此言过于夸张了：波拿巴在城市陷落之后几乎没有被提起，他自己后来也说，如果说土伦围城战让他认识到了自己的才能的话，"其程度也没有特别深"，还不足以让他从此自视为"高人一等"。[44] 他在一小群对他不吝赞美之词的人当中享有名声，但是在那个圈子以外他依旧湮没无闻，朱诺（Junot）的父亲厌倦了儿子在家书中给他的上级大唱颂歌却只字不提自己的近况，最后回复道："这个波拿巴将军是何方人士？他在何处服役？没人知道。"[45] 拿破仑在1793年

12月22日升任旅级将军（général de brigade）*，但这也不能表明他已经出人头地了。[46] 他在这个年纪获得这一军衔并不是个特例，与他相仿，马索（Marceau）也在24岁时获得了将军肩章，而达武（Davout）则是25岁。大革命大批量地出产将军：从1791年到1793年有962人荣升将军。[47] 这也是无奈之举。到1791年末，已经有6 000名军官流亡或者辞职，这一数字在1794年夏增长到1万人。提拔不胜枚举，晋升迅疾如风，但贬黜同样屡见不鲜。如同人们所说的那样，大革命并不总是善待它所提拔之人的。拿破仑在土伦之战获胜几天后就领会了这一事实。人民代表迈涅（Maignet）让他去检查马赛的圣尼古拉要塞，其外墙已经被革命者拆除了。拿破仑建议重筑外墙以保卫火药库，如有必要还可以"控制"城市。这一报告在巴黎引起了轩然大波。他怎敢怀疑人民？迈涅吓坏了，他检举了拿破仑，国民公会也传召了这位"炮兵指挥官"。这样的传召是不可以掉以轻心的。幸运的是传召的命令发送到了错误的地方，马赛的炮兵指挥官叙尼（Sugny）接到了这道命令，随后前往巴黎。他轻易撇清了关系。若不是已成惊弓之鸟的迈涅再次提出指控，此事也许会就此平息。公会又下了一道新的命令，这次终于送对了人。不过事情已经拖得太久了。拿破仑已经在意大利军团获得了新职位，那里的人民代表奥古斯坦·罗伯斯庇尔（Augustin Robespierre）和里科尔不许他离开岗位。多亏了这两位人民代表，事情摆平了，但是拿破仑不久将会像其他许多人一样身陷囹圄。[48]

　　然而，拉斯卡斯的话也有一定道理，虽然拿破仑还没认识到自己的才干，但在土伦一役中他已经表现得和以后的那个拿破仑一样了。正是在那个时候，我们必须说拿破仑实现了前文提到的重生。[49] 他已经具备了应有的一切特质，首先是他那不容异议的专横口气，哪怕他是在对地位比他高的人说话。他对军事代表与行政当局向他发出的征用令怒不可遏，于是致信人民代表，请求后者安分守己："容许过错发生就如同犯下过错一

---

* 现代法军中，该军衔相当于其他国家的准将。但1793年时，法军改变了原先旅级军官中同时存在准将（brigadier des armées）和少将（Maréchal de camp）两种军衔的状况，将旅长的军衔统一为"旅级将军"，地位等同于原先的少将。此时法军的正式将军军衔只有"旅级将军"和"师级将军"（général de division）两种，后者当时相当于其他国家的中将。

样有罪。我恳求诸位人民代表别让任何武器被调用。人不会知道如何去做他没学过或从未做过的事情。"[50] 就像人们可以想象的那样，对待那些在他看来不够热心工作或无能的部下们，他的态度也不会更加温和。他在1794年3月1日开始指挥意大利军团的炮兵，军团里有个叫作贝利埃的军官。他是旧制度时期的老兵，在昂蒂布（Antibes）指挥炮兵。拿破仑一上任就指出了贝利埃犯下的玩忽职守的严重过失，狠狠训了他一顿：

> 这不是为共和国服务的方式；您明显渎职了……我很惊讶，您居然花了那么长时间来执行命令，凡事都要命令三次您才会去做……昂蒂布当地流传着火药已被取走的说法，我希望这不是您或您的守卫散布的，因为那些引起恐慌的人不会有好果子吃……出于对您的关注，我敦促您，绝对不要引起任何人的不安……我得知在一次军事会议中讨论了现在的火药情况，而您提供的数据称昂蒂布的火药补给不足。我希望这种说法是错的……不论是装在桶里的，包在炮弹药包里的，还是在弹药箱里的，当您在昂蒂布有4.5万磅火药，却说只有2.8万磅时，您是在欺上瞒下。这一差别除了带来不安之外没有别的作用。所以我拜托您计算得准确点。[51]

他对部下严厉，但却在外人面前维护他们，捍卫他们的利益。当人民代表们决定最为严苛地执行法律，规定每向士兵提供半磅肉就从他们的薪饷中征收10个苏*的税时，他表示反对："请下令让战争特派员仅有权征收……5个苏的税。"[52] 伽桑狄（Gassendi）和他在欧索讷时就认识了，被他派去管理马赛的军械库。当伽桑狄因为拒绝领取"革命工坊"制造的劣质步枪而被免职时，拿破仑赶去马赛，在没能让伽桑狄复职的情况下，向他提供了庇护，让他加入自己的参谋班子。那些在他手下服役的人组成了属于他的军队。在土伦期间，他就已经开始建立这种关系了，其根基在于他向部下提供的庇护，以及他们对他个人的忠诚。从那时起，他拥有

---

* 20苏=1法郎。

了最初的一群忠实追随者，其中包括在欧索讷时的老战友伽桑狄和维克托（Victor）、炮兵军官肖韦（Chauvet）、迪罗克（Duroc），尤其是朱诺、米龙（Muiron）和马尔蒙。"我对他深感钦佩，"马尔蒙承认道，"我发现他远远超越了我曾见识过的任何一个人，他在私下的谈话是如此深刻又极具魅力，他的思绪中满怀未来与前程。"[53] 就像后来的许多人一样，马尔蒙会追随他走向穷途末路。然而，波拿巴并不仅表迷人。他中等身材，[54] 十分消瘦，面色苍白——有位见证者说他脸色"发黄"。他看起来憔悴不堪，头发披肩，他不修边幅，衣着寒酸，用起军刀笨手笨脚，骑马时似乎很不自在，说话带有很重的口音，有时让人难以理解，此外他在围城战期间还染上了疥疮。他面带病容，样子事实上有点可怜。尽管如此，他还是让人们印象深刻。拿破仑生于战争之中，在战争中表露出其才干、气质、魅力，甚至是一种前所未有的风格。从逻辑上来说：他是在土伦开始了他的战争经历。"战争是一种奇特的艺术，"他后来说，"我指挥了60场战斗。好吧！在第一场战斗我就学到了所有的事情。"[55] 他说的是实话。如果有人想要搞清这位土伦围城战期间的少校与后来的意大利军团司令之间的区别的话，他可能会说在意大利的波拿巴和在土伦的波拿巴毫无区别，只不过指挥的部队规模更大而已。

尼斯之春

"累极了。"他在占领土伦的翌日说。[56] 拿破仑没有时间休息，不论他多么应该得到这一奖励。他被派去检查海岸防御，花了两个月的时间从土伦赶到尼斯，又从马赛赶到昂蒂布。1794年2月7日，在马赛，他终于得到了梦寐以求的意大利军团炮兵指挥官的职位。他在3月初上任之后，马上将母亲接到了芒通（Menton）附近乡下的一个小小静居之所，并让路易加入了他的参谋班子。接下来的几个月无疑是他一生中最快乐的时光。

他的上司迪梅比翁（Dumerbion）将军年事已高。尽管仍勇敢老练，但他深受痛风之苦，经常不得不卧病在床。他只能在部队停驻的时候指挥，却不能跟着部队发动进攻。他必然要依赖自己的下属，于是他们获得了某种自主权，如果不是还要向国民公会的代表们报告的话，他们将会获得完全独立指挥的自由。拿破仑在那里熟门熟路，因为他在尼斯遇到了曾参与土伦围城战的奥古斯坦·罗伯斯庇尔和让–弗朗索瓦·里科尔（Jean-François Ricord）。这三位年轻人（拿破仑24岁，奥古斯坦31岁，里科尔35岁）互相尊重、信任，可能还建立起了友谊。人们说奥古斯坦很愚蠢，还害怕拿破仑。他们错了。谣传他就是他哥哥马克西米利安的应声虫。的确，奥古斯坦不会做任何哥哥不同意的事情。他们抱有同样的想法，虽然马克西米利安曾有一天在雅各宾俱乐部粗鲁地打断了弟弟对非基督化的批评，但奥古斯坦说的确实是马克西米利安的所思所想，只不过此时不宜声张而已。奥古斯坦并不具备马克西米利安的政治才干。他密不可分地依附着他的哥哥。他在幼时便成为孤儿，马克西米利安像父亲一样照顾他。在热月政变中，他宁死也不独活。尽管如此，两人性格迥异。马克西米利安为人冷酷，深有城府，生活简朴，不近女色，而奥古斯坦善于交际，不适应哥哥所理解的德治思想，他的随行人员包括品行可疑的男士还有漂亮的女士。

在阿尔卑斯前线平静了将近一年之后，针对撒丁国王的行动又重启了，他的皮埃蒙特王国掩护着已经在伦巴第安营扎寨的奥军。阿尔卑斯军团和意大利军团都得到国民公会代表的支持（萨利切蒂和拉波特负责阿尔卑斯军团，奥古斯坦和里科尔负责意大利军团），都在争夺未来攻势中的主导地位。阿尔卑斯军团想要进攻都灵方向，打算从塞尼山出发，让意大利军团在右侧支援。意大利军团则反对称，从滨海进入意大利的道路才是"推翻撒丁暴君的便利之道"。[57] 在巴黎，人们并非一致赞成这一计划。这个计划的优点是公认的，从沿海的狭窄平原发起进攻比穿越阿尔卑斯山道更加切实可行，但这显然会侵犯热那亚的中立地位。为了扫清政府的顾虑，奥古斯坦和里科尔需要一份精确的作战计划。他们将这一准备工作托付给拿破仑。这种工作并不属于炮兵指挥官的职务范围之内，但奥古斯坦对这位年轻的将军深信不疑，他曾说拿破仑有"卓越的功绩"。[58] 拿破仑着手工作。战役的目标是扼守着皮埃蒙特平原入口的防御坚固的库内奥（Coni），该平原一直延伸到都灵。第一阶段的目标是设法赶走占据塔纳罗河（Tanaro）以南地区的所有皮埃蒙特军。意大利军团的一部分沿着海岸的滨海道路快速行进到热那亚境内的因佩里亚（Imperia）的奥内利亚（Oneglia），并监视奥军所在的伦巴第平原，军团的另一部分也沿着滨海道路，上行至罗亚河（Roya）、内尔维亚（Nervia）和塔贾河（Taggia）谷地，驻于塔纳罗河右岸西起利莫内（Limone）高地、东至加雷西奥（Garessio）一线。然后，驻于从索尔日（Saorge）至滕达（Tende）山口的边界的皮埃蒙特人眼见其后方遭到袭击，右翼遭到包抄，便会抛弃阵地，撤向北方的库内奥，以避免他们与凯拉斯科与都灵的交通线被切断。由拿破仑制订的（在更大的舞台上的）初始战役计划与他在土伦时指导的机动有明显的相似之处：在土伦，为了迫使叛乱的城市投降，他无视了城市，围绕海湾运动，将火炮布置在可以威胁敌舰并迫使其撤退的精确位置。在意大利，为了让皮埃蒙特军放弃在山地的阵地，他围绕阿尔卑斯运动，向他们的交通线行进。在这两个地方他都采取了同样的机动：向侧翼进军，袭击其后方，唯一的不同在于，在意大利的步兵师取代了土伦的火炮。拿破仑所筹划的进攻在1794年4月6日实施。一切都按计划进行：奥内利亚在4月9日陷落，索尔日在4月28日被攻占，滕达山口在5月7日被占领。拿破仑又埋头研究地图，考虑发动总攻扩大这一初步的成果，意大利军团的左翼将会支援阿尔卑斯军团的右翼。意大利军团从滕达山口向离库内奥不到10千米远的圣达尔马佐镇进军，阿尔卑斯军团经过拉尔什和费内斯特山口进入意大利，抵达斯图拉并向代蒙特前进，从而在意大利军团背后机动，扮演次要角色。里科尔对此非常热心：他说意大利战役将会是"一桩乐事"。[59]

拿破仑与罗伯斯庇尔

这个新计划在1794年5月21日获得通过。[60]这时救国委员会却叫停了该行动。卡诺被"法兰西的突然扩张"吓坏了。"他察觉到了我们突然吞并这么多领土将会遇到的困难。我们在欧洲引起的各国的担忧将无限期地延长战争，最终会导致革命运动的方向发生偏移。对国家的热爱将转变为征服的欲望。因此他想制止法兰西的扩张，至少让其暂时停止。"[61] 由于罗伯斯庇尔已经成了一个狂热的对外进攻支持者，卡诺更加主张停止战事，他下令要求意大利军团暂缓行动。[62] 奥古斯坦打算通过马克西米利安的影响力获得相反的命令，于是在6月末返回巴黎，他带着于6月20日修改后的计划书，可能还带有拿破仑的备忘录《论我军在皮埃蒙特与西班牙的政治与军事处境》。[63] 拿破仑毫不怀疑奥古斯坦会成功：在7月31日，没有意识到灾难的紧迫性的拿破仑还去热那亚侦察了地形并打听了与热那亚达成协议的情况。8月5日，他刚回到尼斯便获悉罗伯斯庇尔已经死了。两天后，他给法国驻热那亚的代理大使蒂利写信道：

> 您应该已经听说关于密谋与罗伯斯庇尔、库东和圣茹斯特等人死亡的消息了。〔罗伯斯庇尔〕有雅各宾俱乐部、巴黎市议会和国民自卫军的支持，但在片刻的动摇之后，人们聚集到了国民公会的一边。巴雷尔、卡诺、普里厄尔和比约-瓦雷纳等人还在救国委员会里，但这改变不了什么。里科尔之前受救国委员会委派，负责报告阴谋，现已被国民公会召回。[64] 萨利切蒂目前是意大利军团的人民代表。我想我们的海军行动可能会有所阻碍，撒丁的暴君迟早要遭到沉重打击的，但我希望这件事只是被延迟了而已……我对罗伯斯庇尔的悲惨命运有点伤感。我对他抱有好感，他是个纯粹的人。但是哪怕他是我的父亲，只要他渴望实施暴政，我都会亲自把他刺死。[65]

"有点伤感"是一种委婉的说法。他之所以伤感是因为他发现自己处于失败者一方吗？是因为他失去了得到罗伯斯庇尔的庇护的希望吗？还是因为他真心喜爱奥古斯坦？

有些人把他的行为看作完全的机会主义，声称他是在几乎失去一切的情况下才于1793年投向山岳派，指望得到萨利切蒂的支持。他们还说拿破仑写《博凯尔的晚宴》[66] 是"利己主义并且精心谋划的举动"："总之，〔书中的〕主张可以归结为，加入山岳派是良好公民的行为，因为山岳派已经证明了自己是最强大的。"[67] 但若仔细阅读这本小册子的话,就会发现这种论点不太站得住脚。拿破仑并没有主张正义与公平在山岳派一方,他甚至提出了相反的意见。他没有对吉伦特派进行义务性的大肆辱骂,而是提到了他们过去的"纯洁性"。他的主张截然相反:他说吉伦特派之所以有罪,不是因为他们身为叛徒,而是因为他们成了牺牲品——尽管他们被不公正地驱逐了,但他们还有可能并且只可能在内战中翻身:

> 我不问这些曾经为人民服务过那么多次的人们是否密谋反对人民,我只需要知道一点就够了,那就是自从山岳派出于公众精神与党派精神,对他们实施了最极端的手段,审判并逮捕了他们,甚至对他们大加诋毁以来,布里索派(即吉伦特派)除非能在内战中征服他们的敌人,否则必将一败涂地。

如此,拿破仑继续阐述道,他们自己已经犯下了"最大的罪行",因此不得不从国外寻求帮助,甚至违背自身的意愿,加入反革命阵营。他对布里索派的谴责不是因为他们莫须有的罪名,而是因为他们当时号召发起反抗,但却完全没掀起什么大的波澜。拿破仑看到的是,那些厌恶雅各宾派的人更畏惧暴乱与反革命。除南方之外的地区的叛乱,都很快就偃旗息鼓了。叛乱的蔓延"流于表面而不深入"。[68] 资产阶级和民选官员本来是叛乱的发起者,但他们很快便对事件的后果惶恐不已。在革命斗争和对外战争中,没有走第三条路线的可能,仅有的选择便是屈服抑或反叛。诺曼底省的"联邦主义者"首领皮赛(Puisaye)动身去了旺代,里昂的反叛者向撒丁国王求援,土伦的叛乱分子则求助于英国人。那些一开始曾支持吉伦特派的人很快便听天由命了,他们怀着沉重的心情,舍弃了正义以换取祖国的福祉。他们屈服于雅各宾派,后者却舍弃了正义以换取党派的利益。

对拿破仑而言,他拥护的不是山岳派,而是军队,而他站在山岳派一边也仅仅是因为军队向其效忠。他作出了一个理性的选择,而不是被不存在于他心中的激情所影响而作出的选择。无论是在土伦与他刀枪相对的敌人，还是与他并肩作战的战友，在他心中都不算是同胞。在内战中，相互敌对的阵营尽管有诸多相异之处，但是作为同一祖国的公民，他们拥有共同的语言、价值观与历史，但是拿破仑与他们之间并没有这种纽带。内战之所以如此残暴，与其说是由于缺少约束国与国之间战争中的暴力行为的规矩与习惯，倒不如说是掩埋了同胞之间的亲近感，所以人们可以对与自己在根本上相近的敌人痛下杀手。拿破仑被卷入了一场不属于他的斗争。"身处他们（军官们与士兵们）之间，"马德兰写道，"科西嘉的波拿巴比以往任何时候更感到自己是法国人，并为之自豪。"[69] 这种说法是错误的。他根本不觉得"自己比以往更像法国人"，虽然他称赞了手下的士兵，不过那完全是另一码事。实际上，由于他是作为一名军官，而不是一名革命者或者坚定的雅各宾分子参战的，所以他拒绝参加攻陷土伦之后残酷的镇压行动。他宁愿离开该城，不过据说在离开之前，他"多次成功地运用他的影响力，救下了一些受害者"。[70] 此举让他与奥古斯坦·罗伯斯庇尔有了共通之处。巴拉斯与弗雷龙曾在信上表达了对城市陷落后的屠杀的满意之情，[71] 而马克西米利安·罗伯斯庇尔的弟弟也在信上签了字。但是和拿破仑一样，奥古斯坦救了囚犯们一命。他这样做并非出于同情，而是出于政治目的。几周后，奥古斯坦经过沃苏勒（Vesoul）和贝桑松（Besançon），他释放了被以含糊的借口逮捕的嫌疑犯以及被指控望弥撒的农民们。之后，在尼斯，他和里科尔又承诺特赦放下武器的"巴尔贝"（Barbets）[72]。贝桑松的雅各宾派指责奥古斯坦的宽厚处理，攻击他是"反革命分子"，而奥古斯坦给兄长写信道：

> 没有什么比以牺牲无辜者为代价来维护一个革命者的名声更容易的了。平庸的人以此作为掩盖各种堕落之举的面纱，但一个正直的人却以自己的名声为代价来拯救无辜者。我积攒名声只是为了做好事，而我想把它花在维护无辜者身上。[73]

在拿破仑眼中，奥古斯坦象征着一种温和的、负责任的雅各宾主义，与弗雷龙或者巴拉斯等人的暴力的、无政府主义的雅各宾主义是对立的。[74] 的确，他更喜欢雅各宾派而不是吉伦特派。他几乎不同情任何革命党人，无论他们是哪个派系的，但他对吉伦特派不负责任的懦弱之举的指责哪怕再激烈也不为过："他们并不想处死国王，"他气愤地说道，"但他们不敢这么说。他们投票赞成死刑，然后为了避免死刑，又投票支持征求民众的意见。相比之下我更喜欢其他人的做法。"[75] 在他看来，其他人——雅各宾派——至少有一个优点，那就是他们不会搬起石头砸自己的脚。但是如果说他欣赏雅各宾派胜于吉伦特派的话，他其实最认同的是他们之中的罗伯斯庇尔。虽然是出于不同的原因，但他和让·饶勒斯（Jean Jaurès）一样，如果有幸在国民公会取得一席之地的话，他会选择坐在这位"不可腐蚀者"的一边。拿破仑并不钦佩大革命早期的罗伯斯庇尔，后者当时有伟大原则之捍卫者的美名，但却被米舍莱称为"政治伪君子"，说他的伎俩不过是"陈腐的道德说教、对美德的滥情呼吁、精心包装的情感表达以及动不动就哭哭啼啼的自我反省"。[76] 拿破仑要追随的是 1793 年末到 1794 年间的罗伯斯庇尔，后者在那时剥夺了埃尔贝派（Hébertistes）的公权，并与反基督教分子以及像富歇（Fouché）、塔利安（Tallien）、巴拉斯和弗雷龙这样的"腐朽的"山岳派为敌，这批山岳派一手持橄榄枝（象征拥有最高权力的法令），一手持剑（象征"恐怖统治"），正不可避免地走向独裁。拿破仑惯于对同时代人进行严厉的评判，但是有两个人，并且只有这两个人总是能逃脱这种评判，他们就是米拉波和罗伯斯庇尔。拿破仑一直都说罗伯斯庇尔并不缺乏天才，虽然他认为罗伯斯庇尔缺少必备的品质来完成拿破仑自己最终做到的事情——终结大革命。但是拿破仑相信，在他发动雾月政变夺权之前，终结大革命的思想就已经先行存在于罗伯斯庇尔脑海中了。他把自己视为罗伯斯庇尔的继承者。他谴责恐怖统治，但又对其表示理解，因为罗伯斯庇尔无法依靠军队，而当时群众的政治热情依然十分激烈。即便恐怖统治是邪恶的，但是应该对其负责的不是那位"不可腐蚀者"，而是那些挑起大革命的人：

> 罗伯斯庇尔之所以死去，是因为他试图阻止大革命带来的不利后果，他不是个暴君。那些想要把他拉下台的人比他更加残忍，比

如比约-瓦雷纳、科洛·戴尔布瓦等人。他已经与大块头丹东的那一派人反目成仇。也许他没有别的可行的做法了。我相信罗伯斯庇尔并无野心……我从《箴言报》(*Moniteur*)当中没学到什么东西，但它使我确认了我所持的观点，并让我对其更加适应。可以肯定的是，罗伯斯庇尔并非泛泛之辈，他超然凌驾于周围的一切之上。他关于至高存在的演说可资为证。他对所听所闻感到厌恶，认为有必要在既不要宗教也不要道德的民众当中建立一个宗教体系。道德规范必须重树。他有行动的勇气，并且也做到了……那是伟大的政治杰作。毫无疑问，他多有屠戮，那是硬币的另一面，但他的罪行肯定比不上屠杀了波尔多人的塔利安，或者我亲眼所见的给可怜的人们套上颈圈并将其枪决的弗雷龙。那些人才是真正的杀人犯。要是他（罗伯斯庇尔）没有放弃抵抗的话，他本该会成为最杰出的伟人。毫无疑问，这些事情带来的教训是人们根本就不该发起革命。此乃真理，但是如果革命真的爆发了，又怎么能够希望不发生流血事件呢？……制宪议会必须对大革命的罪行负责，那些议员们长篇累牍地撰写了一部荒唐的宪法。[77]

如果说拿破仑鄙视吉伦特派的话，那么他更加厌恶制宪议会的成员。他不计较前雅各宾派的过去经历而起用他们，但他自始至终都拒绝任用那些在他看来应该对革命的爆发负责的人。1809年，英军登陆泽兰，法国政府不得不召回退役的将军们，但是在战争大臣克拉克将军授予夏尔·德·拉梅特和泰奥多尔·德·拉梅特指挥权之后，拿破仑严厉呵斥了克拉克。拿破仑称夏尔"并非缺乏诚意，而是根本不知道怎么调动一个营"，[78]而"泰奥多尔·拉梅特将军是一个阴谋家，我不想和他扯上关系"。[79]他不能原谅他们在1789年轻率地攻击王权。事实上，他更加憎恶的不是制宪议会的成员，而是那些支持新政治理念的贵族，他怀疑他们的所做所为并非出于高尚的心灵，而是出于肮脏的利己主义、庸俗的野心以及可鄙的怨恨。他将1789年的事件视为可耻的贵族反叛。因此他从未原谅拉梅特家族、拉法耶特或者为这一贵族集团辩护的斯塔埃尔夫人。也许是出于这个原因，不久之后，他公开表示欣赏《对法兰西的思考》这本书，其作者约瑟夫·德·迈斯特严厉指责大革命以及忠心耿耿的革命党人，但却对1789年的自由派贵族做出了特殊的评价。德·迈斯特对参与制宪议会的自由派贵族感到由衷的厌恶。按他的说法，这些"贵族中的败类"[80] 发挥了比"我们在大革命中所见的其他一切更加糟糕的"[81] 有害作用。大革命，这个人类所犯的"错误"，是自由派贵族犯下的"罪行"。[82] 拿破仑的见解与之相同。他并未被他所不认同的政治原则或理念所吸引，他之所以支持大革命，是因为至少在那个时候，他希望大革命会带来科西嘉的解放。他对大革命感到欣喜，就像伦敦和维也纳的人们一样，因为大革命削弱了君权，对法兰西不利，但对他自己的祖国有利。除此之外，他很快就对大革命心生厌恶了。最终，他成了罗伯斯庇尔的支持者，因为他不喜欢革命，也不喜欢革命者。他本能地向罗伯斯庇尔靠拢，因为罗伯斯庇尔即是权威、独裁和权力。

他从未中止过对那位"诚实之人"[83] 的推崇。在1797年，称颂罗伯斯庇尔已经是一件政治上不太正确的事情，但拿破仑应该是在安科纳发表了一篇对那位"不可腐蚀者"的名副其实的颂词，他为罗伯斯庇尔的所作所为以及"所谓的罪行"辩护，并声称在热月政变中，罗伯斯庇尔本来准备创立一个"赦免委员会"来终结革命，由于已经消灭了最为有害的恐怖分子，所以这一做法本来是可行的。[84] 尽管他对罗伯斯庇尔十分推崇，但他并没有让一个当时他无望占支配地位的党派连累到他自身，尤其是在那个时期各种派系正前赴后继地被推上断头台。1794年5月，奥古斯坦提议让拿破仑去巴黎，代替昂里奥（Hanriot）担任巴黎国民自卫军司令，而拿破仑拒绝了。

> 小罗伯斯庇尔想要带上我——他对我十分信任，在军队中凡事都要先征求我的意见。我在那天晚上思考了一番。我不想卷入直到那时我都置身事外的革命者们的阴谋当中。我去找里科尔，对他说了那个提议，表示我不能去巴黎，因为我在军中……里科尔同意去劝说小罗伯斯庇尔，后者见我不想随他前去，便没有坚持。要是我

随他去了，天知道会发生什么？我可能会卷入他们的党派之中，也许会取代昂里奥的位置，指挥巴黎公社*的部队，这样或许事情的结果会有所不同！[85]

这可不能确定。在热月政变中，罗伯斯庇尔之所以放弃抵抗，与其说是因为昂里奥醉酒误事，不如说更多是因为他自身的优柔寡断。如果说拿破仑在拒绝这一提议之前曾犹豫过的话，那么他的确做出了正确的选择。

* 当时巴黎的市政机构，并非我们后来熟知的"巴黎公社"。

第7章

寻觅未来

在罗伯斯庇尔倒台后不到两个星期，拿破仑就被剥夺了指挥权并遭到逮捕。命令是由驻阿尔卑斯军团的代表，阿尔比特、拉波特（Laporte）和萨利切蒂在1794年8月6日签署的。[1]人们总是探求着萨利切蒂的动机：是不是他们看上了同一位"漂亮的尼斯姑娘"？[2]还是他已经被那位只信赖奥古斯坦·罗伯斯庇尔的将军对他缺乏尊重的态度刺伤了？[3]或者，正相反，他逮捕拿破仑是为了更好地保护他，一边通知救国委员会要把他立刻送往巴黎，一边提前准备着为他洗脱全部嫌疑？[4]然而，要是萨利切蒂真的和他的前被保护人是同谋的话，拿破仑就不会对他的所作所为怀恨在心了。几个月后，当这位国民代表陷入麻烦时，拿破仑得知了他的藏身地，在给他的便条中虽然保证自己会守口如瓶，也不忘提醒对方对自己的不公。[5]实际上，萨利切蒂逮捕波拿巴并不是为了保护他，而是为了自保。驻阿尔卑斯军团的代表们没能躲避所有的指责。尽管与他们在意大利的同僚有些许不同，但他们也支持波拿巴的进攻计划。而他们对卡诺的计划，就像我们看到的，是敌视的。因此，他们受到的怀疑不比里科尔少，在一封咄咄逼人的信上，卡诺震惊地"看到罗伯斯庇尔集团居然在他们中还有支持者"。[6]萨利切蒂和他的同僚们知道这些旁敲侧击的话意味着什么。需要找一只替罪羊，甚至在萨利切蒂抵达尼斯前就已经告诉了他的朋友他有逮捕波拿巴的意图。"我觉得，要救波拿巴就不可能不背叛共和国，也不可能不对我造成损害。"[7]他补充说。他说得不能再清楚了。拿破仑是关押在昂蒂布要塞还是简单地被拘禁在他租住的洛朗蒂（Laurenti）家的房子里？[8] 第二种猜想看上去更有道理。朱诺建议他逃跑。[9] 他拒绝了，将时间花在了读马耶布瓦（Maillebois）元帅的意大利战役史上，[10] 并给代表们写了长长的自辩信，信上他没有说一句指责罗伯斯庇尔的话，他只是提起了他过去为国效命的历史并抗议在证据不足的情况下就采取的措施。[11] 他的牢狱之灾很短，8月9日被捕，20日就被放了出来。

阿尔比特和萨利切蒂在给救国委员会的信上写道：

> 在检查了所有我们掌握的他的文件和资料后，我们没找到任何证据，能支持延长他的拘禁……而且我们确信，对于这支他无比熟悉的军队而言，这位军人无可置疑的才能是十分必要的，对我们而言他必能派上大用，这种人一将难求。[12]

他们需要他。在1794年5月被迫撤出滕达山口后，皮埃蒙特人预计法军将向库内奥发动攻击，但是看到法军停下了脚步后，他们胆子大了起来并试图夺回失去的土地。更要紧的是，奥地利人开始采取行动了。代表们没有恢复拿破仑的炮兵指挥职务。他来到了参谋部，迪梅比翁将军热情地欢迎了他："我的孩子，"他说，"给我起草个作战计划吧，你早已成竹在胸了……"[13] 说做就做：8月26日，拿破仑就提交了计划。军队应从他们已经占领的奥尔梅阿与加雷西奥之间的塔纳罗河沿岸地区，下到平原上并占领从巴尔迪奈托到卢阿诺一线。从那里，军队分成两路纵队，一路经由卡尔卡雷（Carcare），另一路经由蒙特泽莫罗（Montezemolo）和米勒西莫（Millesimo），军队沿凯罗（Cairo）一线行进，以求突然出现在盘踞于蒙特诺特的奥军身后。[14] 没有等巴黎批准，意大利军团在9月18日就开始行动了。敌人撤往凯罗和代戈（Dego），22日，法军的前锋在代戈使奥军的后卫陷入混乱，迫使剩余的敌人退回到其出发地阿奎（Acqui）。法军此时能够左转去攻打皮埃蒙特人在切瓦（Ceva）的要塞以发挥其优势，而与此同时阿尔卑斯军团在向斯图拉（Stura）河方向行进，但是迪梅比翁将军和代表们担心受到委员会的责备；他们还担心奥地利可能的反击。

实际上，他们觉得这个计划太过大胆。然而，主要的障碍并不是迪梅比翁将军和代表们的畏缩。国民公会的成员里特（Ritter）和蒂罗（Turreau），在1794年9月底到达了意大利军团，他们赞同拿破仑的计划，但这也是徒劳。卡诺给了最终的答复：意大利军团应该收拢兵力并只进行防守。[15]

为了不让军队空置，救国委员会让他们去重夺科西嘉。拿破仑也参与了这场在1795年3月的远征，它的失败让他想起了两年前在撒丁的匆忙登陆。1795年3月11日，一支由30艘船组成的舰队离开了土伦，它们在13日撞上了英国与那不勒斯联合舰队，损失了两艘船并返回了港口。显然，自此之后地中海地区已不再有荣耀可供他取得，拿破仑要求调往莱茵。

没有军队的将军

调令来了，但并不是他期待的位置：1795年3月29日的一纸命令将他任命为西部军团炮兵指挥官。在旺代（Vendée），"肮脏的战争"仍未结束，尽管此时正处于暂时的休战。拿破仑多半对这一命令没什么热情，[16] 但他还是接受了任命。远不至于辞职，就像他后来说的，他宁愿"投入一场在他看来个人得不到一点好处的闹剧中"。[17] 他收拾了行囊动身前往首都。显而易见，这一安排是一种处罚。在罗伯斯庇尔垮台后，新政府就开始了对军中涉嫌犯下"暴政中的恐怖罪行"[18] 的成员的清洗。此外，政府决定清除掉意大利军团中数量庞大的科西嘉人，他们被指控未能尽力为共和国夺回此岛：[19] 在拿破仑被调去旺代的同一天，约瑟夫的名字也被从战争特派员的名单上划去了。[20] 尤其是，一个裁员并重组军队的政策已经落实了。千疮百孔的公共财政再也无法维持自1792年战争开始以来就规模极度膨胀的军队了。补救措施极度残酷：步兵营的数量从952支恢复为420支，骑兵中队的数量从323支恢复到178支。军官也没能幸免：超过半数的军官（3.2万人中的1.7万人）被降为半薪。[21] 在这种背景下，拿破仑——至少眼下——的运气还算不错了。

马尔蒙、朱诺和拿破仑的弟弟路易跟着他上了路。5月8日他们离开了马赛，在位于塞纳河畔沙蒂永（Châtillon-sur-Seine）的马尔蒙父母家停留了几天。此前他们的儿子和他们谈起这位将军时饱含热情，以至于他们看到这位面对询问几乎总是一言不发，时常陷入尴尬沉默的年轻人时，感到十分吃惊。马尔蒙夫人感到失望而且厌恶与这位参加了她不喜欢的大革命的"蓝衣佬（Bleu，指共和军）"说话，她向邻居们求助，邻家的女儿维多林（Victorine）——未来的沙特奈（Chastenay）夫人——负责照顾这个年轻人。最开始，她不知道如何跟这位被邻居评价为"蠢笨"的将军说话。为了讨他高兴，她唱起了意大利歌曲。但是在她唱完后，他只对她说她发音不准。后来，他逐渐热络起来，变得更有生气，谈起了战争和政治，当然还有文学。他吟唱莪相的颂词，批评《保罗与维尔日妮》，还朗诵了他认为是孔狄亚克（Condillac）所写的箴言。姑娘惊异不已。她第二天又来了。他给她扎了一束矢车菊，悄声告诉她扇子可以传达出"女性的感情"，并且他和马尔蒙、朱诺一起唱歌跳舞，又玩了"小游戏"。然后，没有说一声"再见"，他就走了。[22]

5月28日，他抵达了巴黎，噩耗正等着他。炮兵也受到了军官裁员的冲击。将官的数量被控制在了20人。拿破仑，作为最年轻资历又最浅的将官之一，自然没能出现在新的名单上。他去见了救国委员会内负责此事的奥布里（Aubry）。历史学家们对这位未能意识到自己面前的人未来将取得何等成就的国民公会成员可不友好。例如，因奥布里曾在炮兵任职但止步于上尉军衔，历史学家们就确定他是出于嫉妒；由于他在恐怖时期因为反对驱逐吉伦特派而遭到关押，他们认为他的行为是出于对这位"罗伯斯庇尔的朋友"的仇恨。奥布里确实既不喜欢共和国也不喜欢雅各宾，但他只是在做自己的工作。为了补偿拿破仑，他提出他可以保留军衔，但要从炮兵调到步兵。拿破仑强烈反对，他愤怒地提出抗议。他指出他的年龄和资历不应成为对他不利的理由，因为有些军团司令的年龄比他还小，而且他在1785年离开军校时就已经是军官了。[23] 但是没能成功：奥布里拒绝让步。拿破仑写信给巴拉斯和他在土伦认识的弗雷龙，也没什么帮助。6月13日，他收到了就任新岗位的命令。他借口生病，一直请假请到了8月底。他是不是盼着每月一次的委员会改选，或许能给他带来一个比奥布里更好说话的人呢？如果是的话，他就错了，8月16日，他收到了警告信，让他立即就职，如果他的健康状况不允许他就职，那么他应告知委员会以便他们选出替代人选。[24] 他有理由不满，因为他要被迫放弃独立指挥权而去指挥一个必然要受人节制的旅。他没有反对前往旺代的任命，但让他去步兵部队服役激怒了他。人们可能会觉得这是个奇怪的反应，因为步兵赢得荣誉的机会并不比炮兵少。但他们没有考虑到炮兵军官长久以来对其他兵种抱有的偏见：

> 那些没在炮兵部队中服过役的人，无法想象炮兵军官对其他兵种的军官有着怎样的蔑视：对他们来说，接受指挥步兵或骑兵的职位，是一种侮辱……像其他人一样，曾有一段时间我也受这种偏见影响；但我还是不能理解波拿巴，一个有着如此才智，广阔野心和对未来的洞察力的人，为何也会受制于这种偏见。炮兵的职业生涯必然是受到很大限制的：这一兵种，总是处于次要位置，在担任下级军官时受人尊敬，但是军衔越是上升，其相对重要程度就越是下降。炮兵在担任上尉的时候是最为得意的：其他兵种的上尉根本就不能和炮兵上尉相提并论。但是炮兵上校的地位就比不上指挥一个团的步兵和骑兵上校了，而军团里的炮兵将军也就仅仅是师长们的卑微下属而已。[25]

之后布瓦西·丹格勒（Boissy d'Anglas）看到了这位年轻人在救国委员会的走廊里，给每一个愿意听的人讲述自己遭遇的"不公"。他把他引荐给了蓬泰库朗（Pontécoulant），军队事务的负责人。后者在5月进入了救国委员会，皮埃蒙特的战事正是他负责处理的首要问题之一。[26] 意大利军团与阿尔卑斯军团已经一并听命于克勒曼了。他在1795年6月底重新发动攻势，但是几天后他就不得不撤退，放弃了1794年占领的阵地，退回到洛阿诺（Loano）及沿海地带。他甚至发出威胁，如果再没有增援，他就要撤出尼斯。克勒曼撤退的消息在7月15日抵达巴黎。得知了消息的委员会，给"所有在意大利军团的代表写信了解情况"，代表们的回复使委员会又注意到了那位奔走于各个部门要求恢复他炮兵职务的将军。[27] 因此，可能是在7月底，或者像人们常说的在8月20日，拿破仑开始协同委员会工作，而且他写了一系列文件，总结前一年代戈远征的经验教训。日期分别是7月30日和8月1日的两封信，显示委员会当时已经知晓了他的计划："和西班牙的和约（7月22日就签署了），"他在第一封信中写道，"让进攻皮埃蒙特的行动变得万无一失了。我提出的计划正在讨论当中，而且一定会实施。"[28] 两天后，他又写道："与西班牙、那不勒斯和帕尔马的和约都已签署……我的作战计划已被通过。我们不久就会登上伦巴第的严峻舞台。"[29] 我坚持按时间先后的顺序叙述这个时期发生的故事，是因为出于对一封8月10日的信的错误理解，人们总是把此时的拿破仑描绘成处境艰难、意志消沉，甚至于考虑要结束自己生命的形象。在这封信上他把自己和舅舅费施相比，费施认为未来才是一切而当下不值一提，他向他哥哥保证他"的精神状态时常如同和在战斗前夜一样，而且他确信，当死亡萦绕在四周，万物都即将迎来终极时，还处于焦虑之中就是荒唐的"。然后他补充道："一切都在叫我反抗命运和宿命。"[30] 他责备费施那令他生厌的谨小慎微，是为了用自己的人生哲学反对他——应把每一刻都当最后一刻来活。他并不是在对约瑟夫敞开心扉，坦言自己已处于绝望中想要结束生命。此外，前一天他还告诉约瑟夫他对委员会对他计划的欢迎"感到多么满意"，或是至少满足于调去步兵任职一事不再搅扰他的生活。[31] 他确实有过短暂的失意，但那只是在6月他被告知要调去步兵任职时。到了8月，这一切都过去了。他一直在勤奋工作，并未游手好闲地和朱诺、布列纳——他刚刚遇到的布列讷军校的老同学——一起逛剧院喝咖啡。他在救国委员会战争部门的职位是非正式的，尽管他在8月20日受到了正式委任，那只是因为他16日收到的那封警告：这是为了避免他因违背命令被军队除名。

这个"历史与地形办公室"（cabinet historique et topographique）成立的时间可以追溯到1793年。办公室中有二十多个军官，其中包括拉库埃（Lacuée）、杜邦和克拉克，他们中的大部分都是由卡诺任命的。这些军官组成了一个职权宽泛的参谋部，负责筹划行动，与军团司令保持通信，以及汇总必要的地形和地貌信息。"这并非是他曾经从事过的那种微不足道的闲职，"蓬泰库朗说，"他在那里每天都工作15小时……他撰写了大量各个领域的备忘、报告、信件和文件，足有好几大册。"[32] 他自己也在给约瑟夫的信上写道："从下午1点到5点，又从夜里11点到凌晨3点，我都在委员会忙碌。"[33] 然后，就是在这段热忱忙碌的时期，他写下了经过一年多的构思的意大利作战计划。该计划的梗概，在1794年6月交付给奥古斯坦·罗伯斯庇尔的《论我军在皮埃蒙特与西班牙的政治与军事处境》的备忘中就已经能够见到。

都灵、米兰、维也纳：作战计划的起点

著有意义重大的《波拿巴在意大利》（*Buonaparte en Italie*）的古列尔莫·费雷罗（Guglielmo Ferrero）对拿破仑极其厌恶，以至于他宣称拿破仑没做出什么贡献。他断言这位年轻的将军不是这份计划的作者，至少不是唯一的作者。在他看来，这是"为政府赞襄军务的年轻军官们"（包括波拿巴在内）的集体创作。[34] 确实，根据皇帝的书信编辑的说法，目前公开的，科斯东的（Coston）或是军事资料馆档案中的意大利战役预案，都不是由拿破仑亲手所书，也没有他的签名，只有四份文件的其中一份的页边注释是他亲笔所写。但是1795年起草的计划和1794年6月他给罗伯斯庇尔的备忘之间巨大的关联性，使得他在策划1796年战役中起到的作用无可置疑。

笔者已描述过出自拿破仑之手的1794年4月进军奥内利亚和库内奥的行动，和9月对代戈的进攻。[35] 后者（被救国委员会的命令打断）在拿破仑的构想中扮演了决定性角色。实际上，他跟着从洛阿诺和菲纳莱（Finale）高地出发的军队，向奥地利占领的卡尔卡雷、蒙特诺特和凯罗行进。在将奥军逐出代戈及周边地区后，意大利军团占领了卡蒂本（Cadibone）山口，此地也叫阿尔塔雷（Altare）山口或卡尔卡雷山口。拿破仑看到了在他面前敞开的两条道路，一条在他的右边，朝向阿奎和奥地利占领的伦巴第，另一条在他左侧，直通切瓦（Ceva）和皮埃蒙特平原。他是否是在此时，而非如他所说的在1794年4月，[36] 构思出了1796年的

战役计划？拿破仑军事组织问题的专家，J.科林（J. Colin）肯定了这一点："实际上，整个1796年的进攻计划在1794年9月23日的局势下已经非常清晰，非常明确了，很自然，在凯罗的那天，波拿巴构思了或是说完成了蒙特诺特行动的计划。"[37] 通过这番行动，占领"卡尔卡雷和凯罗的十字路口，插入两支敌军中间"，并阻止他们会合，他就可以集中所有的兵力对付皮埃蒙特人，并威胁都灵。

在他1794年离开意大利军团时，后者控制着一直到萨沃纳（Savona）附近的海岸，以及从滕达山口开始，自塔纳罗河到加雷西奥一线。接下来的一年就不那么成功了。而后拿破仑向救国委员会提出了反攻计划，这个计划他在1795年7月30日给约瑟夫的信上就提到过。这是一年前在代戈的行动的再现和进一步发展。整个夏天拿破仑都在制订和修改他的计划。"当我制订我的作战计划时，"他后来说，"只有当计划完成，或是我的才思枯竭时，我才会停下休息。我就像个在生孩子的女人。"[38] 他要求在执行所有其他行动之前，先重新夺回从海岸一直到瓦多（Vado）的失地。在达成这一目标之后，军队便专注于向卡尔卡雷和蒙特诺特方向行进，就像楔入奥地利和皮埃蒙特军队之间的钉子。而后，当奥地利人和1794年一样向阿奎后退，皮埃蒙特人则退向蒙多维（Mondovi）方向时，法军经蒙特诺特向位于皮埃蒙特平原的切瓦要塞行进，这一行动由西边经斯图拉河谷行进的阿尔卑斯军团的一个师支援，这个师应包围代蒙特（Demonte）。拿破仑认为占领切瓦要塞有着重大意义。由于第一阶段的所有行动都要在冬季到来前进行，这就很有必要占领一个既能威胁都灵又能阻止奥地利在冬季修整期进行反攻的有利位置，那正是切瓦。[39] 一旦皮埃蒙特的国王担心首都遭到攻击而请求停战，计划的第二部分就能够实施了。而后，部署在亚历山德里亚（Alexandrie）的意大利军团就可以"进入伦巴第，为将尼斯和萨伏依割让给我国的撒丁国王夺取补偿"。[40] 拿破仑预计在1796年2月就能拿下米兰，从这里，意大利军团将向着在"春季的第一天"就能抵达的曼托瓦（Mantoue）行进。随后法军将做好准备，他写道："夺取特伦托（Trente）峡谷并与已经渡过莱茵河的友军一起，将战火烧至布赖斯高（Brisgau），深入奥地利皇室世袭领土的腹地。"[41] 这个计划的最终目的不在意大利，而是要经由意大利攻入德意志境内，其终点不是都灵而是维也纳。在意大利境内的行动，从都灵到米兰，只是为了打通一条经蒂罗尔（Tyrol），最终抵达奥地利的道路而已。倘若他是基于1794年在代戈的观察制定出的蒙特诺特计划，那么穿过意大利挺进维也纳的远征构想也应诞生于那年。拿破仑已经在《论我军在皮埃蒙特和西班牙的政治与军事处境》中提及过此事。

在这份备忘中，拿破仑制定了一个以意大利军团为主力，并由阿尔卑斯军团和从比利牛斯前线调来的部队支持的庞大反攻计划。西班牙边境的战争和皮埃蒙特边境的战争，他写道，将会分散我们的力量并拖长我们与主要敌人奥地利的战争。既然后者才是真正的目标，那么就应该攻入其老巢，而不是在炮声抵达不了奥地利皇室耳中的周边战场作战。然后他阐释了如下原则："进行战争和围攻要塞的道理是一样的：在一点集中火力以打开缺口、打破平衡，如此就将取得胜利，剩下的一切都无关紧要。"他在土伦践行了这个原则，[42] 现在他要在奥地利也应用这一原则。他提议莱茵军团与此同时沿着多瑙河向维也纳进军，以"集中攻势"，而意大利军团在迫使皮埃蒙特退出战斗后，将顺着波河（Pô）行进，而后穿过"提契诺（Tessin）和蒂罗尔地区"。[43]

古列尔莫·费雷罗并不是唯一质疑这个计划的来源的人。很多人都提出过入侵伦巴第以将奥地利的军队"束缚"在意大利，而后夺取蒂罗尔走廊和特伦蒂诺（Trentin）的计划。从1793年开始，也有在军队的国民代表和外交官提出过。[44] 一位专家反驳那些认为意大利战役的构想是波拿巴"天才"的产物的人，他认为这个想法甚至在大革命前的一个世纪就存在，而波拿巴的主意主要是在马耶布瓦元帅回忆录中关于1745年的意大利战役的叙述里找到的。[45]

1745年战役与1796年战役有着相同的目标：打破奥地利和皮埃蒙特的联盟，并迫使撒丁国王单独媾和。马耶布瓦有一个盟友，即指挥着西班牙和那不勒斯军队的加热斯（Gagès）伯爵。他从东方的摩德纳（Modèna）出发，同时元帅经里维埃拉（Riviera）进入了意大利。在占领菲纳莱后，他向着阿奎方向行进。这番行动，实际上与拿破仑在1795年勾勒的计划一致，不同就是在1745年在发动进攻时奥地利和皮埃蒙特分开的两支军团，成功地在塔纳罗河左岸重新聚集，而在1796年波拿巴则分割了在行动前就集合在一起的两支军团。另有一点不同：波拿巴在意大利四面环敌，马耶布瓦却能够得到热那亚人的援助和部分意大利的支援。两场战役环境的不同，以及在卡尔卡雷和蒙特诺特一带军事行动的结果的不同，都没能阻止拿破仑从1745年的战役中汲取灵感。就像我们看到的，他在昂蒂布被当作罗伯斯庇尔余党被捕时，就已经读过马耶布瓦元帅的意大利战役史了。在1796年，他前往意大利军团的参谋部前，他还要求军事资料馆给他带一套。[46] 马耶布瓦元帅的影响同样也体现在1796年战役的第二阶段，即洛迪（Lodi）行动。马耶布瓦元帅为了决定性地将他在第一阶段未能阻止其合合的两支军队分割开来，计划让他的一部分军队沿着波河行进以威胁伦巴第，将奥地利人吸引过来，这一行动能够让他将剩下的兵力投入皮埃蒙特，并将后者的军队赶往他随后要围攻的切瓦要塞。这一次，行动成功了，元帅实现了他的目标。这个计划和1796年5月的行动的相似性是惊人的，即便是人们再次提出两个计划间关键的不同：在马耶布瓦看来，在沿波河方面的行动只是牵制措施，主要目的只是迫使皮埃蒙特投降，而不是要像1796年那样占领整个伦巴第。[47]

马耶布瓦的影响是显然的，但他并不是拿破仑唯一的效法对象。有人说，拿破仑同样从1706年由萨伏依的欧根（Eugène）亲王指挥的意大利战役，[48] 和曾在马耶布瓦元帅麾下效命的布尔塞（Bourcet）的《山地战争原则》（*Principes de la guerre de montugnes*）中汲取了灵感，后者在这位年轻将军的思路中起了决定性作用。难道不是在这本书中他发现了穿过伦巴第和阿尔卑斯山入侵奥地利的主意吗？事实的确如此。布尔塞研究了维拉尔（Villars）元帅1733年在意大利的行动后，强调了维拉尔曾一度计划过，但又为了将奥军牵制在意大利半岛而放弃的进攻行动所具有的优点。[49] 拿破仑的计划受到了多方面的影响又有什么好奇怪的呢？从他刚刚开始学习军事时起，拿破仑从来就没停止过阅读、再阅读、学习和思考"伟大统帅的战斗和战争史"。[50]

让我们再往前回溯。1788年和1789年，在欧索讷，他接受了真正的军事教育。这座出产勃艮第葡萄酒的城市在这方面的确得天独厚：很多驻扎在这里的军官都热衷于战略问题，而且通过他们拿破仑发现了那个世纪最为先进的理念。他都读了什么？勒鲁瓦·德·博斯罗热（Le Roy de Bosroger）1773年的《战争要素》（*Éléments de lu guerre*），刚刚有了法语版的劳埃德（Lloyd）的《战争战役将官读本》（*La Guerre de campagne à l'usage d'un officier général*）（1786年），让·迪泰伊（Jean Du Teil）的《新炮兵的应用》（*Usage de l'artillerie nouvelle*）（他是管理炮兵学校的迪泰伊将军的兄弟），吉贝尔（Guibert）的《一般战术评论》（*Essai de tactque générale*）和已经被提到过的布尔塞的《山地战争原则》。他从这些著作中发现了朝气蓬勃且飞速发展的"大规模战争"，在这样的运动战中，机动是为了战斗，而战斗则力求让敌人投降或歼灭其全部力量。这种战争艺术的复苏，是因为技术上的革新带来了火器精确度的提高和炮兵火力的增强。从今以后，速度与突然性、平移和转向、牵制行动和大范围内的集结成了重中之重。尤其自从1759年法军开始以师为单位对军队进行改编后，组建有机动能力的军就成为了可能，这些军既能自持并独立机动，也能够集中起来以优势兵力进攻敌人的软肋。在这些著作，尤其是《新炮兵的应用》中，这位年轻的军官发现了大量启发了他制定新战役计划的原则：兵力的集中，对侧翼和后方的进攻，突袭的重要性，行动的迅速。并且他将这些原则应用到战争艺术中："即便是较弱的军队，当将兵力集中到一点时，也能在进攻敌人或被敌人进攻时比敌人更有力。"[51]然而，我们也不能认定拿破仑读了这些文章就胸有成竹地与"旧时"的保守作战方式决裂，转向青睐于之前就有不少专著但未经实践的新的更有进攻性的方式。确实，法国大革命给战争艺术和法国军队带来了新面貌。革命军相比旧制度时惯用的通过复杂的机动迫使敌人后撤以"夺取某个地区"的方式，更青睐于以敌人有生力量为目标，力图将其歼灭或至少让他们失去战斗力。[52]但是这并不意味着1789年前的那些不愿采取攻势的战略家，就没有梦想过进行雷霆般迅猛的进攻和决定性的会战。历史学家公正地看待了这种军事理论的断层。[53]受政治动机影响和技术上的限制，旧制度下的将军们倾向机动胜过会战，宁愿采取守势而非攻势。而大革命时期这些动机的转变，给革命将领提供了另外的选择。尤其是他们率领的是由志愿者和应征入伍者组成的新式士兵，他们不能像旧时那些步兵团里被迫参军的可怜人一样，一动不动地排成密集线列迎接敌人近距离的密集火力，他们厌恶这种消极服从的作战形式。更具独立性和更自由的散兵作战，显然更符合这些公民兵的特性。此外，拿破仑深知一切都要根据具体情况而定，腓特烈对进攻的提倡与萨克斯（Saxe）元帅对防御的强调都不会成为束缚他的教条。他非常了解军事历史，深知战事的起因、经过与结果是如此多样，想从过去的战例中提炼出随时随地都适用的普遍原则是不可能的。罗马军队无论何时都使用同一套部署方式的那个时代已经远去了。"在当代，"他说，"以控制为目的或为了作战而占领某一阵地的艺术，已是一个要考量到很多因素的课题，需要经验、判断力和天赋……所有问题的解决之法都应基于环境的瞬息万变之上……战斗中不存在任何自然规律。"[54] 还有："所有的一切都要看上天给这位将军安排的角色，他的优点、缺点、军队的特质、武器的射程、季节以及上千个从来不相似的环境因素。"[55] 这让人们想到了《剑锋》（Fil de l'épée），戴高乐在这本书中也谴责了他那个时代的军事教条的制定者，他们声称获得了前人未曾发现的战争艺术的无上秘密，而忽视了"战争行动本质上的偶然性"。[56] 拿破仑并没有忽视这一点，他轻蔑一切"所谓的军事艺术体系"。[57] 但他也没有忘记通过对前人著作的阅读来构建自己的判断，使他从中学到的东西与他面对的新环境相适应：敌情，地势，距离，下属的个性，军队的能力和状态。[58] 他总是将他的战术原则置于他在战场上的"一瞥"获取的信息之下，以此来找到最能够达成其目标的行动，而不是与之相反。

他阅读马耶布瓦及其他军事家之著作的收获，在通过他的"一瞥"或者说他的战术智慧的修正后，使得他能够找出战场上决定战役结果的关键位置，就像他两年前在土伦时做的那样，而这种战术智慧正是布尔塞（Bourcet）所说的一位军事领袖所需的首要特质。[59] 在他写的一篇篇备忘中，总是能体现这一点：伦巴第之于维也纳，就像雷吉耶特角之于土伦。第一篇《关于意大利军团的论述》和《关于我们军团政治军事处境的备忘》中的段落都已经呼应了那些已经在《军事论述》中出现的内容："控制伦巴第，夺取特伦托山口，深入蒂罗尔，与莱茵军团会合，迫使在自己领地作战的皇帝与我们缔结一个符合欧洲的期望，并且配得上我们曾经付出的一切牺牲的和约。"[60]

无论他对于筹备在意大利的作战计划有多么投入，或是对政府给予他的关注感到多么荣幸，他从未认为自己会长久从事这份在救国委员会的工作。他从来不认为自己会被长久地圈禁在办公桌边，也不认为自己能迅速重回炮兵现役，他搜寻着一切能够给他一个未来的机会。就在这时，他得知了奥斯曼政府向委员会发出的请求。向君士坦丁堡派遣法国军事顾问是君主制时期就有的传统，但是东欧地区的战争威胁和第二次瓜分波兰让苏丹谢里姆三世（Selim Ⅲ）的请求变得更为急迫。一时间法国找不到比波拿巴更好的人，没有什么理由能够让他再留在这里了，尤其是因为经委员会批准的他制定的进攻计划被克勒曼给拒绝了。因此拿破仑认为除非总司令换人，否则意大利北部的大型作战计划永远都不会实施了。此外，时机也过去了："真正能够在意大利发动战争和进行有力进攻的时间，"他自己说道，"是在2月到7月之间。"[61] 这是为了避开夏季的酷暑和冬季的大雪。即便他获得了现役炮兵指挥的职位，他在1796年年初之前也无事可做。另一方面，蓬泰库朗在救国委员会的4个月的任期在9月1日到期了。一直坚决拒绝去步兵任职的拿破仑并不确定蓬泰库朗的继任者是否会将他留在地形办公室，他必须"有所准备"。[62] 尤其是近期的政治局势——牧月起义后雅各宾派遭到取缔，王党在基伯龙（Quiberon）的登陆失败后被驱逐，8月22日新宪法的施行，以及过去几个月内和约和盟约的缔结——都让他认为法国要走内部正常化和对外和解的道路。自打他到了巴黎，他就平和地观察着事态，消除和他通信的人的疑虑，一再地给他们写到一切都"非常安静"。流亡分子在基伯龙的登陆？"那里不需要太多担心"。[63] 补给短缺？是暂时的困难。南部"反动派"和雅各宾党人之间血债的解决呢？是令人痛心的事但会随着"稳固而井井有条的政府"[64] 的建立而终结。这个政府，他从正在筹备的宪法中看到了它的萌芽。人们说"罕有一部宪法（共和三年宪法）在如此的质疑中付诸实行"。[65] 拿破仑本人却对此寄予了信任。在这方面，他是否也和厌倦了混乱局面的大众一样愿意相信，国家长久以来遭受的困难将会随着新制度的确立而找到神奇的解决之法，哪怕有识之士们对此毫无信心？可能。无论如何，他不止一次说过："人们都满意于将为法国带来幸福，平静，安全和长久未来的新宪法。与西班牙的和约使我们的指券飞速升值。毫无疑问，一切都将回归秩序。这个国家的重建只需要短短几年。"[66] 但由于三分之二法案（1795年8月22日）的实施，到了这个月月底他的调子就变了。国民公会担心选举会让那些敌视大革命的人掌权，导致新制度还没来得及实施就将夭折，他们决定要求被选出的新代表中必须至少有三分之二的人是前国民公会代表。由王党和稳健派组成的右翼反对派，抗议这种确保旧国民公会继续掌权的虚伪手段。拿破仑注意到了必将发生的骚乱，并预言"风暴"将要到来，但很快又变得淡定起来。他在9月3日写道："一切都平静了下来。不会再有什么运动了，宪法将能够让法国人民幸福。"[67] 12日："和平的时代将在法国到来。"[68] 23日也是："一切都看上去很好。不出一个月，宪法就将确立。"[69] 政治局势对出行很有利。

　　还有另一番理由让他动身。波拿巴家族都或多或少有些喜欢东方。[70]他的兄弟们也和他有着相似的热情。吕西安在1793年就跟着于盖·德·西蒙维尔离开了。西蒙维尔相信自己很快就会被任命为法国大使，保证带他去君士坦丁堡。至于约瑟夫，他几个月来一直想着要移居国外，要"在奥斯曼帝国开拓广阔的产业"。[71] 他已经和朱莉·克拉里（Julie Clary）结婚了，她是一个在黎凡特有贸易利益的马赛富商的女儿。在岳父弗朗索瓦·克拉里死后，约瑟夫就接管了家族事务。[72] 接下来的几周里，他在土耳其定居的小算盘清晰了起来。起初拿破仑试图改变他的这个想法，说他"往来于黎凡特的贸易港口会让他看上去像个冒险家或投机者"。[73] 但是在8月20日，他被正式指派到地形办公室工作时，他态度转变了：

　　　　我正在寻求作为政府指派的炮兵将军前往土耳其的机会，我将前往组建苏丹的舰队，获取优厚的待遇还有羡人的公使头衔。……如果事态发展如我所愿，我会毫不犹豫地前往土耳其，脱离革命的错误，为祖国所用，获得金钱与声望，这真是个不能让它溜走的好

· 提议。[74]

但是他还是保持着谨慎，担心委员会拒绝他的离开。9月1日，他递交了正式请求，提出带上六七个军官以便"让土耳其的军事力量更加令人生畏"。[75] 委员会对他请求的讨论最初证实了他的担心：蓬泰库朗和让·德布里（Jean Debry）拒绝让这位"出类拔萃的军官"离开，并建议当即给他恢复炮兵军官的职务。[76] 但之后的情况有点复杂。蓬泰库朗在委员会的继任者梅兰·德·杜艾（Merlin de Douai）拒绝恢复拿破仑在炮兵的职务，并要求战争委员会准备制定命令将他除名。而此时外事委员会还在考虑前往土耳其的使团人选，尚未做出最终决定。9月15日，委员会对第一个提议做出了裁定，宣布解除其将军的职务，"因其拒绝就任"。[77] 拿破仑很可能并不知道这一决定，我们在他的通信中找不到关于此事的一点痕迹。相反，他急不可耐地等待着委员会对他参加军事使团请求的裁定。9月27日，他在给约瑟夫的信上写道："如今，我那尚在讨论中的东方之行总算是被定下来了。"[78] 事实上并非如此：委员会希望进一步了解拿破仑想要带上的军官。拿破仑已等得不耐烦了。"我不知道我要做什么，"9月23日他写道，"我确信是时候下决心了。有三个待选：土耳其、荷兰和意大利军团。我希望远行。所以，相较第二个，我倾向于第一个，相较第三个，我倾向第二个。不出10天，可能就有结果了。"[79] 他不可能再说得更明确了。事态的发展终结了他的犹豫并且暂时驱散了他的东方梦。

葡月十三

因三分之二法案的实施而爆发的骚动，遍布了巴黎的大部分街区。若不是国民公会在10月3日成立了一个由巴拉斯领导的特别委员会，下令要求巴黎城防司令梅努（Menou）将军用暴力解散正组织动乱的佩尔蒂埃区的集会，它可能会像拿破仑预测的那样逐渐平静下来。[80] 这一命令简直是捅了马蜂窝。由于梅努的一些最好的朋友就躲在叛乱者的总部圣托马斯女修道院，因此他不愿动用武力。在得到了他们解除武装并撤离的含糊保证后，他一直拒绝执行命令。因此他被解职，由巴拉斯接替。巴拉斯召集了郊区的志愿兵。但暴动蔓延了。10月5日（也就是共和历葡月十三日），来自各处的两万名暴乱分子穿过码头和律法街（如今的黎塞留街）聚集在杜伊勒里宫附近。在左岸，他们没能成功越过皇家桥和新桥，在右岸，他们被驱赶到了圣奥诺雷街。夜里，那里的最后一股暴动者也在圣罗什教堂附近的战斗中被消灭了。

关于拿破仑在葡月十三日的所作所为已有许多传奇故事，这里再作叙述不免显得乏味。他本人在平定暴动的几个小时后写给哥哥的信中对于此事的描述，尽管非常简短，但仍使得这一事件更加令人难以置信：

> 最终，一切都结束了，我第一件要做的事就是告诉你我的消息。来自各个街区的王党们，每时每刻都变得更加胆大妄为。国民公会命令勒佩勒捷区的暴徒解除武装，但他们击退了我们的军队。司令官梅努据说背叛了我们，他被解职了。国民公会任命巴拉斯为武装力量的指挥官；委员会任命我为副指挥官。我们部署了我们的军队；敌人在杜伊勒里宫向我们进攻；我们杀死了他们中的很多人；我们自己死了30人，伤了60人。我们解除了他们的武装，事态平息了。[81]

波拿巴就像一直以来的那样夸大其词。委员会并未任命国民公会武装力量的副指挥官。由于不信任梅努的参谋部，巴拉斯已经组建了自己的参谋部，由当时还能找到的雅各宾派军官组成。卡尔托和布吕内由此恢复了军职。拿破仑也是恢复现役的军官之一："救国委员会与治安委员会（Comité de sûreté générale）任命波拿巴将军于内防军团（Armée de l'Intérieur）任职，听从总司令，人民代表巴拉斯阁下的指挥。"命令这般写道。[82] 但拿破仑正如他承认的那样，已经成了巴拉斯的被保护人，他甚至称自己除了巴拉斯谁也不认。巴拉斯曾经见过波拿巴在土伦的工作，即便后来他坚称自己并未让这个年轻的科西嘉人负责过任何工作，但他确实让他当了自己的主要副手。他还有除此之外的人选吗？巴拉斯不乏勇气（他在热月九日的政变中就已经显露过），委员会也正是因为这个原因才让他带领军队。但是他清楚地知道自己必须招募一位专家，以弥补军事才能的不足，尤其是因为这次他面对的不是庸碌无能的昂里奥，而是达尼康（Danican）将军。尽管达尼康不是名将蒂雷纳（Turenne）再世，但他至少也有些经验。拿破仑的第一项举措，后被证明是决定性的，就是立即派遣骑兵中队指挥官缪拉（他们就是在这次行动中认识的），前去夺取还没有落入暴徒手中的在萨布隆（Sablons）大营的四十多门大炮。这样他就将天平成功扭转到忠于国民公会的军队这边。无可争议的是，他其后规划了杜伊勒里宫附近的防御，并部署了大炮和军队应对暴徒的进攻，还在战场上作为巴拉斯的副官参与了行动。另一方面，我们都知道拿破仑让大炮直接向聚集在圣罗什教堂台阶上的大群暴徒开火的著名景象只是传说。[83]

拿破仑起到的重要作用不在于他亲身投入战斗，而是他说服了巴拉斯命令部队用实弹开火，而不是听从委员会的命令只开空枪。拿破仑表示他经过了很大努力才说服巴拉斯不服从这个命令。[84] 这不是不可能的，因为在葡月十三日夜里，巴拉斯认为他将不得不在国民公会面前为自己下令"以暴易暴"[85] 一事辩护。拿破仑后来解释说，他当时的做法也是为了减少暴徒一方的流血：

> 杀戮如此之少的原因，[86] 在于头两次开火后，我向军队下令只往步枪里装填火药（不装弹头），这就足够吓唬巴黎人了，也同样证明了我们可以杀死他们。我起初命令部队用实弹开火，是因为对付这些不怕火器威力的暴民时，用只装填了火药的枪开火可不是个好方法。暴民听到巨大的声音时会感到害怕，但是若是他们看到身边既没人死亡也没人流血时，就又会恢复勇气，立刻就蔑视起你，更加无法无天，毫无顾忌地冲向你，那么就会造成10倍的杀伤……一开始就开始放空枪是错误的仁慈；非但不能减少流血，还会造成更多无辜者的牺牲。[87]

即便拿破仑在葡月十三日的行动仍存在争议，但至少有一点是确定的，就是他在接受巴拉斯的职务前没有为暴乱分子效力过。但他后来在圣赫勒拿岛的言论，使他的老上司巴拉斯提出的指控变得可信起来。[88] 或许这位声称自己的掌权之路未曾沾上"半点罪恶"[89]的法国人的皇帝，不愿承认自己插手过内战，尤其是有利于4年后将被他推翻的热月党人的内战。在那时，如果像他说的，他曾有过犹豫，也不过是在从巴拉斯的特使找到他的剧院返回的路上那一段时间。[90] 他要接受1794年奥古斯塔·罗伯斯庇尔让他到巴黎助他哥哥一臂之力时拒绝的建议吗？那时他认为支持罗伯斯庇尔而反对那些打算推翻他的人（未来的热月党人），与自己的利益相悖；现在，他认为相较让他们被温和派攻击，捍卫这些反对"大革命"的热月党人更符合他的利益。他的个人处境有了改变：1794年的他害怕被牵扯其中，但是1795年的他已经没有什么好失去的了。1794年时，他拥有指挥权，代表们向他寻求战略的灵感，他相信自己在意大利军团前途大好；一年后就不同了：他被要求到他厌恶的步兵部门任职并且还等着委员会对他前往土耳其的申请的最终决定。他就像个赌徒那样思考。事态的发展重新洗了牌。他手里有了比两三天前更好的赌注了吗？并没有任何保证。投身这场混战不仅意味着卷入内战，也意味着要为他厌恶的那些国民公会议员效力，而且这一方的力量明显要弱于它的敌人。梯也尔说，拿破仑抓住了葡月十三日的机会。这番表达有所误导，因为它暗示了他飞快地衡量了其中的利益。但是他并不知道自己将会取胜还是失败。他孤注一掷，他赢了。然而，将他的行为仅仅看作投机是不对的。他今天站到了曾推翻罗伯斯庇尔的人的阵营，和当初拥抱那位"不可腐蚀者"是处于同样的个人动机。在这两次事件中，他都是站在当权者一方，全然不顾所有对其行为和原则的评价，反对其他新的"革命"，无论后者的目标是什么。最后，他坚定地认为没有哪个"革命"能够解决大革命所提出的问题。"终结"大革命的唯一可行方法，是政府的改革，而非最终会让它持续下去的动乱。在得知了罗伯斯庇尔的倒台后，他曾对马尔蒙说："如果罗伯斯庇尔继续当权，他将会改变统治方法：重建秩序和掌管律法；人们不用再经历动乱就可以享受这番结果，因为政府将带领我们完成这一切；人们试图用一场革命推动事态向前发展，而这场革命必然会造成其他更多的革命。"[91] 1795年他也没有改变看法。他的"主义"还是老样子：

举世公认，变革的发生应当自上而下而非自下而上；政府在改
革时不应留下半点缺陷；而现在的情况之所以如此不堪，是因为在
热月九日革命后掌权的国民公会被几乎原封不动地保留了下来。然
而，即便是今天暴徒们获得胜利，也不会有任何为人认可的权力。[92]

这方面，他的看法与邦雅曼·贡斯当在几个月后提出的观点不谋而
合。贡斯当称，倘若我们不得不将通过1795年制度建立的共和国视作合
法政府，那么绝不是因为它保留原有议员的行为具有正当性，而是因为它
的存在，确切说是它"作为最广受认可的存在"[93]自有其价值。它同样代
表着自革命浪潮以来人们长久期待的对重建秩序的保证，以及对他们最初
原则和生来就有的权利的稳固。选项只有已经建立的政府和革命，而后者
的形式要么是又一次极左的雅各宾暴动，要么就是王党的反攻倒算。"反
攻倒算，"贡斯当断言道，"其本身也仅仅是又一次革命。"[94]由于拿破仑
并不属于某一革命阵营，他在1794年支持过罗伯斯庇尔，而1795年又自
相矛盾地支持热月党人。以及，就像在土伦战役后一样，在葡月暴动之
后，他也拒绝附和自己所拥护的那一派的过激行为。当胜利者开始进行让
分裂与恨意绵延的复仇，而不是履行其职责让事态平息下来时，他尽其所
能地进行抵制。他没有参加10月6日和7日的清洗和镇压行动，而且对没
能拯救唯一被处决的葡月暴乱者拉丰（Lafond）而感到遗憾，他还出面阻
止了想要把梅努拉到行刑队前枪毙的巴拉斯。[95]

葡月十四日他回到家，就像一个走运的赌徒："就像往常一样，"他
在给兄弟的信上写道，"我没受任何伤。"而且在附言里他又像个赌徒一
样写道："幸运是站在我这边的。"[96]

平步青云

骰子已经掷到了大革命的绿色台布上，而他走了大运。他再也不用
在晚上和朱诺一起待在余谢特大街的蓝表盘饭店打发时间，或和布列纳到
处闲逛了；也再没有穿着磨坏的衬衫和满是泥点的靴子出门的日子了。这

一次他真的平步青云了。此事应归功于巴拉斯。他否认了这点，但他这是在说谎。[97] 巴拉斯的确在10月10日向国民公会介绍协助他获得胜利的"89名志愿者"时没有提到拿破仑的名字。但巴拉斯已经和他在议会内的追随者弗雷龙商量好了。弗雷龙为了讨好玛丽 - 波莱特（Marie-Paulette）（也就是拿破仑的妹妹波利娜，此时还未满15岁），也为了给可能很快就成为他大舅子的波拿巴留下好印象，欣然参与了这出小喜剧。他提醒同僚们注意拿破仑："别忘了，"他说，"炮兵将军波拿巴，在十二日夜被委任接替梅努，他在十三日早上的出色部署带来的成果你们都看到了，但他却被迫离开自己所属的兵种，被调入了步兵。"[98] 而后巴拉斯又补充道："我提醒国民公会注意波拿巴将军：是他依靠其杰出的才能将我军分派至每个要点，又是他凭着出色而迅速的调度，让我军得以击退了叛乱分子的进攻。我请求国民公会批准对波拿巴将军担任内防军团副司令的任命。"[99] 国民公会成员们向这位他们一无所知的将军欢呼，并确认了一个从来就没有过的任命。几天后，巴拉斯为了腾出手建立督政府政权，让拿破仑接替他担任了军团司令。

尽管无法和在前线的军团相比，但是"内防军团"也绝非无关紧要。它于1795年7月12日成立，兵力有4万人，它的管辖范围从巴黎延伸到十多个省，主要负责"保障物资运抵巴黎和维护公众稳定"。[100] 这个被指派去执行为军人所蔑视的政治任务的军团，它的指挥官没有什么机会为自己赢得荣誉。但是这个职务也有一些好处。内防军团的司令官有专车和位于市区的一栋宅子，在歌剧院有专属预留座位，还有每年4.8万里弗尔的收入，绝大部分用现金支付。[101] 拿破仑从事这一职务不到5个月，他因葡月十三暴动的善后事务和督政府组建而变得"非常忙碌"[102]：国民自卫军因牵涉暴动而声名扫地，他将其撤销，并将其人员调入军队和一支警察部队，这支警察部队由于成员中共和二年的前恐怖主义者数量太多，几个月后就不得不解散了。面对缺乏武装力量的巴黎，他通过建立五人督政和代表们的卫队来武装政府，而这两支队伍在雾月十八时给他提供了支持。政府禁止传唱《人民觉醒》[103]，他就让人整晚都围着剧院监视风吹草动并且强迫观众只准唱《马赛曲》。他就像个恐怖主义者，一个雅各宾，但是人们窃窃私语着说在他的参谋部里有"前朝遗少"（muscadin）*，有在葡月十三暴动中对抗国民公会的人。而且在1796年2月27日，他在督政府的命令下冷面无情地取缔了先贤祠俱乐部，这是一个试图恢复雅各宾式社会的左翼组织。这一切，他都投入了极大的热情。可能太多了：巴拉斯说他总得提醒他的受保护人，在立宪政体下行事要"克制"一点，不能像他常常被控诉的那样肆无忌惮。拿破仑耸耸肩："呸！没有法律可依，人们就什么都不做了？"他又说道："我可不擅长这些，但是一旦我被指控有专制行为时，我就会一大早去找梅尔兰部长（司法部部长）摆平，他从来都能从法律条文中为我找到一些不错的依据，证明我们是依法行事。"[104] 那段时期他的信件却与他的管理呈现出一种截然不同的形象。实际上，尽管他主张对那些给诺曼底地区军队造成一系列麻烦的"朱安党"暴徒以严惩，但他建议对因粮食供应困难和物价飞涨带来的随处可见的问题采取宽容措施。那个冬天，有的人自杀了，不乏有人聚众抢夺物资，甚至还有暴动。尽管有传闻说他本人曾在市场上阻止盗抢商品的人群，但根据记录这应该仅仅是传闻而已。相反，12月21日，他在粮食暴动的问题上，给战争部部长奥贝尔-迪拜勒（Aubert-Dubayet）上了一堂货真价实的策略课：

> 对于这种一时的骚动应当进行严格监视，我们也应基于高度重视，但我不认为我们应该用武力进行镇压并将这种行为看作将引发严重结果的叛乱。那些只知用武力解决群体性事件的官员们根本就不懂治理之道。他们不能区分煽动行为和会招致内战的叛乱。因此我认为我不应对这些短暂出现在下塞纳省部分市镇的骚动采取敌对措施。我写信给这个省的官员，告诉他们要把煽动者、闹事者、妄图利用民众骚乱的反革命分子，和因生活所迫或是一时头脑发热的广大民众区分开。[105]

这4个月不是浪费时间：他学习了指挥和管理，他弄明白了权力和它

---

* 特指热月政变后的年轻王党分子。——译者注

的内幕，"他看到了细小的发条，未完成的机器，政治粉饰的背后，……米拉波称之为政治配方的一切"。[106] 不少人说督政府最终委任波拿巴指挥意大利军团，是因为它察觉出这个小将军在短短几个月里变成了一个危险人物。但另一种假设或许更加合理：委任他这个职务是因为他曾经在意大利军团服过役，因为他了解即将展开行动的战区，尤其是因为他才是督政府刚采用的这个重新在德意志和意大利展开行动的计划的起草人。

1795年的战争与和平

在热月党人的救国委员会对接下来的行动犹豫了几个月之后，适于战争的季节终于来了。尽管那些对卡诺以默兹河（Meuse）为法国边界线的方案不满的，支持将法国边界推至莱茵河的"天然疆界"派势力还很强大，但政府仍倾向于通过谈判解决冲突。出于谨慎和犹豫，救国委员会一方面为了避免未来与德意志皇帝谈判时太过难堪，而放弃了吞并莱茵河右岸的土地，同时又在1794年5月组建了4个"坚壁清野工作队"在占领的土地上进行掠夺，将所有能搬走的东西席卷一空。战争资助了大革命。同时，哪怕只考虑维持80万大军的必需支出，战争的代价也是巨大的。政府需要战争，就像它需要和平一样。倘若它在某一刻偏向于和平，也是因为它想要恢复内部秩序的努力让它不得不对外寻求和平，或至少是休战："一切都使得人们倾向和平，就像人们走出了革命恐怖而转向宽容一样，现在他们的想法又从支持战争变为与欧洲实现普遍的和解。"[107] 法国，厌倦了恐怖时期，想要休息。局势还是乐观的，因第三次瓜分波兰（1795年1月3日）而爆发的争执给联军埋下了不和的种子。谈判开始了，法国先后与托斯卡纳（1795年2月9日）、普鲁士（4月5日）、荷兰（5月16日）和西班牙（7月12日）签订了条约。法国与俄罗斯（叶卡捷琳娜二世尽管措辞强硬，但并不往前线派兵）、撒丁王国、奥地利和英国还是处在战争状态。

与撒丁王国达成和解不是不可能的，它的财力消耗殆尽，又对从盟友奥地利获得如此少的支持感到不满。克勒曼在1795年7月的失败，使得法国不得不放弃瓦多和阿尔卑斯山以东到塔纳罗河一线的阵地，这让皮埃蒙特人松了口气。但谢雷（Schérer）11月发动的反击收回了7月失去的阵地，又让他们陷入了恐惧。建议敞开和谈大门的不只有悲观者。在都灵有一股强大的反奥地利势力，他们对法国政府官方的建议并非无动于衷：用奥属伦巴第换取撒丁国王维克托－阿梅代三世（Victor-Amédée Ⅲ）对法国吞并萨伏依和尼斯的认可。都灵政府可能会同意这一提议，在1796年1月初，它曾声称已准备好签订3个月的停战条约并今后保持中立——要不是谢雷于11月23日在洛阿诺取得胜利后，以兵力不足为理由中止了军事行动，并且督政府也没能与热那亚共和国结盟。1796年2月初，维克托－阿梅代关上了与法国谈判的大门，并宣称"他宁愿被埋葬在祖国的废墟中也不愿听从有损于他荣誉和信仰的建议"。[108]

　　法国外交活动在维也纳了也取得更大的成功。这里同样也厌倦了战争，特别是因为奥地利几乎独自负担着战争开支。皇帝弗兰茨二世的德意志诸侯们也厌倦了战争，并且明目张胆地倒向了普鲁士。普鲁士在与法国缔结了《巴塞尔条约》后就宣布了中立，条约认可了在法国和德意志帝国召开商讨此事的议会会晤前，法国对莱茵河左岸地区的占领。在1795年7月普鲁士与救国委员会签署了第二个协议，它划分了南北德意志，北部属于普鲁士中立区。德意志的南部各邦国被排除在外，但其中几个邦国也毫不掩饰自己想要与北方同胞联盟的想法。法国从中看到了进一步孤立奥地利的机会，这就促使他们尝试把中立的普鲁士变成积极的盟友。如果普鲁士不是出于贸易原因而倾向于中立，也不从根本上认为《巴塞尔条约》是"不得不做出的不幸让步"[109]，那么这就给维也纳带来了危险。而奥地利并没有轻易就被孤立：它刚刚在9月与英国和俄罗斯签了新的三方协议。此外，国民公会在1795年10月1日通过了将比利时并入法国的法令，这一法令甚至被赋予了等同于宪法的意义，这无疑为可能的谈判增加了障碍。奥地利倒也乐意用失去比利时来换取它一直觊觎的地区作为补偿：巴伐利亚，其位于蒂罗尔的省份能够让奥地利与意大利的联系更为便利；以及在亚平宁半岛的威尼斯或由教宗管辖的博洛尼亚（Bologne）、拉韦纳（Ravenne）和费拉拉（Ferrare）等地区，它们能够为奥地利打开通往亚得里亚海和东地中海的大门。督政府没有忽视这一点，在1795年12月，它派了一位叫波泰拉（Poterat）的使者到维也纳。法国是打算把皮埃蒙特给奥地利的同时又把奥属伦巴第给皮埃蒙特吗？不管怎样，波泰拉遭到了干脆的拒绝。而9月时，在德意志境内作战的茹尔当（Jourdan）和皮舍格吕（Pichegru）被迫撤过了莱茵河，甚至还丢掉了美因茨附近的领土，使得奥地利更不会展现出和解的态度，他们直截了当地告诉波泰拉，法国能给的，奥地利都可以在自己的努力或俄国的帮助下获得。[110] 波泰拉向督政府报告："诸位除了用最大的努力将这场战争打到底之外别无他法。"[111]

在短期内，督政府已经计划将力量集中在意大利和德意志，沿多瑙河向维也纳进攻。桑布尔-默兹军团和莱茵-摩泽尔军团的进攻会获得意大利军团对皮埃蒙特和奥属伦巴第的进攻的支援，这个建议就在波拿巴曾经给委员会的计划的第一部分中。委员会一采用了这一计划（至少是一部分），就让波拿巴将军起草了计划的详细说明，并将其传达给克勒曼。含有经意大利入侵奥地利的作战计划细节的文件已经由波拿巴递交给了委员会。[112] 在详述了进攻皮埃蒙特的具体部署后，将军写道：

> 一旦占领了切瓦，我们就应修建防御工事；当大雪开始封锁阿尔卑斯的山口时，我们就可以把整支军团都集结在这里；我们将为雨季过后立即投入战斗做好一切准备。我们欢迎撒丁国王的一切和平建议。在〔1796年〕2月，如果我们与撒丁国王签订了和约，亚历山德里亚将不再由奥军占领，我们将进入伦巴第并占领它。下一场战役的天气一旦转好，我们将穿过特伦托山口和蒂罗尔山区。[113]

到目前为止都没怎么离开过里维埃拉的意大利军团，居然被要求要在不到一年的时间内出现在奥地利首都的城墙下。克勒曼收到这封日期为1795年8月30日的指令时，简直不敢相信自己的眼睛。[114] 他把这份指令的作者看作是一个应该关起来的疯子。带着来自比利牛斯军团的增援的谢雷抵达尼斯，他替换了克勒曼，11月22日，意大利军团向奥地利人发起了进攻。法军将奥军赶回了阿奎，第二天又击溃了切瓦方向的皮埃蒙特军。拿破仑计划的第一部分实现了：法军占领了瓦多、凯罗和加雷西奥，两支联军军队被分隔开来。谢雷本应插入它们之间并向切瓦挺进。在都灵，宫廷觉得一切都完了，但是谢雷认为他的军队数量少、装备差、纪律涣散，担心距离他的大本营太远而决定不再往前推进。"那些被击溃的奥地利人退过了阿奎时，没有向切瓦强行军是我们的根本性错误，"拿破仑写道，"这样我军就可以集中全部的3万兵力与皮埃蒙特军作战，他们的人数还不到2万，根本无法抵挡我军……谢雷将军的师在加雷西奥和圣乔瓦尼（San Giovanni），切瓦已是触手可及了；而马塞纳将军的师则在凯罗，距其只有4里格 [*]。"[115] 时任内防军团司令的拿破仑仍一直留意着意大利，这份愤怒的笔记就是证明。他甚至又起草了一个新的作战计划，在其中谨慎地避免提到哪怕最微小的关于最后要向维也纳行进的暗示。事实上，尽管卡诺最终采用了波拿巴将军的计划，但他绝对不会对意大利的行动寄予如此重望。主要行动应该在多瑙河谷展开，意大利军团则要迫使撒丁国王放下武器并驱逐伦巴第的奥地利军队，以此来支援莫罗和茹尔当的行动。如果奥地利军聚集到阿奎附近，试图重建他们与蒙特泽莫罗和切瓦附近的皮埃蒙特军的联系，法军就得经凯罗向阿奎行进以逼迫奥军退却以保护亚历山德里亚的道路；倘若他们不动，法军就应该从加雷西奥向蒙特泽莫罗推进，与皮埃蒙特军作战并包围切瓦，这样同时又能控制通往蒙多维和库内奥方向的滕达山口。一部分军队封锁切瓦，其余的部队将"直捣都灵"。拿破仑确定，维克托-阿梅代会求和。但是，如果他试图抵抗，"其要塞无法阻挡我们，我们可以将都灵夷为平地"。然后，入侵伦巴第就成了孩童的游戏："我们将像回到香槟一样，毫无障碍地进入米兰。"[116]

就在负责军事行动的克拉克将军刚刚写好了申斥谢雷将军裹足不前的信件时，督政府于1796年1月19日在卡诺的建议下通过了拿破仑提出的新计划。克拉克的信还没来得及寄出，他就被要求给谢雷另写一封命令他进攻的信（2月3日）。[117] 但是谢雷不打算听从那些在他看来忽视军队真正处境的人的命令，并且对他手下师级将军之一马塞纳说，他要"封上那

---

* 旧时长度单位，1里格约等于4.83千米。

些在巴黎夸夸其谈之人的嘴（而且他指名道姓提了波拿巴），那样我们就能取得更大的成就"。[118] 最后，谢雷谁的嘴也没封上：他被解职了。用他身边的督政府特派员、前国民公会成员里特尔（Ritter）的话说，谢雷拒绝冒着毁掉意大利军团的风险"去实施那些根本不可能完成的计划，就为了取悦那几个对着根本不准确的地图纸上谈兵的疯子"。[119] 卡诺对此高度重视并口授克拉克："波拿巴，意大利军团总司令。接受谢雷的辞呈；给他写封客气点的信。"[120] 3月2日，事情解决了：督政府批准了卡诺的建议。拿破仑立即弄到了有关意大利的地图与书籍，整整一周，他都待在新旱金莲街的办公室里，要么看书要么摊开地形图研究。3月9日他出门了，是为了到安坦街的市政厅迎娶约瑟芬。

第8章

幸　福

从欧仁妮到约瑟芬

传说还是事实？在拿破仑接管了内防军团的指挥（1795年10月11日）的几天后，他看到一个年轻人走进了他在旺多姆广场的办公室。14岁的欧仁·德·博阿尔内（Eugène de Beauharnais）替母亲前来请求允许保留她被处决的丈夫的佩剑，此剑根据国民公会解除巴黎居民武装的条令应该被上交给当局。[1] 拿破仑欣然同意。第二天，他的母亲玛丽·约瑟芬·罗丝·德·博阿尔内（Marie Josèphe Rose de Beauharnais）亲自前来道谢。拿破仑也曾前去回访，但是"日理万机"的新职务让他不能频繁前往。[2] 这对罗丝来说太少了，在10月28日她还责备他太漫不经心。[3] 他回以热情的话语，并在第二天拜访了她——并且留宿。他什么时候从罗丝的沙龙到了她的床上？是据不怀好意的风言风语所说，在他们初次见面的15天后吗？还是12月初？都不重要。事情进展飞快。3个月后他们就结婚了。

皇帝的那些在两性关系上持保守立场的崇拜者们，曾宣称拿破仑在遇到约瑟芬之前是还保持着童贞。童贞，或几乎童贞，因为他们不得不为他1787年在大皇宫（Palais-Royal）遇到的、激发他写了个小故事的那位妓女做出解释。[4] 也许还有另一位：1793年在土伦时，可能是她的一个同行姊妹，使将军染上了"恶性疥疮"，他1800年才被科维萨尔治愈。

"他和其他男人相反，"他之后这么写他自己，"他在众人结束的地方

开始，在众人开始的地方结束。"⁵ 他觉得自己是逆向生活的吗？在得到
爱情之前投入战争，相较于内心的欢愉他更注重荣誉带来的喜悦。在同一
时期，也就是1795年夏，他在一篇新的短篇小说中塑造了一个主角，他
本人在文字里的翻版：

> 克利松生而好战。在别的孩子还在读童话故事的年纪，他就读
> 起了伟人传记。当同龄的男生去上学并追求女孩子时，他沉浸于思
> 考战争艺术的原则。⁶

所言非虚。他花在普鲁塔克或吉贝尔的战役上的时间要比花在年轻
女孩身上的时间多得多，尽管我们知道，在他驻防期间有过纯真的爱情。
他和科隆比耶的卡罗琳摘樱桃，还徒劳地恳求过某位名叫艾玛的姑娘，让
他了解"她的内心"——如果那些留下来的信件残片是真的的话。⁷ 这些
都没有长久。和其他年轻男士在这个年纪常有的表现一样，他对爱情的轻
蔑来自对它的无知。"这有损于社会和个人的幸福"，他在1788年《关于
爱情的对话》中这么写道。⁸ 他在这本小册子里抨击了他的朋友德·马奇
（Des Mazis），他沉迷于一个叫阿德莱德的姑娘，寝不安席，食不甘味，
还失去了朋友情谊和责任感，对一切无法唤起姑娘的心的事情不闻不问。
拿破仑称其为"疾病""妄想"甚至是"堕落的感情"，并劝诫他的朋友
效仿据他所说"从不钟情于一人"却被"高尚的爱国情感照耀"的斯巴达
人。然而，读《新爱洛依丝》时不住落泪的也是同一个拿破仑，1791年
在阿尔卑斯山远足后，他又多愁善感了起来，还写下没有什么能和"爱情
的甜蜜"相比。⁹

他青年时代的爱情并不像老派拿破仑崇拜者认为的那样是柏拉图式
的。但我们也很难去相信那些受狭隘道德驱使的诋毁者，他们所描述的
拿破仑是一个为了更快地向上爬而去和上司的老婆睡觉的"风流浪子"。¹⁰
这是无用的：当时的战争和军官匮乏的情况，使得任何有点勇气和天赋
的人都有足够的升迁机会。拿破仑肯定没有爬上卡尔托将军妻子的床，但
是他可能上了国民代表里科尔妻子的床。夏洛特·罗伯斯庇尔在回忆录

里暗示了这一点：玛格丽特·里科尔"卖弄风情的本事丝毫不比她的美貌差"。[11] 她毫不吝惜自己的爱意，将其均等分摊在丈夫里科尔、奥古斯坦·罗伯斯庇尔和年轻的炮兵将军身上。我们应该相信夏洛特吗？拿破仑成了为玛格丽特效命的骑士吗？还是说他更甚于此？我们不知道。不管怎么说，这些微不足道的风流韵事不能与葡月十三日后突然降临到他身上的热烈爱情相比，也不能与他遇到约瑟芬前和德西蕾·克拉里（Désirée Clary）的平淡感情相比。

　　当约瑟夫和朱莉·克拉里在1794年8月1日结婚时，担任意大利军团炮兵指挥官的拿破仑正从热那亚返回。拿破仑没能到马赛参加婚礼，他是在月底洗清了"罗伯斯庇尔分子"的嫌疑并重获自由后，才认识了克拉里姐妹。贝尔纳丹–欧仁妮–德西蕾（Bernardine-Eugénie-Désirée）当时只有16岁。坦白来讲，她姐姐朱莉相貌丑陋，而德西蕾即便算不上美丽动人，也至少还讨人喜欢，她多愁善感又有一点儿忧郁。拿破仑在尼斯时被软禁在前洛朗蒂伯爵家中，为了排遣这非他所愿的空闲，他当时和屋主的女儿埃米莉调起了情，如今他又看上了德西蕾。这位心怀浪漫幻想的年轻女孩与将军陷入了爱河，而且在他们分开时（她回到了马赛，他则要与军团参谋部会合），她让他保证给她写信。他同意了。她给他的信柔情似水，而他则夸赞她的"温柔"和"迷人"，并让她相信他的"情谊"和"爱意"。[12] 所有这些都只不过是友好的玩笑，不会有什么结果，而且也改变不了他打心底里只是把她当一个小女孩的看法。他所有信件的口气就像是一个辅导员在对自己的学生说话一样。在注意到她喜欢唱歌后，他建议她买台钢琴，给她寄乐谱，给她订了《羽管键琴报》，并且亲自给她解释怎么练声，因为他觉得她的歌唱老师能力不行。他还给她列了要读的书单，让她把这些书籍的影响刻在灵魂上："你的理智会因阅读而完善，你的记忆也会完善。"[13] 他对她说。这一点儿都不体贴，甚至冷淡，至少足够让她有所察觉。她做出了反抗。"最敏感的女人爱着最冷漠的男人"，她给他写道。"如果我寄给你我每天的所思所想，"他回复道，"那时你就会相信，小欧仁妮完全错了。"[14]

　　事实上，他无法寄给她"每日的所思所想"，因为他想的根本不是德西蕾。他已经当了几个月的路易丝·蒂罗（Louise Turreau）的情郎了，这位接替了萨利切蒂的意大利军团国民代表的妻子，和玛格丽特·里科尔一样貌美，但更为年轻（她才24岁，玛格丽特都31岁了），还更加轻浮。拿破仑对这番征服感到自豪，尽管他花费的心思不如占领土伦那么多。如果说在驻防地的中尉还会烦恼于在爱情和荣誉中做出抉择，那么刚刚指挥了代戈远征的春风得意的将军，已然发现爱情和战争是紧密结合的。"我当时还很年轻，"他对拉斯卡斯说，"我对我的小胜利非常高兴和自豪。"[15]他是如此自豪，以至于为了得到路易丝的钦佩并向她展示自己的职权有多大，他按自己的意愿组织了一场虚假的战斗，甚至还造成了几起人员伤亡。他是真的动情了，还是说这只不过是唤不起任何感情涟漪的"小菜"？[16]一切美好的事物都会走向终结，这对爱人很快就分开了。1795年3月，蒂罗和他那见异思迁的妻子踏上了返回巴黎的道路。那么然后呢？路易丝离开后，为了免除内心的"孤单之苦"，[17]他又想起了自己写信教她练声的小女孩吗？

自从他们第一次见面就再也没有见过拿破仑的德西蕾，很高兴地发现他变得温柔了，而且当他们再次分开时，他信里的口吻就不再像个老师了："我无法阻止你的样子在我脑海中浮现。你的样子已经深深刻在了我的心里。……我一生都是你的。"[18]这自有其原因。皇帝在圣赫勒拿岛时曾说，是他夺去了她的"童贞"。[19]以他的立场说出这种话可不得体，而且这是在说谎。那他在后来有没有提醒德西蕾"卿卿我我地漫步已经无法使我们愉悦"了？[20]他很可能有过尝试，毕竟，他刚刚离开给予了他一切的路易丝的臂弯，但是德西蕾并未顺从。他告诉贝特朗他夺去了她的童贞，可能是在对德西蕾未来的丈夫贝纳多特（Bernadotte）进行最后的报复，以自我满足。拿破仑说他让贝纳多特成为"元帅、亲王和国王"，不过是为了弥补当年在年轻女孩身上犯的错。那些相信这无稽之谈的人，认为拿破仑动身前往巴黎前匆忙举办了"订婚"庆祝仪式。他们还指出了具体日期：1795年4月21日。显然，德西蕾已经视拿破仑为她的未婚夫了；她的信可以证明。他们也交换了誓言，他会永远爱她，而她则在马赛等他完婚。她妈妈知道，约瑟夫也知道。他们谈起过婚事吗？当然讨论过，但是无论是克拉里夫人（她丈夫在1794年1月刚刚去世）还是德西蕾的兄弟，甚至是约瑟夫，都不看好波拿巴家的次子和克拉里家次女间的婚事。

　　拿破仑真的想过要当他哥哥的连襟吗？我们也看到了他对约瑟夫的感情是多么复杂，结合着深沉的爱意和不加掩饰的发自肺腑的蔑视，但是两兄弟之间的关系却从未像1795年这般好、这般亲近过。从拿破仑6月24日的信上就可以看出，那时他刚得知约瑟夫要去热那亚：

> 你不会有更好的朋友了，能够亲切关怀你又真诚希望你能幸福。生命就是一场转瞬即逝的梦幻。倘若你离开了，你可能还认为它会持续一段时间！寄给我你的画像。我们在一起生活了很久，如此密切，以至于让我们的心都合在了一起。你比任何人都清楚我的心有多少完全属于你。写下这几行字时，我感受到了一种我生命中少有的情感。我有预感我们很快就能再见面了，我无法再继续我的信了。再见，我的朋友。[21]

　　他真的想通过娶德西蕾来和他亲爱的哥哥变得更加亲密，并以两姐妹为媒介加强他们之间形影不离的联系吗？还是恰恰相反？根据弗洛伊德的说法，他是否被内心深处对兄长的"敌意"驱使着，提出这桩婚事以及所做的一切都是为了压过约瑟夫？[22] 一直以来，他才是实际上的长子，从军饷里面拿出钱寄给家里补贴家用，操持一切被约瑟夫忽视的事务。在所有人眼里，他父亲去世后，他才是一家之主。诚然，约瑟夫从来没有停止过享受作为长子而享有的尊敬，他仍然是"长兄，父亲的继承人，一家之主"。[23] 没有人，尤其是拿破仑，质疑过他生而具有的头衔。但是如果不是在法律上，而是在现实里，那么拿破仑才是家中位列第一的。他还如他自己所说，剥夺了约瑟夫的"继承权"，而且当他在别人问他年龄时，他总是把自己说大两三岁，这也是为了至少在陌生人眼里，他的说法能看上去与事实相符。这番情景从波拿巴一家到了法国大陆开始有了改变，到了约瑟夫结婚时则有了进一步改变。约瑟夫迎娶朱莉·克拉里，可真是一桩理想的婚事。克拉里一家在黎凡特贸易中发了大财，而且朱莉还带了丰富的陪嫁：可能有15万法郎。3个月前娶了圣–马克西曼（Saint-Maximin）旅社老板之女的吕西安的婚礼和约瑟夫的婚礼根本没得比。没人再提起吕西安那场著名的违背了波拿巴家意愿的婚礼。长子的婚礼则完全不同。通过婚姻，约瑟夫恢复了在家族中的物质地位，这也是人们期待的。他获得了大笔财富，而且由于老克拉里已死，他同时也成了其家族的头领。所以，他又拿回了长子的特权。在拿破仑的事业似乎要告一段落时，约瑟夫再一次成了家族的支柱与希望。在拿破仑眼中，迎娶德西蕾，或许能够挑战并夺回约瑟夫的优势地位，拿破仑曾在事实上长期占有这一地位，尽管法律从来没有赋予过他。

　　爱情，多多少少混进了一些无意识的算计。1795年5月8日，拿破仑刚动身前往巴黎，他给"未婚妻"的信就开始冷淡了。她又成了唤起他"深情厚谊"的"温柔的好朋友"。[24] 而她，满脑子想的都是他，在音乐书上写满了他的名字的首字母，还给他写了热情洋溢的信："你知道我有多么爱你，但是我不知道如何向你表达我对你的感情。……我所有的思绪，所有的情感，简而言之，我的存在都是为了你。……是的，我的朋友，你从来都没有离开过我的脑海，我对你的感情只会随着我的消失而结束。"[25] 因为他不常给她写信，她在热烈的爱情宣言中混杂着"不祥的预感"和对他的真诚与爱意的怀疑。[26] 她怀疑他更喜欢首都的享乐甚至还有那些"更为可爱的年轻女孩"[27]，他有时说她有一点土气。她嫉妒了。"在布洛涅森林和某位T小姐的散步"让他忘了"在湖畔和可爱的小欧仁妮的散步"吗？她的信在邮局等着拿破仑。他到了巴黎一周后才去拿它们。他们的通信恢复了，她责备他对她的爱太冷漠，他也承认自己没有热情。但是，6月，他们的角色交换了：德西蕾不写信了，拿破仑开始被"不祥的预感"纠缠。

　　发生了什么？德西蕾已跟着约瑟夫和朱莉前往热那亚并且向自己的"未婚夫"承认，她违背了在马赛等他回来的誓言。她最终鼓起勇气向他和盘托出。她的信在6月13日到达目的地，同天拿破仑刚刚得知了他将被调往步兵的消息。事业没了，德西蕾又离开了他，一时间他心灰意冷。这是他人生中的低谷之一。对那个曾经当了几天他"未婚妻"的年轻女孩，他去了一封信，轮到他责备她在离开马赛后就不再想着他了。他们的爱情死掉了，他能感觉得到，既然她不想和他在一起，他就祝福她和另一个男人幸福。[28] 6月14日收到信后，他用了几周写完了《克利松和欧仁妮》，他给暗指德西蕾的女主角安排了一个新的爱人，并让男主角在战场上战死，以此告诉约瑟夫，如果"德西蕾的事情不解决"[29]他也会这么做。但是德西蕾没有爱侣，他也没打算自杀。这段货真价实的灰暗时期很快就过去了。德西蕾不写信了，而拿破仑开始忙于战争部门的工作，也不再想这件事了。时不时地，他还向约瑟夫问起"欧仁妮"的消息。在8月，他收到了日期为7月6日的信，信上她说她仍爱他而且离开马赛是违背她意愿的，[30] 他则在回复中称她为"小姐（Mademoiselle）"。这不再是爱人的信了，仅仅是追求者的信。[31] 在他给约瑟夫的信上，与德西蕾计划的婚事变成了"欧仁妮事务"。[32] 当然，仍不失为一种选择，但也仅仅是选择之一。

热月庆典

当他在1795年5月28日到达巴黎时，拿破仑发现了一个和自己1791年及1792年在首都逗留时完全不一样的社会。"人们都沉浸在快乐中，"7月30日，他在给哥哥的信上写道，"跳舞、看戏、在田野散步、追求女性（这里的女人可以说是世界上最美的）就是主要的消遣和工作。奢华，安逸，戏剧：一切都回来了。恐怖时期就像一场梦。"[33] 几天后，他就做出了如此公正的观察："人们觉得他们在补偿自己曾经遭受的，而且对未来的不确定让他们沉浸于眼下的放纵愉悦中。"[34] 拿破仑执掌内防军团的那个冬季中突如其来的悲惨状况，也没能让重生的欢乐氛围有所略减，至少对于那些不用挨饿的人来说是这样的。拿破仑多亏了巴拉斯的庇佑，才能在"热月庆典"中坐进头等包厢。这位国民公会的成员，由于他在对抗罗伯斯庇尔的行动中的带头作用，登上了金字塔的顶端。他恐怖的过去被遗忘，他已经重新树立了自己的形象，凭着他的风度和如同古时暴君般的寡廉鲜耻，他在这个混杂着暴发户、多多少少悔改的革命者、旧制度余孽、腐化的金融家、野心勃勃的将军和文人的社会里如鱼得水。如果说热月社会已有了一个"国王"，甚至是一些"亲王"（如塔利安和弗雷龙等）的话，那么它也有了它的"王后"们。特蕾莎·卡巴吕（Teresa Cabarrus）就是最有名的。据说，就是为了拯救这个要被送上断头台的西班牙银行家的女儿，塔利安才在反对罗伯斯庇尔的运动中首先发难。她的仰慕者称她为"热月女士"，她的诋毁者则叫她"新玛丽–安托瓦妮特"。她此时才22岁。"当她走进沙龙时，"作曲家奥柏（Auber）说，"她就分出了白昼和夜晚，白昼为她，黑夜则留给其他人。"[35] 一众漂亮的女人围绕在她身边：令人讨厌的福蒂内·阿默兰（Fortunée Hamelin），朱丽叶·雷卡米耶（Juliette Récamier），艾梅·德·夸尼（Aimée de Coigny），朱莉·塔尔玛（Julie Talma）——以及博阿尔内将军的遗孀。特蕾莎在1794年年底与塔利安结婚，并搬到了弗夫小径，她的"乡间小屋"就成了整个巴黎上层社会的主要据点。在这里，一个人可以声名鹊起，也可以名声扫地，福祉可以骤然来临，情爱可以开始也可以结束，但是人们从来不谈论政治。政治，这个多年以来最为普遍的话题，从今以后被这个向优雅、金钱和享乐低头的社会抛弃了。那些身着奇装异服的红男绿女取代了雅各宾和无套裤汉。

当拿破仑见识到塔利安的"乡间小屋"和其中的习气时，他只感到炫目和迷醉。他是否大脑一片空白，傻乎乎地径直走向了房子的女主人？巴拉斯说确有其事，又补充道特蕾莎毫不犹豫地让他回到原位。[36] 或许正是这番粗鲁的对待让他在给德西蕾的信上含沙射影地写道："T夫人总是很友好，但不知道是出于何种原因，她的魅力在我眼里很平凡，她有点老了。"[37] 他没有意识到自己太过寒酸而无法为这个社会接纳吗？他就像个穷亲戚，只是因为他是巴拉斯的红人才被接待。他的旧制服、长头发、消瘦的面庞和奇怪的口音，都是减分项。人们多少对他有些忽视。他也在报复，在给德西蕾的信上他嘲讽那些围绕在特蕾莎周围的"又老又丑的女人"[38]。不管怎样，他都明白，与德西蕾的婚姻无法带给他，如果想要"维持地位"[39] 就必不可少的"社交生活"。相比弗夫小径的"老女人们"，这个小女孩儿不过是个愚笨的乡下姑娘。那么，他开始寻找一位更"巴黎"的妻子了吗？是否他曾盘算着在两三个寡妇[40] 中挑选结婚对象，甚至包括他家族的老友佩尔蒙（Permon）夫人（未来的朗巴泰公爵夫人的母亲）？洛尔·朱诺说他确实有此打算。如果说拿破仑真的考虑过这桩婚事，那么很可能是在 1795 年 10 月初，因为那时佩尔蒙夫人刚刚失去了丈夫。根据这一说法，佩尔蒙夫人放声大笑，她告诉拿破仑，她不会戏弄他，让他娶一个和他母亲一样大的女人。[41] 最后，他是否心灰意冷，顺从了巴拉斯让他娶 65 岁的蒙坦西耶小姐（Mlle Montansier）的恶意玩笑？[42] 更有可能的是，婚姻大业徘徊不前的拿破仑还在为"对结婚的疯狂渴望"[43] 而苦恼，他又提起了"和德西蕾的感情"。毕竟，那时他正考虑去东方碰运气，在这种情况下，商人克拉里家的女儿就有了一定价值。1795 年 9 月 5 日，他写信给在热那亚的约瑟夫，请求他同意自己和"欧仁妮"的婚事并请克拉里一家同意。[44] 他坚持"我和欧仁妮的感情要么完满结束要么彻底决裂"[45]，而不顾兄长的沉默和克拉里家族的反对。[46] 然后，突然地，"和德西蕾的感情"从他的盘算中消失不见了。

因爱而狂

拿破仑和约瑟芬的婚姻，弗朗索瓦·傅勒写道，"可以被描述成一出歌舞马戏"，但同样也可以"在不减其真实性的前提下被描写得更加感人"。[47] 从拿破仑的角度，当然是；而从约瑟芬的角度，就不那么确定了。对他来说，那是一见钟情。每天晚上他都往她刚刚搬进的朱莉·塔尔玛在尚特雷纳街的"豪宅"里跑。他神魂颠倒，自豪于自己的征服，带着朋友到她常去的饭店把她介绍给他们，并说他们要结婚；如此沉醉，甚至愿意和她的哈巴狗一起分享约瑟芬的床，但是狗可不像他那么友好，它咬了他的腿肚；如此狂热，才离开她家就开始给她写热情洋溢的信，后者总是将阅读这些信件作为一种消遣并笑着展示给她的闺蜜们：

> 早上 7 点。我醒来，心里全是你。你的样子和昨天醉人的夜会都让我神魂颠倒。温柔而举世无双的约瑟芬啊，你在我心里有着多么奇妙的作用啊！你生气了吗？我看到你悲伤了吗？你焦虑了吗？我

的灵魂因痛苦而破碎，您的朋友也没有片刻休息……但是对我来说不止这些，当我屈服于控制我的深厚感情，亲吻你的唇、博得你的心时，一股炽热的火焰将我燃烧。啊！就是在昨晚，我清楚地意识到你的画像并不能代替你啊！你在中午离开，3个小时后我又能见你了。在此期间，我温柔的爱人，给你一千个吻；但是不要吻我，因为你的吻会把我的血液点燃。[48]

26岁，这是他人生中第一次也是最后一次，"在真正意义上"[49]（马尔蒙语）陷入了疯狂的热恋。他个人的成功为他的爱情增色，因为在前途未卜的一年过后，一切都接踵而至：他获得了显要的地位，通往权力和两个月前还奚落他的热月党人上流社会的大门如今为他敞开（"一个小吻给塔利安夫人和沙托雷诺夫人，"他写道，"第一个吻嘴唇，第二个吻脸颊。"），[50] 即将回归他怀念的意大利军团的光明前景，以及，排在最后但并非最不重要的，爱情。不久前，他还觉得物质的婚姻是让他摆脱目前僵局的唯一途径；现在，他就要为爱结婚了。

他很爱她，弗朗索瓦丝·瓦格纳（Françoise Wagener）写道："他给她重新起了名字，他想重新塑造她，就像她是从他们初见时才诞生一样。"[51] 他也给德西蕾重新起过名字，[52] 但德西蕾，"他的初恋"不过是个孩子，罗丝是个女人，"完全意义上的女人"。[53] 在她身上，一切都是"无可比拟的"：她的妆容和步态，她的仪态和那柔如爱人的轻抚般的嗓音（后来在杜伊勒里宫，仆人们会在走廊上驻足停留，只为了听她说话），她的微笑和目光，"与她的脾气和随和的性格……以及温柔的面庞相配"，最后，在"她的态度和动作中随处都可见克里奥尔人慵懒的天性"。[54] 在圣赫勒拿，拿破仑说起那让人无法抗拒的优雅时还满怀深情："约瑟芬就是高雅风度的化身。她所做的一切，都是那么的端庄稳重、温柔体贴。在我们在一起的日子里，我从来就没看到过她什么行为是不优雅的；即便是在睡着时，她依然仪态高雅。"[55] 尽管她有着"下垂又平坦"的胸，一口坏牙，以及皮肤已变得不再白皙的面庞，但优雅遮过了这一切。这番高雅端庄的风度让她可以和比她小12岁的特蕾莎竞争，穿着同款的"桃花衬裙"⁵⁶ 陪着她在庆典上博得关注，也可以让她"将红头巾扎成克里奥尔流行的款式，在太阳穴旁露出三缕卷发"⁵⁷ 而一点都不显得滑稽。时间不再眷顾她了，但是，就像巴拉斯说的，她知道如何用"手段和技巧"⁵⁸ 来弥补时间从她那里偷走的一切，甚至使自己比年轻时更加光彩照人。她在进行着一场她早就输了的战争，但不到最后一刻她绝不向结果屈服。

她比他年长6岁的这个事实，以及一些"难以言表的因素"让拿破仑觉得她是"真正"的女人，女性的概念具象化。尽管他的想象美化了她，使她理想化，但他并没有仅仅把她当成一道幻影："她有能想象得到的最为美妙的小阴户，"他吐露道，"三个马提尼克岛就在那儿。"⁵⁹ 她喜爱性爱也知道如何取悦对方。她引导他去发现其中的愉悦并且让他觉得她是在他身上才发现的这些秘密。他幸福到了极点。他在他的爱情中感到自豪，自豪于得到那些杰出女人之一的垂青，自豪于被一个伟大，特别伟大的女人爱着。"我的女婿可是个大势利眼"，在把女儿嫁到法国后，奥地利皇帝如是说。在1810年，拿破仑认为娶了一个哈布斯堡家的公主，一位来自皇统可以追溯到凯撒的德意志帝国的帝姬，就能让他加入合法君主的家族，在1796年，他同样相信娶一位在他眼中出身高贵的"女冒险家"就能让他在社会等级的阶梯上实现巨大跨越。他自己微不足道又真实性存疑的贵族地位，将会通过这次婚姻获得极大的认可。即便是在大革命时期，他仍然"易受贵族式的成见的影响，并时常顺从于这种成见"。⁶⁰ 但是，这并不仅仅是一种有些天真的虚荣：在他眼里，约瑟芬代表着一个他所怀念的、已经消失的伟大世界，即便那个世界他未曾亲眼见过。他不仅仅喜欢这个女人，还喜欢她子爵夫人的头衔，而且他特别喜欢在宾客离去后的私密时刻，留下的只有约瑟芬和他，以及一些关系密切的朋友，他们中的大部分人都是旧制度的遗民："大部分的客人都离去后，通常留下来的有孟德斯鸠夫人……因才思敏捷著称的讷韦尔（Nivernais）公爵和一些其他人。当人们看到大门关好后，就说：'我们谈谈旧时宫廷吧，让我们重游凡尔赛。'"⁶¹ 和约瑟芬在一起，他的人生更广阔了，意大利军团总司令的委任状还在他口袋里，他就已经看到了为她赢得的胜利。

如同她让他相信自己曾出入宫廷一样，她也在他眼前展示自己家族在马提尼克和圣多曼格积攒的让他眼花缭乱的巨额财富来证明自己很富有。他有过怀疑吗？他猜测过她在努力应付着开销吗？作为一个精打细算的母亲的儿子，他在脑子里算过她不断更换的那些裙子、小饰品和珠宝的价格吗？他听到了她还不起钱的债主们的抱怨了吗？她曾在不经意间让他看到了总是被她抛在脑后的财政窘境吗？但是当账单来时，她的情绪就会暗淡下来。怀疑深入了他的大脑：她对他说谎了。他决定弄个明白。他向在巴黎遇到的布列讷学校的前任老师帕特罗（Patrault）神父吐露了自己的烦恼。神父带着他去见了一个在岛上有产业的商人朋友。这位埃梅里（Emmery）先生只是让他安了一半心：尽管约瑟芬真的能够获得她家族种植园的部分收入，但一年的收入总数不会超过 2.5 万法郎，这和她说的 50万法郎可差得远。但是，拿破仑还得承认：娶了她，他得到的好处要远胜于她得到的。1796 年 3 月 8 日，婚书在见证下被签署：约瑟芬带着她的2.5 万法郎年收入出嫁，而假如她意外成了寡妇，拿破仑能给他妻子的只有区区 1 500 法郎的年金。他甚至还宣称自己除了"衣物和军事装备"外没有任何个人财产，包括房子和家具。最终他认为这项证明没有意义，把它从原件上划去了。[62] 然而他们还是发生了争吵，并不是因为她不像她说的那样富有（她的财富比写明了的数据还少，累积的债务已经耗尽了她未来几年的收入），而是因为她不动声色地骗了他一次，让他怀疑还有别的谎言。这是他们的第一次争吵。她抵赖，哭泣，指责他不是仅仅爱她这个人，而是另有所图。他可能也吼了她，但是还没到他后来坚称的"当她做得太过了，就在床上惩罚她"[63] 的时候。但是，他如此沉迷于她的魅力以至于经历了一整晚的争吵，他在失望的笼罩下离开尚特雷纳街后，就立刻给她写信请求她的原谅，懊悔自己逼迫她说出真相。[64]

在自责的时候他犹豫过吗？他向巴拉斯吐露过心事，后者虽然认为他的这个被保护者在军事领域之外就是个傻子，但很快就意识到了自己能从这场让拿破仑对自己充满感激的结合中获得多少好处。巴拉斯鼓励了他，但并不用劳心费力地说服他：因为后者只不过是在给自己心里已经有了结果的事找理由。

从罗丝到约瑟芬

　　对于婚姻，约瑟芬可不像她未来的丈夫那般有信心。确实，她有犹豫的理由。她的婚姻经历给她留下了苦涩的回忆。她有一个幸福的童年，在一个几乎全由女性组成的社会（她的祖母、母亲、两个妹妹、保姆和一些黑人女仆）中受到精心呵护，而她的父亲罕有露面。她在马提尼克的番荔枝和鸡蛋花树的树荫下度过了慵懒又无忧无虑的时光。小女孩对父母的财政窘境完全不知情。和大多数在这些盛产蔗糖的岛屿上发了横财回到本土的殖民者不一样，塔舍（Tascher）家族注定要在岛上多待上一阵，过着平淡无奇甚至有点窘迫的生活。但是生活对小女孩很温柔，罗丝在完全不知外界纷争的情况下长大。1779年她被从她的小天堂带出来了，那年她16岁。10月的一天，她跟着父亲在布雷斯特上了岸。她见到了另一个世界，灰暗而悲惨。以在港口等着她的未婚夫亚历山大·德·博阿尔内为首的一切都那么陌生。这个年轻人由她的姨母德西蕾·勒诺丹陪着，她是这个年轻人母亲的好友，在他母亲死后一直在他们家充当着母亲和妻子的角色。由于无法和亚历山大的父亲结婚，勒诺丹夫人想要通过自己的侄女和亚历山大的婚姻来巩固自己的地位。她先看中了约瑟夫·塔舍的二女儿，但是结核病早早地带走了她。还有两个侄女活着呢，16岁的罗丝和13岁的玛丽-弗朗索瓦丝。博阿尔内侯爵更中意妹妹，姐姐太过成熟了。但是小女儿哭得太厉害了，她妈妈拒绝让她离开。勒诺丹夫人和博阿尔内侯爵只能接受：那就是罗丝了。

　　在1779年12月13日的婚礼之后，亚历山大回到了他在布雷斯特的团，罗丝则搬去了公公在巴黎泰弗诺（Thévenot）街的宅邸。她形单影只，在这座她谁都不认识的城市里百无聊赖，而且人们还不让她出门。亚历山大曾让她保证给他写信，但是她懒得动笔，羽毛笔和他推荐给她阅读用来提高她那几乎不存在的受教育程度的书从她手中跌落。对罗丝来说，婚姻太无聊了。至于被里瓦罗尔（Rivarol）描述为"旧君主制时期最为出色的舞者之一"[65]的亚历山大，则发现自己的妻子很蠢；他甚至以这个漂亮但无知，与他毫无共同语言的妻子为耻。对在妻子身边度过乏味夜晚感到厌烦的他，又恢复了单身的生活。吵架时有发生。罗丝指责亚历山大背叛了她，亚历山大责备她不爱他，并且怀疑她另有相好。这桩蹩脚的婚姻还诞生了两个孩子，一个儿子，欧仁，生于1781年9月3日，以及一个女儿，奥尔唐斯，生于1783年4月10日。从那时起，亚历山大就远走马提尼克了，还带着塔舍家的远房侄女，洛尔·德·隆普雷（Laure de Longpré），她排解了他对妻子的失望，并用诸如她在结婚时就不是处女啊，他不是奥尔唐斯的爸爸啊这类话，助长着他脑内对妻子的怀疑。生性多疑的亚历山大相信了她。他错了吗？[66] 他几乎疯了，而且他的怒火远远没有消失，一点一点地变成了冰冷的愤怒和恨意。待他回到欧洲，他给妻子写了休书，命令她去修道院并再也不要出现在他面前。拒绝再和她有任何联系的亚历山大住到了情妇家里，而罗丝把家当作堡垒，拒绝服从她丈夫的命令离开。她抗争了近一年，还是屈服了。最终，她去了作为上流社会中被休弃的妻子主要庇护地的庞特蒙修道院（L'abbaye de Panthémont），此地不像萨德（Sade）在《朱丽叶的故事》中写的那般荒淫，但也绝不是禁欲之地。1785年年底，在一番波折后（罗丝提出了离婚诉讼，而亚历山大强行带走了欧仁），夫妇二人最终在公证人面前正式分道扬镳：亚历山大每年支付给罗丝一笔6 000法郎的抚养费并获得了欧仁的抚养权，罗丝则抚养奥尔唐斯。

即便他们没有在法律上离婚，也早在事实上结束婚姻了，但这桩婚姻对罗丝有利。她见识了上流社会，收获了爱人，过上了挥金如土的生活。大革命爆发时她正在马提尼克，她于1788年年底匆忙而原因不明地回到了这里：是为了抚养奥尔唐斯，她才回来见她母亲吗？为了躲避讨厌的追求者？为了流产吗？是这次事故造成了她后来的不孕吗？为了躲避岛上的第一波动乱，她在1790年夏末回到了法国。此时她的丈夫已经成了个有权有势的人，他是制宪议会代表，又是雅各宾社团成员。她去找了他，他们即便没有一起生活，也恢复了友好而几近于爱侣的关系；他们还谈了孩子的教育问题。声名显赫的丈夫为她敞开了时髦沙龙的大门。在斯塔埃尔夫人的沙龙能看到她，在扎尔姆（Salm）亲王的家里能看到她，甚至是罗伯斯庇尔的随员之中也有她的身影。她不属于任何团体，也对政

治不感兴趣。再说，她对政治完全一窍不通。但是她不乏手段又知道讨当
权者的欢心，知道无论他们属于哪一个派别，都能在她与债主的纷争中帮
她一把。生活很安逸，尤其是晚会和舞会。因为她从不吝惜自己的魅力，
所以总是能找到援助她的人。因丈夫的声望而享受生活的她，也被他的倒
台波及。灾难在 1793 年 7 月 23 日，美因茨陷落的那天到来。莱茵军团的
指挥官们被指控叛国。屈斯蒂纳（Custine）和狄龙（Dillon）丢了脑袋；
亚历山大比较走运，只是被免去了莱茵军团参谋长的职位。但是这仅仅是
缓刑。罗丝害怕了，她离开了巴黎，她在厌倦了政治斗争的革命者的安歇
地，塞纳河畔克鲁瓦西（Croissy-sur-Seine），找到了庇护所。她就是在那
里熟识了巴雷尔（Barère）、雷亚尔（Réal）和塔利安。如果她认为小心
谨慎地生活就能躲过危险，那她就错了。亚历山大很快被捕了。她跑去了
她熟识的治安委员会成员瓦迪耶（Vadier）的家。后者保证会保护她，并
帮她躲过了许多打击，直到一封匿名举报引起了委员会对这位涉嫌对抗法
律的贵族的注意。1794 年 4 月 19 日，她也被逮捕了，罗丝被关在了卡尔
美监狱。700 个囚犯挤在沃日拉尔街的女修道院里，她的丈夫和很多熟人
都先她一步被关了进来。即便卡尔美对她来说并非是完全陌生的环境，但
在面前的铁门关闭时，她还是感到了贯穿灵魂的恐惧。她哭得很凶。太凶
了，以至于让一些同监人觉得她的行为有辱尊严，他们认为自己有义务用
满不在乎和轻松自在的态度来面对不幸。

> "和女士们在一起给我们带来了不错的消遣，"伯尼奥（Beugnot）
> 回忆道，"我们聊一切有意思的轻松话题。在这里，不幸就像个淘气
> 的孩子，你只能对着他笑，而且实际上我们也全心全意地嘲笑着马拉
> 的神、罗伯斯庇尔的僧侣和富基耶（Fouquier）的法官，就像在对这
> 帮嗜血的恶棍们说：你们高兴什么时候杀我们就什么时候杀我们，但
> 是你们不能阻止我们快乐！"[67]

但罗丝怕死，发自内心地害怕，极度恐惧。日复一日，她听着人们
被传唤走，然后就再也没有回来。她目睹了多次绝望道别的场景。在痛

苦中，她投入了同样遭到逮捕的拉扎尔·奥什将军的怀抱，但5月17日，奥什被转移到了巴黎古监狱（Conciergerie），这无疑增添了她的绝望。不出两个月，轮到她丈夫离开卡尔美了；他拥抱了他最后一个情妇德尔菲娜·德·屈斯蒂纳（Delphine de Custine），和他已经原谅的妻子。他并不像因罗伯斯庇尔倒台而得救的奥什那样幸运：他在罗伯斯庇尔倒台的5天前上了断头台。"我爱我的丈夫。"罗丝在哭泣中断断续续地承认道。[68] 然后就是热月九日。解脱了。无疑多亏了塔利安，她成了第一批被释放的人。1794年8月6日，她在欢呼声中哭着离开了卡尔美。

最后，生活还要继续。她回到了在大学路的公寓，5万法郎的债务、令人不快的1793年时的装饰着三色绶带的粗布裙子、"宪法"软帽和铁质首饰正等着她。她丢掉了这些令人厌恶的东西，穿上了丝绸、薄纱和蕾丝的衣服，然后跑去找了同样也被释放的奥什。她陷入爱河了，几近疯狂。她嫉妒奥什的妻子，一个仅有16岁的蠢女人。无论她怎么哀求，奥什就是不离开妻子。他也爱她，但那是对情妇的爱，他完全不打算离婚，去将自己的命运与这个给了他世间少有的胴体的女人连在一起，因为这具身体投入过无数男人的怀抱。在奥什去旺代打仗的日子里，她纵情于热月的庆典并最终（1795年5月或6月）上了巴拉斯的床。巴拉斯不是个善妒的爱人；他既不责备罗丝和奥什的关系，也不怪她对科兰古（Caulaincourt）侯爵（未来的帝国御厩总管科兰古的父亲）投怀送抱，在她哭诉奥什背叛她让他的妻子怀了孕时，巴拉斯还在一旁安慰。他替她还了债，并且在8月还给了她租下尚特雷纳街房子的钱。但是他已经对这种关系厌倦了，尤其是因为他已经把处于婚姻瓶颈的特蕾莎·塔利安搞上了床。当他想要安安静静地享受新欢、远离罗丝时，拿破仑向他吐露了结婚的计划，这正帮他解决了这个棘手的问题。

和亚历山大的婚姻带来的不快记忆，并不是约瑟芬犹豫的唯一原因。这个小将军无疑很"有趣"，而且她对他的殷勤追求暗暗得意。她喜欢这些，这证明了她仍有魅力，也缓解了她对时光流逝的恐惧。但她得承认，他很少让她笑，尤其是他并不怎么让她感到欢愉，她给朋友们解释这点时，说她的爱人的种子稀薄得像水一样。此外，拿破仑不是她喜欢的类型。她喜欢高大强壮的男人，就像巴拉斯和奥什那类，但是拿破仑的身高只有平均水准，又生得瘦弱。以及他太年轻了。他们之间年龄的差距暂时还不是问题，但早晚会是："当我不再年轻时，"她在给朋友的信上写道，"我还能指望长久保留那位将军几乎疯狂的浓烈柔情吗？"[69] 她预见了争吵和所有的问题。即便是他对她的爱情，也让她犹豫。在情人身上的魅力，可能到了丈夫身上就变得可笑了。这可能就是他们之间关系的最大问题。对她来说，婚姻就是利益和礼仪，尤其是因为她所受的教育和她的内心反复灌输给她的观点，再加上她对和亚历山大不幸关系的记忆。[70] 她觉得婚姻中的爱是蹩脚的，她无法想象在夫妻的桎梏中会诞生愉悦。对爱情，她还停留在 18 世纪，而他已经生活在了 19 世纪。他们既不在一个世纪也不在一个世界。他们之间的不同，就是贵族与资产阶级的区别。贵族，他不了解，资产阶级，她不懂也不喜欢。他们之间隔着一场天翻地覆的革命。约瑟芬是婚姻与欢愉之间还有隔阂的旧时代的遗产；拿破仑则是废除这种隔阂的新时代的先驱。约瑟芬就像是《危险关系》中的人物，而拿破仑则是从资产阶级小说里出来的。他无法想象没有爱情的婚姻，他将婚姻看作激情的自然结果，并将其看作是最终极的幸福。无疑，他考虑过为了现实利益与德西蕾结婚，就像约瑟芬曾为了爱情想嫁给奥什一样。但当他和约瑟芬结合后，拿破仑就不再考虑此事。他与她谈婚论嫁的方式暴露了他们之间的误解：他将妻子看作资产阶级女性，尽管喜好奢华又有些不太忠实，但归根到底还一直是个"好女人"。他曾吐露，他们有很长一段时间"过着完全资产阶级式的生活，保持着温和又紧密的关系，长时间同住一个房间，共睡一张床"。[71] 当他总结那些年时，他说，他的妻子总给他带来"婚姻的幸福"。[72] 在遇到她之前，他就幻想过幸福的婚姻，而且在《克利松与欧仁妮》中，他先托尔斯泰一步描述过幸福的夫妻生活。[73] 我们再回忆一下文章。克利松，在年轻时就赢得了荣誉但也招致了嫉恨后，有一天突然感到"需要思考自己的处境"。对单纯幸福的渴望将他吞噬。当欧仁妮走进了他的世界后，他就放弃了对毫无乐趣的荣誉的追求：

　　　　时间如白驹过隙。他们有了孩子，但他们依旧爱着彼此。欧仁妮的爱就像她被爱一样强烈。没有什么痛苦、欢愉、关切是他们不能分享的。人们会说，上天赋予了他们同样的心、同样的灵魂和同样的感情。夜里，欧仁妮枕着爱人的肩或在他的怀里才能入睡，白天，他们彼此相依，一起养育孩子，一起修剪花园，一起做家务。欧仁妮极大地补偿了克利松受到的不公，那些对他来说不过是一场梦。世界、人们、邻居，都被克利松遗忘了。离群索居，享受着爱、自然和简单的田园生活，……只有遭遇过不幸的人才会欣赏和祝福他们。[74]

这描述的景象显然来自卢梭和夏尔丹（Chardin），但它也确实符合拿破仑的个性。因为纵观拿破仑的一生，他也间或有着对长久结合的渴望，和"功成身退后过着简朴生活"[75]的梦想。这是一种对于他既未经历过，同时也知道并不符合自己天性的资产阶级幸福生活的怀旧情结。在几年的平淡而幸福的生活之后，克利松不是仍被战争从田园生活和欧仁妮的臂弯中拽走了吗？那样的幸福不属于他。也不属于约瑟芬。

如果说她与拿破仑可能的婚姻是一场有利可图的事，那么，对她来说还有其他的理由犹豫。巴拉斯可能跟她说过，尽管这个年轻人现在看上去微不足道，但是她可以在他身上寄予极大的希望。确定吗？毕竟，指挥内防军团不是什么了不得的事。意大利，巴拉斯保证。但是，迄今为止，不是也有二流的将领被派去意大利吗？即便拿破仑意味着希望，但是她又不能靠着希望过活，她需要保护和钱。此外，她已经忘了"希望"的含义："因为她的生活有太多的麻烦，因为她已经看见她的生活被吞没了，约瑟芬离开了她成长时安逸、一成不变又无人打扰的时代，立刻进入了一个没有希望，被笼罩在每个人头上的混乱与威胁驱动着的时代。"[76]然而，她知道，她没有别的选择。带着两个半大孩子，家里债台高筑，她自己也已经33岁了，终有一天会人老珠黄，何况她名声又不好。是时候结束了。但是她不愿接受这桩婚事。她害怕再重复15年前她和亚历山大的生活。直到最后一刻，她都在希望拉扎尔·奥什能够屈服于她的恳求。奥什几乎是在她成为波拿巴的情人的同时回到了巴黎。奥什知道了此事，即便是他同意再见她，他也不会原谅她的新关系的。而且，他从开始就知道她不是什么守身如玉的贞妇，尽管他的婚姻没能阻止他和她睡在一起，但他成为父亲一事给他增添了责任：女儿的出生敲响了他和约瑟芬之间爱情的丧钟。他在1月3日离开巴黎，并说："一个男人可以把婊子当情妇过一段日子，但是绝对不能把她当合法妻子。"[77] 这下子，都结束了。罗丝甘愿成为约瑟芬·波拿巴。3月9日晚，她心情沉重地前往安坦街举行婚礼的市政厅。

已经过了一个小时，拿破仑仍待在办公室，做动身前往意大利军团在尼斯的参谋部的准备。约瑟芬和证婚人——巴拉斯、塔利安以及公证人卡尔梅莱（Calmelet）——都在二区市政厅等着他呢。由于新郎没来，一个叫勒克莱尔（Leclercq）的负责举行婚礼仪式的民事官员先走了。过了10点钟，伴着马刀磕碰在楼梯上的噪音，拿破仑推门而入，身后还跟着他的一个副官勒马努瓦（Le Marois）："我们结婚，快点儿！"巴拉斯叫一个跟他一起来的督政府特派员顶替了勒克莱尔。不出10分钟，他们就离开了市政厅，签了一个满是谎言且不符合法定程序的婚礼文书，放在现在这桩婚事可以说是没有法律效力的。督政府特派员科林-拉孔布（Collin-Lacombe）不能代替民事官员，证婚人中的勒马努瓦尚未成年，而且夫妻二人谎报了年龄，拿破仑多说了18个月，约瑟芬减了4岁。新娘手上戴上了一枚装饰有蓝宝石的金指环，在内侧刻有"致命运"。[78] 他们和证婚人告别后走路回了尚特雷纳街。[79] 这对新婚夫妻，由于世俗的婚礼缺乏合法性，那他们有没有找一个没有向宪法宣誓的神父为他们祝福？[80] 拉斯卡斯说确有其事，但是他不是从皇帝口中得知的，而是从夏尔·德·达尔贝格（Charles de Dalberg），莱茵联邦的大主教处得知的，可能是拿破仑亲口跟他说的："博阿尔内夫人和波拿巴将军的婚姻受了一位没有向宪法宣誓的神职人员的祝福，出于一些意外原因，他并未接受过来自教区神父的授权。"[81] 即便是大部分历史学家都拒绝相信这个秘密仪式的真实性，但它也还没那么荒谬。约瑟芬，就像所有有罪之人一样定期做着弥撒，而拿破仑尽管并没有什么信仰，却也不乏接近宗教的原因。在1794年，他的哥哥约瑟夫和朱莉的婚礼就是由一位未宣誓的神职人员祝福的，拿破仑重复这一做法也不是很难以置信。可能约瑟芬向他要求了，而她的丈夫为了让这个仪式更有分量也欣然答应，尤其是因为，即便是他未向母亲和大哥透露此事，他也知道当他们不久之后得知他娶了一个比他大、抚养两个孩子又有着轻浮"盛名"的寡妇时会做何反应。上帝可能能帮上一把。拿破仑和约瑟芬的宗教婚礼可能是在第二天，也就是3月10日，在去圣 – 日耳曼将拿破仑介绍给寄住在康庞夫人家的奥尔唐斯认识的路上，或是在返程途中。在鲁瓦西，她结识了躲在她邻居家的圣 – 叙尔比斯（Saint-Sulpice）堂区的前神父，安托万 – 格扎维埃·德·庞斯蒙（Antoine-Xavier de Pancemont）。在那以后，庞斯蒙尽管没有宣誓，但在签了忠诚声明后又重获当局的青睐，作为交换，他被允许举行宗教仪式。[82] 由于庞斯蒙未能重获他先前在鲁瓦西的神父资格，所以在1804年拿破仑加冕的前一天，已是枢机主教的费施不得不给他的外甥和皇后再举行一次宗教婚礼。或许，这种说法解释了雾月十八之后庞斯蒙受宠的根源。

费尼耶（Frénilly）男爵恶毒地将这场婚礼说成是"饥饿与焦渴"[83] 的结合。这倒也不全错，但这对外表不搭的夫妇从那一天起，就"作为最完整最永恒的伴侣，进入了我们的神话和历史中"。[84] 此外，约瑟芬并不是唯一一个在这段崭新的关系中获得新的名字的人。拿破仑以去掉姓氏中的"u"——为了更"法国化"——和放弃使用他那个让人发笑或是困惑的名字来庆祝这一仪式。尽管在3月8日的结婚文书上他签的还是"Napolione Buonaparte"，但是6天后给妻子的信上他第一次在底部签下了"Bonaparte"。[85] 至于其他的，都维持原样。而且，也没时间了。一回到尚特雷纳街，他就摊开了地图、计划和关于意大利的备忘，尽管如此，他还是能腾出时间爬上约瑟芬的床。蜜月很简短，就两天。3月11日夜，朱诺就来找他了。"耐心点，亲爱的，在胜利之后我们有的是时间做爱。"他一边吻着约瑟芬一边说。他让她保证会尽快来半岛与他会合。她保证了，而且直到马车驶远她还在挥着手。她在外面待了一会儿才回去，为自己最终能够重拾过去的生活松了口气。

第三部分

意大利战役

1796—1797

第9章
美丽的意大利

蒙特诺特

在意大利战斗了不到一年，拿破仑便登上了名望的顶峰。他刚去意大利的时候尽管已经参与过土伦围城战，镇压了葡月暴动，甚至还担任过内防军团司令，但他仍还只是个寂寂无闻的将军。这一切都因为一场大革命中其他战役所无法比拟的战役而改变了。我们来简要说明一下当时的情况。意大利军团的3万人马（另有8 000人驻守在阿尔卑斯边境地带）分布如下：[1]塞吕里耶（Sérurier）师在加雷西奥，其他师则沿着海岸驻扎，奥热罗（Augereau）师在洛阿诺，马塞纳师和拉阿尔普（Laharpe）师在菲纳莱和萨沃纳之间。他们拥有少量骑兵（不过在皮埃蒙特的山路上作用甚微）和不超过30门轻型火炮。[2]敌军的兵力要强上很多，他们有5万名可以即刻调动的士兵以及约200门火炮。2万名皮埃蒙特士兵据守在库内奥到米勒西莫之间的道路上，他们负责支援普罗韦拉（Provera）将军指挥的联合军（corps de liaison）。奥军的主力部队（3万人）集合在诺维（Novi）附近，阿让托（Argenteau）师占据着阿奎方向的一个前进阵地。如前所述，联军占有数量优势，但是他们的不利之处也如此明显！他们从库内奥到诺维的行动线路被险峻的山坡阻碍了通行，联军的将领年事已高——奥地利的博利厄（Beaulieu）和皮埃蒙特的科利（Colli）都已经70多岁了，他们的部队受辎重拖累，联军之间的关系也十分糟糕，而且将领们对法军意图的判断存在分歧：科利认为波拿巴会进攻都灵，而博利厄则觉得他会向热那亚进军，以便迂回包抄联军侧翼并侵入伦巴第。科利是对的。波拿巴在3月6日收到的指令（他在卡诺口述的最初版本的基础上进行了修改）[3] 要求他在将奥军赶出伦巴第之前，须先让皮埃蒙特军退出战局。为了达成这一目标，他首先要拿下切瓦要塞。他预定要在4月15日发动攻势：塞吕里耶从加雷西奥向切瓦进发，军团的主要兵力则离开萨沃纳，击破奥军与皮埃蒙特军在米勒西莫的联结点阵地，然后向切瓦杀个回马枪。

4月9日，波拿巴正准备去见在加雷西奥的塞吕里耶，奥军突然在此时发起了进攻。他们被法军一个旅早有计划地向沃尔特里（Voltri）的机动所欺骗。[4] 认为意大利军团要袭击热那亚，于是决定向海岸方向运动，试图将法军截断。4月10日，博利厄向里维埃拉进发，而阿让托则通过代戈和蒙特诺特下行至萨沃纳，计划包抄法军的阵地。这次进攻是否打了波拿巴一个措手不及呢？[5] 不管怎样，他在10日和11日的行动中奇怪地缺席了，而撤出沃尔特里的法军纵队则占据了蒙特诺特和萨沃纳之间的莱吉诺山（Monte Legino）的高地，这支小小的守军挡住了阿让托，使整个意大利军团幸免于难。直到那时波拿巴才采取行动。尽管已经进行了3次徒劳的进攻，阿让托还是没有放弃拿下阵地的希望，奥军留在莱吉诺山的山坡上过夜，而波拿巴则在此时开始发号施令。在4月11日的傍晚与雨夜，他的部队越过了亚平宁山脉。翌日日出之时，法军在蒙特诺特方向发动了反击，将阿让托赶回了北方。"蒙特诺特之战是波拿巴的首次胜利，并且已经包含了拿破仑战争准则的萌芽：利用正面进攻牵制住敌军，然后包抄威胁其正常撤退的路线。蒙特诺特战斗也证明了波拿巴通过组织不同师的联合行动以获得数量优势的能力。在这次行动中，拉阿尔普和马塞纳的1.8万人顺理成章地战胜了阿让托的6 000人。"[6]

要不是受命绕到敌军西面以切断其退路的奥热罗师未能及时到位，奥军的失利本来可能会更加严重（他们损失了2 000人）。当他于晚上到达卡尔卡雷时，奥军早已撤向了代戈。分隔联军的计划还未实现，但法军已经打开了一个缺口。现在，"因为这个形势，他的左翼必须进逼米勒西莫峡谷，控制皮埃蒙特的道路，而在正面，他应该占领代戈，为自己打开通往阿奎和伦巴第的道路"。[7] 4月13日，两支前锋部队出发了，第一支（马塞纳师）向代戈进发，阿让托在那里占据了牢固的阵地以掩护博利厄经阿奎从沃尔特里撤退的线路，第二支（奥热罗师）则前往米勒西莫。15日，在经过艰难的战斗后，奥热罗将普罗韦拉从科萨里亚城堡驱逐了出去，占领了米勒西莫和蒙特泽莫罗，并与于12日离开加雷西奥的塞吕里耶会合。马塞纳则占领了代戈，但没能阻止部队一哄而散进行"各种越轨放肆行为"，[8] 因此被反攻的奥军打得措手不及，拉阿尔普最终在15日晚上遏止住了敌军的反击。这次联军的两支部队终于被分隔开了：博利厄退往阿奎，科利则向切瓦移动。两股联军之间间隔40多千米，如果要重新建立交通线的话，他们将不得不走北面的从阿奎经阿尔巴到凯拉斯科的距此70千米远的道路。波拿巴留拉阿尔普和马塞纳在代戈监视伦巴第平原，并派奥热罗去袭击敌军位于切瓦的防备牢固的营地。

对该要塞的进攻以惨败而告终，有人说，这是因为波拿巴给奥热罗下达了荒谬的进攻指令，让他在没有火炮的情况下，靠刺刀冲锋去攻打一个完全只能靠围攻战才能打下的坚固营地。[9] 在他于1795年第一次制定的战役计划中，波拿巴曾经设想围攻切瓦，甚至将迫使该要塞投降列为战役第一阶段的最终目标：他相信这一成果可以让皮埃蒙特人放下他们的武器。1796年3月2日的命令证明他的战略发生了变化——重点不再是将一切押在切瓦营地的投降上面，而是如有需要便绕过该要塞，继续深入至都灵，迫使皮埃蒙特投降。[10] 那正是波拿巴在接下来所做的：他在4月16日进攻并逐退了躲在切瓦的科利所部，然后绕过要塞，在17日继续追击皮埃蒙特军。波拿巴在寻找机会打一场激烈的会战。直到那时为止所发生的一切战斗都称不上是会战，哪怕12日在蒙特诺特到卡尔卡雷之间的战斗也不过是小打小闹而已。[11] 尽管这些平凡的行动已经被证明是具有战略性决定意义的，但在让敌军蒙受无可挽回的损失，打消他们认为形势还可以补救的念头之前，这些战斗还不足以击垮敌军的士气："一次巨大的胜利总是比一系列小规模的战斗更加具有重大意义，"克劳塞维茨如是说，"哪怕后者给敌军造成了同样的损失。"[12] 并且，这些成果有限的胜仗只为宣扬胜利的公告提供了微不足道的材料，至少对于把公众注意力吸引到意大利军团及其指挥官身上来说还不够分量。在巴黎看来，在蒙特诺特的行动只不过是次要战场的一次小胜罢了。这不会让波拿巴成为冉冉新星，或让政府对他另眼相看。要想出人头地，他需要取得公众舆论的支持，而想要达到这一目的，他必须要恰好在那种不适宜作战和难以获胜的环境下取得辉煌的胜利。正是出于这个原因，他才在对切瓦采取行动的前夕命令奥热罗不惜一切代价进攻科萨里亚城堡，[13] 也是因为如此，4月21日，他或许还指挥了（此事尚未证实）在蒙多维的一次无用的冲锋，骑兵指挥官斯唐热尔（Stengel）将军在战斗中牺牲。

法军在蒙多维取得了一次真正的胜利：撒丁军退向凯拉斯科和都灵。广阔的平原展露在波拿巴面前，一直延伸到目光不可及的远方，远至维克托-阿梅代的首都。波拿巴将军写信给巴拉斯说："下一次会战，就是撒丁国王的末日。"[14] 但是皮埃蒙特人还没有输掉战争，他们的部队尚未被打散，炮兵也尚属完整。此外，波拿巴并没有幻想科利会按兵不动坐视他打到皮埃蒙特的心脏处："他知道我万事皆缺，他是在指望拖延时间〔以求自救〕。"[15] 科利在等待时机，或者说是在等待奥军。后者依然可以从阿奎向阿尔巴进发，进而逆转形势。都灵政府向他们派去了使者，恳求他们采取行动，但是博利厄直到4月24日才决定支援他的盟友，此时他收到了撒丁军被赶过凯拉斯科、向法军提出停战的消息。波拿巴误以为撒丁军的高层要进行坚决抵抗，但是他们其实一开始就举棋不定。维克托·阿梅代三世自诩为意大利的"看门人"，拒绝让法军侵入，但是他对他的奥地利盟友满怀怨恨，以至于不愿做出必要的牺牲来驱赶这支规模不大的法军军团。波拿巴的初次胜利，还有奥军值得指责的无所作为让阿梅代下定了决心。在都灵看来，蒙多维之败似乎预示着形势即将崩坏，于是政府授权科利请求停战。

1796年4月27日近午夜时分，撒丁国王的使者们在凯拉斯科城堡的入口现身。[16] "城堡门口没有卫兵把守，几乎连灯光也没有，"其中一位使者后来说道，"我们只看到几个士兵躺在门口和楼梯处睡觉。看不到马匹、马车、骡子或仆人。沉寂与平静似乎统治了城堡的余下部分。"[17] 他们穿过空荡荡的房间，寻找可以交谈的人。最终，他们找到了一名军官，后者把他们带到了贝尔蒂埃那里，贝尔蒂埃又去告知波拿巴，而波拿巴让他们等了很久：

> 波拿巴终于出现了。他穿着总司令的制服和靴子，但是身上没有佩剑、帽子或腰带。他的神情严肃而冷酷。他静静地听着皮埃蒙特将军的开场白，作为回应，他只是问后者有没有拿到他提出的停战条件的誊写本，以及撒丁国王是否已经接受了这些条件。听到我方抱怨这些停战条件过于苛刻之后，他补充道："在我提出〔这些条件〕之后，我又拿下了凯拉斯科，占领了阿尔巴。而我没有在最初要求的基础上坐地起价，你们应该觉得我够宽宏大量了。"我方试图向他证明他所要求的一些特许权不会给他带来多少好处，尤其是在瓦伦扎（Valenza）渡过波河的通行权，而他则有些尖锐地回答道："共和国赋予了我军团的指挥权，认为我有足够的洞察力来判断什么符合我们自身的利益，而不必征求敌人的意见。"在说出这句轻蔑的讽刺之语时，波拿巴提高了嗓门，并显得愤懑苛刻，除此之外，他一直保持冷静礼貌、言辞简洁……凌晨一点钟时，他掏出表来，在谈判一直悬而未决的情况下，他对使者们说道："先生们，我提醒你们，总攻会在凌晨两点发起，如果我不能确定库内奥会在今天结束之前交到我手里，那么进攻绝不会有哪怕一分钟的拖延。我可能会在战斗中败北，但我绝不会因为失去信心或怠惰慵懒而浪费时间。"[18]

皮埃蒙特的全权特使被波拿巴假装出来的愤怒吓坏了，同意满足他的一切要求：要塞、在瓦伦扎渡过波河的自由通行权、遣散在奥军各级部队中服役的撒丁人等等。[19]在吃过一顿简朴的晚餐之后，科斯塔·德·博勒加尔（Costa de Beauregard）有幸成为与波拿巴将军进行长谈的皮埃蒙特人之一，他也是第一批在这么近距离观察他的人之一："这位年轻人给人的第一印象，"他回忆道，"是一种令人痛苦的钦佩，他那无与伦比的天才令人神迷目眩，但又让人倍感压力。在取得他的信任之前，向他寻求作为英雄人物最优良的特质的那种慷慨的宽宏大量，只是在白费功夫。"[20] 皮埃蒙特代表在凌晨离开时，发觉自己上当了："阳光照亮了正在露营的法军前锋部队。一切看起来都处于极度混乱的状态。我们看不到任何火炮，他们的马匹稀少消瘦、筋疲力竭。"[21] 看到法军这般可怜的处境，皮埃蒙特代表们为自己屈服于如此苛刻的停战条件而羞惭不已："我刚刚度过了一个糟透了的夜晚，"科斯塔对他的妻子坦白道，"我代表国王与波拿巴将军签署了一份条件极为耻辱和危险的停战协议……这足以让我死于怨恨和羞愧。我真希望自己当时没有这么做，但是我们当时害怕极了，以为我们作出了世上最好的选择。"[22] 波拿巴自己也对撒丁人如此轻易便投降了感到惊讶。[23] 政治手腕比军事力量发挥了更大作用，助他赢下了第一回合。

洛 迪

尽管皮埃蒙特战役没有给予波拿巴他所梦想的伟大胜利，蒙多维"会战"实际上也不过是一场简单的"追击退兵之战"[24] 而已，但他很快就会打一个大胜仗。在凯拉斯科停战协议签署之后，奥军撤回了波河左岸，以在米兰前方构筑三道防线，每道防线都依托着波河的一条支流。[25] 由于波拿巴已经迫使皮埃蒙特人给予了他在瓦伦扎渡过波河的权力，博利厄做好了在米兰以西展开会战的准备。然而，法军在瓦伦扎附近的集结运动只不过是个幌子：尽管塞吕里耶确实在那里做战前准备，但法军主力已经开往托尔托纳（Tortona）。波拿巴此举有两个目的：一来，让缺乏架桥设备的法军省去渡过三条河流到达伦巴第首府的麻烦；[26] 二来，是为了越过博利厄的部队，切断其撤往蒂罗尔的退路。为了达成这一目标，他决定沿波河右岸下行至皮亚琴察（Piacenza），在那里渡河，然后沿阿达河（Adda）行进，最后反身奔向米兰。如此一来，他就避开了所有天然障碍，而奥军的退路也会被切断。胜利完全取决于法军的行军速度。

在军团休整完毕，来自阿尔卑斯军团的9 000名新补充兵力也到位之后，[27] 前锋部队在5月5日出发了。7日早上，他们到达了皮亚琴察，在36个小时内行进了60千米。"我们不是在行军，简直是在飞行。"[28] 贝尔蒂埃在给朋友的信中如此写道。在搜集了能够找到的一切船只之后，第一批法军于下午登陆波河左岸。拉阿尔普和奥热罗的师开始依次过河，但马塞纳师还远在沃盖拉（Voghera）附近，塞吕里耶的后卫部队就离得更远了。拉纳已经开始迅速向阿达河方向推进。5月8日，他在丰比奥（Fombio）进攻了奥军的后卫，这些奥军与退守皮齐盖托内的博利厄军余部分开了。这次博利厄完全察觉到了危险的来临，在于8日撤出了位于米兰以西的所有阵地之后，他在次日晚上回到了交战区域，试图将拉阿尔普赶过波河。[29] 然而却是徒劳。博利厄唯一可以做的就是撤过阿达河，并留一支分遣队在洛迪掩护他的撤退。波拿巴本希望在博利厄抵达洛迪之前截断他的退路，但他的部队在渡过波河时动作不够快，马塞纳在9日晚上完成渡河，塞吕里耶则是在10日早上。太迟了。法军在5月10日到达洛迪，而奥军全军已经躲到了阿达河后面。

在看到一支敌军分遣队把守着桥梁之后，[30] 波拿巴或许认为博利厄的部队就待在河对岸，位于步枪射程之内。[31] 无论如何，冒着敌军炮火向一道将近200米长的桥梁发起正面进攻是一次"大胆的行动"。[32] 在这次进攻之后，各种传奇说法马上冒了出来，让人很难弄清究竟发生了什么。[33] 波拿巴已经向上游派出了骑兵和轻装炮兵以寻找可以涉水渡过的浅滩，计划由他们向奥军右翼发动进攻，而法军步兵随后将向桥梁发起冲锋。步兵们躲在"阿达河边的城墙后面"，[34] 等着进攻的信号。法军的火炮已经靠近了桥梁的入口，正在炮击河对岸，敌军步兵已经放弃了桥梁的另一端，"以寻找能遮挡炮火的掩护"。[35] 根据最合理的说法，下午5点时，波拿巴仍没收到骑兵方面的消息，但却获悉马塞纳已经抵达战场，于是决定全军出击，拿下桥梁。[36] 掷弹兵们冒着齐射的霰弹发起进攻，但由于炮火过于猛烈，被迫在途中停下，开始后撤。波拿巴并没有举着一面旗帜带头冲锋。那个场面是后来虚构的。但说句公道话，波拿巴也从来没有声称过他亲自参与了对桥梁的进攻。在他于翌日发给督政府的报告，以及后来在圣赫勒拿岛的回忆中，他都提到了那些眼见士兵开始退却，于是带头冲锋杀到了河对岸的军官们。[37] 毋庸置疑的是，如果不是一些步兵游过了阿达河，分散了奥军的注意力的话，这场"指挥官们带领的冲锋"[38] 不会取得成功。双方在左岸进行了一场混乱的小规模战斗，然后法军的援军以及姗姗来迟的骑兵赶到，决定了战斗的胜负。

"尽管我们在战役之初便经历了一些非常激烈的战事，"波拿巴于次日写道，"但没有什么能比得上在洛迪桥上的可怕战斗。"[39] 此言不假：波拿巴终于发动了一场他从战役伊始便期待着的会战。不过，这仅仅是成功的一半：虽然拿破仑已经将奥军赶到了阿达河以东，但是博利厄还没有被打垮。敌军已经悄悄溜走了。在伦巴第取得的这些胜利要小于波拿巴在皮埃蒙特所取得的。然而，在皮亚琴察的机动作战比卡尔卡雷之战更加重要。在皮埃蒙特时，波拿巴是击破了敌军阵线的中心，将其两翼分隔开来，余下的便是袭击皮埃蒙特军的后背。而在伦巴第，他完完全全地实施了包抄敌军侧翼的行动，这一招将会在往后许多年里困扰着他的对手：奥军已经在米兰以西构筑了防线，但他通过快速机动绕过了离他们撤往曼托瓦的退路最近的奥军左翼，迫使发现自身将要被包围、尤其是要同时与前后方的敌军作战的奥军惊慌失措、混乱不堪地后撤。这就是拿破仑战术的要旨：侧翼机动为决定性的进攻创造了物质和心理条件，而必不可少的迅速行动则起到了突袭的作用，后者相应地导致了"敌军在突然知悉大股部队阻断了其退路时开始出现士气下降的情况"，[40] 还有就是集中兵力于进攻敌军的那一点，以使自身获得数量优势。[41] 不过在5月5日对洛迪发动的侧翼攻势几乎没有实现其在敌军的退路上形成"一道不可动摇的障碍，让所有逃跑的士兵在混乱中撞得头破血流"的目标。[42] 如果波拿巴能找到更好的渡过波河的方法的话，博利厄就成了瓮中之鳖，在他的退路被切断之后，他只能在极度恶劣的情况下应战。要是博利厄在5月9日而不是8日开始后撤的话，波拿巴也能得到他想要的结果：博利厄将无法重新退到阿达河之后。

5月13日，波拿巴放弃了追击奥军：他不能继续冒险向东深入，而将无政府管理的伦巴第抛在身后，尤其是因为他不知道与皮埃蒙特的谈判进展如何（双方将会在5月15日缔结和约）。很明显，如果谈判破裂了，他将不得不转身去都灵以求和平。因此，他派了奥热罗去占领帕维亚，而马塞纳则去占领米兰。

米 兰

　　拿破仑终其一生都铭记着1796年5月13日这一天，他在这一天收到的督政府命令出乎他的意料，竟要求他与克勒曼分享意大利军团的指挥权。自战役伊始，他就一直注意不给政府对他表示不满的理由，尤其是不越权行事，比如在未经督政府同意时便与敌军实施"停战"。[43] 诚然，在和皮埃蒙特签署停战协议时，他就已经违反了这些荒唐的规定，但他对此事的后果相当害怕，所以给巴黎寄去了好几封信，对他的行动做出了详尽的解释，并发誓"在军事行动方面，〔他〕只听从〔他自己的〕见解，而在外交事务方面，〔他征询了〕所有人的意见"。[44] 他私下向巴拉斯吐露，他认为将他的权力限制在纯军事领域十分愚蠢："如果他们不向我解释清楚所求为何物，〔如果〕我〔要〕经常停下脚步，唯恐没有实现你们的意图，担心自己被指控干涉外交，那么我是不可能成就伟业的。此时此刻，意大利战争一半关乎军事，一半关乎政治。"[45] 因为波拿巴并未试图自己拟定与皮埃蒙特媾和的条件，所以督政府放过了他。但在5月13日，他收到的新指令让他和督政府之间开始产生冲突。

　　看到波拿巴将军将奥军逐出了伦巴第（其发出命令的日期为5月7日），督政府认为战役的目标已经达成了。督政府从未打算让意大利军团进军维也纳，因此军团此后的行动应该仅限于派一支部队留驻米兰附近监视奥军，防止奥军进行任何的反击，而其余部队则前往意大利中部。出于此目的，督政府决定让克勒曼指挥占领伦巴第的部队，而波拿巴则率领其余部队向南进发。波拿巴在3月2日收到的命令中对这一行动只字未提。命令确实提到了半岛的其余部分（"我们正让整个意大利闻风丧胆，我们要让这些蕞尔小国们组成的亲奥联盟土崩瓦解"），[46] 但那只是指征服伦巴第所带来的额外好处而已，并非主要目标。在下达了该命令之后，督政们被皮埃蒙特的猝然战败惊呆了，他们开始对这位起于寒微的年轻将军产生了疑问。这个年轻人确有才能——或许过于有才了。他已经在两周内击败了皮埃蒙特军，并且打算对奥军故技重施，谁能保证他不会像他宣称的那样，带着他那缺衣少鞋的部队兵临维也纳城下呢？督政府十分担心波拿巴重提他的蒂罗尔计划，于是决定公开表达相反意见：

> 督政府必须将其目标范围限制得比您所提议的更小，并且以结束这场战事为最优先目标。督政府必须对出现败仗而招致灾难的一切可能性心存忧惧。它寄希望于意大利军团的胜利，但是在其穿过蒂罗尔的群山进入巴伐利亚之后，谁又知道会发生什么呢？军团万一遭受了挫败，难道还有希望体面地撤退吗？除此之外，光凭您所指挥的部队，加上督政府可能增派去的数千人，又怎么能够控制那么多向我们屈服的国家呢？[47]

不过，既然这位将军那么雷厉风行、所向披靡，总要给他找点事做才行。让他留在米兰是断然不行的，因为那里离蒂罗尔只有咫尺之遥。为了把他支使到更远的地方去，督政府把波拿巴的"意大利–德意志方案"改成了督政府的"意大利方案"，或者说是"意大利–科西嘉方案"。[48] 克勒曼受命镇守米兰，而波拿巴则向里窝那（Livorno）进军，没收那里的英国货物，然后准备登陆科西嘉。督政府建议他不要打扰托斯卡纳大公爵，或者小国卢卡共和国的行政长官。另一方面，督政府授权波拿巴继续向帕尔马公爵和教宗索要钱财，逼迫教宗交出"他的雕像、画作、奖章、藏书、铜器、银制圣母像甚至钟表"：[49]

> 督政府获知，将军公民，您将获得精美艺术品的荣誉视为您所指挥的军团的成果。意大利之富庶与美名在很大程度上得益于它们，但现在是时候让它们归属于法国，来巩固和装点自由之成果了……因此督政府要求您……挑选一名或几名艺术家，负责物色和收集这类最珍贵的艺术品，并将其运到巴黎。[50]

　　督政府给这种掠夺行为找好了理由。根据官方解释，法兰西的敌人对恐怖统治负有间接责任，因为他们策划了反革命事件。照此推论，他们也应对法国在1793年蒙受的损失负责，因此应该由他们来"对蹂躏破坏进行补偿"。[51] 波拿巴的任务是明确的："只要政治形势允许，并且对我们有用，就把所有的艺术品都从意大利拿走"。[52] 这种主张并不新鲜，在比利时、荷兰和莱茵兰已有先例，法国人在那里也宣称艺术之花不能在没有自由的空气中盛放，而法兰西作为自由的国度理应吸纳全世界的艺术作品。[53] 因此，在意大利的反奥战争就变成了一场"寻宝远征"。[54]

　　这些在5月7日发出的命令，其内容已经远远超过了波拿巴在3月2日出发前收到的指示。早先的指示命令他"勉力维系，因粮于敌"。[55] 这意味着要对被占领国常态化地征集食物、马匹所需草料、军队所需的鞋子和制衣的布料，还要征收沉重的战争税来购买不能靠武力抢夺到的物资。不过，从战役开始的第一天起，波拿巴的所作所为就超出了指示的要求。

　　在签署凯拉斯科停战协议的第二天，他要求法国驻热那亚公使提供"收藏于米兰、帕尔马、皮亚琴察、摩德纳和博洛尼亚的画作、雕像、藏品和古董的清单"，[56] 并安排一个年轻的"隶属于托斯卡纳公使馆的艺术家，让-皮埃尔·蒂内来监督征收过程"。[57] 然后他立刻就派了使者去帕尔马公爵那里，给他两个选择，要么开战，要么交付"200万（里弗尔）和20幅画作"[58] 以求和平。公爵选择了后者，将"柯勒乔（Corregio）最美的画作"[59] 等财物交了出去，这些东西在停战协议签订之后就马上被送到了巴黎。[60] 与此同时，督政府还任命了代表，负责"将值得放进法国博物馆和图书馆，并且可以运输的科学与艺术的纪念碑运到法国"。[61] 因此，在贪婪无度的督政府与深谋远虑的波拿巴的共同主导下，法国开始了对意大利的掠夺。波拿巴主动迎合督政府的欲望是出于政治考虑。虽然我们已经看到，督政府最终同意了与皮埃蒙特签订的停战协议，[62] 但波拿巴预感到，他很快就要和政府进行非常微妙的博弈，因为军事与外交是不能像督政府所严厉要求的那样任意割裂分开的。在未能说服督政接受这一意见的情况下，他要怎么获取自由行动的权力呢？对于一个缺钱的政府来说，艺术品和金币要比效忠誓言更有说服力。波拿巴通过掠夺意大利向督政府发出信号，认为这样或许可以平息政府的猜疑，并希望他们能够给予他完全的行动自由。他相信他已经找到了成为自己的主人的方法。但是，当5月7日命令赋予波拿巴额外的任务内容时，这场掠夺的严重程度实际上已经到了"在现代国家的历史中堪称前所未有"[63] 的地步。

波拿巴确信自己已经知道了该如何摆脱督政府权力的干预，所以他在收到要求他和克勒曼共享指挥权的命令时尤为震惊。他经常讲述那个场面，因此我们可以相信其真实性。他当时在米兰附近的梅莱尼亚诺村（Melegnano）等候梅尔齐（Melzi）伯爵，后者将带领一个代表团向他呈上伦巴第首都的城门钥匙：

> 我当时正想着这封〔来自督政府的〕信，眼看着意大利军团要被这一疯狂的举措推下毁灭的深渊……我待在一个房间里，靠近房间角落的壁炉，虽然那时已是温暖的时节，壁炉里依然生着火。外面似乎下了雨。我正沉浸在思绪中，有人通报梅尔齐到了。这一时刻必须与我对自身的优势的看法联系起来理解。我觉得自己乃是稀世英才，比那个下了如此命令的政府更有能力，这个政府在面对如此重要的事情时表现出来的无能与误判将会毁灭法兰西，而我命中注定要挽救它。从那一刻起，我看到了我的目标，并向其迈进。[64]

洛迪之战给他留下了不可磨灭的印记。这是有其道理的：正是在那座他未能跨越的桥梁上，他的传奇诞生了。在过去的3天里，他开始用"历史的眼光"去审视自己，"不再仅仅是一个将军，而是一个注定要影响诸民族命运的人"。[65] 还有一次，他说道："我已经见过世界在我之下运行，就像我被升到空中一样。"[66] 这是他为了表达自己难以用言语传达的感情而创造出来的常用话语之一。理所当然，督政府发来的急件让他从幻想的高空中坠落了下来。他从中看到了"律师"掌权时带有庸碌无为、嫉贤妒能与瞻前顾后等特点的证据。将伦巴第的指挥权交给克勒曼是不可能的：波拿巴拒绝了，并且毫不含糊地扬言要辞职。他很清楚他所取得的胜利实际上已经让他的地位无可动摇了：

考虑到当前共和国在意大利境内之事业的形势，拥有指挥权的将军必须得到你们的信任。倘若我不再担任这一职位，我也不会口出怨言……每个人都有他自己的作战方式。克勒曼将军更有经验，并且会做得比我更好，但让我们一同指挥，情况就会非常糟糕。我只能独自一人为国家尽责效力。[67]

督政府真的以为可以强行任命克勒曼吗？虽然督政府在5月18日再次确认了对克勒曼的任命，但他们已经做出了让步，表示不排除以后可能认可经蒂罗尔向维也纳的进军。[68] 5月21日，在收到拿破仑写于5月14日的强硬回复之后，督政府马上就屈从了，致信称："您看起来想要即刻继续组织当前意大利战役的所有军事行动，督政府已经对这一主张进行了仔细的考虑，出于对您的才干与共和热忱的信任，决定同意您的意见。"[69] 梯也尔对此做出了十分正确的论断，他说要是督政府能够预知未来的话，肯定会接受波拿巴提出的辞职请求，[70] 因为那一天，督政们浑然不觉地遭受了第一次后果严重的沉重失败。自然而然地，波拿巴赢得越多的胜利，给法国送回越多的金银和艺术品，督政府对发生在意大利的事态的控制力就越弱。他们已经无力在组织和指挥层面对这场战争进行任何干预了，过不了多久，波拿巴就会将督政府在半岛上最后的一点权力都收于掌中。

他进入米兰的时候到了。马塞纳已经先他一步占领了伦巴第的首都，斐迪南大公爵在洛迪之战后的当晚就弃城而去了。[71] 波拿巴坐着马车来到该城，然后骑上一匹马，穿过罗马门进入米兰。市议会恭候着他，沿途聚集了一大群人。波拿巴以开始伦巴第战役的方式结束了这场战役：他行动如风、疾驰而过，快到没看见前来迎接他的当地要人们。意识到这个错误之后，他便勒住缰绳，调转马头，与此同时菲利波·维斯孔蒂大主教正带着行政官员们跑在他后头。司汤达对这一幕进行了夸大的描述："1796年5月15日，波拿巴将军带着这支刚刚跨越洛迪之桥的年轻军队进入了米兰，向全世界宣告，经过这么多个世纪之后，凯撒和亚历山大有了一位后继者。"[72] 当晚，波拿巴在雷亚莱宫（Palazzo Reale）里主持了晚宴，之后回到附近的大主教的豪宅，在为他准备的房间住下，他对副官说道：

好了，马尔蒙，你觉得巴黎的人会怎么说我们呢？他们会高兴吗？他们还什么都没看到呢，我们会在将来取得比以往更加伟大的胜利。幸运女神至今仍未对我露出微笑，因此我也对她的宠爱不屑一顾。她是个女人，她为我做得越多，我就要向她索要越多。过几天我们就要渡过阿迪杰河，然后整个意大利都会在我们的掌控之下。如果我拥有足以施展我的计划的充足条件的话，也许我们很快就会离开意大利，去更远的地方。在我们这个时代，没人曾设想过伟大的事物。而我则要为伟大树立一个典范。[73]

最令人惊讶的事情，不是他在米兰到达了"他一生的转折点"，[74] 而是他对这一点心知肚明。

第10章

意大利政策？

进入米兰的几天后，波拿巴就开始了对博利厄的追击。这一次，奥军又差点成了瓮中之鳖。但是他们奇迹般地逃脱了，躲进了蒂罗尔的山区。波拿巴大喜："奥军已被完全逐出了意大利！"[1] 这并不完全准确：曼托瓦卫戍区仍在敌人手里，而且他也知道自己若想成为意大利的主人，就必须先拿下它。尽管如此，在暂时消除了来自奥军的威胁后，[2] 他就可以执行政府5月7日下达的向南进军的命令。那边的局势已经恶化，他觉得此行不可避免。随着法国军队征服、占领或仅仅是驻守的土地的增多，问题也就呈现了出来，关乎它们命运的问题：要如何对待意大利？

1796年的意大利

即便我们不赞同莱奥帕尔迪（Leopardi）关于根本不存在一个意大利的偏激观点，[3] 我们也应承认，在那个时候有着许许多多的小意大利，每个都有属于自己的历史、传统和利益。对于大多数意大利人来说，国家就是他们所生活的地区或城市。爱国主义也是地方性的，没有人会说起一个"意大利人的国家"，半岛地区的大多数国家要么成立不久，要么其边境时常变动，再要么就是其君主新近才取得权力（通常来自外国）。[4] 这个由稳固程度各异的政治实体组成的拼图，造成了多种人群的并存。这种差异存在于地区之间，也存在于同一区域、国家甚至城市内部的不同阶级之间。那时和现在一样，以翁布利亚（Ombrie）为分界线：其以北地区的乡村相当富足，忙碌的城市中有着渴望改革的开明精英阶层，不管他们是贵族还是资产阶级；而在其以南，则是贫困落后的南意大利乡村，以及虚假繁荣的"寄生城市"那不勒斯和罗马，几个有权有势的僧俗人士统治着为数众多的穷苦人和流浪汉。那不勒斯社会的最高等级和最低等级的差距，用同时代的人，温琴佐·科科（Vincenzo Cuoco）的话说，就像是两个物种之间的差距：不可同日而语。"两个不同的国家"共同存在于那不勒斯，"被两个世纪和两个纬度分隔"，一方是极少数贵族和受过教育的精英阶层，另一方则是广大人民群众的人口，而且，这两个国家"有着不同的观点，不同的道德，甚至不同的语言"。[5] 这种差异在北部地区不如在南部地区来的明显，但就像它存在于巴勒莫（Palerme）一样，这种差异也同样存在于米兰。教廷的众多显贵们在摸查自己教区的时候，难道不是认为自己身处一群对福音一无所知的野蛮人之中，并将这个自己负有责任的国度称为"我们的印度"吗？[6] 意大利人除了对于过去的浮夸记忆和对于国家赢弱无力的现状的认识以外并无共同之处（尽管有的人并不将意大利的虚弱看作一件坏事，因为这样就可以不引来大国对半岛的注意）。[7] 斯塔埃尔夫人说，当她在罗马沉思这里"如此令人惊叹"的历史遗迹与卑劣可耻的"现实情形"的巨大反差时，她陷入了"沉痛的忧郁"："来到这里，一个人将不断地意识到人类是从何等的高度沦落至此；过去是何等辉煌，现今却如此不堪。"[8] 对外国人来说，意大利就是"堕落的象征"，[9] 麻木地沉睡了好几个世纪的"死亡的土地"。[10] 它的麻木绵延了几个世纪，司汤达将这种麻木称为"淫逸的宁静"。[11] 随着政治上的分裂和"外国势力对领土的支配"，[12] 幸福安乐被看作是意大利衰落的另一个症状。吉列尔莫·费雷罗在他令人难忘的篇章中描绘了那个时代的意大利人如何在"富饶美丽"的环境中安然入睡；[13] 这一描述无疑有过度夸大的成分，它符合崇尚巴洛克风格的罗马和巴勒莫的情况，而代表不了都灵或米兰。此外，意大利及其南部地区也并非如此缺乏活力，它仍随着时代的发展而在进步。它的人口增长速度和法国相当，在1800年左右，居民数量已达到1 800万。得益于其繁忙的港口，意大利仍保有一支海上力量。

主要在北部，它还进行着农业现代化运动。而且意大利也有自己的启蒙运动。在18世纪60年代，多亏了几批启蒙人士和哈布斯堡与波旁家族的意大利属地的首领，一股改革之风刮过了米兰、佛罗伦萨、那不勒斯，以及受其影响较轻的都灵。实话实说，其成果有限，因为改革者们指出的主要发展障碍并未得到根本解决：即教会在道德和社会层面的影响力及社会本身的组织结构。尽管任何一般性的看法都认为在这样一个内部情况复杂的国家里推行改革需要谨慎行事，但最终，意大利还是进入了一个衰退期，社会发展乏力、工业产量降低、社会乡村化、宗教分歧突出以及早已在社会财富中占有巨大份额的贵族与教会财产也进一步地膨胀。改革不仅是流于表面，而且还让意大利的君主们以国家现代化为借口扩大了权力，但这一变化在敌视改革的群体中激起的不满，恰恰动摇了他们的权威。[14] 这剂改良主义的猛药唤醒了沉睡的意大利社会，使得1796年的入侵未遭遇多大的抵抗。用费雷罗的话说，由于意大利的地基已不牢靠，一发炮弹就足以让它垮塌：法军抵达的3个月后，18世纪的巴洛克意大利就几近荡然无存了。[15]

　　人们夸大了意大利人对1789年革命的同情。这场革命在半岛的确不乏支持者，但其暴烈程度让大多数意大利人心生反感。那些观点"前卫"的意大利人大多出身贵族，厌恶革命引发的混乱。"尽管绝大多数人都希望改革，"卡洛·博塔（Carlo Botta）写道，"但是没人赞成革命。"[16] 此外，意大利人不理解政治运动中的激进主义，其尽管自称是以启蒙运动为思想基础，但和在这里促生了开明专制制度的运动并不相关。意大利启蒙思想的代表们不明白为什么法国对于国家和社会的改革要采取废除君主制和迫害神职人员这些极端措施，更不明白为了确保未来为何就一定要摒弃过去？意大利的改革是自上而下的，法国则打算从底部开始，重塑一个新世界。这是一条难以逾越的鸿沟。尽管1789年的各种大新闻进一步激发了城市精英的改革意愿，但离掀起一场革命还远着呢。大革命造成了精英和政府的裂痕，后者担心法国的骚乱蔓延，叫停了改革。一时间，巴黎成了意大利政治避难者的庇护所。他们被称为"贾柯比尼"（Giaccobini，意大利语的"雅各宾"），其中很多人是法国入侵亚平宁半岛的支持者。他们中的一些人将入侵视为恢复被当局取消的政治变革的机会，而另一些人则更激进，他们希望入侵能带来一场天翻地覆的革命，让意大利实现人们渴求已久的政治统一、道德重建。他们被法国大革命所鼓舞：大革命难道没有将由风俗各异的省份拼凑成的法兰西王国，熔铸成了一个"统一且不可分割"的国家吗？但是和自发进行"国家再生"的法国不同，对意大利来说外国对半岛的介入是必不可少的，只有这样他们才能脱离死气沉沉的现状，并（不情愿地）投身于历史的大潮当中。[17]

意大利革命的钟声在1796年督政府决定重启意大利行动时敲响。政治避难者中的两人，博纳罗蒂（Buonarroti）——罗伯斯庇尔和萨利切蒂的朋友——和切里塞（Cerise）向政府递交了在法国士兵抵达前于皮埃蒙特策划一场革命的计划。开始，他们似乎得到了督政府的鼓励，但很快就不得不面对现实：法国的领导人只是想让他们在入侵大军的阴影下扮演"第五纵队"的角色，并不打算让军队协助发动皮埃蒙特的革命，更不用说全意大利的革命了。[18] 随后，督政府似乎暂时支持了博纳罗蒂的计划，并授权他到边境准备发动起义。[19] 波拿巴很快就看出了这些意大利"爱国者"有几斤几两。"那些人——不超过150人——对我们一点用都没有，"他在4月9日的报告上断言，"博纳罗蒂和切里塞签署的关于意大利的文件毫无价值……它们只不过给了督政府虚假的希望……能指望的只有我们的军事力量和敌人的懦弱。"[20] 但是，两周后，在他的部队逼近凯拉斯科时，他又放任博纳富斯（Bonafous）和兰扎（Ranza）在阿尔巴和库内奥实行"彻底革命"，不过这只是为了增加都灵方面的不安：他一点都不打算让这些革命狂热分子从眼下的局势中获利。无论如何，他们的孤立，让他们注定失败。波拿巴曾指出，大部分民众认为贵族和神职人员都是些"心地善良的人"，[21] 不能指望靠"革命"带来的改变。[22] 犹像许久的督政府，考虑到政府已开始打击追随巴贝夫的早期社会主义者，而他们与巴黎的意大利避难者来往密切，最终采纳了将军的意见。在与皮埃蒙特国王签订了休战协议后，那些皮埃蒙特的革命者们就失去利用价值了，波拿巴毫不内疚地抛弃了他们，甚至建议把他们交给都灵的警察——尽管他也保留了在条件允许或情势所需时重新扶植他们的选项。

实际上，他抛弃这些意大利革命者并不是由于他敌视他们的构想，而是因为他将军事行动摆在首位。他后来承认，他确实思考过在皮埃蒙特和热那亚发动革命的可能，但最终得出了否定的结论：给这些革命党留下可乘之机，就有在他的战线后方爆发内战的风险，对他接下来与奥地利的作战不利。[23] 所以，出于这些战略原因波拿巴终结了"爱国者"的希望，但是他认为一旦奥地利被驱逐出半岛，政治活动就会重新成为首要事务。[24] 其后的行动证明了这一点，当洛迪战斗敲响了奥地利在伦巴第的丧钟后，他又改变了口风，此时距他将皮埃蒙特革命献祭给战争之神才仅仅过了三周。当他 5 月 13 日在梅莱尼亚诺接见梅尔齐时，他声称法国希望看到米兰的解放：

> 我们将让你们……决定自己的命运，尊重米兰人民做出的选择：只要看到你们从奥地利的铁蹄下获得解放，法国就心满意足了。一个民主的共和国，才最符合米兰的国情，即便它保留了贵族制。只要你们决定要让自己成为一个自由的人，并证明自己配得上这个身份，法国就会支持你们。[25]

他是被萨利切蒂领导的米兰革命运动蒙蔽了双眼吗？这一运动本就是由他的特工在记者卡洛·萨尔瓦多（Carlo Salvador）的帮助下掀起的。当地出现了一个佩戴着绿白红三色帽徽的民众团体，他们种下了棵棵"自由树"，并高谈阔论着要攻下里面还躲着 2 000 名奥军的斯福尔扎（Sforza）城堡。确实，这个政治俱乐部的成员并不都是梅尔齐后来所说的"雇工"。[26] 当波拿巴 5 月 15 日出现在雷亚莱宫的阳台上时，聚集的群众自发地为他欢呼。这热切的欢迎背后的原因已经很难理清了：他们拥护他的是因为他赶走了可恨的奥地利"占领者"，还是因为这位"率领着法国大军"[27] 的将军是"意大利出身且长相也酷似意大利人"[28]？但即便曾有过一阵实实在在的拥护波拿巴的热潮，它既不广泛也不长久。仅仅是在米兰和随后的摩德纳与博洛尼亚，法国人受到了部分居民的欢呼致意。乡下的普通村民们还会趁着夜色刨掉白天种下的自由树。当司汤达说起"〔1796年〕5月14日的雷霆"将意大利从沉睡中唤醒，从此一个崭新的民族屹立于大地之上时，他眼前的幻象和当时意大利革命者眼前的幻象几乎一模一样。实际上，法国占领的前3年没留下什么痕迹，但之后15年（1800—1814年）的统治让意大利人重拾起了携手共建一个民族国家的理想。[29] 司汤达承认：尽管1796年米兰的动员组建了一支伦巴第部队，但直到1809年总督欧仁才成功动员了6万意大利人对抗奥地利。[30] 即便如此，在米兰受到的礼遇足以让波拿巴陶醉于其中并梦想着在半岛掀起一场巨大的变革。当梅尔齐恳求他不要把广大人民和一小撮雅各宾派的诉求混为一谈时，波拿巴回以微笑，"仿佛是为〔梅尔齐〕没能跟上形势感到遗憾"，[31] 并立刻致信督政府："倘若〔伦巴第〕人民要求建立共和国，我们应该给予认可吗？"[32] 然而，尽管他给市民自卫队分发了绿白红的三色帽徽，还派了一个由"渴望迎来自由的善良爱国者们"[33] 组成的代表团去见督政府，但他小心谨慎地避免承诺为他们建立一个独立的国家。因此，那种他在抵达的当晚就曾承诺将帮助他们不日建立一个独立的国家的说法是错误的。在一年后，山南共和国（République cisalpine）*宣告成立时，他使用了这一表述。[34] 在那之前，他只是宽慰意大利人民，保证法国会尊重他们的财产和信仰，而在5月19日面向伦巴第人民的声明中，他回避了任何与"自由"有哪怕丁点联系的表述。[35] 这不仅是因为督政府拒绝对意大利的前途作明确表态，[36] 而且也因为在连着四天沉浸在欢乐的幻象之中后，拿破仑不得不面对现实了。

在发誓"与民为善"的同时，波拿巴也给这番亲善开出了2000万里弗尔的价码。米兰当局受到法军的严密监管，之后劫掠开始了：征收钱款与物资、教堂里的金银物件、典当物、奥地利和英国商人的货物和货款、油画和手稿……如果再考虑到此时米兰雅各宾派们不合时宜的狂热言论，进一步增添了人们对"解放者"的恐惧，那么我们就不会对5月23日发生在米兰，及随后发生在帕维亚的骚乱感到奇怪了。处决两人，并逮捕200人作为人质足以平息伦巴第首府的骚乱，但在暴动者夺取了城堡的

---

* "cisalpine"指阿尔卑斯山以南、卢比孔河以北的意大利北部地区。

帕维亚就不是那么回事了。25号，波拿巴派出了军队：他们在比纳斯科（Binasco）打死了百余农民并一把火烧了村子，随后他们攻下了帕维亚，抓捕了许多人质且枪决了反抗者，还在城内展开了3个小时的劫掠。[37] 但是暴动的野火并未就此熄灭，它已经蔓延到散布在利古里亚的德意志皇帝的"帝国封邑"上了。[38] 从热那亚到托尔托纳（Tortone），农民起义都威胁着法军的后方。波拿巴后来说他当时已经意识到了这些起义的参与者们不过是普通民众，激起暴动的原因是法军的征收和言行不一——一边号召"意大利民族解放"，一边却"夺走意大利的大部分资源"。[39] 但是当时他并不相信他们是自发的。他将其看作罗马、伦敦和维也纳精心策划的阴谋的结果。他不是已了解到教宗正在召集军队吗？这些起义者本身并不危险，但是当奥军从蒂罗尔山区再杀回伦巴第时，他们可能会与占据科西嘉岛的5 000名英军兵合一处，并得到热那亚暗中支持的叛军的协助，在法军后方开辟第二条战线。由此，督政府计划的意大利中部远征有了新的意义：不仅是为了掠夺财富，而且要绥靖波河右岸，以便应对奥军在未来的一两个月后可能的反击。拿破仑在直接或间接掌控整个半岛之前（无论是通过军队征服还是武力胁迫），是不可能控制住意大利北部的。

　　督政府敦促将军即刻南下。波拿巴怒不可遏：政府忘了就要到一年中最炎热的月份了吗？就为了那羞辱教宗的虚无的满足感他们想牺牲一支军队吗？说到底，他们想让奥地利人返回米兰吗？他在给克拉克将军的信上写道，如果想要避免在秋季战败，务必"不要强迫军队挺进南意大利"，[40] 并且他甚至宣布不会越过里窝那。[41] 6月17日，他离开了托尔托纳（他前去镇压帝国封邑上的暴动）。经过10天从容不迫的行军，法军抵达了里窝那：军队19日经过摩德纳，20日经过博洛尼亚，25日在皮斯托亚停留，27日占领里窝那。那里没有一点敌对行为，至少当时是这样。相反，那些相信法国人能改善他们的命运，给他们自由的居民，欢迎法军的到来。但是伦巴第的那一幕又上演了，当安民演讲被税收和征用取代时，人们的好奇和善意也就变成了敌意。法国人刚刚离开博洛尼亚，6月22日在切塞纳（Cesena）、27日在法恩扎（Faenza）、7月4日在伊莫拉（Imola）就爆发了起义。在卢戈（Lugo），物资征用以及将卢戈划为和他们早有宿怨的费拉拉的下属地区的做法激怒了民众，他们组织了起义，屠杀了留守的法军。若不是大部分当地民众对教宗的统治深恶痛绝，罗马涅（Romagne）可能会经历和帕维亚一样严重的混乱。

尽管这次对意大利中部的突袭足以绥靖波河右岸地区，然而罗马和那不勒斯被迫解除武装主要是出于对法军接连闪电般的胜利的恐惧，因为波拿巴仍不愿进一步南下。早在离开托尔托纳前，他就与那不勒斯国王的特使签订了停战协议；至于庇护六世，波拿巴更不打算到罗马去威胁他，因为西班牙驻教廷大使阿萨拉骑士让他相信将有可能与教宗达成协议。即便是在卢卡（Luques），当这座城市的长官（gonfalonier）哆哆嗦嗦地答应交出 6 000 条枪和法军需要的全部物资时，他还抽空去了圣·米尼亚托（Saan Miniato），拜访一位自称是他亲戚的姓波拿巴的咏礼司铎，7 月 1 日，他在佛罗伦萨和托斯卡纳大公爵斐迪南三世共进晚餐（公爵夫人拒绝出席以避免和这位革命将军会面），之后又在博洛尼亚暂做停留，最后，13 日，波拿巴返回了在罗韦尔贝拉（Roverbella）的参谋部。

奥地利的反击

他回来得正是时候。5 万奥军正从特伦托山隘下来以解曼托瓦之围。奥军一部在克瓦日达诺维奇（Quasdanovich）的指挥下沿加尔达（Garde）湖左岸行进，另一部在接替了博利厄的武姆泽（Wurmser）带领下沿右岸行进。奥军于 1796 年 7 月的最后几天发起了进攻，其鲁莽的攻势粉碎了法军的各处防线。布雷西亚（Brescia）、萨洛（Salo）、里沃利（Rivoli）和维罗纳都落入了敌手。在 7 月 30 日夜间召开的临时作战会议上，波拿巴麾下的将军们都认为大势已去，极力鼓吹应向米兰撤退。而波拿巴则使出浑身解数，说服他们振作起来实行反攻。他承认目前的处境的确十分危险：敌人兵力上占据优势、前线被多点突破、和米兰的联系被切断……所以他的下属们听到他说奥地利人就快要完蛋了时无不错愕。奥军的确犯了致命的错误："和一支兵力集中且联络紧密的军团对峙时，将军队分成两个无法相互联络的部分（他们中间隔着一个大湖）简直愚不可及。"[42] 这是个错误，当然，前提是奥军两翼无法在曼托瓦会合。为了阻止奥军的这一企图，法军就迫切需要将全部兵力投入到与其中一翼的作战中，然后再转向另一侧。那么，包围曼托瓦的数千法军就不得不放弃围城。那些过去两个月来一直致力于拿下这座奥地利要塞的人难以接受这样的结局，但是波拿巴的决定不容置疑。攻方心情沉重地卸下了大炮，深埋了无法带走的炮架，把来不及带走的炮弹扔进了明乔河，8月1日，武姆泽凯旋进城。在这期间，意大利军团向克瓦日达诺维奇的军队行进，并从他手中夺回了对恢复与米兰的联系至关重要的布雷西亚。正如博利厄在4月未能及时意识到阿让托在蒙特诺特的失败所将带来的后果一样，武姆泽也没能及时认识到克瓦日达诺维奇的失败背后的意义。8月2日，在发觉两支奥军的会合面临危险后，他前去救援友军，但已经太迟了。意大利军团占据了被迫退往萨洛的克瓦日达诺维奇和从曼托瓦赶来的武姆泽之间的阵地。8月3日是决定性的一天：当马塞纳在洛纳托给克瓦日达诺维奇造成又一次重创的同时，奥热罗在卡斯蒂廖内（Castiglione）截住了武姆泽的道路。对奥军的分隔实现了，此时克瓦日达诺维奇已无战意，率军撤至加尔达湖以北，只有武姆泽还在作战。5日，波拿巴在卡斯蒂廖内向他发起了进攻。一时间，奥军似乎即将成为瓮中之鳖，但最后他们还是奋力杀回了特伦托。"奥地利的军团，"波拿巴像写悼文一样写道，"像梦一样消失了。"[43]

　　法国国内，新的胜利使得舆论一片欢腾，以至于督政府都一时考虑着是否要让波拿巴去进攻维也纳，尤其是因为在德意志境内的法军已经渡过了莱茵河并取得了多场胜利，将卡尔大公赶过了多瑙河。[44] 但是政府很快就大失所望：局势发生了反转。当莫罗进军慕尼黑时，卡尔大公发动了反攻，击溃了贝纳多特和茹尔当（8月23日—24日）；向来不睦的法军将领们被迫放弃了占领的土地撤向莱茵河。此外，在意大利的战争也远未结束，武姆泽正打算再发起新的攻势。他决定把波拿巴引往特伦托方向，随后越过法军并绕到其东侧，解除曼托瓦所受的威胁并切断其回米兰的退路。法军被武姆泽麾下的达维多维奇（Davidovich）将军的假撤退欺骗，向北追去并且逼近特伦托，而在9月5日，波拿巴意识到武姆泽的主力会从布伦塔（Brenta）冲下来。他调转方向，开始追击奥军主力。9月7日，他突然扑向了巴萨诺（Bassano）奥地利的后卫部队。奥军的撤退路线被切断。武姆泽试图拿下维罗纳作为防守据点，但失败了，他只得沿着远离其后方基地曼托瓦的道路撤退，这是唯一留给他的退路。3周内，他损失了近3万人，9月15日，他闭城不出。武姆泽成了自己为击败波拿巴而构思的行动的牺牲品：他的军队落入了陷阱，远离了后方基地，奥地利的第三次军事行动也以失败告终。这场短得几乎不能被称为战役的战役，将波拿巴的军事天赋体现得淋漓尽致：一旦他发觉了敌人的战略企图，他就会毫不犹豫地做出决定，完美地运用他的手段保证事态按计划发展，然后"以空前的惊人气势和速度"展开行动。[45]

深渊边缘的意大利

尽管武姆泽连吃败仗，但行动中暴露出波拿巴与意大利统治者达成的协议有多么的不稳固。奥地利在7月29日和7月30日昙花一现的胜利足够重新唤醒各处的怨恨和不满。在神职人员带领博洛尼亚和费拉拉发起反抗的同时，罗马的"街道上神父和僧侣排起了长龙"，他们身后跟着祈求神佑以对抗入侵蛮族的"广大民众"。[46] 从罗马到佛罗伦萨，民众看起来都摩拳擦掌，准备推翻法国的统治，虽然在米兰还有一些担心奥地利人返回而加入法军的人，但是在不远处就有留下的卫戍部队惨遭屠杀，卡萨尔马焦雷（Casal Maggiore）和克雷莫纳（Crémone）造了反，而且在威尼斯、热那亚和皮埃蒙特的法国人纷纷遭到暗杀。各地的统治者也不例外。除了帕尔马和托斯卡纳的统治者谨慎地保持了中立，其他人都或多或少地公开希望奥地利的胜利能让他们撕毁与侵略者签订的条约。仅仅是法军放弃对曼托瓦的围城的新闻就激起如此骚动，一旦形势出现重大的逆转，会发生什么？

波拿巴的确担心这样的逆转可能带来的后果；另一方面，他也不怎么怀疑自己取得的那些辉煌又看似轻而易举的胜利的效果。在人们亲眼看到意大利统治者们的卑躬屈膝和奥地利的无能为力后，意大利开始从各处分崩离析：

人们崇敬了几个世纪的政府就是这样？政府就无能到无法在为数不多的法军的铁蹄下捍卫其荣誉、财产、宗教和律法？舆论脱离了政府的控制；意大利一天天地远离了它的旧制度，这种其原则在大革命中饱受抨击的制度无力保卫意大利，被看作是万恶之源，受人憎恨：如今的意大利已不再相信任何事，既不相信旧制度也不相信大革命；只余下一片空白。[47]

"屹立了数个世纪的合法性的大厦崩塌"的第一个征象就是爱国团体的壮大，加入团体的都是"明智而谨慎的人，他们认为祖国之友们应站出来表白自己的心迹，并尽可能地使这场撼动了不幸的意大利的运动合法化"。[48]另一个征象是反革命党派的力量同样也在增长，他们在"民众中煽动着对法国和对大革命的恨意，帮助奥地利人并力劝政府向法国开战"。[49]意大利到了内战边缘吗？波拿巴对此深感忧虑。连续两次击败武姆泽并没有让他盲目，他没有忘记奥地利有足够的力量可以在不久的将来组建一支新的大军与他作战。他也没有放弃向维也纳进军的打算。但是在身后的意大利陷入无政府状态并且没有足够数量的军队的保卫的情况下，他要如何挺进奥地利的领土？数来数去，他也只有3.2万人。这尚不足以长期抵挡奥军的进攻，更别说在阿尔卑斯山方向发起攻击了。因此，如果他想避免身后的意大利起火，他就应该倚靠意大利人自己，更要在"分崩离析的意大利给法军创造支持"；[50]也是因为他担心那些对法国最有敌意的国家——罗马，威尼斯和那不勒斯，以及多半会加入的皮埃蒙特和热那亚——组建新的反法联盟。即便是他还没有耗光所有外交资源，他也必须寻找对法国来说可靠的真诚盟友。托斯卡纳大公爵和帕尔马公爵都扮演不了这个角色，因为这两位在"各方面都派不上什么用场"，[51]他只有一个解决办法：倚靠革命团体。因此，波拿巴决定在意大利建立这些共和国既不是出于对共和制政府的热爱，也不是出于在巴萨诺之战后对意大利人的支持。他认为共和制政府总的来讲并不适合现代国家；至于意大利人嘛，他平时也没说他们几句好话。但是他知道，奥地利还不打算缴械投降，这才是他制定这一政策的初衷，他当时并没有什么在意大利北部建立一个法国卫星国，或是建立一个统一、独立的意大利的长远目的，而只是为了应对奥地利可能已迫在眉睫的新一轮反击。当他在9月19日回到米兰时，他已下定决心要倚靠一个赞成革命的意大利了，出于这个原因，他决定友好地回应他们的请求。

姐妹共和国政策

3天后，在米兰的宴会上，他说的祝酒词是"致伦巴第的自由未来"。[52] 米兰的临时政府也紧跟着他的脚步组织了关于"何种自由政府最有利于意大利的福祉"的论文比赛。民族团结的倾向第一次（羞涩地）崭露头角。[53] 然而其所作所为都不过是个骗局：波拿巴从未考虑过解放伦巴第，只要它的地理位置仍在"法军行军路线的途中"，就有必要"延长其军事统治"。[54] 我们不要弄错了：奥地利人的离开并没有增加伦巴第人的自主性。某天，当几个市议员向他提起伦巴第军事长官德皮努瓦（Despinoy）将军的建议时，波拿巴"愤怒地用佩剑敲打着评议会的桌子，提醒这些浑身发抖的议员们，他们的职责就是替胜利者发声"。[55] 波拿巴向伦巴第人保证，在奥地利战败后他们就会获得独立，但不是现在（在11月，为了表达对伦巴第共和国宪法的支持，米兰俱乐部将再次关门），当然他也不准备断绝他们的希望，因为唤起爱国主义情感也是增加意大利盟友的方法。另一方面，他已在曾受到热烈欢迎的摩德纳和博洛尼亚建立了第一批的共和国。他当时在摩德纳保护了"爱国者"想要罢黜的公爵；但是在教廷统治的博洛尼亚，他以建立城市元老院的方式终止了罗马对其的管辖。从7月开始，博洛尼亚宣布实行共和制，雷焦艾米利亚（Reggio Emilia）紧随其后。在这些先例的基础上，波拿巴在9月26日宣布："意大利光荣地屹立于世界民族之林的时候终于到来了。伦巴第、博洛尼亚、摩德纳、雷焦、费拉拉以及可能还有罗马涅，如果它们能显示出自己的价值，有朝一日就会震惊欧洲并实现我们意大利的伟大复兴。"[56]

摒弃了自己的保守态度后，他开始反对督政府的意大利政策了。针对他5月提出的问题，督政府最终在7月明确表示法国不应支持在意大利掀起另一场革命。[57]督政们再也不想谈起意大利革命了，他们写信告知波拿巴，米兰未来将会返还给奥地利，或是交给撒丁国王以换取萨伏依和尼斯，抑或是合并进帕尔马公国。不管怎样，他们都反对建立共和国，而是考虑将这里作为换取欧洲其他国家认可的筹码。[58]

督政府完全放弃输出大革命，至少出于以下三个原因。

其一，姐妹共和国政策获得了那些与巴贝夫关系甚密的意大利流亡者的热切支持，而巴贝夫刚刚被政府逮捕，带来了政策的右转。[59]

其二，即便处于交战状态，法国政府和奥地利政府仍保持着不定期的交涉：虽然奥地利人仍强烈要求法国归还伦巴第，但他们把越来越多的注意转移到了巴伐利亚，从这一点来看，督政府的新政策显然要建立在与奥地利之间可能的和平条约的基础上（这在当时并非是不可能的）：

> 因此，在奥地利和督政府的计划中，法国将不会涉足意大利，公开吞并和建立附属国都不可能。法国将不会越过阿尔卑斯山和莱茵河的天然疆界。通过使巴伐利亚重新归附奥地利，一个幅员辽阔的天主教德意志国家得以建立，其领土将包含阿尔卑斯山及其周边的德意志地区，这将会有效遏止普鲁士在南德意志的兼并。[60]

所以，在1796年夏季，即便是与奥地利的谈判陷入了困境，而波拿巴表现得像个吉伦特派的前革命救世主义分子的继承者，督政府在放弃了输出革命的意图的同时，看起来已倾向于回归到欧洲君主们所熟悉的那种进行交换和补偿的旧外交政策上来了。

其三，通过寻求外交途径解决冲突，以剥夺波拿巴所期望的全面胜利，也是督政府为重新获得对意大利政策的控制权所使用的手段。波拿巴可不仅仅是出于对意大利统一的关切，才对来自督政府的警告一直充耳不闻，尽管其一直在提醒他"我们期盼已久的和平，可能就系于米兰的命运，它是我们重要的交涉筹码"。[61]他很清楚这一切谈判和妥协的政治手段都是冲着他来的，他决心要抵制到底。实际上，督政府直到最后都在尽力和他对着干。在得知了波拿巴决定用"革命"或政变的方式颠覆热那亚共和国后，督政府以10月9日与热那亚人签订条约以确认其中立地位的方式给他来了个釜底抽薪，[62] 而就在第二天，督政府又进一步和那不勒斯签订了和约。因此，10月份成立的第一批共和国，不仅是出于应对多变的法奥战局的考虑，也是一场政变，波拿巴通过这种手段，宣告自己拥有了阐释法国对意大利政策的权力。

10月2日，他宣布在摩德纳公国和教宗属地进行"彻底变革"的时候到了，并要求督政府公开表示支持意大利解放教宗，他渡过了自己的"卢比孔河"*。[63] 督政府再一次回绝了他：

> 交出伦巴第将是长久和平的保证，即便我们在这方面尚未下定决心，在眼下的处境中放弃这一换取和平的手段也是轻率之举。……米兰的情况也同样适用于博洛尼亚、费拉拉、雷焦和摩德纳，以及意大利的所有其他小国家，而且我们要加倍小心和谨慎，避免过于追求共和国未来的利益以致进退两难。[64]

在这封写于10月11日的信抵达目的地时，摩德纳公爵已经被推翻，博洛尼亚宣布了共和。在摩德纳人民完成了这场由法国挑起的"革命"的当天，波拿巴下令召集摩德纳、雷焦、博洛尼亚和费拉拉的百余名代表召开"联邦"[65]成立大会——名字蒙日早就想好了，叫"波南共和国"（République cispadane）**。[66]

他和督政府又有了新的争吵：政府不停地重复着，若想和奥地利和谈就不可能不牺牲意大利，而波拿巴则像5月份一样，以辞职威胁。"每当在意大利前线的将军不能成为决策的中心时，你们都在冒着巨大的风险，"他警告道，"我说这话不是出于野心；加诸我身上的荣誉已然太多了，况且我的健康状况也十分堪忧，若能派人来接替我的职务，我将不胜

---

* 公元前49年，凯撒违背元老院的命令，率军渡过了当时作为山南高卢与意大利分界线的卢比孔河，回到了意大利，此举宣告罗马内战正式开始。"渡过卢比孔河"这一成语在后文仍会出现。

** "cispadane"意为"波河以南的地区"。

感激。"[67] 督政府吓出一身冷汗：波拿巴威胁要回到巴黎搅动政局吗？他写于10月8日的信后面还跟着一封宣布波南共和国成立的公告。[68] 该怎么做？督政府在放弃了军事行动方向的决定权后，最终又不得不将法国的意大利政策全权托付给这位将军。他们只得毫无廉耻地承认了波南共和国。

波拿巴当即就从督政府的妥协中获得了好处，他摆脱了当局派来的特派员们，后者的监视让他倍感不适。军中特派员出现于1795年，他们是旧制度时期的监军和国民公会时期军中国民代表的后继者。他们最初权力有限，但随着权力逐步扩大，他们从简单的监视者变成了不容忽视的要人。波拿巴和他们中的三个共过事：萨利切蒂、潘索（Pinsot）和加罗（Garrau）。尽管他和早就相识的萨利切蒂相处得很好，但他可是不怎么欢迎潘索的到来。不过后者没有在米兰待太长时间：因为他对物资分配和税款征收的方式说三道四，法国军人和米兰革命者联合起来让他调了职。加罗接替了他。这位前国民公会代表一上来就没讨波拿巴喜欢，他们两个人很快就爆发了争吵。"督政府的委员和我的政策没有半点关系，我想怎么做就怎么做。"[69] 他对米奥说。他要求督政府调走加罗：

> 指挥着一个差强人意的军团（波拿巴的意思是兵力不足），我还得应付一切麻烦：防备德意志军队，围攻要塞，保卫我们的后方，在热那亚、威尼斯、托斯卡纳、罗马、那不勒斯征收物资和赋税；到处都需要军队。因此，军事、外交、财政有必要通盘考虑。在有的地方，我们得杀人放火、散播恐怖以树立一个令人印象深刻的典型。在其他地方，我们则闷声不语，等待时机成熟。因此，目前意大利的外交完完全全就是军事事务。你们想一下，当每个政权、每个自治市政府都不加区别地给三个特派员之一或我写信，而每个人又按自己的理解做出回应，我们就不可能再有一个整体的构想或遵循同一个计划了。[70]

当局没有马上回应，但是随着波拿巴将军权力的扩大，特派员们只能更加顺从克制，并任由将军越来越公开地把他们当作可有可无的人。波拿巴先让萨利切蒂去负责重夺科西嘉，以摆脱了他。加罗是下一个，当督政府在将军面前妥协，使后者的职权从军事转移到了原本属于特派员的民事管理权上时，加罗提出了抗议，但他被当局撤了职，12月6日，政府轻描淡写地取消了军中特派员这一职务。这回，波拿巴真的独立了，"不单是获得了自由，也获得了征收、分配物资的管理权，以及处理外交关系的权力"，[71] 他掌管一切。他为此只用了6个月的时间。

第11章

维也纳之路

　　武姆泽的失败（正如先前所说，他躲回了曼托瓦）并未阻止奥地利进行新的尝试。它组建了第四支军团，由曾参加过七年战争的约瑟夫·阿尔文奇（Josef Alvinczy）将军指挥。当他的同僚达维多维奇正从阿迪杰河上下来威胁维罗纳时，阿尔文奇则从弗留利（Frioul）入侵意大利，经过维琴察（Vicence）前去援救正在曼托瓦尝试突围的武姆泽。奥军这次比之前更有自信，因为卡尔大公在德意志的反击取得了成功，而且法军此时处境艰难：士兵疲累，士气低迷，在连续7个月的作战后，他们渴望休息。

　　波拿巴一直在重复："如果你想占领意大利，[1] 就得有军队，军队！"自战役伊始，他已经收到了1.9万人的增援，他账面上的兵力从4万人增加到了6万人。但是还要算上损失：作战伤亡大约7 000人，逃亡和病倒的还有1万人左右。[2] 增援基本和损失持平。因此，那些准备迎击新一轮进攻的士兵中的大部分人，都曾参加过最开始4月的战斗。同样，要扣除战死及因伤无法再战斗的人：约占初始人数的18%。这个伤亡数据不容忽视，即便是意大利战役与帝国时期大规模部队顶着如雨点般倾泻的炮弹作战的战斗无法相比。在这里，大炮并不是主角。这是步兵的战争，骑兵只扮演着支援角色，是运动和急行军、遭遇战和伏击战的战争，是刺刀见红的战争。简而言之，这还是老式的战争，并非由火力来随机决定谁死谁生，胆大无畏者总会付出代价。最优秀的人最先血溅沙场。还不到一年，意大利军团就失去了它军官和士兵中的精华。[3] 波拿巴对此并未忽视。在阿尔文奇开始反攻前，他就给督政府写信告知目前军队的虚弱，而且军队这个样子，失去意大利可能不再是个假设了。[4]

阿科拉

带着他那人员和士气都锐减的军团，波拿巴要迎战有着他两倍兵力的阿尔文奇，后者还是在他看来迄今为止对阵过的最有才能的将领。[5] 当奥地利人进攻时，波拿巴发现自己的处境比当初在卡斯蒂廖内前还要微妙。沃布瓦（Vaubois）的师部署在特伦托负责阻截达维多维奇的溃逃，如果奥热罗不来支援，通往维罗纳的大门就敞开了。抢在阿尔文奇前面赶往巴萨诺和特雷维索（Trévise）的波拿巴和马塞纳，也不得不撤退以保卫维罗纳（11月6日）。3万奥军将1.5万法军不断逼退，一直到距离维罗纳只有两天路程的卡尔迪耶罗（Caldiero）才停了下来。11月12日白天的战况极其惨烈，两军反复争夺卡尔迪耶罗村，直到夜幕降临，法军伤亡严重，村子最终还是由奥军占领。考虑到一旦阿尔文奇与达维多维奇会合，敌军将立于不败之地，波拿巴决定把全部赌注都押在打一场兵力优势难以发挥的战斗上。波拿巴计划从南边绕过奥军，在维拉诺瓦（Villanova）一带切断奥军回维琴察的退路，与此同时，马塞纳则进攻敌人的左翼。如果一切按计划发展，放弃夺取维罗纳的阿尔文奇就会撤向维拉诺瓦，在那里他就得在一片泥沼中作战，这里只有几条纵横交错的像堤坝一样高出地面的小路，数量优势将无从发挥。

波拿巴率军离开了维罗纳，佯装撤退，然后，突然左转，向着龙科（Ronco）急行军并渡过了阿迪杰河。而后，军队沿着阿尔波内河（Alpone）右岸的小路赶至阿科拉，这里有一座长25米宽4米的桥，连接着通往维拉诺瓦的道路。11月15日上午，波拿巴抵达了桥梁入口处。千余名克罗地亚兵和两门大炮守卫着这座桥。像在洛迪一样，波拿巴派了一位军官，吉厄（Guieu）将军，到下游探察可涉水而过的浅滩和奥军的防卫情况；但是接下来也和洛迪时一样，吉厄那边没有任何消息，他下了强攻的命令。一切都是在洛迪时的翻版，除了无法攻下阿科拉桥之外。在对岸猛烈的炮火打击下，攻方退却了，士兵们尽可能地找着掩护并拒绝再发起进攻。目睹战势如此，将军们身先士卒带队进攻，但不比洛迪时成功多少。拉纳、韦迪耶（Verdier）、邦和凡尔纳都受伤了。奥热罗接替了指挥，他挥舞着旗帜冲上桥梁。他当时可曾骂士兵们都是胆小鬼？[6]"几个勇敢的人跟着他冲了上去……但是在五六个人不幸阵亡后，他们退却了，人们又躲到了堤坝的后面。"[7]奥热罗是最后离开桥梁的。而后，波拿巴出现在了堤坝上，身后跟着他的参谋们，他也像奥热罗一样挥舞着旗帜冲上了桥。"士兵们看到了他，"舒尔科夫什基（Sulkowuski）报告道，"但是无人效仿。"[8]波拿巴的身边不断有人倒下：他在土伦认识的副官米隆（Muiron）、维尼奥勒（Vignolle）以及贝利亚尔（Belliard）的两个助手，都命丧于敌人的子弹。波拿巴奇迹般地幸免，这可能多亏了看到有这么多军官上桥的奥地利军官下达了停火命令，他以为他们是来谈判的。[9]等奥军发现情况不对时，波拿巴已经离开了桥梁。他的撤退成了整体溃散的信号。看到长官又回到他们中间了，士兵们认为撤出阵地的命令已经下达，所有人都迫不及待地逃走，甚至将堤坝上的波拿巴撞进了"齐脖深"的泥沼里，马尔蒙和他的弟弟路易费了好大劲才把他拉上来。[10]军队向龙科撤退。[11]进攻失败了。不安情绪笼罩着军队，尽管这种情绪并非首次出现，但眼下显然已到了非常严重的程度。奥军若能乘胜追击的话，结果对法军来说将会是毁灭性的，但他们给了法军喘息之机，法国军官们在一夜之间使败兵疲卒们重振士气、恢复纪律，做好了新一轮进攻的准备。战胜奥地利人至少还得两天。在双方均没有获得决定性优势的16日之后，17日，马塞纳和奥热罗突破了奥地利人的防线占领了阿科拉，打开了通往维罗纳的道路，尽管不若波拿巴所期待的那样。[12]因为此时阿尔文奇已经撤回到维琴察了。奥地利的第三次反击也和前几次一样，以灾难收尾。

波拿巴和他的军队

如果我们能回忆起波拿巴在几个月内就和士兵建立起了密切的感情，

而且其紧密程度远超共和国的其他军队，那么看到他有本事能让疲惫不堪的士兵们再做出那么多新的牺牲时就不会感到惊异了。

我们都知道当他到达尼斯时，他麾下的4万人的处境是何等窘迫。"军团的穷困令人震惊"，第一次巡查后他这般写道。[13] 政府无力让它的保卫者吃饱穿暖，更别提发饷了，因此意大利军团以劫掠为生，抗命屡见不鲜，哗变闹事也时有发生。此外，这种情况十分普遍：由于共和国的财政困难，所有军团都差不多，奥什、莫罗和茹尔当的处境也不比波拿巴好。[14] 长官们都知道，物资匮乏时根本无法严明军纪。所以他们只是尽力不让部下做出太过分的暴行，而非禁止劫掠。时不时地杀一儆百取代了严守原则。波拿巴也沿用这一办法。

然而，意大利军团贪婪无度和劫掠成性的形象尤其使人印象深刻，梅尔齐后来将他们比作在1527年洗劫了罗马的雇佣兵。[15] 确实，在战役伊始，法军横征暴敛的次数激增。因厌恶这番景象，拉阿尔普将军甚至考虑过辞职。然而波拿巴尽管承认这使人"耻于为人"，但还是为他军队的行为辩护，认为他们只是为了解燃眉之急。[16] 到了4月26日，战役第一阶段结束时，他还是决定进行正式的呼吁：

> 朋友们，我向你们保证我将带领你们取得胜利；但是你们也要答应我一个条件，你们要发誓尊重被你们解放的人民，制止被我们的敌人怂恿的恶棍的劫掠。如果你们不这么做，你们就不是人民的解放者，而是他们的灾难；你们就不是法国的荣耀，国家会责备你们。你们的胜利，你们的勇气，你们的成功，战死同胞的鲜血，甚至是光荣和荣耀，就都付诸东流了。我本人和那些你们信任的将军们，都将以指挥这么一支无组织、无纪律、只知武力不知律法的军队而羞愧。然而，国家和律法赋予了我执行正义的权力和力量，我知道该如何处置那一小撮践踏法律和荣誉的懦夫。我不会容忍这些土匪强盗玷污你们的桂冠，我将严格执行我定下的规矩。劫掠者将会被无情地枪毙。[17]

处决和苦役比他说的要多得多。"我要么重建秩序，要么就只能放弃指挥这帮土匪"，波拿巴说。[18] 但是增加处刑也是徒劳，他从未能阻止抢劫和贪污的发生。三个月后他仍写道："有必要时常枪毙几个，因为总有一些不服管教难以对付的人。"[19] 处刑没有达到预期效果，他又下令对各部队的指挥官和行政管理者的品德进行调查，对遭受劫掠最严重的曼托瓦地区居民的投诉进行登记，甚至考虑用一种独裁式的权力来对付这些贼人。他在给督政府的信上写道：

> 光靠法律是不够的；只剩下一种办法：组建一个由一人或三人组成的法庭，职权只维持三或五天，在任职期间他们有权力枪决所在军团的行政管理者。每年将这些执法官派到各个军团中，最终将让每个人都会顾虑舆论的意见，并成为一个为人正派、手脚干净而且忠于职守的人。……然而，不要觉得我心慈手软或是未能履行我的职权而背叛了祖国；我每天都要逮捕一些人，并审查他们的文件和账目；但是我身后无人支持，法律没有授予将军足够的权威让这帮无耻之徒感到畏惧。[20]

然而，我们不应忘记，在战役开始时，他用一种与那些在德意志的总司令们完全不同的方式鼓励着劫掠。他写信给督政府："这些不幸的人是可以被原谅的；在阿尔卑斯山里苦挨了二年后，他们终于来到了应许之地，他们想要享受一番。"[21] 此时，他可能忘了，将意大利描述为一片"应许之地"，并向士兵展现他将带领他们前往的"富饶平原"以唤起他们劫掠想法的人，正是他自己。"富饶的省份，壮丽的城市都将落到你们手里，"他对他们说，"你们可以在那里寻得尊敬、荣誉和财富。"[22] 这篇宣言很是有名，但实际上波拿巴从未写或是说过这段话，尽管如此，它准确地概括了他众多战前演讲的精神，这些演讲中有几篇现在还有记载可查。尽管在宣传打倒暴君和解放人民时，他肯定不吝使用华丽的修辞，但他用以激励士兵的手段却是许诺他们将获得能够弥补他们所作牺牲的丰厚战利品。"我知道你们的痛苦，"他对第18半旅的士兵说，"我知道，你们总是用自己身上值钱的东西去换取面包……在亚平宁山脉的另一边，你们会发现一个能满足你们一切所需的富饶国家。"[23] 这样的保证对贫苦的军队来说等同于放任他们抢劫的宣言。他之所以无力控制劫掠，是因为意大利军团已经养成了这一习惯并乐在其中了，根本不可能将其完全根除，除非以引发比不时的劫掠后果更为严重的哗变为代价。在最初，波拿巴乐意为他无力阻止的事情大开绿灯，那种认为他一开始就能轻易地使下属服从自己的意愿的想法是大错特错的。一位目击者说，军队"不会信任这么一位声名不显的年轻将军的诺言"。[24]

他与手下各个师长的关系也类似他与军队的关系。马塞纳、塞吕里耶、拉阿尔普和奥热罗他们，在看到这位巴黎派来的"小个子"时怎么能不发笑呢？他的战绩可没给这些身经百战的人留下任何印象。连4人中最年轻的马塞纳，也比波拿巴大11岁。尽管来自瑞士的拉阿尔普是在大革命爆发后才从的军（他也参加过土伦围城），但其他人都有着丰富的战争经验。奥热罗从前在那不勒斯和普鲁士的军队中服过役，马塞纳则是在经历了一番冒险生涯后，从意大利军团中脱颖而出的。至于年纪最大的塞吕里耶（他1742年出生），他是职业军人。尽管后来拿破仑对老部下的评判很严苛，但在他刚成为他们的指挥官的时候，这些将军们给他留下了深刻的印象。奥热罗？"个性鲜明，勇敢，坚决，充满活力。"[25] 马塞纳？"精力充沛，不知疲倦，大胆，洞察力敏锐，做决定果断。"塞吕里耶？"严于律己，……纪律、秩序和社会安定所需的所有美德的好伙伴。"[26] 对塞吕里耶的赞扬其实是对他的同僚含沙射影的批评：马塞纳"贪婪又卑鄙"，奥热罗则"对荣誉和财富"欲壑难填。[27] 只有一位高级军官立即献身为波拿巴效命：他的参谋长，亚历山大·贝尔蒂埃（Alexandre Berthier），时年42岁。我们不知道这位参加过美国独立战争，又在1789年的凡尔赛指挥过国民自卫军的老兵，为何立刻就对波拿巴产生了敬佩之情，并忠心耿耿地追随了他20年。但是波拿巴很快就抓住了贝尔蒂埃的优势和弱点：办事能力极强，在"掌控细节方面"无人能比，但完全缺乏"作为指挥官的必要品质和性格"，甚至无法将一场简单的战斗交给他指挥。[28] 拿破仑对这位他认为"天生就是当下属的料"[29] 的人，总是评价刻薄，但贝尔蒂埃却成了他最亲密的合作伙伴。贝尔蒂埃和拿破仑的关系不同寻常，贝尔蒂埃对拿破仑的忠诚到了近乎奴颜婢膝的地步，同时也对他十分钦佩，另一方对贝尔蒂埃则是蔑视，往好了说可以称为是友谊："实际上，"拿破仑对塔列朗吐露道，"我不明白我和贝尔蒂埃之间的这种看上去类似友情的关系是怎么建立的。我一点都不关心那些无用的情绪，而贝尔蒂埃太过平凡了以至于我不知道自己为何会喜欢他。只要他没作出什么令我反感的事情，我相信在我内心深处并不是对他没有丝毫关爱的。"[30] 贝尔蒂埃并不仅仅是为拿破仑整理文件和表格的书记官，也不仅是能比任何人都更善于将上司不太清晰的命令提炼并翻译成明确的指示的人，而是和他一起生活、工作、旅行甚至在一辆马车里睡觉的同伴，甚至还是他的同谋，因为他们之间很长一段时间内都有"因女人"而建立起的关系："他们互相吹嘘自己的战利品，互相帮助对方摆脱厌倦了的女人，相互介绍女演员和剧院中的其他女性。"[31] 他们之间有着如此亲密的关系，波拿巴也让忠实的贝尔蒂埃为此付出了代价，科兰古说，他总是"在白天超负荷地工作，被各种繁重的任务压得不堪重负"。[32]

除了贝尔蒂埃，其他将军们都在新长官面前摆谱；但是，就像马塞纳后来对沙普塔尔说的那样，一个参谋会议就足够让他们明白不能以貌取人：

　　　当波拿巴到意大利军团时，没有哪个将军认得他，马塞纳和我讲了他们和他的第一次会面，他们最初很不以为然。他的小个子和瘦弱的身材无助于赢得他们的好感。他手里拿着妻子的画像给所有人看，他如此年轻，以至于让他们觉得他准是搞了什么阴谋才混上了这个位置。"但是没过多久，当他戴上将军帽后，整个人看上去都高了两尺。"马塞纳补充说。"他询问我们每个人的师所在的位置，武器装备和士气情况如何，下属的每支部队还有多少人手，他给我们指出了必须要遵循的方针，并说明天他就要巡查全军，后天全军要前进发动进攻。"他的话语如此庄严、如此简明扼要又如此智慧，使他们心悦诚服，坚信自己终于有了真正的长官。[33]

意识到自己立足未稳，波拿巴从一开始就时时刻刻摆出一副说一不二的架势，以及就像他不容任何人亲近他一样，他也不让自己流露出任何感情。当军需官肖韦（Chauvet），他的旧识之一，在他抵达尼斯后不久骤然离世时，他把自己的悲痛透露给了约瑟芬，[34] 但是当供货商科洛（Collot）为他们共同的朋友落泪时，他则尖刻地说："现在不是哀叹的时候，应该全身心投入军队的事务。"[35] 尽管他如此自律，根据马尔蒙的回忆，信任和服从也并未即刻到来。但花了几周的时间后，波拿巴成功将自己树立为"统率下属的领袖"，而不是像他那些不够重视规章礼节的前任——克勒曼和舍雷尔——那样，满足于扮演"地位平等的指挥官中的首席"的角色。[36] 在战役开始的两个月之后，当米奥·德·梅利托（Miot de Melito）在布雷西亚（Brescia）见到他时，这一地位已经根深蒂固：

> 他穿过和早前接见我的房间紧挨着的那几间屋子，给缪拉、拉纳、他的副官朱诺和其他在场的军官下达命令。所有人都对他毕恭毕敬，甚至是钦佩。我从他和他战友们身上没有看到任何我在别处观察到的与共和国的平等理念一致的那种亲密关系。他已经确立了自己的地位，和其他人划出了界限。[37]

他使这支部队重拾了自尊，比起如今窘迫的处境，它更大的问题是已经忘却了荣耀为何物，到目前为止它参与的都是一些次要的战斗。波拿巴向他们保证，他们很快就可以自豪地宣称："我就是来自那个征服意大利的军团！"[38] 而且他也实现了诺言。那些三年都没有离开阿尔卑斯山麓的人，多亏了他，现在到了米兰，到了博洛尼亚，到了里窝那。他的口才拔高了他的胜利也扩大了他的威望。他在演讲中能将最平平无奇的战斗夸耀得能在历史上占有一席之地，以此激发士兵们的想象而非倚靠其盲目服从。在目睹了旧制度最后几年试图引进普鲁士条令而引发的不满后，他清楚地意识到他的士兵不是机器，把他们当作唯利是图的佣兵也只会被他们认为是一种侮辱。他知道该如何跟他们说话。他时而唤起他们的贪欲，时而唤起他们的荣誉感。1796 年 5 月 20 日，他这样对他的战友们说：

你们已经做了很多，但是就没有别的事情要做了吗？人们在说起我们时，是否会说我们像汉尼拔一样，只懂得如何赢取胜利，但不知道如何运用胜利呢？后代子孙会不会责备，说我们在伦巴第遭遇了我们的卡普亚呢？不过我已经看到你们在拿起武器了：懦夫般的休养生活已使你们厌烦；没有荣耀的日子对你们来说是毫无幸福可言的。好了！走吧！我们还要强行军，还要扫平残敌，还要为自己戴上桂冠，还要让敌人为他们的侮辱付出代价。[39]

对那些脱颖而出者，他说道："勇敢的第18半旅，我认得你们；敌人在你们面前不堪一击。"[40] 如果他们犯了错，他仍会用荣誉感再度让他们振奋。在沃布瓦师的两个团的团旗上，他写道"他们不再属于意大利军团"，因为他们面对奥军时"无组织无纪律、不顽强也不勇敢"。[41] 从他的每日条令和公告中提炼出的语句，和他面对军队时实际的口吻完全不一样。下面的演说片段发生在埃及，但波拿巴在意大利的演讲也与之大同小异：

我对腾跃兵说："你们就是帮废物，一个掷弹兵顶你们60个。"我对掷弹兵说："你们不过是些大块头的懦夫，就会吃，而腾跃兵生来就会战斗！"用这些，你可以杀死任何人。这就是真正的军事雄辩术……在阿克（Acre），当第69团从进攻中退回时——如果他们坚持坚持，阿克那天就能拿下——我对他们说："我应该给你们弄条裙子穿。来人扒掉他们的裤子。你们两条腿之间什么玩意儿都没有，就只有个洞！把这些娘们的裤子脱了去！"我让他们倒背着枪穿过沙漠。后来在阿布基尔（Abukir）他们表现出色。[42]

因为他用士兵的语言和他们讲话，士兵们认为他和他们是平等的，尤其是因为他懂得如何奉献自己和身先士卒；他从不缺乏炮火下的勇气。他"面容苍白憔悴，瘦得皮包骨，眼中持续闪烁着亢奋的光芒"，[43] 但是强大的意志力能让人们相信他有着"怎么走都不会疲倦的体魄，随时能睡又随时能醒的能力，和能消化一切又能忍饥受饿的胃"。[44] 他有让最卑微的士兵觉得他和他们没什么不同的能力，同样也懂得使自己从同辈将校中脱颖而出的艺术：他不仅知道如何对军队讲话，也知道如何震撼他们。他不是那种通过证明自己"对待自己和士兵都同样冷酷无情，不容半点恣意妄为，在战斗中值得信赖"来获得士兵尊重的战场指挥官，而是"用他们意料之外的反应和临机应变、抢占先机的能力赢得士兵爱戴和钦佩"的统帅。[45] 在他的部下眼中，战争对他来说不仅仅是一件工作：他在其中大放异彩。[46]

他可以变得严肃，甚至冷酷，与那些"吝于"让自己人流血的统帅不同。人们责备他的冷漠是有原因的，他曾经坦言道，在意大利战役期间，某场战斗后一只狗在主人的尸体旁边长嚎的场景，要比他身后尸体遍地的战场更让他感到触动！[47]

同时，他又关注士兵的需求。他从来都没有忘记在公告和报告中提及他们的勇气，他们的奉献，他们的战斗热情。在卡斯蒂廖内之战前夜的危险的交火中，他说："我一点都不担心，勇敢的第32半旅在那呢。"[48] 并向"穿越3排敌军，一个人就杀死13名敌兵"的卡宾枪兵佩拉尔（Pélard）表示祝贺。[49] 在他最终提出以建立荣誉军团的形式恢复1791年被废除的军事表彰制度之前，[50] 他并没有忘记在向巴黎做的例行汇报中为表现出色的官兵请求升迁和奖励，并列出了他们的名单以求"让国家了解使这场值得纪念的战役享有盛名的英勇行为"。[51] 同样，波拿巴也想给予"这些在战斗中表现出色的勇敢士兵为国家所承认的见证"，他下令锻造"90柄掷弹兵军刀和10柄骑兵军刀，要有大马士革钢的刀身和镀金刀柄，并由意大利最好的工匠打造"。刀身的一侧刻着"由波拿巴将军代表法兰西共和国执行督政府授予"，另一侧刻有"嘉奖获得此刀之人的出色表现"。[52] 就这样，将军加固了本身就与部队非常紧密的联系；同时，他还激发了他们的集体精神和团体竞争意识，在他看来，胜利更倚靠于司令官告诉每个士兵他有义务不放弃同伴和不用自己的行为玷污集体荣誉，而不是什么战争爆发的动机或是热爱祖国和自由等鼓动士兵投入战斗的抽象动机。[53] 通报表彰、将战绩写上军旗、对亡者的尊敬、奖金和对出色行为的表扬信，一切都在促进着如此紧密的从属关系，当他们与增援部队会合时——后者在1797年初抵达——处境就有点微妙了。他们分成了"意大利军团的汉子"和其他人。[54]

胜利在波拿巴的带领下接二连三地到来，其中一部分原因是战利品使提高军队的待遇成了可能：军中每两天配发一次的腌肉换成了鲜肉，还给士兵分发烈酒、做鞋子和制服、整饬医院卫生，军饷也到位了，尤其是用铸币而非贬值的指券支付。督政府向他保证过这点，但并未履行诺言。[55]波拿巴才不管这种抬高军饷的方式会造成的后果：加重共和国财政负担、惹其他军团嫉妒和阻挠政府本就备受诟病的将指券转移到国外——确切说就是用指券支付军费——的政策。这一措施给波拿巴带来的人望要胜过最为溢美的公告，就算他的士兵一致向他宣誓效忠而拒绝向无法满足他们所需的无能政府效忠，他也不会惊奇的。

在戴高乐将军写到关于让士兵投入战斗时必不可少的"威信"时，想到的就是波拿巴——也有一部分是他自己。那种"权威气质"或"卡里斯玛"，首先是来于一种"基本的天赋"，出于这种难以言喻的原因，越是时时刻刻地有意去锻造和改善，这种气质就会越有力和持久。无论是面对苦难、失败还是面对成功之时，军队的统帅都不能流露出半点激动的情绪。在瞬息万变的战争环境下，军队的统帅不能有片刻的放松和自由，必须保持铁石心肠，最大限度地严守沉默、谨言慎行以隐藏自己的喜悦或悲痛，算计出场和缺席的时机，以求让士兵保持对统帅"内在力量"的信心，进而对他们产生"吸引力"，没有这份吸引力，他就无法带他们赴汤蹈火。"那么，谁能像波拿巴一样寡言呢？"戴高乐问，"当了皇帝后，他有时会更坦率地吐露一些感想，但都是关于政治的；相反，在作为一名将领时，他仍保持着沉默。"[56]他补充道："确切说，他的统治地位是来自于内在的强大和自我控制之间的碰撞。"[57]如果说审慎和毅力是指挥艺术必不可少的组成部分，那么宏大视野也同样不可或缺。它甚至是必要的补充：

> 将帅下达的命令应当……高瞻远瞩。他的着眼点要高，视野要广，要区别于在狭隘范围内争论的普罗大众。在庸碌之辈把精力花费在为各种细节问题焦虑时，他应成为对偶然意外不屑一顾的典范

就代表着对偶然事件的蔑视。……这一点都不是德行问题，过度热衷于完美无益于建立伟大功业。实干之人无不自私、狂妄、严苛、诡计多端。但是，如果他用这些方式来实现更伟大的目标时，人们就原谅了他。通过对每个人渴望的满足，通过对约束加以补偿，他就能吸引部下，即便他摔倒在路旁，在他们眼中他仍保留着带领他们的威望。[58]

波拿巴的威望因他掉进阿科拉的泥沼里而受损了吗？他几乎可以听到番号就说出每个营、每个团的情况，知晓每个军官甚至每个士兵的名字。他是在他著名的小本子上记下了每个团的情况，以至于他能了解他们每一天的行动，甚至比他们自己都了解他们的故事吗？[59] 有可能，因为"所有的部队"已经在他脑子里了。[60] 那些被他直呼姓名的士兵可能会感到这里有猫腻；然而这里还有更多他们无法想象的，因为，实际上，在那个时期没有哪个将领能像波拿巴那样和士兵分开的：他有一支个人卫队保护他不受敌人或自己的军队侵害。没有哪条法令规定建立一支这样的部队，但是在1796年5月30日，他奇迹般地从奥地利巡逻队手中逃脱后，贝西埃（Bessières）和一队"领路军"就专门负责保护他，跟随他去任何地方。这并不妨碍将士们因得到他的关爱和注意而感到自豪。此外，相比讨好军队，他对用这种亲近来让其他将领信服并不感兴趣，即便是他的胜利使他们之间的差距与日俱增。他提出了一条他坚守终身的准则，即仅在面对下级官兵时才表现出粗鲁的亲近和热情：

通过他对那些能为他所用的热情的深刻理解，他判断出对长官们的贬损是一种屡试不爽的让其下属高兴的方式，从那时起，他对普通士兵有多热情，就对军官们有多冷淡。他之所以能够毫无心理障碍地给掷弹兵莱昂·奥纳写道"我勇敢的战友，我对你的爱就像我对我儿子一样"，是因为这是一种获得人望的简单而廉价的手段；他清楚这句话什么都不代表，这个掷弹兵也永远不会利用这样的友情。他永远不会对不久之前还与他平级的人说这些；而是和他们保持距离，同时他也乐于表现出对士兵的偏爱，为了让士兵们感受到因为他，他们不再一文不名。[61]

正是出于同样的原因，他一边在军中制止劫掠行为，又自相矛盾地无视甚至鼓励着将军们这么做。长官们捞得越多，就越有损他们的名声，而他就越容易控制他们，当然，前提是他要表现出自己是全军唯一廉洁之人。他也致力于此。因此，他拒绝了摩德纳公爵为请求保护而提供的数百万法郎，[62] 和卢卡共和国（La républiaue de Lucques）提供的钱财，[63] 甚至还有威尼斯元老院为他筹集的700万法郎。[64] 但是当马尔蒙向他承认自己拒绝了帕维亚和洛特雷（Lorette）市镇当局的行贿时，他严厉地责备了他。[65] 他的廉洁与他对下属的支配力成正比，后者正是他所追求的。他在金钱方面行事审慎还有另一个原因：政府特派员的监视。这就是为什么，在这方面1796年秋也标志着一个转折。[66] 一旦他摆脱了他们，他就展开了对那些"无赖"的调查，尽管这一行动被证明有一定效果，但离他保证的也差得远。一些大鱼落了网，例如受督政勒贝尔保护的弗拉沙（Flachat）军需公司，以及获取了军需供给合同的"一帮毫无真实信誉、财力和道德的无赖"，[67] 但大多数人还是逃过了追捕。[68] 然而此番清洗另有目的：用一批商人替换另一批，并不是因为他们不那么贪婪，而是因为他们与总司令的关系更为密切。实际上，那些众所周知的与他关系密切的人，例如供应商科洛和卡亚尔（Caillard），银行家阿莱（Haller），阿默兰（Hamelin）和维塔－科恩（Vitta-Cohen），或者是勒尼奥·德·圣－让·丹热力（Regnaud de Saint-Jean d'Angély）以及他的家人，佩里利耶（Périllier）和安德烈·布里什（Briche）占据了从前被那帮"无赖"[69] 把持的职位。从那以后，波拿巴开始为他保持至今的廉洁行为奖励自己了吗？没有哪个历史学家敢说波拿巴没有从这场名利角逐中获得好处。当事人自己都承认他曾汇回法国30万法郎，[70] 这笔钱三分之二都用在了购买和装修尚特雷纳街（后来改名叫胜利街）的私人公馆上。只有这些钱吗？或许是可信的，因为自从丈夫去了埃及后，约瑟芬就再也指望不上什么战争财富了：她不得不依靠那些不怎么可靠的投机商去支付账单，而且她买马尔迈松城堡时，连首付都是借的。[71] 但是意大利带给波拿巴的显然远不止那笔很快就花光了的30万法郎。有谣言以及一些报纸谴责——当然是未经证实的——他涉嫌挪用公款与从征收的税款中抽成。[72] 罗曼·阿默兰是唯一提到具体事项的人，这关系到 1797年4月，在斯洛文尼亚的伊德里亚（Idrija）水银矿项目：

> 的里雅斯特（Trieste）及其周围地区的征服者被卡尔尼奥拉地区的伊德里亚水银矿的价值吸引。科洛，当时在财政方面深受将军信任的肉制品供应商，被派了过去，他在那里发现了价值四五百万法郎的准备进行交易的水银；他以每斤24苏的虚假价格购入，实际价格是每斤3法郎。结果就是，120万法郎进了军团的金库，科洛自己获得100万法郎作为手续费。其他的都给了波拿巴，但是他把这笔丰厚的意外之财分发给了军官们……我记不得所有人了，但是有：贝尔蒂埃10万法郎，贝纳多特5万法郎，缪拉和弗里昂（Friant）也分到了同等数目，总司令的每个副官分得1.2万法郎，还有1万法郎给了军需长维尔马奇。[73]

可能这一次操作就给波拿巴带来了100万法郎的收益。是不是我们就该相信布列纳的说法，拿破仑口中的30万法郎实际上少说了一个零？[74] 也不是不可能。自1797年初开始，当他确实掌控了意大利军团后，他就开始系统性地在劫掠中分一杯羹了。和不知道如何处置这么多财富的奥热罗与马塞纳不同，他将这些巨款用来为自己的未来投资：换取下属的忠诚、交好外国使节、让法国政府少管闲事以及收买画家和评论家的笔杆子，更不用说1797年战役结束后他过的奢华显贵生活。他把大多数钱都花在了意大利，送回法国的很可能就没那么多了——他大权在握了，至少近乎如此，但显然没他的部下们那么富有。

阿尔卑斯山上的进攻

在1796年年底，事态还未发展到这一步。战役还未结束。阿科拉之后，波拿巴在给督政府的报告上言之凿凿地说这场战斗"决定了意大利的命运"。[75] 实际上，他还需要另一场胜利才能让曼托瓦最终投降。他疲惫的军队只有片刻的喘息之机，当1797年1月14日，他在里沃利阻击第二次前来解曼托瓦之围的阿尔文奇时，这支部队仍要和在阿科拉一样以一敌二。[76] 这位奥地利将军仍采取了11月时未竟的计划：他亲率2.8万人沿加尔达湖右岸进军，而巴亚利希（Bayalitch）和普罗韦拉（Provera）将军从东边进发威胁维罗纳。面对进攻，雷伊将军驻守加尔达湖左岸，茹贝尔在卡罗纳（Corona）守卫着右岸，以此掩护法军主力。此时马塞纳位于维罗纳，奥热罗则在阿科拉和莱尼亚戈（Legnago）之间的地带。13日茹贝尔面对阿尔文奇的攻势，开始向里沃利高原有序撤退，波拿巴从中路抽调了部队支援他。他命令奥热罗不顾普罗韦拉可能从绕过他的右翼去援救曼托瓦的风险，先击退巴亚利希，同时命令马塞纳离开维罗纳向里沃利强行军，他于第二天抵达战场，逆转了这场因茹贝尔遭到数量占优的敌人进攻而开局不利的战斗。如果说阿科拉的战斗没有取得决定性的战果，那么在里沃利的大战则是以奥地利决定性的败北而告终——这就是克劳塞维茨所说的真正的"歼灭战"。[77] 这一次，它真正决定了意大利的命运。战后马塞纳立即从法军左翼赶到右翼以支援奥热罗，击溃了试图解曼托瓦之围的普罗韦拉，一直在要塞固守的武姆泽于2月2日投降，交出了要塞。"就这样，"梯也尔在对这10个月的战役的总结上写道，"5.5万名法军先后击败了20万名奥地利士兵，俘获了至少8万人，打死打伤了至少2万人；他们进行了12场大战，和至少60次交火，冒着敌人的炮火渡过了众多水流湍急的河川。"[78]

里沃利在阿科拉之后到来，一场大捷补救了一场差一点就发生的灾难，通过他再一次将几乎没有休整过的军队投入到对敌人的战斗中，我们可以看到波拿巴的权力和在军中的声望又上涨了多少。"在意大利，"他说，"我们总是以一敌三，但士兵们信任我。"他又补充道："是士气而不是人数上的优势，决定了胜利。"[79] 这一次，终于获得了确凿无疑的胜利。战役结束之后，由桑布尔－默兹军团的贝纳多特将军和莱茵军团的戴尔马将军率领的2万援军终于赶到了。1796年的小小远征军变成了一支名副其实的军团。在里沃利时，波拿巴不得不用2.5万人来迎击阿尔文奇，现在他手里有8万人了。[80] "从现在起，"波拿巴后来说道，"意大利军团将无往不胜。"[81] 尤其是他从一开始就梦想着的进军维也纳的计划也获得了认可。在巴黎，人们因里沃利大捷而高涨的热情冲破了最后一道障碍，督政府自己也开始梦想着对奥地利的首都发动钳形攻势，让意大利（总司令拿破仑）、莱茵（总司令莫罗）和桑布尔－默兹军团（总司令奥什）在维也纳城下会师。一得知曼托瓦陷落的消息，政府就给波拿巴下达了经蒂罗尔入侵奥地利并且与莱茵军团配合行动的命令。[82] 远征的号角终于吹响了。在1796年计划中作为桑布尔－默兹军团和莱茵军团的配角而存在的意大利军团，成了1797年计划的共同执行者，波拿巴如今也和莫罗、奥什平起平坐了。意大利军团和其领导人地位的改变，是因为他们抢走了那两个不可一世但在德意志地区战绩平平的军团的风头，波拿巴打算充分利用这一点来压过他们一头。奥地利糟糕的战略计划也为他的成功做了贡献。他们将指挥权交给了奥地利首屈一指的名将卡尔大公，他因在莱茵河沿岸击败了莫罗和茹尔当而声名大噪，如今他已离开了莱茵战场，率领4万大军向因斯布鲁克进发。波拿巴担心卡尔大公经蒂罗尔进攻意大利，因为这里靠近莱茵地区，奥军能获得大量增援，最终将不可避免地压垮意大利军团。如果有10万奥军冲向维罗纳，法国人要如何抵挡？因此当他发现大公只留了6 000守军在蒂罗尔，带着大部队向距后方基地有20天以上路程的弗留利（Friuli）进发时，简直大喜过望。波拿巴决定要充分利用这一有利形势，在阿尔卑斯山区发动一场进攻。

　　1797年3月10日，自马尔凯（Marches）大区向托伦蒂诺（Tolentino）多绕了段路以让教宗安分守己之后，意大利军团向阿尔卑斯山的隧道发起进攻，与此同时茹贝尔带着1.7万人防守蒂罗尔方向，此时距离战役开始已经过了11个月了。我们要想理解这最后一个阶段，就得记起在德意志境内的法国军队仍被阻挡在莱茵河畔。此等挫败对意大利的行动不是没有影响的，因为这让敌人能够增援蒂罗尔并屡次重建了被波拿巴打垮的军队。但是波拿巴对同僚的失败可能并非像他宣称的那样感到不满。茹尔当和莫罗的失败衬托了他的胜利，让他更看上去是共和国的主要支柱，财富和荣誉的主要供应者，简而言之，这让他成了必不可少之人。带着些许恶意，他不停地向政府询问莫罗和奥什（他接替了茹尔当）什么时候会渡过莱茵河，好让他支援他们向维也纳进军。实际上，他一点也不急着见到他们。与之相反，他希望能独力击败奥地利。他担心在会师后要听命于那些资历比他老的将军，尤其是，他已经决定要尽一切可能自己解决那些恶棍而不与任何人分享胜利的荣光。这正是他在后院起火的时候（威尼斯附近的情况尤其严峻），还会不顾一切地将军队投入到阿尔卑斯的战斗中的原因。他此时能动用的部队只有2万人，其他人要么在茹贝尔的带领下刚刚开始攀登蒂罗尔的山坡，要么在马塞纳和塞吕里耶的带领下向塔利亚门托（Tagliamento）行进，而意大利的政治形势更加大了这一行动的风险。若只考虑到这番行动——经阿尔卑斯进攻维也纳——物质上的困难，人们会认为梯也尔将其称为"有史以来最大胆的行军"未免过于夸张了。[83] 然而尽管这一行动的确具有可行性，但仍冒着巨大的政治风险。波拿巴决心孤注一掷，无论如何也要赶在奥什之前抵达维也纳，一旦战败他就将失去一切——意大利、他的名声和荣誉。在1812年的俄罗斯，我们还会看到类似的情景，但是在1797年，胜利为他的冒进作了最好的辩护。他进攻的时机正好：卡尔大公还在等待能给他带来压倒性人数优势的增援，此时两军参战兵力几乎旗鼓相当，法军有3万人，奥军则是3.5万人。[84] 法军的信心在里沃利之后大增，而奥军在遭受接连失利后仅剩的一点士气也被怀疑情绪消磨殆尽。卡尔看上去连阻挡波拿巴都做不到，更别说打败他了。卡尔大公在3月12日被迫放弃皮亚韦（Piave）一线，3月16日撤离了塔利亚门托，3月23日他又不得不将塔尔维（Tarvis）山口让给了马塞纳——"我们在乌云之下、白雪之中、冰原之上战斗"[85]——而后是菲拉赫（Villach）和克拉根福，法军于3月28日踏上了奥地利的领土。波拿巴可以松一口气了：胜利已经唾手可得，根本不用担心奥什突然出现抢他的风头，因为缺船，奥什现在还没渡过莱茵河呢！4月16日他才开始行动，此时法国和奥地利都已经停战了。波拿巴知道他所冒的风险，为了给万一发生低概率事件——考虑到奥地利军队低下的战斗力——他的军队被赶回意大利时找理由，不断地提醒政府注意奥什无所作为可能带来的后果："皇帝的全部兵力都在调动，"3月22日在马塞纳进攻塔尔维时他写道，"奥地利皇室控制的所有地区都在反对我们。如果再拖延渡过莱茵河的进度，我们就不可能再坚持太久了。我急不可耐地等候回信以便知道军队是否渡过了莱茵河。如果……莱茵地区的军团们迟迟不发动进攻，独木难支的我将被迫撤回意大利。"[86] 4月1日又有一封新信："如今总应该渡过莱茵河了。我急迫地等待着消息。"[87] 考虑到自己如今已冒着巨大风险远离了后方基地——他在三周内推进了650千米——他在前一夜给卡尔大公写了信，建议结束无谓的流血："这第六次战役，"他写道，"被不祥的预感笼罩；无论结果如何，双方都将死伤成千上万的人，而我们归根到底还是要达成协议，因为一切事情都有其尽头，哪怕是仇恨也不例外。"[88]

拿破仑后来在他对意大利战役的记述中写道，在督政府告知他不要再指望在莱茵河畔的军团的援助时，他就下决心向卡尔大公提出和谈：

> 莱茵－摩泽尔军团和桑布尔－默兹军团应该在意大利军团渡过皮亚韦河的当天开始行动，渡过莱茵河并向德意志境内全速前进。拿破仑在报告塔利亚门托战斗时，他曾宣布要在几天内穿过尤利安阿尔卑斯山脉并出现在德意志的心脏地带；在4月1日到4月10日之间，他将抵达克恩滕（Carinthie）州的首府克拉根福，此地距离维也纳60里格，而4月20日以前他将抵达据维也纳25里格的塞默灵（Semmering）山口；因此，在莱茵地区的两个军团尽快投入行动并把推进情况告知给拿破仑至关重要。政府在3月23日回复了他，信中对塔利亚门托战斗的胜利表示了祝贺，对莱茵地区的军团尚不能投入战役表示歉意，并且保证他们会即刻参与作战。但是3天后，3月26日，当局又给波拿巴写信告知莫罗的军团无法投入战斗，因为他缺乏渡过莱茵河的船只，意大利军团不要再指望德意志的两个军团的协作了，而是要倚靠他们自己。[89]

拿破仑在3月31日收到了督政府的回信，他说："由于不能再指望这两支军团的援助，拿破仑再也不能企望进入维也纳了；他没有足够的骑兵驰入多瑙河平原；但他可以轻易地拿下塞默灵山口。他认为以他目前处境来看，最为有利的解决方案就是与奥地利缔结和约。"[90] 因此，他在3月31日给卡尔大公去了上文的信。实际上，这看起来是波拿巴冒着无法最大限度地争取有利和谈条件的风险，在获知莱茵河畔的确切情况之前就主动提出谈判。在督政府通知他莫罗和奥什尚未行动的6天后，他给当时（4月5日）在皮埃蒙特的克拉克将军去信说："我们已经控制了奥地利的三个省，距离维也纳只有30里格，但是我没有得到军队渡过莱茵河的消息，坦白来说，这很让我十分焦虑。……我整天都急迫地等待着渡过莱茵河的消息，〔因为〕总不能指望我靠手里这5万人在保卫意大利的同时又要推翻奥地利皇室吧。"[91] ——这证明他的主要目标就是独力结束与奥地利的战争，无论他的鲁莽行动日后会迫使他做出怎样的让步。他并不为此感到担心：奥什和莫罗会被指责毫无作为，所有的责任将由他们承担。他佯装出的对他们的行动——确切来说是未有行动的担忧——正是为了达到这一目的。

卡尔大公不敢承担接受和谈的责任，所以战争继续。马塞纳又开始了推进。卡尔4月2日在诺伊马克特（Neumarkt）被击退，4月3日在温茨马克特（Unzmarkt）又被打败。4月6日，法军进入尤登堡（Judenburg），4月7日前锋部队抵达莱奥本（Leoben）的小镇，此地距离维也纳还有4天的路程。这一次，给奥地利首都敲的警钟足够响了，大公受命友善回应那位法国将军的提议，并且要求停火，停火很快就实现了。1797年4月7日，一度险些大难临头的波拿巴，获得了彻底的胜利，意大利战役结束了。

第12章
蒙贝洛

与奥地利初步的和平协定于1797年4月18日签署,波拿巴回到了米兰。他和来探望他的约瑟芬搬进了伦巴第首府以北,位于蒙贝洛(Mombello)[1]的大宅。从它坐落的山顶望去,南边是广阔的伦巴第平原,北边是终年被白雪覆盖的阿尔卑斯山脉。[2]波拿巴在这里住了4个月,直到他动身前往乌迪内(Udine)与奥地利重新进行谈判。有工作需要时,他从蒙贝洛可以很方便地回到米兰。酷暑难当之时,他也有数次带着妻子、军官和随从到附近的湖边远足。在科莫(Côme)湖与马焦雷(Majeur)湖的湖畔,将军恢复着战争带给他的疲惫。米奥·德·梅利托和他们一起游览了博罗梅阿(Borromée)群岛:

> 我和波拿巴同乘一辆马车,车上还有他的妻子和贝尔蒂埃。在路上,他很高兴并友善,给我们讲了很多他年轻时的故事,还对我们说这两天他刚满28岁。他对妻子照顾得无微不至,并且总是旁若无人地和她做一些夫妻间的亲昵举动,这让我和贝尔蒂埃多少有些尴尬;这些无拘无束的举动包含着浓烈的爱意与柔情热情和温柔的强烈感情……是很容易为人们所谅解的。[3]

约瑟芬对她丈夫的感情可没有新婚时强烈了;尽管他们的爱还尚未燃尽(最终也未走到这一步),波拿巴身上的热情也渐渐冷却了。他们正摇摇摆摆地，逐步走向平衡。

缺席的妻子

我们还记得，波拿巴在婚礼结束的几个小时后就离开了自己新婚的妻子。在他几乎每天都写给她的信上，他说自己被一股狂热的感情啃噬，日夜不得安宁："再见了，再见了，我爬上卧榻时不见你的身影，我不能在你身旁入睡，我请求你，让我睡着吧。"[4] 在踏入战场之前，他给她写了一封堪称丈夫写给妻子的最美妙的书信：

> 我没有一天不再给你写信；我没有一晚不拥你入怀；我饮茶的时候无不在咒骂将我带离我生命的灵魂的荣誉和野心。无论我在处理军务，还是带领军队，抑或是在军营中奔波，我可爱的约瑟芬独得我心，占据着我的灵魂，吸收着我的思绪。我像罗讷河的波涛一样迅速地离开你，那是为了能够尽快和你再见。如果，在夜里我仍起来工作，那也是为了能够让我可爱的朋友早点到来。……约瑟芬！约瑟芬！你还记得我曾告诉过你的吗：自然赋予了我强大而决绝的灵魂，而它赋予了你罗纱和蕾丝花边。[5]

约瑟芬罕有且简洁的回复是如此冷淡，以至于让他在读的时候感受到了"死一般的冷漠"。"离别治愈了微小的情感却激发了更强烈的激情"，他给她写道，而且他还说自己对她的爱与日俱增，并责备她在二人分离之后就不再想着他。[6] 他们结婚还没过一个月，他就指责她背叛了他。从约瑟芬的角度来说，她已经厌倦了。这并不是说她对这桩给她带来如此之多的意外收获的婚姻感到后悔了：多亏了他丈夫的胜利，她在银行的信誉奇迹般地恢复了，而且当缪拉和朱诺在1796年5月9日将缴获的敌军军旗呈递督政府时，她也受到了最高的尊崇。在卢森堡宫举办的庆典可以说是人山人海。约瑟芬容光焕发，头戴花冠的塔利安夫人和雷卡米耶夫人在她身边扮演着陪衬的角色。然而她也并不轻松；波拿巴不停地叫她到他身边来："快点，来，来！"[7] 真是恼人，她很享受现在自由自在的生活，也不愿和奥尔唐斯分开，何况她还堕入了爱河呢。这位幸运儿是个名叫伊波利特·夏尔（Hippolyte Charles）的骠骑兵中尉。他24岁，有运动员般的体魄和漂亮的小胡子，说话带着南部口音，总是一副好脾气，打领带的本事天下第一，俊俏的脸蛋把"雷卡米耶夫人、塔利安夫人和阿默兰夫人都迷得神魂颠倒"。[8] 简而言之，他在床上和在沙龙里一样讨人喜欢。她怎么能，或者是她为什么要反抗他呢？约瑟芬对他一见钟情，对这个"婊子养的小杂碎"——拿破仑语——如此地狂热，以至于当她得知她的爱人要去意大利时，她用尽了一切可能让他留在巴黎。当她达到了目的后，就更不想去米兰了，当缪拉坚持催促她上路时，她告诉他那是不可能的：她怀孕了。她撒谎前没有想过这个谎话的后果，但是当她意识到自己所做之事后，立即给丈夫写了一封"简短、悲伤、用颤抖的手写出"的信。波拿巴相信了她，放弃让她踏上如此艰难的旅途的打算，并且对她信上的口吻很是担忧，告诉她他已经准备好做任何让她幸福的事了："与其得知你是如此的伤感，我宁愿亲自给你找一个情人。"[9] 他不知道，自己这句话说得多么正确啊。

这也就是说说而已。他每天都在期待着她抵达米兰。但却是徒劳的。他觉得自己快要崩溃了。他给她寄去了情绪激动的信件，责备她的冷漠和冷淡；他认为她又有了情人，并告诉她既然她已经不爱他了，那她就可以重获自由："再见了，我的幸福，我的生命，我存在于这世上的一切！！！"[10] 他像是活在"噩梦之中"。[11] 他动身前往托尔托纳镇压这片帝国封邑上的暴乱，当他的机动部队在烧毁房屋并枪毙可疑分子的时候，他每个晚上都在等待巴黎的信件。没有，还是一无所获，无论他如何恳求："我泪如雨下，无法平静也毫无希望。"[12] 片刻之后，由于无法相信"如此信誓旦旦的爱情"就这么消散了，他又重拾了希望。而且，缪拉报告约瑟芬身体不舒服的信——她可能怀孕了——就足够让他平静了。他又活了过来，羞于为她的生病感到高兴，不祥的预感又将他笼罩：如果她死了呢？现在，他又请求她保重身体，原谅他给她写过的过分的信件并且推迟了她的动身。但是这封信刚刚送走，他就又写了另一封恳求她尽快过来的信。

1796年6月13日，当他从意大利中部的远征中返回时，一个惊喜在等着他：约瑟芬已经到了米兰。她以听从丈夫的建议动身前往意大利而结束了这场烦人的斗争，她哭着收拾了行李。"可怜的女人，"阿尔诺说，"她放声痛哭，哭得就好像自己要被拉去上刑一样：她是去支配别人的啊！"[13] 她心情沉重地离开了巴黎，随行人员声势浩大，其中有仆从也有她的朋友，伊波利特·夏尔在显眼的位置。有这些熟悉的脸，她希望自己的"流放"之旅不那么痛苦……她不得不承受她那狂热丈夫的攻击、责备和咒骂。他开心地相信，或装作相信了她所讲述的她的经期迟滞让医生误以为她怀孕的故事。这番重逢和三月份的蜜月一样走运：两天后，他就上马远去和奥地利人作战了。而她保证将追随他。他又兴奋了起来，他给她"一千个爱的热吻，吻遍全身，全身"。[14] 尽管如此，他也满腹怀疑地截阅别人寄给她的信件。[15] 7月25日，她在布雷西亚见到了丈夫。如此的漂泊不合她的胃口，总是奔波在路上不止，她很快就发现自己身处战争中。7月29日，在曼托瓦附近，有人对她的马车射击。她吓坏了，在一小队卫队的护送下，躲到了佛罗伦萨。在这个阴云密布的夏天中，唯一光明的时刻就是8月17日的夜里，在布雷西亚，她成功安排了和爱人伊波利特·夏尔的私会。[16] 这可不容易，她极少有独处的机会，她身边围绕着将一切都汇报给她那位偶尔才见到的丈夫的间谍。波拿巴对分别感到痛苦，他像往常一样写着热情、妒忌、焦虑又毫无希望的信，他在里面表达着对"温柔""可爱的"约瑟芬的爱，同时又把她说成"恶毒""丑陋"又"轻浮"的女人，给她"百万个犹如赤道般火热的吻"，对她说他有多么地思念"她的黑森林"，并且威胁会在她最不期待的时候回来：

是哪位非同凡响的新爱侣如何把您的时间都占据了，支配着您的每一天还让您无法想起您的丈夫？约瑟芬，小心，在某个月黑风高的晚上，我会撞破大门，出现在您的床前！奥赛罗的匕首，您知道的吧！[17]

她并没有收到这封11月23日从维罗纳寄出的信：她和伊波利特一起，偷偷离开了米兰到热那亚旅行去了，没想到她的丈夫为了迎接从巴黎来的克拉克将军竟提早回了家。波拿巴发现赛尔贝洛尼（Serbelloni）宫空无一人时，他如遭五雷轰顶，失去了知觉，而且在漫长的4天里他一直承受着"无法估量的痛苦"。[18] 从这个插曲开始，他们之间的关系改变了吗？无疑就是在这件事之后，拿破仑开始了他情妇如云的生活。一位他的前副官讲述道：

年方十八九岁的比安基（Bianchi）侯爵夫人，身着一袭意大利风尘女子常穿的那种黑色丝绸长裙来求见总司令。她请求归还她丈夫在帕尔马地区被征用的25匹马。借助互利共赢的交易，她达成了目的。然后是一位名叫里卡迪（Ricardi）的女歌唱家，她特意从威尼斯前来为维罗纳歌剧院捧场，他在佛罗伦萨学园接见了她。她讨了总司令的欢心，第二天她从迪罗克那里收到了一辆带着六匹马的马车，但是她拒绝了一同给她的一卷100路易 *……17岁的舞者坎皮尼（Campini）小姐从热那亚来到了米兰，她还是处女，总是在母亲的监管之下。她跳了一支芭蕾……正是靠着这次表演，特蕾莎·坎皮尼小姐的优雅和大眼睛征服了意大利的征服者。靠着大量钱财和精美礼物，他们的关系维持了一个多月。随后坎皮尼小姐被一个南部皮货商的女儿替代了，她曾嫁给了某位叫科拉（Caula）的皮埃蒙特爱国者，科拉本人逃往了法国，他的假人在当地上了绞架，日后他笑嘻嘻地说："上绞架的那天，可把我冻坏了。"……他和妻子回到了米兰，后者很快就和将军又勾搭上了。人们在都灵看到了她脖子上的金链挂着那位英雄的肖像挂饰。[19]

他后来对这些轶事矢口否认，对古尔戈说："一位25岁的将军要是天天追在女人屁股后头，那还得了？"[20] 但是他用不着"追"。在那时，这

---

* 1路易大约相当于20法郎。

种忙里偷闲的一刻风流并不费他什么功夫，就像他自己说的，"意大利的所有淑女们都准备为他们的解放者献身"。他只需在其中做出选择。[21] 11月份在米兰的失望时刻也是最后一次了。他信中的语气也变了，少了炽热，多了关切。才过了几周，他就叫约瑟芬到他床边："我需要你，因为我觉得我病得越来越重了。"[22] 这更像是丈夫说的话，而不是爱人。简而言之，他那长达一年的炽热感情结束了。或许，米兰的那一幕只是揭露了他那因与约瑟芬分离而愈加高涨的热情的真相。这是精神上的爱，想象力扮演了重要角色。她不在波拿巴的身边使得他更加爱她，在这份不牢靠的关系中，他通过文字和想象赋予了很多她没有的东西，而现实中的她则令人失望。使他们结合的爱情只存在于他的脑子里。[23] 战斗的结束也同样使他们之间的关系冷却了。当他们长久地生活在一起时，而不是在前线偶尔相聚一两天时，他对她的爱意就减退了，或者说是变得不同了。但是同时，和她生活在一起后，他感到自己对妻子的尊重增加了。这是因为他明白了她真正所能带给他的是什么：不是她感受不到的爱，而是友谊、温柔、能让他有所依靠的支持和能征服所有人并为丈夫的成功增色的优雅。有了一位像约瑟芬那样举止无可挑剔、表现得像王后一样高贵的妻子，使得将军的荣耀显得更有分量。她与生俱来的优雅气质让她光彩夺目，当他挽着约瑟芬时，他看起来就不那么像一个撞了大运的暴发户将军了。他不会忘记这些。另一方面，我们不确定约瑟芬此时到底明不明白自己中了大奖。在抵达米兰后，她曾简短地吐露道自己在这里无聊得"要死"，[24] 而时间也未能改变这一点。她厌烦意大利人，也厌烦了意大利，无论是这里的美景还是众多的艺术杰作，她都没有足够的兴趣与品味用心鉴赏。她思念孩子，思念"夏约（Chaillot）的朋友们"，尤其是思念巴黎。她闷闷不乐，特别是在和马尔蒙一起离开罗马后，她就见不到她的伊波利特了。只有他能让她宽慰。她的丈夫，即便是他"整天把她女神一样崇敬"[25] 也扮演不了那个角色。所以，当这场在这个可怕国家的荒谬战争结束后，她出了一口气，在停战之后，她极不情愿地搬到了蒙贝洛。然而，她感受到的些许喜悦很快就会被波拿巴的家族团聚所破坏。

伦巴第的夏天

在这个全家团聚的时刻，只有吕西安没有到场。几个月前他刚刚在意大利见过他的兄长，但会面很是短暂。拿破仑无法原谅在他帮吕西安当上战争委员后，吕西安在职务上的疏失；而弟弟则责怪哥哥对他不如对其他兄弟那般好。拿破仑不想再管这个"讨厌的家伙"，[26] 他利用法国收复科西嘉的机会把这个年轻人派了过去。吕西安只得不情愿地在阿雅克肖担任次要职位。

但是路易 —— 他在意大利军团当拿破仑的副官 —— 和约瑟夫都在。当意大利战役开始时，波拿巴家族的长子和他的妻子朱莉还有他们的女儿泽娜伊德（Zénaïde）正在热那亚处理克拉里家族的事务。当拿破仑派他到巴黎传达凯拉斯科停战协议的消息时，两人曾见过一面。约瑟夫利用这次机会进入了首都的政治圈子，并和日后帮得上忙的人建立了良好关系。在此期间，他的弟弟正在给他寻找一个他能接受又为自己所用的职务：1796年10月，约瑟夫被任命为法兰西共和国驻帕尔马公使，年薪1.8万法郎，用铸币支付。这就挺不错了，但还不能让他满足。相比这个职务，约瑟夫更愿意跟着共和国的军队回科西嘉。他恢复了家族被瓜分的财产，翻修了马勒巴街的老宅，由于属于胜利者的阵营，他还成了五百人院中利亚莫讷（Liamone）省（阿雅克肖）的代表。然而，就像他没有去帕尔马上任一样，他也没有出席立法团的会议，而是回到了在意大利的弟弟的身边。约瑟夫没有等太久就获得了他认为是自己应得的奖励：1797年5月6日，他被任命为"共和国驻罗马全权公使"，8天后头衔就变成了"全权大使"，这不光是听上去光彩，而且也有实实在在的好处：年薪6万法郎，仍由铸币支付。弗雷德里克·马松对皇帝兄弟姐妹们的准确形容，同样适用于约瑟夫：

> 他们觉得自己从他那里获得的一切都是应该的：他们对他毫无感激之情，也不认为自己的成就应归功于他。追问他们也无济于事：他们会说他们是靠自己的力量获得了这一切……此外，他们对于发

生在自己身上的那些如童话般离奇的变化毫不感到惊奇，当他们在
一夜之间就脱离了财务上的全部困境，并迈入了通往自己未曾想象
过的全新生活的大门时，也未因自己不可思议的奇遇而感到意外；
他们不担心自己看起来德不配位，也不害怕犯错或做出种种蠢事；
他们没有责任心，没有身处高位者所需的使命感，却有着极度的自
信。这番自信让他们轻视一切，当幸运还眷顾着他们的时候，这使
得他们轻易完成他人看来不可能的事。当他们身处高位时，自信也
给了他们使他们有别于常人的自如洒脱的高贵气质和轻松悠然的举
止，给了他们让他们看起来出身高贵、教养良好或是思想杰出的那
份泰然自若的气度，给了他们难以习得的慷慨高尚的处世之道，给
了他们不惧一切、敢于尝试的勇气，和对自己从事的一切都将取得
成功的信心——简而言之，他们相信，除了自己天生的才能之外，
他们的一切都靠其自身的天赋所赢得。[27]

　　至于波利娜，她也在意大利待了有一段时间了。在拿破仑的要求下，
费施舅舅陪着她来到了这里。她已经16岁了，如今的她，是被宠坏的孩
子和成长过快的未来少女的混合体。在她完美的女性身体中，有着幼稚的
头脑。她现在还会吐舌头、做鬼脸、在桌子下面踢人，而在不久之后，她
就会躲在角落里把自己献给她的第一个男人。他哥哥想把她从弗雷龙的狼
爪里拉出来，后者在吕西安的支持下与她已经陷入了热恋，甚至到了谈婚
论嫁的地步。这位前国民公会成员的年龄都快有她的3倍了，手上满是鲜
血，如今声名狼藉且一文不名：波拿巴坚决反对并且要求费施把波利娜带
到意大利来，在这里，她无疑会忘掉那个并不英俊的追求者。在科西嘉的
小插曲之后，约瑟夫也回到了伦巴第的首都，家族的圈子在一点点复建。
波拿巴夫人最终在6月1日也来了，还带着卡罗琳、热罗姆和埃丽莎，以
及埃丽莎的新婚丈夫，他们的远房亲戚菲利克斯·巴乔基。拿破仑的母亲
从马赛赶来，她不久之后就要回到约瑟夫为她收拾得当的阿雅克肖。她到
意大利来的目的并非是为了认识她的儿媳。1796年3月，拿破仑路过马赛
期间，将结婚的消息告诉了母亲。有一件事能很好地体现莱蒂齐娅的反

应：她花了10天时间才在约瑟夫起草的给她儿媳的贺信上签了名，贺信内容也干巴巴的。[28] 她厌恶这个儿媳。在她眼里，约瑟芬是个"典型的巴黎女人，道德败坏、挥霍无度、不守规矩、浪费，就会摆那了不起的夫人架子，让人看了都脸红……一个人老珠黄的女人，很难相信拿破仑能有孩子了！"[29] 和她见面，只会鼓励莱蒂齐娅继续进行这场与偷走她儿子的"女骗子"之间的无声战争。[30]

眼下，莱蒂齐娅来米兰是出于另一方面的考虑：埃丽莎，或者说是她丈夫巴乔基。对于莱蒂齐娅来说，巴乔基的巨大优势在于他是科西嘉人，而且还来自阿雅克肖。但是拿破仑还是反对这桩婚事。他极度厌恶看到他的妹妹嫁给一个毫不掩饰自己与波茨措·迪·博尔哥（1793年他们家族被驱逐的始作俑者）一族的关系的人。[31] 波拿巴夫人可不受人威胁，她仍然把女儿嫁了出去，她来意大利就是给这桩结合走一个告知的"流程"。拿破仑没有对母亲和妹妹发脾气；他同意了，甚至许给了年轻的妹夫阿雅克肖要塞的指挥权——一种表示这个人无关紧要的方式——但是作为交换，他要求波利娜放弃和弗雷龙结婚的想法并立刻嫁给勒克莱尔（Leclerc）将军。这一妥协方案是否把他的妹妹和勒克莱尔将军都吓了一跳呢？一直爱着波利娜的勒克莱尔，是否一直打算等到弗雷龙不再挡路才表明心迹？不管怎样，这件事就迅速地决定了，6月14日，波利娜和勒克莱尔就在蒙贝洛附近教区的神父的祝福下结成了夫妇。一个月不到，这个家族又各奔东西了：约瑟夫去了罗马，而他的母亲则带着热罗姆、卡罗琳、费施、埃丽莎和巴乔基回到了阿雅克肖。

蒙贝洛的"国王"

就像人们常说的，蒙贝洛的确像一个宫廷：在由约瑟芬、欧仁、路易以及一些亲密的朋友和家人组成的私密圈子之外，聚集着络绎不绝的大量人群，"来自奥地利、教宗、那不勒斯王国和撒丁王国、热那亚共和国和威尼斯共和国、帕尔马公国、瑞士各州以及德意志数位君主的大使；将军们；山南共和国的官员、市镇代表；时时刻刻都有来自巴黎、罗马、那不勒斯、维也纳、佛罗伦萨、威尼斯、都灵、热那亚的信件"。[32] 往来的人员之多，宅邸的会客室都容不下了，所以在花园里又搭了一个大帐篷，许多会面被安排在了这里。一个由300名波兰志愿兵组成的团，代替贝西埃指挥的卫队来保护主人不受那些不怀好意的访客的侵害，并负责每天下午护送那些经过特许能到高台上看将军吃晚饭的客人。[33] 波拿巴采取公开进餐这种铺张招摇的做法，与其说是在效仿路易十四，倒不如说是在效仿那些模仿开创了这一习俗的太阳王的意大利君主们。诺文（Norvins）说得不错：就像波拿巴在战役指挥的过程中形成了"说一不二的习惯"一样，他在蒙贝洛也沾染上了"君主的习性"。[34] 在这里，受他接见的机会不再是人人均等了，他有了规矩严格的时间表，某种礼仪规范也开始建立；简而言之，从此他就生活在了"全能"的世界中，身份地位与所有人都有所不同，尤其是"通过他麾下最著名的那些将领对他权威的认可"而与他们区分开了。[35] 诗人阿尔诺（Arnault）跟着勒克莱尔将军来到了意大利（他还当了他和波利娜婚礼的证婚人），他对勒尼奥·德·圣-让·丹热利（Regnaud de Saint-Jean d'Angély）说，波拿巴在他眼里"与众不同"。[36] 那些在波拿巴还没有如今的名声和权力时就认识他的人也有同样的反应。史无前例的成功，让他脱胎换骨。同样，伊波利特·夏尔的朋友卡里翁·德·尼西亚斯（Carrion de Nisias）——他日后多次被拿破仑委以外交任务——在意大利战役开始时于米兰曾见过拿破仑："啥！"他在日记里写道，"这就是那个在欧洲声名鹊起的波拿巴……和我想的完全不一样啊！这苍白枯槁的面庞，这虚弱的身体，这凝滞而忧郁的目光，找不到一点我想象中的英雄征服者的样子！"[37] 一年后，魔法起了作用，尼西亚斯见到的就不再是同一个人了："我注意着他最为细微的表情、手势、眼色和话语。"1797年10月10日，在与这位伟大人物有过简短会面后，他写道："波拿巴就在我面前！我触摸他，我看着他，我聆听他！一种难以形容的震颤和近乎宗教的吸引敲击着我的心灵，我感受到了一种贯穿身体的难以言喻的混乱。"[38] 驻那不勒斯外交官特鲁韦（Trouvé）在返回那不勒斯的途中曾与拿破仑会面，在他于蒙贝洛给拉勒维里写的信中的看法也与此大同小异：

我从荣誉之地给你写信……我和我的家人住进了波拿巴将军在乡间的住所，尽管我希望尽快回到工作岗位上去，但实在盛情难却。法兰西和共和国的荣耀都环抱着他，我感受到了和我对他钦佩程度相当的感动……这位总司令的外表非常威严。尽管他平时欢快和蔼，但所有的军官都对他十分尊敬，因为他待人严苛且不容亲近。在他身边有他的妻子、妹妹和幼弟，他就像理想家庭里的父亲。但是他还未满28岁……就像您看到的，我对他的政策有着极高的评价。从他的谈吐中，我认识到他是个多么伟大的政治家……克拉克将军也住在这里；贝尔蒂埃几乎每天都来吃饭；三个人都是辛劳的工作者；这个紧密的团体似乎掌控着所有共和国的捍卫者；然而波拿巴又因天赋，强而广阔的理念位居三人之上。德加洛（de Gallo）侯爵（那不勒斯外交官）刚刚抵达……这位年轻的法布里修斯（Fabricius）在这位新齐纳斯（Cinéas）的休憩之所受到了他的款待，在这位高尚朴素的共和国英雄面前放下了朝堂的骄傲。……没有一天是没有强国使者来访的，任何人都可以轻易地看出，他和他们在一起时完美地维护了他享有无上荣耀的国家的尊严。后来，我在古今人物年鉴里寻找能在军事、政治、管理方面与他媲美之人，但是我没有找到任何能与他的成功所匹敌之人，也没有找到能在如此短的时间内做如此大事之人。[39]

然而，当时和将军很是亲密的马尔蒙则描绘了一幅不同的景象，他说只要他回到"后方"或与他的参谋们在一起时，波拿巴就一点都不做作了，一完成工作，他就变得很平易近人，喜欢笑，会开"有趣又不会令人感到不适的玩笑"，也会和周围人打牌。[40] 但是如果他一到意大利就和其他将军保持了距离，那么现在我们能想象得到，他这样一个有着命令他人的天性并养成了如此的习惯的人，同时随着不断地取得胜利，其影响力和权力又均与日俱增，他能够建立起何种亲密关系呢？当他在场时，他的将军们多少都会有些不自在。我们知道他有多爱把熟人们叫到一起，就他选定的主题展开长谈。在谈话中他不仅"懂得倾听"，也让对话者畅所欲言。

确实，大多数人都支持他的观点。这种会议并不缺奉承，而且他青睐的"奉承者"也不止蒙日一个。不过，人们也可以反驳他。然而，此时他身上已经有了君主的迹象，没人敢打断他的话。例如军团的军需官阿默兰的不幸遭遇：

> 一天晚上，人不是很多，将军坐在椅子的扶手上，周围是细心聆听的听众，他和蒙日和奥里亚尼（Oriani）修士讨论着天文。在讨论过程中，他提到了恒星的视差。所有人都没有说话，除了我，像个傻子一样，打断了他并说他错了，我们无法知道恒星的视差，因为三角形的一边过长，那么它的底边就几乎可以忽略不计。大家都低垂着眼睛，而我还在争论，直到我意识到自己做了蠢事，当时我就应该把嘴闭上。波拿巴瞪着我，眼神中没有丝毫善意，后来，他走到我身边对我说："所以您是学过天文？""将军，我一直在自学。""我可不这么认为。"那天以后，他待我总是彬彬有礼。[41]

可能是因为汲取了教训，阿默兰再也没做过类似的蠢事。

老练的政治宣传？

"一位极度质朴的共和国英雄"：这是特鲁韦眼中的波拿巴。阿科拉战后，他的形象是："民众都钦佩他即便要用不到1.5万人的兵力对抗4万大军，也毫不退缩的不屈不挠的精神，以及他将遍布堤坝的龙科选为战场，使敌军兵力优势无以发挥的神机妙算……各处的人民都在传颂阿科拉桥上的英雄事迹，无论在何处这位将军在人们心中都是身处炮火和硝烟之中，紧握着旗帜的形象。"[42] 但对拿破仑的赞颂并不是自阿科拉才开始的：自洛迪以来它就一直在迅速膨胀。自那之后，他的形象就随处可见了：在报纸上，在人们献给他的诗歌和歌曲里，在演出者中断演出来宣布他的胜利的剧院中。而且，人们在法国、意大利甚至整个欧洲到处都能看到他的肖像，有画像、雕刻、石板印刷画，甚至还有照着像章翻印的。[43]"一个26岁的年轻人，让人们如此沉迷，才一年，他的名声就超过了亚历山大、凯撒、汉尼拔和腓特烈。"而且，他不满足于"在如此短的时间内获得如此大的战斗的胜利"，还"将文明的橄榄枝编入了战神的桂冠"。[44]常有人说，关于人民众口一词地颂扬这位意大利征服者的说法，只不过是个神话，日渐声势浩大的赞美声更不是自发的行为，其中编造和刻意灌输的部分如此之明显以至于我们能够轻易解读拿破仑神话的形成过程："他的传奇，"让·蒂拉尔（Jean Tulard）断言道，"是由他自己锻造的。他天生的才能使他很早就意识到了宣传的重要性。"[45]纵然拿破仑本人是他的传奇的主要作者，督政府也因其无所作为而促成了这个传奇。其他军团的毫无建树使得督政府只得突出宣传意大利军团的丰功伟绩，就像我们看到的，内部局势依旧多灾多难，无法向法国人民宣布内部喜讯的督政府需要对外战争的胜利来给晦暗的天空增添几道亮光。谨慎提防波拿巴的督政们，也向这种在几个小时内就使整个国家都暂时忘却了当下的一切困境的热情屈服。"洛迪大捷将流芳百世！"他们在给他的信上写道，"荣誉属于勇夺洛迪桥的总司令！"[46]卡诺曾对波拿巴说："您是全法国的英雄。"[47]督政府还称他为"了不起的领导者"和"一个自由民族的拯救者与立法者"。[48]1796年5月29日的第一届向"祖国勇敢的捍卫者"致敬的仪式上，波拿巴的名字并没有被提及，[49]但是他是胜利荣光庆典上唯一的英雄，所有人都知道，这是他应得的，也只有他能有此殊荣："除他之外的任何人在他的位置上，都会被击溃，"马尔蒙在给父亲的信上说，"他却能够连战连捷。"[50]

尽管如此，我们还是得承认，波拿巴的确有"宣传天赋"。[51]愤世嫉俗者认为他是从马基雅维利那里学到了此种手段：人们对君主的评价往往更出于其外在表现而非他真实的本性，因此君主若欲"运用诡计以操纵人心"，就必须深谙成为"手段高超的模仿者与伪君子"之术。[52]另一种完全不同的说法则认为波拿巴是领悟了舆论在现代社会的力量并且明白了"舆论的统治刚刚已取代了出身的统治"。[53]他此时还没有打算为自己谋取可以对抗政府的合法性，他只是在谋得人望的同时寻求行动自由，以及让他能够摆脱督政府特派员的桎梏、把计划进行到底的独立。他必须博得民众的支持，才能不受约束地行动。为达到这一目的，他不择手段。想要证实这一点，只要去读一读那些以他个人、他的战争、他的军团和他的征服为突出主题的公告和信件就足够。我们再回顾一下洛迪战役后的第二天，他知道自己已有了能使公众满意的功绩，便找来一位年轻的画家重现了当时的场景；[54] 再想一下他不久后在意大利创办的报纸，它们在将他塑造成理想的"公民将军"的过程中扮演了关键角色，即便这些报纸在法国流传不广，我们仍能在国内的报道中见到众多附和之辞：[55] "通过意大利，波拿巴在法国树立了威望。"[56] 那么，我们就要首先将其看作托马斯·卡莱尔（Thomas Carlyle）口中的"狡猾的江湖骗子"吗？[57]

对于这个神话的起源，不应该夸大其中编造和宣传的成分。况且，宣传的效力全然依靠听众的赞同；它没有控制精神的力量，而且即便是在最专制的制度下，导致不同意见消失的主要力量也是警察，而不是宣传。无论是督政府还是其警察，在1796年时都没有这样的力量，更不要提波拿巴了。此时的宣传，只不过是在回应大众的期待和愿望。如今我们若是过分强调诡计的重要性，就会忽略了这一点：意大利军团的辉煌胜利本身就足以让同时代的人们发自内心地钦佩他们。而且在洛迪战役之后，波拿巴并不是唯一一个认为他将被"载入史册"的：意大利和法国的众多艺术家也持同样看法并想要再现这位英雄战斗的情景。[58] 当我们看到以跨过洛迪桥为题材的作品如此之多，而且有这么多的表现形式时，并不会感到惊奇：用克劳塞维茨的说法，这是一次无疑违背了"战略学中的几何法则"，但却触及了"战争的灵魂"的出色行动。[59] 在安德列亚·阿皮亚尼（Andrea Appiani）眼中，波拿巴进入米兰的场景使人不禁想起古罗马将军的凯旋仪式，来自意大利的类似的消息并不是只有一次，而是每天都有："如此迅速的胜利，数量如此庞大的战俘，都是人们前所未见的。"[60] 这所有的一切都影响了公众舆论，这种影响是如此之强，以至于波拿巴的诋毁者——这些人已经出现了——都承认：在阿尔卑斯山的另一侧发生的并非是司空见惯之事。这些功绩又因法军在德意志的挫败而被进一步放大。从那时开始，波拿巴和莫罗的形象就对立了起来：莫罗精明谨慎，珍惜部下的生命，因他在德意志境内高明的撤退行动而广受钦佩；波拿巴则胆大敢为，冒着极大的风险却能赢得惊人的胜利。莫罗令人安心，波拿巴则令人激动。最后，即便莱茵战局的变化帮了波拿巴一把，但他的报告、公报和宣言的令人印象深刻的风格将他史诗般的故事提升到了新的高度："波拿巴用笔完成了他用剑进行的征服。"[61] 埃米勒·路德维希（Emile Ludwig）公正地说。

这些报告并不像我们想象的那样满是谎话。实际上，没有什么比他在阿科拉战后给政府的报告更为诚实的了。波拿巴什么都没隐瞒，无论是军队的抗命、将军们的勇敢还是奥热罗起到的作用。他没有歪曲事实，但不免有所夸大；他的写作风格更像是作家而非指挥官："我极度疲惫，督政公民们，"他向他们坦言，"我不可能完完整整地告诉你们阿科拉之战前的所有军事行动。"[62] 接下来的叙述十分生动、令人窒息又一波三折，就像这场战斗本身。他谈到了疲惫、勇气、胆怯、突发情况、一鼓作气、牺牲、痛苦和泥沼中的死亡。在波拿巴的笔下，战争不再是"数学运算"，而是混杂着恐怖与伟大、冷酷与美德的"火热戏剧"。[63] 在他给米隆的遗孀和在阿科拉之战中失去了侄子的克拉克将军的信中，充斥着一种直击人们心灵的伟大，这无疑是十分动人的。其中的第二封信尤其典型：

> 他面朝敌人光荣地死去……有哪个理智之人不会羡慕这种死法？他面对人生的起落，难道会与这个卑鄙的世界同流合污？我们中又有谁未曾上百次地感到遗憾，为自己无力摆脱中伤、嫉妒和一切几乎支配了人类行动的可憎情感？[64]

格罗的《波拿巴在阿科拉桥上》在某种程度上正是这封信的图画版。这位被恩师大卫派往意大利进修的年轻画家，被约瑟芬引荐给了将军。波拿巴在米兰热切地接见了他，询问伟大的大卫的这位学生愿不愿意画一幅他的像。他告诉格罗大卫已准备亲自将洛迪之战画成油画，又补充道他已经构思了"好几个不错的主题"。[65] 格罗立即被委以重现阿科拉桥上的场景的重任。波拿巴摆了两次姿势，如果他为画家飞快地做的那几个动作也算得上的话。据说，约瑟芬让焦躁的他坐到自己的膝盖上劝说他，好让他能保持不动一段时间。格罗还画了两个副本，在1801年这幅画在沙龙展出之前，它就已经传遍了欧洲。关于这一点，我们得赞同那些把拿破仑神话归于精巧的宣传伎俩的人：格罗可能是出于自己的风格，在真相的基础上做了改编，将本来只是战斗中的一个插曲的波拿巴登桥的场景，作为了代表整场战斗的画面。[66] 以及，波拿巴的姿势——他将佩剑持在身前，仿佛正在冲锋，他的头发和旗帜一起随风飘扬，目光向后看去——唤起了另一番景象：波拿巴带领身后的军队成功冲过了大桥。但是最重要的谎言还不在此。波拿巴本人几乎占据了整个画面，我们既看不到战场——除了背景里那被浓烟遮蔽的天空——也看不到阿科拉桥，更看不见双方的士兵。这幅画并未像革命以来的其他作品一样呈现出英雄的群像，它只呈现了个人的英勇，只有他一个人。[67]

法国大革命和它的英雄们

格罗作品的形式与思想都是如此与众不同，它尽管参与了大革命时期英雄文化的发展，却又与其格格不入。启蒙时代重塑了伟人崇拜的基础，以使其能够真正地"向美德致敬"。[68] 国王、圣徒、征服者——权力使得太多的虚假偶像得到了大众的吹捧。因此，启蒙时代更偏爱那些因其发现或行为有益于人类的福祉与文明的进步而成名者。然而在关于赞颂的称谓、形式与对象等方面，启蒙运动并未挑战英雄主义的原则。此外，他们也未摒弃一切过去的英雄——还远不至此。[69] 在启蒙主义者眼中，对伟大人物的崇拜首先是对那些应受崇敬之人所表达的敬意；其次是给那些意志最为薄弱的公民们，树立可供效仿的典范，给予他们践行美德的力量；最后，它则是一种在现代社会已变得不那么危险的风俗。而实际上，由于在现代社会中公众舆论就像某种程度上的权威法官，对伟大人物的赞扬，在过去不过是"抬高某个人"让他在"人群"中脱颖而出，而现在则是借由公民的自由选择，成了万能的舆论对伟人的祝圣。公众不是在伏尔泰去世前就为他"加冕"了吗？[70] 但随着时间的流逝，疑虑出现了：在一个建立在权利平等基础上的社会中，对于伟人的颂扬能够不在公民间拉开决定性的差距吗？难道不应该向更加真实的伟大致敬吗？一位正直的公民，或是一位尽职尽责的父亲，他的行为难道就比亚历山大的壮举来得逊色吗？只是忠于职守的行为否应该和最为耀眼的荣耀获得同样的尊敬？并无此疑问的安托万·托马斯在他的《颂词评述》（*Essai sur les éloges*）中对此做了回应：

> 希腊人给那些无名的神专门建造了一座祭台；我们可以在地上立起这样一尊雕像，刻有以下铭文：致敬我们不曾认识的美德之人。活着时不为人知，死后又被遗忘，他们越是不寻求声名显赫，他们就越是伟大。[71]

在1784年，贝尔纳丹·德·圣-皮埃尔（Bernardin de Saint-Pierre）将一位不代表任何具体个人的"正直公民"的雕塑，放在了他的"净土"（Elysium）的中央，这是一座绿意盎然又雕像林立的万神殿，其中另有一位代表默默无闻的妻子与母亲的雕塑放在他的身旁，远处，更远处，环绕着那些祖国的杰出捍卫者、文学家和发明家。[72] 贝尔纳丹不仅仅反对传统的定义伟人的标准；他还摒弃了伟人与群众间的不平等和隔绝。真正的伟大，他说，不会将人与人隔绝，反而会把人联系到一起并使他们变得更为平等，因为它存在于每个人的身上。那么，就应推翻那些古典时代在特殊环境中显露出其非凡天赋的英雄，以及所有那些将自己与崇拜他的群众之间划出不可逾越的鸿沟的伟人，不论他们变得伟大是否是公众舆论推波助澜的结果。除了这类将人分成不同等级的伟大，贝尔纳丹也反对另一种将人等而视之的伟大，即试图替代以颂扬杰出品质为核心的英雄主义的那种"无视德行与贡献，完全平等"的英雄主义。[73]

法国大革命最初是站在贝尔纳丹这边的。[74] 他们梦想着构建一个公民人人平等的社会。在这个社会中并不需要人人都有完美的美德，只要每个人的道德能够约束他们出格的诉求就足够了。若新生的法兰西要向某位伟人致敬，那也只会是人民本身。[75] 难道大革命不是全体赋有感性、理智与意志力的人民共同完成的伟业吗？米舍莱的《法国革命史》可谓是发自内心写成的，他对大革命的理念和表现了如指掌，从迈斯特到马克思间的诸多史家中，以他对大革命的理解最为透彻。他认为，法国大革命是一个"没有伟人的伟大时代"，[76] 人民领导着他们的领袖。[77]

革命者们也赞同这一观点，在很长时间里他们都在尝试将公民集体和完美的无名英雄的概念实体化，以肉体暗喻来代表新生的国家并展现它的力量。[78] 他们在 1794 年 6 月 8 日在巴黎为"至高主宰"（Être Suprême）举办的庆典活动，甚至已极度接近了贝尔纳丹的理想。组织者尽力避免活动中出现任何会让人联想到革命带来的动乱的迹象，呈现出的是一个自我和解、不带政治色彩的社会，[79] 一个因无处伟大而伟大的社会。他们丢弃了启蒙思想家、古典时代的英雄们以及革命烈士的胸像，而推出了两位在革命中牺牲的默默无闻的儿童英雄：维亚拉（Viala）和巴拉（Bara）。[80] 这是为了号召人们在这个没有英雄的共和国中成为平凡的英雄。但是给予新生的法国两位让人民敬佩与效仿的英雄，意味着贝尔纳丹的理想还是无法实现的乌托邦，意味着美德还远不是一种天性，至少在没有帮助的情况下不是每个人都有能力做得到的：共和国仍需要伟人作为榜样。出于这一理念，1790 年建立了先贤祠（Panthéon）；但是别忘了从敬仰到膜拜只有一步之遥，革命者为死者保留了国家的敬意。

然而，这一切只是徒劳：人与人之间绝对平等，不存在英雄圣贤的理想社会仍未成形。法国大革命——也包括所有革命——与英雄主义维持着一种矛盾的关系。如果说"突破了虚有其表的宿命者方为伟人"，[81] 如果英雄主义说到底就是对既有秩序的破坏，那么还有能比一场革命，一次颠覆旧秩序并在其废墟上建立新的大厦的行动更符合英雄主义的吗？而且，对 1789 年法国大革命而言，对英雄主义的崇拜难道不是一种暂时替代旧有宗教的新宗教吗？它能够使法国人"脱离个人利己主义，助长他们的英雄主义和奉献精神，让他们不再只看重眼前的蝇头小利"，归根到底是为了法国得以逃离彻底的悲剧和无法挽回的分裂。[82] 更进一步说，英雄主义是革命者的本质特征，他们认为革命有其固有的必然性，但又认为革命必须借助革命者个人的介入与牺牲才能完成。从此，革命者就不再是历史必然中的消极动因，而是成了一位超越了芸芸众生的英雄，脱离了他们的欲望、他们的悲痛、他们赖以存在的法则，只因他为革命事业而牺牲了自我——甚至不惜献出生命。[83] 在法国大革命中，从马拉到罗伯斯庇尔，从未停止过诞生英雄：他们曾是执行着无特征权力的无名群体的象征，和走完了所有同时代人尚未开始探索的道路之人的范例。他们一个接一个地成了没有形体的人民主权的具化形象和一个尚未形成的民族的人格代表。同时，这些大人物们，借助其杰出的天性，在他们自己与支持者之间重新拉开了距离，建立了不平等的关系——哪怕是通过某种骇人而荒诞的模式，就像马拉那样——而这种古典时代英雄所特有的现象，正是大革命曾企图废止的。因此，大革命从未停止过歌颂它的伟人，尽管不久之后那些曾被敬慕的人就纷纷被打倒，"个人崇拜"[84] 的风潮饱受谴责。

新世纪的新英雄

热月九日后一切都变了。对恐怖时期罪行的揭露在转瞬间就毁掉了政治上的英雄观念。那些"饮血者"为了保住脑袋否认着自己的罪行，热月时期著名的喜剧《革命委员会内部》（*L'Intérieur d'un comité révolutionnaire*）展示着那些无知的暴君和醉鬼们：这就是那些过去为人们疯狂崇拜的英雄被卸下伪装的模样！而后，一位初出茅庐的年轻人恢复了曾在政治领域中被弃若敝屣的英雄的价值，而且还是在一个历来歌颂英雄和英勇行为的舞台上：战争。在1796年和1797年的意大利，波拿巴饰演了自罗伯斯庇尔死后就无人继承的角色，但是他给予其以全新的形式：用整个国家都在期盼着的"拯救者"，取代了先前的革命先锋。

为什么是一位将军？不仅是因为法国目前的困境是如此复杂深重，看不到解决办法，而且君主制的观念在他们的精神中扎根太久，先前的困难与共和国的诞生在许多人眼里仅是个意外，大多数法国人都将绝对权力的回归看作是唯一的解决方案，若不再有神授的君权，那么由将军执政也是非常自然的。法国有那么多将领，为什么是波拿巴而不是别人？他难道不是先天难以成为这个群体的代表吗？他身上那些来自外国的痕迹难道不会使人们更不倾向于选择他吗？梯也尔巧妙地回答道，正是那些肉眼可见的出身外邦的痕迹，给他带来了优势："独特之处总会增加天才的魅力，尤其是在法国这个举止高度一致的国家，人们对新奇之事特别狂热。"[85] 蒙日口中的"难以置信的意大利军团"[86] 的功绩，当然也不是无关紧要的。但是波拿巴依靠的不仅是令人惊异的胜利、对身边人的支配能力和不容否认的自我宣传天赋，他还有能力——而且只有他达到了这种程度——使自己，或确切地说使自己展现的形象，与热月时期公众自相矛盾的期望相调和。法国人此时已厌倦了革命，最希望的就是将其结束；然而，同时他们又拒绝放弃任何已获得的物质或象征上的成果。这似乎是个无解的方程，而波拿巴则是唯一有能力解决它的人，这得益于他的形象中同时包含了革命与后革命的因素。

因他的年轻，他首先有着革命者的形象，尤其是因为大革命在短时间内就不断恶化，并变得暮气沉沉。它曾是如此热情地喜欢青年，宣称"让历史重新起航……让青年创造一个永存的新世界"。[87] 如今它却进入了寒冬，人才凋零、理念褪色。然而不朽青年的神话在军中得到了再生，首先是在意大利军团。这个军团中的士兵们都是如此年轻，以至于按司汤达的说法，他们27岁的总司令，"就几乎被认为是年龄最大的人了"。[88] 1796年战役，与其说是一部战略和政治上的杰作，不如说是一曲青年的颂歌：

> 我们都很年轻……个个身强力壮、渴求荣誉。我们的志向纯粹而高尚；我们心中没有妒忌和低劣的感情，真正的友爱将我们团结到一起，而且这里也不乏忠诚奉献的模范：我们对自己的未来毫不迷茫，对命运的无限信心赋予我们幸福，战士们和睦友爱，亲如一家；最后，我们日常多种多样的工作和娱乐，使我们的体能和脑力都得到了运用，让日子过得飞快又充满了乐趣。[89]

波拿巴也代表着大革命笃信的唯意志论——他不是在意大利建立了许多国家，又为其撰写了宪法吗？——和对平等的承诺。大革命的精神与那种万事皆有可能实现的理念，很容易地就转移到了军事领域，因为这里有很多在25岁左右就出人头地的年轻将领，包括波拿巴本人。他们的飞速崛起为大革命的理念提供了宝贵的证明，这在财富取代了出身的非军事领域中是难以寻见的；这也解释了为何军队会成为"革命党人最好的避难所"。[90] 此外，军队这样一个长期受贵族优先升迁的体制压抑的群体怎么可能会反对革命呢？军队合乎逻辑地担心特权体制的恢复，他们害怕失去自己在革命战争中赢得的地位。他们绝不接受降级：正如我们在1814年和1815年看到的。大革命厌恶流亡者，但军队仇恨他们，因为他们的面孔"曾出现在敌人的阵营中"。[91] 军队支持革命不仅出于利益，也同样出于热情，提到1793年，他们不会像那些深陷于过去的政客一样马上想起恐怖统治，而是会记起那无数抵抗外敌入侵的战斗和取得的胜利。因此，军队可以说是全然献身于革命的，即便是在它最黑暗的时期。总而言之，即便它曾不时被卷入内战（在南部和西部），它仍是恐怖之外的大革命的化身。军队保卫边境并战胜"暴君们"的大军的事迹，盖过了其他的一切。

与大革命如此接近的波拿巴，在某些方面也同样具有后革命的特质：他代表大革命，但他不代表内战。他的合法性是从战场上得来的，而不是在政治舞台上。他在土伦的行动确实可以被认为是参与了内战，葡月十三更是板上钉钉，但是意大利的传奇史诗抹去了一切。他是处于战争中的国家的宠儿，而非政治的产物，他从中获得了那些曾被党派利益和最近的分裂所玷污的信条的力量。他在不到两年的时间内就获得了"位于法国内部纷争之上，同时代表左派和右派，将从前的法国和1789年后的法国团结在一起"的力量，如同雷蒙德·阿龙（Raymond Aron）口中的1958年的戴高乐。[92] 只有一位军人才能做到这点。实际上，是军队通过他们横跨欧洲的进军，将革命的理念传播到了法国的边境之外，并使那些正试图重织"时代之网"的旧王侯们闻风丧胆：

> 从意大利到莱茵兰，共和国的军队如今踏上的是蒂雷纳和大孔代的军队曾走过的征途。跨越时光，勇士们的精神相通。在他的战场上，共和国的士兵重新发现了造就一支伟大军队的信条：勇气、荣誉、奉献和忠诚。[93]

亨利-费利克斯-埃马纽埃尔·菲利波托,《1792年身着科西嘉第1营中校制服的拿破仑·波拿巴》,创作于1834年。

雅克-路易·大卫,《拿破仑·波拿巴的速写》,创作于1797年。

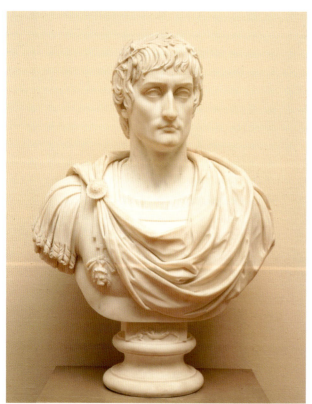

上左：艾蒂安–巴泰勒米·加尼耶，《意大利军团司令拿破仑·波拿巴》。

上右：雅克–路易·大卫，《波拿巴将军》。

左：意大利雕塑家切拉基为拿破仑创作的胸像。他被塑造成了身披罗马式的长袍和胸甲、头戴桂冠的形象，好似古罗马的执政官。

安托万–让·格罗，《波拿巴在阿科拉桥上》。

上：1796年为庆祝拿破仑在意大利的胜利而制作的纪念像章。

下：共和十二年（1804年）铸造的带有第一执政头像的40法郎金币。

皮埃尔-纳西斯·介朗,《波拿巴宽赦开罗暴动者》。画中的他神情冷酷,目光坚毅,给人以强大的压迫感。

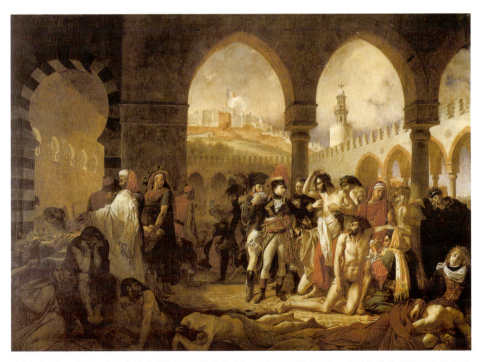

安托万-让·格罗,《波拿巴在雅法慰问鼠疫患者》。他不惧感染风险,亲手触碰患者腋下的淋巴肿块,这一场景让人不禁联想起旧时欧洲国王的"治愈神迹"。

图为雾月十八政变（虽然这一幕发生在雾月十九日）中，拿破仑带着两个掷弹兵冲入保民院后遭其议员揪斗的场景。当然，现实中的拿破仑并未表现得如此镇静。

让–奥古斯特–多米尼克·安格尔,《第一执政拿破仑·波拿巴像》。

保罗·德拉罗什，《拿破仑翻越阿尔卑斯山》。与格罗同一题材的画中鲜衣怒马、意气风发的拿破仑不同，这幅画中的拿破仑身披大衣，骑着驴子，若有所思。这一创作于后世的作品，可能比与拿破仑同时代的格罗的作品更接近历史事实。

左：让－奥古斯特－多米尼克·安格尔，《皇帝宝座上的拿破仑一世》或称《法兰西人的皇帝陛下在他的宝座上》，创作于1806年。拿破仑似乎与帝王的华丽装束格格不入，表情严肃却缺乏神采。

下：安托万－让·格罗，《拿破仑在埃劳战场》。画中的他中年发福，饱经沧桑，面色铁青。

右：詹姆斯·桑特，《圣赫勒拿岛，最后阶段》，创作于1901年。

下：拿破仑在阿雅克肖的故居，他童年阶段的前半段在这里度过，9岁时即离家前往法国求学。

上左：夏尔－马里·波拿巴，拿破仑之父。当保利领导的科西嘉运动失败后，他投靠了法国，这一选择改变了整个家族未来的命运。

上右：拿破仑的母亲玛丽－莱蒂齐娅·拉莫利诺，她在夏尔死后勉力支撑家庭，艰难抚养家中的诸多孩子。拿破仑对她极为尊敬，曾说："我的一切都归功于我妈妈。"

左：约瑟夫·波拿巴，优柔寡断、好逸恶劳，很像他的父亲。他作为兄长和拿破仑一起长大，因此二人感情深厚。尽管日后他们起了不少冲突，但仍保有手足之情。

他们的三弟吕西安·波拿巴。他是个才思敏捷的演说家，在雾月十八政变中，身为五百人院主席的他起到了关键作用。他和拿破仑一直关系不佳，最终二人因政见不合与家庭矛盾而决裂。

上左：四弟路易·波拿巴。他失去父亲之后被拿破仑带到法国抚养，是拿破仑最疼爱的弟弟。

上右：法兰西第二帝国元帅热罗姆·波拿巴的相片，约1858年摄于马耶尔与皮尔逊照相馆。他是拿破仑的幼弟，才智平庸，在滑铁卢会战中他对乌古蒙庄园的无谓强攻白白消耗了法军的宝贵兵力。但他是拿破仑的兄弟中唯一一个活到第二帝国的人。

下：拿破仑的妹妹波利娜。她以美貌和风流闻名，深爱自己的二哥，拿破仑也十分娇惯这个大胆任性的妹妹。此图是她命雕塑家以她本人为模特创作的手持金苹果的维纳斯像。

上：拿破仑的妻子约瑟芬，放荡、奢侈，却极富魅力。除拿破仑外，波拿巴一家都对她抱有敌意。拿破仑起初对她一往情深，但在经历了诸多风波之后，这种激情变成了一种平淡而持久的感情。

右：1793年作革命女性打扮的约瑟芬·德·博阿尔内。

上：约瑟芬之子、拿破仑的养子欧仁·德·博阿尔内。拿破仑对他一直关爱有加，他也逐渐成长为拿破仑的得力助手。

右：欧仁的妹妹奥尔唐斯。为了解决权力继承问题，与约瑟芬迟迟没有孩子的拿破仑强迫自己的养女奥尔唐斯与弟弟路易·波拿巴成婚。这桩并不幸福的婚姻却有一个意外收获：他们的幼子路易日后建立了第二帝国，称拿破仑三世。

上：帕斯夸莱·保利，科西嘉独立运动的领袖，拿破仑少年时的偶像之一。拿破仑与他的冲突与决裂，使拿破仑踏上了全新的人生道路。

右：路易·德·马尔伯夫伯爵，科西嘉总督。他曾是拿破仑一家的保护人，拿破仑能进入法国军校读书也是靠了他的帮助。据传他与莱蒂齐娅有过一段私情，甚至有人谣传他才是拿破仑的亲生父亲。

恢复在旧贵族社会中确立的信条，大革命和旧制度踏上了同样的道路，与此同时，它又剥夺了作为后者正统性的一部分的那些往昔和传统。战争将旧社会的价值观念，尤其是军事上的信条融入了大革命的遗产，以此完成了旧社会的迁移。从某种程度上讲，要由军人来完成1789年未竟的事业：战争使他们接手了贵族阶级的价值观，有能力自上而下地实现平等，而若按照政治上的要求，平等则需自下而上地实现，并以摧毁一切旧价值观为代价。就这样，军队实现了一代人的梦想，不是要抹去所有的贵族文化，而是要将其转换为更为民主的形式——用功绩取代出身作为评判一个人的标准。意大利军团军官们的回忆录中总会提到，他们努力模仿被他们用武力推翻的旧社会中的礼仪举止，重新学习礼貌、谈吐和跳舞。他们或多或少适应了这些礼仪（波拿巴和马尔蒙，要比马塞纳和奥热罗学得好些），然而也没有完全摆脱大革命特有的粗鲁。在米兰、博洛尼亚和佛罗伦萨，当地的贵族按照惯例欢迎他们来到自己的沙龙。据科斯塔男爵说，他们的行为"介于共和国的没有教养和旧法国的彬彬有礼之间"。[94] 执政府时期波拿巴推行的"融合"政策，也不过是他在意大利战役期间首创的政策的延续，这番民主与贵族制度的联姻，借助着帝国时期的拓张，改变了19世纪的欧洲，这一其中不乏对立与冲突的过程，使军人与资产阶级站到了一起，将自私的功利主义道德与荣誉、战斗中的兄弟情谊和为国牺牲相提并论，让现代社会的自由与古典时代的自由并存。与其说波拿巴如尼采所说，代表了古典时代陌生、终极又转瞬即逝的复活，[95] 倒不如说他体现了民主世界诞生的头一个世纪中，那些具有完全相反的特征的群体的联合。19世纪时的人将拿破仑的倒台看作是古代的英雄最终必败于现代资产阶级之手的证据，但之后的殖民扩张不是在全球范围内，将密不可分的古代与现代的、贵族与资产阶级的情感重新进行了调配吗？而这正是革命时期与拿破仑帝国时代的战争中所体现的。

这种资产阶级与英雄的结合也影响了波拿巴身边正在形成的崇拜，他既是战无不胜的征服者，又是诗人莪相的忠实读者。就连他那放纵不羁的、同时带有贵族式与资产阶级式特征的婚姻，都表现出了相互对立的传统的融合或说是交织，这也影响了新的世纪。波拿巴的现代性体现在他资产阶级的一面，他爱自己的妻子，与她共睡一张床，两人还不时发生夫妻间的口角，这些事在旧制度下的贵族家庭中是看不到的，但他作为英雄的一面，同样也体现了他的现代性。他那些看上去最为古典的表现，或许可能是他最为现代之处。拿破仑是现代个体的形象。1797 年在法兰西研究院的会议上见过他的洪堡（Humboldt），敏锐地观察到波拿巴"将有功于现代理想"。[96] 没有比这更准确的形容了。他留给现代想象的是他那"凭自己的意志就可掌控命运"[97] 的信念——这也是我们的信念。对于同时代的人来说，波拿巴意味着没有显赫的祖先和姓氏，凭借意志、天赋和勤奋造就了自我的人，他就是所谓的自己诞下自己的那种人，他缔造了自己的命运，抵达了前所未有的高度，突破了所有已知的界限，他将"自身才能的完全发展"视为至高的幸福，为实现这一点从不浪费哪怕一个小时的时间，并且相信只有更大更广的生命才有意义。对他的生命而言，有某种东西就像爱情对保罗·瓦莱里的意义一样，在其中可以寻得"整体生命力的增进"，以投身于完全不同的事业中去，[98] 这就是荣誉。波拿巴在追寻荣誉的过程和约瑟芬在他心里唤起的爱情中，找到了生命的意义。这就是拿破仑的魅力时至今日仍然存在的秘密。他是卡莱尔（Carlyle）定义下的英雄，即"能够建立最多、最伟大的功业"的人，[99] 是后来的浪漫主义价值观——在对精力过人的杰出人物的颂扬中得到体现——的化身。歌德在与埃克曼（Eckermann）交谈时惊呼道："那就是拿破仑！他总是光芒耀眼、多谋善断，并且能够在他认为必要和方便的时候以饱满的精力投入工作。他的人生，简直是半神的一生。"[100] 但是这并不意味着他同时代的人也想做拿破仑所做之事，因为，在这方面他无人能够效仿、举世无双、任何人都难以望其项背。"他的命运，"歌德补充道，"如此耀眼，在这个世界上是前无古人，后无来者的。对的，对，我的好朋友：听好了，那个家伙，是我们所无法企及的！"[101] 英雄只能受人敬仰，而不能被人效仿。从另一个角度来讲，这意味着从那时起，那些想要效仿他的人，也将受到那些对他来说必不可少的动力的激励，这驱使他将周遭的一切变为自己命运的臣民和背景。[102] 他既是人们的典范又无法被模仿。但是，神话中的英雄们难道不也是半人半神、既触手可及又与我们相距甚远吗？

第13章

拯救督政府

作为革命法国的英雄（雅各宾派们还没有忘记"葡月将军"），波拿巴也同样是"温和"法国的英雄。1797年的春天，代表这一立场的保守共和派和君主立宪派人士刚刚在立法团部分选举（立法团成员每年改选三分之一）中获得了压倒性的胜利，以至于让他们开始相信权力唾手可得。即便是他们想要结束大革命并重建王权，他们也不得不向被波拿巴在意大利的胜利唤起的广泛热情屈服，洛迪和里沃利的胜利擦去了他们脑海中对"葡月将军"的记忆。"我们葡月党人，"拉克雷泰勒（Lacretelle）回忆道，"在看到这个曾在巴黎的街道上向我们开火的人赢得了不朽的声名时，不免带有怨恨之情，但是这番怨恨无法对抗广泛的崇敬；对我们来说我们的失败似乎又因征服者的名声而光荣。"[1] 流亡贵族们自己也在为马莱·杜·帕恩（Mallet du Pan）口中的——但此时并没有太多人赞同——"芒德兰（Mandrin）的杂种"[2] 的功绩喝彩。马莱震惊于那些对革命最抱有敌意的人公开表现出对波拿巴的崇敬，他们竟到处宣称："在这位新时代的意大利征服者面前，凯撒难道不就是个小学生吗？"[3] 这可真让人摸不着头脑。

波拿巴的爱国精神和军事天才，都不足以解释这位意大利军团的指挥官的中庸表现所引起的痴迷。从未有人见过任何一位革命将领像他这样谨慎地对待旧制度下建立起来的权力。当然，他强迫意大利王公们接受了苛刻的条件，敲诈了他们数以百万的巨款和数百件艺术品；但他从未对贵族的特权提出半点质疑，或是对"迷信"导致的恶行有过任何批判。与之相反：他毫不犹豫地反对那些试图效仿法国，声称要推翻王权与教权的人。而且在他的谈话、公告和信件中，他都没有忘记要捍卫宗教。"你们的财产，你们的宗教和习俗都将受到尊重"[4]，他曾对皮埃蒙特人保证道；几天后，他又向米兰人保证将"尊重所有权，尊重个人，尊重人民的宗教"。[5] 即便是其他将军，尤其是皮什格鲁也有过类似的言论，[6] 但是人们对一位众所周知的雅各宾派将军说出这种话尤其感到奇怪："我更愿意以圣座的拯救者而不是它的毁灭者而闻名。"[7] 他在罗马对法国代表这般说道。这种与督政府截然相反的态度极度引人注目。督政府此时给他写信表示"罗马的宗教永远都是共和国不可调和的敌人"。[8] 为了讨好政府以便他可以更随心所欲地行动，也为了避免得罪态度激进的意大利军团——以蒙日为代表的不少人都想要"在地球上抹去桎梏人类精神的教廷政府、焚毁这个谎言的中心"[9]——他也会主动地取笑那些"坏神父"，[10] 并断言说一场革命很快就会摧毁"这台老旧的机器"。[11] 但他同时又给驻费拉拉的教宗使节枢机主教马泰（Mattei）去信："我会特别留意，不让我们父辈的宗教被迫改变。"[12]

波拿巴与教宗

如果说奥地利的反击让波拿巴显露出了他的军事天赋，那么将他自己的政策成功施加给教宗的方式则第一次显露了他的政治能力，在这之前连他本人都不知道自己在这方面有多少才能。如上文所述，在1796年5月，督政府命令他威胁罗马并要求其交纳巨额贡金和大量艺术品，教宗本人要立刻"公开为法兰西共和国的繁荣与胜利祈祷"。[13] 波拿巴服从了，并对教宗国采取了好战的姿态，向他的士兵保证他要"重建卡皮托利（Capitole）*"并"唤醒被奴役了多个世纪的罗马人民"。[14] 与此同时，可能是出于军事的原因，而非意识形态或单纯政治上的考虑，他拒绝进军罗

---

* 罗马七丘之一，是罗马建城之初的宗教与政治中心，此处为罗马城的代称，下文中还会出现这一用法

马，以奥地利的威胁和酷暑为借口，他甚至都没有进入博洛尼亚。[15] 教宗庇护六世并未坐等意大利军团踏入他的领土，他主动联系了这位曾经默默无闻，如今却在几周内就击溃了皮埃蒙特人并把奥地利人赶出了伦巴第的将军。他请西班牙驻罗马的大使阿萨拉去见波拿巴。1796年6月7日波拿巴接见了他。这位西班牙中间人先是见了萨利切蒂，这是位并不友善的谈话对象，他用最刺耳的言语来抨击那位"信仰的暴君"。之后波拿巴给他的回复也好不到哪里去。和萨利切蒂一样，将军开价5 000万法郎，并要求驱逐在罗马避难的法国神职人员，颁布教宗训谕劝导法国的天主教会支持共和国。第一次会面毫无成果，但是谈判双方都已见识到了对方的手腕，知道对方是个棘手的对手。二人一样狡诈，差别在于，这是波拿巴的第一次真正的国际谈判，而阿萨拉早已谙熟外交的秘密（他已经66岁了）。两周后波拿巴带着军队在教宗领地博洛尼亚扎营，阿萨拉此时的立场已不容他再提出任何要求了。然而他顶住了波拿巴的怒火，甚至在某种程度上取得了一场胜利，他从萨利切蒂和加罗口中套出了他已经有所怀疑之事的证据——法军并不打算进军罗马。尽管他没能按教宗的要求将贡金的额度谈至1 000万以内，但他成功迫使波拿巴将这笔赔款从4 000万降到了1 200万。[16] 为赔款讨价还价并不是他们争吵的唯一动机；还有政治问题，而且似乎就是从那一刻开始——1796年6月——波拿巴就规划出了他此后对待教廷的路线。法国历史学家注意到了驻佛罗伦萨法国事务代办，后来成了波拿巴的得力盟友的弗朗索瓦·卡科（François Cacault）。卡科非常熟悉意大利事务，在他坚定的共和主义者的外表下，他实际上是个温和派，而且并未低估教宗在精神和道德上的力量。他至少启发了将军一部分的政策："宽容在体谅神职人员的同时又要严厉地对待他们，告诫士兵尊重天主教信仰的同时又要迫使罗马教廷接受协议。"[17]

为了让政府满意，波拿巴要求释放关押在罗马监狱的十来名政治犯，并重申了督政府希望教宗国颁布训谕平息法国内部的宗教争端的立场。这笔买卖对教宗和教廷来说代价微乎其微，教廷很快就起草了敦促法国天主教徒遵从共和国法律的条文。但是这份题为"关怀圣牧"（Pastoralis Sollicitudo）的训谕，仅仅是一份没有获得任何官方认可的草案且告知前往巴黎商谈和议的罗马使节这只是代表了教宗的善意。此外，即便这道训谕上有教宗的签字，也不过是众多并无下文的正式公告之一。而波拿巴此时放弃了督政府的另一个要求，因为这个要求将会让庇护六世蒙受耻辱：将数以千计不愿服从政府的神职人员驱逐出境——据说有3 000人到5 000人——尽管罗马教廷和教众并未热情款待他们，导致他们的生活朝不保夕，但是教宗，正如阿萨拉对波拿巴说的那样，不会在他们没有犯下"不忠"之罪的情况下把他们赶走。[18] 通过放弃命令中的相关条款，这位革命将领保全了教宗的面子。而且从今以后，尽管法国还有各种要求，但是教宗已经知道，他面对的已不再是敌人，而是可以合作的对象，尽管对方非常棘手，但终归一定会在罗马的大门前停下脚步。"终于，我们能喘口气了。"在得知停战协定终于在1796年6月23日于博洛尼亚签署后，教宗如此说道。[19] 而在波拿巴身边，某些心思缜密的人也已知道摧毁"骗子的王座"并不在将军的计划内。[20]

再者，督政府此时也同样放弃了剥夺教宗世俗权力的打算。[21] 但是政府缺乏一条明确的路线，一会儿要废黜教宗，一会儿又答应谈判。当庇护六世的使者们前来巴黎商讨和约的具体条款时，他们很快就不得不认清一点：法国的热月政府并不比它的前任对罗马更友好。而且因为督政府要求庇护七世认可1791年的宗教人员民事组织法，始于8月12日的谈判没几天就破裂了。使者们在9月回到佛罗伦萨，面见萨利切蒂，但也没有取得什么进展。督政府又回到了最初的目标：废黜教宗。在他们看来，教宗已用和谈失败的借口撕毁了博洛尼亚的停战协议，进行了抵抗入侵的全面动员，并在9月25日与那不勒斯王国签署了防守同盟条约。在罗马，奥地利连续发动的反击激起了人们的希望，尽管几次反击都以失败告终：人们想要去相信这个规模不大的法国军团不可能一直顶住这样的攻击。波拿巴已经以在费拉拉粗暴对待教宗使节的方式向教宗发去了警告，[22] 但是他仍不想中断往来，在佛罗伦萨的谈判失败时，他责备法国全权代表缺乏灵活性。这是在10月8日。几天后，我们就看到督政府以批准成立波南共和国为标志，将法国对意大利的外交决定权全部交给了波拿巴。[23] 后者立即给弗朗索瓦·卡科写信，让他重建与罗马的对话：

　　这样，您可以告诉教宗我已经收到了巴黎的答复；法国政府经过审慎考虑，他们让我负责来结束与罗马的所有争端，无论是动用武力，还是进行新一轮谈判。希望让教宗看到我对结束这场漫长战争的渴望，让他知道我希望尽快结束这种念之断人肠的不幸局面，而我给了他一条可以保住荣誉和宗教领袖地位的体面道路。您可以公开地向他保证，我一向反对督政府之前向他提出的协定，尤其是谈判的内容；所以，在我一再地特别要求下，督政府才让我负责开辟新的谈判道路……您自己也知道，我们在这方面有一致的原则，而且，看看督政府给我的无限能力，如果罗马方面愿意持中立态度，我们能利用这一点，给这个世界上最美丽的地区带来和平，并能安抚大多数人的小小良心。[24]

　　尽管他热切地渴望成功，卡科——即便是有枢机主教马泰[25]的支持——还是失败了，但这一次，错在罗马教廷：看到波拿巴在阿科拉遭到重创而且不相信那不勒斯的失败（它在10月10日与法国秘密签订了和约），它们转而向奥地利求援了。1797年1月10日，一封枢机主教布斯卡给阿尔瓦尼阁下（教宗的驻维也纳大使）的信落入了波拿巴的手中，他由此得知了教宗实际上已寄希望于"奥地利的好运"了。[26]奥地利已经把科利将军派去了罗马，他负责为教宗组建一支军队并且在法军背后开辟一条第二战线。里沃利战场上的硝烟刚刚消散，波拿巴就宣布他要"径直向罗马"[27]进军，横扫教宗的军队，并把教廷的首都拿来作为和奥地利和谈时讨价还价的筹码：摩德纳、费拉拉和罗马涅将合并为作为法国盟国的波南共和国，伦巴第和曼托瓦将归还给奥地利，奥地利还将得到原属西班牙的帕尔马，至于西班牙获得的补偿则是罗马。在巴黎沉醉于里沃利大捷的督政府，开始变得贪得无厌了：莱茵河左岸、部分北意大利、比利时，以及摧毁教宗的世俗权力。1797年2月3日，督政府命令将军"如果可能的话，摧毁罗马教廷的中心……或者将罗马置于其他权力之下。更好的选择则是，建立一个民政机构，使这个牧师的政府显得极其恶劣可憎，迫使教宗和枢机主教们不得不到他们不再有世俗权力的地方寻求庇护"。[28]但是1797年的波拿巴并不比1796年的他更想进军罗马；而且即便是他在别人面前从不掩饰他想给破坏停战并向奥地利求援的教宗上一课的意图，但他同样也让他们知道他无意推翻教宗："我请您向圣座保证，"他在给枢机主教马泰的信上写道，"无论发生什么，他都会平安无事地待在罗马。宗教总理（Premier ministre de la religion）这个头衔，既能让他自保，也能让他保住教廷。"[29] 1796年的波拿巴止步于博洛尼亚，这一次他直抵乌尔比诺（Urbino）、马切拉塔（Macerata）和安科纳，1797年2月9日，他占领安科纳，接受了教宗军队的投降。在巴黎，人们已经在畅想法军占领罗马、教廷分崩离析、庇护六世被迫放弃他的首都的场面了。但是已经得知了波拿巴的约定的罗马，以枢机主教马泰为首的外交官们，已经被他的保证安抚了下来。在安科纳，波拿巴再度保证，他不会"改变天主、教宗和罗马的宗教"。[30] 他告诉督政府，这些保证不过是空口白话，而且即便是那些"神职人员"保住了"卡皮托利"，事情也没完：他计划中给教宗造成的财政危机将很快使罗马爆发革命。[31]

2月19日，在距离马切拉塔不远的托伦蒂诺，双方签署了条约，这场谈判还不是波拿巴此时必须解决的事情中最为困难的。他急着返回弗留利，开始向维也纳进军，而教宗的使者则催促他尽快达成正式认可教宗世俗权力的协议，并要求法国政府停止它的恐吓。波拿巴又上演了一遍我们已经熟悉的场景：他耐心地聆听着枢机主教卡莱皮（Caleppi）滔滔不绝的"说教"，然后，当他觉得对方已经说得够多了时，他用拳头敲着桌子，用可怕的报复威胁他们，并且强迫他们接受和平的价码：永久放弃阿维尼翁和教宗领地，安科纳则"直到欧洲大陆实现和平"后才会归还给教宗，博洛尼亚停战协定中的赔款总数再加1 500万法郎。马泰说这个和约，"在任何方面都近乎城下之盟"；但是，他补充道，用这种方式，"罗马得救了，宗教也得救了"。[32] 而且，马泰将这个和议的达成，看作是波拿巴的政治选择，而非归功于马泰自己的外交能力。

等待蒙克

督政府并没有被波拿巴那长篇大论的反教鬼话糊弄住，而且他们为他如此谨慎地对待这个"狂信的巨人"而感到愤怒。有神博爱教（théophilanthropes）的大祭司拉勒维里简直怒不可遏："在意大利发生了好事，"他牢骚道，"一个共和国军队的总司令竟然称罗马的暴君为'圣父''圣座'！"[33] 政府一如既往地，让波拿巴自行其是，尽管他在政府眼中已是篡夺了政府权力的"专制君主"。更糟的是，将军不仅在对待罗马时小心谨慎，似乎还要无视制裁流亡者的法律。在看了约瑟夫·德·迈斯特（Joseph de Maistre）最新的《关于法国的思考》的意大利语译本后，他告诉作者可以在他个人的保护之下安全地回到萨伏依；在看到流亡到教宗领土的法国神职人员的悲惨生活后，他让罗马的管理者给予他们体面的生活环境；最后，在提到"王位觊觎者"，即已经根据法国的要求被赶出维罗纳的普罗旺斯伯爵时，他称其为"先生，法国的国王"。[34] 这么做可能只是因为所有人都称路易十八为"国王"，他只是出于传统，并不带什么恶意；但是这一尊重的表现似乎确认了这位小将军和那些巴黎的掌权者不是同一路人。就像斯塔埃尔夫人写的那样："波拿巴在意大利的宣言，意图让人们相信他。在那里占据主流的是带有贵族色彩的温和言论，与法国平民领袖们的激烈革命言论大相径庭。战士像文官一样讲话，然而文官却用武力说话。"[35]

对于法国未来的想象，不仅仅是为了反对革命，也受到了1660年的英国先例的影响。在《关于法国的思考》中，约瑟夫·德·迈斯特预言大革命在法国的终结方式应该是和英国一样的：以复辟收场。什么时候？怎么复辟？即便不太可能准确地预见，但是很明显，他说，法国人会看到蒙克的出现。[36] 革命可能会在所有希望都消失的时候找到自己的结局，重建王国的也可能不是一位王党人士，因为"蒙克是什么时候开始为君主效力还不得而知"。[37] 温和的君主派和流亡者中的大多数都不相信王党有能力夺回王座；只有军人，他们说，才能够排除千难万险把国家带回正轨。恢复君主制必须有蒙克，法国的蒙克，来自法国的蒙克。已经有很多高级军

事将领加入了反革命行列：迪穆里埃、皮什格鲁、维约（Willot）和鲁热
（Rougé）。玛索在死之前可能也打算加入这个阵营。但是他们的变节让他
们被流放、剥夺公民权并被当成了叛徒。波拿巴的名字被越来越频繁地提
及。"我们密切地注意着他而且我们的预测没有错，"拉克雷泰勒说，"我
们很乐意把他看成能够终结我们已经倍感疲惫的革命的人。"[38] 君主们的
使者接近了波拿巴。他们向他提出如果他同意扮演蒙克的角色，就让他
当法兰西的陆军统帅。他并没有驱赶他们，而是对他们的"馈赠"微微一
笑，就像奥地利提出在德意志或意大利给他一个公国时那样。[39] 如普罗斯
珀·德巴朗特（Prosper de Barante）所写，"人们无法给予他任何比他所
想之物更为宏伟的东西"。[40]

维罗纳的屠杀与威尼斯的"革命"

笔者不像梯也尔那般确定，以攻打土伦的"保王乱党"开启军事生涯
的波拿巴，"从一开始就反对这一群体"。[41] 与督政府在意大利问题上无休
止的斗争，他对督政们的极低评价，以及共和制度下的一切事物，或许除
了他军中的雅各宾派之外的一切都在把他推向右翼。他早就不相信1795年
建立的共和政体有能力终结革命了，而且当他谈起它时，说出的话几乎和
位于克利希街的王党俱乐部的支持者们如出一辙。一天，在与梅尔齐和米
奥·德·梅利托在蒙贝洛花园散步时，他突然停了下来，说：

> 你们能想象我在意大利的大捷只是在给督政府那帮律师们，像卡
> 诺和巴拉斯这些人，扩大权力吗？这算什么主意啊！一个3 000万人
> 的共和国！以我们现在的做法，我们的堕落！这怎么可能！这不过是
> 法国人沉醉的一个幻想，和其他的一样都会消失。他们想要的就是荣
> 誉和自己虚荣心的满足；至于自由，他们并不懂得其中的意义。[42]

先前批准了他进军维也纳的计划的督政府，在得知了他签订初步合
约（1797年4月18日）的地点是在距离维也纳首都仅几十千米的莱奥本

时，又感觉自己上当了，这使得与右翼力量建立联系对他的诱惑更大了。如果我们想要理解导致条款被签署的一系列事件，那就要回到威尼斯共和国，这与军事行动直接相关，因为若不穿过从总督之城一直延伸到维罗纳和加尔达湖的威尼斯"大陆领土"，法军就无法进入奥地利。

很久以来，威尼斯的中立就只存在于回忆中了：从1796年5月开始，其在大陆上的领土就成了法奥冲突的舞台。进攻与反攻伴随了整个夏、秋、冬季，法国人向威尼斯人保证他们只是路过并且尊重古老共和国的中立，威尼斯则郑重保证他们对与日俱增的反对法国的行为表示强烈谴责。没人上当。最古老的共和国对他们的法国小表亲没有表现一点好意。他们的感情近乎仇恨，波拿巴一点都不夸张地说："在所有意大利人中，威尼斯人是最恨我们的。"[43] 同样也是在这里，法国入侵者只发动起来了极少数的革命者支持他们的行动。他们基本上是妒忌权力集中在总督之城的贵族阶级手里的"外省贵族"。这里的革命派对法国的依附要甚于别处，因为除了这些为数不多不满于现状又野心勃勃的贵族之外，大部分的民众，尤其是饱受征收粮草和士兵敲诈之苦的农民们，痛恨这帮侵略者的狗腿子就像痛恨侵略者本身一样。早在1796年年底，在威尼斯"发起摩德纳和博洛尼亚那样的革命"的主意就已存在于将军的参谋部和巴黎，[44] 但是直到从与教宗签订托伦蒂诺条约（1797年2月19日），到向维也纳进军（3月10日）之间的这段时间，波拿巴才决定要推翻威尼斯政府。一方面是保证法军进攻奥地利时后方的稳定，另一方面是为未来与维也纳的谈判增添额外的筹码。

1797年2月24日，波拿巴让克拉克[45] 通过奥地利驻都灵的大使盖拉尔迪尼男爵（Gherardini）与奥方取得联系。二人的碰面发生在距离皮埃蒙特首府不远的地方，同天波拿巴也向卡尔亲王发动了致命一击（3月10日）。克拉克表示，只要奥地利同意用比利时和莱茵河左岸领土交换伦巴第和巴伐利亚，法国就同意签订和约：

> "那你又准备给巴伐利亚选帝侯什么补偿呢？"盖拉尔迪尼说。
> "没有补偿，"克拉克回应道，"我会给他打个招呼。"……盖拉尔迪

尼表示皇帝不会对此感兴趣，只有意大利能给予他补偿。他嘲笑了米兰和博洛尼亚的共和闹剧，还提到了教宗领地。而克拉克也亮出了底牌："哦，至于波南共和国，我们不会放弃的，我们将会为它而战。"而且为了让这个条件被接受，他给出了一个接一个的提议："我们准备在与英国的和谈中接受你们的调停；你们可以保留曼托瓦……如果你们愿意，你们可以占领威尼斯属克罗地亚……"盖拉尔迪尼连眉头都没有皱一下，他简单地回复道那是"中立国家领土，夺得它有违皇帝陛下的原则"，他又说回了教宗领地。会谈没有任何成果，但是关键词已经被提到了。盖拉尔迪尼认为和平已有望达成。[46]

不仅仅是和平，而且将是能满足奥地利外交上不能明言的渴望的和平。说到底，奥地利对伦巴第并不在意，比利时和莱茵地区也不是原则性问题，只要法国能给予它恰如其分的补偿。它要的是哪里？在德意志境内吗？法国提议用巴伐利亚交换比利时，并用一些教会领地交换莱茵河左岸，这并未打动皇帝，他担心会在帝国内部引发动乱。和他的大臣们一样，他想要的是在意大利获得比伦巴第更有价值的补偿，能够使奥地利获得通往地中海的道路的补偿：威尼斯。即便不能得到城市本身，也至少要获得它靠近奥地利边境的领土，和它在巴尔干半岛的属地。"立足威尼西亚（Vénétie）对我们来说极富吸引力。"[47]奥地利首相图古特男爵在克拉克和盖拉尔迪尼会面前一个月如此写道。然而，在奥地利实现这一目标的道路上尚有阻碍：威尼斯共和国是个独立、合法、为国际所承认的主权国家，他们的政府不可能任人摆布，除非被人征服。但是皇帝有所顾虑。为了避免遭受因摧毁威尼斯共和国带来的指责，他希望由这些法国人为他火中取栗。[48]所有的一切都在奥地利首相构思的步骤和波拿巴的默许下进行着。即便是在战况还未发展到需要和谈的程度时，他们就已达成了一个共识，至少是确认了一条基本原则：如果能签署和约，那么将由威尼斯为两国的和平买单。

在克拉克与盖拉尔迪尼会晤期间，贝尔蒂埃前往米兰与要塞守军司令基尔迈纳（Kilmaine）将军和他的参谋之一朗德里厄（Landrieux）上校会面，要求他们在威尼斯的大陆领土上的数个城市，仿照去年10月份推翻了摩德纳公爵的"革命"，掀起亲法的暴动。朗德里厄在回忆录上确认了这点，甚至还提供了3月9日与伦巴第主要负责人商议行动最后细节的会议记录。[49] 在这场暴动中，法国的支持者在3月12日占领了贝尔加马（Bergame），3月14日占领了布雷西亚，3月17日占领了萨洛（Salo），3月28日占领了克雷马（Crema），接下来是科莫和维罗纳，这显然得益于米兰的援手和法军的放任：威尼斯的革命者的力量不足以独自成事，而且在意大利没有法国的允许是干不成任何事的。波拿巴是否亲自下达了必要的命令？以及米兰和威尼斯的革命者们是否得到了某些和他们有联系的军中人士的支持，以利用了当下局势——在威尼西亚驻扎了大量法军——在威尼斯的大陆领土上引发革命？在得知了贝尔加马之事后，波拿巴指责他们"严重损害了"法国的利益。[50] 他是对的，在这些亲法的暴动者占领城市时，农村也爆发了起义，只不过是反对法国人和他们的同谋的起义，而且这里很快就看上去像是"另一个旺代"了。[51] 但在波拿巴责备这帮"爱国者"的行为的同一封信上，他也同样表示拒绝介入以阻止"这些相较于帝国的军队更喜欢法军的威尼斯人"；并且，他在第二天还公开地为暴动者的动机辩护，还威胁政府如果它暗中勾结任何对抗这些"雅各宾"和他们的法国盟友的力量，那就等着报复吧。[52] 假设3月11日的暴动是有预谋并在法国人的帮助和认可下执行的，那么我们也无法确切地知道到底是谁下的命令，是波拿巴，贝尔蒂埃，还是基尔迈纳。

引发这场暴动的目的，是否是为了让法国有借口插手威尼斯共和国的内政呢？如果是这样，那么很可能法国不仅仅要为3月11日的"革命"负责，同样也要对维罗纳的反法屠杀负责。这次暴动是由一份由威尼斯行政官员签署，日期为3月20日的布告引发的。它号召全民暴动反抗法国和它的支持者。[53] 4月17日和4月18日冲突爆发，并在局势尚不明朗的情况下变成了对法国人的捕杀，导致有三四百人遇难。导致后来所有事情发生的这份布告据说是记者卡洛·萨尔瓦多（Carlo Salvador）炮制出来的，[54] 最早发表于4月5日，登在米兰"雅各宾派"报纸《政治温度计》（Termometro politico）上。同一天，也就是大屠杀发生之前的12天，拿破仑在不可能看到这张报纸的情况下，在一封信中提到了这一宣言，他还在信中谴责了直到几天后才会在维罗纳张贴出来的布告！[55] 凡此种种，我们怎么还能相信他没有卷入这场阴谋？尽管这些反法暴动的煽动者们，从来未曾想到这会导致己方300人以上的死亡。[56]

莱奥本和约的初步协议

4月17日，在维罗纳开始爆发混乱时，和约的初步协议只差由谈判人签署了。

皇帝的代表于4月13日抵达莱奥本。关于莱茵河左岸命运的问题，双方很快就达成了共识。[57] 对莱茵河流域领土的未来漠不关心的波拿巴，愿意接受法国对此地区的临时占领，直到，用神圣罗马帝国代表的话说，它的命运被裁定（因为他们的皇帝拒绝在没有得到帝国议会支持的情况下做出这方面的决定）。另一方面，在吞并比利时的问题上，谈判几近破裂。维也纳方面坚持要求归还比利时，而波拿巴除了奥地利并不想要的德意志领土外不愿提供其他补偿。奥地利在这个问题上反复争论，只是为了迫使法国主动提出在意大利补偿奥地利。最后，在4月15日，奥地利人摊了牌，表示只要法国答应归还伦巴第，并且将"明乔河、波河和奥地利边境之间的全部威尼斯领土"或是所有法国从教宗那里得来的领土割让给奥地利，那么马上就可以签订和约。[58] 在明确得知波拿巴不打算放弃米兰和博洛尼亚后，奥地利人表示若想达成和议，法国就必须给予他们威尼西亚，尽管谈判双方都未曾拥有过它。

3天后，作为最终和约的商讨基础的初步协议，得到签署。我们总结一下：奥地利放弃比利时和伦巴第，作为交换将获得威尼斯共和国在大陆上的领土，以及达尔马提亚（Dalmatie）和威尼斯属伊斯特里亚（Istrie）；威尼斯则获得原属教宗的博洛尼亚、费拉拉和拉韦纳作为补偿；法国将在意大利建立一个独立的共和国，领土包括摩德纳公国（在公爵得到补偿的情况下）和包括"阿达河、波河、奥廖河（Oglio）、瓦尔泰利纳（Valteline）和蒂罗尔之间的"部分威尼西亚，或是米兰以东的克雷莫纳、克雷马和贝加莫（Bergame）等数个省份，直到瑞士边境；最后，由法国占领的莱茵河左岸地区的命运交给由法国代表和神圣罗马帝国代表共同组成的大会，在"保证德意志帝国完整性的基础上"进行商议。[59] 就这样，法奥的初步协议以牺牲另外两个国家为代价：起初被剥夺了大部分领土只剩下威尼斯城的威尼斯共和国，以及刚颁布了宪法（3月27日）就要准备消失的波南共和国，它领土的大部分——之前的教宗领地——给了威尼斯，其他的——摩德纳和雷焦——将被并入未来的伦巴第共和国或山南共和国。

对威尼斯共和国的判决被立即执行。甚至在谈判开始前的4月9日，波拿巴就已经给威尼斯的掌权者发去了第一份最后通牒，要求他们立即制止在他们领土上对法国士兵的谋杀。海军军官洛吉耶（Laugier）遇害的消息让战争不可避免，4月23日的船在利多（Lido）附近海域遭到炮击。在得知这个消息时，波拿巴发誓要成为"威尼斯的阿提拉"[60] "毁灭它残暴嗜血的政府"[61] "将威尼斯的名字从地球上擦去"[62]，并叫嚷着"要用威尼斯全体贵族的鲜血祭奠被他们屠杀的法国人"。[63] 私下里，他和被派去给总督送最后通牒的朱诺，一起嘲笑着那些来接见他的"裹着过时的衣服，几乎要把自己热死的老头们"。[64] 5月1日，他向威尼斯共和国宣战，全然没有考虑他仅是一个军团指挥官，根本就没有这项权力。第二天，法国军队占领了威尼斯对岸的梅斯特雷（Mestre）；5月12日，受法国支持者操纵，又被外面的枪声吓得六神无主的大议事会（Grand Conseil）召开了最后一次会议，并宣布放弃其职权；5月15日，法军占领了城市，5月16日，他们在此成立了傀儡政府，开始马不停蹄地进行莱奥本条约提到的"威尼斯的大陆领土与教宗领地"[65] 间的交换。

这些协议在卢森堡宫引发了风暴。督政内部产生了意见分歧。长久以来一直反对任何领土扩张的卡诺对这个条约很满意，尽管他对威尼斯的命运有些许不满。然而勒贝尔一点也不想听到这些（尽管巴拉斯和拉勒维里起初支持这个条约）：他指责波拿巴接受了一个完全对奥地利有利的和约，而且，波拿巴根本没有权力进行和谈，他应该将这项任务交给政府的特派员克拉克将军；而且所有这一切，签订牺牲莱茵左岸利益的条款，不过就是为了让波拿巴获得在意大利建立他的共和国的虚无的荣誉罢了。[66] 勒贝尔称这是背叛，甚至提出要组建军事法庭。波拿巴并未忽视此初步协议会在巴黎引发怎样的反对，在凯拉斯科停战协定[67]签署的第二天，他就一封接一封地给巴黎写信为自己辩护，称他是在尚在都灵的克拉克将军（必须承认的是，波拿巴故意直到最后一刻才把消息告知他）无法及时赶到的情况下才负责了与奥地利的谈判，他承认这份协议可能不完美，但它显然是目前状况下能达成的最好结果，因为他在莱茵河畔的战友们并未像他一样，完成他们自己的预定任务；以及他还以惯用的套路作为结尾：他再次提交了辞呈，明知督政府绝不会接受他的辞职。[68] 即便是督政们能够弥合内部的巨大分歧，达成一致去谴责波拿巴的行为，他们又该怎么去对付一个已经被舆论和报刊歌颂为"欧洲和平缔造者"的人？没有办法。政府批准了初步协议。只有强烈反对波拿巴的意大利政策并坚持要征服莱茵河左岸的勒贝尔，还有勇气提出反对意见。

不少历史学家都同意勒贝尔的观点，认为这些初步协议将胜利拱手送给了奥地利。奥地利的谈判代表之一德加洛侯爵，不是也说过这是"一个奇迹般的和平"吗？[69] 他们指出波拿巴做出的让步要远比他得到的多，他让奥地利重新涉足意大利（在一个比之前更为有利的位置上）而没有使法国在莱茵河地区获得任何补偿，唯一换回的就是建立了一个四面环敌（奥地利属威尼西亚、热那亚、皮埃蒙特等等）的山南共和国，支援它代价高昂且路途遥远。但是指责波拿巴用自己的政策替换了督政府的政策的前提，是后者的确对此有一个政策，而这仍有待论证。实际上，法国政府对其战争最终目标的定义一直在不停变动，取决于环境、国际和国内形势的发展以及五位督政之间的结盟关系的变化，他们相互厌恶，又都试图把国家政策推到符合自己理念或利益的方向上。[70] 他们在军中或是外交事务上的代理人们，又怎么能不无所适从呢？他们有责任以某种方式解释政府的意图。考虑到情况如此多变，我们得承认波拿巴的应对还算不错，除了他补偿皇帝的领土在意大利而不是在德意志。那么莱茵河左岸怎么说呢？其前途应与神圣罗马帝国"在保证德意志帝国领土完整的基础上"进行商定的附加条款，难道不是实际上放弃了这一地区吗？波拿巴十分狡猾地故意忽略了督政府1797年1月17日后的指令，当时的指令主要围绕着两个原则：比利时应永久性地割让给法国；法国将一直占领莱茵河左岸地区，直到欧洲大陆最终实现和平。因此，他宣称自己有责任至少最低限度地完成卡诺在给克拉克的信中简述的计划：

> 皇帝将比利时和他在莱茵河左岸支配的所有地区割让给法国。我们撤出伦巴第。我们将继续军事占领普法尔茨与特里尔、美因茨和科隆选帝侯领地，直到欧洲大陆最终实现和平后将其归还……这些建议是督政府的最后通牒，您可能觉得它们太谨小慎微，但法国迫切地需要和平，这一呼声是如此的普遍，而且我们也极度缺乏继续战争的手段，因此我们得知足。这些条件下的和平仍是光荣的，而且在我看来也将会是稳固的。[71]

虽说这项计划必然导致要放弃在意大利的战果，但波拿巴决定无视这一点，特别是因为督政府命令的字里行间都表示政府在这个问题上的选择需要得到意大利军团的总司令的支持；由此他有能力达成一份比曾经期望他的更为有利的和约。

果月十八

这是他与断然拒绝自己的督政府距离决裂最近的时刻。在得知了威尼斯发生之事后，右翼反对党的演说家们，以及支持他们的报纸，猛烈抨击了威尼斯所谓的"革命"。他们谴责这种对该古老共和国中立地位以及其与法国之间的友谊（以及与热那亚共和国的友谊，那里的总督也刚刚被推翻）的破坏，"姊妹共和国"的建立，让法国扩张至"天然疆界"之外的野心，这一切都有着让欧洲陷入无休止的战争的风险。右翼迫切渴望和平，没有和平就无法终结国内的革命，他们敌视"天然疆界"的论调，就像敌视所有以对外传播大革命的思想与制度为目的的政策一样：

"我们忘了吗？"右翼雄辩家之一，迪莫拉尔（Dumolard）代表说，"这已经不再是让阿纳卡西斯·克洛茨（Anacharsis Cloots）夸夸其谈的时代了。法兰西民族不应以它受宪法保护的自由而骄傲，并在享受这种幸福的同时也去尊重别国的独立，而是要痴迷于扩张的美梦之中吗？……不断向其他主权国家宣战，导致联军死灰复燃，这难道是为了我们的荣誉和利益吗？"[72]

他的反对者指责右翼想要让法国退回旧制度时期的边境。即便他们不打算把阿维尼翁还给教宗，或是把尼斯和萨伏依归还给撒丁国王，但他们毋庸置疑反对吞并比利时和莱茵河左岸地区，这也是愿意将摩泽尔河定为法国北部边界的卡诺，相信可以联合保守派的原因之一。至于波拿巴在意大利的征服，保守派们已不想再听到任何有关的消息了。他们变得如此反对波拿巴和他的意大利政策，主要是因为他们在数周前的选举中获得大胜，认为大权已唾手可得，不再需要一个蒙克来终结大革命和复辟君主制了，不管他是谁。[73] 再说，他们不是已经将公开支持他们理念的皮什格鲁将军作为新的蒙克，推上五百人院主席的位置了吗？因此他们放出了记者，将波拿巴描绘成一个"雅各宾空想家"，称他为"毁灭天使"，说他被"无边野心的极度妄想"驱使，最后指责他，像罗马的门神雅努斯（Janus）一样有两副面孔："当他的白色魔鬼占上风时，他就说着仁慈的话语，给予饱受侵害之人庇护，封锁无政府主义的老巢……当他的黑色魔鬼获胜时，他破坏条约诺言，凌驾于宪法之上，自己也说着叛乱者的话语。"[74]

有些人会认为波拿巴决定站到政府一边，是因为他对这些报道感到愤恨不已，正如他对朋友们所说的："这让我恶心。"[75] 但这种看法是错误的。确实，连最小的批评他都难以忍受：去年夏天，可能是因为卡斯蒂廖内战役前军事行动的失败，让人们以为意大利战役会以悲剧告终，报纸上的批评甚嚣尘上。后来成了波拿巴狂热支持者之一的皮埃尔-路易·勒德雷尔（Pierre-Louis Roederer），此时也因在《巴黎报》上警告政府小心波拿巴日益增长的权威而出名。[76] 波拿巴恼怒于这些胆敢指责他在意大利所作所为的"无耻之人",而且像往常一样,他威胁如果媒体继续"针对"他,他就辞职。[77] 督政府则站出来维护它的将军,给他写了一封公开信支持他,[78] 还鼓动他的同僚中颇有分量的一位——奥什将军——给意大利军团的指挥官唱起了赞歌。"啊,勇敢的年轻人,"奥什写道,"有哪位共和国士兵不被想要效仿你的渴望燃烧啊!鼓起勇气,波拿巴!带领我们的常胜之师到那不勒斯去,到维也纳去;去羞辱那些国王们,带给我们军队新的荣光,以此来回应那些针对你的私敌吧;照看你荣誉的任务就交给我们吧!"[79] 1797年的波拿巴则更加激烈地对抗着来自右翼的攻击,他要求关闭克利希街的王党俱乐部并禁封"中伤"他的报纸,[80] 这次他尤为愤怒,因为督政府避免像1796年那样再使自己受到牵连。6月30日,波拿巴决定公开回应迪莫拉尔的指责。他再次请求政府找个人接替他:"在签订了5个和约又给了联军致命一击后,我有权利,即便不受到全民的喝彩,至少也能过平静的生活,并且享受着共和国最高行政官员的保护。然而时至今日,我却发现我遭到了各种的检举、迫害和诋毁,哪怕我的名誉是属于我的祖国的。"[81] 至于那些罪魁祸首,他在随信附上的关于威尼斯事件的备忘上直接威胁他们,提醒他们在他们和政府之间的力量较量中,他会站在后者的阵营中:

> 在克利希的俱乐部里,那些无知又喋喋不休的律师们质问我们为何要占领威尼斯的领土……哈!当然了,我们知道你们在想什么!你们在责备意大利军团克服了所有障碍,穿越了意大利又两次翻过阿尔卑斯山,打到维也纳迫使他们承认了,克利希的先生们,你们想要摧毁的共和国。很显然,你们是在指责波拿巴缔造了和平。但是我代表意大利军团的8万将士警告你们:没种的律师和恼人的吹牛大王们将士兵送上断头台的时代已经过去了;如果你们不知收敛,意大利军团的士兵会和他们的将军一起来到克利希的门前;那时候你们就该后悔了![82]

与右翼报纸的论战显然有助于波拿巴向督政府靠拢,但却是另一件事使他下定了决心：丹特雷格（d'Antraigues）伯爵的被捕。这位流亡国外的制宪议会前代表，先前构建了一个间谍网。他躲到了威尼斯却没能预测到法军的入侵——显然他的情报并不总是那么可靠，他在1797年5月21日于的里雅斯特被逮捕。得知了消息后，波拿巴命令将他带到米兰，囚犯被秘密关押在索福尔扎（Sforza）要塞。6月1日，波拿巴亲自审问了他。一份文件吸引了他的注意：丹特雷格伯爵和另外一位间谍，蒙加亚尔（Montgaillard）的会谈记录，其中揭露了王党已经把皮什格鲁拉拢了过来。波拿巴和他的囚犯达成了协议：丹特雷格伯爵重新誊写这份记录，并删去了据说涉及波拿巴与流亡贵族代表秘密对话的片段；作为交换，他将离开他阴暗的因牢，住到一个更舒适的地方和家人同住。波拿巴不需要说得更为明确，丹特雷格明白了他的意思：他去掉了其中提及波拿巴的片段，最后只保留了对皮什格鲁的指控，他在此期间成了五百人委员会主席，且颇有影响力。[83] 几天后，丹特雷格轻而易举地逃脱了：没人愿意继续羁押这个棘手的因犯，尤其是波拿巴。

从那一刻起，将军确信立法团中的右翼反对派是被王党裹挟了，而非是其联合军队颠覆共和国的同谋：皮什格鲁与流亡者的联系，莫罗的沉默——波拿巴有证据证明莫罗对此事知情——都暗示着还有为数众多的有权有势的同谋存在。他坚信这一点：克利希街俱乐部的那些自由主义王党和保守共和派们无能、轻佻又虚弱，他们毫不知情地为反革命铺了路。[84] 他决定帮助督政府对付那些支持波旁王朝复辟的党派，并不是因为他仍然是一个"忠实的共和派"：我们都知道他总体上对共和制是怎么看的，具体到督政府就更不用说了。此外，他后来说他当时冷静地考虑了自己的选择。他应该宣布同时反对两个阵营，并以"共和国的调解者"的身份现身吗？"他不认为当时的时代精神和公众舆论能让他走出如此大胆的一步。"[85] 支持在立法团内占多数的王党？但王党对他的政策的攻击排除了这一可能性，再加上他认为终结革命要靠政府的力量，而非是又一场革命，不论是什么形式的革命。[86] 以及必须得说的是，他在共和制下能取得的东西比在君主制下更多：

国王能给他什么样的命运呢？即便他被拔擢至再高的位置，国王也永远居于他之上。相反，在共和国制度下，无人可以支配他。即便他如今做梦也想不到自己日后前无古人的命运，至少他可以预见，以他胆大包天、志向远大的天性，在共和国中将大有用武之地。而在君主制下，法国只会成为一个限于一隅，默默无闻的存在。因此，无论他怎么对待共和国，是为其效劳，还是将其扼杀，波拿巴都可以与共和国一同伟大，或是借由它变得伟大，他必须将其视如自己的未来。[87]

最后，意大利为他展现了他有着何等程度的能力。他歼灭了数支大军，与强国签订和约，治理，管理，立法，就好像"他已经是欧洲这美丽的一部分的独裁者了"，当时的报纸这般说道，他"一手握剑，一手握笔，偶尔也会放下笔拿起象征至高权力的束棒"。[88]"庞大的野心"在他心中燃烧，自从他迫使奥地利和谈以来就尤为强烈，但是，即便他已经想着推翻督政府了，他也不会为王党的利益而做这件事："我自然愿意有朝一日削弱共和派，"他说，"但我希望是出于我自己的利益。在此之前，我还是得和共和派一起行动。"[89]因此，他坚定地捍卫着他既不相信其制度又鄙视的政府，至少直到他能够为自己的利益推翻它的那天。因此他又一次披上了革命者的外衣并"宣布向共和国以及共和三年宪法的敌人发起无情的战争"，[90]并劝谏政府用武力对抗王党的密谋。他在7月15日的信上写道：

> 局势每天都在变糟，而且，我认为，督政公民们，眼下是需要你们即刻做出决定的时候了。……无论是谁，相比在巴黎的街角被人暗杀，都宁愿死在战场上。至于我本人，早已惯于将个人得失置之度外；但是我不能对80家报社每时每刻都散播出的诽谤和中伤无动于衷……我看克利希俱乐部的人是想要跨过我的尸体去毁灭共和国。法国已经没有共和主义者了吗？在打败了整个欧洲之后，我们难道要去找个角落结束自己悲惨的生命吗？只需一击，你们就可以拯救共和国，以及与其命运休戚相关的20万人的生命，在24小时内

就能恢复和平：逮捕流亡者，摧毁外国的影响力。如果你们需要力量，就召唤军队。[91]

这一次，督政府已经决定用武力来解决反对派。由于自4月选举后失去了议会中的多数席位，勒贝尔、拉勒维里和巴拉斯对未来极其悲观。不需要未卜先知的能力也能猜到，已几乎占了立法团多数的右翼代表们眼下要做的就是坐等立法团于1798年春季的下一轮改选，届时他们不仅将在立法团内占到多数，而且大部分督政也会是他们的人，就像巴泰勒米在1797年4月的选举后取代了勒图尔纳（Letourneur）一样，另一位右翼候选人——可能是据说马上要被奥地利人释放的拉法耶特——将会给卡诺和巴泰勒米的组合带来有力增援，并让政府倾向"反动"。政变的主意是勒贝尔提出的，他担心他作为主要支持者的"天然疆界"政策将受到重大冲击。他费了好一番功夫才说服了他需要拉拢的两位同僚：格外反教的拉勒维里-勒波（La Révellière-Lépeaux）由于被右翼有利于不服从政府的神职人员的提案惹怒，在6月与他结盟，巴拉斯一直在犹豫是要与他联手还是与卡诺结盟，最终还是加入了进来。然而三位督政都不愿意倚靠波拿巴，他们将他看作是一个潜在的煽动者。所以他们选择将这次政变委托给奥什，但7月份的几次不合时宜的军事调动，惊动了议会的多数派。政府不得不把奥什调走。密谋者并不太愿意召唤波拿巴，但他寄往巴黎的意大利军团的共和派请愿信，至少表明了他能毫不犹豫地参加政变。[92] 至于波拿巴，他可不想玷污了自己的名声，参与这场颇有风险的政变去拯救早已名声扫地的督政府。他本人仍留在米兰，将奥热罗派到了巴黎（7月27日），又秘密地派了副官拉瓦莱特（Lavalette）过去。"去见每一个人，"他命令他，"抛开党派之见，给我真相，不带任何感情地告诉我。"[93] 拉瓦莱特和巴拉斯进行了长谈，后者给他留下了坏印象，他又去和卡诺会谈，卡诺让他相信了实施"长久的温和制度"的必要性，以及"继续推进革命"已是不可能的。[94] 然而他的军团鼓励波拿巴公开支持督政府，拉瓦莱特则不断地敦促他小心行事并提醒他被牵扯进政府的"不正当暴行"所冒的风险。[95]

果月十七日（1797年9月3日）夜，奥热罗——"自负的土匪"，勒贝尔这么形容他——的士兵在巴黎戒严，封锁了街道。[96] 皮什格鲁将军和他在立法团里的朋友们被逮捕。卡诺藏了起来，然后逃亡国外。果月十八日上午，督政府发表公告，向全国宣布刚刚挫败了一起王党阴谋，所有想要复辟君主制或是恢复1793年宪法的罪人将被立即枪决。两院，或者说两院中还剩下的那些人，宣布98个省中的50个省的选举结果作废（262名当选人中的154人被宣布无效）。五百人院中的42名代表、元老院中的11名元老、两位督政（巴泰勒米和卡诺，目前在逃）、若干名部长和几十名右翼记者被判处流放圭亚那（Guyana）。两位被推翻的督政的职位由梅尔兰·德·杜埃（Merlin de Douai）和弗朗索瓦·德·纳夫沙托（François de Neufchâteau），受人尊敬的司法部部长和内政部部长替代。一项特别法令要求那些未经允许回到法国的流亡者在15天内离开，不然就处以死刑，恢复了恐怖时期对待反抗教士的投票放逐制度，并且关停了许多反对派报纸以钳制新闻界。

听取了副官警告的波拿巴，从此之后避免公开站队。1797年7月他还言辞激烈，从8月开始就谨慎了起来，[97] 而且当果月十八政变结束后，他仍保持着沉默，督政们立刻将其解读为对政变的否定。"你的沉默很引人瞩目啊，我亲爱的将军。"巴拉斯在给他的信上写道。[98] 9月22日波拿巴终于打破了沉默，发布了一份公告，在其中敷衍了事地祝贺政府挫败了"国家的敌人"。[99] 私底下——和往常一样，他的言论很快就被公之于众了——他从不吝惜对政府的批评。他赞许卡诺的公民意识，强烈谴责对"果月党"代表的流放，指责针对流亡者法令的恢复和重新兴起的对宗教的迫害。"目前只能希望，"他在给奥热罗的信上写道，"局势不要发生反复，最终走向另一个极端。只有睿智中庸的思想才能给国家带来长久稳固的幸福。"[100] 督政府非常不安，派了巴拉斯的秘书博托（Bottot）去见波拿巴，结果遭到了冷淡的接见。博托记录了这次会谈：波拿巴尖刻地批判了督政府的意大利政策，和对他的老下属奥热罗的委任——督政府为了褒奖奥热罗在果月十八政变中的功劳，让他接替了突然逝世的奥什将军的职位……毫无过渡地，他又谈起了另一个话题，他指责督政府变得越来越软弱可欺，任由将军们摆布，似乎并没有意识到"军事独裁政府是最糟糕透顶的"这番言论多少有些讽刺意味。他继续道，政府试图用不公和专制的手段，以及在果月十八后的一系列流放来掩饰其虚弱不堪的事实，但这已激起了众怒，他的士兵们收到的数以百计的信件证实了这一点。最后，他甚至提议要在意大利接收"所有督政府认为不能留在巴黎的危险之人"……[101] 后来，他对米奥承认，他支持督政府仅仅是因为复辟会关闭他通往权力的大门。[102] 他拒绝扮演蒙克的角色，同样也不允许其他人——皮什格鲁或莫罗——扮演这一角色。要成为蒙克还是凯撒，他已经做出了选择。他只是在等待时机到来。

第14章

坎波福米奥

波拿巴对意大利的规划

1797年4月18日，和约的初步协议在莱奥本签署，几周后，法国与奥地利在蒙贝洛开始了最终和约的谈判。奥地利方面，外交大臣图古特男爵已经决定了大方向，德加洛侯爵作为他的谈判代表。法国方面的情况则更为复杂，波拿巴并没有德加洛这样的职权。即便他并不总是在质疑政府提出的政策，也是常常如此。政府又得知了他们在意大利的官方代表，克拉克将军，因他们的错误，成了波拿巴的副手而非监督者，这更增加了他们的困难。[1] 雪上加霜的是，督政府仍没有一个明确的意大利政策：政府的政策只在一个部分是坚定的，那就是莱茵河左岸地区。[2] 在后者上他们的观点"明确而执拗"，[3] 甚至想要在最终的和约上再次将莱茵地区划给法国。为了获得美因茨和科隆，政府甚至准备同样给予普鲁士极大的让步，为了将其拉到自己这边，督政府暗示普鲁士其在德意志地区内攫取占主导地位的影响力的时刻到了，柏林的君主甚至将可以戴上德意志帝国的皇冠。因此政府要求重新议定当初违背其意愿的那几项条款。他们在第5条，也就是关于召集德意志诸邦会议的条款中，看到了吞并莱茵河左岸的主要障碍：以"德意志帝国完整性"为基础的谈判难道不就是为了反对法国吞并这一地区吗？[4] 奥地利无疑会在这个方案上有所让步，[5] 前提是要用威尼斯的大陆领土来交换，这个交易让督政府感到为难。督政府十分希望能在德意志地区而非意大利给予奥地利补偿，他们想给后者萨尔茨堡（Salzburg）、帕绍（Passau）、布里克森（Brixen）这些不如维罗纳或威尼斯有价值的地方。

至于波拿巴，他一开始拒绝超出莱奥本初步协议的谈判，尽管他一直认为那不是最终的条款，只不过是谈判的基础。4月22日，初步协议签订的4天后，他在给督政府的信上印证了这点：作为"初次接触"的果实，在莱奥本签订的条款是可以"接受任何改变"的。无论怎样，波拿巴认为它是能够满足奥地利的野心的：吞并"大部分威尼斯的领土"，他特别强调，会补偿奥地利人失去的比利时和米兰。[6] 我强调这封4月22日的信，是因为那时他尚未提出除了威尼斯的大陆领土之外，还要将威尼斯城本身也交给奥地利。因此，费雷罗指责他当时就决定要牺牲威尼斯城是错误的。[7] 当然，我们也能感受到将军因——初步协议中就能预见的——威尼斯和教宗领地的合并而感到不快。因此他想出了另一种解决方法：将威尼斯城并入波南共和国。[8] 他在这个提案上坚持了几周，在5月19日给督政府提交的计划中显示了这一点。不是只在意大利建立一个共和国，如初步协议第8条（秘密地）显示的那样，波拿巴提出要建立三个共和国：第一个（山南共和国）包括伦巴第、贝尔加马、摩德纳、雷焦、马萨、卡拉拉（Carrare）和拉斯佩齐亚（La Spezia）；第二个（波南共和国），含博洛尼亚、费拉拉、威尼斯、特雷维佐；第三个包含热那亚和皇帝在意大利的领地。[9] 由于担心这个解决办法的可行性，他又构思了一个将教宗领地并入山南共和国的计划。至于对于今后只剩弹丸之地的威尼斯共和国的统治者们，除了保留"他们的岛屿和群岛"外，不会再有任何补偿。[10]

在之后的5月23日给奥地利政府的提议之中，[11] 仍旧没有提到要割让威尼斯城，因为图古特男爵在他6月16日的回复中，还在反对"在威尼斯建立一个民主政府，因为这无疑会导致临近的帝国领土中滋生和传播反君主制的思想"。[12] 图古特拒绝看到成为奥地利领土的威尼西亚被依附于法国的共和国从东西两面包围（威尼斯和米兰）。然而，在内心深处，波拿巴认识到对威尼斯共和国的拆解，从根本上就意味着它的死亡。因此，他犹豫了。1797年5月底，他开始觉得牺牲总督之城仍是让奥地利同意法国对莱茵河左岸的吞并和在意大利建立一个幅员辽阔的共和国的最好方式。这番安排无疑会让皇帝"在意大利获得巨大的影响力"，但这是在不牺牲法国在意大利的利益的情况下，让法国将国境推至莱茵河所需的代价。[13] 还有另一个问题。莱奥本初步协议的第6条秘密条款规定将曼托瓦要塞交还给奥地利，他在2月份刚刚从武姆泽手中夺取了该要塞。如果他想保留该要塞，就要给予奥地利人同样的补偿。这也是为什么在5月27日，他第一次提出了让威尼斯共和国彻底消失的假设：[14]

> 自发现好望角和的里雅斯特、安科纳崛起以来就开始衰落的威尼斯，难以从我们刚刚给它的打击中存活下来。这里人民无能又怯懦，也不能适应自由；它如今没有土地，也没有淡水，很自然，从我们手里获得了威尼斯的大陆部分的人，也应获得它本身。[15]

现在，波拿巴梦想着一个大共和国。囊括半岛的整个北部，从亚得里亚海延伸到热那亚湾，从安科纳到拉斯佩齐亚，包括费拉拉、博洛尼亚、摩德纳、米兰和热那亚。[16] 因为他想要安科纳（根据托伦蒂诺条约临时由法国占领的教宗领地），所以他拒绝出让教宗领地。局势看上去有利。人们说庇护六世病了，可能快死了。如果消息准确，那么这个时机正好，因为那不勒斯王国也想利用教宗的去世做一些领土上的变化。那不勒斯国王垂涎于安科纳，向波拿巴提出用厄尔巴岛（Elba）和皮翁比诺（Piombino）交换。将军拒绝了——他也想要安科纳——但从那时候开始，他就明白，任何事都是能商量的。即便现在他不再像博洛尼亚条约或托伦蒂诺条约时那样想要终结教宗的世俗权力，就像大部分历史学家认为的那样，[17] 他仍决心如果那不勒斯利用局势获得了一块罗马的领土，那么他也得要一块。直到他得到了教宗恢复健康的确切消息后，他才要求安科纳总督达勒马涅（Dallemagne）将军，"尽可能地提高在安科纳成立共和国的可能性"。[18]

意大利半岛西部对他的吸引力并不比东部小。即便是他还没打算推翻萨伏依王朝——皮埃蒙特受到1796年5月15日与法国签署的和约的保护——但他也试图使它与法国结盟，他认为这最终将不可避免地导致其君主制的垮台。拒绝把和约变成牢固盟约的督政府只是一味地搪塞他，他对此写道：

> 和国王联盟的顾虑？……我们是否希望将皮埃蒙特革命化以及将其并入山南共和国？有一个平稳实现此目的的方法，能够不破坏和约甚至没有任何不当之处，这就是将一万名皮埃蒙特精英吸纳进我们的军中，让他们和我们的利益连为一体。6个月之后，皮埃蒙特的国王就会被赶下王位。这就像一个巨人将一个侏儒抱在怀中，失手闷死了他，但没人能指责这个巨人有什么错。[19]

有一段时间他甚至考虑也用同样的方法来对付热那亚共和国。可能是他仍记得自己年轻时作为保利追随者的时光，波拿巴不喜欢热那亚，对它的好感比对威尼斯的还要少。意大利战役伊始，他就已经打算发动一场革命来肃清热那亚元老院中对法国最有敌意的成员。情况却不允许他这么做。他推迟了对热那亚的清算，这不仅仅是因为奥地利的反击，还因为他已经打算把1796年10月9日的法国与热那亚的和约变成一个使这个利古里亚城市依附于法国的盟约。"热那亚的时刻还没到。"[20] 他有点遗憾地承认道。条约签订的8个月后，战争结束，威尼斯的寡头政府也被驱逐，这一次，对他来说"恰当的时机"到了。[21] 5月12日威尼斯元老院解散，5月22日热那亚爆发了起义。该相信它是自发的吗？3天前，波拿巴在谈及热那亚政府时就已经在用过去时了。[22] 然而这场由亲法派发动的起义失败了：领导者被抓获，两个法国人被杀害。波拿巴对他的支持者做的"蠢事"非常生气，但仍给总督送去了警告，如果不交出杀害法国人的凶手并即刻解除被煽动起来反对革命的码头工人的武装，他就入侵他们的国家。[23] 波拿巴并不打算像他准备在威尼斯做的那样，把热那亚从意大利政治版图上划去，但他会乐于看到它保留陈旧体制的同时遭到瓜分，这让他可以将热那亚东边的领土与马萨和卡拉拉一起并入伦巴第共和国：后者将从拉斯佩齐亚港一直延伸到热那亚湾。[24] 然而很有可能,波拿巴此时被费普尔(Faypoult)占了先机。这位心系热那亚政府完整和独立的法国大使,告诫热那亚领导人最体面的解决办法是主动将权力移交给亲法派,而非在法国兵临城下时继续着毫无希望的抵抗。波拿巴不得不改变了策略。5月30日,他宣布自己并不想终结热那亚共和国,而只是想改变其领导人并革新其制度:[25] 6月6日,在费普尔和三位热那亚代表的商谈结束后,热那亚共和国将被"利古里亚共和国"取代,波拿巴将指定负责起草新宪法的临时政府。在如此将半岛西北部"召入"了法国的事业后,满足于马萨和卡拉拉,放弃了拉斯佩齐亚的波拿巴,自此完成了组建共和国的工作,奥地利在莱奥本初步协议中认可了这一共和国的建立。

新的问题来了:这个共和国应是一个单一的政治实体,还是由形式上独立的国家组成的联盟?将军思忖良久,仍打不定主意,他担心"过去的记忆仍存在于意大利人心中",尤其是意大利人的乡土观念和代代相传的敌对关系阻碍着一个更大的国家的成立。[26] 这方面他没有丝毫幻想。下述的信写于更晚的时候——1797年10月7日他写给塔列朗——但它很好地总结了波拿巴时常透露的关于意大利的态度——不是那么友好,甚至有些悲观,但却带有微弱的希望:

> 您完全不了解这里的人。他们配不上4万名法国人为他们而死。我从您的信上看出您仍是从一个错误的假设出发:您认为自由能够让一个软弱、迷信、反复无常又懦弱的民族成就伟大的事业……别被在巴黎的几个意大利冒险家或者几个部长骗了……法国的舆论对意大利有不可思议的错误印象。只要通过一些小小的技巧和手腕,用上我已经取得的支配地位,再加上杀一儆百,就能让这些人尊重我们正在捍卫的国家与利益,尽管它还非常弱小。我很荣幸地再次告诉您:山南共和国的人民将会逐步热爱上自由;将会自己逐步组织起来,可能在四五年后,他们就能有一支3万人的质量尚可的军队。[27]

波南共和国的经验，非但没有驱除他的担忧，反而证实了它。自从1796年10月在摩德纳的国民大会召开以来，各地的代表就没有停止过互相争斗，以至于波拿巴不得不亲自出面将其解散并重新召集新的大会。波南共和国一出生就至少经历了四个临时政府，第一个在博洛尼亚，第二个在费拉拉，第三个在摩德纳，最后一个在雷焦，他们始终在互相争吵，完全不想和平共处。1797年3月19日，大会最终表决通过了效仿法国的宪法，3月27日波南共和国宣告成立的同时又并入了马萨和卡拉拉（在半岛的另一边，热那亚附近）这两个小国。但是这个中场休息非常短暂。一个月后的选举转向了有利于旧制度支持者的方向，而且博洛尼亚已经后悔与摩德纳联合了，并且艾米利亚也后悔将自己的命运与罗马涅绑在一起。实际上，每个城市的处境都不一样。在米兰，情况恰恰相反：那里的革命激进派们不需要被"激励"，而是需要冷静下来。米兰的革命党对独立的要求日益增加，他们中的某些人组成了一个"黑色联盟"，甚至提出要让意大利摆脱法国和奥地利的双重奴役。所以，波拿巴得调整他的计划以适应局势。他这样解释道：

> 波南共和国内分为了3个派别：第一派，他们旧政府的朋友；第二派，独立但带有贵族性质的新宪法的支持者；第三派，法国式宪法或纯民主主义宪法的支持者。我压制第一派，支持第二派而约束第三派。因为第二派是富人和教士的党派，归根到底他们最终会赢得大部分民众，因此必须得将他们团结到法国派身边。最后一派由年轻人、作家以及那些不想着改革政府，只知道打着自由的旗号挑起革命的人组成，这种人在法国和其他国家也都一样。当时在伦巴第也有三派：第一派，唯法国马首是瞻；第二派，迫不及待地渴望自由；第三派，亲奥地利而敌视法国。我支持并鼓励第一派，限制第二派，镇压第三派。[28]

在米兰的动员有了成效，组建了一支3 700人的伦巴第部队，个个头戴着写有"自由意大利"标语的帽子。[29]但再也无法让伦巴第处于临时政府的管理之下了，3月24日，波南共和国宪法推行的同天，波拿巴写信给督政府："伦巴第人太没耐心了；他们想让我们宣布他们独立并让他们自己制定宪法。"[30] 这一次，督政府同意建立"山南共和国"，甚至建议联合波南和山南两个共和国，建立一个更为强大的国家，使其在和约签订、法国撤出半岛后仍有力量自卫。这个由督政府提出的方案，波拿巴尽管认为有其价值所在，但仍认为有些微妙。但是4月7日的这个早于莱奥本初步协议（4月18日）的命令，并不意味着督政府接受了将军的意大利政策，更不意味着今后他们会抢先他一步。实际上，法国政府仍未排除归还奥地利在意大利的领土的可能性。他们想要相信，或装作相信，宣布意大利北部大片地区的独立并将其组建为一个单一的国家，给予其与法国相似的制度，就能够使民众的思维实现完全的"革新"，即便奥地利回到了他们原来的领土，也难以再让人们顺从：简而言之，无论和约的条件是怎样的，解放的种子已经播撒在了意大利。[31]

意识到无法再继续拖延在伦巴第宣布成立一个独立共和国，波拿巴批准米兰宣布建立"波河北岸共和国"，并且在5月初指派了一些委员负责新国家的组建。他认为现在还不是将波南共和国与这个新共和国合并的时机，由于担心双方的不满，他一开始持拒绝态度。[32] 但是他刚刚才说过不会再像5月9日将波南共和国的雷焦和摩德纳并入山南共和国那样仓促行事，[33] 不久之后他就官方宣布波南共和国和山南共和国合并了。[34] 这个新的共和国从里米尼（Rimini）和博洛尼亚延伸到摩德纳和曼托瓦，从那里到米兰，再从米兰到托斯卡纳和已经成为卫星国的利古里亚共和国的边境。一位在蒙贝洛与波拿巴交谈过的外交官后来写道："他已经不再是一个得胜归来的共和国将军了，而是一位自行其是的征服者。"[35]

坎波福米奥和约

在此期间，之前紧急启动的与奥地利的和平谈判毫无进展。尽管初步协议中规定和约将在伯尔尼的有双方各自盟友参与的大会上缔结，另一场由法国与德意志诸邦共同参加的大会则将解决莱茵河左岸地区问题。

但此时波拿巴和奥地利代表德加洛侯爵已达成共识，无须盟友参加，两国就在米兰签订和约并就莱茵问题达成谅解，至于7月1日在拉施塔特（Rastadt）的第二次会议，不过是为了在形式上批准已经决定的条款罢了。[36] 和约能够在夏季到来前缔结吗？德加洛希望如此，不是作为奥地利的全权代表，而是作为那不勒斯的外交官。这很奇怪，但奥地利政府的确将那不勒斯驻维也纳的大使委以捍卫其国家利益的重任。波拿巴也意识到了这一点，在莱奥本见到德加洛时，他就直截了当地问后者，他是要与维也纳还是那不勒斯谈判。[37] 在扮演弗兰茨二世忠实的仆人的同时，德加洛没有忘记他是意大利人，而且意大利的处境催促着他尽快寻求解决办法，哪怕出于奥地利的利益考虑他有责任尽可能地拖延。就像法国政府半心半意地顺从他们的将军一样，奥地利人对他们的那不勒斯使者的支持也有所保留：

> 德加洛侯爵……外交官的职责需要他保持冷静，但他太过于担心意大利的处境，以至于在蒙贝洛反对了他本该同意的政策，还公开和维也纳交托给他的政策唱反调。帝国会议对他来说只是个"抽象的执念"：他认为维也纳应该尽快单独缔结和约，占领威尼西亚。6月24日，他给他在那不勒斯的大臣写信："意大利就要完了。每天都有某个国家的政府在垮台；民主每天都在扩大并巩固。如果教宗死了，他的国家将成为法国的战利品和毁灭天主教和意大利政治体系的混乱的新起因。"[38]

但是维也纳有不同的看法，6月19日，就像我们说过的，波拿巴收到了他的开价的回复：断然拒绝。图古特不仅反对在威尼斯建立革命政府，他还拒绝单独签订和约，并坚称全体会议是由初步协议第4条规定的。奥地利使节提出法国无法接受的要求来拖延谈判是另有原因：他知道法国的政局有多么紧张，又无法预言立法团和督政府谁会占上风，拖延于他有利。他甚至派了代理人到巴黎去打探右翼的企图。"如果旧疆界的支持者在巴黎获胜，"阿尔贝·索雷尔（Albert Sorel）评论道，"那么立刻就能实现和平，而且在和平之后，会有一个沉溺于内斗的既无荣誉也无威信的政府，如同一个实行了民主制度的波兰。波拿巴会被否定，被撤职或至少被打入冷宫。"[39] 图古特中止了谈判。

让奥地利人此时更偏向于拖延的是，法国的举动让他们怀疑其和平意图的诚意。不得不说，波拿巴的确利用初步协议签署后的停战期扩大了其优势，他占领了伊奥尼亚群岛（Ioniennes），在将要归于奥地利的威尼西亚引入了革命的法律，最后，甚至不等最终和约签署，就宣布山南共和国成立……维也纳方面则以占领伊斯特拉半岛和达尔马提亚作为回应。双方都在怀疑对方想要战争：奥地利不加掩饰地进行整军备战；而波拿巴，则大力主张督政府要立即进攻以占先机。波拿巴并非是不惜一切地想要战争，恰恰相反，签订一个将让法国政府感激他的条约极合他心意。如果，在意大利的征服者的头衔上再加上欧洲和平的缔造者的名号，是给他的名字赋予了多大的荣光啊！他大胆翻越阿尔卑斯山，主要是为了逼迫奥地利坐下来谈判，而非仅仅是想进入维也纳。他格外想签订和约，一方面是因为，他担心一旦战端再起，他就要和奥什共享荣誉，另一方面，他知道法国肆虐的政治危机将给予他更大的活动空间。但是，他也是主战派的一员，这或许和他的职业有关，但无疑由其处境决定。和平，他向米奥·德·梅利托坦言，实在与他个人利益不符："你也看到了我现在的地位，我在意大利有多大的权力。如果和平实现，我就不再是我曾经指挥的军队的首领，我不得不放弃现在的权力，放弃这个我曾经占据的高位，去讨那帮在卢森堡宫的律师们的欢心。"一旦战争停止，他实际上会怎么样？他可能不再是"意大利之王"，将重新成为他鄙夷的这个政府手下的一名普通将军。这是他不可能接受的。但是，从另一方面看，舆论对和平的渴求如此强烈，以至于他无法冒着被法国人背弃的风险拒绝它："和平，"他继续道，"对巴黎的那些看客来说是必需的。既然一定要实现和平，那么最好由我来实现。如果我把这份荣誉拱手让给他人，那么在公众眼中，他的名声就会高过我的胜利。"[40] 在他回到法国后，他还要面对更加进退两难的局面，然而就像我们知道的，相比他偶尔会梦想的休长假，[41] 他找到了更符合他风格的解决办法：远征埃及。

对于重启战端，督政府也犹豫不决。最近顺风顺水的右派，已经将和平作为了他们的纲领之一，而且舆论也支持他们，反对破坏停战。政府不得不谨慎地对待反对的声音，甚至提出了比年初宣布的更为温和的方案：它仍旧要求"大自然为共和国划出的莱茵河疆界"，但它准备放弃美因茨、科布伦茨和科隆，只要和约能顺利缔结。[42] 此外，卡诺一直在重复，若无对奥地利的重大让步，和约就无法缔结。[43] 最后，是奥地利人以波拿巴在最后通牒中威胁弗兰茨二世要"蹂躏德意志"为借口重开了谈判。[44] 维也纳放弃了召开大会的要求，并宣布"从现在开始给予全权大使进行磋商的一切职权，而且不会再有任何拖延，如果时机成熟，在乌迪内签订法国与奥地利双方的最终和约"。[45] 皇帝有他自己回到谈判桌上的理由：他刚刚得知，一方面英国恢复了与法国的对话甚至不排除单独媾和的可能；[46] 另一方面，叶卡捷琳娜大帝的继承者，俄罗斯沙皇保罗，建议在他的调停下寻找解决欧洲争端的办法——奥地利担心这一调停会有利于普鲁士。

法国方面，对于要达到的目标也同样不确定。据说，法国有三套计划：勒贝尔和拉勒维里有一套，他们的同事卡诺和巴泰勒米有一套，当然，波拿巴有自己的一套。第一派在8月19日要求波拿巴和卡诺以初步协议为谈判基础，但同时又试图"让皇帝离开意大利，坚持在德意志给他补偿"。[47] 两天前，卡诺已经给波拿巴写了一封信，要求他做完全相反的事：

> 那些想要结束祖国苦难的理智之人，所关心的是和平的前途。我亲爱的将军，所有人的眼睛都看着您呢；您手里握着的是整个法国的命运：签订和约，您就能像施魔法一样改变它的面貌。哪怕您不得不仅以莱奥本初步协议的条款为基础来缔结和约，那也要签下它，对我们来说它仍是非常有利的；对皇帝来说也是这样，这是事实；但是对我们来说重要的是：如果他蒙受过多的损失，那么和平还能稳定吗？[48]

至于将军，他在9月12日给塔列朗的信上提到了他的计划："在我们看来，根据初步协议中的第4条的规定，我方的边境应是在美因茨一线。对于皇帝，是威尼斯（包括城市）和阿迪杰河一线。科孚岛和其他岛屿是我们的。剩下的自由意大利，归山南共和国。"[49] 这一次，他决定用威尼斯城交换教宗领地。

波拿巴动身前往乌迪内，住进了帕萨里亚诺（Passariano）的一座曾属于威尼斯末代总督卢多维科·马宁（Ludovico Manin）的宫殿。重新启动的谈判间或爆发狂风暴雨般的争吵，局面一直非常紧张。莱茵地区和教宗领地，是争论的主题。波拿巴索要美因茨、沃尔姆斯（Worms）和斯皮雷（Spire），奥地利拒绝在没有帝国议会允许的情况下放弃任何帝国领土。但是当他们提出想要博洛尼亚和费拉拉时，波拿巴"装模作样"[50] 地发了一通火，对他们吼道："你们的军队距离巴黎有多少里格？"以此提醒他们，他的军队离维也纳只有不到8天的路程。[51] 9月13日，在一周的无果谈判后，双方各自打道回府。波拿巴很生气，他把失败的责任推到了那些旧制度下的外交官头上，他既不理解他们一本正经的作风也不理解他们对惹怒上级的恐惧："那些人太慢条斯理了！在他们看来，这样的和约得酝酿3年……他们不停地重复图古特的话和他们接受的指令。私下里，他们对你轻声低语，左顾右盼以确保没人听到，说图古特就是一个应该被绞死的无赖；但是图古特才是维也纳真正的君主。"[52] 人们又开始谈论战争了，波拿巴给军队下令准备向维也纳行军，既然果月十八（1797年9月4日）政变没有改变当下的局势，那么还需要两三个月来打破僵局。

波拿巴在9月11日得知了政变的消息。此后他不再计划要打破停战："主和派"已经被推翻了，他现在就是和平的化身，而且可以寻求一个"光荣的"和平。这个和平不再像那些王党提出的那样，建立在退回法国旧边境的基础上，而是一个可以将比利时和一部分莱茵河左岸地区献给法国的和平，并能够看到一个在意大利建立的共和国，其力量可以制衡和约缔结后奥地利在此地的势力扩张。就像他在圣赫勒拿岛时说的那样，他想要在"征服者和和平缔造者的荣耀之外，再加上两个共和国缔造者的美誉"，[53] 一个当然是山南共和国，另一个则是有了新边境的法国，在经历了漫长的斗争后，它的新边境终将得到承认。他此时扛起和平的旗帜，更是因为督政府在果月危机后权力进一步加强，它开始拒绝一切让步。政府已经以为，如阿尔贝·索雷尔语，"自己掌控着欧洲，就像掌控着巴黎一样"。[54] 他们是如此相信自己已经不可战胜，以至于终止了和英国在里尔的对话，甚至回绝了俄罗斯提出的调停。他们将一切都押在了与普鲁士建立紧密联盟上，想借此让奥地利放弃整个意大利，并满足于获得伊斯特里亚、达尔马提亚和从将萨尔茨堡和帕绍的主教领地世俗化中获取利益。得知维也纳不会接受此等条件后，督政府计划在冬季入侵德意志，在奥什将军的带领下直插维也纳，盗取波拿巴的胜利。这就足够让波拿巴想尽快签订和约了，更因为奥什在几天前的9月19日去世了，督政府找不到比将他的军团交给奥热罗外更好的办法了。然而，波拿巴早就听不得他人为他这位下属大唱赞歌了。自从奥热罗抵达巴黎来支持政府对抗右翼分子之后，他的虚荣心骤增；他似乎记不得自己曾听从过波拿巴的指挥，他对所有愿意听他说话的人说，若有必要，他有能力站出来对抗意大利总司令官的野心，并暗示他的老上司与那些在果月被放逐的人保持着可疑的联系，还要求意大利军团报销他的"特别开支"，数额竟有60万法郎之巨……[55] 一想到要与他的这位老下属一起分享胜利与和平的桂冠，波拿巴就一阵反胃。他得尽快与奥地利达成一致。一得知果月十八的结果，他就给督政府递交了他早在9月12日与塔列朗的信上就草拟过的计划，比督政府如今提出的条件要低得多：

> 1. 阿迪杰河以北归给皇帝，包括威尼斯市；
>
> 2. 阿迪杰河以南归给法国，直至曼托瓦；
>
> 3. 由法律规定的边境，则按第五次会议的议定书划分，包括美因茨；
>
> 4. 当我们进入美因茨要塞时皇帝方可进入意大利领地；
>
> 5. 科孚岛和其他岛屿是我们的；
>
> 6. 我们想要的将边境推到莱茵河一事会在与皇帝的和约中进行安排。[56]

如果说果月十八加速了谈判的进程，那么抵达乌迪内的奥地利新谈判代表，路德维希·冯·科本茨伯爵也起了同样的作用。两个人9月27日第一次会面。这位拿破仑口中的"北方白熊"今年44岁。[57] 马尔蒙说他"是个相貌丑陋骇人的大块头"，[58] 但又是个演技过人的演员，几乎不会感到良心不安，和这些他暗自畏惧的法国人在一起时，他是伏尔泰的信徒，但他对王公贵胄们却又极尽阿谀奉承。"自豪于自己的地位和重要性，"拿破仑继续说道，"他毫不怀疑凭借自己庄重得体的举止和对宫廷事务的熟稔，可以轻松解决一个在革命中骤获高位的行伍出身的将军；所以当他与这位法国将军接洽时，多少有些漫不经心。"[59] 双方的第一次交锋事实上是很直截了当的。为了评估这位对手，科本茨故意重新提出召开大会的问题；波拿巴愤怒地指责奥地利人不守信用、表里不一，咒骂着自己不会再忍受这样的侮辱并威胁要进军维也纳；他们为威尼斯、莱茵、德意志等地激烈争吵，然后离开时两个人都很满意。他们都暗中理解对方，都在继续玩着猫鼠游戏，很快他们都认为他们将能签订在某种程度上让双方都满意的和约，尽管法国政府或许不会对此满意。波拿巴同意牺牲威尼西亚，就像他早在莱奥本就暗示过的那样；而奥地利人对普鲁士在德意志的图谋的担忧，要远甚于法国在意大利建立卫星国。波拿巴隐约察觉到了这点，而且科本茨透露给他的情况更加让他相信奥地利想要排除一切对他们来说代表着法普联盟的威胁。[60] 一切进展飞快，然而也并不是没有困难。双方依旧大吼大叫、相互威胁甚至摔了不少杯碗盘碟："和波拿巴谈判可不容易。"科本茨抱怨道。[61] 然而，尽管他们争吵，但是索雷尔说："他们处在同一阵地，通过所有的这些佯攻试探，他们拉近了距离。"[62]

督政府一直在给波拿巴寄去咄咄逼人的信件，命令他给奥地利人提供两个选择：割让莱茵河左岸并放弃意大利，或是战争。波拿巴对此充耳不闻，称自己太疲惫了，需要"休息两年"，要求别人来接手他的工作。[63] 他知道这一威胁辞职的惯常套路，是迫使督政府让步的有效手段。10月8日，在接连收到巴黎反对奥地利占领威尼西亚的命令后，波拿巴提醒科本茨，如果他想要威尼斯，他就得马上签约，不要再等待维也纳的许可了。[64] 第二天，和约准备好了。[65] 10月11日，最后的一次冲突差点就让一切付诸东流。波拿巴意识到他此时冒的风险太高了，而且由于莱茵河左岸地区的命运仍需要德意志帝国的正式认可，最后一刻他试图索取对方将该地区割让给法国的保证。科本茨不肯让步，反对在两方已经认可的条款中暗中加入新的更改：

> 这个方案包含了数条新的而且完全不可接受的条款……波拿巴的杰作在初读之下就引起了激烈的争论，在此期间，因过于激动而两宿没合眼的法国全权代表一杯一杯地喝着潘趣酒。然后，我们逐条审查这些条款，确认其是否能被接受，在谈妥了头两三条后，我们审查到了划定法国在帝国境内的边境的条款：我保持了克制和最大限度的冷静，向他解释这是不可能的……波拿巴怒不可遏地站了起来，像个粗鲁的士兵般破口大骂，同时在一份刚誊抄的公告新副本上潦草地签了名字，完全没有遵守程序也没有等我们签字，他在会议室里就戴上了帽子，转身离开了，在走到大街上的过程中，他吼了整整一路，听着就像个醉鬼。[66]

波拿巴摔了一套"茶具"，[67] 冲着一直不动声色地重复着必须获得帝国正式认可的科本茨咆哮："你们的帝国就是一个被所有人都强奸过的老女仆！"[68] 他的副官和德加洛侯爵马上跑过来试图安抚他。他在演戏吗？他后来承认了：

> 科本茨阁下一动不动；但是他的副手德加洛更愿意息事宁人，一直陪着这位法国将军到了马车前并竭力挽留他。拿破仑说："他可怜巴巴地尽力拉着我，尽管我还在佯装愤怒，但心里却乐开了花。"[69]

两天后，初雪出乎意料地出现在山顶。布列纳像往常一样在早上7点叫醒了将军，并告诉他金秋已过，冬天已骤然降临了。波拿巴跳下床跑到窗边："10月还没过一半就下雪了！"他喊道，"这是个什么国家啊！好，我们一定要取得和平！"[70] 10月7日夜，条约终于在科本茨的住处，位于帕萨里亚诺和乌迪内之间的坎波福米奥签署。"将军，"他的一位副官说，"非常高兴。"会谈结束了。他不用再担心督政府会发来撤销原指令的命令了。他心情愉悦地签了字，甚至还心满意足地给奥地利人讲了几个他喜欢的鬼故事。[71]

围绕条约的争论

1797年10月26日督政府围绕坎波福米奥条约进行了激烈争论。督政们拒绝承认这一条约，他们从中看到的，不仅是"对法国大革命原则的公然违背"，还有另一场无尽战争的威胁：这个条约是波拿巴的，不是他们的。他们说，波拿巴为意大利牺牲了莱茵，最终缔结的是一个不仅脆弱而且还对奥地利有利的和约。[72] 坎波福米奥？无非是对法国根本利益的背叛。[73] 波拿巴早就料到了他们的反应，抢先一步为自己做了长篇累牍的辩护：

> 我背负着你们的信任，用你们赋予的权力缔结了上述和约……如果，在所有这些条款中，我犯下了什么错误，我的心也是纯洁的，意图也是正直的：我不是为了个人的声名、虚荣或是野心；我只考虑我的祖国和政府；这是我对于两年来督政府给予我的无限信任的回报。我只不过是做了每个政府成员在我的位置上都会做的事。我的作为配得上政府和国家给我的赞许和尊重。我今后要做的只不过是回到群众之中，重拾起辛辛纳图斯的犁，成为一个尊重行政权力、反对军事统治的模范，因为这类军事统治在过去摧毁了如此之多的共和国，带来了无数政府的垮台。[74]

政府自然不会相信波拿巴的这番宣誓效忠，更不会因为他自称愿将凯撒的宝剑换成辛辛纳图斯的犁就感到安心。但又为之奈何？拉勒维里在回忆录中提及此事时写道：拒绝承认坎波福米奥条约，就失去了渴望和平的公众舆论的支持，尤其是不少人已经相信了王党在到处竭力散播的流言，认为共和政府想要不惜一切让"战争永远持续"；也会失去眼下唯一将军的合作，因为奥什已经死了，莫罗又已名声扫地；[75] 最后，还有招致波拿巴的报复的风险：他们担心他会放弃军队，并出于恶意，"在山南共和国的民众和法国军队之中撒播分裂、不满和骚乱的种子"，好让他的继任者遭受无可避免的失败。[76] 因为他们不仅害怕波拿巴，而且还害怕立法团，尽管他们刚刚才清洗过立法团，所以他们还是心情沉重地承认了坎波福米奥条约。在 10 月 31 日条约官方发布会的仪式上，他们强颜欢笑，并让塔列朗发表了声明："这显然不是屈于武力的耻辱和平……不，是胜利使战争停止，是勇气使我们克制；这是一个自愿签署又受到正式担保的和约，通过它，自由的地区得以扩大，大革命得到了巩固，它消除了外部敌人的膨胀野心并且……在我们面前敞开了充满希望的幸福未来。"[77]

许多历史学家都认可了督政府对波拿巴的大肆抨击。这合理吗？坎波福米奥和约的确有一个牺牲品："大革命时期的人都渴望实现的与普鲁士的联盟计划。"[78] 实际上，奥地利已经从波拿巴那里获得了法国将退还在莱茵河左岸占领的普鲁士领土（尤其是科隆）的保证，因此，普鲁士也不会在德意志境内获得任何给予在莱茵河左岸失去了领土的君主们的补偿。然而，普鲁士正希望通过这次领土交换来使他们的领地连成一片，同时增加他们在北德意志和帝国议会内的影响力。因此波拿巴签署的这份和约代表了普鲁士外交的失败，并构成了对 1795 年在柏林签署的和约的极大威胁。最终，法国吞并了莱茵河自巴塞尔（Basel）到美因茨（后者属于法国），以及从内特河（Nette）的河口到于利希（Julich）和芬洛（Venlo）一线以西的所有领土，这一划界标准是为了让（普鲁士的）科隆地区处于坎波福米奥条约规定割让给法国的领土之外。[79] 准确地说，这一边界划分并未写在条约之内，而是作为秘密条款，约定皇帝将"出面斡旋以在帝国内获得认可"将相关领土割让与法国。这一限制以及将威尼斯交给奥地利的做法，激怒了督政府。从理论上讲，他们的愤怒的确是正当的：如果法国是为了获得莱茵河左岸地区而作战，那么战争就还没赢呢，因为对这一地区的吞并仍需在"由帝国内各国与法国的全权代表组成的大会上"获得帝国的认可。这一"为了在两大国间实现和平"的大会，将在拉施塔特（Rastatt）召开。[80] 确实，在莱茵问题上，波拿巴在坚持美因茨应属于法国的同时，并不支持督政府"绝对而固执的观点"。让我们听听阿尔贝·索雷尔的看法：

> 波拿巴认为无论是谁占领了美因茨，都不可避免地将控制科隆。时间会比任何条约都更好地促成此事。波拿巴既不赞同巴黎政治家们对普鲁士力量的迷信，也不赞同推动西哀士（Sieyès）及其门生对于改革德意志宪法的可悲的狂热。巴塞尔和柏林条约中规定了普王将获得大量赔偿以补偿法国对莱茵河左岸地区的占领。[81] 同样的补偿也应该给予在莱茵河左岸有领土的其他世俗君主们。"推翻德意志帝国，"5 月 27 日他写道，"就意味着失去比利时和莱茵边界；就将一千到一千两百万的居民拱手让给了我们同样需要提防的两个强国。如果德意志帝国不存在了，就应该慎重地建立一个符合我们利益的国家。"[82] 尽管这样法国将不能占有整个高卢，但普鲁士将仍是一个领土分散的次要国家，相比于让莱茵河畔出现一个领土集中且厕身于一流强国之列的普鲁士，这会更有利于法国确立自己的无上地位。这将使普鲁士重新发挥起制衡奥地利的作用……通过保障这些次要国家的利益，法国将再次成为德意志地区的仲裁者。[83]

尽管我们已经了解了波拿巴关于德意志的观点，但也应回顾一下他的诋毁者的说法，他们认为他在坎波福米奥并未争取到更多的利益，他不是与神圣罗马帝国的皇帝签署的和约，而是与 1792 年 4 月 20 日法国对其宣战的波希米亚和匈牙利国王签署了和约。我们还记得哈布斯堡家族的弗兰茨二世不仅仅是奥地利大公，还是奥地利王朝世袭领地的所有者，波希米亚和匈牙利的国王，也是经选举产生的德意志皇帝（尽管自 1438 年的选举之后，这一职位就一直由哈布斯堡家世袭）。然而最后一个头衔也并没有给予他未经帝国议会决议就出让帝国领土的权力。因此皇帝也不能比目前做得更多了：将最终的决议呈交给大会，同时支持法国的新边界，并保证他将在大会上尽力斡旋，向大会说明一旦谈判失败，法国和帝国之间战端再起，他作为奥地利大公将只能派出一支7 000人的"分遣队"，而且还将尽力避免"对陛下与法国刚刚达成的和平与友谊造成任何损害"。[84] 这相当于奥地利在事前就抵制了可能发生的德意志动员，而且奥地利已经放弃了自己在莱茵河左岸的领土和比利时，这有利于说服其他国家作出必要的牺牲，使得这场旨在保障法国实际控制其声索领土的谈判更易于成功了。[85] 因此坎波福米奥条约不仅仅标志着对法国吞并比利时的国际认可，还使得莱茵河左岸地区并入法兰西共和国几乎成了定局。罗杰·迪弗赖斯（Roger Dufraisse）对此有着公正的评述：

> 坎波福米奥条约，在吕内维尔和约（1801年2月9日）缔结后得到了履行，后者的第6条写道："皇帝和国王陛下，以他个人及德意志帝国的名义，认可法兰西共和国从此以后对莱茵河左岸所有领土具有完全的主权与所有权……遵照帝国代表团在拉施塔特大会上已明确认可的条款。"由此，拉施塔特大会的结果〔以及作为其基础的坎波福米奥条约〕就不再是一纸空文，因为它成了吕内维尔和约的基础。是莱奥本协议和坎波福米奥条约才让这场大会的召开成为可能，而正是波拿巴在意大利的胜利才带来了前两者。因此指责他为意大利而牺牲了莱茵地区是不公平的。[86]

认为条约完全有利于奥地利的看法也是错误的，即便在条约中并不能看出它是战败的一方。实际上，奥地利尽管正式认可了在其曾经的伦巴第属地上建立的山南共和国和作为山南共和国属地的曼托瓦，但在别处获得了满足：在德意志，法国同意"为帮助皇帝获得萨尔茨堡主教区和在萨尔茨堡与蒂罗尔之间的部分巴伐利亚领地进行斡旋"；[87] 在意大利，奥地利将获得包括威尼斯市本身在内的威尼斯共和国的领土，而且伊斯特拉和达尔马提亚为它带来了渴望许久的地中海出海口，尽管法国自己占领了伊奥尼亚群岛，还攫取了在阿尔巴尼亚的威尼斯商行。[88] 然而，波拿巴的诋毁者认为这个意大利的和平是极不稳固的，继阿尔贝·索雷尔之后，古列尔莫·费雷罗也同样从中看到了将会持续近20年的毁灭欧洲的战争的种子。[89] 威尼斯共和国的毁灭和山南共和国的成立，他说，"是彻底打破了意大利均势的两件大事，并由此摧毁了整个欧洲的均势"，导致"西方世界"陷入了混乱。关于"意大利均势"，费雷罗未免言过其实了，尽管法国的干涉的确粗鲁地打断了意大利维持了近一个世纪的和平，但意大利半岛已经处在了变革的边缘。意大利的这些国家，它们的政治制度和边境早就不是费雷罗认为的那样古老了。意大利能呈现出这样均衡稳固的虚假幻象，只是因为自1748年的埃克斯－拉沙勒佩和约宣布其中立地位以来，欧洲强国就对它漠不关心了。此外，我们真的能把威尼斯共和国的倒塌看作是对威斯特伐利亚条约（1648年）建立的欧洲国际关系体系的致命一击吗？

自三十年战争（1618—1648年）结束以来，国际体系中的合法演员仅是众多互相竞争但又彼此承认的国家们，由此产生了一套彼此独立平等的关系。因为它们都是主权国家，对于本国的领土和资源拥有无上的权力，无论国家大小、资源多寡，因此它们相互之间是平等关系。合法性源自其主权，而非现实的力量。威斯特伐利亚条约就这样确立了一种国际法，尽管它并未阻止战争：军事冲突仍是解决国家之间争端的惯常方法。这些国家的主权者们——每个人都觉得自己"是自己领土上的皇帝"——不愿接受任何有能力惩罚那些国际潜规则破坏者的超国家体系，或是超政府体系。[90] 但威斯特伐利亚体系仍有其实际意义：如果战争无法避免——从西班牙王位继承战争到法国大革命战争，战争持续了整个18世纪——那么就必须要达成共识，战争的目标不是彻底毁灭对手。一般来说，战争的目的是要获取领土，而补偿和赔款机制一般都能够找到一个双方多少都能接受的解决方案；但是冲突不会以交战中某一方的消失而结束。强大的一方会掠夺弱者的土地和资源，但不会对它的存在本身构成威胁。即便国境线不时发生变动，这一国际政治体系是不会改变的。有时，一个君主会被频繁转移至不同的领地，但他的主权不会被摧毁。

当然，这一体系无疑永远也不可能实现完美运转。它的运行总是粗略的，而且它的运作范围，要依赖于18世纪欧洲大陆政治和文化一元化的发展过程。一个单一的欧洲文明的形成，使得威斯特伐利亚体系能够长期存在。从巴黎到圣彼得堡，有教养的欧洲精英们有着相近的信仰、价值观、风俗和品味，而且说着同一种语言：法语。显然有人会毫不犹豫地说，分割了欧洲领土的政治分裂已是形同虚设。就像卢梭在1770年或是1771年说的那样："现在，不再有法国人、德国人、西班牙人甚至英国人了，无论人们怎么说，都只有欧洲人了。所有人有着相同的品味，相同的感情，甚至相同的习俗。"[91] 这种乐观主义的看法只说对了一半，因为欧洲大陆日益增长的文化融合并不能推进其政治上的统一。在启蒙思想家们注意到欧洲社会因习俗和利益而日渐统一时，欧洲大陆上的政治分裂也前所未有地突出，民族认同的诞生甚至威胁到了保障威斯特伐利亚秩序长期持续的另一因素：战争中暴力的"有限性"——当战争是在不同的政府而非民族之间爆发时，尽管它仍会带来大量杀戮，但会有其限度所在。卢梭在《社会契约论》中依然可以写道："因此战争不是人与人之间的关系，而是国与国之间的关系，除非两个人都碰巧是士兵而非仅是某国的公民，否则他们彼此不会在战争中成为敌人。"[92] 但是，在1762年卢梭的这部大作出版之时，这种说法就已值得商榷了。仅仅10年后，吉贝尔（Guibert）就强烈反对了卢梭描述的这种情景，[93] 他渴望出现一位"极具天赋、手段和治理能力的人，一个能够将艰苦朴素的美德和国民军队结合起来，形成一整套扩张计划的人"，而且他"知道如何节省战争开支和以战养战"，不会因为"财政预算用尽"而放下武器。这个人，吉贝尔预测道："将会征服我们的邻国并颠覆我们脆弱的宪法。"[94]

合法性为整个欧洲认可的古老的威尼斯共和国的消失，实现了吉贝尔的预言。这是否将如费雷罗所认为的，导致一场永无止境的战争，因为武力的唯一作用就是将带来不仅仅是在意大利，而是在欧洲各地的以暴易暴？我们应该指责革命法国、督政府和波拿巴颠覆了威斯特伐利亚体系吗？还是说不能只怪他们？不管怎么样，如果没有奥地利私下的鼓励，波拿巴本不会牺牲威尼斯；而奥地利若不是在早前伙同普鲁士和俄罗斯三次瓜分了波兰（1772年、1792年和1795年），它也不会想要去摧毁一个合法国家。这是阿尔贝·索雷尔的观点：法国大革命仅仅是遵循了先前历史发展的轨迹，首先是贻害无穷的奥地利王位继承战争，而后是接连的对波兰的瓜分，这些事件共同导致了三十年战争结束后建立的并不稳固的大国均势体系的垮塌：

> 两个事件就可以总结在法国大革命前夜的欧洲惯例：奥地利王位继承战争和瓜分波兰。第一个事件展现了这些国家有多遵守诺言；第二个则展现了他们自诩的对公认主权国家的尊重。这些不义的行为正是老欧洲的遗嘱；一经签署，它的一切残迹就都将走向死亡……旧制度已经到了它模糊的边界，那些陈旧的准则已不再有人遵守。历史中的榜样和它们自己过去的先例，都在不知不觉地推动他们的行为一点点地违背自身的原则。他们未能意识到像这样的越界行为，将带来整个体系的崩溃。他们的法律也仅仅是个解决问题的手段，它是建立在实际支配之上的……他们粗暴地撕去了为国家提供遮蔽的面纱，并剥夺了主权国家的神秘性。他们向各民族展现了两件可以凌驾于君主法律和国家法律之上的东西：国家的力量和君主的意愿。他们为推翻王权、自行其是的革命提供了榜样，并为其铺平了道路。[95]

准确而深刻的论断。当然，费雷罗的分析并不与其完全南辕北辙，但是费雷罗未能意识到而被索雷尔点出的是，威尼斯共和国的毁灭并不是导致在两个世纪前精心构筑的国际秩序坍塌的原因，而是其影响。这一国际秩序的死亡，不是开始于1792年或1793年，而是开始于18世纪40年代到70年代的那段时间。即便是我们承认威尼斯共和国消失的意义可以与波兰王国灭亡的意义相提并论，它也仅仅是这段持续了几十年的历史中的又一个事件罢了。另一方面，我们得认同费雷罗的意见，波拿巴使得共和法兰西和君主制的奥地利在意大利接壤，这就导致双方几乎不可能和平共处，可以说，战争已经存在于坎波福米奥条约的字里行间之中。[96] 再说，无论是奥地利人还是波拿巴都对这一和平的长久持续不抱幻想。在他们在羊皮纸上签字时，双方都各自心怀鬼胎。奥地利使节图古特心满意足地搓着手，却向英国人发誓说他是迫于武力才屈服的。[97] 他不仅获得了威尼斯和在巴伐利亚获得领土的保证，而且他相信，随着奥地利军队的重建和法国政府的衰落，奥地利将重夺在莱茵和意大利被迫放弃的土地。波拿巴也不比图古特更相信北意大利会长期处于分裂状态。他认为威尼斯是个有毒的礼物，很快它就将会摆脱奥地利："世界人民会怎么看待维也纳当局的道德水准？他们将看到它吞并了自己的盟友，那个现代欧洲最古老的国家，那个最为鼓励反对民主和法国理念的国家，甚至都不找什么借口，仅仅是出于自身利益就做出了这种事！……这是在整个欧洲面前对专制政府和欧洲寡头国家的讽刺。这不是他们老迈、衰落又缺乏合法性的确凿证据吗！"[98] 因此，在他看来放弃威尼斯只是暂时的；最终，威尼斯城和威尼斯在半岛上的其他部分，早晚都会与山南共和国合并。法属意大利和奥属意大利的共存恐怕不会长久，因为冲突不仅仅是领土上的，更是意识形态上的；正如费雷罗那精到的评价，这也是"政治理念上的斗争"。塔列朗清楚地看到了其中的严重性，在条约签署仅仅几周后，他就宣称战争还远未结束：

> 眼下，一个共和国正在欧洲冉冉升起，蔑视着所有的君主国，还把其中一些碾碎在脚下，而且发现它凭着自己的信条和军队的威慑已主导了欧洲。在这种情况下，难道不能说：坎波福米奥合约，以及我们所签订的所有其他合约，都或多或少地不过是华丽的受降罢了？冲突因敌方正处于被击溃后的错愕与恐惧之中而得到了暂时的缓和，但武力决不能使其永久结束，只能带来短暂的停战，因为仇恨仍然存在。因为双方有着天壤之别，敌人们只将和我们签署的条约看作是暂时的休战，就好像穆斯林不与自己信仰的敌人缔结和约一样，永远不会做出最终和平的保证。[99]

和平？是休战，仅仅是休战。

第15章

巴黎幕间曲

1797年11月17日，波拿巴离开米兰，"飞速"赶往拉施塔特小镇，在那里召集了德意志诸国的代表，准备召开裁定莱茵河左岸地区命运的会议。他以胜利者的姿态穿过瑞士。[1] 人们争相围观他，然而奥热罗破坏了他的好心情。在经过莱茵军团司令部驻地奥芬堡（Offenburg）时，波拿巴想要见奥热罗一面，但后者以正在洗澡为借口拒绝见他。他在拉施塔特待了不到一周，将将能够让皇帝的全权代表许诺奥地利最迟在12月5日撤出其在莱茵兰的所有领土。他恼火地遵从着外交界的刻板礼仪，瑞典国王的代表费尔森（Fersen）成了他怒火的牺牲品。波拿巴指责他过去为了法国王室的利益而进行的密谋，告诉他法国人对他"极度厌恶"。当费尔森像个圆滑的侍臣一样承受了这场狂风骤雨后，波拿巴对他吼道，"不，先生，法兰西共和国决不允许一个与法国旧朝廷往来如此密切的人，到这里来嘲弄地球上首要民族的使节们！"[2] 当督政府的谈判代表抵达后，他欣然把"所有的这些外交闲谈"[3] 交给他们并动身前往巴黎。在他前往尼斯和意大利的21个月之后，12月5日夜，他轻装简行地回到了巴黎。

来自意大利战役的经验

然而，他与意大利的关系并未就此断绝。他在那里学到的东西受用终身。就是在意大利，他度过了自己在各个领域的实习期：军事、政治、外交、制宪和立法。他成为第一执政后应用于法国的许多政治原则，也是在这里酝酿而成的。意大利战役，至少在短期内，对法国的重要性要更胜于意大利半岛本身。

就像我们看到的，标志着波南共和国成立的活动使他感到愤怒和失望，特别是因为在一些场合他曾表示相信意大利能够"实现自由，无须革命，更无须承受革命的罪行"，[4] 也无须效仿法国。[5] 尽管他又是威胁又是警告——他指出发动起义"只会导致长达25年的不幸"，并宣布他要逮捕所有的"无政府主义者"[6] ——但是他无法阻止在这些新共和国中的民间冲突。靠意大利自身的力量，它无法逃脱像法国那样陷入混乱的命运。只有法国军队的介入才能使它免于悲剧。但是，一旦法军从半岛撤走了，意大利又会变得怎样？所以，波拿巴在米兰建立山南共和国时就决定，绝不允许波南大会辩论中败坏了其名声的丢脸情景再度发生。[7] 但尽管如他所说，这其中几乎没有什么"共和主义元素"，[8] 他仍坚持在米兰套用在罗马涅定下来的议会组建程序。他不愿做出改变，他当时不敢回到伦巴第的首都，因为他知道自己在那里无法拒绝选民们召开大会的请求。同样，脱胎于共和三年宪法的新宪法的实施，再加上一年一度的改选，让他担心情况会比波南共和国的选举加倍严重：当选的不正是那些最敌视共和政体和法国的候选人吗？

这一次，督政府也赞同将军的意见。他们同样担心法国宪法中的那些每日都在困扰他们的缺陷会被带到意大利。立法团的成员每年都要改选三分之一，这难道不会导致多数派的频繁更迭，以至于国家的一个政策都无法维持上几个月吗？而且政府实际上没有任何合法手段来反对议会的决议——无论是对法案的否决权还是解散议会的权力——这使得他们总是只有两个选择：要么屈服，要么动用武力。在法国，大多数观察家怀疑热月政府恐怕撑不了多久。有的人认为这套存在着500万人以上有选举权的公民还要每年改选立法团的政治体制，在民众参与方面做得太过火，还有的人认为是行政权力太弱了，但是所有试图修改宪法和给政府增加哪怕些许权力的尝试都失败了。修改宪法的想法总有出现，人们曾一度认为以巴拉斯和勒贝尔为首的修宪派，能够抓住果月十八政变后立法团一时无法掣肘的时机，来改革其制度。实际上，他们的确进行了试探，但很快就放弃了，只限于为周边的姊妹共和国寻找更好的宪政体制，在阿姆斯特丹、博洛尼亚、米兰、热那亚，以及不久后的日内瓦和罗马。因此，督政府注意到意大利的情况后，建议波拿巴不要再把法国作为政治样板，因为他有幸待在一个在颠覆暴政后没有即刻引发强烈抗议的国家。他们在1797年4月7日给他去了一封重要的信，[9] 大体内容如下：督政府建议波拿巴破例临时行使三重权力，制宪权（由他亲自制定新共和国的宪法）、选举权（由他来任命所有的官员，无论这些职位依照宪法是否应由选举产生）和立法权（新国家的一整套法律都由他制定）。这就是不到三年后建立的执政体制的预演——共和八年宪法的最终草案将由波拿巴和西哀士在一个专家委员会的协助下起草，而这一次的议会成员将由指派而非选举产生。督政府为意大利发明的这套政治体制，后来启发了西哀士和波拿巴：这封写于4月7日的信已勾勒出了未来法国执政体制的轮廓，山南共和国的创立验证了其有效性。波拿巴同意督政们的观点，与其召开一个充满了各种不安定因素的议会，他宁愿和几位专业人士一起建立一个新共和国，选出其领导者，给予其最初的律法。如今"来自人民的权力，集于他一人手中"，这是否已近于对革命理念的背叛？古列尔莫·费雷罗认为确是如此：[10] "国家最高权力的产生方式被完完全全地颠倒了过来，倒行逆施。不是由国家意志来创造政府，而是由政府创造了国家意志；政府自称其合法性来自国家意志，实际上它却通过随心所欲地捏造民意，自己给予了自己合法性。"[11] 这说得一点也没错，但遵从了督政府命令的波拿巴，想要让意大利避免沦入法国那样的内战。在成了唯一的制宪者、立法者和选举人后，他认为自己已能够调和已经准备兵戎相见的两个党派：一派代表着在米兰的"雅各宾"，他们认为波拿巴对于罗马方面太过宽大，并扬言要把梵蒂冈付之一炬，还要将那不勒斯的波旁王室扔进维苏威火山里；[12] 另一派代表着不久前左右了波南共和国选举的"神职人员"们。他将这看作是恢复"贵族–民主共和国"支持者权力的唯一方法，尽管其未获得多少舆论支持，但他认为这是最符合意大利社会现状的。[13] 此外，他对于"人民主权"的中止也并不像费雷罗认为的那样严重。毕竟，在法国，这所谓的"人民主权"不是基本上就等同于政变、暴行和各种非法行为，以及规模或大或小的由小部分积极分子组成的团体对"全民意志"的僭用吗？在相较米兰和博洛尼亚而言，法国干涉较少的热那亚，革命派们在刚刚赢得了对抗元老院寡头政治的胜利后，又马不停蹄地投入到了对宗教的斗争中，这激起了骚动，甚至在1797年9月引发了一场初步的农村暴动。于是，波拿巴让热那亚人修改他们的宪法，引入了一些保障宗教权利的额外条款。在这个问题上，他还是固守自己从1796年夏天以来的政策，而根据某些真实性值得怀疑的文件的说法，他至少是对罗马怀有敌意的。[14] 在他离开意大利仅仅不到一年的1798年夏季，山南共和国当局就掀起了一场雄心勃勃的社会世俗化运动。在托伦蒂诺条约签署之后，他曾谴责过罗马方面在教务专约问题上不肯让步。"如果由我说了算，"他曾对枢机主教马泰说，"我们明天就能有一份教务专约。"[15] 他忽略了庇护六世曾徒劳地寻求与革命法国达成和解。但是在他离开意大利前的1797年8月3日，他给督政府和罗马教廷都送去了一份备忘，以试图实现督政府和教宗既不想也无力实现的和解，这一和解最终到1801年的《教务专约》签订时才得以实现：

当托伦蒂诺条约签署时，教宗和法国的全权代表们都意识到了教廷和法国和解的时刻或许即将来临……如今正是发挥各方的智慧、政治才能和真正的宗教信仰来完成这一伟业的绝佳时机。法国政府最近已经同意重新开放天主教教堂，并认可了这一宗教宽容与保护的措施。神职人员们要么基于基督的宗教宣讲仁爱宽厚的原则，为社会安定做出贡献，他们自然会受益于法国政府本着真正的福音精神采取的第一项措施，之后我相信他们将获得特别的保护，这将是通往人们期待已久的目标的良好开端。[16] 要么他们就顽抗到底，这只会带来新一轮的迫害和驱逐。教宗，作为信仰的领袖和公众信仰的中心，有极大的能力来影响这些神职人员的行为。发布一道教宗训谕，或是一封面向牧师们的公开信，来让神职人员们在布道时劝导

信众们服从政府，并尽他们所能来巩固现有的宪法，他或许会认为
这是符合他的智慧和宗教的神圣性的。如果这道训谕措辞严谨，符
合其将带来的伟大成果，那么这将是朝着好的方向迈出了伟大的一
步，并且将极大地有利于宗教的繁荣。在这第一项行动之后，寻求
让向宪法宣誓的教士和未向宪法宣誓的教士和解的方法也将是十分
有益的，最终将能找到让罗马教廷排除所有障碍，将宗教再度带入
大多数法国人中间的途径。[17]

第一执政在不久之后于法国践行的一条重要原则就来自于波拿巴在
的意大利经验，其可以概括为：权威和武力应为稳定服务。他和督政府的
政策可谓是云泥之别，那个无力的政府还抱着自己能靠"霹雳手段"维持
统治的幻想。1797 年 11 月 11 日，在回法国之前，波拿巴以给利古里亚共
和国一些建议的名义给热那亚人去了一封长信，而这是给法国的名副其实
的宣言。他严厉地指责督政府的政策，称后者一时间又走上了肃清和迫害
的老路。"仅仅是避免任何反对宗教的行为还不够，我们不应该让那些最
胆小的人担惊受怕，我们也不应该把武器给那些最不怀好意的人。"他写
道。又更进一步地说："禁止所有贵族担任公职是令人不齿的不公行为。"
果月十九日的一条法令不是刚刚剥夺了流亡者亲属的公权又恢复了针对神
职人员的法律吗？剩下的，可以解读成对走到这一步的"革命道路"的厌
恶。波拿巴，在参与了果月政变后，接受了那些在自己帮助下倒台的人的
观点。我们如何不把下面的段落看成是对至少追溯到 1790 年以来的所有
革命政策的指责呢？

友爱和热情的浪潮过去后，紧跟着的是不安和恐惧。神职人员，
是第一批聚集在自由之树下的人；他们第一个告诉你们福音的寓意
就是完全的民主。但是一些为敌人卖命的人……利用少数神职人员
的不当言行和罪过来高呼反对宗教，然后神职人员就离开了我们。
最先唤醒人民和宣布天赋人权的正是部分贵族。但少数贵族的过失、
偏见或是先前的暴政又被利用了；贵族被全体剥夺了公权，我们敌

人的数量上涨了。就这样，种下了怀疑的种子，人们开始拿起武器相互对抗，更为严重的：城市相互对抗……你们所处的这种人人自危的境地就是自由和人民的敌人暗中行动的结果。提防所有将爱国只限于他的小团体的人，如果他们嘴上说着要捍卫人民，那是为了挑唆怨恨和制造分裂。他们不停地指控他人，只有自己是纯洁无瑕的。这些人就是在为暴君卖命，他们所支持的也是暴君的理念。在一个国家，当人们习惯于还未理解就横加指责，喝彩只与讲演的激烈程度有关；当美德被认为是浮夸、疯狂，而罪行被认作是稳重时，那个国家就接近坍塌了。国家，就像海里的船，就像军队；在构建秩序、领导或法律时，它应该冷静、克制、明智、理智，在执行它们时应该有力而强劲。而当共和国执行其严明的法律时，再摆出折中调和的态度就是一种缺陷了，而且还是极其危险的缺陷。[18]

没人会对此有所误解，而且《箴言报》的编辑——可能是马雷（Maret）——转载了这封长信，简明地总结道这些"明智的建议"并不仅仅是给"山南共和国和利古里亚共和国的人民的"。[19] 谁又能相信意大利将成为法国的范例呢？

卢森堡宫的仪式

波拿巴12月5日才抵达巴黎。而没有陪同丈夫前往拉施塔特的约瑟芬，仍在意大利。她突然说想要出去散散心，就到处逍遥去了。当她结束旅行时，身边还陪着她在涅韦尔（Nevers）或穆兰（Moulin）重逢的伊波利特·夏尔。她一个月之后才回到了夫妻二人在巴黎的家中。她的丈夫听到了风声吗？朱诺据称曾听到他说抓到把柄就要立刻毙了伊波利特，[20] 而一些历史学家认为约瑟芬的一个侍女曾在上个夏天泄了密。[21] 如果波拿巴知道或怀疑了什么事，他也并未有所表露。

他的第一次外出是公事。在他回来的第二天，他就去拜访了外交部部长塔列朗，在后者的陪伴下他又去了卢森堡宫，巴拉斯和拉勒维里热情地接待了他；12月8日他去了塞纳省的办公室和部长们的办公室；12月9日他在尚特雷纳街接见了最高法院的法官然后12月10日他又回到卢森堡宫参加向他致敬的仪式。这是让他倍感"折磨"的大场面之一。[22] 督政、部长和外交使团们，人人都身着盛装戴着羽毛饰物，在位于宽阔的广场中由缴获的敌军军旗装点的露天剧场内等候他们的客人。成群的观众伸长着脖子想要瞧一眼"英雄"。乐队演奏着爱国乐曲。波拿巴走在队伍最后，在响彻剧场的欢呼声中缓慢前进。塔列朗在前面等着他。他负责迎接将军。这两个自从前欧坦主教在7月接替德拉克罗瓦（Delacroix）领导外交部门后就一直有通信的人，4天前才见了第一面。他们在信上相互谄媚："意识到我职位的至关重要让我感到恐惧，"部长给波拿巴去信告知他自己的任命，"我需要让我自己相信您的荣光可以给谈判带来机会和便利。"[23] 将军回复道："我研究了很多大革命的历史，明白它对您亏欠很多；您为它做的牺牲理应受到奖赏；如果我大权在握，您无须等太久。您请求我的友谊，您已经拥有它们了；作为回馈，我请求您给我建议，而且我向您保证我会谨慎对待它们。"[24] 塔列朗又夸张地说："我很荣幸地将告知您督政府让我负责传递给你的一切，而且您的名誉，让我因能提供为您所信任的建议而倍感欣喜。"[25] 而波拿巴则大赞这位"未曾涉足玷污了大革命的丑行"的部长的"出色的天赋"和"公民爱国心"。[26] 基调已经形成。如果部长已经表现出了奉承，就像圣－伯夫（Sainte-Beuve）说的，他和波拿巴是否是在争相吹捧呢？[27] 这位曾经的高门贵胄对这位行伍出身的将军的尊敬，就和他作为旧制度辉煌的真正子余对这个来自穷乡僻壤的科西嘉小贵族的吸引力一样真实。塔列朗在这个年轻人身上立刻察觉到了，用他自己的话说，"巨大的希望"。[28] 在成为部长前，他就对这位28岁的将军赞不绝口，在给朋友的信上他写道："他头上有所有的荣誉，战争的荣光，和平的荣誉，克制和慷慨的光环，他都有！"[29] 波拿巴也确信这位新部长的才能远超他平素惯见之辈。但是二人交好还有更进一步的理由："波拿巴明白，有朝一日他掌权时，若有这样的一个部长，何愁大事不成，自可高枕无忧。"而在塔列朗看来，波拿巴代表着无量的前程。他们有必要搞好关系。[30]

因此，他们无须多说就能达成一致，很快就进入了更加私密的话题。让我们在回到卢森堡宫的仪式前再回忆一下前事。

果月十八之后几天，塔列朗询问波拿巴对制度和可能会出现的改进的看法。波拿巴在他的第一封信上给他做了暗示："大革命的过失就在于有破无立，而如今百废待兴。"[31] 将军毫不掩饰对宪法的看法；他总对信任的人谈论此事，如米奥·德·梅利托、梅尔齐、拉瓦莱特，以及果月十八后被剥夺公权的蓬泰库朗（Pontécoulant），他逃亡瑞士后在游览马焦雷湖的波罗米安（Borromées）群岛时，被拉瓦莱特找到，并带到了将军的身边：

> 我希望法国能有一个正派而强大的政府。一个由双手干净的人掌控的行政机构，一种有能够自行其是的必要威信而远离记者和律师无休止的清谈的行政权力，这才是我们国家需要的；若有必要，自由也会接踵而至……法国已强大到能够和整个起来反对它的欧洲抗衡，但是它的政府必须能够自由地行使一切手段……在这方面，国民公会制度要比共和三年宪法好；政府更为团结，因此更加有力。[32]

"说实话，法兰西人民的组织，目前仍只有一个雏形。"他在答复塔列朗时这般写道。[33] 他将这一不完备归因于《论法的精神》的影响，将这本著作看作是众多"错误定义"的起源，而读者的罪过更是大过作者。在这本波拿巴看作仅是"他个人旅途见闻和阅读笔记的总结"的书里，18世纪受过教育的读者们相信从中找到了一种宪政的学说，一个可以在任何时刻任何地点都适用的政策模板，然而实际上这只是对英国宪法的分析。这些革命者们成了同一个错误的牺牲品，他们坚信必须像英国那样实行分权制度，并确保议会的优势地位，执行机构要严格从属于它。但在英吉利海峡的另一侧，之所以下议院被授予了极大的特权，尤其是在税收和战争问题上，那是因为在集合了国王、贵族和平民这三种不同社会等级的权力体系下，它是唯一的民选代表机构，尽管平民并非是最有权力的。"英国的宪法"，波拿巴写道，"不过是特权的法规"，人民不得不拥有保护自己不被上位者的野心伤害的手段：人民必须要控制——波拿巴十分认同这一点——他们做出了主要贡献的领域：税收和战争。"因为下议院是唯一一个或多或少还能代表整个国家的机构，因此只有它有权征税；这是人们仅有的限制朝廷的专制和暴行的手段。"但是在法国，自从1789年废除了特权，尤其是1792年废除了君主制后，这一现有的模式已不符合法国的国情，而且它的弊端——议会并非是行政需求和外交政策的最好评判员——在英国发现了，它唯一的合法性就在于其在"混合政府"中的特殊性质："在一个所有权力都来自国家、主权在民的政府中，为何将立法机构陌生的工作交给他们？"同样，为何不认可执行机构成员对国家的代表？"在我看来，政府的权力，"他在这封信上写道，"应该被认为是国家的真正代表。"

然后波拿巴构思了一个新的宪政体制草图，其结果就是执行机构获得了最大份额。实际上，立法机构被限制在制定和改革用以执行宪法必需的"组织法"上："让其对周边发生的事情视若无睹，充耳不闻，它就不愿也不能再用数不尽的相互冲突的法律将我们淹没了，再也不会出现用写满了300大本的法律给我们构建了一个没有法律的国家的情况。"日常的立法工作应该交给政府，因为它是唯一能够准确识别国家迫切所需的机构。政府同时拥有制定和执行法律的权力，就需要更强的监管，但这项监督权不再交由立法机构，而是由一个"规模庞大"的"国家委员会"执行，该委员会的人选在曾担任过重要公职的人中经选举产生。这个"只监督而不执行"的委员会，构成了行政权力的第二个分支，并会监督政府的行为是否符合宪法。波拿巴提出的建议中有数项与从西哀士到斯塔埃尔夫人的众多修宪支持者的建议极为相似，但他赋予行政机构的重要地位，以及将立法机构放在一个如此次要的位置，使得他的主张与这些人的主张大相径庭，甚至已经背离了革命本身。雾月政变后，他的许多盟友很快就后悔自己曾卷入其中，这种分歧可以说已在他的信中初见端倪。

12月6日，波拿巴和塔列朗的第一次会面，不过是加深了二人已经在信里表现过的尊敬和信任之情。我们不知道他们说了什么，但是塔列朗拜倒在了波拿巴的马靴之下。"我之前从未见过他，"他在回忆录中写道，"当我第一眼看到他时，对我来说，他有着迷人的外表；就是这个年轻、英俊、苍白又有点疲惫的年轻人，赢得了20场战斗的胜利。"[34] 虽说所有人都有弱点，即便是塔列朗这样最冷酷最狡诈的人；但是根据梅尔齐的说法，"生性易怒，果决，冲动，粗暴"的波拿巴确实有着"散发魅力的神奇力量，而且，通过得体的尊重和令人愉快的奉承，他能征服任何他想要征服的人"。[35] 塔列朗可不是唯一一个屈服于波拿巴的魅力的人。

所以，我们看到这位前欧坦主教如今站在了将军和人群之前，歌颂着这位意大利的征服者和欧洲和平的缔造者，尽是些陈词滥调，倘若他仅仅是躺在功劳簿上，而不去规划自己的未来的话，这些话语甚至都不会流传后世：

> 当我想到他做的这一切，我们甚至无法对他的光荣产生丝毫嫉妒，想到他那鹤立鸡群的古典式的简朴喜好，他对抽象科学的热爱，以及他最热衷的、使他能暂时脱离尘世的伟大的裁相的作品。啊！当无人忽视他对光鲜、奢华、排场和大众灵魂中可鄙的野心的鄙视时，就无须担心他会有野心。我认为有朝一日我们或许会恳求他离开刻意的退休生活，整个法国将会自由。可能他永远都不会，那也是他的命运。[36]

轮到波拿巴说话了。他很简明，就像"一个知晓他的高高在上也想让人们感受到他的架子的人"。[37] 他看起来有点恼火，当他和来自非军事领域的人交谈时总是这样。人们甚至在他结束前就鼓掌了，可能他最后的话语尽管值得注意，但还是没有被听到："当法国人民的幸福建立在更有组织的法律上时，整个欧洲就会自由。"[38] 全部的计划就这样融合在了一句话中：建立一个政策稳固的制度，波拿巴建议道，是与欧洲达成和平的必要条件；塔列朗则负责奉承地补充道未来都在波拿巴的手中。此刻，在这么一个常规的场合，在这么一个常规的政府面前，没人注意将军这番带有不同政见的话语。这种无动于衷，正是这个国家已经衰落而统治走向崩溃的证明。督政府只满足于让报纸去掉"更有组织的"这一"明显在批评"制度的形容词。[39] 然后是巴拉斯的长篇大论，不乏对英雄的赞美：

> 将军公民，吝于展现奇迹的上天，偶尔才会让伟大之人降临；但是它一定是热切地希望着让这些伟人之一来指明自由的曙光。而将留存史册的法国人民的崇高革命，也为世界名人史中增添了一位新的天才。在其中首屈一指的将军公民，您已经将前人远远地甩在了身后，用您那击溃了共和国的敌人的手臂，又击败了古代的对手。[40]

然后，人们又唱起了谢尼埃（Chénier）作词、梅于尔（Méhul）谱曲的颂歌，其中还有军人、诗人、年轻女孩和老人的和声："长久以来你令人畏惧，如今你是大地之爱。啊！法兰西人的共和国啊！"然后还有更多的演讲，最后以晚宴作为收尾，波拿巴担心自己会遭人毒害，因此在宴会上水米未进。[41]

尽管如此，还未到出现推翻政权的信号的时刻，1797年12月10日的仪式结束了修宪派支持者的希望。此外，波拿巴和塔列朗对于改革的可行性尚有疑虑，哪怕是他们毫不掩饰对共和三年宪法的糟糕评价。纵观果月十八之后的几个月内，政治局势没有给行动提供任何的可能，走出危机后的督政府比之前更为强大，至少暂时如此，而攻击它不可避免地会导致刚刚被推翻的王党东山再起。他们更愿意在12月10日的仪式上用唤起舆论和期许未来的方式来巩固他们的联盟。此时西哀士已经和他们勾结了吗？米歇尔·波尼亚托夫斯基表示肯定，但是即便这位前神父是制度改革的支持者，但他也是那些认为果月十八对神职人员和贵族的镇压还不够的人的拥趸。于是西哀士扮演了雅各宾的角色，与波拿巴刚刚在给热那亚人的信里赞扬过的克制精神大相径庭。但在关于将军和塔列朗的方面，波尼亚托夫斯基是对的：

> 他们对议会制度、那些曾是平原派成员的革命者和那些好长篇大论却又平庸无能之辈怀着同样的鄙视。波拿巴，像塔列朗一样……拒绝接受一个名声败坏的无能政府，它的拙劣行径与军队的

丰功伟绩形成了如此鲜明的对比。二人都意识到了一个共和和革命的法国就是一个被包围和被威胁的法国。它的军事力量对欧洲来说是危险的，它的革命又增添了它的危险性。革命法国不仅仅是被反革命联军进攻，还面临着他国的"爱国者"的反击，它必须强大到可以抵抗。它的军队与它的权力相符，而它的制度则不是。因此后者就得改变，民事方面的统治应该和军队的管理一样强而有力。一个长久的和平得有代价。这就是波拿巴和塔列朗共同继续着的秘密构想。他们要用两年时间来实现，这差不多就是果月十八和雾月十八之间间隔的时间。[42]

一些人认为波拿巴远不至于考虑推翻政府，相反，他想要获得特许以加入政府，因为成为督政需要40岁，而他只有28岁。他身边的人做了一些尝试，其中自然包括他的兄弟，还有塔利安，但这一提议遭到了督政府的拒绝。这是不大可能的，根据当时和将军关系紧密的拉瓦莱特的说法，这不过是个"谣传"。[43]人们还说，1799年波拿巴从埃及返回后也有过类似的想法，这也并不可信。他为什么会想要这个苦差事？为什么会想把自己的名字加进那个他认为有罪、成员既怕他又厌恶他的政府呢？"他们嫉妒我，"他说，"我知道，即便他们把奉承都堆到我面前，我也不会上他们的当；他们对我的惧怕甚于对我的爱。"[44]这是相互的：他和他们在巴黎数月的相互往来并不会改变他在意大利形成的看法。但他们试图讨好他。拉勒维里甚至邀请他共进晚餐，将妻子和女儿介绍给他。将军曾说他们三位都简直是"丑恶的典范"。这位督政非常支持那部他本人参与制定的宪法，一直试着把波拿巴争取过来，他的方法就是详尽阐述由他保护和鼓励的"神的崇拜者，人类的朋友"[45]的新宗教——有神博爱教，甚至邀请波拿巴担任其中的重要职位。发现"谈话开始变得无趣"的波拿巴，回答道"在阴暗的道路上行走的原则就是跟住前面的人"，因此关于这方面，他决定做他父母做过的事，他又冷淡地补充道，如果对方想要一些崇高的东西，那么念念主祷文就够了。事情到此为止了，然而，从那时起，波拿巴冒犯过的拉勒维里，就再也没有"劝诱或关照过这位年轻将军了"。[46]

政客并不是唯一一个寻求他支持的群体；他的亲友都梦想着他的锦绣前程，并且惊异于他在"权力已唾手可得"时竟表现得如此谨慎，甚至是逆来顺受。[47] 他没有回答，或者只是给了模棱两可的回应。在巴黎的将军们也想要了解他的意图，不少德意志军团的将领也在接近他，克莱贝尔（Kléber）、莫罗、德塞（Desaix）、卡法雷利（Caffarelli）——一些人在休假，一些人则已失势，这些人都遭到了政府的苛待。"克莱贝尔，"他说，"建议过让我做政府领袖：'您、莫罗还有我，我们赶走那些胆小鬼，轻而易举！'"[48] 波拿巴说需要时间想想。他很快就明白让他们不满的不是国家的凄凉处境而是政府对他们的忽视。"我不是很清楚他们想去哪里，可能他们自己也不知道。"他对自1792年拉法耶特以来所有试图颠覆政府的将军的失败都做了足够思考，因此拒绝参与这些不满将军的轻率举动。他不像奥什：后者，他说，"会带着2.5万人从斯特拉斯堡回来，用武力掌控政府，而我则有着足够耐心的政治策略，会根据时代精神和目前处境行动"。[49] 他拒绝了克莱贝尔的邀请又警告他不要做出轻率的举动："法国永远不会出现军事政府。"[50] 他说。禁卫军（prétorien）的时代已经一去不复返了。当然，克莱贝尔还是能行动的，但波拿巴不会参与，因为他不想在一场注定会失败的阴谋中付出任何代价。他拒绝成为第二个迪穆里埃（Dumouriez）。[51]

对法兰西学院的征服

断定了当下时机不合适后，他披上了辛辛纳图斯的外衣，身着常服，带着圆顶礼帽，但这并没有阻止那些说他准备颠覆政府的谣言。他努力塑造着"最平民的将军"的形象，告诉那些想听的人他渴望休息和默默无闻。约瑟芬觉得这很好笑："一个字儿都别信。"她对一位来访者说，她的丈夫刚刚向其表示自己的野心不过是在某个平静的乡村当个行政官："他有着世界上最不安稳的性情，最充满活力、构思最多，想象力最丰富，意志最坚定的大脑，而且，如果他不再忙于丰功伟绩，那他就会把家搞得一团糟，根本不可能和他一起生活！"[52] 他很少出门，只有在去剧院，或是满腹牢骚地参加一些晚间聚会，以及去植物园看大象时才离开尚特雷纳街——为了向他的荣誉致敬，这条街刚改名为胜利街。他逃离了掌声。他知道自己如今正是报刊的宠儿，并担心他的人气——甚至还真的出现了对他的盲目崇拜——会让督政们不快或恐惧。[53] 一天晚上，在韦斯特里夫人的告别演出上，他在包厢里坚持要坐在老剧作家迪西（Ducis）后面。[54] 正厅后排的观众被这份谦逊感动，向将军欢呼："我们高兴地看到一个如此年轻却又如此伟大的人向老者和天才表现出了如此的敬意。"[55]

另一方面，他也接见了很多来访者，"从狂热的人群中挑出有用和出名的人，并谈论他精通的艺术或科学"。[56] 在意大利，他就寻求过艺术家和科学家的陪伴，给他们提供小帮助，照顾他们并且显示出他对他们作品的了解，表现得像个谦逊的仰慕者。这位人们眼中让最伟大的楷模都黯然失色的战士，像弟子一样聆听他们，当他们反对并用他那令人难以置信的胜利提醒他时，他就会将艺术与科学的有益成就与他的职责——战争——相对比，是环境和义务让他这么做的。1797 年 12 月 25 日，当法兰西学院任命他为机械艺术学科成员——卡诺被驱逐后空缺下来的位置——时，他给他的同僚写了一封感谢信，它充分反映出了他与文学家和学者的良好关系："在和你们平起平坐之前，"他写道，"我一直都是你们的学生。"同时又谦恭地补充说："唯一没有一丝遗憾的真正的征服，就是对愚昧的征服"。[57] 这不仅仅是个姿态：他真的喜欢和艺术家、画家、音乐家还有学者待在一起。尽管他在与后者们讨论时，他的知识总是流于表面，谈话的风格就像打仗："富有创造力，足智多谋，快速分辨出对手的弱点并发动进攻。"但还是得承认他有着"集中注意力于任何话题并且还能连续在这上面维持数个小时的令人惊异的能力"。[58] 他的发言有时很平庸，但是他的威信拔高了谈话的评价，而且他的对话者在结束谈话后都有一种自己被全宇宙最伟大的人选中的感觉，当即准备充当他荣誉事业的急先锋。在意大利，他就是这样获得了热情的支持者，像是天文学家奥里亚尼（Oriani）、卡诺瓦（Canova）、格罗、贝托莱（Berthollet）——尤其是加斯帕尔·蒙日。

在 1796 年 5 月，这位著名的数学家和地理学家被任命为负责管理收缴来的半岛艺术作品的"艺术科学委员会"成员时，他的年龄几乎是这位将军的两倍。在米兰，将军给了他出乎意料的欢迎，提醒他四年前他们初次见面的场景，那时蒙日是第一共和国的海军部长，年轻的波拿巴来到他的办公室请求恢复职务："让我感谢您在1792年作为海军部长时给予一个年轻、默默无闻又有些遭到冷落的炮兵将军的热情接待；他非常珍视这段回忆。您看那个军官现在是意大利军团的将军了。他很高兴向您伸出感恩和友谊的手。"[59] 无疑将军在这次会面之后仍与这位学者保持着联系——1795年蒙日在他的作品《铸炮艺术说明》中还给波拿巴题了献词——但是后者除了惊异于发现1792年的那个瘦弱的年轻人变成如今的样子外，还震惊和感动于这位蒙多维和洛迪的胜利者尽管有着惊人的高位和显著的功绩，但仍一点也没有忘记他认为自己亏欠别人的情谊。波拿巴，如我们知道的，不会忘记在他崛起路上或多或少帮助过他的人。布列讷军校或巴黎军校的老师、瓦朗斯和欧塞尔的军官、科西嘉的牧羊人、1793年的国民代表，所有人都从他的感激中得到了好处，有些荫及后代子孙，甚至出现在皇帝的遗嘱中。[60] 蒙日当年仅仅是在手握大权可以无视这个年轻人时礼貌接待了他一下，而从这一刻起他就永远成了他身边的人。波拿巴并不会一直尊重那些他曾致以敬意的人。但蒙日不同。波拿巴对他的友爱之情是真诚的。他赞赏这位学者的著作；他认可他坚定的共和信念，他甚至在每次有蒙日参加的宴会前命人演奏《马赛曲》以示尊敬。然而，波拿巴对蒙日的政治才能评价不高。如阿尔诺（Arnault）刻薄的评论，蒙日"是个像拉封丹一样天真的人，搞不清楚这个世界到底发生了什么，哪怕他已涉身其中"。[61] 但是他身上有些东西触动了波拿巴：尽管他无疑有着强烈的反教权主义思想，但是蒙日却与1793年狂热反教的意大利军团形成了鲜明的对比。他自己不信教，波拿巴也没好多少，但是他感受到了宗教的重要并尊重它。而当时与波拿巴和蒙日形影不离的贝托莱，就是因为在对待"迷信"的问题上表现得十分执拗，让波拿巴对他不若对蒙日那样友爱。最后，蒙日是个令人愉悦的、热情、博学、永远不缺主意的伴侣，尽管有时会对他们的关系有些意见，阿尔诺有如下记述：

他学识极其丰富。他身上汇集了学习和发明的能力，理解和让人理解的能力。他会论证事务，然而，我相信，他一辈子都没写完过一句话。他雄辩滔滔，却不会说话；他的吐字不清的辩论，包括了手势和为他人强调过的词汇；用表情来解释得出的结论，让人们用眼睛而非耳朵进行领会……看他说话很有意思。几乎不可能说得清他的手指中表达了多少信息。[62]

波拿巴对蒙日很感兴趣，也喜欢和他在一起。他们一起下象棋或玩鹅棋，晚上，波拿巴会召集军官作为听众，让他亲爱的蒙日给他们讲解他那"贫乏的画法几何"中的精微之处。蒙日把自己看成"被共和国宠坏的孩子"。[63] 他很高兴。如果我们在所有这些之外，再考虑到督政府的种种问题引发的他的幻灭，以及他对自己执行波拿巴委托的任务的意义的确信，我们就能理解他为何这么快就与将军达成了一种"完全、彻底、绝对、近乎盲从的眷恋之情"，几乎接近偶像崇拜。[64] 如果他意识到了这一点，他可能会用和此时同样与波拿巴熟识的诗人阿尔诺一样的话，来形容自己与意大利军团的总司令的关系说："我渴望独立，然而我承认，我不会试着摆脱这种让我自豪的居于人下。"[65] "恐怖的"蒙日——波拿巴说他实际上是"最为温和，最为软弱的人"[66]——并不知道自己更怕谁，是他的老婆还是他的将军。后者一传召蒙日，蒙日就会以"将军来了，再见"[67]生硬地中断给妻子的信，之后又会马上向她保证他的"意大利消化不良症"很严重，以至于"非常需要来小奥古斯坦街让他的胃舒缓一下"，还有第100次向妻子保证他马上就要向将军告假了。[68] 他要是敢同将军谈起这个话题，后者会立刻给他布置一个重要任务让他放弃这个想法，尽管害怕不得不向妻子解释他再次拖延，但能够再和他最崇拜的人在一起生活一阵子，他还是为此窃喜。波拿巴需要蒙日来排遣"孤独"。[69] 但是，在坎波福米奥条约签署后，是蒙日，在贝尔蒂埃的陪同下享受了将消息带去巴黎的荣誉，这就向他证明了将军对他的倚重。这种一方真挚友爱，一方绝对服从又全身心奉献的关系，一直到拿破仑被流放和这位著名的几何学家在1818年逝世后才画上句号。

鲜有反抗者。在意大利有一些，例如阿尔菲耶里（Alfieri）拒绝与
这些"敌视诗情画意的法国野蛮人"有任何联系，以及阉人歌手路易
吉·马尔凯西（Luigi Marchesi）在米兰拒绝在波拿巴面前歌唱。甚至是
乌戈·福斯克洛（Ugo Foscolo），震惊于威尼斯共和国的覆灭，他情不自
禁地写道："我尊敬他，尽管这可能并非是他应得的。"[70] 在法国，不服
从的人要更少一些。据说将军回到巴黎后，与拉普拉斯（Laplace）和拉
格朗日（Lagrange）谈论数学，与谢尼埃谈论诗歌，与西哀士谈论形而上
学（那时他和西哀士是否认识存疑），与多努（Daunou）谈论法律。贝尔
纳丹·德·圣-皮埃尔、阿尔诺、迪西和勒梅西埃（Lemercier）也加入
到了为波拿巴"战神的桂冠中编入文明的橄榄枝"的颂扬者行列。[71] "这
个人和别人不一样，"在和将军认识后，阿尔诺说道，"世间万物都要向
他超凡逸群的天才和睥睨一切的性格低头。他的一切都有着权威的印记。
来看看人们对他权威的认可，他们不自觉地，或是全然不顾地服从了他。
每个遇到他的人都表现出了怎样的尊敬与钦佩啊！他生来就是统治者，
就像其他人生来就是为人服务的那样。"[72] 我们知道在大卫结识波拿巴后
发出的感叹：

> 哦！我的朋友，他有着怎样的面容啊！那么纯净，那么伟大，
> 有着古典的美！……最后，我的朋友啊，这个人在古代就是我们在
> 神坛上供奉的人啊。是啊，我的朋友，我亲爱的朋友！波拿巴就是
> 我们的英雄！[73]

波拿巴在米兰通过格罗与大卫有了接触，他建议画家来意大利与他
会合。大卫拒绝了吗？还是将军忘却了他的邀请？最后，他们再次见面
是在卢浮宫大卫画《贺拉斯兄弟的誓言》的画室。大卫打算描绘将军将
坎波福米奥条约交给弗兰茨二世的景象。一坐就是3个小时——能够让
波拿巴摆这么久的姿势，对方只能是伟大的大卫——给了画家足够的时
间绘出了极具表现力的头部素描。由于这幅画之后被放弃了，波拿巴没
有再来卢浮宫，大卫又开始继续创作《抢夺萨宾妇女》。那一幕的所有目

击者都震惊于模特的年轻、缄默和极度的不耐烦,"就像一个感觉自己是在浪费时间的人一样"。[74] 波拿巴直到雾月十八后才又见到大卫;不管怎么说,波拿巴把大卫征服了,画家对他的臣服可能更甚于早年对罗伯斯庇尔的臣服。

在文化人向波拿巴大献的殷勤中,我们看到了不同程度的对赤裸裸的力量的狂热和对自愿服从的喜好。但是他们聚集在胜利的将军身边,还有其他更为高贵的动机。毕竟占据法兰西学院的"思想家"都是孔多塞的传人,而且和他一样,在他们内心深处并未真正相信民主制度。他们希望能找到一种使现代社会中的政府合理化的政治科学,他们的愿望,即便从未言明,是建立一个受到哲学理性启蒙的强大政府,能够从上层进行法国大革命从人民开始的而未能实现的理想。表现得像个"平民"将军的波拿巴,从不错过任何机会表达他对代表制政府原则的支持和对军事政府的敌对,这对他们来说简直就是他们梦想中的理性政治的潜在工具。作为一位"战士、立法者、哲学家和公民",他可能会在人们都失败的地方成功。不管怎么样,这就是这帮"理想主义者"想要相信的。而让他们相信他就是那个人,对波拿巴大有益处。除非他们找到合适的证明让他们放弃理想。当看到他们之后的诡辩时,例如理想主义派主要代表人之一加拉,就在《哲学旬刊》中写道"如果高位的权力和军事的荣誉极大地集中于一人之身,我们无须畏惧这种来自荣誉的权力,而是应将其看作一种保证和一道屏障,因为篡位者永远都不会是英雄,反之英雄也永远不会是篡位者",我们还能理解为别的意思吗?[75]

斯塔埃尔夫人也在试图博得将军的欢心,尽管她认为军事思维与自由不相容,并且明白即便军队是为了自由而战,它"为了胜利,也一定带有专制的思想和习惯"。[76] 他们第一次见面是在1797年12月6日,塔列朗家中,她想让将军成为自己的俘虏,但他早已对此很谨慎。这次短暂的邂逅之所以无疾而终,不是因为他们有着不同的政治立场 —— 热尔梅娜(Germaine)日后身处雾月十八的支持者之列 —— 而是因为这个与他脑海中女性应遵从的规则完全背道而驰的女人引起了他的反感。他与由她的"宠物"组成的"宫廷"中的施莱格尔(Schlegel)、贡斯当之流显然不是一类人，当这位"难以言喻但又毋庸置疑地统治着"他们的女人外出几天时，这些人甚至会像"老师不在的小学生一样"高兴地跳起来。[77] 她的力量对波拿巴毫无影响，更何况在他眼里她还有其他缺点：在大革命初期她难道没有经常出入他鄙夷的自由派贵族家并不止一次地扮演着模棱两可的角色吗？她难道没有卷入1792年8月10日的暴动阴谋中，好让她当时的爱侣纳尔博纳（Narbonne）伯爵能够跻身高位吗？最近，她在转换立场前难道不是在右翼阵营吗？她难道不是到了果月十八才转投督政府吗？在他眼里，她就是一个阴谋家，是那些为了爱情和爱人的野心会毫不犹豫地牺牲王国的投石党人的传人。海因里希·海涅对后来发生的事情这般总结道："当一个出色的女人意识到她用尽所有办法都一无所获时，她就做了所有女人在这种情况下都会做的事，她高声宣布反对皇帝，指责他的冷酷和那不够绅士的暴政，一直这么做直到警察来把她赶走。"[78]

1797年年底事情还未到这步。那时，热尔梅娜还未停止对这位年轻英雄的赞美。拉瓦莱特讲述了果月十八前他被派往巴黎时，在塔列朗家与她共进晚餐的情景。他对她的能言善辩印象深刻。她高声吟诵的对将军的颂词"带着极度的陶醉、混乱和夸张的灵感"。当塔列朗展示给宾客他刚刚收到的将军的画像，温文有礼的拉瓦莱特想给她让出一条路。她激动地拒绝，说道："我怎么敢从波拿巴的副官面前走过？"[79] 她给在意大利的将军写了无数封"饱含智慧，想象和形而上学的"信件，在信上她向将军表达了"堪比她笔下的科琳娜（Corinna）的热烈感情"。[80] 她是否像拿破仑说的那样责备他娶了一个"毫无价值的克里奥尔女人"？[81] 正如海涅恶毒地暗示的那样，她可能在脑子里有过"这个本世纪最伟大的男人要结婚的话，最理想的对象怎么也得是当代最伟大的女性"这样的想法。[82] 但是她没有蠢到去责备众所周知的他特别迷恋的女人。然而，也存在拿破仑杜撰这番热情的可能以及斯塔埃尔夫人写这些信可能另有目的，后者可能为了让将军替被关押在奥地利的拉法耶特将军——她渴望回到法国的人说情。不管怎么说，就算没有这些信他也早对她抱有偏见。他对她的父亲内克尔的感情近似于仇恨。他把他看作法国大革命的始作俑者之一，在从意大利回来后，他拒绝停下来向专程从科佩（Coppet）城堡赶来在道旁等待他的这位前大臣致意。波拿巴对内克尔的恨意扩散到了这个"特立独行的家庭",父亲、母亲和女儿"三个人一起跪着,分享着彼此的熏香,以图熏陶和蒙骗公众"。[83] 当他在塔列朗家的接待室见到热尔梅娜时,勉强地打了个招呼,只对她说他很遗憾没能和她父亲说过话。他以为这样就摆脱她了吗?如果是的话,那他可就太不了解她了。斯塔埃尔夫人可不是那种用冷淡就能驱离的女人。她再次尝试了。1798年1月3日,当塔列朗举办为了向约瑟芬·波拿巴致敬的招待会时,她还在那里。在将军向宾客致意时,她走到将军身前用足够让所有人听到的声音和他说话:

> 斯塔埃尔夫人以一连串激情洋溢的话语作为开场,波拿巴的回应非常冷淡但言辞得体:其他人纷纷后退。全然不顾他表情和语调里的不耐烦,斯塔埃尔夫人决定单刀直入,接连地向他提出问题,同时试图使他确信对她来说他就是最好的男人:
> ——将军,您最爱的女人是谁?
> ——我的妻子。
> ——那自然,那什么样的女人是您最尊敬的?
> ——最会持家的。
> ——我能理解。但是对您来说,什么样的女人是最好的?
> ——孩子最多的。[84]

说完这番话后,他留她自己呆立在那里。他是对她挑逗性的问题仅付之一笑吗?"他以这种笑嘻嘻的态度巧言相讥,"圣-伯夫注意到,"表现得极度无礼,完全就是个恶作剧。"[85] 她一时间愣住了;但是她"并未被沮丧击垮",很快又恢复了精神。她又来敲他的门,叫他不要错过他受邀的晚宴,又出现在他去剧院的路上,最终,拿破仑笑着说,"她终于成功地获得了认可,甚至得到了接纳"。[86] 然而,后来她说,在他出现时感到一丝不适:

> 当我从这种使我心潮澎湃的崇敬中平静下来后,一种显著的恐

惧接踵而来。……我见过非常值得尊敬的人；我也见过残暴的人：无论前者和后者都没有给我带来波拿巴带来的那种印象。当他在巴黎停留时我在不同场合都遇到过他，我很快就意识到，他的性格根本无法用我们熟悉的词汇来描述，不和善，不暴力，不温柔也不冷酷，他不是我们所熟知的个体。这样的人是独一无二的，既感觉不到，也无法让旁人感受到任何善意：他有常人所不具备的特质，却又比常人缺少了些什么。我在他的灵魂中察觉到了一柄冰冷的足以冻结其造成的伤口的利剑。[87]

她从拿破仑身上看到了，如尼采所说的，让所有与他相识的人都印象深刻的那种"非人与超人的结合"。[88]然而斯塔埃尔夫人有些忧心之事，使她努力克服了这种恐惧。除了政府一直以来对她不满以及还欠她那亲爱的父亲200万法郎之外，她还担忧瑞士的命运。[89]她担心法军入侵那个小联邦，导致她父亲从中收益颇丰的封建特权被推翻。也正是为了捍卫她父亲的利益，她最终设法获得了一次与波拿巴会面的机会。他们私下的见面持续了一个小时。他听她说话，然后他觉得够了就打断了她，生硬地说："对，没错，但人得有政治权利，对，政治权利。"[90]然后就又把政治放在一边了，和她说起了他想退休和向往田园。

尽管他拒绝了斯塔埃尔夫人的主动接近，但他还是开始"一个接一个地征服法国的头面人物"。[91]他已经明白舆论在现代社会中扮演的角色。这也是为什么他要削减身上的军事色彩。哪怕在他内心深处将蒂雷纳和大孔代置于征服者最前列，但在公众场合他更愿意提起卡蒂纳（Catinat）元帅（1637—1712）。尽管实际上他认为后者"盛名之下，其实难副"，[92]但这位元帅据说"在军队首脑中以贤者般的个性著称"，"为军界引入了真正的哲学理性和公民意识"，传闻说他把战争看作是"公共的罪行和人民的不幸"。[93]波拿巴，就像我们看到的，在他为结束残酷的战争而给卡尔大公写信时就效仿过卡蒂纳。[94]他很了解他的时代。他知道在一个伏尔泰和卢梭仍活在当代人记忆里的时代中，精神要比马刀更有力量。公民的将军和哲学家，他融合了"凯撒的武运"和"苏格拉底的思想"。他已经与未来建立了联系并定下了约定。因为推翻政权是不可能的，而将军们又因没有目标而躁动不安，他开始考虑逃离这一切的方法了。

第四部分

远征埃及

1798—1799

第16章

通往印度之路

波拿巴有充分的理由想要离开巴黎。而且，他并不相信和平会维持下去。[1] 倘若战事重开，他担心他将不得不承担后果。战争已经迫在眉睫。迪福（Duphot）将军 1797 年 12 月 28 日在罗马遇刺身亡的消息传来，[2] 督政府作为报复，派贝尔蒂埃前往这座"不朽之城"，驱逐教宗，建立了一个共和国——换句话说，执行波拿巴两年前规避至今的命令。后者写信给他的前参谋长劝他谨慎行事。[3] 此事不但会有那不勒斯人介入的风险，甚至奥地利人也可能会插一脚。如果意大利重新爆发冲突，人们会怎么看由他签订的坎波福米奥条约？还会称颂"用两年时间征服千年荣耀"的他为"和平、艺术和胜利的英雄"吗？[4] 或者，正相反，向往和平的民众意愿，会离他而去吗？然而，他对和平的担忧甚于战争。倘若没有战争，他会被遗忘吗？还没升起的事业就要走下坡了。"巴黎的人民向来健忘，"他说，"如果我长时间待在此处无所事事，我就会迷失方向。"[5] 还有别的危险：如果他留在巴黎，就面临着与声名狼藉的政府过从甚密的风险。当督政府要求他参加 1798 年 1 月 21 日的处死路易十六纪念仪式时他就开始担心。他拒绝参与这场"拙劣闹剧"。但督政和塔列朗坚持，他必须去，哪怕穿平民的衣服混在他法兰西学院的同僚之中也行。我们能仅将波拿巴的埃及远征概括为"经营前程的戏剧性手段"吗？[6] 或者，如歌德所说，他的东征真的仅是"他在巴黎找不到能让自己成为统治者的方法时的打发时间之举"？[7]

毁灭英格兰

督政府抢在波拿巴提出要求前，派他去入侵英格兰。[8] 对奥地利的战争结束了，但还要继续与英国斗争，而且政府已经宣布他们的意图是打到英国人老家去："是伦敦制造了欧洲的不幸，是时候结束了！"[9] 他在《告法兰西书》上如此宣称。话虽如此，但怎么做？自 1793 年开战始，如何打击在海上拥有他国难以超越的巨大优势的英国，一直是个难题。路易十六时代，法国海军尚可与它的英国同行匹敌。而如今财力不足、军官外流和缺乏纪律，让海军处境惨淡：军舰中境况最佳的也只得到了糟糕的保养，最差的则已近乎报废，临时军官们率领着早就不知道服从为何物的水兵。为挽救这一处境，需要大量的时间与金钱，而政府手里这两者皆不具备。在战争开始后的 5 年，法国已失去了至少 200 艘军舰，而英国的损失还不到这一半。[10] 来自西班牙和荷兰舰队的增援也远不能补偿损失。政府也考虑过与英国谈判妥协。远有 1796 年的和谈，近有 1797 年夏季在里尔的和谈，但都没有结果。一些人确信英国并非诚心想要和平，另一些人则相反，他们相信英国政府的诚意。他们指出，战争代价巨大，而且英国之所以表现得不怎么倾向于谈判，是因为法国政治的不稳定让他们无法成为一个可信的谈判对象。共识可能达成吗？可能，如果讨价还价只局限于殖民地问题的话。但伦敦坚持比利时要归还给奥地利。对英国来说有一个基本点：让法国人离开英国赖以与欧洲开展贸易的安特卫普。法国在这个问题上同样毫不退让，督政府"直截了当地宣称，根据宪法 332 条，禁止割让法定的固有领土"。[11] 战争还会继续。

既然在海上无法战胜英国，人们转而考虑如何在陆地与英国展开战斗。一些人计划在英吉利海峡下挖隧道，或者用热气球运送一支 1.2 万人的军队，[12] 另一些人想通过禁止英国接触欧洲市场从经济上打击英国：这就是大陆封锁。[13]

但另一个计划获得了更多的支持：在不列颠海岸登陆。历史无论如何都不会做出对它有利的辩护，因为，尽管无数次尝试，谁也无法重演尤利乌斯·凯撒和征服者威廉的伟业。[14] 过去的经验教训鲜有人吸取：在

1793年的法英战争中，人们发现计划早在20年前就草拟过，而且在1796年奥什计划了在英国和爱尔兰海岸的双线登陆计划。"只需要无畏和对自由的热爱就可以颠覆皮特政权，"他确信，"经过6个月的思考，我确信登陆英格兰绝对不会是痴人说梦。"[15] 他坚信自己会成功，即便是督政府决定削减他的预算也没有打消他的热情。因此，两支军队同时登陆不再有任何问题。爱尔兰方面的计划奥什没有做任何修改，而入侵英格兰的军团则被几百人的小股远征队取代，他们大多数是前朱安党人（反革命暴徒），有工人，穷人甚至"坏分子"，[16] 计划登陆英格兰的海岸并搅起些小冲突。这些经验丰富的"恶棍"的突袭和隐秘的活动意在逼迫英国人将主力掉头朝向他们，这样他们就无法再把主力调往大部队登陆的爱尔兰，法军登陆后会与许诺支持他们的爱国武装会合。任何事都不能动摇奥什的决心。他如此地信任爱尔兰人的合作，以至于最后决定在爱尔兰只登陆原定2.2万人的一半。一切准备就绪。奥什等待着信号。"一旦风来，"他写道，"陆地和海洋，所有的一切，都已安排得当；欢快和沉着出现在每个面孔上，爱国和自信填充在每颗心中！"[17] 舰队在1796年12月15日扬帆起航，但在他们驶到大韦桑岛时海面起了暴风。1797年1月，剩余的舰队返回了布列斯特。脸都丢完了。失败的责任主要推给了海军和天气，但奥什还是如此确信他的行动会成功，只是结果远不如他意。实际上，这也显示了，倘若奥什还活着，也难以成为对波拿巴有重大威胁的对手。就像阿尔贝·索雷尔说的那样，他于1797年英年早逝使他留下了美名，让人们很少考虑他的所作所为和可能的成就："奥什受益于人们对帝国的广泛失望。人们只愿意看到他的美德和他的天赋才华。法国用旧时的幻想粉饰了他，它幻想如果他还活着，它可能会摆脱苦难的命运。他会给革命带来另一番景象。"[18] 总之，爱尔兰不是奥什的唯一失误。奥什作为一名干练的将军是令人敬服的，而且在旺代他也展示了无可争辩的政治才能，但果月十八政变中他鲁莽地将自己置于危险境地。他极其轻信，急躁，多疑，脆弱，易陷入悲观沮丧，还有——在爱尔兰事件上显示出的——无法抑制爆发的热情。他不如波拿巴那般深不可测；他不加克制，不像波拿巴深谙视情况不同而分别扮演狐狸和狮子的艺术。

不可能的任务？

督政府似乎并没有从这次失败中吸取教训；反而它还有严肃的动机尝试新的冒险。最近终止的法英谈判让督政府相信除了绝对的胜利外别无他法，对于那些胆敢谈起妥协的主和派，勒贝尔愤怒地回应："说什么与英国达成和平！我只知道一种让他们实现和平的方法！就是羞辱和征服！"[19] 最后，督政府仍然相信这个计划将会成功，尤其是其将由波拿巴指挥。他在意大利的胜利难道不是成功的保障吗？

对于波拿巴而言，登陆英格兰确有不少好处。这难道不是一个可以让他逃离当前政治乱局的机会吗？而且在另一方面，这个指挥权代价不大。在长时间交替扮演了外交官、立法者甚至统治者的角色，而不只是单纯作为一名将领行事后，他不能失去自我再度成为执行政府意愿的工具。"我离开意大利只为了在法国扮演一个和这里不一样的角色！"[20] 他对米奥透露道。计划中的这次登陆并不能为他提供这个角色。英格兰太近了，行动太冒险了。即便这样，波拿巴也并未认为此事绝无可能。倘若如此，他就不会在1803年到1805年重新采用这个主意。他认为没有强大的舰队是不可能出发的，而且现在可能不是合适的时机：在欧洲大陆爆发战争时派一整支军团到英国是不是谨慎的做法？他并不隐瞒他的担忧，对于督政府的英国计划，他提出了一个埃及方案。[21] 他认为想要"真正地摧毁英国"，就应该"夺取埃及"。[22] 这并不意味着法国要放弃打击英国本土；他只是要让督政府明白登陆是个复杂的事，没有几个月的准备是不可能的。他在给塔列朗的信中写道："将我们全部的海军力量集结在海岸并摧毁英格兰。"[23] 这就是在提醒他只有强大的海军才有解决英格兰的可能。相对于政府青睐的正面进攻计划，他提出了有可能最终把法国人带进伦敦的迂回战略。事实上，如果他对登陆成功持怀疑态度，他可能会逐步推进，从多个前线对敌人进行威胁，迫使他们分散舰队。埃及就是这些前线中的一个，另一个则是爱尔兰。那么，英格兰的海上优势则被分散瓦解，登陆也就有了可能。他脑子里已经有了他将于1803年亚眠和约破裂时采用的计划。他当时亲密的伙伴布列纳肯定道："他想着一旦稳定占领埃及，就重回土伦……并集合政府打算应对英格兰的全部舰队……波拿巴认为登陆英格兰是可能的，但只要我们海军仍处于劣势，结局还会是一场灾难；他寄希望于多方调动英军舰队，使我军在一点上获得优势。"布列纳补充说："他大概会觉得，在孟菲斯的废墟里制定一项议程，三个月后再到伦敦制定另一项，是一件非常了不起的事。"[24]

东方的问题

目标，埃及。这个点子并不比登陆英格兰新奇。[25] 几个世纪以来，欧洲一直梦想着征服东方。起初，他们怀着占领圣地的希望。当十字军的希望破灭后，政治考量就占了上风。土耳其不停地扩张着帝国的版图——他们占领了君士坦丁堡，渡过了博斯普鲁斯海峡，在巴尔干殖民，不久又是匈牙利，并两度围攻维也纳（1529年和1683年）。欧洲人满心希望摧毁这个庞然大物。自这个国家创立之初，他们就认为这是个政治秩序中的异常者，到了19世纪他们又给奥斯曼帝国贴上"欧洲病夫"的标签，三个世纪以来他们一直在共同预测它的"没落和瓦解"。[26] 尽管如此，欧洲的君主可不会在这种预测的基础上制定政策。有些政府计划还出自如叙利（1607年）和莱布尼茨（1672年）这样的名人之手，[27] 还附有图解和常规方案，但这都只是向王室献礼的表面文章。特别是，他们授予了"特别虔诚的"法兰西国王前往东方的使命，只不过无论是亨利四世还是他的继承者们都未认真看待并善加利用。尽管如此，这"一再的谵言"自有其用。一方面，它使法国国王"不必向其他王公割让领土，并且还可以与他们竞争基督教世界象征性的领导权"；另一方面，它则支撑了对"法国黎凡特优势"的宣称。[28] 实际上，与异教徒的口头争端并未妨碍法国与其建立良好的贸易关系和紧密的政治联系。虽然土耳其仍是野蛮人的典型，但它还是一个贸易伙伴并在欧洲政治舞台上扮演其自己的角色。毕竟它占据了欧洲三分之一的领土。地缘政治胜过了意识形态，一位教宗——亚历山大六世——率先向苏丹发出了建立友好关系的倡议。[29] 相反路易十一却拒绝接见苏丹的特使，因他担心这会耽误灵魂得救，而弗朗索瓦一世没有犹豫，他与苏莱曼大帝达成了和解；他为法国商人争取到了有利条件，而且这一系列"让步妥协"，不久就转变为真正意义上的联盟。法国的敌人从未停止指责法王与基督教的敌人签订的条约，但联盟带来的好处抵消了对法国君主正统信仰的质疑带来的不便。在黎凡特，法国获利于其最惠国地位；它的商人控制着红海和幼发拉底河两条贸易通路的出口，直到16世纪，"产自亚洲、非洲甚至东印度的一切"[30] 都经由此处传往欧洲。与苏丹的友谊也同样让法国君主能够时刻从背后威胁欧陆其他强权。凡此种种好处都能让人们忍受土耳其人的脾气。尽管出于维护基督徒的团结的考虑，路易十四在得知土耳其再次围攻维也纳（1683年）时不得不撤出了属于奥地利的卢森堡，使土耳其军在路易十四重开战端前被艰难击退。然而法国通过进攻西属佛兰德斯，改善了土耳其焦头烂额的处境，从背后对神圣罗马帝国军的攻击，使法国从神圣罗马帝国与奥斯曼在匈牙利的斗争中渔利。法国对削弱土耳其没有兴趣。但对奥斯曼而言，以1697年里斯维克（Ryswick）和约结束了与神圣罗马帝国皇帝的战争，只不过是延缓了当初在维也纳城下战败时就预示了的军事上的一败涂地。而1699年1月26日在卡尔洛维茨（Karlowitz）签署的和约，标志着这个其腐朽程度无论在君士坦丁堡还是在欧洲各国首都都被过度夸大的大国长达一个世纪衰落和倒退的开始。但也不要忘记，在维也纳的灾难后奥斯曼帝国还延续了两个多世纪，而当一个国家真的衰落时，其根源绝不仅在军事上的失败。尽管如此，鉴于奥斯曼帝国的时代已迎来如此悲惨的转折，在欧洲人看来其已行将就木。[31]

事实已经显而易见，那座本应是圣战终点的"金苹果之城"*，如今已是遥不可及。土耳其承受的失败、他们在巴尔干和高加索领地面临的压力和俄罗斯扩张主义者的野心，所有这些都显示了他们政体结构的衰弱和军事装备的落后。数个世纪来惯于自视为肩负着向世界传播使命重任的传道者的他们，被一巴掌打醒了。优势显然转换了阵营。当他们要向"战争的

---

* 指维也纳。

国度”³² 学习时是不可能没有反感的。君士坦丁堡在1729年有了第一家印刷厂，1734年开设了一所军事学校，而且在18世纪末奥斯曼力求建立一个真正的官僚制度。这些改革并未得到一致认可。对新事物的蔑视，和来自伊斯兰信仰的优越性使得改革遭到了广泛反对：印刷厂在1742年关闭，军校解散，直到谢里姆三世统治时国门才再度敞开——1793年他的第一个长久驻外大使前往伦敦。奥斯曼人还是被迫与欧洲合作，并承认了这些异教国家的合法性。这就是他们权力没落及承认衰退的结果。奥斯曼长久以来都代表着“危险”，现在它变成了“问题”。³³

在此背景下，军事干预的计划死灰复燃。对法国和英国来说，当下他们要维持奥斯曼帝国的生存，以便在未来的冲突中牵制住俄罗斯扩张的步伐。这也是为什么他们刚一接到奥斯曼帝国的请求，就二话不说地派了工程师和军事顾问前往君士坦丁堡和波斯，特别是这份援助还可以要价：增加自16世纪的治外法权协定中获得的特权。路易十四对莱布尼茨写给他的征服埃及计划不屑一顾，³⁴ 但他并未排除必要时拿下君士坦丁堡的可能，在1685年，他派了一名能干的间谍前往该城考察其城市防务布置。³⁵ 之后俄罗斯在1768—1774年和1789—1792年战争的胜利增加了广泛不安，“东方问题”成了各国决策层面临的首要问题之一。³⁶ 在法国，外交官们在考虑占领埃及是否反而才是拯救奥斯曼帝国的最好手段。

征服埃及有三个主要理由，首先埃及在过去的数十年中一直处于近乎独立的状态。虽然土耳其在1517年攻占了这个历史悠久的马穆鲁克苏丹国，但他们从未彻底征服当地的武士阶层，他们只得与其和解。因此，相当于埃及苏丹的帕夏只能继续和这些已获得解放的奴隶们保持“羁縻式的封建关系”。³⁷ 这些马穆鲁克的祖上大多来自高加索和巴尔干地区，早就皈依了伊斯兰教。奥斯曼帝国还会在马穆鲁克中选出多个总督，指望他们所属的不同“氏族”之间的仇恨能帮助帝国控制这些边远的省份。一旦奥斯曼帝国表现得不那么有力，这些马穆鲁克就会尝试摆脱土耳其的枷锁。在1768年其中一个领袖，阿里（Alî）贝伊驱逐了开罗的帕夏，在钱币上铸上了自己的侧像，将他的领地扩大到红海两岸，在1771年甚至还进攻了叙利亚。他掌管了大马士革，但因为暴乱威胁被迫返回开罗。

阿里贝伊在1773年被暗杀，但奥斯曼人并未从中受益，因为他的侄子阿布·达哈卜（Abû al-Dâhâb）继承了他的遗志，并且阿布（死于1775年）的继承者易卜拉欣（Ibrâhîm）和穆拉德（Mûrad）贝伊仅允许一名苏丹的代表回到开罗，条件是承认他们在埃及的自治，尽管法律上埃及仍是帝国的一部分。

青睐埃及的第二个理由是：它是连接亚洲和非洲的纽带。一方面，它离土耳其很近，法国若是占领了它，就可以遏制俄罗斯扩张的野心。另一方面，经由苏伊士运河，埃及可以提供给法国通往印度的海上通路，方便他们进行贸易。

贸易就是第三个理由。长久以来，南亚次大陆的财富都得经由通过好望角的漫长航路。重开经过红海和苏伊士地峡（从路易十四朝起，法国就一直想在这里开凿一条运河）至地中海与欧洲的商路，能够在很大程度上缩短货运时间，降低运输成本。那些商人们不可能对这样的优势视而不见，他们很快就会抛弃经好望角的航路前来苏伊士，而亚历山大将再次成为"全球贸易的货仓"。[38] 舒瓦瑟尔在本世纪早些时候的看法也支持这个占据世界贸易之要津的计划。即，七年战争敲响了在新世界的欧洲人的丧钟。然而，欧洲也不能轻易放弃新世界，因为盛产蔗糖的西印度群岛对欧洲的繁荣是必要的。舒瓦瑟尔和他的追随者相信他们找到了解决办法：如果美洲是欧洲的过去，那么东方将是欧洲的未来。旅行者、商人和外交官都信誓旦旦地保证甘蔗和棉花很宜于在尼罗河富饶的河谷地带种植。此外，以勤劳顺服著称的当地人使得耕种时可以无须使用奴隶，毕竟奴隶制遭到了启蒙学者的抨击并且被经济学家证实其效率低下。之后，经由红海、波斯湾和幼发拉底河的古老商路又将重新焕发活力。[39]

舒瓦瑟尔的殖民政策因他在1770年失宠而终止。这一政策仍有包括海军大臣萨尔蒂纳（Sartine）在内的支持者，后来美国的独立也印证了该政策的预见性。但却遭到了外交大臣夏尔·格拉维耶·德·韦尔热纳（Charles Gravier de Vergennes）（1774—1787年在任）的粗暴反对，此人曾担任过14年的驻土耳其大使，因此对那里的情况十分熟悉。在18世纪70年代中期，"干涉主义"与反"干涉主义"的明争暗斗十分激烈。前者在此事上加倍施加影响，萨尔蒂纳汇总了他派往近东的间谍们的报告，认为有必要立刻发动干涉。[40] 但韦尔热纳拒绝屈服；他相信维持土耳其帝国的存在对欧洲的平衡至关重要。而且为了避免土耳其落入俄罗斯之手，他认为法国应派军事顾问去君士坦丁堡，而不是去占领开罗。他更倾向于通过与土耳其的合作来进行殖民。[41]

随着使各国的注意力转向西方的美国独立战争的结束，"东方问题"再次成为利益焦点：托特（Tott）男爵是干涉派，[42] 沃尔内（Volney）则反对。[43] 若不是法国大革命爆发，这场关于奥斯曼问题的讨论还将持续很长时间。

大革命后的继任政府秉承着法国早前做出的保证；他们仍帮助"建造博斯普鲁斯防御工事，组建海军，并训练对谢里姆苏丹试图进行的改革至关重要的军官和工兵队伍"。[44] 同时，革命政府与君士坦丁堡之间的外交关系也变得错综复杂，而在1795年双方又重建了联系。苏丹正式认可了革命政府，两国也交换了外交大使，法国政府采取了韦尔热纳早前倡导的合作政策。"土耳其，"督政府不久之后在给大使的指令上写道，"是我们最天然、古老、忠诚和必要的盟友。"[45] 但是，土耳其自1774年惨败于俄罗斯后，在1792年雪上加霜地再度被俄罗斯击败，情况看起来前所未有地严重。巴黎并非没有考虑对苏丹施以援手的可能性。但问题是怎么施？根据外交部部长德拉克罗瓦在1796年初的建议，或许应该占领罗得岛、克里特岛或者更好的，埃及。后者，他说，"对土耳其毫无用处"。尽管舒瓦瑟尔被认为有削弱土耳其以迎合奥地利的野心的嫌疑，但德拉克罗瓦仍采取了他的构想："埃及正被6 000匪徒肆意蹂躏，"他坚持道，"1万共和国军队就足够解放它，恢复其和平与富饶，它将成为南方省份用之不竭的谷仓，一条更便捷地通往东印度的道路，以及一个繁荣的贸易中心。"至于苏丹，"向他保证每年供给君士坦丁堡足够的小麦，他就会答应让出这一地区"。[46] 革命时期的外交政策重拾了王政时期的目的和手段。

波拿巴和东方

由此可知，早在波拿巴1797年提出远征计划前，督政府就已经想过远征埃及了。德拉克罗瓦的回忆录可以证明这点，而拿破仑自己也说"已经讨论过好几份关于1798年远征的计划了"。[47] 政府与将军的争论点是行动的先后顺序：波拿巴认为，埃及优先；督政府则认为应是英国优先，但紧接着补充说之后能够拿下埃及。[48]

波拿巴如此热忱地坚持东方方案，不仅仅是因为他质疑登陆英国的行动能否成功，更因为东方是他的一个旧识。从他留下的笔记本中可以看出，在他年轻时，他就研习过古埃及的历史，包括它的金字塔和法老，以及迦太基、亚述和波斯；他曾拿着羽毛笔阅读马里尼修士的《哈里发治下的阿拉伯历史》——"一本冗长地记录各朝统治的流水账"[49]——和托特男爵的《关于土耳其和鞑靼的回忆录》[50]。朱诺在之后曾透露道："当我们（1795年）丢了职位，闷闷不乐地待在巴黎时，他就跟我说起过东方，说起埃及、黎巴嫩山和德鲁兹派（Druzes）。"[51] 波拿巴在1792年与沃尔内的相遇在其中起到了至关重要的作用。在制宪议会解散后，身为其成员之一的沃尔内去了科西嘉。他说他想在那里养老，找个好地方，投身稼穑，将其营造为自己的小世外桃源。拿破仑在1792年2月在科尔特被引见给了沃尔内。这位23岁的年轻军官对得到这位年长他20岁的知名人士的垂青感到自豪，或许沃尔内想要"定居在这里，在淳朴的人民中平静地生活"更让他骄傲。[52] 二人一起"沿着岛中山脊上风景如画的山路"，从科尔特到了阿雅克肖，波拿巴在阿雅克肖把沃尔内介绍给了他的妈妈。[53] 他们只谈了美丽的风景，无花果和蜂蜜吗？还是谈到了东方，说起了沃尔内的《埃及与叙利亚行记》（*Voyage en Égypte et en Syrie*）（虽然波拿巴此时尚未读过，但不久他就在这本书上做了批注）和他最后的著作《废墟》（*Les Ruines*）？[54]

有的人将波拿巴对东方的野心，看作是将其前后政策（甚至包括其称帝之后推行的政策）连成一个整体的"线索"，并由此认为他在这方面一枝独秀。[55] 但是对于东方的渴望是时代的热潮。即便美国独立战争让美洲成了热门话题，但历史更悠久的东方风潮仍然势头强劲；在文学作品、戏剧、歌剧、服饰甚至是室内装潢之中，"土耳其风"仍风靡一时。而东方之所以能激起这样友善的好奇心，是因为它已不再是一个威胁了。曾被目为是蛮族和残忍的异教徒的东方人，如今时而被当成未被文明玷污的高贵野蛮人，时而又被看作是反抗暴政和宗教压迫的第三等级的代表。学术上的东方学——这个词最近才出现在英语里，很快也在法语中出现——也因此正寻求着推倒中世纪以来分隔伊斯兰文明和基督教文明的高墙。

人们时常会提及沃尔内和克劳德－埃蒂安·萨瓦里（Claude-Étienne Savary）对于东方习俗的描述的强烈差异。萨瓦里曾在18世纪80年代初到过埃及，他的著作《关于埃及的来信》（*Lettres sur l'Égypte*）与沃尔内的《埃及与叙利亚行记》齐名。两人来到了同样的地方，见到的是相同的景象。然而萨瓦里注视着"在尼罗河的波浪中嬉闹的漂亮女孩，她们的发辫浮在肩头"，[56] 沃尔内看到的则是从河中浑浊泥水蹚过的女人，除非如此贫苦的景象还能激起你的欲望，否则你在看到她们的胴体时是不可能还会想起"出浴的水泽仙女"的。[57] 萨瓦里笔下的阿拉伯人"冷淡、沉静而缄默"，"满足于他已拥有的东西"并平静地享受着"自然的恩赐"。[58] 而沃尔内描述的景象则完全不同，是带着面纱如"幽灵"一般的女人，和在无人打理的肮脏院子中打盹的乞丐。[59]

萨瓦里看待世界时总带着玫瑰色的滤镜，沃尔内的视角则悲观得多；一位热情、乐观又满怀善意，另一位则愤世嫉俗、悲观而又对世界不抱任何幻想。他们的不同不单单表现在性格上：沃尔内是古典主义者，他没有看到法老时代那样的埃及，所以他看什么都不顺眼，萨瓦里则是深受卢梭影响的前浪漫主义者，他将贫苦混同于质朴。但是二人追求的是同样的目标：纠正将东方看作是专制之地的刻板印象，这一印象自从孟德斯鸠将亚洲塑造为"温和而自由"的欧洲的对立面以来，就一直根深蒂固。然而，欧洲据说仍欠亚洲一份情。[60] 阿拉伯人被认为是自人类起源以来，交替传递文明火种的"连续链条"中重要的一环：甚至有人声称"些许希腊天才的火花"在他们身上重现，倘若没有"宗教专制制裁"的压迫，他们定会在这份遗产的基础上继续添砖加瓦。[61] 正是在这里，东西方走上了分岔路，但是人们相信若能确切找出东方世界的病灶所在，两个世界会重新走到一起。从萨瓦里到沃尔内，从杜尔哥（Turgot）到孔多塞，他们都将罪责归于同一批人：土耳其人。这些来自世界边缘之外的人，用铁蹄使曾属于拜占庭帝国和初代哈里发的土地臣服于他们那冷酷的观念与残暴的习俗，以及他们的贪婪、无知和对支配的渴望。通过到处散播恐惧以让人民更加顺从，土耳其人扼杀了知识、创造力和积极进取的精神，改变了东方发展和繁荣之路的方向。在启蒙运动的词典中，奥斯曼世界就意味着贫穷、无知、落后，充斥着政治迫害和宗教压迫。[62]

启蒙思想家以他们熟悉的方式，将东方描绘成一个失败版的欧洲，并认为其不幸在很大程度上是因为缺乏一场能使人民关注统治者的责任和人民的权力的启蒙。东方，就是没有伏尔泰的欧洲。启蒙思想家们对东西方的关系还有更进一步的比较，根据布兰维利耶（Boulainvilliers）的观点，法国贵族是法兰克征服者的后裔，而第三等级则是被其征服的罗马化的高卢人，而奥斯曼帝国的历史也可以套用同样的模式：

> 因此，就像现代欧洲是日耳曼入侵带来的由蛮族后裔组成的贵族阶层，与宗教传统支持下的绝对君主制相结合的产物一样，那些伟大的东方国家也遭遇了诸多入侵，而且比欧洲所经历的更加可怕（阿拉伯人、土耳其人和蒙古人），也同样拥有狂热的宗教崇拜。所以奥斯曼帝国的构成……就是如此地与欧洲相似。土耳其人成了一个剥削和压迫众多民族的贵族阶层。[63]

"无论何地，历史发展的机制都是一样的。"[64] 这就意味着东方人民最终会和他们的欧洲兄弟享受同样的自由；但这需要外部干涉来实现，因为他们需要推翻的政权和教权仍无懈可击，而欧洲的王权和教权已经被启蒙运动削弱；而且，穆斯林社会中，在遭受压迫的阿拉伯人与高扬皮鞭的土耳其主子之间，不存在一个强大到足以掀起一场解放运动的中间阶层。[65] 沃尔内尽管最后支持了这种观点，但起初仍怀疑干涉的可行性；但是，正如圣-伯夫所说，法国大革命使"这个原本老成持重的国家变得天马行空了"。[66] 革命不仅证明了一切皆有可能,而且也证明了奥斯曼政府的不合理性。它的存在不就是在否定人权吗?沃尔内在《废墟》一书中给他的东方兄弟做出了预言,而波拿巴将在其中找到适合他的角色:

> 这个国家和其统治者已经忽视了这些神圣的真相……好吧!他们将会承担对此熟视无睹的后果……判决已经下达;这尊权力的巨像毁于自身负重的日子不远了;是的,我对着众多曾煊赫一时的帝国的废墟起誓。这新月帝国将重蹈它所效仿的那些国家的覆辙。一位外来者将把苏丹驱逐出他的首都……在这场大崩溃中,帝国内的各个民族将会挣开将他们捆在一起的锁链,恢复他们先前的特性,并且大规模的无政府状态将会随之而来……直到在阿拉伯人、亚美尼亚人或希腊人中出现能够重建新的国家的立法者……哈!若是世上只有在那些地方才有这些渊博又大胆的人的话。多么伟大而光荣啊!……但是命运的钟声已经敲响。战吼在我耳畔回响,大灾难就要开始了。苏丹召来他的军队也只是徒劳;他愚昧的战士被击败,四散奔逃;他又徒劳地号召他的臣民;他们的心冷如寒冰……虔诚的信徒无用地向上天和先知祈求:然而先知已不在人世。让一位德行高尚的领袖降临吧!一个有力又公正的人!愿他获得至高无上的权柄:天下正等待着制定律法之人;它期待他,它召唤他,而且我的心也在等待他……是的,我已听到了远方模糊的声音:自由的呼喊,顺着绵延的河流已经响彻古老的大陆。在呼喊声中,反抗桎梏的呢喃已经出现在这伟大国家中;这是关于目前处境的一个不安的警告;它扪心自问它是什么,将会如何;并惊讶于自己的羸弱,它寻求它的权力、它的手段,以及它的领袖曾经的举止……另有一天,另一番思潮……那时将诞生令四方震动的运动;将开启一个新的世纪,一个让万民惊异,暴君惊恐的世纪,一个让伟大民族获得解放,有望看到世界大同的世纪。[67]

获得了解放的欧洲应赶去援救被奴役的东方。但是沃尔内并未设想要通过一场革命，甚至是由雅各宾派梦想中派到世界各地的法国"传教士"们煽动的大起义来实现东方的再造，而是恰恰应通过一种来自东方历史的模式：一位从天而降的伟人将推翻帝国，带来动乱和毁灭，并让世界重生。沃尔内期待的是亚历山大和穆罕默德那样的伟人再临。很显然，东方学不能使东方西化；当它想着要这么做时，就又回到了将东方看作异域他乡的时代。地中海以东起初是属于前所未有的冒险者、出类拔萃的征服者和帝国缔造者的大陆。从远古时代东方的历史就充斥着这些人，但在18世纪有一个人可以囊括他们：穆罕默德。他是狂热、激进、聪慧、足智多谋、愤世嫉俗、残酷和野心的象征，但同样也是自由的象征。伏尔泰在激烈谴责他的同时，也由衷地赞许这位沙漠之子"白手起家而非庇祖上之荫"。[68] 穆罕默德？支配的化身。

毫无疑问，这就是吸引了年轻的拿破仑，而且使他终身着迷之处。他并不怎么关心东方的"第三等级"；而是关注于东方的历史和传说，那里的每个世纪都源源不断地涌现出普鲁塔克式的人物或事件。在他眼中，东方是冒险者的故乡，可以说是充满无限可能的处女地。1797年，郁郁不得志的他与布列纳私下的谈话十分有名："我们应该去东方，所有的荣誉都源于那里。"[69] 最伟大的荣耀属于穆罕默德。拿破仑说基督是"传道者"，而穆罕默德则是"征服者和君王"。[70] 带领着为数不多的贝都因人，靠着崇尚战斗和牺牲的宗教信条的支持，他征服了"半个世界"。比起那些追随卢梭的立法者和精明的建国者，他更钦佩穆罕默德能够靠如此手段取得这样伟大的成果的能力。[71] 很久之后，他严厉地批判了伏尔泰反对穆罕默德的观点，断言道，如果穆罕默德是个只会耍弄阴谋诡计的人，他就只能得到"二流的结果"，然而他却通过布道"鼓动了民众"，改变了"世界的面貌"。[72] 但是在拿破仑年轻时，他并非对伏尔泰描述的骗子形象无动于衷，在他1789年参考马里尼著作中的故事创作的小说《先知的面具》中就有所证明。[73] 小说讲了一个叫哈卡姆（Hakem）的冒牌先知的故事。他自称被赋予了神圣的使命，靠自己的口才拉起了一支由狂热支持者组成的大军。他取得了一场又一场的胜利，直到有一天他恶疾缠身，容颜尽毁，双目失明。他担心他的不幸会被看作上天的惩罚，于是他戴起了银面具，并称他是为了"防止他面部发出的光芒使人目眩"。不久之后，他的军队被击败。哈卡姆下令在营地周围敌人可能发起突袭的地带挖了宽阔的壕沟，并在里面填满生石灰。夜晚，他请士兵们喝下毒酒，把他们的尸体扔进石灰里，自己也跳了进去，这样他和他的士兵的身份就无从辨认。他的骗局因此永远不会被揭穿，他的荣耀也得以保留，因为信徒们很快就传说他和他的士兵都上了天堂。人们总是引用小说最后一句话——"人对名声的迷恋究竟能到什么程度？"——来批判皇帝未来的行为。但这个故事也证实了一些别的事：首先，他对这个假先知诡谲计谋的敬佩；其次，他相信一个成功的诡计，可以称为合法性的来源；最后，这样一位宁可选择使用最后的诡计使自己活在人们的记忆之中，而不愿失去荣誉苟且偷生的人物，对他有着巨大的吸引力。

这就是青年拿破仑的梦想。在绝大部分同时代人把注意力放在美洲时，他将东方看作是有待开发的处女地。当时饱含对未来的希望的实验似乎都发生在西方。美国独立战争使得新大陆成了时代的热点。在这整整一代人眼中，华盛顿、富兰克林和杰斐逊就是普鲁塔克笔下英雄的再世。在欧洲人看来，独立后的美国作为一个在处女地上建立的崭新国家，没有历史的重担，也不知何为不平等，它为欧洲上演了一场技惊四座的大戏。那里，在这个如白纸般尚未开发的大陆上，新人类正在将以理性为原则构建社会的理念付诸实践。美国使哲学走出了书本，在一个由道德高尚的农人和哲学家组成的民族中，实现了哲学的理念。尤其是因为美国的幸福无关于它的社会和历史，这使得哲学家们对它格外青睐。然而在年轻的波拿巴的人格深处，他的思想更贴近于历史学而非哲学。美国那些引起了他同时代的人钦佩的地方，他只是漠然视之。他的新大陆不是美洲，而是古老的世界，不是欧洲，而在东方，它是欧洲的过往，文明的起源，这片土地上涌现过无数的征服者，从帖木儿（Tamerlan）到纳迪尔（Nadir）沙阿，他们的历史中不断上演着英雄壮举、豪情壮志和一败涂地的循环。东方在成为他人生中的"理想时刻"的征服对象前，是青年波拿巴的神往之地。[74]

地中海政策的初步规划

1797年2月9日，波拿巴抵达安科纳（Ancona），这是他第一次与东方有了实际关联。在地平线以外，是奥斯曼占领下的阿尔巴尼亚；向南，则是科孚岛（Corfou）和伊奥尼亚群岛的其他岛屿；再远一点则是伯罗奔尼撒（Péloponnèse）的海岸，穿过阿尔巴尼亚和希腊，陆路可达君士坦丁堡，而海路可达埃及。[75] 安科纳是通向东方的大门。自那一刻起，他知道自己已不能停下脚步。这位将军还不知道他人生下一篇章的剧情，但他已经开始规划方向并制订计划了，并不过多担忧计划的实用性和可行性。他力劝督政府不要将安科纳还给教宗。[76] 有了安科纳，他就可以派一队人去占领科孚岛。[77] 他决定一旦法国占领了这座岛，就要加强对整个亚得里亚海岸的掌控。他会写信给在阿尔巴尼亚的奥斯曼帕夏，向他们保证他"真挚的"友谊并向他们保证他将会"特别优待穆斯林"。[78] 他还会向"马尼奥（Maniots）"表达敬意，这是一个生活在伯罗奔尼撒南边的基督教群体，土耳其人没能征服他们，而且据说他们是斯巴达人的后裔。[79] 成为亚得里亚海的主人后，他会把目光投向黎凡特。尽管此时和奥地利的谈判还在进行，但他已不再一门心思想着意大利了。但这并不是因为征服意大利对他向地中海进发的计划没有帮助，而是因为作为击败奥地利的战利品，对意大利的占领就意味着英法两国如今要单独对决，他确信这个战场不在英吉利海峡而是在地中海。就像对抗维也纳的军事行动使他去思考先前从未考虑过的意大利政策一样，与英国的作战以及当时的一切都促使他思考起了在地中海地区的政策：对科西嘉岛的重新占领，与西班牙的联盟，对半个意大利实现了直接或间接的控制，对亚得里亚海的支配——这些都让他把地中海视为"法国的海"。[80] 荒谬可笑？他代表着法国对外政策的一个重要方向。督政府的外交政策重点在于比利时和莱茵地区，波拿巴则建议代以另一种政策——未来的皇帝继承了早前由舒瓦瑟尔草拟的计划——在地中海寻求法国的优势。[81] 一百年前的历史学家们总是念念不忘来自日耳曼人的威胁，因此他们过分地强调了民族边境的重要性。在指责波拿巴在签订坎波福米奥条约时将意大利看得重于莱茵地区时，他们忘了对莱茵河左岸的占领将减少德意志内部的政治分裂，有利于普鲁士的壮大。而且，这样一个将使美因茨、科布伦茨和荷兰的芬洛（Venlo）都处于共和国的边境之内的方案，真的具有可行性吗？法国无法长久保有这些领土，当地人并不较比利时人更喜欢法国或是他们的革命。此外，这一指责忽略了法国已有能够抵抗侵略的边境了——要知道没有能够提供绝对保障的边境——正是出于这个原因，路易十五于1748年将刚刚占领的比利时归还给了奥地利，并说保障王国的安全无须扩大边境。最后，这一指责仍将国力和疆域大小联系在一起，认为只要领土得到扩张，国力也会随之增长，但忘记了财富的基础已经开始变化，英国，早于其他所有国家，给出了以工业、经济和殖民地为根本的有力范例。在过去6年的战争中，法国绝大部分的殖民地都落入英国之手，而且经济遭受了毁灭性的打击。繁荣而有活力的海港城市只存在于记忆中。督政府转向内陆的政策让这些城市陷入了经济困境。波拿巴的政策将通过开辟新的商路，来重振这些城市的经济：在法国失去了加勒比殖民地，而又无法直接夺回的情况下，前往东方。夺回殖民地是战争的终极目标，而只有一个方法可以实现：威胁英国的财富根源。当督政府还在继续路易十四和沃邦的"边境政策"时，波拿巴已在试图重新让法国成为经济强国了。[82]

蒙日，塔列朗和其他人

波拿巴不是唯一一个梦想踏上埃及的人。他周围的人也被他的梦想所吸引。在下象棋以及与奥地利谈判的间隙，将军与蒙日谈起了他的计划，并且在夜晚于帕萨里亚诺（Passariano）的马宁宅院"华美的花园"中散步时，再次谈起了这个话题。[83] 也就是在那里，他做出了后来著名的评论："欧洲不过是个鼹鼠窝，"他说，"这里永远不会有东方那样的伟大帝国和伟大变革，那里有6亿人！"[84] 蒙日更有热情，他已经看到了自己与波拿巴在希罗多德阶梯上漫步的场景。此外还有陪同者，例如雷蒙德·韦尼纳茨（Raymond Verninac），从君士坦丁堡回来的前大使，在那里他曾向他的一个副手请教过占领埃及的另一个计划。多亏波拿巴，意大利人自己也开始梦想着在地中海地区重拾威信。[85]

　　蒙日已有了巴黎发来的书籍、报告和地图，而波拿巴将大把的时间都花在了斟酌这次只是"可能"发生，而仍未"确定"的远征的细节上。[86] 不管怎么说，计划正在一点点变得清晰。当德塞来帕萨里亚诺拜访他时，波拿巴留下了他并给他详尽地呈现了计划细节。"关于埃及的点子，它的办法，"谈话后德塞在自己的记事本上写道，"从威尼斯运1万人，8 000波兰人到埃及。采取行动，冒险，细节。5个师，2 000匹马。"[87] 如果波拿巴想听天由命的话，他就不会排除掉种种假设，在他内心深处埃及不仅仅是一个简单的选择。

　　应该说一下现在他在巴黎有着一个多么重量级的盟友：塔列朗，时任外交部部长。他们彼此从未沟通过此事，心里就有了同一套计划。波拿巴和蒙日谈论着要把法国的三色旗插到金字塔上，而塔列朗则在法兰西学院声称他是自己的前保护者舒瓦瑟尔的政策继承人。像舒瓦瑟尔一样，他也认为欧洲人已失去了美洲的殖民地，并呼吁在东方建立殖民地："它们将更自然地与我们连接，更有用也更可长久。"[88] 他称赞埃及的富饶，在那里将找到"繁荣和富裕的方法"并且它的地理位置让它成为"四分之三世界的天然贸易中心"，他补充道，提及了经苏伊士和红海开辟新的贸易路线：

　　　　与印度的贸易必然将抛弃漫长又成本高昂的好望角航线，转来苏伊士……这一大事将引起欧洲贸易的一场革命，而英国将遭受最大的冲击。这将摧毁英国在印度的力量——该国在欧洲地位的唯一根基。恢复苏伊士商路的重大影响，就好比16世纪发现好望角对热那亚和威尼斯的影响……我们不应该忽视这一点，迟早欧洲人将失去西方的殖民地。埃及的财富将足够填补共和国的损失。[89]

　　据说，他对埃及和印度感兴趣还有别的原因，尤其是他希望能大捞一笔的"巴黎印度银行"计划。[90] 我们没法断定波拿巴和塔列朗哪个才是第一个提出远征埃及的人。新外交部部长提出的殖民地政策在波拿巴

1797年8月16日第一次公开倾向远征东方时，已经家喻户晓了：[91]

> 科孚岛、赞特岛（Zante）和凯法洛尼亚岛（Cephalonia）对我们的益处要多于整个意大利。倘若我们被迫做出选择，宁可把意大利还给皇帝也要保住这些岛，它们是我们财富和繁荣的源泉。土耳其帝国在日渐衰落；占领了这些岛屿，我们可以全力给予其支援，也可以在瓜分土耳其时占得属于我们的部分。距离我们认为必须摧毁英国的时刻不远了，我们必须占领埃及。幅员辽阔的奥斯曼帝国如今正江河日下，这迫使我们好好思考维持黎凡特贸易的方法。[92]

这番表态是不是太迟了？这是几个月的思考和多番商讨的最后结果。塔列朗乐于见到与他观点相同的人，他写信给将军表达他的赞同之情，认为埃及"早晚会有大用"。[93] 他们相互理解。和蒙日一样，塔列朗给波拿巴也看了那些报告和备忘，使他坚信埃及已处于几乎独立的状态，土耳其朝廷不会反对法国的干涉，而这一干涉将得到大部分当地民众的拥护，只有人数稀少的马穆鲁克会反对。[94] 波拿巴这边，他一直不断地提醒塔列朗经马耳他前往亚历山大的路线。[95] 他将圣约翰骑士*的领地看作是前往东方的跳板，一把一定要握有钥匙的锁，因为坎波福米奥条约将奥地利也引入了地中海地区。而且奥地利已获得了第一个胜利，其候选人成功当选为马耳他骑士团的大司令官，而不幸去世的上任大司令官则是一位法国人。[96] 9月底，督政府屈服于波拿巴和塔列朗的"二重唱"，赞成组建以马耳他为目标的远征军。普西耶尔格（Poussielgue）——波拿巴早对其天赋有所了解——被派到岛上侦察其防御工事，建立联系，为法军的到来做准备。但普西耶尔格刚动身不久，督政府就将进攻计划改为只针对英格兰本土。波拿巴只得屈服。他叫回了普西耶尔格并致力于筹备横渡英吉利海峡，"手里握着圆规和铅笔"趴在地上研究地图。[97]

当他下达第一道组织将要集结于英吉利海峡沿岸的军队返回法国的

---

* 圣约翰骑士团是天主教的宗教军事组织，此时占据着马耳他岛，因此也称"马耳他骑士团"。

命令时，他还没有离开意大利；他督促步枪和大炮的生产，并监督舰队集结以及修复战舰和运输船将要停靠的港口。[98] 我们对在他的指示下进行的这些工作几乎一无所知，但一切都表明这是相当重要的，因为在1798年1月中旬时，已经有大约5万人做好了登陆准备。准备工作的进行密不透风，以至于格鲁希以他曾在奥什将军麾下效力为由请求参与其中时遭到了粗暴的回绝："远征英格兰，"内政部长在给格鲁希的回信中写道，"是由督政和一位将名垂千古的将军秘密筹备的；我无法在这个任何人都不许参与的工作中给你一个职位。"[99] 所以，我们不能准确得知波拿巴何时最终拒绝了登陆计划。

1月显然是决定性的月份。波拿巴继续和卡法雷利（Caffarelli）、安德烈奥西（Andréossy）、工程师福尔费（Forfait）和战争部长谢雷（Schérer）忙着计划的事，12日他向督政递交了入侵计划和他希望带去的军官名单。但是瑞士和意大利的突发情况让他不得不谨慎。虽然他继续从地中海一带往英吉利海峡沿岸抽调军队，但他也不排除在必要时把他们派去莱茵地区的可能。督政府仍然自信满满并且忙着通过贷款为远征筹集所需的8 000万法郎。是波拿巴得知其应者寥寥（筹到的款项还不到四分之一）了吗？还是海军部长宽慰人心的报告上没有掩饰好舰队的凄惨处境？当然，他没有忘记埃及。如果他忘了，塔列朗也会提醒他，因为在外交部部长心中这高于一切；在他以部长身份发出的信件中，甚至说得好像官方已批准组织了这场远征一样。在1月的头几天里，塔列朗安排波拿巴见了奥斯曼在巴黎的大使阿里·埃芬迪（Ali Effendi），并且给波拿巴看了大量支持立即干涉的报告。[100] 曾在韦尼纳茨（Verninac）手下工作的杜布瓦–泰恩维勒（Dubois-Thainville）、前开罗领事——夏尔·马加隆（Charles Magallon）和前几天刚从君士坦丁堡回来的约瑟夫·费利克斯·拉佐夫斯基（Joseph Félix Lazowski）都向波拿巴保证，埃及已经受够了马穆鲁克的暴政，正在等待它的解放者。占领埃及看起来将轻而易举，且收益颇丰，因为尼罗河谷不久就会变成一个大种植园。不需要派大量的军队，作战也花不了多少时间：波拿巴可以在冬天来临前回来继续负责进攻英国，除非他决定要经红海前往印度帮助迈索尔（Mysore）苏丹在印度半岛南部反抗英国人。这次远征毫无风险。再说，借口早就找好了：埃及"处于无政府的混乱之中"，苏丹的敕令得不到丝毫尊重，外国人尽管有领事裁判权的保护还是会遭到粗暴对待。这样，法国就能声称它进入埃及是为了恢复被马穆鲁克摧毁的苏丹的威信。至于土耳其，干涉计划的支持者坚称它的朝廷会愿意把埃及割让给一个友邦，只要后者能够帮助他们抵抗俄国和最近也垂涎于其领土的奥地利的扩张野心。塔列朗、波拿巴和督政府都大力支持这个荒诞的想法，塔列朗毫不犹豫地宣称在东方建立法国的殖民地将巩固法国与土耳其的联盟，其巨大的收益值得让法国冒与俄国开战的风险。[101]"征服埃及，"马加隆在一份文件的结尾写道，"是非常容易的，甚至可以说万无一失。"[102] 塔列朗更夸张："基于这些最了解埃及的人的声明，我能保证，征服它几乎不会让法国流一滴血。"[103]

很久之后波拿巴对此大发雷霆，他说，自己要不是被这些关于富饶的国家和热情的民众的故事蛊惑了，绝对不会踏上埃及。[104] 这些报告的一切都是在胡说八道，在从埃及回来后他愤怒地在塔列朗的一份报告上批注："假的！""给旅行商队的好计划！""去精神病院吧！""一派胡言！"[105] 事实上，倘若真有人骗了他，那个人也是他自己：他比马加隆对胜利更有信心，尽管他从一开始就怀疑派一个军团登陆英国的可能性。在1798年1月26日他们相见时，塔列朗十分谨慎，并未极力说服波拿巴参加进攻埃及的计划。他们分开时都对对方感到满意。塔列朗为了证明他对这个计划有多投入，甚至许诺要亲自去君士坦丁堡获得土耳其对占领埃及的许可。布列纳对此很清楚。在1月的最后几天，将军告诉他："布列纳，我不想待在这儿了，这里无事可做。他们（督政）也不想听到这些。我觉得如果我待下去只会越来越消沉。一切都被腐蚀了，我也不会有任何荣耀；这个小小的欧洲不能给我足够的东西。"[106]

当然，这仍需要说服督政府。当塔列朗缠着政府不放——1月27日他提交了第一份关于远征埃及的报告，2月14日又提交了第二份——时，波拿巴则力图证明至少在目前的情况下，远征英国不会成功。从2月8日到2月19日，他沿着北部海岸勘测地形，从布洛涅到安特卫普。他观察了停泊的船只，询问了补给、草料和武器的情况，造访了港口，并列出了一张关于在横渡海峡前必须要纠正和安排的事项的单子；他每到一处，都会恩威并施，鼓励一部分人，对另一部分人则施以威吓。这为准备工作注入了新的动力。然而，不会再抱有任何幻想了：登陆计划是不可能的，港口状况很糟，军舰数量不足，保养糟糕，缺少武装和配给。就像他写给负责巡查另一部分海岸的卡法雷利的信中说的，没有什么是不能补救的，无论是港口和船只，都能恢复到满意的状态，但时间不够了。[107] 只有在昼短夜长的有利时期才能渡过海峡。两个月后时机就过去了，但那时准备还不可能完成。波拿巴不再相信这一登陆计划了，至少在1798年是这样。事实上，在他返回后，他在给督政府的长报告上解释道：

> 无论我们怎么努力，在海上获得优势都还得要几年。在没有控制海洋的情况下贸然登陆英国是前所未有的冒险也是最困难的行动。如果可能的话，我们必须要出其不意。要么就躲开封锁布雷斯特（Brest）和泰瑟尔（Texel）的分队，要么就用小船趁着夜色，在6到8小时之内将兵力投送到肯特（Kent）或萨塞克斯（Sussex）的某处。这次行动要求夜晚一定要长，所以只能在冬季进行。四月之后，任何事都不可能了。我们的海军目前比起4个月前英格兰军团刚组建时几乎没什么长进。远征英国在来年之前都不太可能；而且大陆上似乎也出现了障碍。我们已经失去了准备远征的最佳时机，或许永远失去了。[108]

波拿巴提出了三个解决方法：入侵汉诺威（此地仍在英国汉诺威王朝的统治之下）；恢复与英国政府的谈判；"远征黎凡特以威胁英国与印度的贸易"。显然前两个办法只是提出来做个样子。但是，督政府没有被打动，他们没有给波拿巴他要求的处置全权，而是书面同意了他要求的用于确保成功登陆英国的特别资金。督政府就这样把军事、人事、财政和政治权力全都交到了波拿巴的手里，并且还给了他一笔可观的预算。就算他后来装模作样地又忙了一阵筹备登陆的事，那么时间也不是太长，因为在3月3日政府就要求海军部长停止执行早前的命令了。[109] 在此间隙，波拿巴见到了刚从布列塔尼回来的德塞，德塞口中的恶劣状况更打消了他的最后一丝疑虑：哪怕用尽一切办法，也不可能按时做好准备了。[110] 停泊在布雷斯特港内的34艘战列舰，有10艘根本无法出海，只有10艘是武装完备的，而且没有一艘船的人员是齐全的。[111] 对这一行动更不利的是，巴黎方面得知在科孚岛的布吕埃斯（Brueys）舰队的状况已不允许其驶回布雷斯特，能够用于横渡英吉利海峡的船只数量远少于预期。[112] 唯一的好消息来自普西耶尔格。由于没有收到波拿巴取消任务的命令，他还是去了马耳他，当他返回法国后，他提交了一份有助于占领这个对控制地中海至关重要的"直布罗陀"的报告。[113] 这个报告来得正是时候，就在波拿巴再次尝试劝说督政府放弃入侵英国的当口。督政们自己也不再相信登陆的可能性了。勒贝尔还是自坎波福米奥之后，唯一一个反对波拿巴的人吗？不管怎样，其他人带着不同程度的热情批准了此事。关于他们的动机已有过许多讨论。他们听从波拿巴的意见，是不是想要把他送去埃及，好摆脱这个棘手的家伙，哪怕是暂时的？那就意味着他们原则上反对远征埃及，或者至少认为远征埃及不会有什么好处。但正如上文所述，他们自从1795年以来就反复提及远征埃及的计划，而且他们也意识不到远征中的困难："他们活在革命精神之中，"班维尔曾说，"不会去考虑这些光辉灿烂的幻想背后的距离和困难。"[114] 因为无法打击英国本土，他们就想要进攻印度。最终使督政们下定决心的，不是希望给这些不同程度地公开持有不同政见的军人找点事做，也不是想让这个麻烦的将军不再碍事，而是波拿巴最迟在1798年年底就能从埃及返回法国，接管利用这段时间进行了充分准备的英国远征军的保证。督政府没有放弃登陆英国，他们只是推迟了这个计划。就这样，波拿巴，1798年3月5日来到了卢森堡宫，成了全新组建的东方军团的总司令。

第17章
征服尼罗河

这支令人生畏的舰队的集结、武装和补给仅仅用了两个月时间，1798年5月19日，舰队从土伦、马赛、科西嘉、热那亚和奇维塔韦基亚（Civitavecchia）出发。在法国海军仅有的3艘三层甲板战列舰之一"东方"号上，波拿巴看着土伦护航舰队的船只在大炮和号角齐鸣中离开了海港。[1]"现在是早上7点，"他在给督政府的信上写道，"轻型舰队已经启程了……我们起锚时天气非常好。"[2] 330艘以上的战舰和运输船载着大约3.8万人的陆军——步兵、炮兵和骑兵（大多数是没有马的）——外加大量来自各行各业的工匠、3 000名海员和波拿巴坚持要带上的167名科学家。[3] 总共有约5.4万人，而当年派去参加美国独立战争的军队还不到1万人。[4] 当所有的船队都聚集在旗舰周围后，舰队仿佛是一座"漂浮的巨大城市"。[5]

土伦的集结

远征埃及的准备之所以耗时很少，最主要的原因是波拿巴在督政府批准前就做了大量工作。[6] 当督政府最终同意他的建议时，他马上就能递交一份长长的清单，其中涵盖需要抽调的团（包括番号）、被委任的军官、随行炮兵部队的细节以及对必要开支的估计——大概需要八九百万法郎。[7] 而且总参谋部为远征英国做的工作也并非毫无用处。

境况也是很乐观的。筹备英国计划时资金一直不足，但与埃及计划的筹备几乎同时发生的罗马共和国的成立和瑞士联邦的覆灭，给该计划提供了充裕的钱财。在给奉命进攻罗马以报迪福将军之仇的贝尔蒂埃的信上，波拿巴写道："尽可能搞钱，保证你的军队供应。"[8] 他的前参谋长回以："我将尽力填满钱箱。"[9] 至于瑞士，自坎波福米奥条约签署以来，它就时日无多了。法国在北意大利建立了一个卫星共和国，自然会觊觎通往那里的道路，这些道路无一不穿过瑞士。波拿巴利用格劳宾登（Graubünden）州的动乱，剥夺了其瓦尔泰利纳（Valtellina）地区并将该地并入了山南共和国，这样便为法国打开了经辛普朗山口前往意大利的道路。督政府继续推行这一政策，占领了巴塞尔（Basel）主教区的一部分，吞并了米卢斯（Mulhouse），最后还把军队集结到边境，并号召巴塞尔和伯尔尼的瑞士"雅各宾"们发起革命。波拿巴对革命的支持早已随着形势而改变，这次他倒是完全支持。他对教宗的尊重已经屈服于对资金的需求，并且由于财政原因他也乐意见到"包括沃州在内的瑞士各州"自愿接受"自由、平等和不可分割的原则"。[10] 征服瑞士并不比征服罗马来的吃力。伯尔尼的政府试图抵抗，但在1798年3月5日——督政府同意波拿巴的埃及计划的当天——该城就被占领。他们的国库被用于填补远征花费，再一次变得空空如也，象征着这座城市的熊也被拉去了巴黎植物园的动物园里。[11] 计划入侵英国时的众多无法克服的困难都神奇地消失了。不仅仅是钱，船的问题也解决了，那些无法集结以横渡英吉利海峡的运输船队，不久之后就在50艘战舰的护卫下，扬帆去占领地中海了。[12]

无论怎样，一个像督政府这样组织混乱的政权能在短短两个月内制定出这么庞大的计划都是十分令人吃惊的。[13] 但是我们应该记得果月十八政变，政府借此暂时摆脱了左翼和右翼反对派的掣肘，这让它在很多此前成果寥寥的领域取得成功：就像它让波拿巴在前无古人的时间内完成了远征埃及的准备一样，它也通过货币贬值三分之二的方法稳定了财政，这是一场货真价实的针对食利阶层的政变，只要政府还需面对对这个阶层抱有敌意和怀疑的公众，这么做就是万无一失的。

另一个证明政府在果月危机后——暂时地——有了很大长进的事

实，就是其密不透风的准备工作。事实上，东方军团的组建和它的目标早已决定——夺下马耳他，占领埃及，把英国人赶出红海——但没有公布，政府还要作出一副入侵英国计划照旧的样子。波拿巴告诫下属要保持"守口如瓶"，而且政府也屡次公开重复关于在布雷斯特海岸集结军舰入侵英国的命令。[14] 结果就是好多远征军直到船停在马耳他才知道此行的目的。[15] "我们不知道我们的目的地是哪，"舰队中的一位船长写道，"这简直是神话故事中的谜团。"[16] 甚至连蒙日的妻子都不知道，尽管她的丈夫从一开始就对此心知肚明。[17] 很多他在法兰西学院的同僚也被邀请参加了这次"兼有科学和军事性质的远征"，他们也不明白到底要去哪里。[18] 多洛米厄（Dolomieu）回忆起当时的情况："贝托莱不能告诉我们，我们要去哪个国家，因为那是秘密。我问他那个国家是否有山脉和岩石。'很多。'他回答道。'如果那样，我跟你们去。'我笑着告诉他。"像多洛米厄一样，大多数受邀人员都相信了波拿巴会好好照顾他们的保证，而且，如阿拉戈（Arago）所写："数学家傅立叶撇下了他在综合理工学院炙手可热的职位，去了一个他不知在何处的地方从事一项他不知是什么的工作。"[19] 当然，军队向法国南部的调动和地中海港口的重新活跃不可能被无视。毕竟天下没有不透风的墙，那些洞察力最敏锐的观察者很快就猜出了这次"备战"的真正目的。[20] 报纸重复着他们的猜想，《箴言报》甚至说远征的准备"得到了苏丹本人的同意"。[21] 但是政府对此矢口否认，更重要的是，海陆军的将领们保持着沉默，这使得谣言难以成真。而英国方面，尽管他们在里窝那的间谍于 4 月时就告诉过他们远征的目标，但很长时间内他们都拒绝相信法国已经决定登陆埃及。

将军事远征与科考活动结合的主意来自蒙日。1797 年当他在罗马时，他被"古希腊罗马的遗迹与古埃及的遗迹之间的非凡差异震撼……后者或许不若前者那样典雅、优美、造型丰富，却拥有质朴、规则、宏伟尤其是牢固的特性。几何学家惊叹于这个民族拥有的胆识、力量和知识，能够如此完美而巧妙地利用这些巨石，会想去重新发现他们的天文和数学知识、艺术作品、民间习俗和他们政治宗教仪式的意义"。[22] 正因为如此，他提议"在军队中带上一群受过教育的人，他们唯一的任务就是让欧洲的学者和科学家们了解这个被称为人类文明摇篮的国家"。[23] 再说早就有人提出过这方面的想法了。[24] 百科全书派们不是说过埃及是个"值得研究的国家"吗？[25] 法兰西学院的宗旨不是融会各领域知识吗，而且埃及难道不是科技和艺术的诞生地、探求知识的理想之地吗？对波拿巴来说，他很自然地就采用了这个计划。像塔利安（Tallien）受波拿巴启发而写的《埃及十年》（*La Décade égyptienne*）的序言中写的那样，他知道"我们已不是生活在一个征服者只知如何榨干那些供养他的大军的地区的最后一滴血的时代了"。[26] 波拿巴被选进法兰西学院坚信了他的看法。这让他乐于将文明带回它的诞生地埃及，同时使法国成为一个新的帝国。督政府已经批准此事——拉勒维里对此很热情——并命令内政部长"按波拿巴将军的部署调派工程师、艺术家和其他下属不同部门里他需要加在远征队里且信得过的下属"。[27] 蒙日（不久就会被派去罗马）、贝托莱、卡法雷利和数学家傅立叶请求前往。"你听闻，"维旺·德农（Vivant Denon）在给一位女性朋友的信上说，"我将前往一个我不知道的地方的消息时会感到惊奇。我与波拿巴将军的关系让我必须加入他组织的远征。"[28] 征兵人员的恶名和波拿巴的声望让许多人加入进来。若弗鲁瓦·圣-伊莱尔（Geoffroy Saint-Hilaire）、马吕（Malus）、孔泰和多洛米厄响应了将军的号召。但是也有拒绝的声音。这是可以预料到的：有幸入选者不是被要求放弃一切去参加一场他们一无所知的冒险吗？艺术和科技界的很多头面人物的积极性就不是那么高涨了。拉普拉斯、居维叶（Cuvier）、拉塞佩德（Lacépède）和大卫都拒绝了邀请，还有诗人勒古韦（Legouvé）、植物学家图安（Thouin）和工程师伊斯纳尔（Isnard）和普罗尼（Prony）；迪西认为自己年事已高，梅于尔（Méhul）则托言还有工作要做，而歌唱家莱斯（Lays）以嗓子脆弱为由推辞。莱斯的拒绝惹怒了波拿巴："我很生气他不跟我们一起去，"据说他如此说，"他本可以是我们的裁相。我们需要一个游吟诗人在我们的纵队前方，他的嗓音可以激励士兵。"[29] 维约托（Villoteau），莱斯在歌剧院的替补歌手拒绝离开他，而作曲家里赫尔（Rigel）也不愿接受这份伟大的梅于尔认为没有必要接受的工作。[30] 一些谢绝了邀请的人日后以曾反对过这位新的凯撒为豪，但更多的是担心他们在这神秘的事业中可能蒙受损失，他们不再像年轻时那般无忧无虑了。[31] 因此绝大部分应征人员都如此年轻且缺乏工作经验也就不奇怪了——大多数人都是建立不久的综合理工学院的毕业生。有一种说法，说波拿巴随身带着一套"活生生的百科全书"。[32] 此言不虚，但更为贴近的是，他希望他带着的是"三分之一"的法兰西学院。[33] 在几位享有盛名的共和国宠儿的阴影之下，这支多出身平民的知识分子大军"像去野餐一样"向未知进发，满脑子都是赢取荣耀和大发横财的美梦。[34]

在大军集结的土伦和奇维塔韦基亚等地，气氛空前高涨。"我们远征的目的地仍是个谜，"一位参与者在给双亲的信上写道，"但对于变革和非同寻常的事业的热爱使得每个人都兴奋得安静不下来。想到我们要去打英国，或其他别的什么国家，这就足以激发出大家的热情了。"[35] 对波拿巴来说也是如此，这是他马不停蹄的几周。"地面似乎烫得他站不住脚。"拉勒维里说。[36] 他关注着一切：军队调动、补给、海军军备、招募科学家、为专用图书馆搜集藏书（他在帕萨里亚诺曾建过一个类似的图书馆），不得不说的是，"便携图书馆"的书单是波拿巴亲自列的，而卡法雷利将军参谋部的一名军官，奥拉斯·德·赛伊（Horace de Say）为他做了整理汇总。[37] "一道接一道的命令和指示都以极快的速度贯彻"，如果命令稍有迟缓，波拿巴就会跑到卢森堡宫直接从督政手里要。[38] 他没有忘记科学家的工作需要大量的仪器，但由于军队的目的地仍是秘密，他以个人身份写信给在罗马的蒙日，要求他"没收"梵蒂冈宣传部门的"阿拉伯印刷工坊"。[39]

阻碍与犹豫

在"要下决心和执行命令的关键时刻"，波拿巴仍不得不花点时间处理家事。[40] 胜利街正经历着狂风暴雨。在意大利快快不乐的约瑟芬，在巴黎也没有找回幸福。"我的人生就是一场无尽的折磨！"她给她的伊波利特写道。她厌倦了在人前演戏。经过伊波利特，尤其是巴拉斯的牵头，她开始入伙博丹（Bodin）兄弟的生意，这家供货商不如弗拉沙公司那般有名，但更加奸诈。这个小圈子做着给军队供货的生意，而且她刚刚听到的消息让她喜不自胜：在巴拉斯的帮助下，博丹的公司中标成为意大利军团的供货商。[41] 它带来的丰厚利润能让她还清部分瞒着丈夫的债务。她用了无数的花招，几乎每天下午都往她的情人和他的伙伴们居住的圣－奥诺雷（Saint-Honoré）郊区的房子里跑。就这样，风暴爆发了。拿破仑忙得无暇顾及她，但他的家族盯着呢。她身边围着间谍，约瑟夫通过其中一个知道他的弟媳牵扯进了巴拉斯的阴谋。他赶忙前往胜利街，并且乐意扮演大哥的角色，以家庭荣誉和弟弟利益的名义揭露了一切。拿破仑把约瑟芬叫了进来开始大吵。她真的长时间待在圣－奥诺雷郊区？她是不是卷入了博丹的无耻阴谋？她是不是还让她的熟人帮了忙，好让她去见这个夏尔上尉？她否认了一切，并称她是"最不幸和悲哀的女人"，由于她深知最好的防守就是进攻，她表现出的愤怒和叫喊声远远超过她的丈夫。他要离婚？好啊！正好解脱了！回到房间后，她给伊波利特写了一封长信，诋毁整个波拿巴家族——她的丈夫、婆婆、她丈夫的兄弟们，总之他们所有人：

> 是的，我的伊波利特，我厌恶他们所有人；你独占我的感情、我的爱。过去的几天中我的可怕处境就能显示出我对他们有多憎恨。他们看到了我无法像往常一样见你时表现出的懊悔、绝望。伊波利特，我该自杀。是的，我想结束我的生命，不能为你献身，它对我来说就是负担。唉！面对这些怪物我该怎么办啊？但无论他们怎么做，我都不会成为他们暴行的牺牲品。我恳求你告诉博丹，他一定要说不认识我，而且也不是通过我搞到的和意大利军团的合同……啊！他们的折磨是徒劳的，他们无法把我和我的伊波利特分开：我最后的气息就是为了他啊……永别了，我的伊波利特，我给你如我的心、我的爱般热烈的千百个吻。[42]

她在担忧。要是约瑟夫真说服了她的丈夫和她离婚怎么办？她是否有理由害怕？争吵爆发之后的几天，拿破仑贷款18万法郎购置了约瑟芬自1795年以来在胜利街从朱莉·塔尔玛（Julie Talma）处租下的房子。一些人把这视为一种威胁：曾经是他住在她家里，现在情况反过来了。他准备就这么分居了？但是，他就算没有忘记刚刚发生的事，那他至少也原谅她了，至于买房子，则恰恰相反，是为了保护她远离约瑟夫以及他家里其他人的阴谋。在他离开期间（他相信自己不久就要动身了），她至少能有个遮风挡雨的地方。他迫使约瑟夫——他难以拒绝——认可了这项交易。而且，婚姻上空的阴霾也散去了。他们还打算在巴黎之外买处房子，并看了一处庄园，马尔迈松，但推迟了购买；他们还去了康庞夫人在圣日耳曼昂拉耶的寄宿学校，约瑟芬的女儿奥尔唐斯和拿破仑的妹妹卡罗琳都在此处学习。两人再一次坠入了爱河，尽管彼此提防。约瑟芬最后又有了惊人之举。她恳请丈夫不要留她一个人在巴黎。为什么他不能带她一起去呢？他告诉她那里严酷的气候、不同的习俗和远征的危险。她大哭，被丈夫讲述的可怕国家吓坏了，而且无论如何她绝不想离开法国，或离开她英俊的伊波利特。像往常一样，他屈服了；不过他很乐意她能陪他到土伦，甚至相信她之后会来埃及与他会合。波拿巴决定不再听他哥哥还要对他说的任何话。

还没等他处理完家事，蒙日的妻子又出了状况。像将军一样，科学家也无法对妻子说不。当蒙日发起这次科考远征时，他本人理所当然会参与其中；他没有比这更大的愿望了，就像我们看到的，他被派去罗马主管远征的准备工作。但是当他远离波拿巴时，蒙日的决心动摇了；他害怕告诉妻子他要走了。3月15日，他战战兢兢地写信请求波拿巴不要强迫他"这个年纪的人"去"继续冒险了"。[43] 这封信并没有哄住将军，他直截了当地回复道："我还指着你呢！就算我亲自带着一队骑兵跑到台伯河去也要把你揪回来。"[44] 蒙日看这个回复还是挺高兴的，因为这证明了他还是"共和国的宠儿"，但他非常担心夫人可能的报复行为。为了让他安心，波拿巴做了他从来没对其他人做过的事：他多次拜访蒙日夫人，连蒙带骗地让她同意了。她最后同意让丈夫离开，作为交换他要保证她的加斯帕尔在4个月内回来。[45] 科学家欣喜若狂，而且当他要在奇维塔韦基亚登船时，他给波拿巴写了这封热情的信：

我来到了这里，成了阿尔戈英雄中的一员！这是我们的新伊阿宋的奇迹之一，他不是渡海去寻找其本质不会提升价值的金羊毛，而是将理性的火种带到长久以来不为光明笼罩的国度……我渴望加入你，我亲爱的将军，此时还在刮着的大风，让我已经迫不及待……[46]

但是时机还没到，他还得再等3周，6月9日，周三，他才在马耳他与将军会合。出发时机将近，正当波拿巴将军准备从土伦动身时，一个意想不到的事件几乎打乱了一切。

由于关于割让莱茵河左岸地区的谈判没有进展，已讨论过多次让波拿巴放弃登陆英国或远征埃及的筹备工作而前往拉施塔特参加大会的问题。但在3月底，德意志皇帝的全权代表最终同意了割让这一地区，他再去就没什么意义了。这一意味着承认了法国的彻底胜利的协议，让奥地利倍感耻辱，4月13日，就在拉施塔特的外交官们相互祝贺时，维也纳市民袭击了法国新任大使贝纳多特的宅邸，还烧了法国的三色旗。这在巴黎激起了公愤。人们谈论着要进行动员，对此行径进行报复。波拿巴撤销了刚刚向土伦发出的装船命令。在4月23日与督政的初次会面上，波拿巴却谴责了贝纳多特的挑衅行为，而且还热情赞扬了奥地利政府的克制，这让巴拉斯和勒贝尔不禁怀疑，波拿巴是不是在他们没注意时成了奥地利驻巴黎大使。[47]为我们描述了这一场景的巴拉斯，说对可能的另一场战争非常不高兴的波拿巴，后来改变了主意，甚至考虑要取消远征埃及。米奥·德·梅利托不像巴拉斯那样，有在回忆录里诋毁波拿巴的名誉的嫌疑，但他也持同样观点。手里总有牌可打的波拿巴此时相信在维也纳发生的意外，为他敞开了一条比迂回至埃及更近的通往权力之路：

督政府，为了让他负责维也纳事件的谈判，再次将他放到了他觊觎已久的位置上：法国和其政府的命运再次掌握在他的手中。他是战争与和平的决策人，他可以根据自己的利益控制或制造战争、和平。最后，无论是再次成为奥地利的征服者还是成为受人尊敬的和平缔造者，他都将带着这一头衔赋予的遍及全国的影响力返回巴黎，他的权力也会因此得到空前的加强，然后，他就可以实施他后来在雾月十八所做之事。[48]

可能是在担心错失这次完成他从意大利回来后无力去做的事情的机会，他犹豫了。因为他准备先看看事态会如何发展再作决定，所以他只给奥地利在坎波福米奥的谈判代表科布伦茨伯爵去了一封措辞温和的信，并准备前往拉施塔特。[49] 但是维也纳并不想要战争，在危机爆发的几天后事态又没有看上去的那么严重了。假警报。该回到远征埃及上了。虽然波拿巴仍在说着前往拉施塔特与科布伦茨协商，但他已经要求布吕埃斯海军上将到热那亚去并在那里等他。[50] 5月2日一切都准备得当，波拿巴在约瑟芬的陪同下在3日晚上离开了巴黎。他们经过沙隆（Chalon）和马孔（Mâcon）到达里昂，在那里改乘船，顺罗讷河而下直达阿维尼翁。5月9日波拿巴抵达土伦——不到5年前的一切开始之处。

向东而去

"法国人都在为远征埃及而欢欣鼓舞，"夏多布里昂愤愤地写道，"他们没有看到这件事对公正和政治正义造成了同等的伤害：在两国完全处于和平状态时，我们袭击了法兰西最早的盟友，不宣而战地夺取了富饶的尼罗河地区；这就和阿尔及利亚人一言不合就占领了马赛和普罗旺斯一样。"[51] 若不是塔列朗保证能靠一个荒谬的入侵借口以及为入侵行为披上尊重奥斯曼主权的外衣，就能获取苏丹的认可，征服埃及的主意或许已违背了督政府和波拿巴的一切原则。从这里我们可以看出，尽管波拿巴不怎么支持革命，但他彻彻底底地属于革命，他是革命的孩子。像革命者以自由和平等的名义摒弃了君主制及其特权下的世俗秩序一样，他也看不起建立于理性和意志之上的律法；像他们一样，他也坚信在传统违背了原则或是造成了不便时，没有任何必要尊重传统的权威；而且像他们一样，他也拒绝以条约、诺言和旧制度时期以来的外交传统为由牺牲"伟大国家"的利益。为什么革命法国要用被它摒弃的传统来评判它的野心？为什么我们要放土耳其一马？就因为1536年苏莱曼大帝与弗朗索瓦一世签订了盟约？1789年之前的诺言还有效吗？这个问题影响深远而且意义重大，每一个来自革命的政权都不得不作出回答，这对法国的外交政策产生了不容忽视的影响，一直到帝国崩溃为止。这是大革命的历史遗留问题之一。对当时的人来说，远征埃及的吸引力盖过了他们在道德和遵守条约方面的顾虑，法国侵略自己最长久的盟友对公众的冲击，不会超过它牺牲威尼斯寡头政府时产生的冲击。

　　远征埃及不仅仅是犯罪，而且还是件蠢事。它让原本势不两立的土耳其和俄罗斯结了盟，还让法国在即将到来的欧陆战争中少了4万名训练有素的士兵。人们不可能看不到，即使远征取得了成功，这支军队在短时间内也回不来。更雪上加霜的是，现有的船队只够把军队送到地中海另一端。至于怎么把军队送回来，就得看这些船逃不逃得过英国的舰队了。准备工作的保密没有别的解释：舰队无力抵御英国海军，所以他们得躲开监视。冒险的赌博。新的海军部部长布吕克斯（Bruix）没有隐瞒他的恐惧；他试图让督政府推迟计划，直到法国拥有强大到能实现这个计划的海军。[52] 但是他的声音被忽略了，特别是因为事态的发展似乎正在证实胆大冒进一方的观点，而且英国政府似乎并未推断出法国在土伦和罗马的活动目的为何。

　　但是英国战争大臣亨利·邓达斯（Henry Dundas）很早就猜到了真相。仔细研读了来自欧洲和印度的报告后，他很快就得出了结论。[53] 法国的目标不是英国，而是埃及，之后则会进入以红海与法国在印度洋的舰队会合，并联络反英的蒂普（Tipû）苏丹。[54] 邓达斯极力劝说皮特和他的阁僚们，但毫无作用；他们并未重视这些消息。在战争大臣告诉他们法国占领埃及会严重威胁印度和印度贸易时，他们并不相信：最关键的不是法国占领埃及后能够进一步进攻印度，而是这个位置使他们可以重开途经红海的古老商路，并将一部分对印度贸易引至苏伊士。皮特拒绝相信这一点，而且在经历了更多事后，英国人才最终明白失去埃及他们就无法掌控印度及其贸易。[55]

　　英国政府要求此时正在直布罗陀的纳尔逊前去打探。5月9日，当舰队司令进入地中海时，波拿巴正在去土伦的路上。英国人成功地在未被察觉的情况下接近了港口，并在法国军舰起航前观察他们最后的准备情况；但5月20日一场大风暴吹散了他的舰队。当他在撒丁岛修好船只返回土伦时，布吕埃斯上将的舰队已经消失了。纳尔逊在第勒尼安（Tyrrhenian）海试图寻找法国舰队，但没有结果。当他掉头向南时，法国人已经接近了马耳他。

在法国军舰上，人们认为敌人随时可能出现。地平线上出现的帆影是敌是友？据说落在后面的船遭到了英国的扣押检查，究竟是真是假？在前方没有发现敌人的踪迹，是不是因为纳尔逊的舰队正远远躲在邦角半岛附近，耐心地等待着波拿巴出现？每次一旦出现可疑船只，一两艘护卫舰就会离开运输舰队去夺取它们，不止一次法军以防止它们给英国通风报信为由强迫这些船加入舰队。这些焦虑有助于打破旅途的单调。逆风、风暴和过重的负载都拖慢了舰队的速度。人们尽可能地自寻其乐。当他们靠得足够近时，相邻船只上的人们会相互交流，包括军事演习、航海事故、桅杆碎裂或者哪个水手掉下甲板了，求救的喊声还伴着旅客鼓励的呼叫。夜里有即兴表演，有人打牌，有人看着海上落日沉思，也总是有人读书。这里也经常有"很多争论和大吵大闹的争执"，时常是科考团成员挑起的。他们很不高兴：首先针对总司令，总司令把他们分为了不同的等级，有着不同的食物、舒适度和薪酬，法兰西学院的人享受高级军官的待遇，其他人则只有下级军官的待遇；其次针对军人，这帮当兵的从未放过任何嘲笑他们的机会。波拿巴曾认为他们每个人都是另一个蒙日；他对这些鸡毛蒜皮太失望了。他们中有些人抱怨食物根本不能吃，谈论着一有机会就脱离远征。没必要告诉他们远征的目的了：他们已经厌倦了！头一次变得平易近人又和善的波拿巴，最后还是关上了他的门，让这些人无法再接近他。只有布吕埃斯上将和贝尔蒂埃与他一起吃饭。他整日躺在床上，布列纳给他读书帮他对抗晕船。和很多未曾下海讨生活的科西嘉城镇居民一样，他也不适应船上的生活。当他出了船舱，就会叱责船上的军官们，还会对那些被他发现在读如《少年维特的烦恼》或《保罗与维尔日妮》等"少女才读的小说"的人捶上一拳。[56] 他自己则与阿尔诺（Arnault）沉迷《荷马史诗》、与布列纳读《圣经》和《古兰经》：他正在披上未来他所要扮演的角色的外衣。吃完晚餐又在甲板上散完步后，他会邀请一些军官和科学家就他选出的话题进行讨论："有一天的话题是我们的星球是否会变得不适合居住；另一天的话题是我们这个世界至今已经历了多少岁月；之后他又提议讨论地球被毁灭的可能性，无论是毁于水还是毁于火；最后还讨论预言的真与假以及梦的解析。"[57] 像在帕萨里亚诺那样，他听得多说得少，在争论进入白热化时充当仲裁角色，正如某天晚上卡法雷利对私有财产提出批判时他所做的那样。当朱诺对这些讨论感到厌烦，开始打鼾时，波拿巴就宣布结束讨论并让每个人都去睡觉。

舰队离开奇维塔韦基亚后，于6月9日抵达马耳他，在岛屿周围巡航了3天。马耳他的岛民对夜晚接近白天离开的船队感到担忧，但他们既不打算驱离他们，也没有这么做的手段。如今的圣约翰骑士团只是过去遗留的一道残影，马耳他岛成了俄国、法国和奥地利争夺的猎物。督政府在4月12日的命令中让波拿巴占领马耳他，甚至声明"国家的利益和荣誉"要凌驾于宣战的义务之上。[58] 这显示出巴黎对十字军后裔的轻蔑。虽然海军部部长提到了法国的进攻遭遇强烈抵抗的可能性，但波拿巴坚称攻占马耳他只不过需要法国花点钱而已。那些骑士们，他说，只是在等一个把岛卖个好价钱的机会。[59]

他没错。当然这些骑士们也不会不做任何抵抗就消失。当法国人要求再次补给淡水时，骑士们开始拒绝让4艘以上的船同时靠岸。波拿巴将此解释为敌意行为并下令登陆。骑士们面对是战是降的选择，只做了象征性的抵抗，他们已经在考虑投降时怎么获得更多好处，降服已不可避免，因为波拿巴的军队已经包围了其首都瓦莱塔（Valetta），而且瓦莱塔内部发生了争执：一些人想要战斗，而另一些人在主教的带头下认为做最后的勇敢抵抗是无用的。骑士团大团长费迪南德·冯·洪佩施（Ferdinand von Hompesch）要求停战，前圣约翰骑士矿物学家多洛米厄前往和他进行会谈，波拿巴已经给他做了如下指示："告诉骑士们我可以给他们最丰厚的条件；我要从他们手中买下这个岛屿；我可以给他们想要的一切；无论是现金还是任何条件，我都答应。"[60] 投降条约于6月12日签署，洪佩施得到了一笔钱和在德意志的封地，骑士团其他成员也得到了一笔恰如其分的津贴，其中的法国公民不再被视为流亡者。劫掠已经开始了；在贝尔蒂埃的指挥下，法军占领了铸币场，卷走了教堂里所有值钱的物件，除了那些"宗教活动中的必需品"。因为波拿巴保证了"可以自由进行天主教的宗教仪式"。[61]

他在马耳他待了不到一个星期，但就像日后成为将军的贝利亚尔半是尊敬半是恼怒地说的那样："当这个小家伙来了之后，就没有安生日子过了。"[62] 变革如冰雹般倾泻于这个昏睡的海岛。马耳他骑士团的财产被剥夺，非法国籍的骑士和教士被驱逐，人们"因为发表的言论"而被捕，岛上的政府和法庭都按法国的模式组建，贵族和特权者的头衔被废除，教会的权力受到极大限制，而且教士的世俗地位被剥夺；东正教和犹太教得到了承认，几百名穆斯林奴隶被释放，并且废除了允许自由人卖身为划桨船奴的"布纳沃利（Buonavogli）"制度，因为这有悖人类尊严。为了守卫岛屿，成立了国民自卫军，而且为了让时代的精神在此扎根，还成立了小学和一所中心学校（中学），规定每年60名来自最富有家庭的年轻人可以到法国继续深造。间谍们已经被派到阿尔巴尼亚、希腊和北非去宣布法国在地中海"满载而归"。6月19日法国人离开了马耳他，波拿巴在下令舰队起航前刚刚签署了最后一条法令。他留下了沃布瓦将军守卫岛屿，还有3 000名士兵和一些病人。大约30多个骑士上了船，还不算刚获得自由后又应征成为水手的穆斯林奴隶们。

军队的怨气

是时候离开了。纳尔逊的舰队正在接近；布吕埃斯上将的舰队离开马耳他当天，纳尔逊正在穿过墨西拿（Messine）海峡。这次英国人终于把握了状况：远征军的目标不是直布罗陀或大西洋，而是东地中海。他们即刻动身追赶，然而他们速度太快以至于在6月22日到6月23日的夜间与法国舰队擦肩而过而不自知。6月25日纳尔逊沿着昔兰尼加（Cyrenaica）海岸航行，6月28日他看到了亚历山大。他很吃惊居然没在这里看到法国舰队；他觉得自己一直是跟着他们的。他想不到自己已经赶到了法国舰队前面。由于担心法国舰队的突然出现会让他自己变成落入陷阱的一方，又怀疑他把亚历山大定为目标是错的，纳尔逊决定次日离开，继续向北搜索法国舰队。那天"幸运"是站在他那边的。如果波拿巴早几个小时赶到，他不得不在岸边面对火力占优的法国舰队的话，将会发生什么？[63] 未来英国人在阿布基尔的胜利将变成法国的胜利。命运或者说天意，选择了另一边。他的舰队离开了埃及海湾，纳尔逊让波拿巴畅通无阻地登陆，但这也救了他的舰队，整装等待未来的复仇。7月3日，他到达塞浦路斯（Cyprus），沿海岸航行至安纳托利亚（Anatolia）和克里特（Crete），最后回到西西里。7月20日当他在锡拉库萨（Syracuse）下锚时，法国人已经抵达开罗的门口了。

离开法国时，波拿巴没有想过要在亚历山大登陆。他记得沃尔内的书上说这座城市建立在光秃秃的海岸上，身后是荒凉的沙漠，而且距离尼罗河实在太远，这不是一个理想的猎物，它与罗塞塔（Rosetta）和杜姆亚特（Damietta）不同，从这两个城市出发，可以沿着尼罗河河岸直抵开罗，由于这一河段适宜航行，因此也能将人员和物资装载上船，走水路前往开罗。波拿巴知道，最重要的就是尽快赶到开罗。他仔细研究过圣路易的失败；尽管后者有一支庞大的军队，但他还是花了8个月才穿过尼罗河三角洲。当他最终占领通往开罗的路上的最后一道障碍曼苏拉（Mansoura）时，已经太迟了。撒拉逊人已有了充足的时间调集增援、整顿武备，他们组织了反击。那位伟大的国王和"差劲的将军"战败被俘，蒙受了巨大的耻辱。[64] 波拿巴知道该怎么避免这一噩运：他必须尽快与马穆鲁克交锋，击溃他们，并夺下开罗。[65] 因此他一开始计划只在亚历山大登陆一支分遣队以占领港口，而大部队则在罗塞塔和杜姆亚特登陆，从那里沿尼罗河适于航行的支流进入尼罗河。但是当他得知在他抵达的前一天纳尔逊刚刚经过了亚历山大时，由于担心英国人返回，他放弃了最初的计划决定马上登陆。

在7月1日夜风急浪高。梅努师、克莱贝尔师和邦师的士兵乘着舢板，在黑暗中躲过了暗礁和巨岩，登上了隐士（Marabout）湾的海滩。波拿巴在月光下如"覆盖着白雪"的沙滩上过了一夜。[66]第二天一早军队就向以东10千米外的亚历山大前进；他们迎着太阳，沿着大海与迈尔尤特（Mariout）湖间的狭窄地带行进。四周一片白色，偶尔有些棕榈树和旱死的灌木，士兵们发现远处有小股的骑兵在向他们开火。由于大炮还在船上——它们得等待船只安全停靠港口——也因为波拿巴认为有必要显示一下他们的力量，他们发起了进攻。总司令在城南的庞培柱附近观察战局。[67]市民们鼓励城墙上的守军殊死战斗。冒着密集的弹雨，法军攀上了墙，斩杀或是近距离射杀了那些拒绝投降的人。"没有人逃跑，他们都奋战至死。"当时不在场的维旺·德农写道。[68]在场的贝尔蒂埃写道："这些人打起仗来就像殊死一搏的狂热分子。"[69]被赶出堡垒的奥斯曼士兵，在居民的帮助下于狭窄的街道上或门里设伏。士兵拉波特（Laporte）写道：

> 我们在街道和十字路口上发生了交火，敌军从门内和阳台上向我们射击；我们损失惨重，几乎无力反击；但幸运的是团里的工兵破拆了几扇门，我们占领了屋子并且从阳台上向居民倾泻了致命的火力，逐屋逐街地将他们逼退。街上所有的人都被杀了。[70]

"士兵们怒不可遏，"他还写道，"若不是亚历山大对我们如此重要，又对军队来说必不可少，那么这座城市和它的居民就会经历通常在武力夺城后会发生的所有可怖之事。"就算维旺·德农和其他人提到的大屠杀没有发生，但也相差无几了。[71]法国方面的伤亡在100人或者是200人左右；奥斯曼一方更多，在700人到1 000人。[72]亚历山大攻城战是一种意大利战役的胜利者还不太习惯的暴力场景，但很快就会为他们所熟悉。这些"屠杀"只不过是刚刚开始。[73]进攻方因为口渴喝了不少酒也是事实，这可能解释了战斗中的暴行，以及为什么一场危险但并非不同寻常的行动会让法军损失那么多人。[74]不管怎样，奥斯曼军队并不是第一流的对手。然而对于登城突袭后发生的暴行还有另一种解释。这些敌人虽然战力平庸，但他们不同于远征军之前遇到的任何对手。打一开始，对土地和对敌人的陌生就在法军中燃起了一股恐惧，它支配着他们也恶化了战争固有的残酷。从奥斯曼士兵的角度来说，守卫亚历山大的城墙的士兵的恐惧也并不比法军少；他们当然害怕侵略者，但是更怕自己的军官。对军官来说，这些来自安纳托利亚高原，或是巴尔干和高加索农村的农民的命根本一文不值，因为他们可以轻易被取代；军官不把他们当人，用尽一切办法虐待他们，像对待牲口一样。奥斯曼的士兵是令人生畏的，尽管他们自己并不想这样，也没有意识到这一点，尤其是他们除了担心擅自撤退会被军官责罚外，还害怕在敌人获胜后被人用剑处决，"对他们来说，战争的法则是极其残酷的"。[75]

没人庆祝胜利，胜利者们受到了极大的震撼。想要充分理解远征军中从底层士兵到最高阶的将官都感受到的失神落魄和沮丧失望，就要认识到他们中无人对即将到来的这种战争有过丝毫心理准备。在意大利军团的时候，战役开始前，它的长官会告诉士兵们在享受他承诺的战利品前要先经过苦战。但这次为了保守秘密，他无法透露远征的目的地，波拿巴无法说出敌人是谁，更无法使用他激励士兵准备好去战斗的雄辩口才。毫无疑问波拿巴像他在意大利时那样，也谈到了要经受的战斗和苦难以及会获得的荣誉和财富，对后者的强调要多过前者，提到"新的危险"在等着他们的次数，要少于承诺所有人都能在回去后买得起"6阿庞土地"*的次数。[76] 但他没有告诉他们，他们将从哪里获得那些钱、跟谁战斗、为什么战斗。当他们知道舰队的目的地后，这些事仍不明朗，因为谎称这是一次善意干涉就意味着他们的行动已经取得了他们将要作战的同一批人的许可。将军含糊地说埃及人厌恶那几千名马穆鲁克，正迫不及待地等待解放者，无论他是谁。相较过多地宣传"万无一失"的胜利，他认为更为重要的是鼓励他的将士们"容忍"与"欧洲不同的"[77]信仰和文化，以及提醒他们正在重走亚历山大大帝之路以激起他们的探求心，只要跟着他，他们就会从惊愕转为赞叹。[78]

他们脑子里都是萨瓦里描述的景象："无数的商队正待人掠取……苏丹后宫的万千佳丽正待人征服。"[79] 他们中的大部分人都把埃及想象成了

---

* 法国古代度量单位，作为面积单位时，1阿庞大约相当于5 107平方米。——译者注

另一个意大利，更有异域风情，但同样富裕、同样不乏声色犬马。他们从幻想中猛地惊醒了。那么，东方的壮丽在哪呢？成堆的废墟和小又脏的街道就是他们时常听到的亚历山大？[80] 这些不幸的、无知的、野蛮的、"丑陋的"[81]"低能又野蛮的"[82]"可怕又迟钝的"[83]"无耻恶棍"[84] 就是其礼仪教养曾饱受赞誉的阿拉伯人？他们突然陷入了未知和绝望。他们都用同样的词汇表达着自己与其说是失望倒不如说是震惊的情绪："到处都是荒芜、野蛮、低贱、贫穷。"[85] 就像他们在了解真正的埃及前赞颂萨瓦里的书那样，他们现在不再对沃尔内的《行记》有任何意见了。[86]

刚一到埃及，他们就已经想家了，更想念美丽的意大利，那里是如此光辉壮丽和令人愉悦，抚平了他们在那里战斗时遭受的痛苦。他们诅咒把他们派去埃及的督政府政客，要不是他们的波拿巴将军也是这背信弃义的政府的阴谋受害者，他们也会同样诅咒他，督政们为了摆脱他，毫不犹豫地把最好的军队"放逐"到这荒凉又野蛮的国度。[87] 他们感觉受骗了。总的来说，这种艰苦的处境对一支军队来说绝不是非同寻常的，但在他们脑海中被美化了的意大利战役期间的记忆，使得这一切变得无法忍受，他们对于东方的带有异域风情的想象使他们在面对"悲惨而又严峻的现实"时感到极度震惊。[88] 在意大利获得了比士兵更丰厚战利品的将军们也是这么想的。他们并不隐瞒自己的想法，以至于他们的长官不得不多次用行刑队来威胁他们。而且当他在路上从他们身边经过时，后者会质问他是否就这样把他们带到印度去，他愤怒地回答："我不会带你这种兵去。"[89] 但是他们还要直穿沙漠走到尼罗河。7 月 3 日晚上，德塞的师离开了亚历山大和海岸，沿着着雷尼耶（Reynier）、维亚尔（Vial）和邦将军一天前的路线行进。一个参谋写道：

> 为了从亚历山大抵达尼罗河，我们集结起来穿过了一片寸草不生的沙漠，沙漠里每隔四五里格才有一口该死的只有浑水的水井。想象一下，军队顶着太阳穿越荒凉的平原，士兵背着行囊穿着羊毛织就的制服在滚烫的沙子上行走，每个人都背了 5 天的干粮。走了一个小时，他们就被热浪和行囊的重量压垮，他们为了减轻负重开始

抛弃食物，只想着眼下而不考虑明天。很快他们就又渴又饿了，但既找不到水也找不到面包。[90]

在这片遍布岩石和矿物的"如海洋般广阔的坚硬大地"，在这死亡之地上，地平线模糊、隐约而不断起伏，淹没在腾起的热浪或随风而起的尘土中。[91] 人们看上去没有前进一步，好像空旷的大地也随着这长长的队列一起移动。舒尔科夫什基说："军队的努力全是白费，就好像穿过了一个富有弹性、在离开后会立即缩紧的物体。武器所及范围内没有任何我们想要的东西。"[92] 对军队来说，他们感觉自己就像在"炽热的烤箱之中"。[93] 当他们抵达一处稀有的水源时，他们都冲向它，经过无情的斗殴、挣扎甚至谋杀，但有时一切都是徒劳：之前经过的团啥都没剩下，或者井就是枯的，或者已被风沙填满，再或者水"如沼泽水般又咸又黑"。[94] 一些士兵自杀了，还有一些疯掉了。[95]

队尾的情况更糟。跛脚的人，掉队的人，和因为眼睛灼伤而行动缓慢的人，都用尽最后的力气跟着部队。他们被警告：落单的人会"被阿拉伯人砍成碎块"！[96] 贝都因人在各处突然出现，卷着尘土呼啸着冲向他们的猎物。很快就传说他们在残杀俘虏前会来一出"苏格拉底与亚西比德"的戏码。[97] 当他们不处死战俘时，他们会要求赎金。在亚历山大时波拿巴还曾向抓了战俘的贝都因人支付赎金，但现在他禁止向这威胁妥协。远征中究竟有多少人死在贝都因人手里？有多少人的死应归罪于法国人自己？穿过沙漠的一周里德塞师真的损失了1 500人？[98] 涅洛·萨吉（Niello Sargy）给出的500人到600人的伤亡数字更可信一些。[99] 但仍是十分可怕的。[100] 这支要到崩溃边缘的军队于7月10日至11日到达了尼罗河岸边的哈马尼耶（Ramanieh），在一把火烧干净已经被人们遗弃的村庄后，他们一头扎进了河里。

西方的战争模式？

军队受到了迷惘和沮丧的打击——拿破仑说军队"作呕、不满、悲伤、失望、牢骚"——这是比奥斯曼士兵或马穆鲁克更危险的敌人。[101]

开罗的埃及守军在纳尔逊停靠在亚历山大时初次收到了警报。但他返回大海的消息让人们恢复了平静,但当7月4日听说第二支更大的舰队在同一地点下锚,还登陆了军队进攻亚历山大时,引起了广泛的恐慌。马穆鲁克头领赶忙去与宗教领袖商讨:

> 他们……指派穆拉德贝伊组织一支军队去迎战法国人。[102]……5天后穆拉德在周五的祷告结束后,离开开罗前往了杰塞苏埃德(Djesser el-Essoued)。他在那里扎了两天营。当军队集结完成后,他就出发了。他带了很多大炮和大量补给。他把他的军队分成了两部分:骑兵走陆路;步兵,包括土耳其和马格里布人,乘埃米尔下令制造的小船沿河航行……多亏了这些准备,穆拉德贝伊认为他们将支撑很久,能等到君士坦丁堡的援兵到来。但事态并非如他所料。[103]

当开罗方面还在商讨对策时,法军已在哈马尼耶完成了集结:穿越了沙漠的部队、自罗塞塔而来的迪加(Dugua)师和一支由15艘船组成的船队在此会合,这支船队是由佩雷(Perrée)用从舰队借来的小船以及在当地找到的船只组成的。7月12日军队继续向南行进。次日法军在舒卜拉希特(Shubrā Khīt)附近初次遭遇了穆拉德带领的军队。大约4 000名马穆鲁克在尼罗河舰队的支援下试图阻挡法军,这些骑兵的军容极其华丽,在各国军队中首屈一指,他们"披金戴银,用着来自伦敦的最好的卡宾枪和手枪,腰间是东方最好的弯刀,胯下的战马可能也是全大陆最上等的"。[104] 陆上和水上均发生了战斗,土耳其舰队对佩雷船长的船队造成了不小的威胁。法军在炮战中最终占到了上风,马穆鲁克骑兵投入了战斗。他们的作战方式早就家喻户晓。因为他们并非是统一指挥的受过纪律训练的部队,而是更类似于一个封建骑兵组成的社团,所以他们对协同战术漠不关心。他们唯一认同的战术就是"环阵","用分散的队形包围敌人,找到他们的软肋,之后全速集中进攻该处"以打开缺口,突入敌阵内部用他们的弯刀砍杀敌人。[105] 他们的弯刀异常锋利,参与远征的一个士兵看到被砍中者的"手臂、手腕甚至大腿都被干脆利落地斩断"。[106] 每个骑兵都装备着卡宾枪、标枪、手枪和弯刀，并有一两个步兵跟从。他们独自战斗，将战争看作是无数个一对一的决斗，每个战士都试图在勇气、技术和速度上胜过旁人。这些技艺高超又性如烈火的骑手们会一头冲进混战之中，但如果他们觉得自己处于劣势就又会飞速撤出战局。

与这种敌人陷入近战是非常可怕的，但如果和他们保持距离就不是特别危险。若要坚持认为是奥斯曼军对法军阵线的无效冲击，使拿破仑想出了在金字塔会战中使用的让奥斯曼骑兵白费力气的方阵战术的话，那就大错特错了。实际上是在高加索与奥斯曼骑兵作战的俄军想出了用方阵对付他们的办法：方阵的四角部署有大炮，辎重置于方阵中央，多个方阵之间相互掩护；在平原上，依靠每条边上的直射火力，这种阵形能使每个师都能有效抵御大批骑兵的攻击。[107] 它也不是没有缺点：这种每条边都有6排纵深的方阵的机动性很差，地势稍有变化就会使其队形散乱；方阵内"人们相互碰撞，挤在一起，在这个密不透风的狭小空间内腾起的尘土"把测试变成了一场折磨。[108] 但成果显著：这种方阵确实可以让骑兵无法接近，是一个移动的堡垒。[109] "一些勇士冲到了近前；他们遭到了火力齐射的问候"，在舒卜拉希特战斗后波拿巴写道，在数小时的无果进攻后，这些骑兵调转马头消失了。这毫无疑问只是一场小规模的遭遇战，但对马穆鲁克产生了重要的心理影响：他们起初没有意识到危险，认为可以轻而易举地将这些异教徒踩在马蹄下，如今已开始自我怀疑了。这些"法国佬"们不是不费吹灰之力就占领了亚历山大和三角洲吗？而且他们还成功抵御了骑兵的冲锋？吃了教训的穆拉德决定在开罗城下等待法军，集中全部兵力进行一场决定性的会战。他把自己的军队部署在尼罗河左岸，靠近因巴拜（Imbaba）高地，而右岸的易卜拉欣贝伊则在布拉克（Boulaq）周边一带布防。[110]

7月21日黎明，在"全世界最热的气候区之一"[111] 行军了3天的法军终于看到了开罗：

映入眼帘的景象简直难以想象。在右边，远方在热浪中摇曳的

吉萨金字塔直指天空。左边，尼罗河的对岸，能看到开罗城内鳞次
栉比的宣礼塔，以及萨拉丁城堡那带有雉堞的城墙。在其前方的是
因巴拜的村庄和不成样子的防御工事……再远一点，沿着河岸……
是全部的马穆鲁克骑兵，他们的金属铠甲和服饰上的金子在阳光下
闪着耀眼的光芒。[112]

这场景一定让人印象深刻。马穆鲁克骑兵在其右翼的步兵的掩护下，
牢牢地占据了因巴拜，而尼罗河上聚集了300艘战船；左侧，贝都因骑兵
面向吉萨排成一排，其队列长度据说超过了10千米。[113] 尽管如此，这场
"金字塔之战"被证明是舒卜拉希特战斗的放大版。马穆鲁克骑兵再一次
策马冲向法军的方阵，同样徒劳无功，骑兵们嚎叫着发起每一波冲锋，又
嚎叫着退却，留下了被炮火杀伤的马匹和骑手。在右翼，德塞和雷尼耶击
退了骑兵，而在左翼，邦师和维亚尔师各有一半兵力列成了冲击纵队，他
们在朗蓬（Rampon）将军的率领下冲向了战斗最激烈的因巴拜，砍杀那
些被吓坏了的马穆鲁克、奥斯曼步兵和阿拉伯民兵们。[114] 当马穆鲁克的首
领们试图挽回败局时，士兵纷纷逃跑，穆拉德带着3 000骑兵退往上埃及
方向，易卜拉欣退往位于通往西奈（Sīnā）的大道上，在开罗以北50千
米的比勒拜斯（Belbeis），身边还剩1 200人。要不是这场会战有着如此
壮丽的背景，要不是这自十字军东征以来欧洲军队第一次踏上东方，最
后，要不是画家的夸大——从格罗到埃内坎（Hennequin）和文森特——
它很难被看作是两大军事强国之间的会战。因为事实上，我们很难把一场
本质上只是遭遇战的战斗称为会战。"我们只进行了两场会战和三四场遭
遇战，"拉居耶·德·塞萨克（Lacuée de Cessac）在给叔叔的信上写道，"更
准确地说，我们只是进行了两场屠杀。马穆鲁克们能够依仗的只有勇气，
而我们有纪律和训练。"[115] 这种说法很残酷，但又非常准确，显而易见这
就是法军的优势所在。[116] 交战的两军背后的社会——法国和埃及——在
组织、技术，尤其是价值观上的差别是如此之大，使得埃及人（我们姑且
先把混居在尼罗河两岸的多个族群和"种姓"都称为埃及人）没有半点获
胜的机会。欧洲人不仅仅是在技术上有优势。[117] 毕竟，炮兵在登陆后一直

都只是次要角色；骑兵则几乎等于没有：由于缺马，有六七百骑兵在佩雷的舰队中徒步作战！法军能取得压倒性的胜利更多是靠着其步兵在战斗中的纪律和凝聚力，他们那难以撼动的方阵清楚无误地体现了这一点。除此之外，管理和士兵的素质也起到了重要作用，诚然，他们时常发牢骚，还难改抢劫的恶习，但他们身上积淀着辉煌的军事遗产——包括漫长的君主制时期所留下的——还有着大革命带来的公民意识。在所有的这些战斗中，金字塔之战可能为戴维斯·维克托·汉松（Davis Victor Hanson）所说的自希腊重装步兵时代以来就存在的"西方战争模式"作了最好的解释。[118] 然而，为了证实我们刚刚所说的，我们不仅要牢记金字塔之战，还不能忘了舒卜拉希特之战，可以说，它们属于两种不同的战斗：尽管两场战斗中都有马穆鲁克骑兵的冲锋，但舒卜拉希特战斗中双方的船队还在河上发生了交战，法军船队艰难取胜，而在金字塔之战中两方步兵在因巴拜附近进行了正面交锋。两场战斗中决定胜负的都不是骑兵冲锋，而是在尼罗河和因巴拜的交火，尽管马穆鲁克的冲锋更吸引眼球并由此在历史记载中被置于更突出的地位，但这只是徒劳之举，它除了扩大奥斯曼的溃败别无其他结果。这一事件代表的不仅仅是两种文化的冲突（尽管步兵间的交火证明了几十年来被派往君士坦丁堡的军事顾问们起到了一定作用），而是两个时代、两个世纪间的不协调的碰撞。尼罗河上的马穆鲁克舰队和因巴拜的奥斯曼步兵用着从来自欧洲的武器进行着现代的战争，而骑兵则进行着另一个年代的战争，这种战争模式早在16世纪初就让他们败在了土耳其征服者的手里。[119] 他们以精湛的马上战斗技艺对抗土耳其军的火枪和射石炮。尽管他们被土军的子弹射倒，但在倒下时还在嘲笑这些敌人是如此懦弱，居然使用这种——耻辱至极——女人用了都能打胜仗的武器。[120] 三个多世纪过去了，什么都没有改变。金字塔战役中，马穆鲁克仍以同样的英勇殊死抵抗波拿巴，但这也是他们的最终落幕。

从卢梭到伏尔泰

法军在7月21日夜间渡过了尼罗河，第二天进入了开罗。城内一片混乱，强盗正在洗劫被马穆鲁克遗弃的房屋并绑架屋里的人以索要赎金，大多数马穆鲁克都带着能带的东西跑了，因为他们不仅担心抢劫，还担心"法国佬"会杀掉他们。当他们离开开罗时，法军穿过了战场，另一番景象在等着他们：

> 法军中占领了因巴拜军营的那些师的士兵发现自己身边什么都有；他们发现了大量的食物，无数装满果酱和糖的罐子，贝伊和卡什夫们（kashif）的所有行李、地毯、瓷器、银器。获得丰富战利品的希望使士兵们兴奋起来了，并且大多数人开始打捞淹死在河里的敌人的尸体。马穆鲁克随身带着的大量钱财……他们精美的服饰，他们镶金带银并有着精美雕饰的武器都在激励着法国人打捞并搜刮他们的尸体。士兵们拍卖着战场上得来的战利品；战场成了市场。在遍地死尸间，人们叫卖着马匹、武器、衣服、马鞍和马衣。[121]

这番劫掠是否补偿了他们抵达埃及以来经受的苦难？不管亚历山大、舒卜拉希特和金字塔的胜利是不是易如反掌，都没人庆祝它们。军队的思想状态仍和征服亚历山大的第二天一样。可以想见穿越沙漠的旅途不会让情况有任何改善。开罗也并未激发出任何一人如半个世纪后福楼拜表现的"极大的惊诧"。[122] 军中的所有人都赞同佩雷船长的简短评价："这个国家不合我胃口。"[123] 这个国家同样也不合他们领袖的胃口。他找不到足够严苛的词汇来形容他的这个战利品和其上的居民。在他关于埃及和叙利亚战役的报告中，他称其为"野蛮的民族"。他说尼罗河两岸的农民"和他们的牲口一样蠢"，将贝都因人描述成"沙漠里最可怕的人，极其丑陋和残忍，他们的女人甚至比他们还更脏"。[124] 他刚一到埃及，就开始想回家了。在他给大哥约瑟夫的信上就有所表达，他请后者在乡下给他找个庄园："我对人的天性失去热情了。我想要离群索居；伟大让我厌烦；我的情感已经枯竭了。到了29岁，荣耀在我眼中变得暗淡了，我已对一切感到厌倦。"[125] 他的这番厌世可能还有另一个原因：朱诺刚刚告知了他约瑟芬的不忠——"面纱被彻底揭开后，家庭给我带来了很多、很多痛苦。"[126] 但是不管怎样，他可能已经读了沃尔内的《行记》，该书已经警告过他东方的"魅力"了，他对登陆亚历山大后的发现没有期待。沃尔内的《行记》已经将其理念传递给了他，尽管不是全部。人类的确有着善良和质朴的天性，但处在独裁、迷信、无知和贫困的腐蚀与压迫下。早年的波拿巴曾是卢梭理念的忠实信徒，基于史实他也曾对卢梭人性理论有过疑问，但是也没有质疑善良的人性被历史、社会和不公污染的假设。这也是为什么在埃及的这段日子是至关重要的：意大利没有摧毁他对卢梭理念的信仰；但埃及击垮了他。"总之，自从我见识了东方，我就厌恶卢梭了，"后来他说，"自然状态下的人就是一条狗。"[127] 在埃及，他没有看到沃尔内眼中历史和不公的牺牲品，也没有看到萨瓦里眼中淳朴的蛮族奇迹般地抵御着文明的侵蚀，而是看到了一片毫无掩饰的人性丑陋之景："这是一出比人所能设想的还要更加不堪入目的野蛮人表演。"[128] 这次，波拿巴选择了伏尔泰而非卢梭。[129] 至于他的军队，他们根本没有接受东方而是常常想着回家，即便是在迅速回家的希望跟着布吕埃斯舰队一起沉没在阿布基尔之后。

阿布基尔

1798年7月28日，在离开亚历山大的一个月后，纳尔逊在锡拉库萨（Syracuse）收到消息确认法军已经在埃及登陆。他毫不迟疑地向亚历山大进发，打算进攻法国舰队；8月1日，当他接近目的地时，"狂热"号的瞭望员发现了在阿布基尔湾的敌舰："在追踪了70多天，超过4 611海里后，他的猎物就停在眼前。"[130] 他没有让机会逃脱。在阿布基尔湾下锚的13艘法国战列舰中只有两艘——"威廉·退尔"号和"骁勇"号——逃了出来，还跟着"狄安娜"号和"公正"号护卫舰。"东方"号当场爆炸，另有4艘战列舰和1艘护卫舰被击沉，6艘战列舰被俘。布吕埃斯上将战死，一同死去的还有很多军官和1 500名到1 700名水手和士兵，几乎是船上总人数的三分之一。一场灾难和屠杀。

波拿巴8月13日才得知这件事。消息不是很准确，但有一件事是肯定的：布吕埃斯上将的舰队完了。这是个巨大打击。[131] 波拿巴无法估量它的后果，但在公开场合他表现得毫不动摇。他可曾在军官们面前进行了后来公布的长篇演说？[132] 还是他只是说了"我们要么死在这儿要么像古人一样带着荣耀凯旋"？[133] 无论如何，他禁止人们谈论这件会导致军队"士气恶化"的事情，还威胁割掉多嘴之人的舌头。[134] 私下里则不同：他仍在生气，而且收到的消息越是详细，他就越责怪他的"朋友"布吕埃斯上将。一个月后他还在给克莱贝尔的信上写道："我们必须认识到，阿布基尔战斗中被击败的是我们的将军而非我们的舰队，尽管双方数量相当，但英军可以用三四艘战舰对我们一艘。"[135] 在他给督政府的报告上——第一封日期是 8 月 19 日——他指责布吕埃斯的无能，他没有把舰队停在安全的亚历山大旧港或是撤回科孚岛，而是把舰队暴露在阿布基尔湾，部署方式完全错误，而且掩护舰队的岸上炮台也没有足够的火力。

很长时间以来历史学家都同意波拿巴的看法，责怪不幸的布吕埃斯，但自从克莱芒·德拉·容基埃（Clément de la Jonquière）和乔治·杜安（Georges Douin）的研究发表后，他们又坚持认为波拿巴应对这场灾难负主要责任。[136] 这实在是矫枉过正了：即便波拿巴至少要对舰队的毁灭负部分责任，那也没人能否认作为一名经验老到的海员的布吕埃斯，的确犯下了令人难以理解的错误。难道不是他认为阿布基尔湾是一处易守难攻的锚地吗？然而这所谓的庇护所只是"虚有其表"，这一天然形成的港湾几乎完全对海敞开，岸边的水太浅使得船只无法靠岸。7 月 13 日他还在说他的防御"固若金汤"，而在 7 月 7 日他就收到了普瓦特万（Poitevin）上校的报告，其中提及了目前阵地的所有缺点。尽管他小心谨慎地在阿布基尔湾的海岬上建了一个炮台，又在海岬延伸处的代苏基（Dessouki）岛上建立了防御工事。但他战线的前部离海岸线和水深四寻线太远，脱离了炮兵的掩护范围，也无法防止英国船只插入法军舰队和海岸之间以形成交叉火力。最后，尽管他本人偏向于在航行中作战，但他还是采取了副手的意见，选择下锚作战，并用缆绳把船拴住了，导致法国舰队在当天一动不动地暴露在敌人凶残的炮火之下。[137]

尤其是，布吕埃斯小看了他的对手。因为在从土伦前往亚历山大的路上他曾奇迹般地逃脱，一路上都没有看到纳尔逊的舰队，所以他得出结论，认为英国人没有下令进攻他。在解除了担忧后，他一心只想着找一个可以停泊的地方，好完成他最优先考虑的补充给养工作。他——波拿巴指责他"懦弱胆小"并没有错——不知道他的英国对手被和他完全不同的情绪驱使着。纳尔逊从不会花上大把时间权衡处境和风险，他只有一条战略那就是"径直向前"。他扑向法国阵线前端并穿过它，决心"贴近他的对手，在近距离有条不紊地一艘接一艘把他们击沉"。[138]

战败都是海员们的错？显然不是。他们不仅做出了错误的选择，而且处境也很糟糕。虽说他们的大炮比对手多（1 182门对1 012门）[139]，但大多数船的状态极差：船员不齐，纪律极差，训练不正规，很多来自商船队的军官缺乏集体荣誉感，而且其中一些人考虑后勤问题要多过那些战争中必不可少的东西。此外，就算他们完全具备了战士需要的全部素质，他们还得满足波拿巴的要求。后者的精力全都在眼下正在办的事情上，当他踏上埃及的土地后，舰队的前途命运已经不在他的主要考虑范围内了。证据？他把储备的武器、弹药和补给都给了尼罗河船队，还让船队带走了600名海员——因此就算他想让布吕埃斯的舰队离开埃及，舰队也已做不到这一点了。[140]

舰队能去哪呢？科孚岛？一直以来，波拿巴多次说过他给布吕埃斯下过命令，如果亚历山大旧港无法掩护他的舰队，就应毫不迟疑地把它们调到科孚岛。[141]"在获月十八日（7月6日），"他在8月19日的报告上说，"我离开了亚历山大；我写信给上将，告诉他在24小时内进入该城的港口，如果他的舰队无法进入港口，那么迅速卸下所有属于陆军的大炮和物资，前往科孚岛。"[142]这个命令是存在的。日期是7月3日，法军攻陷亚历山大的日子。[143]但它的真实性存疑，[144]而且现在的很多历史学家都认为这一命令是在事件发生之后伪造的，目的是为了使波拿巴免于"遭受舰队覆灭给公众舆论带来的影响的困扰"。[145]而且很久之后，在1807年，他可能下令销毁了大量与埃及有关的原始文件。真相已无法发掘。[146]虽然那些认为文件造假的人不乏论据，但仍旧很难理解他为什么要等到事件发生8年后的1807年，才从档案中销毁那些见不得人的文件；至少很难解释这一伪造的7月3日的命令为何格式与其他命令一致，还出现在了贝尔蒂埃的记录中。[147] 从根本上说，波拿巴在7月3日有没有提到前往科孚岛的可能性都不太重要。即使我们认为7月3日的命令是真的，前往科孚岛也只是最后的办法。[148]

　　布吕埃斯正在寻找下锚地，他拒绝把舰队开入亚历山大旧港，因为他认为该港的入口太窄、太浅了。他一度认为自己在阿布基尔湾找到了合适的位置。当他意识到风险时，波拿巴已经走远了，而他又不敢擅自修改将军前往开罗前批准的计划。事实上，更愿意在亚历山大下锚的波拿巴也没有反对舰队前往阿布基尔。[149] 他甚至认为，在离开亚历山大时，他们可能还会在那里短暂停留。[150] 他可能信了布吕埃斯试探性的安排，而且当他离开前往达曼胡尔（Damanhour）和尼罗河时，他还相信布吕埃斯正巩固阿布基尔的防御，如果可能的话，稍后会向亚历山大港移动。巴雷船长的报告认为，尽管把舰队开入旧港有困难，但它可以给舰队提供保护，[151] 但这没能说服上将，他只是要求巴雷做进一步的调查。[152] 等待结果期间，他更愿意待在阿布基尔。悲剧之后，布朗凯·杜谢拉（Blanquet du Chayla）中将指责波拿巴只给布吕埃斯下了让舰队在亚历山大下锚这一根本不可执行的命令，还同时暗示了舰队在任何情况下都不能离开埃及海岸。[153] 事实上这才是波拿巴的责任所在。

　　让我们把目光回到开罗，波拿巴将军丝毫没有意识到亚历山大正在发生的一切。他在7月27日收到的第一封信正是巴雷的报告；他断定布吕埃斯已经听从巴雷的建议把船停进了亚历山大。[154] 因此，当他在7月30日收到了几封来自布吕埃斯的信，得知舰队仍旧停泊在阿布基尔湾时感到十分震惊。他派出了他的副官朱利安上尉，命令他尽快赶往海军上将处，催促布吕埃斯按他上个月说的将舰队移进亚历山大，或者装上淡水和食物前往科孚岛。这无疑是他第一次认真考虑让舰队离开埃及，但他仍不愿这么做。[155] 朱利安没有见到布吕埃斯，他在半路遭到了伏击。但就算他成功赶到阿布基尔，那也太迟了，最快也只能在战后的第二天赶到，而且不管怎么样，布吕埃斯都不可能在两周内动身前往科孚岛，他得等波拿巴从开罗给他送来给养。任何事都救不了布吕埃斯，更别提他在灾难前几天认识到处境不利后对计划的细微调整。[156] 再然后，最终意识到危机的布吕埃斯，可能又重新选择了亚历山大，他匆忙给波拿巴写信告知他，他们最终找到了一条更安全的通路，现在正在设置航标："一旦舰队停入旧港，"他补充说，"我们就高枕无忧了。"[157] 但是纳尔逊没有给他时间。

归根到底，这一灾难的首要责任既不在波拿巴也不在布吕埃斯。在追究他们的责任时，我们总是忘了法军舰队战败的真正原因所在。首先是法国水兵根深蒂固地认为英国海军远强于自己，尽管他们中的很多人都不乏勇气，但这种自卑感很大程度上导致了战败。其次是纳尔逊本人，如果换一个人来指挥英国舰队，他在面对纳尔逊的处境时，未必可以发起这般大胆的进攻。但纳尔逊有强烈的动机让他全力以赴：他想要与这支一个月前在亚历山大以毫厘之差错身而过的舰队决战。尤其是，他的胜利，是一场可以与1796年波拿巴战胜皮埃蒙特军和奥军的行动相媲美的海军战术革命：英国海军和法国陆军一样，将出其不意、主动进攻、快速行动、集中兵力和对于歼灭敌军的渴望放在优先位置。纳尔逊打起仗来像波拿巴，但布吕埃斯，很不幸，像博利厄。但布吕埃斯的战术是法国海军的通病，用阵亡的"东方"号指挥官卡萨比安卡（Casabianca）的话说，海军"自革命以来，就像具令人作呕的尸体"。[158] 阿布基尔的惨败开启了一段漫长而令人悲痛的历史：它预示的不单是特拉法加海战（有着同样的主角），还有拿破仑今后为了弥补战败的长期影响和在陆地上征服从此成为海上霸主的英国所采取的冒险行动，这最终为他带来了毁灭。

第18章

治理埃及

　　在伦敦，纳尔逊的胜利看起来是如此彻底，以至于人们相信远征军的命运已是板上钉钉了："正如格伦维尔爵士所说，我们可以十分自信地认为此事已经结束了。"[1] 而历史学家自然可以反驳这种观点，这场战役还远没有结束。"无论尼罗河之战的胜利多么重要，多么意义深远，都无法阻止波拿巴继续行动，甚至无法阻止他在征服中变得更强。"[2] 波拿巴自己也这么觉得，他多次强调"这一挫折，无论有多么重要，都会被克服"。[3] 他没有浪费时间：当海浪还在冲刷着岸边的尸体和船只残骸时，他就已经下令重建与法国的联系了，而且在8月18日他就告诉督政府，不久之后法国地中海舰队就会拥有与灾难发生前同等数量的战舰。[4] 他真的相信这一点吗？还是他只是装作自信以保持军队的士气，尽管早已对阿布基尔灾难将无可避免地带来的后果心知肚明？[5]

　　第一个后果就是法国与埃及的联系中断了。纳尔逊留下了胡德（Hood）准将；他的两艘战列舰和几艘护卫舰可以切断波拿巴与外界的一切联系。波拿巴的信上满是牢骚，因为自7月6日登陆亚历山大以来，他就再也没有收到任何来自欧洲的消息。[6] "欧洲毫无消息。"10月4日在给德塞的信上，他这样写着。[7] 在给巴拉斯的第11封信上他写道："我们非常想知道你在欧洲的情况。"[8] 在下个月给督政府的信上，他说："我们渴求欧洲的消息。"[9] 在12月，他又写道："我们没有收到来自法国的任何消息；从获月（7月）开始就这样；这种事从来没有过，哪怕在殖民地都不会！"¹⁰他只在11月时收到了一些报纸，最近的日期也是8月10日，没从中获得任何消息。¹¹他试图建立穿过沙漠经德尔纳（Derna）至班加西（Benghazi）和的黎波里（Tripoli）的联络线路，并派遣信差带着他的消息前往马耳他或者科孚岛，并带回能找到的所有报纸。¹²世上没有密不透风的封锁。一些漏网的消息抵达了法国或意大利。¹³另一方面，从巴黎到开罗，通讯更加艰难。即便这样，督政府也在不遗余力地与东方军团取得联系；它派出了很多特工，但只有小部分抵达。¹⁴那些选择穿越海洋而非沙漠的人也不比其他人运气更好。¹⁵在波拿巴给督政府的建议中，显示了想要让消息有机会到达目的地需要何等的谨慎：

> 每封信用密文抄写六份……第一封经安科纳，从那里搭中立国的小船前往杜姆亚特；第二封经土伦到热那亚，那里可以直达杜姆亚特；第三封经陆路到那不勒斯：部长将派船到的黎波里，在那会有船到德尔纳，有一名阿拉伯人会带信穿过沙漠；第四封经陆路到君士坦丁堡，在此处会有一名鞑靼人将信送到阿勒颇（Aleppo），从那里再到拉塔基亚（Latakia），从此处再经水路送到杜姆亚特；第五封由一艘巡逻舰直接送到亚历山大，熟悉港口的领港员会在风况合适时引导它入港；第六封由护卫舰直接送到杜姆亚特：如果得知敌人在此地，那么就提前准备好一艘带有帆和甲板的大型舢板，装上一门榴弹炮和四门大炮；晚上九点，在离杜姆亚特四里格的范围内放下送信的舢板，然后马上掉头消失，至少十天后再回到布尔洛斯角，在那儿等着，回信会送过去。¹⁶

被切断了和后方基地的联系又失去了增援的埃及军团，如今成了自己所征服土地上的囚徒。

埃及，另一个意大利？

有些人认为归根到底波拿巴还是交了好运：由于未能像计划中的那

样在"两个月内"返回法国,[17] 他可以把全部精力都投入到埃及的管理工作中。再一次,像在意大利一样,他同时扮演了军事领袖、"英明的决策者和改革者"的角色。[18] 虽然他仍在学习,但已有所长进——环境、文化和信仰上的巨大差别格外需要他的"才智和创造力"。[19] 因为已几乎不可能穿过地中海了,他的行动变得更加自由:英国的封锁使他省去了向督政府做汇报的麻烦。这也是为何他在开罗的工作不仅仅是统治。在这里,这个孤立的埃及舞台上,他扮演了君王的角色,如圣-伯夫所说:"这是君权和帝国的预演。"[20] 此外,圣-伯夫还说,波拿巴担任第一执政时的政策基本与在埃及实施的政策没有差别,在埃及——远超意大利——他把分散的碎片重新组成了社会,就像他日后对法国做的那样:

> 〔在埃及〕人们能直观地看到一个陈旧的社会被强有力的大手重新塑造,一个古老文明和它最根本的部分像一艘大船一样被重建起来……他在面向阿拉伯酋长、乌理玛、受人尊敬的学者以及这个国度中所有正直的人宣告,他要在他们中推行的政策将尊重和恢复每个社会都最为关切之事——宗教、私有财产和正义。这位年轻的征服者正在练习如何处理这种需小心应对的任务,他今后将不得不在别处面对同样的问题。这是他第一次身处一个落后的国家。当他不久之后回到我们身边时,他将更有准备。[21]

在1880年到1940年间的殖民主义全盛时代,一种普遍观点认为由波拿巴奠定的政策启发了在马达加斯加的加列尼(Gallieni)和在摩洛哥的利奥泰(Lyautey)。[22] 事实上,他花了很长时间思考如何把埃及塑造成另一个法国。为了实现这一目的,他必须实施一个军政并重的计划。要想安抚和管理好当地人,首先需要最大限度地尊重当地传统和宗教信仰,其次要让当地人参与到殖民地的建设工作中来。"毫无疑问,"他后来对贝特朗说,"征服,是战争与政治的结合体。"[23] 他在埃及的第一个公告就定了基调:"有人会告诉你们我是来摧毁你们的宗教的,不要相信他们!我来是为了恢复你们的权利,惩罚〔马穆鲁克〕篡权者,而且我比马穆鲁克要更尊重真主、他的先知和《古兰经》。"[24]

可以毫不夸张地说："没有任何一个欧洲殖民者能像他那样，对伊斯兰教如此宽容和尊重。"[25] 当地的宗教权威人士不是曾对庆祝圣纪节以及之后的第三代伊玛目侯赛因的诞辰有过顾虑吗？波拿巴鼓励他们如期庆祝宗教节日，还给了一笔津贴"用来买装饰街道的火炬、鲜花和灯饰"。[26] 祈祷时间如常，而且法国人被要求禁止接近清真寺、必须原价购买所需物品、尊重女性、照顾在开罗落脚的去麦加的朝圣者、让自己适应伊斯兰文化。他频繁地给他的将军们下达指令："保护穆夫提、伊玛目和宗教信仰。"[27] 在给阿克（Acre）帕夏写信时他毫不夸张地说："我打消了民众的顾虑，保护了穆夫提、伊玛目和清真寺。去麦加的朝圣者从未享受过比我给予他们更多的欢迎和关爱，而且圣纪节的庆典也比以往更加盛大。"[28] 他还提及了对谢赫和宗教要人的关切：

> 他们都是因道德、知识、财富甚至是出身而获得尊敬的老人。每天天刚亮，他们和艾兹哈尔（al-Azhar）的乌理玛们会在祈祷前进宫，这已经形成了惯例……法国卫队向他们举枪致敬并给予极大的礼遇。当他们进入内室时，副官和翻译对他们表示尊敬，还提供沙冰和咖啡供他们享用。不多时，将军进来了，坐在他们中间，和他们探讨《古兰经》，听他们解释主要章节的内容，再表现出对先知的极大尊敬，希望以此来获得他们的信任。[29]

他是不是做得太过了？他毫不犹豫地宣称伊斯兰教要优于基督教，并列出了他对穆斯林的支持："卡迪（Qadi）们，酋长们，伊玛目和官员们，告诉民众我们是真正穆斯林的朋友。难道不是我们摧毁了要对穆斯林宣战的教宗？难道不是我们摧毁了马耳他骑士团？就因为这些疯子相信上帝想要让他们与穆斯林作战。"[30] 9月12日他甚至在给圣-让·阿克（Saint-Jean d'Acre）帕夏艾哈迈德·吉扎尔（Ahmed Djezzar）的信上写道："我们已不再是在野蛮时代来与你们的信仰作战的野蛮人了；我们承认你们的信仰是崇高的，我们依附于它，而且让所有法国人重生并成为真正信徒的时刻已经到了。"[31] 人们认为这是在演戏，是"寡廉鲜耻的投机取巧"和两面派手法！埃及军团的士兵们，在责备他们将军的举动，或嘲笑他的这番表白时，也不落人后。他们对于宗教信仰漠不关心，认为所有宗教都一样有害，很难理解为什么共和国军队的领袖要对这个宗教的代表人物如此关切；而那些"仍保持着早年信仰的人（虽然很少，但仍有一些），对这位得胜的将军自降身份、昧着良心装出一副虔诚的样子的评价要更为严苛"。[32] 波拿巴是在演戏，但用的方法则完全不同于在迎接前往麦加朝圣的车队时自我嘲弄的开罗司令官迪皮伊（Dupuy）。[33] 也不同于"疯子"梅努，[34] 这位将军不仅皈依了伊斯兰教，还娶了一位号称先知后人的女子，而且他签署命令时的签名为"胜利者，明智的管理者阿卜杜拉·雅克·梅努将军"。[35] 但是当朋友们问起他会不会像《古兰经》允许的那样再娶几个老婆时，他大笑着回答"再来一个土耳其女人"会有害身体健康。[36] 而波拿巴则严肃地看待这一切，和他们形成了鲜明的对比。像在意大利时一样，他的一举一动都是为了"国家利益"。因此他才会友善对待这些信徒，用他们的口吻说话，甚至请求他们为他讲解先知的宗教来讨他们欢心。他的火炉上一直放着7壶咖啡，这可不是因为他喜欢与艾兹哈尔大清真寺的乌理玛畅谈，而是为了政治利益。[37] 被誉为"东方的索邦"的艾兹哈尔，是人们学习《古兰经》和亚里士多德学说的地方，有着影响力很强的神职人员和1.4万名学员，对观念的形成和培养能与民众建立联系的干部至关重要。他对伊斯兰表示关切的方法必须毫无差错：他不能有任何倾向于或更了解某些宗教的迹象。[38] 一些目击者向我们透露，背地里他更偏爱基督教。[39] 他曾学习过它的历史和它的教义，他曾思考它在社会活动中的意义，这吸引了他的注意，他公正、不带偏见、冷静地思考它，不带有任何宗教激情。[40] 在他带去埃及的图书馆里，《古兰经》不是和《新约》《旧约》一同归在"政治"一栏吗？[41] 他对伊斯兰教的兴趣只不过在于它是治理伊斯兰国家的工具。他个人的信仰对政治行动毫无影响。

沃尔内曾警告过，穆斯林将"毫不动摇"地反抗一切殖民企图，他充分地考虑到了这一点，这让他更有理由采取这种政策。[42] 波拿巴没有低估穆斯林社会的特殊性，这也是为什么他认为有必要尽可能地避免成为

"先知和这个宗教的敌人"。[43] 不同于宣讲"温和顺从"的基督教,它提倡"对异教徒的不容忍和消灭"。[44] 这也是他在埃及推行的宗教政策与在意大利的政策完全不同的原因。在意大利,他仅是保护和安抚天主教徒,从未宣称过自己是庇护六世的代理人;但在埃及,他得说服穆斯林支持他的政策。他不仅考虑过沃尔内的警告,还与前领事马加隆和他在埃及的翻译旺蒂尔·德·帕拉迪(Venture de Paradis)进行过长谈。他们给他讲述了马穆鲁克如何在1750年后从奥斯曼的枷锁中挣脱,在18世纪70年代设想建立独立国家并将巴勒斯坦和叙利亚并入其领土,还讲述了在伟大的马穆鲁克领袖阿里贝伊和阿布·达哈卜死后,土耳其是怎样在埃及登陆,打算将其重归苏丹治下的。那是1786年的事。为了获胜,他们将马穆鲁克称为伊斯兰教的敌人,想要以此激起民众反对其统治。奥斯曼统治埃及时,他们全力争取穆斯林教士的支持,并将此看作一种政治任务,马穆鲁克则拒绝这么做。自奥斯曼军不得不离开埃及去和俄国人战斗后,那些伊玛目们一直都没有放弃在某一天重新获得土耳其人离开时他们失去的东西。

波拿巴明白:若不能获得宗教领袖的支持或者至少使其保持中立,他根本无法在埃及立足。此外,他别无选择。他只能留下2 000人来维持开罗的秩序。他不能冒任何可能引发一场他根本打不赢的宗教战争的风险,他得靠劝诱、说服,如果不行的话,还得使用阴谋诡计。为了得到埃及,做出些牺牲和使用些小小的"江湖伎俩"还是值得的。亨利四世在即将改宗天主教时,不是说过巴黎值得一场弥撒吗?波拿巴希望宗教领袖能够劝服人民宣誓归顺法国,作为对他的友谊的回报。为了让当地人服从,他准备带着军队一起改宗伊斯兰教吗?他说这也不失为一种可能,万一他要留在东方的话。[45] 他会这么做?最让人反感的就是改宗了,他可能不会做到那个地步。因为目前情况还没发展到让他在改宗和离开埃及中二选一的地步,所以他仅仅是做出了承诺。他为克服改宗的障碍开始与乌理玛谈判,其中最重要的就是割礼与饮酒。最后他得到了想要的——皈依伊斯兰教的法国人交一些施舍金就可以免于割礼和允许饮酒,但他仍没有皈依:他只是保证一年后会这么做,而且为了让伊玛目耐心等待,他还保证会建一座大清真寺,大到可以在皈依典礼时容纳所有远征军。[46] 他获得了时间——这才是他认为重要的——以及买来了，至少他认为他买来了宣布谁是真主敌人的权力。开罗的要人们在给他的信上称他为"贫苦与不幸之人的支柱，科学和科学家们的保护者，伊斯兰教和穆斯林的朋友，孤儿和受压迫者的资助人，帝国与军队事务的管理者""无比伟大，无上荣耀，法军英勇的首领……被赋予了无限的才智"。[47] 这已令人足够满意了，在9月1日他又收到了来自同一批人的正式声明，包括了如下内容：

〔波拿巴〕向我们保证他接受认主独一，法国人尊敬我们的先知和《古兰经》，而且他们认为伊斯兰教是最好的宗教。法国人释放了马耳他的穆斯林囚犯、摧毁了教堂、破坏了威尼斯城内的所有十字架并驱逐了命令基督徒杀害穆斯林的教宗，这证明了他们对伊斯兰教的热爱。[48]

投机者的依附和无法抹去的怀疑

"这是一堂重要的政治课。"[49] 圣-伯夫说。波拿巴像之前的土耳其人一样，试图利用利益纷争和构成埃及社会的不同种族、宗教、社会阶层之间的敌意来建立自己的统治，而这只涉及了这复杂棋局的一个侧面。当地人实际上分成了多个相互对抗的群体。征服者受到了来自希腊的基督徒和饱受土耳其与信奉东正教的俄国之间的战争之苦的叙利亚原住民的欢迎，但犹太人对此没有太大热情，他们早已用什一税换来了穆斯林对他们信仰和文化的尊重。[50] 科普特人对此更不热心，他们先前一直帮助马穆鲁克治理此地，直到他们的主人逃走后他们才转向支持法国人。宗教把穆斯林团结在了一起，而他们又分为多个利益群体：谢赫，伊玛目，开罗、罗塞塔和亚历山大的手艺人，尼罗河畔的农夫，土耳其人和贝都因人。对宗教漠不关心的马穆鲁克的失败，肯定受到了宗教领袖的欢迎，尽管他们对异教徒驱逐异教徒的事实感到遗憾，但他们将这视为提高自身威望的机会。像开罗和其他地方的权贵一样，他们欣然接受了与法国合作的邀请，尤其是因为他们目睹了金字塔之战马穆鲁克溃败后的土崩瓦解，并且担心这"恐怖的"时刻再来一次。[51] 此外，总是被贝都因人袭击的尼罗河谷的农民们，在占领军能处事公正且能保障他们安全的前提下，也愿接受法国军队：

> 由埃及居民因利益冲突和种族差异而造成的政治局面没能逃过拿破仑的眼睛，就像他在圣赫勒拿说的那样，他就是在此基础上建立了自己的执政体系。法国人并不急于在埃及执行正义，即便他们想这么做也无能为力，拿破仑把这一工作留给了阿拉伯人，确切说是留给了谢赫们，他给了他们完全的支配地位。此后，他以他们为媒介与人民说话，这些人既是贵族又是法学家，这样他就把阿拉伯民族精神和《古兰经》融入了他的政府。他只向马穆鲁克宣战……他用同样的政策寻求科普特人的支持。他们和他一样信奉基督教，而且只有科普特人有治理这个国家的经验。但即便他们没有这个优势，波拿巴也会把这项任务给他们的，这是为了避免过于依赖阿拉伯人，也是为了避免以他手里仅有的2.5万人或是3万人的兵力来与民族和宗教的力量对抗。科普特人目睹了马穆鲁克的毁灭后，除了依附法国人就别无选择了；这样，我们的军队就能在埃及各地拥有间谍、观察员、监督者以及独立并与国民对立的财务官。至于苏丹亲兵和其他奥斯曼人，在仔细斟酌后仍被称为伟大真主的代表；苏丹的旗帜仍飘扬在埃及上空。[52]

从最开始，这一安抚政策就是为了防止马穆鲁克东山再起，以及促进与贝都因部落的和谈；他希望能终止其袭掠行为，否则就得把他们赶回沙漠去。这一政策产生了效果。派往上埃及追击穆拉德贝伊的德塞，尽管没能解决掉金字塔之战中逃走的敌方骑兵，但成功地让他们在近一年的时间里不敢再靠近开罗。一些贝都因部落仍在负隅顽抗，但另一些已经归顺：克莱贝尔成功与达曼胡尔地区的主要部落达成初步和解。后来，在军队适应了与游牧民族作战的特殊情况后，波拿巴成功将强大的艾迪（Aydy）和汉纳迪（Henadi）部落收归到自己的事业中。

他认为自己在宗教上的中立态度有助于政策的成功，这一政策同时利用了不同群体间的分歧，降低了少数派的影响力，并满足了多数人的需求。他认为这些人本质上都是"中立派"，谁能让他们的生活不那么痛苦，谁能给他们更有希望的未来，他们就会支持谁。有史以来第一次，欧洲人来到东方时不带有任何宗教动机，而是带着纯粹的世俗价值观，还带来了欧洲的先进理念，将军期待穆斯林能从中学到"欧洲成功的秘密和摆脱国家羸弱、贫困、衰退的方法"。[53] 他的行动最坚实的基础之一，就是土耳其宫廷对法国入侵的认可。如果他实际上并未获得该认可 —— 他相信塔列朗正在君士坦丁堡为此努力 —— 那么他就必须让人们相信他已经获得了。这也是他想让舰队留在埃及海岸的原因：他要切断当地与土耳其的联系，至少在获得苏丹认可前。而且他从不放过任何机会提醒人们，他此行的目的已获得了伟大真主的准许。

因为以上所有原因，他不难找到愿意加入7月25日在开罗成立的九人国务会议的合作者，该会议在土耳其语中被称作"迪万"，主要负责进行审判、征收税款、治理国家和维持秩序。尽管如此，也不能过分夸大聚集在他身边的人数，这最多也不过有一百多人；而且也不能因此就认为在埃及宗教因素不是不可逾越的障碍。事实上，与法国合作的人中只有很少一部分是穆斯林：其中当然包括了响应号召参加迪万的要人，也包括一些代理人和将军特别关切的宗教领袖。前一种合作者是为了避免国家陷入无政府状态；后一种则盘算着未来这些异教徒回家后的事。大多数的合作者都是信奉基督教的少数派：埃及的主要财政官贾基斯·乔哈伊（Jârkis al-Jawharî）是科普特人，德塞将军手下著名的监察官雅各布也是，警察长是来自希腊希俄斯岛的巴泰勒米·塞拉（Barthélemy Serra）。以及有些人在1801年跟着法国人离开了埃及，后来加入了近卫军的马穆鲁克部队：他们中有格鲁吉亚人（例如著名的波拿巴1799年就带在身边的鲁斯塔姆·拉扎）、亚美尼亚人、希腊人、匈牙利人，特别还有为数众多的叙利亚人，以及一些被商队从苏丹或埃塞俄比亚贩卖至此的黑人，例如阿卜杜勒－塔卢特（Abdel-Taloute），他从埃塞俄比亚被绑架卖到开罗，1812年死于从莫斯科撤退途中。这些人是这场不太受穆斯林欢迎的远征的真正拥护者，尽管一些阿尔巴尼亚人也穿上了"东方猎骑兵"的制服。当我们试图估计这次东西方短暂碰撞的影响时，总是会有两个绕不开的人：迈赫迪（al-Mahdî）谢赫——一位皈依了伊斯兰教的科普特人——和哈桑·阿塔尔（Hasan al-Attâr）谢赫。[54] 但这只是特例，因为对于大多数在不同程度上与法国合作的穆斯林来说，政治上的合作绝不意味着依附或是改宗。[55]

在头几周，波拿巴和他的将军们还不是这么想的，他们自信满满地认为当地人会被法国人展现出的先进之处触动，将会逐渐归附过来。虽然在9月份总司令还在谈论埃及人的"野蛮"，但他当即补充道："文化正在发生改变，而且两三年后会大变样。"[56] 法国人是不是混淆了屈从和支持呢？他们似乎认为被他们留用的亚历山大总督的叛逃，只是一个独立事件，不能轻易下结论。[57] 但他们很快醒悟了，法国人自以为给予了伊斯兰教足够的尊重，但在整个法国占领期间，穆斯林民众都无法消除对他们的怀疑。无论他们怎么做，在当地的伊斯兰教徒眼中他们都是侵略者和"十字军"。每个部落都有很多像沙尔卡维（al-Sharqâwî）那样的人，他虽然与法军深度合作，但将法军描述为"抵制法律的一派哲学家……而且认为人的理性高于一切"。[58] 面对这样无法减轻的敌意，法国人在起初庆幸民众的顺从之后，很快就开始痛斥他们的口是心非了。[59]

我们不要有什么误解，这些沉默的敌意并未能阻止生活回到日常的轨道。在法军入侵后，商人们很快就重新打开了大门，欢迎这些会干脆地用高价买下商品的法国顾客，并且和每天都打交道的士兵建立起了亲切友好的个人关系。就像一个士兵说的，大部分埃及人都是"好人"，他们在开罗暴动时救下过不止一个法国人。[60] 埃及人则对法国人的糟糕举止感到震惊，这些外国人酗酒、在大街上开枪、爬闺房的外墙、挽着随军妇女（据说有三百余人）或马穆鲁克留下的女人大摇大摆地走在街上。法国人的不端行为并不是唯一的丑闻：尽管他们尊重清真寺和宗教活动，但他们佯装信奉真主，或是以蹩脚的阿拉伯语模仿穆斯林说话来取乐的行为无异于亵渎。波拿巴引以为豪的关于伊斯兰教的演说呢？不过是"难以理解的胡言乱语"。[61] 作者本人遭到的批评则比演讲更多。波拿巴自称为先知的使者，威胁那些反抗者的公告总是被人嘲笑。例如这篇在开罗暴乱后"言辞激烈的"著名演说：

　　谢里夫们、乌理玛们、清真寺的讲经人们，告诉你的民众，那些沾沾自喜与我为敌的人将在现世和死后都没有容身之所。这里难道有人看不到是上天的旨意在指引我所有的行动吗？……告诉人们，自世界形成以来，就已经写着在伊斯兰教的敌人被摧毁、十字架被推倒后，我将从西方的尽头前来，完成我被授予的任务。让人们去看看《古兰经》，至少有 20 段预言了现在正在发生之事，未来将发生的事情也得到了解释。让那些因惧怕我们武力而停止咒骂的人回心转意：他们祈求上天反对我们，但这只会让他们自作自受；让真正的信徒为我们的成功祈祷。我可以让你们每个人细数内心深处的秘密，因为我知道一切，即便你们从未告诉过任何人；但是终有一天所有人都会清楚地看到是上天在指引我的行为，而且人力无法与我对抗。[62]

　　这份公告并未打动像雅巴提（al-Jabartî）这样的人。"长篇大论又自命不凡，"他写道，"扫一眼就能看出这是在错误观念启发下写的。"[63]波拿巴对此则完全不理解，特别是由于无论他给了穆斯林怎样的保证，波拿巴都没有忘记远征的最终目的：既不是为了惩罚马穆鲁克也不是为了暂时威胁英国在印度的利益，而是为了在埃及为一个新的殖民帝国奠下基础。埃及不会在之后成为外交谈判时的筹码，而应永远属于法国。这是一个把西方引入东方的问题，而非反过来。这在《埃及十年》第一期的公开声明中说得清清楚楚：远征在文化上的目标是重新发现文明在埃及的起源以丰富人类的历史，政治上的目标则是让埃及人从西方的文明中获益，尽管这需要征服者保证在足够长的时期中，慎重对待当地人的"偏见"，甚至要尊重它。[64]波拿巴让军队在葡月十三的周年纪念日（1798 年 10 月 4 日）上宣誓的誓言更简明易懂地说明了这一点：有史以来第一次，征服者没有采纳被征服者的观念和习俗，而是将把他们自己的理念与习俗植入当地看作是自己的职责，并将文化上的优越性宣传为其事业合法性的基础。这和亚历山大东征完全不同，阿拉戈说亚历山大带着哲学家卡利斯提尼斯（Callisthène）只是"用暴力在被征服的国家中搜集科学文献"。

相反，波拿巴则带了蒙日、贝托莱、傅立叶和其他科学家，让他们帮助他"把欧洲文明的果实带进枷锁下野蛮人的心中"。[65] 甚至我们可以认为，波拿巴如爱德华·赛义德（Edward Saïd）所说，在埃及进行了一场世界各地都"从未见过的温和而谨慎的战争"。他没有必要直接反对伊斯兰教，因为远征是为了把"东方带入现代文明"。[66]

民众的不理解和漠不关心打消了他的雄心壮志。"这个民族既没有求知欲也没有追赶先进者的渴望，"多洛米厄说："他们对于任何对他们的处境、信仰和传统来说陌生的事物都毫不关心，他们的生活方式可能是我所曾见过的最为特别的。没有什么东西能让他们感到惊异，因为他们不会关注任何自己不知道的东西。"[67] 以迪万为例，事实上波拿巴赋予这个由穆斯林权贵组成的议会的权力十分有限，它实质上只是个顾问机构，但他将其视为将西方政府模式引入东方的方法，和一个让埃及人向他们学习的机会。[68] 这只是第一步，随后在夏季将在开罗和其他主要城市组织这样的议会，在10月则将召开一个至少有200名代表参加的"大迪万"。在构思中，它应该是一种代表全民的议会，不仅仅是各省的代表，还要有构成埃及社会的不同阶层、不同身份的人的代表。议会召开之后，他们就将被要求仿照西方议会的形式，提名一个常任委员会负责为埃及的政事和行政改组——关于它的司法和财政体系——提供建议，并改革关于所有权的法律。[69] 这样，波拿巴奠定了他脑海中革新计划的基础。尝试失败了，不仅仅是因为开罗暴乱导致了大迪万的解散，更是因为成员之间毫不团结，而且仍对这种议会缺乏兴趣。开罗本地的迪万也很快就停止了会议，而且如果说全国的大迪万回答了波拿巴的什么问题，那么就是以他不希望的方式，告诉他所有成员们都希望维持现状。对他们来说，制定法律、为大众的福祉而设想并推行新的规则是十分陌生的。他们的信仰否认人具有立法的权力，而且禁止他们创造任何事物，只允许他们跟随先知的意志。只有在神的指示的具体含义解释不清时，领导者们才有十分有限的权力根据"习惯法或仅仅是统治者的意志"对其进行诠释或补充，但不能有丝毫背离。[70]

波拿巴进入开罗后成立的埃及学院，在知识交流和向当地精英传播西方科学方面起到了极大的作用，同时也在不遗余力地用他们的图书馆或是公开的化学、工程学和热气球实验吸引开罗受过教育的精英阶层。公众来了。去图书馆的人被热情的欢迎震惊了，他们看到了"各种印刷书籍"，其中很多都带有图解，以及世界地图、天文学仪器、钟表、化学和药学实验室等。"尽管被这些好东西所震撼"，但他们还是不信任这一切，仍未被说服：这些不过是"我们这种脑子想不出来也解释不了"的魔术把戏，雅巴提如此写道。[71] 一次成功的电学实验带来的反响，无异于几个升空不久就跌落的热气球。就连格雷特里（Grétry）、海顿（Haydn）和莫扎特（Mozart）的音乐都毫无效果，这让蒙日怒不可遏地大喊："这些白痴配不上你们付出的努力！"[72] 没有任何一种雅巴提口中的"把戏"愚弄了开罗人民，他们没有把欧洲的科技与他们的军事力量联系起来，而是由此认为法国人十分狂妄。[73] 而由于宗教"团体"才是马穆鲁克倒台和法国占领行动的真正受益者，宗教对于法国人主张的启蒙主义政策的阻力变得更为强大。我们能够认为波拿巴的"上层政策"是彻底失败的吗？就短期来看，毫无疑问；这次远征只是在19世纪头几年在埃及留下了痕迹。但是一切并未消失。在很长的一段"潜伏期"后，法军短暂占领的影响逐渐显露，在1805年穆罕默德·阿里取得权力后，他进行国家现代化建设的灵感有一些就来自当初波拿巴的改革设想。[74] 在法国人离开的五十多年后，福楼拜注意到他们仍"尊敬"着波拿巴，并几乎把他看作"半神"。[75] 此外，评价当地人起初对法国人带来的新鲜事物的抵制时，不要忘记法国人是占领者这一简单事实。法国人处在一个"武装传教士"[76] 的位置：抛开宗教和文化差异带来的障碍，那些希望为他们带来幸福的法国人在他们眼里与其说是解放者，不如说是侵略者，所以他们本能地拒绝法国人给予的一切。

"别样的风土人情"

直到最后，占领者也没让埃及人相信法国人会在埃及长期落脚。法国人自己也很难相信。当舰队于阿布基尔湾覆灭后，克莱贝尔对亚历山大的守军说，因为已经没有能载他们返回法国的舰队了，他们不得不在"别样的风土人情下"生活很长一阵子。[77] 他和他的士兵都想不到他们要在这个国家待很长时间，可是几个月后他们已经开始建冬季营地了。一个军官回忆说：

> 我们的日子过得非常无聊，这里的日子和我们已经习惯的欧洲生活截然不同。太热了，我们出不去。而且，我们能上哪散步？这里只有沙地和废墟，而且我们还需要卫队；在城门口我们就受到过阿拉伯人的袭击。我们有些书籍……我们的户外活动有时还包括骑驴；我们骑着驴在城里太阳晒不到的街上比赛……晚上则是玩纸牌。[78]

打牌赌钱！这几乎出现在每个远征军成员的回忆录上。人们到处打牌，但很快就被吸引到了"蒂沃利"（Tivoli），这是大家集资在11月开设的一个聚会场所。当然了，最妙的还是女人。不少人勾搭不上随丈夫出征的法国妇女，而又想邂逅除了来军营做皮肉生意的妓女以外的女人，就建立了临时的家庭。如若弗鲁瓦·圣-伊莱尔给父亲的信上写的那样："我在这儿过得很平静，时间都花在了博物学、我的马和我的黑人小家上，这暂时转移了我对欧洲的家的无法排遣的思念。"[79] 这是个兴旺的生意。一个黑人女性值500法郎，处女的话则是800法郎，当从埃塞俄比亚来的商队抵达时，价钱还有的商量。白种女人则物以稀为贵；工程师勒佩尔（Le Père）花了3 600法郎买了一个高加索女人，但要价可能要超过8 000法郎。有个消息传得飞快：费利克斯神父按日付租金从嘉布遣会的女修道院租嬷嬷和修女。[80] 为了女人发生了连续不断的争执。士兵指责尉官，尉官又指责将校，说对方把漂亮女人都先挑走了（还是"以国家的名义"，有人补充道）。[81] 而且他们都觉得，东方女人没有他们惯常见到的女性那么苗条。之后，他们对一切都腻了，不在乎一年一度为庆祝尼罗河泄洪举办的庆典，也不在乎什么里沃利胜利日，回到欧洲和法国的迫切渴望折磨着他们。目击者都一致表示：在9月21日共和国庆典上，气氛跌入了冰点。士兵们在波拿巴建议为"法兰西共和国的500年"干杯时，没有按要求欢呼而是坚决保持沉默。[82] 坚信能够马上回家的信念让乐观的人忍受着这"一生中最悲惨的时期"。[83] 即便是大多数人都做出了"悲观预测"，[84] 但还不至于冒着"被野蛮人鸡奸"[85]的风险逃离这座埃及监狱，就像克莱贝尔在给迪加的信上"文绉绉地"写的那样。不管怎样，还要提防有人利用中立国商船逃跑。波拿巴倒是不完全禁止任何人离开；在得知有医生给想要离开埃及的人开假证明后，他与贝尔蒂埃有过讨论："让那些并不想作我们战友的人留在军队，不是我的目的；让他们走吧，我帮他们走：但我不想让他们找借口、装病，他们真正的动机是不想与我们共患难。"[86] 地理学家多洛米厄走了，军需官絮希（Sucy）走了，还有参谋上校博韦，以及仲马将军，波拿巴从未原谅仲马将军，将他的离开视作背叛，还有其他的一些人也走了。有一段时间，克莱贝尔也想走，想念意大利情人的贝尔蒂埃最后也央求他的上司放他回欧洲。[87] 贝尔蒂埃非常思念他的情人维斯康提（Visconti）夫人，以至于给她做了个常有鲜花和蜡烛装饰的神台。我们不知道，波拿巴在叙利亚战役的前一夜，看到这么多信赖的下属要抛弃他时，是怎么想的。他自然会感到心酸，但可能他也已经厌烦了这个时不时被感情操控的参谋长的"白痴行为"，他同意了贝尔蒂埃离开的请求，甚至还对外谎称他要贝尔蒂埃去执行一项秘密任务。但是无法想象离开这位伟大之人的贝尔蒂埃，最终放弃了这一计划。

波拿巴也想回法国。倒不是因为他厌烦了埃及；他从不知厌烦为何物，即便他真的感到了厌烦，他要做的事也没有留给他烦闷的时间，他写道："我们在这里有着重要的任务，前所未有的混乱等着我们解决处理。"[88] 他忙着进行参谋会议、与开罗的贵族谈话、与布列纳和贝尔蒂埃讨论工作，日程排得非常满。当然，交付给下属去做的细节工作也比在意大利时要多。因此在9月21日，他在下令各部队行动、读了大量军事行动的报告、梳理了财政官员普西耶尔格的账目、给军队口述完命令、向萨雷耶（Salheyeh）运送补给、用迪加换下了涉嫌贪污的维亚尔将军以重组了杜姆亚特地区的指挥后，他还有时间给普西耶尔格写信："在你关于2号仓库的报告中，我看到有251古斤蜡烛入库又出库；是谁拿走了？有7个咖啡磨要交给军需官（絮希）；4对手枪给贝西埃上校；两套马鞍和帐篷给服装主管。"[89] 他身边只有一些亲密的合作者，还有三四个仆人，[90] 总共不超过20人。其中当然包括他的秘书布列纳。在军事事务方面，有他的总参谋长贝尔蒂埃，工兵长官卡法雷利，炮兵长官多玛尔丁（Dommartin），骑兵长官仲马，和他的副官朱诺、迪罗克、拉瓦莱特（Lavalette）、舒尔科夫什基、克鲁瓦齐耶（Croizier）、吉贝尔（Guibert）、他的继子欧仁和督政梅兰·德·杜艾的儿子。[91] 在波拿巴从意大利返回后就与之相识的卡法雷利，在他军事领域外也扮演着重要角色。这位前埃贝尔派曾被怀疑是巴贝夫的追随者，如今却成了总司令信任的人之一，而且他在圣-让·阿克围城战中阵亡时使波拿巴深感惋惜。被波拿巴在后来的信上描述为"充分了解武器的一切细节"而且"他的道德感和学识都让他脱颖而出"的卡法雷利，可能是波拿巴唯一尊敬过的"理想主义者"。[92] 负责行政和财务事宜的则是接替多尔（Daure）的絮希、普西耶尔格和埃斯泰夫（Estève）。协助波拿巴工作的还有：吉尔格斯·乔哈伊、监察长沙卡维（al-Shaqâwi）、迪万的主席、负责和迪万联络的数学家傅立叶、处理学院问题的蒙日、负责报纸和印刷业的塔利安和让-约瑟夫·马塞尔（Jean-Joseph Marcel）、东方学家马加隆和旺蒂尔·德·帕拉迪。特别是最后一位，帕拉迪曾任驻君士坦丁堡大使的翻译，而且还是东方语言学院的土耳其语教授，在波拿巴了解东方的过程中扮演了重要角色，还在他与阿拉伯领导人会晤时担任翻译，总结起来就是非正式的阿拉伯事务部长。[93] 他于叙利亚战役期间逝世，这让波拿巴失去了一位一流的合作伙伴，他的继任者若贝尔并不能完全替代他。[94] 波拿巴什么事情都要插手。他喜欢应接不暇的生活，但有时也会让他的合作者感到绝望："直到黎明"都还在忙于工作，而且要求一切工作都要"井井有条、精细准确、毫不拖沓"，而且他们还得随时准备着"跨上马背，跟随那位将任何对计划无用之事都视为浪费时间的人"。[95] 正因如此，埃及在他的记忆中成了他一生中"最为理想""最好的时光"。不是因为他可以就这片"诗意之地"[96] 随心畅想，并如他告诉雷米萨（Rémusat）夫人的那样，想象自己"裹着头巾，手里拿着《古兰经》，骑着大象走在去往东方的路上"。也不是因为在东方他可以"不受文明枷锁的桎梏"。[97] 而是因为他在这里于民政领域获得了和他在军事领域一样的绝对权力，更甚于在意大利时。然而事实上，让他取得了如此权力的原因，并不是督政府因距离太远而无法对他施加控制。他那无限的权能更多地来自于自然因素：这是水源缺乏的结果。当地人对西方式的代表制度漠不关心，不仅仅是因为宗教蒙上了他们的眼睛，也是因为在这样一个十分之九的国土都是沙漠、要依靠尼罗河每年定期泛滥才能维持生活的国家中，只有一个高度集权的政府，在一个得到中央授权又对地方情况了如指掌的行政机构的帮助下，才能审慎地管理水源。出于显而易见的原因，水是每个人都想据为己有的珍贵资源。提及亚历山大附近那每年中只有几周有水的尼罗河水渠时，工程师勒佩尔写道："每当亚历山大对水源的需求大到不允许有任何人将水在途中引走时，统领这一地区的贝伊的手下，也就是卡什夫，就要派人巡查水渠，防止可能出现的破坏和引水行为，并维护和修缮河堤；他的监管非常严格，任何有不轨行为者一律处死。"[98] 铁腕政策是预防普遍的冲突和混乱进一步升级的必要手段。除了取决于每年尼罗河泛滥时的水位的不同程度的缺水问题外，聚居地区的另一个长久威胁则是游牧部落，他们迫使当地政府必须时刻备战。[99] 在拿破仑看来，没有哪个地方像这里一样如此迫切需要一个政府：

> 没有哪个国家的行政机构能对社会繁荣与否有如此大的影响。如果行政机构运行良好，那么水渠就会得到良好的疏浚和维护，灌溉规则将是公平的，大水将广润大地（指在尼罗河泛滥时掘开河堤灌溉的习俗）。如果行政机构无能、残酷或是软弱无力，河道就会被泥沙阻塞，堤坝将缺乏维护，灌溉规则将遭到无视，而且灌溉体系的原则就会被暴乱和个人或地方的利益侵害。[100]

这说明了一切：在这种条件下，如何能把生活在气候温和、物产丰饶的欧洲的居民惯常的制度和保障转移到埃及？在尼罗河畔，人们无法用塞纳河或波河的那一套来治理。

镇压：一次"文明的倒退"吗？

正因如此，我们在评价镇压问题时需要小心谨慎。在巴拉斯的回忆录中，他花了好几页用心险恶地摘录了波拿巴的信件。这些段落都是关于他派往埃及各地的机动分队的行为：占领村子、枪毙、砍下人头并挑在枪尖上、笞刑、扣押人质、将营地夷为平地、烧毁房屋、没收羊群、驱逐居民。[101] 所有这些文件都是真实的，而且这类命令几乎可以凑满整整一卷。巴拉斯视它们为批判波拿巴和他"人文主义天才"的名声的压倒性证据；它们也被视为"文明倒退"的证据。[102] 这种镇压毋庸置疑是非常残忍的，和发生在意大利的类似行为根本无法相提并论。当时法军劫掠了帕维亚，毁灭了比纳斯科（Binasco），在意大利其他地方还发生过几次类似的事件，但这些都是例外；在埃及，这类事件每天都在上演而且带来了成百上千的受害者。不仅东方军团参与其中，分别听命于迪万和当地指挥官迪皮伊将军的苏丹亲兵部队也是一样。巴泰勒米·塞拉负责这一行动。他头戴插有"光洁羽翎"的帽子，肩披昂贵皮草，斜跨着一把土耳其弯刀，这个被称作"石榴籽"的家伙在当地建立了恐怖统治。他大摇大摆地走在队列的前方，逮捕、拷打和处决当地居民，晚上回城时马鞍下还挂着受害者的人头。并不是只有法国人和他们的代理人才动用了暴力和残酷手段。与他们作战的贝都因人、马穆鲁克和造反的农夫同样残暴：伤者遭到杀害和斩首，俘虏遭到鸡奸和肢解，有时还会被活活烧死或剥皮。这种情况从7月7日法军向尼罗河行军时就开始了，而且从未停止。落单的法国人被杀害，巡逻队遭受袭击，尼罗河上的船只遭到攻击和抢劫。"7月18日，"一位补给官员写道，"一个粮仓守卫受命进村买小麦。阿拉伯人把他连同他的雇工都给抓了，把他们绑在树上活活烧死。我们看到了他们还在冒烟的尸体。面对此番野蛮景象，波拿巴异常愤怒，他下令烧掉村子，村民不是被枪杀就是逃散了。尽管有了这个警告，我们在路上仍不断发现被这些野蛮人用各种方式残忍处刑的同伴的尸体。我看到过一个人被砍掉了头，其他人则是被剥去了脸皮或是脚底被烧焦。"[103] 法国军队在埃及的行为并非孤例：这展现了一支正规军在面对无处不在又无影无踪、其袭击和撤退都不符合一切军事常理的非正规部队时会做出怎样的暴行。这一系列的行动和反应受使"极端主义崛起"的那种动力支配，克劳塞维茨在其中看到了战争的本质。[104]

在一些远征军成员眼中，这又回到了旺代战争，他们曾与克莱贝尔或梅努在旺代并肩作战。一个叫罗齐（Rozis）的在给朋友的信上写道："敌人包围了我们，前方、后方和侧翼都是敌人；这和旺代时一模一样！"[105] 如1793年在法国西部时一样，东方军团的士兵们并没有把敌人看成受战争法和万民法（droit des gens）——当时的国际法——保护的交战团体和战斗人员；无论是贝都因人还是造反的农民，他们都将其看成下贱的"匪徒"，这些人在拒绝服从因征服的法则而获得合法性的法国的权威时，就失去了法律的保护。对他们来说，这些敌人顶多也只能算作叛军，最坏的则是应该直接吊死的劫匪响马。事实上，他们甚至不被看成需要根据刑法进行调查、审判的罪犯，应立即处决他们，不需要任何正式手续：

> 万民法为这类特殊情况——埃及就是其中之一——给出了一种结合了战争和镇压惩罚的优势的第三种解决方法：承认其处于战争状态，但处于一种不适用于万民法的战争状态。对于海上的海盗或是陆上的强盗，那些生活在社会边缘、破坏文明根基的人，统治者可以向他们宣战而不遵从战争法，因为这是在打击那些自愿放弃法律保护的法外之人。所有的法学家都会把敌人和强盗区分开来。[106]

语言和宗教的差异，习俗的不同，以及普遍存在的远离文明世界的感觉，都助长了他们的恐惧和蔑视，弱化了他们使用暴力的顾忌和禁令的效力，并最终导致了镇压中暴行的增多。毕竟，远征军是在一个"草菅人命"[107] 的国家，"不管什么人，都惯于施暴或被施暴、进行独裁或服从于暴政"。[108]

他们都听说过当时的阿克帕夏吉扎尔的"英雄事迹"，他原本是被马穆鲁克酋长阿里贝伊从奴隶市场买回来的一个波斯尼亚人，如今却以东方的方式升到了高位。他被称为"屠夫"，因为他将杀人视为一种爱好，如洛克鲁瓦（Lockroy）所说，"他以让人流血为乐，而且他懂得如何用艺术的方式来做这件事……他很乐于让自己的权力成为每个人的障碍和威胁。

他让臣民和外国人每时每刻都感受到它，仿佛他只有看到自己制造的恐怖才能确认自己获得了多么巨大的权力。"[109] 他的臣民因恐惧而尊敬他，当吉扎尔在1790年挫败了一场阴谋后——他淹死了住所里的所有女人，甚至亲手挖出了最爱的切尔克斯族妻子的内脏——这种恐惧几乎上升到了"宗教般"的程度。这场屠杀成了他人生的转折点。"之前他只是在杀人，现在他开始系统性地对他的臣民施加酷刑"：他切下他们的鼻子，挖出他们的眼睛，切掉他们的耳朵或舌头；他买来女人并活生生地把她们砌进墙里。[110] 但是他也有好的一面：他慈悲为怀，赈济穷人，会保证集市上价格公正——如果卖家的价格不合，他就把他的舌头钉在柜台上。他喜欢坐在港口，看着大海，斧子放在身旁；他在花园里养了稀有的花朵，而且当他没在剁那些从街上抓来的可怜人的手的时候，他会亲自编挂毯。"他是公正的。"人们说。

在看完这些之后，我们就不会对波拿巴的如下言论感到奇怪了："只有用最严酷的手段方能领导土耳其人；每天我在开罗街头都要砍掉五六个脑袋。我们先前采取怀柔政策是为了摆脱加在我们头上的恐怖名声。现在则相反，我们不得不采用这一手段来让他们服从；对他们来说，服从即恐惧。"[111] 波拿巴甚至确信东方人已经习惯了恐惧，导致不给他们一点惧怕的理由他们是不会服从的。应该让他们想起这种他们曾习以为常的感受，这样就能让他们"时刻谨记教训"。[112] 至于惩罚手段，法国人入乡随俗。杖刑用来惩罚一般的违法行为，因为这种日后让福楼拜大发了一通感慨的刑罚是当地最常用的一种。[113] 更严重的罪行则要砍头。至于女人——同样根据当地的习俗——则是装麻袋里扔进尼罗河。[114] 有一个村子起来反抗？"那就砍了反抗最强烈那些人的脑袋，"迪加建议说，"如果他们逃走了，就烧掉他们的房子。"[115] 如果他的一个副官在某个村子附近被杀害呢？那就烧了它："（如果负责行动的军官）能抓到当地的谢赫，他应该把他们送到开罗当人质。他还应纵兵劫掠这个村子，这样每家每户都不能幸免。"[116] 如果贝都因人拒绝服从呢？杀他们"五六百人"，这是唯一让"那些人"服从的方法。[117] 艾迪和汉纳迪部落还在继续搞抢劫和袭击怎么办？拿破仑派缪拉前去袭击他们的营地；他务必"夺走他们的骆驼、女人、孩子和老人，把他们带去开罗，带不走的就杀掉"。[118]

无论怎样，我们也不能从中得出法国人已经卖掉了他们的灵魂的结论。与吉扎尔那种人的事迹相比，法军的行径还缺少了一些关键因素：想象力、反复无常和艺术性。即便是在巴拉斯的引述中，我们也可以看到波拿巴在谨慎地避免让镇压发展成缺乏动机的暴力。一旦有人犯下了罪行，就有机动部队上门惩罚有犯罪嫌疑者，攻打贝都因人的营地或是放火烧村。树立典型总是重要的，要足够骇人，但也要有分寸。这样，一方面惯常的处罚能打消当地人继续反抗的念头，另一方面胜利者的宽厚又足够让他们反思，最后，遵从他们可能就成了两害取其轻的选择。波拿巴在这些地方的政策核心是将部落或村子的首领的重要之人扣作人质，以确保他们会与占领军保持良好关系。将军将这视为逐渐减少武力使用频率的最好方法："扣留人质是最好的方法。"[119] 他在给拉尼斯将军的信上如此写道。而且在给缪拉的信上说："与那些没交过人质的阿拉伯人达成任何协议都是无用的，是在浪费时间，而且以后的事仍不会得到解决……你要告诉他们，如果想与我们和平相处，就得交15个人质，向他们保证我们不会让人质受到任何伤害；如果没有人质，这些暴徒一有机会就会袭击尼罗河上的船只。"[120] 又在给拉纳的信上说："派人去抓巴拉德（al-balad）谢赫，把头领们扣作人质，并且让村民知道如果尼罗河上的船只遭到袭击，我们就会第一时间放火烧村并处死人质。"[121]

这些都取决于直觉和当时的环境。亚历山大的埃米尔库拉伊姆（Kurayyim）被处决了，而同样拿起武器反抗的曼萨拉（Menzaleh）的谢赫哈桑·图巴（Hassan Toubar）最后却被赦免了。[122] 尽管法军还在用严酷手段镇压反抗，但波拿巴拒绝对武力抗税的塔坦（Tantah）的居民发动反击，因为此地"备受穆斯林尊敬"。[123] 波拿巴曾夸口说自己每天都要砍三个头。[124] 但他言过其实了，而且他这么说只是为了预防将军们可能出现的心慈手软。而当他的将军们的行径反过来超出了他的命令或对局势缺乏判断时，他又会毫不犹豫地纠正他们。当他的下属忘记了"镇压行动"的目的是在埃及扶植一派至少会出于自身利益亲近法国的势力，而不是用盲目的暴力让埃及陷入一片死寂时，他会用最严厉的言辞斥责他们。他谴责严刑逼供，[125] 同样也指责扎永舍将军（Zayonchek）在没有充分理由的情况下就逮捕了默奴夫（Menouf）的迪万成员和当地的科普特行政长官，之后又同样无缘无故地把他们释放了：

> 我不喜欢你在科普特的行事方式；我的意图是展示给人们关爱与尊重……无论他们是否有罪，我都既不赞成你逮捕迪万成员，也不赞成你12小时后就把他们放了：这不是能安抚他们的方法。向你周围的人学习；遴选最适合的人担任职务；时不时地树立严厉而公正的典范，但要杜绝一切反复无常和冲动轻率的做法。[126]

克莱贝尔的做法和波拿巴没有什么不同。但是他们经常被人们拿来对比。前者被认为是仁慈的，而后者则被认为更为冷酷。当波拿巴得知了7月13日在亚历山大发生的暴动后，他让克莱贝尔去解除民众的武装，将罪犯斩首，夷平他们的房屋，扣留50名人质。[127] 实际上，克莱贝尔表现出了极大的仁慈。他认为暴动是由他的军队的暴行引起的，并斥责了他的部下。他逮捕并处死了那个重伤了一名法国士兵的人，但没有允许毁掉他的房子："希望这个典型能让穆斯林相信法国人的善意，我们是来把他们从马穆鲁克的奴役中解放出来，"他宣布，"我们只想与他们和平共处，保持良好和谐的关系，这需要两个民族的审慎和理性。"[128] 但是他也知道如何"冷酷无情"。当贝尔克·吉达（Berket Ghitas）的居民在阿瓦拉德·阿里（Awlad'Ali）的贝都因部落的帮助下，从尼罗河水渠引水时，"仁慈的"克莱贝尔给一支机动部队下达了命令（9月13日）：

> 你们要去贝尔克·吉达的村庄。你们要逮捕所有反对你们的人并且扣押女人、老人和孩子。所有参与此事的阿拉伯人要全部斩首……而且他们的头颅要插在矛上以警告路人，之后你们就放一把火把村子全烧掉。你们要知道这些无耻的寄生虫一心只想着把水渠里的水引走，不让它流到亚历山大。这一典型足以震慑运河周围的村镇。[129]

如果说克莱贝尔和波拿巴相互厌恶，那么也不是因为他们的镇压方式有所不同。

开罗暴乱

尽管埃及与意大利有如此大的区别，但在这里占领者的严苛需求同样也阻碍了法国政治目标的实现。像在意大利一样，资金短缺的问题尤其严重。维持军队可是很贵的——每个月要花130万法郎，而且像在意大利一样，波拿巴说他身边都是贼："我在这里急着用钱，身边又全是小偷。"[130] 这是他对克莱贝尔如此坦言道。从土伦和罗马带来的军费很快就见了底，到1798年9月，士兵已经被拖欠了两个月的饷，而且必定还会继续拖欠下去，因为到手的钱还要不断拿去支付更必要的开销。指令很明确：每个人都得为保证军队供应想办法。他们得采取比在意大利时更肆无忌惮、更不顾当地人死活的手段进行征收，强迫捐款，强行"借贷"（从来不会还），没收货物财产，甚至要求可能藏有钱财的犯人付赎金。当这些额外收入来源都被榨干、能抢的也都抢完了之后，就只能依靠经常税——即所谓的"米里"（miri）——来给士兵发饷了。[131] 但这是一个贫穷的国家，战争又使其经济陷入瘫痪，而这里的农民和世界各地的农民一样，都会把钱藏起来并且激烈地抵抗税吏，得费好一番功夫才能从他们手里撬出几个钱来。[132] 难以评价这些行为带来了多大的影响。能确定的是法国人遭到了普遍敌视，无论是出于宗教原因还是出于对税收的抗拒。尽管如此，这也因地点和社会群体的不同而不同。因税收产生的不满不仅仅针对法国人，也和往常一样针对科普特税吏；并且法国人对游牧部落发起的可怕战争在一定程度上维护了定居居民的利益。[133] 在财政状况因无数为了改善卫生和市容而颁布的政令极度恶化的首府开罗，局势紧张到了极点。

法国人忽视了最初的冲突。9月15日，当波拿巴前去拜访萨达特谢赫时，在大清真寺不远处遭到了敌意的嘘声："当时，波拿巴出来了……当他穿过人群时，人群冲着他喝倒彩还大声引用了《古兰经》的选段。波拿巴询问发生了什么，但没有被告知真相，别人告诉他人群在祝福他并为他欢呼。这是个可能会有严重后果的危急时刻。"[134] 这次警告后的第二天，法国人宣布即日起，不动产所有者要进行所有权登记并支付登记费。这不仅是一个新的财政收入来源，也是财产所有制体系的良好根基，使得"埃及的不动产所有权只是得到了政府的临时承认，在所有者死亡后政府可以给予续期或是收回，就像欧洲封建早期的封邑一样"："迪万认为这项措施是完全符合《古兰经》的词句和精神的，但这毫无用处，反而招致了广泛的不满。特权阶级认为这不过是又一项征税手段，而且在他们看来这简直是巧为掩饰的侮辱。"[135] 当天公布的针对商人和手工业者的经营许可证制度更不会让局面得到任何缓和。波拿巴还没有意识到他的这些措施已让有产者和那些要靠他们的施舍过活的穷人都永远地疏远了他，害怕动乱的有产者们至今仍保持着谨慎的中立态度。"当那些伊玛目看到他们在底层民众间散播的恨意已经传至上层社会之后，他们认为是时候号召真正的信徒发动一场圣战了。"[136] 10月16日公布的建筑税，最终成了冲突的导火线。

10月21日，波拿巴一早就离开了市区，前往旧开罗和鲁达（Rudah）岛视察防御工事的修建工程。和卫戍司令官迪皮伊一样，他对将要发生的事情毫无察觉，当他听说众多示威者正从清真寺向卡迪（奥斯曼的地方最高法官）的住所游行，还喊着"让真主把胜利赐予伊斯兰"时十分震惊。[137] 迪皮伊跨上马朝人群冲去。暴乱者多是艾兹哈尔的学生和城市贫民区的居民，以及盲从于艾兹哈尔谢赫的兄弟会成员，他们冲向迪皮伊，杀死了他。消息传得飞快，传说法国人的头目——谣传是波拿巴——死了。聚集的人越来越多，人们从城市的四面八方赶来支援。暴徒袭击了法国人和基督徒的房子，被围在馆内的法兰西学院的科学家们靠自己的勇气才得以保全了性命。得到消息的波拿巴火速赶回开罗。"石块如冰雹般向我们飞来，"一个跟随波拿巴的人说，"最后只能从布拉克门进入城市，我们发现市内的景象十分残酷：双方激烈交火，我们不断能看到尸体。"[138] 波拿巴命令邦将军接替迪皮伊，并动员所有能用的力量，由巴泰勒米·塞拉开始，他在那天表现出的勇气得到了所有法国人的钦佩。他没有试图进入由暴乱分子牢牢掌控的街区，而是先救助基督徒。他趁着夜色做好了反攻的准备，到了10月22日，在迪万中的谢赫们进行的调解失败后，要塞上布置的重炮向艾兹哈尔清真寺及邻近地区开火，暴乱分子已把这里变成了一座武装营地："炮击给居民造成了极大的恐慌，他们从未见过类似的景象，开始哭嚷，请求上苍把他们从这不幸的命运中拯救出来。暴徒们停火了；但法军还在开火。"[139] 大概到了夜里8点，在近8个小时的不间断炮击之后，波拿巴终于答应了迪万的要求，下令停火。他的军队重新占领了叛乱的街区，摧毁了街垒，开进了艾兹哈尔。雅巴提说：法国人"砸坏了灯具和学生的书桌；抢走了橱柜里所有能找到的东西；他们把《古兰经》和其他书籍扔到地上用靴子随意践踏。他们在清真寺撒尿吐痰，在里面喝酒，每个角落里都有他们扔下的碎瓶子"。[140] 我们无法确切地知道这两天的暴动究竟造成了多少伤亡：遇难的法国人可能在200人到300人之间，而埃及方面的遇难人数可能是他们的十倍左右。据说有约2 000名嫌疑犯被逮捕并被关进了要塞。其中有组建了一个"自卫迪万"的百余"伊玛目、穆安津、马格里布首领和各行各业的底层民众"和领导他们的萨达特谢赫。[141] 约10个"和法国不共戴天且主张使用暴力"的领导者，和那些在被抓到时还未放下武器的暴徒被一同处决。没有进行公开处刑，而是在要塞的高墙之后由行刑队执行了处决。斩首后的尸体被乘着夜色丢进了尼罗河，那些在11月3日被判死刑的谢赫们则被埋葬在一个秘密地点。[142] "这些该死的开罗人，"若弗鲁瓦·圣-伊莱尔满意地写道，"用惨痛的代价知道了谁才是世界的领导者。"[143] 然而很多法国人都认为，在行动中打死2 000人并处决100人还远远不够。波拿巴居然还赦免了众所周知的罪魁祸首萨达特？德农和他在学院的大多数朋友都难以平息怒火：

> 或许那些看见了法军撤退的人应该一个不留地全部处死，德农说，但在他们悔改之前法军就先给予了慈悲：这样复仇之火就不会被恐惧熄灭；我在第二天就从不满者的神情和态度中看出了这点；我觉得如果我们在之前（10月21日）是被一圈阿拉伯人围着，围成一个紧贴着我们的小小圈了，那么现在我们就是在敌人中穿行。只有少数叛徒被逮捕和惩处，而作为罪行庇护所的清真寺还被还了回去；我们的屈尊俯就只会助长罪犯的气焰：狂热情绪不会被恐惧摧毁；而波拿

巴无论面对什么样的危险，都不会改变他在这种处境下的宽宏：像他在之前尽力表现得令人恐惧一样，现在他又在尽可能地展现仁慈；过去已经被遗忘，而我们还在计算数不清的重大损失。[144]

事实上，波拿巴已经决定不再继续进行在收复城市后进行的处决，而且当忏悔的萨达特来亲吻他的手时，他又像平时一样接待了他。为何要让这个诡计多端却又广受尊敬的老人成为一个殉道者呢？当克莱贝尔对没有处死他表现出震惊时，波拿巴对他说："不，这些人和我们完全不同，习俗也不一样。他们需要领袖。我更希望他们的领袖是这样一个骑不上马提不起刀的老人，而不是穆拉德贝伊那样的人……这位无权老者的死不会给我们带来好处。"[145] 由于军官和科学家们看起来还愤恨难平，他在《埃及邮报》（Courrier de l'Égypte）上发表了声明。暴动，他说，是受了"宗教狂热分子"的蛊惑；尽管他们煽动了"部分民众"，还有"大部分民众"保持中立或忠于法国。

> 因此不分青红皂白地严厉处罚所有人是极端不公和冷酷的；这种冲动，可以让那些软弱怯懦的政府不能自拔，它们在风平浪静时就放松了对秩序的掌控，而且还将让人类成为恐惧的牺牲品，即便他们面对的只是最微不足道的危险。这不是法国人会做的事，他们生来就偏向于宽宏大量，而且又充满了勇气。法国人对付敌人时生龙活虎，但他们从不会被盲目的愤怒冲昏头脑。他们已看到了西班牙人和英国人在美洲和印度的前车之鉴，知道了他们的暴行得到了多么严重的惩罚。[146]

开罗的管理者已经尝到教训。死者已被掩埋，宗教礼拜又开始了，艾兹哈尔被还给了伊玛目和学生们，对于乌理玛号召人们投降的公告，波拿巴以组建新的政府会议回应。尼库拉·图尔克（Niqula al-Turk）以一首"波拿巴赞歌"庆贺事件的解决："走在法军前面的领袖，在战争中一往无前，在和平时慈悲为怀。他的名字让众王恐惧。国王们在战无不胜的波拿巴面前低下高贵的头颅，他就是战场上的雄狮。他的勇气左右着命运，荣耀的天国将在他面前降临。"[147]

消　遣

　　平静最终到来了，秩序也来得差不多了。暴动的挫败并未消除偏见和仇恨，但是已给予其沉重打击，现在法国占领军的敌人至少在几个月内是无法恢复元气了。波拿巴有3个月的时间——11月、12月和1799年1月——可以来从事政府工作。他给自己安排了一些消遣活动。这在之前是非常罕见的，尽管在开罗暴乱前他去过金字塔。他拿恐高的贝尔蒂埃寻开心，让他爬到胡夫金字塔的顶上，去看看他亲爱的情人有没有在那里等他；[148] 波拿巴自己登到塔顶后，仅是对蒙日说了一句"这些石头可以围着法国建一道3米高1米厚的城墙"。他也参加了士兵们热衷的共济会吗？我们没有这方面的证据，但是他可能被吸纳进了一个临时组建的苏格兰仪派共济会分会。[149] 之后，在1798年12月24日，他前往苏伊士寻找古运河的遗址。蒙日从未停止过赞颂波拿巴重建地中海和红海之间的联系的伟大功绩：

　　　　他手拿《圣经》穿过地峡，前去参观摩西泉；当他沿岸穿过海湾时，他差点被潮水卷走……这就解释了，他说，追杀希伯来人的法老军队的不幸遭遇，而希伯来人无疑是在退潮时穿过海湾的。他派工程师阿尔诺莱（Arnollet）和两个工兵军官乘一艘炮舰勘测海湾两岸，他向北勘测地峡；当找到那条古埃及运河的遗迹时，他兴奋地喊："蒙日，蒙日！我们就在运河里！"陪同的人分享了他的喜悦："我们找到了那著名的运河。"贝尔蒂埃炫耀地写道。我们从苏伊士湾顺着它走了5里格，而且我们在贝拉贝塞（Belbeis）也发现了遗迹。[150]

　　在开罗时他时常在学院露面，他是数学部的成员，12月16日他主持了数学部的创办仪式；晚上他在艾兹贝基（Ezbekieh）广场附近的一个马穆鲁克酋长新建成的豪宅中招待宾客。此处的花园中树荫掩蔽，喷泉潺潺，他还组织了一些舞会，由于他认为自己的婚姻已经完蛋了，他和其他人一样无所顾忌地享受着当地的美人。据说他身边有过几个切尔克斯奴隶女孩。他后来曾在和鲁斯塔姆谈笑时说起过那些"美丽的苏丹王妃"给他留下的美好回忆，事实上这些姑娘都被他送走了，他发现她们很胖而且话太多，后者对他来说非常重要。[151] 他可曾用拜克尔（al-Bakrî）谢赫的女儿扎依娜（Zaynab）排解妻子不忠带来的痛苦？我们无法断言，但在法国人走后，这个可怜的女人很可能因与占领者过从甚密而被处死。他最后也效仿了圣-伊莱尔，组建了临时的家庭，但他没有买黑人，而是把他的部下富雷斯（Fourès）中尉的妻子搞上了床。她叫波利娜，20岁，有着一头金色的长发，操着朗格多克口音。她曾是卡尔卡松的一个女帽商，换了男装跟随丈夫出征。波拿巴在11月底遇到了她。二人进展飞快，在12月17日，富雷斯中尉被派回巴黎执行重要任务，这对爱侣可不希望他尽快返回。很不幸，载着他的船被英国人截获了，可能是因为他看上去没什么价值，也可能是因为他们听说了总司令的风流韵事，英国人把他们的这位囚犯放回了埃及。波拿巴不得不采取更进一步的手段了。一位特派员宣布富雷斯夫妇二人离婚，并将此事进行了正式登记。我们不知道这位丈夫发生了什么，他看起来没有对他的不幸提出太多异议。[152] 至于波利娜，她又用回了本姓，变回了波利娜·贝利斯勒（Pauline Bellisle）——波拿巴称她"贝利洛特"（Bellilotte）——她渐渐习惯了自己作为总司令家里的主妇和"王妃"的角色。她成了司令部的女主人，她会冲那些忘记对她敬礼的卫兵发火，对仆人和副官颐指气使，而且她还会像对待丈夫一样挑弄波拿巴，后者倒是被她的玩笑逗得很开心并且喜欢她的好性格。他们之间认真了吗？他有没有承诺倘若她生了孩子他就和妻子离婚？[153] 布列纳说确有此事。"贝利洛特"不过是他妻子的倒影，他的白皮肤的"黑女人"，他可能从来没想过要带她一起回法国。波拿巴没有放弃近期返回土伦和法国的希望。他确信阿布基尔的灾难只是延缓了他的动身。[154] 大概也就是几个月，他焦急地等候着欧洲的消息，那是因为他担心回去太迟了。在

12月17日给督政府的信上他承认："我们还没有法国的消息……这是我们发自内心的需要，如果祖国的荣耀正需要着我们，我们将无法原谅自己的缺席。"[155] 但是当他1799年2月10日离开开罗时，并不是为了返回法国，而是为了穿过西奈（Sinai）半岛入侵叙利亚。

第19章
雅　法

　　阿布基尔海战给国际局势带来了突然而又彻底的改变。对于法国来说，它打破了许多幻想。三周前，塔列朗还说占领埃及能强化法国和奥斯曼的联盟。他认为法国将帮助土耳其从俄罗斯手中夺回克里米亚，而土耳其则在下一场对奥地利的战争中帮助法国。[1] 要不是这都写在一份阐述法国主要外交方向的报告上，我们肯定会嘲笑这些妄想。一个月后，这份文件中就没有哪怕一行字还派得上用场了。布吕埃斯上将的舰队全军覆没，而登陆爱尔兰的远征军已经投降。鉴于亚历山大的灾难和爱尔兰的失利、法国控制地中海梦想的破灭（英国威胁着马耳他，法军正准备撤向伊奥尼亚岛），以及那不勒斯人也再次武装起来向罗马进军，如今坎波福米奥和约已成了一纸空文，组建新的反法同盟的道路已经敞开。[2]

　　土耳其朝廷在春天就知道了法国对埃及的企图，并发出了警告：法国哪怕占领了埃及一个省，都意味着联盟的破裂，土耳其会与英国重归于好。有人认为，如果督政府在君士坦丁堡有一位代表"能够以它的名义进行谈判，将远征的起因和目的解释给土耳其的迪万，消除他们的疑虑并确保他们中立"，冲突就能够避免。[3] 自从1797年12月，大使奥贝尔-杜巴耶（Aubert-Dubayet）去世之后，法国在君士坦丁堡的代表就只剩下一位"非常了解东方问题"[4] 的吕芬（Ruffin）代办了。换个人去也不一定能比他做得更好。尽管如此，由于担心吕芬无法胜任，督政府决定派遣一位特使前往君士坦丁堡，而正如我们所见，塔列朗主动提出担任此职。[5]

人们对这位最后也未曾离开他在巴克街的家的部长的行为感到疑惑。波拿巴是否太过坚持让塔列朗许下诺言，而忽视了怎么让他履行诺言？还是他的确曾经有一段时间考虑过要离开法国？这也不是不可能的：五名督政每年都会换掉一名，卸任者按惯例将担任某部的部长。担心卸任的督政会青睐外交事务的塔列朗，届时可能会请求担任驻维也纳或君士坦丁堡大使；因此，他才向波拿巴做出了保证。但是卸任的督政弗朗索瓦·德·纳沙托（François de Neufchâteau）选择出任内政部长，塔列朗保住了他的位置。他不再有离开法国的理由了。就算他想走，督政府也无论如何都不会让他离开。与美国的关系愈发紧张，甚至有爆发战争的风险，而于恐怖时期曾在美国生活过的塔列朗被视为此问题的专家；因此，他在巴黎必不可少。代替他的驻土耳其大使德科尔什·德·圣-克鲁瓦（Descorches de Sainte-Croix）也没能成行。在阿布基尔的惨败后，他去了也没有什么意义了。8月12日，纳尔逊胜利的消息传到了君士坦丁堡，法国外交官和侨民遭到了拘禁。关系破裂了。9月9日，奥斯曼帝国对法宣战，并开始与英国和俄罗斯谈判。[6]

进攻叙利亚

正如我们所知，在开罗的波拿巴并没有意识到巴黎或君士坦丁堡正在发生什么。自从离开土伦他就再也没有收到过任何消息。他还信着塔列朗的保证么？不管怎样，几个月来他还坚持询问部长的任务进展，而且拒绝相信塔列朗放弃了他，8月22日他又给"法兰西共和国驻君士坦丁堡大使塔列朗阁下"写了信。[7]到了10月，他终于面对了现实：塔列朗没有履行诺言。[8]

君士坦丁堡方面，拿破仑很快就知道该如何应对。在他的《埃及和叙利亚战役》中，他认为若他能不辞辛劳地去一趟君士坦丁堡，那么他就会完成任务，因为谢里姆三世惧怕土耳其被俄罗斯支配，他并不真的想和法国决裂。拿破仑说，只要法国按规矩行事，苏丹已经准备放弃埃及了。谢里姆甚至向开罗派去了一位"内廷官员"。[9]这位"维齐尔的秘书"一直在亚历山大，直到9月3日才动身前往开罗。[10] 据说他已经与法国达成协议。但当这位土耳其人回到君士坦丁堡时，拿破仑说，奥斯曼已经决定了与法国断交，而且正准备与英国和俄国缔结盟约。[11]

波拿巴知道阿布基尔的惨败已给了法国计划的前景重重一击，这极大地降低了法国与土耳其朝廷达成共识的可能性。当他刚得知战况时，他写信给大维齐尔、麦加的谢里夫、大马士革和阿克的帕夏，让他们相信他想要和他们"和睦相处"。[12] 没有收到回复，他又派了两个特使到阿克：他们中的一个被吉扎尔拒之门外，另一个则被他割了喉。当第一道消息在9月7日抵达开罗时，波拿巴就明白了，想让苏丹认可法国对埃及的占领至少也是极其困难的。几天后，前文提到的奥斯曼特使来见他了，但阿布基尔海战使得他在离开君士坦丁堡时接到的命令变得完全过时了。

波拿巴收到了奥斯曼的几份敌对声明，而且在10月，土耳其的军舰炮轰了亚历山大。他现在不再有疑虑。但是，他还尽力尝试着与奥斯曼的领导人取得联系。11月9日，他写信给大维齐尔："我在这第三封信上重复，让您的陛下知晓法兰西共和国意在与你们尊贵的朝廷和睦相处"。[13] 但他已意识到他不久就要进行三线作战了：内部，与残留的马穆鲁克军队作战，他们受到了阿布基尔海战的鼓舞，并拒绝了他的和平提议；对外，和英国作战，却没有一支能够与之匹敌的舰队；最后还有土耳其人。然而他不可能得到任何增援，面对骤然恶化的欧洲局势，督政府已经决定让远征军自生自灭："想必你能够理解，"其在1798年11月4日给波拿巴的信上写道，"由于英国和俄罗斯对地中海的控制，我们将很难与你建立定期联系或是给你送去增援和物资……所以，你应该在至少一段时间内自给自足。"[14] 波拿巴在6个月后才收到这封信，但他早已知道自己身处险境。他的苏伊士之旅——1799年1月6日才返回——也没有改变他的主意。正相反；在那里，在红海之滨，他得知了奥斯曼正准备反攻埃及，一支军队走陆路——前锋已经抵达西奈半岛的阿里什（El-Arish）——另一支则走海路。他不能再耽误了。然而，他的处境是有利于防守的：通过在开罗发号施令，德塞与上埃及达成了和解——有报告说穆拉德贝伊已死[15]——而且这个方向似乎不会有进攻，因为印度的蒂普苏丹和阿富汗的领袖扎哈玛（Zahman）沙阿正在向德里前进，牵制了英军的力量。他决定进军叙利亚。在离开西奈半岛的前夜，波拿巴给督政府写了封信解释他的决定：

> 我有三个目标：第一，在沙漠的另一端建立一座要塞以确保对埃及的占领，阻止想要接近埃及的各族军队，以防他们和可能在埃及海岸登陆的欧洲军队会合；第二，迫使土耳其朝廷给我们一个交代……第三，用冬季留给我的最后两个月，无论通过战争还是谈判，都要把整条海岸线掌控在我们手里，让英国海军无法从叙利亚（在雅法和阿克）获得粮草。[16]

波拿巴还有更为野心勃勃的目标。他在《埃及与叙利亚战役》中提出过从大马士革一路前往印度河的计划，计划非常详细，甚至连出发日期"1799年秋季"都写出来了，这样在1800年春季就能与英国的敌人"锡克人和马拉地人"会合。拿破仑称他可以在撒哈拉沙漠以南的非洲、叙利亚和黎巴嫩轻松招募到必要的4万兵力。土耳其宫廷的敌对行动必然会被此番广泛的行动耽搁。计划是先击溃土耳其的前锋，占领阿克，武装叙利亚的基督徒，并煽动德鲁兹派和马龙派（Maronite）教徒起义，他能从中获得巨大利益，在1799年6月成为大马士革的主人，并在"1800年3月到达印度河畔"。[17] 后来少有历史学家相信这番话。[18] 他欣欣然沉迷于这些幻想，是否是因为阿布基尔的惨败局限了他的视野？布列纳说他还有另一番计划：他已不打算穿过波斯到达印度，而是准备向君士坦丁堡进军，之后经维也纳返回法国：

> 我将唤起并武装所有叙利亚人……我将向大马士革和阿勒颇行进。在我穿过这个国家时，对政府不满的人都会加入我的军队。我向人民宣布废除奴隶制并推翻帕夏政权。我将带着大批武装了的群众进入君士坦丁堡。推翻土耳其帝国后，我将在东方建立一个新的伟大帝国，在子孙后代中传承我的王位。在我摧毁奥地利王室后，

我可以经哈德良堡（Andrinople）和维也纳返回巴黎。[19]

他认真的？可能。毕竟，在三年之前，谁能想象这个年轻的炮兵将军不久将会统治埃及？没人知道自己有朝一日会不会被卷入他的计划之中，即便是回头再看时会发现那只是空想。波拿巴自己也不知道天命会把他带往何处。他开始学习亚洲地理，就像在离开巴黎前仔细研读埃及的地图一样。之前还认为法国登陆埃及是无稽之谈的英国，现在却相信波拿巴无所不能；忘记了阿布基尔，他们担心波拿巴离开开罗后可能会去加尔各答。[20] 对波拿巴而言，在离开巴黎前显然他提及过这次远征，督政府在1798年11月4日的指令中有所暗示，指令表明政府无法帮助东方军团，还给了它的领导人三个选择："留在埃及，建立政权，确保不会被土耳其人进攻……开进印度……最后，向君士坦丁堡前进，直面威胁你的敌人。"[21] 这番内容可能会有另一番猜想：11月19日报纸上刊登了一篇奇怪的文章，沃尔内试图解释波拿巴要做什么。向印度进发？沃尔内认为这是不可能的，而且也没有意义：舰队已经被摧毁了，印度路途遥远，而且征服那里也不足以毁灭英国：

> 他不会在冬季离开埃及，而如果他打算春季出发，目的地也不会是印度。他无法从海路前往印度，因为他缺船，而且敌人早就得到了消息已经有了防备。陆路同样艰难，因为要经过幼发拉底河、波斯沙漠和印度河，连阿拉伯大篷车队都无法走完全程，何况生活在更凉爽的地区的法国军队。即便他能抵达印度，他也不会去，因为目前的事态已经完全改变了他的处境。阿布基尔海战、苏丹的宣战，以及俄国势力进入了地中海，他们与英国的联盟将把土耳其舰队和君士坦丁堡收入囊中，这让波拿巴不得不面对一个全新的局面。[22]

另一方面，他很容易想象波拿巴如何从土耳其返回欧洲："战争的舞台必然还是要回到欧洲，"波拿巴对他说过，"而且自土耳其人在君士坦丁堡升起他们的旗帜以来，我就想把这座城市从他们手中夺回来。"他想象着波拿巴在沿途唤起阿拉伯人、德鲁兹派教徒、马龙派教徒、库尔德人、亚美尼亚人甚至波斯人的起义后，在骑兵的簇拥下如同一阵疾风进入土耳其的首都。他看到了波拿巴渡过博斯普鲁斯海峡，解放波兰并铲除了控制希腊的穆斯林，他向东可以威胁俄国，向西则能进逼奥地利，最后迫使欧洲大陆与英国断交。[23] 这种说法是非常奇特的，甚至充满了预见性，因为皇帝在1809—1810年的大陆政策几乎和沃尔内在其10年之前的想象没有多大差别。但是就目前局势而言，沃尔内忽视了一个关键因素，那就是他这番推测的中心人物波拿巴：他进入巴勒斯坦时只带了1.3万人——尽管都是精锐部队。[24] 他既没有认真考虑过进攻印度的英国人也没有打算占领君士坦丁堡，证据就是他的来往信件中没有提到任何此类计划。他在1799年2月10日给督政府的信我们已经引用过了。几天前，他在给德塞的信上提到，他的目标只是"将易卜拉欣贝伊从埃及的其他地区赶出去，驱散集结在吉萨的军队，让吉扎尔为之前的行为付出代价"。[25] 4月8日，在圣-让·阿克城下他再次对马尔蒙说起了他的打算："下个月，我们就能完成叙利亚行动返回埃及。"[26] 叙利亚是他的唯一目标，这就是证据。[27] 他只想通过这次武装示威，迫使奥斯曼和他谈判。他可能还有另一个目的：惩罚阿克的帕夏吉扎尔。他后来说，吉扎尔曾派人到开罗暗杀他，多亏了迪万成员们的警觉他才逃过一劫。[28] 这也是他在备战的同时派特使到君士坦丁堡的原因。特使是天文学家博尚（Beauchamp），他应该是去要求释放关押的法国公民，并提醒苏丹法国并非带着敌意来到埃及，正相反，它是为了"惩罚马穆鲁克人和英国人，并防止奥斯曼帝国被两大帝国（俄罗斯和奥地利）瓜分"。特使还被允许提及当那两个国家放弃"瓜分欧洲的土耳其"时法国就会离开。[29] 波拿巴还相信能够达成共识么？博尚在波拿巴出发前往叙利亚的同天离开亚历山大。特使一去便音讯全无；他被英国人抓了，移交给了土耳其人，惨遭关押。

还有另一个理由让他选择了只进行一场局部战役。他想在夏季之前回到开罗，这样他既可以击退登陆的来犯之敌（登陆行动不大可能发生在冬季），也可以在欧洲战火重燃时返回法国。10月，他就已经告诉过督政府，如果得知了"欧洲大陆还没有实现和平，"他"将即刻返回"。[30] 实际上自他抵达开罗以后，他刚刚第一次收到了关于法国的消息。当他准备回到军中时，得知两个法国商人从的里雅斯特经过三个月的旅途来到了此处。波拿巴和其中一位很熟：罗曼·阿默兰（Romain Hamelin），在意大利的前战争代表，约瑟芬的一个朋友。他在2月8日接见了他。阿默兰是10月出发的，他知道的都是偶然在停靠港听来的消息：那不勒斯人正向罗马前进，而科孚岛正被俄土联军封锁。[31] 法国已经与那不勒斯、俄罗斯和土耳其开战了吗？阿默兰的报告不是非常准确，还有错误。[32] 谈话那天之后，波拿巴自信地对马尔蒙说："阿默兰公民是昨天到的；他道听途说的消息有很多矛盾，我不是很信他带来的消息。"[33] 无论怎样，他用密码给督政府去信："如果，阿默兰公民的消息在3月得到了确认，法国已经和那些君主开战了，那么我就将返回法国。"[34] 第二天，把指挥权交给迪加将军后，他动身与2月6日开始向西奈半岛进发的军队会合。

穿过西奈半岛

他们行军的速度很快：仅三天就从西向东穿过了西奈半岛，抵达了阿里什，这是通往巴勒斯坦路上的第一处奥斯曼军阵地。前锋走得太快，以至于指挥官雷尼耶将军都看不到跟在后面的克莱贝尔师了，这个师到2月14日才到。雷尼耶认为自己已有充足的兵力，不等主力抵达便下令进攻敌人要塞外围的工事。进攻者击溃了奥斯曼军。雷尼耶的积极行动使得法军不再面临侧翼被进攻和补给被切断的威胁；现在要做的就是攻下这个早晚要投降的要塞，尽快进入巴勒斯坦。但是，2月17日抵达的波拿巴责备了雷尼耶，指责他使部下陷入无意义的危险中。他不喜欢雷尼耶，这位莫罗的前参谋长是在德塞的推荐下才得以加入远征军的。他更不喜欢在2月14日支持雷尼耶进攻的克莱贝尔。自在亚历山大登陆以来，他与将军们本来就不怎么样的关系在不断恶化。决定入侵叙利亚更加疏远了他们；大部分高层军官都不明白波拿巴为什么坚持入侵叙利亚而不是返回法国。克莱贝尔对长官的不满不是没有理由的。他永远不会原谅7月波拿巴派他掌管亚历山大的事，在他看来这是"流放"和耻辱。难道他的首要身份不是战士吗？他拒绝成为一个官僚！而且，他很快就发现了这个任务有多费力不讨好：波拿巴没有给他留下任何指令，更糟的是他缺少资金。他请求钱款和命令的无数信件与他要求调任的信件一样没有得到任何回复。最后拿破仑终于不耐烦了，他指责克莱贝尔把事情搞得一团糟，并提醒他要像其他人一样服从命令。[35] 这位阿尔萨斯人不为那个科西嘉人所动，尖刻地回复道："你忘记了，在你写那封信时，你手中握着历史的凿子，你忘记了你是在给克莱贝尔写信。"然后他就摔上了门。[36] 波拿巴装作对此番"误解"深表遗憾，但并没有原谅此事。[37] 只要是曾对他有过哪怕最小的恩惠的人，他都会宽恕对方的一切错误，但对于那些在他看来欺骗过他的军人，他总是会怀恨在心（他对民间人士过于鄙夷，以至于不屑记恨对方）。开罗暴乱促使他们和解，但也只是表面上。在他在圣赫勒拿岛上所写的私人笔记中，他言不由衷地为他的下属说了些好话，在"军中最英俊的男人"[38] 的褒奖下隐藏着的是对他诚实和才能的暗讽。[39] 克莱贝尔在给朋友的信上和在他从不离身的笔记本中也表达了他的观点，对这个他每天都能看到的"所谓的"伟人，他的观点更为鲜明：

> 在18岁的时候，他就认为自己是个伟人；通常这种情况下，很少有人能真的成为伟大人物。有些人以自己的成就自夸，但若仔细考察他们是如何取得这些成就的，他们就会变得一钱不值，波拿巴正是其中之一。蒂雷纳是与那个时代最伟大的将军蒙特库科利（Montecuculli）作战才赢得了他的荣誉。而波拿巴则是通过与奥地利最不堪一击的将军作战而收获名声……他受人爱戴？怎么可能？他也不喜欢任何人；但是他觉得他用晋升和奖励培植的走狗可以弥补这个问题……他对组织与行政工作一窍不通，但他想要掌管一切，在这方面无所不抓。结果必然是无序，浪费一切；而且彻底不称职，种种丑行不一而足。从不制定计划，总是冲动行事，只知道处理眼下的问题。他声称自己相信必然的命运。

然而，在这之后他又坦言道："那么，他最杰出的品质为何？毕竟，他是个卓尔不群的人。那就是他敢于一再发起挑战,在这方面甚至到了有勇无谋的程度。"[40] 波拿巴是否害怕克莱贝尔,怕他的直言不讳,他的怒火,和他在军中的影响力?在阿里什时,他事实上不敢攻击这个阿尔萨斯人,而是责骂了雷尼耶。但是后者可能受了克莱贝尔的鼓励,发起了反击;他甚至还把回应写了下来。[41] 波拿巴担心发生争吵而不愿意回应,但他把雷尼耶从前锋调到后卫以示惩罚。这番争吵对日后的合作不是个好兆头。大多数参与此次冒险的将军都怀疑它是否成功,士兵也是如此,他们已经放弃了回国的希望,因此无论面对威胁到他们的危险时,还是被强令付出牺牲时,他们都表现得漠不关心。几天后,克莱贝尔师因为缺水哗变,但波拿巴却怀疑是克莱贝尔煽动了士兵,他难以自控。他爆发了:"你们哗变也于事无补!"他吼道,"你们还不如把脑袋埋到沙子里,哪怕光荣战死也好过让部队陷入混乱!"[42]

阿里什的争吵让每个人都心有芥蒂。雷尼耶骂骂咧咧地加入了后卫部队,波拿巴现在则担心他的将军们会背着他搞阴谋,放弃了不等阿里什要塞陷落就先进行下一步行动的方案;他决定与其围攻一个可以支撑许久的要塞,不如给守军宽大的条件换取他们投降。他建议土耳其指挥官带着他的人到埃及,在那里他们可以选择返回土耳其的任何港口,只要那个港口不在叙利亚。他还保证可以让30名主要军官保留他们的武器,甚至可以允许守军在发誓不再与法军作战后撤回叙利亚。[43] 在土耳其指挥官拒绝了法国人的要求后,法军炮兵就位,开始炮击要塞,而波拿巴给他们送去了最后通牒:只要守军交出要塞,放下武器——可以有30名军官保留自己的武器——并保证不再加入这场战争,他们就可以撤回埃及或巴格达。[44] 2月20日夜里要塞守军投降:

> 我们同意交出阿里什要塞;我们将穿过沙漠前往巴格达。我们把要塞将军的名单送至您处,他们向您起誓,自己及军队都不再为吉扎尔效命,自今日起一年内不会踏入叙利亚。我们将会从您这里获得通行证和旗帜。我们将留下要塞内所有的物资。[45]

那么法国人食言了吗？亨利·洛朗斯（Henry Laurens）认为他们解除1 100名要塞守军的武装破坏了协议。[46] 但这在降书已有规定。但他没有提到法军将守军中的几百名马格里布人强征入军队，以及将埃及出身的士兵遣送回国，这都被奥斯曼人视作是对协议的违背。[47] 战败者撤出了要塞，但一返回叙利亚，他们就违背了誓言加入了在雅法的吉扎尔军队。[48] 他们真的打算停止战斗吗？无论如何，他们有的选吗？至于那些被征入法军的人，没多久就当了逃兵。

控制了关键的阿里什要塞后，波拿巴继续行进，离开非洲，进入了亚洲。景色变了：西奈半岛的沙石沙漠被更吸引人的地平线占据，就像波拿巴说的，随着接近加沙（Gaza）人们会认为自己回到了贝济耶（Béziers）（但他从来没有去过）。[49] 气候也变了：现在这里开始下大雨，昼夜不停歇。天色暗沉，狂风使海浪如"山一般高"。[50] 天气很冷，烂泥没过膝盖，马匹和骆驼成批成批地死去。2月24日，他们通过一场小战斗就拿下了加沙，在那里找到了大量的面粉和食物。直到2月28日，法军出了加沙雨还没有停。在经过拉姆拉（Ramla）——通往雅法的道路上——时，他们再次发现了大量土耳其人留下的物资。景色也不再是像朗格多克那样的山地，而变成了"覆盖流沙的大平原"（"一片泥湖"，一个士兵说），[51] 人和动物向前挪动都非常困难，军队还总是受到"阿拉伯分队"的骚扰。[52] 3月3日，克莱贝尔和缪拉的部队终于看到了在海边一片"绿意盎然"中的雅法的小防御港。[53]

这座大多数人口都是基督徒的城市，是去往阿克的重要中转站：如果敌人占领了它，他们就可以把军队带到法国后卫的后方。如果法国想要保持与埃及的联络并获得增援，就一定要控制该城。此外，波拿巴还要在雅法会见佩雷上将，他用3艘从阿布基尔的灾难中逃出来的船运来了围攻圣-让·阿克所需的大量设备。雅法城建在一座形似方糖的陡峭山丘上，城的最高处有一个小城堡，四周没有护城河，只有像"花园院墙"（沃尔内语）[54] 一样的4米高不到1米厚的带有雉堞的城墙。城市由几千名装备精良的土耳其士兵守卫，尽管他们做了多次英勇的突围，但他们无法阻止法军的占领。3月7日，守军拒绝放下武器，而城墙被打开了一个缺口，法军冲了进去。

屠 杀

城郊种植着无花果树、杏树、扁桃树，树荫下是成片的酿酒葡萄，但它们正受着风暴侵袭，这里将上演整个埃及战役中最不幸的插曲。在一番苦战之后，"拉纳师……进入了街道，屠杀了每个试图阻止他们的人"。同时，邦将军的师也到达了港口："整支军队带着难以形容的怒气冲入了城市。"[55] 在场的数学家马吕记录了当时的情景：

> 士兵们屠杀男人、女人、老人、小孩、基督徒、土耳其人；只要是长着人脸的都成了他们怒火的牺牲品。屠杀的咆哮，冲破的房门，战火中倾倒的房屋，女人的尖叫，丈夫和孩子在地上翻滚，女儿在母亲的尸体上被强暴，尸体衣服上火苗升起的烟，血液的味道，伤者的哀嚎，胜利者争夺战利品的争吵，士兵对绝望的呼喊回以怒吼和加倍的殴打……降临到这座城市的悲惨景象直到夜晚才停止。[56]

罗班（Robin）将军甚至拔刀砍向他的士兵来阻止他们。[57] "最后，屠杀停止了；胜利者杀累了……累得要死，疲于劫掠，他们就躺在牺牲者的血泊中睡下。"[58] 幸存的大约3 000名奥斯曼守军躲进了要塞里，拒绝出来除非法军保证不会杀死他们。法国人同意了，但是在商谈投降事宜时，土耳其指挥官阿卜杜拉将军拒绝投降，还砍掉了使者的脑袋。[59] 是前去与土耳其军谈判的两个副官，欧仁和克鲁瓦齐耶，违背命令宽恕了这3 000人吗？[60] 当波拿巴看到长长的俘虏队伍被带到眼前时，狂怒不止："他们想让我怎么处理？"他大声喊叫着，"是让我养着他们？还是用船把他们运到埃及或法国？他们都他妈干了啥！"他痛骂了他的副官，而当他们试图以他要求他们"减少杀戮"为自己辩解时，他的回应是："是的！当然！是对那些女人，老人，和平的居民，不是这些武装的士兵；这些可怜虫就应该处死，不用带来给我。"[61] 根据布列纳的说法，之后波拿巴召集了一些人商讨如何处理此事。[62] 他们认真商议了吗？ 看上去不像。贝尔蒂埃大着胆子建议宽恕他们，波拿巴建议他离开军队加入修道院。[63] 他显然咨询了在雅法的将军，但决定还是他自己做的。师长们的报告也很沉重：他们指出军队无法供养这么多的人而且士兵们对这些逃过"他们合法杀戮，因战争法而终止的报复下"的幸存者充满敌意。但是，真正的问题不在此处：波拿巴已经答应宽恕这些战俘，当然这违背了他的本意，他的副官曲解了命令，但是既然他们以他的名义保证了，那就等于他做出了承诺。不可能无视。怎么办？他思考了很久，之后，权衡了多方观点后，他叫来贝尔蒂埃给他下了令：

> 将军公民，你去叫来土耳其炮兵上校；向他询问20个主要炮兵军官的名字；把他们带去已经去开罗的那个营驻守的村子。他们将被扣押在那里等候进一步命令。在他们走了后，你就命令你当值的参谋上校把其他炮手和在雅法抓到的抵抗者带到海边，枪决他们，注意提防不要让任何人逃掉。[64]

执行命令花了3天时间。800名土耳其人——实际上大多数人来自阿尔巴尼亚——在3月8日被枪决，600人在第二天，剩下的1 000多人是第三天解决的。[65] 进展不是很顺利；布瓦耶（Boyer）参谋上校拒绝执行行刑命令，贝尔蒂埃不得不亲自干涉，最后指挥第32团的达马尼亚克（D'armagnac）上校接受了这项工作。[66] 在这同一片海滩，夏多布里昂后来看到了"欧洲来的第一只海燕掠过了这悲哀的大地"[67]，雅克-弗朗索瓦·米奥目睹了屠杀：

> 战俘们从雅法出来，被邦将军的营方阵围着……这些土耳其人，杂乱地挪动着步子，他们已经预见了自己的命运；他们没有流泪，也没有哭喊，顺从地走着。一些受了伤的人走不快，在路上就被刺刀杀死……他们最后到达雅法西南的沙丘，在一个泛黄的水塘边停下。之后，军官下令将战俘分成几个小组，被分去不同的地方

枪决。这可怕的行动持续了很长时间，尽管军队参与了这可怕的杀戮，但他们只不过是带着极大的不情愿顺从那些需要借用他们力量的人……最后，没有一个战俘能够离开那个水塘。我们的士兵子弹用尽了；他们不得不用上刺刀和马刀。我不敢看这那可怕的景象；我逃跑了，面色苍白头晕目眩。夜里，一些军官告诉了我那些不幸的人，迫于本能祈求行刑者不要杀他们，甚至在得知无法幸免后，张开手臂前仆后继地向前冲来，以求子弹直奔心脏结束他们悲惨的生命。可以说，死尸堆积成了一座可怕的金字塔，濒死之人还在汩汩地流着血，死者的尸体则被挪走，给那些还在堡垒里的不幸者腾出陈尸之地。这番描述是真实的，单是回忆就使我双手战栗，无法描述这恐怖景象的全貌。[68]

没人能否认这是波拿巴一生中做过的最残酷的事之一。[69] 根据波拿巴的解释，能否将其视为犯罪还不好说："战争如同政治，即便是天理不容的罪恶，在极度必要的情况下也是可以被原谅的：除此之外才是犯罪。"[70]

大部分军人都支持这次处决，他们援引了"战争法"，但在试图给予国际关系以普遍的规则和惯例的万民法中，对此可没有像他们说的那么清晰的规定。让我们依据这部18世纪广为流传的瓦泰勒（Vattel）的著作来探讨这个问题。[71] 这位哲学家承认，在战争中，法律是必需品。一个进行"正义"战争的国家可以用任何手段解除敌人的武装，如果必要就杀了他们。但这一原则也受到限制：杀死敌人，瓦泰勒解释说，只能在作战时，永远不要在他们"已经放下武器"时。波拿巴的辩护者反驳称雅法的人不是那种情况的敌人，因为他们拒绝放下武器，甚至杀害了去和谈的特使。可能就是因为这一点，雅法守军成了瓦泰勒口中的特例："但是，有一种情况人们可以不宽恕已经投降的敌人……就是当敌人的罪行已经极大违背了万民法，特别是当他们也违背了战争法时。"[72] 但在启蒙时代的思想家们的设想中，不存在为了惩罚军队的最高领袖，就要以服从上级命令的罪名将普通士兵一并处死的情况。[73] 因此大屠杀最终还是不可宽恕的？

在逼迫阿里什指挥官投降时，波拿巴也沿用了同样的战争法，他写道"这些人中，被攻克的城市的守军必须死"。[74] 这条不成文的战争法准许处死那些唯一罪名就是服从命令、履行职责的士兵吗？瓦泰勒说并非如此，但在这方面，他走在时代前列。他意识到了这点，说"所谓的战争律法"准许的对守军的屠杀并非"完全无限制的"。[75] 证据就是我们刚引用过的给阿里什指挥官的信。还有其他的？立法议会在1792年7月组织了关于要塞抵抗与投降的辩论，那些无法设想自由国家的士兵会不战而降的代表，希望立法禁止要塞守军在"防线崩溃之前"投降，违者一律处死；几位发言者指出，这条法律只应在要塞内部有居民和守军的避难场所时适用，因为"每当要塞被攻占时，战争的法则会将守军和全部居民一起置于死地"。[76] 一位发言者——卡诺的兄弟——甚至引用了1747年贝亨奥普佐姆（Bergen-op-Zoom）和1789年奥恰科夫（Ochakov）的不幸案例。[77]

想要保障抵抗者权利的瓦泰勒，还是给他试图推广的法规上加了一个特例，这看上去就是预言了雅法之事：

> 当战俘太多军队养不起时，或者无法看住他们时，人们是否有权处死他们？或者必须冒着被他们在别的战场反攻的风险把他们送回去给敌人增加兵力？今天，这个问题不再是难事：这些战俘要发誓在一段时间或直到战争结束之后都不再拿起武器，之后他们便可以被释放。[78]

在夺下阿里什之后波拿巴选择了宽恕，在战俘保证不经过雅法或阿克返回大马士革后，他释放了他们。但是占领雅法那天，有几百名守军被认为是在阿里什发过誓的人，他们转过头来加强雅法的守卫。他们绝对不会被原谅第二次："这些人会马上就到那个阿克帕夏那里去，"据说波拿巴是这样对布列纳说的，"或者去纳布卢斯（Naplouse）山区，对我军后卫和右侧造成严重威胁，用我们留给他们的命杀掉我们。"如果放了他们太莽撞，那采用另一种方案，把他们带回埃及呢？波拿巴反对这个方案：他允许了500名从埃及来的土耳其军回去，一个营就能护送他们到吉萨，有40匹骆驼就足够走完剩下的路。但是根本不可能遣送这3 000名战俘回埃及。如果前者不想抵抗——他们将要回家——那么大多数来自阿尔巴尼亚的后者呢？那么，多少人会被送走呢？还是必须要走陆路，因为没有多余的船，而且大海也不再任其来往。一个目击者坚称波拿巴意识到无法运送这么多人时，才同意杀了他们。[79]但是，有人会说，既然无法释放也无法遣返，为什么不能把他们并进法军？这根本难以完成；很难想象法军会信任这些刚刚违背誓言的"战友"。以及也不知道该怎么养他们。最反对波拿巴行为的伯努瓦－梅尚（Benoist-Méchin）指出，在吉萨和拉姆拉都找到了大量粮食，那现在雅法：有不少于40万份口粮和2 000担*大米。[80]他认为这足够养活战俘们。但是如果法国人找到过食品补给，不代表他们总能找到，而且更严重的问题是波拿巴不怎么在意补给。最后，还有卫生问题。3月6日，已经报告有3个人死于瘟疫了；第二天又有5个，第三天6个……[81]瘟疫的出现并不是意外：它在去年秋季就开始在尼罗河三角洲肆虐，而且已经至少杀死了200人。[82]雅法街道和堡垒中堆积的尸体，显然加快了瘟疫的传播。再多3 000名战俘显然不会让局面有任何好转。如果波拿巴读过瓦泰勒，他就会援引另一段落证明自己处置这些战俘的合法性："当我军与投降的敌人的安全不可兼得时，我们别无选择。"[83]没有足够的食物，士兵又少，没船，不守承诺的敌人，开始出现的流行病——在他看来，这些足够打消他对承诺的顾虑。[84]那些背弃了在阿里什发下的誓言的士兵就是他最有力的论据。他认为他能从雅法发过誓的这些人的行为中推测出战俘们还会做同样的事，惩罚他们，不是因为他们的罪责而是为了预防犯罪。马尔蒙在回忆录里坚称，波拿巴作为军队领袖的第一职责就是保护军队；作为将军，己方一名士兵的鲜血对他来说比"数千敌人的性命"还要重要。道德谴责？"这是虚假的慈悲。"马尔蒙回应道。"廉价的多愁善感！"[85]司汤达补充道。对雅法大屠杀的辩护中，最让人信服的说法是，在当时的情况下，波拿巴就像是军队的"父亲"，这适用于古罗马格言"人民的福祉方为最高的律法"（Salus populi suprema lex esto）：

---

* 1担=100法斤。——译者注

　　为了拯救军队，使其免于必死的境地，或是落入毫无怜悯之心的蛮族之手，将军有权力处死战俘吗？罗马人对此不会有任何疑问……当然这种必要性一定要清晰而且急迫，无法否认，雅法就是这种急迫境况。释放发过誓的战俘并非明智之举。[86]

　　大多数同时代的人都认为雅法是"可怖的必要之举"。[87]但是将军处死战俘并非仅仅是因为担心释放他们会增加敌人的兵力，埃及战役的暴力和敌人的冷酷，让他和他身边的人习惯了简单粗暴的解决手段。即便波拿巴试图克制暴力，在埃及的法国人，包括他们的同胞，似乎很可能无法将眼下生活与他们在欧洲形成的价值观保持一致。一些人指责波拿巴，甚至在叙利亚战役之前，就绞死过已经有鼠疫迹象的士兵。[88]另一些人说对战俘的屠杀不是雅法的唯一暴行：波拿巴据说还处决了一些数量不明的女人，她们是士兵暴力抢来带到营地的和通过非法贸易渠道买来的。我们不知道这个说法是不是真的，但是一些人说，看到这些不幸的女人造成的大混乱，他决定用最简单的方式再次消除了这些骚乱。[89]

　　但是让我们回看雅法的战俘。处死他们不单单是因为"这更方便"，也是为了"散播影响"。[90]波拿巴希望将恐怖散播出去阻止敌人进一步抵抗。雅法的屠杀也是发给阿克守军的信号："放下武器，不然必死无疑。"所有的一切，波拿巴都确信他是在入乡随俗。这些行为不乏先例。马穆鲁克头领阿布·达哈卜在暗杀了他的前保护人阿里贝伊之后，试图攻占叙利亚。他在经过了40多天的围城攻破雅法之后，不是下令屠杀了城中的守军和百姓吗？[91]雅法的血迹尚未干透，波拿巴就在3月9日给吉萨、拉姆拉和雅法百姓的公告中传递了同样的信息：

　　你们必须知道任何人类对我的反抗都是无用的，我做的一切都会成功。那些宣布是我朋友的人将会繁荣。那些宣布是我敌人的人将会毁灭。雅法和吉萨的例子会让你们明白，我对敌人是恐怖的，对朋友是仁慈的，对穷苦人特别宽容和慈爱。[92]

恐怖策略并非东方特产，波拿巴可以从欧洲早期的历史中获得启发，即便回溯路易十四时期的战争也能找到与雅法相同的例子。例如卢森堡元帅在荷兰的斯瓦默丹（Swammerdam）和博德格拉夫（Bodegrave）的大屠杀，他在1672年将它们从地图上抹去了，雅法屠杀某种程度上也是同样冷酷的例子。[93] 它达到目的了吗？很难说。在阿克，雅法的屠杀激起了守军的反抗，他们宁愿冒着"可能"会死的危险奋战到最后，也不愿投降迎接"必死"的命运。[94] 另一方面，几个月后的阿布基尔，同样的恐惧让土耳其士兵为躲避法国人跳进了大海，帮助波拿巴取得了一场胜利。[95]

最后，雅法大屠杀还有更为深远的影响。不管出于何种必要性，这次的大屠杀显示了波拿巴有这种手段。他的手并未因下令屠杀战俘而颤抖。他很清楚，不应该有任何顾虑，在他认为必要的流血前不能畏缩。也许我们应该看到这次的恐怖插曲使他在日后用温和的手段治理法国。他不再需要展现他的残酷，雅法的记忆足够让他的反对者和敌人缴械投降。

展现神迹的将军

3月11日，处决战俘的第二天，波拿巴看望了仍被军医拉雷称为"流行病"患者的士兵。[96] 随着每天的人数增长，他们被集中到了一个由修道院改造的临时医院里。[97] 尽管高级军官们矢口否认——军医们自己也不愿面对这种疾病的本质——但忧虑正随着病患和死亡人数一起增长。波拿巴想要让军队安心并让他们相信靠"勇气和精神"就可以避免被传染，他决定去看望病患。[98] 在格罗1804年大获成功的画上，波拿巴由贝尔蒂埃和贝西埃（其中一人还拿手绢捂着嘴）、军需官多尔和德热内特（Desgenettes）医生陪同着，触摸一个站着的半裸患者的右侧腋下的淋巴结肿大处。[99] 在他旁边，土耳其医生正在包扎一个濒死的士兵；在显眼的位置一个垂死的人躺在梅瑟莱（Masselet）的膝盖上，这个年轻的外科医生是格罗的朋友，之后也不幸染病。德热内特正抓着波拿巴的手臂，试图推开他。在画的左边，我们能看到还有其他患者躺在地上。总司令周围的人对病人祈求的眼神回以恐惧的表情。关于这次造访我们能看到三个版本的说法：布列纳说波拿巴小心地不去触碰任何病人，只是在过道里走了一圈，"用手里的马鞭轻轻敲着靴子的黄色翻边"。[100] 德热内特则描述了一个更为大胆的波拿巴：

> 总司令带着参谋们造访了医院……将军走遍了两所医院，几乎和所有能听到他的士兵对话，花了至少一个半小时检查是否所有的环节都在良好运作；他在一间又小又拥挤的屋子里，协助搬运了一位破烂的衣服已被肿大的淋巴结流出的脓液浸透的士兵的尸体。我委婉地劝说总司令离开这里，我向他解释，再多待也不会有用的。但这也没有阻止军队的责备，他们认为我应该更为强硬地劝说总司令不要长久停留：任何认为可以轻易劝说他改变主意或不带任何风险地逼迫他的人，都是不了解他的。[101]

军械官多尔写道"在土耳其护士的帮助下，波拿巴将军抱走了一具横躺在过道口的尸体"。[102] 消息在营地里传开，而且看上去是个"令人印象深刻的策略"。[103] 首先，其中充斥着未必不实，但缺乏直接目击者的细节：反反复复地说波拿巴，触摸"最严重的病人"，甚至还按压疮口让脓液流出。德特鲁瓦（Detroye）把它当事实报道，而当时尚未离开开罗的若弗鲁瓦·圣-伊莱尔在1799年6月23日给父亲的信上也写了此事。[104] 通过这次激发了格罗灵感并很快成为传奇的"演出"，[105] 此次造访获得了另一番意义：在探访受难者的行为中，波拿巴不仅是一个试图避免让军队被恐慌压垮——这是他的最初目的——的将军，还是一个有超人力量的至高领袖。[106] 必须要承认，到将死之人的病榻前是个大胆的行为。向埃克曼（Eckermann）描述此景象的歌德，从中看到了意志能够战胜一切的实例。波拿巴的意志如此之强，恐惧对他来说如此陌生，他说，他冒着感染的危险对此毫无察觉，但显然"当一个人能够战胜恐惧时"危险也就消散了：

> 这就是意志的力量，是难以置信的！它穿透了身体，注入了击

退恐惧的行动中。另一方面，恐惧又是脆弱而敏感的，任何敌人都可以轻易战胜。拿破仑了解这点，他给军队树立了深刻典范，而他不会有任何损失。[107]

百邪莫侵，他就像旧时国王触摸瘰疬病人那样"触摸"病患。[108] 他在模仿在东方亲手焚烧病死者尸体的圣路易。[109] 波拿巴造访雅法的景象，是否是茹安维尔（Joinville）描述的景象的翻版？

> 国王亲自帮忙焚烧了病死者的尸体。几乎没人愿意触碰他们。国王每天早晨在弥撒后都出现在广场上，连续5天焚烧死尸，他对人们说："让我们焚烧那些因耶稣基督而蒙受苦难的勇士吧，请不要厌恶，因为他们比我们遭受的更多。"提尔（Tyr）大主教、杜姆亚特（Damietta）主教和他们的神职人员身着出席仪式的正装来为这些死者服务。但他们还是因为恶臭而掩鼻，而路易国王从未掩鼻，他是如此坚定而虔诚。[110]

在雅法，在圣地，波拿巴的行为唤起了士兵们可能早已忘却的早年对宗教的记忆。可能让他们想起了《圣经》中麻风病人对耶稣的祈求："你若肯，必能叫我洁净了。"基督回答道："我肯，你洁净了吧。"[111] 每个夜晚，在这座遍布着腐坏的士兵和居民尸体的城市里，蒙日从包里拿出《圣经》诵读福音，[112] 那些曾经从神父那学过的老兵开始吟唱"雅歌和耶利米哀歌"。[113] 屠杀和慰问感染者，这两幕意义重大且相互补充，二者密不可分：波拿巴带来死亡，而第二天他又驱逐死亡并治愈疾病。无论是否蓄意为之，这都是对王权的神圣来源的效仿，这种神圣性有助于国王统治那些有时会比他更富有更强大的贵族。[114] 国王的治愈能力成了他裁决和惩戒能力的补充：这是君主的两面。

尽管这在他的发迹路上扮演了重要角色，皇帝身边的人总是拒绝提起诸如大屠杀之类的事情；他们希望他们偶像的崛起之路不受任何罪责和违背道德的行为的玷污。在圣赫勒拿，奥米拉医生多番努力想从贝特朗将军嘴里套出这些故事，但得到了如下回复：

> 拿破仑用最正直的手段站上了人类伟大的巅峰，他没有任何有
> 违道德的暗地勾当。在这方面，他的得国之正在历史上是独一无二
> 的；为了让自己取得政权，大卫推翻了对他有知遇之恩的扫罗的家
> 族；凯撒摧毁了他祖国的政府；克伦威尔让他的国王上了刑场；叶
> 卡捷琳娜二世谋杀了她的丈夫。[115]

埃利·富尔在他的作品《拿破仑》（1921）中指出波拿巴掌权之路上
"三次违背公众道德的犯罪"：首先，雅法；其次，雾月十八；最后，处死
昂吉安（Enghien）公爵。[116] 如果后两项"罪行"让波拿巴在同时代人中
脱颖而出，成为执政和皇帝，那么第一项则是另一种可能：在雅法，他还
未凌驾于他人之上，但通过他刚刚犯下的"罪行"他已经与其他人分隔开
来。因为此刻开始他便与众不同，他敢于推翻革命时期最神圣的律法。这
种与他人的隔断，确实唤醒了他的天赋，也得到了他的部下的认可。雅法
的"罪行"也对此有贡献。从那天起，他成了"更与众不同的人"。[117] 在
这方面，雅法不仅促成了雾月十八，还使它成为可能。在雅法，波拿巴经
历了"事物的另一面"。现在，他准备好了。

第20章
从东方归来

1799年3月19日，波拿巴到达阿克城下，在62天的围城后，到了5月21日还没有攻入要塞。克莱贝尔一针见血地评论这一幕："我们用土耳其的方式进攻，而要塞则用欧洲人的方式防守。"[1] 这不是拿破仑一生的军事大事记之一。两个月，尽管屡次失败，波拿巴还在坚持进攻卡法雷利指给他的护城壁垒上最牢固的防御点之一。[2] 在进行了一周的土工作业后，他在3月28日下令发起第一次进攻：

> 12门轻野战炮和4门白炮组成的炮兵连开始向敌人防线中部的塔楼开火。在下午3点，缺口看上去可以通过，而且掷弹兵强烈要求进攻，我们只得听从他们的意愿。他们向前冲去；但让他们倍感吃惊的是，他们发现离缺口10尺远的地方有一道15尺宽的壕沟，以及毫不意外地还有一道牢固的护墙。意外出现的障碍物并未阻挡法军的热情。梯子就位，掷弹兵下到壕沟里；一部分人到达了缺口。当他们靠近时，惊恐的守军开始撤退。守军本已放弃了塔楼向港口撤去；但发现自己没有被追击后，他们在吉扎尔的带领下又回来了。掷弹兵没有在对占领要塞至关重要的第一波进攻中取得优势。当他们到达缺口处时，他们发现它有10尺高，派去支援他们的军队停在了最后一道壕沟前，因为他们没有工具跨越它。被要塞射出的火力击退，遭到了从塔顶丢下的石块、榴弹和点燃的物体问候，他们撤

退了，极度失望地退回了掩体。[3]

这次围攻的基调就这么定下来了。之前认为法国人不可战胜的奥斯曼军振作了起来，并试图进行英勇的突围，而波拿巴从第一次失败中什么教训都没汲取。4月1日，拉纳重新组织进攻，毫无进展。总司令让他的军队对着阿克的城墙发起了至少7次进攻。战斗变成了屠戮。法国人用壕沟里的尸体堆起了堡垒。[4] 双方都在枪击、刀刺、屠杀着对方。"死亡，总是死亡。"米奥说。[5] 攻方在5月7日那天觉得胜利近在眼前了。那天，拉纳突破了第一道防线。但是奥斯曼军会望风而逃的时期已经过去了。在吉扎尔的带领下，他们把进攻者逐出了墙外。两天后，克莱贝尔又尝试了两次，伤亡无数却毫无收获，人们愤怒地称他为"日折千人"将军。[6] 到此为止了；不可能再有武力占领阿克的希望了。夜里，波拿巴下令撤退。

阿克的失败

在阿克，我们看不到那个在土伦立即就能发现敌人防守缺口的将军的半点影子了，他的表现正与此相反。为何如此顽固又盲目？是阿里什、吉萨甚至雅法的胜利蒙蔽了他的眼睛吗？他是不是误解了雅法屠杀的结果，觉得敌人已认为他战无不胜？而事实上，恐惧激发了他们的斗志。或者他相信由"带有炮眼的塔楼、低矮的堡垒和有掩蔽的通道"组成的缺少补给的阿克要塞无法长时间抵御他，因为沃尔内在东方游记中曾认为它难以防御？[7] 还是他无论付出何种代价，都要取得一个配得上他传奇的功绩？就像他告诉惊呆了的克莱贝尔那样，他的存在就是为了在史书上写满他的名字。[8] 难道他低估了吉扎尔和英国人给他提供的援助？

然而，他已经明白这场战斗比预料的要困难：两艘英国战列舰为阿克提供了火力掩护，而他的由从阿布基尔侥幸逃脱的船组成的舰队无力发动进攻，所以它们无法在法军营地附近卸下物资和大炮。证据？本应将这些物资带到海法的船队转向的速度不够快，英国人拦截并夺取了它们，所以法军不得不在没有重炮的情况下开始围城。[9] 他们不得不再等一个多月，等新的船队到雅法把大炮拉来阿克。[10] 它们来得太迟而无法推进围攻的进展。围攻是在缺乏大炮和弹药的糟糕情况下开始的；而且多亏了英国舰队的保护，奥斯曼人获得了增援、食物和军火。但波拿巴拒绝放弃。他知道吉扎尔绞死了城里涉嫌通法的基督徒，并把他们扔进了大海，[11] 还号召人民发动圣战；他还知道黎巴嫩的什叶派已经起来反抗阿克的"屠夫"了，此外他相信舒法（Chouf）山地的德鲁兹派，马龙派和贝卡山谷的什叶派会加入他的行动。他找来他们的首领，希望能够让他们给法军提供钱财和食物，甚至还希望让他们把自己的军队拿来供他调遣。3月底第一次进攻的失利打乱了他的算盘。奥斯曼人重获了士气；黎巴嫩的首领们认为观望事态发展然后再站队才是明智之举。[12] 至于一开始怀疑盟友斗志的英国人，他们在吉扎尔进行了抵抗之后决定帮助他。[13]

史书记录了两个活跃在吉扎尔身边的顾问：波拿巴曾经的同班同学菲利波（Phélippeaux），他到达现场后，在他于围城期间病逝前把城防加强了一倍；另一个是西德尼·史密斯，他在拿破仑崛起之路上扮演了重要但常被忽视的角色。在一番游历和冒险之后——他年纪轻轻就加入了皇家海军，之后先后在瑞典国王和土耳其苏丹手下服役——史密斯回到祖国参加了对抗革命法国的战争。土伦是他与波拿巴第一次命运的交汇。他故意无视上级的命令，向停泊在港口的法军船只开了火。两年后他的船在逆塞纳河而上时被法国炮台击中，他本人落入敌手。被关在唐普勒监狱的他，一直盼着有朝一日被释放或者通过交换战俘被放出去，在1797年年底，他恳求当时风头正劲的英雄为他求情。但波拿巴对此充耳不闻，并不是出于敌意，而是因为这个英国人据说是个间谍。1798年4月24日，史密斯在一些流亡者的帮助下上演了一出大逃亡结束了牢狱生活，帮助他的人之一就是菲利波。5月10日，当东方军团从土伦扬帆起航时，史密斯回到了伦敦，在那儿，国王和人民热烈地迎接了他。7月他被任命为"猛虎"号的指挥，并前往君士坦丁堡处理英国和土耳其的合作事宜，军事和外交的两手准备让他全权掌控了对法作战。讨厌这位格外不守规矩的军官的纳尔逊很生气，但他不得不放弃，在阿克，史密斯这位大胆的冒险家显示出了作为领袖的气度和战略素养。[14]

英军参战之后，战斗逐渐变成了例行公事。英国和土耳其人建造新的防御工事，而法国人在挖战壕和地下通道；双方相互排枪射击，而且守军屡次突围都在激烈的白刃战后被击退。战斗间隙双方达成了某种默契：两方阵营的人会相互攀谈，西德尼·史密斯甚至可能在"猛虎"号上接见过朱诺和克莱贝尔。[15] 与其他那些围城战一样，有可怖的日常进攻也有停火的间隙。波拿巴不喜欢这种形式的战争，它没有可发挥空间而且还缺乏想象，所有的一切都像在剧院演出一样照章办事，守军都知道会发生什么，即便是他们不知道敌人什么时候行动或战斗的结果会怎样。双方对垒可以持续几周，甚至几个月。

加利利的情况转移了法军的注意力，大部分来自纳布卢斯地区的士兵和从大马士革招募的军队正在那里集结。克莱贝尔被派去探察情况，他试图切断敌人撤回大马士革的路线以将其彻底击败。这一轻率举动可能带来严重后果——要不是波拿巴带着邦将军和他的师在4月15日离开阿克赶来援救，将土军赶回了约旦，这个绕到敌人后方的行动很可能导致克莱贝尔自己与阿克的联系被切断。法军大营整体气氛低迷，塔沃尔山（Tabor）附近的胜利——暂时地——提升了士气。在基督教发祥地的短暂停留至少让波拿巴脱去了"伊斯兰的伪装"，披了几个小时十字军的外衣。[16] 他跪在雷科莱修道院出席了弥撒，在神父带着他们参观圣母迎接加百利天使来访的山洞和犹滴（Judith）斩首荷罗孚尼（Holopherne）的地点时，他瞪了那些偷笑的军官们。[17]

塔沃尔山的胜利并非于各处都有益：它也暴露了法军无法补救的弱点。当他4月17日前往拿撒勒（Nazareth）时，已经见过了德鲁兹派和马龙派代表：他们没有当即拒绝他的要求，他们犹豫不决，说需要时间，大量的时间才能集结出他要的军队。波拿巴明白即便成功拿下阿克，他也无法进军大马士革，只能返回开罗。[18] 进攻和突围恢复了。波拿巴无法忽视手下人员的伤亡，尽管他装作若无其事，只对卡法雷利的死有所动容，4月27日的伤导致了他的死亡；以及他每日都要去看望感染了痢疾的蒙日。他也无法忽视手下人员的减少。由于战斗和鼠疫，他们的人数一天比一天少。许多军官死了：朗博（Rambaud）将军和邦将军，副官奥拉斯·赛伊。士气跌到了谷底。不少军官成了士兵的发言人："你正在杀死自己的士兵！"据说连缪拉都对他吼过。[19] 一个营哗变了。[20] 但波拿巴拒绝面对现实。在他和吉扎尔之间是一场"生死决斗"，[21] 而且完全没有任何意义：如西德尼·史密斯在给纳尔逊的信上写的，波拿巴无法长时间掌控阿克，因为他不能阻止英国舰队对城市的连续炮击。[22] 5月10日，又败了一场并且与克莱贝尔又吵了一架后，[23] 他终于接受了事实，这座刚刚获得了从罗得岛而来的预备军增援的"惨不忍睹的乱石堆"已不可能被攻克了。[24] 该回家了。

现在波拿巴想回家了：他2月份从阿默兰那得知的欧洲的消息通过多种途径得到了证实，而且在5月13日又从奥斯曼囚犯口中得到了证实。[25] 最初是3月底他见了约瑟夫派来的特使。特使叫博克迪（Bokty）。他2月份离开热那亚，一个月后在埃及登陆，同行的还有在路上遇到的督政府信使，穆赫沃（Mourveau）。在他们到达开罗时，两个人得知了波拿巴在叙利亚。有人给了他们一匹骆驼，他们就这样在3月26日抵达了阿克。我们不知道博克迪带了什么消息。他在2月份离开了欧洲，他能告诉波拿巴的还有国际形势恶化以外的事么？穆赫沃带的消息更老，是1798年11月4日到12月26日的急件。因此没有什么新鲜事，还是阿默兰两个月前说的那些。4月5日，波拿巴写给阿尔梅拉（Alméras）的信上仍没有说是否欧陆重燃战火。[26] 最后还是敌人给他提供了最新消息。4月，"在常见的战壕谈话中"菲利波告知了法军，法国正面对新的反法联军，而且几天后，海军中将佩雷告诉波拿巴法军已挺进那不勒斯了。[27] 从罗兹岛来的奥斯曼人证实了这一消息，欧洲重燃战火已经板上钉钉了。

这是波拿巴第一次透露他返回法国的意愿。不单单要退回埃及大本营，而且毫无获得增援的希望，他意识到了埃及的冒险除了被俘没有别的结果。他的军队流干了血，东方梦也快破灭了。无论怎样，也不能说远征埃及就是个"岔路"，他参加这个战役"就是为了填补他在巴黎无法寻求统治的空白时间"。[28] 事实上，班维尔强调："这里和其他地方一样，他完全全身心投入到了眼下的事情中。"[29] 但埃及对他的吸引只是在它有助于他的广阔计划时期；一旦不再是那么回事儿了，他就感到厌烦了。埃及成了一个"鼹鼠丘"——甚至更糟，一座监狱：准确说是他要逃脱的牢笼。而且很快。如圣-伯夫所说："他把精力转到了别处。"[30] 阿克对他来说已经远去了，埃及也一样，尽管他知道在这里还有些事情要处理。他认识到了这一点："总司令现在只想着如何回到法国。叙利亚、加利利、巴勒斯坦已不再重要；必须将军队调回埃及，法军在那里将是不可战胜的；之后他本人就能抽身离去，投入到正在发生的事变的大潮中去，这些事变已经浮现在他的脑海之中。"[31]

撤　退

他给督政府送了报告，报告上伤亡人数被砍了一半，宣称他把阿克变成了"石堆"，并且表示占领废墟毫无意义。[32] 他还对军队做了一次凯旋宣言——与其说是讲给围城的士兵听的，倒不如说是讲给他们留在埃及的战友和当地闻人的——波拿巴下达了离开的命令。[33]

军队沿着向阿克进军的路线反向行进。这就是"1812年在13年前的预演"，只不过规模较小。[34] 侵扰军队的不是哥萨克，而是纳布卢斯人；没有白雪，但有黄沙；相较俄罗斯的寒冷，眼下的气温高达40摄氏度。场景不同，但发生的事情是一样的：同样疲惫的队列和憔悴的士兵，同样秩序杂乱——移动速度每天大约40千米——布列纳描绘的奇幻画面显示了，伤者被抛弃在路边，只为了加快行进速度，当他们听到弱者的乞求时也毫无怜悯地从他们身边走过，看都不看他们一眼。[35] 克莱贝尔负责后卫，他的部队要烧掉农作物、劫掠村庄、抢走牲口。[36]

在围城开始前，波拿巴就已经采取措施疏散伤病员。他命令过佩雷中将把"四五百名伤员"带回埃及。[37] 但是舰队司令不仅拒绝接近海岸，而且还抓住时机带着舰队跑回了法国，于是波拿巴便不能再考虑经海路撤离，他决定征用所有的大车和马匹，他的参谋们也不例外。他们都在波拿巴的带领下步行着。他不想放弃任何人，但有些人根本无法移动，还有那些遭受瘟疫的人。[38] 主管医生德热内特说"在医院的200人中，只有50人能够骑马离开。剩下的只能靠马车和担架"，而且大多数人"基本上没有治愈的希望"。[39] 该做什么？波拿巴决定了结他们吗？

在法军于1801年回国后，英国驻君士坦丁堡的外交官詹姆斯·莫里尔（James Morier）揭露出波拿巴涉嫌毒死了大量病患。莫里尔没有指明具体数字，甚至承认现有证据无法让他得出确切结论。[40] 罗伯特·威尔逊在他的《不列颠远征埃及史》（*Histoire de l'expédition de l'armée britannique en Égypte*）中给出了确切数字：580人。[41] 拿破仑否认此事，但并没有说服力。对于那些曾经在埃及的人来说，这不算是揭露。军队刚刚离开雅法前，这个谣言就在人们中传播着：波拿巴已经毒死了那些"不能再为总司令效命的士兵，即便他们已经开始康复"。[42] 有时，他承认给过那些无法治愈的人鸦片——7个，他说，或者11个——解除他们自杀的罪责，因为出发之后他们都无法活过24小时；有时，他又对英国人制造的小道消息暴跳如雷；有时候，他又含糊地承认下过命令，他认为是合理的，他说那些可怜人根本不可能活下来，落在土耳其人手里也是危险的，给他们毒药是功德一件。[43] 证据有很多，没有任何疑问。[44] 在雅法大屠杀时，波拿巴就询问过下属和医师。[45] 克莱贝尔在随身笔记本中用隐语写道："有人建议军医给发热和重伤的病人鸦片酊。（原文：On propose aux o. d. s. d.d. l. aux f. et b.d.）"[46] 德热内特在他1802年出版的《东方军团医疗史》第一版中只是简简单单地提到了这件事。[47] 他在皇帝死后出版的第二版中扩写了这一内容并且增加了很多"1821年以前绝对不可能出现的段落"。其中之一就是关于瘟疫死者的：

> 5月27上午晚些时候，将军波拿巴叫我去他的帐篷，只有他和参谋长在。在简短讨论了下我们的处境后，他对我说，"如果我是你，我就会给那些饱受疫病折磨的人鸦片酊，好结束他们的痛苦和对我们的威胁。"我简明地回答："我的职责是救他们。"之后将军平静地阐述着他的观点，他说他也会建议其他人做相同的事。他请求我像他一样看问题，没有人比他更想拯救军队，所以要避免我们留下的伤病员落入土耳其人手中。"我不是在勉强你，"他说，"但我相信我会找到理解我意图的人。"[48]

最后，波拿巴可能找了首席药剂师，让－弗朗索瓦·卢瓦耶（Jean-François Royer），做了致命的鸦片酊。[49] 他真的允许把它给病人了吗？我们连大致的死亡人数都无法确定：威尔逊说有接近600人，涅洛·萨哈吉（Niello Sargy）说有四五百人；其他人给出的数字少于100：布列纳告诉我们是60人；拉科尔（Lacorre）说50人，根据弗朗索瓦上尉的说法则不超过30人；但是德热内特说有150名能够走动的病患也被下了毒。[50] 就在做出决定的当天，5月27日，波拿巴组织留在雅法的191名伤者撤离。[51] 最后，他带着1 000多名伤患穿过沙漠，在从雅法找到的几艘船的帮助下成功返回。[52]

倘若波拿巴信赖敌人的宽宏，或者无论如何英国人都会照料这些生病和无法移动的伤患，那么上述的一切都不是必需的。西德尼·史密斯也不会拒绝这么做。确实，尾随在撤退的法军不远处，他沿途收留了大量伤者。[53] 但是波拿巴拒绝与这位他曾公开称为"疯子"的人有任何联系，他还指控后者给法军战俘接种瘟疫。[54] 他能改变主意并开始与胜利者进行他眼中颜面尽失的谈判吗？士兵们指责他在撤退期间的高傲行为，不要忘了这是用他们中许多人的命换来的。[55]

残破的军队最终抵达埃及。那么，在他们6月7日回到埃及时还剩下多少人？超过1.3万人的远征军，损失约为1 500人，约占总人数的12%。[56] 如果我们换一种计算方法的话则是2 500人：1 200人在战争中死去，还得加上1 000名病号、[57] 100名被截肢者和200名失去了视力的人，共约占20%。[58] 在休息了几个小时后，6月14日，这支被打败的军队，在波拿巴的带领下，像胜利者一样进入开罗：

> 居民们都出城迎接大军……工匠行会和商人行会的代表给克比尔（El-Kebir）苏丹*（即波拿巴）准备了豪华的礼物：有华丽马具的漂亮母马、脚程极快的漂亮骆驼、华丽的武器、可爱的黑人奴隶和美丽的黑肤女人、英俊的格鲁吉亚男人和美丽的格鲁吉亚女人、富

---

* "Kebir"意为"火"，当地人因震惊于法军枪炮猛烈的火力，将拿破仑称为"克比尔苏丹"。

丽堂皇的羊毛和丝绸挂毯、羊绒披肩、长袖衣衫、最好的咖啡豆、
波斯烟斗、装满熏香和香草的盒子……总司令经过胜利大门入城，
前面有民兵、政府官员、四位穆夫提和艾兹哈尔的乌理玛开路……
留守开罗的法军在空地中间摆下了宴席，欢迎同伴的凯旋；他们相
互拥抱，开怀畅饮。[59]

波拿巴本人此时正在考虑归国，尽管他仍不知道应何时和如何离开
埃及，他下令进行初步准备，命令冈托姆（Ganteaume）上将让“米隆”
号和“卡雷尔”号做好出航的准备。[60] 但是他不会在这苦涩的失败后离
开。他需要一场胜利，不仅要抹去不快的记忆，还要重新树立起他已经受
到严重破坏的权威。“疲倦又沮丧的”士兵们，已经不满足于“窃窃私语”
地说将军把他们带到这么远的地方却只获得了这样的结果，一些“窃窃私
语”已经变成了“威胁”，而且在他回到西奈时，波拿巴更想把他的人甩
在后面。[61] 但他仍要处理军中的怨愤之情，在开罗检阅时，军队向曾经敢
于在研究院与波拿巴对着干的德热内特医生喝彩。当将军试图把阿克围城
的失败归咎于疾病流行，间接把责任推给医生时，德热内特反驳了他。在
波拿巴称医生为“庸医和掘墓者”时，德热内特打断了他，反驳道“政治
和战争艺术的庸才比庸医对人类的危害更大更严重”。得到了部分同僚的
支持，他更加大胆地说：

在补充说了轻视道德原则会导致犯罪行为后，他说他拒绝成为
杀死那些他认为本应得救的人的凶手，暗指波拿巴曾毒害雅法的病
患和屠杀土耳其战俘。将军气得脸色铁青，想要喝止这位激情的演
说者，但毫无作用；无论是与会议主席平静地争论还是面对警告他
停止的将军，德热内特都用同样的语调继续着。[62]

最令人诧异的不是这一幕发生了，而是它没有带来任何后果。波拿
巴仍继续善待德热内特，事件冷却下来后，将军就仿佛完全忘记发生了什
么一样。[63] 无论怎样，波拿巴都明白他在没有重拾被阿克的失败毁掉的声

誉和权威前，他不能离开埃及，而且他准备击溃从叙利亚撤退时就必然要面对的土耳其的进攻。

阿布基尔的胜利

他开始让军队回到战争状态，发现军队人力不足的他，写信让德塞去买"两三千名16岁以上的黑奴回来"，[64] 他又写信告知督政府，如果再不能送来增援，就准备"去求和"吧。[65] 一些康复的人回到了部队，但医院中还是挤满了伤病员，其中病人占了大多数，多数是性病患者。他们的数量足以让波拿巴重视这问题了。在他离开的时候，开罗的迪万就以控制疾病扩散为由驱逐了妓女们，但她们仍继续在城门口招徕生意。[66] 波拿巴一回来就收到了迪加将军的文件。迪加将军可能曾倾向于"减少妓女数量"而非"求助于土耳其人的方式"——溺死未婚先孕的女性的传统——但是在咨询了当地官员后，他回到波拿巴那里建议"溺死在军营抓到的妓女"。[67] 波拿巴默许了，但嘱咐行动不要透露给法国士兵。有多少女人被围捕，敲晕，缝进麻袋，扔到尼罗河里？未来的贝利亚尔将军确信有400人。[68] 一些将军拒绝执行，认为这"有损法军荣誉"。[69] 他们还说这无法实行，因为他们无法围捕在开罗及周边的上千妓女。但是波拿巴认为这个措施非常必要，他不想把时间浪费在那些不合时宜的谨小慎微上。[70] 他说，形势所迫。

尽管迪加在总司令不在时干得不错，但这个国家距离平静尚远。马穆鲁克在尼罗河三角洲出现，不少支持法国的高官们，如"保护朝圣者的埃米尔"，都转投了敌营，还有更严重的，一个自称是"天使马赫迪"（l'Ange Mahdi）的男子煽动了达曼胡尔地区的居民。他的信徒太过狂热，用波拿巴的话来说，必须付出极大的努力才能让他们相信"神已不再创造奇迹"。[71] 死灰复燃，穆拉德贝伊又吸引了他的注意力。他离开了避难的卢克索西边的哈里杰（Kharguèh）绿洲，与"两三百名装备简陋的蹩脚士兵"向三角洲进发。[72] 即使穆拉德已不再构成军事上的威胁，波拿巴仍担心他的威信可能会成功召集之前只是因缺乏协作才失败的反抗者。穆拉德在法军后方组成的第二道战线难道不是个威胁吗？波拿巴也担心出现另一场开罗暴动。这也是为什么他一回到他的"首都"就想要散播恐怖气氛，他处决了大量的犯人，最后迪加请求他找个刽子手。[73] 波拿巴希望派去搜寻穆拉德贝伊的将军们能带回它的尸体："我强烈期待，"他给弗里昂的信上写道，"你参与的任务在杀死穆拉德贝伊或让他累死前不要结束；不管用什么手段，总之干掉他！"[74] 但是穆拉德在和他的追击者做游戏，当他被报告出现在吉萨附近时，波拿巴决定亲自抓住他。

7月15日他在金字塔时，收到消息称两天前有一支英国和奥斯曼的联合舰队在阿布基尔湾下锚，有1万到1.5万名士兵正在登陆。[75] 波拿巴准备迎战。他要么把土耳其人赶下大海，要么就只能举手投降，撤出埃及。没有其他选择。他在埃及各处搜罗可用的兵力，以图组成一支1万人的部队，他本人则于7月19日返回了尼罗河三角洲。2天后，他总算勉强完成了部队的集结：距离土耳其人登陆已经过去一周了。事实上，波拿巴已经落后3天了。[76] 因此他让士兵急行军并下令部队尽一切努力尽早到达指定地点：他必须要弥补耽搁的时间，一旦敌人在法军抵达之前开始行动，那会是一场灾难。他向在开罗的迪加问了一连串紧急又焦头烂额的问题：拉格朗日师出发了吗？朗蓬在干什么？怎么还不与他会合？那些掉队的人呢？休假逾期的下级军官呢？雷尼耶呢？迪加你自己呢？你难道不知道这里至少需要2 000双靴子和30万份口粮吗？[77] 7月18日到7月20日是最危急的关头，如果奥斯曼参谋和英国"顾问"决定向亚历山大（马尔蒙驻守于此）或罗塞塔（克莱贝尔在7月23日，也就是战斗前一天才到此地）进发，一切就会向另一个方向发展。奥斯曼军的突进不大可能会激起三角洲人民的起义，但是这会妨碍或阻止法国部队的重新集结，并由此迫使波拿巴将在不利的条件下应战。然而土耳其军选择了在阿布基尔半岛掘壕筑垒。穆拉德贝伊保证过的骑兵没有出现，而他们自己的骑兵又没到，他们不敢过于深入三角洲。7月22日，波拿巴看敌人毫无离开阵地的打算，他决定进攻。7月24日夜间，他离开了亚历山大登上了卡诺珀斯（Canope）湾的高地，这里距离土耳其军的阵地只有几千米。

奥斯曼军建立了两条防线以保护他们的主营，他们的主营背朝阿布基尔要塞，在半岛的一个角上。第一道防线由依靠高高的沙丘掩护的两个前沿阵地组成；第二道防线——在阿布基尔村后面——以一个多面堡为核心，土耳其人将右翼的工事一直修到了海边，但他们还没时间修好左翼工事。几十艘小炮艇守卫着狭长半岛的两岸。

法军在黎明进攻。德斯坦（Destaing）和拉纳的部队一接到信号立刻向土军的前沿阵地发起了攻击。缪拉的骑兵等待冲锋时机。算上预备部队，波拿巴总共只有约8 000人。但是他的1 000名骑兵给了他很大优势。士兵们快步穿过了他们与土军之间相隔千米的沙地，冲上了沙丘。在猛烈的进攻下，奥斯曼的防守崩塌了，接着放弃了阵地。就在这一刻，缪拉的骑兵狂奔而入，截断了敌人的退路。进退两难之际，土耳其人向海中逃去，他们试图游到停泊的船只或守卫海岸的炮舰上。有几百人还没游到开阔海域就淹死了。在几分钟，至少是不到一个小时的时间内，3 000名土耳其军就已退出了战斗。

没有片刻停息，德斯坦和拉纳的师就扑向了由2 000名土耳其人防守的阿布基尔村。德斯坦正面进攻，拉纳和骑兵在侧翼包围了土耳其阵地。现在所有的法军都能看到在村庄房屋后的密布着大炮和守军的多面堡。也能看到左边延伸到海湾的防御工事。波拿巴权衡了进攻的难度，土军阵地没有防御工事的右侧敞开了一个几百米长的空隙。他命令炮兵拉起火炮，沿海岸列阵，炮轰敌人右翼。用这种方式，他想让土耳其人相信法军要进攻多面堡和防御工事。

法军炮兵连开始行动。刚接手的拉尼斯师，伴着头顶呼啸而过的炮弹，冲向了多面堡，与土耳其人展开刺刀肉搏。双方死伤众多，而且法军甚至到了溃败的边缘。奥斯曼士兵则乘机从防御工事里出来，当着他们对手的面割下了死者和伤者的头。这是土耳其人的第一个错误：此景刺激了法军，他们重组了进攻。第二个错误：看到多面堡被炮击和掷弹兵试图正面夺取时，土耳其人把兵力集结在了右侧，削弱了左侧的防御。缪拉抓住机会带着骑兵冲入缺口，包围了多面堡，这给里面的上千士兵造成了不小的恐慌。拉纳师紧随其后，向逃跑的土耳其人射击；他们经过多面堡向飘着维齐尔旗帜的奥斯曼营地前进。

拿破仑后来说阿布基尔的战斗是他见过的"最恐怖"的战斗。有数百（也可能有数千，因为最后被俘的只有3 000人）土耳其人冲进了大海。"这部分的海湾，"马尔蒙解释说，"水不是很深，所以逃跑的人要涉水很长的距离身子才能完全到水里。"在他们涉水而行时，"我们随心所欲地向他们射击，解决他们"。慌乱和不利的地形让土耳其人根本不可能组织真正的撤退，但这并不够解释半数的军队宁愿淹死也不愿落入法国人之手的事实。波拿巴在雅法枪决2 000战俘的记忆可能起了关键作用：土耳其人宁愿为了逃脱拼死一搏，也不愿成为战俘等待必死的结局。如果那些与他们相距甚近的炮舰能帮他们一把，一些逃跑的人就能够活下来。但是"他们非但没有救那些可怜的人"，马尔蒙写道，"还向他们开火，想逼他们回到岸上继续战斗"。[78]苏丹的军队沉入大海。据说有上千条头巾一点一点地浮上来。

战斗结束了。土耳其军几乎全军覆没。波拿巴在战后提供的奥斯曼军的伤亡人数——死亡1万到1.2万人——看上去并没有夸大，要知道海里就冲上来6 000具尸体，至少有1 000名士兵死在战场上，要塞里至少有2 000具尸体，还有400名8月2日投降的战俘几天后死去，死因是"饮食过度"。[79]死亡人数至少也有1万。可信的损失几乎达到参战人员的80%，这个比例在当时无出其右。法军的损失相较奥斯曼军队来说简直是戏剧性的不成比例：对比土耳其的上万损失来说，法军方面只有250人阵亡。[80]尽管法军只战死了250名将士，受伤的1 000余人也是不能忽视的，因为这是远征军过去一年来遭受的最严重损失。西德尼·史密斯对此有着清醒的认识，在最后一名土耳其人投降的同一天，他写信给纳尔逊，认为法军再来几场类似的胜利就能终结波拿巴的军队。[81]

在战前，波拿巴说过一场胜利就能确定"法国对埃及的所有权"：胜利只是给法国人带来了一个缓冲期。[82]但另一方面，它"拯救了"波拿巴，甚至决定了他的命运——让他以一个凯旋将军的形象回到法国，使他避免了最后亲自签署降书。就是为什么这场战斗是一场"孤注一掷的会战"，是一场结果完全相反的滑铁卢，拿破仑在这两场战役中都赌上了一切。如果他输了，他就要和他的野心永别了；他必须得赢，不惜一切代价。他认为这场胜利"将改变世界的命运"，[83] 就像他告诉缪拉的那样。当时也在场的米奥从中看到了他已经决定返回法国的证据：一场胜利显然无法"决定世界的命运"，但能够让波拿巴回到法国的首都，这就使得它有了更深远的意义。[84] 1799 年 7 月 25 日这一天，对法国来说无甚重要，却是拿破仑人生中最为关键的日子之一。

命运的召唤？

回到法国后，波拿巴对他的离去给出了自己的解释，他说他在阿布基尔之战的第二天才有了这个念头。[85] 他向我们保证，英国人在进行交换战俘的谈判前给了他一捆报纸，他从中得知了法军最近在德意志和意大利连战连败。[86] 他说他即刻召集了主要的下属，告诉他们：

> 我决定离开这里返回法国……国家事务迫使我做出这个重要抉择。我们的军队正在遭受失败……那些应对此负责的无能之辈又能做什么？他们无知、愚昧又贪腐。是我，只有我，肩负重任，并且通过连续的胜利稳定了政府，没有我，它既不能成立也无法维持。我一不在，一切都完了。我们不能等到大错铸成之时：问题已经迫在眉睫了。[87]

以及在他宣称自己没有估计到"危机"时，我们应该相信波拿巴吗？"没有护卫舰的话，我就裹着大衣乘小船走。"[88] 这句话描述出了天选之人响应国家号召的画面，但对回程计划的提出和繁复的实施途径只字不提。对这一问题进行深入探讨是完全合理的，因为抛下军队离开埃及的决定将带来严重后果。我们无法想象波拿巴会把身家性命赌在几张旧报纸上，而且还让自己全无防护地暴露在路途的危机中，一旦事情变糟，他这出人意料的冒险就要终结了。[89] 他能够轻易逃过英军舰队的抓捕或是避免回到法国后被当成逃兵的危险吗？他会把荣誉赌在抛起的硬币上吗？他被一时的愤慨冲昏了头脑，要重蹈拉法耶特和迪穆里埃的覆辙吗？这二人都因缺乏准备而在对抗政府的行动中失败，失去了民望，就此被深渊吞噬。他意识到了危险，在回法国的船上，他告诉蒙日，他不会让英国人抓住他，也不会让自己成为一个"无耻的逃兵"。[90] 他的支持者称他返回法国"既不是受到召唤也不是有所预谋"，而另一些人则持怀疑态度。[91] 在这些人中，一些人说他是在收到了某个兄弟发来的道路已清的暗号后返回的；另一些人则怀疑此事不仅有国内同谋还有外国介入。[92]

　　他的兄弟们？他们正在尽情享受自己的生活呢。在蒙索（Menceau）有了房产的约瑟夫，刚刚又买下了埃默农维尔（Ermenonville）附近的蒙特枫丹（Mortefontaine）的广阔地产来增加自己的产业。吕西安也不再寄人篱下了：他刚刚买下了米洛美斯街的住宅，后来这条街改名为绿街。两兄弟都投身了政治。尤其是吕西安，他去年作为科西嘉的代表加入了五百人院，在议会中颇为活跃。他经常接触那些人品和信念都十分可疑的雅各宾残党，而且没有一天不抨击政府——至少直到 7 月 14 日他转变立场那天前都是这样。必须要说明的是，此时的政府也发生了变化，毫不掩饰自己修宪意图的西哀士进入了督政府。为这位新督政效命的吕西安，觉得自己押对了注。无疑他还没有忘记是拿破仑拉了他一把，但他的未来已不再依靠这位他不怎么喜欢的兄长，况且没人知道他近期能否回来，甚至他能不能回来都没人能保证。此外，吕西安并不认为自己低这位兄长一等：他想要相信，而且也已经相信了"公平的自然分给了他兄长战争的天赋，作为补偿，也给了他文治之才"。[93] 因此，他完全不会为拿破仑的返回付出什么努力，可能根本就不希望他回来。

　　至于约瑟夫，虽然他给弟弟送过信，但是就像我们看到的，没有任何证据表明他策划了波拿巴的回国。波拿巴家的长兄花费大量时间在积累财富、文学和社交生活上。他有教养，讨人喜欢，平易近人，他让他的沙龙成了巴黎政客、文人和艺术家的时髦据点。约瑟夫处在一张大社交关系网的中心，但若是认为这个关系网是为了服务拿破仑而准备的，那就太过轻率了。最后它的确起到了这个作用，但不代表它一开始就带有这个目的。波拿巴家的长兄喜欢他贵族般的新生活。他刚刚出版了一篇我相风格的小故事：《蒙塞尼的村妇莫伊纳》。说实话，他很难想起他的弟弟。此外，他正在培植与贝纳多特的友谊，后者刚刚娶了他的妻妹。他会支持这位刚刚被任命为战争部部长的连襟的野心吗？假设约瑟夫和贝纳多特站到了一起，他也没有给予什么实际帮助，他的性格太被动，太过犹豫不决。他梦想过拿破仑的光明未来，就像他鼓励贝纳多特那样，带着些许的淡漠、忠实，就像《莫伊纳》开篇格言写的那样：超脱物外，幸福倚靠内心。

外国同谋？马里奥·普罗特（Mario Proth），第二帝国的尖刻反对者，提出了"冗长又合理的怀疑"[94]：

> 英国人都像他们的水手或政客一样笨手笨脚吗？他们是抓不到波拿巴，还是蠢到要故意把他放跑？……英国舰队在地中海这个小湖里到处穿梭来往，他们封锁、占领、包围着这片海域，他们是世界上最好的水手，武装精良，目光敏锐，所向披靡，却让载着波拿巴和他的随从逃离埃及的两条威尼斯小船溜走了。一个赶往雾月十八的囚犯，走上了他人生的巅峰。[95]

我们说回西德尼·史密斯，在阿克的胜利之后，他认为维护英国在该地区的利益是他的责任。[96]他没有忘记他的任务：逼法国离开埃及。将报纸交给波拿巴并让消息在军中散播是他策略的一部分，目的是要让法军士兵发生骚乱和逃亡。告诉他们欧洲大陆又起战火而且向他们保证政府不会援助他们，史密斯希望他们向能带他们回家的英国人投降。甚至是在波拿巴开始围攻阿克前，史密斯就已经散播了一份奥斯曼政府会保障投降者的安全的公告，还重复了早已广泛流传的谣言：督政府把军中精英派往东方是为了摆脱他们。[97]这一宣传战收效并不显著。奥斯曼士兵此前的暴行、处刑和斩首，似乎并不怎么能让想回家的法国士兵放心。史密斯对迪加将军和留在埃及的士兵也用了同样的策略。[98]但是他没有气馁；他认为仍有与波拿巴达成协议的可能，尽管他们总是公开相互谩骂；他知道只要法国还是胜利者，埃及就会一直支持他们，一旦他们走了，它就该投降了。自波拿巴在阿克失利之后，这只是个时间问题了。"用醋抓不到苍蝇，"他写道，"因此我给他们蜂蜜；而且我并非只给波拿巴报以高价，还通过其他间接渠道给军队的所有个体。"[99] 在某种程度上，尽管奥斯曼军队在阿布基尔的毁灭对史密斯是个沉重打击，但却是个长远的报偿，因为它为波拿巴的离开提供了条件，他为此已等待很久了。

波拿巴决定离开不是在读了英国人给他的报纸之后；而是在他8月5日于亚历山大秘密会见了西德尼·史密斯的特使，约翰·基思（John Keith）之后。[100] 在9月7日给纳尔逊上将的信上，西德尼·史密斯说他们在会面中详谈了欧洲局势。[101] 据说基思建议"将军结束征服并从俄罗斯人手里赢回意大利"。[102] 尼库拉·图尔克作为波拿巴的随员目睹了全程（他是作为黎巴嫩的基督徒的特使被派去见他的），他也称谈话达成了正式的共识。[103] 波拿巴最后掌权是在英国人至少间接的帮助下？然而英国战舰还在亚历山大巡航，离开还是有危险。必须由英国人"打开大门"；他们若不能合谋，就没有任何船只能出航。西德尼·史密斯就是出于这个原因才蓄意"失言"，让波拿巴知道了英国舰队不久将离开亚历山大，前往塞浦路斯补充淡水。[104] 共识本身一点也不令人意外：波拿巴想要离开埃及，而史密斯一直盼着他走。叙利亚的失利和阿布基尔的胜利有助于双方利益的结合。8月9日，波拿巴与约翰·基思会面的4天后，史密斯写信给斯潘塞（Spencer）：

> 我有理由相信，冈托姆上将将要派出两艘护卫舰、一艘巡逻舰和一艘双桅帆船。波拿巴或许是要让自己钻出这个绳套，留克莱贝尔来指挥军队。如果他这么做了，当有一支强大到足以让法军有理由接受停战协议的军队集结起来时，克莱贝尔将屈服于军队的呼声，进行谈判以求能撤回法国……在我们刚刚建立的关系中我得到了证据，但是很不幸我无法给他们施加足够的压力让他们撤离。[105]

在史密斯看来，让波拿巴离开是否能够加快终结法国对埃及的占领呢？而且，这个英国人只是为了维护本国的利益吗？他放走波拿巴难道不符合法国的利益吗？他不仅放波拿巴离开了亚历山大，而且还尽了一切努力让他毫发未损地平安回到法国。就这点来说，他在8月9日向上级汇报说他已派了两艘战舰"忒修斯"号和"卡默莱昂"号去拦截波拿巴是在撒谎。[106] 实际上这两艘船在法国船只起航时还远在别处，直到10月3日，他们才抵达了8月9日时要求他们前往的目的地：此时，波拿巴已经在科西嘉了。[107] 他领先了一个多月，足以保障他的安全。史密斯既要"遮掩自己"，又要给波拿巴留出一条归路，他不会再采取其他行动了。[108]

我无意将英国政府牵涉其中：这个计划只是西德尼·史密斯一人策划的，拿破仑认为他"能胜任一切蠢事"。[109] 1799年英国的确有意实现和平；但是认为与像督政府那般不稳固的政权进行和谈是不可能的，它把一切都压在了这次组建的包括奥地利和俄国在内的新反法同盟能推翻革命法国上。尽管第二次反法同盟最后也并不比第一次更加成功，但是只要在1799年春季开始的行动能够顺利，联军就能用战争来结束这场战争，他们已不再专注于波拿巴。于是，1799年7月23日，英国战争大臣，亨利·邓达斯在信上写道："我们的局面在各方面都很明朗，而且我不认为法国这头怪兽能够活很久……我们现在都忘了波拿巴。"[110] 这无疑就是证据，尽管伦敦方面曾关注过波拿巴，但一旦他们认为法国已离投降不远时就把他抛在脑后了。

如果不是因为西德尼·史密斯那么喜欢法国——当然，是旧制度下的法国——并抱持着王党的理念，他作为一个英国人是不会给波拿巴开"通行许可证"的。他是个深度亲法派；他会说法语而且曾生活在法国，晚年他又选择回到这里，并埋在了巴黎的拉雪兹神父公墓。他与王党事业的联系格外紧密，而且是很多流亡者的朋友；并不难想象他会以一己之力制定出了同时符合英国和法国利益的政策。与这位早晚会举足轻重的人达成某种共识，不仅是捍卫英国在东方利益的方法，在他眼里，这更是一种结束革命，恢复合法王权的方法。因此，波拿巴的返回并没有特别的共犯。这不是法国政客与英国内阁达成的完整协议，而只是法国总司令与他的英国对手直接谈判达成的共识。

启　程

8月11日，波拿巴在与英国人会面后回到了开罗，他的习惯和时间安排没有丝毫改变。指令和训斥开始如雨点般砸向他的下属，就好像阿布基尔的胜利给法国在埃及的历史打开了新篇章一样；波拿巴像是在计划着长时间掌控新殖民地的命运。8月13日，他出席了纪念先知的仪式。但是他已经准备好了跟他一同返回的人员名单。没有一个幸运儿知道此事，除了那些在共识达成时就参与了密谋的人。尽管如此，如何能避免泄露？8月13日，工程师若马尔（Jomard）说，开罗的学院中"有个含糊的谣言，或者说是怀疑"：据说在亚历山大有两艘船准备返回法国。[111]

波拿巴开始为离开做准备了，他写信给拉尼斯将军告诉他，他将在"两天后"到默努夫，作为他尼罗河三角洲"巡检之旅"的第一站。[112] 同一天，他又告诉在亚历山大的海军上将冈托姆，他将在8月15日离开开罗，19日到达拉马尼赫（Ramanieh），他将在此等候登船信号。但是到了约定的日子，波拿巴不得不推迟他的计划：冈托姆告诉他船只在20号之前无法出海，也就是说，英国和土耳其的军舰仍在亚历山大海域巡航。波拿巴回复说，他将在18日出发并与重新被邀请来庆祝30岁生日的宾客会合。

8月17日夜，他终于收到了期待已久的来自冈托姆上将的消息：敌人的船走了。大门开了。拿破仑决定当夜离开开罗。夜里10点左右，总司令的马车开进开罗学院去接蒙日和贝托莱，二人早已收拾好了行装，他们还笨拙地试图消除同事对他们匆忙离开去往何处的疑虑。管不住嘴的蒙日这次依然没有辜负他的名声，因为当傅立叶一再质问他时，他愚蠢地答道："我的朋友，如果我们要回法国，今天中午前我们可什么都不知道啊。"[113] 当二位科学家到达波拿巴的住所时，后者正心不在焉地与宾客说着话，当他看到蒙日后，就把话题转向科学方面，时不时地走出去下命令。[114] 最后，在午夜，在和他的波利娜·富雷斯告了别后，波拿巴离开了参谋部。在他凌晨3点顺尼罗河而下时，拉尼斯将军和副官梅兰告诉了他正在流传的谣言："我的将军，据说您将在阿布基尔乘船返回法国。如果这是真的，我希望您回国之后，还能想起您在埃及的军队。"[115] 即便他早已打算要带梅兰一起走（梅兰现在还对此一无所知），波拿巴仍一口否定了他正准备离开。但是消息还是泄露了：贝特朗把要寄回法国的信给了拉纳，而拉尼斯告诉了布列纳波拿巴马上就要离开埃及。

波拿巴8月19日白天在默努夫。他在这次停留中要求在杜姆亚特的克莱贝尔在24日到罗塞塔见他："我有些极其重要的事情向您交代。"[116] 冈托姆告诉他他必须在24日中午前离开，他当夜再次启程。第二天夜里他抵达了拉马尼赫，在此地写信给梅努让他和克莱贝尔"到亚历山大和阿布基尔之间的泉水"与他见面。[117] 8月21日他离开了尼罗河，骑马向亚历山大前进。当晚在贝尔克－吉塔（Berket-Gitas）留宿时，他告诉了随从护卫此次旅行的真正目的。"每个人脸上都洋溢着喜悦。"布列纳写道。[118]

第二天在离亚历山大不到12千米时，波拿巴突然下令不进城而是向右走到海边。在那里，他接见了梅努。"今天晚上我就要回法国了。"他说。[119] 将接替他指挥远征军的克莱贝尔未能按时赴约，他让梅努将移交指挥权的命令转交给他，同时交给梅努的还有一份给军团的公告，几封告诉军官们他离开埃及的信。"当您收到这封信时，"他写信给朱诺，"我应该已经走远了。我很遗憾不能跟你一起走：你离我们的登船点太远了。"[120] 他向迪加保证他会在1800年春季之前带军队回家，但是他又向开罗的官员保证他3个月内就回来。日落之后他们开始上船。"小艇到达时，"梅兰写道，"每个人，不分地位和军衔，都冲向小艇，进入过膝的水里。他们如此着急，担心自己被落下。每个人都想成为第一个登上"缪伦"号的人，毫不留情地相互推挤。"[121]

1799年8月23日早上8点，舰队起航，中午时埃及的海岸就消失在了视野中。但是几个小时之后风向变了，开始刮西北风，4艘船的速度慢了下来。他们沿着非洲海岸慢悠悠地漂了20多天。怀疑英国人诚意的波拿巴，让冈托姆保密行事："漫漫长路让他们暴露在敌舰威胁下；一直处于北纬32°～33°内，不要远离非洲海岸。我们所在的海域，即使算不上完全未知，至少也是人迹罕至的，极少有船出现，而且远离从欧洲到埃及的正常航线。"[122] 没有船注意到这支沿着埃及和利比亚海岸航行的舰队，他们也没看到过其他船。不言而喻：这里一艘其他船只都没有。

9月11日，秋分前后的大风开始了。16日，舰队绕过了奥克雷角（Cap d'ocre）。22日晚，距离出发已经过去一个月了，在船员与旅客一同庆祝共和国成立7周年时，船渡过了兰佩杜萨（Lampedusa）。第二天夜里，船经过了邦角半岛，24日上午左右，船离开了比塞特（Bizerte）。一旦过了邦角半岛，危险就升级了：西德尼·史密斯无法保障波拿巴免于在西地中海巡航的英国舰队的威胁。一个无法排除的险情。波拿巴可能更加担心，因为西德尼·史密斯给他的报纸上说，纳尔逊的舰队已经进入了地中海。另一方面，他不知道的是，能够让他行程成功的是，法国、西班牙和英国舰队都离开了地中海：法西联合舰队7月8日返回了大西洋，英国舰队30日也跟过去了。在地中海的英国舰队只有马耳他的几艘船、奇维塔韦基亚的两艘、里窝那一艘，以及直布罗陀还有几艘：波拿巴舰队经过的海实际上已经空空如也。在他成功离开亚历山大的路上，运气并没有扮演什么重要角色，但在第二段旅途中运气却着实青睐于他。就像他总愿意说的那句话："在大事件中，有的人总是能获得机遇。"[123] 确实，运气总是成就大业不可或缺的帮手，如今它正站在波拿巴一方。

第五部分

渡过卢比孔河
1799

第 21 章

密 谋

波拿巴是当了逃兵吗？单从事实上看，是这样：他在没有被允许的情况下离开了埃及，还丢下了军队。[1] 但是，如梯也尔所说，这次"擅离职守"只是"他在一步登天的野心的驱使下进行的诸多孟浪举动之一"。[2] 他赌上了自己的前途命运。正如蒂埃博（Thiébault）将军所说，在法国等着他的不是"王座"就是"断头台"。[3] 历史学家们有时会对波拿巴的意图带有毫无意义的怀疑：他回去就是为夺权，没有其他理由。他在离开前就曾告诉梅努将军："我将回到巴黎，驱逐那帮既不在乎我们的死活也无力统治共和国的律师，而我本人将成为政府的核心。"[4] 他认为如今时机已经成熟了，该采取他从意大利返回时还不敢进行的行动了。人们会说他对欧洲和法国的局势几乎完全不了解。这倒是事实：他只知道战火已经复燃，而法军一败涂地；但这就够了。之前军事上的胜利 —— 尤其是他取得的胜利 —— 给这个政府多少带来了些许荣光，并因此延长了它的寿命，如今就连普通人也能看出，这一系列失败绝不是将军们的责任，而应归咎于这个政府和它的疏忽大意。而且，既然军事上的胜利已是这个政府唯一坚实的支柱，无疑战败将会使它垮台。但他仍需要及时赶回法国，才能利用这种局势为自己谋取利益。这也是为何穿越地中海的漫长旅途对他来说是一种酷刑。自己可能已经来迟了的想法折磨着他。最后，在 1799 年 10 月 9 日，在经过了四十多天的航行和在阿雅克肖停留了一周之后，船队在圣-拉斐尔湾下了锚。[5] 波拿巴在这里得到了政治和军事方面

的最新消息；就在那时，那个让他离开埃及的计划不再仅仅是他脑海中的
"白日梦"了。未来的前途和当下的局势对他来说已不再是秘密。

督政府的垂死挣扎

1799年春，法国与奥地利及其盟友俄罗斯的战争再次展开。茹尔当
败于德意志，谢雷则败于意大利，前去援救他的莫罗同样吃了败仗。只有
马塞纳力挽狂澜，在苏黎世挫败了俄军。但是意大利已经丢了，莱茵河边
境地区也受到了威胁。由于局势如此令人绝望，督政府最终决定召波拿巴
回国，这件事是他们不到万不得已时绝不会考虑的。当巴拉斯几周前建议
此事时，他们的回应是："为什么还要把他叫回来？我们这里想要篡权的
将军还不够多吗？"我们并不确定为何这位督政如此迫切地想要让波拿巴
回来：他是认为波拿巴是唯一一个能扭转军事局面的人，还是说他预见了
政府的垮台，想要让他曾经的受保护人站在他这边？战事数度失利后，巴
拉斯又一次提出了这个建议，这次成功了。召回波拿巴 —— 和 "其军团
之一部" —— 的命令于1799年5月26日签署，布吕克斯海军上将受命赶
去亚历山大。[6] 但是任务失败了。风暴、船只的损毁和本应跟随布吕克斯
一同前往的西班牙舰队的敌意断送了上将的希望：7月10日，他下令让这
支航向东地中海的船队掉头，前往直布罗陀海峡和大西洋。[7]

督政府没有继续尝试。他们现在有了新的问题。一年一度的三分之
一代表改选在今年又没能巩固政府的地位。果月十八（1797年9月4日）
的政变没有解决任何问题。的确，右翼反对派的嘴被封上了，但左翼反对
派又取代了他们的位置。1798年，督政府又把对付右翼的手段用来对付
左翼反对派。议会被迫参与了这次行动，但他们不会原谅政府曾让他们扮
演了如此耻辱的角色。随着1799年选举的临近，督政府意识到，在连着
两年靠发动政变来"订正"选举结果后，今年再来一次实在是不大可能
了。拒绝动用武力又无法指望立法团成员的支持，督政府决定这次把决定
权交给选举人。政府支持的大多数候选人的落选毫不令人吃惊，但是督政
府在这次考验中表现得如此虚弱，让立法团认为复仇的时候到了。

在"新雅各宾派"代表的带领下，五百人院发起了反抗。这些将要动摇督政府的统治基础，并在雾月十九日成为波拿巴夺权之路最后障碍的"新雅各宾派"是什么人？他们与其说是一个政党，不如说是一个界线模糊的联盟：他们宣称要在如今这个国境再次受到威胁的时刻，拾起前辈在1793年丢下的事业，但只有能未卜先知的人才可能知道他们想要的到底是什么。他们中有一些是恐怖时期的雅各宾派的残党。有一些是共和主义者——他们是大多数——他们真诚地相信法国已经回到了"祖国受到威胁"的时刻，也想要重建国民代表团的权力，以对抗政府决策层中的"篡权者"。还有一些是将军们——奥热罗、茹尔当、布吕内以及其他一些人——他们觉得自己为政府效命得到的报酬太少，并且不满于政府想要收回他们军团的控制权的卑怯企图。[8] 最后是少数"沽名钓誉并急于往上爬的政客"，以吕西安·波拿巴为其中典型。[9]

每年，立法团都要重新改选五名督政中的一位，这次轮到了勒贝尔，政府的重要支柱之一失去了席位。巴拉斯可能在暗中策划了这"改变命运的一击"。有人说他希望用他的一位密友勒菲弗将军替换勒贝尔；但是议会抵制了他的企图并选出了西哀士。这位前神父此时正作为共和国的代表驻于柏林——快要被冻死了——但巴黎的"真理"团体，包括新雅各宾派和制度改革拥护者为他铺平了回归政坛的道路。新雅各宾派还记得，他在1789年发表的惊世骇俗的《什么是第三等级？》起到的作用；而且他们也没有忘记，果月十八后他曾谴责这次行动中对王党分子的处理过于温和。制度改革者认为该给这位知道人们想要什么，已经在纸上起草了新宪法的人一个机会，新宪法考虑周全而且构思完善，将给予所有眼下没有答案的问题以决定性的回应。多亏了西哀士，颠覆1795年建立的制度成了可能，他从不掩饰对它的轻蔑：这难道不是一部"牙牙学语的宪法"*？当局势分外危急的时刻，大家都在寻找能够让共和国免于跌落深渊的"救世主"，很多人想起了西哀士。"除了他，"他们说，"没人能治理共和国并让它繁荣。"[10] 这句话几乎出现在每次谈话中，而邦雅曼·贡斯当并不是最

---

* 原文为"constitution ba be bi bo bu"，"ba be bi bo bu"是法国人学习5个元音时所用的口诀。

后一个在这位前神父身上下注的人。在选举后的第二天，他给西哀士写了
封信：

> 我将您的当选视为共和国的最后希望，可怜的共和国在过去的
> 18个月里与道德败坏和愚昧无知做了艰难斗争……1789年塑造了
> 公众奥论的人在10年后将其重新唤醒，这是毫不令人意外的……
> 您将比大革命以来的任何人都更有力量，更能得到民意支持，更能
> 获得广泛的信任。整个法国都厌倦了平庸和腐败，法国渴望着美德
> 和启蒙。[11]

督政拉勒维里－勒波对此的态度就大不一样了。他把共和三年宪法看
作自己的孩子，他明白，当西哀士替换了勒贝尔时，政府清算的时刻就
到了。[12]

危机在西哀士到达巴黎的第二天爆发。在几天的紧张，谣言和不安
后，议会在牧月三十日（1799年6月17日）逼迫五位督政中的三位——
特雷亚尔（Treilhard）、梅兰·德·杜艾（Merlin de Douai）和拉勒维
里——辞职。在五百人院带头发难的新雅各宾派代表想要最大限度地利
用这第一场胜利。战果包括：戈耶（Gohier）和穆兰占据了督政府的两个
席位，马尔博出任巴黎军区司令，布吉尼翁（Bourguignon）出任警务部
部长，兰代（Lindet）出任财政部部长，贝纳多特出任战争部部长。这些
都是不能小觑的，但还只是刚刚开始。他们开始推行激进的政治改革：动
员群众（6月27日）、在发生暴乱的省份扣押人质（7月12日），取消了热
月九日的庆祝活动（7月26日），向富人额外征收100万法郎税款（8月6
日）。看上去就像1793年的恐怖统治又回来了。甚至连雅各宾俱乐部都在
马内日厅（Manège）重建了，"自由与平等之友"曾在这里宣布国家正处
于危难之中。但现在已不是1792年或1793年了。贵族派暴徒在街上与马
内日的拥趸打斗；群众的暴动让许多叛党逃出了城市并加入了匪帮；从富
人手里借钱导致金钱从市面上消失，残存的经济活动也因之瘫痪。西哀士
背离了他的新雅各宾盟友，决定对总是遭到攻击的巴拉斯伸以援手。要不

是督政府此时获得了两个人的有力支持——吕西安·波拿巴和富歇——他们的政权可能撑不过这场危机。

波拿巴一族的幼弟自1798年当选五百人院代表后，就成了新雅各宾派的领袖之一。他直到此时还未原谅政府，但在1799年7月14日，他突然站出来，捍卫自己前一天还说要吊死的那些人。他是担心督政府在哥哥回来前就崩溃吗？这值得怀疑。[13]是巴拉斯威胁要曝光吕西安之前在他的干预下才侥幸脱身的丑闻吗？[14]也不是不可能。还是他看到了支持西哀士将比继续留在那个聒噪阵营里会获得更多？这也有可能。不管怎样，督政府在最敌对的阵营获得了一位有影响的盟友。喜闻乐见的增援，但可能还是不如被巴拉斯刚刚任命为警务部部长的富歇重要。

富歇是"极端恐怖"时期的残党，这个人执行了里昂屠杀，还是讷韦尔公墓山墙上所写格言的作者："死亡只是沉睡。"那个富歇属于过去，现在的富歇满嘴甜言蜜语，他性情温和又宽宏大量，但这并不意味着现在的他就比过去的他更接近真实的他。的确，他从不因狂热而使用暴力。他曾表现得如此暴虐是出于偶然，是由大环境决定的，他在暴力占据了主导地位时才会选择如此。他忍受了长时间远离权力的流放，尽管他为让罗伯斯庇尔倒台出了大力，但关于他的罪行的鲜活记忆让他无法免于责难。富歇无疑过于臭名昭著，以至于鲜有人会愿意和他联手。尽管他对此并不焦虑，这归功于巴拉斯为其提供的保护，巴拉斯虽不愿让富歇被看作是他的同党，但还是让他成了他的一名秘密警察。但富歇的生活十分窘迫，饿得半死，直到1797年巴拉斯让他参与了非法的军需交易。富歇处理这些见不得光的事是一把好手，并从中积累了一大笔财富。发了财之后，这位奥拉托利会（Oratorian）的前牧师学员也变得多少体面些了。果月十八后他离开了他的巢穴，1798年年底，巴拉斯把他从炼狱中捞了出来：督政府将在意大利和荷兰的秘密任务委托给他负责，他做得很好，而且在1799年7月，对铁腕之人的需求将他放上了警务部部长的位置。温和派惊恐地看着他的回归，而雅各宾派倒是高兴。几天后，前者安了心，后者放弃了幻想。正如斯特凡·茨威格所说，扫罗变成了圣保罗。[15]他用旧制度时代的礼仪接见圣日耳曼郊区来为流亡亲友求情的夫人们——有时还会把他们征募到即刻开始筹划的情报工作上，在他的罪犯（维多克）和他优雅的债务人（约瑟芬）之间——安抚，哄骗，与其说是惩罚不如说是警告，是为了让人们觉得他的眼睛无处不在，警察将成为一个失败国家的支柱，他正在成为羸弱政府中的强人。

当督政问起富歇他对于马内日俱乐部准备采取什么行动时，他简洁地回复："关了它。" 8月14日他就完成了此事。新雅各宾派被打击震惊了。他们花了几天来重整旗鼓，8月20日他们发动了进攻，而这将是他们在政治舞台上的绝唱。他们要求将西哀士和巴拉斯斩首，并呼吁重建救国政体。巴黎流传着一个谣言，而且并非空穴来风：一场政变迫近了。政府的倒台如此确定又如此迫近，许多人注视着事件的突如其来，希望更好地控制它的结果。西哀士的确认为这是可能的。他与吕西安制定了计划，进行了接触，甚至选出了"一把剑"：茹贝尔将军，他曾与波拿巴一同在意大利战斗并在此成名。但是茹贝尔刚刚在诺维战役中死在了奥地利人的子弹下，西哀士不得不推迟加固共和国根基的行动。在对立阵营，行动也在进行。茹尔当和奥热罗正在寻找一个机会，竭尽所能地想拉拢战争部部长。他们在浪费时间。贝纳多特是个优柔寡断的人。他是那种典型的英勇无畏的加斯科涅人，生来就桀骜不驯，但又缺乏责任心，他富有魅力，性格开朗，待人热情，很受士兵和女人喜爱，而实际上他天性怯懦。"他乍一看想尝试任何事，质疑任何事，而后他的热情就消解了，只剩下言语。"[16] 他是雅各宾吗？像以波拿巴为首的其他很多将军一样，他是野心家，而且受嫉妒心驱使；他无法容忍其他人而非自己成为他所在领域中最出色的那个人。巴拉斯很好地解释了贝纳多特的雅各宾主义："他似乎觉得自己肩负着与其他人野心斗争的任务。"[17] 他想加入督政府，他仔细聆听着下属们的建议，鼓励他们，但日复一日地推迟他从未给出的回复。尽管在1799年9月初有过一场雅各宾阴谋，但却因为缺乏贝纳多特的支持流产了。尽管如此，督政府在9月13日深夜的会面上对这一威胁给予了足够重视。西哀士劝说他们放弃贝纳多特，并发给他一封解除他部长职务的信，"以回应"他多次渴望回到前线指挥职位上的要求。他不高兴地回答："主席公民，我收到了您昨天下达的命令，以及里面附带的热情洋溢的信件。您接受了我从没要求过的辞职。"[18] 失去了他们在政府内最有影响的盟友，茹尔当和他的雅各宾派朋友开始退却了。

凯旋

政府离获救还早，但它赢得了一个缓冲期，尤其是因为国内的胜利——在南图卢兹和旺代的王党叛乱以失败告终——和9月19日布吕内在荷兰北部的贝亨（Bergen）取得的胜利，9月25日至9月27日马塞纳在苏黎世也再次获胜。西哀士和巴拉斯能松一口气了。督政们欢欣鼓舞，他们在形势最为危急的9月上旬，签署了召回波拿巴的命令，如今他们告诉自己，将军的返回可能不像他们曾想象的那么必要了。[19] 在没有他时，局势就已经明朗了。为什么要把他引入这场政治游戏让局势复杂化？因此在10月10日，第三封信寄给了波拿巴，建议他不用急着回来。[20] 巴拉斯和西哀士一样都没有意识到将军已经回来了，而且前一天就在弗雷瑞斯（Fréjus）登了陆。

如果波拿巴曾担心他回到法国时为时已晚，或是他曾一时认为局势已不再是他期待的那样了，那么弗雷瑞斯当地的官员和居民对他的欢迎想必打消了他的疑虑。当舰队接近港口时，人们聚集在码头，大炮鸣炮致意，海上满是迎接战舰的小船。"共和国万岁！"港口的长官喊道，"法国的救世主登陆了我们的港口。"[21] 布列纳向我们描述了，波拿巴是字面意义上的"被抬下了船"。[22] 他跪下来亲吻法国的土地了吗？报纸说他确实这么做了。他拒绝讨论政治，甚至在有人对他说"去吧将军，去吧，与敌人作战然后驱逐他们，如果你想，我们之后便可拥立你加冕称王"时表现得十分不适。[23] 同天晚上他离开了弗雷瑞斯，开始了一生中"最快乐的"旅途之一。[24]

如果他的人生中存在一个历史学家们没有任何争议的片段的话，那就是这个了。没人能够否认，热情的人们追随着他一路到里昂。我们至多可以补充，有信使在他即将抵达的地方宣告他的回归并组织庆典。而人们响应号召聚集起来，完全是自愿的。教堂鸣钟；村民们从山上下来夹道欢迎，而且聚集得太多太紧密以至于"马车难以前行"。[25] 晚上，由于担心遭到盘踞于此的盗匪袭击——波拿巴的行李在埃克斯（Aix）已经被抢劫了——人们轮流拿着火把绕着车走；山上闪着火光，城市灯火通明，到处悬挂着共和国的三色旗；市政长官前来迎接他，卫戍部队举起武器向他致敬。穿过了埃克斯省后，波拿巴在 10 月 11 日早抵达阿维尼翁。未来的将军布拉尔（Boulart）写道："看到这位伟大的人时，人群的热情达到顶点，空气中洋溢着热情的呼喊：'波拿巴万岁！'"他补充道："这是我第一次看到这位伟人。我热切地看着他，我处在一种狂喜陶醉的状态。"[26] 之后是蒙特利马尔（Montélimar），10 月 12 日到了瓦朗斯，13 日到里昂，他受到了凯旋仪式的接待。未来的将军马尔博和他的父亲，此时正前往尼斯，在接近城市时听闻了波拿巴的返回："所有的房屋都灯火通明，悬挂着旗帜，人们燃放烟火；我们的马车都难以穿过人群。人们在广场上跳舞，环绕着'拯救国家的波拿巴万岁！'的喊声。"[27] 有人临时创作了一出名为《英雄的凯旋》的戏剧向将军致意。尽管疲惫，他还是离开了住所前往克莱斯坦（Célestins）剧院，演员们没有足够的时间记台词，念白含糊不清，全场观众无人关心他们演的什么，那些跟着波拿巴进来的人眼睛就没离开过他。之后他回到了在喜剧广场的住所，人群在那里欢唱着他的名字。他在阳台上向人群致了两三次意。第二天，10 月 14 日，他动身前往沙隆（Chalon）。凯旋之旅还在继续。

运气再一次站在了他那边。首先，阿布基尔胜利的消息刚刚在他之前抵达，在将军登陆前他就是报纸头条了。在他前往巴黎的路上，法国人就读到了每一个被美化过的他在东方立下的功勋。如果克莱贝尔在波拿巴离开埃及后的控诉信先他一步到达会怎样呢？[28] 其次，他是带着胜利回来的。有人可能会反对这点，不是只有他一个人取得了胜利，而且他在阿布基尔面对的敌军以战力低下闻名，对法国也没有直接的威胁，这只是一场"微小"的胜利，与布吕内和马塞纳保护法国领土不受入侵的胜利不可同日而语。但是，报纸上满是波拿巴的凯旋公告，以至于让布吕内和马塞纳的胜利看上去只是东方军团的"陪衬"，就好像是波拿巴本人赶走了敌人一样。他从他没有打的仗里获得了好处。最后，他回来得绝对不晚，他在法国人准备好迎接他时回来了。

有人徒劳地提出反对，他们认为1799年的局势并不像波拿巴和他的追随者宣称的那般严峻，他们夸大局势的严重性只是为了将政变合理化。如果只是从学术上探讨这个问题，我们当然可以指出，尽管督政府统治下的共和国曾被认为是低效、无能又缺乏想象力的，但督政府仍成功通过清偿指券——当然，是以几乎让储户破产的价格[29]——为稳定财政体系铺平了道路，而且从行政到教育的很多领域，督政府都为之后执政府引以为豪的改革奠定了基础。[30]但事实上，督政府没有政治手段，甚至也没有意愿，来贯彻实施其中绝大部分改革。公众舆论对热月党人的评判并不基于他们的计划，而是基于他们的成果。没人指望这个不时动用暴力的虚弱政府能做什么好事，舆论对它做的每件事都不满意，梯也尔补充说，公众甚至拒绝相信政府偶尔还做过些好事。

一些人也指出，从根本上说，根据对经济主要趋势的研究，人们遭受的苦难已经快要结束了，下一次带有18世纪特色的经济增长将为它画上句号。的确如此：1802年时经济又恢复增长了。但问题是，关于宏观经济或是长期发展的分析，无法帮助我们理解当时的经济形势可能产生的影响。一个简单的原因：当时的人无法感觉到主要经济趋势；准确说，他们生活在短期而非长期的框架内。告诉他们法国在半个世纪或一个世纪的范围内一切都进展良好是毫无意义的；他们能看到的一切都十分糟糕：缺少货币，市场上也没有足够的商品，以物易物又回来了，无法通行的道路，土匪抢劫，税收增加，没有尽头的战争，无法让人信任的政府，遍地都是没有重建的废墟，贫困极其普遍——当然，除了那些革命后聚敛了大量财富的特权者和投机商。

即便是政府最近的成功也不能让人对它的未来有更多信任。"认为马塞纳在苏黎世的胜利拯救了法国是荒谬的，"梯也尔评论道，"苏黎世只是一个意外，一个缓冲。"[31]当冬天结束后，战争又会在不可靠的政府带领下继续，它的不可信和结构上的不堪一击与和平的障碍一样多。至于新雅各宾派，他们可能会再次崛起：右翼已经被驱逐了，他们完全有机会赢得1800年4月的选举，以及获得因巴拉斯五年任期将满而空出来的督政席位，以此掌控行政权力。对雅各宾派回归的恐惧——换句话说，是对恐怖时期的恐惧——在督政府的考量中占了很大分量。王党们错误地认为对共和二年"嗜血者"的恐惧会助他们事业一臂之力，即便大多数法国人都厌倦了大革命，厌倦了它的动荡、暴力和不公，他们仍重视大革命的成果——平等、土地国有化和共和军的胜利——而且一致反对旧制度，即便是他们不得不承认1789年前的日子比现在更好过。怀念过去，厌恶当下，恐惧未来，蔑视政府和那些想要取代它的人：法国人不仅过着与他们的领袖、议会和宪法"无关"的生活，而且他们已不再信任政客。[32] 后者曾对大革命抱有无限的热情，这种热情驱使他们把无限的精力投入政治活动去改变现状，而恐怖时期，以及之后对热月政权的失望，抹去了他们的信仰。激情变成了毫无保留的厌恶，表现为一种彻底的幻灭，人们的注意力转而回到私人领域，对与国家、政见或党派斗争有关的一切漠不关心，他们不相信能改变当下，同样也对能否掌控未来持怀疑态度。法国人不再相信大革命，他们将大革命视为彻底的崩溃，但也不相信恢复君主制后一切会变好。如果他们中的大多数都迎接了波拿巴的凯旋，是因为他就像一个符号，他象征的不是法国人已经不在乎的自由，而是胜利、和平和秩序。胜利？他难道不是不可战胜的吗？他征服了意大利，而他的继任者刚刚在几个月内把它丢了。他难道不是自东方得胜归来了吗？而且正因人们对其知之甚少，他在东方的胜利更增添了神话色彩，波拿巴就是胜利，他也是和平。他的名字不仅出现在里沃利还在坎波福米奥，短暂的和平被督政府的无能领导——所有人都这么认为——给毁了。在那时，谁能足够透彻地用洪亮而清晰的声音说明，无法让签署者接受的坎波福米奥条约必将带来战争，就像乌云会带来雷暴一样？[33] 如果波拿巴的返回看上去是对和平的保证，那同样也将是对"符合荣誉"的和平的保证，他空前的胜利确保了这一点；换句话说，法国的敌人会在法国不放弃任何革命时代的战利品的情况下放下武器。最后波拿巴还是秩序的象征。他确实参与了果月十八的政变，但尽管他继续忠实地留在那时的革命阵营，他仍谴责了政变对王党犯下的极端罪行。他不是另一场革命也不是反革命，他非左非右：实际上，他被认为将高举与旧制度和恐怖主义为敌的共和国旗帜，督政们也将这种理念作为自己的口号，但他们已无力捍卫这一旗帜了。尤其是，他有力量支持这一中间政策，这一力量此后不仅会影响其他人，也会影响他自己。在波拿巴回来后立即造访的米奥·德·梅利托证实了这点："我觉得他的口风比原来更加严密。他生来强大的灵魂在远征埃及的冒险的磨砺下更为坚毅，而且他充满着力量。"[34] 每个人都觉得有一种不可改变的东西在他的身体里，他逃离东方时最冷酷的插曲起了一定作用。他证明了他能做的事没有限度，这也让他之后能够尽量避免暴力。[35] 他的东方冒险让他成长了，还赋予了他非凡的特性。他不仅仅是一个从神秘的东方迷雾中回来的将军，而已经是一个传奇了，一个新的亚历山大，"一个现象"（斯塔埃尔夫人说）。[36] 他周遭的一切都已躺在废墟中，他显得尤为光彩夺目。在他不在的时间里，这里的人和事都看起来变得渺小了，他崭新地回来，洗刷了过去可能有过的污点和秘闻。普遍的崩溃让他看上去更加伟大了。

另一个因素也于他有利。大革命经历了所有已知的政治形式。君主立宪跟着路易十六一起完了，1793 年的民主陷入了暴乱和恐怖之中，督政府的失败又验证了评价 18 世纪政治的老话：大国无共和。车轮转了整整一圈，法国人怎能不相信君主制的复辟是无法避免的呢？1799 年时，"国王万岁"的呼声越来越高，这意味着此时人们认为完美的民主政治无疑只是革命的乌托邦，试图建立一个与个人化的君主制体系截然相反的"非个人化"的政府的探索也只是徒劳。法国人民已经准备好接受，或者至少是容忍，"法国历史上独一无二的伟大人物"再次崛起：国王，即权力的人格化。[37] 大革命已经尝试了所有用人民取代国王的方法，但都是徒劳。从一个篡夺者到另一个篡夺者，王冠从人民的头上落到越来越离奇的受益人手中，直到这个小小的科西嘉将军，以战场上的荣誉为根基，重拾了软弱无力的热月共和制度丢失的合法性，最终戴上了王冠。斯塔埃尔夫人对于波拿巴的归来，用几句话就概括了一切：

自大革命以来，个人的名字第一次被人民交口传颂。到目前为止，人们常说的是制宪议会、人民或者国民公会做了这样那样的事；

现在，人们口中只有这一个人，他取代了一切，让所有人都变得默默无闻。[38]

就像一个王党间谍毫不夸张地说的那样，波拿巴回来是要"彻底改变法国的面貌"，并履行他的承诺，以一种新的君主制度结束大革命，即便这是革命者无法想象的方式。[39] 我们还能从他归来时环绕在身边的赞扬中获知什么？他后来在一段塔西佗风格的文字中曾提起此事，虽然不免有些夸大，但却是事实：

> 当政府陷入可悲的虚弱和无止境的反复无常时；当它一次次地屈服于反对党的影响，始终缺乏计划，缺乏坚实的基础，暴露了自己的弱点，以及大多数公民不得不承认国家已经无法治理时；最后，当这个内部失效的行政机构又犯下了一个骄傲的民族眼中最严重的错误时，我指的是它在外部的失败，社会就会陷入迷茫的不安，政府只想着自保，眼光聚焦在自己身上，似乎想要寻找一个人来拯救它。在人口众多的大国中，总归会有这样的守护者，但他的出现有时需要时间。事实上，仅仅存在这样的人还不够，他必须为人们所知，他自己要意识到身上的使命。在那之前，所有的努力都是白费的，所有的策略都是无用的；大众的惰性会捍卫岌岌可危的政府，即便它不称职又软弱不堪，敌对的努力是战胜不了它的。但是当他们苦苦等待的救世主突然证明了他的存在，国家的指令召唤他，他面前的障碍都被清除，而且大众都飞奔而来，似乎在说："他在那！"[40]

波拿巴显然不是所有法国人的"英雄"：世上本来就没有全体一致的事情。但重要的是另一方面。尽管他没有被所有的法国人赞颂，但他为罗讷河谷的农民和巴黎、里昂的居民所称颂，而且雅各宾派和王党对他的返回都感到满意，尽管出于不同的原因。确实并非所有的雅各宾党人和所有的王党都喊着"波拿巴万岁"，但是因为有一些王党、一些雅各宾派和其他一些人喊着"波拿巴万岁"，所以人们可以说他从埃及的返回受到了整个法国的欢迎。他有理由认为他的返回并非一个公民、一个将军的回程，而是一个"统治者回到了他的国家"。[41]

夫妻之间

波拿巴在10月16日早上回到了巴黎。为了躲开欢迎他的人群，他走了经讷韦尔和蒙塔日的路线，而非更直接的从里昂经沙隆到巴黎的路线。倒不是他害怕督政府的反应，而是他认为返回首都的路上没必要太过招摇以至刺激到它。一切进展顺利：督政们有那么一瞬间想过把他当成逃兵送上军事法庭，但最后还是隆重地迎接了他。[42] 他们只得吞下苦果，因为他们不能——西哀士明智地指出——表现得"比法国更为严苛"。[43] 但是将军和政府间的坚冰已难以融化，以拥抱结束了这个"双方都不坦诚的"会面。[44]

波拿巴的心思已经在别处了：他回到家时，发现家里空无一人。当他抵达巴黎时，他还像一年前从朱诺那知道了夏尔上尉的存在后写给约瑟夫的信上说的那样，想要和妻子离婚吗？如今已是时过境迁，他也有了"贝利洛特"。他想象过约瑟芬像一个忠贞的妻子（当然她并非如此）那样在壁炉边等他吗？她不在胜利街的房子里的事实，让他想起了在米兰的不快，又萌生了离婚的念头。在与督政们会面后，他第一个拜访的就是巴拉斯。毕竟这位督政是建议他和约瑟芬结婚的人。巴拉斯听了他对自己不幸的夫妻生活的叙述后，像个真正的调解员那样说道，离婚？就为这点事？生活不就是交易和妥协吗？坊间传闻怎么说？会怎么嘲笑他？他想过吗？最后，他巧妙地补充，波拿巴真的后悔这桩对他未造成危害的婚事吗？远不至此：难道不是靠约瑟芬的帮助他才有今天吗？她对他没用了吗？[45] 波拿巴拒绝听从他的劝解，第二天他又对科洛（Collot）说了他的问题，金融家给的建议和巴拉斯一样，但也得到了同样的回复："不！我决定了！她决不能再踏进我家了。"[46]

约瑟芬10月18日晚上抵达，她还带着奥尔唐斯。四天来她一直在法国的道路上寻找着拿破仑。她已经有一年半没有他的消息了。她并不是特别思念这位她自己口中"喜欢到能容忍他的那些小缺点"的丈夫。[47] 她跟着丈夫到了土伦,在回到巴黎前又在普隆比耶温泉停留了许久。在巴黎,她恢复了喜爱的奢侈生活:参加舞会,大把的时间与裁缝在一起,用她的关系帮助所有求她的人,从来不拒绝。尽管她仍要躲债主,但还是借钱购置了一见钟情的马尔迈松宅邸及周围的地皮。[48] 她又见了伊波利特吗?她是否与用自己的方式保持对她忠诚的巴拉斯重新联系了一两次?她迷恋上了督政的一个副官吗?她丈夫死去的谣言时常扰乱着巴黎,她却一点也不受影响。毕竟,她也在进行着战争,而且敌人并不比土耳其人好对付:她的婆婆和她丈夫的兄弟姐妹,他们从不放弃任何机会来诋毁她。她找到了一个新的保护人:戈耶督政。他小心翼翼地追求她,每天4点都来,向她献殷勤并沉浸在她散发的光辉下。这是对抗约瑟夫和吕西安的阴谋的有力外援。10月13日,当她的丈夫在弗雷瑞斯登陆的消息传来时,她正在戈耶家里吃晚饭。"我要去见他",她对戈耶的妻子说,然后起身,急忙去圣日耳曼接了奥尔唐斯。[49] 当天晚上她就离开了巴黎。约瑟夫也是,他带了吕西安、路易和妹夫勒克莱尔,就好像靠家族人数上的优势就能胜过那个不忠的妻子一样。约瑟芬的马车经过桑斯、茹瓦尼和欧塞尔。在沙隆,她遭受了晴天霹雳:波拿巴正经讷韦尔返回。[50] 她惊慌失措。他必定已经在胜利街了,可能正被整个家族围着呢。她掉头折返。当她回到巴黎时,她发现只有她一个人。波拿巴的兄弟们也走错了路。[51] 他们在她之前赶了回来,而且吕西安已经和他哥哥见过面了。他们谈了约瑟芬吗?不清楚,但是拿破仑可能没告诉弟弟,他不喜欢他亲近巴拉斯。

　　波拿巴已经下令不让约瑟芬进来。她推开看门人冲了进去……发现自己的行李被放在门厅。之后她开始大吵大闹,在卧室紧闭的门前哭泣哀求,还叫来了奥尔唐斯甚至是欧仁一起哭。波拿巴妥协了,或者他认为他已经让她明白逃跑的灾难性后果了,他开了门,任由妻子的手臂环绕自己的脖子。第二天早上,迎接吕西安的是躺在丈夫旁边容光焕发的约瑟芬,前者是来看这个"老女人"——他这么叫约瑟芬——是否被最终扫地出门的。几个小时后,波拿巴对来吃午饭的科洛耳语道:"您觉得我还能怎么样呢？人总是有弱点的。"[52]

约瑟芬夸口说发现"波拿巴比以往更爱她了"，但他们的关系并未恢复成之前的样子。[53] 约瑟芬没有忘记她濒临断绝关系的晚上，她学会了谨慎，但是她也失去了支配丈夫的优势。可能这次危机反而让她对"波拿巴"产生了新的感情，她此前用自己的方式漫不经心地爱着他。毕竟，他变了，而且这一刻她终于明白了，她与波拿巴结婚，如弗朗索瓦·傅勒所说的，是"大赚了一笔"。[54] 至于波拿巴，他最后屈服了，可能私下里满足于妻子的胜利，因为这让他此时可以把全部精力投入政治问题。但从那时起，空房子的记忆就刻在了他的脑子，这也告诉了他很多关于他们婚姻的现实。即便约瑟芬此后迷恋上了她的丈夫，拿破仑也无法找回曾经对她的爱了。一种"习以为常的温柔"取代了它。[55]

政变的原因

至于对待公众，波拿巴采用了他从意大利回来时的办法：采取了十分共和派的谨慎态度，保证自己即便不能完全免于怀疑，至少也不会招来正式的指控。因此他不常出门；但是尽管他不去找人，人们却来找他了。最先来的是他的兄弟们，随后是他在意大利军团的旧部和塔列朗，他接待塔列朗时，似乎忘记了这位前外交部部长在任期间，并没有履行他前往君士坦丁堡获得转让埃及协议的诺言。之后约瑟夫还把他的那些立法团代表朋友和作家朋友带到了胜利街；用泰纳的话说，"聪敏的共和国"往来于波拿巴的家。"穿靴子的共和国"也不甘示弱。穿制服的人也络绎不绝。他的餐桌对所有人开放。这里的午餐和晚餐总是匆匆吃完，微笑的约瑟芬和时而缄默时而慷慨陈词谴责政府的波拿巴主持着餐会。他观察着宾客的反应，他会小声对赞同他的军人耳语，仿佛他们早已站在他这边了一样："把你的地址给贝尔蒂埃。"政府中的许多官员也时常出入将军府上，而且勒德雷尔已经观察到了"毫不避讳的把最高权力交给他的意见，每个人都支持他；他已经获得了最高权力，尽管还没有开始运用这一权利，但没有他的同意也无人可以行使这一权利"。[56] 政府已经不再是政府；各个党派屏息看着这个被人们称为"初升的太阳"（马尔蒙语）的人。一切都取决于他将采取的行动。大家都心照不宣，是他，也只有他握着未来的秘密。

但是，如果认为雾月政变是"轻而易举的"，那就大错特错了。[57] 权力不会自动交到波拿巴手上，他得去夺取它。政变势在必行，是因为无论有着多强的合法性，它都无法自行授予权威。这里依然有一个政府，无论怎么不堪一击，都不可能自动放弃权力；而且还存在着一部宪法，即便是它备受质疑，即便它一直被政治伎俩削弱，它仍界定了合法与不合法，正当与不正当的区别。

更甚，宪法禁止了未来5年的制度改革。有人会说，在舆论倾向修改宪法时，修正程序的刻板使得政变有了正当性。在这种情况下，人们真的可以谈论"政变"了吗？相反，重要的是找到绕开法律障碍的方法，以便实行每个人都不想等到5年之后的改革。这番强硬的修正只在无用甚至危及共和制度存续的法规下才是非法的。就是在这种精神下，西哀士整个夏天都在为政变做准备，他将这看成为革新共和国而做的简单修正而非颠覆，这将由合法的政治权威主导，由议会执行，同时，军队——将由茹贝尔将军充当"利剑"的角色——将在必要时出面消除任何可能的抵抗。

由于波拿巴的声望和人格，这一通过非常手段进行的修正变成了一场真正的政变。回溯雾月十八时，易如反掌的胜利使人们低估了这一计划的困难程度。但是，有人会提出反对，大革命时期法律尊严屡遭侵犯，没人会反对再次破坏它。别忘了这个法律总被人民和他们选出的代表嘲笑。因为在极端情况下，人民（或者代表他们的少数人）使用特别手段来废立法律是一项基本的权力，所以动用暴力是合法的。每一场革命政变都以将选举权交回人民手中为名。奇怪的场景：正统性的新原则——法律——成了被攻击的靶子，这却没有损害法律的理念。这理念挺过了一切破坏，仍保留着至高的价值，是革命者追求的地平线和需求庇护之人的港湾。即便是恐怖时期也没能抹去法律的声望。在救国委员会的罪行和督政府数不清的违法行为之后，它仍延续着任何决定都必须依正当程序作出的原则，无论它是多么与法律或道德背道而驰。因此再高的人望也不能使波拿巴免于被指控为篡权者。军队不能像之前一样用巴黎军区的几千士兵取代人民的作用。波拿巴不能自称代表"人民主权的意志"，因为他没有在政府中拥有任何官位，他也不能指望获得已有很长时间没能在政治斗争中发挥作用的军区的支持。想要夺权，他就得推翻现行的法律，而且不能再用他的前辈们用过的借口。最像文官的将军也毕竟还是将军，他不可能没有意识到大革命终日活在对凯撒、克伦威尔或蒙克颠覆自由的恐惧下。即便得到了广泛的认可，倘若波拿巴用明确的军事手段攻击政府，他就得料想到自己会成为公众眼中的叛乱将军，就像之前的拉法耶特、迪穆里埃和皮什格鲁那样：不是因为他将攻击制度本身，而是因为他之后可能会攻击至少理论上支持他的那些原则——自由和人民主权。就是这样，他意识到了必须要获得共和国中至少一位领袖的支持。为了让他的政变获得文官的支持，他甚至要非常谨慎地表现出对法律的尊重。出于所有这些原因，政变的准备工作花费了波拿巴数个不眠的夜晚，进行了大量的工作，毕竟他想在成功之后获得认可。

谋划、准备和协商

　　所有党派在他回归后都来找他。这意味着他已有了盟友人选？巴拉斯？名声太坏。雅各宾？太不得人心："在和他们携手达成目标之后，"他说，"我就不得不立刻对付他们。"[58] 那么西哀士呢？他不是空着手来的，而是带来了和吕西安夏天制定的计划——这两人考虑在茹贝尔的帮助下推翻督政府。有了一部宪法方案和包括元老院大多数代表及法兰西学院中掌权者在内的众多支持者，他就能被看作代表了"国内的多数派"。从一开始，波拿巴就倾向于西哀士，西哀士也倾向波拿巴。听到将军回来的消息，这个旧制度时的神父告诉吕西安："现在，我们应该聚集在你哥哥的身边。"[59] 这两个人彼此需要，而且都对此心知肚明：将军要夺权，督政要颁布他的宪法。波拿巴迟迟不做决定，是因为他不想使那些他内心深处不打算与之结盟的人惊恐。他想让每个人都怀有自己最终会到他们阵营去的希望。友好关系确立缓慢的另一个原因是：两个人都不太了解对方而且也不太喜欢对方。在他们中间，首先是年龄不同：西哀士已经50多岁了，波拿巴只有30岁；前者代表过去，后者代表未来。此外，西哀士是隐秘的，而波拿巴则只活在光天化日下。没有人比西哀士更能代表革命特性下的热情和精神；波拿巴则是怀疑论者和现实主义者，厌恶理论和理论家们。他说西哀士是"满脑子不切实际幻想的老头"。西哀士则说他是"当他想让共和国上他的床时就会睡她的年轻冒险家"。[60] 他们之间有敌意也有傲慢。如雅克·班维尔写的那样，他们都是"如此伟大的人"，无法靠简单的会面，或是握个手就能成为盟友。[61] 这是虚荣心的问题，同时还涉及更重要的事：我们如何去想象这两个人中的一个迈出第一步成为另一个人的垫脚石？至于波拿巴，加入西哀士在6月组织的密谋是没有问题的：相反，他让西哀士明白，他，波拿巴正接受着督政府的帮助。当吕西安建议哥哥去见西哀士时，波拿巴回复说时机还未成熟："我还不适合被涂上政党的颜色。"他告诉弟弟。[62]

他确信不久就会与西哀士达成共识，波拿巴将主要精力放在寻求竞争对手的信任上。除了莫罗将军主动保证给他提供帮助（无疑多少有些口是心非）之外，军中没有其他重量级人物表现出同样的热情。奥热罗、茹尔当、贝纳多特——尤其是约瑟夫的连襟贝纳多特——都没有拜访过胜利街。波拿巴和贝纳多特各自的随从人员都忙着在幕后促进二人的友好关系，但是最终10月27日胜利街的会面毫无进展。第二天晚上二人离开法兰西剧院时刻意安排的"偶遇"也没有什么结果，在约瑟夫在蒙特枫丹的家中长谈后，二人冷淡地离开了。波拿巴在10月30日回到了巴黎，有另一场会面等着他：对方是巴拉斯。

梳理这位督政在这即将导致他垮台的关键几日内的情感并不容易。他看上去很自信，确信波拿巴不会背叛他的前保护者，他手里的底牌加强了他的信心：首都军区司令勒菲弗，以及富歇和雷亚尔两位警察长。[63] 他可以在一定程度上居于幕后，确保可以迅速扼杀未经他批准的任何企图。要不是雷亚尔告诉他将军正在与西哀士达成共识的边缘，他可能会有更多的时间组织一下思路。巴拉斯慌了，决定尽快与波拿巴进行坦诚的讨论。至于波拿巴，他不能忘记巴拉斯总是"在他面前示好"。而且巴拉斯曾经还是个军人：他们属于同一个世界，能相互理解。另一方面，巴拉斯是这个无能政府令人厌恶的标志。尽管惯性支持他与巴拉斯联手，但理智却反对他。波拿巴知道与他决裂并非易事，而且巴拉斯也于他有利。巴拉斯被证明是愚蠢的，他认为自己高这位访客一等。当他说他打算建立美国模式的共和国总统制，并且半玩笑半认真地建议埃杜维尔（Hédouville）将军担任此职，波拿巴离开了桌子，猛地摔上了门，去见了西哀士：

> 我在那里只待了5分钟，他不值得考虑，而我对他说我之后可能会告诉他我会站在他那边。"那就成了？"西哀士说。"对。"我们握了手。"明天我们商量具体方法。"我走了。[64]

但是波拿巴并没有完全与巴拉斯决裂，雷亚尔成功劝说后者第二天前往胜利街尝试重新黏合裂痕。波拿巴讲述了这次会面：

> 我得知巴拉斯来了我家；他像平常一样歪戴着大礼帽，拿着手杖。我还在床上。他通报了一声，他进来了……"我晚上想了一下，"巴拉斯说，"你昨天〔和我〕说的话。我认为最好是让你掌权。""我身体不好，"我说，"我在热带气候下受了罪。三个月之内，我什么也做不了。"以及别的诸如此类的话。我已经做了决定，我另有诺言了。[65]

巴拉斯离开后，他又说："这人没救了。"[66] 他是没救了，但要小心对待。波拿巴让这位督政相信最后一分钟还有达成协议的可能。他甚至在11月4日回到了卢森堡宫："我的利益就是您的；我们的事业捆绑在一起。"他可能这么告诉了巴拉斯。[67] 重要的是不让他起疑心。就这样，在6日，一个令人印象深刻的代表团出现在卢森堡宫，约瑟夫和塔列朗带头，向巴拉斯保证了波拿巴的友善。波拿巴在第二天最后一次见了这位督政。交谈很简短，波拿巴保证晚上会回来。巴拉斯白等了一场。夜里晚些时候，布列纳来告诉他将军不能来了。这位督政周遭的事物好像一切都崩塌了："我知道波拿巴骗了我，"他说，"他不会回来了。结束了。但他的一切都应该归功于我。"[68] 波拿巴最后离开了他。这次,这头"老狮子"终于死了。他周遭一片空旷。雷亚尔也毫不犹豫地放弃了他,而且,权力会吸引权力,11月3日,富歇出现在了胜利街波拿巴的家中,正式转换了阵营。

政变的计划

10月30日波拿巴在西哀士家中做了短暂停留。决定性的会面发生在11月1日的晚上,在吕西安米洛美斯街的家中。虽然没有期待拿破仑表现出明显的热情,吕西安还是对哥哥的冷漠感到不适。首先波拿巴做了一些努力,他说他对西哀士的天才本领有足够的信心,西哀士一定可以为法国制定一部它所需要的宪法,但是谈话突然急转让督政吃了一惊:"是时候采取行动了,"波拿巴告诉他,"您决定了您要做的每件事了吗?"西哀士试图把话题引到宪法上,这是他唯一能压倒波拿巴的领域,但后者没有上当,不等西哀士说完就打断了他:

> 这些我都知道,我弟弟都告诉我了;但您若是打算将一部新的、完备的宪法展现在全法国面前,就必须气定神闲地对其进行逐条讨论。这不是一朝一夕可以完成的,我们没有时间了。因此,我们得有一个临时政府管理过渡时期,一个立法委员会来准备一部合理的宪法并且将宪法提交给人民投票通过。至于我,我不会接受任何未经自由讨论、普遍赞同和有效投票产生的东西……您只要关心进入圣克卢宫(Saint-Cloud)以及建立临时政府的事。我认为政府应该限制在三个人;这很有必要,我同意担任临时执政之一,另外两个是您和您的同事罗歇·迪科(Roger Ducos)。至于最终的正式确定政府,就又是另一回事了;我们就看您和立法委员会的决定了。我会支持你的决定;但我保留我部分行政权力或军队指挥的权力。这些全依靠您的安排。[69]

西哀士被震惊了。波拿巴提到了要成立一个宪法委员会：这不是要限制西哀士的工作并给了波拿巴修改它的途径吗？他还要求最终的文本要先公布获得人民的认可，这和这位前制宪议会成员的原则不符。他对这些不是很高兴。看到西哀士面色阴沉，波拿巴也生气了："您不打算把计划递交给委员会吗？至于我，不多说别的，这件事我坦率地告诉你，别再算上我。想想吧。你什么时候想好了我们什么时候再见。"然后他就走了，任由这位前神父在吕西安面前宣泄自己的愤恨。

几天后两个领导人最终达成了协议，该中间人发话了。塔列朗和勒德雷尔奔走于胜利街和卢森堡宫，确保获得必要的支持和为政变进行重要准备。

雅克·班维尔称这个计划"充满漏洞"。[70]这是肯定的，因为它的目标不明确——西哀士和波拿巴，尤其是后者，都小心翼翼地避免清晰地描述出在推翻督政府后要建立怎样的政权。但实施这个计划的手段却并非如此。政变的准备确实很迅速，但也并未像自托克维尔以来，那些嘲笑参与其中的"公民"和"知识分子"的人认为的那么随意。几天就足够了，因为计划在西哀士准备"茹贝尔行动"时就已经制定出来了。此外，把计划的不完善怪罪于时间仓促是错误的：他们是想尽可能采取合法的行动，武力只是作为最后的手段。对法律的尊重也仅仅是表面。共和三年宪法不仅被禁止在1804年前做任何修正，而且规定了一般立法团不能执行制宪权。在这一层面上来讲，必须要违反宪法才能对其进行修正，而且两院的权力关系并非对政变方有利。虽然他们已经确保了元老院会站在自己这边，但五百人院还远非如此。尽管如此，必不可少的军队增援不是为了逼迫五百人院通过宪法修正案，而是为了防止他们在议会外寻求支援。大革命当天的记忆仍在人们脑海里，政变方担心郊区爆发反政变起义，尽管看上去可能性不大。他们认为必须孤立议会。

共和三年宪法本身就提供了解决办法：为了防止1793年5月31日和6月2日国民公会被包围与外界失去联系之事重演，它授权元老院可以将立法团迁出首都。他们可以假称有一场迫在眉睫的阴谋，借此通过表决，将立法团迁到圣克卢宫并由军队保卫其安全。根据宪法，这一法令一旦通过就不可推翻，无论是五百人院还是督政都不可将其撤销，而且直到立法团聚集到元老院指定的地点前，两院都处于休会状态。

这个计划的好处是在迁移法令通过后的暂时散会期间，五百人院都处于瘫痪状态，召开临时会议的圣克卢宫不仅离首都不远，而且只需少量军队就能轻易控制其进出通道。但是这个计划有一大劣势：完成政变需要两天，第一天迁移议会，第二天才能实现政权更迭。若能尽快推进事态，利用代表们的错愕来操纵他们，可能会更加有利。中间的时间间隔肯定是个不利条件，但无法避免，除非在雾月十八日的头几个小时实施一场纯粹的军事政变。即便程序本身非法，但若想完全通过议会的正式手段完成政变，就不得不需要这个中间期，无论这有多危险。这是做足表面功夫所必要的代价。

最后的高层会面

三四天足够改善计划和分配角色了。政变者的活动，即便已经很谨慎了，但也无法完全不引人注意。谣言开始流传了。[71] 实际上政变的成功，相比政府对密谋的忽视，更要归功于他们不想知道消息灵通人士所知之事。贝纳多特告诉过巴拉斯，迪布瓦－克朗塞（Dubois-Crancé）早就知道，穆兰什么都不知道，戈耶则不想知道。波拿巴对当权者可能采取的反击一点也不关心，最初政变的日子被定在11月7日（雾月十六日），他在最后一刻要求推迟两天。原因吗？他在11月7号那天邀请了茹尔当吃饭。他想要有一个最后的机会来说服这位同僚，就算他不加入行动，至少也不要反对。这一最后的尝试确实值得小小拖延两天。

茹尔当不是一个可以掉以轻心的对手。左派视他为领袖，而且尽管他近日在德意志战败，但对众多法国人来说他仍是瓦蒂尼（Wattignies）和弗勒吕斯（Fleurus）的胜利者。此外，他因公认忠于政治信仰——可能有点矛盾——而在这个信仰多变的群体中颇有影响力。茹尔当是有影响力的，因为他备受尊重。而且他被所有的党派尊重，因为，即便他被看作是雅各宾派的领袖，但他不缺乏温和精神和判断力。这方面他和奥热罗或贝纳多特不一样。茹尔当尽管知道自己是反对派的领袖，还是接受了责任和义务。但是，当然了，他也有自己的利益去维护；从一个在美洲打仗的大头兵到现在的地位，他升迁太快了，他担心自己会因站错队而万劫不复。他被他的党派束缚，荣誉让他无法放弃它，但是他也想让他的党派采取更加温和的立场，而且希望能与波拿巴达成一个协议。

大多数雅各宾党人不是敌人，相反他们是潜在的同谋者，需要对付的是贝纳多特，以及特别是奥热罗，他总是给任何想听的人重复，他会给这个"埃及逃兵"点颜色看看。[72] 10月30日，波拿巴在巴拉斯家吃晚饭时，同样从蒙特枫丹回来的贝纳多特召集了雅各宾派的头面人物。会面中各方争执激烈。茹尔当一番苦战才获得了温和的执行策略。与奥热罗的观点相反，他成功地劝说了对方接近波拿巴并给予他雅各宾派的支持，助他掌权。茹尔当去了胜利街，但波拿巴已经出去了。得知了茹尔当来访后，波拿巴约他11月7日共进午餐。

那天吃过午饭后，两个人走进了花园，茹尔当告诉了波拿巴他朋友们的建议。他预料到东道主会如此尖锐地回复他了吗？

> 我不会与您和您的朋友共谋任何事，你们没有占到多数。你们宣布祖国处于紧急状态的做法已经吓到五百人院了，而且你们还和那些玷污你们的人一起投票。我相信您和您朋友们的良好意图，但这件事上我不能和您合作。但是别担心，将要做的一切都是为了共和国的利益。

茹尔当没有坚持。在离开时，他提醒波拿巴，他不想要内战：这是一种保证中立的方式，只要命运不与之对抗。现在没有什么能阻止波拿巴了。

前一天晚上，他去了胜利神殿（temple de la Victoire，即圣-叙尔比斯教堂），议会在这里为他和莫罗举办了庆祝晚宴。当他6点钟抵达时，700名宾客都在等他。尽管墙上旌旗如林，场内演奏着专门为庆典谱写的乐曲和赞美诗，还有两位特别嘉宾的祝酒——波拿巴的是"敬所有法国人民的团结"，莫罗的则是"敬共和国忠实的盟友们"——但气氛却是严肃、冰冷又阴暗的。法兰西报的记者写道：

> 晚宴安静、短暂而且不是十分愉快。乐器的演奏取代了谈话。而且，据说大多数客人出席前都吃过饭了。他们出于礼貌坐在桌边；而且，总的来说，这顿饭吃出了外交礼仪，克制的气氛下不同政见者可以自愿地参与同一场舞会，掰开同一块面包，可以同桌吃饭，尽管他们并非密友。[73]

奥热罗、茹尔当和贝纳多特都没有接受邀请。但是督政们在，还有五百人院的代表，他们急不可耐地坐到了那些毫不怀疑现政权已是风中残烛的人的旁边。波拿巴的副官拉瓦莱特写道："那些参与密谋的人守口如瓶，不想冒险与旁边可能政见不同的人聊天。"[74] 波拿巴并没有刻意掩饰自己在这群不熟悉又厌烦的立法代表中的不自在，或者在逼近最后行动时充当次要角色的厌烦。"快结束吧！"他好像在这么说。两个小时后，一口食物没吃，也仅和人握了几次手的波拿巴悄无声息地离开了会场。热月共和国在刚才进行了最后的演出：它的生命只剩下不到两天了。

第22章

雾　月

　　执行督政府的轮值主席公民戈耶在雾月十八的前夜可没睡好觉。[1] 他正躺在小卢森堡宫底层的住所——督政的官邸——里假寐时，一位侍者来叫他：公民博阿尔内来访。戈耶起来了。欧仁凌晨1点来干什么？戈耶前一天像往常一样拜访了欧仁的母亲约瑟芬，后者告诉他，她和波拿巴将于第二天来他家吃晚饭。这个年轻人是来告诉他他们不来了吗？如果是这样，那他真是选了个古怪的时间啊。欧仁交给了他一封信。是约瑟芬的来信："亲爱的戈耶，明天早上8点带上你的妻子来和我吃早饭。请务必前来，我有些有意思的事跟你说。"[2] 欧仁离开后，戈耶回了卧室陷入沉思。为什么约瑟芬想这么早见他？她和她丈夫保证了下午2点左右来卢森堡宫。她会有什么"有趣的事"告诉他？若他有着多疑的天性，戈耶就会想起指控波拿巴煽动政变的战争部部长迪布瓦－克朗塞给他的警告。唯一有疑问的就是政变哪天发生，他说，或者说是几点发生。但是戈耶拒绝相信这些遍布巴黎的谣言。自从将军10月16日从埃及回来抵达首都后，没有哪个部门、哪个沙龙或是哪个咖啡馆不在重复着同样的东西。戈耶听了太多这类谣言了。经验让他不去轻易相信。就算迪布瓦－克朗塞的报告让他烦恼，那么将军说雾月十八日将来和他共进晚餐就足以安抚他了。[3] 他确信，第二天将无事发生。

大革命的最后一天

他睡了多久？噪音吵醒了他。外面传来一片喧闹声：武器的声音，脚步声，没有针对特定人员的命令声，靴子的声音和马的嘶鸣……他起来了，拉开了窗，打开百叶窗，惊骇地看到守卫督政府的卫队正在准备行军。在步兵和骑兵中间，他看见了卫队指挥官朱贝（Jubé）将军，并向他喊道："将军公民，您在这干什么？"——"主席公民，如您所见，我在集合卫队。"——"我当然看到了，将军公民；但是你为什么要集结卫队？"——"主席公民，我要检阅他们，然后进行一场大演习！"[4] 很令人费解。他之前没听到半点风声。他不再追问，看着军队离开了卢森堡宫，之后又在窗前呆立了一阵，听着士兵的脚步声和马匹的嘶鸣。然后他又回到了床上，怀疑今天晚上还能不能睡个安生觉。

当戈耶努力重返梦乡时，杜伊勒里宫内却烛光闪亮。拉着窗帘的元老院办公室内，会厅监管（inspecteurs de la salle）——我们今天所说的议会总务——还在熬夜办公。他们都是重要人物：宪法赋予了他们召集议会和调动立法团卫队的权力。他们之前下令让卫队的人数翻了一倍，如今又命令全副武装的士兵一大早就包围了杜伊勒里宫。在几位办事员的帮助下，他们草拟了一个会议召开通知，会议时间极不正常：早上7点。需要通知的代表名单草拟得分外仔细。

在胜利街波拿巴的家，蜡烛也燃着。贝尔蒂埃正在最后给巴黎卫戍部队和国民自卫军的指挥官写信，请他们早上6点抵达将军的住所，务必要穿制服。像杜伊勒里宫一样，这些指挥官们中也是有的人被告知了将要发生什么，有的人则被排除在外。波拿巴本人也亲自写了一些信——一封是给巴黎军区司令勒菲弗将军的，还有就是给莫罗将军和麦克唐纳将军的。跟着波拿巴从埃及回来的军官们被要求帮助起草一份可信的军官名单：马尔蒙负责炮兵，缪拉负责骑兵，拉纳负责步兵，贝尔蒂埃负责将官。当朱贝将军带着军队离开卢森堡宫时，立法团卫队的军官和波拿巴的副官正敲着这些代表和军人们的门把他们叫醒。

在泰布特街，有3个人跳上了马车驶向旺多姆广场。他们是勒德雷尔和他儿子安东，以及塔列朗，二人从塔列朗家中把他接到塞纳省的行政部门所在地，他们的上司雷亚尔正等着他们呢。

最后军队开始行动了。在凌晨5点左右，第9龙骑兵团的士兵们，在塞巴斯蒂亚尼（Sebastiani）上校的带领下，违背了怀疑将有事发生的战争部部长让他们留守大营的命令，离开了玛黑区（Marais）的苏比斯（Soubise）公馆。大多数军队沿着大道向共和广场走去，而另一些则去往了胜利街。第8龙骑兵团稍后行动，接着是缪拉带领的第21猎骑兵团。两个团一个从战神广场来，一个从奥赛码头来，占领了从昂坦大道到杜伊勒里宫的阵地。参加行动的总共有约3 000人，大多数人都曾经跟随波拿巴在意大利作战。政变开始了。

前夜的雨已经停了，随之而来的是刺骨的寒冷。元老院的成员们已经提早抵达了杜伊勒里宫。他们坐在国民公会曾在此议事的"机械大厅"（La Salle des Machines）里。留给公众的旁听席上空无一人。主席勒梅西埃（Lemercier）立即让会厅监管委员会负责人马蒂厄-奥古斯丁·科尔内（Mathieu-Augustin Cornet）发言。他含糊地提到了存在一场针对共和国的政变。[5] 死一般寂静。提出解决方案的时间到了：立法团两院和执行督政府都要迁至圣克卢宫。用议会常用的措辞来讲，这一动议引发了"一片哗然"（mouvements divers）。尽管已知的反对者已被小心翼翼地排除在外，但并非所有出席的代表都咽得下这口气。密谋者之一雷尼耶大声说：

> 人民的代表，不用对你们这项法令的执行感到担心：首先，这是符合宪法本身的规定的，一切都要遵从宪法；其次，这将会获得公众的信任，就像其保证的那样……如果你们还不放心，我可以告诉你们，波拿巴就在那边，只要你们提出要求，他随时都可以执行你们的法令。这位未曾愧对国家的杰出人物，渴望为共和国和国民的代表献身，使他的光辉业绩达到圆满。[6]

一些人要求证据，另一些则援引宪法，提出只有执行督政府才有权任命军队指挥官并授予其保卫政府的任务，元老院无权这么做。人们开始大吵大嚷，但反对者的声音趋于沉默，法令没有经过讨论就开始投票了：立法团暂时休会，第二天在圣克卢宫集合，波拿巴在元老院前宣誓，巴黎及周边的军队全都听命于波拿巴。科尔内和巴拉永（Baraillon）两位会厅监管被派去将法令传达给将军。结束了。会议只持续了不到一个小时。

面对人民代表

监管们大概在早上8点30分抵达了波拿巴家。街上全是士兵，花园和接待室里挤满了身着制服的军官。他们自早上6点就在这里了，有80多人，都对即将发生的事一无所知。一些人被告知波拿巴正要准备在香榭丽舍检阅军队，另一些人则被告知他想在离开巴黎前和大家道别。他们等着。见不到将军。直到收到任命他指挥军队的法令后波拿巴才露面。贝尔蒂埃欢迎了军官们。只有少数军中要人受到了特别的优待。第一批赶到的勒菲弗，立刻被带去见波拿巴。如果巴黎军区司令之前对抛弃他的朋友巴拉斯仍有顾虑的话，波拿巴向他透露的关于即将传达给他的法令的实质内容也消除了这一顾虑。见风使舵的勒菲弗保证会帮他"把这帮律师都扔进河里"。[7] 和将军面谈的还有莫罗和麦克唐纳，以及贝纳多特。约瑟夫·波拿巴把他的连襟从床上拉了出来。后者同意去胜利街了，但拒绝穿制服。"怎么！您没穿制服？"波拿巴在迎接的时候问他。[8] 贝纳多特回答说，他并不当值。波拿巴反驳道，他马上就要执行任务了。然后，他冷静了下来把他拽到一边说："督政府治理不力，如果我们不小心它就会毁了共和国。元老院已经任命我指挥巴黎军区的一切军队和国民自卫军：马上去穿上你的制服，我现在就去杜伊勒里宫，我们在那里会合。"据说在贝纳多特表示拒绝加入波拿巴的行动后，波拿巴禁止他在接到元老院的正式命令之前离开胜利街。对话转而尖锐了起来。这个加斯科涅人像巴拉斯说的那样握住剑柄了吗？值得怀疑。他们互骂了？可能。沉默，而后波拿巴又和蔼地说：

——贝纳多特将军，我的全部要求就是，您以荣誉起誓不会采取任何行动对抗我。

——好的，公民，我以荣誉起誓我不会行动。

——您的意思是？

——我的意思是我不会到兵营和广场去煽动士兵和人民；但是如果立法团或督政府命令我保护他们并委托我指挥卫队……

——噢，这个啊，我倒不担心……他们不会任命您的；他们惧怕您的野心更甚于我的；至于我自己，我保证拯救共和国就是我的唯一目的。之后，我希望能够和几个朋友一起隐退到马尔迈松。[9]

约瑟夫此时正在接待厅等着。出于谨慎，波拿巴请他的哥哥带贝纳多特去他家吃午饭；这样，至少几个小时内，他不用担心贝纳多特有什么异动。

元老院的会厅监管终于来了，波拿巴正式获得了军队指挥权，他走出去向军官们讲话。勒菲弗跟着他。他宣读了元老院的法令，然后跨上了布吕克斯上将借给他的马，向杜伊勒里宫骑去，后面跟着一支鲜衣怒马的护卫队，很快又加入了缪拉集结在街上的1 500名骑兵。

波拿巴没有一个人去元老院；所有的副官都跟着他，议会大厅里有不寻常又隐蔽的威胁。他第一次出现在代表们的前面。他们在那儿，在他面前，那些他讨厌的"律师们"穿着蓝色长袍，腰上围着宽大的猩红饰带，头戴天鹅绒的帽子，目光注视着他。他说得很简短：

代表公民们，共和国正在走向死亡；你们已经意识到了这一点，而你们刚刚的法令拯救了它。妄图扰乱和损害共和国的人要大祸临头了。我将在勒菲弗将军、贝尔蒂埃将军和军中同僚的帮助下阻止他们。别再效仿过去的例子了，这只会拖慢你们的脚步！历史上没有哪个时期像18世纪末这样，而18世纪末也没有哪一刻如同现在。你们依据自己的智慧通过了这个法令，我们的军队能让它实施。我们想要一个建立在真正的自由、公民的自由和人民代表上的共和国。我们会有的，我发誓，我以我个人的名义及军中同僚的名义发誓。[10]

这通演说无疑是僭越行为，他在其中提到的许多内容都是只有两院才能插手的范畴。元老院保持沉默，可能已开始怀疑他们匆忙通过的法令将带来的后果，尤其是当他们听到波拿巴的护卫在他话还没说完前就喊着"我们发誓！"时。[11] 波拿巴通过发誓保证执行议会的法令明确承认了议会的领导地位，但他却避而不谈效忠共和三年宪法。尽管他引用了一些根本原则。他这么做是为了避免明确承诺保护现行体制；相反，他说"我们需要的共和国"，毫不掩饰他认为督政府已经毫无用处的观点。元老院完全理解了他的意思。又到了关键时刻；加拉（Garat）站起来让波拿巴宣誓忠于宪法，但勒梅西埃不许他发言，并说迁移法令已经通过了，如果其他代表还想讨论，请等到两院在圣克卢宫重新召开之后。会议宣布结束了。

督政府的终结

"戈耶没来，对他来说可不是好事。"波拿巴在离开杜伊勒里宫时说。[12] 他相信在告知了这位督政政变的目的是清除腐化的巴拉斯，给政府以"新生"之后，戈耶就会支持他。在波拿巴看来，戈耶的支持是必需的。首先，他和穆兰将军代表着执行督政府内的雅各宾派。如果他加入密谋，就能消除他们的威胁。而且，波拿巴担心自己太依赖他的盟友：西哀士、迪科和元老院中占大多数的温和派。如果他成功地把戈耶及其政治盟友中的至少一部分拉到阵营里，他对政变发起人西哀士的依赖就不存在了。他的盟友之间的观点越不合，他的手就越自由。最后，如果戈耶加入政变，督政府的大多数人就都站在了密谋者这边。如果西哀士、迪科和戈耶都与波拿巴一起行动，那摆脱另两位督政巴拉斯和穆兰就很容易了，而且可以在不出现最高权力中断的情况下逐步实现政权更迭。但是戈耶不这么看，尽管他失去了雾月十八这个他一生中最大的机会，不过他的退场也不失壮烈。他拒绝破坏他曾宣誓效忠的宪法，把"命运系在了共和三年宪法上，和它一起优雅地倒下了"。[13]

我们不知道是督政卫队的突然离开让他意识到了正在发生什么，还是早上从战争部部长那里收到的消息引起了他的怀疑。不管怎样，在他动身前往胜利街赴约瑟芬之约时，他改变主意让妻子先单独前往。她刚刚离开卢森堡宫，富歇就来了。警务部部长面无表情地告诉了戈耶将立法团转移到圣克卢宫和赋予波拿巴指挥权的法令。督政目瞪口呆，接着大发雷霆，指责富歇无能，没有预见、察觉到这一切，甚至连说都没说过。富歇没有回应，他离开了卢森堡宫，再也没有踏进一步。戈耶叫来勒菲弗将军并让他解释。勒菲弗冷冷地回应，他已经归于波拿巴麾下，不再听命于督政府。

戈耶又派人去找他的同僚，但被告知西哀士已经走了；而既然西哀士已经消失了，找迪科也没用了。戈耶之后叫穆兰尽快到会议室见他，同样也叫了巴拉斯。但是这天早上巴拉斯刚决定要洗很长时间的澡，所以他告诉戈耶他至少要一个小时梳洗。两位督政没有见到他们的同僚，只收到了他的简短便条："像你们一样，我也察觉到我们中间存在危机。我将派我的秘书博托（Bottot）去查明真相。在会议室等我，相信我。"[14] 在回忆录中，戈耶坦言他对这个回答感到"满意"。巴拉斯还在平静地泡着澡，等着消息，可能仍相信没有他的支持就不可能发生革命。戈耶和穆兰还在等他们的同僚，要不是收到了元老院会厅监管的信件，他们还会等得更久。信中请求他们前往杜伊勒里宫去确认西哀士和迪科签署的迁移法令，因为法令还需要第三位督政的签名才能生效。实际上，任何法令没有五位督政中的三位的签字都无法生效。无论是戈耶还是穆兰都没想过拒绝签字：他们知道宪法，而且他们意识到拒绝签字将会构成对"共和国安全的攻击"；但是他们至少能拖延一下或者与巴拉斯而非西哀士和迪科签订法令。他们三个不正是构成了督政府的大多数吗？当然，得等到巴拉斯决定从他的浴缸里出来。戈耶仍旧相信巴拉斯会来，他决定不离开会议室，总之是没有响应元老院的召唤。

当他最终收到了妻子的消息后，决心就更坚定了。她早早赴了约瑟芬之约。房子里满是军官。她正进门时看到了将军和贝纳多特。波拿巴向她问了好并询问她丈夫在哪。"他必须来。"他对她说。她假装同意并给她的丈夫去信："你最好别来；这里的一切都告诉我邀请就是个陷阱。"[15] 当这位督政这么晚才明白约瑟芬骗了他时，无疑是相当愤恨的。

在这段时间里，巴拉斯的秘书博托匆忙到了杜伊勒里宫。他正看到波拿巴在检阅军队。二人进行了密谈。根据一种说法，秘书问道他的上司能从将军这里期待些什么，波拿巴严厉地回应道："去告诉巴拉斯，他们滥用共和国的名义，让财政陷入一片混乱，蔑视人民的权利的日子已经到头了；他只有一个选择，那就是辞职。"[16] 根据另一种说法，波拿巴搂着博托的胳膊，小声说："告诉巴拉斯，我坚决依附于他，只要我活着，我就会对抗他所有的敌人，保卫他。"[17] 博托回到了卢森堡宫。

波拿巴派去巴拉斯处的使者——布吕克斯海军上将和塔列朗——已经在路上了。[18] 他们到达卢森堡宫的同时戈耶夫人也离开了胜利街。波拿巴动身前往杜伊勒里宫，约瑟芬已经竭力尽可能久地挽留督政夫人了。她已经对她重复了多次，她的丈夫不加入将军是错误的，后者尊重他并想要让他成为"预备组建的政府的成员"以及其他。她甚至还恳求她劝说她的丈夫，告诉他巴拉斯已经辞去了职位，他不再是督政府中的大多数，他得加入在杜伊勒里宫的西哀士和迪科。[19] 戈耶夫人便告诉了丈夫巴拉斯辞职了。戈耶急忙赶去同僚家，发现大门紧闭：巴拉斯正在与布吕克斯和塔列朗密谈。

在将军的特使赶来时，听完了博托汇报的其与波拿巴谈话的主旨的巴拉斯正准备平静地与银行家乌夫拉尔（Ouvrard）共进早餐。他们告诉他，西哀士和迪科已经辞职了（事实上，他们稍后才会辞职）并要求他做同样的事。塔列朗把勒德雷尔提前准备的辞职信摊开在他眼前。巴拉斯不需要太长的思考时间：督政卫队离开了岗位，军队已经听命于波拿巴，西哀士和迪科已经离开了政府……结束了。他几天前就知道了，自他明白波拿巴不再需要他的那一刻起。当迪布瓦–克朗塞请求他下令逮捕波拿巴时，他就回应过："发生什么我都不在乎，别再烦我了。"[20] 辞职，他拿起羽毛笔，蘸了蘸墨水，在信上签了字，然后离开去收拾行李，准备依双方达成的共识，前往格罗布瓦庄园进行"休养"。

说巴拉斯没有试图保住权力而是选择了"逃避"，是恰如其分的。不过，巴拉斯刚刚为政变做了不可磨灭的贡献：没有他的辞职，戈耶和穆兰就获得了第三张票，能够置西哀士和迪科于少数。确实是巴拉斯给了政权最后一击："波拿巴的大胆行动，"戈耶说，"仅仅由一条细线拉住——而正是这位辞职的督政用他的背叛为这条线打上了结。"[21] 可能巴拉斯不是自愿做出牺牲的。不太清楚是他从政变者手里获得了一笔钱，还是塔列朗把这笔钱扣下了。无论是否有补偿，巴拉斯都无法阻挡波拿巴的计划，而且他也知道自己已经无法参与其中了。他曾是将军的皮格马利翁（Pygmalion），对他的感情可能仍起到了决定性作用。

巴拉斯辞职后，继续抵抗也没什么用了。戈耶和穆兰很不情愿地签署了元老院的法令。在杜伊勒里宫，波拿巴已经建起了他的大本营，西哀士、迪科和除迪布瓦－克朗塞外所有的部长都在这里。将军热情地问候了戈耶；他祝贺戈耶加入他"拯救共和国"的行动。戈耶再次没有明白波拿巴是在给他扔救生索：他反驳道共和国并未处在危险中。身为五百人院成员兼西哀士密友的布莱·德·拉·默尔特（Boulay de la Meurthe），插话说危险是在内部而非在边境，然后谈话就恶化了。戈耶太倒霉了！波拿巴唐突地转向穆兰，提到了圣－安托瓦内郊区可疑活动的报告，威胁要枪毙据说是他亲戚的巴黎国民自卫军前指挥官桑泰尔（Santerre）。穆兰的回复——"桑泰尔不是我的亲戚，但他是我的朋友，他是个不会惹任何麻烦的好公民"——被忽视了，因为戈耶提出"督政府的合法权威"还在他手里。[22] 波拿巴咆哮着："没有督政府了！西哀士和迪科马上就要辞职；巴拉斯的辞呈已经送来了。"[23] 波拿巴强硬地要求戈耶和穆兰效仿巴拉斯。但是他们拒绝了，甚至宣称要在议会谴责元老委员会授予波拿巴指挥权的违宪行为并要求他们填补督政的三个空缺。就这样，他们去了卢森堡宫起草正式的抗议文书，这将是他们的政治遗嘱。[24] 但是现在卢森堡宫已经被包围了。波拿巴已经派了300人在莫罗将军的指挥下——后者从此时开始就扮演了不光彩的狱卒角色——以"保护"两位督政安全为借口看守他们。戈耶和穆兰成了囚犯，巴拉斯辞职了，不再有政府了。

危急关头

如果说第一步行动已按计划完成，"用世界上最简单的方式"解决了，第二天雾月十九日（11月10日）的行动就不同了。[25] 波拿巴清楚地知道一切远未结束。在他早上从圣克卢宫出发路过革命广场时，他对随行的人说："今晚我们要么睡在卢森堡宫，要么就死在这里。"[26] 随着关键时刻的临近，密谋者，尤其是那些在昨天轻松完成了任务的元老们，不再那么自信了。相反，下午和晚上的漫长时间让他们在五百人院的同僚可以重整旗鼓。雅各宾党人开了会，经过冗长的讨论后，终于达成共识，明天在圣克卢宫有必要用尽一切手段，来阻断波拿巴通往权力的道路。[27] 圣克卢宫的会议开始时状况是如此糟糕，以至于让他们认为已经胜利在望了。

在那时，从巴黎到圣克卢有两条路，一条穿过欧特伊（Auteuil），另一条经过帕西（Passy）。它们都通到圣克卢桥的桥头。圣克卢在塞纳河的对岸，右侧是城镇；左侧则是一条长长的坡道，从卫队的营房和瓦卢瓦王朝时期留下的亭台楼阁间穿过，通向圣克卢宫的庭院，宫殿的南北两翼伸展成马蹄形；其后为橘园（Orangerie），由于地势的倾斜，橘园和城堡的二层几乎等高；阿波罗廊厅则在北翼。

当波拿巴赶到时，准备工作还没完成。只有元老院的会场阿波罗廊厅布置好了。事实上，事前决定让五百人院在南翼的廊厅开会，这样就加大了两院交流的难度，但是后来发现准备给五百人院的廊厅早就被玛丽－安托瓦妮特隔成了多个套间。能够容纳500名代表和那些根据宪法不能被驱逐出场的听众的地方就只剩下了一个：橘园。但橘园的维护状况很差，而且场地太大，大多数人都无法听清台上讲话的内容。所以决定从中间建一堵墙将其隔开，只用一半，但阶梯式的座席和让主席及演讲人讲话的讲台还得现场搭建。到了中午，木匠们还在忙碌。代表、好奇的观众和士兵们都等在院子里。为了到达城堡入口，波拿巴不得不穿过人群。他听到了一些敌意的喊声。人多势众的雅各宾党人，正试着把昨天投票通过转移法令的人争取过来。

大约下午2点，代表们终于进入了各自的会场。得知五位督政中的三位已经辞职后，之前曾达成共识，元老院应任命三位临时执政，并组建一个委员会对体制进行改革。但在会议开始后，每个人都发现事情并未按计划进行。当五百人院要求每个代表都要向共和三年宪法宣誓效忠，准备以此进行抵抗时，元老院似乎已经不知所措了，甚至不知道自己要站在哪边，尽管昨天他们还决心要改变宪法，但现在他们甚至开始考虑要给戈耶和穆兰选出三位新同事来重建督政府。"那些狂热的人，"波拿巴后来写道，"开始变得中立；胆怯的人则已经改变了立场。"[28] 我们该对此感到惊讶吗？有一个矛盾现象：现存政权的支持者在它平安无事时总是几乎看不到的，但当它受到真正的威胁时，支持者的数量会飞速增长。并非是对宪法忠诚的火焰在最后一刻终于燃起，也不是这些长期嘲笑法律的人突然发现了它的魅力；对集体唾弃的制度突然怀念的原因或许是出于某种本性：每个人都关心着自身安危。热月共和国的倒台必然会使人陷入未知，但这种未知可以用1792年、1793年和1797年同样的情景为参照，从逻辑上进行预测；在这方面，过去的经验无法让人安心——每一次的巨变都紧随着报复行动和流放。人们无法想象政变不会跟着逮捕、专制、审判、放逐甚至处刑，仅是因为这种结果还没出现。政变必然是一种政治团体反对另一种——前任认为自己被后者威胁——那些注定成为牺牲者的人必然视他们曾经嘲笑的政体为最后的保护。因此，尽管这部宪法已几乎无人支持了，但当它死期将近时还是能找到捍卫者。

波拿巴为了更快解决两院而前去发表演讲的决定，时常被认为是不合时宜之举。但很少有人追问他当时还有什么别的选择。他不应该让事态回到其正常发展轨道吗？当时正在主持五百人院议事的吕西安，被他的哥哥指责为事事妥协。但当他的支持者都背叛了他，宣誓向宪法效忠之后，他还能在议会中控制场面多久？局势正在向有利于两院中反对政变一方的方向发展，而且已不大可能发生逆转了。政变支持者的被动让波拿巴别无选择，只能以莽撞行动唤醒西哀士的那些异常萎靡的朋友们。但就算在元老院现身是他唯一的选择，他在对付代表的方式上也犯了彻头彻尾的错误。

他先是要求肃静，然后提醒听众们他已应他们的邀请接管了军队的指挥。"我们昨日奉献的回报，"他说，"就是今天遭受的大肆污蔑！人们说我是个新凯撒、新克伦威尔，甚至到处都有人说我要建立一个军事政府！"[29] 他提到军中的"同志"在他从意大利回来时给他提过同样的建议：为什么怀疑他要做过去不愿意做的事？他敦促元老院应拯救"我们为之做出极大牺牲的两件事，即自由和平等"。但是当一个代表朗格莱（Lenglet）喊出"那宪法呢？"之后，他便难以自持：

> 宪法？你提它合适吗？它还为法国人民所认可吗？你们在果月十八日破坏了它，你们在花月二十二日破坏了它，你们在牧月三十日破坏了它。宪法？所有派系都引用它，但他们都违背它；它被所有人嘲讽；它救不了我们，因为它已不再受人们尊重。宪法？你们不是已经以它的名义施行了各种暴政吗？

之后，他更冷静了一些，而且可能认识到了他言辞带来的消极影响：

> 人民的代表们啊，不要把我看成一个带着虚伪面具的无耻阴谋家！我已经证明过我对共和国的忠诚，而且任何掩饰都对我无用。我这么跟你们说话只是因为我不想让任何牺牲白费。宪法，人民的权利，已被破坏了多次；而且既然我们已经不再给予宪法应有的尊重，那我们至少要拯救它的根基，让我们拯救平等和自由吧！让我们找寻赋予每个人自由的方法吧，这一点宪法无法给予。我向你们声明，一旦这个给予我特别权力的危机过去了，我就会放弃这些权力。至于你们任命的行政官员，我只想成为支持和执行其命令的臂膀。

之后一些代表让波拿巴说出他所谓的威胁国家的阴谋的幕后主使的名字。他为了安抚他们，随口说是巴拉斯和穆兰。发现这无济于事后，他再度暴怒，指着那些宣称要维护制度的人吼道：

> 各个派系都来敲我的门；我没有理会他们，因为我不属于任何小团体，而是属于法国国民这个伟大团体。而且这些厚颜无耻地称自己是唯一爱国者的人告诉我他们要置宪法于不顾，清洗两院，将这个国家真正忠实的朋友逐出议会。这就是他们对宪法的忠诚！

接着他转而攻击五百人院。当他发誓要事物回归秩序时爆发了抗议，他吼道："要是哪个收了外国资助的演说家要宣布我'不受法律保护'（hors la loi），那战争的雷霆就会即刻劈在他的头上！如果他说要让我置于法律之外，我就要向你们申诉，我勇敢的战友！……记住胜利和幸运之神与我同在！"

他是这么说的吗？还是像弗雷德里克·马松认为的那样，他说了让事态向着更糟的方向转变的"要知道，我就是胜利和幸运之神"？[30] 无论是哪个版本，这些话都是不当和荒谬的。他本人也这么认为，但仍为自己辩解："法国人都讲礼仪，有分寸，我之前说这种话的时候几乎没听到过反对的声音。但是你还能指望什么呢？他们一路都把我惯坏了。从马赛到巴黎，他们总是重复说着要追随我。"[31] 事实上，这些话与其说是和他于弗雷瑞斯登陆后听到的东西有关系，不如说是更像他在埃及发布的公告中的口吻。尽管元老院不在乎什么"胜利之神"和"幸运之神"，但是他们很确定它传达出了将军的想法："你们都是些可怜虫，如果你们不听我的话，我就毙了你们。"[32]

他没有和议会打交道的经验。他不喜欢他们。他知道该怎么对他惯常面对的听众讲话，他的话语不费吹灰之力就能叩动他们的心扉，但这些听众和议员完全不同：只要是长官讲话，士兵们总会爆发出欢呼。他惯于应对的问题仅是"行伍中消极的沉默"；他知道如何指挥大军，但对于鼓动议会的艺术却一无所知。他登上元老院的讲坛时，面对的处境和过去截然不同。他原来确信这些代表会支持他，现在他正试图把他们从沉睡中唤醒，让他们去做他和西哀士所期待的事。与前一天的支持相比，他们现在即便算不上抱有敌意，也至少产生了犹豫。当他向这些他鄙视的人讲话时，他像一个没经验的演员一样怯场，而且当元老院不能履行诺言时他变得难以自控。不管怎样，损失已经造成。他在一片嘘声中下了台。

人们有理由好奇，到底是什么动机让波拿巴在离开元老院后，不经通报就带着两个掷弹兵冲进了五百人院。他疯了吗？他是打算公布自己和茹尔当最近一次谈话的内容，好将对手置于不利境地，为元老院争取到恢复冷静的时间？还是要去援助在五百人院中处境艰难的弟弟？再一次，为了理解他的行为，我们需要充分分析他面对的各种选择。他未能成功争取到元老院。他的支持者保持沉默，而他的反对者尽管只占少数，却精神抖擞地重新发起了攻势。他怎么能相信在元老院失败的事能在五百人院成功？那里的反对者数量更多，组织也更完善。元老院的背叛，让他和西哀士给政变披上议会外衣的希望消失了。从那时起，他能做的要么就是让会议按流程走下去，盼着勒梅西埃和吕西安两个主席能够力挽狂澜，要么速战速决。后来吕西安建议选择第一个选项，因为这是唯一一个可能达成预期结果而不给暴力诞生的新政权抹黑的途径。[33] 但是，他怎么能相信这会促成一个合法又和平的结果？没有任何迹象表明代表和他们串通，在他们被迫退缩后，代表们现在想要自己掌握主动。相反，过去的每一分钟都在助长着他们的犹豫不决和对手的决心。后者尽管数量上处于劣势，但他们不再对选出新执政和把会议推到明天绝望了。特别是最后一个可能，吓坏了密谋者们。政变必须当天结束；否则他们就得陷入守势。解决办法是显而易见的：他们得把正围在圣克卢宫外的部队叫进来。他们不得不诉诸武力，尽管他们曾认为这个腐败的制度已经无人捍卫，无须动用暴力手段。我们从波拿巴对元老院说的话中就能推测出他早已下定决心对付五百人院了：

> 我不信任处于分裂的五百人院；他们中有人想要恢复国民公会、革命委员会和断头台；……在这个五百人院中，刚刚有人派出特使去巴黎组织运动。[34]

波拿巴向他的听众保证在他"军中同志"的帮助下，他就能保卫共和国对抗阴谋者。这难道不是在暗示五百人院不是自由的？对不经通报就冲进橘园的公开解释是：他是为了引发事端，以便将动用军队的行为合理化。但是就像他错误地在元老院发表了不合时宜的讲话一样，他也错误地进入了五百人院，毫不怀疑将要发生什么。他预料到了他的闯入会引发大声嘲讽和如狂风暴雨般的反对，但没想到会演变为"街头斗殴"。[35]

我们需要设想一下橘园当时的情景，才能理解这一家喻户晓的情节。

进入橘园要通过一道位于城堡走廊尽头的旋转门。因为建筑被一堵墙从中分开，所以里面极其拥挤。这种布置让人几乎不可能平心静气地在其中议事。代表们——有几位缺席了会议——挤在屋子靠窗一侧的阶梯式座位上，座位和讲坛之间狭小的空间也被挤满了。雅各宾派的发言者离开了自己的座位，围在主席台下。几个角落里还有一些听众。波拿巴带着两个掷弹兵进来时可能只有靠近旋转门的人注意到了。当波拿巴顺着阶梯走向讲坛时，引发的骚动让人们纷纷看向他。人们喊着："暴君去死！打倒独裁者！共和国和共和三年宪法万岁！"代表们爬到阶梯的高处好看得更清楚一点。雅各宾派代表和吕西安在波拿巴走近时才能看到他。我们可以想象主席先生看到他哥哥准备登上主席台时的惊诧。雅各宾派的惊愕也不小。他们冲向了将军，同时代表们喊起了："剥夺法律保护！剥夺法律保护!!"爆发了激烈而短暂的肢体冲突。波拿巴被人揪住，挨了好几拳，一句话也没来得及说就被迫撤退了，两个掷弹兵用身体保护着他并且用拳头回击那些代表。

这番情景仅持续了几秒。一点也不高尚。为了将军队介入的行为合理化，波拿巴后来称一些代表拔出了匕首。若是如此，这场粗野的打斗倒是颇有古风，但这不是事实。没有人像塔利安在热月九日时那样在议院挥舞匕首，他当时发誓与其向罗伯斯庇尔屈服他宁可自杀——尽管他并不打算真这么做。雾月十九日唯一的"遇难者"就是掷弹兵托梅（Thomé），他在打斗中被扯掉了制服的袖子。

在这种情况下，雅各宾派的表现证明了自己既无力应对当下的处境，又名不副实："那么布鲁图斯（Brutus）、小加图（Cato）、谢沃拉（Scaevola）和西德尼（Sydney）* 在哪？那些高喊着自由、美德和救国的大演说家到哪去了？"[36] 波拿巴离开后，情况更糟了。吕西安拒绝进行宣布他的哥哥不受法律保护的投票。他们为什么不直接放倒他？为什么不抄起椅子，而只是空喊，白白浪费宝贵的时间？通过宣布波拿巴不受法律保护，他们或许能把元老院争取过来并让士兵们不知所措，尤其是立法团的

---

* 这四人均是历史上著名的共和派政治家或思想家。

卫队，密谋者们不信任这支卫队并认为有必要调一支更强的正规部队来盯着他们。斯塔埃尔夫人说，即便是最忠诚的人也会被宣布波拿巴不受法律保护的法令动摇：在过去的十年里，他们不是总会抛弃那些被立法机关宣布放逐的将军吗？确实，国家的代表已不再那么光彩了，但斯塔埃尔夫人补充道："相同的话语总是能掩盖事物本身的不同。"[37]

对雅各宾派来说不幸的是，他们的领袖现在都不在场。茹尔当和奥热罗来了圣克卢宫，但没有出席会议。他们正在庭院里散步，据说他们在大衣下面穿了制服，时刻准备着在波拿巴处境不利时站出来对抗他。如果这是真的，那么他们的表现就与自己的主张太不相符了，因为他们二人都没有采取任何能改善局面的措施。在他们的朋友最需要他们的时刻，他们却消失了。茹尔当被证实不过是个庸才，他完全失败了。他曾向波拿巴保证不会挑起一场内战，但现在波拿巴已经陷于险境，茹尔当有义务去支持那些信任他的人。他没那么做，而是迅速离开了圣克卢宫。

吕西安后来说，雅各宾派未见成效的骚动"抵消了那位将军入侵我们领地的错误"。[38] 不管怎样，他们给了他重振精神的时间。目击者称波拿巴离开橘园时一副可怜相。他甚至看起来有些头昏脑涨，说话时语无伦次，还把西哀士称为"将军"。很显然，波拿巴受了橘园斗殴的严重影响。可能他甚至和西哀士一样，认为"政变已经完了"。但是他很快恢复了过来，告诉想要即刻召集军队的西哀士，进攻必须要披上"一件合法的外衣"。[39] 他们还没来得及下任何决断，塔列朗前来告知波拿巴他刚刚被五百人院宣布为不受法律保护。这是事实吗？如果我们仔细研读了会议报告，就会看到五百人院在波拿巴离开后做了很多决议：现立法团延续；即刻返回巴黎；将波拿巴解职，把他的权力交给贝纳多特。另一方面，剥夺法律保护的决议似乎并没有经正式投票通过。无论如何，这不重要：这个消息即使现在还是假的，几分钟后也将成真，现在必须军事介入："既然他们宣布你不受法律保护，"西哀士说，"那你也可以把他们驱逐出去。"[40]

在极大的混乱中，波拿巴跨上马向军队发表了演说。他的演说，我们只知道事后的修改版，但依然相当地支离破碎。波拿巴谴责了试图袭击他的刺客、"想要重建他们血腥统治的煽动分子"以及那些觉得自己比起士兵是"自由更好的朋友"的"糊涂虫";他说起了军队蒙受的耻辱和他为共和国利益做出的牺牲。"天意助我战胜了最强大的敌军,如今会让我败给一小撮煽动分子吗?"他吼道。[41] 他被"波拿巴万岁"的喊声打断了吗?虽然正规部队支持将军,但立法团卫队好像没有表现出同样的热情。这些人显然不情愿对抗他们宣誓保护的议会。这一刻,政变者陷于极大的危险中。立法团卫队要是站在五百人院那边的话,事态会如何发展?

期间,五百人院中一些吕西安的朋友跑出了橘园,他们告诉将军他的弟弟成了那些煽动者的囚犯。"解救"吕西安的决定马上做出了:据信很快就要被自己的同僚下令逮捕、如今正在苦斗的五百人院主席被用武力带到了他哥哥的身边,士兵对代表们的叫嚷置若罔闻。[42] 被"解救"的五百人院主席寻求军队的保护以对抗夺取了会议控制权的"煽动者",这正给了波拿巴渴求的能让军队合法介入的"外衣"。身为立法权化身的吕西安批准了对"法律圣殿"的侵犯。轮到拿破仑的这位弟弟对军队讲话了:

> 士兵公民,五百人院的主席向你们宣布,现在议会的大多数成员都屈服于少数几个带着匕首的代表的淫威之下,他们占领了主席台,威胁同僚,做着最可怕的决议,以及……我告诉你们,这一小股人对议会自由的侵害将他们自己置于法律之外。以被这些恐怖之子玩弄多年的人民的名义,我授予战士们从这些人手中解救绝大多数议会代表的任务。你们用刺刀把代表们从匕首的威胁中拯救出来,可能也同时拯救了共和国的命运。[43]

不得不说,吕西安在这方面表现出了他哥哥所缺乏的坚定。而拿破仑对弟弟在那一天给予自己的恩惠一直耿耿于怀。这两兄弟向来彼此厌恶,雾月政变也没有改变这一点。拿破仑从来没有忘记他能登上权力高峰要归功于吕西安,而尽管吕西安的反复失宠还有其他原因,他为此付出的代价仍是特别巨大的。

下午6点。进攻的鼓点响起,第一批士兵出现在门口,五百人院知道马上就要结束了。"共和三年宪法万岁！"他们喊道。因为他们拒绝让路，缪拉走上前，简洁地说："公民们，你们被解散了！"根据传说，代表们并没有如他所愿马上服从命令，他又补充道："给我把他们赶出去！"之后他们争相逃命：受惊了的代表夺窗逃进花园，灌木上挂满了他们的长袍、帽子和显示身份的徽章。事实并非如此：代表从和花园等高的窗户逃走，只是因为这是唯一能离开橘园的出口。在场的珀蒂耶（Petiet）将军后来告诉他的儿子，当缪拉宣布会议解散时，"所有人都一言不发地离开了屋子，那种说他们飞快夺窗而逃的说法是错误的"。[44]

大幕已落，演员归家。共和国的谢幕自然算不上光荣，但也不像胜利者说的那样耻辱：所谓的数百名代表惊慌出逃，甚至有些人一路跑回首都才慢下脚步的说法纯属虚构。[45] 宣告终结的任务落了雷亚尔的身上。与一个五百人院的代表擦肩而过时，他对他喊道："闹剧结束了！"[46]

议会的落幕

一切还没有结束。就像布列纳说的，"白天颠覆政府的工作结束了，夜晚还要再建立一个新的"。[47] 事实上，军队的介入并非是政变的终点。需要采取遵守程序并能弱化政变的暴力色彩的行动。如今没有通过任何决议，新体制将被认为是靠刺刀建立的，他们能就这么回到巴黎吗？难以想象。正因如此，五百人院还是要重新集合，议程还要从中断的地方继续，特别是因为那些公开反对的人不敢再出现了。会议不仅要重开，而且还要在出席代表达到规定人数的情况下重开：根据已经名存实亡的共和三年宪法的第75条，至少要有200名代表出席，议程才能生效。但是当会议重开时，大多数人民代表已经不见踪影了。在阿波罗廊厅，几十名元老正耐心等候着他们牵扯其中的事件的结果，而橘园空空如也，里面只有几个参与了政变的代表和一些在此取暖的士兵。大多数五百人院的成员躲在客店里，一些人大喊，一些人沉默，一些人"精神和肉体上都很疲惫"，一些人仍表现得对"刚刚发生的一切满不在乎"，但是他们所有人都在思考结局，并且在吃晚饭时可能恢复了一点他们在紧要关头极其缺乏的勇气。[48]

"把他们带回来！"吕西安命令道。说起来容易做起来难。花园已经找了，然后是城堡，他们把附近的客店和小酒馆翻了好几遍，把所有能找到的代表都从里面赶出来。晚上8点之后回到城堡的有多少人？我们不知道，没有留下任何关于出席人数的记录。"数量众多""立法团中的大多数"波拿巴后来在公报上是这么说的。但是这个夜间会议却以"三十人院"的名字为人们熟知：大多数目击者和同时代的人说出席的代表大概只有30位左右，最多50位。蒂博多给了最多的数字，100人，还有一些历史学家给出的是200人，依据是这些五百人院的议员后来在执政府的议会中获得席位的数量，这些可能就是在雾月十九日没有冒犯胜利者的人。

会议重开了。吕西安鼻子上架着眼镜，主持了"这场牵线木偶会议，房间布满阴影，四分之三空空如也"：[49]

> 想象一个又长又宽，其中满是翻倒的长凳的大房子；一个讲坛立在中间，对面是光秃秃的墙；在讲坛下面不太远的地方，有一张桌子和两把椅子，桌上有两根蜡烛，讲坛上也有两根；没有吊灯，没有台灯，大大的顶拱下面再无其他光源。讲坛上……吕西安读着新宪法，在桌子前，两个代表做着记录。在他们对面，狭小又紧凑的空间里，一群代表对他们正在听的东西毫不在意，大多数人正躺在三把长凳上：一把放屁股，一把放脚，一把放头。在他们中间，以同样的姿势零星地躺着一些对这天的成果感兴趣的普通人。在他们身后不远处还有一些男仆，寒冷把他们赶进了门，他们在此避寒，在等主人时睡着了。就是这么个奇怪的会议赋予了法国一个新政府。[50]

一片寂静中，只能听到鞋底与地面的摩擦声、咳嗽声和蜡烛的噼啪声。吕西安庄严地号召他的同僚们给大革命的理念一个稳固的"宪政机构"，这是法国自1789年来一直在追寻的目标。最后，他敦促他们不要辜负了在宣告压制国家代表的煽动家的阴谋破产后"公众的喜悦"。没人欢呼。德农省的一位代表贝朗热（Bérenger）附和他赞扬了波拿巴的奉献和军队无私的克制。然后，在一片冷漠中，"三十人院"宣布波拿巴将军和他带领的军队应该受到国家的感激。之后一个委员会被指定去草拟决议；这花了很长时间，一两个小时过去了，吕西安又回到了主席台，这次他长篇大论地激烈抨击了那些"刺客""恐怖之子""嗜血者"甚至还有试图刺杀他兄长的"泼妇"。时间就这么莫名其妙地过去了，直到委员会写完最后一笔。夜里11点，它终于完成了。程序按部就班地进行：其中一位委员列出了将要采取的步骤，一个由布莱·德·拉·默尔特主持的新委员会对其进行了详细审阅。进行了一场虚假的讨论，只有政变支持者发了言。卡巴尼斯（Cabanis）写了一篇冗长的稿子，在昏昏欲睡的听众前朗读了一遍。最后对提案进行了表决。还有必要说明表决得到了全体通过吗？督政府解散了，在同一道命令上，任命西哀士、迪科和波拿巴为临时执政，立法团休会至1800年2月20日。

还有最后一步要完成：让这些决议获得元老院的批准。到了深夜，还有大约60名元老仍在会场，五百人院通过的文件提交给了他们。"三四个"元老——我们不知道具体是谁——拒绝参与这出闹剧。临时宪法的表决通过要完全符合被推翻的宪法所确立的形式，这是必不可少的。又过了两个小时，西哀士、迪科和波拿巴伴随着鼓声来到了五百人院，向其发誓"坚决忠于人民主权和统一而不可分割的法兰西共和国，忠于平等，忠于自由，忠于代表制度"。吕西安做了结束演说，结语如下：

> 人民的代表们，法国的自由诞生于凡尔赛的网球场。从那时起……它和你们一同艰难前行，承受着轻率、虚弱以及诞生之初不可避免的混乱带来的痛苦。今日，它披上了男子汉的外衣。自由所有的痛苦都将在今日结束……你们刚刚在法国人民的信任和爱上创建了它，而且和平又光彩熠熠的微笑已经浮现在它唇上。人民的代表们，听听人们和常年受派系斗争摆布的军队的欢呼声，让他们的呼喊直达你们的灵魂。也听听子孙后代的呼喊：如果自由是诞生于凡尔赛的网球场，那么它就是在圣克卢宫的橘园得到巩固的。1789年的制宪议会是革命之父，而共和八年的立法者则是这个国家和平的缔造者。[51]

大约凌晨3点：吕西安安排代表们在2月20日重新开会，他知道那将是最后一场会议了。蜡烛被吹灭了。

终 章

西哀士和迪科又去了卢森堡宫。波拿巴和他的秘书上了另一辆马车。穿过布洛涅、帕西和沙洛特，马车回到了巴黎。在乌尔苏拉门前，守卫士兵全副武装。两个人保持着沉默。布列纳告诉我们："波拿巴在经历了这么多的磨难和考验之后已经非常疲惫了；崭新的未来展现在他眼前，而且他完全沉浸于自己的想法，一路上一言不发。"[52] 他几乎没有注意到跟着他从圣克卢宫返回兵营的士兵们正唱着《都会好》(Ça ira)！之后，经过原来的王后大道，马车抵达了胜利街，停在通往他私人小宅的小道前。

楼上的灯还亮着。约瑟芬正在等候丈夫回来。经历了这么一天的波拿巴无法入眠，他和妻子还有秘书进行了长谈。[53] 约瑟芬问起戈耶会怎么样。"你认为呢？"波拿巴回答道，"这不是我的错。为什么他拒绝〔追随我〕？他是个勇敢的人，〔但是〕他是个傻子。他不理解我！……可怜人！……而且这些人觉得他们是政治家！……别说了！"他把话题从戈耶转到了他的家庭上，问妻子他们是否有太过担心。她告诉他，夜里她的婆婆和波利娜是如何魂飞魄散地跑进屋子的：她们当时正在费多剧院看戏，剧目叫《作家家事》(L'Auteur dans son ménage)，突然演出被其作者安东·巴尔托洛梅奥·布鲁尼打断，他亲自上台用庄严的声音宣布，将军刚刚躲过了一场有预谋的刺杀。波利娜开始歇斯底里，她妈妈徒劳地安抚她，又让她喝了一杯侍者端来的水。当她们到胜利街时，波利娜时不时地哭泣，最后在收到拿破仑平安无事的消息后才离开了。但是波拿巴比起自己的家庭，要更担心贝纳多特。他说他已经听说了一两件关于贝纳多特的事。贝纳多特不仅拒绝帮助他，还说过要"骑上马带着他要指挥的军队一起赶来"，甚至还说如果有必要流放波拿巴，那他收到命令就会照办。约瑟芬说，贝纳多特和妻子匆忙离开了巴黎，没人知道他们去了哪。[54] 这场讨论是很随意的，波拿巴坐在床上。他坚持要聊关于贝纳多特的事，他一时说（贝纳多特）应该远离他周围的小团体，一时又大叫着："我不能报复他，约瑟夫喜欢他，那样人人就该讨厌我了！噢！家族的考虑是个多么蠢的东西啊！"最后，他让秘书去睡觉了："晚安，布列纳……顺便说，明天我们就该睡在卢森堡宫了。"

第六部分

革命之王

1799—1802

第23章

第一执政

在托克维尔未出版的关于大革命的终结的文稿中，其中一段谈到他观察到，没有什么比"军队稳步迈向权力巅峰"的过程更"不同寻常"的了。他补充道：

> 起初，〔军队〕在没有武装的群众前土崩瓦解，或者更确切地说，它在公众舆论的急速变化中自行解散了。很长一段时间，它都对国内的形势发展置身事外……但是大革命自有其进程。随着革命激发的热忱的消失……它的政府也变得愈加软弱……在此期间，军队进行了自我组织，开始变得强大，赢取了声望；伟大的将领也随之出现。在国家丧失目标和热情时，军队则保持了共同的目标和热情。公民和士兵，一言蔽之……组成了两个截然不同的世界。一端的绳索放开，另一端的就会收紧。从葡月十三日开始，没有军队的支持便不可能再维持统治。不久之后，可能就只能通过它来统治了。等到了那一刻，它就该亲自统治了。[1]

在过去的10年中不乏忠言逆耳的预言家：他们说，时局如此动荡，而政府又极端无能，革命将必然为军事政变所终结。米拉波和罗伯斯庇尔都意识到了这点，其他人也一样。[2] 国外的战争和国内的纷争佐证了受英国历史启发的预言：1660年蒙克将军推翻了克伦威尔建立的共和国并复辟了君主制。雾月政变后，人们不得不问道：即将看到法国革命与它的英国前辈迎来同样的结局吗？蒂埃博将军特别担心这种结果，在圣克卢宫，他冒着失势的危险拒绝再支持波拿巴，他之后也确实多年未被起用。[3] 他不是唯一一个被驱散五百人院触怒的人；这让那些认为有必要政变或必须政变的人感到苦涩：他们只得卷入一场合法性倚仗结果的行动，而他们更愿意以修改宪法的形式和平实现。像因"圣克卢宫的不堪景象"[4] 感到悲哀的多努一样，蒂埃博将在橘园驱逐代表一事视为惊天丑闻，比"后宫政斗"还要卑劣。[5] 但是，他和多努一样，并不相信这一令人遗憾的事件将会置法国于军刀的统治之下。他们是过于天真了吗？还是缺乏洞察力？

托克维尔的分析并非全错。在一系列历史事件，尤其是不见尽头的战争的影响下，一个有着其独特传统和原则的军事社会已被塑造而成。大革命中的大多数士兵都是年纪轻轻就加入了军队，而且再也没有离开过。他们不可避免地形成了一种与外人截然不同的心态。尽管如此，我们也不必夸大军人社会和公民社会间的价值对立。无疑，普遍征兵的空想已经过时了：随着时间的推移，革命军队越来越不像民兵组织了，而是因其等级制度和狂热服从的恢复成了一种更为熟悉的形象。但是平等的信念并未完全消失，特别是在择优晋升制度中得到了保留。自从革命伊始，平等主义的热情就呈现出某种古典的特质，这最初表现在无套裤汉的美德之中，这是一种士兵英雄主义的市民式变体。诚然，恐怖时期的结束使公民社会培育出了一种截然不同的准则——"现代的自由"——但它和士兵的世界并非那么泾渭分明。公民社会仍庆祝军队的征服和功绩，这种英雄主义的精神，是革命开始时的政治形势浇灌出来的。军人社会仍被某些火红年代的政治热情所驱使：它仍以其自己的方式支持革命甚至共和，而同时又与历代革命政府越来越划清界限。军官和士兵无疑对法国的统治者充满了轻蔑，但正如阿尔贝特·旺达尔（Albert Vandal）所说，他们的轻蔑更多是针对人而非制度："他们想要的当权者是久经考验的爱国者，著名的共和主义者，如果是军人就更好了。然而政权的形式和性质仍应是非军事的。"[6] 如果说有什么野心对他们来说十分陌生，那显然就是建立军事独裁了。波拿巴自称"最像文官的将军"，而且一直重复着禁卫军的时代已经过去了，并非出于纯粹的愤世嫉俗："我并不是以将军的身份取得了统治国家的权力，"在1802年时他仍这么说，"而是因为国家相信我具备成为政府根基的文治之才。"[7]那些支持雾月十八而谴责雾月十九的人吞下了苦果，用波拿巴提出的"自由原则"和围在他身边的温和派对他良好意图的保证来劝说着自己，而且未来将会让人们忘却圣克卢宫发生过什么。[8]

其他许多人，既包括政变的支持者也包括反对者，都有不同的感受。他们对自己说，重要的东西基本上都没有改变。一些人将雾月十八视作公众安全措施，通过排除雅各宾派，政府机构将得到改善；另一些人只为他们讨厌的政权倒台而高兴。还没有人明白执政府的出现将——用人们的话来说——"创造历史"，可能除了邦雅曼·贡斯当，他在雾月十八的晚上就开始怀疑这些一早就随处可见的公告、海报和小册子到底意味着什么，其上只有波拿巴的名字而绝口不提他的盟友的。这都归功于那位将军，而且只归功于他，这些宣传称，法国人民渴望休养生息，渴望幸福和繁荣。他窃取了西哀士发起的政变吗？在雾月十九日早上，贡斯当给这位前神父送了张便条：

> 在狂喜于我们力挽狂澜的消息后，另一番思量出现在了我的脑中……我相信这一刻对自由至关重要。人们在讨论着两院的休会，而这一步在我看来将今天变为了一场灾难，因为这将摧毁与您一起参与昨日之事的人的唯一障碍，他是共和国的最大威胁。他那只提到了他本人的公告……让我前所未有地相信他做的一切只是为了自己的高升。[9]

至于王党，较有远见卓识的人开始把波拿巴视作法国的蒙克。[10]其他人则把雾月"革命"看作共和制度摇摇欲坠的又一个表现。车轮继续转动，终有一天会将法国带回君主制：总之此事没有任何可以打消复辟希望之处。曾参与了所有复辟君主制的阴谋的伊德·德·纳维尔（Hyde de Neuville），在回忆录中这样写道："波拿巴成为执政看上去更像是共和国的一个新阶段而非它的终结……看来君主制的问题能否解决不会取决于此。"[11] 就与在共和主义者的阵营中，只有康斯坦等极少数人意识到了此事的重要性一样，在王党阵营中，也几乎只有马莱·杜·帕恩明白复辟的机会正在渐行渐远。

《法兰西信使》（*Mercure de France*）的前编辑在伦敦——几个月后他就在这里去世了——开了一份新期刊，《不列颠信使》（*Mercure britannique*）。在1799年12月10日，雾月十八一个月之后的报纸上，他的读者可以看到一份前所未有的关于波拿巴的骇人报道。[12] 对后者有明确认知的马莱根本找不到刻薄的言语来评价他那些保王党伙伴的轻率，这些"没脑子的""低能者"认为如此"特别"的人用这般手段、耐心和技巧甚至那样的风险，就是为了复辟波旁王朝。[13] "如果事态发展到要重拾王冠的地步，他会把它戴到自己的脑袋上。"[14] 马莱写道。此外，如果君主制复辟的梦想瓦解了，那也不是波拿巴一个人的功劳；主要还是局势发展的结果。马莱说，波拿巴如果不想落到和雅各宾派一样的下场，他就注定要推行补偿、和解和宽赦的政策。法国将能够休养生息，而波拿巴将获得强大的公众支持，他便可以让他的权力获得稳固而持久的根基。马莱确信，新政权无论如何都不是自由的；而且大多数法国人难道没有用1789年以来他们从未享受过的自由来换取真正的安全和平等的保障吗？马莱断定，雾月十八将很快成为一场"政治蜕变"的标志，自大革命以来的政治进程将被完全改变："一切1789年的信条"都将被摧毁，一个强大的政府将会诞生，它无疑将有"更强的权力能用于作恶"，但同样也能"更不受掣肘地行善"。生性悲观的马莱认为其前途并不光明。马莱充分理解，如果法国人有了理由希望新政府能够偏离前任"革命暴君"制定的路线，政变受益人将来就存在人身安全问题。他认为，在一个组织完善的共和国中"这样的公民会被当成叛徒从塔培亚岩（roche Tarpéienne）上扔下去"。无论如何，人们不会允许他攫取领导人的地位："在一个像法国这样的共和国中，"他继续说道，"如果他再次被迫下台，或者权力无法保证他的安全或他的统治，这位公民会带着照耀他的光芒步入神殿。"此次危机更甚，因为在波拿巴的事业里，野心并不仅仅是算计和自身利益，还有想象力："波拿巴的头脑在云雾里；他的事业是诗篇，他的想象力就是充满英雄史诗的仓库，他的舞台对所有聪明或有野心的狂热者开放。谁能规定他将在何处止步？"

三执政和四部长

将军本人在早上6点离开胜利街时也不知道如何回答马莱的问题，他的马车正载着他驶向卢森堡宫，西哀士和迪科正等着他。

> 开始，在执政府，真正的朋友问过我到底准备做到哪一步：我的回答是我不知道。他们感到沮丧，可能对此不太高兴，但我说的是事实。我不是我行为的掌控者，因为我还没疯狂到扭转时局来顺应我的体系：相反，我让我的体系顺应时事。[15]

天气温和多雨。穿过几乎空无一人的街道——今天是一旬中的第十天，是法定假日——他来到了左岸。一份海报上写着"新秩序开始了"，另一份则印着波拿巴的话："所有的爱国者都聚集到我这里，告诉我他们的计划，公开他们的秘密，请求我的支持；我拒绝归属任何团体……法国人民，你们无疑会从中看到一个士兵对自由的热情和一个公民为共和国的献身。"[16]

这位"公民"穿着"暗绿色的"大衣，戴着圆顶礼帽，进入了卢森堡宫。执政府沿用了督政府时期的机构；甚至保持了它的外在形式：五名督政的地位被三名执政和元老院及五百人院取代，并且两院各成立一个25人的立法委员会，根据雾月十九日的法令，"五百人院行使立法创议权，元老院则负责通过法律"，就像原来一样。实际上，一切都不同了，在过渡期的三个月内接替了督政府的"执政委员会"，[17]"被授予了督政府的全部权力，尤其是被委托在行政管理的各个方面恢复秩序，让国内重归安宁，并去争取一个光荣而稳固的和平"。至于两院的残留部分，法律赋予了他们裁决"警务、立法和财政上一切紧急事务"的权力，但仅仅是在"必要且由执政委员会正式提请的情况下"。幸存的代表得到了暂时的"消遗"：制定民法典。显然，这里有更紧急的事要处理。

等候执政的事务很多，但时间很短。公共财政状况极其糟糕——在雾月二十日的早上，国库中只有16.7万法郎，这还是在前一天从银行家科洛处得到了30万法郎的预付款后剩下的——反法联军正驻扎在边境，而共和国的军队却得不到补给和军饷。旺代的叛乱分子和朱安党人又拿起了武器，而且没人敢担保前一天受挫的雅各宾派会不会再有什么异动，以及军队是不是全体一致毫无保留地支持政变。

然而，执政府的历史却是以一场闹剧开始的。在与西哀士谈了话之后，波拿巴走进了将要召开新政府会议的大厅，第三执政迪科和前督政府秘书拉加德（Lagarde）已经在了。迪科建议由波拿巴主持会议。他是在开玩笑吗？还是为了告诉将军自己是可靠的？担心接受这一职务会使西哀士不高兴的波拿巴拒绝了，最后决定主席按字母顺序由三人轮流担任，这让波拿巴主持了第一场会议。[18] 西哀士会感到不高兴，难道不是因为波拿巴谢绝了和两位前督政——可能还包括拉加德——一起分享督政卸任时领的补偿金吗？波拿巴拒绝了自己的那一份，难道不是乐于看到既没有抵抗诱惑还为了能多分点钱进腰包和迪科吵架的西哀士丢脸的样子吗？[19]

这些事情一旦解决，他们就该委任部长了，西哀士是否认为波拿巴会同意分担任务呢，把战争留给自己，内政交给前督政？但他很快就明白了，自己什么也不会有，在第一场会议中他曾对塔列朗和勒德雷尔说："先生们，你们有了个主子！那个人什么都知道，什么都想要，也什么都能做！"[20]

仍留在位置上的或当天早上任命的部长中，有四个位置特别重要：战争部部长、外交部部长、警务部部长和财政部部长。[21]

督政府时期最后一任战争部部长迪布瓦－克朗塞，虽然与雅各宾派无甚瓜葛，仍失去了他的职务：不仅是因为在雾月十八时他是几乎唯一一个试图阻挠政变的人，还因为波拿巴不打算信任除自己以外的人管理军务。[22] 接下来该选一位新战争部部长了，贝尔蒂埃是合适的人选，波拿巴说他像"一支能预知他所想之事的羽毛笔"。[23] 西哀士在外交部部长的人选上也放弃继续和波拿巴争论了。此外，众人已经商议，7月被迫辞职的塔列朗，将尽快再次获得委任。[24] 波拿巴明白与虽被马塞纳阻挡在国门之外，却还未被击败的敌人签订和约是多么的微妙。因此他急需把谈判交给一个久负盛名经验丰富的外交官，相较从革命学校习得了杰出技巧的雷纳尔，他更有机会获得欧洲外交官的注意：这是一种微妙的欧洲外交手腕，要与他们签订条约，就要介绍给他们一个和他们级别差不多的人。[25] 因为雷纳尔不可能在没有任何补偿的情况下被替换，他们在等待时机：驻瑞士外交大使恰好有了空缺，就这样，11月22日塔列朗又回到了巴克街的宅邸。

虽然西哀士同意选择塔列朗，但他对于由富歇担任警务部部长颇为不满。无疑这位前国民公会成员在夏天与雅各宾斗争的高潮中为督政府做了重大贡献，但西哀士不能不把富歇看成前恐怖主义者和他惧怕的雅各宾派的朋友。让他领导警察，这不是冒着把这个国家的心脏交给了那个刚刚被推翻的政党的风险吗？波拿巴坚持道："我们（正在开创）新纪元：至于过去，我们要铭记好的，忘掉坏的。"[26] 他是否想要通过这种方式阻止西哀士获得对警察的控制权，并同时把这个位置交给一个"可以放心留在身边"的部长来对付种种"手段"？[27] 波拿巴与富歇结识时间尚短：他们在11月3日之前从未见过，当这位部长察觉他的保护人巴拉斯要倒台时，他就跑到胜利街向将军宣誓效忠了。虽然波拿巴对这位革命之人了解不深，但他知道如何整体判断一个人，而且不用花什么工夫就能评估出这位曾经的里昂屠夫将带给他多少好处。

史蒂芬·茨威格（Stefan Zweig）将这二人的第一次面谈误导性地描述成了两个巨人的会面，并写道"处于上升阶段的成功人士总能相互认可"。[28] 显然，两个人都仔细审视了对方：富歇明白自己未来的权力、影响力和财富就系于此人身上；波拿巴则如茨威格所说，认为他的来访者是"一个无论什么任务都能胜任的有用之人"。但是这也意味着两人的关系并不平等。波拿巴审视富歇的灵魂，评估他的才能，也看出了此人的局限所在：他生来注定只能居于下属的地位，而且无法得到他人的尊重和喜爱。在这方面，富歇无法和塔列朗相比。波拿巴欣赏这位前主教；他视塔列朗为旧时代的典范，其出身和行止使其成了活着的记忆；他欣赏他的才学，他广博的知识，他的言谈，甚至可以原谅塔列朗没有履行前往君士坦丁堡获得土耳其宫廷对占领埃及的许可的诺言，以及他的舞弊行为。[29] 离奇的痴迷：塔列朗难道不是一切波拿巴厌恶之事的化身吗？他就是"道德败坏的典型"，波拿巴曾对古尔戈（Gourgaud）如是说。[30] 懒惰、冷漠、事不关己、遮遮掩掩又神神秘秘、贪婪又唯利是图。他身上也有污秽之物，圣-伯夫说他"仪表堂堂又宽仁和蔼的外皮"遮盖着"隐藏的丑恶"；但这位前主教作为一个出色的谄媚者，毫未浪费他的殷勤。谁能比他为法国在波拿巴治下取得的诸多"奇迹"和"成就"（按他的说法，这都应归功于波拿巴）表现出更大的狂喜呢？后者毫不奇怪他用路易十四时期的风格写信："现在每天我都在恢复健康和体力，我已经准备好加入您了，如果您觉得合适的话。"他的部长几个月后给他写道："我敢说，如果您不在的时间再延长，我不仅渴望着想和你在一起，而且我也感受到我的渴望。"[31] 或者这样："当我不在你身边时，我是不完整的。"[32] 按圣-伯夫的说法，他的口吻就像与"腓特烈二世处在蜜月期的"伏尔泰。[33] 倘若塔列朗的姓氏不是那么显赫，这番谄媚就不会达到这么成功的效果。在夏尔·波拿巴儿子的眼里，"这可以抹去一切"。[34] 塔列朗可是认为波拿巴对治国理政一窍不通，需要像旧制度时期那样任命一位首相，而他本人将能担任这个角色？考虑到他一回到巴克街就提出自己希望仅与波拿巴共事，这是很有可能的。[35] 但是波拿巴并没有被塔列朗的魅力折服到妥协的地步，而是让他的部长按他的意愿做事。

在波拿巴回到法国后，塔列朗是他的核心圈子的一员，这个圈子还有勒德雷尔、雷亚尔、勒尼奥（Regnaud）、蒙日和一些其他人，而波拿巴总是和他们中的一位一边散步一边进行长时间的谈话，聊各种事情——但绝不是漫无目的的空谈——回顾他的过去（尽管还很短但得到了有效利用），以及向他的听众描述他所谓的"空中楼阁"。但是富歇从来没有被允许加入这种谈话："我从来不与富歇谈论我的计划和预期。但塔列朗就不一样。"他说。[36] 波拿巴认为他的警务部部长是"一个负责卑鄙阴谋的人"，他有用甚至必不可少，但是这种人，人们不愿意了解他。[37] 说实话，这并不公平——富歇对将军的尊敬不比塔列朗少；此外，他的尊敬更真诚一些，因为他把波拿巴看作阻止波旁复辟的最佳壁垒，反之塔列朗则确信波旁王朝必然复辟，认为在波旁家族变得开明温和后，波拿巴就没用了。[38]

将军不喜欢富歇，不仅仅是因为他手上沾着以路易十六为首的无数人的鲜血，还因为他品味有些过于平民化。尽管他有钱有权，但他的生活却很简朴，经常拜访他的只有几个从学生时代就认识的老朋友，在他们起身告辞后，他就和妻子回房睡觉，他的三个孩子也和他们睡在同一个房间里。[39] 基本上，他还维持着共和二年男人的模样：好丈夫，好父亲，绝不动摇的公民。他保留的革命时期的东西让他与波拿巴疏远，但同时又给了他塔列朗缺少的价值：纵观他的过去，富歇完全属于革命。他不奢望获得波旁的原谅，所以他有比物质利益更强的动机忠于大革命，而他在去年夏天与雅各宾派对抗，只是因为他认为这些雅各宾派企图重现1793年的行为已经不自觉地帮助了反革命的一方。他出于同样的原因投靠了波拿巴，他知道他是站在革命一方的，不在乎他对革命的批判有多么尖锐：革命让他成了出色的将军并让他站上了权力的巅峰；而波旁的支持者却没有给他任何可与之媲美的东西。因此，政治把波拿巴推向富歇，而他的喜好则把他推向了塔列朗。富歇代表着一个波拿巴不太喜欢的时代，但他的一切都应该归功于它，而在他眼里，作为旧法国遗老的塔列朗，代表着一个他对其消失感到遗憾的时代，但是它的回归不仅会剥夺他现在所得到的东西，还会夺走他将要获得的东西。他同时需要塔列朗和富歇，而且某人对另外两位执政的比喻——"椅子的两个扶手"——也可以用在这两个人身上，他们分别代表着被革命分割的新旧两个法国；即便他们各自以不同方式代表了旧制度和新制度中最不可接受的那些部分，塔列朗并不是"天生就属于"旧制度，富歇也并不能代表整个大革命。[40] 就像如果没有大革命，没有大革命的成功和秩序的恢复，塔列朗可能就不会获得要职一样，在陈腐的体制中富歇也不会有出人头地之日。他们都是混乱时代的孩子，他们代表着旧时代向新时代的转变，而非一人代表旧时代，另一人代表新时代。

西哀士必须得到补偿，所以波拿巴在他提议由马丁-米歇尔·戈丹

（Martin-Michel Gaudin）出任财政部部长时没有反对。戈丹曾在王室的财政部门任职，并在革命前夜成为其最为重要的官员之一。伯尼奥（Beugnot）回忆道：

> 他天性正直，胸怀却不甚宽广。他严肃勤劳，凡事都一板一眼，无论是工作还是穿着打扮，他是剧院的常客，对待社会责任一丝不苟，习惯不可动摇，忠于政府，不太愿意接受新事物。在旧制度下，他会是那些被称为"不生不死"的高级侍从的典范，这些侍从的每一代人都像是一个模子里刻出来。[41]

他对旧制度的依恋服务更多是出于对秩序的追求，而非发自内心的忠诚。倘若大革命没有像他看到的那样，因废除了消费税导致市镇失去了税收来源，再加上指券的发行共同给了公共财政致命一击的话，他可能也会支持革命。[42] 尽管如此，他还是加入了成立于1791年的国民财政委员会，但是1795年他拒绝了督政府任命他为财政部部长的命令，并且在1799年，他的保护人西哀士成为督政府的督政后再次拒绝了这一职务。[43] 他说，还不具备采取有效行动的条件。[44]

戈丹后来写道，在他看来，波拿巴进入政府开启了一个有利于改革的稳定时期。[45] 实际上，在雾月二十日的早上没人能知道新政府是否能够建立。最可能的是西哀士在波拿巴抵达前与戈丹会面时，对他最担心的两点给予了保证：整顿国家财政管理部门和恢复间接税。之后，波拿巴见了他。根据戈丹的说法，他只说了些客套话，只给了他两个小时进行就职和安排工作。[46] 他也给了戈丹保证吗？很有可能，但不确定，因为几个月后第一执政坚决反对恢复盐税和酒税，而戈丹以辞职威胁。[47]

然而，他们的第一次会面标志着这段直到帝国倒台才结束的"互相信任的亲密关系"的开始。[48] 在圣赫勒拿岛的拿破仑，说了曾为他效命的大部分人的坏话，但仍对戈丹赞赏有加："他是个正直的人，一个丝毫不受贪腐影响的坚定堡垒。我总是接受他的支持，我和他的友谊现在回想起来还是很愉悦。"[49] 至于那位部长，他在回忆录里说，他写作的目的就是

"让这位伟人在记忆中就像被人钦佩那样为人们喜爱"。[50] 在他们之间，不仅仅是信任和钦佩（从戈丹的角度来说），还有思想的交融。戈丹不单单在衣着方面一派1789年前的作风，在财政方面也是，他与连最低限度的赊欠都会感到心烦意乱的波拿巴信奉同样的格言："为国理财应与个人理财遵循同样的原则。"[51] 在戈丹的努力下，旧制度下财政管理的技术和观念至少有一部分得到了回归。

谨慎的反对者，多疑的支持者

如果我们要给这些部长排出位次，第一位应是戈丹，因为重建经济秩序显然比维持秩序需要付出更多的努力和烧掉更多的灯油。雾月十八的反对者——以61名失去席位的代表为首——都保持着极大的沉默。[52] 所有的抵抗，如果还称得上抵抗的话，包括几个人的辞职和99个省级行政机构中的大约10个拒绝承认成立临时执政府的法律。[53] 最严重的警告来自图卢兹。当督政府垮台的消息传来，那里的雅各宾俱乐部号召起来反抗。法国各地的俱乐部都响应了，但大多数反抗都快速瓦解了。图卢兹的驻军不得不出动了。有那么几天人们因在雾月政变中失败的一方要在图卢兹组织反对派政府的谣言陷入了恐慌中。[54] 执政府很重视这一威胁。他们派了拉纳将军到图卢兹，又决定向各省派去专员"告知人民雾月十八日和十九日两天发生之事的起因和它将带来的好处"，以及还要抓一个典型，让那些受此类冒险诱惑的官员回归正途。[55] 雷霆落到了某位名叫巴纳贝（Barnabé）的人头上，这位约讷（Yonne）的刑事法庭主席拒绝在法庭记录中写下雾月十九日颁布的法令。他被停职，被指控滥用职权，软禁在奥尔良，而且所有的财产都被扣押。[56] 这一典型得到了预期的结果：雾月十八的一周之后，83个省中只有13个支持政变。这并不多。10天后，就只剩20个省没有依附新政府了，一个月后，只有3个省仍没那么做：上加隆（Haute-Garonne）和两个科西嘉省。所有的反对者，或者至少是公开的反对者，没流一滴血就偃旗息鼓了。清洗是十分有限的：尽管巴黎三分之二的市政官员被撤换，但是在外省只有几十个官员或政府雇员被解雇或调职。军人也遭到了波及。波拿巴可能在军中发现了最持有异议的人——那些仍忠于雅各宾理念的军官和士兵，以及那些因看到他们中有人手握大权而感到嫉妒，并对其破坏了他们所谓的"平等"感到不满的将军。[57] 只有一小部分高级军官被解职，那么到底有多少军人反对雾月十八，但是习惯了服从或出于对内战的惧怕，而选择了沉默呢？可能他们的数量比我们想象的要多。他们的服从让波拿巴免于面对军事哗变；但在一些军团中，微弱的怀疑持续了很长时间。

上文提到的事件的重要性并没有夸张。最让人惊异的事情不是政变有反对者，而是居然没有更强的反对者。[58]

尽管没有遭遇任何实质性的抵抗，政变也并未引发极大的热情。诚然，也有掌声，一些人对被打败的雅各宾派展开了报复，甚至还有让投资者感到百分百满意的实际表现：连续跌了几个月的证券交易所中，迎来了一波惊人的巨大反弹。[59] 剧院里，王党和温和派观看《圣克卢宫的水手》《圣克卢宫的一天》和《圣克卢宫的墙头草》时，一听到波拿巴的名字就欢呼喝彩，一见雅各宾派出场则嘘声一片。一些报纸也附和他们，公开呼吁"对革命原则的反动"，[60] 同时，整个法国的信众正聚集在一起要求重开被关闭的教堂和恢复礼拜天弥撒。

比起内战，执政们更担心那些王党遗少们会窃取雾月十八的成果并以此为借口掀起反抗浪潮。他们惧怕另一场"白色恐怖"。经验告诉他们，如果他们给了多年积攒的仇恨和怨怼哪怕一点释放的机会，自己就会遭受督政府的命运。波拿巴在每个场合都强调：雾月十八不是另一场新的"革命"，而是为了终结垂死的"革命"的"革命"。[61] 因为"反动"是比雅各宾派更急迫的危险，执政府必须先解决这个问题；但是在放富歇去对付他们前，政府在政变一周后印发了一份声明，其作者卡巴尼斯（Cabanis）在其中坚称不会有任何反动行为。[62] 警察开始行动了，查禁了一些书籍，并禁演了一批剧目，剧院的保留剧目也要事先获得批准才能上演，几乎就在同时，那些反对政变的人放弃了他们阻挠建立新政府的企图，那些认为政变会支持他们复仇的人也冷静了下来。

勾勒政治蓝图

至于法国大众，假设我们真的能知道他们的想法的话，他们可能在等着执政们的第一个动作。大家都很审慎。这场"革命"很可能在一周或一个月后，转到相反的方向。法国已经不稳定很久了，而且在1800年初塔列朗仍说波拿巴："如果他能待过一年，那他就能长久！"[63] 这场到现在为止还没有将任何人判处死刑或流放的革命，无法保证不会与之前的革命迎来相同的结局。经验告诉法国人民不要轻易相信他人。他们厌倦了"革命"——在过去的十来年里，他们经历了4个宪法和至少15次算是成功的政变——他们甚至对允诺已经厌烦了。人们可以说他们想要的就是波拿巴出现在政府能够实现真正的变革；还是要审慎。

不管怎样，在政变的第二天，一份公报保证了将会有所改变：新政府将结束控制法国的"可憎集团"的不公行径。[64] 这次，承诺终于伴随着实际行动。通过一个又一个的举措，他们规划了回归秩序、补偿和和解的新政治路线。打击了前四分之一纳税人的强制公债被取消了。[65] 同样被取消的还有扣押法令，而且波拿巴亲自到唐普勒监狱释放了关押在此的人："不公正的法律剥夺了你们的自由，"他对他们说，"我的首要职责就是恢复你们的自由。"[66] 报纸报道了这份声明和其他与将军有关的事。他说他拒绝"与任何政党有染"[67]："通过政党治国，早晚会受制于它。你们不会看到我做这种事；我是属于整个国家的。我会任用所有有能力的人和所有愿意和我一起的人……我喜欢所有党派中的好人。"[68] 他还提及了未来的政府："职位向持各种观点的所有法国人敞开，只要他们思想开明，具有能力和美德。"这份声明引发了轰动。一份报纸评述道："如果这个新的大胆声明是真的，如果发布这个的人可以履行诺言，那我们就处在大革命的尾声了。"[69] 不满足于这种简短的阐述，雾月的胜利者还要求《法律之友》（*Ami des lois*）刊登出他的政策简章：

以自由主义的观念来看，波拿巴意味着能为共和国添砖加瓦、使其受人爱戴的一切，能教化革命的一切，以及能补救其缺陷和错

误的一切；他意味着胜利者对失败者的宽宏；他意味着不会有损共
和国的稳定的包容；他意味着让误入歧途的人重新遵从法律；他意
味着有益的制度，政治和宗教宽容，以及对悔过者的信任；最后，
他意味着忘记伤痛。[70]

《世界箴言报》甚至刊登了一篇震撼人心并且在任何层面上都前所未
有的声明，称只有羸弱的政府才惧怕拨乱反正，而一个强大的政府，尽
管它也会像每个人一样犯错，但相反，如果它走上了歧途它就有责任"改
过"。"信任让政府强大，"文章的作者写道，"而公正又创造信任。"[71] 根
据这些新的箴言的精神，临时执政府从上台的第一天起就采取了大量宽赦
的措施：关押在雷岛和奥雷隆岛的宣过誓的神父得到了释放，与旺代叛军
的谈判开始进行，在法国境内被抓到本应处死的流亡者被改判驱逐出境。
这些姿态起到了巨大作用，而波拿巴嘴里偶尔漏出来的不那么自由主义的
话语或许也获得了同样的拥护，毕竟公众实在是厌倦了混乱："我开辟了
一条大路，"有一天他说道，"任何直行的人都会受到保护；任何向左或向
右的人都会受到惩罚。"[72]

执政们推行的政策大约不会被1797年的"斐扬派"所反对，但执政
府的这种策略极可能导致其被看作果月失败者的继承者，并成为他们报复
的工具。而且，因为他们拒绝效仿任何党派，他们必须要让那些之前的工
作被他们推翻的人感到安心。接二连三的措施都有利于革命的受害者，官
方的演说同时也意在安抚从前迫害他们的人：执政府说政府并不打算恢复
旧体系的影响和措施，也不打算恢复格里高利历和宗教节日。富歇坚持共
和国将来既不会重新禁止宗教崇拜，也不会恢复流亡者的公民权。[73] 但是
他也会善意考虑那些想要回来的人提出的归国申请。[74] 政府这种两头讨好
的行为，看起来会显得反复无常。这种两面派的手段是必要的，但无疑会
损害政府的信誉，特别是因为失误不可避免。

政变10天后的11月20日，《箴言报》上刊登了一项命令，37名反对
者将被流放到圭亚那，以及22人将在家中监禁。流放名单中除了反对政
变的代表之外，还有"那些引起公愤之人"。[75] 包括德特朗（Destrem）、

德尔布雷尔（Delbrel）甚至还有茹尔当将军，还有参与了过去所有暴乱和屠杀的人，以及1792年割下了朗巴勒王妃（la princesse de Lamballe）头颅的加布里埃尔·马迈（Gabriel Mamin）。[76] 谁发起的这个行动？我们不知道。[77] 西哀士确信如果早点采取这项行动，就能在圣克卢宫会议之前缴掉政变反对者的械，而波拿巴仍没有忘记橘园的"斗殴"。布列纳说，将军担心王党的行动要甚于雅各宾的报复。[78] 若是如此，那他对"无政府主义者"则是非常重视的，对其有一种混杂着畏惧的怀疑，直到他在于圣－尼凯斯街遇刺后消灭了他们的首脑，这种畏惧才消失。后来，在圣赫勒拿岛，他说这个决定是执政们共同作出的，他们只是想吓唬吓唬首都的无政府主义者，好让他们放下武器，而非真正想要驱逐他们。[79] 但这只是事后捏造的说法：执行命令的准备都已经做好了。[80]

司法部部长康巴塞雷斯（Cambacérès）立即跑到波拿巴家，反对这项违背宽赦与和解的承诺的措施。这项于11月12日制定的法令公开之后，引发了广泛反对和众多抗议。[81] 这使得执政们急忙从名单上划去了几个名字。[82] 11月25日康巴塞雷斯把流放改为了仅在家禁足。波拿巴迫不及待地把这项法令的责任全推给了西哀士。"是西哀士发布的这个法令，"他对前来请求划去茹尔当名字的富歇说，"我不赞同这项举措。要是我听信了这些坏人的话，早就血流成河了。"[83] 他还写信给茹尔当向他保证他的友谊并告诉他，他是多么希望"弗勒吕斯的胜利者"能加入他的阵营。[84] 他给一位在雾月十九日被除名的代表写了公开信，在信上他重申：他所有的努力都是在寻求治愈共和国的伤痛，并且只以法国的利益为目的把好公民动员起来。[85] 对比这封信和11月12日的法令，一切就很明了了：波拿巴意味着改变和未来，而西哀士则代表着延续和过去。[86] 前者在与后者的对抗中胜了一分。

从西哀士的口述到波拿巴的宪法

西哀士可能知道，从与波拿巴合作的那天起，他就在进行自己最后的政治表演了。政变时的情况，尤其是执政府上台第一天波拿巴的表现，打破了他最后的幻想，但他并不准备束手就擒，而是打算尽力对波拿巴施加影响，尤其是因为他在宪法领域的知识和才干都是将军所望尘莫及的。他认为时机到了吗？他已经进入了政府，终于有能力赋予法国他构思已久的宪法。每个人都在期待他长期沉思带来的成果。当他看起来不愿将其公之于众时，他的朋友起初认为他是在惺惺作态，但他们不得不认清现实：就算有神谕将整部宪法都替他构思好了，像他这么懒的人也只会将其全都装在脑子里。他的心腹之一布莱·德·拉·默尔特拿起了他的笔。

西哀士将国家的组织分为两个大的方向，一条"向上"，另一条"向下"，下文也将依此思路尽可能简明地说明他的提案。[87]

组织的基础是"信任名单"系统。最近两年以来，每年改选和普选的选举制度都是各方攻击的靶子。这套制度被指责造成了督政府的倒台、一次又一次的政变、不安定和共和国的派系斗争。为了补救这种局面，大多数修宪支持者建议延长官员的任期，尤其应该确立基于纳税额的遴选制度以排除无产者。西哀士有不同的看法：与其限制选举资格，还不如虚化选举的意义，使其仅能起到提名作用，而不能决定最终的人选：公民不再能投票决定某个具体职位由谁担任，而是只能选出有资格担任各种公共职务的备选人。"信任源于基层，而权威源于顶层。"他对布莱·德·拉·默尔特说。因此，他建议确立一套金字塔形的体系：600万名公民将选出60万人进入市镇级的"信任名单"，后者中选出6万人进入省级名单，最后选出6 000人进入国家级"信任名单"。这个将为对应层级的职位提供候选人的名单，要每年一更新，尤其要清除无论何种原因失信于公民的人。为了保证选举的正当性，这一体系十分复杂：市镇的行政官员要由省的重要人物从该市镇的信任名单中任命，省级和国家级的行政官员都要由一个"选举人管理团"（Collège des Conservateurs）——即元老院——任命，此外他们还有权力从国家级信任名单中排除十分之一的人。

全法国将有80名选举人被选入选举人管理团。其成员由内部增选产生，终身任职，而且还有一笔丰厚的年金——西哀士每年从国库拨给他们10万法郎。他们负责任命省级公职人员、两个立法机构的成员——由

100名代表组成的保民院（Tribunat）*和由400名代表组成的立法团**——以及国家元首（西哀士称之为"大选长"）。除了这些职能外，选举人管理团还负责审核法律是否违宪，修改宪法，以及执行一种类似陶片放逐法的制度：其有权将"任何因其天赋、服务、人望和野心危害现有秩序和公众安定的人"停职，并禁止他出任其他任何公职。[88]

大选长由选举人管理团任命，终身任职，待遇要比管理团的成员要好很多：居住在"国有宫殿"，年薪500万法郎。然而这在某种程度上是对他在政治上形同虚设的补偿：他全部的职能就是在外交场合代表法国，以及提名两位政府首脑——一位"对内"，另一位"对外"——而他们将任命辅佐他们的部长，以及参政院和行政纠纷仲裁庭的成员。

从根本上来说，这个不同寻常的计划是在试图调和三种古典政治形式：民主制存在于信任名单制度中；贵族制存在于选举人管理团；具有极其尊崇地位的大选长则体现了君主制的特征。但实际上选举人管理团的权力最大，因为其除有权任命几乎所有官员外，还有权改选任何他们认为不适合担任其职务的人，包括大选长。

那么波拿巴在这个奇怪的构架里居于何处呢？吕西安在回忆录中断言，大选长是西哀士在被迫与波拿巴合伙政变后才想出来的。[89]西哀士对宪法问题太过严肃，以至于无法以完全政治性的视角来看待它。他深信自己创立的这个体系可以沿用上几个世纪，至于大选长的人选，他或许想到了自己。就像保罗·巴斯蒂（Paul Bastid）说的："他上了岁数之后开始喜欢庄严盛大的活动了。"[90]

当他第一次把自己的心血呈现给雾月十九日成立的两个立法委员会的立宪处时，他的疑虑一扫而空：他的听众狂呼他是天才。但是他们的看法无足轻重，只有波拿巴的意见才重要。为了赢得他，西哀士让勒德雷尔提议由波拿巴出任大选长：

---

* 其名称来自古罗马的"平民保民官"（Tribunus Plebis）一词，因其职权主要是审议提交来的法案，因此也译为"法案评议委员会"。

** 共和三年宪法中的"立法团"指的是包括元老院和五百人院在内的立法机构，而西哀士制定的共和八年宪法中的"立法团"仅为立法机构的一个分院，和"保民院"共同执行立法权。共和八年宪法中的"元老院"不再属于立法机构。

波拿巴花了很长时间才理解这个体系；最后他抓住了重点："我理解对了吗？"他问我，"我将获得一个可以让每个人都有事可做，而自己却不能参与其中的职位！……我不会扮演这样可笑的角色。我要做执政，不然就……什么都不做。我宁可当个白丁也不要担任这个可笑的职位。"[91]

将军和西哀士在12月1日再度会面。会面的进展很糟：西哀士坚信自己的完美体系哪怕做出最小的改动都会将其整个摧毁，拒绝让步，而波拿巴拒绝接受这位前神父给予他的大打折扣的权力，这与他的要价相去甚远。波拿巴还反对西哀士赋予元老院选拔的权力，并认为那个"大选长"的职位如同儿戏：

您的大选长不过就是一个懒王（roi fainéant）。懒王的时代早就过去了。哪个有头脑和勇气的人能忍受这种游手好闲？靠600万法郎和杜伊勒里官，就想让人像戏台上的国王一样坐在那里，给别人的文件签字，而自己什么都不能做！这完全不可能，简直做梦。你要么有一个像肉猪一样的大选长，要么就有一个绝对的主人，因为他不用为任何事负责。你得知道，如果我成了你的大选长，我就会自行其是，绝不会在乎你。[92]

二人恼火地各自离去。12月2日一整天都在私下密谈。西哀士威胁要退出，波拿巴则回应道"让他走！"并说他会让勒德雷尔起草一个合他心意的宪法。[93] 而后，在意识到自己不能表现得像禁卫军一样后，他建议双方再次会面。第二次会面发生在当天晚上，进展顺利，因为每个人都小心地避开了核心问题，仅维持在"大体框架"的讨论上。[94]

之后波拿巴领先了西哀士一步。在12月3日晚上，他邀请了立宪处的成员到家中。西哀士不能回避。他又阐述了一遍他的计划。波拿巴安静地听着。当会谈中断时，他用出了撒手锏。"这些都很好，意义深远，"他说，"但有一些地方值得认真讨论。"然后指出西哀士的提议如果要写成法律条文的话，其论述还应该更加清晰，他提议由多努负责这项任务。波拿巴此时背离了雾月十九日制定的法定程序。后者赋予了两个立法委员会修改共和三年宪法的权力，应先由其立宪处提出动议，然后再由其通过。没人能预料到修宪会在某种意义上于波拿巴家客厅的夜会中完成。波拿巴确信，只要让多努来把西哀士的计划变为书面形式，认为自己在这方面的才干不输西哀士的多努，将给出一个与"神谕"截然不同的计划。

第二天夜里，完成了工作的多努来到了卢森堡宫：他的计划中恢复了选举制度，将建立类似于督政府时期的两院，包括一个二百人院和一个五百人院，另外还建议成立一个"评审委员会"以审查法律是否违宪，设立一个参政院以及三位执政，执政每十年由议会选出，可以连任。另一方面，他没有忘记波拿巴：颁布法律，任命参政院议员、部长、军事指挥官、省长、副省长、市镇长等，都是第一执政的特权，不需要征询另外两位执政的意见。政府和新的五百人院拥有立法创议权。但是另一方面，执政们的行动又被严格限制，尤其是在宣布国家紧急状态方面；议会的独有权力得到了保护，而且还有一条法律显然是考虑到了波拿巴的情况，提到了当执政指挥军队时的接替问题。[95]

波拿巴现在手里有了两套宪法提案。他只需要选一套最适合他的。他已控制了事态的发展方向，对多努说道："公民，拿起你的笔，坐下来。"[96] 多努读着法条，波拿巴任由他们进行讨论，有时自己也参与其中，在认为他们已说得够多时结束了讨论，进行了投票表决后口授了最终版本。共和八年宪法的起草开始于12月4日，完成于12日。

要人的名单没有经过太多的讨论就通过了。所有的参与者都已厌倦了推举，而波拿巴本人尽管他后来说自己从未赞同过这个系统，但此时也没觉得它有多差。此外，他对此也有所了解，因为在军队中要选出军官时，士兵们会给每个职位都起草出候选名单，供上级从中选择。

议会——保民院、立法团和参政院——的建立没有遇到什么困难。对西哀士的计划进行的修改，仅是将立法团的人数从400人削减到300人，以及剥夺了保民院的提案权，这项权力现在仅属于政府。在决定"选举人管理团"——如今已改名为"管理元老院"——的职能时，就不是那么一团和气了。波拿巴再次反对增选原则，并说元老院一旦有了这个武器，"就能随时罢免最重要的那几个人，一下子瓦解政府"；他越说越激动，最后喊了起来："绝不能这样做！不然将会血流成河！"[97] 没人敢回话。当斯塔埃尔夫人指责其中一个参会者缺乏勇气时，他回答道："哦，夫人，在当时的情况下，我们必须要考虑的不是拯救大革命的原则，而是拯救关心这些原则的人啊。"[98] 还有另一个解释：他们满脑子都想着这些新的职位。考虑到未来，他们不愿意冒犯将军。甚至连布莱·德·拉·默尔特最后都放弃了西哀士，更无人提及"大选长"。在多努的计划里，它被替换为了三执政，执政每十年改选一次，可以连任。但第一执政不再像多努设想中的那样只是占据主导地位了，他大权独揽，行使一切——巨大的——行政权力，他的两个同僚只是陪衬。"你还能指望什么！"后来波拿巴对拉法耶特说，"你知道西哀士已经将他的阴影投向了各处：立法权、司法权、政府；而某处应是一切的关键所在……的确如此！那么我就占据这个位置。"[99]

为了对雾月十九日通过的法律程序表示表面上的尊重，宪法提案于12月12日在五百人院的立法委员会每日例会上进行了讨论。布莱读完了冗长报告的第一部分，剩下的延期到第二天。[100] 到了那天，他又出现在主席台上，简明地说前一天的"变化"让他不得不推迟读后面的部分。[101] 12月12日晚，像往常一样，波拿巴家中又有会议。仍有几个问题需要仔细斟酌，尤其是关于可能的人权宣言，以及行政和司法部门的组织问题。但是波拿巴看到讨论变得愈加激烈，再加上他想到如今最紧迫的事是解决国家首要权力的组织问题，他站了起来，打断谈话，将会议推到第二天。他已经做了决定：宪法就以未完成的样子推行，其缺少的部分将日后由组织法来完善。12月13日晚上，西哀士、迪科和两个过渡委员会的成员来到波拿巴家进行最后的会议。他告诉他们讨论结束了，读了条款后，让他们分别签字。那50个代表照办了。还有一道手续要走：选出三位执政。考虑到三位执政的人选已经定下来了，这次将把他们的任命写入宪法。这无疑违背了一切原则，但这部宪法并未写到执政应如何选出，这避免了很多麻烦。

选票已经准备好了，就放在一张立有大花瓶的桌子上。波拿巴似乎对投票漠不关心。他坐在壁炉前取暖。投票结束后，即将开始计票时，他冲到桌前，把选票扫开，转向他口中的"愚笨的西哀士"，[102] 镇定自若地说道："与其计票，让我们再次向西哀士公民致以敬意，让他来指定共和国的三位重要行政官员吧，他指定的人就当作是我们刚刚任命的。"[103] 这一天，在经过了长时间的犹豫和商讨后，波拿巴最终决定了第二和第三执政的人选。所有参与者当即赞同将军的提议，西哀士给出了被期待已久的三个名字：波拿巴、康巴塞雷斯、勒布伦（Lebrun）。共和国执政按这个顺序委任。人们鼓掌，而选票被扔进了火里。

第24章

迈出第一步

"椅子的两个扶手"

根据弗朗索瓦·傅勒的说法，波拿巴挑出的其他两位执政再合适不过了："他们的名字，"他写道，"在现在与两段伟大的国家记忆间建起了桥梁：诞生于大革命的康巴塞雷斯，和曾服侍旧制度的勒布伦。前者曾是国民议会成员和弑君者（但是他投的是缓刑票），后者则曾是掌玺大臣莫普（Maupeou）的秘书，这位大臣是王权对抗高等法院的最后一位得力干将……通过他们，两个旧日的法国都成了这位年轻英雄的随从。"[1]但康巴塞雷斯真的完全属于大革命，而勒布伦则完全属于旧制度吗？拿破仑全然持相反看法。[2]实际上，他们二人都是复杂历史传承的具象：一只脚在一个时代，另一只在另一个时代。波拿巴的难能可贵之处在于，他属于整个大革命。

勒布伦并非如人们认为的那样无足轻重。在莫普倒台后，勒布伦投身了文学事业——他翻译了荷马和塔索（Tasso）的作品——很久之后他参加了制宪议会，并在负责财政和清算封建特权的委员会中做了很多重要的幕后工作。他在恐怖时期遭到关押，奇迹般地躲过了断头台并且在督政府时期连续两次被选为代表：1795年和1799年。勒布伦的理念很像他的朋友马卢埃（Malouet）。作为一位英国宪法的支持者，他希望法国在1789年时能从中得到启发，他首先是高等法院和中间团体的敌人，梦想着重建的君主制能甩开这些碍事的东西，不受约束地进行必要的改革。如人们所说，他是个政府派，是强大又有影响力的政府的支持者。他今年60岁，属于之前的那个时代，但对于旧制度，尤其是它的政体，并无怀念之情。波拿巴选中他是因为他是经济方面的权威，以及他与1789年的那些立宪会议成员的联系，可能还因为他向他通报了流亡中的王位觊觎者的言行。[3]

康巴塞雷斯与勒布伦一样，有着在革命年代至关重要的天赋：在危机四伏的环境中活下来的能力。作为前国民公会成员，他比他的同僚与大革命有着更多的联系，然而他更属于大革命本身，而非其理念。如上文所说，他投票赞成处死国王；这让他懊悔不已，仅仅是关于复辟的传言就让他彻夜难眠。波拿巴曾调笑他："我可怜的康巴塞雷斯，对此我无能为力，但是你的事情很清楚：一旦波旁家族回来，你就要被绞死啦！"[4] 康巴塞雷斯依附于大革命仅是因为这个他一生都放不下的担子。至于他关注的其他方面，他都渴望回到旧制度。作为一个前法官，他怀念省三级会议，怀念勒布伦曾与之斗争的法官权力。波拿巴从此之后，通过勒布伦接近了大革命初期的参加者；而通过康巴塞雷斯则能接近山岳派和那些旧制度的遗老。

康巴塞雷斯还有一个值得一提的特点，这点可能在将军眼中有一丝滑稽。正如蒂博多所说，他是个"为晚宴而生的人"。[5] 他将大把的时间花在餐桌上，穿得像个1775年的人，衣服上满是各式花边和饰物。他每天去王宫广场附近的花园散步时，身边都会跟着以他的朋友，前艾格尔弗耶侯爵为首的一大帮"低等侍臣"组成的队伍，他那花哨的服装总是会惹得围观的孩子们哈哈大笑。[6] 此外，他还是个非常严肃的人，他的餐桌或许是全巴黎最好的，但可能也是最无趣的。但是康巴塞雷斯不只如此。朗比托（Rambuteau）说，他一个人就是"一所关于政府的大学堂"。[7] 莫雷（Molé）说他还是位"博学的法学家"——他在1793年和1794年，以及后来的1796年，写成了第一版的民法典——以及"老练的商人"。[8] 在1798年他还开过一间律师事务所，主要的委托人不是别人，正是乌夫拉尔。[9]

他钦佩波拿巴而且真心地为他付出，甚至可能还被他所吸引——他很喜欢将军的手，还说从未见过这么美的手——而波拿巴也用自己的方式喜爱着他。无损于道德，也没有任何丑闻，在一日康巴塞雷斯说他为了一项外交使命而雇了个女人时，波拿巴取笑他说："恭喜你，这么说来你开始近女色了？"[10]

很难讲勒布伦在与波拿巴的关系中扮演什么角色。波拿巴尊敬他，在去拜访他时，还与第三执政的孩子玩了捉迷藏。[11] 勒布伦可能会被咨询一些关于财政和官员任命——尤其是各级行政长官的人选——方面的问题，但是他与康巴塞雷斯的地位完全不能相比。[12] 后者不仅仅是波拿巴最喜欢与之交流的人之一，更是少数，或者说是唯一能让波拿巴听取自己建议的人。康巴塞雷斯的确扮演了副手的角色：知道自己永远不可能当上首要人物，他就选择做得比次要角色多一点。[13]

两部宪法合二为一

12月15日，共和八年宪法的公布并未激起什么波澜。这已经是10年内的第四部宪法了，难怪人们不重视它。人们对一部能解决所有问题的宪法已经期盼许久了，而这部宪法却难以置信地简洁又充斥着空白。霜月二十二日通过的这份文件只是初具了宪法的轮廓，而且整个国家只由一个人和一个机构操持。每当有人问起宪法上都有哪些内容时，就会有游手好闲的围观者答道："有波拿巴！"[14] 事实上，共和八年体制中并存着两套不同的体系：法律规定的政治结构和包含在那些关于行政机构的宪法条文中的政治现实。这些条文几乎就已是一部完整的宪法了。如果撇开要人名单和留下的这些权力有限的议会不谈，君主制式政体回归的迹象是非常明显的：行政部门拥有极大的专属权力，第一执政不向任何机构负责，以及参政院的设立。[15] 内克尔没有上当："第一执政就是一切，完完全全就是一切。"他写道。他摆脱了人民和议会，并提防他们——"唯一的甲胄给了政府"——他有权为善也同样有权作恶，自由将倚靠"执政的意愿"。[16]

雾月政变首先标志着议会的垮台。"我们得考虑时代的意志，"拿破仑后来说，"人们厌倦了议会。"[17] 行政机构复仇的时候到了。雾月政变中站在波拿巴一边的政客们曾梦想着能即刻重建一个代表制的政府，这个美好愿望如今已变得十分渺茫了。欺骗性的宪法形式、波拿巴的人望、除军队外现存权力的崩塌、公众对旧有的理念和原则的轻蔑——所有的这一切共同为这个新时代带来了新面貌。

法定体制与现实体制的并存是显而易见的。元老院的法定成员西哀士和迪科任命最初的29名元老，他们所有人一起任命剩下的29名元老，然后元老们再选出300名立法团成员和100名保民院成员。[18] 拿破仑后来说，他把组建议会的工作交给了西哀士。这位前督政可是好好利用了这个机会，他把元老院、立法团和保民院中填满了大革命的幸存者。因此波拿巴任命了几位将军也是很公平合理的；他主要的精力都花在阻止他弟弟吕西安进入保民院上：当吕西安在五百人院时，他难道没有展现出动人的演说天赋和身为反对派领袖的品质吗？拿破仑认为有必要盯住他。为了讨好法兰西学院，天文学家拉普拉斯（Laplace）在政变后的第二天被任命为内政部部长。[19] 他的表现实在平庸——拿破仑说他"以过于无微不至的态度进行行政管理"[20]——波拿巴在新宪法将要生效时，抓住机会用吕西安替换了他。[21]

波拿巴有种种理由让西哀士放手去干。首先，波拿巴还不了解足够多的革命人士，无法亲自选出几百名代表。其次，这些议会都是西哀士的创造，而波拿巴也刻意让他把朋友和亲戚安排进去，因为他们将扮演的角色权力极为有限。[22] 最后，这场前所未有的大规模委任或许也并未让他感到不快：自1789年以来，所有公职都由选举产生，尽管有时投票者不是完全出于自愿。这是第一次有几百个职位有待任命。结果一时间有无数马屁精围在当权者周围，以求当上议员。例如广为人知的邦雅曼·贡斯当的例子，他为了进入保民院而奔波于波拿巴和西哀士之间，对前者发誓他会监视后者，又对后者说他能够阻止前者的野心。[23] 12月24日，《箴言报》发表了一篇半是调侃半是怒斥的文章，评论最近的谋职风潮："新宪法带来的这大量肥差，有多少人在为之奔走啊！……有多少布鲁图斯提出了申请！有多少平庸的才智被赞誉！有多少微不足道的贡献被夸大！又有多少血迹被掩盖！" [24] 当新的议会成员名单公布后，引发了极大的愤慨。这是大革命中生动的一幕，是代代相传的保留节目。[25] 那些在过去的五年中被强烈要求引退的"终身公职"占有者，这次看起来要一直干下去了。"普遍认为应重新任命。"《外交家报》（Le Diplomate）写道。新议会还未召集，就已经名誉扫地了。

同时，实质上的立法权从议会（即保民院和立法团），转移到了参政院，后者的顺利启动与议会的难产形成了鲜明对比。波拿巴把选择代表的权力留给了西哀士，而宪法授予了他任命参政院议员的权力，他们受其直接领导——他主持参政院的工作——并与部长们一起起草法案以及接受政府的咨询。简而言之，这些议员在与部长的关系中扮演着技术性的角色，其作用就像一个小型的国会，不仅要审查议案是否合法，而且还要审查其是否恰当和令人满意。[26] 宪法对议会的削弱使得参政院的地位愈加突出。成员选择尤为重要。波拿巴动用了周围的人，要求勒尼奥、勒德雷尔和康巴塞雷斯给他一份名单。[27] 只花了几天的时间就选出了第一批29名顾问。他们中的绝大多数都参与过革命——果月党人和果月政变的受害者同朝共事，另外还有几个雅各宾党人，以及极少数的公开王党——但波拿巴和西哀士不一样，他知道如何让他们看上去焕然一新。[28] 莫雷说，波拿巴最想要的就是人才，对于那些在自己领域内能力非凡，或是"学识丰富，可以像活字典一样为他服务"的人，他可谓是求贤若渴。[29] 参政院印证了他的政策所依仗的原则：融合——从这些来自革命不同时期的人开始——以及能力先于立场。

12月25日参政院开会时，其成员才刚刚选完，而直到12月27日其提交第一份意见时，议会的组织工作还没开始。它废除了剥夺前贵族和流亡者亲属政治权利的法律，理由是这种做法在新宪法中没有依据。不等新政权生效，政府和参政院就采取了行动，成功地给大众留下了其地位要压过议会的印象。可以看出参政院很快就会成为讨论"国家大事"的场所和"最受野心家欢迎的舞台"。[30]

12月27日的法令，将参政院与新政府颁布的大批像"降临节礼物"一样的修复、宽容举措紧紧联系到了一起：对前制宪议会的成员实行大赦，从拉法耶特到拉罗什富科－利昂古（La Rochefoucauld-Liancourt），从果月的失势者到"恐怖主义者"，从卡诺、布瓦西·当格拉（Boissy d'Anglas）和波塔利斯（Portalis），到巴雷尔、瓦迪耶（Vadier）和比约－瓦雷纳（Billaud-Varenne）；取消了除7月14日和葡月一日[31]外的所有国家节日；重开教堂，重新开始举办礼拜天弥撒（虽然没有明确说明）——除非当天恰好是每十天一次的休息日；不再强制要求神父宣誓效忠宪法，现在只需简单地保证服从宪法即可；决定将教宗庇护六世的遗体风光下葬，这位教宗之前被囚于瓦朗斯，在8月29日去世；对西部的叛乱分子实行大赦。所有这些举措都是由政府操办的，议会并未参与其中。事态明了：议会的统治结束了。

不满的雾月党人

随着时间的推移，政治生活能回到更加"正常"的状态吗？宪法的运作能够与1789年宣布的原则更加协调吗？所有的希望并没有消失；特别是那些经过议会踏足政坛的人，即便他们是雾月十八的支持者。他们无法相信他们就此销声匿迹了，尤其是督政府的倒台才刚过了一个月。他们已开始想念讲坛了。他们害怕，这份恐惧让他们投入了"第一执政的怀抱以寻求风暴来临时的庇护所"。[32] 政变已经成功了，雅各宾不再构成威胁，旺代的叛乱者放下了武器，而且所有的人只谈论着和平与秩序。简而言之，维持特别状态已不再合法了，距离每个人都能回归他们怀念的旧时日常生活的时代不远了。而所有人都厌倦了的大革命，已经成了一种永续的状态，很难想象事态向别的方向发展。他们怎能放弃演说、行动和对创造历史的妄想？对大多数人来说是不可能的，即便一些雾月十八的支持者——康巴塞雷斯、勒德雷尔、雷亚尔等——把自己的命运拴在了波拿巴身上，另一些人仍希望能够继续这盘因驱逐雅各宾派而中断良久的游戏。显然的确，宪法确立了新的游戏规则，但是，坦白讲，谁会真把这当作最后一部宪法？至于波拿巴，谁又能说接下来他身上会发生什么？有数不清的可以左右形势的因素，甚至有可能用共和八年宪法确立的政体替代雾月十八后实际出现的政体。

因此早在12月，"雾月党"就发生了分裂。一边是波拿巴的支持者，他们尽管还未怂恿他进行个人专权，但也已开始鼓励他在各个方面都将宪法向威权主义的方向解释。另一边则是他们在学院中信奉自由主义的前盟友和已不存在的议会的代表，他们尽管已放弃了重组政体的希望，但仍认为自己可以使其转向更自由主义的方向。他们推翻督政府不仅是为了重建秩序，而且"还为了建立一个自由主义和有所保障的政权"。[33] 他们懊悔自己居然参与制定了"这个授予当局太多权力的宪法"，他们感觉自己上当了。[34]

元老院的职能基本仅限于选拔公职人员，立法团受到了压制，会期也被削减为4个月，保民院成了他们的庇护所。在议会架构崩溃后，保民院的登场的确是件好事：这是唯一一个常川开会的会议，也是唯一还保留了审议功能的机构。法律提案在经政府与参政院商议后，将提交给保民院进行审查。保民院将提出支持或反对的意见，然后指定一名"发言人"，派其与参政院的发言人一起前往立法团，在立法团面前进行讨论，而立法团不能参与他们的讨论。

可以肯定波拿巴对保民院议员的敌意极大地损害了他们的名声。但事实上，自制宪议会以来，或许还从未有过像这样群贤毕至的会议，任何人只要肯费心去读读保民院的辩论记录，他就一定会同意：他们的严肃和庄重，使得发生在这里的辩论不仅不亚于参政院的辩论，甚至可以和革命时期最著名的那几次议会辩论相媲美。

保民院召开第一次会议时，迪韦里耶（Duveyrier）就搞出了一场大骚动，他反对将保民院的会场设在王宫：在这个赌场和妓院里开会难道不是在败坏保民院的名声吗？他谈到1789年卡米耶·德穆兰（Camille Desmoulins）就是在王宫前号召巴黎人民发动起义时，还没有引起太多的注意，但他立刻将矛头对准了政府：

　　我得感谢他们让我们看到这个地方，在这里，如果复辟君主制的野心再次让其仆从武装起来对抗我们的自由，我们就能让人们想起，自由曾将君王的老兵们集合在她当时初升的旗帜下；在这里，如果有人胆敢谈起一个才存在了15天的偶像，我们可以提醒他，那个存在了15个世纪的偶像都已经被我们推翻了！[35]

被那位他在意大利做军需生意时就认识了的"15天偶像"斥责了一顿之后，迪韦里耶很快收回了前言，但损害已经造成了。从那天起，波拿巴就相信，迪韦里耶所在的法兰西学院就是煽动者的老巢，尽管他仍是学院的一员，但他已不再如从前那般热爱它了。如布列纳所说，学院就是为了辩论以及指责而生的。此外，波拿巴在埃及时于签名后加上的"法兰西学院成员"的头衔，也被授予了他的很多同僚——实在太多了，尤其是还有那些他现在已开始讨厌的同僚。[36] 所以他不再去讨好自己刚从埃及回来就去拜访的学院了，也不再去拜访住在欧特伊的爱尔维修和孔多塞的遗孀了。巴黎所有支持大革命的知识分子不是都会出席她们的沙龙吗？[37] 加拉（Garat）、德斯蒂·德·特拉西（Destutt de Tracy）、卡巴尼斯（Cabanis）、沃尔内（Volney）、谢尼埃（Chénier）、然格内（Ginguené）——这些人没多久就会被波拿巴称为"理论晦涩的玄学家"[38]——都时常出入欧特伊。这曾是一股需谨慎对待的力量，如今却只是个需要监视的小团体。

迪韦里耶的不当言论才刚被遗忘，就又出现了一个更为严重的意外，关于确立递交和讨论法律条款的建议。这一建案，后来在雪月十九日（1月9日）正式成了法律，它承认政府有权决定参政院和保民院的发言人在立法团陈述其意见的日期。当然，立法团可以要求延期，但保民院议员们认为这是剥夺法案审查时间的诡计。邦雅曼·贡斯当在1月5日说，他们的目标就是"通过这次打击来回避我们可能的抵抗，让我们急匆匆地处理法律提案……这些提案像一支大军一样闯过我们的审查，在我们来不及做出反应时就变成了正式的法律"。[39]

在雾月十八当天回到巴黎的斯塔埃尔夫人立刻重开了她的沙龙，赞许了刚刚发生的政变，她希望这次政变，能使她1798年完成但放弃出版的著作中的理念得到推行，[40] 或至少能使在她父亲对共和三年制度的评论中体现的理念得到推行。[41] 当然她也没有忘记邦雅曼，而且有了她与约瑟芬的良好关系为后盾，她认为她保护人的时代来了。由于她自信于自己的影响力，而且还不能确定邦雅曼的才能不会给波拿巴留下深刻印象，她鼓励邦雅曼在保民院内成为"英国式反对派"的领袖。[42] 邦雅曼没有她那么积极，在他发言的前夜，他指着夫人人头攒动的沙龙提醒她说，在他发言之后这个沙龙就不会有那么多人了。斯塔埃尔夫人后来说：

> 在我的朋友于保民院发出反对信号的那天，我本期望那些曾讨好我的团体的成员会来我家，但他们都站到了新政府那边。在5点我就收到了10份致歉函；前一两封我可以接受；但当信一封封接踵而至时，我就开始担心了。[43]

没人来。新闻界粗暴地攻击她和邦雅曼，称他们是"妄图挑战赫拉克勒斯的侏儒"。[44] 当她几天后受邀前往某个晚间聚会时，几乎所有人都对她视而不见，除了第一执政夫人。[45] 波拿巴试图和她和解。[46] 斯塔埃尔夫人不惜一切代价也想有自己的一席之地。波拿巴的随从告诫他，她和邦雅曼的支持不容忽视，尽管他仍怀疑这个诡计多端的女人是否值得信任。他让约瑟芬去问她开价多少：偿还她父亲内克尔在大革命前借给国库的那几百万法郎？允许她待在巴黎？这很生硬，甚至粗鲁无礼。她仍固执己见，幻想着第一执政最后会听从她的意见，然而他想的不是听取别人的建议而是使人服从。由于她不准备服从，他决定给她个警告。富歇把她叫来，"建议"她去乡下休养。[47]

支持政府的保民院议员发动了反击。里乌夫（Riouffe）给第一执政递交了华丽的颂词，称他们为荒谬之人。[48] 吉拉尔丹则做了有理有据的反驳，他提醒道，对失去了真正民选代表的人民和需要指引的政府来说，这一法案同样有用。[49] 这一法案最后以54票对26票的结果通过。权力的关系没有变动：坚定反对派在保民院中所占席位不到三分之一。[50] 此外，称其为反对派就是一种错误：毕竟他们只是严肃对待宪法赋予他们的职务罢了。其他任何一个政府都乐意见到这样人数稀少，而且——某位历史学家补充说——"谨小慎微""温和",有时甚至"懦弱"的反对派。[51] 拉克雷泰勒（Lacretelle）说，这些反对派成员不过是"温厚恭敬版的格拉古兄弟"，[52] 他们甚至相信"体制正在正常运转而新政权遵守原则"，对当权者构不成丝毫威胁。[53] 迪韦里耶的不当言论明显不同于与两天后《箴言报》刊登的对比古罗马的保民官与执政府的保民院的长篇文章，[54] 以及勒德雷尔在《巴黎日报》（*Journal de Paris*）上指责保民院正干着"最卑鄙最可憎的勾当"的文章。[55]

尽管仍有怀疑，但第一执政的怒火平息得很快。贡斯当发言的第二天，他就去拜访了学院的同僚，而且几个月里他都在尽力哄骗这些个空想家。但是，他还有其他原因发火。首先，保民院的争论难道不是在宣告冲突随时可能重新达到顶点吗？人们早已估量过多次其悲惨结果。人们难道没有看到"十年以来……历次权威的分裂都导致了更深的割裂"吗？激烈的言语走在枪炮、流放和屠杀之前。[56]

其次，他相信政府应该按自己的方式行动，不要顾虑反对、舆论和财政状况，因为要处理的局势是如此复杂。面对劝告他应让供求关系决定证券交易价格的莫利安，他坦言道：

> 所有的伤害仍未修复；但是当政府没有那么多反对者和批评者时，修复的进程会更快。现在，我已知道巴黎证交所发生之事：我根据他们的行为、动机和行动的结果来评价他们；我没说有人在那里煽动暴动；但是那里的人总是将舆论引导至错误的方向，他们即便不是出于某个党派的私见，也是为了某个较为低级但同样危险的利益群体。由于舆论观点如此容易操控，政府应该给予它无处不在又一致的推动力。[57]

就像让《箴言报》成为官方刊物并对新闻界实行了控制——1月17日，巴黎的73家报社被查禁了60家，报刊审查再次恢复——一样，政府还需对市场进行管控，以及让议会里的那些"大嘴巴"保持沉默，或至少对他们进行严格监控。[58]

最后，波拿巴并非不知道他权力的脆弱，因为他的合法性完全系于当时的环境。在这方面，他赞同内克尔后来说的话：他是个"必不可少的人"，是法国需要的独裁者，但一旦形势好转，他就不再被需要了。[59] 波拿巴还知道对于雅各宾主义的恐惧——一种被"幻影"激发的恐怖，斯塔埃尔夫人说[60]——让他获得了建制派的支持，但当恐惧消失后，建制派还会回归其本来的原则和习惯。保民院的反对者们是唯一有此看法的人吗？波拿巴的支持者们真的相信他的权力会持久吗？如果他想要政权持久，就注定要一次又一次地压制人民："一个新政府需要为人瞩目和震撼人心，"他对布列纳说，"一旦它不再光芒万丈，它就倒台了。"[61] 尤其是新宪法几乎没给他提供什么支持。波拿巴不仅不怎么关心这部宪法，而且也不在来访者面前掩盖自己对它的漠不关心和鄙视。[62] 在内心中，他确信自己就是他功绩的孩子，而且他能够从中发现权力的秘密。"我的权力倚仗我的荣誉，而我的荣誉又倚靠我获得的胜利，"他对布列纳说，"如果我不能给它荣耀和新的胜利，我的权力就会倒塌。征服造就了我；也只有征服能够维持我。"[63] 他从中获得了巨大的权力，但这种权力实在太过"富有魔力"，以至于如此脆弱。[64]

住进国王的宫殿

这就是为什么，尽管政府得知全民公决结果之前就颁布了宪法，宪法的全民公决仍被赋予了如此重大的意义。[65] 这一流程一直到1800年1月才走完。反对票如此之少——共1 562票——并不值得惊奇。全员一致通过在当时，甚至更早的全民公决中并不罕见，在1793年和1795年，尽管反对的人数更多——分别是12 766和49 979——但仍可以忽略不计（0.7%和4.5%）。但是与之相反的是，政府对赞同票的数量感到失望，它才刚到了150万，多于1795年的1 107 369票，但仍少于1793年的1 854 912票：它们分别占投票比的26%和28%，不到三分之一。刚刚就任内政部部长的吕西安·波拿巴，决定增加556 061张赞成票作为军中的一致意见，尽管从来没人去问过他们的意见；再以每省7票到14 000票的幅度增加了900 000张赞成票：有超过三分之一的省投票人数都至少被翻了倍。[66] 1800年2月7日，执政府能够宣布宪法获得了3 011 007票支持，超过了半数。这一结果显然是大获全胜——1793年宪法只获得了34%的支持，1795年则为20%——但只是伪造的结果。

尽管如此，当革命寡头政客先是担忧保民院被驯服，后又忧心于取消多家巴黎出版机构之时，这一结果能够让他们宣称自己"获得了大众支持"。"法律之友"情绪激动：难道共和派人士马上就不得不"渡海前往美洲，去接受美利坚人民的款待了吗？那里的官员为一切自由的民族提供了典范"。还是他们仍希望"在法国出现一位新的华盛顿"，好让他们不必"被迫去美国向老华盛顿寻求庇护"？[67]

人们刚刚得知了乔治·华盛顿的死讯，这消息来得正是时候。波拿巴飞快地抓住了机会：他命令全军进行哀悼，并宣布两天之后将在荣军院举行仪式，纪念这位已故的总统。

在19世纪，华盛顿是自由主义的英雄，是拿破仑的对立面。在他死时，他已经拥有了显赫的名声：他是伟大与现代价值观不可思议的结合。在迫使英国承认他们国家的独立后，他放下了武器，离开了权力，像现代的辛辛纳图斯一样，回到了弗农山庄的家。若不是联邦面临的危机让他参加了费城制宪会议，并在那之后成了合众国的第一任总统的话，他可能会一直过着不问世事的隐居生活。但是在两次任期之后，他向同胞做了告别演说，这着实让那些想着他会掌管美国的命运直至死亡的人震惊错愕。华盛顿再次回归了隐居生活。倘若说他是一个举世闻名的英雄，那就是因为他的私德，他的伟大没有任何夸张；他是时代和国家的仆人，除此之外无他，等候后世的回报并且从不去滥用他的荣耀："一个退休的行政长官，"夏多布里昂写道，"在同胞的惋惜和人民的崇敬中，在自己的屋子里安然入睡。"[68]

参与了雾月十八的审慎革命者们，希望一个法国的华盛顿能够结束大革命，同时又尊重大革命的原则，而且还有高尚的品德，能够在完成这一切后主动离开公共生活。华盛顿那朴素谦逊的荣耀并未让波拿巴有多大触动。他认为华盛顿是个出色的爱国者，诚实的将军，谨慎的管理者，但他认为华盛顿能够成功并非依靠他的个人才能而是因为环境易于掌控：一个淳朴的农业社会，一个远离世界的国家，和敌人——英国人——不愿付出保住殖民地的必要牺牲。[69]

谢尼埃和然格内都被推荐来写华盛顿的颂词。[70] 但波拿巴可不乐意给这些反对派的演说家提供讲台，在他考虑人选时，马雷向他推荐了路易·德·丰塔纳（Louis de Fontanes）。[71] 这位"脑袋如同野猪的大块头"[72] 刚结束了流亡生涯，他已经放弃了他年轻时那轻快的伏尔泰风格，代之以一种出于对自由的憎恨而产生的浮夸风格，那一天他第一次扮演了官方御用文人的角色，此后他也一直扮演这个角色，至少一直到他主子倒台的那一刻。而他的主子时间紧迫，只给了他两天时间完成颂词。

丰塔纳明白他不单要赞颂华盛顿，还要在玫瑰花下暗藏尖刺；他了解这一行业。华盛顿的胜利？"不仅辉煌而且经得住考验。"[73] 这位英雄？与"历史上不断涌现的自命不凡的统治者们"完全不同。[74] "他的理念与其说大胆倒不如说是贤明；他不但受人钦佩，而且将一直受人尊重。"[75] 他补充道。是时候把"法国的华盛顿"带上舞台了：

> 哦，华盛顿，这位在战争上超越了你的年轻人，将和你一样，用带来胜利的双手为国家治愈伤痛。他的意志，以及他在必要时将被迫动用的军事天才，保证了和平的赞歌将很快在战争的圣殿中回荡；而后全民的欢愉之情将消除不公的记忆和所有的反对：受压迫者忘记了他们的痛苦，并相信未来；整个世纪的欢呼都将陪伴这位给予法国和动荡已久的世界恩惠的英雄。[76]

人们都做好了执政进入杜伊勒里宫的思想准备。"如此宏伟，正如它如此阴沉。"他在游览此处时低语道。他无疑不想继续住在卢森堡宫，在他看来那里缺乏作为国家首脑宅邸所必需的威严。这的确使得"人们看到了许多他将成为凯撒和克伦威尔的迹象……搬进国王的宫殿是大胆而微妙的一步，不仅由于它可能会招致的反抗，还有它可能引发的道德影响。"[77] 为了避免可能招来的敌视，他组织了对华盛顿的纪念仪式。

搬进杜伊勒里宫发生在2月19日。这座前王宫根据12月24日的法令被分配给了执政们。虽然勒布伦同意了作波拿巴的邻居，但康巴塞雷斯拒绝了，不是因为这座盛名显赫的宫殿刺激到了他未曾拥有过的简朴品味，而是因为他担心搬进去不久就会被第一执政扫地出门。[78] 他有一处叫埃尔伯夫馆（Hôtel d'Elbeuf）的宅邸，在卡鲁赛尔广场附近。此外，杜伊勒里宫条件很差。1789年，国王一家被迫住在这里，小王储看到宫殿时，对他母亲说："这里的一切都太丑了，妈。"而到目前为止，这里的条件未得到任何改善。革命中几乎每个意义重大的日子，都在宫殿上留下了伤痕。它在1792年8月10日遭到了劫掠和破坏。之后它被国民公会及其各委员会占用，之后又被元老院占用，虽然得到了修复，但剩下的还是一片荒凉的气息。房顶漏雨，地板塌陷，斑驳的墙摇摇欲坠，水管完全不能用，而且已经成了老鼠们的安乐窝。波拿巴已经造访过他的新住所。在狄安娜厅，他指着墙上的涂鸦、自由树和弗里吉亚软帽，对跟随他的建筑师勒孔特（Lecomte）说，"让它们消失，我不想看这些肮脏的东西！"[79]

2月19日天色阴沉。女人们没有出席仪式。约瑟芬和勒布伦夫人和她们的随从于一小时前进了宫殿，已经在花亭的窗前了。在卡鲁赛尔广场，3 000步兵骑兵已经就位等候列队抵达。后者于下午1点离开卢森堡宫，骑兵走在外形不太耀眼的列队前：说到马车，新政府的要员坐的还是出租马车，"人们用纸条盖住了马车上的编号"。阿尔贝·旺达尔如是说。[80] 没有仆人，没有随从，人们的头上也没有粉，而是"笨拙的掩盖贫困"的即兴表演，简而言之，共和主义的质朴。人们无法在几天内重建君主制。唯一的奢侈品就是拉着执政马车的六匹白马，这是1797年坎波福米奥条约签订后，奥皇送给波拿巴的。勒布伦坐前面，波拿巴和康巴塞雷斯坐后面。当他们抵达杜伊勒里时，波拿巴迫不及待地跳出马车，骑上马检阅军队。勒布伦和康巴塞雷斯和妇女们站在一起。不需要他们了。晚上举行了庆祝晚宴。

那天早上，波拿巴对他的秘书说："嗯好，布列纳，我们在杜伊勒里宫了……现在我们待在这儿吧。"[81] 他现在来到这里了，第二天，有的是时间思考留在这里的方法。晚宴结束，宾客离去，他回到了和约瑟芬共用的卧室，这曾是国王一家住过的地方。他们独处了。他给她看了床，可能还带着自豪的笑容对她说："来吧，小克里奥尔（créole），到你主人的床上来。"[82]

第25章
从杜伊勒里宫到马伦戈

"公民们，这场革命已经扎根于它初始的原则。它该结束了。"[1] 通过这几个词，执政府向法国人民宣布了新宪法的实施。"代表制政府，私有财产神圣不可侵犯，平等和自由"构成了其根基，以这些原则为名义的大革命就"结束"了，在波拿巴的这个说法中，同时含有"终结"和"完成"两个意思。[2]

人们已经不是第一次这么说了。这些话在1791年第一部宪法公布时就说过，然后在1795年第三部宪法实施时又说过。幻觉持续的时间和做梦一样长。这次不同，尽管没人敢预测未来，但人们至少可以肯定这与过去完全不同。第一执政在"当选"当晚向法国人民发布的公告，要比其他任何文件都更好地证明了现实的改变：

> 为了让共和国为人民所珍视，为国际所尊重，为敌人所惧怕，这些都是我们接受第一执政而必要承担的义务。它将为人们所珍视，倘若法律，治理行为都留有秩序，公证和克制的印记。没有秩序，治理不过就是混乱……没有公正，就只有党派倾轧和牺牲者。克制则赋予政府和国家庄严……这些原则与政府的稳固，商业农业的繁荣和国家的兴旺、伟大有关。为了发展它们，我们开辟了规范我们的法规。法国人民啊，我们已经告诉了你们我们的责任；将由你们来告诉我们，我们是否履行了责任。[3]

是"我们"而非尊贵的"我们":任命了三位执政;但这一发言只有他们中的第一位签了字。这一说法很新鲜,而这种在第一执政与法国人民之间建立的政治关系则不太新奇。波拿巴拒绝做出保证,因为他不确定自己能否信守承诺。[4] 但他已勾勒出了新政策——重建内部秩序,确立外部和平[5]——的轮廓,提前背负起了对国家的责任。[6]

外交插曲

第一执政知道,法国人民的全民公决选出的是里沃利的胜利者和缔结坎波福米奥条约的谈判家,而不是下一个亚历山大。他们希望他能结束1799年开局不利的战争。共和国的军队已被赶到了莱茵河左岸,1797年占领的意大利也丢得差不多了,只余热那亚附近的几处飞地。虽然外国军队还未打到法国境内,但法国之前扩张的领土已丢失殆尽。舆论把这番波拿巴离开后的局势突变归咎于督政府而非坎波福米奥条约的不平等。万众期待的和平,不单包括结束战争的苦难,更要让法国回到1797年的地位。签订和约,解放受到英俄入侵威胁的荷兰,把奥地利军逐离莱茵河右岸,重新进入米兰和博洛尼亚,重获法国在地中海的地位。人们期待着波拿巴继续意大利战役时期的荣耀。

很早以前,未能预见这一政策将带来无休止的战争的爱德华·德里奥(Édouard Driault)认为,通过简化欧洲政治版图和在大国之间"和谐地"重新分配影响区域,将确立新的国际秩序,而获得长久的和平。[7] 因此他不认为法国把边境延伸至默兹河、科隆、科布伦茨和美因茨,还将瑞士和大部分的北意大利——甚至整个半岛——收入囊中,以及取得了科孚岛和马耳他有什么不正常的。英国被从欧洲大陆驱逐也并没有什么损失,德里奥断言,因为战争让它得以在海上扩张帝国,印度,之后是埃及;普鲁士获得了维斯瓦河以东的领土,并且得益于它的中立使它在北德意志获得了更大的影响;奥地利也有所收获:它获得的威尼斯和达尔马提亚很大程度上补偿了失去的比利时和米兰,因为它们给了奥地利梦寐以求的接近地中海的通路。至于俄罗斯则借机把边境推进到了高加索,增加了在巴尔干

上：马克西米利安·德·罗伯斯庇尔，雅各宾派的领袖，"恐怖政治"的建立者。拿破仑与他的弟弟奥古斯坦私交甚笃，并相信他若没有被热月政变推翻，很可能会尽快结束流血、稳定局势。

左：巴拉斯子爵。热月政变的主要领导者，之后在督政府内为五名督政之一，他曾是拿破仑的保护人，拿破仑的发迹很大程度上有赖于他的提携。他因贪污腐化而名声狼藉，拿破仑在雾月政变前抛弃了他。

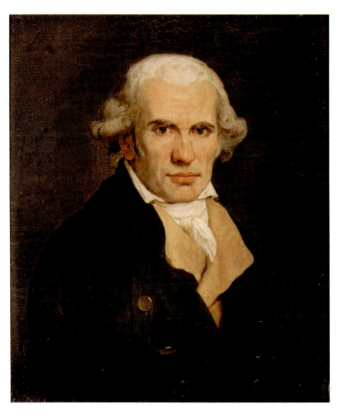

上：加斯帕尔·蒙日，法国数学家、化学家和物理学家，拿破仑的密友之一。

右：埃马纽埃尔－约瑟夫·西哀士。他于1789年作为第三等级代表参加了三级会议，领导和参与了大革命前期的诸多重要活动。1799年，他与拿破仑联手发起了雾月政变推翻督政府。

上左：路易·亚历山大·贝尔蒂埃，自意大利战役以来，他就一直担任拿破仑的参谋长，拿破仑的许多天才战略都是在他那卓越的组织才能的帮助下才得以实现。

上右：奥古斯特–弗雷德里克–路易·德·维耶斯·德·马尔蒙，他是拿破仑的亲信之一，二人结识于土伦战役，自1796年起他就长期追随拿破仑左右。

左：热尔梅娜·内克尔，斯塔埃尔–荷尔斯泰因男爵夫人。她是当时最著名的女性文学家和政治思想家，曾一度倾心于拿破仑，却因拿破仑对她的冷遇以及二人政见上的矛盾而成为了拿破仑最有力的抨击者之一。

上：让·拉纳，拿破仑的挚友和爱将。他是拿破仑麾下最出色的前卫指挥官之一，在1800年6月9日的蒙特贝洛战斗中，他仅指挥8 000人就击败了1.8万名奥军。

右：邦雅曼·贡斯当，法国文学家和自由主义政治思想家。他也是斯塔埃尔夫人的知音和爱侣，在她的支持下，贡斯当作为反对派积极参与了执政府前期的议会活动。

上：让-维克托·莫罗，共和国时期最著名的军事家之一，他在霍恩林登取得的胜利迫使奥地利退出了第二次反法同盟。他之后因牵涉反拿破仑的阴谋而被流放。

左：迪罗克，拿破仑的副官和密友。

路易－夏尔－安托万·德塞，拿破仑的好友，在欧洲战场与埃及远征中均有出色表现。在马伦戈会战时，他带着援军及时抵达战场，使拿破仑有机会反败为胜，但自己随后战死于此。

上：德西蕾·克拉里，约瑟夫·波拿
巴的妻妹，她和青年拿破仑有过一段
恋情，然而却无疾而终。后来她成了
贝纳多特将军的妻子。

右：让－巴蒂斯特·贝纳多特，他一
度因支持新雅各宾派而与拿破仑处
于不同阵营，而在拿破仑掌权后又
靠着与波拿巴家族的姻亲关系投靠
了拿破仑。

弗勒吕斯战役中的茹尔当将军，他在此役大败奥军，将其赶出了比利时。

苏黎世战役中的马塞纳将军，他以骁勇善战著称，被称为"胜利的宠儿"。

阿科拉桥头的奥热罗将军。身材高大、英勇过人的他并不喜欢那个小个子上司,在参与了果月政变之后更是得意忘形,自视为拿破仑的劲敌。

若阿基姆·缪拉是一名杰出大胆的骑兵军官。他英俊风流，与包括约瑟芬在内的诸多女性传有绯闻。尽管拿破仑嫌他出身低下又鲁莽愚蠢，反对让妹妹卡罗琳嫁给他，但二人还是于1800年1月成婚。

左：第二执政让－雅克·雷吉斯·德·康巴塞雷斯。他是大革命时代的著名法学家，协助拿破仑制定了《拿破仑法典》。

下左：约瑟夫·富歇，曾是国民公会代表，在督政府末期和执政府时期担任警务部部长。他组织秘密警察和建立情报网的能力无人能及。

下右：夏尔－莫里斯·德·塔列朗－佩里戈尔。他出身名门，曾是欧坦主教，却积极投身革命。他高贵的出身与风度令拿破仑羡慕不已。他作为外交部部长时表现出了高超的政治手腕，却也以贪婪无耻而著称。

上：神圣罗马帝国皇帝弗兰茨二世，他的统治范围包括以奥地利为主的遍布欧洲各地的诸多领地。出于家族利益（路易十六的王后玛丽－安托瓦妮特是他的姑姑）和地缘政治考虑，奥地利成了武力干涉法国革命的主力军。

左：志向远大又喜怒无常的俄国沙皇保罗一世。他在第二次反法同盟期间因与奥地利的矛盾退出了同盟，转而与刚刚政变上台的拿破仑结盟。然而不久之后，他就被对其改革和外交政策不满的贵族刺杀。

沙皇亚历山大一世。他默许了贵族们针对其父亲保罗一世的宫廷政变，继位后立刻废除了与法国的盟约，这令拿破仑怒不可遏。

上：英国首相小威廉·皮特。1783年，年仅24岁的他成为了有史以来最年轻的英国首相。他积极干涉法国革命，是坚定的主战派。1801年，他因主张解放天主教和反对与法国和议而辞去了首相职位。

右：临危受命的教宗庇护七世。他在1800年被作为过渡人选推举为教宗，却在这个位子上一直坐到了1823年才去世。他上台后与拿破仑达成了教务专约，成功恢复了罗马天主教会在法国的合法地位。

上左：卡尔大公，神圣罗马帝国皇帝弗兰茨二世之弟。1796年，年仅25岁的他击败了茹尔当和莫罗，证明了自己是当时欧洲最有才能的统帅之一。然而在1797年，他未能抵挡住由波拿巴将军指挥的意大利军团。

上右：俄国大元帅亚历山大·苏沃洛夫。1799年，他于意大利指挥奥俄联军连续击败了诸多法军名将，把法军彻底赶出了意大利，但之后因奥俄联盟破裂而被召回了圣彼得堡，不久后辞世。他一生未尝一败，后人常常因未能见到他与拿破仑交手而感到遗憾。

左：霍拉肖·纳尔逊，他在阿布基尔海战中歼灭了法国埃及远征舰队的主力，之后又指挥舰队炮轰哥本哈根，瓦解了以丹麦为首的武装中立联盟。他今后仍会证明英国海军才是拿破仑最棘手的敌人。

阿布基尔会战，拿破仑歼灭了在此登陆的奥斯曼军，这使得他可以带着一场胜利回到法国。

马伦戈会战，这场险胜扭转了法国在意大利的不利形势，也巩固了新生的执政府政权。

的影响，甚至通过瓜分波兰，成了羽翼丰满的欧洲强国。当然，他们是失败者，但这都微不足道：波兰，几个陈腐的意大利共和国，一小部分不重要的德意志君主领地……德里奥将这一切归功于督政府。因此，波拿巴仅仅是督政府外交政策的继承者吗？

毫无疑问波拿巴不会放弃革命军队征服的土地：他是这么对勒德雷尔说的，也对吕西安和贝纳多特重复过。[8] 另一方面，在奥地利和俄罗斯再度自视为欧洲抵抗野蛮亚洲人的壁垒时，欧洲不太可能出现法国控制大陆（在普鲁士的协助下），而英国掌控海洋的局面，这就是深思熟虑的政策或索雷尔[9]所谓的"宏伟蓝图"的结果。特别是这种局面给冲突提供了种种机会：英国拒绝看到法国在安特卫普，而法国也不想看到英国人出现在马耳他；俄罗斯在捍卫马耳他的独立和皮埃蒙特的王座的同时，也不愿意见到英国人涉足波斯湾；在维也纳的奥地利人因近在咫尺的意大利落入法国手中而感到了威胁，同时，在东边他们又担心俄罗斯入侵巴尔干。战争，而非和平，从未像今天这样近在眼前。

此外，这也是执政府建立之后所发布公告的主题。波拿巴号召他的士兵为新的战争做好准备："你们已不用再防守边境，接下来我们要攻入敌方的领土了。"[10] 他又对法国人民说政府的责任就是让法国"在国外崛起"并且"让敌人敬畏"。[11] 在3月8日，他再次宣布战斗迫近，而且他毫不掩饰，国家渴望已久的和平将由军队强加给敌人。[12] 这是军人的语言，而非外交辞令。贝尔蒂埃就任战争部部长之时，进攻的命令就同时下达了。但是在德意志，勒古布将军被迫撤出莱茵右岸，在意大利的尚皮奥内（Championnet）也无法保住库内奥。处境困难——"意大利军队衣不蔽体还没有鞋"，马塞纳在1800年2月这般写道——军队无法战斗。[13] 考虑到只有800万法郎能用来支付士兵被拖欠的薪饷和各种必要费用，为了维持行伍纪律就得采取必要措施。暴乱、开小差和对新条令的违抗让法军减少到不足40万人。需要一笔可观的款子让一切恢复秩序，国家却拿不出来。

这也是外交手段成为冬季休整后推迟开战的唯一方式的原因。局面一点也不让人欢欣鼓舞。西班牙和荷兰这两个欧洲大陆上的航海强国，是法国的盟友，但是人们不知道还能信任他们多久。埃及战役显示了西班牙有多不情愿履行盟友义务，而且荷兰开始担心它与法国联盟的后果：英国海军已经试图在他们的海岸登陆了，而且已占领了好望角。

波拿巴把主要注意力放在了柏林的朝堂上。自1795年起，普鲁士就得益于与法国签署的条约在德意志境内扩大影响力，但还没有接受法国政府提出的正式联盟。普鲁士的善意随着法国的力量而变化。在1799年局势发生逆转后，普鲁士就表现得不那么愿意让法国占领莱茵右岸了。因此，那些1795年商定的协议就算不用重新谈判，也需要得到巩固。波拿巴试图与柏林重建信任，并让欧洲各国明白在他的领导下法国将重走外交路线，重新成为一个可以对话的伙伴。自治城市汉堡曾向英国移交了很多爱尔兰难民，这给了他机会。这些难民中有两位曾经在法军中服役，因此波拿巴称汉堡的行为是对国际原则的践踏，尽管法国前政府对它置若罔闻，但现在他要将其视为外交准则。[14]

出色而有能力的法国驻柏林代表，奥托（Otto），正竭尽全力地在柏林试图让对方忘掉有损邦交的西哀士，但没有什么成效。尽管如此，波拿巴决定派他的副官迪罗克作为特使前往，他的造访将显示出他对与普鲁士友谊的看重。迪罗克在柏林留下了好印象。他是个有教养，优雅又精力充沛的军人，但他除了微笑和友好的话语外什么都没得到。国王说他很乐意见到"他所知的最伟大的人的副官"，[15] 并向他询问是否在尼罗河见过鳄鱼，但却谨慎小心地避免做出任何保证：早在几个月前，在预谋撕毁巴塞尔条约后，普鲁士就恢复了"政治观望"路线，这让法国很恼怒。[16]

迪罗克的任务不仅包括巩固法国与普鲁士的协议；他还要在普鲁士的帮助下，找出联军阵营中的不和。尤其是俄国，他们有理由感到不满。奥地利觊觎着刚由苏沃洛夫的军队"解放"的皮埃蒙特，它把俄军派去了瑞士好让自己在北意大利为所欲为，而俄军在瑞士被马塞纳打得落花流水。俄军在苏黎世和卑尔根的挫败让沙皇决定把派往西方的部队撤回。此时法国在大陆上受到了优势兵力的敌军的攻击，因此撤回了在埃及的部队，而奥地利则正忙于处理意大利和德意志的问题，这就让沙皇可以在巴尔干为所欲为了。苏沃洛夫的一些团已经撤向了布拉格，[17] 他们的司令大概不会因远离了那个被他称为"巫师"[18] 的波拿巴而感到遗憾。因此，迪罗克此行的目的任务是通过普鲁士的斡旋与俄国对话。他还暗示普鲁士，如果能够帮助法国与沙皇顺利对话，它就会获得丰厚回报。俄罗斯就这样进入了法国的战略考虑之中，直到1812年为止，它都是其中的重要一环。这并非波拿巴的创举：他推行的计划是从督政府文件中发现的，上面写着法国与沙皇联手统治欧洲大陆。[19] 他对保罗知之甚少，这位反复无常的罗曼诺夫沙皇即便是他为自己盟友厌恶，也不愿接近曾经的敌手。不管怎样，第一执政试图用编织一个有朝一日连接马德里到阿姆斯特丹，从米兰到柏林又到莫斯科的联盟的梦想来引诱他。他在马耳他骑士团事宜上展现了他的友好，当保罗宣布自己为骑士团的保护者时，他把在该岛短暂停留时拿走的大团长佩剑送给了保罗。

使俄国离开联军阵营的行动还在进行，暂时尚无任何结果——保罗一世还在谨慎等待法国新政府证明自己能够站稳脚跟，在此之前他不打算做出决定。法国政府于12月25日同时向英、奥、俄三国发出的进行谈判的提议同样没有得到沙皇的认可。[20] 波拿巴会像某些人认为的那样，相信有人会接受这一提议吗？[21] 不太可能；德里奥说，他很乐意在同辈人和后人眼中扮演"和平之友"的角色。[22] 重要的难道不是看到他的请求被公开驳回，就像它们已经做的那样，并迫使维也纳和伦敦为重开的战争承担责任？如预料的那样，他的请求遭到了坚决的驳回。英国，12月底，威廉·皮特阐述了政府目前的处境：

> 尽管考虑在谈判时我们可能开出的条件是非常有必要的，但我相信目前我们必须拒绝进行一切和谈，因为当前法国的形势不能为和谈提供任何可靠的保障；同时要留意，直截了当地表达我们对和谈的渴望，只要我们期待的保障出现。我认为，这就能传递给法国人民一个信号：通往和平的最短的道路就是波旁复辟，这样就能增加我们实现这场战争中最重要的目的的可能。[23]

皮特大力宣传自己支持复辟，因为他知道这根本不可能；他乐于看到雾月十八的"革命"，这在他看来是削弱了法国政府，并且在重新行动的时机到来时,增大了联军获胜的可能。控制着大部分意大利又回到莱茵右岸的奥地利也持同样看法。但是,图古特首相的答复还没到。1797年曾被他击败过的卡尔大公相信波拿巴的才能,他质疑即将到来的战争的后果,并坚持要想回绝法国的提议,就得把他调离军队指挥的岗位。外交插曲结束了。"很遗憾欧洲的君主们不想要和平。"波拿巴说。[24]

战争的灵魂

"这两个企图,"塔列朗写道,"都不会带来和解,它们什么也不会带来,除了能给国内局势的稳定带来好的影响,因为它们展现出的倾向得到了人民的认可,成为政府首脑的伟大将军也从中表现了作为出色政治家的素质。"[25] 执政府初期被视为是牢固、合理又有益的专制时期——借用拉克雷泰勒(Lacretelle)的话——几个月里就做了比过去10年还多的事,政府在第一执政的带领下构思了出色的改革方案并且大部分成功实施且经受了时间的考验。[26] 甚至,根据拉斯卡斯的说法,"分崩离析的国家在几个瞬间被奇迹般地重建了"。多亏了波拿巴的天才,人们不能否认在法国历史上,少有能与执政府初期相提并论的时代。

在督政府无作为的5年后,一切都进展飞快:4个月就建立了偿债基金(la Caisse d'amortissement)[27] 和法兰西银行,确立了直接的税收管理和警察系统,以及重组了司法系统。[28] 历史学家们长期认为这一系列的革新都是出自波拿巴无所不能的大脑,它孕育一切并贯彻一切。现在很多人从一个极端到另一极端,认为他对此贡献甚少,甚至除了像个首席执行官或经理那样选出他的同事并让他们各尽其能之外没有什么别的贡献。[29] 尽管他不仅只起到了激励作用,但他确实获益于当时的有利环境:雾月十八让各派陷入迷茫,就算他们打算反对政府的政策也不会有什么成效,同时逼议会就范——让他们从宪法上边缘化——也移除了迅速革新的一大障碍。戈丹在回忆录中佯装对如此强力而完善的税收制度改革能够在几周内轻易完成感到震惊:

这一行动……因新宪法公布临时取代被雾月十八摧毁的两院的两立法委员会的存在而变得容易。我与委员会的每一个部门商量每一个条款，这些安排需要一个权威的法律。法律即刻起草，今天或者明天就被呈交。穿插着执行此条款的必要措施；这样它们就能和法律同时到达各省。这样的财政专制领先不幸一步……因此，一方面是应国库危机处境之需，另一方面是为了稳定财政系统的根基，这些特殊的安排，在20天内就被颁布了出来。[30]

如此高效的改革，同时得益于政变后对议会的抹杀与过去10年的革命成果。那个充满了特权的旧社会，在18世纪难倒了无数改革派大臣，而它如今已经被一扫而空了。村社、行会、特许市、省三级会议、高等法院、专卖权以及基于传统的权利和自由都消失了。在10年前米拉波给宫廷的报告中，他就为路易十六指出了支持大革命的很好的理由。大革命不是为他除去了最大的敌人吗？大革命的确有利于"自由"，但不是更有利于"权力的执行"吗？"没有高等法院，没有三级会议省，没有教士团，特权，贵族？黎塞留定会赞成这个把全体公民都归入一个阶层的主意……一个专制政府的好几任国王做的加强君主权威的措施加在一起，也不如自由在一年内做的多。"[31] 实际上，大革命的第一年，就像接下来的几年一样，对"自由"要比"权威"做的多得多。[32] 非但没有提升国家对社会的掌控力，反而很大程度上让社会与权威隔绝。革命者实行了限制中央政府的权力和职能的地方分权制度，并在一切职能部门中实行选举制，他们想要用一个由公民平等选举代表管理的社会来代替旧制度；他们认为选举产生的政府比往昔王权和行政专制授予的特权更能有效地保护公民。结果却并非如此，被选出的政府比相信在未来会变好的古老的君主制对个体的自由更有伤害。无政府状态、恐怖统治和督政府时期的混乱，让人人平等和轮番而治的社会民主思想倒塌了。1794年的革命政府改革就确立了自治政府计划的破产，但是在1795年共和国又徒劳地唤起1789年那股浪潮。雾月十八终结了这些尝试。除了为数不多的"空想家"团体，几乎没有人还相信投票和商讨有什么好处。

相反，1800年实施的改革在几周之内就证明了自己。1789年从国王手中交到公民和他们选出的代表手里的一切权力，现在又回到了政府的手上。

税收、司法和地方行政都是如此。税收的用途由市镇决定，而自1789年以来，征税工作都委托给了"临时的"竞标者。[33] 至于司法，则交给了由选举产生的法官。地方行政的实权归于地方议会，它会选出自己意志的执行者。税收关乎纳税人，司法关乎公民，政府则关乎统治。征税工作极其糟糕，法庭的表现不孚众望，到处充斥着无能和腐败。无疑这些问题的责任主要不在制度而在于环境，但在十年的尝试后，1789年的改革已达到了极限。所以，新政府决定重新审视"某些理论上很好但实行起来很糟的点子。"[34]

新设立了一个负责直接监管税收的机构，有1 000名监察员和审计员负责税收的分配，征税的税务员需要提前向国库上交保证金。这支"财政大军"[35] 在司法部门——大革命时期选举的审判员被政府提名的法官取代，这些法官终身任职以确保其独立性，但他们的晋升由掌权者决定，这使得其独立性只存在于理论上——和省长与专区区长的"队伍"里也找到了同类。[36]

这是另一场革命。它在某些方面回归了君主专制制度。毕竟，省长和专区区长就是旧制度末期的监察官与其代理人（subdélégué）的延续。但是也有很大的不同：他们只有执行政府的意志才能保持大权在握，政府可以随时任免他们，而早前的监察官则有时能借助强大的个人势力，像真正的总督一样自行其是。政府掌管省长，省长则掌管国家。尽管与旧制度有诸多相似之处，但是执政府的制度并没有推翻大革命的成果。包税人的统治结束了，法官的统治也是一样，18世纪独立的法官与在大臣的大力推动下不断发展的绝对君主制频繁发生冲突。[37]

最终执政府采用了属于它自己的国家合理化改革方案，先前的计划在旧制度的最后20年中已经失败了。1800年推动这一改革的人——勒布伦、戈丹、迪弗雷纳（Dufresne）——在上次改革中也是计划的支持者。在1789年自由与分权的实验失败10年后，它之所以能取得成功，是因为法国大革命已经意识到了旧制度下改革派大臣的方案的另一面：社会的现代化是国家合理化改革的必要条件。大革命已经通过暴力强制实现了社会的现代化；执政府可以开始工作了。

但这一因特权的废除而清除了障碍的计划，其本质已变得大不相同。执政府时代的改革带给法国的面貌，既不是18世纪六七十年代的改革者所憧憬的，也不是1789年制宪议会成员所梦想的。前者认为他们能通过代表制议会将精英群体与王权的行使联系在一起，而后者则认为他们距离理想的人民政府只有一步之遥。这两个例子中，受益的都是社会而非国家。

1800年所建立的制度的精神却全然不同：马克思认为，这一制度下社会要让步于国家。他甚至对恐怖时期与波拿巴的登场进行了对比，认为在1799年"现代资本主义社会"再次承认了它已无力将1789年大革命促生的由自立的个体组成的社会构建成一个国家，就像它在1793年做过的一样，此后拿破仑复活并延续了共和二年的革命政府。"现代资本主义社会"创造的制宪议会和督政府，都未能发现那些既高效又稳固的制度所具有的奥秘。像路易十六召开三级议会的行为承认了自身的无能一样，资产阶级转而依靠独裁者同样是承认了自身的无能。1793年他们选择了罗伯斯庇尔，1799年又选择了波拿巴，他们已经准备好付出代价：国家将不再为社会利益所束缚。马克思写道："拿破仑是革命的恐怖主义对这次革命所公开宣布的资产阶级社会及其政治的最后一次战斗的体现。……但是，拿破仑还是把国家看作目的本身，而把市民生活仅仅看作司库和他的不能有自己的意志的下属。"[38]

当然，这些相同点只是相对的。马克思自己也承认波拿巴与1793年的罗伯斯庇尔不同："拿破仑已经了解到现代国家的真正本质；他已经懂得，资产阶级社会的无阻碍的发展、私人利益的自由运动等等是这种国家的基础。"第一执政甚至清楚地明白他要做的是，马克思补充说，"承认和保护这一基础"。[39] 在这方面，波拿巴实际上是反罗伯斯庇尔的。正是他对于有产者和父权制的法国（它既受益于大革命，也在革命中遭到了破坏）的保护，使得他与这个国家如此紧密地结合在了一起，直到他统治的终结。但是——这也是本质所在——波拿巴1800年建立的政权为这些利益服务，并不是因为他披着资产阶级社会的资产阶级政府的外衣，而是因为他需要一个稳定繁荣的法国好为他的对外政策提供金钱和人力。社会利益和国家利益的重合是真实的，但是当前者最终显露出与后者的矛盾时，拿破仑为了他的帝国会毫不犹豫地牺牲它们。

　　早在1800年，波拿巴就留下了他最能经受时间考验的遗产：现代行政体系。如果没有他，这一体系还会诞生吗？很可能会，因为绝对君主制已为其打下了基础，革命所建立的人人平等的社会使其能够萌发："从社会的废墟中诞生了中央集权。"卢瓦耶-柯勒德（Royer-Collard）在1822年就有过这一论断，这甚至在托克维尔成为法国中央集权制度史学家前。[40] 然而，如果没有他，这一体系可能不仅会出现得更晚，而且形式也不会那么开明。在波拿巴的影响下，中央集权化实际上是一个军事化的过程——加布里埃尔·阿尔当（Gabriel Ardant）将其比作"组建一支出征的大军"——从长期来看，无疑带来了一些不好的影响：由于只知服从上级的指令，中央权力的代理人们有时会缺乏主动性，这在某些时候会带来危害。[41] 人们总是会引用1812年的马莱（Malet）事件的例子：拿破仑不在，政府在突如其来的事件前吓呆了，而统治者也没有留下应对此类事件的处理办法。[42] 仅从此事就断言过于中央集权化的制度无力应对突发事件，未免有些太过草率。[43] 但是这个插曲发生得太晚了，就像其他可以证明这一命题的事件一样。它们都发生在领袖愈演愈烈的威权主义日益不堪重负，而皇帝的臣属的才能也一日不如一日的时期：蒙塔利韦（Montalivet）们和帕基耶（Pasquier）们替代了那些经受了大革命的考验、为执政府带来了繁荣时期的人。在这个时期，人们再次认为自己见证了一个新时代的黎明，大革命初期的热情又回来了，它和人们的精力、天赋、才干融为一体。在波拿巴的领导下，有太多的事去做，有太多的收获。

　　那些认为中央集权行政制度的效率在早期就已到了极限的看法也忽略了未来：拿破仑下台后的历史证明了这部机器的设计有多精妙。他可能在太过强大的统治下运行它，有些时候让它的功能受到了影响，但是如托克维尔所说，"自1789年以来，在宪法一部接一部地不断更迭的情况下，行政制度却总能保持完好无损"。[44] 在一份备忘上，他补充道：

波拿巴创造的行政机器是完美的，它几乎可以不用发条就能运转，这一点被后来发生的革命所证实。它在平庸之辈手中时……也几乎和由最杰出的头脑操作时表现得一样好；它自顾自地运转，不受其操作者的品质影响。[45]

另一方面，有一点获得了广泛认同，就算没有达成一致，也中和了皇帝回忆录的捍卫者和诋毁者的观点：共和八年的中央集权即便没有开创法国历史上的"反对自由的倾向"，至少也是强调了这种倾向。阿尔贝·旺达尔、阿方斯·奥拉尔和伊波利特·泰纳说：共和八年的大改革将万事万物都与国家联系在一起，所有的事情都要由国家或其代理机构处理，这不仅摧毁了地方自治的轨迹，而且使法国自由的天性也变得萎靡。[46] 后拿破仑时代的法国又怎样呢？它只余下一具"枯槁，无力又死气沉沉的"身体，泰纳说，"低贱如尘或一文不名"。从右派到左派的指责都是一致的，无须赘述，但这些评论都忽略了历史的重量。总而言之，泰纳对于19世纪初的法国没能走上英国的道路感到遗憾，而且其他哀悼其历史上专制统治的人也这么说。而这两个国家在1783年的处境相同吗？英国，已经经受了美国独立战争的后果，和更甚于法国的财政危机；但是与法国不同，他们知道如何在没有革命和避免牺牲自己自由传统的基础上解决危机。人们有时会说，如果路易十六能像乔治三世一样有能力对抗舆论，再有一个法国的威廉·皮特，能推行不受欢迎但必要的税收改革，来改善公共财政状况，法国就可能避免革命。[47] 事实上，英国战胜了危机，是由于他们的政府获得了人民的支持。这不是因为他们的政府更能干或更强大，而是因为其人口只有法国的三分之一，而控制其社会的精英阶层又有着三倍于法国统治者的社会、经济和政治影响力，其社会比法国更加和谐。[48] 这些统治阶级来自"古老的等级"，如拿破仑所说，"那些'绅士'法国没有，也从未有过"。法国有过上层阶级，在18世纪末期，财富将贵族和资产阶级连在了一起，但是这些社会和经济精英从来就没有机会成为统治阶层。杜尔哥、内克尔和卡洛纳（Calonne）肯定尝试过通过设立为这一阶层准备的议会，让其参与权力的执行，但他们的失败很彻底。最后，大革命在

1789年爆发，是因为法国社会一直以来无力使王权受制于类似1215年英国《大宪章》那样的法律，同时还因为王权的合法性太过脆弱，它甚至不敢想象放弃哪怕最小的权利，王室要靠其在宗教上的特殊地位，和长期处于萌芽状态的官僚机构的支持，来获取弥补其不足的合法性所需的权威和力量。大革命摧毁了法国这个在1789年几近成为了统治阶级的精英阶层，但另一方面，它加快了行政阶层的成长，这个诞生于凡尔赛的办公室的阶层，在大革命的混乱中毕业了，如今已有了足够的能力。1799年到1800年，保民院的失败使权力交到了行政机构手中：参政院、最高法院、省政府、财政管理机构和内政部等。这延续并强化了在君主制时期就十分显著的发展趋势。因此，泰纳的批评就可以理解为他对无法改变的历史遗憾。如果真的存在某种"不幸"，那它在波拿巴掌权甚至是大革命爆发前就已经出现了。

万事开头难

1800年实行的改革并不能即刻收获成果。任命法官和组建法院，选定省长和税收专员都需要时间，而且违背传统又触犯了很多人利益的新法令往往都会遭到抵制。这在财政领域尤为严重。直到1804年，国库专员，税务员和税收官才公职化；很多部门都利用这个机会延期上交拖欠的税款。由于人们对新政府能存活多久尚存疑虑，因此总税务局发行的长期债券利率高得吓人。[49]

尽管早在1800年6月就有人断言改革会给财政状况带来改善，[50] 但戈丹说暂时还是要依靠让督政府苟延残喘的权宜之计。[51] 采取临时措施稳定币值的做法，倘若没有产生如此积极的影响，就会让人们回想起1793年不幸的日子。因为在财政改革结出果实前，政府就在1800年8月11日宣布，恢复用现金偿付年金。政府成功弄到了它需要的钱，特别是战争经费，却没有增加税收，这保住了大部分民众的支持。尽管有波拿巴的人望，但新政府的威信都是脆弱的，除了威胁那些能拿出钱的人别无选择，无论是法国内部还是外部：

新政府开了口……：根据布列纳的说法，科洛捐了50万法郎，马尔蒙则说此人捐了80万法郎；从热那亚勒索了200万法郎，从汉堡那里勒索了450万法郎……弗利辛恩（Flessingue）以数百万法郎的价格卖给了巴达维亚共和国（Batavian Republic）。共和八年雪月（1800年1月），情况依旧不佳，政府又和往常一样，希望从荷兰借款解燃眉之急：深受信赖的马尔蒙被派去荷兰，商量用"摄政王"钻石做抵押，借款1 000万到1 200万法郎。然而这个计划没能成功。[52]

里昂、马赛、南特等几个大的外省城市也上缴了"礼物"。国有地产的购买者被要求立刻支付全款。以1.5%的利率从银行家波塔尔那里借了100万法郎。大批尚未出售的国有地产还能卖出一大笔钱，波拿巴还把那些借着革命富起来的银行家和商人召集起来，让他们筹措1 200万法郎，而他们只拿出了300万。[53] 尽管余下的钱以担保贷款的方式如数凑齐了，但波拿巴对这种讨价还价感到十分生气，他决定教训教训乌夫拉尔，以儆效尤，把这位前海军军需供应商和目前最显赫的银行家软禁了起来。[54] 尽管"巴黎的商人"爆发了抗议，但这仅仅导致了首都的大资本家和银行家们又被召去卢森堡宫面对第一执政的怒火，后者震惊于人们居然会对逮捕一个不诚实的"国家雇员"感到愤慨。这次"袭击"收到了成效：2月17日，乌夫拉尔同意修改他之前与海军部签的合同，为了换取自由，他将大约1 000万法郎送进了国库。[55]

雅克·班维尔写道，执政府的伟大成果，是缔造了这个时代，并实现了波拿巴版的"每家锅里一只鸡"。他似乎认为解决棘手而关键的国际问题才是其主要功绩，整顿国内秩序只能退居其次。[56] 班维尔在这方面的看法不甚明智。不仅仅是因为内部稳定对继续战争十分必要，也是因为波拿巴赞成马基雅维利的观点："共和国或王国的创造者"享有的赞美要超过"统率大军为王国或祖国拓疆扩土者"，仅次于"宗教的首领和创立者"。[57] 征服者的名望不足以让他满足，他想要再加上建立持久基业的不可动摇的荣光。他不仅仅忙于在1800年年底遇到佩西耶（Percier）和方丹（Fontaine）后耗费了他大量时间的发展城市或兴建纪念碑，从1800年的制度建设上我们可以看到他行政能力和军事能力一样出色，也能看到他将伟大与实用结合得如此出色。在他身上共存着两种特质，非同寻常的伟大，和如布列纳所说的"作为领导人的睿智"。[58]

旺代战争的终结

在西部各省，战火再度燃起。这里的战事实际上从来都没有停止过，即便是在1794年的恐怖镇压之后。1795年2月的拉若内协议和后来奥什将军在1795—1796年推行的策略性的军事"平靖"政策，都只带来了脆弱的安宁。当地民众仍对共和国怀有"恶意"，而共和国也不打算信守诺言。尽管1796年2月在昂热枪毙了斯托夫莱（Stofflet），3月在南特枪毙了沙雷特（Charette），但新的旺代叛军头目又出现了。局势在果月十八政变之后更为吃紧。温和派和右翼中的王党先前的胜利使其看到了和平复辟的希望，但它们的垮台敲响了警钟：旺代叛军和朱安党人认为是时候再次拿起武器了，尤其是因为曾给过左派沉重打击的督政府，如今也不再做任何让步了。战端又起和法国在1799年春夏的失败，使得西部的王党与在伦敦的流亡者商议后决定立刻起事。

叛乱爆发于10月中旬，当时波拿巴正在返回法国的途中。叛军并不知道共和国的军队已遏止了俄军和奥军的进攻，仍对主要城市发动了攻击。出其不意的突袭也只让他们占领了其中几个城市，10月15日占领勒芒，20日占领南特，27日占领圣布里厄（Saint-Brieuc）。事态的发展很快就显露出这不是1793年事件的重演，不过是"风暴将息时的最后咆哮"。[59]叛军一共有大约4万人，但分散在从旺代森林到诺曼底的广大地区，指挥他们的那六七个头目相互意见不合，而他们曾经在某些时候与流亡者和各国君主保持的紧密联系此时也陷入了瘫痪。流亡们仍首鼠两端，而君主们并不想依靠这些半开化的泥腿子实现复辟。埃杜维尔（Hédouville）将军带着援军抵达了旺代，他快速审视了局势，发现老旺代叛乱区最大的弱点就是低下的动员能力：朱安党叛军的数量比旺代叛军还多。埃杜维尔在进行军事行动的同时，首先寻求的是与王党首领的接触。

他的行动因雾月十八消息的到来变得更加容易，一并传到西部的还有马塞纳和布吕内在战场上取胜的消息，看上去几乎可以瓦解叛乱者的决心。

波拿巴公开表示愿意和解，他的建议以及发给埃杜维尔的和解条款——尽管禁止他与暴乱分子签订"外交协议"[60]——使一切看上去都要发生变化，这些显然都在11月23日发挥了作用，分别指挥着卢瓦尔河左岸、右岸和曼恩河右岸的叛军的道蒂尚（d'Autichamp）、沙蒂永（Châtillon）和布尔蒙（Bourmont）决定签订为期一个月的停火协议。

此外，他们也对波拿巴的意图抱有一点幻想吗？他们也像曾写信给波拿巴索取王位的现正在叶尔加瓦流亡的路易十八一样，把他当成了新的蒙克？但是他们不知道将军的计划，为了一探究竟，他们在停战期间派了丹迪涅（d'Andigné）前往巴黎。

根据通过外交官布尔古安（Bourgoing）结识了塔列朗的伊德·德·纳维尔的说法，丹迪涅得到了将军的接见。12月27日他在伊德的陪伴下来到了卢森堡宫。会面开头非常好。波拿巴之前就认识丹迪涅的兄弟，他先后在欧索讷和埃及见过他。这些关联提供了开场话题。在赞扬了他的兄弟一番后，波拿巴看了一眼他们带来的由王党起草的条约意向，并开始检查其条款。丹迪涅和伊德很吃惊：免除西部省份的兵役？减税？赦免流亡者名单上的王党首脑？波拿巴都接受。至于宗教自由，他心照不宣地笑着说："宗教，我会重建它，但不是为你们，而是为我自己……并不是因为我们是贵族或我们多么虔诚，而是因为人民需要，我将重建它。"两位王党大喜过望时，波拿巴突然宣布他不会签署任何协议！他们惊呼起来，问他要如何保证？只有口头保证，他毫无感情地说，只要他活着就不会与暴乱分子签订任何和约。谈话进行了很长时间，大部分时候都是友好的，但有时气氛会紧张起来。[61]伊德说："他屡次告诉我们，如果王党不站到他这边来，他们将会被彻底消灭。"他们又问，他们如果站到他这边来，他是否将会复辟波旁，波拿巴回答说他们根本不该对此有所期望：波旁已经完了。[62]

"我们结束会谈时没有达成任何共识，"伊德写道，"但是关键点（复辟的可能）在会谈后已经很清楚了。"[63]第二天，刊登了一份罗列有波拿巴对王党提出建议的回应的公告，巧妙地混杂着让步与威胁。[64] 事实上，已经没什么值得再商讨的了：执政府确立之初的公共法令——恢复礼拜天弥撒和宗教自由，取消《教士公民组织法》中关于神职人员向宪法宣誓的规定，决定对庇护六世致以哀荣，以及取消1月21日节——满足了暴乱分子对宗教的一切要求。执政府在将宣布恢复宗教自由、实行大赦以及其他几项措施的12月28日公告发往西部的同时，也下令组建一支兵力达6万人的军团，由布吕内将军指挥，准备清除最后的抵抗。这是1793年平叛兵力的三倍，叛军的人数却只有当时的三分之一。[65] 波拿巴称："有必要让暴乱者明白战争的沉重和恐怖。"贝尔尼尔（Bernier）教士此时走进了大众的视野。在1793年，这个圣-洛（Saint-Laud）教区的牧师带领着教民攻击了当地的共和国士兵；甚至有人说他亲手杀死了几个；有人敬仰他，也有人厌恶他，而沙雷特断定他是两份骗子加一份叛徒的混合物。无论如何，1799年暴动又起时他还是做了很多努力的。没什么人能抵挡这个不幸生就一副土匪模样的牧师，他"身材敦实，斜视，皮肤粗糙，头发鬈曲"。[66] 他知道"如何煽起农民的狂热情绪，同时自己仍能保持冷静"。[67] 善于蛊惑，聪慧又有说服力，他能在某种程度上支配对话者，这可不仅因为他作为天主教和王室的斗士的身份。然而他的英雄主义归根到底只是一种姿态。贝尔尼尔是一个"误入英雄主义的政客"，他正寻求着摆脱这一不完全适合他的角色的方式。他更像一个"外交官，中间人和政客"[68]，这也是为何沙雷特鄙视他，但这也是他能凿开通往权力的门径的原因。在成功进入埃杜维尔的圈子后，他开始与波拿巴接触，最终把自己塑造成了王党和共和国之间不可少的中间人。他跑遍整个旺代地区，从一个头目跑到另一个头目那里，同时又往来于埃杜维尔和布吕内的参谋部。他的有力游说加上布吕内的武力威胁，使道蒂尚在1月18日屈服了。卢瓦尔河左岸的战争结束了。在右岸，布尔蒙和卡杜达尔（Cadoudal）拒绝解除武装，弗罗泰（Frotté）也拒绝投降。前面两位迫于布吕内的围捕，最终投降。弗罗泰则不然，他在阿朗松（Alençon）被捕，第二天在维尔讷伊（Verneuil）被处决。

处决弗罗泰在当时就引发了风波。伊德和巴拉斯开始造谣说波拿巴处决弗罗泰是为了封他的口。[69] 他们称第一执政与这位朱安党首领早就认识，他们是军校的同学，而且将军从埃及回来时通过他的老同学让王党相信，他就是来扮演蒙克的角色的，这是他将雅各宾视为最大威胁时的缓兵之计。他想抹去与王党之间的关系，因此下令处死弗罗泰。倘若波拿巴想让王党站在他那边而做出含糊的保证，这是可能的；但是他为什么要选一个他实际上不认识的朱安党人来传话？[70] 后者不但行踪隐秘，而且在他那活动于诺曼底林地的匪帮之外毫无影响力。如果确是波拿巴下令处死弗罗泰的，那么原因也并非如此：当他注意力全在下一场战役上时，他需要解决剩下的暴徒。在弗罗泰被俘几天前，他对布吕内说：

> 如今已经是 2 月了；时间很紧；我要在 10 天内看到莫尔比昂（Morbihan）的武装暴徒消失，无论是自愿还是被迫解除武装。同时我也会在第 14 军区（奥恩）做同样的事。只有这么做，我们才有可能在 3 月底之前让你的一半军队能自由调动……内部的和平和下场战役的胜利都依靠着你的行动。政府不能被几个可怜虫一样的流亡者或是一帮农民要得团团转。[71]

拒绝投降的弗罗泰，根据战争法被处决。第一执政为什么这么安排呢？他不是刚在巴黎树了个典型吗？他处决了一个年仅 18 岁的流亡贵族，一个名为图斯坦的骑士，罪名仅仅是在未经允许的情况下擅自前往首都看望被关押在坦普尔的兄弟。布尔蒙和卡杜达尔投降了，弗罗泰死了，一言蔽之：旺代战争结束了。剩下一小股朱安党人不足为惧。在西部各省被中断的宪法又充满活力地回来了，而且在 3 月 6 日，波拿巴在杜伊勒里接见了贝尔尼尔神父和暴乱主要首领。除卡杜达尔之外他们都是贵族，他不得不演一出勇士之间的和平的喜剧，但他还是没能忍住对举止粗鲁的布尔蒙说他要"打破他的头"。[72] 他和卡杜达尔相处得更不愉快。在 3 月 6 日的接见中，他没怎么注意这位"布列塔尼大块头"，尽管他的顾问把他描述成最聪明也是最危险的人。[73] 所以波拿巴在几天后又召见了他一次：

会面时间很长。波拿巴试图让"国家""荣誉"这些词汇回响在乔治（卡杜达尔）的耳朵里，他甚至还用野心加以诱惑这位内战中的残忍士兵；但都是徒劳；他没有成功，而且看着对面人的脸，他确信自己不会成功的。卡杜达尔走了，和伊德一起去了英国。在旅途中，他多次一边秀着有力的手臂一边对旅伴说："没把他扼死在我的手臂里是多大的错误啊！"[74]

大圣伯纳德山口

波拿巴没等内战结束就着手准备对外的战争了。临时政府刚刚成立之时，他就下令组建预备军团并调整了军队指挥。之前布吕内在荷兰，马塞纳在瑞士，而勒古布和尚皮奥内临时指挥着在德意志和意大利的军队。现在，奥热罗将替换布吕内，马塞纳接管意大利军团，他在瑞士的军团在雾月十八发生的前几天并入了莱茵军团，该军团交给莫罗将军指挥。

莫罗获得了有15万人的莱茵军团的指挥权，这是否是对他支持政变的奖励？他在政变中扮演了不太重要甚至有点耻辱的角色——负责在卢森堡宫看守两位督政——这让波拿巴觉得他欠他一个补偿，尤其是因为二人的关系并不总风平浪静。莫罗没有忘记1797年，指挥意大利军团的波拿巴是如何毫不客气地抢先抵达维也纳城下的。而且他最近在意大利的失败，时常被拿来和波拿巴在埃及取得的"伟大胜利"相对比，这就更是雪上加霜。无论胜利或失败，莫罗在人民与军队中同样受欢迎，即便是他涉嫌与王党勾结的传言也没有影响他的声望。所有的一切都显示他将受到极大的重视。此外，由于茹尔当反对雾月政变而遭到弃置，波拿巴认为莫罗是唯一一个可以指挥莱茵军团那么大规模军队的人。[75]马塞纳显然是比莫罗更大胆更有天赋的军事领导人。波拿巴认为莫罗的能力"在一线将领中也是罕见的"，而马塞纳虽然有着卓越的能力，但只有在枪林弹雨下才能发挥出来。换句话说，在波拿巴看来，马塞纳能够指挥一个师或小军团投入战斗，而非一个15万人的庞然大物。[76]

莫罗在莱茵地区的军团和马塞纳在利古里亚地区的军团，都处于补给短缺状态，并都因逃兵和抗命现象而被大大削弱了。他们面对的是两支奥地利军队：在施瓦本（Souabe）由卡尔大公（后来被克赖元帅替换）指挥的12万奥军，以及在伦巴第由老帅梅拉斯指挥的13万奥军。莫罗的军团退至莱茵河左岸，马塞纳的军团则被赶向热那亚和里维埃拉，两个军团被阿尔卑斯山和瑞士分隔。瑞士的重要性梯也尔早已做过充分的解释，尤其是在革命和军事干涉让这个年轻的共和国依附于法国之后：

> 倘若奥地利军队入侵法国，他们就要被迫被阿尔卑斯山脉分成两部分，一部沿多瑙河河谷行进，一部沿波河河谷行进。当他们分别处于巴伐利亚和伦巴第时，他们可以通过属于帝国的蒂罗尔进行联系；而当他们抵达上多瑙河谷的施瓦本，和波河上游的皮埃蒙特时，他们就发现自己被分隔开了，无法越过阿尔卑斯山取得联系，因为中间的瑞士是独立而中立的国家，而且通常对奥地利采取敌视态度。[77]

瑞士的各个山口是法国行动计划的中心。在12月5日，雾月十八过后还不到一个月，波拿巴就下令组建一支预备军团，以便随时支援左翼的德意志或右翼的意大利。[78] 但这个4万人的军团的最终构成，直到3月8日确定西部战事结束后才定下来。[79] 从布列塔尼和旺代抽调的营、来自东方军团兵站的士兵，以及从意大利军团——马塞纳对此十分沮丧——抽调的人手一点一点地在第戎（Dijon）、索略（Saulieu）、博讷（Beaune）和布雷斯地区布尔格（Bourg-en-Bresse）集结；骑兵则在多勒（Dôle）集结；炮兵在波拿巴曾经念过书的欧索讷集结。到3月底只有4 500人完成了集结；到4月底有3.2万人就位；当波拿巴在5月8日抵达瑞士时有3.6万人。[80] 负责指挥该军团的贝尔蒂埃在把战争部部长之职交给卡诺后，于4月初抵达第戎。

让这位于果月十八政变后和王党分子一同被驱逐的前督政回到法国，是新政府的第一批举措之一。这并不是因为波拿巴敬佩这位"胜利的组织者"：他既没有忘记卡诺在罗伯斯庇尔倒台中扮演的角色，也没有忘记他在1794年和1795年对意大利军团的年轻将军的阻碍。此外，他认为卡诺的战略才能被高估了。卡诺毕业于军事工程学校，他所钟爱的是沃邦时代的战争，这种战争模式却为波拿巴所厌恶。但卡诺工作勤奋又为人廉直，波拿巴与他建立了即便谈不上亲密，也算是相互信任的关系。不过这没有阻止他在果月十八日政变时抛弃了这位督政。后来他也确实反对对卡诺的驱逐，尽管1797年11月21日他曾在日内瓦关隘逮捕了一名被告发为"卡诺同谋"的人；但他还没有足够的热情下令去找寻这位前领导人。[81] 卡诺也没有因此对他怀恨在心。1799年12月26日，他一获得大赦就动身返回巴黎了。波拿巴带着强烈的友谊欢迎了他：卡诺，活生生的革命象征，难道不是代表着波拿巴将要实施的政策的基础吗？4月2日他被任命为战争部部长，卡诺恢复了因腐败而受损的军事管理秩序，又为1800年战役的准备做出了贡献。但是二人的关系，尽管一直客客气气的，但不可避免地不断恶化。卡诺是个太过伟大的人，太在意他所代表的东西，以至于他不能忍受被粗暴对待和断然回绝。"一个诚实勤勉的人"，波拿巴说；但"无可救药地固执"，他又补充说。[82] 而卡诺对战争的看法也和波拿巴不同：他不喜欢它，如果说他对于有关战争的事情还抱有兴趣的话，那就只有其中符合科学的部分。这个比波拿巴大16岁的人，要比包括第一执政在内的所有18世纪的人都想让战争脱离偶然因素，而赋予它数学上的确定性。他把战争看作科学，而波拿巴把战争看作艺术。从他们合作的第一周就可以看出，这一结合只有在这场战役期间才能得到维持。卡诺只是他的过渡方案。

　　最初计划将主要战场定在了德意志。莱茵军团的左翼将离开其在斯特拉斯堡和巴塞尔之间的阵地，在"莱茵河的掩护"下不引人注目地机动至右翼。之后整个军团一起向沙夫豪森（Schaffhouse）行进，在那里他们将"同时借助4座桥梁"渡河，在24小时之内完成渡河行动后，立刻推进至多瑙河一线，包围部署在多瑙河右岸的奥军左翼。[83] 如果克赖未能发现法军的行动，那么他将被切断与后方的联系而不可避免地一败涂地；如果他转头试图阻止敌人切断他的撤退路线，那么他将在不利的条件下作战。一旦克赖被击溃或向乌尔姆（Ulm）撤退，莫罗就可以沿

着多瑙河开进至雷根斯堡和林茨（Linz）。同时，马塞纳要固守意大利以
"钉死"梅拉斯，防止他穿过蒂罗尔回到巴伐利亚，威胁正在向维也纳推
进的法军的右翼。

这些行动的所有荣耀都留给了莱茵军团；波拿巴也同意无论是在
1800年还是1797年，实现和平的关键都在德意志而非意大利。[84] 但是，
第一执政还不确定是否要让莫罗成为这一胜利的主要获利者。他甚至想
过亲自指挥莱茵军团，或是至少以没有正式职务的监视者身份随军出征，
这将比他后来在贝尔蒂埃的预备军团所处的位置更高一些，也更远离具
体指挥，因为他要注意不能伤到莫罗的自尊。[85] 有另一个原因让他考虑
待在幕后："执政之职本质上是文职的，"他后来说，"权力分散的原则和
他对部长们的责任不允许共和国的第一执政直接指挥军队。"[86] 他的这种
顾虑是真的吗？或是意识到了自己权力的不稳固？实际上宪法在这方面
没有明确规定：撰写者甚至还拒绝了多努提出的避免第一执政指挥军队
的修正法案。波拿巴可能是不想挑衅共和国最敏感的不安；但他后来说：
"没有任何条款，也没有任何准则，反对我指挥军队。"[87] 而且主流的公
众舆论也不想看到法国将士在边境浴血奋战时，他却安坐在巴黎；这就
更加坚定了他的想法。[88]

在波拿巴眼里，这个计划如果没有他亲自出马就不可能成功。他要
求三支军团密切协作，因此必须有一个统一的最高指挥官，波拿巴想不
出除了他自己外还有谁能担任这个"总指挥"[89]。莫罗？波拿巴知道他的谨
慎和对军队物资和补给的重视。难道人们没有对他熟练的撤退表现出了与
获胜同样的钦佩吗？但是这个计划需要胆大和迅速：大胆，是因为要在不
被敌人发觉的情况下仅从一点渡过莱茵河；迅速，渡过莱茵河的速度将决
定最后的胜利。不仅因为波拿巴拒绝把胜利的桂冠拱手让给莫罗，还因为
他确信莱茵军团在莫罗一个人的领导下永远也到不了维也纳：1797年时
不就是这样的吗？

意料之中，莫罗拒绝做他的副手；而且他也同样拒绝在斯特拉斯堡、
新布里萨克（Neuf-Brisach）、巴塞尔等地都可以平安渡河的情况下，让
整个军团都在沙夫豪森渡过莱茵河。对他来说，根本不可能"尝试在只

依靠运气的情况下渡河，这无疑很精彩，但也是难以预料的灾难"。[90] 他非常气愤。他让前往巴黎的参谋长德索勒（Dessolle）转达了他的怨言，还威胁要辞职。[91] 真正的交涉发生在3月中旬，参与人为波拿巴、卡诺和德索勒，德索勒看上去代表的是一个盟国而非军团首脑，这也让我们看出莫罗对波拿巴的影响。然后他们起草了条约，根据条约莫罗可以选择他愿意的桥渡过莱茵河，只要他的右翼从沙夫豪森渡河就行，作为交换，他得同意从右翼派一部分军队支援在阿尔卑斯山行动的预备军团。[92] 在达成这个共识后，波拿巴决定把一切都押到预备军团和意大利军团上。计划的德意志战役变成了意大利战役。"您是对的，"据称他曾对德索勒说，[93] "莫罗没有能力执行我制定的计划。他爱怎么样随他去吧……他在莱茵不敢做的事，我将在阿尔卑斯做。有朝一日他会懊悔将荣誉拱手让给我。"[94] 新的命令下达了。[95] 侦察主要围绕着通往意大利的道路展开。之前的计划，只保留了第一句话：莫罗的任务就是击溃敌人或至少要"把他们限制在"施瓦本以阻止他们增援在伦巴第的梅拉斯。波拿巴亲自指挥预备军团，将翻越阿尔卑斯山扑向梅拉斯，后者将被他与集结在热那亚的意大利军团前后夹击。[96]

既然在意大利不能赢得这场战争，波拿巴是否已经放弃了希望？还是他更倾向于一场在军事层面上无关紧要，但能增添荣誉并巩固政权的关键胜利？事实上，新的计划的确不如前一个高明：原本以迅雷不及掩耳之势绕到敌军后方，意在借此赢得全面和平的计划，被在意大利的有限行动计划取代了，尽管两个计划都遵循同样的战术原则，但波拿巴无法通过后者获得能与前者的收效相媲美的军事和政治上的效果。如果他有的选，他肯定更想前往乌尔姆而非马伦戈。他将行动的重点转为应对在意大利面临的威胁，无疑会使得和平更晚到来，但是如果有人要对此负责，那一定是莫罗。难道不是他拒绝听命于第一执政吗？难道不是他拒绝在沙夫豪森渡过莱茵河吗，因为一个人的异议导致了放弃原定计划？正如蒂博多所说，在这件事上，波拿巴显示了他的宽容大量："远没有人们认为的那样妒贤嫉能，第一执政还是充满着尊重和敬意。"[97] 他甚至让建议他采取强硬态度的贝尔蒂埃安静些，[98] 而且从不忘费心在信件结尾处写上热情的话语，表达他对莫罗的友谊和信任："我深情地向您告别。"这在他5月时的信中仍能看到。[99]

1800年4月6日，奥军在意大利获得了主动权，没多久马塞纳就发现他陷入了困境。不仅因为敌众我寡，还因为他把这个不足4万人的小军团分成了两部分：一部由絮歇指挥，防守从尼斯到滕达山口的法国国境，另一部由苏尔特指挥，占领了热那亚周边地区。这进一步拉大了双方的兵力差距。马塞纳一直在要求补给、武器和增援，但都是徒劳。在战斗爆发前几天，他甚至收到了波拿巴强烈的指责，后者冷峻地告诉他，他能为他做的都做了，别指望任何增援了，与其反唇相讥倒不如想想把尽可能多的部队从现在占领的阵地上撤回来，以及怎么避免奥军把他的军团"切成互不能救的两截"。[100] 第一执政是对的。奥军轻而易举地切断了意大利军团本就薄弱的连接处，逼絮歇退回了瓦尔（Var），[101] 苏尔特则被赶到了萨沃纳（Savona）。[102] 马塞纳被迫撤向热那亚，之后撤入城中：4月9日突围失败后陷入了围城战。马塞纳现在只有一个任务：坚定守住，并不时出击——只要他能弄到给养，处境就还不算太糟——为翻越阿尔卑斯山的预备军团尽可能久地拖住奥军。[103]

计划何时能开始执行取决于莫罗的行动，但他现在还无所作为。直到4月24日波拿巴发出了最后通牒，他才决定渡过莱茵河。[104] 莫罗按他的计划，让他的大部分部队在斯特拉斯堡、布里萨克和巴塞尔渡过了莱茵河，然后沿着莱茵河右岸移动到沙夫豪森，和在勒古布指挥下于此渡河的军团右翼会合。5月1日，莱茵军团全军都在右岸扎营；5月3日勒古布占领施托卡赫（Stockach），5月5日莫罗占领梅斯基希（Moesskirch），但是他让克赖沿多瑙河右岸撤回了乌尔姆，甚至都没尝试把奥军赶向左岸。克赖在乌尔姆重整了军队（5月11日至12日），而莫罗也不准备和他交战，把军队向东推进至了奥格斯堡和慕尼黑，根据梯也尔的说法，他在那里"蓄意不采取进一步行动"。[105]

拿破仑本想对莫罗的行动严加指责。[106] 但莫罗毕竟达成了预定目标，即便是用了不怎么高明且无法让波拿巴满意的方法：他没有摧毁克赖的军队或占领乌尔姆，但他完成了行动计划的基本目标，他在奥军眼皮底下平安无事地渡过了莱茵河；他打了两场战斗……尽管他在乌尔姆前很笨拙，但还是把奥军控制在了那个范围内，把他们限制住了，切断了他们通往巴伐利亚和蒂罗尔的路。[107] 莫罗不认为他能或是应该做得更多。在莫罗开始向慕尼黑进军前，卡诺亲自给他下达一份正式命令，让他根据协定，只要"对克赖取得足够优势，能有余力后"[108]，就立刻派勒古布带2.5万人到圣哥达（Saint-Gothard）和辛普朗（Simplon）山口。[109] 又爆发了争吵，还不止一次。最后莫罗屈服了，但心中气愤难平。他给波拿巴写了封尖酸无礼的短笺：

> 您要求的援军打乱了我们的计划，但我们会尽力而为……我希望您会成功，我认为您必然会成功。您可以在这一年获得一场和之前在意大利一样出色的胜利；我祝您获得所有可能的胜利；您到达预备军团让我们所有人都倍感欣喜；这就是胜利的预兆。[110]

莫罗又拖了一阵，最后派了蒙塞带着不到1.4万人去了圣哥达山口。波拿巴满意了。毕竟，到了他登台的时间了。

预备军团的部队，官面上是向第戎推进，实际已经隐秘地避开奥地利人向日内瓦和洛桑推进——此番隐秘行动是由贝尔蒂埃和卡诺联手制定的——此时关于进入意大利最佳途径的报告接连不断地送来。[111]

起初，波拿巴首先考虑的是从苏黎世出发，经施普吕根山口与科莫湖前往米兰的路线。[112] 他还派人侦察了圣哥达山口，这里能让他经过提契诺山谷到达米兰。[113] 波拿巴需要莫罗右翼的帮助，因为他优先考虑的是在北意大利的军事行动。[114] 直到3月底的时候他才考虑在更西边能让他在情况需要时迅速援助马塞纳的山口。所以，一切都还没决定；倘若施普吕根被排除，圣哥达山口就被认为是最容易的通路而投入准备。坏消息从热那亚和里维埃拉传来——梅拉斯，留下奥特（Ott）将军封锁热那亚后向絮歇方向推进，在5月11日占领了尼斯——选择只剩下更东边的瓦莱山口了。[115] 蒙塞尼（Mont-Cenis）的道路显然更容易，但它的位置无法展开绕到敌后的行动，因此争论还围绕在辛普朗山口还是圣伯纳德山口上。

前者显然比后者更容易一些，但想要到达辛普朗山口，军队不得不走40千米的糟糕道路；而后者发源于日内瓦湖以东，入口直接通到圣皮埃尔堡（Bourg-Saint-Pierre），要更为好走一些。最后的决定就是看中了这点。最困难的地方不在这里，而是山顶的两边，在圣皮埃尔和圣雷米之间，有20多千米。圣伯纳德的另一个优点就是连接着一个东往伦巴第、南往皮埃蒙特的十字路口。这样，就可以根据马塞纳的处境到最后一刻再决定去哪里。[116] 波拿巴趴在铺在办公室地上的"肖沙尔版意大利地图"上，布列纳站在旁边，"他全神贯注地往地图上戳着红黑大头钉"，他将他那不知他意欲何为的秘书称为"蠢货"，然后他站了起来，一副已经大获全胜的样子，指出了他的目的地："斯克里维亚（Scrivia）平原。"——他希望猛然发现法军出现在自己身后的梅拉斯，也能和他的秘书一样吃惊。[117]

5月6日，波拿巴以检阅在第戎的军团为借口离开了巴黎，他次日抵达第戎，在他检阅过伴装成预备军团主力的为数不多的当地守军后，就立刻动身前往日内瓦，并于5月8日抵达。内克尔出来迎接他，自波拿巴于1797年路过此城后，二人就未曾见过面。"第一执政，"波拿巴简洁地说，"对与他的会谈并不是很满意。"他发现这位前大臣只知夸夸其谈，并无多少真才实学，包括在财政领域。[118] 内克尔身后跟着当地显要人物组成的代表团：

> 他（波拿巴）满口和平和人道主义，说要终结欧洲的不幸、开启一个幸福的世纪……他说他乐意赴死，只要他看到世界的和平。他的苍白外表，虚弱，瘦小和最近工作给他带来的疲惫让人们觉得如果他要享受成果就得尽快签订和约了。然后他友善地聊起了索绪尔（Saussure）、博内（Bonnet）和塞纳比耶（Sennebier）（对卢梭只字未提），并宣布他想要重建科学和文化的荣耀。日内瓦民众钦佩这位战士的和平意愿；但他们没有看到他的内心；他们也没有意识到他顺应时代只是为了寻求自己的统治。[119]

他已经进入了洛桑，16日就离开了，先到了维勒讷沃（Villeneuve），后到马蒂尼，他的前卫部队已于前一天在拉纳将军的带领下离开此处，开始登上通向大圣伯纳德山口的陡坡。

上坡陡峭——海拔在 2 000 米以上——下坡也很急。[120] 用了 8 个小时才抵达山口，花了 2 个小时下去；马走得慢，大炮更慢。得花一整天时间才能把大炮拉到山顶。炮管被卸下，不同的部件被编了号和弹药一起由骡子运送。至于炮管，他们开始用特制的带轮雪橇运送，但发现根本不可行。人们砍倒大树，把树干中间掏空，放进重达 2 吨的炮管，100 多人用麻绳拖拽着树干向山顶移动。[121] 一些附近的农民被临时征召了进来，但活太苦了，他们干了几个小时就跑了。[122] 各军——拉纳军、迪埃姆（Duhesme）军、维克托军、莱基（Lecchi）军以及缪拉的骑兵军——下属的师彼此间隔一天行动。翻山一直持续到 5 月 20 日。执政卫队殿后。波拿巴在 20 日翻山时骑着一匹骡子，在开始下山时还"一头摔进了雪里"。[123] 当天他在埃特鲁布勒（Étroubles）落脚，第二天抵达了奥斯塔（Aosta）。[124]

预备军团的壮举存在着争议。司汤达无疑是第一个提出质疑的。他当时在军团中的后勤部队，在翻过山的几天后，他在给姊妹波利娜的信上说："我所能告诉你的只有，困难被严重夸大了。"传说或是宣传，又或许二者兼有，马上就盯上了这段素材。早在大卫画出《翻越阿尔卑斯山大圣伯纳德山口的第一执政》很久之前，这一场景就在数不清的蚀刻版画、雕塑、铜版画、石版画上出现了，它们时而展现士兵运炮的场景，时而展现着司令官身处险境还在监督手下人的进程，口述命令或骑着马在高处，用马替换当时他骑的骡子还是更有好处的。翻越大圣伯纳德山口的事迹还唤起了人们对类似伟业的记忆，在他之前的腓特烈·巴巴罗萨，以及在他之前的查理曼，甚至比查理曼更早的——经蒙热内夫尔（Mont-genèvre）山口——汉尼拔和他的大象。

尽管不相信汉尼拔遇到的困难有李维描述的那么多，但拿破仑还是承认他翻山的过程比那位迦太基名将要更轻松。[125] 到大圣伯纳德山口有一条现成的道路，在通过圣雷米后，又有一条道路直通奥斯塔。他说多亏皮埃蒙特王国的良好管理，让他的工作更加容易了。[126] 他不是没有想过带领全军翻越白雪皑皑的山顶对奥军乃至法国舆论的影响，但这不是他选这条路线的唯一原因。要知道同时还有另外的法军在向意大利进发——蒂罗（Thureau）带4 000人经蒙塞尼，沙布朗（Chabran）带5 000人经小圣伯纳山口，贝特古将军的师经辛普朗，蒙塞和他的1.2万名莱茵军团士兵经圣戈达行进——只要走出奥斯塔山谷，波拿巴就占据了"阿尔卑斯山这个半圆的中心位置"，可以前往都灵或米兰，而且倘若他没能切断奥军的撤退路线，也能确保可以经由自己控制的道路有序后撤。[127]

最重要的是尽早占领伊夫雷亚（Ivrée），尤其是因为在路上波拿巴收到了坏消息：奥军已经进入了尼斯，而在热那亚的马塞纳处境每况愈下。5月15日离开马蒂尼后，预备军团的前卫部队在埃特鲁布勒遭遇了1 000名克罗地亚人，把他们赶回奥塔特后，他们从此地向沙蒂永推进，于5月18日入城。沿着杜瓦尔山谷进军的拉纳，在抵达伊夫雷亚前还得攻破一道阻碍：拦住他去路的巴德要塞。法国人只知道要塞由奥军占领，但不知道它守备森严——400人和26门大炮——而且他们还错误估计了占领周围高地拿下要塞的可能性。5月19日，拉纳对要塞发动进攻。他很快意识到人和马可以经过山间小径避开敌人的子弹绕到后面，但大炮却不行，没有它们他无法进行后面的战斗。波拿巴失去了耐心。[128]贝尔蒂埃做了最坏的打算；他已经看到了战斗的妥协，战役可能会输。[129]是马尔蒙找到了解决办法，在预备军团5月22日占领了通往要塞脚下小村子的唯一道路后，他穿过村子把大炮架了起来。他在路上撒了大粪并用稻草包在炮架的车轮上以消音，在两次尝试未果后，大炮终于借着夜色通过了。[130]拉纳5月22日进入伊夫雷亚，28日抵达基瓦索（Chivasso）和波河沿岸。波拿巴洋洋得意地给约瑟芬写道：

> 最大的障碍已经克服；我们现在是伊夫雷亚及其城堡的主人了……我们像闪电一样降临：敌人根本料想不到而且也难以相信。我希望能为共和国的幸福和荣耀带来伟大的成果！[131]

战役初期奥地利本可以阻止法军取胜，倘若他们在巴德要塞留下更

多的守军，[132] 或是他们之前没有夷平伊夫雷亚的要塞，又或是他们没有
因确信波拿巴会从罗讷河谷下来保卫普罗旺斯和重夺尼斯而忽视了瑞士方
向。[133] 他们正等在苏塞（Suse）地区，但波拿巴已经出现在了他们身后。

胜利或失败？

奥军总指挥梅拉斯将军在 5 月 21 日得知了法军在圣伯纳德山口的行
动。他还能把法国人赶回阿尔卑斯山吗？拉纳正在接近伊夫雷亚，但他的
大炮还困在巴德。如果他迅速做出反应，还是有可能阻截法国人的，但他
仍认为热那亚马上就要陷落了，而且还准备进攻瓦尔，直到 5 月 28 日法军
接近波河沿岸时，他还向库内奥派了 1 万人，他仍认为法军翻越阿尔卑斯
山只是牵制行动。[134] 等法军到了基瓦索，他不得不面对事实了：他们威
胁着他经曼托瓦撤退的路线。他集结起了 3 万人来守卫波河右岸。

至于波拿巴，他直到最后一刻才决定，到底是要前往热那亚救援马
塞纳，还是去都灵威胁已经越过法国边境的奥军，抑或是去米兰。在 5 月
19 日他甚至都不知道在占领伊夫雷亚后要做什么。[135] 马塞纳的求援请求
越来越紧急，他并没有夸张——忍饥挨饿的当地人正处于暴乱边缘，军
队则损失严重又缺乏弹药——但是波拿巴对此倒不那么重视，他认为热
那亚易守难攻，奥军不可能攻下它。为了让要塞不落入奥地利人或在附近
海域游弋的英国舰队之手，马塞纳必须不惜任何代价守住它。[136] 前往都
灵的计划也被波拿巴排除了：有几个师还没到齐，大炮也落在后面，若与
敌军交战处将非常不利。只剩下米兰了。他知道他会在伦巴第的首府受
到如同 1796 年那样的欢迎；而且他还希望重建山南共和国能够在奥军营
中引发恐慌，让担心与后方基地的联系被切断的梅拉斯马上放弃对热那亚
的围攻，率领全军试图打开通往蒂罗尔和奥地利的道路。波拿巴并没有忘
记热那亚，指责他有意牺牲利古里亚的首府是不公正的。[137] 他进入米兰
并不是为了受到欢呼，而是为了切断奥军的后路。这些指责同样忘记了马
塞纳已经完成了规定给意大利军团的任务——在军队翻越阿尔卑斯山期
间"钉住"奥军，并用一系列小规模战斗削弱其兵力。况且，马塞纳和絮

歇不是已经让奥军在战斗中损失了三分之一的兵力了吗？[138]

终于明白了自己处境的梅拉斯，下令调回了进入法国的军队，并解除了热那亚的围城，将奥军重新集结在亚历山德里亚一带。但是马塞纳已经弹尽粮绝：6月4日他体面地投降了。那些被允许回到法国的军队，本应该在规定时间过后才能再参战，但他们与絮歇的军队合兵一处，絮歇见奥军正在撤出滨海阿尔卑斯省（Les Alpes-Maritimes），便夺回了里维埃拉，重新控制了从尼斯到萨沃纳一线，就这样把敌人困在了皮埃蒙特地区，他们想要突围就只能与预备军团作战，而此时预备军团正从基瓦索和米兰向波河沿岸前进，以控制其渡口。[139] 迪姆埃6月3日抵达洛迪，缪拉在4日抵达皮亚琴察，同时拉纳从帕维亚向贝尔焦约索（Belgiojoso）推进。军团在6月6日过了河。波拿巴决定把兵力集中在斯特拉代拉（Stradella），梯也尔说，这一举措"值得载入史册"。[140]

> 蜿蜒的阿尔卑斯山脉将热那亚海湾环抱其中，山脉一路向北，而从斯特拉代拉的阵地到皮亚琴察地区又伸出了紧邻波河的丘陵。在整个皮埃蒙特和帕尔马公国，山脚如此靠近河流，只留下了一条通往皮亚琴察的狭窄道路。军团部署在斯特拉代拉前，位于一条几里格长的狭道的入口处，左翼位于高地，中路在路上，右翼沿波河部署……就很难击溃。显而易见，把军队部署在斯特拉代拉，再控制了贝尔焦约索、皮亚琴察和克雷莫纳（Crémone）的桥梁，波拿巴就处在了决定性的位置上，因为他封锁了从亚历山德里亚到皮亚琴察的主要道路，而且他还能通过强行军到提契诺，或回到波河边的克雷莫纳，也可以直抵阿达河。[141]

但是，波拿巴可不能等着梅拉斯强行打开一条返回曼托瓦的道路，从那里他就可以撤向蒂罗尔或弗留利。[142] 在6月8日，他收到了马塞纳投降的"灾难性消息"——他虽然愤怒，但并未将此视为背叛或是不可饶恕的背弃职责的行为。[143] 他担心梅拉斯躲进热那亚，在那里他就很难将他赶出来——波拿巴没有忘记阿克围城战，他同样担心梅拉斯会从更北方退入湖区。因此他对行动结果的估计就没有他当初对卡诺夸下海口时——梅拉斯的命运已经决定，无论他再怎么抵抗——那样自信了。[144] 他下令军队前进。2.4万人向亚历山德里亚半路上的沃盖拉（Voghera）行进。其他分队守卫提契诺河和奥廖（Oglio）河沿线和米兰，这样也削减了主力军团的兵力。[145] 6月9日，在波拿巴离开米兰与军队会合时，拉纳带着8 000人在蒙特贝洛击溃了从热那亚来的奥特将军的1.8万奥军。奥军于混乱中撤向亚历山德里亚，而刚与炮兵及从埃及回来的德塞将军会合的波拿巴，则在6月13日继续前进。[146] 没有奥军的踪迹，除了几千分散在马伦戈前的部队，这是后卫吗？梅拉斯往北跑了？有些报告是这么说的。[147] 这不是假消息，只是来得太早了，后来的发展与它相反。实际上，倘若梅拉斯在亚历山德里亚集结军队，他就是要打一仗了，鉴于奥特先前的败北，他就得提前考虑这几点：强行突破，撤向热那亚，或者在向米兰进军前重夺皮埃蒙特。几位奥军将领都倾向于后面一条。谈到那次讨论时，内皮尔写道：

> 输掉一场战役将关系着意大利和全军的安危。大多数军官和参谋都认为应该避免交火，如果我们避免战斗，结果将会对我们有利而对敌人有害。占优的观点是我们应该在卡萨莱（Casale）渡过波河，然后向右朝着法军已经不占优势的提契诺行进，从那里再到我们皮埃蒙特大本营，有着托尔托纳（Tortone）、塞拉瓦莱（Serravalle）、瓦伦扎、亚历山德里亚、都灵、库内奥、阿罗纳和米兰等城市，它们能为我们提供一切。[148]

波拿巴只是上了这些报告一半的当，这让他担心奥军从他的包围圈逃跑，于是他不得不分散了他的兵力。德塞前往诺维一带索敌，拉普瓦普则前往瓦伦扎附近。

人们总是说波拿巴在梅拉斯在亚历山德里亚集结军队时把军队分开是个极大的错误。不仅是德塞和拉普瓦普的师，其他的队伍也都离"舞台"甚远：沙布朗在韦尔切利（Verceil），贝特古在马焦雷湖附近，洛尔热远在皮亚琴察……结果就是法军不得不以寡击众——奥军有3.1万人和约100门大炮，而法军只有近2万人和25门大炮——同样危险的是波拿巴完全不知道敌人的布局和意图。但是他还能做别的吗？他得知道奥军的确切动向才能在利古里亚海岸和阿尔卑斯山之间的某处集结军队。另一方面，他所有的军队都准备好能在6月14日清晨战斗打响的一刻集结在马伦戈平原还是值得怀疑的。

奥军，奥赖利（O'Reilly）在右，梅拉斯在中，奥特在左，他们已经离开亚历山德里亚并穿过博尔米达（Bormida）向丰塔诺（Fontanone）行进，在丰塔诺和马伦戈平原之间是法军的阵地，维克托在左，拉纳在中，莫尼耶在靠后的右侧。战斗很长时间不分胜负。法军被迫放弃丰塔诺一线撤向马伦戈，但奥地利人也很难有所进展，因为拉纳的部队和克勒曼的骑兵把他们赶了回去。然而下午局势突变，奥特将军从北部迂回到了法军右翼。法军右翼无法阻止他占领卡斯特切奥洛（Castelceriolo）村，左翼和中路的维克托和拉纳担心被包抄只得一步一步地退向圣朱利亚诺（San Giuliano）村。不到下午5点时，所有的法军都重新集结在这附近，这距离早上的阵地已经很远了。倘若奥地利人在此时发动决定性的进攻，毫无疑问他们就能把法国人赶回斯特拉代拉；然而一整天的战斗已让奥军筋疲力尽，而梅拉斯把指挥权交给了自己的副手，启程回往亚历山德里亚，他认为自己应该要好好休息一下了，就这样丢掉了马上到手的胜利。因此奥军也仅是尾随撤退的法军，就好像战斗已经结束了一样。波拿巴在上午晚些时候召唤的德塞来了，改变了战局。我们不知道简短的战争会议上波拿巴下了什么命令：是发起反击，还是进行一次后卫战斗，为大部队撤向斯特拉代拉赢得时间。[149] 交火继续。当德塞带着第9轻步兵半旅反击时，他被一发子弹打中心脏阵亡。德塞的阵亡给军队造成了新的恐慌，倘若没有克勒曼——日后的克勒曼元帅之子——率龙骑兵冲向奥地利人，他的到来也改变不了战局。骑兵的突然出击给奥军阵营造成了难以形容的恐惧，他们几分钟内就失去了这一天得来的阵地并且极度混乱地向博尔米达撤去。[150]

这场胜利对波拿巴来说有些苦涩。私下里他曾对布列纳说，他远没有在公众面前那般高兴。[151] 他知道自己距离一场惨败仅一步之遥，后来在谈起这场战斗时他夸张地说，6 月 14 日有两场马伦戈会战，他输了第一场但赢了第二场。[152] 此外，当他说起他从未怀疑胜利和始终掌控局势时是在撒谎。下午的撤退呢？仅是"转进"而已。[153] 他言之凿凿。"总司令确信胜利。"贝尔蒂埃断言。[154] 但是，在德塞到来前，他可是被描述成"沮丧而沉默"，或许是在考虑战败的后果。[155]

尽管梅拉斯在这天无所作为，我们同样不能说波拿巴在这天的表现好了多少。他一直以为眼下的行动不过是为了拖延奥军大规模行动的障眼法，他在圣朱利亚诺和托尔托纳之间的加罗福利塔（Torre di Garofoli）有一个小时，太远以至于无法看清确切发生了什么和及时作出判断。胜利，他尤其要把它归功给奥军的混乱和指挥的无能，其次才是他的下属。可以肯定他召回德塞取得了优势，但却是克勒曼的冲锋决定了当天的结果。和众多史学家认为的不同，波拿巴从未想要隐瞒克勒曼在那天扮演的角色。而且全军都知道，奥地利人也知道。而且预备军团公报也写明了是克勒曼的龙骑兵冲锋带来了胜利，只不过谎称他的冲锋是受了波拿巴的明确命令。[156] 波拿巴在战后接见克勒曼时是面色阴沉的吗？

> 没有询问任何他所作之事的细节，波拿巴庄严傲慢地对克勒曼说："您的冲锋干得不错啊！"克勒曼没有克制自己的愤怒："我很高兴您赞赏它，因为它给你的脑袋戴上了桂冠。"[157]

波拿巴可能在接见伟大的克勒曼将军的儿子时态度冷淡，但布列纳说的猛烈指责和剥夺了他的荣誉都是假的。7 月 6 日，克勒曼被擢升为旅级将军，而且从那一刻开始，用蒂博多的话说，"他的命运就与这位意大利征服者的命运连在了一起"。[158]

马伦戈是一场没有胜者的战斗。奥军最终失去了占领的阵地，而法军也没收复先前的阵地。梅拉斯仍有能力继续战斗；胜利不是军事上的，而是政治上的，奥军指挥官在没有必要的情况下就迫切地提出了停战。根据梅拉斯和贝尔蒂埃次日签订的协议，奥军保证撤向明乔河一线并交出他们占领的北意大利要塞。[159] 马伦戈的胜利可能不如宣传的那般耀眼，但也不是一无是处，两年来法国再一次在意大利取得了胜利。这足以让波拿巴的那些不幸的前任们黯然失色：谢雷、茹贝尔、尚皮奥内、麦克唐纳和莫罗。人们又回到了坎波福米奥条约的时代。波拿巴再一次掌管了意大利；他获得了"可以让他为所欲为"的胜利，就像他在离开前对身边的人说的那样。[160]

第26章
工作与日常

波拿巴并不想要一场凯旋仪式。[1] 一方面，他得避免人们对他投身文职工作的意图产生怀疑：他不想触动那些据他所知仍然敏感的神经；另一方面，尽管第一执政为赢得了这场一度几近失败的会战感到满意，他现在开始幻想着在德意志的行动取得成果之前就能与奥地利和议，但再度征服意大利并不意味着战争的结束。他给奥皇写了一封和1797年时类似的信，信上他谴责战争并邀请弗兰茨二世在坎波福米奥条约的基础上签订新约。

又经历了和第一次意大利战役时相同的幸福生活的波拿巴，自然会畅想和平。米兰人又把他当作"独一无二的伟人、盖世无双的英雄、望尘莫及的榜样"来欢迎。[2] 他又扮演了意大利"解放者"的角色，恢复了山南共和国和利古里亚共和国，在都灵建立了临时政府，甚至开始与罗马谈判……在此期间，德意志的战斗还在继续。7月15日，在莫罗进入了巴伐利亚心脏地带并把奥地利人驱赶到了因河（Inn）后，他与奥地利将领签订了停火协议，从中看不出奥地利首相有任何的和平诚意。图古特首相还同意派大使圣–朱利安伯爵到巴黎，波拿巴希望他能"向奥地利人说明坎波福米奥条约有多么必要"，他却与英国人签订了新的补偿津贴协议并私下保证不单独与法国媾和。[3] 波拿巴被骗了吗？不管怎么说，他曾一度希望能把在马伦戈取得的半场胜利转化成彻底的外交胜利，让那些 —— 数量不少 —— 或期待、或害怕地等待他犯错的人闭嘴。

冲突、怀疑与诡计

即将动身前往瑞士和意大利时，波拿巴告诫其他执政与警务部部长保持警惕。他最担心的不是那些"不满的雾月党人"：议会的会期已在平静中结束了。就连他们的喉舌《哲学旬刊》都为政府的行动叫好。确实，该报的编辑，剧作家安德里厄（Andrieux）反对过执政府的一些法令。在他看来，政府对平等原则的挑战是对革命遗产的攻击，而且尽管他想要相信波拿巴最后会认可积极的反对派，但当他看到环绕在第一执政周围的都是与革命相悖的人和观点时又十分焦虑。[4] 尽管还是有所保留，安德里厄在战役开始前夜写道："在国家内部将看到积极的改变。"[5]

雅各宾派更值得担心，虽然他们还没从圣克卢宫的"一败涂地"中恢复过来，但其中那些冲动莽撞的死硬分子需要警察的密切关注。

再之后是王党。东部的叛乱已经被平息，但他们真的安分了吗？到处都有关于朱安党团伙的报告，而且据说卡杜达尔又回到了布列塔尼。流亡者的回归又是对秩序的新挑战。其中仍有14万人的被剥夺公权的流亡人员名单，在新宪法生效时就已经宣布终止了。名单如此轻易就取消了，这让各处的流亡者都开始打包行李。[6] 为了应对这次"入侵"，[7] 政府成立了一个由司法部部长负责的特别委员会，在旺多姆广场负责分发财产解封证书，归国流亡者可以收回部分财产，其余仍旧收归国有。[8] 为了获得要人的推荐——约瑟芬很乐意为人签字，而她丈夫则要少得多，而从塞纳省政府进入了参政院的雷亚尔充当起了"调解大使"的角色——暗中交易和贿赂极为普遍。[9] 拉图尔·杜班侯爵夫人曾说过当"你不空着手去的时候"与这个裁判所达成交易是多么简单。[10] 但关键难道不是流亡者正在返回，而且将重获财产归功于新政府的善意了吗？保全这个新政府不是符合他们的利益吗？[11] 波拿巴想要抚平革命带来的伤痛，他允许1789年以来所有离开法国的流亡者归国，只要他们不曾拿起武器"自绝于祖国"。[12] 但他也想将这些对他感恩戴德的归国者收为干城，好降低他对革命人士的依赖。这毕竟是政治选择，因为他对这些回来的人没什么感情，他把他们看作是"坏公民"和"国家的敌人"，[13] 对他们的评价还不如"杀害路易十六的凶手"。[14] 但是他清楚地意识到不应该倚靠任何团体，所以尽管他和周遭大多数人一样，反感这些流亡者，但他能克制自己的感情。[15] 塔列朗难道不是对这些在1789年落败的流亡者敌意最深的人吗？他自有理由；他知道，以他的背景，他是大革命所有参与者中最受这些人憎恶的"角色"，但看似矛盾的是，紧跟着雷亚尔强烈支持波拿巴政策的人居然是富歇。和解和联合，也带来了一些错觉和诸多困难。政策的获益人并不总是对政府心怀感激。有的人不明白为什么自己的公民权恢复了，财产却没有被如数奉还，他们指责并威胁那些买下了他们先前地产的人；另一些人——那些被达马斯伯爵挖苦为被波拿巴委派了"不失身份的工作"[16] 的人——要么还带着过去的自大，要么就时刻活在从未消退的偏见与愤恨里。[17] 目前，这些被波拿巴有意地混合在一起的群体总是看上去就像"包办婚姻"。斯塔埃尔夫人认为"让不同团体并肩而立"自然有益，但无法让他们彼此喜欢。[18] 当然，这就是问题，革命者和流亡者混在一起，果月的支持者与反对者在一间房子里。例如1797年被放逐的西梅翁（Siméon），[19] 波拿巴要求最高法院撤销判决，但反对声仍在，西梅翁称将会与前主席梅兰"相处不愉快"。但是宽宏的波拿巴还是在保民院给了他一席之地：

> 当西梅翁第一次出现在保民院时，谢尼埃（Chénier）对他怒目而视。巴约尔在椅子上坐立不安，并质问道："今后还要怎么样？"曾经出力减轻过西梅翁流亡之苦的多努也避开了他，担心自己被当成朱安党人。而西梅翁也对这次见面感到诧异——他拒绝与这些像梅兰一样尖刻又目中无人的人有任何来往！[20]

通常大众观点都是好的，但他们中也存在着摩擦、紧张、嫉妒、怨恨和愤怒，因为这方面的变化总是比改变法律条文要更加缓慢，所以在重返日内瓦前，波拿巴得先修复大革命带来的破坏。[21] 这是一个百废待兴的国家。

因此，波拿巴对离开巴黎一事忧心忡忡并没有错，尤其是在他离开前一个月有了密谋的传闻。有人说4月5日在意大利剧院将有刺杀行动。波拿巴故意一个人前往,没有带护卫。结果无事发生,但富歇遭到了尖锐的申斥。波拿巴,在指责富歇玩忽职守甚至纵容顽固雅各宾分子的吕西安的催促下,要富歇交出那些"以革命为生者"的人头。富歇抗议对他忠诚的质疑,他用"他那毫无生气又恐怖的眼睛"注视着吕西安,说:"如果我知道内政部部长牵扯阴谋,我会亲自逮捕他。"[22] 我们永远不会知道吕西安有没有暗中密谋反对他二哥,还是仅仅听了在家族中同样嫉妒拿破仑的贝纳多特的抱怨(这是更有可能的),贝纳多特此时和他的朋友萨拉赞待在一起,他一直对德西蕾的这位前未婚夫怀恨在心。[23]

最后只采取了象征性的措施:重新恢复了戏剧审查,并且驱逐了几个未经正式许可的归国流亡者。富歇赢了,但他也受了羞辱。他捣毁了曾组织1月21日游行[24] 的"巴黎代办处"作为报复,这个小规模的王党机关与伊德·德·纳维尔和在伦敦的流亡者都有勾结。[25] 部长借此获得了上司的信任,而波拿巴可以再次将首都的秩序托付于他。[26] 安定并未受到真正的威胁,但是那些3月份躁动不安的人只不过是在等待下一个机会。

6月20日传来了法军在意大利战败的谣言——同时还说波拿巴已经死了——这使得一小部分靠近权力核心的人不安分了起来,不光是野心家、嫉妒者和各种不满的人,甚至还有一些波拿巴的支持者。后者有很好的理由担忧波拿巴死了的后果。[27] 既然一切都落在他肩上,共和八年宪法只不过是给他个人专权披的一件虚假的外衣,那么他死了会怎么样?不是所有的"密谋者"都要做波拿巴的继承人,只有少数人跑遍了巴黎寻求一个不同形式的新政府。根据勒德雷尔的说法,他们不会超过三四十人,都是爱尔维修和孔多塞遗孀所居住的欧特伊的常客。[28] 吕西安给兄长写信指责卡诺、拉法耶特和西哀士[29]:"欧特伊的密谋还在继续。人们在卡诺和拉法耶特之间权衡……我还不知道神父大人(西哀士)支持谁;我认为他是在为了奥尔良公爵利用他们两个,而你在欧特伊的朋友是这一切的幕后主使。"[30] 他还提到了塔列朗、富歇、邦雅曼·贡斯当、贝纳多特以及"反对雾月政府"的小团体甚至康巴塞雷斯。[31] 但是吕西安可能并未写过这封布列纳指称是他所写的信。[32] 它不能证明沉寂数月任由局势变动的西哀士，或是拉法耶特和卡诺，曾怂恿那些想把他们推为波拿巴继承人的人，也不能证明富歇为了掩盖关于这次"马伦戈阴谋"的不可告人的证据，下令绑架了据说被他委托参与此事的朋友克莱芒特·德·里斯（Clément de Ris）。[33] 最后，所有这些仅限于秘谈的活动都被马伦戈大捷终止了。投机的时机过去了，富歇在回忆录中写道：

> 马伦戈之战，就像亚克兴之战一样，让我们的三巨头中最年轻的一位得以凯旋，让他达到权力的巅峰。他和屋大维同样幸运，但不如屋大维那般谨小慎微。他作为一个仍处于自由之中的民族的首席行政官员离开了我们，而他重新出现时则有了征服者的身份。实际上可以说，在马伦戈之战中，他征服的是法国而非意大利。[34]

假使波拿巴对这场他无疑已得到了消息的动乱——他有5个不同的警察机构，在递交给康巴塞雷斯和勒布伦的报告中并未提到过这些机构——感到过担忧的话，现在事态已经平息，他有时间留在米兰处理需要他处理的事了。[35] 他在6月24日离开了伦巴第首府，经都灵和里昂返回巴黎，在里昂他为1793年损坏的贝勒古广场外墙的修复工作安放了第一块砖，在回巴黎的途中，他在每一处都受到欢呼。他得在桑斯待一夜了：车坏了，而且在蒙特罗福约讷（Montereau-Fault-Yonne）桥上还翻了车。不过在7月2日夜里第一执政回到了杜伊勒里宫。[36]

他半开玩笑半认真地问康巴塞雷斯，倘若他被俘或者阵亡，他是否有解决办法，第二执政告诉他的确有办法：让约瑟夫坐上他的位置。[37] 波拿巴理解其中的意思：这一图谋是目前局势需要祖露政权本质的必然结果。康巴塞雷斯并没有隐藏他的想法，他告诉波拿巴，如果让约瑟夫继承他的位置，并得到元老院的正式委任，"公众在得知第一执政已经不在了时，同时还会知道他有了一位继承人"。[38] 将军并没有点出这里暗示的"老王已死，新王万岁"（Le roi est mort, vive le roi）的含义；他仅仅是敲了敲康巴塞雷斯的额头，说："我就知道你是个机智的人。"[39] 但他仍想确切了解他不在的日子里发生的事情，他继续调查，询问了勒德雷尔甚至还有西哀士。[40] 他可曾与富歇爆发争吵，威胁要"碾碎些忘恩负义的叛徒"？[41] 现在，他身边的所有人都在夸大他不在时的事态。富歇本人以阻止了这次恐慌的浪潮为豪。[42] 波拿巴听到了大量的告密和检举，一些人夸大了自己的忠诚，另一些人则在诬蔑他们的朋友。听了这些，第一执政明白若是继续追查下去，用阿尔贝·旺达尔的话说，他最后就只能倚靠那些"既不聪明又不忠诚的人"了。[43] 他将此事抛到了脑后。然而富歇确信，后来的很多历史学家也持此观点，此事给波拿巴留下了伤痛，让他变得猜忌和敏感。"信任已荡然无存。"索雷尔说。[44]

卡诺可是成了那些第一执政决定不加以制裁的人的替罪羊？这是一种常见的说法，但其他解释也是可能的。与其说是卡诺置身事外的"谋反"损害了他们之间的合作，倒不如说是二人的性格不合。他与卡诺和解是因为他需要他的名声，也因为他需要让贝尔蒂埃名义上指挥预备军团；如今战争结束了，他不再需要卡诺了。而卡诺也拒绝扮演"第一副手"的角色，尤其是为这个他怀疑共和信仰不足的人效劳。波拿巴对摆脱他的部长或许并不会感到不快，何况后者的功绩在他看来会是个可能的竞争者。因此彼此心照不宣，波拿巴回来，卡诺就走。他仍假意挽留：9月1日波拿巴拒绝接受卡诺的辞职。[45] 但是一个月后的10月8日，贝尔蒂埃就回到了他的战争部部长办公室。[46]

尽管拒绝了欢迎他返回的庆典，波拿巴还是在杜伊勒里宫的阳台上接受了欢呼，以及和往常一样的罗马式的凯旋：一位政府要人前来向他表达法国人民的感激之情。[47] "恶心的奉承和谄媚"？[48] 肯定，但也不能证明其中就没有一点真心。即便是那些哀叹国家变得越来越威权主义的人，也拜倒在马伦戈大捷的魅力下。我们已经提到了安德里厄；斯塔埃尔夫人也一样：她并非像后来她谎称的那样，期望波拿巴的失败"结束他的专制统治"。[49] 在那段时期，她的信里充斥着对这位"伟大人物"的赞扬，每天都在期待"特别的事发生"，甚至在马伦戈前夜她还写道："这个人的意志升华了世界和他自己。"[50] 在将军回到巴黎后，她写给杜邦·德·内穆尔的信中，在评论当下的体制时表现出的热情是不加虚构的："这是光荣的军事独裁，不存在也不会出现能与之相较之事。而且如此多的难忘功绩，叫我们如何能不为之狂喜。"[51]

7月14日，在荣军院和战神广场举办了纪念和解政策颁布6个月的"协和节"庆祝活动，波拿巴亲自出席。几天后，维也纳宫廷的使者也来到了巴黎。这一切难道不正是和平的前奏吗？一切都在向第一执政微笑。这确实值得祝贺。

幕间乐章

波拿巴得回去工作。他有太多工作要做，以至于后来他说他从未像那段时间那么勤勉过。[52] 即便不用指挥军事行动，管理军队也是最为繁重的工作。还有外交、内政和司法的管理，先前提过的流亡者的回归，财政状况，以及被吕西安忽视的食物供给问题，如今在巴黎的每家面包店门口，人们都在抱怨过高的面包价格："巴黎的面包涨价了，部长公民，"拿破仑在给弟弟的信上写道，"我恳请您注意一下这个有趣的问题，并给政府写个报告。"[53] 还得加上参政院的会议，他是名义上的主席，而且第一次会议就决定要起草一部民法典，并确定了几个他必须到场的仪式：7月14日的协和节，9月22日将蒂雷纳遗骸移入荣军院的典礼，以及次日纪念6月14日于开罗遇刺的克莱贝尔与在马伦戈战死的德塞的仪式。

我们可以理解为什么波拿巴几乎没有闲暇离开巴黎。他仅在桑利斯附近的蒙特枫丹——约瑟夫家——待了两天，[54] 第一次是在7月底，[55] 第二次是在次月。斯坦尼斯拉斯·德·吉拉尔丹（Stanislas de Girardin）曾作为邻居来访——他的城堡在埃默农维尔（Ermenonville），大概有20千米的距离——波拿巴曾请他带自己参观卢梭的墓地。他游览了波普利（Peupliers）岛和斯坦尼斯拉斯的父亲勒内·德·吉拉尔丹（René de Girardin）埋葬让-雅克·卢梭的墓，虽然墓现在已经空了。[56] 他是否想起了年轻时对《社会契约论》作者的热情？可能吧。但那是遥远的过去了。他转过身，并说："要是没有这个人，对法国的和平可能会更好。"吉拉尔丹问他原因，他说："这个人给法国大革命铺平了道路"。[57] 他的对话者问他是否真的对革命有所怨言，如果没有它，他不可能获此高位，据说他在走开前回答道："好吧，未来将证明这场革命到底是功是过，但若是为了世界的和平，我和卢梭都不应该存在。"[58] 这一回应无疑是事后发明的，但不可否认波拿巴已经看到了自己已在历史上占有了一席之地。他说自己所做之事在史书上写不了几行只是在说笑。[59] 自洛迪之战以来，他就知道自己已登上了同时代人无法企及的空气稀薄的顶峰。

他还去过马尔迈松几次，但次数很少。[60] 不必说改造工程在方丹和佩西耶的指导下进行着——餐厅刚完工了。[61] 波拿巴有自己的理由留在巴黎。那简直堪称闹剧。波拿巴和约瑟芬在1799年10月确实和解了，这不是欺骗，然而更像是个盟友：当波拿巴准备颠覆共和国时，他需要她；在约瑟芬方面，这次她明白了她可以从这场婚姻中得到一切，从1796年开始她就时常懊悔。她结束了不忠，打发走了伊波利特·夏尔，全身心地为丈夫的野心服务。[62] 后者可能没有当初的激情了，尽管与他在一起没有多少爱，但她还是紧紧依靠着丈夫的未来，二人构成了一种比新婚时期更和谐的关系。在杜伊勒里宫，他们共享一个房间，睡一张床；如此亲密的接触，拿破仑后来说，对其他人来说肯定是特别奇怪的。[63] 波拿巴对约瑟芬的孩子视如己出。这不难，尤其是他们构成了与自己家庭全然不同的欢乐景象。在自己家里，到处都是生硬的规矩，毫无乐趣，人人严厉而又贪得无厌；在博阿尔内家，礼貌分寸处处得体。没人能抵挡住年方17的奥尔唐斯的魅力，快到20岁生日的欧仁穿上执政卫队猎兵上尉的制服也是风度翩翩的美男子。他跟着继父到过意大利、埃及和圣伯纳德。他勇敢而有骑士风度，他的妹妹则"温柔，和善又优雅"。[64]

尽管约瑟芬已经翻开了新的一页，并与自己一直向往许久的感情告了别，但她还是有很多秘密瞒着她的丈夫。她仍热爱漂亮的珠宝，不惜为此一掷千金，当然也仍因此陷入债务；她仍然，将来也总要处理债主们的问题。甚至还有几段露水情缘，有些是自督政府时期以来就未曾联络过的熟人，也有像《马赛曲》的作者鲁热·德·利勒（Rouget de Lisle）这样的新人。[65] 至于他的丈夫，他倒是不拒绝与弗雷德里克·马松所谓的"过客"女子找找乐子。[66] 就在马伦戈战役前不久的6月3日晚上，他刚在米兰与一个意大利女人共度良宵。朱塞平娜（约瑟菲娜）·格拉西尼刚在拉斯卡拉（Scala）为他献唱。他早就认识她，3年前他们在同一地点见过面。当时她才17岁，而且是初次登台。她那时就为这位意大利的征服者自荐枕席了吗？即便如此，她也没有出现在他第一次意大利战役的战利品清单上。[67] 3年后再见，波拿巴发现她更合胃口了吗？为这个年轻姑娘画过至少6幅画像的女画家维热-勒布伦（Vigée-Lebrun），不仅赞赏她那让她成为那个时代最有名的女低音的曼妙嗓音，还对她的美貌和格外"善良"的品性给予了很高的评价。[68] 这一次，波拿巴被朱塞平娜的才能所打动，当即决定带她回巴黎。但他担心约瑟芬的反应。在战争带来的激情的推动下，他开始给约瑟芬写了几封如1796年时那般炙热的信，让她看着"她的小妹妹"乖不乖。[69] 当他和朱塞平娜一起在卧室吃早餐时，他召贝尔蒂埃过来，并向他口授了一份意大利军团公报。[70] 其结尾如下：

> 有法国军队在这里，米兰人民都乐意继续他们快乐的生活。总司令（贝尔蒂埃）和第一执政出席了一场音乐会，尽管是临时组织的，但仍引人入胜。意大利的歌唱表演有着历久弥新的魅力。著名女歌手比林顿（Billington）、格拉西尼和马尔凯西（Marchesi）都现在米兰。据说，她们即将前往巴黎表演。[71]

马伦戈之后，他又见了朱塞平娜。在离开前，他让布列纳安排这位年轻女子前往巴黎的事。[72] 为了让搬家不给她造成经济困扰，他还下令让她在7月14日节上献唱。可靠的贝尔蒂埃负责选出唱响"自由的山南共和国上空的意大利乐章"的女歌唱家："贝尔蒂埃将军告诉我，他打算选比林顿女士，或是格拉西尼女士。"波拿巴在给吕西安的信上偶然吐露道。[73]

朱塞平娜·格拉西尼是他夏天的"一个过客"。然而她自己对这段关系完全不是这么看的。她把自己当成了他的宠姬，对她的这位执政情人只和她私下会面，在公共场合摆出一副冷漠的样子感到不满，作为报复，她另找了一个情人——巴黎歌剧院的首席小提琴手。[74] 这下一切都结束了。但这段维持了几个月的关系也没有给拿破仑留下坏印象，1806年时他召朱塞平娜回到了法国，还授予她"皇帝陛下的首席女歌唱家"的头衔。[75] 确实，全欧洲都为她喝彩。她刚刚在伦敦获得成功，这个理由足够把她召回巴黎。可以肯定皇帝对她并没有往日积怨；倘若有，他就不会任由她在饰演汉德尔的《凯撒在埃及》中的克娄巴特拉（Cleopatra）时，中断了演出而转向他，唱起菲利克斯·布朗基尼（Félix Blangini）所写的脍炙人口的歌曲：Adora i cenni tuoi questo mio cuor fedele; Sposa sarò se vuoi non dubitar di me. Ma un sguardo sereno, ti chiedo d'amor?[76]（大意：我忠诚的心，永远服从你的命令；你若不怀疑我，我愿做你的新娘。但你目光平静，我能要求你的爱吗？）

难以相信约瑟芬对此居然没有丝毫怀疑。"她跟随，知晓，猜中了一切"，她的丈夫说。[77] 但是她懂得区分与歌手戏子之间轻浮又没有结果的爱，和与社会地位较高、能从与执政的亲密关系中得到大量好处的女子的爱。贝特朗说，她"政治层面上的嫉妒"要高过情感层面。[78] 她并非没有发现丈夫对女低音歌手的热情，但她对此不太担忧。而当波拿巴与莫利安夫人（Mme Mollien）——她的丈夫负责运营偿债基金——发生了短暂关系时，情况就不太一样了。等到几个月之后她的丈夫让登记办公室负责人的夫人阿黛勒·迪沙泰尔（Adèle Duchâtel）上了他的床时，她无疑对此十分警觉。[79] 后来，约瑟芬会亲自在杜伊勒里宫的走廊巡逻，或是委托给她的仆人，试图当场捉住她半夜外出和情妇幽会的丈夫，他会在黎明前赶回来，为了不发出声响，他回来时还会光着脚、手里拎着拖鞋。到了欺瞒、怀疑、窥视和用金钱收买仆人的时候了。[80]

如果波拿巴能避免把最小的事情也投入到最宏大的理念中去的话，那么在他英雄的一生中的这段资产阶级式的生活可以说是一场"轻喜剧"。他对音乐的兴趣也是把格拉西尼女士接到巴黎的原因之一。他的目的不仅是继续他在米兰逗留时的艳遇，还要让法国歌剧受益于她的才能。我们都知道他对音乐有很强的感受力，尤其在声乐方面，这超过了他对绘画的感受力，更大大超过了对诗歌或文学的。[81] 他在1796年用来自意大利宫殿和教堂的战利品丰富了法国的博物馆，那他自然可以在音乐方面做同样的事。

在这方面，他的看法符合所在的时代；他清晰地认识到了它在政治上的价值。"在所有的艺术中,"在1797年给巴黎音乐学院的负责人的信上他写道,"音乐是最能燃起激情的,也是立法者最应该鼓励的。一篇出自大师之手的道德乐章必然会触动我们的感情,并且胜过一本出色的道德著作,书只能从理论上说服我们,而不能对我们的习惯产生影响。"[82] 虽然他意识到音乐能够成为一种政治和权力上的工具,但并不意味着他不喜欢音乐本身。作曲家、作词家和记者都争相大献殷勤,一些人对他大肆吹捧,另一些人则不放过哪怕和他仅有最细微的联系的典故。在执政府时期,音乐,尤其是抒情音乐,又恢复了在君主制下的功能;但与其说这是一种策略或是有意的宣传,不如说是自雾月政变之后法国逐步回归君主制的证明。[83]

在1800年,格拉西尼女士的到来推动了一大群意大利演奏家、歌唱家和作曲家——"意大利戏剧"[84] 表演团,菲奥拉万蒂(Fioravanti)、那不勒斯的帕伊谢洛(Paisiello)以及格拉西尼女士最喜欢的斯蓬蒂尼(Spontini)——来到巴黎,不仅因为第一执政是意大利美声唱法的爱好者,更是因为巴黎,这个凯鲁比尼(Cherubini)过去曾经待过的地方,自督政府时期之后将再次成为伟大的音乐之都之一,确切地说是抒情音乐之都。格雷特里(Grétry),梅于尔(Méhul),勒叙厄尔(Lesueur)和后来的博耶尔迪厄(Boieldieu),尽管名字现今已不那么有名,都在当时取得了成功。如果说波拿巴施加了影响,那他不过是扮演了旧时代资助艺术家的贵族的角色,以及伴随出色鉴赏力的"品味和情感上的深远转变,一代人之后,促成了1830年伟大的法国浪漫主义歌剧的出现"。[85] 尽管如此,他还是不太相信那些曲风新潮的作品,而且他对法国的流派也不是那么公平。[86] 阿布朗泰斯公爵夫人说他不喜欢法国音乐,这一说法可能有些夸张。[87] 但他深受卢梭在《论法国音乐的信函》中认为旋律要更重于和声的理论——前者是意大利的特长,法国则长于后者——的影响,他认为法国流派的风格太学术、太冰冷,一言蔽之,比不上阿尔卑斯山另一边的作品。[88]

仆人与合作者

他这段资产阶级生活的公开部分，已经被描绘得太多了，以至于我犹豫还要不要再说一遍。[89] 我们都对波拿巴每天的生活一清二楚，也知道他身边有哪些人，和他在杜伊勒里宫的工作环境：[90] 他的办公室后面是接待室，[91] 再之后是他已不再睡在那里的二楼的卧室——他和妻子大多睡在一楼，那里已经变成了办公室；办公室里有几把椅子，一个壁炉，房间的一角立着两座高高的书柜，书柜中间则摆着一台座钟；更远一些是一个又长又矮的装着地图的壁橱；房间中央是一张曾属于路易十六的弧顶写字台，[92] 但第一执政更喜欢双人沙发边堆满了每日信件的小圆桌，然后，在朝向花园的窗前，是他秘书的办公桌。最近的，首先是"外部办公区"，只有两个桌子的小厅，波拿巴在这里与同事一起工作，然后是另一个接待室，叫"部长接待处"，总有一个传达员彻夜守候防止任何人闯入这个真正的"圣殿"。[93] 室内的陈设有着斯巴达式的简朴，其中仅有的奢侈品是路易十四时期留下来的装饰画：墙上的普桑（Poussin）风格的风景画，和天花板上头顶光环的密涅瓦。

他的生活是与世隔绝的，"严肃又充实""节制又离群索居"。[94] 他的最后一位秘书费恩男爵，甚至说波拿巴身上有一些军事修士的作风。[95]

与所有勤奋工作者一样，他也是个规律性极强的人，除非例行公事，房间的安排和文件的格式不会做出任何改变，他也不喜欢新面孔。他的仆人相对较少。在1800年第一执政的侍者远不到称帝前一天的176人，更不及1812年1月1日统计的3 381人。[96] 此时，这个群体规模尚小，而且大部分人都是熟面孔。[97] 有1796年就跟随他的内侍让-约瑟夫·安巴尔（Jean-Joseph Ambard）和让-巴蒂斯特·埃贝尔（Jean-Baptiste Hébert），有1794年就跟着他的管家普菲斯特（Pfister）和1796年跟随他的司膳官菲舍尔（Fischer），[98] 还有陪他去埃及的厨师们，当然还有马穆鲁克鲁斯塔姆，时时刻刻跟着他，替他穿新鞋，睡在他卧室外。[99] 他们也有不同：安巴尔，他阴暗又忧郁的性格让人很难与他相处，而他的助手埃贝尔，温和又胆小，甚至不敢给第一执政刮胡子。[100] 然后该康斯坦·韦尔里（Constant Wairy）出场了：他最开始是在约瑟芬家中服务，第一执政去圣伯纳德时把他也带上了，而且他最终成了他的首席侍从。波拿巴会一边捶打他，一边说他是个"淘气的捣蛋鬼"[101]。他以仆人惯常的方式与他的主人保持着紧密的关系。尽管"仆人眼中无英雄"，但康斯坦从这份亲近关系中，设法给人们留下了深刻印象，不久人们就只叫他"康斯坦先生"了。未来的皇帝非常需要这位年轻的比利时人的服务——他才21岁——因为他天生就是"侍者"的料。[102] 确实，波拿巴只有在侍者的日常照顾下才能休息，起码从1794年他在意大利军团任炮兵指挥官以来是这样的。他不会刮胡子——在安巴尔离开后才学会——晚上他上床之后，得有人收拾他随手扔在四处的衣服。[103] 他在早上7点左右醒来，他会读报纸或看小说，如果内容让他不高兴就把它们扔进火里。[104] 洗脸，刮脸，穿衣服，他穿过两个传达员坚守岗位的小接见厅来到办公室。[105] 他们不是陌生人但也不足以是第一执政信任的人，从第一天开始，他的"保安"：他最喜欢的副官迪罗克，而且他们甚至可以算是朋友，倘若波拿巴有朋友的话。还有后者的助手，他在意大利认识的未来的雷诺将军以及后来加入的克雷蒙——德塞的副官——和菲利普·塞居尔，还没有算上指挥执政卫队的拉纳。波拿巴在土伦认识的他的制图员，巴克莱·德尔博（Bacler d'Albe）[106] 还有他的两个图书管理员——里波（Ripault）和德尼纳（Denina）神父，这位皮埃蒙特人曾受雇于腓特烈二世——在意大利，结识了他的医生，外科医生伊万（Yvan）[107] 和让－努埃勒·阿雷（Jean-Noël Hallé），他总对后者生气，因为这个医学家不喜欢被他当众揪耳朵。[108] 然后，当然是他的秘书，布列纳了。两个人在布列讷相识，布列纳1797年在意大利与波拿巴重逢。[109] 当二人再次面对面时，双方都百感交集，一方羡慕另一方的成就，后者打量着前者，布列纳立刻就明白他们之间已不再像从前一样了：

> 这打破了我和波拿巴平等的伙伴关系……我不再能像过去那样接近他了：我清楚认识到他的个人价值；他的地位为我们拉开了社会阶级，至于我并不觉得要调整我对他的接近。我很乐意这么做，

没有任何遗憾；很容易做出牺牲，首先，亲近，以"你"相称并做些亲昵的小动作。当我走进他被一帮聪明的参谋围着的屋子时，他对我大声说，"原来你在那啊！"但是当我们独处时，他会跟我说对我的留下很高兴，他很喜欢。[110]

勤勉、甘于奉献、谨慎周到：布列纳不乏优秀品质。波拿巴在概括他的秘书时只说他"写得一手好字"，这显然是不大公道的。[111]尽管他们已不再是志同道合的朋友了，但布列纳也并未成为他的仆人。波拿巴总是抱怨在需要工作人员时找不到人，[112]确实，他们都累坏了，有时会躲起来，好从他们主子的暴政下求得片刻解脱。[113]但当波拿巴提出在布列纳的办公室放一个铃时，布列纳坚决反对，波拿巴也意识到此举做得太过了，便没再坚持。[114]他非常需要这个秘书，布列纳比他的前任朱诺和雅库托（Jacoutot）可强太多了。而且他们相交已经很久了……某种程度上布列纳是文职版的贝尔蒂埃。他的职权很广泛[115]：整理信件、监督对外国报纸的翻译工作、整理文件并登记每个部存放的文件、为委任准备档案以及将所有国务秘书交给他的文件递交给第一执政，更不要说装在写有"外国期刊"字样的红色皮革文件包里的警务部长报告，和由邮政部门的"黑室"截查誊抄的信件。[116]

波拿巴和布列纳工作起来不受外界打扰，就好像与世隔绝一样。但是也总有中断：每天早上与康巴塞雷斯和勒布伦的工作会议，康巴塞雷斯总抱怨会开得太早了；[117]会见各部部长；他总是一个人在10点左右飞快地吃完午饭；下午，要么前往议会要么和参政院开会，然后是与其他两位执政的另一场会议……但是让我们再回到早上。第一执政会先处理完打回（répondu）的文件——那些他认为不值得理会的信件和报告，就直接丢到地上。[118]之后处理急件（courant），这些是当天就要处理完的；需要仔细斟酌的留中（suspens）则堆在一旁。离开办公桌后他到喜欢在上面阅读的圆双人沙发上阅读文件，要求解释，签字后扔给布列纳并说"送走"，或者起身走几步，说"写"。从执政时代到帝国时代再到圣赫勒拿，每个听过他口述的人都说这简直是一场折磨。尽管波拿巴愿意承认他的思想太快没留给他写下来的时间,[119] 但他不理解也不允许被打断或让他重复。[120] 誊写员也是,他得用更准确的词替换从第一执政嘴里出来的不恰当的词,还得在誊抄版上留下多处空白,在他有时间再"听写"一次时补上空余的部分。[121] 1802年接替布列纳的梅纳瓦尔(Méneval),永远忘不了他的第一次"听写":

> 他终于来了,手里拿着张纸。根本就没注意我在他的办公室……他口述了一个给财政部长的短笺,他滔滔不绝,我也就能理解并写下他说的一半内容。没有问我是否听懂和是否写完,他就拿起了我的纸也没让我再读一遍;我给他指出这就是字迹潦草的草稿时,他一边拿着我的草稿返回客厅一边说:部长已经习惯了,他能认出来。[122]

这种"测试"一长,就让人疲倦。有时秘书会读一遍,如果第一执政不满意,那就重来。[123] 布列纳忙着的时候,波拿巴就叫他的一个副官,最好是迪罗克或洛里斯东,[124] 或者是原来在内室工作又被调去监管战争部工作的克拉克将军来帮忙。[125] 布列纳疲惫不堪,但很高兴。活在这个伟人的影子里,他相信,即便不再那么亲密,他仍是他信任的人,他的秘密和计划的保管者,甚至是他必不可少的工具。就像他跟着波拿巴去马尔迈松,参加家庭游戏,和奥尔唐斯表演戏剧,[126] 还聆听约瑟芬的心声,他最终认为自己非常重要,是不可或缺且无人能管束的,尽管事实并非如此。1801年7月他被任命为参政院议员更加坚定了他这个想法。他不是家庭成员,但也几乎算是了;他也从中获利,一些是象征性的,一些则是真金白银。他爱钱——都疯狂了,在这一点上波拿巴说,当有人给他展示一大笔钱时脸色都变了。[127] 他参与了约瑟芬、塔列朗和各军团的供应商的生意。[128] 波拿巴显然没有无视这些;再说,在他身边的人都富起来了。布列纳也没能例外。很不幸,他与库隆(Coulon)兄弟为伍,后者在1802年的破产引起了骚动:兄弟之一自杀了,而鲁莽地为他们担保的布列纳也险些被送上法庭。[129] 他不能再留在第一执政身边了,波拿巴当场炒了他。[130] 他不情愿这么做？实际上，他看着布列纳离开时，内心毫无波动。他和布列纳的关系很早就恶化了，库隆家族的事给了他借口赶走他。1802年初，波拿巴病了，很严重甚至对他的情绪造成了影响。一封给塔列朗的信没有按时送达，他暴怒，辱骂了布列纳，把他赶了出去，还差点把门拍在他脸上。[131] 秘书也很生气，提出辞职。波拿巴没有对自己的行为感到抱歉，让迪罗克从现在开始接替布列纳；但是迪罗克，尽管会听写，但没有作为秘书的必要能力，波拿巴不得不面对现实：没人能替代布列纳。他知道怎么做——波拿巴这方面的天赋不亚于当时的名角塔尔马（Talma）[132]——他满口甜言蜜语，揉捏着布列纳的耳朵，问他是不是还在赌气而且看上去他已经心软了，他还告诉布列纳明天他会像往常一样等着他来。布列纳又给自己戴上了"项圈"，但是他不久就意识到做第一执政秘书的日子所剩无几了。波拿巴，对给他办事的人十分宽容，但就像他自己说的，他不会原谅抛弃他的人。[133] 一个月还没过去，波拿巴对布列纳说他看上去很累，又补充说他不能没有他的帮助，然后告诉布列纳原来为约瑟夫工作的一个年轻人，梅纳瓦尔，从现在开始过来帮忙。[134] 波拿巴1802年4月2日把梅纳瓦尔叫来，第二天他就开始了新工作，不和布列纳用一张桌子，后者在回忆录里说，而是在临近的办公室，名义上的秘书很快就意识到波拿巴是在教新人熟悉工作。[135] 1802年10月库隆银行破产时，梅纳瓦尔已经准备好了：布列纳只得离开。[136] 他的继承者在拿破仑身边工作了10年，后者后来说，就像路易十四在马萨林（Mazarin）死后决定不再需要首相一样，离开布列纳后他也不再需要"第一秘书"了。没有人在这个岗位能比得上梅纳瓦尔，"和善、温和又腼腆，内向和纤瘦让他看上去更年轻一些，这些都很好地融合在梅纳瓦尔身上，让他更适合做一个听拿破仑话的小秘书了"。[137]

晚上5点，门卫通报马雷来了。这位国务秘书显然是政府中最重要的人。"部长中的部长，"[138] 拿破仑说，"帝国的伟大公证人。"[139] 所有事务都要经由他手并由他签字，而不是负责告诉部长们他们交来的草案会怎么发展的总理。

同时代的人不喜欢马雷，历史学家也是。塔列朗嘲笑他欠缺才智，[140] 沙特奈夫人从他身上看到了"某些甘居人下的特质"。[141] 在很多人眼里这个前记者——他在1789年创办了《箴言报》——通过交际手段为波拿巴熟知，代表着奴性的典型，而刚进入核心圈子的萨瓦里则是另一个例子。[142] 尽管如此，马雷还是有很多好品质的："他心肠好，可靠。举止像个学究又死板，效仿着旧时代大贵族的沉重和傲慢，他特别擅长处理与人的关系。"巴特朗（Barante）回忆说，[143] 但也毫不掩饰他在波拿巴身边就是个"最奴颜婢膝的仆人"。[144] 并不是出于野心或者盲目崇拜，而是因为他的能力不足，帕基耶（Pasquier）恶狠狠地评价说，他具有在一个只要求他"执行字面上的命令"之外啥都不能做的职位所需的素质。[145] 倘若他从未有过与第一执政不同的意见，那也是因为他从来就没想过。马雷是文职版的萨瓦里，完全奉献给他的主人，思维局限。一个执行者而已。

托克维尔在拿破仑身边看到了两类下属。第一类人在道德上没有丝毫顾忌。他们当够了革命者，现在急着享受。他们是革命的败类，与那些获得了补偿贪图新头衔新职位和新报酬的旧流亡贵族一个样。但是拿破仑身边，托克维尔补充说，也同样围绕着另一群"正直、一丝不苟又诚实"的下属，对他们来说美德并非空谈。《旧制度与大革命》的作者对于他们从不吝于赞美之词。但是他不喜欢他们，从他们身上他看到了法国人对专制和对臣服的偏爱，大革命只是革新了它的外貌并没有换其本质。这些"政治家"先前对专制君主卑躬屈膝，后来又崇敬人民主权的抽象偶像。如今政府像是又重回到君主制了，他们就再次放弃了自己的良心和自由意志，又对波拿巴俯首帖耳。只要实施了他们未曾构想和讨论过的计划，他们就会变得像"没长眼睛、耳朵和胆子"一样。[146]

托克维尔的这一论述是在他进入法兰西学术院（Académie française）的致辞中提出的，他当时接替的是原帝国大臣热拉尔·拉居埃（Gérard Lacuée）的位置。同样曾出任过拿破仑的大臣的莫莱（Molé），被指定进行答复。托克维尔的言论让他受伤，但他也公正地指出了——时常被人遗忘的一点——拿破仑的统治不是依靠一小撮道德败坏之徒统领着幻想破灭后对一切都甘之如饴的庸众，而是基于整整一代人，他们真诚相信只要为第一执政和后来的皇帝效劳，就能"革除诸多弊病，抹去关于太多罪行的记忆，戳穿那些狂妄的谎言，重建那些不朽的真理，进行神圣高尚的远征"。[147] 他们认为自己正处于一个提供了无限前景的新时代的黎明，即便是对于意志万能的革命信仰已经倒塌。波拿巴的手下有来自各个党派的前革命者，只要他们有才干，他就会保证他们的安全以换取他们的效劳；[148] 还有为数不多的对他愚忠的心腹，这些人以萨瓦里为代表；除此之外还有莫雷所说的第三类人，这也是数量最多的一类，包括莫雷自己、拉居埃、戈丹、莫利安、康巴塞雷斯、克拉克、比戈·德·普雷阿梅纳（Bigot de Préameneu）以及许许多多人。[149]

开明专制者？

波拿巴喜欢大权在握的感觉，而且更加喜欢行使权力。只是出于这个原因，那些为他工作的人就算未显得无关紧要，至少风头也全被他抢走了。他的部长们看待他就和部长的职员看待部长一样。他们仅仅是下属，尽管他不许别人把他们当作无关紧要的群体，但他自己也只有在必要时才想起他们。塔列朗是唯一例外，他每天都有事干而且几乎是和第一执政独处。[150] 至于其他人，他给他们写信，不过他后来承认有些滥用此权力。[151]

确切说，政府里不存在内阁。首先是因为根据自1789年以来的原则，部长们不能组成一个集体存在、共同负责的团体，其次是因为每周三下午的全体会议是在帝国时期才成为惯例的，执政府时期还不存在这样的定时集会。[152] 波拿巴喜欢单独与部长们工作，或是组建一个专注特定领域的行政会议，出席人员会包括第一执政本人、负责某些领域的部长和他的主要同事，有时还包括技术员、工程师和海军建造专家。[153] 每个部长带着文件来，展示他们，回答可能会提出的问题，然后把他们交给国务秘书。第一执政的决定永远不会立刻告知：就像费恩（Fain）男爵说的，波拿巴"觉得在商讨时不是一定要签字"。[154] 他把决定留在后面，在有关部长们都说完了之后，由马雷告诉后者们他的决定。

这与自大革命开始以来所建立的体系截然相反，后者每个层级作出的决定都是讨论的产物，这不仅仅是为了遵守集体统治的原则，也是希望能借此得出更公平、开明的决定，而且这将比上级的独断基于更广泛的共识。从市镇行政会议到国民议会的每一个层级，由他们集体讨论作出的决定将在其严格监督下，由国王的地方行政官或是市长来执行。随着波拿巴的掌权，一种全然不同的体系出现了。与革命时期商讨与执行分开的宗旨相反，他把一切都放在一双手里。政府如今不仅获准参与制定法律，而且还能够进行提案，它作为执行法律的机构，最了解现实情况和国家的需要。

革命的理论将审议与执行分开，是为了给"部长专制"制造障碍，就像人们在1789年说的那样，让政府变得仅是国家意志的执行者。革命者对公民代表的集体表决推崇备至，不仅是为了信守主权在民的原则，也是因为君主制时期因缺少代表制议会而受害颇深；这使得君主制能更清醒地了解政治现实，并为集体表决提供它所需要的支持以压倒反改革力量。自1750年以来，一任接一任的大臣们都支持这个方案，在没有能和行会及高等法院抗衡的真正的代表制议会的情况下，启蒙思想家们认为出版自由是另一种让政府和公众认识到该改革的必要性的方法。但是波拿巴既不想要议会也不想要出版自由。至于后者，他早就有想法了。他已看到大革命期间新闻界争相发表的愈加极端的评论，成为了暴力升级的原因之一；1797年时，因他的威尼斯政策，他也成了这种负面新闻竞赛的受害者。取缔巴黎63家出版社中的60家是执政府推行的第一项措施——在1800年1月17日——而且一致通过，因为康巴塞雷斯相信回归稳定就要经过取缔出版自由。[155] "如果我放开缰绳，"波拿巴谈起出版自由，"我掌权的时间不会超过3个月。"[156] 躲过肃清的报纸不是由政府直接控制就是与政府站在同一战线的。马雷的《箴言报》成了官方报纸，[157] 他也握有与第一执政关系亲近的勒德雷尔[158] 的《巴黎报》的股份，菲耶韦（Fiévée）参与了贝尔坦兄弟的《思辨报》（*Journal des débats*），富歇买下了《自由人报》（*Journal des hommes libres*），[159] 就连波拿巴也在1802年3月11日设立了自己的报刊《巴黎公报》（*Bulletin de Paris*），并将其交由勒尼奥（Regnaud）打理，但它没能打出名气。[160] 每天晚上，波拿巴和马雷还会给第二天的报纸草拟梗概；第一执政指定要发表的文章，有时还要给它们口述提纲。他对报纸的内容，以及其中有多少是事实，都一清二楚，因此就不让布列纳给他读国内的期刊了。[161] 这种情况有利有弊。因为这样波拿巴就不能从报纸或根据共和八年宪法建立的议会那里获得消息了，尽管后者的作用归根到底只是给那些退休的革命者养老。为了获取信息，他不得不依靠他的部长们、参政院、所有那些和他直接交谈的人、甚至是"每个月领几千法郎，负责坦诚地写出当下的事态、公众的言论以及他们自己的看法的朋友们"。[162] 让利斯（Genlis）女士、蒙洛西耶（Montlosier）、巴雷尔、德雷诺（Desrenaudes）、菲耶韦以及其他一些人在非常有限的程度上，弥补了缺少真正的代表制议会所带来的问题。

与部长们一起工作，与其他执政讨论，以及举行部门行政会议，都只有一个功能：让第一执政可以在他们没有任何正式贡献的情况下作出决定。无论他们有什么头衔，第一执政的合作者们都只被看作是技术员，或是他进行最终决策的智力背景的提供者。[163]

当然，这不代表当时通过的所有法案都源自波拿巴。这些改革中的大部分都是"早已在事态发展和人们的思想中酝酿着的"。[164] 每一条改革措施都可能会被冠以某个或某些提出该措施并让它成为法律的人的名字：戈丹的财政法案，由西哀士起草了第一版草稿的地方行政法案则冠上了勒德雷尔和沙普塔尔的名字，[165] 以及阿布里亚尔（Abrial）、布莱·德·拉·默尔特和康巴塞雷斯的司法法案，[166] 而他们中的很多人也参与了接管1796年创立的经常账户银行（Caisse des comptes courants）并成立法兰西银行一事。[167] 只要谈起他的英雄就会情不自禁的阿尔贝·旺达尔，对第一执政的评价是，如果他不是传奇的创造者，那么他就是"结论的提取器，伟大的实施者"，得益于他抓住问题关键和理解当下所需的能力以及将混乱和无序回归稳固形态的能力。[168] 我们还得说明勒德雷尔的观察："第一执政需要的只是听他说话的部长而不是可以替代他的部长。"[169] 不仅是对部长们，在参政院也是，尽管他能让他们进行长时间的自由讨论，这在别处是他很少能容忍的：

　　在执政时代，就是在第一执政管理下组织一切和讨论大问题的时代，他让讨论自由进行。甚至在气氛沉闷时，他会重新激活它。参政院集中了不同观点的人：每个人都自由地表达自己的观点。多数派也无法压倒对方。第一执政不会给出自己的观点，而是会鼓励少数派。他会让讨论进行数个小时，最后自己花15分钟进行总结。[170]

但是如果说波拿巴放开了参政院脖子上的缰绳，准确说则是因为参政院只是一个属于政府的议会，他的工具，而不是有着提案和表决的权力，能治理国家的议会。[171] 即便是他足够信任这个他经常咨询法律方面或其他政治方面问题的集体，它也无法做出任何决策，而且只能审查别人提交给它的事情。他的秘书洛尔塞（Locré）说：

> 参政院是且仅是一个咨询机构……是政府手中的一件必要工具，可以起草或讨论公共管理的法律法规，可以通过或驳回对行政官员或其自身成员的指控。当国家元首向它咨询其他方面的问题时，它是一件自愿的工具，但无论何时，它也仅仅是件工具，一件被动的工具，除非有国家元首的推动，否则不会做任何事；什么都不能决定，只能表达观点、提出看法、给政府首脑分析他的部长们提出的建议的利弊、指出其中可以修正改进之处、起草和决定简单的计划；一言蔽之，只有在为某方倾听和支持时才存在的道义上的权力。[172]

参政院的成员蒂博多在向读者描述第一执政让参政院议员们表达与他相反的观点时，用他自己的方式提出了同样的观点，他观察到一旦第一执政宣布了自己的决定，情况就完全不同了："一旦他说了'就是这样'就意味着再反驳是没有用的了；他不会做出一点让步。"[173] 那些法令，是他自己思考的结果，没有旁人的帮助，倘若他的看法和大多数一致，那也不是他们的功劳。参政院的讨论就是助他思考的音乐罢了。因为他知道这是在自己的地盘，他是轻松自如的：

> 坐在主持参政院的扶手椅上，他沉浸在思考中忘了自己在哪里，

即便是人们还等着听他说话，他的目光深远而游离，他不断打开长而小的金鼻烟壶，下意识地从里面倒一小撮安静地吸着，更多的鼻烟则顺着制服白边掉在了地上，留下了许多斑点，这番不由自主的动作做完后他把手伸向后面，侍者又会把鼻烟壶填满，这一切让他看上去是个独处的思考者，所有人都在注视着他，观察着他……避免发出一点声音打乱他的思考，他们等候着他的结论。随着想法的产生，他的嘴角就会不再像先前那样焦虑。他思考的问题对他影响不大；蔑视一切法律，将自己置于习俗之上，他认为他职位的特权高于其他人，让他想的更广阔思考更自由，而且他嘴里说出的每一个字都会被那些在他之下的听众接收。他从不害怕推翻自己的决定；巧妙地给所有观点找到合情合理又不错的理由，他不是那么重视从中做出选择而是在脑海里权衡问题的各个方面，而且他们给他的提示也并非一个他还没有想到的单一想法。[174]

参政院、其他执政、部长、秘书和将军们，所有这些都像是"填补他脑内各个领域"[175] 的"小册子"——包括战争、海运、粮食、财政、桥梁和堤坝等方面：执行权力的必要工具，而他竭力得到最好的。毋庸置疑，他在这方面极有天赋：拿破仑深谙如何"让选中的人发挥最大价值"。[176] 不正是他让"在财政之外的问题上都多少有些犯蠢"的迪弗雷纳（Dufresne）回来担当财政部部长的大任吗？[177]

波拿巴时刻都要处理各种领域的问题，他的工作繁重程度是再怎么强调都不为过的。他那缜密的大脑——"各种各样的问题和事项就像被有条不紊地放入了一个个抽屉"[178] ——可能对此大有帮助。他能够连续数小时集中注意力而不分神，他能从一个问题立刻过渡到另一个问题，刚刚处理的问题对他正在思考的问题几乎没有任何影响："当我想要中断一个事务时，"他说，"我就关上它的那个抽屉，我再打开另一个……要睡觉时，我就把它们都关上，然后就睡着了。"[179]

行使自己统揽一切的大权迫使他不得不无所不知；但这不是导致他每天要在桌前工作18个小时的唯一原因。他整天都不忘随身带着自己的笔记本，是因为他迫切希望不仅要了解各个领域的最新进展，而且还要至少与他的同事们知道得一样多，多一些则更好。他的知识是他所行使的权力中的重要部分：[180]

> 人们能够明白……皇帝是如何在他的办公室里，能够兼顾各类事件，同时又能仔细、迅速又精准地展示出来。脑子里和手里有着这些完善的信息储备，他从来都不是无准备的，相反他在任何时刻任何方面都胜过周围的人。当有人在委员会当着他的面说起要在境内派遣军队到有可能发生混乱的地区去，他只要扫一眼他的本子就能立刻告诉他的战争部部长哪个军队最近和派哪个将军去……如果他在检阅军队，他知道应在何时和将军或上校聊起个人话题。当他停在老兵面前时，他知道该谈起哪些战役和战斗……当有元帅抱怨兵员不足时，他就亲自给他们写信，一封又一封的；亲自指出他们没有提到的人员、他们忘记的军队和他从部长口中得知的已抵达的增援。当进入一个要塞，他也比指挥官更了解应该如何进行部署，要塞里有多少 12 磅炮、24 磅炮和 8 寸榴弹炮等，以及在军火库中，火药有多少、某种口径的实心弹有多少和没有炮架的大炮有多少，等等。当某位省长跟他说起征兵时，他比省长还清楚该省上一批新兵中有多少人当了逃兵。如果他要视察公共设施建设，他就会计算打了多少地基，以及工程开销要多少。[181]

通过这样的卓越工作，他就无须进行任何商议，商议会让人回想起大革命，甚至是王政时期的会议中的无休止的讨论。这还能被称为一个政府体系吗？这首先和他对议会和议会制的厌恶有关，他憎恨议会的滔滔不绝和行动迟缓。这种厌恶很好地解释了波拿巴对保民院不可动摇的抵触。他无法想象一个伟大的民族没有一位"获得了启示"[182] 的领袖来带领其前进。而且他也看不上将稳健的拖延和明智的中立奉为圭臬的议会政体。

波拿巴受到的军事教育也颇有贡献，它决定性地铸成了他对于权力运用的理解。他在作出决定前，会尽可能地搜集可靠和完整的信息，而一旦决定已经作出，就不允许有任何人来质疑。从中我们可以看到军事生涯对他的影响。因此他在处理重大问题时也会注意最为微小的细节。这种粗暴的监视显然是出于他对掌控一切的渴望，就像他不愿依赖自己的下属是因为他不想给他们哪怕最小的独立性一样。这是他专制性格的表现。但是拿破仑也相信，万事万物都有其重要性所在，对构想和执行付出同样的精力不仅不是在自降身份，反而是十分必要的。莫利安说，他之所以"在细节上非常耐心"，那是因为他知道战争是件严肃的事，战略计划的执行是建立在了解战场时刻动向和对策略精确无误的运行的基础上，同样也是因为战争绝对容不得一点错误。[183] 在这里，后果是立竿见影的，可能性是致命的，而失败承担的责任与胜利的所得一样沉重。简而言之，都是与政治领域不同的：在那里，对形势做了错误的判断是不同的，很少是不可逆转的，大多数情况下决定都是由大多数人决定的，平摊到每个人头上的责任也被减轻了。当后果立竿见影而且可能将会不可挽回时，一切都很重要了：即使最微小的细节也可能决定未来。

他治国就像打仗。这就是为什么他认为自己在作出决定前要对方方面面都刨根问底。他学得很快。关于这种军人特有的训练，没人能比梯也尔描述得更为确切完备：

> 战争艺术或许是一门最耗费脑力的艺术……它显然需要人全身心地投入行动。在这方面，也只有治国的艺术能与战争的艺术相提并论……因为治理和作战都要投入全部的精力。一个被委派在战场上指挥他人的人，首先要有科学知识……无论是工兵、炮兵，还是优秀的军官，都必须同时是……知识渊博的地理学家，要深入了解画在地图上的图形和线条，明白它们的关系和价值。然后他还要确切了解各个民族的实力、利益和特性；他还要了解他们的政治史，特别是军事史；他尤其必须了解人性，因为参战的人不是机器；恰恰相反，他们会变得比其他时候更敏感易怒；如何用一双有力而灵巧的手来调遣他们，也是伟大指挥官必备的本领之一。在这些了不

起的本领之外，作战者还必须拥有相对不太起眼的行政管理能力，
而这绝非是无关紧要的。他还得有办事员的秩序感和对细节的注重；
因为这不仅仅是让人们上战场，还涉及衣食住行及医疗等方面。所
有这些知识都极其广泛，要同时展开，而且还是在极其特殊的环境
下。每时每刻，他都得想着前一天、后一天、侧翼和后卫的情况；
亲自运行一切：弹药、饮食、医疗；估量军队氛围和士兵士气；所
有这些都非常广泛、多变，时时刻刻都在复杂变化着，还要考虑气
候、饥饿和炮弹的数量。当你想着这么多的事情时，大炮在轰鸣，
你的脑子就紧张了；更糟的是，几千人在看着你呢，在你的脸上寻
找着解决问题的希望；更进一步说，在他们身后，是你的祖国，它
为你备好了凯旋的桂冠，也准备了送葬的松柏；你必须把这所有的
景象都抛在脑后，要思考，快速地思考；因为一分钟的延误，就会
让一个出色的决策失去意义，等待着你的就不再是胜利而是耻辱。
当然进行战争的也可能是平庸之辈，就像会有蹩脚的诗人、学者或
是演说家一样；但其中的天才无疑是极其令人神往的。能在办公室
里迅速而清晰地思考，当然也是很不错的；但是能在枪林弹雨中这
样思考，就得将人类的才能发挥到极致才行。[184]

当人们看到波拿巴工作的样子时，脑海中必然会浮现出一个词：开
明专制。很多历史学家在这个1800年建立的政体身上，看到了令18世纪
的哲学家们心驰神往的那种政治制度的终极化身。他们难道不是对腓特烈
二世、叶卡捷琳娜二世甚至——像勒德雷尔一样——中华帝国的制度充
满了热情吗？[185] 他们将政治权威和哲学理性的联盟，看作是最有利于进
步和改革的方式，在这种制度下，改革无须得到大多数人的认可，然而却
是对大多数人有利的，甚至是必不可少的。[186] 波拿巴比彼得大帝和腓特
烈大王更能代表开明专制君主，更能代表"对自己的工作了如指掌，能知
人善任并听取他们的意见，最后还能三思而后行的统治者"。[187] 在1800年
的法国、1740年左右的普鲁士和约瑟夫二世治下的奥地利，目标是解放
思想，改革事业不必得到民众的理解，只要得到上层的理解就可以了，这

样更易成功且代价更小。

执政府意味着这个高光时刻远在半个世纪以前的方案的回归吗？抛开执政府毕竟还是共和制政体不谈，即便波拿巴的政权显然已是近似于君主制的形式，执政府仍然并非先前的王政的复苏。现在革命者们朝思暮想的政体已经完了，波拿巴很乐意暗示自己倒是愿意把自己比作路易十四遥远的继承者来重塑永久的政治理念，现在，革命者梦想的统治梦已经醒了。莫利安在赞扬了一番经济自由后，又说政治自由与其不可分割时，他得到了这番回应：

> 支配整个世界的大秩序要治理世界的每个角落；政府就像太阳一样在整个社会的中心：不同的机构就像行星一样在轨道上围绕其运行，从不偏离。因此，政府必须协调它们，让它们更有助于整体和谐。[188]

莫利安在写到部长会议时做了更进一步的对比，"如同国王时期的御前会议"，他还补充道，"实际上，一切都集中在了一个人的身上"。[189] 然而，其中也存在不同：波拿巴小心翼翼地把持着决策权，不是或至少不仅是因为他的性格让他操持、把控一切；而是因为政府中的混乱局面已经到达了顶峰，其中的君主制要素此时即便不算彻底灭亡，也已奄奄一息了。绝对君主制在理论上只有一个掌权者，但实际情况并非如此。取决于国王是否倾向于亲自掌握大权，大臣们会有或多或少的权力，而由于他们也不可能事事都亲力亲为，实权就逐步落入他们那些资深属吏手中，在18世纪时，很多情况下这些人才是国家的真正掌权者，与此同时，御前会议还保留了一些不受任何实际监管的权力。拿破仑说：

> 他们每个人都要为其他人构想方案、执行决议，并相互监督。他们可以和其他人采取完全相反的行动，因为国王仅负责签署他们的计划或是将他们的命令合法化，国务秘书（即大臣）可以依自己的意愿制定和执行方案，而没有负实际责任的风险。此外他们还有

签署权，有人想让我也采纳这一点，这只会让我变得像〔墨洛温王朝的〕懒王一样。有些大臣的资金大量剩余，另一些人则因资金不足而无所作为。没有某个权力机关能够协调他们的行动、满足他们的需求或是指导他们的执行。[190]

另外，波拿巴因此谨慎地看待他的部长乃至整个官僚系统的行动需要得到参政院的支持，[191] 而参政院又要得到他的部长和由他召集的各种会议的支持。[192] 归根结底，在君王于法律上大权独揽而实权操于臣仆之手的绝对君主制，与重视自由胜过实效、意欲约束政府权力的行使而非让其便宜行事的大革命之间，他做了折中的选择。

执政府打算恢复旧制度末期的改革意图，但是也有一处不同：杜尔哥想要建立一个代表会议，为了让国王在决定时更加清晰，但不承认其任何权力，使国王的权力不受限制。托克维尔准确地评论说，这就是一个既没有政治经验也没有人情的人的特有幻想，他还相信能够建立一个长久且愿意局限于一个咨询角色的保民院。[193] 波拿巴也致力于回到开明的专制的传统上，但要以在革命中吸取教训的形式呈现。实际上，如果杜尔哥和"经济学家们"，旧制度下最后的改革者，想用给自由做最小的让步让君主制先进化，构成了启蒙运动这棵大树的主要枝干之一，那么执政时代就是启蒙运动对大革命的报复：后者靠底层和人民进行社会转型的尝试失败了，在波拿巴治下，杜尔哥和大多数哲学家计划中的自上至下的社会改革，又焕发了第二春。

杜伊勒里宫的晚上

晚饭，大约在18时，持续的时间不比午饭长。奥尔唐斯对此略有体会。尽管她继父能表现得和善又爱开玩笑，但也能不苟言笑；在有些夜晚，他一言不发地坐着，手里拿着面包蘸酱吃，甚至在甜点上来前就走了。[194]

或者有他参与的夜会，也不会超过10点。如果有人没有准备好去剧院或歌剧院，要推迟一个小时的话，波拿巴就到约瑟芬的沙龙待一会，他不喜欢在那里打牌，他打得不好，经常要赖还拒绝输牌。[195] 他大多数时候是找他喜欢的话题展开对话——总是独白——然后他挽着约瑟芬的手到杜伊勒里的花园散步。"还没好？"他问。这句话，奥尔唐斯说她一天至少能听到10次。[196] 在他看来一切都太慢了。当他的妻子不能陪他时，迪罗克或贝西埃就顶上来。[197] 晚上10点，最后巡视一下办公室后他就回卧室了，一般凌晨2点醒来。穿着睡袍，即便是在夏天也要用炉火取暖，他研读文件，核查账目，充分利用他称为"午夜后灵光闪现"[198] 的时刻；他叫来一个睡眼惺忪的部长，喝一杯热巧克力，再给秘书叫一杯冰冻果汁。在凌晨5点左右，他又回到床上，或是会叫康斯坦把浴缸拖出来，他会在里面泡上两个小时的澡，这对他来说胜过一整晚的睡眠。[199]

人们不禁要怀疑他是在哪里学会治国理政的，他一上来就是如此从容自若，无须学习摸索，好像生来就具备这样的能力。显然，他在意大利进行了第一次学习，然后是在埃及。他甚至在掌管政府前就已经尝试治理的艺术了。战争教会了他很多。他也有自己的榜样，以腓特烈二世为首，他们的工作日程如出一辙。[200] 他或许还从他那里学到了自律，若非如此，他就无法坚持在这么长的时间内一直处理数量庞大的繁杂事务。但这些并没有完全回答那个问题。人们或许不得不同意歌德的看法，拿破仑如何能够"在那么年轻的时候，就能够处理那些世界上最为重大的问题，而且还如此老练自信，仿佛有着多年从政经验一样"，归根到底是无法解释的。认为"拿破仑掌控世界就如同胡梅尔演奏钢琴"不就可以了吗？[201] 难道两者的天赋不是一样难以解释吗？这就是这位浪漫主义英雄的神秘之处，"总是得心应手，闲庭信步"，无论处理何事，都表现出令人不安的天赋……[202] 至少，在他身体允许他这般难以置信地花费精力时，日复一日，月复一月，毫不停歇，几乎维持了20年。他母亲对此感到担忧，"你工作得太多了"，她对自己当第一执政的儿子说。他的答复是，难道她一直觉得他"是个幸运儿"吗？[203] 难道她觉得他可以像游手好闲的约瑟夫一样整日"懒在蒙特枫丹"吗？[204] 这对他来说显然不可能，而且他也不想这么过：清楚又强烈地感到时间飞逝的他，怎能如此度日？

他的男仆康斯坦说，只有一幅画真正描绘出了他的样子：就是奥拉斯·韦尔内（Horace Vernet）的《第一执政在卡鲁塞尔广场检阅军队》（*Une revue du Premier consul sur la place du Carrousel*）。[205] 我们可以看到他骑着白马，身着蓝上衣和裤腿收在靴子里的白马裤，侧着身子；他还是很瘦，脸颊凹陷，就像1796年在意大利时那样；但是他剪了头发，原先的"狗耳朵"（两侧垂下的长发）没了。从这幅画上，我们可以感受到他钢铁般的意志是如何支撑着他虚弱的身体。又如歌德所说，若不是他的"意志力"如此强大，能够驱动全身"进入一种能抵抗外来侵害的活跃状态"，他那多年以来没有得到分毫喘息之机的身体是不可能经受住如此严峻的考验的。他的身体时常处于垮掉的边缘。波拿巴就很少有没病的时候。在大革命初期，他得过疟疾，[206] 1793年得了疥疮，后来又发展成湿疹，只有泡热水澡才能缓解。[207] 他特别容易感冒，而且还伴有咳嗽和发烧。从东方回来时，他患着"严重的肺炎"，最后被科维萨尔（Corvisart）用膏药治愈。[208] 1801年7月他大病了一场，人们都觉得他死定了。[209] 然后1802年初他又开始饱受胃病折磨，痛到无法呼吸还会引起呕吐：

> 从1802年开始，布列纳写道，拿破仑就能感受到右侧肢体剧烈的疼痛。我时常在马尔迈松，在夜晚工作时，或在午夜将近时看到他侧身倚在椅子右边的扶手上，上衣和马甲的扣子敞开，发出痛苦的喘息。我去问他，他回答道，"真是痛苦啊！"片刻之后，我陪他走进卧室。有好几次我不得不扶着他通过连接办公室和卧室走廊的扶梯。[210]

他把病痛归咎于过度的饮食而强迫自己固定饮食。[211] 他的男仆也持同样看法。[212] 后来对波拿巴身体状况开始担忧的沃尔内把这归咎于不健康的生活：他建议波拿巴吃好，多睡觉。[213] 波拿巴很可能已经饱受溃疡折磨了，无论他的胃病是否转为了癌症，都在1821年杀死了他。[214] 无论拿破仑是否生病，康斯坦都会在早上7点走进他的卧室，拉开窗帘。新的一天开始了。

第27章
1801年的转折

执政府的建立开启了新一轮的外交谈判，而马伦戈的胜利给谈判带来了新的动力：他需要开始与奥地利谈判，[1] 与俄罗斯重新建立联系，保持与普鲁士的接触，确保意大利北部风平浪静，修补与西班牙的盟友关系，最后还要结束与美国之间的纠纷。事情起因是督政府扣押了挂着中立旗帜的船只，两国关系恶化至"准战争"状态。美国人先提出了和好的意向。[2] 亚当总统的使者拒绝与因贪婪而在大西洋对岸也恶名昭著的塔列朗交涉。[3] 第一执政就让他的哥哥，善于交际、举止得体、性情温和的约瑟夫带领法国代表团。[4] 波拿巴真诚期盼和平，新签署的两项条约让他初期的外交行动圆满完成，巩固了他的统治：蒙特枫丹条约（traité de Mortefontaine，9月30日）通过重申"中立权利"[5] 的方式恢复了与美国的友好关系，10月1日签署了与西班牙的圣艾尔德丰斯条约（traité de Saint-Ildefonse）。

法国回归美洲

自1796年签订同盟条约以来，法国与西班牙的关系不升反降：法国鄙视它的这个邻居盟友，认为其不仅弱小，而且已经腐朽；而西班牙厌恶这个靠军事实力强加于它的联盟，外交地位的下降使国内舆论对此悲愤不已。西班牙的看法也不无道理。这两个国家的关系，准确说，不像盟友而像君主和其封臣，西班牙扮演着共和国的辅助军的角色，是法国外交政策的一枚棋子。它不能拒绝法国的强制要求，但在这愚蠢的交易中不仅什么都没得到，而且损失惨重：倘若西班牙要与法国共同行动，那它就得在美洲付出惨重代价，而英国则可趁西班牙的注意力放在别处时，夺取它在美洲的帝国。尽管西班牙必须遵守1796年的条约，但它尽可能地少为法国出力，它的敌人英国可能会为此表示感谢。它从来不拒绝法国的要求，但总是无法履行其义务，因为它对此既无心也无力。至于法国，它高估了西班牙海军的力量，一次又一次地认识到了它船只的状况是多么糟糕，而船员也只有二流水准。1798年初，登陆英国的计划被迫取消了，1799年法国政府又发现自己无法向埃及派遣增援。西班牙政府除了遵从法国的指令外，不能有其他行为。它与法国的同盟是不平等的，作为弱势的一方，西班牙盼着有朝一日能够摆脱法国，因此它尽可能不为法国出力。

　　然而，雾月十八的消息让马德里的态度发生了改变。卡洛斯四世和他的王后玛丽·路易莎，想起了波拿巴在1796年曾迅雷不及掩耳地征服了意大利。就像奥地利觊觎威尼斯一样，西班牙国王也在为他那嫁给了帕尔马公爵的继承人的女儿考虑，他所觊觎的不是一个小小的公爵领，而是一个王国。如果说有谁能满足马德里的波旁家族在意大利的野心，那就只能是波拿巴了。[6] 第一执政对西班牙漠不关心：它不在他脑海中的地图之内。但是他在地中海的利益让他必须为1796年的联盟有所付出，并尽一切可能维系和加强它，尤其是要让西班牙感受到他的政府与过去的决裂。他的第一个行动就是派阿尔基耶（Alquier）到西班牙，这是位经验丰富的革命家——他参加过自革命以来，除了立法议会以外的所有议会——人们说他不仅胆怯而且不够勤勉，但是他至少属于"老派法国资产阶级，在粗鲁的政客和黑话遍地的时代，保持了良好的举止和礼貌的言谈"："阿尔基耶是那些能够轻易接受'公民'的称呼和雅各宾式的语言的人之一，但他明白那不会是一种能流传的语言，并且能轻松地重拾原先上流社会的礼仪。"[7] 波拿巴希望他能抹去他的前任，粗鲁而无能的吉耶马尔（Guillemardet）留下的令人不快的记忆，并与路易莎王后的宠臣，被称为"和平亲王"的曼努埃尔·戈多伊（Manuel Godoy）建立关系。1798

年春被督政府的命令赶出权力中心的戈多伊，不仅在仍看重他的王后及其百依百顺的丈夫身边留了耳目，还成了一个"天主教"或"虔信"团体的领袖。[8] 他的党羽反对由现首相乌尔基霍（Urquijo）推行的反教宗权力政策，因此在拿破仑要与罗马开始谈判时，戈多伊就成了他要找寻的盟友。然而，第一执政巩固与西班牙的联盟的首要原因还是埃及。

波拿巴预见了当他宣布离开时士兵会怎么想，因此他选择悄悄离去，甚至都没有等克莱贝尔到达他说的约定地点。这个他交托了东方军团命运的阿尔萨斯人，对于自己赶到罗塞塔时发现"鸟儿已经离巢"怒不可遏。[9] 他在军队面前替波拿巴的离开做了官方解释，同时又向政府谴责了他的背弃，克莱贝尔还觉得是督政府当权。[10] 波拿巴不可能对发生在埃及的事情保持沉默。在他离开时他就发誓：不会忘记曾经的战友。他甚至表示回到法国后，会向政府争取增援和武器；实际上，他上台后最初的举措之一就是给欠饷的士兵筹钱，并命令贝尔蒂埃与埃及建立定期联系，他写信给克莱贝尔和东方军团告诉他们援助已经在路上。

一次新的远征已经在准备了。船队打算穿过布雷斯特的封锁，进入地中海，让增援在埃及登陆后，再掉头解马耳他之围。准备工作进展缓慢。到1800年2月底，波拿巴仍自信满满，倚靠布吕克斯和冈托姆增加海上力量，还叫西班牙来帮忙。像前一年一样，西班牙海军上将格拉维纳（Gravina）和驻巴黎大使马萨雷多（Mazaredo）故意拖延，波拿巴对后者说："在军事行动中，时间决定着战役的结果。"[11] 时间就这么过去了，3月20日，波拿巴得知英国加强了对布雷斯特的封锁；现在有40艘船抵御任何可能的突围。他得面对现实了："倘若春分过去，还没能驱散封锁舰队，那么，无论我多么想解除马耳他的封锁和给埃及增援，都只能放弃了。"他在给布吕克斯的信上写道。[12]

直到那时，巴黎的人们还不知道埃及发生了什么，克莱贝尔刚刚在1799年11月击退了奥斯曼新一轮的登陆，他还在苦苦等待巴黎的消息和保证过的增援。一支奥斯曼军队正在经由西奈接近。由于兵力不足，军队士气低迷，而且他自己也认为没有获胜的可能，克莱贝尔开始与敌人接触：1800年1月23日，他与西德尼·史密斯签订了撤退协议。[13]

波拿巴在对远征军增援失败后，才得知这一消息。在给德塞的信上，他似乎听天由命了，只是震惊于"1.6万或1.8万名法军"居然会惧怕"3万名土耳其人"。[14] 但是觊觎克莱贝尔之位的梅努发回的消息重燃了他的怒火，他叫来塔列朗让他在《箴言报》上公开声称协议无效，是赤裸裸的背叛。[15] 他打算要审判克莱贝尔吗？之后会的。[16] 但现在，可能是担心丑闻暴光，他对失去这个殖民地保持了沉默，他的地中海政策已经完了。[17]

埃及从第一执政的脑子里消失了。应该说他现在有别的要担心了：直至1800年5月底（那时他已经在意大利了），为第二次意大利战役做准备占据了他全部时间，让他几乎没有时间注意传来的消息：英国政府拒绝承认阿里什协议，埃及重燃战火。现实否定了克莱贝尔的悲观预测，而肯定了波拿巴积极的预测，3月20日在赫利奥波利斯（Heliopolis）击退土耳其军队后，形势于法国远征军有利，他们将重新控制这个国家。至于增援，"冬天之前是不可能的"，而且3月的失败证明，他得确保西班牙的合作，并纠正海军部门的混乱。[18]

马伦戈给法国和西班牙的关系带来了好转：波拿巴又成了北意大利的主宰，卡洛斯四世和他的王后开始希望他能帮助他们实现在意大利的目标。波拿巴派贝尔蒂埃前去谈判，协议的条款已经拟好，让西班牙加入对抗葡萄牙已不太可能了：[19] 作为把帕尔马公国升格为王国并扩大领土的交换，西班牙得把路易斯安那交给法国，并且交出一支舰队供法国调遣。[20] 第二个圣艾尔德丰斯条约在10月1日签署。卡洛斯四世认为自己做了个好买卖，加强了波旁家族在意大利的影响力——他的兄弟斐迪南四世统治着那不勒斯，他的侄子统治着帕尔马——代价只是七年战争后从法国获得的殖民地，而且从那时起马德里政府对此地的管理就时有时无；至于波拿巴，他相信自己已经迈出了美洲政策的第一步，他将其视为地中海政策的补充，如果他失去了埃及，那这就是它的替代品。不管怎么说，重返路易斯安那意味着法国再次回到了美洲大陆，此前它几乎已被从美洲驱逐，只保留了圭亚那、瓜德罗普（Guadeloupe）和圣多明戈（即海地）的一部分。[21] 法国对其他地方的控制也只是理论上的：宗主国法国实际上已经失去了他们的"安的列斯珍珠"。在多年的动乱、内战、无政府状态和暴行之后，圣多明戈在其天资过人的起义军领袖的带领下几乎恢复了秩序。

1803年，杜桑－卢维杜尔（Toussaint-Louverture）在茹（Joux）要塞的悲惨结局，不仅美化了他的个人形象，也鼓舞了反对奴隶制的斗争。想要知道他的真实形象是十分困难的，或许永远都不可能实现。[22] 很多传记作者都为此进行过尝试。但我们能确定的，就只有他出生于1739年到1746年之间的某一天，生下来的时候是个奴隶，后来获得了自由。他的祖先是非洲的贵族？也不是不可能。他受过良好的教育，甚至是他最狂热的支持者口中的"深邃的思想家"吗？[23] 我们没有看过一行出自他手的文字，他很可能是一个文盲，《圣经》就是他的精神食粮。[24] 但是他留下的大量由他口述的信件，能证明他过人的才智。他具有洞察力和出色的政治直觉，而且是一位智勇双全的一流将领，能够战胜众多对手和外敌。他们的手段尽管和他一样残忍，却没有他那卓越的本领。他在岛内的暴动和外来的入侵——先是西班牙，后是英国——中左右逢源，他曾和每一方结盟，然后又抛弃了他们。在这个过程中，他从来没有失去自己的目标：让法属海地——甚至是整个岛屿，如果可能的话——成为一个自由的国家，但仍与法国保持特殊的联系。这就是为什么，他尽管先接受了督政府授予他的法军将军身份，后来仍在1797年赶走了政府的代表，还在第二年赶跑了埃杜维尔（Hédouville）将军的远征军。当波拿巴上台时，他刚刚制服了自己的最后一位对手——混血的里戈（Rigaud）将军。[25] 杜桑已经着手恢复旧殖民地的秩序，尤其是恢复糖和咖啡的生产，没有它们国库就没有钱。他已经与英国和美国的代表签订了商业协议。[26] 由于他不认为能为殖民者建立的种植园体系找到更好的替代方案，他继续强迫那些刚刚成为自由人的前奴隶回去劳动。[27]

新的制度没有回归旧时的状态，而是回到了更为古老的"委托监护制"（encomienda），第一代西班牙殖民者曾用此制度管理当地土著。[28] 在杜桑和他的副手们，以及3万大军的铁腕政策下，秩序一点一点地恢复了。杜桑对他的成果十分自豪，而且他的第一个成果就是召唤白人种植园主回归，帮他一起恢复曾经的繁荣。

　　刚刚成立的执政府，打算派出舰队绕岛巡航并展示国旗，之后由三名特派员向当地政府递交共和八年宪法，接受他们的宣誓效忠。[29] 预计将有4 000人同行，但不难想到，这些船甚至没能出海。[30]

　　然而，情况发生了变化。支持殖民主义的"党派"在法国正重占上风。[31] 新的宪法，不再继承国民公会和督政府将殖民地全盘整合进共和国的政策，[32] 宣布要特别对待殖民地。[33] 把殖民地作为一个省，适用同样的法律的时代结束了；历来负责此事的海军部部长再次成了负责人，而且他劝第一执政恢复过去的"特别体制"。[34] 在这方面持有相同观点的人为数不少。在政府，康巴塞雷斯、勒布伦、塔列朗和巴尔贝－马布瓦、勒尼奥·德·圣－让·德热利和前制宪议会成员马卢埃都围在第一执政身边，希望他取消1794年2月4日废除奴隶制的"假仁假义"的法令。[35] 反对者的阵营，那些博爱者们，正越来越少。甚至格雷古瓦（Grégoire）神父都对1794年突然废除奴隶制表示遗憾，并认为由奴隶直接成为自由人会造成灾难。[36] 波拿巴身边只有特吕盖海军上将、沃尔内和富歇维护着革命的遗产。第一执政接见来访者，向他们咨询然后聆听。

　　黑奴的问题并未让他烦恼。他知道奴隶制：他在埃及见过奴隶市场，也允许购买年轻的苏丹人填补军队，并接受了贝里克谢里夫送来的奴隶鲁斯塔姆；他并不对此感到愤慨。奴隶制是事实，是一种制度；因此它要像其他所有的制度一样，用同一把标尺衡量：它是否有利于国家的繁荣与昌盛。归根到底，他不理解"黑人之友"的同情心。他从中看到的是满足"自尊心"的抽象情感，这些人夸耀自己的"人道精神"，内心深处却潜藏着伪善和不公。这就是在海军上将特吕盖为黑奴辩护时，他恶意回应的原因：海军上将全部的同情心都在奴隶上，难道他忽略了奴隶暴动的受害者吗？他难道觉得被掠夺土地，遭到残酷暴行折磨的殖民者配不上他的怜悯吗？波拿巴把"黑人之友"比作一个在入侵意大利时想要成为意大利人的法国人，并补充道："如果要在摧毁意大利和损失我的两个士兵之间选择，我会选择摧毁意大利；因为，我是军队的一部分，我为我的军队！"他是军队的领袖，是国家的领袖，肩负着所有国民的生命与利益。当他对特吕盖说出"我站在白人一边，因为我是白人，没别的理由，这就是对的！"

时，他是真心的。他认为道德与政治的结合可能会带来邪恶的后果，1794年以来，圣多明戈的殖民者的命运证明了这一点——他们失去了原有的权利却没有得到补偿。[37] 然而他在两种政策之间犹豫良久：这些前奴隶如今不是已经成了他负有责任的公民吗？还是他像那些殖民者一样，在内心深处根本不相信这些"不开化"的非洲人能变成公民？[38] 他日后说自己当时有两个选择，无论哪个都不意味着重建已经在事实上被废除的奴隶制，这两个选择都致力于满足各方利益，只不过第一个更有利于前奴隶，第二个则有利于前殖民者：

> 第一个选择是将军政大权全部给予杜桑，任命他为殖民地总督；将指挥权交给黑人将领；巩固杜桑建立的秩序并将其合法化……让黑人农民向他们土地的前法国所有者缴纳人头税或土地使用金；保障宗主国在所有殖民地上的商业特权……第二个则是用军队武力夺回殖民地，把营长以上的黑人军官带回法国，解除黑人的武装但保障他们的公民自由，将他们的地产交还给殖民者。[39]

因此，如1800年春天他给支持强硬政策的海军部部长福尔费的信上表现的那样，所有的选项他都考虑过了。[40] 但是波拿巴开始不支持殖民者和他们的拥护者了，坚持反对那些主张重建奴隶制的人。[41] 显然，在没有确认1794年法令前他没法指望与杜桑合作，给圣多明戈居民的第一份公告做了如下保证："共和国的执政们……向你们宣布，黑人们自由和平等的宝贵原则绝对不会有任何改变和亵渎。"[42] 9个月后他也没有改变主意，如1800年8月16日在参政院的讲话：

> 要知道问题不是废除奴隶制的好坏……我确信，如果我们不用自由将这些黑人团结到我们这边，这个岛将属于英国。可能他们产的糖会减少，但他们将为我们产糖；而且若有必要他们还能成为我们的士兵……所以，我将在自由的圣多明戈宣布解放奴隶；在法兰西岛（l'île de France），甚至在仍有奴隶的圣多明戈肯定奴隶制；在

> 我保留了奴隶制的地方，我会限制它并让它更为温和；在我宣布解
> 放奴隶的地方，我要恢复秩序并让他们懂得规矩。[43]

在圣多明戈、瓜德罗普和卡宴（Cayenne）确认废除奴隶制，在没有公布废除法令的马提尼克恢复奴隶制：计划是冒险的，但是在年底他决定任命杜桑为"殖民地大将军"[44]时仍然生效。他并未偏离这一政策，直到杜桑对西属海地的入侵结束了谈判，这一地区在1795年割让给了法国，波拿巴刚刚将其归还给西班牙以表达友好。另一方面，很难搞清第一执政的真正意图。除了引用过的给福尔费的信，我们还发现了早期很多将杜桑军队视作"国民自卫军"[45]的证据，这意味着他们注定处于次要职位并听命于来自宗主国的军队：可能1800年春天拉克罗斯的4 000人不能抵达圣多明戈；可能另一支3 000人的远征军准备在同年年底抵达太子港。[46]倘若将杜桑和他的军队降至国民自卫军的地位，才是隐藏在夸张的善意背后的真正目标，那么一旦目标实现了，诺言又剩下多少？波拿巴会从他的第一个计划推进到第二个计划吗？将其从一个依附法国的受保护国变回单纯的殖民地？

我们时常忘记波拿巴总是把英国放在自己的考虑之内。在他肩上的不仅有在美洲重建和巩固法国的地位的任务，还有准备在英国无法倚靠欧洲盟友时与其签署和约。这就是为什么他要在关键的谈判前毫不迟疑地巩固法国在埃及的地位和重塑殖民地宗主国权威。当英国意识到这一政策会给自己的殖民地带来麻烦时，怎会任由法国在其领地上废除奴隶制？同一体系内，自由区如何能与蓄奴区长期共存，圣多明戈岛上废除了奴隶制的法属地区与仍保留奴隶制的西属地区的冲突不正是前车之鉴？最后也是最重要的原因之一，波拿巴，以及整个政府渴望重新掌控圣多明戈，是为了获取过去法国从中获取的糖和咖啡的利益：它们曾占了王室收入的4%，这多亏了倚靠奴隶的种植园体系。[47]我们看到，杜桑已经采取措施恢复生产了。[48]评估它的结果还为时过早。不知强迫劳动能否将产量恢复到革命前的十分之一。[49]10年的混乱时期之后，圣多明戈出现了泾渭分明的两个群体：被迫工作的体力劳动者和占有了岛上几乎所有资源的3万名军人。

不仅法国政府不会接受这样的现状，而且这个只会用杀戮的威胁实现自己意志的军事团体自己也无法维持统治。因此，即便我们假设波拿巴还没有做出最后的选择——重新征服圣多明戈在1800年底还只是个构想——但备选项已所剩无几，悲剧即将来临。[50]

在这种情况下，获得路易斯安那就显得很宝贵。它可以作为重夺法国各岛的行动基地，而且由密西西比河运来的原木可以造船，提高了这个遥远帝国的防卫能力。根据战略计划，它使法国与美国因蒙特枫丹条约恢复的联系更加紧密——巴黎尚不知道杰斐逊总统的消极回应[51]——从背后威胁着英国，最后但同样重要的一点是帮助西班牙保有了美洲殖民地。当伊比利亚的力量跌落得如此之低时，人们普遍认为它无法再阻止加利福尼亚、中美洲和南美洲的殖民地重获自由，这些地区要么像美国之于英国那样独立，要么就落入英国或美国之手。波拿巴尤其担心萌芽中的美国扩张主义，并且把路易斯安那看作是阻止这个年轻的共和国向东部和南部扩张的屏障。[52] 关键的一局：实际上，波拿巴已经确信只有当西班牙能继续保有它在美洲的帝国时，它才会是法国的盟友：

> "在一次谈话中，"在圣赫勒拿岛经常与皇帝交谈的威廉·瓦尔登（William Warden）对西班牙殖民地的自由化做了清晰的解释，"我明白了拿破仑认为西班牙殖民地的独立对英国更有好处，理由有：只要西班牙的主要政策是保有和经营美洲殖民地，它就会视掌管海洋的强权为自己的死敌，因此将联合法国，好打破英国海上的霸权。但一旦它的美洲殖民地独立，西班牙的政策重心就回到了大陆上，它将变成法国的竞争对手，因为法国是大陆上唯一一个与它接壤且能成为它的对手的国家。"[53]

这是他在南北美洲的交叉点建立殖民帝国的重要原因之一。在此期间，与西班牙之间的条约一个接一个，在美洲打开了对抗英国的新前线，倘若埃及的殖民计划流产便可以将目光投向美洲，而且西班牙与法国的（或者说是波拿巴想要相信的）紧密联合滋长了对抗葡萄牙的希望，尽管在

1798年不可能，但迟早能够成功。同时，波拿巴给在埃及接替了克莱贝尔的梅努写信，告诉他增援不久就到了。[54] 法国的军队占领了奥地利的托斯卡纳，[55] 第一执政对此地的安排将与之前和西班牙商讨的完全不同。[56]

尚未称王的主宰

人们欢庆了共和国的第8个生日。9月22日，波拿巴主持了在胜利广场纪念德塞和克莱贝尔的纪念仪式。仪式庄严肃穆，旌旗招展，士兵身着盛装，但也很无趣。一生都在为各路掌权者写赞歌和演说稿的加拉，文思泉涌到难以自已。他写了一篇长达107页的演讲稿，颂扬那些牺牲的将领，以及某位现在还活得好好的、正在一旁昏昏欲睡并向他投去带有杀意的目光的将军。这是对公众怎样的折磨啊！"你能想象有像加拉这样的白痴吗？"回到杜伊勒里宫后波拿巴问身边的人，"真是絮叨啊！我不得不听他讲3个小时！"[57] 第二天演讲的人换了：由吕西安亲自主持将路易十四的大元帅蒂雷纳的遗体迁葬至荣军院的仪式，他称其为我们"当代最伟大的军事家"的先驱和楷模。大革命中，蒂雷纳的遗体被从其位于圣但尼*（Saint-Denis）的墓地中掘出，先是被放置于植物园（Jardin des Plantes），后又被收入法国遗迹博物馆（Musée des monuments français）。肃穆的送葬队伍进入了由旧时的教堂改成的战神殿（Temple de Mars），无论是参加典礼的士兵还是围观的群众，都带有某种不同寻常的风度，发表长篇演说的吕西安也不例外。内政部长宣布了一个新的伟大世纪的诞生，并祝贺今天的英雄向昨日的英雄伸出了怀有敬意的手，让法国再次与它的历史连为一体。全体听众都真切地感受到自己正经历着伟大的一刻。向过去的这位大元帅致敬，不是证明了波拿巴的政策有利于社会的和解，以及代表了美德与伟大的真正化身的复位吗？"曾经伟大的，今天同样伟大，"吕西安放声喊道，"活着的英雄和死去的英烈，如今会于一堂，庆祝这个法国革新了制度却仍继续其伟大征程的日子。"[58]

---

* 圣但尼教堂为法国历代国王的陵寝所在，蒂雷纳也配享于此。大革命中圣但尼教堂被反对王室的革命者破坏，存放在其中的棺椁和尸骨也散失各地。

而庆祝与美国重归于好的仪式在10天后于蒙特枫丹举行。这次活动和上述的典礼截然不同，它的混乱和随意，显示出军人社会与平民社会之间的巨大分歧。

约瑟夫打算在蒙德枫丹大操大办一番：要有宴会、音乐、戏剧和烟火。他还请来德普雷奥（Despréaux）担任司仪。德普雷奥是著名舞蹈家玛丽－玛德莱娜·吉马尔（Marie-Madelein Guimard）的丈夫。他本人也是个舞蹈家，同时还是歌手、影戏表演者和喜歌剧创作家——他是《阴谋女王不省人事》（Syncope, reine de Micmac）的作者。人们说，论组织宴会，无人能和德普雷奥相比。但这次无论他如何努力，却总是有各种问题。布置餐桌时，人们发现忘了带刀子。桌子上没有装饰，他放了阁楼里找到的小动物的标本。红酒一股醋味儿，而且还有一半的酒被负责布置舞台的工人喝完了。下了一整天的瓢泼大雨，宾客们不得不蹚着泥浆排队，等待卫兵检查他们手里作为请柬的卡片。人们最后终于坐到了桌边，乱七八糟的，女演员坐在严肃的美国人旁边。演奏业务不太熟练的乐队，用《都会好》和其他革命乐曲款待着宾客。吃完饭，德普雷奥无法让演员上台了：他们拒绝像仆人一样被使唤；至于烟火表演，他们发现烟火师们喝了个烂醉。最后，到了午夜，演出终于开始了。[59]尽管雾月政变已经过去一年了，政府还是没有摆脱自己的革命出身。

然而波拿巴从第一天起就企图与革命拉开距离。执政们入主杜伊勒里宫就是为了这个目的。将军确信，当局越是回归大多数国家都有的仪式和排场，它就越能获得尊敬，权力也越加稳固。在意大利，他接见外国外交官和大臣时毫无排场和他们惯常的礼仪，他发觉了他们的惊奇。这些礼仪在巴黎被认为是只属于君主制国家的，早已过时了，但和他们说同样的话、遵循同样的礼仪，让他更容易与那些维护国家利益的外交官打交道。督政府对恢复古老的外交礼仪不那么上心，他们的目标不是融入古老欧洲大陆的联盟，而是把这个伟大国家的意志强加于他们。波拿巴掌权后，他知道自己将参与一场事关重大的外交棋局，在意大利战役期间，他对教宗彬彬有礼，让所有人都很吃惊，他将延续这一做法。因此，他最初的措施之一就是在接见大使时恢复一些微小的礼节。这一赌局很重要：法国要重回"国际舞台"。所以是时候重新学习外交语言了。但是怎么学？革命才过去10年，却感觉仿佛有一个世纪了。人们已经不知道怎么做了。塔列朗给波拿巴提了建议吗？有可能。最难的就是寻找一个引荐大使的"侍从官"。问题在于这个职位被认为像个仆人。人们找到了一个志愿者，参政院议员贝内泽什（Benezech），他曾是督政府的部长，一个认为没有什么能比旧制度下的凡尔赛更好的奇怪老好人。所以，他在同事半嘲笑半蔑视的目光中接受了差事，扮演侍从官的角色，在要显示波拿巴的权威的仪式上，他会手持引导杖。一旦外交官引见完毕，人们都会围过来；他们看心情站着或坐着讨论；在女士很少出现的餐桌上就没有什么礼仪和礼节了，大使的旁边可能是将军，可能是法兰西学院成员，可能是参政院议员，甚至可能是下级军官或早上阅兵时刚刚授勋的士兵。每旬（革命的历法依然有效）一次的晚宴上也是如此，受邀者有时是元老院成员，有时是立法团成员，还有时是法院或最高法院的法官。暂时还没有宫廷生活的迹象，即便是被邀请的人们已经习惯了向波拿巴夫人问安，就像旧时代人们见过国王后去朝见王后一样。[60]　离当年凡尔赛的盛况还相去甚远。

　　见不到老朋友的约瑟芬十分无聊。她整日和奥尔唐斯在一起；她们一起去剧院，去马尔迈松，在巴黎与家人一起，和新政权的达官贵人还有军官们共享晚宴，家族如今有了新成员：缪拉。他成了卡罗琳·波拿巴的丈夫。第一执政试图阻止此婚事，他甚至在报纸上刊登了他妹妹即将与莫罗成婚的消息。[61] 他不喜欢缪拉；他认为他"缺乏教养"，自命不凡到可笑，举止粗鲁野蛮。[62] 他还怀疑缪拉在1796年与约瑟芬不清不楚。[63] 而且他不会忘记在曼托瓦，他让缪拉带领不多的兵力与奥军作战时，他表现出的恐惧和拒绝服从。[64] 缪拉已经表明了自己的英勇，尤其是在阿布基尔，以及其他重要任务上，例如雾月十九日的圣克卢宫，但是波拿巴不会忘记那次的事，尽管那不过是所有士兵都会有的表现，也证明不了什么。还因为波拿巴想让他的家族有更显贵的联姻。[65] 1797年他就没能阻止埃丽莎与巴乔基（Bacciochi）的婚事；这次他也不太高兴。1800年1月20日缪拉和卡罗琳的婚礼庆典十分"朴素"，这可能是拿破仑时代最后的"简朴时期"了。不管怎样，它显示出没那么容易从革命时期脱离，尤其因为新政权的显贵太过年轻，无法真的遗忘过去发生了什么。

显然在拿破仑和约瑟芬用资产阶级方式接待来宾的马尔迈松，礼貌和礼仪还不是那么多。人们不拘礼节地坐在桌边，表演戏剧，盛装打扮，还会玩巴雷斯（一种躲避球游戏）。一天，生性顽皮的画家伊萨贝（Isabey）趁着第一执政弯腰的工夫在他身上跳了个山羊。[66] 他身边多是军人，后来又有了科学家和艺术家。约瑟芬扮演了关键角色，就像宫廷中的女王一般表现出皇室宫廷的存在。米奥·德·梅利托和诺文说礼仪、圈子和主人与朝臣之间看不见的距离，已经意味着一个宫廷的诞生，这未免过于夸张了。[67] 本质的改变不是那么快。弗朗索瓦·傅勒公正地说："波拿巴生活在他的副官和朋友之间，在他们之上，但并未与他们分隔。"[68] 他已是这个国家的主宰，但还未成为一位君主。尽管第一执政想要将奢华和排场作为他新政权的倚靠，表现为华丽制服、珠宝钻石、瓷器，以及重新出现的谈话艺术、对女士的殷勤和文雅举止，但在这些一步登天的年轻人身上，仍保留了一些属于资产阶级的习惯和感动。在一次餐具考究、食材精美的豪华晚宴的最后，缪拉拿出了一满罐葡萄酱对他的宾客说："这可是从我老家来的好东西，我妈亲手做了寄给我的。"[69] 几个月之后波拿巴给帕尔马公爵的儿子伊特鲁里亚国王去信，资产阶级口吻出现在上流社会的信件中多少显得有些不自然："请相信我对发生在您身上的一切好事和有助于您利益和内心满足的事的关心。也请将我的敬意表达给夫人。我把她的信了我正在普隆比耶泡温泉的妻子，她会非常高兴自己还没被遗忘。"[70] 直到1802年春，他成了终身执政之后，在国家元首及其夫人身边才出现了真正的宫廷。

疑云密布的未来

一些人向往更加显赫、仪式化、充满了繁文缛节的生活，其中以波拿巴的兄弟们为首，他们已经把自己看作是货真价实的亲王了。每个人都根据自己的脾气来。约瑟夫的表现就像一位懒王；生性懒散的他，被波拿巴在马伦戈阵亡的假消息惊醒，突如其来地面对了政权的继承问题。希望见到全家随拿破仑一起飞黄腾达的约瑟夫,无法想象权力落到别的"家族"手里。因此,他给弟弟去了一封行文混乱的信,提醒他如果情况需要,他可以倚靠他,他愿意做继承人的候选。波拿巴可能之前就说起过这个问题,并表达了对约瑟夫能力的怀疑,因为后者认为有必要提醒弟弟,他天性的"温和"并不意味着性格软弱:"如果你认为我在关键时刻不会表现出强大意志,那你就是看错我了。"他甚至这么说。[71]

波拿巴无疑拒绝了这个设想。他不是拒绝考虑未来;他知道后继者的问题困扰着他的支持者,而且即便他之前不担心,"马伦戈危机"也使他注意到了这个问题。他向卡巴尼斯吐露,现在的"社会契约"中,还有些"漏洞"需要填补。[72] 而且如果我们相信米奥,那么他周围的人已经考虑此问题几个月了。[73] 然而,他却在犹豫是否应提出这个问题,尽管他已经认为延长任期已成定局了:拉法耶特说,当波拿巴向他提起费城会议中某些成员提出的设立终身总统计划时,他就明白了。[74] 第一执政不单单害怕讨论继承人一事会引发人们的野心,而且他还没看到谁能做继承者。卡诺?他曾告诉勒德雷尔,那位战争部部长可能是最好的人选。[75] 当然,他一点都没想过,而且当时他所有的讲话都意在让听众明白他是个不可缺少的人,法国的拯救者,只有他才能防止法国重返混乱。此外,他确信,在意见还未成熟时就讨论这些问题将会让国家重新陷入混乱。[76] 没有一个贵族阶层,就不可能重建权力继承制度和君主制。1789年已经过去11年了,法国人民准备好接受一个新的贵族阶层了吗?在参政院根据共和八年宪法制定要人名单时,波拿巴抓住机会澄清了自己在这方面的想法。当勒德雷尔提出若想将一位"要人"从名单上移除,需要得到登记在册的选民中的绝对多数的同意时,波拿巴反对道:

> 我们得意识到,如果我们只有得到了半数加一个的公民投票同意,才能从要人名单上移除一个名字的话,这个制度就会成为真正的贵族制;这一做法背离了人民。有两件事法国还没有准备好:官职的继承和贵族制。[77]

　　他拒绝讨论继承者的问题还有另一个原因：他不想伤害约瑟芬。在勒德雷尔坚持让他有个天然继承人时，他礼貌地回应道："我没有孩子，我也看不到有孩子的必要，我没有什么家庭意识。"[78] 但是无论他做什么，他都不能阻止流言蜚语的传播。人们开始留心他的健康，这标志着君主制的回归已经出现在了大多数人的脑子里，谣言也开始散播：有人说他要在共和国国庆时称王，[79] 有人说他要离婚另觅良配，另一些人甚至相信他已经是国王了，因为他就是铁面人的直系后代，此人据说是路易十四的兄弟。[80]

　　约瑟芬已经对离婚忧心忡忡了。因为她不可能给丈夫生孩子了，她终日活在丈夫的情妇可能身怀有孕的恐惧中。[81] 每当有人说她将成为法国的新王后时，她就不住地颤抖。一旦丈夫的权力变成世袭的，他们的婚姻就走到了尽头。她也能感受到自己受到丈夫一家的监视。厌恶她的吕西安，在她要去普隆比耶时说了一番可憎的话："就算你去泡温泉，你也只能和别的男人有孩子，因为他不能给你一个孩子。"在她反驳时，他又说可能是她不能给拿破仑一个孩子，如果是这样，那就应该让他去另找女人生孩子，然后再由她来抚养。"这符合你的利益，"他最后说，"而且你一定明白我的意思。"[82] 因此她格外留意波旁支持者的意见。波拿巴通过勒布伦收到过两次路易十八从米陶（Mitau）寄来的信，一封在1799年12月，一封在1800年2月，都是在请求归还王位。[83] 约瑟芬和奥尔唐斯苦苦劝说将军，希望他不要一口回绝。[84] 徒劳无果。波拿巴充耳不闻，而且在和拉法耶特谈起王党时，他说："他们保证只要我让国王复位，就会给我塑一座雕像。我回复说，我害怕一动不动地站在基座上。"[85] 他给路易十八回了一封友好的信，但是在信上请求他放弃不切实际的想法，否则他将不得不踏着10万法国人的尸体回国。[86]

　　约瑟芬没有放弃战斗。她一方面接见君主们派来的秘密或半公开的特使，[87] 另一方面又开始接近坚决反对权力继承的共和主义者。她如今察觉到自己需要提防塔列朗，而在政府中最值得依靠的人是富歇。[88] 她知道富歇反对君主制的复辟，无论想要登上王位的人是谁。因此她期待他能帮自己对付丈夫身边为数众多的新王党分子：一些人，如塔列朗，相信先建立一个波拿巴王朝会让波旁王朝更易于回归；[89] 以勒德雷尔为代表的另一些人则认为，王冠应该在强大、稳固而且保守的政府中代代相传；[90] 还有许多人认为，应该在奥尔良公爵登上王位前，先让法国人再次习惯君主制。

这是一场无声的战斗，每个人都试图把第一执政拉到自己的阵营。共和派聚集在两个阵地周围：法兰西学院和《哲学旬刊》。当时，《哲学旬刊》对知识分子有着决定性的影响力，至少在支持大革命和18世纪理性主义哲学的人中是这样的。它的编辑安德里厄和然格内的朋友支配着法兰西学院，而且他们在第一执政身边也有以富歇为首的众多支持者。和同时代的所有党派一样，他们内部也有许多微妙的分歧。比起热尔梅娜·德·斯塔埃尔夫人的沙龙，在苏菲·德·孔多塞在欧特伊的沙龙中就有着更多对宗教的批判。而邦雅曼·贡斯当身边的人，则比他的爱捷丽仙子（égérie）的沙龙中的常客更喜欢批判第一执政。[91] 但所有人都希望让新政府站到大革命的阵营中来。

而且首先，斯塔埃尔夫人是把吕西安和约瑟夫·波拿巴当成自己的朋友的，尤其是约瑟夫。至于第一执政，她对他的感情十分复杂。就像丰塔纳说的那样，在她心中，"来自灵魂的冲动与来自理智的意见"频频对抗。[92] 波拿巴在1797年拒绝她已经是很久之前的事了，保民院前的插曲已经被忘了。邦雅曼在听到她将自己眼中自由的最后壁垒——议会——贬得一钱不值时，想必不会无动于衷："真正的保民官、元老和立法者，都是波拿巴。国家因此变得更好了。"她写道。[93] 她无法控制自己对波拿巴的钦佩，甚至接受他的统治："我还能说什么？"一天她对吕西安说，"在你哥哥面前我就像是傻了，只想让他高兴。"[94] 她到现在也没有成功，但她拒绝放弃。在《流放十年》（Dix années d'exil）中她把自己描绘成一个自始至终的反对者，甚至声称自己曾经希望法军在1800年被击败，但实际上，她仍相信波拿巴有可能回归自由的理念。[95] "我相信波拿巴是热爱启蒙思想的。"8月6日她在给杜邦·德·内穆尔的信上写道。[96] 在政治上比她更有远见的拉法耶特，也同意这个看法。当波拿巴问他被释归来后，是否认为法国人"已对自由无动于衷"时，他答道："法国人比以往任何一个时候都能接受它；是时候由您来赋予他们自由了，他们等的是您。"[97]

斯塔埃尔夫人1800年5月出版的《文学》(De la littérature) 绝不是一部偶然的作品，而且和通行的观点不同的是，这绝非一篇反抗宣言。与之相反，这本书证实了作者仍然存在幻想。的确，她在其中对现制度及其领导者有所批判，但书中对军政府的强烈指责，不过是一个波拿巴本人也会赞同的主题。[98] 她对诗人莪相的赞美难道不是在讨好第一执政吗？所有人都知道他喜欢这个虚构的吟游诗人。[99]

这本书在《哲学旬刊》上得到了福里埃尔[100] 的维护，在《君主内阁之钥》(Clef du cabinet des souverains) 上得到了多努的赞美，[101] 却在《法兰西信使》上遭到了丰塔纳的抨击。[102] 丰塔纳攻击斯塔埃尔夫人的风格，在圣－伯夫之前指责她写得并非如说的那般好，或者忽视了口头和文笔之间的差距，他谴责她的"完善主义"理论——科学，道德和社会以相同的步伐迈进——就像一个经过孔多塞继承了启蒙思想的危险的理想主义者，在当下的历史中毫无用处。[103] 在斯塔埃尔夫人重申她的"完善主义"理论后，夏多布里昂也走进了"竞技场"，攻击她的"自然神论"[104]，并称她是政府推行的宗教和解政策的敌人。[105] 而丰塔纳则宣布现代哲学已走到末路，并号召古老品德的回归，将斯塔埃尔夫人视作恢复法国长久历史的政策的公敌。笔战是理性的，比人们普遍认为的更深刻，而它显然也有政治深意。

这些反对革命的"右翼分子"、新天主教徒、新君主主义者和保守派诞生于果月十八政变和随之而来的迫害之后。在这个阵营中，我们能看到像丰塔纳和马蒂厄·德·蒙莫朗西 (Mathieu de Montmorency) 这样的前伏尔泰主义者，莫雷莱 (Morellet) 和叙阿尔 (Suard) 等转向反动的启蒙主义者，或是像拉阿尔普*那样皈依宗教的人，像米肖 (Michaud) 或菲耶韦那样的王党，以及像路易·德·博纳尔德那样的公开反动派。他们与法兰西学院保持距离，有自己的阵地《法兰西信使》，也有自己的爱捷丽们：朱丽叶·雷卡米耶 (Juliette Récamier) 和克莱蒙－托内尔伯爵夫人扮

---

* 指此时在法国活动的瑞士政治家弗雷德里克－塞萨尔·德·拉阿尔普 (Frédéric-César de La Harpe)，意大利军团中的拉阿尔普将军是他的同乡。

演着另一阵营中苏菲·德·孔多塞和斯塔埃尔夫人的角色。[106] 而且正如他们的对立阵营有富歇撑腰一样，他们也有自己的保护者：埃丽莎和吕西安·波拿巴。

历史学家过去和现在对吕西安·波拿巴的评价都是高度理想化的。人们不是把他描述成了一个有着坚定信仰的人、家族中的革命者和共和派，甚至一个永远的反抗者吗？[107] 然而试图探寻这位年轻的波拿巴政治生涯中的连贯性是毫无意义的。他的哥哥对这一点心知肚明，由于担心他投入对立阵营，他任命他为内政部部长。让吕西安保持中立的代价着实不菲，尤其是因为他在这个新职位上的表现实在算不上称职。[108] 他是一个好的演说家，但缺乏管理能力，而且厌烦文书工作。尽管他对甄选省长作出了贡献——他熟悉革命者——但他乐意把日常工作都交给那些不受责备的下属。吕西安被朱丽叶·雷卡米耶所吸引，尽管他无法如愿和她亲近，却通过她结识了丰塔纳和拉阿尔普，以及她身边的整个反动王党团体。吕西安特别愿意把自己看作是艺术和文学的保护人。这是个机会，丰塔纳梦想着恢复"古老的文学国度与公众权力的联盟"。[109] 而且，丰塔纳某种程度上也算是家族的一员：吕西安的妻子卡特琳在5月14日去世了，他那和丈夫关系极度冷淡的妹妹埃丽莎前来安慰他，并住在他家里帮他照顾他的两个孩子——夏洛特和克里斯蒂娜，她在此期间投入了丰塔纳的怀抱。吕西安资助了《法兰西信使》的创办，而且在他是内政部部长时，举办7月14日节的庆典时曾求助于丰塔纳。后者得益于权力的保护，能够用梅于尔谱曲的歌曲这样谈论大革命：

> 哦，恐怖的记忆！哦，希望的日子！
> 我们哀叹过去！我们欢庆未来！
> 痛苦和黑暗笼罩了法国十年。
> 十年的不幸将在这天结束。[110]

他与法兰西学院以及富歇一党的斗争十分激烈。富歇与吕西安相互厌恶。政权的继承问题只是他们不和的原因之一：吕西安不愿意看到警察不受内政部管辖，而且他试图让警务部部长解职并由自己担任他的职务。[111] 富歇抓住最细微的机会进行反击，而且他即便不能战胜他的对手，也至少要端掉巴黎的王党窝点。此外，波拿巴拒绝随意反击：当丰塔纳和他的朋友攻击法兰西学院并试图重建古老的法兰西学术院时，波拿巴阻拦了他们。这并不是因为法兰西学院在他心里仍很宝贵，或是因为他过去也是其中一员，而是因为如果局势变化使他有必要恢复君主制，他也想按自己的步调来，只恢复于他有用的旧制度，法兰西学术院不是其中之一。[112]

1800年11月1日出现了一本小册子《凯撒、克伦威尔、蒙克和波拿巴之比较》(*Parallèle entre César, Cromwell, Monck et Bonaparte*)，第一次把继承者的问题带到了公众视野：

> 在某些时代，会有前来缔造、摧毁或是重建帝国的人应运而生。一切都在其支配之下……我们的革命目前为止创造出了比这些人更伟大的事物。……它似乎被一种我们不知道的力量推动着，推开并颠覆着一切。10年来我们一直在找寻一双能够阻止又能推动一切的有力之手。……这个人出现了。现在谁还不认识波拿巴？[113]

书中对这些人进行比较的唯一目的，就是凸显波拿巴的压倒性优势，并以设问的形式给出了结论：

> 波拿巴无疑向法国许诺了一个新的伟大时代；一切的希冀都与他的荣耀和性命紧密相连。倘若他永生不灭，那共和国该多么幸福！但是如此伟人的命运要比普通人更易受到危险的威胁。噢！新的混乱！噢！重生的灾难！倘若国家突然失去了波拿巴，那他的继承人在哪里？……3 000万法国人的性命系在一人身上！法国人啊，如果现在葬礼的哀嚎告诉你们这个人不在了，你们要如何是好？

谁授意丰塔纳写的这个小册子？吕西安还是他的哥哥？以吕西安为首的许多人，都坚称第一执政事先就对此知情，还有一些人甚至说他在将稿子交给内政部部长付印之前还做了修改。[114] 富歇和勒德雷尔则正相反，他们认为这个小册子是吕西安的把戏，为的是加速事态发展，把继承人的事提上日程。[115] 波拿巴倒是不否认丰塔纳提出的某些观点让他产生了共鸣，但是勒德雷尔说他对《比较》的结尾无动于衷，[116] 这一点倒是真的：这当中充满了"吕西安式的感叹"，控诉过去的革命者。[117] 尤其是我们能在里面发现一位受到指责的"S某"，这显然指的是西哀士，作者指责他已经准备让法国再度陷入恐怖，如果波拿巴发生意外的话。波拿巴此时与这位前任督政关系良好，为什么他要蓄意冒犯他？小册子引起了骚动。富歇立即下令查封这些小册子，然后请莫罗出面告诫第一执政对此不要进行任何干预。[118] 看到计划失败，第一执政把责任扔给了吕西安。他批评了富歇后，嘲笑吕西安道："这是你的错，你让人抓住了。好吧，对你来说太遗憾了。富歇比你狡猾精明；和他比起来你就是个傻瓜。"[119] 吕西安还能留在内政部部长位子上的日子屈指可数了。他最后一次与富歇见面是在11月3日，情况进一步恶化了："富歇指责吕西安的糟糕表现、渎职、品行不端以及和女演员的放荡行为，其中就有梅泽雷（Mézeray）小姐。吕西安指责富歇在革命中的行为、造成的流血、对赌博的征税和他从中捞的钱。"[120] 他摔门而去：几天后他被任命为驻马德里大使。当天晚上，人们在杜伊勒里宫看到了一个容光焕发的约瑟芬；富歇也用自己的方式庆祝了一下，他在部里请了30人吃饭。[121] 不管怎么样，拿破仑此举算是帮了吕西安一个大忙：吕西安的失宠，使得他摇身一变，成了专制权力的反对者，这位土伦的前布鲁图斯在1800年还是专制权力的最大拥护者之一。

　　但是小册子事件并非没有效果。在吕西安和富歇大吵一架的第二天，约瑟夫的亲信斯坦尼斯拉斯·德·吉拉尔丹到最为拿破仑信任的勒德雷尔家打探消息。勒德雷尔告诉了他吕西安失宠的原因，并说吕西安的赌博最终还是有所收获：反复思量，波拿巴相信继承人只能是他的家族成员；但是他不想离婚，他认为他可以中和约瑟芬和世袭支持者的观点：当然不是约瑟夫，他"漫不经心"又懒，也不是吕西安，他太反叛，但可以是路易，他最喜欢的弟弟，过去被他像儿子一样照顾的弟弟。[122]

通向和平

战争仍未结束。人们还记得前一年7月，奥皇曾派特使来巴黎：圣-朱利安伯爵。[123]

在迅速商谈之后，签署的协议由迪罗克带去维也纳。[124] 波拿巴和塔列朗是不是弄错了奥地利特使的权力？他无权展开和谈，更别提签署协议了。或者他们装作他是正式的谈判使者——如果是这样，圣-朱利安就上了他们的当——以求让英国怀疑奥地利？迪罗克的任务当然不会有什么结果，圣-朱利安也在回维也纳的途中被撤销了职务，并遭到了逮捕。后来奥地利建议——可能是与英国有了协议，英国正在争取时间让俄罗斯回到反法同盟——进行一场有英国参与的商谈。不愿意承担重开战端责任的波拿巴装作接受，并派遣外交官奥托到伦敦打探英国人的意图。他从来就不相信这个任务能成功：重新开战的日子不远了。在意大利，布吕内接替了马塞纳，[125] 在德意志，莫罗为进攻做着准备。

奥地利首相图古特下台了，他的继任者是路德维希·冯·科本茨，坎波福米奥条约的谈判代表，这推迟了战争的爆发。他不如前任那样强硬，他建议与法国单独签署协议，保密到1801年2月1日，那时维也纳与伦敦的协议就到期了。他去了吕内维尔，见到了约瑟夫，后者把他带到巴黎与波拿巴面谈。这次会面毫无结果，除了一份被奥地利拒绝的最后通牒。

梯也尔对1800年第二次战役的描述是十分权威的，因此这里做个简短的概括就足够了。[126] 尤其是他充分解释了，这次不打算亲自上阵的波拿巴，为何没有像后来的1805年和1809年那样，将兵力分成德意志和意大利两大集团，而是分成了多个部分：一个主力军团由莫罗统领，驻扎在巴伐利亚，在弗朗库内奥亚（Franconie）的奥热罗部负责对其进行支援；另一个军团由布吕内指挥，驻扎在弗留利，由位于意大利中部的缪拉所部支援；麦克唐纳的军则占领了格劳宾登（Grisons），同时威胁着奥地利的蒂罗尔和意大利的蒂罗尔。两路大军同时分别沿多瑙河和经克拉根福（Klagenfurt）向维也纳进军需要颇具胆色的指挥官，他认为莫罗和布吕内都难以实现。因此，最好采取更传统的部署。

　　11月28日，麦克唐纳入侵了意大利的蒂罗尔，战端重开。与此同时，莫罗渡过了伊萨尔河（Isar）并向着因河行进。在那里，他与奥地利的约翰大公发生了一次遭遇战。约翰大公的激烈反击打得莫罗措手不及，他将军队退入了树木茂盛的霍恩林登（Hohen linden）森林。12月3日，正是在那里，莫罗打了他军事生涯中最漂亮的一仗。这"显然是曾有过诸多精彩战斗的18世纪中最出色的战斗之一"，梯也尔补充道。[127] 奥军遭受了灾难性的失败：约翰大公损失了2万人，还有他们的大炮和物资，"以及，更糟糕的，全部的士气"。[128] 12月9日，莫罗渡过因河；12月21日他抵达了距离维也纳仅有两天路程的恩斯（Enns）。他决定不通过占领敌国首都羞辱敌人，在此停了下来。此时临危受命的卡尔大公认为战争已经输了。12月25日，签署了新的停战协定，奥地利于次年1月15日又与布吕内在意大利签署了停战协议。这一次，与奥地利的战争结束了，据说波拿巴听到霍恩林登大捷的消息时高兴得跳了起来。[129]

　　外交上的成功进一步提高了军事胜利的价值：约瑟夫和科本茨恢复了在吕内维尔的谈判，而俄罗斯方面尽管双方还没有签订任何条约，但两国的关系在一点一点好转。对保罗一世来说，离开联军要比抛弃他曾宣布保护的波旁家族更容易；前一件事他可以用这是为了俄罗斯的利益来说服自己，而后一件需要他压制自己的自尊心。因此，他接见路易十八派来的特使迪穆里埃将军时，态度还不算冷淡，而且他还见了国王的另一个使者卡拉曼阁下；同时他又让他在柏林的大使克吕德纳（Krüdener）把他的条件带给法国人，[130] 还派了斯普伦波滕（Sprengporten）将军到巴黎面见第一执政，并带回了法国政府先前答应释放的8 000名俄国战俘。送回战俘，或者是把马耳他——在之后的9月3日，岛上法军的指挥官沃邦将军投降了——送给俄国，都是波拿巴"表示尊敬"的手段，目的是为了让沙皇断绝和英国的同盟。[131] 在9月底收到了保罗对英国商船和军舰实施封锁的消息时，他很满意。[132] 斯普伦波滕刚到巴黎，波拿巴就见了他。两个人相处得很愉快，在将军离开时，波拿巴给沙皇写了一封热情的信，建议建立一个良好而稳固的联盟。"我希望看到两个世界上最强大的国家迅速而稳固地结盟"，他说。[133] 沙皇是唯一一个自愿接近这个因被当作革命始作俑者而受人厌恶的国家的君主，但保罗钦佩的是它刚为自己选出的领袖。不过波拿巴可没有上这突如其来的热情的当。拉法耶特说起沙皇的热情时，他答道："这是真实的，但不知道能持续多久，我们得好好利用。"[134] 但波拿巴的想法多少发生了些变化，因为让叶卡捷琳娜大帝之子保罗沉迷的是他而非法国。毕竟，保罗把法国人看作一帮连给他擦鞋都不配的叫花子。这种热情可能就是波拿巴时常谈起沙皇的"友谊"和其中蕴藏的无限可能性的原因。[135] 保罗真的愿意与他内心深处厌恶的革命法国结盟吗？不管怎样，他还构想了又一个瓜分奥斯曼帝国的计划，该计划由他的首相罗斯托普钦（Rostopchin）起草，后者企图联合法国、普鲁士与奥地利一同完成这一行动。[136] 而在巴黎，人们还梦想着组建一支法俄联合远征军，去攻打英国统治下的印度。[137] 所有的这些不过是外交谈判中的空谈；然而谈判比波拿巴本人的热情评论所暗示的更难处理，他热衷于描述当时的快速进展和沙皇的热情配合，尽管后者如索雷尔所描述的，总是情绪不稳，在"病态地关注每一个细节"和"全然漠不关心"[138] 间没有任何过渡。不管怎么说，保罗用驱逐国王的代表卡拉曼的方式前进了一步。路易十八立刻明白了，他就是下一个：在1801年1月22日他收到了离开米陶的命令。他带着最后的党羽踏上了通往华沙的道路，不知道哪里能找到新的庇护。与此同时，受沙皇信任的外交官科雷切夫（Kolytchev）备好马匹，踏上了去巴黎的道路。

英国对中立船只的勒索促使俄国靠向了法国。保罗一世下令没收英国货船以示反击，而且在12月16日，瑞士与丹麦成立了武装中立联盟，普鲁士在18日也加入了进来。法国不是其中一员，但它刚刚以和美国签订蒙特枫丹条约的形式表达了对中立国的支持。[139] 这个联盟的诞生显然是对抗英国的上佳王牌。

布鲁图斯的匕首

执政府的政权日益稳固，这使得自波拿巴当政之初就接连出现的阴谋进一步增多。归根到底，这不过是事态发展的必然结果：集中在一人之手的权力越多，危机就越大，他的敌人可以通过刺杀领袖的方式颠覆政权。在大革命时期，通过刺杀主要成员打击政权核心的想法已经出现了——刺杀马拉的夏洛特·科黛，刺杀勒普埃的帕里，以及拉德米拉尔、西塞尔·雷诺和普勒神父，他们分别试图刺杀科洛·德布瓦、罗伯斯庇尔和西哀士——但这仍是微不足道的：革命有那么多个脑袋，就等于没有脑袋，砍掉1个、100个或1 000个都不会有任何影响。但处死罗伯斯庇尔意味着一个重大拐点，古老的"诛杀暴君"思想再度活跃起来。波拿巴独掌大权的局面更助长了这点，想要刺杀他的不仅包括那些希望破灭了的王党，还包括那些把他看作叛徒，看作"一个理应受到布鲁图斯匕首的制裁的凯撒"的铁杆雅各宾党人。[140]

几乎每个月都会传出新的密谋。今天是有人埋伏在通往马尔迈松的路上意图绑架他，明天又是有人意图穿过一条隧道攻占杜伊勒里宫，要不就是有人要在戏院或者公开仪式上刺杀他。[141] 以费雷罗为首的历史学家怀疑它们的真实性，他认为它们是警察机构为了将扼杀革命带来的自由的管制政策正当化而编造出来的。[142] 有一件事总被提起，就是"匕首密谋"。这却是个很平常的故事。一个叫阿雷尔（Harel）的老兵接近了某个激进共和派小团体，他们中有的人反对现政权，有的人反对波拿巴，他们中的两个人，朱塞佩·切拉基（Giuseppe Ceracchi）和约瑟夫·阿雷纳（Joseph Arena）之前就认识波拿巴。[143] 他们的活动不过是在小酒馆里吹牛，倘若阿雷尔没有因为缺钱而把他们举报给他认识的战争委员，而且此事之后又传到了布列纳的耳朵里，那么大概什么事都不会发生。[144] 波拿巴得知之后，他让布列纳给阿雷尔钱，让他推动这个计划。他想用这个被警务部部长忽视的密谋让富歇难堪，以此证明他仍保持着警惕。受了阿雷尔的鼓励，切拉基、阿雷纳、德梅维尔（Demerville，巴雷尔的前秘书）[145]、托皮诺-勒布伦（Topino-Lebrun）等人一点一点地准备密谋，但是在10月10日，他们准备在歌剧院行刺知晓当晚会发生什么的波拿巴时遭到了逮捕。

然而，并非所有的阴谋都是警察机构伪造的：在上一次刺杀密谋被"发现"后不出一个月，富歇的探子逮捕了一个雅各宾，舍瓦利耶

（Chevalier），他在默东（Meudon）制造了一个炸弹，这启发了后来制造圣－尼凯斯街爆炸案的王党们。[146]

在流亡者中，路易十八好像是唯一一个相信，或还装作相信，波拿巴最后会把王位还给他的人。与第一执政交谈过的伊德和卡杜达尔，则根本没有发现这个人有半点放弃用自己的辉煌胜利换来的成果的想法。旺代的降服和马伦戈的胜利，让他们，或者至少是让卡杜达尔萌生了绑架或是暗杀波拿巴的念头。这个可能性得到了高层的讨论，甚至还有阿图瓦伯爵身边头脑发热的冒险家们，但是却遭到了路易十八的警告。他鄙夷这种下流伎俩。后来，在波拿巴与詹姆斯·福克斯（James Fox）的会面中，他指责是英国政府煽动了圣－尼凯斯街的行刺。[147]无法证明英国卷入了暗杀，但他们确实可能有这个想法。1798年，英国的秘密特工曾意图刺杀督政府成员，此事没有发生，完全是因为事件的发起人，运营"施瓦本机构"的詹姆斯·塔尔博特（James Talbot）被格伦维尔（Grenville）勋爵痛斥了一顿，后者拒绝使用违背"文明国家的荣誉和人道"的措施。[148]对于流亡者，他们倒没有这方面的顾虑。卡杜达尔回到了布列塔尼，他参与了12月24日的密谋吗？他对此一直否认，声称他只想绑架波拿巴，而不是杀死第一执政以及那些无辜的平民。[149]然而，卡杜达尔的一个狂热的下属，圣－雷让（Saint-Réjeant）带着他的仆人卡尔邦（Carbon）来到了巴黎，富歇得到了风声，但他们早已习惯了地下工作，成功摆脱了警察的跟踪并躲入了每个大城市都会有的无名贫民窟。他就是在那里，在与怀着同样恨意和怨恨的人们的来往中，得知了舍瓦利耶和他的同谋维塞尔（Veycer）发明的装置吗？圣－雷让拿了主意，在12月24日付诸行动。[150]

当晚波拿巴和约瑟芬要去歌剧院，观看海顿（Haydn）《创世纪》在巴黎的首演。圣－尼凯斯街上，圣－雷让准备一等到卡尔邦发出第一执政车队到达的信号就点火。没有等到信号的他，突然看到马车从面前驶过。他引爆炸弹，但已迟了几秒。波拿巴的马车已经到了马耳他街的拐角，因此幸免于难。[151]据报道爆炸造成了7死30多伤。[152]波拿巴拒绝返回杜伊勒里宫，他面色如常，出现在了歌剧院，而他身边的人都纷纷谈论着关于行刺的消息。回到杜伊勒里宫后，他大发雷霆。富歇当然在那，而且他的怒火全都落到了富歇头上，有人说他包庇了被波拿巴认为和爆炸有关的雅各宾党人。富歇是谨慎地保持了沉默，还是告诉第一执政他错了，他可以证明是王党制造了爆炸？[153] 无论他做何反应，波拿巴都下了决心：雅各宾派要为此付出代价。[154] 参政院立即投入工作。因为它当时正在审查成立特别法庭打击盗匪的提案，它提出了两个修正提案，一个是成立特别法庭审理危害政府领导人的犯罪案件，另一个是赋予执政将危险分子驱逐出巴黎的权力，在他们违反驱逐令时可以把他们赶出法国。波拿巴当场提出反对，他认为惩罚还不够重：

> 在巴黎或者整个法国大约有四五百个犯罪分子，没有住所，没有工作也没有钱。这些人组成了一支军队，不断对抗政府……他们是一切秩序、自由观点和政府的敌人……这些饿狼遍布整个社会……周而复始地营造恐怖。欧洲会怎么看任由这些饿狼恣意妄为的政府？欧洲该怎么信任这个不知道如何保护自己首都的政府？这个政府就眼睁睁地看着首都发生了这样可怕的阴谋，带来了破坏和死亡，这种状态不能再持续下去了：应该清除这些祸害；5天内，这些祸害中得有20或30人被处死，200到300人被流放。至于我，我已经准备好承担推行此措施的所有重责和责难，而我从这一维护公众安全的举动中只看到了光荣。[155]

当特吕盖大着胆子说现在还无法确定犯罪团体的身份时，波拿巴冲着他咆哮了至少得有半个小时，最后仍未平息怒气的他哑着嗓子宣布会议结束，摔门而去。第二天，12月27日，"虔诚的"康巴塞雷斯把立法团和内政部门的同事召到家中，请他们修改之前的提案并准备一份新提案，授权政府不需要审判便可驱逐叛乱分子，以及处死他们中涉及圣-尼凯斯街爆炸案的人。与会人员对参与这种专制行为感到反感，也不想以议会的名义干这种事：所以他们建议起草一个由执政签署的命令。波拿巴拒绝：整台国家机器，他说，都应该投入到维护公众安全的行动中。是勒德雷尔还是康巴塞雷斯，或者是塔列朗提出的求助于元老院？[156] 最后决定这一授权不以法律的形式，而是一道经过元老院审查被认为不违背宪法的命令："在这一折中方式的帮助下，"朗弗雷（Lanfrey）评论说，"元老院，宪法的捍卫者，变成了屈从于他的意志的权力机构，并赋予所有专制手段以合法性。"[157] 元老院和议会的投票机器从此做好了运行的准备。波拿巴亲自起草了由参政院公布的命令，后者尽了最后的努力抵抗第一执政的意志。[158] 参政院有犹豫的理由：12月30日，雷亚尔披露称，警察当前已经有了爆炸是由"受英国人资助的朱安党人"策划的证据。[159] 即便是与波拿巴关系亲密的勒德雷尔，也不禁请求解释。"倘若，"他问，"遭到打击的人是一个党派，而暴乱分子又属于另一个团体呢？"[160] 波拿巴反驳道，难道因为他们在这次罪行中无罪就宽恕他们？那如果他们犯了其他罪行，或者正准备犯下罪行呢？[161] 讨论结束了，富歇被委派起草驱逐出境的人员名单。

当然，元老院没做出丝毫抵抗；1801年1月4日，它宣布了驱逐出境的130名嫌疑人的名单，"作为维护宪法的措施"。[162] 在这些人出发前往南特（他们将在此被送往塞舌尔）时，许多人遭到了处决：首先，1月11日是舍瓦利耶和维塞尔；之后，16日，是一个叫梅特日（Metge）的雅各宾党人，小册子《土耳其和法国的军人》的作者，他被指控谋杀第一执政；最后，30日，是阿雷纳和切拉基及其同伙。圣-尼凯斯街的真凶也遭到了逮捕，卡尔邦在先，圣-雷让在后。[163] 警务部部长获得了胜利：他拿着证明他一开始就正确的询问笔录来到马尔迈松；但是波拿巴仍然挺满意：因为这是个王党阴谋，又让他借此端掉了"雅各宾的总参谋部"。[164] 一箭双雕。

然而，数周后，对这一严厉打击政策的反对前所未有地强烈。设立特别法庭的提案，在1801年2月7日进行投票时，在保民院遇到了强烈抗议。[165] 倘若这些事没有发生，为打击盗匪而设立的特别法庭就不会引起这么大的反对，但刺杀事件的后果让人们想起了恐怖时期的黑暗日子。然格内谴责了这种以某人口中的特殊情况为由，将重新实行非常措施正当化的做法；贡斯当、多努、谢尼埃等人也附和他的看法。又经过了两周的讨论，提案以49票对44票的微弱多数通过。即便是听话的立法团，也用192票对88票的空前结果表达了不满。波拿巴再次暴怒。他威胁用法令号召公众来治理国家，而非倚靠议会；在然格内发言之后，他吼道："那得淹死12到15个空想家。他们就是我衣服上的跳蚤；我不会让自己像路易十六那样被攻击；不，我绝对不能容忍！"[166]

　　然而，他并不会像君主制在革命之初那样受到议会骚动的困扰，因为和谈进展飞快，而且对奥地利作战的胜利，尽管没能让他免于暗杀，至少帮他免去了许多质疑和指责。约瑟夫·波拿巴和科本茨在霍恩林登战斗之后恢复了谈判，12月31日，奥皇授权他的大臣与法国签订和约，不考虑英国。这便是1799年组成的反法联盟的终结。尽管奥地利与英国的决裂让和平几近实现，但道路上仍旧有重重阻碍。波拿巴毫不让步，强迫奥地利接受耻辱的条件。[167]一个没有被冲昏头脑的冷静观察者无疑会发现，波拿巴提出的和平对奥地利来说是不可接受的，后者不会遵守这个条约，就像他们没有遵守坎波福米奥条约一样。约瑟夫考虑到被剥夺领地却没有获得任何补偿的托斯卡纳大公爵，试图让弟弟接受一些修正。徒劳无功。科本茨反对，但他不再像1797年那样咄咄逼人。他那时不认识波拿巴，现在他和谈则感到无能为力。和约于2月9日签署：法国扩大了在莱茵河左岸的领土，奥地利正式承认法国吞并比利时；在意大利，托斯卡纳归于帕尔马，也就是给了西班牙，山南共和国扩张至波河一线，奥地利退过了阿迪杰河而且失去了萨尔茨堡主教领，这是波拿巴给托斯卡纳大公爵的补偿。[168]最后，所有在莱茵河左岸失去领地的君主，都在德意志其他地区获得了补偿，显然这意味着德意志帝国内部的巨大领土变动。和平？这只是"纸上的和平"。[169]强加给战败者的条件几乎抵消了1800年的军事胜利：马伦戈和霍恩林登的胜利结束了长达9年的战争；而执政府的外交政策为迟早会爆发的新的战争提供了舞台。

　　在马伦戈之前，波拿巴曾说一场胜利可以让他为所欲为。[170]12月24日的暗杀为他带来的收获几乎等同于胜利与和约的总和。后者确立了他的合法性，前者让他能自由行动：首先是对雅各宾派和王党的先后肃清，[171]消除了密谋的威胁，其次是建立特别法庭，以及元老院对宪法的修改，使他有了对付反对者的新手段。执政府转变成了"明确而临时"的独裁制。[172] 而且，对这一特殊情况的"制度化"在当时已有端倪。这方面，执政府继承了督政府的做法，自1797年，他们毫不犹豫地采取特别措施镇压敌人和对抗各种攻击，而当时的动荡并不比现在轻。[173] 倘若政府控制了元老院的大多数，它就可以避开所有规则，强迫驯服的元老院通过元老磋商的形式，对规则进行改变或将其废止，甚至能用同样的方式改变制度本身。1800年年底的阴谋为执政府敞开了通往帝国的道路：

> 波拿巴同时面对着来自左右两个极端的棘手敌人：恐怖主义者和王党，他认为只有最高的权力才能使他免于被阴谋所害，而且他发现所有政府机构出乎意料地软弱，从那时起就让他看到了一切尝试都有极大的成功可能性。然而，他在两年后取得的绝对权力，并非是公民和这些团体准备好要授予他的，而是因为公众把他当成了必不可少之人，他才能获取如此权力。他们担心一旦失去了他，这个国家就将万劫不复，因此为了保住这个肩负着法兰西命运的人的性命，任何牺牲都是值得的。因此，波拿巴得感谢他的敌人。对准他的匕首，向他展示了他的力量的秘密，并在某种程度上逼着他看到了运用这一力量的必要性。[174]

第28章
与教廷的和平

　　签订吕内维尔和约的当天，波拿巴正在皮卡第，他在这里召来了工程师普罗尼（Prony）和他的5个同事，考察圣‑康坦运河工程的选址。[1] 这是个老项目：这个将塞纳河和瓦兹河（Oise）与索姆河（Somme）和埃斯科河（Escaut）连接起来的计划，可以追溯到路易十四时期，但是财政和技术上的困难——需要挖掘两条运河——拖慢了工程。大革命导致计划中断。这个荒废的工程见证了国家十年来的动乱。夏多布里昂在1800年春从流放中返回时，对法国做了著名的描述。从加莱到巴黎，都是"荒废的城堡""断壁残垣""被遗弃的教堂""没有大钟的钟楼""没有十字架的公墓"："人们会觉得一场大火刚刚燃过乡村，它们一片荒芜又破败不堪：到处都是烂泥和灰尘，大粪和瓦砾。"[2] 被迫流亡英国的经历，无疑让他对眼前这幅曾震撼过于15年前访问法国的亚瑟·扬（Arthur Young）的贫困景象分外敏感。[3] 由于夏多布里昂很难以一种公正的态度评判革命法国，若不是有1801年新政府命令参政院撰写的国家情况报告的支撑，他的叙述不会这么有分量。[4] 他们所看到的仍旧是灾难性的处境：行政机构混乱、无能又腐败；薪金、抚恤金和军饷发放不及时或者根本没有；司法系统极其糟糕；学校破破烂烂；孤儿院儿童的死亡率接近99%；道路坑坑洼洼，沟渠淤塞，桥梁损坏，森林无人护养，公共建筑遭到洗劫和毁坏，等等。到处都能见到大革命、内战和1793年入侵留下的痕迹；一切都没有被修复。人们还可以在这番景象上加点别的细节：缺少现金，人们开始以物易物，到处都是劫匪……显然，新政府比前任更得信任：它自成立之初就一直在有效运转；但是如果没有与奥地利成功和议，政府更迭的优势可能表现得就不那么明显。这种悲惨景象无法迅速结束，尤其是因为正常的经济活动还没有完全恢复。[5] 直到1802年贫困才得到减轻，复苏的增长让抹去革命痕迹成了可能，同时又让波拿巴到了权力的巅峰。

第一执政的大工程

整个国家看起来被当局搞得一塌糊涂，无人管理，满目疮痍，而且陷入了普遍的贫困。[6] 波拿巴造访过圣–康坦的纺织工场，没有给他留下除此之外的印象。在革命前，这里真的曾经雇佣过7万名工人，每年能生产价值1 500万法郎、大部分用于出口的布匹吗？在10年里，他们的产量降低了六分之五，波拿巴认为这样的萧条不仅是因为整体需求的减少，还因为消费者偏爱英国的平纹细布。[7] 和其他领域一样，在经济问题上波拿巴也相信意志的力量，特别是他相信在普遍的贫困和萧条的背后藏着一股未经触动的力量，激发这股力量就能让法国迅速脱胎换骨。迪安·保罗（Dean Paul），1802年匆忙造访法国的英国人之一，说道：法国的一切都在重复一个世纪前的英国，但是同时人民为自己的国家感到快乐，展现出1789年前从未有过的"自由景象"；法国人并不是个吸引人的民族，但是他们中没有一个不认为"自己是个重要的人"。[8] 大革命席卷了法国，但留下的不仅是毁灭：欧洲不久就会学到这一课。

波拿巴并不像某些人说的那样忽视财政和经济。[9] 然而他却不怎么接受莫利安为金融自由做的辩护，这是因为他不理解，也不能接受证券交易可以和其他领域一样为国服务。[10] 但是他对经济问题很感兴趣，并且也乐意与莫利安、戈丹或沙普塔尔（Chaptal）进行讨论。同样，尽管他对商人的怀疑接近厌恶，但他也没有忽视对外贸易给法国带来的实力和影响力。他对经济就像对其他领域一样，只对其对政治的影响感兴趣。繁荣，难道不是保证国内秩序与稳定和对外扩张与支配的条件吗？他并不太关心推动自私又软弱的富人社会的发展——他骨子里还有一点像卢梭——但是为了重新回到国际事务的舞台上，法国必须得再次富起来。

在大多数领域，他的观点就是他所处时代的观点。他不喜欢信贷；他拒绝纸钞——而且毫不动摇，他更喜欢可靠而稳定的金属铸币。[11] 作为一个重农主义的继承人，他将农业置于工业之前，而后者又在商业之前。这一点都不奇怪。像大多数法国人一样，他也吃够了大革命激进冒险的苦头；和他们一样，他也是关税保护主义者，确信没有工业就没有实力，没有关税保护就没有工业。[12] 波拿巴坚持了被英法1786年的自由贸易条约——留下了极坏的记忆——所反对的保护主义政策，这对大多数，但并非所有法国人的期望做出了回应：这个政权在那些对世界开放的港口城市不怎么受欢迎。另一方面，他满足了工厂主抵制英国产品的要求，后者在技术、原料和制造成本上都有优势。

这里就看到了用沙普塔尔替换无能的吕西安担任内政部部长的重要性。在这位著名化学家的领导下，内政部获得了新生。沙普塔尔不像他的前任，他不单单致力于各种复杂问题还具备处理它们的能力，而且他的观点和新的工业政策即刻吸引了第一执政的注意。作为医生和化学家，沙普塔尔在旧制度的末期就崭露了头角，不仅仅是因为他的发现，更是因为他将这些即将彻底改变化学界的发现公之于众。他亲自构思了自己后来要执行的政策：他忧虑于法国工业的落后和对外国原料的依赖，而后又看到了化学的进步能让人们找到那些他们没有的原料的替代品以及完善各种生产工艺，他试图"让他的国家摆脱付给英国和荷兰的高额贡金"。[13] 在他的脑子里，科学和政治是不可分割的，应该说他把科学看作一种工具，一种可以减少法国经济对进口的依赖以及提高其工业品在国际市场上的竞争力的工具：少进口，多出口。

通过娶一个有钱的蒙彼利埃女继承人，沙普塔尔进入了朗格多克银行家和纺织厂主有权有势又封闭的圈子，这个圈子通过康邦（Cambon）、康巴塞雷斯和拉梅尔-诺加雷（Ramel-Nogaret）等人，在大革命期间扮演了重要角色。[14] 在1801年，沙普塔尔代表着一个从18世纪初就致力于维持法国国力的"党派"。这类"党派"有三个：第一个寄希望于建立法国18世纪初就试图建立的联盟体系，与"提供白银的西班牙，烟草和糖产量占了欧洲极大份额的美国以及银行体系遥遥领先的荷兰"结盟；第二个是内克尔分外推崇的，"与英国和解并且开始在各大洋上自由贸易"；然后是第三个，其本质上代表着"受英国工业革命威胁的"纺织工业的利益：他们接受"原材料严格进口（例如印度白棉布），但只进行染色或者加工；他们更喜欢本地制造并出口成品……他们是贸易保护者，甚至有点闭关自守"。[15] 蒙彼利埃纺织业主在第三派占有重要位置。有两个人是这一主张的代表人物：国民公会的康邦和执政府时代的沙普塔尔。沙普塔尔的理念兼顾了独立自主和发展国力，一定会讨波拿巴欢心，而且即便是二人的关系时好时坏，沙普塔尔的建议仍是皇帝最愿意听取的。

重开圣–康坦运河的工程，与其他重大项目，是二人合作的初步成果。[16] 显然，这些大工程自身并不足以恢复经济活动，但是正如梯也尔公正的评论所说："在公共领域中，总是有现实的错误和想象中的错误，一个会让另一个变得更棘手。"他又补充道："因此消除想象中的错误是十分重要的，这将削弱真正错误带来的痛苦并唤醒那些在等待复苏中忍耐的人们。"[17] 即便是有时候信心并不像想象中的那么强大——政权的个人化扩大了有关未来和政权持久性的问题——新政府与其领袖的努力，胜利，内战的结束，恢复秩序的初步行动，都表现出了与前任无能政府的鲜明对比，这让大多数人都不希望看到第一执政退休。更何况法国如今正在渐渐远离革命的海岸，接近着充满未知领域的大陆。

孕育中的社会

此时，一切都杂乱无章：一个新的社会正在成形，它既不是过去最古老的记忆中的社会，也不是革命者的理想社会，甚至也不是越来越多的回来的流亡者希望的社会。[18] 而是一种荒谬的"杂交"社会，夏多布里昂将其描述为"一锅奇怪的大杂烩"：

> 不少人都串通起来，把自己伪装成完全不同的人：每个人都用着假名和借来的名字……一个人或许是意大利人或西班牙人，另一

个则是普鲁士或荷兰人：我则是瑞士人。母亲被误认为是她儿子的姨母，父亲则被当成是他女儿的叔叔；土地的所有者谎称自己仅仅是管理者。这番景象，给我一种相反的感觉，1789 年，教士和宗教人员离开了他们的修道院，旧社会为新的社会取代：后者，在取代前者后，又再度被取代。同时，秩序井然的社会开始重新出现……共和国的这一代人正在退场，与他们泾渭分明的属于帝国的这代人正在登场。那些被征兵上来的，贫苦的，谈吐粗鲁，面色严峻，在战争中除了伤痕和破衣烂衫一无所获的将军们，和穿着光鲜制服的执政卫队的军官们擦肩而过。回来的流亡贵族平静地与杀害他们亲朋好友的凶手交谈……九月屠杀的参与者们，已经改名换姓搬了家，开始在街角卖烤苹果；但他们又不得不经常换个地方，因为那些认出他们的人会踢翻他们的摊子并痛打他们。富起来的革命者搬进了圣－日耳曼区的大房子。在成为男爵和伯爵的过程中，雅各宾党人说起 1793 年的恐怖，也只说到处罚无产者和镇压暴民的必要性……所有这些造就了热血沸腾的一代人，并且他们今后将会让外国人流血：日复一日，从共和走向帝国，从集体的暴政走向个人的专制。[19]

　　读完这一页，人们可以明白为什么波拿巴一从意大利回来，就投身于政治和司法的大工程，这是为了给这个新世界以框架，明确成员之间的关系，施以规则，并用可以接受的法律将大革命的遗产转变成能够维持又井井有条的新社会。成立委员会拟定民法典是执政府的第一波措施之一，除此之外还有：改革督政府遗留下来的公共教育体系，根据共和八年宪法讨论要人名单，与罗马重新谈判。第一执政在参政院前坚定地指出了改革的路线："我们已经结束了传奇的大革命：我们开始回顾它的历史，只应关注它在应用其原则时的真实可能，而不是其中的推测和假想。在今天开辟另一条路只是空谈，而非治理国家的正道。"[20] 民法方面是这样，宗教事务也是如此，这是所有问题中最棘手的一个。

　　法国宗教的复苏，在雾月十八之前就有所表现，这让丰塔纳和他的朋友感到欢欣，夏多布里昂在《阿达拉》（*Atala*）和后来的《基督教真谛》(*Génie du christianisme*)中做了文学上的赞颂。这可以追溯到1794年，罗伯斯庇尔在恐怖时期禁止了基督教，建立了对至高主宰的崇拜。这一世俗化的宗教，多多少少受了卢梭的影响，但残留了大量天主教的要素，很多人认为这是宗教回归的预兆，有神就有崇拜，而有崇拜就势必要有教士。热月九日之后，对宗教的持续压迫渐渐放松，这足够唤起忠实又被严酷压迫的虔诚者的渴望。3年来，秘密的天主教会都被判有罪——当然，这是因为秘密教堂里的神父未向宪法宣誓以重获信任——这带来了诸多影响。它把忠实的信众团体推回了地下墓穴时代。迫害重新激发了信仰的热情，它在大革命前夜仅是不温不火的程度：许多先前只是因为遵循传统才信教的人在压迫下成了虔诚的信徒。夏多布里昂、马修·德·蒙莫朗西、丰塔纳和拉阿尔普都因其天主教信仰出名，展现了天主教信仰的转变，想要感化灵魂，因为它是新的，更准确说是不那么正统的宗教。然而重获生机的天主教还要面对同样热情的反对者，革命阵营中的激情还未退去，那个阵营里，人们致力于对抗存在于1789年理念周围的迷信和蒙昧。同样，返回的流亡者和神父让斗争更为复杂。一部分人致力于让上帝重新回到这个长久以来"最受上天眷顾"的国家，另一方则坚持捍卫他们眼中启蒙时代的遗产和高卢派留下的成果。

遗 产

认为制宪议会仅仅延续了君主制时期的宗教政策当然有失偏颇；但将1790年的《教士公民组织法》视为和天主教彻底决裂，也同样是过于夸大其词。制宪议会的绝大多数代表和当时的民众一样是基督徒。他们的意图不是动摇教义：他们相信宗教具有社会性效益，并将天主教视为国教，他们甚至反对1789年《人权宣言》中关于宗教自由的原则。然而，那些支持国家参与宗教事务的高卢派传统的信徒们，想要把所有应遵从教会"训导"的事务都置于国家的控制下。比起法国君主通过1516年的《教务专约》(*Concordat*)和1682年的《高卢派声明》(*Déclaration gallicane*)确立的政策，他们更多地参考了统治着奥地利、德意志和哈布斯堡家族在意大利的领地的约瑟夫二世皇帝追求的政策。像约瑟夫二世一样，他们也想把教会国有化而非宗教化。他们认为，在精神层面，教会执行的是一种所谓的"天国警察"的职能，他们认为宗教理应从属于国家，国家不涉足精神层次的管理，而将其托付给教堂的忠诚并阻止它们在与教宗联系时发展成独立的力量。驱逐耶稣会，向僧院修会宣战，强制要求神父宣誓，充公教会财产，对非天主教徒实行宽容政策，约瑟夫二世在这条路上已经走了很远。[21] 但即便约瑟夫二世和他的顾问一样不愿意与罗马妥协，他还是会与那些不完全反对帝国政策，有能力居中调和的神职人员合作。这种限制在1789—1790年的法国是不存在的，主教团因在1789年5月和6月反对三个等级共同召开会议而把自己置于游戏之外。因此，教会改革的政策是由高卢派法学家制定的，神职人员几乎没有干预。

这些改革包括了教会地产国有化和禁止立誓清修，将教会几乎完全整合进了公务机关体系。主教教区与省区一致；国家给神职人员发工资，同时要求神职人员宣誓，并且沿用其他政府机构的规章：本堂神父5年一选，主教15年一选。制宪议会的代表确信没有任何原则能够超越国家的主权，因此他们跨过了约瑟夫二世从未逾越的红线：神父和主教通过选举产生，而根据1789年12月和1790年1月的和解法案，新教和犹太教人员也被接纳为投票者；至于教宗，曾在天主教国家有着无可争辩的权力：授职主教。但是从那时起，本堂神父由主教授职，主教由大主教授职，如果没有，就由其他主教授职。

制宪议会的顽固，法国驻罗马大使枢机主教贝尼斯（Bernis）的阴谋诡计，以及1789年流亡国外的高级神职人员无疑共同导致了法国与罗马教廷谈判的失败；这一法案在神学上的具体含义势必也影响了教宗的决策。也有一部分世俗的问题：阿维尼翁难道不是巴黎与罗马之间不和的又一原因吗？不过考虑到有超过半数的法国教士拒绝按照制宪议会的要求宣誓，阿维尼翁并不是促使教宗于1791年3月10日做出谴责《教士公民组织法》的决定的关键因素。[22]

新的教会，即所谓的"宣誓派"，从未能在法国立足，尤其是到了1793年它也成了受压迫的对象，它的教士受到骚扰，宗教场所被关闭，为数不多的信众也四下星散。恐怖时期结束后，热月政府知道它应该解决制宪议会宗教政策带来的混乱与痛苦，决定翻开新的一页——制宪议会的宗教政策被废止，代以一个政教分离的体系。然而，承认信仰的恢复仅仅是因为1793年去基督教化的失败，宗教现在受到了严格的限制和紧密的监视。政教分离就意味着教士要自谋生路，不再享受国家的津贴，热月政府希望用贫苦来获得1793年去基督化用暴力没能获得的东西——理性的胜利。他们还建立了一个新宗教——有神博爱教。但它吸引追随者的能力既比不上1791年和1792年由宣誓派教士举办的弥撒，也比不过1793年为理性女神举办的庆典。

有人夸张地认为督政府时期的宗教政策是国家与宗教分离的第一个尝试，阿尔贝·马蒂耶（Albert Mathiez）甚至说，1795年到1801年是宗教上"自由与宽容的七年"。[23] 然而政教分离的出现要更晚：它始于1799年最后几天临时执政府采取的和解措施，当时颁布了很多法令，恢复了还没有被变卖的教堂的用途，允许在旬日和礼拜天之间自由选择休息，而且将教士的宣誓程序改为了简单的"忠于宪法"的保证。[24] 从那时起，朱尔·朗弗雷（Jules Lanfrey）说，"法国的法律"是一种"完全而充分的信仰自由"制度。[25] 他很惊奇：为什么波拿巴不止步于此？为何他认为他需要与罗马达成一致？宗教与国家分离的体系，配合完全的自由，避免各种宗教对政策的影响，作为交换，他们可以不受限制地获取道德上的影响力，根据同一作者的说法，其重要程度一点都不夸张。如果说宗教复兴了，那也只是社会层面而非精神层面上的，并由丰塔纳和夏多布里昂领导，他们的信仰也不是那么坚定。[26] 在这种情况下，波拿巴为什么还要冒险与罗马复合，唤醒教会"已经沉睡的野心"和"他既不想也不能满足的贪欲"？[27]

和解的利益

第一执政不乏这么做的理由。当他上台时，发现宗教问题一片混乱：有宣誓的神职人员也有没宣誓的神职人员，在那些已经在1791年宣誓的人中，有的又在1792年、1795年和1797年拒绝宣誓，每次的政治危机都会带来新的形势改变；仍忠于罗马的神职人员，一部分被流放了，另一部分隐秘地藏在法国；一些人拒绝与革命做任何和解，一些人觉得可以和解，但条件是政府放弃严酷的措施。[28] 还有已婚神职人员和被教堂驱逐的修士、修女的问题；旧宗教的信众要求重开教堂并恢复礼拜天弥撒，前宣誓派的神职人员坚决不放弃他们的神坛，即便他们已经没有信众了。而且在宗教领域仍争吵不休，巴黎的宣誓派大主教鲁瓦耶（Royer）阁下为拯救他们两人都曾效忠过的行将就木的教派，竭力采取一切措施阻止着布卢瓦主教格雷古瓦。[29]

这就是为什么当有人建议波拿巴不要插手宗教事务，让它们按照自己的进程发展，尊重宗教的自由发展，让宗教机构回归其最初始的用途时，他耸了耸肩："尊重宗教……但问题是哪个宗教？恢复神殿……恢复谁的？宣誓派？神职人员〔拒绝宣誓的〕？还是收英国钱的本堂神父们？"[30] 这些混乱让他坚定了恢复秩序的决心，和其他领域一样。

这不是全部。最后波拿巴决定用他的政策原则来指导宗教事务：毫不犹豫地继承大革命的成果，同时回应大多数法国人的期望——他称其为真正的代议制。[31] 在他眼里后者对恢复宗教自由的期望就是他这么做的理由，而且他长久以来就想这么做：考虑到革命时期连续推行的失败的宗教政策，他必须得让一切重新开始，不带任何偏见。他不仅仅在雾月十八后向丹迪涅透露过风声，而且在1797年就给庇护六世写过一封短信。他赞成教宗呼吁天主教徒接受政教分离（一个从未实现的计划），意大利军团的总司令指出了未来的方向：

> 在这第一步的行动之后，让宣誓派神职人员与非宣誓派神职人员和解将有着重大意义，最终，罗马教廷的措施将能清除一切障碍，并能够带给大多数法国人宗教信仰。希望能够为宗教尽一份力，是我这封信的主要动机之一。[32]

人们说他的动机只是目光短浅的功利主义。[33] 这显然不无道理：获得法国有信仰的人的支持，不是让他减少了对支持者的依赖吗？这难道没有剥夺波旁家族最后的拥护者吗？与教宗联盟，难道没有削弱奥地利在意大利的影响力吗？难道不是有利于让法国回归国际社会吗？和同时代的许多人一样，他首先将宗教看成穷人和苦命人的慰藉，更重视其"社会"意义上的神奇功效而非降临的神秘。[34] "有我的省长，我的警察和我的神职人员，"他在教务专约谈判期间对拉法耶特说，"我就能做任何我想做的事。"[35] 他对宗教的看法令人费解。当无法用理性解释自然的和谐与法则时，他就相信存在高级的智慧，但是当人们问起他是否信奉上帝时，他前一天给出了肯定的回答，第二天可能就会说更理性的做法或许是把他的敬意献给太阳。[36] 他属于他的时代。他对信仰的尊重要超过宗教，他尊重"有用的"神职人员，教区的神职人员，但他轻视那些"只会酗酒、念经和为非作歹"的"无赖"僧侣。[37] 我们已看到了他在埃及演的那出皈依伊斯兰教的闹剧，以及后来的教务专约，无论他出于多么严肃的动机，此事对他有多么重要，都无法抑制他对自己所做之事的嘲笑，他让他的革命盟友改变信仰时认为此事很滑稽，他在读罗马教廷的经文时也不自觉地发笑。[38] 有一天，一个人跟他说他应该亲吻圣餐盘，他直截了当地拒绝："别让我做这么蠢的事！"[39] 他仅参加弥撒，但没有其他进一步的行动："别向我要求那么多！"他对布列纳说，"你们得不到：你们永远不会把我变成个虚伪的人！"[40] 他努力适应了参加弥撒，但时间尽可能短，不超过12分钟，这期间他也不停止工作。[41] 他看到了宗教仪式的重要性，总之他的观点缓和了，但没有表现出太大的热情：难道宗教没有教人们背离世界吗？难道没有反复宣传与他崇尚的男子气概、勇于进取和征服一切的胆略相背离的理念吗？同时，他又说教堂的钟声让他想起了自己的孩提时代。[42] 他接受宗教是对内心呼唤的回应，也就是因为这个原因它才会无法根除，但仍宣称这只是传统。[43] 如果说有什么让他觉得是不可能的，那就是改变人们的宗教，更别提让人彻底摆脱宗教。而且在回应那些向他赞扬新教教义的人（为数不少）[44] 时，他说，法国在16世纪已经做了选择，这无法更改；宗教改革属于过去：

　　　　我现在强而有力，不过，倘若我想要改变法国的古老信仰，法
　　　国就会起来反抗我，并战胜我……新教是法国的古老宗教吗？在经
　　　历了漫长的内战，上千场战斗之后，它最终变得符合我们的习俗和
　　　特点了吗？人们难道没有看到它强加于人的强烈意愿吗？他不是创
　　　造了人们本没有的品味、习俗甚至回忆吗？宗教的主要迷人之处，
　　　就在于它的记忆……这些新教神职人员能在法国创造出什么？人们
　　　并非从小就与他们一起，而他们的严峻冷漠外表也不符合我们国家
　　　的习惯！[45]

　　所以，除了与罗马达成协议外没有别的办法。教会，哪怕是高卢派
教会，因其政治组织和与罗马的联系而十分危险，他必须从中自保，所以
与罗马的协议尤为重要。神职人员难道没有分成忠于罗马和服务国家的两
派吗？倘若波拿巴想要与罗马达成谅解，最好就是将教会置于国家的权威
下，而非恢复其旧时的权力。教会已经被剥夺了大部分的财富（1789年
时占了国家财富的三分之一），还回去是绝不可能的；它已经被剥夺了数
个世纪以来左右法国社会的权力，这不可能再重新获得了。在他设想的协
议中，教会仅限于为信仰服务，曾使其享有（相对）独立地位的财产将被
剥夺，其日常开支将完全由国家提供。对波拿巴来说，与其说他是在否认
革命时期的宗教政策——即便是更新1516年教务专约的设想也意味着与
《教士公民组织法》精神的割裂——不如说他是通过删除其中罗马不能接
受的那些条款使其更加稳固，坚持这些条款只会引发一场最为危险又难以
结束的斗争，因为那将涉及人们的良知。[46]

　　这就是为何他不能与格雷古瓦教士合作的原因。这位布卢瓦主教与
他有过多次会面。他的对话者给他提出了5份关于宗教问题的备忘录和1
份与教宗协议的草案，蒂博多说那代表着"反抗派教士对宣誓派教士的完
全胜利，高卢派对越山派的胜利"。[47]格雷古瓦的目的并不仅仅是挽救他
一直为之战斗的《教士公民组织法》；他还想重建在他看来被1516年教务
专约扭曲的高卢派原则，以保存法国教会中的民主程序，正如他所见，民
主已不存在于政治制度之中了。波拿巴当然赞同格雷古瓦有关宗教和解的

建议，但是他反对主教选举，他认为（事实也正是如此）教宗不会同意这一方案，而且他拒绝只从宗教角度看这个问题。实行格雷古瓦的计划，并不会改变之前的处境，而且这等于放弃了第一执政想通过教务专约达到的目的：他想让法国回到世界的舞台上并让教宗切断与路易十八和王党之间的联系。"那么，有什么办法能强制教宗和他的神职人员拒绝承认波旁的合法性？"[48] 他向对与罗马和解大坡眉头的拉法耶特问道。

他计划已定。"该如何实现法国教会内的和平？"他曾问过，"一个决定性的措施：先将所有主教全部解职。必须让所有的职位空出来；我会换掉那些在自己的教区密谋保王的流亡主教，任命那些献身于新秩序的主教，而且我会让教宗给他们谕旨。"[49] 至于其他的，他不打算质疑宗教自由的原则，也不打算重启被关闭的修道院，当然，更不会归还已被拍卖的教会财产。

波拿巴知道此事不易。他不仅要考虑留下的宣誓派教士，还要考虑他自己的支持者，因为他们中的大多数还严守着革命时期的宗教政策，拒绝一切其他观点，而且，还要考虑罗马，那些支持复辟的主教和奥地利的支持者不会坐视不理。第一执政在这条路上一意孤行，倘若他只考虑自己的眼前利益，显然不会走这条路。大革命时期形成的政治团体和法兰西学院——正如巴朗特（Barante）所说，它深受"感官哲学"的影响——的人都反对与罗马达成任何协议，他们希望波拿巴放弃这个收效不多又有失去支持者风险的计划。[50] 更简单的做法，不是放由自流，并用警察来对付必然会引发的混乱吗？执政府的所有成就中，教务专约可能是最为值得注意的。民法典早已有了端倪；相反，教务专约与当时许多成见相冲突，尤其是违背了当权派的意见。需要极大的远见才能意识到，宗教和平对把国家带出反复持续的革命是多么地必要，又需要极大的意志力方能将其付诸实践。[51]

第一块里程碑

我们已经提到的三个障碍里，最后一个是最容易解决的。罗马教廷的处境毫无希望：庇护六世失去了领地，其上建立了一个短暂存在的罗马共和国，而他本人则被带到了法国，刚刚死在了那里；在法国人被逐出了永恒之城后，那不勒斯人又来了，而法国不得不撤出博洛尼亚、费拉拉和拉韦纳三地后，奥地利又占领了它们。这还不是全部。西班牙也向教宗提出了教务专约，相比之下，连波拿巴提出的协定都显得较为宽松。[52] 因此，在1800年3月，那些来威尼斯选举庇护六世的继承人的枢机主教们都忧心忡忡。几经周折，也没有哪个候选人得到多数票，最终教宗选举会议一致选择了伊莫拉（Imola）主教，巴纳贝·基亚拉蒙蒂（Barnabé Chiaramonti），他弱不禁风的身体让他成了过渡教宗的理想候选人。即便是这位当选者固守罗马的一贯政策，又以庇护七世的名义给路易十八去信告知他的当选，[53] 法国人和他们在意大利的支持者也有理由感到欢欣：新的教宗不是已经劝说要山南共和国的土地上的人民顺从，并向他们解释共和和民主并不与传播福音相悖了吗？[54] 而且，他似乎表现得想与法国新政府和领导它的"了不起的年轻人"做一笔大交易，他表达了他想要回到罗马并看到那不勒斯人离开他的首都的愿望。[55] 在波拿巴赢得马伦戈的胜利时，他刚刚离开威尼斯。

第一执政匆忙召集在米兰的神父召开会议，以此为未来的教务专约铺路。他进行了天主教信仰的宣言，他宣称罗马天主教是让迷失于利益和激情的现代社会不致落入深渊的"锚"，任何其他宗教都无法在这方面与它相较，也无法像它这般自然而然地赞同一个共和政府的建立。他摒弃了那些"现代哲学家"的理论并指责督政府的反教政策，宣称将恢复天主教旧时的地位，并说自己将为宗教在法国的复兴感到欣喜，最后表现出他立刻与"新教宗会晤"的渴望。[56]

韦尔切利主教马丁尼亚纳（Martiniana）阁下做起了中间人；波拿巴在离开意大利前曾见过庇护七世的这个朋友。他应该部分向他重复了他对伦巴第神父们说过的话。不管怎样，马丁尼亚纳相信第一执政不仅要在法国恢复天主教信仰，还要让教会恢复旧日的地位。在十年多的迫害之后，教会是否会恢复部分其作为国教，或如人们说的"支配性的宗教"[57]的地位和财富？那天，波拿巴展现了他全部的表演天赋，保证了他既有意愿又有能力这么做。最重要的是引诱教宗。马丁尼亚纳很有热情：

> 他在给庇护七世的信中的意图，在我看来十分真诚；我从他的
> 保证中……看到，一旦他成功，他就会全力恢复教廷所有的领土。
> 他会将高卢派教会当成一张白纸。根据他的看法，那些流亡的主教
> 不再适合法国，因为，他们大多数人的离开不是因为对信仰的热情，
> 而是出于世俗的观点和利益。至于那些僭称主教者，他完全不考虑
> 他们。对他来说新主教要由当局选出，而且他们必须得到规范的授
> 职，领受圣座授予他们的使命和训谕。此外，在革命期间，许多属
> 于高卢教会的财富被剥夺，归还已经完全不可能……为了不让国家
> 负担过重，他认为主教的数量应该尽可能减少。主教在收到来自教
> 区的年俸之前，将暂时由国家财政拨款为其发放补助。[58]

尽管庇护七世善意回应了韦尔切利主教的报告，他仍谨慎地避免做
出太多保证。[59] 尽管他已经准备好做出极大牺牲了，他还是不愿罢免那些
宁愿流亡也不立下"裂教"誓言的老主教。他也不想在波拿巴刚刚取得
马伦戈的胜利时匆忙下决定，后者的军队正横扫意大利，重夺了教宗管辖
区，甚至威胁要重占罗马驱逐那不勒斯人。如果法国真的想要签订教务专
约，有没有什么方式让他们以交还教宗领地为交换条件？得知第一执政提
议的教廷和教宗一样谨慎。它甚至提出了新的条件，反对强制罢免主教，
拒绝承认教会地产充公，还提出了韦尔切利没有提到的问题，即天主教在
法国的法律地位以及天主教徒在法国政府中的法律地位。此外，教宗在巴
黎的特使科林斯（Corinth）大主教斯皮纳（Spina）阁下正是基于法方对
最后一个问题的回答，来决定他的答复，[60] 而且他也知道，在与罗马商议
前是签不下条约的。[61]

波拿巴也选了自己的代表：贝尔尼尔神父，我们已经看到了他在旺
代的表现。波拿巴明白他作为一个旺代的叛徒，[62] 作为一个通权达变，足
智多谋之人，期望从政府那里获得教区和波旁家族都无法带给他的荣誉，
这个"恶棍"[63] 将是可以倚靠的最好的中间人；尽管他不想让塔列朗远离

这个讨论，但他不能单独指望这位前欧坦主教，而且他被开除教籍的身份也十分不利，罗马觉得他是1791年裂教的主要负责人。

棘手的谈判

谈判进展缓慢。[64] 这不仅应归咎于在11月6日到达巴黎的斯皮纳收到的命令，也是因为急于达成教务专约的波拿巴低估了双方的分歧。这位已经准备接受减少教区的大主教，从反对让教宗严惩拒绝辞职的主教着手谈判。他强调教宗无权罢免主教，除非此人经审判犯有重罪：那些忠于自己的宗教的高级教士难道是罪人吗？因此新的教务专约条款只适用于空缺的职位。尽管斯皮纳认可新主教由波拿巴任命，但他坚持要求后者不能选宣誓派教会成员。除委任权之外，还有其他问题：斯皮纳愿意相信第一执政是信奉天主教的，但他的继任者呢？如果波拿巴想要在1517年授予弗朗索瓦一世的权利，他就得宣布天主教为"国教"。贝尔尼尔坚持着，讨论着，争论着，一个备忘又一个备忘，提议又紧接着保留意见，这是教士习以为常的争执方式。波拿巴尽管对缓慢的进展感到气恼，但还是避免自己卷入其中。他心烦意乱地看着时间在流逝，却一点实质性的进展都没有。奥地利在霍恩林登后丧失了作战能力，和平不再是遥不可及的愿望。所以，他得快点在宣布重建欧洲大陆和平的同时也宣布宗教和平。贝尔尼尔已经拿下了几分：斯皮纳最终承认了替换所有主教的合理性，而这位意大利人仍旧拒绝由教宗将顽固的主教免职，最终决定"那些未得到教宗认可且受政府委任的主教被视为自行辞职"；但是也得有所回报，贝尔尼尔拒绝归还教会财产，但保证会将天主教恢复为法国国教。1800年的年底将近。贝尔尼尔自信满满地说谈判很快就会有结果。[65] 但是它还要持续很长时间。在贝尔尼尔觉得马上就能有结果时，局势却变得紧张起来。塔列朗介入了，他重写了之前辛辛苦苦写成的条款，尤其是用他认为更与革命精神相一致的方式替换了"支配地位的宗教"或"国家的、占统治地位的宗教"的表达：天主教将被称为"大多数公民的宗教"；出于同样的精神，他将教宗劝告辞职的对象从仅包括那些忠于罗马的主教，扩展为也包括宣誓派主教。毕竟，宣誓派神职人员是大革命的产物：怎么能就这样牺牲他们，连半点与罗马和解的可能都不给他们呢？这不是在背叛革命本身吗？在建立新教会中扮演关键角色的塔列朗在介入谈判时，显然想的只有他自己，日后他还在回忆录中夸口说，要不是他谈判就不会成功。[66] 在他要求赦免已婚教士时，他考虑的还是他自己。实际上，他的处境也让他痛苦良久，长久以来，他清楚地知道他不能回到世俗社会，也不能与他的情妇卡特琳·格朗（Catherine Grand）结婚，后者总是抱怨无法享受她身居高位的爱人应带给她的待遇，尤其是，他也无法逃离只会遭到大多数人轻视的过去：他那被免职的主教身份不仅是个耻辱，也是个笑话。和罗马和解后，他再次穿上了教士长袍——波拿巴可能为了好玩，还向他展示了一顶枢机主教的帽子[67]——这不再是问题：他感受到了和从前一样对教士生涯的厌恶。但是他并不会仅因他的厌恶或个人利益行动：他并没有促进教务专约的谈判，但是根据他的朋友科本茨的观点，他也不完全敌视它。[68] 他对内容作了多次修改，是为了让波拿巴明白他不能背离革命，不能牺牲宣誓派神职人员或回到国家在宗教问题上持中立态度的状态。塔列朗背后可能是格雷古瓦，而富歇又和格雷古瓦一个阵线。所有的这些谋划都是为了阻止波拿巴不要太向罗马屈服并提醒他要尊重给他带来权力的大革命。[69]

波拿巴接管文件

1801 年 1 月 8 日被第一执政接见的斯皮纳对谈判方向的转变深感失望。尽管波拿巴毫不遮掩想要尽快达成教务专约，但他现在赞同塔列朗并收回了先前对马丁尼亚纳的保证，他说他要为宣誓派教士考虑，推动他们与罗马和解。也就是说，他需要教宗做出新的牺牲，因为在斯皮纳提到教宗领地时，波拿巴斩钉截铁地说："博洛尼亚要还给山南共和国！"[70] 不幸的斯皮纳渡过了一段艰难的时刻。一天，有谣言说罗马就快要被执政府的军队占领了；第二天给他的新条件，每一条都难以接受，在他整理行装准备离去时又收到了第一执政的安抚信，信上提醒他第一执政多么渴望重新在法国确立天主教的地位。这种情况持续了一个月，不知所错的斯皮纳终于获准将决定呈递至罗马。1月28日，在他打算将全部文件寄走时，波拿巴要求将这些文件先给他过目。

在塔列朗的秘书外交官多特里沃（D'Hauterive）的陪同下，他详细研读了文件，他认为贝尔尼尔和斯皮纳的草案问题实在太多：他起草了一份新的。这已经是第五次修改了，这显然是漫长讨论和第一执政与塔列朗会面的结果。在这一版的主旨中，我们能看到他的影响：不再有宣布天主教为国教的问题，而称其为"大多数民众的宗教"；不再有一旦第一执政的继任者不是天主教徒的特别条款；也没有对忠于罗马的主教的特别优待了：他们的宣誓派同行同样将由教宗劝告辞职，这样就等于教宗被迫完全承认了曾被宣告为裂教行径的《教士公民组织法》。其他方面则保持原样：教区数量，得到了罗马的同意，缩减为60；第一执政任命的主教，会得到教宗的授职，他们负责任命各堂区的神职人员，这些人都要按照1799年制度宣誓；至于1790年没收的教士财产，已不可能归还了，即便那些尚未售出的房产将由教会使用，其所有权仍属于国家；根据教务专约组建的新教会绝不会再次成为一个拥有大量地产的教会。新的条款以"第五版"而著称，还加了新的条文：法国教会将在罗马的祝福下为共和国公开祈祷。[71]这象征着它们最终将成为一个整体。

贝尔尼尔和斯皮纳都回去工作了。波拿巴给了一些让步，主要是形式上的，要不是他想与奥地利签订和约的同时也达成教务专约，他可能连这点让步都不会做。但是他的威胁和最后通牒都是徒劳，他不得不回到现实：与奥地利的和平已经实现，与罗马的还得等一等。1801年2月底，新一版的条款又准备好了。在贝尔尼尔的请求下，波拿巴同意在某些条款的形式上做改动。教宗解职旧主教的明确表述消失了，换上了更为平和更易被罗马所接受的说法，然而若某位主教拒绝辞职，教宗仍需对其采取严厉措施。[72]写着这一方案的信寄去了罗马。第一执政在信里重申了他对天主教的信仰，并邀请庇护七世来法国与他共享"宗教凯旋的美妙篇章"。[73]

信在3月10日抵达罗马，波拿巴已经派出了曾经在第一次意大利战役期间有出色表现的弗朗索瓦·卡科，要求教宗马上同意。但是枢机主教们要求再给他们点时间；他们逐条分析了法国的方案，评估结果并讨论着应对办法，这要到5月中旬才能有结果。枢机主教们不是意识不到，为了让宗教回到法国，在天主教法律地位和解职主教等问题上让步是值得的；然而大多数问题尚存疑虑：教务协定后教会接受不动产捐赠的可能性，会众和修道院的重建问题，没有被售出的教会地产如何处理，已婚教士的赦免问题，宣誓派神职人员的去留，更不用说还有教宗领地的问题……[74] 在教宗旁听的与孔萨尔维的会面上，卡科总是试图获得更多，而作为与梵蒂冈交涉的专家，他做好了等待的准备："我相信我们还能让教宗再做一些让步，"在给塔列朗的信上他写道，"但是得慢慢来，得谨慎地在这些问题上推动他们。"[75] 巴黎则另有看法。波拿巴很生气，他对罗马的要求很愤怒，对枢机主教们的拖沓也同样愤怒；而塔列朗，他认为教宗不大可能在他拒绝屈服的问题上做出让步。他同样担心即便是付出高昂牺牲与庇护七世达成协议，也不愿看到谈判破裂的第一执政的想法。因此，这位外交部长试图起草一个组织法国新教徒的提案，从事实上关上天主教成为"首要宗教"大门，逼迫波拿巴采用更为强硬的路线。同样担心为了与罗马和解而做出太多让步的富歇，用迫害未经允许就返回法国的教士的方式助塔列朗的抵抗一臂之力。最后，两位部长为了6月底召开的宣誓派宗教会议与格雷古瓦见了面。波拿巴任由他们去做，他也想借此去吓唬一下那些拖沓几个月还不出结果的枢机主教们。5月12日，教宗已经将自己的应对方案，连同一封表示这已经是让步极限的信送往了巴黎，对此一无所知的波拿巴，在马尔迈松召见了斯皮纳，并且怒斥了他，[76] 这位可怜的主教战战兢兢地回到家时，据说仍"思维混乱"：[77]

是你们要向我妥协，你们能信任的人只有我，只有我能拯救你们。你们要收回教宗领地？你们还想我撤走驻军？这些都建立在你们对我的回应基础上……我生来就是天主教徒，我会以这个身份活着和死去，而且在我心里没有比恢复天主教更重要的事，但是教宗却迫使我当路德或加尔文，并要把法国夺走。让他改改他的行为并听我的！让他听我的，不然我就将建立另一种宗教，我将带给人们

> 有钟声和游行列队的教宗，我不再需要教宗，他也不再为我存在。
> 今天就写信给罗马，把这些都告诉他们！[78]

这当然是他的演技。波拿巴和庇护七世一样想达成协议，但他想尽快达成。不仅是因为罗马方面的拖沓激怒了他，更是因为协议在他心中有更重要的意义，他希望它不仅能结束法国的宗教争端，也能在他取得和解的同时稳固他在欧洲的地位。

军事和外交局面的逆转

波拿巴的处境从未像1801年2月9日与奥地利签订吕内维尔和约时那般有利。看上去整个欧洲都联合起来对抗革命法国的时代过去了；现在轮到英国面对外交孤立了。它现在只能信任三个盟友了：那不勒斯王国、葡萄牙和奥斯曼帝国。

那不勒斯的命运很快就被决定了。[79]葡萄牙也发现自己如坐针毡。在马德里，戈多伊重新掌权带来了政策的改变。尽管在1789年，这位"和平亲王"曾拒绝支持法国介入葡萄牙事务，他现在愿意帮助法国人了，条件是获得与牺牲相匹配的报偿。对他言听计从的王后缠着国王不放，后者不愿与他的布拉干萨表亲们为敌，尤其是这一行动的目的不仅包括迫使其与英国决裂，还像他有理由担心的那样，包括削弱葡萄牙王国。[80]接替阿尔基耶担任大使的吕西安带来了一个来自巴黎的建议：与其将旧时的帕尔马公爵领提升为王国，等现帕尔马公爵死后由其子路易王子和他的妻子玛丽-路易斯王妃继承，倒不如将奥地利根据吕内维尔和约放弃的托斯卡纳地区交给他们。[81]托斯卡纳成为伊特鲁里亚王国，吕西安说，代表着波旁家族在意大利的影响力的增长。第一执政对西班牙的"无动于衷"感到担忧，他甚至打算更进一步把那不勒斯王国给西班牙的波旁王室，如果托斯卡纳对他们来说不够的话。[82]讨价还价持续了近3个月：1801年1月24日，马德里协议确定了对葡萄牙的联合打击计划，3月18日，在阿兰胡埃斯条约中，双方关于托斯卡纳问题达成了共识。戈多伊觉得自己做了笔好买卖，其实他上了当。事实上，帕尔马公国领土的扩大和将它转变为一个王国，都是在向西班牙示好，而非波拿巴通过施舍给盟友一个他从奥地利手里得到的新王国，来控制帕尔马。[83] 这个耻辱的礼物意味着他对西班牙王室的重视。但是戈多伊和他的盟友一样奸诈；他想在法国人的帮助下在葡萄牙获得一个公国，又不打算做到断绝与英国的所有联系的地步。而且他还想成为西班牙军队的最高统帅，不等由圣西尔将军指挥的法军到来，他就率军朝塔霍河进发了。5月16日，他抵达了河岸并向葡萄牙军队发起进攻，没有遭到强烈抵抗；两天后，他抵达了埃尔瓦什（Elvas），同天晚上，他收到了停战请求：战争结束了。西班牙和葡萄牙的君主、大臣以及各国大使们——吕西安就在其中——在巴达霍斯会面并于6月6日签署了让波拿巴暴跳如雷的协议：葡萄牙，不用按照1月份在马德里商定的那样，割让其上生活着它四分之一的人口的土地以保证英国归还马耳他、梅诺卡（Minorca）和特立尼达岛（Trinidad），只需牺牲奥利文萨省（Olivenza）并向英国船只关闭港口即可。[84] "矫揉造作的外交手段！"第一执政咆哮道。[85] 波拿巴拒绝在条约上签字，并下令军队占领波尔托（Porto），甚至威胁如果他们不遵从他的意志他就废黜西班牙王室，此时吕西安愤怒地反击了。[86] 应该说，他因参与割让托斯卡纳一事而获得了20幅画和10万埃居后，西班牙的利益对他来说非常重要。他辞了职，然后参与到了条约的修正中，最后也只修改了一小部分。[87] 在他抵达马德里时，吕西安早就发觉了"所有伟大之人的卑鄙伎俩"：他现在拒绝助哥哥的侵略计划一臂之力，他认为这样对待"一个真心想做法国的朋友的宫廷"是非常耻辱的，因此他成了西班牙最为热情的捍卫者。[88] 几个月后，他离开了西班牙首都，但他可不是两手空空走的：据说他的行李里有"一批巴西裸钻，一幅卡洛斯四世画像，纸卷画框里都是钻石"。[89]

让我们回到1801年春季：欧洲正在对英国关上大门。如果波拿巴不必谨慎地避免冒犯俄罗斯沙皇，他可能还会走得更远。因此他给予了那不勒斯国王特别宽大的和平条件，也拒绝决定被他的军队所占领的皮埃蒙特的命运。保罗不是已经宣布自己是这两个王朝的保护人和利益的捍卫者了吗？

与此同时，与俄国的谈判正在巴黎进行，第一执政希望他们能够缔结友好而牢固的同盟。沙皇的新代表，斯捷潘·科雷切夫（Stepan Kolytchev）并未像他那在"蜜月"期的沙皇那样，对第一执政如此热情。他带着负面偏见来到了巴黎，并表示他不会被表面现象欺骗，不断指出这个政权并不比前一个更稳固，而且它的统治者会在利益和冲动的驱使下进行永远不会结束的战争和征服：出于利益，因为和平之后，那些习于战争而无法适应和平环境的部队和野心勃勃又相互嫉妒的军官就会回到国内；至于冲动，波拿巴并不是想在俄罗斯的帮助下给欧洲带来和平，而是想让整个世界处于战火之中。"法国与俄国的和解没有任何诚意"，他总结说。[90]

会谈并不容易，但也取得了进展，而且这紧张的外交活动对英国来说并不是个好消息。[91] 他们处境日渐孤立，这场永远不会结束的战争越来越高昂的代价还带来了内部困难。威廉·皮特知道他不能再对抗全体人民的和平愿望了，而且他不相信在欧洲现在的状况下，还能够组建新的反法同盟。英国的盟友一个接一个背叛了它。各国的人民都厌倦了战争。皮特担心自己在议会变成少数派，决定先下手为强：他更愿意着眼内部问题——在议会通过有利于宗教自由的法案，这是为了完成与爱尔兰的联合法案。[92] 这样，当与法国的战争再度提上日程时，他就有机会再回到政府，他相信与法国的战争不会就这样彻底结束；这也是他安排继任和控制新内阁的方法。2月8日，吕内维尔和约签订的前一天，他辞了职，并把职位交给了阿丁顿（Addington）和霍克斯伯里（Hawkesbury）。他们在一个月的观望后，告诉法国公使奥托（Otto）他们准备好谈判了。但是英国人还没有最终决定，而且如果他们想要谈判，也希望能占据一个有利的位置。为了表明阿丁顿内阁与其坚决主战的前任的决裂，他同时在两个方向上努力：埃及，将法军（他们已经在1800年9月失去了马耳他）彻底赶出地中海；以及武装中立同盟，他想在大陆上取得一个突破口。

在地中海，一次新的支援埃及——梅努已经接替了克莱贝尔——的远征刚刚失败，海军上将冈托姆并不比他的前任布吕克斯幸运，西班牙也仍不配合。[93] 此时，英军已经在埃及各个海岸登陆。3月21日，在卡诺珀斯，战局朝着有利于入侵者的方向转变，而梅努发现自己又一次被困在了亚历山大。贝利亚尔在开罗抵抗了数周后，于6月27日投降。亚历山大的梅努，虽然还没有投降，但只是时间问题了。这一次，冒险真正结束了。[94] 人们总是指责梅努的无能、懦弱、自负。波拿巴在一切指责面前保护着他，因为，据说，梅努没有说过他老上司的一句坏话。[95] 私下里，第一执政就没那么宽容了，他表示，梅努在和平时代可以很好地管理一个省甚至一个殖民地，但不适合面对侵略者："我们的朋友梅努，"他像个宿命论者那样说，"可是做了不少蠢事。"[96] 即便是这样，他也没说过要枪决梅努，不像他扬言要惩罚克莱贝尔的"背叛"时那样。尽管他懂得识人，但他也有盲区，有时还会对无能之人与背叛者过于放纵。在梅努回到法国时，波拿巴对他说："您已经做到了我们对一个勇敢又身经百战之人所期待的一切；您的不幸是巨大的，但这不会改变我对您的看法。"[97] 没有什么能比波拿巴失去埃及还能从容地自我安慰更令人震惊了，这比在几周后，他对蒂博多说的"我们早晚会回去的"更让人难以置信。[98] 埃及和地中海难道不是他从第一次意大利战役时期就关心的事吗？1800年，在得知了克莱贝尔与英国人的协议后，他也是同样反应。是他早就知道这个计划会失败，还是他认为继马耳他之后又失去了埃及，将排除与英国签订和约最后的障碍？

英国政府正竭尽所能，在谈判开始前给自己增加筹码。在取得了卡诺珀斯的胜利后，它向丹麦下了最后通牒，催促他们离开武装中立同盟。3月28日，英国舰队炮轰哥本哈根，武装中立同盟因此解体。而俄罗斯沙皇在4天后遇刺身亡。[99] 刺杀是不是受了伦敦的鼓励？波拿巴立刻深以为然，并且提醒道：[100] "英国人在雪月三日杀我未遂，但他们在圣彼得堡可没有失手！"[101] 没人能够证明英国直接参与了沙皇遇刺事件。[102] 一个幸运的巧合？最为合理的假设是：保罗只是伏尔泰所说的要靠暗杀来结束的专制制度中常见阴谋的牺牲品，在他的亲儿子和继承人亚历山大的支持下，某些贵族策划了这一切。波拿巴在4月12日知道了这个消息。[103] 他对保罗"中风身亡"的消息感到无比惊骇，他在信中用下划线强调了这一点。[104] 之前与科雷切夫的艰难谈判并不能改变他已有的看法："英国被封锁，整个大陆联合起来反对它，欧洲由他和沙皇瓜分，而疯狂又有着雄才大略的沙皇，在他的带领下，就像一个和影子玩耍、沉浸于幻想、专注于玩具还要听故事入睡的聪慧又顽皮的孩子。"[105] 现在一切都得重来了。几乎在得知沙皇死讯的同时，他还收到了卡诺珀斯失利的消息，在埃及的冒险的结局显然已经确定了。

几周后，前去就封的伊特鲁里亚国王夫妇顺路造访法国，这给了他掩盖急转直下的国际局势的机会。必须要招待这两位遗传病患者出席晚宴、看戏和听歌剧。帕尔马的继承人在人们问他问题时都不知道说什么，他丑陋的妻子则又驼又瘸——但她是个好母亲和勇敢的女人，波拿巴的仆人康斯坦说。这就是西班牙王室的悲惨景象，到最后，法国最稳固的盟友就是他们了。[106] 波拿巴站在这这对令人难堪的夫妇身旁时并没有感到不快，他们正符合人们对波旁家族的印象。"你们看，这就是身上流淌着古老血液的君主，"他对身边几位部长讲道，"人民的政府怎么能信赖他们！而且，给法国人看看波旁家族的这个样子也不坏。人们就能够判断这些古老的王朝能否处理得好我们这个世纪的难题了。"[107] 为了改善这个并不怎么鼓舞人心的外交局面，与教宗的教务专约就变得尤为紧急，即便是法国地中海野心的终结，已经为英国和法国同样期待的和平开辟了道路。

孔萨尔维在巴黎

卡科已经在 5 月 29 日转交了波拿巴的最后通牒。开会讨论法国的建议的教宗和枢机主教对此无动于衷。枢机主教们坚持拒绝做出任何让步。"我们得告诉您，"教宗给波拿巴的信上写道，"我们显然不能再做出任何让步……我们从先辈那里继承了信仰，纯净而完整，我们希望能跟随他们光辉的脚步，把它纯净而完整地交给我们的后任。"[108] 熟悉罗马言辞和传统的卡科相信，如果继续由斯皮纳和贝尔尼尔来商议的话，谈判将必然走向破裂，应该找到让第一执政直接与教宗对话的方式。而后他有了建议教宗派一位全权负责谈判和签署协议的代表到巴黎的主意。他没有像波拿巴最后通牒指示的那样，表示已获知教宗拒绝新的让步并离开罗马，他去见了教宗，并成功劝说后者派他的国务卿到巴黎去。

波拿巴挺高兴：孔萨尔维枢机主教的到来意味着条约或许能尽早签署，而且也因为他内心深处——他没有向贝尔尼尔隐瞒此消息——对5月13日起草的替代方案和庇护七世的信仰提议很满意。教宗在两个关键点上做出了让步：主教全部重新任命，认可对教会地产的出售。[109]如果由贝尔尼尔做了轻微改动的文件能等到孔萨尔维抵达——6月20日——后呈递给他，毫无疑问能够立刻达成协议；但塔列朗知道这件事，当他获时此事时他大发雷霆，告知斯皮纳他不得不拒绝接受罗马的修正条款，并坚持要求回到由他参与的第一执政在1月份起草的方案。[110]

当然，这已经不再属于斯皮纳的权力范围了，他已经退居幕后了：一切都要等待孔萨尔维到了巴黎才能决定。他的抵达几乎有着划时代的意义。不管怎样，这都是一件大事，6月21日，杜伊勒里宫人头攒动，波拿巴一身盛装地迎接了同样身着庄重礼服的枢机主教。已很久未见如此盛大的景象，人们甚至会以为这是空前的。枢机主教这般描述道：

> 军队在楼梯和走廊上向我列队敬礼。在房内，我受到了许多绅士（我就这么称呼吧）的问候，我既不知道他们的官职也不知道他们是谁。在最后一个接待厅，我见到了外交部部长塔列朗，他陪着我来到了第一执政所在的大厅。他身着盛装，旁边围着他的部长们和一众高官，他们同样也身着盛装。我按罗马的习惯身着黑色长袍、红色长袜，戴着红色圆帽，圆帽之上还有一顶四角帽。第一执政向前走了几步迎我。离他的随从有一段距离后他停了下来，外交部部长站在他身侧，会见持续了45分钟或者更长时间。[111]

波拿巴彬彬有礼但坚定地告诉孔萨尔维，为了表示和解，他同意再向他递交一份新的方案，但这要在5天之内，否则他将被迫选用"一个民族宗教"。[112]

这个起手式主要是为了让这位高级教士感受到压力，因为分歧已不再那么多了。罗马已经接受了前主教们的不幸，几乎遗忘了它与路易十八的联系，甚至接受了天主教不再是法国的"国教"。作为交换，教宗和他的特使要求法国领导人声明自己信仰天主教，并且要同意所有的让步——它们确实很巨大——至少要通过恢复天主教礼拜的公共性来补偿。再一次，若不是塔列朗介入，断然拒绝了孔萨尔维的两个要求，波拿巴可能就屈服了。[113] 贝尔尼尔又写了新的修正条款，这是第7版了，而枢机主教感觉难以接受，决定再写个新的，第8版。波拿巴的最后通牒截止日期是6月27日，这又进入死胡同了吗？一天，两天，三天过去了，没有任何进展。7月1日，不出所料，孔萨尔维起草的备选方案也被拒绝了。要不是因为忙于教务专约而忽视了健康的塔列朗，决定按计划前往波旁拉尔尚博（Bourbon-Archambault）休养，这种僵局还会一直持续下去。他给多特里沃下了详细的指令，但是多特里沃不是塔列朗，在第一执政心中他和塔列朗的分量完全不同。塔列朗一走，波拿巴可以不受其掣肘了。事实上，波拿巴在整个漫长谈判过程中，对他的这位部长表现出的尊重是极不寻常的，任何事情都要先和他商议。他感到如此不安以至于需要塔列朗的建议吗？他怕他吗？毕竟，他确实需要他，要倚靠这位前欧坦主教在他的革命者朋友中为他的宗教政策辩护。塔列朗不是白白提供帮助，他一直阻止着谈判，直到他获得完全回到世俗的赦免。

塔列朗在波拿巴在马尔迈松再次接见孔萨尔维之前离开了巴黎。此时，我们就能看到他从塔列朗那里学到了多少。他并不隐瞒自己对那些对罗马充满敌意的前革命者的看法的重视，他向孔萨尔维解释，他不能在宗教自由、教会地产和执政的天主教信仰的问题上让步：当人们看到他公开承认错误，发誓自己是一个天主教徒时会怎么想？孔萨尔维应该满足于对其信仰的推定，没有一个执政曾公开宣称放弃自己儿时的信仰，所有人都应被认为是天主教徒。此外，波拿巴补充说，认为一个法国领导人不是天主教徒不是很荒诞吗？因此他拒绝让共和国领导人发表这样丢脸的声明。作为交换，他撤回了最后通牒，给了孔萨尔维研究条款和提出建议的时间。[114]

最后的争论

这一次，结束的时间真的近了。[115] 有10天左右的时间，留给枢机主教对条款做最后的修改。在7月12日，波拿巴在马尔迈松接过了文件。枢机主教理解错了第一执政的意思；他以为他能修改条款，同时怀疑这些改动将作为接下来谈判的主题。波拿巴可不是这么理解的。在他看来，孔萨尔维修改的条款的最终决定权在他手上，而且他已经足够明确地告诉后者，在长达8个月的谈判之后，已经没有什么问题还需要讨论了。第一执政不想在没有康巴塞雷斯和勒布伦的参与下签署这个教务专约，他和他们一起重读并修改了孔萨尔维的文件，这位枢机主教做得太过了。波拿巴修改并删除了一些条款：

> 他的修改都倾向于支持国家的权利。他不能接受让政府声明自己的信仰；拒绝限制对礼拜的外部监管。主教对神职人员的遴选要得到政府的认可……关于教会地产的两条变得更不利于教会。在那之前，为了保障教会拥有地产的权利，罗马当局寄希望于能归还部分地产，包括未被售与个人或转为公用的宗教建筑。现今，作为划去条款中的几个单词的交换，波拿巴保留了售卖或另作他用的权利，让后者在未来也能得到教宗的认可，尽管这只适用于既成事实。最后，虽然没有为已婚神职人员辩护，但有一项对他们有利的特别条款。[116]

波拿巴决定在7月14日签署，然后任命约瑟夫，与贝尔尼尔和参政院议员埃马努埃尔·克雷泰（Emmanuel Crétet）一起，和那些意大利人召开一个交换签字的会议。孔萨尔维在13日下午收到最终修改版时是何其震惊。[117]他感觉被欺骗了，表示自己不会签字。约瑟夫成功地让孔萨尔维在斯皮纳和卡塞利神父的陪伴下来到他家。[118]会谈进行了整整一晚，外加7月14日的上午。[119]顽固的孔萨尔维在很多地方做出了让步，在无法得到更多的情况下，他决定尽快签字，以防这些该死的法国人再变卦。但是约瑟夫，比他弟弟更软弱，害怕在没有拿破仑允许的情况下在文件底下签字，尽管这是他赋予他的权力。他匆忙来到杜伊勒里，第一执政刚刚出席完7月14日的纪念仪式。约瑟夫的担心不是没有理由的。波拿巴暴跳如雷："如果你签了，我就当着你的面撕了它！要签签我的，要么就终止谈判！告诉他们，如果不签就立刻滚蛋。接下来发生什么，就怪他们自己吧！"[120]

约瑟夫刚走，波拿巴就告诉孔萨尔维他不想欺骗他，要继续在他哥哥家的讨论。第二天，双方又足足讨论了12个小时才达成共识。这次，真的结束了。因为谈判双方是在午夜前结束的对文件的修改，因此，教务专约的日期是1801年7月15日。波拿巴终于获得了他期盼已久的胜利，他认为这是迄今为止他所有功绩中最重要的。罗马几乎完全屈服了：天主教是"大多数法国人的宗教"，主教团解职，新的教区划分，承认对教会地产的出售，神职人员向政府宣誓效忠并且由政府发放工资还要向政府揭发所有有损它的事，国家在宗教上的中立，认可了大革命后建立的对出生、结婚、离婚、死亡的民事登记制度，已婚神职人员回归世俗……更进一步，教务专约对所有欧洲大国来说都是一种真正的耻辱，自这一刻起，他们就得被迫与他们不承认其合法性的革命法国为伍。教宗在事实上恢复了法国的地位，并赦免了其以1793年的"弑君大罪"为首的诸多"罪行"，这实际上迫使他们放弃了路易十八的事业。[121] 这场胜利胜过了马伦戈和霍恩林登之和。作为交换，教宗会获得什么？允许天主教徒成立基金会，以其投资收益帮助宗教事业，执政们要就天主教信仰发表"特别声明"，向巴黎派驻教宗使节，公开自由的宗教活动得以恢复——要在严密的监管下——不再需要私下进行，以及，对教宗最重要的，废除宣誓派教会，结束教会分裂，在法国恢复常规的牧灵生活，这将为教宗在精神上收复失地打下基础。正如孔萨尔维对朋友吐露的那样，这是一个重大进步，他对这一协议感到满意。[122] 在法国方面，还没到得意的时刻。波拿巴对他的胜利不太确定，所以先将文件提交给了参政院，作为预防措施。[123] 他担心这个最忠于他的议会的反应，因此决定既不进行讨论也不投票。回应冰冷。如梯也尔所说，参政院议员们"死气沉沉，缄默无语，就好像他们跟着教会分裂这一大革命中最值得哀悼的成果一起死了一样"。[124] 在他们眼里，教务专约远不是一个宗教政策上的成就，而是"真正的背弃"。[125] 可能如他们期待的，交换签字的时间比预想的长：由于还有一些抗议，教宗在一番长时间的犹豫后，于8月15日最终签署了罗马与法兰西共和国之间的教务专约声明。[126] 波拿巴9月8日在文件上签了字。时间流逝，再也没什么好急的了：第一执政决定等一个好时机让政府发布这份庄严的声明。不管怎样，他满意了。他几乎是一个人取得了这个他认为是最重要的事业的胜利，与众多传说相反，他从未后悔，即便是在与教宗陷入激烈争吵时。[127] 他承认争吵的严重性，但他一直认为那就是一个小事故，对教务专约的合理合法毫无影响。他显然会同意普拉特神父的评价：

> 1801年的教务专约是全国性的，因为法国曾被剥夺了信仰自由。这种对其权利的侵犯对它来说是极度痛苦的。在其中存在着最严重的邪恶，就是分裂。因此，结束它才是这个国家利益攸关之所在。和平得到了重建，混乱将会消失，人们的思想将会趋近。在任何方面，1801年的教务专约都是最有利于国家的法令。要相信这一点，我们只需看看这一事件的时间就可以了。让我们回想起在法国乃至整个欧洲爆发的激情。这个法令不仅仅是法国的，也是欧洲的，因为它顺应了社会的需要。法国与其父辈信仰的和解促进了欧洲与法国的和解；欧洲各国不会再惧怕与这样一个和它们有着相同信仰的国家交往了。从那一刻起，欧洲与法国的隔阂减轻了。我们将看到宗教重新融入社会秩序。[128]

更进一步，波拿巴可能不仅仅为解决宗教争端而自豪，同样也为带回天主教这一"父辈的信仰"而自豪。就像人们说的，他有着含糊混乱的感情。也许，更进一步，恢复教会是他为了称帝所铺的路；如果他觉得宗教的特性为王权所不可或缺，那么他就会认为宗教，尤其是天主教与君主制有着密切联系。[129] 而且他相信，与教宗结盟，就意味着拉开了波旁家族与王座的距离。

第29章
阶梯尽头

　　对外政策在1801年占据重要地位。俄罗斯、普鲁士、北意大利、西班牙、罗马、那不勒斯，这还不包括殖民计划、与北非政府签下的条款、即将在荷兰推行的新宪法，[1] 以及重建赫尔维蒂共和国的计划 [2] ——这都是为了巩固击败奥地利后取得的成果。还有就是，即使波拿巴坚信伦敦并不是诚心实意地想谋得和平，但仍需为已迫在眉睫的对英谈判做好准备。他曾对勒德雷尔说过这样的话，话中对法国的影响力有所夸大：

　　　　〔英国〕并不是想要与我们谈判，因为我们才是这个世界的霸主。西班牙是我们的；我们在意大利，站稳了脚跟；我们还占领了它们后方的埃及。还有瑞士、荷兰、比利时……我们要向普鲁士、俄罗斯以及神圣罗马帝国宣布，有一件事情是既定的：荷兰不会再有总督了；我们会保留比利时和莱茵河左岸的领土，为此不惜向它们开战。在荷兰有一个总督，就和在圣安东尼郊区有一个波旁的国王一样可笑。[3] 他们要是不同意的话，那就只能诉诸战争了。[4]

　　但是他真的比英国人更加真诚地渴盼和平吗？又或者，他真的有和平的想法吗？这完全无法确定：但波拿巴明白，即便无法马上签订和约，至少很快就能实现停火了，因此他致力于站在对法国有利的位置上和英国谈判，同时得尽可能地处理由于沙皇遇刺和武装中立联盟瓦解所带来的一系列问题。而普鲁士人，在明白法国其实并没有处在吕内维尔条约时期那样的有利地位之后，他们是否会选择与法国疏远，步丹麦和瑞典后尘与英国签订条约呢？他们必须让普鲁士继续保持中立。[5] 而与俄罗斯重建关系也迫在眉睫：迪罗克已经去圣彼得堡打探保罗一世继位者的意图了。

第一执政的副官受到了得体但并不热情的接待。想要了解继任的沙皇亚历山大的政策走向很是困难。[6] 对这位新沙皇本人更是知之甚少：他当时24岁；他的一位瑞士家庭教师拉阿尔普[7] 在他的思想中植入了启蒙的种子；他的一个朋友，恰尔托雷斯基（Czartoryski）亲王，激起了他复兴波兰王国的想法；他周围又是一群诸如斯托罗佳诺夫（Stroganov）[8] 或者诺沃希尔杰夫（Novosiltsev）之类的年轻改革家，这群人组成了沙皇的"私人委员会"，其在一系列自由主义改革和对前任沙皇的受害者的赔偿问题上发挥了影响力。但外交事务一直由科丘别伊（Kotchoubei）伯爵掌控，是时候摆脱他的控制了。在圣彼得堡，人们对与巴黎建立联盟的兴趣，并不比对与伦敦重建商业往来以外的关系的兴趣更大。[9] 亚历山大重建了与维也纳的关系，放弃了马耳他骑士团大团长的头衔以及远征印度的计划。他没有放弃令保罗很满意的中小国家的保护者的身份，但只为其要求赔偿金和补偿。而在这两个国际性谈判之间，波拿巴仍然有时间致力于民法典的准备工作。

将大革命写入法律

这项计划始于大革命之初，但多番尝试均无果而终，政治动荡显然对这项需要和平稳定的工作没有什么帮助。雾月政变之后它才有了实质进展，在那之前它只存在于议会的商议之中。[10] 执政府组建了一个三人小组来执行这一任务，成员包括拿破仑、康巴塞雷斯（1793年和1795年进行此番尝试的主要人物，他最终参与到了法律的撰写之中）和波塔利斯，他"即使算不上哲学家，也是一位思想者"。[11]

如果想证明波拿巴有多知人善任，那就没有比他任命波塔利斯领导民法典的准备工作更好的事例了。当然，任命他做这项工作，不仅是因为他是那个时代最著名的法学家之一，也是因为从禀性和经验上来说，无人比他更能胜任这样一项工作；用波拿巴的话说，他要带领委员会，在法律的殿堂里镌刻下激发他和解政策的原则，融合汇聚后革命时代中种种迥然不同的元素。波塔利斯是普罗旺斯人，曾在艾克斯（Aix）的高等法院当过律师，他忠实于旧时代法官的大部分思想，而他耳濡目染的是查士丁尼法典以及多马（Domat）和波蒂埃（Pothier）的著作，所以他对新法并没有什么好感。而他对革命者们的创新的不屑一顾，也成了他日后工作的保证：这让他有能力去抵制新的暴政，这种暴政已经毒害了不少人的思想。而他政治道路上所表现的中庸性格，又能让他免于观点偏颇的危险，而不至于将这项工作变成了对过去的全面复辟。圣－伯夫说他"处在一个不偏不倚的位置"。[12] 他过去是个王党，现在仍然是，但是相对于大革命和其破坏性的理念，他同样反感那些流亡者和他们复仇的想法。他曾说过：

> 我不曾流亡国外，也绝不会流亡，因为我认为，想要用离开法国来拯救法国，和为了避免或结束国际争端而让法国受到外国奴役的做法是荒谬的。而且，我也不想参与激进革命者的改革，因为我发现，他们雄心勃勃地想要改天换地，想要将人民变成哲学家，而不是让人民幸福起来。我孑然一身，身陷图圄。[13]

的确如此：雅各宾派将他投入大牢，督政府果月十八后将他流放出国。避难德国期间，他熟读康德的著作并发现了另一种启蒙思想，他认为这比它的法国同类更能协调哲学与宗教的关系，他一直相信这一可能性。作为一名虔诚的天主教徒、温和的高卢派支持者和共济会成员，他有信仰但不狂热，理性但不偏执。本质上，他倾向于融合，但这并不意味着他是个轻易妥协的人，尤其是涉及原则时。

波拿巴不用见波塔利斯就能知道他的优势所在。很可能是与第一执政熟识并相互尊重的康巴塞雷斯介绍了他的情况，第一执政把这一工作交给了他。在波利塔斯的指引下，这项工作进行得十分顺利，这让波拿巴十分满意：法典第一版草案于1801年1月完成，距离委员会成立还不到6个月，之后这项工作就交到了高等法院和上诉法院手里。在整部法典递交给参政院全体议员之前，法官们的意见要先交给由布莱·德·拉·默尔特领导的参政院立法部门进行研究审查。[14] 为民法召开了至少109次会议，其中57次波拿巴曾亲自参加。[15]

他经常参与到讨论中，《箴言报》刊登的讨论记录也证实了这一点。有人会问这些归在他名下的话语中到底有多少是真正属于他的。梯也尔对此并无任何异议，他这样描绘波拿巴：他很快地融入了由康巴塞雷斯所提出的各种棘手的法律问题的讨论工作，并且很快地成了"这些在他周围的学者"中的"大师"，不时地从讨论中找到"最自然最合理的结论"，巧于"概括总结"最冗长最激烈的讨论。[16] 当然，这些，在皇帝的反对者口中就是另一番场面了：

> 他想把这一伟业的荣誉归于自己，想让人们看到他参与此事……通过仓促的阅读以及和康巴塞雷斯、波塔利斯的交流，他像先前学习教会法一样快速入门了相关法律知识，他的听众都是他的支持者和合作者，出现的冲突只是为了让他有机会展现雄辩之才。有时他看上去主导着讨论，实际上他不过是跟随者，有时他会用生动精妙的句子介入讨论；他的决定总是能一锤定音，就像君王在一场为了让自己获得荣誉而举办的比武大赛中装模作样地打出一击……前一天，他让那些头脑简单的听众钦佩他的无所不能和学识渊博。第二天，洛克尔（参政院秘书）就得为后代子孙捉刀他的即兴演说。[17]

蒂博多将波拿巴的几篇演讲与后来发表在报纸头版上的版本做了对比，证明纪尧姆·洛克尔（Guillaume Locré）并不是"第一执政的捉刀人"。[18] 这位秘书的确对这些演讲做了整理，根据蒂博多的说法，他的整理工作"不带技巧、顾忌和虚饰"，他小心翼翼地避免改动其主旨，哪怕波拿巴的某些观点不够正统，或是其引发的争议会证明他还称不上是一位法学家，甚至有些外行。[19] 在这位秘书笔下，第一执政的观点相较真实性，失去的趣味性更多一些。[20] 讨论是自由的；波拿巴并不总是占据上风。以收养条款为例，第一执政的观点是收养行为应有极高的严肃性，但参政院议员们认为有证明收养关系的判决就够了。波拿巴就这个问题说了许久，取笑捍卫单身者收养权的康巴塞雷斯，然后又反对大多数参政院议员的意见，他要求收养文件要提交给一个"政治机构"由其批准，而不是交给法院或公证人。这一带有个人特点的讲话体现了他处理议会中的问题的方式：

收养既不是民事契约也不是司法行为。那它是什么？是一种社会对自然的模仿。是一种新的圣事：我无法找到合适的词汇来描述这种行为。一个人的骨肉，依社会的意愿，变成另一个人的骨肉。这是我们所能想象的最为重大的行为。它从无到有地建立了父子关系。这种行为源自何处呢？来自上天，就像闪电一样。你不是这个人的儿子，立法机关会这么说；但是你有儿子的感情……立法者就如教宗一样，给予这种关系神圣性。让我们假设一个亲生子和养子之间的争执，那个养子就会说：与认可了诞生你的婚姻同样的权威，让我们成了兄弟。过去收养关系是不可被废除的，当然我也不想让它可以被废除。有人会以离婚为例。怎能将断绝关系与建立关系相提并论？行政机关认可的收养关系无法想象能被废除；但是如果是法院的话，就是另一回事了。它仅是一个判决……我们在这里需要很强大的想象力，例如说，一艘船遇到了海难，那么儿子在他的生父和养父之间就应该救他的养父。那么，这其实只有上苍的意愿才能表述这种感情……我们现在的法律缺失想象力，并没有想象到各种场景。我们只能通过想象到各种场景才能更好地领导和管理人民。不把想象参与其中是非常粗糙而野蛮的。如果一个牧师来举行收养仪式，他一定会进行一个神圣的仪式。像管理物品一样管理人民是一个错误……那不是在解决问题，而是在做数学题。人们面对这种情况时的身份应该是立法者而不是政治家。我们就要在考虑到在各种不幸发生时收养这件事所面临的问题……如果被收养的儿子的生父变得富有了，那么他就会抛弃收养他的父亲。他应该总和他保持联络，否则就仅仅是一个继承者了。到底是谁在人间扮演着上帝的角色呢？是立法者。谁又是这个父亲的儿子呢？人们无法确定。这就是立法者倾向的问题了。收养的儿子应该和亲生的儿子是没什么差别的。如果他们之间要是有什么不同的话，你们就偏离了目的，我也就不抱有其他的想法了。[21]

他在这个讨论中非常积极，就像在离婚的讨论中一样，是不是他打算与约瑟芬离婚或收养一个约瑟芬不能给他的孩子呢？[22] 可能。需要理解的是，民法典从一开始就打算融合旧制度和大革命的法律传统，而波塔利斯希望能多保留前者，少保留后者。而且，波塔利斯在这方面不乏支持者。波拿巴在收养问题上没有得到他想要的——手续还是得交由法院办理。[23] 另一方面，得到双方同意即可离婚在众多议员反对的情况下还是通过了。他不赞成这种安排和离婚，但他认为这是为了应对早婚（男性18岁，女性15岁）所必须的，同时也是婚姻世俗化的结果，这是为了让法律适应新的风气，可能更进一步说，是一种不用难堪而改善微妙处境的方式。[24] 当波塔利斯说一个"新的民族"不需要离婚时，他回应道，即便是在这种情况下，只要十五六岁结婚的情况仍然存在，这就是必须的：尽管他们无法做出大部分决定也无法照顾自己，却被允许做出最艰难的选择。

> 一个人在未成年的时候结婚的话，因为那是在他并无足够的远见的年纪，所以他可能会在后来发现自己被骗了。若他没有在他的伴侣身上发现他所期待的品质，他又该如何在不损失自己的体面的同时结束这段婚姻呢？……你们说离婚对于情侣、家庭，还有孩子都是毁灭性的。但是我觉得，没什么比一场不幸的婚礼或者一次不体面的离婚更加具有毁灭性了……若结合本就不幸，民事法典不关注个人幸福这一神圣事业难道不奇怪吗？……大部分婚姻都是契合的。只有时间才能赋予它们神圣。我们可以在一定的时间后禁止离婚，当他们已经相互了解，当他们交换了爱意和血脉之后，例如婚

后10年。我这样看这个问题。我们不能追求一个有孩子的已婚女性，这至少是通奸行为。在这10年以内，在矛盾极为不可调和时，才会受到由地方法官主持的家庭委员会调和，而且人们不能离两次婚，因为那是可耻又亵渎婚姻的。两个离婚的人5年之内不能再次结婚，以防他的婚姻再次以失败告终。那么你们要做的便是道德所要求的一切……当然也要考虑到个人的幸福。[25]

举个例子：双方同意离婚给了体面地解决这个问题一个方法，但是在这个前提下，就应该强制配偶在法院面前展示他们自己的不幸吗？法律应该是为了道德而建立的，而不是道德是为了法律而设立的，他提醒他的听众。[26] 他还要求听众们从经验出发来思考问题，而不是从原则或者或多或少与经验相背离的信仰。例如，婚姻承诺有着不可撤回的性质，这经常被用来论证反对协议离婚，除非存在过错，对此，他说：

　　人能因为关系不和睦而离婚吗？能的话，那就会带来很大的问题；一个人在建立婚姻关系时，就会想着他可以离婚。就像一个人说：我的婚姻只延续到我改变主意前……两个打算在一起共度一生的人结合时，在他们看来，婚姻是牢不可破的，因为那时他们不会预见要离婚。因此，在这种感情下的婚姻是牢不可破的。当二人结婚时，不可能再有其他想法。因此，这个简单的"不和睦"的断言就违背了要伴随一生的婚姻的本质。〔但是〕是否也因考虑到会有两个截然不同的人结婚的情况？婚姻建立时两个人不应想着离婚。但是法律应该规定必须或可以离婚的情况……婚姻的永续性也只需在结合时考虑；当诸如性格不合，喜怒无常或其他意外事件发生时，它就不存在了。双方都期望离婚，证明存在严重问题。犯罪〔特别是通奸〕才是离婚的决定因素。不存在犯罪行为时，则应有双方同意。我相信这个体系是最好的。[27]

让·卡尔博尼耶（Jean Carbonnier）在提及这部法典时并没有

夸大其词，在第一执政的授意下，其顶层盖着革命的"弗里吉亚软帽"，其下则层累着多种不同的法律体系。[28] 卡尔博尼耶补充说，这是一部融合了习惯法与成文法、新法和旧法的"过渡作品"，但天平更倾向于大革命。[29] 拿破仑总是将它完全视为大革命的法律。他认为实行民法典就等同于"废除封建权力，分割遗产，婚姻世俗化，允许离婚"。[30] 在1808年，皇帝对想要在那不勒斯王国不实行民法典个别条款的缪拉说："这部法典中最重要的就是离婚；它是它的根基。你不能以任何方式改动；这是国家的法律。我宁愿让那不勒斯恢复古老的西西里王室的统治，也不想让拿破仑法典被阉割。"[31] 他仍怒不可遏："我在所有推行了民法典的地方都播下了自由的种子。"[32] 这是他的民法典：的确如此。就算他没有书写任何一条条款，但他亲身参与了这项事业，并在谈论中给人留下了深刻的印象。[33] 即便我们承认他并不总像他的仰慕者所描述的那般才智过人，[34] 归根到底是他"强大的意志力"[35] 使这部法典得以诞生并让所有参与者各尽所能，甚至可能超过了他们在其他情况下所能给出的能力。

　　他与在他眼中太过迷恋过去的波塔利斯有分歧，但这并未抵消他对他的尊敬，在二人为离婚条款争吵的同时，他将监督教务专约的落实这一极为微妙的任务交给了他。[36] 1801年10月的最初几天是拿破仑一生中最重要的日子之一：不仅因为他看到自己最关心的宗教和民法问题到了解决的边缘，这两个方面共同确立了他的立法者形象，还因为与英国的和平已近在眼前了。

十年战争的终结

　　谈判一度非常紧张，长时间内毫无结果。自1801年3月中旬开始，到了9月底还未能缔结条约。谈判能否取得进展取决于外部局势。讨论的点总是那么几个：法国坚持要保留埃及；英国人不想放弃马耳他，而且想要西班牙的特立尼达岛和荷兰在开普的殖民地。最后，在10月1日，法国和英国的谈判代表签订了和平预案：鉴于法国已经被驱逐出埃及，英国同意将马耳他交还给圣约翰骑士，并将它占领的除西班牙的特立尼达和荷兰的锡兰外的法国、西班牙、荷兰的海外领土物归原主。法国方面，他们得撤出那不勒斯人在几个月前获准保留守军的在塔兰托湾的港口，但是他们拿回了在安的列斯的殖民地、在印度洋的岛屿和在印度的贸易港。

波拿巴没有隐藏他的喜悦。在马尔迈松，人们停下了工作，相互拥抱。[37] 据说伦敦欢欣鼓舞，相反巴黎则更为冷淡，甚至是"阴郁"的，如果我们相信俄罗斯大使马尔科夫（Markov）的话。然而这是这场长达10年的战争的终结，倘若将1793年至1801年的对峙看作自1756年以来的英法冲突的第三次激化的话（第一次是七年战争，第二次是美国独立战争），那它则是一场更长的战争的结束。这场半个世纪的战争，赌注除了殖民地外无他。法国失去了它美洲帝国的大部分，也没能从地中海或者东方获得补偿；而英国，虽然保住了加拿大但丢掉了美国，但它在印度和印度洋稳稳站住了脚，而法土战争让它得以拉近和土耳其的关系：在法国从海上消失并远征东方失败之时，英国打下了它未来称霸的基础。从这份对法国相当宽大的海上和约所涉及的范围上，就可以看出英国取得了多么重大的胜利。在伦敦，人们可以表现出相对的放松：法国的扩张已经被遏制。

另一方面，这10年的战争以法国在欧洲大陆相当可观的力量增长结束：法国与西班牙和荷兰结盟，直接或者间接掌控了几乎整个意大利半岛、瑞士、莱茵河左岸以及比利时。它的统治范围延伸到了布鲁塞尔和阿姆斯特丹、美因茨和苏黎世、米兰、博洛尼亚、热那亚以及佛罗伦萨。在德意志，宣布教会领地的世俗化将削弱奥地利在帝国内的威望而增强普鲁士的影响，第一执政希望后者很快就能成为盟友。从布雷斯特到汉诺威，他掌控着英国商人进入欧洲所必经的英吉利海峡和北海的海岸线。向东地中海的远征失败了，但是法国仍然控制着从西班牙南部到亚得里亚海的地中海北岸，至于南部，它可以指望最近刚刚与北非的统治者签署的条约。这标志着抑制法国霸权野心这一英国标志性外交政策的失败（至少是暂时的，这也是该和约尚未签署就已注定短命的原因），这一政策已经持续了一个世纪，甚至可以追溯至英国刚成为欧洲历史的主要角色之时。[38] 这一次，大陆均势被打破了。我们可以从签署和平预案后的几周中清楚地看到。与成为欧洲大陆优势力量的法国的和约，正飞速增加。[39] 在伦敦，有识之士不相信1756年开始的争端就这么结束了，因为英国不会承认法国在欧洲大陆上的征服。有一部分人相信这是一个能持续一段时间的休战，如果法国能恢复1786年自由贸易协议的话。波拿巴拒绝了。"我不想让法国的工业付出任何代价，"他对康巴塞雷斯说，"我可记得1786年的不幸。"[40]

在那时，悲观的预言家们（还很稀少）没有什么听众。他们大部分都属于"主战派"。在第一波胜利过后，波拿巴也不再有任何幻想；这也是为何他不等最终条约的签署，就催促着重掌殖民地的远征军动身。他得在英国重开战争前利用好这个停战。

就像我们之前看到的那样，波拿巴坚持着不干涉圣多明戈的黑人政府的政策，以换取杜桑－卢维杜尔的宣誓效忠。[41] 该策略的提出者樊尚上校，动身去了圣多明戈。在他抵达时，他发现情况变了。担心法国的回归将结束殖民地事实上的自治的杜桑，占领了岛屿属于西班牙的部分并解放了那里的奴隶：西班牙不是在1795年就把它割让给法国了吗？杜桑不知道巴黎的当权者最终决定在欧洲的战争结束前不执行1795年条约，[42] 并决定这块前西班牙殖民地不与法国用同样的政策，因为那里还保留着奴隶制。[43] 拿破仑一得知消息，就解除了杜桑的职务。几周后，1801年10月，樊尚从太子港返回，告知波拿巴，一个制宪议会在圣多明戈颁布了宪法：尽管未对"法兰西帝国"对该岛的掌控提出异议，但这个重新统一的岛屿有了一位终身总督，除了全部的权力之外，他还有任命继承人的权力。这是对宗主国权威的挑战，波拿巴能否允许存在这么一个早晚会终结殖民地贸易垄断甚至可能会与其他国家结盟通商的自治政府？

杜桑的命运是确定的了。圣多明戈的命运也是如此吗？根据公开说法，目的仍只是重新夺回该岛的所有权，不恢复奴隶制但要结束"黑人雅各宾"的统治，要么用阴谋要么强制地解除他们的指挥权，逮捕他们并押送到法国，同时他们的军队将回到庄园的劳作中，而庄园将归还给原来的主人。[44] 波拿巴不能忽视殖民主义者的要求，尤其是因为他打算在法国本土恢复法律秩序，而大多数殖民主义者都是旧贵族，他从中看到了补偿他们被剥夺却无法被偿还的财产的方法。人们怎么能相信种植制度的回归不会带来奴隶制的回归？又怎么能相信废奴主义者和拥护奴隶制的人能生活在同一个岛上？波拿巴向来巴黎学习的杜桑的两个儿子，伊萨克（Isaac）和普拉西德（Placide），反复保证，仅仅是为了掩饰必然会遭到猛烈抵抗的远征的真实目的吗？[45] 我们不知道在勒克莱尔前去接管布雷斯特的军队前拿破仑与他究竟说了什么，但是那时恢复奴隶制可能已列入考虑范围了。1802年5月20日，关于在英国"根据和约归还法国的殖民地上保留奴隶制"的法令，并没给圣多明戈和瓜德罗普带来什么变化，那里废除奴隶制的法律并未遭到质疑；但是如皮埃尔·布兰达（Pierre Branda）和蒂埃里·伦茨所展示的，新任海军部部长德克雷（Decrès）海军上将在动机陈述中隐晦地宣称"短时间内在我们所有的殖民地"恢复奴隶制；而且，7月13日，登陆瓜德罗普的里什庞斯（Richepanse）将军收到了命令，要在此地宣布中止1794年的法律。[46] 此外，可能由于这次远征的真正目的是恢复殖民统治，所以先前因法国在港口集结了50多艘军舰、2万军队和2万水手而警觉的英国政府，最终默许了这一违背和平预案到正式签订和约前都要遵守的无作为原则的行动：他们担心法国单方面宣布废除奴隶制最终会威胁他们自己殖民地上的奴隶制度。英国只是派出了一支分舰队侦察维拉雷–茹瓦耶斯（Villaret-Joyeuse）海军上将的舰队的行动，他的舰队被风暴困在海岸，直到1801年12月14日才离开法国。[47]

富歇后来指责波拿巴从未相信重夺殖民地的远征会成功，他只是想借机除掉他不信任的士兵和将军，特别是莫罗的旧部。[48] 倘若第一执政打算故意牺牲一支他惧怕反抗的军队，他就不会将它托付给自己的妹夫勒克莱尔将军（即便是他不怎么喜欢后者），更不会同意勒克莱尔的妻子波利娜和自己的幼弟热罗姆一同前往。圣多明戈的远征在民众中爆发出了媲美1798年埃及远征的热情，那次的目的地起初并未公布。这一次，目的地已为人们知晓。这次干涉行动看起来胜券在握，冒险爱好者、财富猎人和各式各样的投机者都簇拥着加入进来。[49]

英国人非常警惕。他们是对的。波拿巴之所以如此急迫地执行尚未签署的和约的条款，是因为他想利用这段间隙完成与西班牙关于收复路易斯安那的秘密条约。这也是他希望亚眠的谈判尽快出结果和恼怒于西班牙迟迟不派代表参会的原因，他甚至威胁荷兰，如果它坚持不把锡兰交给英国人，就把它赶出谈判：他希望在英国察觉他的美洲野心前签订和约——而这也是在他巩固对意大利的控制之前。

他已经和山南共和国的负责人还有塔列朗为之工作数月了。在让梅尔齐起草新宪法前，他得说服反对此事的塔列朗，后者认为姊妹共和国政策的失败一定程度上导致了督政府的倒台。[50] 塔列朗认为这个效忠于法国的共和国会打破欧洲的均势，它应该作为一个公国或者王国划给托斯卡纳大公爵，无论如何也要交给一个哈布斯堡家的人，并且把其中的教宗领地还给教廷。如梯也尔所说，这曾经是"一个某种程度上受法兰西共和国直接掌控的国家"，因此这将提供一个让和平更能为欧洲所接受的机会。[51] 但是，在西班牙刚刚占领佛罗伦萨，而皮埃蒙特已在事实上（就算不是法律上）附属于法国时，能让才被驱逐出意大利的奥地利人回来吗？塔列朗反对着正在支配波拿巴思想的扩张政策，但徒劳无功。

反抗者最后的抵抗

在这个大获全胜的时刻，那些在执政府建立时发起了第一波攻击后就偃旗息鼓，只在设立特别法庭的法律投票表决时苏醒过一次的反对派终于跳了出来，加紧了活动。梯也尔说，这是雾月的后继者的冲突中又一个也是最后一个时期，一些人没有放弃建立一个"像华盛顿在美国建立的那样的民主而温和的政府"，无论有没有波拿巴，另一些人则想建立"不像过去那样带有偏见、不那么封建但更伟大的君主制"。两派"的矛盾不断加深"：

> 一些人眼见事态的发展，看着第一执政权威的扩张，君主制观念的扩散，杜伊勒里宫中宫廷的形成，天主教信仰几近回归，流亡者蜂拥回国，因此几乎变回了暴力革命者。另一些人几乎成了旧式的王党，他们急不可耐地要恢复君主制，甚至认为大革命最终的结果应是一种开明专制。[52]

　　由于并非整个法国都对现状感到完全满意，激进派更加坚定了开战的决心。流亡者的回归，宗教以及旧制度中其他要素的重现，甚至是秩序的重建都引发了不满。利益发生冲突，习惯受到阻碍。人们习惯了一切，甚至是混乱。在过了十一二年后，对很多人而言，革命的动荡和战争几乎已成了一种自然状态，就像空气一样显而易见而不可或缺。

　　与罗马签署的教务专约成了众矢之的。自从它8月份被批准以及要求主教主动解职的训谕公布以来，事情进展的缓慢让波拿巴无法按他打算的那样，在11月9日雾月政变两周年纪念日上，与宣布和英国签署和约同时正式公布教务专约。罗马任命了一位教宗使节，枢机主教卡普拉拉（Caprara），他这几个月来并不期待巴黎之行，而巴黎方面宗教事务的负责人，就像我们看到的，正是波塔利斯。但是并非所有的主教都提交了辞呈，而波拿巴想在正式公布教务专约前就把主教团清理干净。他不想给罗马出尔反尔的机会，与教廷的协议将伴随着重申高卢派原则的"组织条款"一同公布。还有另一个原因让他再次推迟了教务专约的公布：11月22日召开的立法机关会议迫在眉睫，而且可以预见场面将非常混乱，反对派决定以一切手段抵制政府，以表达其对与罗马和解的不满。在法兰西学院，当贝尔纳丹·德·圣-皮埃尔（Bernardin de Saint-Pierre）胆敢提到上帝时，卡巴尼斯爆发了极大的愤怒，他说："我发誓没有上帝，而且我请求永远不要再在这个场合提起他的名字。"[53]

　　冲突十分激烈。它开始于迪皮伊当选立法团主席（他是著名极端反宗教小册子《所有崇拜的起源》的作者），在讨论制定与俄国和解的条约时仍在继续。[54] 有约15名保民院代表和约30名立法团代表拒绝承认条约，因为他们发现签署者竟放任出现了如"两国政府不能允许其臣民与对方国内的敌对势力保持任何形式的联络"[55] 这样的表述。根据这个条款，俄国保证不再支持波旁的事业，法国也将不再支持在巴黎的波兰流亡者。这引发了大争吵：共和国的公民竟被叫成了"臣民"。这一争论是荒谬的，但这只会使其更加激烈。即便条约最后获得了绝大多数人的认可，但波拿巴对会议中的"糊涂蛋""破门教士"和"詹森主义者"还是恼怒不已。[56] 在他要安排元老院第一波的三个空缺席位时，他的反对者又发起了猛烈攻击，这次他们成功了。波拿巴提名一位将军——茹尔当、拉马尔蒂耶（La Martillière）或贝吕耶（Berruyer），[57] 保民院提名迪莫尼耶（Démeunier），立法团提名格雷古瓦，一个鲜活的大革命象征和教务专约反对者。[58] 重新燃起革命热情的西哀士在元老院秘密煽动着不满者，他们否绝了政府的候选人，而选出了格雷古瓦。这无异于往决策层的脸上甩了一巴掌，但比起之后的发展还算不上什么。尽管恢复1795年被国民公会废除的死刑没有遇到什么困难，但政府不得不放弃了恢复烙刑的提案。[59] 在开始审议《民法典》之前发生这种事，可不是什么好兆头。

保民院已经决定仔细检查其条款。他们并不缺攻击它的理由：这是与行政系统关系日益紧密的参政院的作品，而参政院早就受到了怨恨和忌妒；波拿巴与此关系密切；而它的颁布也没有紧急到略有拖沓就会给法国的未来带来损害的地步。他们同样从中看到了最后向第一执政施压的机会，好让其将权力分一点给议会，不管怎么样议会都是国民的代表，在过去10年中领导着国家，被认为是自由最后的壁垒。尽管雾月政变后他们一直遭到失败，但他们仍旧不相信已输掉了决定性的战斗。他们甚至认为战争的结束和内部的稳定，很快就会让第一执政的独裁统治变得不堪忍受，也会唤起人们对自由的向往并使议会恢复本应该有而现在失去的人望。他们不怕政变，因为他们知道波拿巴担心自己被视为一个军政府的首脑；他们也不相信议会会解体，因为共和八年宪法中没有提供这一可能性。他们即便不认为已是胜券在握，也觉得哪怕和1800年与1801年一样遭遇了失败仍有机会东山再起。[60]

对将要发生什么感到担忧的波拿巴要求将《民法典》整体提交议会，以防议会逐条审议，但是特龙谢（Tronchet）认为如此重要的法令不能匆忙进行表决，他的看法不无道理，因此成功说服了波拿巴。[61] 在保民院，安德里厄率先攻击了法典的开篇条款，公布法律的方式和它不追溯既往的原则。保民院的大部分人反对他，立法团中的反对者则要少很多，[62] 但是他们也想就关于"享有的民事权利"和"民事记录的形式"的条文展开类似的讨论。为了让这次反抗更引人注目，保民院先检查了法典中争议较少的第二部分，它剥夺了教会进行出生、婚姻和死亡登记的权力，这可以看作是对"迷信"的另一场大胜利：因此它顺利过关了。[63] 而关于行使民事权利的条款在1802年1月1日遭到驳回。[64] 这番羞辱因元老院第二个空缺席位的选举失败变得更为尖刻：政府推举默默无闻的拉马尔蒂耶将军，过去两年与波拿巴关系恶化的反对者则推举了多努。这位前奥拉托利会成员很轻易赢得了保民院中的大多数的支持；在立法团，拉马尔蒂耶在第一轮投票中与反对派的候选人旗鼓相当，但是第二轮就失去了支持；一切都表明元老院在给了格雷古瓦席位之后，要把第二个席位给多努。

对手进入元老院远不如《民法典》第一版的三分之二遭到反对更能激怒波拿巴。[65] 在第一版被驳回后，他召集了参政院，并宣称如果下一版再被驳回政府就将进入"冬营"。他对议员们说：

> 这些人在讨论之前就说参政院和执政们都是蠢驴，应该把他们的"作品"扔到他们脸上。跟他们在一起，你们能做什么？……我读了波塔利斯在立法团回复那些保民院的雄辩家的演说：他让他们无话可说。但是无论是多么雄辩之人，哪怕他能24小时滔滔不绝，也无法说服一个决心什么也不听的议会。[66]

议会之外的人都为他喝彩，因此他的怒火更盛，他的支持者为他编织了桂冠——可能有些过于夸张，但并非所有这些热情都是假的。[67] 在两年多的时间里，他实现了他的所有承诺：外部的和平和内部的秩序。成果是惊人的，历史学家们一致对此大为惊叹。同时代的人也同样惊诧。人们从未见过有人能在如此短的时间内收拾如此糟糕的局面。整个欧洲的人都想要跑来一睹这位给他们带来福祉的伟大之人的真容。梯也尔的话足够概括这出色的结果："公路安全得到恢复，到1801年1月和2月时人们从巴黎到鲁昂或从巴黎到奥尔良，都不再有在途中被杀的风险了，当年年底人们可以安全穿越法国而不再遭遇任何意外。"[68]

议会的"狗们"（波拿巴这么称呼他们）在等待时敌对情绪也没见少。[69] 康巴塞雷斯提出了解决方案：让议会成为"一个法律会议"[70] 并撤回所有正在讨论的提案，直至最终决定下达。1月2日，在执政们撤回提案的消息告知议会时，波拿巴在杜伊勒里宫接见了元老院的代表团。[71] 在说到拉马尔蒂耶将军失败的事时，他质问："你们不愿任命任何将军？然而你们能享受和平多亏了他们：该向他们表示你们的感激了……我提醒你们，我把你们任命多努到元老院看作对我个人的侮辱。你们知道的，我决不容忍这种事。"[72] 这番威胁足够让元老院为之颤抖。[73] 保民院和立法团也退缩了：取消了支持多努的票，都投给了政府候选人。但是太迟了，会议已经延期，消除反对者的计划已经在制定了。康巴塞雷斯找到了合法的条文。他向已经打算和雾月十九日一样带兵冲进五百人院的波拿巴指出，根据共和八年宪法第27条和第28条，第一次议会五分之一的改选——即保民院20人，立法团60人——发生在共和十年（1801—1802年）的某一天，没有确定日期：何不就在春天之前？而且宪法没有进一步说明他们会以哪种方式失去席位，康巴塞雷斯建议元老院直接拟定留任者的名单，而不是像习惯的那样列出备选者。不在名单上的人就等于事实上被逐出了议会，他们将由政府更喜欢或更为温和的人替代。[74]

这是波拿巴喜欢律师的地方：他们总能给任何事找到合理的解释。康巴塞雷斯不是靠着这个诡计，恢复了他们在1799年未敢授予政府的解散议会的权力吗？当然，他绝口不提改选不是民主自由的选举而是由元老院指派。第一执政满意了：他说，这就能应付未来20年的反对了。[75] 总的来说，自1797年以来他告诉塔列朗对制度的看法时他就没有改变过自己的看法：他对1月7日聚集到一起讨论康巴塞雷斯的提案的参政院议员说，只有在英国那种保留了贵族和实权君主的国家，才需要反对派来制衡贵族和君主的影响。[76] 而在法国，政府直接代表了人民的主权，反对派不仅无用而且有害。与英国不同，后革命时代的法国并不是一个政治斗争全部发生在宪法框架下的成熟社会，在这个新社会中，没有什么东西有着完全的合法性，无论是复辟的支持者还是新革命的支持者，无论是王党还是雅各宾，都仍希望建立新的秩序目标。至于政府，他补充道，认为它是全能的是错误的：它的权威如同个人名誉或现代社会的事业一样，依靠着公众的舆论；政府只有在舆论支持下才能维持自身或有所行动，它必须与其保持一致。相比之下，革命宪法中的限制和制衡机制有那么重要吗？而且某些机构——当然指保民院——还只存在于共和八年的宪法中。人们相信100名保民院议员和300个代表真的能代表国家并以它的名义讲话，就好像是国家直接授意的？这个假设是荒谬的。制衡在英国有用，在法国无用。一个国家真正需要的，是一个为人民信赖的政府并且它将得到议会和其他组织——绝非它行动的枷锁或障碍——的支持。[77] 最后，在他看来，议会在发起这场最后的抵抗之前的两年中的温和表现是无关紧要的：他们不是通过了90条法案，只驳回了4条吗？[78] 4条就已经太多了。

共和的桂冠

波拿巴是时候返回里昂了，他将负责起草山南共和国新宪法的意大利代表召集到了此处。自从法国重新占领了伦巴第，它就一直由临时政府管辖，波拿巴想要着手改革它的制度，它先前的表现没有比它效仿的督政府好多少。这次，弗朗切斯科·梅尔齐和其他人起草了一份以执政府宪法为蓝本的宪法草案，它没有设立意大利版的保民院，并用十年改选一次、允许连任的共和国主席——和一名副主席——替换了共和八年宪法中的三执政。[79]

波拿巴声称一开始无意于主席之职；他在意大利找过可能的候选人，但是没有找到真正的"政治家"，除了可以胜任副主席的梅尔齐。他把目光投向了兄长约瑟夫。约瑟夫事后承认曾收到过这个提议，但他说他不得不拒绝这个无法接受的请求，因为他弟弟只是想要他扮演一个"政治木偶"而已。然后拿破仑做了他无疑早已想好的决定：他将担任意大利共和国的第一任主席。[80] 怎么会认为他会考虑另一种假设呢？意大利难道不是他的第二故乡吗？难道不是他崛起和取得大胜的舞台吗？这场在里昂召集了450名议会代表的会议的目的，与其说是公决意大利共和国宪法，难道不是更像是为了拥戴波拿巴本人吗？这是他所期待的授职仪式，一场他在法国渴望已久的并要先在意大利"测试"的彩排，如卡洛·巴托（Carlo Botta）所说，在被他的军队战胜后，意大利人要比法国人驯服得多：在法国仍有一些共和主义残留，但是在意大利却没有任何痕迹。"就是这样，在用法国的军队征服了意大利后，"巴托补充说，"他要用意大利的臣服征服法国。"[81]

在两场约瑟芬优雅登场大出风头，而波拿巴只是简单露了个脸的筵席和舞会之间，必要的劝诱工作进行着。波拿巴并没有忘记他的外交部部长反对过他的意大利政策，但还是让他负责主持会议。[82] 塔列朗和与意大利人们一同前来的缪拉，一起询问代表们的意图，和他们一起分析可能的选择，指出代表们的不足、缺陷和错误，不指名道姓地一步一步地将他们引导到波拿巴的决定上：他自己担任主席，梅尔齐担任副主席。1月25日，会议代表一致推选波拿巴为主席。第二天，他带着他的妻子、部长、将军和官员们出现在选了他的代表前，这场共和国授职仪式已有了皇家气派。[83]

波拿巴在月底返回了巴黎，他要为与英国的和约画上句号，并收拾掉那些反对派。

理论上，与英国签署和约仅仅是走个过场：两个国家难道没有在去年秋季于伦敦达成了协议吗？不管怎样，这6个月的讨论还是必要的。同样，英国的气氛也变了。去年10月的热情和欢愉变成了失望。法国政府没有表现出任何想要恢复在大革命之前曾有利于英国的贸易伙伴关系的企图。除了结束战争——但英国从未直接遭受战火——他们感受不到任何和约带来的好处。经济活动没有恢复，战争税负担沉重。至于英国政府，得知法国即将回到路易斯安那的消息后，就后悔默许法国派出远征军重新夺回圣多明戈。还有更糟的。波拿巴当选了意大利共和国主席，这不仅意味着法国吞并了北意大利，还意味着这早晚会发生在皮埃蒙特，而且这个新国家的名字意味着它未来还会扩张。法国人是不是要驱逐那不勒斯的波旁王室，统一整个意大利半岛？这是否明确意味着第一执政即便被迫离开了埃及也不会放弃他的地中海的计划？最让英国人担心的是，法国用那不勒斯刚刚割让给它的皮翁比诺（Piombino）公国，与伊特鲁里亚国王交换厄尔巴岛。[84] 从那时起，疑虑就升级了：如果法国通过意大利和厄尔巴岛重新回到地中海，试图重新夺回英国刚刚归还给弱小的圣约翰骑士团的马耳他又会怎样呢？妥协已经达成，但疑虑尚在。[85] 在伦敦，人们担心波拿巴是否在利用停战为未来的战争做准备。在亚眠和约签署前，就已出现了破裂的征兆。

"这个冷静的政治家被惊人的想象力驱使，"夏多布里昂注意到了这一点，"如果没有这些灵感，他就不是他了；他用理性实现了诗人般的理念。所有这些伟大之人都是有两种天性，因为他们需要灵感和行动上的能力：一种产生计划，另一种完成它。"[86] 在波拿巴的大脑里，理性和想象的关系并不总是和谐的。我们能找到很多想象最终战胜理智的例子，最典型的就是新地中海计划。乔治·勒菲弗的观察与夏多布里昂的风格不同，但可能更为准确：在波拿巴眼里，如果一个胜利没有跟着另一个胜利的话，那就什么也不是。在一个目标达成时，他就已经把目光投向更高更远之处了："波拿巴的野心与我们平常所能见到的完全不同：我们会满足于实现一定的目标；但他的野心没有尽头。"[87] 当他想到国内外的和平实现后，自己将面对的悠闲生活或是仪式化却缺少主动性的生活时，是否会感到恐惧？他结束了大革命，他战胜了联军：他还能再做什么？他没有忘记是大革命和战争赋予了他权力，他是否担心和平会让他很快就在公众眼中变得没那么重要？他不必有未卜先知的能力就能看到将从和平中获得巨大的利益，但他是否正在考虑，当时机到来时，他能否从战争中获得更大的利益？

和平在政治上的后果

英国考虑过如果撒丁国王没有得到失去皮埃蒙特的补偿就不签和约，但波拿巴拒绝讨论此事，而英国人不想承担谈判破裂的责任，于是约瑟夫·波拿巴和康华里侯爵在3月25日签署了和约。

这一次，一切都准备好了，此时驱逐反对派不用担心会受到任何指责。战争结束前被严格管制的反对派，在和平到来后就要被一网打尽了。在波拿巴离开巴黎前往里昂的同时，一封来自执政们的信已经要求元老院根据宪法改选保民院和立法团五分之一的席位，几天后，康巴塞雷斯不费吹灰之力，就说服了元老院不指定或抽签决定离任议员，而是选出五分之四的留任者。[88] 15名元老反对，其中有加拉、朗瑞奈（Lanjuinais）和格雷古瓦；西哀士保持了沉默。不难想见，元老院的不记名投票驱逐了那些最激进的反对者：邦雅曼·贡斯当、然格内、塞伊、多努、玛丽-约瑟夫·谢尼埃和安德里厄。[89] 4月5日，亚眠和约签署后的几天，新召开的议会有了明显的变化，即便接下来的讨论证明这一清洗还不足以结束所有的争论；但能够确定的是，那些从来没有放弃将共和八年体制转变为代表议会制的人，已无力再对政府进行妨碍和攻击了。

经过多番耽搁，教务专约在4月5日终于提交给了议会。仍然担心代表们的不满——他还记得去年8月在参政院遭到的冷遇——的波拿巴，在新的主教团中为宣誓派主教保留了一定的席位。[90] 卡普拉徒劳地反对，第一执政一步不退："我不是来让一方战胜另一方的，我要平衡他们的地位以让双方和解……因此，我会让几个宣誓派主教和那些你口中的虔诚主教一同共事；我会仔细选出为数不多的几位；但这是不可或缺的。"[91] 随教务专约一并提交的还有77条由宗教事务负责人波塔利斯起草的"组织条款"，它恢复了1682年的《高卢派声明》，[92] 重申了教务专约的教会在有关法纪的所有事务上顺从政府的原则，确认了信仰自由和各种信仰的共存，限制了天主教的公开游行，肯定了世俗生活与宗教的分离并废止了苦行之规。这两项法案，以及另外一项关于新教的法案，在没有热烈反响但也没有遭到明显反对的情况下被议会通过了。[93]

卡普拉阁下成了梵蒂冈教廷在法国的官方代表。第一批教务专约的主教在圣枝主日被授职——他们中有康巴塞雷斯的兄弟和贝尔尼尔神父。[94] 在复活节，4月18日，举行了庆祝和平与恢复宗教信仰的感恩赞。数年来，巴黎第一次被圣母院的钟声惊醒。那些并不总是循规蹈矩、敛心默祷的好奇民众，先前曾进入过作为理性神殿的圣母院，如今又拥上了车队即将通过的街道：波拿巴、他之后的两位执政，以及其他高官乘车参加仪式，他们前有军队开道，后有"随从"簇拥。新任巴黎大主教贝卢瓦（Belloy）阁下在华盖下等待第一执政，为他洒圣水。[95] 对于那些年幼的观众来说这番仪式是完全新奇的，对于其他人则是过去的复苏，但是演员则是新的，有点尴尬，又总有点疑虑丛生。人们已经不再习惯这种仪式，尽管波拿巴要求在巴黎的将军们都要出席 —— 他曾粗暴地拒绝了奥热罗不出席这场"虔诚过头"的仪式的请求 —— 组织者却忘了给他们准备座位。为了展现第一执政大权在握，将军们都去了，除了莫罗，他公然在杜伊勒里宫的花园散步，还抽着雪茄。60多位将军挤在人堆里："他们不知道要去哪里也不知道要干什么，发现自己右边有大约60位神职人员，正舒舒服服地坐在椅子上，一边看着这些满载荣耀的国家卫士一边窃笑。不难理解，将军们开始抱怨，并有人放声咒骂。"[96] 一个负责的官员前来表示歉意，并说自己也无能为力："'去你妈的。'马塞纳对他说。他抓住手边一个神职人员的椅子开始摇晃，后者逃走了，他自己坐了上去。将军们纷纷效仿，很快不应该坐在位子上的军官们取代了那些神职人员和新皈依的信徒。"[97] 图尔大主教布瓦热兰（Boisgelin）开始布道训诫，他曾主持过路易十六的加冕仪式。我们不知道听众是否对他有所留意。所有的目光都聚焦到跪在跪凳上的波拿巴身上；在他身后，跪着塔列朗和富歇，在烟雾缭绕中，"净化着过去的罪孽"。[98] 梅于尔和凯鲁比尼（Cherubini）指挥着乐队和唱诗班。枢机主教卡普拉拉主持了弥撒。将军们窃笑，交谈，或是想着自己的事，但是当波拿巴抬起眼瞪向他们时，他们就通通闭了嘴。[99] 在3个小时的仪式后，他回到了杜伊勒里宫，恰好遇上了也在宫中的戴尔马（Delmas）将军，他指责戴尔马先前的态度。戴尔马反抗道："好虔诚啊！却有10万人为了废除这一切而失去了性命！"[100] 议会被征服了，但军队还没有：总被妻子不停重复波拿巴抢了他的位置的莫罗，已经生了好几个月闷气，而第一执政想要争取他。然而莫罗没有出席波拿巴邀请他参加的晚宴，此后他就再也没有收到此类邀请了。[101] 但是莫罗谨慎又犹犹豫豫；他任由自己被不满者当成救命稻草，然而又避免让自己卷入其中。第一执政和贝纳多特的关系也没有改善；这个加斯科涅人为勒克莱尔将军被派去指挥圣多明戈军团，而他自己却在西部军团百无聊赖感到耻辱。但是他又拒绝了所有其他安排 —— 法属印度、瓜德罗普、驻君士坦丁堡大使甚至路易斯安那。他聆听并思考着遍布军中的不满，抱怨声为数不少，因为恢复和平意味着裁军，大多数人将只能领到半薪或退休金。莫罗、贝纳多特和马塞纳被认为是军中反对派的领袖。他们知道波拿巴监视着他们。这帮人还没有蠢到去参与诸如在圣母院暗杀波拿巴之类的阴谋。[102] 然而这些将军会私下商讨他们被有规律地调离了巴黎——贝纳多特、麦克唐纳、奥热罗、圣西尔、布吕内……我们不知道这种不满到了什么地步，但可以确定在4月18日的仪式之后它一度高涨。戴尔马将军，我们刚刚看到他遭到了波拿巴的指责，与乌迪诺（Oudinot）卷入了"博朗日（Polangis）阴谋"，而且可能与另一场更为严重的"佩兴丝（Patience）阴谋"有关，后者的主谋骑兵中队长多纳迪厄（Donnadieu）试图暗杀波拿巴。他被逮捕了，戴尔马被调出了巴黎，而乌迪诺被原谅了。还是在5月份，警察又挫败了一个阴谋，这次是在雷恩，贝纳多特——没人知道他参与了多少——的参谋长西蒙将军，在西部军团煽动暴动。[103] 西蒙将军被捕，一些营被派去了殖民地。贝纳多特像他在雾月十八时那样再次藏了起来，这次是在普隆比耶，甚至还请拉普替他说情。波拿巴起初拒绝了，他对他的副官说："别跟我提那个该死的人，他该枪毙！"但是贝纳多特是约瑟夫的连襟，德西蕾的丈夫，他再一次毫发无损地逃脱了，甚至再次回到雷恩指挥军队。波拿巴知道不少将军都心怀不满，无论他怎么做都无法让他们满意。"因为他们中每一个人都认为自己能与波拿巴平起平坐，并认为自己与他同样有资格登上高位，"鲁瓦耶-科勒德（Royer-Collard）在给路易十八的报告上说，"他们中没有一个不将波拿巴的崛起看作对自身的损害。"[104]

因为第一执政的人望正在全国范围内继续增长，所以军中的反抗倾向也越来越强：这个国家已经忘了大革命，它感激他带来和平，恢复秩序并让礼拜天的钟声再次在教堂上空回荡。波拿巴一点险都不想冒，赦免流亡者，亚眠和约后他的第一个重要决定，只在参政院和元老院进行讨论而不根据共和八年宪法由保民院和立法团检查。[105] 然而，他不可能总能躲开议会，尽管勒德雷尔提出的关于创办中学兴建公众教育的法案没有遇到什么困难就通过了，但建立荣誉军团的提案引发了那些仍忠于大革命的人最后的抵抗。[106] 他们眼睁睁地看着这个社会大开倒车，惊愕于宫廷传统在杜伊勒里宫复苏，当他们看到流亡者蜂拥到边境、主教长袍重新出现在路上以及听到政府的喉舌对荣誉、勋章和头衔的赞美时，怎会不痛苦？波拿巴徒劳地解释这个新的精英阶层是完全公民化而非军事化的，它取代了血脉和财富的统治地位，[107] 这一提议的反对者只看到了一件事：荣誉军团不是一种纯粹的军事表彰制度，它也会颁发给一般公民，这些被授勋的公民在事实上构成了一个新贵族阶层，这和旧制度下的贵族一样与1789年的平等宣言水火不容。[108] 波拿巴一心想要建立这个制度，因此他直到它能被人接受时才推出了这一制度。它和《民法典》一同构成了他政策的基石：

> 一切都已被摧毁，如今是时候将其重建了。我们已经有了政府和政权，但这个国家的其他部分呢？一团散沙。那些曾经的特权者就在我们身边，他们根据其原则和利益组织了起来，并且有着明确的目的。我能数出我们还有多少敌人。但我们自己却分崩离析，缺少能把我们联系在一起的体系。只要我还在，我就能支撑起这个共和国，但我们必须考虑将来。你们认为共和国已经完全稳固了吗？如果有人这么想的话，他就大错特错了。我们能做到这一点，但现在还没有，为了达成这个目的我们必须为法国安放好花岗岩的基石。[109]

"任人唯贤"是1789年最重要的遗产之一。但它既可以如1789年的《人权宣言》所说的那样，表现为每个人可以"平等地担任一切公共官职、职位与职务，除他们的德行和才能以外不受任何其他差别限制"，也可以被用来将建立这样一个终身享有头衔、勋位和年金的团体的过程正当化。重建这样一种表彰制度，尤其是将其与旧贵族常引以为豪的"荣誉"联系到一起，是不可能不遭遇阻力的。此事的反对者胆敢站出来，某种程度上也要怪波拿巴自己，因为他把为该政策辩护的工作交给了勒德雷尔，而此人曾夸口过要"玷辱荣誉"。[110] 尽管勒德雷尔和第一执政关系密切，但他并不怎么喜欢波拿巴。而波拿巴尽管尊重他的言谈和那渊博的学识，甚至也重视他的建议，但他没有原谅他与约瑟夫的派系往来密切，也没有原谅他对教务专约的保留态度。让他为这样一个会让他想起自己不堪回首的过去的法案辩护，是为了给他个教训，但这也会有风险。这个法案最终在保民院和立法团只以微弱多数通过：保民院56票赞成对38票反对，立法团则是166票赞成对110票反对。而参政院的24名议员中也有10人提出了反对。[111]

终身执政

大革命和议会制度的捍卫者射出了他们最后的一发子弹。波拿巴正稳步迈向绝对权力。他还恢复了许多旧制度时的形式，尽管其精神内核可能已有所不同。杜伊勒里宫的仆人穿上了统一的制服，第一执政有了一支大规模的执政卫队，雾月政变后负责引荐大使的礼仪官贝内泽什的工作也被真正的侍从官们所取代，宫娥们围在约瑟芬周围；有阅兵式，有接见，有晚宴与夜会；丝绸长袜和扑粉假发也回来了……蒂博多说，只有女士抵制旧时尚的回归，因为她们担心人们会放弃"显示身材的"罗马、希腊风格的长裙，而穿上路易十五时期的"巨大篮子"。[112]

1802年春天来到法国的玛丽·贝里（Mary Berry），在4月5日杜伊勒里宫的阅兵式上见到了第一执政，三天后又在约瑟芬的沙龙见了他。4月5日，她看到了一个"小个子，稳稳地骑着马"，他"面色蜡黄""长鼻子""短发"，经过检阅的军队后他就消失了，几乎都没有注意围栏外热情的人群。[113] 8日，在约瑟芬接见客人的沙龙里她看到了一个完全不同的人——他比检阅时高大，宽肩膀，有亮灰色的眼眸，挂着如菲耶韦（Fiévée）说的"理应载入史册"的微笑，[114] 有着聪慧的外表和"冷静"而"率直"的谈吐。"阅兵式上的那个男人"和"沙龙中的这个男人"简直不像同一个人：

> 他在屋里转了一周，跟每位女士都会说两三分钟话。吕塞（Luçay）阁下（内侍之一）手里拿着一张写着每个女士名字和国籍的纸……
>
> 我们有时间去观察他的举止和待人方式；他很简单而且也没有

伪装。他问一个女士是否骑马，问另一个女士是否在法国待了很长时间。他跟意大利人说意大利语，用同样的方式重复一些无关紧要的客套。该我了……。波拿巴问我是否在巴黎待很久了。我回答说，3周多了。

——你觉得歌剧怎么样？你满意吗？

——非常好！而且我们看了很多歌剧！

这番回应让他觉得可以跟我们说点别的……然后他转向我们旁边的人，她是俄国人，然后他问了同样的问题：她是否骑马，等等……当他跟女士们交谈后，他也和站在窗前的男士们说了几句话，然后就从他进来的那扇门离开了。[115]

他和女人相处时并不是很自如，他不是特别明白她们在说什么，沙普塔尔记录了一些他办的傻事。他和男人在一起会更舒服些——譬如，在教务专约表决几天后及《基督教真谛》出版后（1802年4月14日）被介绍给他的夏多布里昂：

我不知道他怎么注意到并认出了我。当他走向我时，人们不知道他在找谁；人群接连散开；每个人都希望第一执政在他面前停下；他看上去被这番误解弄得不耐烦了。我藏进了周围的人群；波拿巴提高了声音对我说："夏多布里昂阁下！"然后我就出现在了他面前，因为人群散开了，又立刻把交谈者围在当中。波拿巴径直走向我：没有客套，没有闲聊，也没有开场白，他跟我说起了埃及和阿拉伯，就像我们已经是好友了，是在继续先前的谈话。他对我说："当我看到阿拉伯的谢赫们跪在沙漠中朝着东方叩头时，总是感到很震惊。东方有什么他们敬仰的未知的东西吗？"他自己又停了下来，转到另一个话题，他说："基督教？空想家们不是把它说成了一个天文体系吗？就算那是真的，他们相信能够说服我认为基督教微不足道吗？如果基督教是关于行星的轨道和天体的几何的寓言，那么这些思想家们大可以说他们的漂亮话，把伟大留给低下之人。"波拿巴立刻离开了。就像《约伯记》里写的，在黑暗中，"有灵从我面前经过，我身上的毫毛直立。那灵停住，我却不能辨其形状；有影像在我眼前。我在静默中听见有声音说……"（《约伯记》4：15—16）我注意到，在他穿过人群时，向我投来了比他刚刚对我说的话更有深意的目光……丰塔纳和巴乔基夫人对我说第一执政对与我的谈话感到满意：我都没张过嘴；波拿巴是对自己感到满意。[116]

波拿巴正在学习如何做一个国王，而不为这个新义务花费过多的时间。在他周围，关于制度和他个人的未来的讨论又重新开始了。约瑟夫、吕西安（他1801年年底刚从马德里回来）、塔列朗和勒德雷尔都劝他为了自己的利益重建君主制。[117] 1800年的波拿巴并没有多谈这个问题；他装作谦逊，拒绝为自己树碑记功，并表示他满足于自己的10年执政任期。他克制着他的支持者，但同时康巴塞雷斯却在增加着如果不能让他立刻成为国王也要加强他的权力的支持者的数量。二人之间的相互理解完全不需过多的言语。

第二执政——第三执政勒布伦也支持他的同僚的看法——可以确认清洗后的保民院站在他们这边，吕西安现在处于的主导地位很让他哥哥满意。一位议员，西梅翁率先请求他的同僚们，表达希望给予第一执政"为国家认可的光辉的象征"的意愿。波拿巴当然做出了得体的回应，他感谢了议员们来与他讨论他们的议题，但是他回答道"国民的爱戴"就足够让他感到幸福了。[118]康巴塞雷斯家此时人满为患，元老院的成员一个接一个地到来，纷纷打听第一执政到底想要什么奖赏。康巴塞雷斯觉得第一执政在这个问题上有点轻率；他催促他，就算不对自己解释，至少也应该更清楚地告诉元老们他需要什么。波拿巴对这些担忧一笑而过，他相信元老院已经准备好做他要求的一切，甚至更多。[119]勒德雷尔的担忧并不比康巴塞雷斯少，他率先发起了行动，5月8日在一封公开信上号召元老们给波拿巴"为法国谋幸福"的时间："给他一个由他开启的世纪"，他总结道，明显暗示了终身执政。[120]

并非所有人都准备好了接受终身执政，而历史学家认为是富歇在暗处的密谋让元老院在同天只决定给第一执政延长10年任期。[121] 可能元老院是在要一个狡猾的花招：通过采取这个违背宪法——宪法并没有赋予他们延长第一执政任期的权力——的方式，他们要告诉波拿巴，他们支持他的野心，但是只同意给他延长10年则是为了让他明白，他得反过来考虑考虑他们。[122] 不难想象，这个"国民的感激"远不如波拿巴的意，元老们想要让波拿巴明白他得重视他们，但是接下来发生的事向他们展示了，第一执政完全不需要他们。[123] 他想要的不是延长10年任期到1819年，这对他来说太短了，那时他才50岁。他真正想要的是根据赋予他权力的宪法的一次简单的改选以外的东西，毕竟宪法规定第一执政可以连任，这个所谓的奖赏对他来说几乎就是侮辱。布列纳说："他用尽浑身解数来掩饰自己的恼怒，除此之外什么也不能做。"[124] 康巴塞雷斯被喊来帮忙了。就像他之前找到清洗议会的合法手段那样，他想到了办法，可以让波拿巴把元老们的提案交由人民，从人民那里用更光彩的方法获得被元老们拒绝的东西：

> "元老院给你延长了任期，"康巴塞雷斯对他说，"回答他们，你接受这一建议，但决议不应该由元老院产生，而是应由你统治的这个国家的全民公决产生，你只能接受国家给予的延长任期，而且你也想用和执政府宪法通过时同样的方式来就这个问题向国家征询推行执政宪法的方法……然后我们让参政院起草一个将交由全民公投的方案。用这种符合人民主权精神的方式，我们就可以换上一个替代方案。我们将向人民发问是让波拿巴将军延长10年执政任期，还是让他成为终身执政？"[125]

此时由康巴塞雷斯操持一切，波拿巴则回到了马尔迈松。因此，在5月10日参政院开会决定将向法国人民提出什么样的问题时他缺席了。仅有的反对者用沉默做着徒劳的抗议，议员们很快就决定了这个问题："拿破仑·波拿巴该成为终身执政吗？"

3年前，1799年年末组织的全民投票，不过才有150万法国人参加。[126] 而这次，参与人数接近60%，而"是"的票数几乎达到100%，——看上去没有暗箱操作，也没有强迫——我们只统计出了8 374张反对票。[127] 考虑到1793年宪法只有34%的人参与投票，1795年不足20%，1799年大约25%，这次显然取得了空前的成就，然而当局因其把戏自食其果。[128] 由于在1799年拔高了数据，[129] 如今只能宣称投票率增加了10%，但实际上却是至少30%，而且这让第一执政成了整个革命时期正式得票最多的当选者，让他建立的政权成了最为人民认可的政权。[130] 似乎，法国人，出于多种原因，从执政府和其领导人身上找到了他们十多年来苦苦寻找的政治模式：权威与自由的结合，个人权力与制宪议会在1789年没能实现的人民主权的结合。

1802年8月4日的元老院法令极大地拓宽了第一执政的权力。[131] 它还在关键的两点上修改了1799年宪法：首先，它取消了从来就没有发挥过实际作用的"要人名单"制度，用更符合时代精神的多层选举制取而代之，基层实行普选，中层以上则只有纳税达到指定标准者才有选举资格；[132] 其次，重组议会：参政院因其先前的支持，获得了增加议席的奖励；[133] 保民院则相反，议席减了一半，此外还要效仿参政院那样分为不同的部门，审议法律条文的过程不再公开，这剥夺了他们引导舆论的权力。此番改动不仅仅是第一执政恼怒的结果；这还与波拿巴整体的立宪视角相符合。[134]

这次修宪的另一个受益者就是元老院，尽管元老院法令在政府的严密掌控之下：它由波拿巴本人担任主席，他不断为其提名候选人直到满足80人的法定人数为止，然后他又有了直接任命40名新成员的权力。自从圣尼凯斯街事件之后，元老院就成了波拿巴的主要工具。它给了政权合法的外表，而且通过元老院，政府可以获得有力武器——元老院法令——这能让他免于宪法的束缚。[135]

波拿巴和元老院的共同崛起，意味着凯旋的将军和生于大革命的寡头集团结成了联盟，其破裂之日将是皇帝垮台之时：波拿巴几乎已经是君主了，但他仍是大革命之子，在他如日中天时，他是它的主人——在高官厚禄的帮助下——当命运女神抛弃他时，他就是它的人质和替罪羊。[136] 最后，政权越是接近君主制，越没有自由和民主的革命理念的存在空间，与旧制度的割裂就变得更为彻底和无法逆转。认为直到1815年百日王朝期间，陷入困境的拿破仑才穿上了"1793年的靴子"，装出一副革命斗士的样子是错误的。他从一开始就是革命的斗士，也一直保持着这个身份，他阻挡着复辟，他知道那是符合多数法国人民愿望的，也知道所有向1789年的理念做出的妥协，都迟早会导致复辟。政治参与、议会审议、出版自由、司法保障，所有这些要求都有利于反革命，他对那些认为1802年是旧制度复辟开端的人说道。确切讲，如果大革命想要幸存，就要放弃所有"1789年的空想"。[137] "我的制度很简单，"他补充说，"我相信，在这个环境下，应该集权并提高政府的权威，这是为了建构这个国家。我即是建构中的权力。"[138]

有实无名的君主

如那些涌向巴黎的英国人中的一位所说，波拿巴已经取得了"个人在当今社会所能企及的最高权力"。[139] 约瑟夫·德·迈斯特（Josph de Maistre）等人曾说，法国大革命可以说是完全自发的，或者说这是一场没有伟大人物的革命，一场反过来引导了它的发起者的革命；然而这种说法早已过时了。舞台如今已经空了，或者说是有一个人在唱独角戏。这一观点不可避免地出现在了斯塔埃尔夫人的信上："在法国只有一个人……人们看到了一团名为国家的迷雾，却看不清其中有什么。他一个人站在前方，居于中央……欧洲大陆上只此一人……再也听不到旁人的声音。"[140] 即便是最顽固的流亡者也明白，这次，翻开了新的篇章。孔代解散了他的残部，普雷西（Précy）遣散了他的间谍，而伊德·德·纳维尔做好了长久抵抗的准备：

> 人们不能再有幻想了。法国自愿接受了波拿巴的奴役。它已为新政府最初的政策所倾倒，这个政府确实在各方面都取得了杰出成果，长久以来第一次满足了它对秩序和稳定的需求……在国外，

亚眠和约保障了人们热切期待的全面和平；国内，流亡者蜂拥回国……而且在各个领域，国家与它的新领导人都签署了协定。[141]

1802年8月15日，波拿巴的第33个生日，被像国王的生日一样庆祝。"人们举办了庄严盛大的仪式感谢上帝，"就快要被免职的富歇尖刻地说，"因为他给予法国一个愿意大发慈悲，用一生去执行最高权力的人。"[142] 300名乐手组成的管弦乐团举行了盛大的音乐会，人们还放了烟火，杜伊勒里宫和圣母院灯火通明，庆贺和平的铜像在新桥上竖立，杜伊勒里宫还举行了招待会和晚宴。[143] 一周后，第一执政和妻子一同出现在了法兰西剧院专门为他准备的包厢。迪谢努瓦（Duchesnois）小姐和塔尔马演的是《安德洛玛刻》（Andromaque），当大幕落下时，身着"绣满金色刺绣的蓝上衣"的波拿巴站了起来，离开前在人们的欢呼声中三次致意。[144] 第二天，8月21日，他到元老院宣誓就职。从杜伊勒里宫到卢森堡宫的大道两旁都站满了仪仗队。他第一次没和康巴塞雷斯和勒布伦同乘一辆马车。他的马车就像法国国王的辇舆，由八匹马拉乘，有盛装的骑兵卫队护送，后面跟着执政卫队，以及由主要国家机关工作人员组成的长队。元老院的代表团在卢森堡宫门前等着波拿巴，把他引到扶手椅前，它俨然一个特意为他准备的王座。[145]

这还是共和国吗？8月4日的元老院法令部分解决了继承人问题，根据法令，第一执政有权自行决定继承人。波拿巴开始拒绝公开讨论这个问题，尽管他自己曾数次失言，例如他曾对勒德雷尔说，国王很幸运，人们尊重他，因为他们认为王冠是父子传承的。[146] 然而，当元老院把这个问题加入到提交法国人民讨论的议题中时，波拿巴就把它划去了，仅将全民表决限制在设置终身执政这个问题上。[147]

波拿巴不是没有理由反对人们提及继承问题，不管怎么说他不认为这是个急迫问题：他才33岁，就算他到了40岁，也还没到讨论此事的时候。据说，他担心君主制的稳定性，更担心会走向君主立宪，限制他的权力。[148] 即便他试图建立君主制，是否可能在不被发现的情况下完成过渡，他能不考虑那些极度敏感的人吗？顺其自然，让法国人民重新适应绝对权力难道不是更明智吗？这样，当政府强制确立世袭君主制时，犹豫者会更容易接受。

　　波拿巴对权力继承问题的反对并非是原则上的。但是，倘若他的权力要找一个继承人，那么谁会是那个幸运儿呢？

　　他不再相信约瑟芬能给他生孩子了，他的妻子自己也放弃了所有希望。出于这一原因，她在富歇的支持下，坚决反对重提继承制度。她满足于执政夫人的身份，害怕成为王后或皇后——人们已经提到了查理曼的帝国——那对她来说将是困难日子的开始。有一段时间，她觉得自己能够说服丈夫促成波旁王朝复辟，但她得面对现实：波拿巴（她仍这么称呼他）不会接受伦敦建议的"陆军总司令"（connétable）之职。[149] 因此，她得在她的盟友富歇的帮助下，说服他的丈夫放弃夺取波旁家王位的想法。倘若他们没有孩子，那他们能找谁呢？波拿巴惧怕打开家族野心的潘多拉的盒子。约瑟夫不已经是候选人了吗？这是个可笑的主意。[150] 他曾经提过康巴塞雷斯，甚至卡诺，但很快就改了主意。他排除了在遗嘱中指定继承人的选项：路易十四的遗言和遗嘱在巴黎高等法院的遭遇，让他看到了死人的遗嘱的价值："谁都知道，一个人死了就什么都不是了。"他的遗言当然也一文不值了，他对被召集来修订共和八年宪法的参政院议员解释说。[151]

　　然而，他脑子里萌生了一个念头。勒德雷尔说在1800年年底时，约瑟芬对那些对她体质毫无改善作用的温泉愈发丧失信心，她想出了个主意，让她的女儿与她的小叔子，被波拿巴像儿子一样照顾的路易结婚。[152] 这个婚姻，结合了波拿巴与博阿尔内家，会让她的地位更加稳固，他们的孩子将由拿破仑收养，成为她无法给他的继承人。继承人的问题如果再次出现，就不会那么让她难以接受了。但是获得奥尔唐斯的同意不是那么容易，后者已经爱上了将军的副官迪罗克，这让她的母亲十分失望：她梦想着给女儿找一门更光鲜，或至少更有政治价值的亲事。至于郁郁寡欢的路易，他也没显出什么激情。他爱上了奥尔唐斯的堂姐妹，埃米莉·德·博阿尔内。在拿破仑和约瑟芬的共同努力下，两个年轻人屈服了：婚礼将在第一执政动身前往里昂前举行。[153]

最终，1802年夏天全民公决的胜利——和众多选举人登记簿上写的呼吁第一执政指定继承人的话语——让他改变了主意，接受了曾在5月份拒绝的事。[154]

然而还有别的麻烦。

路易与奥尔唐斯的婚礼结束时，二人的婚姻关系也几乎走到了尽头。这对夫妇没怎么在一起生活过。嫉妒又多疑的路易，把对约瑟芬的恨意发泄在了妻子身上，他总和她争吵；她哭哭啼啼，两个月还没过他就抛弃她了。但是当她在杜伊勒里宫避难时，她发现自己怀孕了。受孕时间是他们刚结婚的那几天。尽管拿破仑-夏尔的出生日期是1802年10月18日，但是谣言立刻就传开了，马松肯定地说，就是波拿巴家族的人自己传播的：拿破仑是奥尔唐斯的情夫，他搞大了她的肚子，强迫路易娶他的情妇，又为了让她回到自己身边而赶走了弟弟。这个"可信消息"从巴黎的沙龙一路传过了英吉利海峡：为了不让流言继续下去，奥尔唐斯得离开杜伊勒里宫并搬进继父特意给她买的宅邸。[155] 当然，波拿巴现在还不可能知道这个孩子是男是女，但若是个男孩，第一执政就不用再从兄弟中选择继承人了。

他真的认真对待这件事了吗？他在8月3日元老院向他提交公投结果时，间接表露了内心深处的想法："一个公民的生命就是他的国家。法国人民希望我把我的生命全部献给它。我服从他们的意志……我有幸接受造物主的命令，把公正、秩序和平等带回我们的土地，到那时，我将毫无遗憾地等待人生的最后时刻也不会担忧后人对我的看法。"[156] 在这里，他指出了他的新权力的双重合法性：人民的意志和上帝的意志。这两种相互矛盾的合法性——但是最后也确实如此——体现了他的权威不同寻常的源头，而非其政权的根基，他仍未为这个政权真正打好基础，而且对此也并不关心。富歇是对的，他宣称——他断定自己听到第一执政这么说了——通过共和十年宪法，第一执政"刚刚宣布自己成为一个君主国的终身元首，而这个政权的根基仅是他的剑和胜利"。[157]

然而，舆论有充分的理由认为终身执政无外乎是恢复君主制的前奏。约瑟芬自己也觉得这番新安排远不是最后。[158] 政治观察家们都同意这一观点。"这次改变不是波拿巴最后的决定",吉拉尔丹在他的笔记本上如是写道,他又补充元老院法令提到指定第一执政的继承人的程序时,非常小心谨慎,只是为了"引出其他事项和……营造必要氛围"。[159] 俄罗斯的大使也不甘人后:"很多人都相信,波拿巴走完这一步后,会再换一个头衔,自称为高卢人的皇帝。"[160] 他的普鲁士同行也响应了流言:"他想用我们这个时代的理念再现查理曼的光辉。毫无疑问他已经有此计划,但没有定下实施时间。"[161] 至于斯塔埃尔夫人,她对此事极具洞见,听天由命地写道:"这是迈向君主政体的第二步。我担心这个人会像荷马笔下的诸神那样,第三步将直接登上奥林匹斯!"[162]

他已经抵达那里了——就算还没有那么尊贵的身份,至少他的权力和威望已经到了。1802年是承前启后的一年。康巴塞雷斯对此看得透彻:"自他成为终身执政起,"他在回忆录中写道,"波拿巴的政治生涯进入了第二个时期。"[163] 相比之下甚至连1804年都算不上一个清晰的界线。皇帝的头衔并没有增加他已经拥有的权力,即便他因此成了继卡佩、瓦卢瓦和波旁后的又一新王朝的缔造者,从此可以与哈布斯堡、霍亨索伦或罗曼诺夫家族的君王平起平坐。我们不知道他是真的相信自己与他们是平等的,还是只是装作相信。实际上,他无法将自己的合法性和他们完全等同。他的君主"兄弟"们的头衔,体现着他们引以为傲的血统、神意和历史,而波拿巴的头衔与他们相反,只体现出他的政权的革命起源:"蒙上帝恩典,秉共和国宪法[*],法兰西人的皇帝拿破仑。"帝国法令公布的法律实施方案列出了他建立的政权的复杂合法性:元老院,凭借让他成为终身执政的元老院法令,他成了皇帝;民主,全民投票认可了他迈向最高权力的接连举动;宗教,在加冕仪式上祝圣;但他最重要的合法性,来自于他的胜利和他的天才。梯也尔说,登上皇位实际上对波拿巴有害无益:法国人因此质疑他对大革命的忠诚,而外国列强也并未因此更尊重他。

作为第一执政,作为共和国的独裁者和元首,用个人能力和非凡的胜利让一切合法化时,他是独一无二、盖世无双的。正因如此,成为国

---

[*] 拿破仑称帝后,法国仍有一段时间在正式场合使用"法兰西共和国"的名称。

王会让他失去自己的某些过人之处。无人可以，也无人敢将自己与凯撒和亚历山大大帝的后继者相提并论；但是"成为世袭的君王，他就得和那些大大小小的国王为伍，并在血统上屈居他们之下……他们会欢迎和奉承他，因为他令人生畏，但私下里，他可能因为低微的出身而受到轻视"。[164] 他徒劳地将王冠分给自己的兄弟姐妹，试图给他的"王朝"增添光彩，但在欧洲君主的眼里，他一直都是"冒险家"或"科西嘉篡位者"，他使他们屈服了那么长的时间，靠的可不是他的皇冠和在加冕礼上被人涂抹的那些圣油。他自己对此心知肚明：他的权力是由自己和时势带来的。

所以，这仅仅是他那不知节制的野心的表现吗？波拿巴有更严肃的理由想要成为世袭的君主。这些原因首先与法国的对外政策有关。他试图通过在大革命的发源地恢复君主制和世袭权力的方法，让欧洲相信大革命真的结束了。尽管执政府的政策成功说服了欧洲各国，它真心希望弥合法国内部的分裂并恢复宗教，但是在他们看来，雾月十八后建立的政府仍保留了所有临时政府的特性。重建世袭的君主制，哪怕是一个新王朝，对他来说都是让革命法国重回国际舞台的必要举措。

1802年，宣布波拿巴成为终身执政让他登上了令人难以置信的高度，同时这是年轻的波拿巴与法国的结合。[165] 这也是波拿巴个人的转折点，因为1804年的加冕——尽管他一直在考虑恢复王位——不过是1803年与英国重新开战的结果之一。亚眠和约的破裂早就写在了这份和约的字里行间。一方面，这两个国家的冲突，就像法国与欧洲的冲突一样，远远没有尽头；另一方面，战争对波拿巴来说必不可少。"我的权力倚靠我的荣誉，而我的荣誉又仰仗我赢得的胜利，"在执政府时期他曾这么说过，"如果我不能取得新的胜利和新的荣誉，我的权力就该倒台了。"[166] 欧洲大陆在1802年实现的和平在来年就化为了泡影，猜疑是其重要原因之一，这一点未来也不会有什么改变。诚然，责任要由法国政府和英国政府共同承担；但不得不提的是，如果说是1802年的和平让他得以借助这个长久以来渴望和平的国家对他的感激实现终身掌权的话，那么正是1803年4月亚眠和约的破裂和与英国的战争，让他重建了自己对于波旁王朝的优势。和约是他巩固权力的条件，但得益于战争他才能保有并扩大他的权力。倘若1802年的和平能长期保持下去，我们不能确定波拿巴是否能在不牺牲其权力的绝对性、不重建他不能也不想容忍的自由宪政的前提下，保住他的权力。

1802年后还发生了其他变化：国家重建、社会重组、大革命原则的法律化、制度的确立——这一工作在终身执政确立之时就完成了大部分。波拿巴交出了令人满意的答卷。大革命结束了……至少在制度上结束了。所有的一切都在很短的时间内完成——仅3年——这一时代在法国历史上是一个特例，人们无法找到真正能与之相比的时代，尤其因为这一切不完全能用当时的背景来解释：无论人民多么疲惫，无论革命多么濒死，没有波拿巴，事态的发展可能就会截然不同。这样，这3年好似以一种近乎加冕的形式，将这一史无前例的政治跃升推向了最高潮，而且在历史上无出其右。在波拿巴从阿雅克肖到杜伊勒里宫的征途中，有些东西是史无前例但又确实存在的。正是它们分隔了拿破仑一生中从1792年到1802年的非凡的10年与后来的岁月。皇帝用他的战役和胜利增添了为同时代人——和子孙后代——惊异、赞叹的功绩，但我们再也看不到他如此明智审慎地运用自己的天赋和能力了。皇帝最伟大的功绩，从奥斯特里茨到蒂尔西特，从耶拿到瓦格拉姆，都因其政策不如第一执政时期那般明晰有力而失去了光彩。同样，马伦戈和霍恩林登的胜利使执政府的"纲领"有了实现的可能，而大军团的辉煌胜利却没有带来长期的政治影响。从这点看，耶拿的分量不如马伦戈。为拿破仑作画的画家成功捕捉到了这两个时期的不同；我们以他们开篇，再让我们以他们结束吧。格罗画中冲上阿科拉桥头的年轻将军，大卫笔下留着长发、面容坚毅的马伦戈战后的第一执政，以及安格尔笔下1802年的剪短了头发的第一执政，最后是安格尔于5年后绘就的《身着冕服的拿破仑》(Napoléon en costume de sacre)。这幅奇怪的画有一些夸张，甚至有点可笑，皇帝的全套装束就像刚从戏服店里拿来的一样，权杖、正义之手、白鼬皮斗篷和王冠看上去都是属于过去的。尤其是皇帝的脸让我们感到不安。它看上去像是贴在借来的背景板上的。他的脸圆而胖，面色苍白，轮廓僵硬，目光凝滞而面无表情。这一切并不让他显得十分俊美。这幅画与安格尔那幅吸引人的《第一执政拿破仑·波拿巴像》(*Portrait de Napoléon Bonaparte en premier consul*)的对比，以及格罗的《拿破仑在埃劳战场》(*Napoléon sur le champ de bataille d'Eylau*)(1808年)与《波拿巴在阿科拉桥上》(1796年)的对比，让我们能清楚看到，从一幅画到另一幅画，无论是人还是历史都变了模样。

注　释

前　言

1. Las Cases, *Mémorial*, t. II, p. 893.
2. 伯吉斯的这部小说出版于1974年。
3. 关于贝多芬第三交响曲改名一事，参考他的朋友费迪南德·耶里（Ferdinand Ries）的记述（Wegeler et Ries, *Notices biographiques sur Ludwig van Beethoven*, p. 104-105）。关于贝多芬的犹豫，参考 Solomon, *Beethoven*, p. 157-167；voir aussi Lentz, *Cent questions sur Napoléon*, p. 53-54。
4. Nietzsche, *OEuvres philosophiques complètes*, t. XIII, p. 123 [fragment de l'automne 1887].
5. Bainville, *Napoléon*, p. 250.
6. 此处引用了1998年安妮·茹尔当（Annie Jourdan）的书。
7. Serra, *Malaparte*, p. 132-135. 下文提及的匿名小册子引用自毛里齐奥·塞拉（Maurizio Serra）。这一题为 *I Malaparte ed i Bonaparte nel primo centenario di un Bonaparte-Malaparte* 的小册子于1869年在都灵出版。
8. Hazareesingh, *La Saint-Napoléon*, p. 16.
9. Covin, *Les Mille Visages de Napoléon*.
10. 1796年12月7日的信，出自 A. Dayot, *Napoléon raconté par l'image*, p. 39。
11. *Ibid.*, p. 24.
12. 阿尔芒·达约（Armand Dayot）做了可贵的工作，他收集整理了大量拿破仑的画像、胸像和纪念章的图像，从中我们可以看到他形象的变化和对他的多种表现方式。这些作品可以在下面的网址上查阅：http://gallica.bnf.fr/ark:/12148/bpt6k63053579.r=armand+dayot.langFR。
13. Foucart, « Les Salons sous le Consulat ».
14. http://www.robswebstek.com/2010_11_01_archive.html.
15. Barthes, *La Chambre claire*, in *OEuvres complètes*, t. III, p. 1111.
16. Whately, *Peut-on prouver l'existence de Napoléon ?*, p. 22.
17. Voir Tulard, *Le Mythe de Napoléon*, p. 6, et Bloom, « Napoleon and Prometheus».
18. 这幅由让–加布里埃尔·菲辛格（Jean-Gabriel Fiésinger）雕版的肖像，在共和七年葡月二十九日（1798年10月20日）被收入国家图书馆。
19. Taine, *Les Origines de la France contemporaine*, t. II, p. 379-380.
20. Leys, *La Mort de Napoléon*, p. 72-73.
21. 乔治·勒菲弗注意到，拿破仑在"世界历史的中心地位"是如此稳固，以致"尽管他的统治与法国大革命这一悲剧之间贯穿着深刻的一致性，我们对以他的上台为界标的传统分期方法，仍然不能置之不顾"（*Napoléon*, p. 2）。
22. Prendergast, *Napoleon and History Painting*, p. 20-32.

23. Voir également Bouthillon, «Comme quoi Napoléon n'a jamais existé » [1988].

24. Pérès, *Comme quoi Napoléon n'a jamais existé*, p. 5. Gérard de Nerval 在他的 *Napoléon et la France guerrière*（1826）中也用过同样的太阳隐喻（Tulard, *Le Mythe de Napoléon*, p. 8）。

25. Whately, *Peut-on prouver l'existence de Napoléon?*, p. 35. Peter Geyl 在他的 *Napoleon: For and Against* 一书中，从波拿巴的多种评价和形象中正确地认识到，历史学家关于他的争论将永远不会停止（p. 16）。

26. Lefebvre, *Napoléon*, p. 2.

27. 只提出几部杰作就够了，可参考 J. Le Goff, *Saint Louis* et J.-C. Petitfils, *Louis XIV et Louis XVI*。

28. 我们可以在 R. J. Caldwell，J. A. Meyer，L. A. Warren，R. Martin 和 A. Pigeard 的引用文献中看到这些传记的清单，其中最重要的那些还有介绍，最近传记则可以参考 P. Geyl 的 *Napoleon: For and Against* 和 N. Petiteau 的 *Napoléon, de la mythologie à l'histoire*。

29. 参考前面的引用文献。20 世纪，大多数传记都是英文的，包括 J. Holland Rose (1934)，H. Butterfield (1939)、J. M. Thompson (1951)、F. Markham (1963)、V. Cronin (1971)、B. R. Jones (1977)、P. Johnson (2002)、S. Englund (2004)、Ph. Dwyer (2007) 等人的作品。即便是那些在拿破仑称帝 200 周年时出版的"传记"也并非真正的传记，除了 Luigi Mascilli Migliorini 的 *Napoléon*。Steven Englund 宣称他写的是拿破仑的"政治生活，而非军事和私人生活"（*Napoléon*, p. 567-568），而 Philip Dwyer 则专注于文化史和政治史视角中的拿破仑的形象。

30. 我参考了 D. Madelénat、La Biographie、F. Dosse、Le Pari，尤其是 S. Loriga 的 *Le Petit X* 的读者的说法。

31. Furet, *Le Passé d'une illusion*, p. 199-201.

32. *Ibid*.

33. Tocqueville, *De la démocratie en Amérique II*, p. 485-488.

34. 特别注意参考 S. Loriga 的 *Le Petit X*, p. 9-12。

35. *Ibid.*, p. 39. 关于这一原则上的转变和其影响，参考 J. Julliard 的评论，*Que sont les grands hommes devenus?*, p. 8-11。

36. 参见 N. Regent, « Nietzsche's Napoleon : A Renaissance Man»。

37. 尤其要参考由 L. Bergeron 于 1972 年出版的 *L'Épisode napoléonien : aspects intérieurs*, *Banquiers, négociants et manufacturiers parisiens* (1978) 以及 30 卷的研究 *Les Grands Notables du Premier Empire* (1978-2011)。

38. J. Tulard 主编的 *Dictionnaire Napoléon* (1999)，I. Woloch 对于拿破仑的合作者的研究，以及 J.-O. Boudon 关于接受教务专约的主教的研究都拓宽了我们的视野。我们还要加上 Th. Lentz 的著作，他的 *Grand Consulat* 和 *Nouvelle histoire du Premier Empire* (2002-2010, 4 vol.)。

39. Petiteau, *Voies nouvelles pour l'histoire du Premier Empire*, et *Napoléon, de la mythologie à l'histoire*, p. 11-25. 对这些新生研究方法的最近概述，参考 Lignereux, *L'Empire des Français*, p. 7-14。

40. *Ibid.*, p. 10.

41. *Ibid.*, p. 17.

42. R. W. Emerson, *Napoléon ou l'homme du monde*, p. 144-145.

43. F. Nietzsche, *Généalogie de la morale*, § 16, in *OEuvres*, t. I, p. 800.

44. Whately, *Peut-on prouver l'existence de Napoléon ?*, p. 43-44.

45. Bainville, *Napoléon*, p. 607.

46. Taine, *Les Origines de la France contemporaine*, t. II, p. 371-432.

47. Dumas, *Souvenirs*, t. II, p. 226-237.

48. Chateaubriand, *Voyage en Amé n Régime au Nouveau Monde*, p. 95-98（出版于 1827 年，撰写于 1822 年）; *Mémoires d'outre-tombe*, t. I, p. 414-418.

49. *Ibid.*, p. 1552-1553.

50. Staël, *Considérations sur la Révolution française*, p. 357.

51. Chateaubriand, *Voyage en Amérique*, p. 100.

52. 在本书的结尾解释了这样选择的原因。

53. Clausewitz, *Campagne de 1815 en France*, p. 16.

54. Borges, « Biographie de Tadeo Isidoro Cruz (1829-1874) », p. 74.

第一部分　拿破仑与科西嘉，1769—1793

第1章　科西嘉的意大利家族

1. Galantini, *Napoléon et Sarzane*.
2. Taine, *Origines de la France contemporaine*, t. II, p. 373.
3. 我们尚不明确拉莫利诺家族到底来自伦巴第还是托斯卡纳，他们也在16世纪定居于科西嘉。
4. 1661年，在波拿巴家族定居科西嘉一个多世纪后，他们中的一个，塞巴斯蒂亚诺，获得了热那亚共和国官方认可的贵族封号和热那亚籍。他的重孙子朱塞佩从托斯卡纳大公爵那里搞到了证明波拿巴家族的贵族身份和托斯卡纳起源的文件，他们的贵族身份得到了承认（Chuquet, Jeunesse de Napoléon, t. I, p. 42-44）。
5. Gourgaud, *Journal*, t. II, p. 273.
6. Valéry, *Cahiers I*, p. 52.
7. Versini, *M. de Buonaparte ou le livre inachevé*, p. 33.
8. Voir Tomi, « Les biens de la famille Bonaparte », p. 47-52.
9. Gourgaud, *Journal de Sainte-Hélène*, t. II, p. 162. 很难说这笔钱相当于今天的多少钱。Bernard Simiot（*De quoi vivait Bonaparte*, p. 12）说相当于1950年的年收入150万法郎，而 Frank McLynn（*Napoleon*, p. 4）认为这相当于9万英镑，也就是大约13.5万欧元。但这些数据仅仅是粗略估算。
10. Bertrand, *Cahiers*, t. III, p. 64.
11. 在科西嘉，"不动产继承的方式是每个继承人都能继承他的每个先辈的一小部分财产，无论是父系还是母系的。如果有三个孩子分三间房子应该怎么分呢？并不是每个继承人分到一间：根据传统，每个继承人都分得每间房子的三分之一"（Vergé-Franceschi, *Histoire de Corse*, t. I, p. 26-27）。
12. *Ibid.*, t. I, p. 177 ; t. II, p. 316, 418.
13. 18世纪80年代末，家庭的收入从7 000里弗尔降至不到1 500里弗尔（McLynn, *Napoleon*, p. 32）。这笔财富并不牢靠：遗产继承制度使得资本难以转移，来自地产的大部分收入都是实物形式的，流动资金大部分来自行政或司法职位的俸禄。就像夏尔的死让波拿巴家族陷入了窘境一样，1781年夏尔－安德烈（拿破仑未来的竞争对手）的父亲的死也让波茨措·迪·博尔哥家族面对同样的命运。后者靠公诉人的薪俸补贴家用，不过他家里还有22处地产（Carrington, « Les Pozzo di Borgo et les Bonaparte », p. 107-109）。
14. Napoléon Bonaparte, *Manuscrits inédits*, p. 395.
15. Montholon, *Récits*, t. II, p. 16.
16. Venturi, *Rivoluzione di Corsica*, p. 7-8.
17. Sénèque, « Consolation à ma mère Helvia », in *Entretiens*, p. 56.
18. Chuquet, *Jeunesse de Napoléon*, t. I, p. 5.
19. Voltaire, *OEuvres historiques*, p. 1544.
20. Hypothèse formulée par Michel Vergé-Franceschi, *Histoire de Corse*, t. I, p. 28-29.
21. Article « Buttafuoco » du *Dictionnaire Larousse du XIXe siècle*, p. 1446.
22. Cité in Pillepich, *Napoléon et les Italiens*, p. 13.
23. Voltaire, *OEuvres historiques*, p. 1546.
24. Vergé-Franceschi, *Paoli*, p. 12-13.
25. Meyer, *Dans mon pays lui-même...*, p. 101.
26. Taine, *Origines de la France contemporaine*, t. II, p. 373. 可以与 Edmond Demolins 同时期出版的关于科西嘉的有趣而准确的著作相比较：*Les Français d'aujourd'hui*, p. 163-199。
27. Bertrand, *Cahiers*, t. II, p. 218, 315.
28. *Ibid.*
29. Levi, *Le Christ s'est arrêté à Eboli*, p. 10. 巴西利卡塔旧名卢卡尼亚（Lucanie）。Pierre Antonetti 也用了这个巴西利卡塔的比喻，« région qui, par tant de traits, évoque la Corse d'autrefois »（*Histoire de la Corse*, p. 22）。

30. Englund, *Napoléon*, p. 22.
31. *Ibid.*, p. 19.
32. Voir par exemple Casanova et Rovère, *La Révolution française en Corse*, p. 146-161.
33. Voir Pomponi, « Sentiment révolutionnaire et esprit de parti en Corse autemps de la Révolution », p. 56-87.
34. Cité in Boswell, *Île de Corse*, p. 78-79.
35. *Correspondance générale*, no 2149 [à Talleyrand, 7 octobre 1797], t. I, p. 1244-1246.
36. Defranceschi, « Corse », in J. Tulard, *Dictionnaire Napoléon*, t. I, p. 519.
37. Boswell, *Île de Corse*, p. 100.
38. Ce point est souligné par Venturi, *Rivoluzione di Corsica*, p. 30-40.
39. Cité par A. Rovère, « Paoli dans son temps : la naissance des mythes », in Cini, *Nascita di un mito*, p. 17.
40. Graziani, *Pascal Paoli*, p. 14.
41. 参见1735年4月26日，外事国务秘书le marquis de Chauvelin给法国驻热那亚代表Campredon的命令，in Pomponi, *Mémorial des Corses*, t. II, p. 282。
42. Arrighi, *Histoire de la Corse*, p. 78-79.
43. Boswell, *Île de Corse*, p. 24.
44. Cité in Charles Napoléon, *Bonaparte et Paoli*, p. 83.
45. Masson, *Napoléon et sa famille*, t. I, p. 10.
46. 1767年9月11日的报告："在这座城市（阿雅克肖）有一些偏向保利将军的作家，而且我严重怀疑领事妻子的兄弟波拿巴先生（卡洛的姐妹Gertrude嫁给了法国领事Nicola Paravicini）和其妻子定居在科尔特只是为了从事间谍活动。"（Caratini, *Napoléon, une imposture*, p. 60）
47. Voltaire, *OEuvres historiques*, p. 1552.
48. 1768年5月24日，他写道，他宁愿"拿起武器，也不愿永远失去自由而让法国人称心如意，而最终我们可能会发现自己再次受热那亚人统治"（Graziani, *Pascal Paoli*, p. 246-247）。
49. Voir Jollivet, *La Révolution française en Corse*, p. 15, Carrington, *Napoleon and his Parents*, p. 44-45, et Vergé-Franceschi, *Paoli*, p. 374-379. 有人说，雇佣兵们对科西嘉人开火，是听从了收了法国人钱的一个军官，焦坎特·格里马尔迪（Giocante Grimaldi）的命令（Antonetti, *Histoire de la Corse*, p. 372-373）。
50. Antonetti, *Histoire de la Corse*, p. 374.
51. Cité in Chuquet, *Jeunesse de Napoléon*, t. I, p. 55.

第2章　法国式的成长环境

1. 1745—1759年的教区登记记录消失了，关于他出生的年份一直存疑。
2. Pomponi, *Histoire de la Corse*, p. 291-293.
3. *Code corse*, t. I, p. 128-130.
4. Voir l'étude de F. R. Willis consacrée au « plan terrier » de 1770, qui ne fut achevé qu'en 1795 (« Corsica's Plan Terrier »).
5. Pommereul, *Histoire de l'île de Corse*, t. I, p. 39-47.
6. "这一权利让每个人都能在岛上自由地采集和狩猎，在海、河和湖里自由地捕鱼，在公用林地里采伐用于生火、建造房屋、制作农具等用途的必要材料，在岛上的空地自由放牧。最后他们还实行一种在公地上轮流耕种的制度，每个分到公地的人都要在耕种3年后把分到的地还给社区，让岛上的每个人都是一个小而独立的地产所有者。以至于岛上的地主找不到其他人来为他种地，他们要不亲自下田，要不就只能到大陆上（通常是卢卡地区）去雇工。"（J. Defranceschi, « Corse », in Tulard, *Dictionnaire Napoléon*, t. I, p. 557）
7. 由马尔伯夫伯爵和布塔福科等人瓜分的"侯爵领地"的面积，超过了岛上总土地面积的10%（Casanova et Rovère, *La Révolution française en Corse*, p. 42-44）。
8. Chuquet, *Jeunesse de Napoléon*, t. I, p. 19.
9. Mascilli Migliorini, *Napoléon*, p. 20-21.
10. Chuquet, *Jeunesse de Napoléon*, t. I, p. 39.

11. *Ibid.*, p. 26-31.

12. Cité in Antonetti, *Histoire de la Corse*, p. 376.

13. 另有76个家族被认可为贵族。我们不知道具体有多少科西嘉人从1770年在岛上建立一个贵族阶层的法令中获益，但不能忽视的是：仅承认波茨措·迪·博尔哥一家，就在阿雅克肖提拔了13个贵族；彼得里·德·萨特奈（Pietri de Sartène）家族43个；奥尔托利（Ortoli）家族56个——奥尔米恰（Olmiccia）村的所有居民（Carrington, « Les Pozzo di Borgo et les Bonaparte », p. 112-113）。如果我们假设平均每个得到承认的家族有50个贵族，那么一共就有大约4 000人，占了全岛15万人口的不到3%。

14. Montholon, *Récits*, t. II, p. 18.

15. Bartel, *Jeunesse inédite de Napoléon*, p. 25.

16. Cité in Chuquet, *Jeunesse de Napoléon*, t. I, p. 45-51.

17. Voir Carrington, *Napoleon and his Parents*, p. 102-108.

18. Cité par Defranceschi, *Jeunesse de Napoléon*, p. 209.

19. *Correspondance générale*, no 29 [à Paoli, 12 juin 1789], t. I, p. 76.

20. Chateaubriand, *Mémoires d'outre-tombe*, t. I, p. 1091-1093.

21. Outin, *Napoléon fils du comte de Marbeuf*. 据说他不是生于弥撒记录所写的8月15日，而是稍微迟一点，在8月15日的深夜，可能已经是8月16日了（Vergé-Franceschi, *Napoléon, une enfance corse*, p. 17）。

22. Chuquet, *Jeunesse de Napoléon*, t. I, p. 76.

23. Arthur-Lévy, *Napoléon intime*, p. 28.

24. Cité in Leys, *Protée et autres essais*, p. 59.

25. Chateaubriand, *Mémoires d'outre-tombe*, t. I, p. 1097.

26. *Ibid.*, p. 1101-1102.

27. *Ibid.*, p. 1088.

28. Lanfrey, *Histoire de Napoléon Ier*, t. I, p. 7-8.

29. Nietzsche, *Fragments posthumes : été 1882-printemps 1884*, p. 80.

30. Chuquet, *Jeunesse de Napoléon*, t. I, p. 79.

31. 他的名字在布列讷和巴黎很奇怪，但在热那亚和托斯卡纳地区很常见。他的一个堂叔也叫拿破仑，他在1767年下葬于柯尔特时，写的名字是"Lapulion Bonaparte"（Vergé-Franceschi, *Napoléon, une enfance corse*, p. 31-33）。

32. *Buonaparte et sa famille, ou confidences d'un de leurs anciens amis* [1816], cité in Simiot, *De quoi vivait Bonaparte*, p. 18.

33. Bainville, *Napoléon*, p. 19-21.

34. Cité par Arthur-Lévy, *Napoléon intime*, p. 28-29.

35. Bertrand, *Cahiers*, t. II, p. 67.

36. Bourrienne, *Mémoires*, t. I, p. 33.

37. Las Cases, *Mémorial*, t. I, p. 87.

38. 他在离开布列讷时给父亲的信可以证明这点：*Correspondance générale*, no 2 [à Charles Bonaparte, 12 ou 13 septembre 1784], t. I,p. 45。

39. Voir Chaptal, *Mes souvenirs sur Napoléon*, p. 64-66.

40. Montholon, *Récits*, t. II, p. 19.

41. Norvins, *Mémorial*, t. III, p. 117-128.

42. Duchesse d'Abrantès, *Souvenirs sur Napoléon*, p. 25.

43. Bertrand, *Cahiers*, t. III, p. 70-71.

44. Las Cases, *Mémorial*, t. II, p. 768.

45. Cité par Arthur-Lévy, *Napoléon intime*, p. 28.

46. Norvins, *Mémorial*, t. I, p. 10-12.

47. Picot de Peccaduc (classé 39e et premier de la promotion parisienne), Phélippeaux (41e), Buonaparte (42e) et son ami Des Mazis (56e) (Carrington, *Napoleon and his Parents*, p. 181-182).

48. Cité par Bainville, *Napoléon*, p. 27.

49. Cité par Chuquet, *Jeunesse de Napoléon*, t. I, p. 207.

50. Sicard, *Études classiques avant la Révolution*, p. 47.

51. Voir notamment Mercier, *Tableau de Paris*, t. I, p. 206-208.

52. Hahn, *Le Système du monde*, p. 23.
53. Rollin, *Traité des études*, t. I, p. 17-28.
54. Cité par Delbeke, *Action politique et sociale des avocats au XVIIIe siècle*, p. 45.
55. Joubert, *Pensées, essais et maximes*, t. II, p. 384-390 (lettre à Fontanes du 8 juin 1809).

第3章　法国军官与科西嘉爱国者

1. Cité par Simiot, *De quoi vivait Bonaparte*, p. 29.
2. Las Cases, *Mémorial*, t. II, p. 869.
3. "我到了下一年9月才得到了我的半年假期。"他在1785年11月25日的信上叹息道（*Correspondance générale*, no 7, t. I, p. 49）。
4. Simiot, *De quoi vivait Bonaparte*, p. 37.
5. 包括了在巴黎的两次逗留，1787年第一次，1792年第二次。
6. "至少，我自由了。"他在离开军校的时候说道（*Cahiers d'Alexandre Des Mazis*）。
7. Las Cases, *Mémorial*, t. I, p. 95.
8. Madelin, *Histoire du Consulat et de l'Empire*, t. I, p. 61.
9. Bertrand, *Cahiers*, t. III, p. 71 ; Las Cases, *Mémorial*, t. I, p. 92-93.
10. Joubert, *Pensées*, t. II, p. 390.
11. Bainville, *Napoléon*, p. 16-19.
12. *Ibid.*, p. 32.
13. *Correspondance générale*, no 2 [à Charles Bonaparte, 12 ou 13 septembre 1784], t. I, p. 45. 詹姆斯·博斯韦尔的书于1768年出版，在次年翻译成了法语。一些学者认为拿破仑读的是其意大利语版（Ettori, « Pascal Paoli, modèle du jeune Bonaparte », p. 94）。
14. *Cahiers d'Alexandre Des Mazis*.
15. Las Cases, *Mémorial*, t. II, p. 338-339, 459.
16. Joseph Bonaparte, *Mémoires*, t. I, p. 32.
17. 热那亚牧师安托万－雅克·鲁斯唐的文章题为 *Défense du christianisme considéré du côté politique où l'on répond en particulier au chapitre VIII du quatrième livre du Contrat social*。
18. Cité par Simiot, *De quoi vivait Bonaparte*, p. 40.
19. Napoléon Bonaparte, *Manuscrits inédits*, p. 367.
20. Chateaubriand, *Mémoires d'outre-tombe*, t. I, p. 1138.
21. 本书之后的部分会更详细地讲述这个故事。
22. Chateaubriand, *Mémoires d'outre-tombe*, t. I, p. 1101.
23. Martin, *Napoléon écrivain*, p. 17.
24. Bainville, *Napoléon*, p. 28-29.
25. Napoléon Bonaparte, *Manuscrits inédits*, p. 384.
26. *Ibid.*, p. 2-4.
27. Bainville, *Napoléon*, p. 32.
28. Chateaubriand, *Mémoires d'outre-tombe*, t. I, p. 1100.
29. Napoléon Bonaparte, *Manuscrits inédits*, p. 6.
30. Staël, *De l'influence des passions*, p. 56-57.
31. Napoléon Bonaparte, *Manuscrits inédits*, p. 536-537. 这一段落并未出现在《论幸福》的最终版上。
32. Tulard, *Napoléon*, p. 42.
33. *Correspondance générale*, no 14 [à Loménie de Brienne, 24 novembre 1787], t. I, p. 57-58.
34. Cité par Madelin, *Histoire du Consulat et de l'Empire*, t. I, p. 53.
35. *Correspondance générale*, no 317 [à Joseph, 30 juillet 1795], t. I, p. 242-243.
36. *Ibid.*, no 337 [à Joseph, 6 septembre 1795], p. 261-262.
37. *Ibid.*, no 389 [à Joseph, 1er janvier 1796], p. 287-288.
38. *Ibid.*, no 349 [à Joseph, 11 octobre 1795], p. 270.
39. Las Cases, *Mémorial*, t. III, p. 372.
40. *Ibid.*, t. II, p. 662.
41. 招收年轻贵族女性的圣西尔学校是路易十四在曼特农夫人的要求下于1684年建立的。

42. Masson, *Napoléon et sa famille*, t. I, p. 35.
43. Las Cases, *Mémorial*, t. IV, p. 511.
44. Larrey, *Madame Mère*, t. I, p. 73-74 ; Bertrand, *Cahiers*, t. II, p. 315 ; O'Meara, *Napoléon dans l'exil*, t. II, p. 67.
45. *Correspondance générale*, no 25 [à Letizia, 15 avril 1789], t. I, p. 72.
46. *Ibid.*, no 4 [à l'archidiacre Lucien Bonaparte, 28 mars 1785], p. 47.
47. *Ibid.*, no 5 [à Letizia, 28 mars 1785], p. 48. 有历史学家认为，为了减少冷漠和漠不关心的印象，这些学生的信件由老师做过修改。然而，似乎并没人仔细研读过这些信。老师们会任由学生写出 « j'ai été sensible au malheur qu'il vient de nous arriver » 吗？或者谈起他死去的父亲时，用 « tous nous désignons en lui » 而不是 « tous nous désignions en lui »？大概不会。
48. Cité par Bourrienne, *Mémoires*, t. I, p. 32.
49. *Correspondance générale*, no 29 [à Pascal Paoli, 12 juin 1789], t. I, p. 76.
50. 波拿巴写的有关阿雅克肖市镇当局的报告，收录在了 Nasica, *Mémoires sur l'enfance et la jeunesse de Napoléon Ier*, p. 98-99。
51. Las Cases, *Mémorial*, t. I, p. 81.
52. *Correspondance générale*, no 23 [1789年3月28日给主教代理吕西安·波拿巴的信], t. I, p. 70.
53. Bertrand, *Cahiers*, t. I, p. 178.
54. Las Cases, *Mémorial*, t. I, p. 80.
55. Voir ci-dessus, p. 49.
56. 1790年，保利回到科西嘉时，他把马尔伯夫的画像摘了下来（voir *Correspondance générale*, no 35 [à Joseph, 1790], t. I, p. 83）。保罗·巴特尔（*Jeunesse de Napoléon*, p. 42）说在这封给约瑟夫的信中，拿破仑在"拿下马尔伯夫的画像"这句话后，还写道"把妈妈的画像也拿下来"，这句话并未出现在新版的书信集上。这和欧内斯特·道特里夫（Ernest d'Hauterive）提到的波拿巴青年书信中的那"三四个难以辨别的词语"是否有关？是他基于国家档案馆中的书信原件副本（400 AP 137），首次出版了这些书信（« Lettres de jeunesse de Bonaparte [1789-1792] », p. 788），其中也包含了这句话。巴特尔可曾看过现在已经遗失了的原始信件？
57. Voir Robert, *Roman des origines*, p. 44-45.
58. 他在圣赫勒拿还曾提及此事（Las Cases, *Mémorial*, t. I, p. 80）。
59. Bartel, *Jeunesse de Napoléon*, p. 43.
60. Robert, *Roman des origines*, p. 59.
61. Machiavel, *OEuvres complètes*, p. 913 (c'est moi qui souligne).
62. Robert, *Roman des origines*, p. 51.
63. *Ibid.*, p. 56-57.
64. Chateaubriand, *Mémoires d'outre-tombe*, t. I, p. 1093.
65. Taine, *Origines de la France contemporaine*, t. II, p. 372.
66. Bourrienne, *Mémoires*, t. II, p. 86-87.

第4章　阿雅克肖的革命者

1. Napoléon Bonaparte, *Manuscrits inédits*, p. 387.
2. 据我所知，娜塔莉·托米什（Natalie Tomiche）（*Napoléon écrivain*, p. 113-119）是唯一一个关注了这些由马松和比吉亚（Biagi）公布的文件（Napoléon Bonaparte, *Manuscrits inédits*, p. 383-445）的历史学家，而这只是拿破仑1787年到1789年所写内容的一个片段。
3. *Correspondance générale*, no 26 [mai 1789], t. I, p. 73.
4. *Ibid.*, no 28 [avril ou mai 1789], p. 74-76. 这封信的日期是1789年6月，考虑到它的内容已经太迟了。
5. *Ibid.*, no 29, p. 76.
6. *Ibid.*, no 30 [15 juillet 1789], p. 77-78.
7. *Ibid.*, no 25 [15 avril 1789], p. 72.
8. *Ibid.*, no 31 [22 juillet 1789], p. 78-79.

9. 1790年1月21日的新法令是结束争论的必要条件（Graziani, *Pascal Paoli*, p. 297-298）。

10. Cité par Vergé-Franceschi, *Paoli*, p. 424.

11. Defranceschi, *Corse française*, p. 38-39.

12. 波拿巴家族和波茨措·迪·博尔哥家族的纠葛由来已久。拿破仑未来的对手夏尔·安德烈曾是约瑟夫·费施的同窗。他作为约瑟夫的朋友，在拿破仑于1786年到1788年间初次返回科西嘉时也和他交了朋友（McErlean, *Napoleon and Pozzo di Borgo*, p. 13-22）。

13. Cité in Chuquet, *Jeunesse de Napoléon*, t. II, p. 109.

14. *Ibid.*

15. Napoléon Bonaparte, *Manuscrits inédits*, p. 396-397.

16. Voir Defranceschi, « Le rôle du lieutenant Bonaparte aux débuts de la Révolution française en Corse ».

17. 阿尔贝特·许凯（Albert Chuquet）断言，根据纳西卡（Nasica）的说法，这一事件发生在1790年7月的最后一个星期日，因此，它是1790年6月下旬的事件的结果（*Jeunesse de Napoléon*, p. 122-123）。实际上，此事发生在5月初，拿破仑和约瑟夫在4月23日或4月24日自奥雷扎返回之后（McErlean, *Napoleon and Pozzo di Borgo*, p. 46）：博纳罗蒂在 *Giornale Patriottico di Corsica* 一书中说这件事发生在1790年5月22日（p. 70-71）。

18. Nasica, *Mémoires sur l'enfance et la jeunesse de Napoléon*, p. 85.

19. *Ibid.*, p. 87-99.

20. 关于马塞里亚，参考 McErlean, « Between Paoli and Bonaparte : Philippe Masseria, an Anglomaniac in Corsica, 1789-1793 »。然而，在1790年8月，拿破仑对兄长约瑟夫做了关于马塞里亚的不怎么友好的评价："马塞里亚写了不少信，但他的信，就像他的脸一样，没有说服力；让人反感。此人丝毫不知分寸"（*Correspondance générale*, no 41 [22 août 1790], t. I, p. 87）。La référence au « bravissimo uomo» se trouve dans O'Meara, *Napoléon dans l'exil*, t. I, p. 232.

21. Tocqueville, *De la démocratie en Amérique. Souvenirs. L'Ancien Régime et la Révolution*, p. 1119.

22. 写给朋友诺比利·萨韦利（Nobili Savelli）的信，citée par Defranceschi, *Jeunesse de Napoléon*, p. 134。

23. Mascilli Migliorini, *Napoléon*, p. 51.

24. 需要年满25岁。

25. *Correspondance générale*, no 37 [10 février ou mars 1790], t. I, p. 84.

26. Cité par Defranceschi, *Jeunesse de Napoléon*, p. 136-137.

27. 保利的绰号，意为"长者"。

28. Las Cases, *Mémorial*, t. II, p. 681.

29. 萨利切蒂被任命为省总检察官，但因为他已经是制宪议会代表，因此阿雷纳替换了他。在奥雷扎的议会已经在保利的控制下。议会不仅任命他看中的人，甚至还完全非法地让他指挥岛上9个区的国民自卫军。议会甚至超出了他的要求，像对待君主一般对待他，以及极度慷慨地授予他5万里弗尔的年俸，要知道整个省每年的税收收入才仅有18万里弗尔（Graziani, *Pascal Paoli*, p. 308）。

30. Las Cases, *Mémorial*, t. III, p. 99.

31. Bainville, *Napoléon*, p. 42.

32. Dans son *Discours sur le bonheur* (Napoléon Bonaparte, *Manuscrits inédits*, p. 560).

33. 他在瓦朗斯的同僚亚历山大·德马奇对此有不同的看法。他清楚地看到了波拿巴的"共和主义"，因此他的叙述不容忽视："共和理念开始在人们心中萌芽，当波拿巴还是个孩子时，这些理念就自发出现在他的脑海里，但他所想的没有超出科西嘉；因此当（1791年7月14日）的国民自卫军联盟企图强迫军官出席公民大会时，他拒绝了。法国的政治运动让他希望有朝一日，他的英雄保利能够回到祖国，并且他能够与保利一起建立他梦想的斯巴达式共和国。"（Cahiers）

34. Madelin, *Histoire du Consulat et de l'Empire*, t. I, p. 118-119.

35. Mascilli Migliorini, *Napoléon*, p. 52.

36. 格雷特里于1784年创作的歌剧《狮心王理查》的其中一段，当时成了王党的颂歌。

37. Voir *Correspondance générale*, no 49 [24 avril 1791], t. I, p. 100.

38. Cité in Chuquet, *Jeunesse de Napoléon*, t. II, p. 217.

39. Lanfrey, *Histoire de Napoléon*, t. I, p. 20-21.

40. Napoléon Bonaparte, *Manuscrits inédits*, p. 545-546.
41. *Correspondance générale*, no 68 [à Joseph, 7 août 1792], t. I, p. 116.
42. "拿破仑对于我在当时的竞争中总是先他一步表了遗憾。他直言不讳地对我说，如果我继续这样，我们的关系就结束了。"（cité in Carrington, « Les Pozzo di Borgo et les Bonaparte », p. 123）。
43. Cité in Chuquet, *Jeunesse de Napoléon*, t. II, p. 145.
44. 保利的信可以参考 Masson, *Napoléon dans sa jeunesse*, p. 258-260。
45. *Correspondance générale*, no 67, t. I, p. 115. 此卷的编辑将这封给让－玛丽·诺丹（Jean-Marie Naudin）的信的日期标为 1792 年 7 月 27 日。但是根据内容和地址（瓦朗斯），此信只可能写于 1791 年夏天。
46. *Réimpression de l'ancien Moniteur*, t. IX, p. 303-304.
47. Defranceschi, *Jeunesse de Napoléon*, p. 155-157.
48. Voir ci-dessus, p. 28.
49. Chuquet, *Jeunesse de Napoléon*, t. II, p. 278.
50. "开炮将成为骚乱和分裂的信号。将不可能再管束住雇来的国民自卫军和从内地过来协防的部队了。我们此时即将迎来一个据说要掌管全部事务的省级委员会。检察官（科蒂）已经向你提出了无法拒绝的要求。如果开炮引发了什么乱子，我们得让你负责……"（*Ibid.*, p. 357）。
51. *Ibid.*, p. 292.
52. *Correspondance générale*, no 60 [à Joseph, 29 mai 1792], t. I, p. 108.
53. 参考阿尔贝特·肖凯复述的省政府 1792 年 6 月 13 日的报告（*Jeunesse de Napoléon*, t. II, p. 361）、阿雅克肖区 4 月 17 日的报告（p. 365）、王家委员格朗丹 4 月 18 日的报告（p. 366-369）和马亚尔上校的报告（p. 369-374）。同样可以参考拿破仑 4 月 19 日为志愿营写的辩解报告，它回应了所有指责（Napoléon Bonaparte, *OEuvres littéraires et écrits militaires*, t. II, p. 237-257）。
54. "我没有被牵扯进阿雅克肖营事件，因为在那个燃烧的时代，这种事没有引起我太大的兴趣。此事的处理从战争部移交给了司法大臣，因为过程中没有违反任何军法。这才是我真正关心的。所以这件事结束了。"（*Correspondance générale*, no 68 [à Joseph, 7 août 1792], t. I, p. 116）
55. Voir ci-dessus, p. 84-85.
56. 马塞里亚和波拿巴兄弟于 1791 年在阿雅克肖建立了 le Globo patriottico 政治俱乐部。
57. *Correspondance générale*, no 66 [à Lucien, 3 juillet 1792], t. I, p. 114.
58. *Ibid.*, no 65 [à Joseph, 22 juin 1792], p. 113.
59. *Ibid.*, no 66 [à Lucien, 3 juillet 1792], p. 114.
60. *Ibid.*, no 64 [à Joseph, 18 juin 1792], p. 112.
61. Bourrienne, *Mémoires*, t. I, p. 49.
62. Las Cases, *Mémorial*, t. I, p. 101.
63. *Correspondance générale*, no 65 [à Joseph, 22 juin 1792], t. I, p. 113.
64. *Ibid.*
65. Michelet, *Histoire de la Révolution française*, t. I, p. 762.
66. *Correspondance générale*, no 68 [à Joseph, 7 août 1792], t. I, p. 116.
67. *Ibid.*, no 64 [à Joseph, 18 juin 1792], t. I, p. 112.

第5章 破灭的幻想

1. Cité par Reggenbogen, *Napoléon a dit*, p. 45.
2. 在被迫离开科西嘉的 65 个家族中的 59 个，在自 1791 年以来的国有地产拍卖中，共计买下了近半数岛上出售的地产（Defranceschi, *Corse française*, p. 90）。
3. Marcaggi, *Genèse de Napoléon*, p. 386.
4. Cité in Chuquet, *Jeunesse de Napoléon*, t. III, p. 75-76.
5. 参见立法议会代表路易·莫内斯捷（Louis Monestier）在会上的报告（*Compte rendu des opérations des commissaires civils envoyés en Corse*, [1792]）、克拉维埃（Clavière）在 1793 年 2 月 1 日发表的演讲（Marcaggi, *Genèse de Napoléon*, p. 388）和沃尔内 1793 年 3 月

20日和21日在《箴言报》上的报道（*Réimpression de l'ancien Moniteur*, t. XV, p. 738-739, 746-747）。

6. Lettre à Andrei citée in Chuquet, *Jeunesse de Napoléon*, p. 68.
7. Cité in Defranceschi, *Jeunesse de Napoléon*, p. 198.
8. Cité in McErlean, *Napoleon and Pozzo di Borgo*, p. 103-104.
9. Bainville, *Napoléon*, p. 50.
10. Cité in Chuquet, *Jeunesse de Napoléon*, t. III, p. 54-55.
11. *Correspondance générale*, no 77 [à Paoli, 2 mars 1793], t. I, p. 122-123.
12. 据说拿破仑当时想要去见保利，但没有任何证据证明真的有过这次会面：参见 Bertrand, *Cahiers*, t. II, p. 143-144 ; t. III, p. 73-74。
13. Lucien Bonaparte, *Mémoires*, Paris, p. 35-38.
14. Pietri, *Lucien Bonaparte*, p. 39-45. 根据该书作者的说法，吕西安直到1793年4月26日才离开了阿雅克肖，但阿雅克肖市市长吉特拉4月5日的一封信中表明，他是在2月和西蒙维尔一起走的，而他自那时起就再也没有回来（Marcaggi, *Genèse de Napoléon*, p. 405）。
15. Masson et Biagi, *Napoléon inconnu*, t. II, p. 426.
16. Cité in Chuquet, *Jeunesse de Napoléon*, t. III, p. 126-127.
17. Cité in Marcaggi, *Genèse de Napoléon*, p. 396-397.
18. *Correspondance générale*, no 79 [à la Convention nationale, lettre postérieure au 18 avril 1793], t. I, p. 124-125.
19. Cité in Marcaggi, *Genèse de Napoléon*, p. 405.
20. *Ibid.*, p. 413-416.
21. Cité in Franceschini, « Saliceti et Napoléon », p. 140.
22. Cité in Chuquet, *Jeunesse de Napoléon*, t. III, p. 140-143.
23. *Ibid.*, p. 143-144.
24. « Position politique et militaire du département de la Corse au 1er juin 1793 » (Napoléon Bonaparte, *OEuvres littéraires et écrits militaires*, t. II, p. 286).
25. Bainville, *Napoléon*, p. 54.
26. *Ibid.*, p. 42.
27. Marmont, *Mémoires*, t. I, p. 53.
28. Staël, *Considérations sur la Révolution française*, p. 336-341.
29. Las Cases, *Mémorial*, t. I, p. 149, t. II, p. 470-471.
30. Barbaud, « La maison Bonaparte. L'immeuble et le mobilier ».
31. Denon, *Voyage dans la Basse et la Haute Égypte*, p. 290-291.
32. Bourrienne, *Mémoires*, t. III, p. 11-12.
33. Proth, *Bonaparte commediante tragediante*, p. 300.
34. *Correspondance générale*, no 1005 [à Joséphine, 17 octobre 1796], t. I, p. 638.
35. Masson, *Napoléon et sa famille*, t. I, p. 149.
36. *Correspondance générale*, no 1012 [à Carnot, 25 octobre 1796], t. I, p. 642.
37. Bertrand, *Cahiers*, t. I, p. 42-43.
38. *Ibid.*, p. 43-44.
39. *Ibid.*
40. Forrest, « L'Angleterre face à la France napoléonienne », p. 151.
41. Gourgaud, *Journal*, t. II, p. 263.
42. *Ibid.*, p. 273.
43. Pillepich, *Napoléon et les Italiens*, p. 26.
44. *Correspondance générale*, no 414 [à Joséphine, 14 mars 1796], t. I, p. 298-299. 他在1794年把自己的名字法国化了，放弃了 "Napoleone" 和年轻时用过的 "Nabulion"，变成了 "Napoléon" (Lentz, *Napoléon*, p. 5)。
45. Gourgaud, *Journal*, t. II, p. 273.
46. *Ibid.*, p. 196.
47. Bertrand, *Cahiers*, t. II, p. 419.
48. Mascilli Migliorini, *Napoléon*, p. 100.
49. Giuseppe Pecchio, *Vita di Ugo Foscolo (1830)*, cité in Mascilli Migliorini, *Ibid.*, p. 101.
50. Pomponi, *Histoire de la Corse*, p. 272.

51. Rousseau, *Du contrat social*, livre II, chap. 10.
52. Venturi, *Rivoluzione di Corsica*, p. 168-208.
53. Boswell, *Île de Corse*, p. 152.
54. *Ibid.*, p. 169.
55. Voltaire, *Précis du siècle de Louis XV* (*OEuvres historiques*, p. 1550).
56. Mascilli Migliorini, *Napoléon*, p. 14.
57. Lanfrey, *Histoire de Napoléon Ier*, t. I, p. 5-6.
58. Antonetti, *Histoire de la Corse*, p. 362.
59. Pomponi, *Mémorial des Corses*, t. II, p. 374.
60. Graziani, *Pascal Paoli*, p. 132.
61. Rousseau, *Confessions* (*OEuvres complètes. I. Les Confessions*, p. 649).
62. Berville et Barrière, *La Vie et les mémoires du général Dumouriez*, t. I, p. 138.
63. Raynal, *La Négresse couronnée*, t. II.
64. Cini, *La Nascita de un mito*, p. 144.
65. Bertrand, *Cahiers*, t. III, p. 79.
66. Volney, « Précis sur l'état de la Corse » (*Réimpression de l'ancien Moniteur*, t. XV, p. 738-739, 746-747). 作者不久之后又写到，欧洲人眼中的科西嘉人，就和美国人眼里的"生番"一样（*Tableau du climat et du sol des États-Unis d'Amérique*, t. II, p. 483-488）。
67. Cité in Guyot, *Le Directoire et la paix de l'Europe*, p. 159, n. 1.萨利切蒂已经被任命为督政府驻意大利军团代表。
68. Bertrand, *Cahiers*, t. III, p. 144.

第二部分　初登舞台，1793—1796

第6章　土　伦

1. Masson, *Napoléon et sa famille*, t. I, p. 85.
2. 7月11日，国民公会准许包括约瑟夫在内的科西嘉流亡者代表团参会，并投票通过给他们60万里弗尔的初步援助（*Réimpression de l'ancien Moniteur*, t. XVII, p. 95-96）。
3. 让·迪泰伊是管理欧索讷炮兵学校的迪泰伊少将的兄弟，也是不久即将出版的《新炮兵的应用》的作者。
4. 战争部部长布绍特（Bouchotte）并未回应，但在9月1日他要求国民公会的特派员观察这位年轻的"爱国"军官，并且如果觉得他有能力就给他"晋升"（Madelin, *Histoire du Consulat et de l'Empire*, t. I, p. 223-224）。
5. 我们没有任何他在7月30日和9月14日的信。9月15日的信是在马赛写的。
6. Masson, *Napoléon et sa famille*, t. I, p. 76-78.
7. 参考萨利切蒂在9月26日给救国委员会的信（Aulard, *Recueil des actes du Comité de salut public*, t. VII, p. 79）。
8. Bertrand, *Cahiers*, t. III, p. 27.
9. 萨利切蒂和加斯帕林在10月12日给救国委员会的信（Aulard, *Recueil desactes du Comité de salut public*, t. VII, p. 392-393）。
10. 9月26日萨利切蒂给救国委员会的信（*Ibid.*, p. 80）。
11. Monteagle, « Première rencontre de Barras et de Bonaparte », p. 142. 尤其是他1791年的画作 *Louis XVI équestre*。
12. Bertrand, *Cahiers*, t. II, p. 183.
13. Krebs et Moris, *Campagnes des Alpes*, t. I, p. 374.
14. *Correspondance générale*, no 111, t. I, p. 142. 凯尔海角的顶端为雷吉耶特岬和巴拉吉耶岬。
15. Krebs et Moris, *Campagnes des Alpes*, t. I, p. 373, n. 3.
16. 尽管如此，我们注意到还有一个人在拿破仑之前注意到了凯尔海角的重要性：一名叫布吕奈的埃罗省行政官员，他此时正在土伦，于9月4日对加斯帕涅说起此事（Havard,

Histoire de la Révolution dans les ports de guerre, t. I, p. 220-221)。

17. 参考巴拉斯（9月6日）和加斯帕涅、萨利切蒂以及阿尔比特（9月7日）给救国委员会的信（Aulard, *Recueil des actes du Comité de salut public*, t. VI, p. 320-321, 350)。

18. *Ibid.*, p. 413.

19. *Ibid.*, p. 393.

20. Marmont, *Mémoires*, t. I, p. 38.

21. *Projet d'attaque de l'infâme ville de Toulon par tous les points dont elle peut être susceptible de défense, par le citoyen Doumet-Revest, ingénieur de la marine résidant à Grenoble* (Colin, *Éducation militaire de Napoléon*, p. 195).

22. *Ibid.*, p. 195-201. 10月31日，达尔松又增加了更接近拿破仑看法的补充说明，但并没有改变行动的战略计划，他只是认识到了成功封锁锚地就可以在不发动突击的情况下拿下土伦（*ibid.*, p. 394)。

23. Aulard, *Recueil des actes du Comité de salut public*, t. VI, p. 319, 378.

24. 引用自乔治·迪吕伊（George Duruy）给巴拉斯的引言，*Mémoires*, t. I, p. LXXLXXI.

25. Napoléon Bonaparte, *OEuvres littéraires et écrits militaires*, t. II, p. 269-270.

26. Aulard, *Recueil des actes du Comité de salut public*, t. VII, p. 79. 萨利切蒂9月20日刚刚向救国委员会提交了由波拿巴执笔的初步报告，请求政府"将其提交国民公会"（Colin, *Éducation militaire de Napoléon*, p. 184)。

27. Las Cases, *Mémorial*, t. I, p. 103 ; *Correspondance de Napoléon Ier*, t. XXIX, p. 10.

28. *Correspondance générale*, no 111, t. I, p. 143-144.

29. Madelin, *Histoire du Consulat et de l'Empire*, t. I, p. 232.

30. *Correspondance générale*, no 111, t. I, p. 145.

31. *Ibid.*, no 105, p. 139.

32. 自9月29日起。

33. *Correspondance générale*, no 105 [au Comité de salut public, 25 octobre 1793],t. I, p. 139.

34. Bertrand, *Cahiers*, t. II, p. 428.

35. *Réimpression de l'ancien Moniteur*, t. XVIII, p. 623-624. 这封信在12月9日由救国委员会成员巴雷尔提交给国民公会，他说这封信是"阴谋家和诽谤者伪造的"。巴拉斯和弗雷龙在收复土伦之后，也称这封信是伪造的（*ibid.*, t. XIX, p. 63-64)。

36. Madelin, *Histoire du Consulat et de l'Empire*, t. I, p. 232.

37. Aulard, *Recueil des actes du Comité de salut public*, t. VII, p. 80.

38. *Ibid.*, p. 79-80 (lettre du 26 septembre).

39. *Correspondance générale*, no 111, t. I, p. 142-148.

40. 当时有两个备选方案，一个是由救国委员会的卡诺草拟的，另一个则是由波拿巴以迪戈米耶的名义制定的。我们看到后一个方案的计划写道："了解土伦和它的防守布置的人，不会看不到它的弱点所在，只要拿下那里，我们就可以接近联军舰队，用开花弹和红热的实心弹直击它们。了解海军的人，不会不知道这种情况下舰队将无法继续停泊在港内。最有利的位置无疑就是雷吉耶特岬……一旦占领了雷吉耶特，我们就能立即让敌人离开港口和锚地"。（cité in Colin, *Éducation militaire de Napoléon*, p. 203) 卡诺受了萨利切蒂和拿破仑两个月前发来的备忘的启发，他也肯定了雷吉耶特的重要性。然而，他主张进行全线进攻：攻下凯尔海角"以防止敌人进入小锚地"，攻占圣十字半岛以打击大锚地，攻占拉马尔盖要塞以阻止敌人在布伦角登陆，最后对法龙山发动进攻（Aulard, *Recueil des actes du Comité de salut public*, t. VIII, p. 222-223)。

41. «Procès-verbal de la séance du conseil de guerre tenu au quartier général d'Ollioules», rédigé par Napoléon (*Correspondance de Napoléon Ier*, no 8, t. I, p. 20-21).

42. *Correspondance générale*, no 113, t. I, p. 148-149.

43. Las Cases, *Mémorial*, t. I, p. 99.

44. Bainville, *Napoléon*, p. 61.

45. *Ibid.*, p. 60.

46. 波拿巴上尉在9月29日升为少校，在10月7日又被擢升为参谋上校。

47. Blaufarb, *French Army*, p. 104-105.

48. *Correspondance générale*, no 139, t. I, p. 159-160 (rapport du 4 janvier 1794).拿破仑在圣赫勒拿曾简单向拉斯卡斯提及此事（*Mémorial*,t. I, p. 110)，又与贝尔特兰详谈过（*Cahiers*, t. II, p. 185-186)。在他的 *Précis des opérations de l'armée d'Italie* 中，他也提到了这一事

件，但称其发生在 1794 年到 1795 年的冬季（*Correspondance de Napoléon Ier*, t. XXIX, p. 36）。拿破仑也和沙普塔尔说过（*Mes souvenirs*, p. 71-73）。科斯东给出了更为详细的说法（*Biographie des premières années de Napoléon*, t. I, p. 306-309）。迈涅的说法见奥拉尔的著作（*Recueil des actes du Comité de salutpublic*, t. XI, p. 206-209, 545-548）。

49. Voir ci-dessus, p. 51-54.
50. *Correspondance générale*, no 96, t. I, p. 134.
51. *Ibid.*, no 163, 172, 204, 205, t. I, p. 171, 174, 186-187.
52. *Ibid.*, no 110, t. I, p. 141.
53. Marmont, *Mémoires*, t. I, p. 60-61.
54. 在他的 *Campagnes d'Égypte et de Syrie* 中，拿破仑说自己的身高是 5 法尺 2 法寸（*Correspondance de Napoléon Ier*, t. XXX, p. 27）。准确的说法是"5 尺 2 寸 4 厘"，即 1.686 米。这接近安托马奇在他死后测量的结果（Marchand, *Mémoires*, t. II, p. 338）。
55. Cité in Mistler, *Grand livre de Napoléon*, t. I, p. 68.
56. *Correspondance générale*, no 127 [à Dupin, 24 décembre 1793], t. I, p. 154.
57. 1793 年 11 月 2 日，奥古斯坦·罗伯斯庇尔给救国委员会的信（A. et M. Robespierre, *Correspondance*, t. I, p. 207）。
58. *Ibid.*, p. 274 (lettre d'Augustin à Maximilien Robespierre, 5 avril 1794).
59. Cité par Colin, *Éducation militaire de Napoléon*, p. 259-260.
60. 阿尔卑斯军团经拉尔什山口前往库内奥的计划遇到了阻碍，需要进行修改，1794 年 6 月 20 日新版本呈交给了战争委员会（*Correspondance de Napoléon Ier*, no 30, t. I, p. 44-53；Colin, *Éducation militaire de Napoléon*, p. 273-285）。
61. *Ibid.*, p. 286.
62. Reinhard, *Le Grand Carnot*, t. II, p. 132-133.
63. 这份备忘可能是在奥古斯坦·罗伯斯庇尔动身前往巴黎前呈交给他的，或者是拿破仑在他的要求下于 7 月 6 日或 7 日将其寄给了他，以回应救国委员会对 6 月 20 日计划提出的反对意见。奥古斯坦在 7 月 19 日将备忘提交给了委员会（Colin, *Éducation militaire de Napoléon*, p. 295）。
64. 国民公会 8 月 2 日发布的法令。里科尔并未感到不安，至少在当时。
65. *Correspondance générale*, no 232, t. I, p. 196. 让·蒂拉尔怀疑这封信的真实性（*Napoléon*, p. 68），*Correspondance générale* 的编者在未见原件的情况下就将其作为可靠内容收录在内（首次公布于 Coston, *Biographie des premières années de Napoléon*, t. II, p. 286-287）。
66. Napoléon Ier, *OEuvres littéraires et écrits militaires*, t. III, p. 291-308.
67. Lanfrey, *Histoire de Napoléon Ier*, t. I, p. 30-32.
68. Furet et Richet, *La Révolution française*, p. 224.
69. Chuquet, *Jeunesse de Napoléon*, t. III, p. 252.
70. Marmont, *Mémoires*, t. I, p. 45.
71. "国家的复仇正在进行：大量的人正被枪毙，所有的海军军官都已被处决；共和国会以与之相称的方式进行复仇；爱国者的灵魂将得以安息。"（*Réimpression de l'ancien Moniteur*, t. XIX, p. 64）
72. 人们这样称呼尼斯地区仍忠于撒丁国王的暴动者。
73. A. et M. Robespierre, *Correspondance*, t. I, p. 253. 他后来写道："我并未遵从那些无耻又卑鄙之人的制度，他们用诡辩之术以求不让别人看到自己没有道德情操，他们砍倒十字架为了让人们不再注意他们的贪腐和罪行。"（*ibid.*, p. 270）
74. Englund, *Napoléon*, p. 66-69.
75. Bertrand, *Cahiers*, t. I, p. 163.
76. Michelet, *Histoire de la Révolution française*, t. II, p. 1019.
77. Bertrand, *Cahiers*, t. I, p. 175-179.
78. *Correspondance de Napoléon Ier*, no 15701 [à Clarke, 23 août 1809], t. XIX, p. 388.
79. *Ibid.*, no 15750 [à Clarke, 5 septembre 1809], p. 427.
80. Maistre, *Discours à Madame la marquise de Costa*, p. 37.
81. *Considérations sur la France*, in Maistre, OEuvres, p. 273.
82. *Ibid.*, p. 203.
83. O'Meara, *Napoléon dans l'exil*, t. II, p. 111.
84. 这次演讲的真实性有某些可疑之处，但其核心精神拿破仑直至生命结束都一直在重复

（Tulard, « Robespierre vu par Napoléon », p. 38 ）。

85. Bertrand, *Cahiers*, t. II, p. 273. 根据吕西安的回忆录，奥古斯坦的提议甚至在他们的家庭会议中讨论过（p. 56-57 ）。和拉斯卡斯的版本略有不同，前者中里科尔的角色被替换成了迪梅比翁（*Mémorial*, t. I, p. 229 ）。

第7章　寻觅未来

1. Coston, *Biographie des premières années de Napoléon*, t. II, p. 285-286.
2. Madelin, *Histoire du Consulat et de l'Empire*, t. I, p. 248.
3. Mauguin, « Saliceti et l'arrestation de Bonaparte », p. 262.
4. 这是马尔蒙的看法（Colin, *Éducation militaire de Napoléon*, p. 305 ）。调查交给了军需官德尼耶，他据说表现得非常通融（Coston, *Biographie des premières années de Napoléon*, t. II, p. 285, n. 1 ）。
5. *Correspondance générale*, no 304 [18 juin 1795], t. I, p. 229-230.
6. Colin, *Éducation militaire de Napoléon*, p. 308.
7. Mauguin, « Saliceti et l'arrestation de Bonaparte », p. 262.
8. Garros et Tulard, *Napoléon au jour le jour*, p. 74.
9. *Correspondance générale*, no 235, t. I, p. 197.
10. *Histoire des campagnes de M. le maréchal de Maillebois* 一书与极有价值的地图集在1775年由马松·德·珀泽（Masson de Pezay）出版。
11. *Correspondance générale*, no 236, t. I, p. 197-198.
12. Aulard, *Recueil des actes du Comité de salut public*, t. XVI, p. 328.
13. Coston, *Biographie des premières années de Napoléon*, t. II, p. 292-293.
14. *Correspondance de Napoléon Ier*, t. XXIX, p. 34-35 ; et «Dispositions de marche pour la division de droite de l'armée d'Italie, 17 septembre 1794» (Colin, *Éducation militaire de Napoléon*, p. 457-459).
15. Colin, *Éducation militaire de Napoléon*, p. 323-328.
16. *Correspondance générale*, no 291 et 293, t. I, p. 222-223.
17. Las Cases, *Mémorial*, t. IV, p. 533.
18. 根据1795年4月10日的法令（Blaufarb, *French Army*, p. 135 ）。
19. Marmont, *Mémoires*, t. I, p. 59.
20. Girod de l'Ain, *Désirée Clary*, p. 53.
21. Blaufarb, *French Army*, p. 140-149.
22. Madelin, *Histoire du Consulat et de l'Empire*, t. I, p. 310-312.
23. *Correspondance générale*, no 319, t. I, p. 244-245.
24. Iung, *Lucien Bonaparte*, t. I, p. 55.
25. Marmont, *Mémoires*, t. I, p. 63-64.
26. Sur toute cette affaire, voir Le Doulcet de Pontécoulant, *Souvenirs*, t. I, p. 322-347.
27. *Correspondance de Napoléon Ier*, t. XXIX, p. 43.
28. *Correspondance générale*, no 317, t. I, p. 242.
29. *Ibid.*, no 318, p. 243.
30. *Ibid.*, no 322, p. 249.
31. *Ibid.*, no 320, p. 246.
32. Le Doulcet de Pontécoulant, *Souvenirs*, t. I, p. 338-339.
33. *Correspondance générale*, no 329, t. I, p. 254.
34. Ferrero, *Bonaparte en Italie*, p. 15, note.
35. Voir ci-dessus, p. 136-137 et p. 145.
36. Camon, *Quand et comment Napoléon a conçu son système de manœuvre*, p. 10-12.
37. Colin, *Éducation militaire de Napoléon*, p. 321-322. 1795年年初，在尼斯，据说他曾向沃尔内和蒂罗详尽地叙述过他的计划（Chaptal, *Mes souvenirs*, p. 73-74 ）。
38. Bertrand, *Cahiers*, t. II, p. 170.
39. *Correspondance de Napoléon Ier*, no 49, t. I, p. 65.
40. *Ibid.*, p. 67.

41. 这个日期在《*Mémoire militaire sur l'armée d'Italie*》中得到了确定，(no 50, *Ibid.*, p. 68-70)。

42. Napoléon Bonaparte, *OEuvres littéraires et écrits militaires*, t. II, p. 311.

43. *Ibid.*

44. Reinhard, *Le Grand Carnot*, t. II, p. 112-116 ; Colin, *Éducation militaire deNapoléon*, p. 232-235.

45. Pierron, *Comment s'est formé le génie militaire de Napoléon Ier ?*

46. 文件参考自 Pierron, *Ibid.*, p. 8-9。军事资料馆无力满足波拿巴的要求：馆内并没有 *Histoire des campagnes de M. le maréchal de Maillebois*，也没有钱去买一套来。

47. 参考 Pierron, *Comment s'est formé le génie militaire de Napoléon Ier ?*；以及一位匿名军官对此书的回应（*Comment s'est formé le génie militaire de Napoléon Ier? Réponse au général Pierron*）；西斯蒙迪（Sismondi）对马耶布瓦的军事行动的阐释（*Histoire des Français*, t. XXVIII, p. 386-391），当然还有 *Histoire des campagnes de M. le maréchal de Maillebois en Italie pendant les années 1745 et 1746*。

48. 在离开特伦托并沿阿迪杰河左岸行军后，他"先后渡过了阿迪杰河和波河下游，又经摩德纳和斯特拉代拉回到右岸，在萨伏依公爵的部队加入他之后，他又渡过了塔纳罗河，在多里亚－里帕里亚和斯图拉河之间，法军的战线前方建立了阵地"（[Anonyme], *Comment s'est formé le génie militaire de Napoléon Ier? Réponse au général Pierron*, p. 11)。

49. Voir Colin, *Éducation militaire de Napoléon*, p. 14-15.

50. Napoléon Bonaparte, *Dix-huit notes sur l'ouvrage intitulé « Considérations sur l'art de la guerre »* (*Correspondance de Napoléon Ier*, t. XXXI, p. 365)，这些笔记是拿破仑在圣赫勒拿岛上口述的。

51. *Correspondance de Napoléon Ier*, no 1976 [réponse à Duverne de Presle, juillet1797], t. III, p. 163.

52. Voir [Anonyme], *Comment s'est formé le génie militaire de Napoléon Ier ?Réponse au général Pierron*, p. 21.

53. Voir Heuser, *Evolution of Strategy*, p. 76-110.

54. Napoléon Bonaparte, *Dix-huit notes sur l'ouvrage intitulé « Considérations surl'art de la guerre »* (*Correspondance de Napoléon Ier*, t. XXXI, p. 330-331).

55. *Ibid.*, p. 365.

56. De Gaulle, *Le Fil de l'*épée, p. 43.

57. *Dix-huit notes sur l'ouvrage intitulé « Considérations sur l'art de la guerre »* (*Correspondance de Napoléon Ier*, t. XXXI, p. 364).

58. De Gaulle, *Le Fil de l'*épée, p. 124.

59. Bourcet, *Principes de la guerre de montagnes*, p. 37.

60. *Correspondance de Napoléon Ier*, no 50, t. I, p. 69.

61. *Ibid.*, no 49, p. 66-67.

62. Le Doulcet de Pontécoulant, *Souvenirs*, t. I, p. 342.

63. *Correspondance générale*, no 309, t. I, p. 233.

64. *Ibid.*, no 312, p. 238.

65. Gauchet, *Révolution des pouvoirs*, p. 189.

66. *Correspondance générale*, no 318 [1er août 1795], t. I, p. 244.

67. *Ibid.*, no 335, p. 259.

68. *Ibid.*, no 341, p. 265.

69. *Ibid.*, no 343, p. 266.

70. 笔者之后还会再谈到这个问题，见第16章。

71. Masson, *Napoléon et sa famille*, t. I, p. 81, 96-97, 120-124.

72. Girod de l'Ain, *Désirée Clary*, p. 15-37, 385-400.

73. Joseph Bonaparte, *Mémoires*, t. I, p. 129.

74. *Correspondance générale*, no 327, t. I, p. 252.

75. *Correspondance de Napoléon Ier*, no 61, t. I, p. 84-85. Voir Houdecek, « Bonapartechez les Turcs », p. 32.

76. *Correspondance de Napoléon Ier*, t. I, p. 84, n. 2 ; Le Doulcet de Pontécoulant, *Souvenirs*, t. I, p. 343-344.

77. 这一命令由康巴塞雷斯、贝利埃，梅尔兰·德·杜埃和布瓦西·丹格拉斯签署，而不是如蓬泰库朗所说是由勒图尔纳签署的（*Souvenirs*, t. I, p. 345-346）。Une copie se trouve au Service historique de la Défense, Département de l'armée de terre, 17 C 3.

78. *Correspondance générale*, no 344, t. I, p. 267.

79. *Ibid.*, no 343, p. 267.

80. *Ibid.*, no 344 [à Joseph, 27 septembre], p. 267-268.

81. *Ibid.*, no 346 [14 vendémiaire-6 octobre, 2 heures du matin], p. 269.

82. Zivy, *Treize Vendémiaire*, p. 76.

83. Voir l'analyse de Zivy, *Ibid.*, p. 90-91.

84. Carrot, « Napoléon Bonaparte et le maintien de l'ordre », p. 18.

85. *Réimpression de l'ancien Moniteur*, t. XXVI, p. 132-133.

86. 死伤数据在 200 到 400 之间。

87. O'Meara, *Napoléon dans l'exil*, t. I, p. 348.

88. Barras, *Mémoires*, t. I, p. 250-251.

89. O'Meara, *Napoléon dans l'exil*, t. I, p. 228.

90. Las Cases, *Mémorial*, t. II, p. 356-357.

91. Marmont, *Mémoires*, t. I, p. 56.

92. *Ibid.*, p. 83-84.

93. Constant, *De la force du gouvernement actuel*, p. 38.

94. *Ibid.*

95. "我全都看到了，他们想要毁掉你。"波拿巴写信给他，"但我会尽全力来拯救你，即便某些代表想要把他们的愚行怪罪到将领的头上。"（*Correspondance générale*, no 347, t. I, p. 269）

96. *Ibid.*, no 346, p. 269.

97. Bertrand, *Cahiers*, t. II, p. 276 ; t. III, p. 85-86.

98. *Réimpression de l'ancien Moniteur*, t. XXVI, p. 175.

99. *Ibid.*, p. 177.

100. *Ibid.*, t. XXV, p. 222. 军团的辖区包括了第 17 军区的 6 个省（塞纳、塞纳-瓦兹、塞纳-马恩、瓦兹、卢瓦雷、厄尔-卢瓦尔）以及索姆、内塞纳和厄尔省。

101. Reinhard, « Le général Vendémiaire », in J. Mistler, *Le Grand Livre de Napoléon*, p. 58.

102. *Correspondance générale*, no 351 [à Joseph, 20 octobre 1795], t. I, p. 271.

103. 《人民觉醒》写于 1794 年年底，这是一首反对雅各宾派的歌曲。这首歌呼吁"自主的人民"尽快"把那些饮血者送下地狱"，在那些于葡月暴动中被镇压的温和派和王党分子中十分流行。

104. Barras, *Mémoires*, t. II, p. 27.

105. *Correspondance générale*, no 380, t. I, p. 282-283.

106. Sorel, *L'Europe et la Révolution française*, t. V, p. 53.

107. Thiers, *Histoire de la Révolution française*, t. VII, p. 14-15.

108. Cité in Ferrero, *Bonaparte en Italie*, p. 31.

109. Guyot, *Le Directoire et la paix de l'Europe*, p. 127-133.

110. 英国和俄罗斯向奥地利许以威尼斯和教皇领地，条件是奥地利继续重夺比利时的战争。

111. Cité in Guyot, *Le Directoire et la paix de l'Europe*, p. 137.

112. Voir ci-dessus, p. 150-155.

113. «Instruction pour les représentants du peuple et le général en chef de l'armée d'Italie» (*Correspondance de Napoléon Ier*, no 53, t. I, p. 75-78). 这些命令之间虽然有些微小差别，但基本是在重复说明战役初期应采取的行动。也引用了 « Mémoire militaire » (no 50, p. 69-70) 和 « Instruction militaire pour le général en chef de l'armée des Alpes et d'Italie » (no 52, p. 71-75) 中的指示。

114. Cité in Le Doulcet de Pontécoulant, *Souvenirs*, t. I, p. 335.

115. 笔者此处引用了让·蒂拉尔公布的 « Note sur la direction que l'on doit donner à l'armée d'Italie » 的手稿（Napoléon Bonaparte, *OEuvres littéraires et écrits militaires*, t. II, p. 346），而非 *Correspondance de Napoléon Ier* (no 75, t. I, p. 95) 给出的版本。*Correspondance* 将这段文字的日期推定为 1795 年 10 月 12 日。由于其中提到了发生于 12 月 11 日的洛阿诺战斗及其后续，所以它必定是在那之后写下的（Chandler, *Campaigns of Napoleon*, p. 40）。

116. *Correspondance de Napoléon Ier*, no 83, t. I, p. 103-104.
117. Reinhard, *Le Grand Carnot*, t. II, p. 200-201.
118. Cité in Tulard, *Napoléon*, p. 79-80.
119. 1796年2月3日督政府特派员里特尔给勒图尔纳的信，citée in Godechot, *Les Commissaires aux armées sous le Directoire*,t. I, p. 179.
120. Cité par Reiss, *Clarke*, p. 101.

第8章 幸 福

1. 波拿巴和奥坦斯·德·博阿尔内（*Mémoires*, t. I, p. 42）在很多场合都曾提及此事，但巴拉斯对其真实性提出了异议（*Mémoires*, t. I, p. 264）。如果此事发生在他们声称的10月9日的之后几天，那么它还有可能是真实的，因为拿破仑在10月11日才被任命为内防军团的副指挥官。
2. *Correspondance générale*, no 351 [à Joseph, 20 octobre 1795], t. I, p. 271.
3. Castelot, *Joséphine*, p. 111.
4. Napoléon Bonaparte, *Manuscrits inédits*, p. 21-23.
5. *Correspondance générale*, no 303 [à Désirée Clary, 14 juin 1795], t. I, p. 229.
6. Napoléon Bonaparte, *Eugénie et Clisson*, p. 7, 103-104. 笔者在此处综合了各个版本。
7. Leijendecker, «Un amour inconnu de Bonaparte ».
8. 此文很可能于1788年写于欧索讷，而不是马松（Napoléon Bonaparte, *Manuscrits inédits*, p. 523-530）和蒂拉尔（Napoléon Bonaparte, *OEuvres littéraires et écrits militaires*, t. II, p. 179-186）认为的1791年：文中充满了旧制度社会特有的细节。
9. Napoléon Bonaparte, *Manuscrits inédits*, p. 460-461. 亚历山大·德·马奇在他的*Cahiers*中提及此事时，认为年轻的波拿巴"有一种青年人少有的纯粹美德"。
10. Voir, par exemple, Savant, *Les Amours de Napoléon*.
11. Fleischmann, *Charlotte Robespierre et ses Mémoires*, p. 252.
12. *Correspondance générale*, no 244 [à Désirée Clary, 10 septembre 1794], t. I, p. 201-202.
13. *Ibid.*, no 283 [à Désirée Clary, 4 février 1795], p. 218.
14. *Ibid.*, no 285 [à Désirée Clary, 12 février 1795], p. 219.
15. Las Cases, *Mémorial*, t. I, p. 111.
16. Reggenbogen, *Napoléon a dit*, p. 37.
17. Napoléon Bonaparte, *Manuscrits inédits*, p. 461.
18. *Correspondance générale*, no 290 [à Désirée Clary, 11 avril 1795], t. I, p. 221.
19. Bertrand, *Cahiers*, t. III, p. 32.
20. *Correspondance générale*, no 302 [à Désirée Clary, 7 juin 1795], t. I, p. 228.
21. *Ibid.*, no 308, p. 232-233.
22. Lettre à Thomas Mann du 29 novembre 1936, citée par Laurens, *Expédition d'Égypte*, p. 399-400.
23. Masson, *Napoléon et sa famille*, t. I, p. 97-98.
24. *Correspondance générale*, no 297 [à Désirée Clary, 9 mai 1795], t. I, p. 224.
25. Girod de l'Ain, *Désirée Clary*, p. 54-55.
26. *Ibid.*
27. *Correspondance générale*, no 300 [à Désirée Clary, 2 juin 1795], t. I, p. 227.
28. *Ibid.*, no 303 [à Désirée Clary, 14 juin 1795], p. 228-229.
29. *Ibid.*, no 308 [à Joseph, 24 juin 1795], p. 232.
30. Girod de l'Ain, *Désirée Clary*, p. 69-71.
31. *Correspondance générale*, no 321 [à Désirée Clary, 10 août 1795], t. I, p. 247-248.
32. *Ibid.*, no 337 [à Joseph, 6 septembre 1795], p. 262.
33. *Ibid.*, no 317, p. 243.
34. *Ibid.*, no 320, p. 246.
35. Cité in Gilles, *Madame Tallien*, p. 227-228.
36. Barras, *Mémoires*, t. II, p. 57.
37. *Correspondance générale*, no 333 [à Désirée Clary, 31 août 1795], t. I, p. 257.

38. *Ibid.*
39. Thiébault, *Mémoires*, t. II, p. 6.
40. Masson, *Napoléon et les femmes*, p. 41.
41. Bruce, *Napoleon and Josephine*, p. 121-129.
42. Barras, *Mémoires*, t. I, p. 348-358. 她当时正在物色丈夫，最后于1799年，和她的情人喜剧演员奥诺雷·布东（Honoré Bourdon）结婚了。
43. *Correspondance générale*, no 336 [à Joseph, 5 septembre 1795], t. I, p. 260.
44. *Ibid.*
45. *Ibid.*, p. 262.
46. Voir *Ibid.*, no 313, p. 239, et no 344, p. 268.
47. Furet, *La Révolution*, p. 190.
48. *Correspondance générale*, no 387, t. I, p. 285.
49. Marmont, *Mémoires*, t. I, p. 93-94.
50. *Correspondance générale*, no 418 [à Barras, 23 mars 1796], t. I, p. 300.
51. Wagener, *L'Impératrice Joséphine*, p. 133.
52. 罗丝成了约瑟芬，欧仁妮又变回了德西蕾。"代我问候欧仁妮和朱莉"，他在10月6日给约瑟夫的信上写道（*Correspondance générale*, no 346, t. I, p. 269）；两个月后，12月9日，他在信上写道："代我拥抱你妻子和德西蕾。"（*Ibid.*, no 374, p. 280）
53. Gourgaud, *Journal*, t. II, p. 263-264.
54. 当时的人的看法，cité in Castelot, *Joséphine*, p. 95.
55. O'Meara, *Napoléon dans l'exil*, t. II, p. 67.
56. Masson, *Napoléon et les femmes*, p. 51-52.
57. 1795年9月或8月给特蕾莎·塔利安的信（J. de Beauharnais, *Correspondance*, no 31, p. 32）。
58. Barras, *Mémoires*, t. II, p. 56.
59. Bertrand, *Cahiers*, t. III, p. 98.
60. Marmont, *Mémoires*, t. I, p. 93-94.
61. Las Cases, *Mémorial*, t. I, p. 113.
62. Masson, *Napoléon et les femmes*, p. 54-55.
63. Gourgaud, *Journal*, t. II, p. 263-264.
64. *Correspondance générale*, no 411, t. I, p. 296-297.
65. 在他于1790年出版的*Petit dictionnaire des grands hommes de la Révolution* (reproduit in Dutourd, *Rivarol*, p. 200)。
66. 在1781年9月欧仁出生后，亚历山大就抛弃了妻子和孩子远走意大利。他在1782年7月25日回到了巴黎。奥尔唐斯出生的日期是在这之后的8个月零16天（Castelot, *Joséphine*, p. 45-46）。
67. Cité in *Ibid.*, p. 80.
68. *Ibid.*, p. 63.
69. Coston, *Biographie des premières années de Napoléon*, t. II, p. 347-350.
70. Wagener, *L'Impératrice Joséphine*, p. 142.
71. Las Cases, *Mémorial*, t. II, p. 655.
72. Montholon, *Récits*, t. I, p. 269.
73. 指的是托尔斯泰的《家庭的幸福》一文中，谢尔盖·米哈伊洛维奇向他的未婚妻讲解幸福的定义（Tolstoï, *La Sonate à Kreutzer*, p. 58）。
74. Napoléon Bonaparte, *Eugénie et Clisson*, p. 19-20.
75. Valéry, *Cahiers* I, p. 356.
76. Wagener, *L'Impératrice Joséphine*, p. 143.
77. Barras, *Mémoires*, t. II, p. 53.
78. Wagener, *L'Impératrice Joséphine*, p. 132. 戒指上镶着钻石和波拿巴先给约瑟芬的蓝宝石，后来由奥尔唐斯保存，而后成了热罗姆之子维克托·拿破仑的藏品，于近年被拍卖（http://expert.jcdey.over-blog.com/article-osenat-vente-empire-24-mars-2013-bague-de-fian-ailles-de-bonaparteet-de-josephine-115393510.html）。
79. Jourquin, « Le mariage de Napoléon Bonaparte et Joséphine de Beauharnais » ; Wagener, *L'Impératrice Joséphine*, p. 131-132.

80. 指未按照1790年实施的《教士公民组织法》宣誓，秘密举行圣事的神职人员。

81. Las Cases, *Mémorial*, t. II, p. 658, n. 1.

82. J.-Ch. Bonnet, *Histoire de Croissy-sur-Seine*, p. 296-299.

83. Cité in Wagener, *L'Impératrice Joséphine*, p. 130.

84. *Ibid.*, p. 129.

85. *Correspondance générale*, no 414, t. I, p. 298.

第三部分　意大利战役，1796—1797

第9章　美丽的意大利

1. 这一数字存在争议，许多历史学家怀疑波拿巴为了凸显自己的胜利而故意说少了他的士兵数量。吉勒·康代拉（Gilles Candela）认为意大利军团在战役开始时的实际兵力是4.7万人（*L'Armée d'Italie*, p. 234-235）。

2. « Campagne d'Italie » (*Correspondance de Napoléon Ier*, t. XXIX, p. 83-84).

3. 在该计划的初稿中，卡诺将主攻方向定在米兰地区，在阿奎和切瓦方向只发起牵制性进攻以拖住皮埃蒙特军，这是为了尽可能避免与皮埃蒙特政府交恶，督政府仍希望能与他们达成协议。波拿巴则坚信不先击败皮埃蒙特就无法入侵伦巴第，他对此做出了修改（Chandler, *Campaigns of Napoleon*, p. 47-49）。同样也可以参考克劳塞维茨对此事的经典分析：*Campagne de 1796*, p. 19-24。

4. 为了改善军团的处境，督政府驻意大利军团公民特派员萨利切蒂曾请求热那亚共和国提供700万的贷款，由于后者迟迟不给出积极回应，他同意了舍雷尔提出的方案，派出一个旅占领了其边境附近的沃尔特里作为威胁。这一行动在波拿巴抵达前就已经开始了（Lefebvre, *La France sous le Directoire*, p. 340-341）。

5. 他并不赞同占领沃尔特里，他4月6日给督政府的信上写道："我对于针对热那亚的行动感到极度恼火和不满，尤其是因为我本想打敌人一个措手不及，这一行动却已经惊动了敌军。"尽管如此，他并未叫停这一行动（*Correspondance générale*, no 463, t. I, p. 324）。

6. Béraud, *Bonaparte en Italie*, p. 41. Voir G. Défossé, *Montenotte*.

7. Thiers, *Histoire de la Révolution française*, t. VIII, p. 148-149.

8. Thiry, *Bonaparte en Italie*, p. 45.

9. Bouvier, *Bonaparte en Italie*, p. 335-338.

10. 这个计划写道："各方面因素都要求我们去寻找能力范围内的一切手段，让我们的敌人再次渡过波河，我们则应将最大力量投入到米兰方向。而除非法军先占领切瓦，否则这一行动无法实施。督政府授权该军团司令可以随时进攻该处的敌人以启动整个行动，之后无论他大获全胜，还是仅将敌军赶回都灵方向，政府都授权他追击敌军并再次与他们交战，如果有必要，甚至允许炮击其首都。督政府必须在此处就关于在此次战役中进行围攻战一事做出说明。除非可能阻碍法军的敌人全部被彻底击溃或是失去行动能力，否则不应进行围攻。"（Debidour, *Recueil des actes du Directoire exécutif*, t. I, p. 721-722）

11. Bouvier, *Bonaparte en Italie*, p. 255.

12. Clausewitz, *Campagne de 1796*, p. 38.

13. Voir Bouvier, *Bonaparte en Italie*, p. 271.

14. *Correspondance générale*, no 519 [à Barras, 23 avril 1796], t. I, p. 356.

15. *Ibid.*, no 522 [au Directoire, 24 avril 1796], t. I, p. 357.

16. 使者是萨利耶·德·拉图尔（Sallier de La Tour）将军、皮埃蒙特军参谋长科斯塔·德·博勒加尔上校以及科利的副官德·塞塞（De Seyssel）上尉。

17. Costa de Beauregard, *Un homme d'autrefois*, p. 332.

18. *Ibid.*, p. 333-334.

19. *Correspondance de Napoléon Ier*, no 256 [*Conditions d'une suspension d'armes arrêtée entre les armées française et piémontaise*], t. I, p. 199-201.

20. Costa de Beauregard, *Un homme d'autrefois*, p. 339.

21.　*Ibid.*, p. 340-341.

22.　Cité in Thiry, *Bonaparte en Italie*, p. 90.

23.　Voir le rapport de l'ambassadeur anglais à Turin cité in Ferrero, *Bonaparte en Italie*, p. 33.

24.　Clausewitz, *Campagne de 1796*, p. 45.

25.　L'Agogna, le Terdoppio et le Tessin.

26.　有关架桥设备和渡过的河流的详情，可以参考J.-L. Riccioli, « Le franchissement des cours d'eau pendant la campagne [d'Italie] » (http://195.154.144.20/fr/hors_serie/ 1campagne-italie/ lesecrits/colloques/eau.html).

27.　克劳塞维茨认为增援兵力高达1.5万人，并断言靠着这些增援，波拿巴在兵力方面取得了对博利厄的明显优势：近4.5万人对3.1万人（ *Campagne de 1796*, p. 52-53 ）。

28.　*Réimpression de l'ancien Moniteur*, t. XXVIII, p. 259. 1796年7月31日，从曼托瓦赶往维罗纳的法军，在36小时内走了85千米（ Mascilli Migliorini, *Napoléon*, p. 106 ），这一记录直到1805年才被打破，达武指挥的军于奥斯特里茨会战前夜在36小时内走了160千米（ Damamme, *Les Soldats de la Grande Armée*, p. 71 ）。奥地利人则行动迟缓：他们花了72小时才行进了80千米（ Béraud, *Bonaparte en Italie*, p. 55 ）。法军在这方面如此优秀的主要原因是：法军使用的是每分钟120步的行军步法，而奥军还遵循着"每分钟70步的传统"（ Liddell Hart, *Stratégie*, p. 228-229 ）。

29.　拉阿尔普在这场夜战中因被己方士兵击中而意外去世。

30.　根据博塔（Botta）的说法，博利厄之所以没有摧毁这座桥，是因为他希望在法军败北后，可以通过它重回阿达河右岸（ *Histoire d'Italie*, t. I, p. 419 ）。

31.　他在报告中写道"博利厄和他的全部兵力在此严阵以待"（ *Correspondance générale*, no 589 [au Directoire, 11 mai 1796], t. I, p. 393 ）。

32.　« Campagne d'Italie »（ *Correspondance de Napoléon Ier*, t. XXIX, p. 101 ）.

33.　连战斗结果也难以确定。法军伤亡了千余人（ Pigeard, *Dictionnaire des batailles de Napoléon*, p. 488 ），还是500人（ Bouvier, *Bonaparte en Italie*, p. 527-528 ），还是如波拿巴本人说的那样只有不到200人（ *Correspondance générale*, no 589 [au Directoire, 11 mai 1796], t. I, p. 394 ）？

34.　« Campagne d'Italie »（ *Correspondance de Napoléon Ier*, t. XXIX, p. 101 ）.

35.　*Ibid.*

36.　他麾下的将领曾劝阻过他吗？卡洛·博塔（Carlo Botta）深以为然（ *Histoire d'Italie*, t. I, p. 419-420 ）。在圣赫勒拿岛上，波拿巴称他是在看到骑兵"于左岸列阵"后才下令投入步兵的，但是他之后又试图让人相信这一行动是"谨慎安排的"（ « Campagne d'Italie » [*Correspondance de Napoléon Ier*, t. XXIX, p. 101]）.

37.　"敌人炮火猛烈。纵队的先头部队甚至开始犹豫了；一刻的犹豫就会让这一切都化为泡影……贝西埃、马塞纳、切尔沃尼和达勒马涅将军，拉纳上校和迪帕少校都意识到了这一点，他们身先士卒发起了冲锋，赢得了这场陷入僵局的战斗。"（ *Correspondance générale*, no 589 [au Directoire, 11 mai 1796], t. I, p. 393 ）。同样可以参考萨利切蒂的报告，cité in Vovelle, « Nascita e formazione del mito napoleonico in Italia », p. 12。

38.　Joffrin, *Batailles de Napoléon*, p. 24.

39.　*Correspondance générale*, no 589, t. I, p. 394.

40.　Camon, *Quand et comment Napoléon a conçu son système de bataille*, p. 251.

41.　参考意大利战役准备阶段和各次战斗时各交战国的兵力对比表，G. Candela, *L'Armée d'Italie*, p. 237 et 238。

42.　*Ibid.*, p. 249.

43.　Debidour, *Recueil des actes du Directoire exécutif*, t. I, p. 722. 4月25日的补充指令也是一个意思（ *ibid.*, t. II, p. 227-230 ）。

44.　*Correspondance générale*, no 575 [à Letourneur, 6 mai 1796], t. I, p. 386.

45.　*Ibid.*, no 553 [à Barras, fin avril 1796], p. 375.

46.　Debidour, *Recueil des actes du Directoire exécutif*, t. I, p. 721.

47.　*Ibid.*, t. II, p. 329.

48.　据说这个计划主要的创意来自卡诺（ Guyot, *Le Directoire et la paix de l'Europe*, p. 168).

49.　Debidour, *Recueil des actes du Directoire exécutif*, t. II, p. 332.

50.　1796年5月7日的补充指令（ *ibid.*, p. 333 ）。

51.　Instructions du 7 mai (*ibid.*).

52. 1796年5月18日督政府给波拿巴的信（*ibid.*, p. 417）。

53. Voir Pommier, *L'Art de la liberté*, p. 399-418, et F. Boyer, «Les responsabilités de Napoléon dans le transfert à Paris des œuvres d'art de l'étranger».

54. Sorel, *L'Europe et la Révolution française*, t. V, p. 51.

55. Debidour, *Recueil des actes du Directoire exécutif*, t. I, p. 722.

56. *Correspondance générale*, no 557, t. I, p. 377.

57. *Correspondance de Napoléon Ier*, no 455, t. I, p. 300-301.

58. *Ibid.*, no 368, p. 253. 正如费雷罗所说，帕尔马公国并非中立国。帕尔马公国在1792年就加入了反法联盟，但他确实未曾派出一兵一卒，尤其是因为西班牙王后是他的姐妹，他与刚和法国签订了和约的马德里政府共同进退。

59. *Correspondance générale*, no 584 [au Directoire, 9 mai 1796], t. I, p. 391.同天他给卡诺的信上写道："我给您寄去了20幅一流大师的杰作，从科雷热（Corrège）到米歇尔·安格（Michel-Ange）……如果一切顺利，我希望还能给您送1 000万到巴黎；这将有助于您改善莱茵军团的糟糕处境。"（*ibid.*, no 582, p. 389）

60. 5月17日，摩德纳公爵也上交了"由受托挑选画作的代表们从他的画廊和城堡里选出的20幅画"（*Correspondance de Napoléon Ier*, no 439, t. I, p. 290）。还可以参考5月18日在米兰、帕尔马和皮亚琴察没收的艺术品清单（*ibid.*, no 444, p. 292-294）。

61. 负责挑选画作的代表是蒙日、贝托莱、博物学家图安、植物学家拉比亚迪、雕塑家穆瓦特和画家巴泰蒂米勒。

62. Debidour, *Recueil des actes du Directoire exécutif*, t. II, p. 328.

63. Gaffarel, *Bonaparte et les républiques italiennes*, p. 12.

64. Bertrand, *Cahiers*, t. III, p. 78.

65. [Anonyme], *Manuscrit venu de Sainte-Hélène d'une manière inconnue*, p. 40-41.

66. Montholon, *Récits*, t. II, p. 126.

67. *Correspondance générale*, no 599, t. I, p. 399-400. 他给巴拉斯写了这封信："我不知道，我的朋友，是否有人成功破坏了我在您的脑海里的印象；事实看上去就是如此，因为您把我克勒曼派来米兰让我带着仅仅一个师就去解决意大利。我得承认我对此很不安。如果您不再像战役开始时那样信任我，请让我知道。我会请求解职。自然在赋予我不多的天赋同时还赋予了我很多个性；只有您信任我的时候我在这里才有用。如果您想要我扮演副手角色，并让我服从一个从行事原则到说话口气都无法让我认同的德意志人的领导，那我宁愿把这个摊子都交给他。"（*ibid.*, no 596 [14 mai 1796], p. 397-398）

68. Debidour, *Recueil des actes du Directoire exécutif*, t. II, p. 415-419.

69. *Ibid.*, p. 438.

70. Thiers, *Histoire de la Révolution française*, t. VIII, p. 208.

71. 5月6日波拿巴发去劝降书的米兰要塞，一直抵抗到了6月29日。

72. Stendhal, *La Chartreuse de Parme*, p. 5.

73. Marmont, *Mémoires*, t. I, p. 178.

74. Furet, *La Révolution*, p. 194.

第10章　意大利政策？

1. 1796年5月31日的命令（*Correspondance de Napoléon Ier*, no 535, t. I,p. 341）。

2. 他认为他能够"平静三四十天"了（« Campagne d'Italie », *ibid.*, t. XXIX, p. 120-121）。

3. "我无法对今天的意大利人发表任何评论，"他说，"我不确定是否还存在意大利人。"（Leopardi, *Le Massacre des illusions*, p. 172）

4. 自《亚琛和约》在1748年重塑了意大利政治版图以来，半岛上有了11个主权国家：两个王国（撒丁王国和两西西里王国），4个共和国（威尼斯、热那亚、卢卡和圣马力诺），4个公国（米兰、帕尔马、摩德纳和托斯卡纳）以及延伸到亚得里亚海的"教宗领地"。后者处于教廷的统治之下，但相对罗马保持了一定的独立性，这些地区的行政管理由教宗任命的代理教宗特使负责。最重要的3个领地是博洛尼亚、费拉拉和拉韦纳。还另外有3个不那么重要的：弗利、乌尔比诺和佩萨罗。这11个国家中，有两个在波旁家族手中（帕尔马和那不勒斯），有一个直接由奥地利管辖（伦巴第）以及另外有国家部分受奥地利控制（托斯卡纳，统治该国的亲王是皇帝的兄弟，以及摩德纳），这还不算在热那亚的那些"帝国封邑"。关于这些封地，参见下文。

5. Cuoco, *Essai historique sur la révolution de Naples*, p. 91.

6. Prosperi, « Otras Indias : missionari della Contra-riforma tra contadini e salvaggi», et Broers, *Politics of Religion in Napoleonic Italy*, p. 7-26, 52-85.

7. Voir Woolf, *History of Italy*, p. 29-42.

8. Staël, *Correspondance générale*, t. V, 2e partie, p. 492 (à Mathieu de Montmorency, 6 février 1805), p. 490 (à Vincenzo Monti, 5 février 1805).

9. Mascilli Migliorini, *Napoléon*, p. 99.

10. 这一表述出自尼布尔（Niebuhr）在1817年给雅格比（Jacobi）的信。citée in Pillepich, *Napoléon et les Italiens*, p. 16.

11. Stendhal, *Rome, Naples et Florence en 1817*, 18 juillet 1817.

12. Mascilli Migliorini, *Napoléon*, p. 99.

13. Ferrero, *Bonaparte en Italie*, p. 65-79.

14. Woolf, *History of Italy*, p. 43-149, et Brice, *Histoire de l'Italie*, p. 235-271.

15. Ferrero, *Bonaparte en Italie*, p. 102.

16. Botta, *Histoire d'Italie*, t. I, p. 8.

17. Rao, « Les républicains démocrates italiens et le Directoire », p. 1063-1067.

18. 参考3月6日给波拿巴的指令（Debidour, *Recueil des ctes du Directoire exécutif,* t. I, p. 722 ）。

19. 我们可以参考外交部长德拉克罗瓦给驻意大利军团代表萨利切蒂的信："让分隔各个国家的边境消失来组成一个国家，让人们忘记彼此间的仇恨……他们将会被自由的钟声惊醒，将会联合成一个民族。"（ cité in Godechot, « Le babouvisme t l'unité italienne », p. 274 ）。

20. *Ibid.*, p. 275-276.

21. 5月11日的信，Guyot, *Le Directoire et la paix de l'Europe*, p. 170。

22. *Correspondance générale*, no 541, t. I, p. 368.

23. « Campagne d'Italie » (*Correspondance de Napoléon Ier*, t. XXIX, p. 93-95).

24. 1796年4月下旬给巴拉斯的信（ *Correspondance générale*, no 553, t. I,p. 375 ）。

25. Cité in Pingaud, *Les Hommes d'État de la République italienne*, p. 11-14.

26. Pillepich, *Napoléon et les Italiens*, p. 31.

27. G. Pecchio, *Vita di Ugo Foscolo* (1830), cité in Mascilli Migliorini, *Napoléon*, p. 54-55.

28. *Ibid.*, p. 100.

29. Voir les récentes études de M. Broers, *The Napoleonic Empire in Italy* (2005), et A. De Francesco, *L'Italia di Bonaparte* (2011).

30. Stendhal, *Rome, Naples et Florence en 1817*, 18 juillet 1817.

31. Cité in Pingaud, *Les Hommes d'État de la République italienne*, p. 18.

32. *Correspondance générale*, no 605 [au Directoire, 17 mai 1796], t. I, p. 402-403.

33. *Ibid.*, no 672 [à Barras, 10 juin 1796], p. 441.

34. Voir Pingaud, *Les Hommes d'État de la République italienne*, p. 19.

35. *Correspondance de Napoléon Ier*, no 453, t. I, p. 297-298.

36. 政府在5月31日回应了波拿巴于5月17日提出的问题，告诉他他们需要更多的消息才能"判断这个民族是否适宜独立"，并道："现在应该在将其观点导向自由的同时，不要忘记这些国家的命运将取决于我们与皇帝的和约。"（ Debidour, *Recueil des actes du Directoire xécutif,* t. II, p. 514 ）

37. 据说波拿巴甚至在守军中抽出了十分之一的人来枪决，因为他们在未做抵抗的情况下就向暴民投降（ Clausewitz, *Campagne de 1796*, p. 84 ）。

38. 除威尼斯共和国的整个北部大利都是帝国领土；在皮埃蒙特、托斯卡纳以及尤其在利古里亚，都保留了众多仍采用古代封建领主制的"帝国封邑"，这些封邑直属于德意志皇帝。在利古里亚，这样的封邑有十多个（Schnettger, « Fiefs impériaux en Italie à l'époque moderne » ）。

39. « Campagne d'Italie » (*Correspondance de Napoléon Ier*, t. XXIX, p. 113).

40. *Correspondance générale*, no 661 [à Clarke, 8 juin 1796], t. I, p. 435.

41. Voir sa lettre au Directoire, du 7 juin (*ibid.*, no 656, p. 431-432).

42. « Campagne d'Italie » (*Correspondance de Napoléon Ier*, t. XXIX, p. 137).

43. *Correspondance générale*, no 838, t. I, p. 538-539.

44. 8月12日，督政府命令他前往因斯布鲁克，与茹尔当和莫罗建立联系（Debidour, *Recueil des actes du Directoire exécutif*, t. III, p. 333. ）。同样可以参考督政府8月15日的信，*ibid.*, p. 368-370。

45. Clausewitz, *Campagne de 1796*, p. 158.

46. Miot de Melito, *Mémoires*, t. I, p. 113. 热月22日，蒙日在罗马给妻子写信："波拿巴将军起初遇到了一些小挫折，他必须解除曼托瓦之围，让围城部队前来增援，这极大地助长了敌人的气焰；他们在意大利四处散播这个对法国不幸的消息；即便是各国政府也受其蒙蔽……我们的敌人日益嚣张，我们为数不多的朋友则忧心忡忡。"（Correspondance de Monge, École polytechnique, no 83）

47. Ferrero, *Bonaparte en Italie*, p. 100.

48. Botta, *Histoire d'Italie*, t. II, p. 110-111.

49. Ferrero, *Bonaparte en Italie*, p. 99-101.

50. *Ibid.*, p. 104.

51. *Correspondance générale*, no 961 [au Directoire, 2 octobre 1796], t. I, p. 612.

52. Ferrero, *Bonaparte en Italie*, p. 96.

53. Voir Saitta, *Alle origini del Risorgimento*.

54. Pingaud, *Bonaparte président de la République italienne*, t. I, p. 150.

55. Gaffarel, *Bonaparte et les républiques italiennes*, p. 18.

56. *Correspondance générale*, no 936, t. I, p. 596.

57. Rapport du 25 juillet 1796, reproduit in Ferrero, *Bonaparte en Italie*, p. 91-93. 这一新的命令实际上出自勒贝尔之手，他十分反对在意大利建立姐妹共和国。喜欢宣传战的拉勒维里没有在文件上签字，或者说他拒绝签字（Guyot, *Le Directoire et la paix de l'Europe*, p. 193-194）。

58. 如果奥地利退出意大利，那么它就能在德意志境内获得其放弃伦巴第的补偿，它可以吞并巴伐利亚，以及将教会统治的公国世俗化。那些在德意志失去了领土的王公，将会被转封到意大利，他们会获得"托斯卡纳、摩德纳、费拉拉、曼托瓦、罗马涅和博洛尼亚"。这个计划的前提是要将奥地利彻底赶出亚平宁半岛，以及要推翻摩德纳公爵和托斯卡纳大公。奥属伦巴第将被并入帕尔马公国。皮埃蒙特—撒丁王国保持不变，威尼斯将会获得特伦托和布里克森，热那亚则获得帝国封地，最后，罗马——不再属于教廷——和那不勒斯必须向法国上交年贡。法国还将获得厄尔巴岛和里窝那港。

59. 德拉克罗瓦部长反对在意大利建立共和国的论据，和王党右翼领袖让–夏尔–多米尼克·德·拉克雷泰勒（Jean-Charles-Dominique de Lacretelle）近来在一系列文章中提出的观点一样。拉克雷勒谴责这一宣传战将会引发意大利的内战，而且使得和约谈判将变得更加艰难，尤其是战争的目标——迫使奥地利与法国签订和约——置于次要位置，这只会有利于"无政府主义者"（Godechot,《Les Français et l'unité italienne》, p. 310）。拉克雷勒的两篇文章分别于1796年7月5日和7日刊登于 *Nouvelles politiques nationales et étrangères*。

60. Fugier, *Napoléon et l'Italie*, p. 43-44.

61. Debidour, *Recueil des actes du Directoire exécutif*, t. III, p. 656.

62. Guyot, *Le Directoire et la paix de l'Europe*, p. 256. 乔治·勒费弗尔认为1796年10月法国与热那亚签署的和约是督政府强加给波拿巴的，他本人更倾向于在热那亚发动政变（*La France sous le Directoire,* p. 364）。

63. *Correspondance générale*, no 960 [au Directoire, 2 octobre 1796], t. I, p. 610-612.

64. Debidour, *Recueil des actes du Directoire exécutif*, t. IV, p. 36-37.

65. *Correspondance générale*, no 983, t. I, p. 622.

66. Correspondance de Gaspard Monge, École polytechnique, lettre no 91, 4 novembre 1796.

67. *Correspondance générale*, no 980, t. I, p. 621.

68. 10月16日，于摩德纳召开的代表大会宣布，波南联邦由博洛尼亚和费拉拉这两个教宗领地以及摩德纳公国联合构成。博洛尼亚在9月末已经实行了一个不同的共和制宪法，而且费拉尼人对博洛尼亚人的猜忌使得新创立的国家无法超越联邦制的范畴。大会还宣布了公民的平等权利，下令组建一支4 000人的军队并且在12月25日召开新的议会负责制定宪法（Harouel, *Les Républiques soeurs,* p. 40-43）。

69. Cité in Godechot, *Les Commissaires aux armées sous le Directoire*, t. I, p. 519.

70. *Correspondance générale*, no 710 [21 juin 1796], t. I, p. 463.
71. Godechot, *Les Commissaires aux armées sous le Directoire*, t. I, p. 655.

第11章　维也纳之路

1. *Correspondance générale*, no 980 [au Directoire, 8 octobre 1796], t. I, p. 621.
2. 在1796年12月28日给督政府的报告中，波拿巴声称他自4月以来损失了7 000人：4 000人阵亡，2 000人死于重伤或疾病，还有1 000人因伤无法作战（*ibid.*, no 1210, p. 748）。克劳塞维茨说仅在1796年9月至11月，法军伤亡人员就有1万到1.2万人，即便考虑到波拿巴很有可能瞒报了损失，这个数字也太过夸张了（*Campagne de 1796*, p. 165）。
3. 自战役开始之初就在军中的将军们，在4个月内阵亡了四分之一（G. Candela, *L'Armée d'Italie*, p. 239）。
4. *Correspondance générale*, no 1059 [au Directoire, 13 novembre 1796], t. I, p. 664-666.
5. Chaptal, *Mes souvenirs*, p. 130-131.
6. *Correspondance générale*, no 1062 [au Directoire, 19 novembre 1796], t. I, p. 668.
7. 波拿巴的副官之一，约瑟夫·舒尔科夫什基（Joseph Sulkowski）在战后写的信（Reinhard, *Avec Bonaparte en Italie*, p. 178）。
8. *Ibid.*
9. J.-G. Peltier, *Examen de la campagne de Buonaparte en Italie par un témoin oculaire* [1814], cité in Dwyer, *Napoleon*, p. 2.
10. Marmont, *Mémoires*, t. I, p. 236-238 ; Sulkowski, in Reinhard, *Avec Bonaparte en Italie*, p. 178-179 ; Joubert, cité in Madelin, *Histoire du Consulat et de l'Empire*, t. II, p. 105-106.
11. 吉厄在夜里终于从南方很远的地方渡过了阿尔波内河并夺取了阿科拉村。太迟了，时机已经丧失：由于缺少增援，他不得不同样撤向龙科。
12. 克劳塞维茨严苛地评判波拿巴的部署："在阿科拉战斗中，这位法国将军只是保全了他勇敢顽强的名声；但我们可以看到，他在第一天的部署是完全错误的，接下来的两天他表现得极其固执，而且违背了最基本的战术原则。若是庸常的将领指挥了一场这样的战斗并吃了败仗，那他肯定大难临头了。"（*Campagne de 1796*, p. 196）
13. *Correspondance générale*, no 463 [au Directoire, 6 avril 1796], t. I, p. 324.
14. 在德意志地区，法国士兵被叫作"*Krippen*"（意为"查封"）。他们四处洗劫酒窖，绑架商人，若有人胆敢抱怨，他们不是用枪托教训对方，就是吼道："老子没领到饷，但也得吃饭啊！"（Bertaud, *La Révolution armée*, p. 286）
15. Thiry, *Bonaparte en Italie*, p. 158.
16. *Correspondance générale*, no 522, t. I, p. 357 ; no 530, p. 361-362.
17. *Correspondance de Napoléon Ier*, no 234, t. I, p. 187-188.
18. *Correspondance générale*, no 530, t. I, p. 361-362.
19. *Correspondance de Napoléon Ier*, no 214 [22 avril 1796], t. I, p. 175-176.
20. *Correspondance générale*, no 1274 [au Directoire, 6 janvier 1797], t. I, p. 778-779.
21. *Ibid.*, no 530, p. 361-362.
22. *Correspondance de Napoléon Ier*, no 91, t. I, p. 107.
23. Propos rapportés par le général Pelleport dans ses souvenirs (Sainte-Beuve, *Causeries du lundi*, t. XIII, p. 332).
24. *Ibid.*
25. *Correspondance générale*, no 856 [au Directoire, 14 août 1796], t. I, p. 547.
26. *Ibid.*, no 1617 [au Directoire, 3 juin 1797], p. 979.
27. Ces appréciations figurent in Las Cases, *Mémorial*, t. I, p. 196.
28. Marmont, *Mémoires*, t. I, p. 150-151. "贝尔蒂埃连一个营都指挥不了"，1796年6月22日他与米奥初次会面时曾如此说（Miot de Melito, *Mémoires*, t. I, p. 97）。Voir également Las Cases, *Mémorial*, t. I, p. 222-223.
29. Reggenbogen, *Napoléon a dit*, p. 287.
30. Mme de Rémusat, *Mémoires*, t. I, p. 231.
31. Savant, *Ministres de Napoléon*, p. 92.
32. Caulaincourt, *Mémoires*, t. I, p. 383.

33. Chaptal, *Mes souvenirs*, p. 77.

34. *Correspondance générale*, no 461 [à Joséphine, 5 avril 1796], t. I, p. 323.

35. Cité in Payard, « Bonaparte et le fournisseur Collot », p. 130.

36. Marmont, *Mémoires*, t. I, p. 152.

37. Miot de Melito, *Mémoires*, t. I, p. 91-92. 未来的佩尔波尔将军也写过类似的内容，却是关于之后的1796年9月初他所看到的景象："我看到马塞纳和奥热罗向波拿巴汇报当天的行动，并且从他那里接受第二天的指令：两位师长表现得毕恭毕敬。我提及这一场景只是为了说明波拿巴自当了总司令后，在下属中有着何等的权威。在评价此人对自己麾下军官取得的这种精神上的支配地位时，应考虑到这还是一个军队中崇尚同志情谊的时代。"（cité in Sainte-Beuve, « Souvenirs militaires et intimes du général Pelleport », *Causeries du lundi*, t. XIII, p. 332-333. ）

38. 1796年4月26日给军团的公告（*Correspondance de Napoléon Ier*,no 234, t. I, p. 188）。

39. *Ibid.*, no 461, p. 303-304.

40. Sainte-Beuve, *Causeries du lundi*, t. XIII, p. 333.

41. *Correspondance de Napoléon Ier*, no 1170 [allocution à la division Vaubois, 7 novembre 1796], t. II, p. 103. 但给督政府的报告上，他并没有指责那些逃兵，只是提到了曾发生过"恐慌"，但这并不是由于军团的懦弱，它只是"处境糟糕且疲惫不堪"（*Correspondance générale*, no 1059 [13 novembre 1796], t. I, p. 664-665）。最后，他决定把过错全推给沃布瓦将军，责备他"不具备任何指挥一个规模庞大的师所需的经验和品质"（*ibid.*, no 1062 [au Directoire, 19 novembre 1796], p. 669），后来又把他调离前线，派去指挥里窝那要塞（*ibid.*, no 1077 [au Directoire, 24 novembre 1796], p. 677）：事件完结了。

42. Bertrand, *Cahiers*, t. II, p. 289.

43. 出自刚刚抵达巴黎的克拉克将军的信，cité in Garros et Tulard, *Napoléon au jour le jour*, p. 109。

44. Ludwig, *Napoléon*, p. 56.

45. Yavetz, *César et son image*, p. 184.

46. Englund, *Napoléon*, p. 133.

47. Voir Las Cases, *Mémorial*, t. I, p. 254-255.

48. *Correspondance générale*, no 836 [au Directoire, 6 août 1796], t. I, p. 535.

49. *Ibid.*, no 898 [au Directoire, 9 septembre 1796], p. 574.

50. 立宪议会1791年7月30日的法令废除了这一制度。国民公会后来拒绝了多个寻求用共和国奖章取代先前的军事勋章制度的提议，因为他们认为所有针对功绩的奖赏都是在鼓励军人的野心、自负和荣誉感，这是与大革命平等质朴的原则所不能相容的（Blaufarb, *The French Army,* p. 110-111）。

51. *Correspondance de Napoléon Ier*, no 1309 [ordre du jour du 21 décembre 1796], t. II, p. 194.

52. 1797年8月28日的法令（*Correspondance de Napoléon Ier*, no 2127, t. III, p. 247-248）。有可能在这项法令实施之前，就已经存在将特定武器授予官兵作为对优异表现的奖赏的情况了。例如在一份推测日期为1797年3月6日的文件（因为具体日期不明）中，我们可以看到："拥有这些军刀的人将为他们在曼托瓦的表现获得100法郎的奖励。"（*ibid.*, no 1548, t. II, p. 369）一直到了1799年10月，雾月政变的不久前，督政府才正式恢复了军事表彰制度（Lentz, « Armes d'honneur », in Tulard, *Dictionnaire Napoléon,* t. I, p. 123）。

53. Voir, à ce sujet, les observations de Hanson dans *Le Modèle occidental de la guerre*, p. 160-161.

54. 可以确定在1797年6月2日，波拿巴发布了一道命令，"老兵们"不必牺牲自己的利益来保障那些刚刚抵达的援军（*Correspondance de Napoléon Ier*, no 1857, t. III, p. 88-89）。

55. Bertaud, *La Révolution armée*, p. 285.

56. De Gaulle, *Le Fil de l'épée*, p. 98.

57. *Ibid.*

58. *Ibid.*, p. 102.

59. 他会根据每天的报告，更新关于各支部队的情况的记录，voir les *Mémoires* du baron Fain, p. 74-91.

60. Chaptal, *Mes souvenirs*, p. 151.

61. Lanfrey, *Histoire de Napoléon*, t. II, p. 21-22. 这封给掷弹兵奥纳的信上的日期是1800年1月15日（CG no 4875 III 41）。马尔蒙说波拿巴在公开场合时刻注意着保持权威，并与他们保持距离，"但是私底下，和副官在一起时，就很轻松自在，和善友好"（*Mémoires*, t. I, p. 296-297 ）。

62. 与摩德纳公爵的停战协议签署于1796年5月17日。关于这一插曲有三个版本：在第一个版本中是萨利切蒂以摩德纳大公的名义给波拿巴带去了400万（ Las Cases, *Mémorial*, t. I, p. 115 ），第二个版本是银行家阿莱建议他接受公爵出的200万（ Bertrand, *Cahiers*, t. I, p. 166-167 ），而第三个版本，则是公爵的非婚生子亲自给他带来了"200万，全部是两磅面值的金币"。根据最后一个版本，波拿巴没有拒绝这笔钱，而是将它"视为捐款"送进了军队的金库（ *Correspondance de Napoléon Ier*, t. XXXII, p. 244 ）。

63. 波拿巴补充道："这些阴谋家没那么大公无私，而且也足够聪明，想必从中捞了100多万。"（ *ibid.*, p. 245 ）

64. Las Cases, *Mémorial*, t. I, p. 116.

65. Marmont, *Mémoires*, t. I, p. 308. 拿破仑的说法与之相反，他声称当马尔蒙向他展示从帕维亚搞到的"一箱金币和珍宝"时，他让他将其送入军队的金库（ *Correspondance de Napoléon Ier*, t. XXXII, p. 244 ）。

66. Voir le chapitre précédent, p. 217-218.

67. *Correspondance générale*, no 993, t. I, p. 629-630.

68. 1797年1月6日，他在给督政府的信上写道："那些人可能靠着支付作假赚了300万。这个公司欠我们军团500万，让他们捐款……我将这个公司视为已经破产，拍卖了他们在里窝那和热那亚的产业。我请求你们发布命令逮捕他们在巴黎的代理商；他们是欧洲最大的骗子；他们让我们的处境倍感窘困。我想逮捕弗拉沙和他的小舅子（ beau-frère ），……但这些骗子侥幸逃脱了"（ *ibid.*, no 1274, t. I, p. 779 ）。这个事件以判处一些次要人物有罪而结束。弗拉沙本人则完全脱罪。Voir G. Candela, *L'Armée d'Italie*, p. 267-271.

69. Blanc, *Regnaud de Saint-Jean d'Angély*, p. 86.

70. Las Cases, *Mémorial*, t. I, p. 115.

71. Branda, *Napoléon et l'argent*, p. 37-39.

72. 尤其应参考报纸 *Le Bulletin de Paris*，该报编辑为某位"萨拉赞公民（ citoyen Sarrazin ）"，我们不知道他是否就是当时在意大利服役，后来于1810年投敌的萨拉赞将军。这份报纸仅仅在1797年9月和10月出版了几期。后来就被禁掉了。我们可以读到这些讽刺文章："米兰，8月27日。这里和周边有奇多的匪徒，他们在大路上拦截商旅，向农民征税，还放火烧田。大约有38人被捕。他们中有法国人也有意大利人。他们的头子叫波拿巴，其他人自称马塞纳、奥热罗还有别的将军的名字。"（ numéro du 15 septembre 1797 ）

73. Hamelin, « Douze ans de ma vie », p. 298.

74. Bourrienne, *Mémoires*, t. II, p. 17-18.

75. *Correspondance générale*, no 1062 [au Directoire, 19 novembre 1796], t. I, p. 668.

76. Béraud, *Bonaparte en Italie*, p. 106-117.

77. Clausewitz, *La Campagne de 1796*, p. 239.

78. Thiers, *Histoire de la Révolution française*, t. VIII, p. 430-431.

79. Montholon, *Récits*, t. II, p. 132-133.

80. 开始向维也纳进军的1797年3月10日，意大利军团实际兵力为79 100人：由波拿巴亲自指挥的主力军有44 100人；茹贝尔指挥的蒂罗尔军有19 500人；在安科纳的维克托军有6 500人；还有9 000人留守伦巴第（ Clausewitz, *Campagne de 1796*, p. 262 ）。Voir G. Candela, *L'Armée d'Italie*, p. 248.

81. « Campagnes d'Italie » （*Correspondance de Napoléon Ier*, t. XXIX, p. 231）.

82. Ferrero, *Bonaparte en Italie*, p. 138.

83. Thiers, *Histoire de la Révolution française*, t. IX, p. 56.

84. 多年以后，波拿巴强调了他当时的选择，这一选择事实上的确是非常重要的，但这也让他能够为自己的鲁莽辩护。Voir « Campagnes d'Italie »（*Correspondance de Napoléon Ier*, t. XXIX, p. 231-235）。同样也可以参考他在约米尼的 *Traité des grandes opérations militaires* 一书上的批注："有必要在融雪前发动战役，这是为了不给奥地利工兵留出在山谷下方出口处修建土木工事的时间，同时不让帕尔马诺瓦做好防御的准备，也是为了在奥军莱茵地区的部队赶来与大公会师前先击败他。"（ *ibid.*, p. 357 ）

85. Thiers, *Histoire de la Révolution française*, t. IX, p. 70.

86. *Correspondance générale*, no 1466, t. I, p. 884.

87. *Ibid.*, no 1486, p. 895.

88. *Ibid.*, no 1484 [31 mars 1797], p. 894.

89. « Campagnes d'Italie » (*Correspondance de Napoléon Ier*, t. XXIX, p. 243-244).

90. *Ibid.*

91. *Correspondance générale*, no 1488, t. I, p. 897.

第12章　蒙贝洛

1. 蒙贝洛或蒙特贝洛（Montebello）? 两个名字被随意混用，例如朱塞佩·马雷利（Giuseppe Marelli）的 *Giornale storico della Repubblica cisalpina* (« Montebello » pièce 2, fo 12, mais « Mombello » pièce 5, fo 40 verso)。

2. 普斯泰拉（Pusterla）别墅建于1754年，在现在的林比亚泰（Limbiate）市镇。之后有一个世纪的时间它被作为精神病院，后来变成了学校。

3. Miot de Melito, *Mémoires*, t. I, p. 184-185. 米奥刚刚被任命为驻都灵大使。

4. *Correspondance générale*, no 454 [à Joséphine, 3 avril 1796], t. I, p. 318-319.

5. *Ibid.*, no 439 [à Joséphine, 30 mars 1796], p. 310-311.

6. *Ibid.*, no 547 [à Joséphine, 29 avril 1796], p. 372.

7. *Ibid.*, no 526 [à Joséphine, 24 avril 1796], p. 359-360.

8. Lettre de Joséphine à Talleyrand, citée in Castelot, *Joséphine*, p. 130.

9. *Correspondance générale*, no 595 [à Joséphine, 13 mai 1796], t. I, p. 396-397.

10. *Ibid.*, no 662 [à Joséphine, 8 juin 1796], p. 435-436.

11. *Ibid.*, no 693 [à Joséphine, 15 juin 1796], p. 451.

12. *Ibid.*, no 677 [à Joséphine, 11 juin 1796], p. 443.

13. Arnault, *Souvenirs*, t. II, p. 293.

14. *Correspondance générale*, no 803, t. I, p. 517.

15. 7月19日的信上，他请求她原谅他拆开了两封写给她的信，一封是巴拉斯写的，一封是特蕾莎·塔利安寄来的（*ibid.*,no 785, p. 506-507)。

16. Hamelin, « Douze ans de ma vie », p. 22.

17. *Correspondance générale*, no 1074, t. I, p. 675-676. 之前的引文来自以下几封信：*ibid.*, no 811 [22 juillet], p. 522 ; no 893 [3 septembre],p. 569 ; no 909 [17 septembre], p. 583 ; no 1068 [21 novembre], p. 672-673 ;no 1074 [23 novembre], p. 675-676。

18. *Ibid.*, no 1084 [à Joséphine, 27 novembre 1796], p. 680.

19. Niello Sargy, *Mémoires*, p. 195-199.

20. Gourgaud, *Journal*, t. II, p. 52.

21. *Ibid.*, t. I, p. 305, et t. II, p. 52 et p. 311.

22. *Correspondance générale*, no 1295 [à Joséphine, 17 janvier 1797], t. I, p. 791.

23. 例如他在1796年6月15日写给她的那封极度优美的信（*ibid.*, no 693,p. 451-452)。

24. J. de Beauharnais, *Correspondance*, p. 41-42 (lettre du 23 juillet 1796 à Teresa Tallien).

25. *Ibid.*, p. 47 (lettre à Mme Renaudin, 6 septembre 1796).

26. *Correspondance générale*, no 840 [à Carnot, 9 août 1796], t. I, p. 539-540.

27. Masson, *Napoléon et sa famille*, t. I, p. 196-197.

28. 这封1796年3月9日的信，引自 *ibid.*, p. 143-144. 4月8日，约瑟夫给他的弟媳写的信同样不友好（p. 145)。

29. *Ibid.*, p. 133-134.

30. Wagener, *L'Impératrice Joséphine*, p. 160-161.

31. Voir ci-dessus, chapitre 5.

32. « Campagnes d'Italie » (*Correspondance de Napoléon Ier*, t. XXIX, p. 271).

33. 米奥说，波拿巴 "在某种程度上，可以说是在公开进餐：在他吃饭期间，人们走进他吃饭的屋子，城里的居民都来看他，想一饱眼福。此外，这种过度的礼遇丝毫不使他感到难堪或羞愧，就好像他早已习惯这么做了"（Miot de Melito, *Mémoires*, t. I, p. 159)。

34. Norvins, *Histoire de Napoléon*, t. I, p. 282-283.

35. Furet, « Bonaparte », in Furet et Ozouf, *Dictionnaire critique de la Révolution française*, p. 219.

36. Arnault, *Souvenirs*, t. III, p. 20.

37. Le *Journal* de Carrion de Nisias est cité in Knapton, «A contemporary impression of Napoléon Bonaparte in 1797 », p. 479.

38. *Ibid.*, p. 480.

39. Lettre datée du 23 mai 1797, reproduite in Ferrero, *Bonaparte en Italie*, p. 197-198.

40. Marmont, *Mémoires*, t. I, p. 296-298.

41. Hamelin, « Douze ans de ma vie », p. 14.

42. Thiers, *Histoire de la Révolution française*, t. VIII, p. 379.

43. Hénin, *Histoire numismatique de la Révolution française*, no 731-837.

44. Stendhal, *Vie de Napoléon*, p. 17.

45. Tulard, *Napoléon, la nation, le pouvoir, la légende*, p. 78-79. Voir, plus récemment, W. Hanley, *The Genesis of Napoleonic Propaganda*.

46. Lettre du 18 mai 1796 (Debidour, *Recueil des actes du Directoire exécutif*, t. II, p. 416).

47. Cité in Madelin, *Histoire du Consulat et de l'Empire*, t. II, p. 120.

48. Lettre du 7 avril 1797, citée in Ferrero, *Bonaparte en Italie*, p. 161.

49. *Réimpression de l'ancien Moniteur*, t. XXVIII, p. 298.

50. Marmont, *Mémoires*, t. I, p. 322-323.

51. Furet, « Bonaparte », in Furet et Ozouf, *Dictionnaire critique de la Révolution française*, p. 219.

52. Machiavel, *Le Prince*, chap. VIII, in *OEuvres*, p. 343.

53. Furet, « Bonaparte », in Furet et Ozouf, *Dictionnaire critique de la Révolution française*, p. 219.

54. *Correspondance générale*, no 592 [à Faypoult, 13 mai 1796], t. I, p. 395.

55. 这些报纸创刊于1797年，是为了回应王党报刊对波拿巴的攻击。*Courrier de l'armée ou le patriote français à Milan* 的主要作者是马克-安东·朱利安（Marc-Antoine Jullien），*La France vue de l'armée d'Italie* 的则是圣-让·丹热利（Saint-Jean d'Angély）。*Courrier* 第一期出版于1797年7月20日。这份报纸一共248期。它免费分发给在意大利的军人，还寄送给巴黎的头面人物。更加温和的 *La France vue de l'armée d'Italie* 创办于1797年8月3日（Martin, *Les Origines de la presse militaire en France*）。波拿巴可能受了迪格米耶将军在1794年为其军团创办的 *L'Avant-garde de l'armée des Pyrénées-Orientales* 的启发（Dwyer, *Napoleon*, p. 306）。

56. Reinhard, « Bonaparte diplomate », in Mistler, *Le Grand Livre de Napoléon*, p. 75.

57. Carlyle, *Les Héros*, p. 311.

58. Jourdan, *Napoléon héros, imperator, mécène*, p. 151.

59. 他写道：对洛迪桥发起的进攻 "偏离了一切常规程序，而且看似毫无合理性，使人疑惑它是否应受批评。若它以血腥的失败告终，那无疑会被众口一词地说成是明显的愚行，但正是它的成功提醒了我们，不要过快下定结论"。他继续写道，洛迪完全表现了何为 "精神力量的胜利"："无疑，从未有过哪件武勋，能如这次强渡阿达河一样，使得欧洲如此震惊……或许有人会说，对洛迪的进攻从战略角度而言毫无合理性，波拿巴完全可以等到第二天上午再夺取这座桥梁。这是因为他们只会以战略中的几何法则看问题。但精神的作用难道不应该在战略中占有自己的一席之地吗？如果有人仍坚持对此表示怀疑，那只能说明他未能领会战争的复杂性，无法看透战争的灵魂。"（Clausewitz, *Campagne de 1796*, p. 79-81）

60. Thiers, *Histoire de la Révolution française*, t. VIII, p. 160-161.

61. Ludwig, *Napoléon*, p. 60-61.

62. *Correspondance générale*, no 1062 [au Directoire, 19 novembre 1796], t. I, p. 668-669.

63. 约米尼语，cité in Fugier, *Napoléon et l'Italie*, p. 25。

64. *Correspondance générale*, no 1061 [au général Clarke, 19 novembre 1796], t. I, p. 667.

65. Lettre de Gros, citée in Bosséno, « *Je me vis dans l'histoire* », p. 452.

66. 关于在战后的几周，奥热罗在阿科拉的真实功绩被象征性地抹去，voir Bosséno（*ibid.*, p. 454-461）。

67. Dwyer, *Napoleon*, p. 5.

68. Thomas, *Essai sur les éloges*, t. III, p. 1.

69. 西尔万·梅南（Sylvain Menant）和罗伯特·莫里西（Robert Morrissey）在 *Héroïsme et*

Lumières 一书中的研究，说明了在启蒙时代的法国，仍保留了多少军旅英雄的形象。

70. 1778 年 3 月 30 日，当伏尔泰从费内归来时，受到了巴黎人民的盛大欢迎。
71. Thomas, *Essai sur les éloges*, t. III, p. 6.
72. Bernardin de Saint-Pierre, «D'un Élysée», p. 375-403.
73. Birnbaum, « L'héroïsme n'est plus ce qu'il était », p. 123-124.
74. Comme l'a bien compris Carlyle, *Les Héros*, p. 267-268.
75. Voir Morrissey, *L'Empereur à la barbe fleurie*, p. 349-351.
76. Furet, « Michelet », in Furet et Ozouf, *Dictionnaire critique de la Révolution française*, p. 1034.
77. 1869 年版序言（Michelet, *Histoire de la Révolution française*, t. II, p. 1016, note）。
78. Voir de Baecque, *Le Corps de l'histoire*.
79. Ozouf, *La Fête révolutionnaire*, p. 130-139.
80. 约瑟夫·阿格里·维亚拉（Joseph Agricol Viala），1793 年 7 月在迪朗斯（Durance）河畔与联邦派作战时牺牲，年仅 13 岁。约瑟夫·巴拉在 1793 年 12 月 7 日牺牲于旺代，年仅 14 岁。在罗伯斯庇尔发表了关于至高主宰的演说后，国民公会给予了他们进入先贤祠的殊荣。纪念活动定在了热月十日，但未能举行：那天，罗伯斯庇尔和他的追随者上了断头台。
81. Quinet, « Critique de la Révolution », in *La Révolution*, p. 55.
82. Tocqueville, *L'Ancien Régime et la Révolution* (livre III, chap. 2), p. 1045-1046.
83. 关于革命的主观主义以及其与恐怖主义的联系，参考 Ph. Raynaud, « Les origines intellectuelles du terrorisme », in Furet, Liniers et Raynaud, *Terrorisme et démocratie*, p. 35-135。
84. Voir par exemple Barry, *Discours sur les dangers de l'idolâtrie dans une république*.
85. Thiers, *Histoire de la Révolution française*, t. IX, p. 353.
86. Lettre de Monge à sa femme, 9 avril 1797, fonds Gaspard Monge, École polytechnique, no 107.
87. Baczko, *Comment sortir de la Terreur*, p. 353.
88. Stendhal, *La Chartreuse de Parme*, p. 7.
89. Marmont, *Mémoires*, t. I, p. 296.
90. Furet, « Dix-huit Brumaire », in Furet et Ozouf, *Dictionnaire critique de la Révolution française*, 2e éd., Événements, p. 108.
91. Thureau-Dangin, *Royalistes et républicains*, p. 113.
92. Aron, « La Ve République ou l'Empire parlementaire » [novembre 1958], in *Une histoire du XXe siècle*, p. 712.
93. Baczko, *Politiques de la Révolution française*, p. 531-532.
94. Costa de Beauregard, *Un homme d'autrefois*, p. 340-341.
95. Nietzsche, *Généalogie de la morale*, § 16, in *OEuvres*, t. I, p. 800.
96. Humboldt, *Journal parisien*, p. 29.
97. *Correspondance générale*, no 693 [à Joséphine, 15 juin 1796], t. I, p. 451.
98. Valéry, *Cahiers*, t. II, p. 404.
99. Carlyle, *Les Héros*, p. 260.
100. Goethe, *Conversations avec Eckermann*, p. 550.
101. *Ibid.*
102. 路易吉·马希利·米廖里尼（Luigi Mascilli Migliorini）尤其看重这一观点，在 *Le Mythe du héros*, 35-36 中，他还评论道："这些壮举……尤其因使其成为可能的存在主义焦虑而为人所看重，斗争精神和澎湃的热情一直是拿破仑生涯的中心……像拿破仑那样存在要比像他那样行事更为重要。"（p. 11）

第13章　拯救督政府

1. Cité in Madelin, *Histoire du Consulat et de l'Empire*, Paris, t. II, p. 147.
2. Cité in Mallet, *Mallet du Pan*, p. 264. 路易·芒德兰（Louis Mandrin，1725—1755）是个大名鼎鼎的走私者，他在瓦朗斯被处决，他的名字成了土匪的代名词。

3.　Lettre de Mallet du Pan à son père, *ibid.*, p. 256, n. 1.

4.　*Correspondance de Napoléon Ier*, no 234 [26 avril 1796], t. I, p. 187-188.

5.　*Ibid.*, no 453 [19 mai 1796], p. 298.

6.　Voir Thiers, *Histoire de la Révolution française*, t. VII, p. 24-25.

7.　*Correspondance générale*, no 1023 [28 octobre 1796], t. I, p. 647-648.

8.　Debidour, *Recueil des actes du Directoire exécutif*, t. IV, p. 787-788.

9.　1796年10月26日，蒙日写给妻子的信（Correspondance de Monge,no 90）。

10.　见于一封给卡诺的信上，1797年1月28日（*Correspondance générale*, no 1331, t. I, p. 813）。

11.　*Ibid.*, no 1391 [19 février 1797], p. 846-847.

12.　*Ibid.*, no 1315 [22 janvier 1797], p. 802-803.

13.　Debidour, *Recueil des actes du Directoire exécutif*, t. II, p. 332.

14.　*Correspondance de Napoléon Ier*, no 461 [À ses frères d'armes, 20 mai 1796], t. I, p. 304.

15.　Voir ci-dessus, p. 210-211.

16.　还未算上百余件艺术品和500件珍贵手稿。

17.　Latreille, *L'Église catholique et la Révolution française*, t. I, p. 225-234.

18.　Pelletier, *Rome et la Révolution française*, p. 446-449.

19.　Cité in Latreille, *L'Église catholique et la Révolution française*, t. I, p. 230.

20.　例如米奥·德·梅利托，他的尖刻评论，*Mémoires*, t. I, p. 100。

21.　Ferrero, *Bonaparte en Italie*, p. 92.

22.　这一教皇使节不是别人，正是枢机主教马泰，波拿巴在8月19日向他宣读了取缔滋事条例（Gendry, *Pie VI*, t. II, p. 258-259）。

23.　Voir ci-dessus, p. 217.

24.　*Correspondance générale*, no 1023 [28 octobre 1796], t. I, p. 647-648.

25.　波拿巴在9月26日恢复了他的职位，10月21日在费拉拉，波拿巴又让他代表自己前往罗马面见庇护六世（Gendry, *Pie VI*,t. II, p. 267-269）。

26.　« Campagnes d'Italie » (*Correspondance de Napoléon Ier*, t. XXIX, p. 221-222).

27.　*Correspondance générale*, no 1306, t. I, p. 798.

28.　1797年2月3日的指令（Debidour, *Recueil des actes du Directoire exécutif*, t. IV, p. 787-788）。

29.　*Correspondance générale*, no 1315 [au cardinal Mattei, 22 janvier 1797], t. I, p. 802-803.

30.　*Correspondance de Napoléon Ier*, no 1499 [arrêté du 15 février 1797], t. II, p. 335.

31.　参考2月15日给督政府的信 (*Correspondance générale*, no 1379,t. I, p. 840) 和2月17日给茹贝尔的信（*ibid.*, no 1383, p. 843）。

32.　Cité in Gendry, *Pie VI*, t. II, p. 276.

33.　Cité in Lefebvre, *La France sous le Directoire*, p. 366-367.

34.　*Correspondance générale*, no 602 [16 mai 1796] et no 651 [3 juin 1796], t. I, p. 401, 428.

35.　Staël, *Dix années d'exil*, p. 47.

36.　英国将军乔治·蒙克（1608—1670），他背叛了克伦威尔并且在1660年将信奉天主教的查理二世推上了王位。

37.　Maistre, *Considérations sur la France*, in *OEuvres*, p. 276.

38.　Cité in Madelin, *Histoire du Consulat et de l'Empire*, t. II, p. 147. 让-夏尔-多米尼克·德·拉克雷泰勒（1766—1855），*Journal de débats* 前撰稿人，在热月九日后成为了"金色青年"的领头人之一。在1797年，他成了王党中最有影响的记者之一。他在果月十八后遭到流放。雾月十八后回到法国，他想向波拿巴效命，但被其拒绝："我没有差事能让他办，他是个波旁派！"

39.　Sur ces diverses offres, voir Mascilli Migliorini, *Napoléon*, p. 121, p. 509.

40.　Prosper de Barante, *Histoire du Directoire de la République française* [1855], cité in Mascilli Migliorini, *ibid.*, p. 121.

41.　Thiers, *Histoire de la Révolution française*, t. IX, p. 192.

42.　Miot de Melito, *Mémoires*, t. I, p. 163-164.

43.　*Correspondance générale*, no 961, t. I, p. 612.

44.　1796年11月4日督政府给克拉克将军的信："你知道威尼斯对我们严重而真实的冒犯。了解这个国家的人宣称，以布雷西亚、贝加莫和维罗纳为首的威尼斯大陆领土上的城邦，都想要反抗威尼斯贵人的傲慢，准备好拿起武器为自由而战。如果它们能被吸纳进伦巴第共和国，或是成为它的盟友那就能为共和国带来新的力量。我请您观察执行这一计划的难易。"(cité in Landrieux, *Mémoires*, p. 212, n. 1)

45. 1796 年 11 月 15 日，督政府命令克拉克将军 "作为特使前往维也纳，提议两国之间全面停战并商讨开启和平谈判的前提"(cité in Ferrero, *Bonaparte en Italie,* p. 113)。他还有另外一个任务：监视波拿巴。而波拿巴轻松摆平了这位政府特使。他们在 1795 年曾一起为救国委员会工作，波拿巴认为他是个 "好员工"，勤奋、有能力、正直（O'Meara, *Napoléon dans l'exil,* t. I, p. 324)。他来到米兰后，波拿巴对他表现出了极大的尊重，他佯装与他分享自己的秘密，并迎合他对于自己高贵出身的自负（Las Cases, *Mémorial,* t. IV, p. 420)。波拿巴对克拉克的拉拢是如此成功，以至于他寄往巴黎的信中尽是安抚之语，他以自己的荣誉发誓，督政们在军队之中再也不到能比波拿巴更加狂热而忠顺的人了（voir Reiss, *Clarke,* p. 119-120)。

46. Guyot, *Le Directoire et la paix de l'Europe,* p. 354. 盖拉尔迪尼于几天后的 3 月 24 日骤然离世。

47. Cité in Ferrero, *Bonaparte en Italie,* p. 132.

48. 图古特首相提出的这个自私的战略见于 Ferrero, *Bonaparte en Italie,* p. 168。奥地利的外交家们觊觎威尼西亚 50 多年了，1795 年 1 月 3 日，他们甚至还与叶卡捷琳娜二世签属了一项秘密条约，俄国在其中承诺支持他们的要求（Sorel, *L'Europe et la Révolution française,* p. 21-24)。

49. Landrieux, *Mémoires,* p. 85-89（3 月 6 日与贝尔蒂埃会晤的记录），p. 201-219（3 月 9 日的会议记录），据说是双面间谍的朗德里厄（Landrieux）说，他当时立刻告知了威尼斯人针对他们的阴谋（*ibid.,* p. 223-224)。

50. *Correspondance générale,* no 1472 [au Directoire, 24 mars 1797], t. I, p. 887.

51. Lefebvre, *La France sous le Directoire,* p. 385.

52. Thiers, *Histoire de la Révolution française,* t. IX, p. 82-83.

53. 该宣言全文见 Botta, *Histoire d'Italie,* t. II,p. 357-359。

54. Botta l'affirme (*ibid.,* p. 356).

55. *Correspondance générale,* no 1491 [à Pesaro, 5 avril 1797], t. I, p. 900.

56. 关于在意大利为法国服务的间谍、秘密特工和煽动者，例如在屠杀发生不久前出现在维罗纳的皮埃蒙特律师，安杰洛·皮科（Angelo Pico），见 G. Candela, *L'Armée d'Italie,* p. 292-299。

57. Voir ci-dessous, p. 268.

58. *Correspondance générale,* no 1514, t. I, p. 915.

59. Kérautret, *Les Grands Traités du Consulat,* p. 85-91.

60. 洛吉耶（Laugier）中尉死后，两位威尼斯元老院的代表前来向他乞求宽恕，他在大发雷霆时说了此话（Botta, *Histoire d'Italie,* t. II, p. 409）。

61. *Correspondance générale,* no 1519, t. I, p. 922.

62. *Ibid.,* no 1527, p. 929.

63. *Ibid.*

64. Zorzi, *La République du lion,* p. 317.

65. Tabet, « Venise : mai 1797 », p. 129-148.

66. Nabonne, *La Diplomatie du Directoire,* p. 43-44.

67. Signé le 28 avril 1796 avec le Piémont.

68. *Correspondance générale,* no 1516 [au Directoire, 19 avril 1797], t. I, p. 917-918.

69. Cité in Guyot, *Le Directoire et la paix de l'Europe,* p. 363-364.

70. 如我们所见，督政府在 1796 年 7 月曾强烈反对在意大利实行政治选举，因为这些从奥地利手中夺取的地区将来可能会为了能尽快签署和平协议而归还原主。到了 10 月，督政府仍只有在面对既成事实时，才会勉强接受，正如波南共和国成立时那样。督政府于 11 月起草的新方案无视了该共和国的存在：法国将放弃除比利时和卢森堡之外的所有战利品，就连莱茵河左岸地区也将再次成为帝国领土（Debidour, *Recueil des actes du Directoire exécutif,* t. IV, p. 287-289）。法国政府希望通过如此示好，能够赢取英国的支持，他们当时已与英国在里尔展开了谈判。英方谈判代表马姆斯伯里（Malmesbury）表示，如果法方除比利时之外没有其他要求，那么他愿将法方提案交给他的政府。对他而言这是一个重大承诺，因为此时英国外相正在考虑俄国的提案，俄方表示愿向莱茵兰派出 60

万大军，只要英国能给予其要求的巨额补助。英国外相获知马姆斯伯里的提议后，他让其知会法方，若法国想要和平，那么就必须放弃除阿维尼翁和萨伏依外的一切战利品。督政府中断了谈判。1797年1月它采用了新的方案：法国仍只要求比利时，但它尽管不会在和约中要求割让莱茵河左岸地区，仍将继续占领该地区直到签署最终的大陆和约为止（见1797年1月23日波拿巴和克拉克的照会，由巴拉斯联署，*Correspondance de Napoléon Ier*, no 1415, t. II, p. 267-269）。这是里沃利大捷和武姆泽在曼托瓦投降之前的事了。里沃利之后，督政府起草的新命令中并未提到意大利（Guyot, *Le Directoire et la paix de l'Europe*, p. 329-330）：这是说明法国政府仍一以贯之地计划归还它在意大利的战利品？还是与之相反，在这场胜利之后，它已感到无力再强迫波拿巴接受它对这些地区命运的安排？曼托瓦的陷落使得法国政府不仅采取了更强硬的路线——此后，它将"对莱茵河左岸地区的申索作为其政策中不可动摇的基础"（Dufraisse, « Bonaparte a-t-il sacrifié le Rhin à l'Italie ? », p. 11）——而且其态度发生了完全转变。2月中旬又有了新的方案，这次，它提出要保障"波南共和国的独立"，而且打算用从教宗那里夺取的领土来补偿摩德纳公爵（Guyot, *Le Directoire et la paix de l'Europe*, p. 331）。由于意大利军团正在逼近维也纳，法国的要价自然又提高了，在4月7日——此时波拿巴正前往莱奥本——督政府再次改变了路线，如今在波河南岸建立波南共和国已经满足不了它了，它提议在伦巴第建立另一个共和国，并强调这个国家"应有一个伟大而公正的政府……来引导其他民族也通往幸福的生活"（1797年4月7日的命令，全文见于Ferrero, *Bonaparte en Italie*, p. 156-161）。这等于是要求波拿巴向奥地利索取一切：比利时、莱茵兰、伦巴第、摩德纳以及教宗领地。用什么来交换？在这一点上督政府仍不断改变主意：有时提出将德意志境内教廷统治的地区世俗化，使其归于皇帝治下，有时提出让奥地利吞并巴伐利亚，而给巴伐利亚选侯的补偿则是……伦巴第！

71. Lettre du 18 janvier 1797 citée in Dufraisse, « Bonaparte a-t-il sacrifié le Rhin à l'Italie ? », p. 10.

72. Dumolard, *Motion d'ordre sur nos rapports actuels avec l'Italie*, p. 6-7. 右翼分子反对威尼斯"革命"的运动，是由马莱·杜·帕恩精心组织的（参加Sayous, *Mémoires et correspondance de Mallet du Pan*, t. II, p. 313）。让-巴蒂斯特·克洛茨，又名阿纳卡西斯，也被称作"人类的雄辩家"，他主张要建立一个普世的共和国，由一个有1万名代表的议会来统治。1794年，他和埃贝尔派一起遭到处决。

73. 1797年4月，750个议席中的262个进行了改选：右翼获得了182席（69%），雅各宾派获得34席（13%），督政府的候选人只获得了46席（18%）。此后右翼占有了330个席位，占45%。

74. Cité in Jourdan, *Napoléon, héros, imperator, mécène*, p. 78-79.

75. *Correspondance générale*, no 1773 [11 juillet 1797], t. I, p. 1052.

76. "政府与指挥共和国各个军团的将军们之间的关系，以及财务官和管理他们的代表之间的关系，发生了重大改变。"（Roederer, *OEuvres*, t. III, p. 324-325）

77. Voir ses lettres à Barras et à Carnot, du 9 août 1796 (*Correspondance générale*, no 839-840, t. I, p. 539-540).

78. 这封支持他的信件，写于1796年7月31日，由勒图尔纳、卡诺、勒贝尔和拉勒维里签字（Debidour, *Recueil des actes du Directoire exécutif*, t. III, p. 232-233）。

79. Lettre reproduite in Thiers, *Histoire de la Révolution française*, t. VIII, p. 244-247.

80. *Correspondance générale*, no 1791, t. I, p. 1061. 他还要求将组织王党运动对抗他在威尼斯的政策的马莱·杜·帕恩，驱离他所居住的伯尔尼，这同样获得了成功（Sayous, *Mémoires et correspondance de Mallet du Pan*, t. II, p. 307-309）。

81. *Correspondance générale*, no 1741, t. I, p. 1036-1037.

82. *Correspondance de Napoléon Ier*, no 1971, t. III, p. 158.

83. Godechot, *La Contre-révolution*, p. 282-294.

84. Voir « Campagnes d'Italie » (*Correspondance de Napoléon Ier*, t. XXIX, p. 295).

85. Las Cases, *Mémorial*, t. II, p. 786.

86. Voir ci-dessus, p. 161.

87. Thiers, *Histoire de la Révolution française*, t. IX, p. 193.

88. *Bulletin de Paris*, numéro du 16 septembre 1797.

89. Cité in Miot de Melito, *Mémoires*, t. I, p. 165-166.

90. *Correspondance de Napoléon Ier*, no 2010 [14 juillet 1797], t. III, p. 180-181.

91. *Correspondance générale*, no 1785, t. I, p. 1058.

92. 波拿巴随7月18日的信（*ibid.*, no 1798, p. 1064-1065）附上的马塞纳、奥热罗、贝纳多特和舍雷尔师的官兵的请愿书，被登在了8月12日的 *Moniteur universel* 上："颤抖吧！从阿迪杰河到莱茵河仅需一小步！颤抖吧！该细数你们的罪恶了，你们要付出的代价就在我们的刺刀尖上……"（*Réimpression de l'ancien Moniteur*, t. XXVIII, p. 764）

93. Cité in Lanfrey, *Histoire de Napoléon Ier*, t. I, p. 303.

94. Lavalette, *Mémoires*, t. I, p. 224-225.

95. *Ibid.*, p. 226.

96. Lanfrey, *Histoire de Napoléon Ier*, t. I, p. 305.

97. 他是如此谨慎，以至于卡诺在倒台前的几天，仍觉得有可能把他争取过来（参考他在8月17日给波拿巴的信，见 Reinhard, *Le Grand Carnot*, t. II, p. 234-235）。波拿巴告诉卡诺，他不相信"如今四处散播的关于他的谣言"（*ibid.*），但是督政府鼓动他退出公共生活的言论，也并不会让他对右翼更有好感。

98. Cité in Lanfrey, *Histoire de Napoléon Ier*, t. I, p. 317-320.

99. *Correspondance de Napoléon Ier*, no 2239 [22 septembre 1797], t. III, p. 324.

100. *Correspondance générale*, no 2075 [23 septembre 1797], t. I, p. 1203-1204. 拉瓦莱特从巴黎返回后，他也对他说了同样的话。（Lavalette, *Mémoires*, t. I,p. 244-245）。

101. « Compte rendu par le citoyen Bottot de sa mission en Italie » (A. N. AF III 473, plaquette 2906, pièce 14).

102. 这一和米奥的对话发生在1797年11月的都灵。当说到督政们时，波拿巴对他说："不要认为我决定这么做是出于对我所支持的那些人的服从。我不认为波旁家族应该回归，尤其是在由莫罗和皮什格鲁的军团带他们回国的情况下。我不会扮演蒙克的角色；我不想亲自做这种事，更不认为应该让其他人来做。"（Miot de Melito, *Mémoires*, t. I, p. 195）

第14章　坎波福米奥

1. Voir le chapitre précédent, note 45. 1797年1月25日，督政府最终屈服了，正式将克拉克任命为波拿巴的下属（Reiss, *Clarke*,p. 142）。

2. Sur ses variations, voir le chapitre précédent, note 70.

3. Sorel, *L'Europe et la Révolution française*, t. V, p. 190.

4. Voir l'article 5 des préliminaires du 18 avril 1797.

5. 法国外交官们基于方案第6条的字面含义，找到了对"帝国完整性"进行更不具约束性的解释的方法："皇帝和国王陛下放弃他在又被称为奥属尼德兰的比利时各省的一切权利，承认由法兰西共和国法律规定的法国边界。"这一条款显然只是提到了比利时，但如果在其基础上进一步推论，那么就可以认为奥地利承认了"所谓的宪法规定的边界和吞并的地区，包括除其比利时各省之外的地方"（R. Dufraisse, « Bonaparte at-il sacrifié le Rhin à l'Italie ? », p. 13）。5月6日，督政府要求波拿巴申索整个莱茵河左岸地区，强调"由共和国确定的边境"不是仅包含比利时，还提醒他帝国的（地理上的）完整性已经被符腾堡公爵（1796年8月16日）以及巴登侯爵（8月25日）签署的条约所破坏了，这两个国家都属于神圣罗马帝国，他们在莱茵左岸的领土已经被割让给了法国。最后他们将宪法概念上和地理意义上的"帝国完整性"进行了对比：如果，地理上的完整性意味着其领土不得进行更改，那么从宪法的角度来说，"即便是领土缩小了，帝国的宪法仍同样适用"（*ibid.*）。雷蒙·居也认为奥地利并未将帝国完整性看作是一个原则性问题（*Le Directoire et la paix de l'Europe*, p. 541）。

6. *Correspondance générale*, no 1517 [au Directoire, 22 avril 1797], t. I, p. 919-920.

7. Ferrero, *Bonaparte en Italie*, p. 199-200.

8. *Correspondance générale*, no 1517 [au Directoire, 22 avril 1797], t. I, p. 919-920.

9. *Ibid.*, no 1561, p. 949.

10. *Ibid.*, no 1517 [au Directoire, 22 avril 1797], p. 920.

11. Voir *ibid.*, no 1587 [au Directoire, 27 mai 1797], p. 963.

12. Ferrero, *Bonaparte en Italie*, p. 200-201.

13. *Correspondance générale*, no 1714 [22 juin 1797], t. I, p. 1025.

14. 6月18日时，他和克拉克仍"宣称在奥地利关心的在意大利获得土地的问题上，法国不会超出莱奥本预案"（Dufraisse, « Bonaparte a-t-il sacrifié le Rhin à l'Italie ? », p. 15）。

15. *Correspondance générale*, no 1587 [au Directoire, 27 mai 1797], t. I, p. 963.

16. 5 月 4 日在米兰的演说中他也曾提及此事。Ce discours, signalé par le *Giornale storico della Repubblica cisalpina* de Giuseppe Marelli (pièce 5, fo 39-40, et pièce manuscrite no 3, fo 18), est également connu par le résumé qu'en donne Pietro Verri dans une lettre du 6 mai, citée in Capra, *I progressi della ragione*, p. 593.

17. Voir Guyot, *Le Directoire et la paix de l'Europe*, p. 497.

18. *Correspondance générale*, no 2243, t. I, p. 1298.

19. *Ibid.*, no 2098, p. 1216.

20. *Ibid.*, no 775, p. 500.

21. *Ibid.*, no 758, p. 489.

22. *Ibid.*, no 1561, p. 948-949.

23. *Ibid.*, no 1589, p. 965.

24. *Ibid.*, no 1561, p. 949.

25. *Ibid.*, no 1600, p. 969-970.

26. *Ibid.*, no 1561, p. 949.

27. *Ibid.*, no 2149, p. 1244-1246.

28. *Ibid.*, no 1212, p. 750-751.

29. Pingaud, *Bonaparte président de la République italienne*, t. I, p. 152.

30. *Correspondance générale*, no 1472, t. I, p. 888.

31. "当和平到来时，无论奥地利是否承认它的意大利属地独立，对自由的热爱会让他们团结起来，不再忍受自己身上的枷锁"（1797 年 4 月 7 日督政府给波拿巴的信，reproduite in Ferrero, *Bonaparte en Italie*, p. 156-161）。

32. *Correspondance générale*, no 1525 [au Directoire, 1er mai 1797], t. I, p. 925-926.

33. Driault, *Napoléon en Italie*, p. 26. 这是否标志着，虽然在给督政府的信中未曾表露，但他在内心深处已决定要建立一个统一的共和国？1797 年 5 月 6 日，在听了波拿巴在米兰的演讲两天后，彼得罗·韦里（Pietro Verri）在他的信中有所暗示："米兰将会是一个囊括了科莫、帕维亚、洛迪、克雷莫纳、卡萨尔马焦雷、贝加莫、克雷马、布雷西亚、雷焦、摩德纳、博洛尼亚、费拉拉、马萨卡拉拉的共和国的首都。这个国家的领土范围将会一次成形，法国的宪法将被改造成适用于我们所有人的形式……我在现场聆听了波拿巴的演说，这就是他的主旨……不出几年，意大利将会归为一家。"（cité in Capra, *I progressi della ragione*, p. 442）

34. 7 月 28 日，他告知督政府，波南共和国请求与山南共和国联合，在他还没插手时请求就被批准了（*Correspondance générale*, no 1827, t. I, p. 1084）。

35. Cité in Sorel, *L'Europe et la Révolution française*, t. V, p. 178.

36. Voir le texte de cette convention signée par Gallo, Bonaparte et Clarke, in *Correspondance de Napoléon Ier*, no 1824, t. III, p. 63-64.

37. Las Cases, *Mémorial*, t. IV, p. 419.

38. Ferrero, *Bonaparte en Italie*, p. 205.

39. Sorel, *L'Europe et la Révolution française*, t. V, p. 174.

40. Miot de Melito, *Mémoires*, t. I, p. 164-165. 1797 年的王党喉舌 *La Quotidienne*，在其 1797 年 6 月 3 日刊上提出了这个问题："确实，当我思及此事时，我对这个波拿巴感到担忧和焦虑，尽管他完成了从罗马到维也纳的伟大征程，在波河南北建立了共和国，推翻了威尼斯和热那亚共和国。他会成为什么？在人们称为君主制的专制制度下，奖励一个英雄非常容易；荣誉，一小段蓝色绶带，就是无价之宝，甚至君王的青睐就能替代一切；但是在我们一视同仁的伟大民主制度下，谁能相信一个渴求荣誉的伟大之人，会满足于两院颁发的鼓励奖和谢尼埃的诗歌呢？……当这一光荣的事业走到尽头时，他会又扮演怎样的角色？他会成为和平的仲裁者吗？还是行政官员？或是战争部部长？抑或是成为一名议员，如果他愿意的话？上帝啊，这对意大利的征服者来说，是多大的堕落啊！！！"（p. 3）

41. Lavalette, *Mémoires*, t. I, p. 248.

42. Instructions du 20 mai 1797 (Dufraisse, « Bonaparte a-t-il sacrifié le Rhin à l'Italie ? », p. 15).

43. Lefebvre, *La France sous le Directoire*, p. 391.

44. *Correspondance générale*, no 1812, t. I, p. 1072-1073.

45. Cité in Ferrero, *Bonaparte en Italie*, p. 218.
46. 自1796年年底在里尔的谈判破裂后，与英国人的会谈在1797年7月7日又重新开始了。英国似乎准备接受法国占据安特卫普和莱茵地区，前提是英国应得到法国盟友的殖民地作为补偿：西班牙割让西属特立尼达，荷兰则割让开普。
47. Cité in Ferrero, *Bonaparte en Italie*, p. 218.
48. Cité in Reinhard, *Le Grand Carnot*, t. II, p. 234-235.
49. *Correspondance générale*, no 2009, t. I, p. 1166.
50. Las Cases, *Mémorial*, t. II, p. 761.
51. Sorel, *L'Europe et la Révolution française*, t. V, p. 217.
52. *Correspondance générale*, no 1973, t. I, p. 1147.
53. « Campagnes d'Italie » (*Correspondance de Napoléon Ier*, t. XXIX, p. 312).
54. Sorel, *L'Europe et la Révolution française*, t. V, p. 225.
55. Voir le témoignage de Carnot, *Réponse au rapport sur la conjuration du 18 fructidor*, p. 108-109.
56. *Correspondance générale*, no 2045, t. I, p. 1185-1187.
57. Gourgaud, *Journal*, t. I, p. 115.
58. Marmont, *Mémoires*, t. II, p. 288.
59. Cité in Fournoux, *Napoléon et Venise*, p. 188.
60. 5月，在与德加洛第一次会面后，波拿巴写道："在我看来……相较于承认我们在莱茵河的边境，他们更不愿看到普鲁士国王权力的扩张，因为那将动摇他们在整个德意志地区的统治"（*Correspondance générale*, no 1587, t. I, p. 962-964）。9月28日，两人进行了一次"漫长地争辩并不断重复各自观点"的会议之后，又在饭后进行了长谈，这次谈话中科本茨提到法奥和解以遏制普鲁士才符合双方的利益（*ibid.*, no 2101, p. 1218-1219）。
61. Cité in Ferrero, *Bonaparte en Italie*, p. 228-229.
62. Sorel, *L'Europe et la Révolution française*, t. V, p. 239.
63. *Correspondance générale*, no 2116, t. I, p. 1229.
64. Instructions du 29 septembre (Dufraisse, « Bonaparte a-t-il sacrifié le Rhin à l'Italie ? », p. 16-18) ; *Correspondance générale*, no 2150, t. I, p. 1246 ; Ferrero, *Bonaparte en Italie*, p. 231-232.
65. *Correspondance générale*, no 2153 [au Directoire, 10 octobre 1797], t. I, p. 1248-1249.
66. Cité in Ferrero, *Bonaparte en Italie*, p. 233-234.
67. La scène est rapportée par Gourgaud, *Journal*, t. I, p. 115.
68. Cité in Madelin, *Histoire du Consulat et de l'Empire*, t. II, p. 192-193.
69. Las Cases, *Mémorial*, t. IV, p. 418.
70. Cité in Lanfrey, *Histoire de Napoléon Ier*, t. I, p. 336.
71. Lavalette, *Mémoires*, t. I, p. 250-251.
72. Guyot, *Le Directoire et la paix de l'Europe*, p. 543-545.
73. "这个条约不是和平，而是下一场战争的先声。"西哀士说。（cité in Zaghi, *Bonaparte e il Direttorio*, p. 4）
74. *Correspondance générale*, no 2153 [au Directoire, 10 octobre 1797], t. I, p. 1248-1249.
75. 因为他尽管已有证据证明皮什格鲁的背叛，却未揭露此事。
76. La Révellière-Lépeaux, *Mémoires*, t. II, p. 277-278.
77. *Réimpression de l'ancien Moniteur*, t. XXIX, p. 56.
78. Lefebvre, *La France sous le Directoire*, p. 436.
79. Voir Kérautret, *Les Grands Traités du Consulat*, p. 100-101.
80. 20e article de la partie publique du traité (*ibid.*, p. 99).
81. 与普鲁士的两次条约分别签署于1795年4月5日和1796年8月5日（*ibid.*, p. 16-23, 43-50）。
82. Lettre du 27 mai 1797 au Directoire (*Correspondance générale*, no 1587, t. I, p. 963).
83. Sorel, *L'Europe et la Révolution française*, t. V, p. 190-191.
84. Article 1er de la partie secrète (Kérautret, *Les Grands Traités du Consulat*, p. 101).
85. 将比利时割让给法国已在条约公开部分第3款中庄严宣布（*ibid.*, p. 94-95）。
86. Dufraisse, « Bonaparte a-t-il sacrifié le Rhin à l'Italie ? », p. 20.
87. 5e article secret (Kérautret, *Les Grands Traités du Consulat*, p. 102).

88. Articles patents 5-8 (*ibid.*, p. 95-96).

89. Sorel, *L'Europe et la Révolution française*, t. V, p. 257-258 ; Ferrero, *Bonaparte en Italie*, p. 237-252.

90. Voir D. Alland, « Droit des gens », in Raynaud et Rials, *Dictionnaire de philosophie politique*, p. 152-157.

91. Rousseau, *Considérations sur le gouvernement de Pologne*, in *OEuvres complètes*, t. III, p. 960.

92. *Du contrat social*, livre I, chap. 4, in *OEuvres*, t. III, p. 357.

93. "在绝大多数欧洲国家中，人民和政府的利益并不相同：爱国主义仅仅是个名词；公民不是军人；军人也不是公民；战争不是国家间的冲突，而仅仅是政府或君主间的冲突。"（Guibert, *Essai général de tactique*, p. 165）

94. *Ibid.*, p. 137.

95. Sorel, *L'Europe et la Révolution française*, t. I, p. 89. 奥地利王位继承战争（1740—1748）的起因是所有欧洲国家都曾公开承认的1713年国事诏书，德意志皇帝卡尔六世据此诏书将所有由哈布斯堡家族世袭的国家交由其女玛丽亚－特蕾西亚继承。曾被奥地利视为忠实盟友的普鲁士国王腓特烈二世，相信玛丽亚－特蕾西亚登基将会使奥地利进入长期持续的衰落期，因此他借机入侵了垂涎已久的西里西亚。法国（曾于1738年承认国事诏书），然后是西班牙和巴伐利亚站到了普鲁士那边，奥地利则获得了英国和荷兰的支持。

96. Voir Ferrero, *Bonaparte en Italie*, p. 243-244. 坎波福米奥条约却出乎意料地获得了路易·德·博纳尔德（Louis de Bonald）的支持。他将其视为全面重建欧洲秩序的第一步。在法国的领导下，这一行动将简化欧洲的政治版图，那些自宗教改革引发教派分裂以来，就成为了德意志内部纷乱之源的效果将会消失，并将最终建立数个有着统一的语言、律法、宗教以及享有天然疆界的大国，各国都能各得其所，不再有边界之外的野心，从此将不再有冲突的缘由（«Du traité de Westphalie et de celui de Campoformio », in *OEuvres*, t. II, p. 411-452）。

97. Voir sa lettre du 2 novembre 1797 à l'ambassadeur autrichien à Londres, citée in Ferrero, *Bonaparte en Italie*, p. 237.

98. « Campagnes d'Italie » (*Correspondance de Napoléon Ier*, t. XXIX, p. 312-313).

99. Lettre du 23 décembre 1797citée in Mascilli Migliorini, *Napoléon*, p. 515.

第15章　巴黎幕间曲

1. *Correspondance générale*, no 2271, t. I, p. 1311.

2. *Ibid.*, no 2274, p. 1313.

3. Cité in Espitalier, *Vers brumaire*, p. 43.

4. "你们比法国人的处境可好多了，" 1797年1月1日他在给波南共和国议会主席的信上写道，"你们可以不经过革命及其罪行就实现自由。在确立宪法之前折磨了法国的不幸不会发生在你们中间。"（*Correspondance générale,* no 1243, t. I, p. 767）

5. *Ibid.*, no 1081, p. 679.

6. *Correspondance de Napoléon Ier*, no 1101, t. II, p. 64-65. "尤其要镇压那一小撮爱自由只是为了掀起革命的人，" 1796年12月10日他在给伦巴第国会的信上写道，"他们是自由最大的敌人。他们会用一切手段来实现自己罪恶的企图。法国军队决不允许意大利的自由蒙上罪恶。要在革命的激流开始之初就压制住它，这是让自由蒙羞的公众疾病……。让国家真正的朋友团结起来，让伦巴第人在不经历革命的罪恶和弊端就享受自由。"（*Correspondance générale*, no 1125, t. I, p. 703-704）

7. Voir le chapitre précédent, p. 284-285.

8. 他对梅尔齐说，意大利 "共和主义的元素比法国还少"（Miot de Melito, *Mémoires*, t. I, p. 164）。

9. "督政府……和你一样，认为不应允许组建初步的议会……但没什么能够阻止您给予他们一个合法的政府……。因此，以下就是你该做的。你要宣布伦巴第以及在波南共和国名下的地区的现行政府不具备足够的力量和正当性，无法保障法军的需要和保证人民的幸福；有鉴于此，你决定有必要临时建立新的机构来改善国家和我军的处境；在你看来，向波南议会提交的宪法草案就是最好的方法……因此，你下令只要法军还在意大利，这些国家就应按照以下方式统治（此时你应向他们出示该宪法草案，但只将其称为一系列条例）。同时你宣布你认为是时候指派人手到新机构的各个位置上，或者由你信任的人遴选，由此你就可以构建这个新国家的各个部分。然而，在我们看来，你不必建立立法团。如果我们能够成功缔结和约的话，到了我们撤出时，你可以按照你制定的正式宪法来进行选举……政府的各个部门应该各自正常运行，但只要我们还在这里，立法权就应该只在你一个人手中……但是……组织人民还不够；一切的新秩序都需要必要的法规，例如制定一个能够承担国家开支的公共财政总体计划，必须立刻于新制度下执行。我们自己的例子告诉了我们，将一切都寄希望于建立一个新的立法团有多么致命，在实行一项措施之前，它有无数种不同的理由来耗费漫长的时间去寻找一个合法的办法，尤其是在财政方面，这会让一个新生的政府在许多年内都处于停滞状态，而且随时有猝死的危险。所以，由你自己任命必要的人选组成（三人）委员会来制定法律：司法、行政、财政、军队、警务……之后你仍以意大利军团司令的名义，公布这些法律并命令所有的当局和公民来执行。"（Ferrero, *Bonaparte en Italie*, p. 156-161）

10. *Ibid.*, p. 165.
11. *Ibid.*, p. 194.
12. Latreille, *L'Église catholique et la Révolution française*, t. I, p. 228.
13. *Correspondance générale*, no 741 [au Directoire, 2 juillet 1796], t. I, p. 481.
14. 通常的依据是据说波拿巴在1797年11月8日，给山南共和国督政之一赛尔贝洛尼的指令。在这封信中，我们能读到这样的话："您的共和国应该培养人们对天主教教义的敌视，让他们希望摧毁这个宗教，并鼓励他们彻底推翻它。在剥夺了神职人员的财产后，还要让你的作家揭露他们的骗局和讽刺他们……"在信的最后："在教士中挑起分裂，从他们中寻找宗教的敌人，你们会有启蒙思想家的使徒，他们的布道将胜于千家报纸。惩处那些胆敢阻拦自由的传播的主教，镇压那些拒绝合作的狂热分子。"（instruction reproduite intégralement in Baldassari, *Histoire de l'enlèvement et de la captivité de Pie VI*, p. 577-580）。这份文件的真实性可疑，因为它第一次出现于佩德罗·塞瓦略斯（Pedro Cevallos）的 *Politique particulière de Bonaparte à l'égard de la religion catholique*，这可是1812年于加的斯出版的！按照巴尔达萨里（Baldassari）这本书的译者的说法，书中波拿巴的口气充满着"对宗教的狂热恨意"，这很可能是为了唤起西班牙人对法国入侵者的敌意而伪造的（voir le commentaire de l'abbé Lacouture dans Baldassari, p. 580）。认为波拿巴敌视罗马的另一个依据，是一个在米兰广为流传的事件：《教皇的芭蕾》（Ballet de papes）事件。尽管米兰大主教极力反对该剧，但在法国当局的授意下，该剧仍然上演了（Gendry, *Pie VI*, t. II, p. 278-279）。但该剧并未如某些人声称的那样上演于1797年秋，而是上演于1797年2月，在托伦蒂诺和约签署之后。这是极度反教的米兰雅各宾派派来欢庆教廷的失败的（Pingaud, *Les Hommes d'État de la République italienne*, p. 156）。而波拿巴放任他们这么做无疑是为了提供一个宣泄的出口：这出戏对教皇是侮辱，但也可以让一部分公众的反教热情冷却下来（Latreille, *L'Église catholique et la Révolution française*, t. I, p. 228）。
15. Cité in Séché, *Les Origines du Concordat*, t. I, p. 116.
16. 卡米耶·茹尔当（Camille Jourdan）于6月17日提交的信仰自由法案，在五百人院经过激烈的讨论后，于7月14日通过。这一决议于8月24日由元老院通过后成为了正式法律。但是果月十八打断了这一刚刚开始的宗教和解政策。
17. *Correspondance générale*, no 1859 [note remise à l'ambassadeur de Rome à Milan le 3 août 1797], t. I, p. 1098-1099.
18. *Ibid.*, no 2214 [au gouvernement provisoire de la République ligurienne, 11 novembre 1797], p. 1278-1280.
19. *Réimpression de l'ancien Moniteur*, t. XXIX, p. 71-73.
20. Bruce, *Napoleon and Josephine*, p. 213.
21. Hastier, *Le Grand Amour de Joséphine*, p. 123 ; Wagener, *L'Impératrice Joséphine*, p. 166.
22. Bourrienne, *Mémoires*, t. II, p. 29.
23. Cité in *Correspondance générale*, t. I, p. 1082, note.
24. *Ibid.*, no 1822 [à Talleyrand, 26 juillet 1797], p. 1081.
25. Cité in *ibid.*, p. 1112, note (lettre du 1er août 1797).
26. *Ibid.*, no 1878, p. 1106.
27. Sainte-Beuve, « Talleyrand », *Nouveaux lundis*, t. XII, p. 40.

28. Talleyrand, *Mémoires et correspondances*, p. 221.
29. Lettre à Olive, du 10 mai 1797, citée in Waresquiel, *Talleyrand*, p. 232.
30. Lacour-Gayet, *Talleyrand*, p. 269.
31. *Correspondance générale*, no 1822 [à Talleyrand, 26 juillet 1797], t. I, p. 1081.
32. Cité in Le Doulcet de Pontécoulant, *Souvenirs*, t. II, p. 474-475.
33. *Correspondance générale*, no 2065 [à Talleyrand, 21 septembre 1797], t. I, p. 1196-1198.
34. Talleyrand, *Mémoires et correspondances*, p. 224.
35. Cité in Stendhal, *Vie de Napoléon*, p. 23-24.
36. *Réimpression de l'ancien Moniteur*, t. XXIX, p. 90.
37. Rapport de l'ambassadeur prussien Sandoz-Rollin, cité in Poniatowski, *Talleyrand et le Directoire*, p. 414.
38. *Réimpression de l'ancien Moniteur*, t. XXIX, p. 90.
39. Guyot, «Du Directoire au Consulat. Les transitions », p. 7.
40. *Réimpression de l'ancien Moniteur*, t. XXIX, p. 90.
41. Waresquiel, *Talleyrand*, p. 237.
42. Poniatowski, *Talleyrand et le Directoire*, p. 288-289.
43. Voir Le Doulcet de Pontécoulant, *Souvenirs*, t. II, p. 459. 吕西安·波拿巴也说这只是无稽之谈（*Mémoires*, p. 111）。
44. Cité in Miot de Melito, *Mémoires*, t. I, p. 196.
45. J. Lachapelle, «Du culte des théophilanthropes », *Réimpression de l'ancien Moniteur*, t. XXVIII, p. 762-764.
46. Las Cases, *Mémorial*, t. II, p. 781-782.
47. Hyde de Neuville, *Mémoires*, t. I, p. 223.
48. Bertrand, *Cahiers*, t. I, p. 115.
49. Cherrier, *18 Brumaire et 2 Décembre*, t. I, p. 126.
50. Voir Laurens, *Kléber en Égypte*, t. I, p. 93-95.
51. 1793年，迪穆里埃曾试图向巴黎进军。他的军队拒绝跟随他，他不得不流亡。
52. Cité in Lefebvre, *La France sous le Directoire*, p. 350.
53. 被认为是巴黎首屈一指的美人的梅尚（Méchin）夫人，在离开向波拿巴致敬的舞会时喊叫着："我终于见到了波拿巴将军；我还碰到了他的手肘！"（Delécluze, *Souvenirs*, p. 199）
54. 让－弗朗索瓦·迪西（Jean-François Ducis，1733—1816）因改编莎士比亚的悲剧（并不总是忠于原著）并将其引入法国而得名。特蕾莎·韦斯特里（Thérèse Vestris，1729—1808）1751年在歌剧院首演。她出身于一个舞蹈世家。
55. Arnault, *Souvenirs*, t. IV, p. 29-30.
56. Thiers, *Histoire de la Révolution française*, t. IX, p. 351-353.
57. *Correspondance générale*, no 2280 [à Camus, 26 décembre 1797], t. I, p. 1316-1317.
58. Propos du comte Melzi cités in Stendhal, *Vie de Napoléon*, p. 23-24.
59. Aubry, *Monge*, p. 172.
60. 有一个例外：波拿巴在布列讷军校的老师帕特罗神父，他们在意大利重逢，波拿巴给他在米兰安排了一个收入颇丰的职位。几年后，到了执政府时期，帕特罗来见他的学生并求他帮忙。波拿巴不明白帕特罗怎么能把自己弄到一文不名，于是便让迪克去调查。因此他知道了"这位好修士的混乱生活"：他在"女演员身上挥霍无度"。波拿巴把他赶了出去（Montholon, *Récits*, t. I, p. 471）。
61. Arnault, *Souvenirs*, t. IV, p. 128.
62. *Ibid.*
63. 1797年2月18日给妻子的信（Correspondance de Monge, no 101-102）。
64. Jomard, *Souvenirs sur Gaspard Monge*, p. 19.
65. Arnault, *Souvenirs*, t. IV, p. 6.
66. Las Cases, *Mémorial*, t. II, p. 799.
67. 1797年2月13日的信（Correspondance de Monge, no 100）。
68. 1797年8月2日的信（*ibid.*, no 121）。
69. 1797年8月30日的信（*ibid.*, no 125）。
70. Cités in G. Dumas, *La Fin de la République de Venise*, p. 527.

71. Stendhal, *Vie de Napoléon*, p. 17.
72. Arnault, *Souvenirs*, t. III, p. 20.
73. Delécluze, *Souvenirs*, p. 203-204.
74. *Ibid.*, p. 202.
75. Cité in Picavet, *Les Idéologues*, p. 166, n. 2.
76. Staël, *Des circonstances actuelles*, p. 289-290.
77. Constant, *Journaux intimes*, p. 307 [22 juillet 1804].
78. Heine, *De l'Allemagne*, p. 13.
79. Lavalette, *Mémoires*, t. I, p. 235.
80. Las Cases, *Mémorial*, t. II, p. 332 ; t. III, p. 174. 斯塔埃尔夫人的通信上没有任何迹象，我们只是找到在她得知了波拿巴俘获武姆泽后写的热情的话语："上帝啊！那是多么伟大啊！"（*Correspondance générale*, t. III, 2e partie, p. 243 [lettre du 30 septembre 1796 à M. de Staël]）
81. *Ibid.*
82. Heine, *De l'Allemagne*, p. 12.
83. Las Cases, *Mémorial*, t. III, p. 173.
84. Arnault, *Souvenirs*, t. IV, p. 26-27.
85. Sainte-Beuve, « Talleyrand », *Nouveaux lundis*, t. XII, p. 42.
86. Las Cases, *Mémorial*, t. II, p. 333.
87. Staël, *Considérations sur la Révolution française*, p. 338-339.
88. Nietzsche, *Contribution à la généalogie de la morale*, p. 160.
89. 1778年内克尔借给了国王200万法郎，在国民公会中断还款前，制宪议会只偿还了不到五分之一。
90. Staël, *Considérations sur la Révolution française*, p. 343.
91. Thiers, *Histoire de la Révolution française*, t. IX, p. 353.
92. Las Cases, *Mémorial*, t. III, p. 248-249.
93. J.-F. La Harpe, « Éloge de Nicolas de Catinat, maréchal de France », in *Choix d'éloges*, t. II, p. 292, 300. 圣－伯夫说，卡蒂纳得到的来自18世纪启蒙思想家的赞美，是一种"精心安排的"名望，但他也没有否认这位元帅是"当时最伟大的战士"，"温和、理智、虔诚的典范，一位优秀的公民"（« Catinat », *Nouveaux lundis*, t. VIII, p. 392）。
94. "总司令阁下，勇敢的军人奋勇作战又渴望和平。战争不是已经持续6年了吗？我们已经杀够了人，给不幸的人类带来了无穷的灾难！……难道我们没有达成协议的任何希望吗？难道我们必须要为一个不遭受战争灾难的民族的利益和偏见而相互屠杀吗？……就我而言，如果我现在荣誉地向您提出的这个建议能拯救哪怕一个人的生命，那么我因此而博得的公民的桂冠，将比因战争胜利而得到的可悲的荣誉更让我感到自豪。"（*Correspondance générale*, no 1484 [31 mars 1797], t. I, p. 894）

第四部分　远征埃及，1798—1799

第16章　通往印度之路

1. 参考塔列朗的观点，见第14章。
2. 负责法国驻罗马大使馆安保工作的迪福将军，在1797年12月28日驱散抗议法国人举办庆祝活动的示威者时，被教皇的士兵杀死。
3. *Correspondance générale*, no 2306 [à Berthier, 24 janvier 1798], t. II, P. 33. 同时，他以督政府的名义，写下了给意大利军团司令的命令：向罗马进军，迫使教皇离开该城，并宣布成立罗马共和国（*Correspondance de Napoléon Ier*, no 2404 [11 janvier 1798], t. iii, p. 475-479）；同时参见同一天他写给贝尔蒂埃的信，其上写着"夺取罗马的荣耀就留给你了"。（*Correspondance générale*, no 2298, t. II, p. 28）。
4. Cité in Cherrier, *18 Brumaire et 2 Décembre*, t. II, p. 447-448.

5. Bourrienne, *Mémoires*, t. II, p. 32.

6. Furet, « Bonaparte », in Furet et Ozouf, *Dictionnaire critique de la Révolution française*, p. 220.

7. Goethe, *Conversations avec Eckermann*, p. 299.

8. 命令的日期是1797年10月26日。

9. *Réimpression de l'ancien Moniteur*, t. XXIX, p. 52.

10. 从1793年1月1日到1797年12月31日，法国损失了35艘战列舰，61艘护卫舰和108艘其他船只，共计204艘船；而英国的损失只有14艘战列舰，20艘护卫舰，43艘其他船只，共计77艘（La Jonquière I 17）。根据另一组数据，法国在1793年拥有88艘战列舰，1794年只剩下78艘，1795年65艘，1797年53艘，占领威尼斯还给它提供了约20艘船（Brégeon, *L'Égypte de Bonaparte*, p. 90-96）。

11. Guyot, *Le Directoire et la paix de l'Europe*, p. 145-156.

12. 1798年3月21日，波拿巴在法兰西学院愤怒地驳斥了一位认为可以"用飞艇运送1.2万人到英国"的同僚（Humboldt, *Journal parisien*, p. 79）。

13. 一位前外交官在1793年就有此提议（Ducher, *Acte de navigation*）。他还起草了巴雷尔在8月18日公布的计划（*Réimpression de l'ancien Moniteur*, t. XVIII, p. 85）。督政府在1796年要求杜歇（Ducher）总结他的计划，并在1796年6月15日以« Médiation et garantie du roi d'Angleterre »为题发表（*Moniteur universel*, année 1796, t. I, p. 1065-1066）。

14. Voir l'étude de Coquelle, *Les Projets de descente en Angleterre*.

15. Cité in Desprez, *Lazare Hoche*, p. 321-322.

16. 让朱安党人登陆英国好让他们自食其果的主意是卡诺提出的（*Instruction pour l'établissement d'une chouannerie en Angleterre*）。

17. Cité in Bergounioux, *Essai sur la vie de Lazare Hoche*, p. 411.

18. Sorel, *Bonaparte et Hoche*, p. 333.

19. Rapport de Sandoz-Rollin, ministre de Prusse à Paris, du 18 mars 1798, cité in Talleyrand, *Correspondance diplomatique*, p. 207-208, note.

20. Miot de Melito, *Mémoires*, t. I, p. 165-166.

21. 他还同样在1797年11月5日给督政府去信，认为只有在拥有"优秀的海军军官，数量众多且指挥得当、能在多个地点对敌军造成威胁的军队以及登陆所需的补给，一位出色而坚定的海军上将和3 000万的预算"的情况下，行动才会成功（*Correspondance générale*, no 2191, t. I, p. 1267）。

22. *Ibid.*, no 1908 [au Directoire, 16 août 1797], p. 1118.

23. *Ibid.*, no 2170, p. 1257.

24. Bourrienne, *Mémoires*, t. II, p. 133-134. 此外，他没有放弃通过一次联合进攻在英国本土打击英国的念头，甚至在督政府于1798年4月13日（任命他为东方军团司令的一个月之前）通过了报告，同意他的要求，委派他入侵埃及之后，他还是这么认为的。他说，应于他在埃及期间加强法国的舰队，甚至能够取得对英国的局部优势，因为东方远征迫使后者将它在英吉利海峡的舰队分散到东地中海。而后，在1798年年底，就能够实现入侵英国的计划了。

25. Voir Magniez, *Histoire de l'idée d'une conquête française de l'Égypte*, et Djuvara, *Cent projets de partage de la Turquie*.

26. Jean de Saulx (1555-1629), cité in Poumarède, *Pour en finir avec la Croisade*, p. 150.

27. 叙利亚的计划，以« Grand dessein d'Henri IV »之名被藏入国库。莱布尼茨的计划（1670-1672）则见于le tome V des OEuvres de Leibniz. Voir également Bilici, *Louis XIV et son projet de conquête d'Istanbul*, p. 78-89.

28. Poumarède, *Pour en finir avec la Croisade*, p. 127-129.

29. Mantran, *Histoire de l'Empire ottoman*, p. 107-112. La lettre du pape (1494) est citée in Rodinson, *La Fascination de l'Islam*, p. 61-62.

30. Rapport de l'ambassadeur français à Constantinople, 1606, cité in Bilici, *Louis XIV et son projet de conquête d'Istanbul*, p. 39-40.

31. Sur l'Empire ottoman au XVIIIe siècle, voir Bozarslan, *Histoire de la Turquie*.

32. 奥斯曼人将世界分为两部分：服从伊斯兰教法，处于和平的"伊斯兰的国度"；以及有待征服的"战争的国度"（Lewis, *Comment l'Islam a découvert l'Europe*, p. 172-174）。

33. Rodinson, *La Fascination de l'Islam*, p. 35.

34. Boutant, *L'Europe au grand tournant des années 1680*, p. 231.

35. Voir les instructions données au chef de la mission, Étienne Gravier d'Ortières, et le texte intégral de son rapport (Bilici, *Louis XIV et son projet de conquête d'Istanbul*, p. 131-140, 188-310).

36. Laurens, *Orientales*, p. 70-78.

37. Louca, *L'Autre Égypte*, p. 29.

38. Mémoire du baron de Tott, cité in Charles-Roux, « Le projet français de conquête de l'Égypte », p. 20.

39. 塔列朗于1797年7月13日，在法兰西学院发表了向舒瓦瑟尔致敬的演讲 *Mémoire sur les avantages à retirer des colonies nouvelles dans les circonstances présentes* ：“舒瓦瑟尔公爵阁下……在1769年就曾预言过美国与英国的分裂……从那时起，他就在寻求将埃及归于法国的方法，这是为了在我们失去北美殖民地时，埃及能以同样产品和更广大的贸易来取代它。”（Talleyrand, *Essai sur les avantages à retirer des colonies nouvelles*, p. 14）。同样的观点法国驻君士坦丁堡大使圣－佩斯（Saint-Priest）伯爵在1770年也提到过（*Mémoires*, p. 134）。

40. Sur ces différentes missions et projets, voir Charles-Roux, *La Politique française en Égypte*, p. 11-16, et « Le projet français de conquête de l'Égypte », p. 16-83.

41. *Ibid.*, p. 84-85. Voir Laurens, *L'Expédition d'Égypte*, p. 15.

42. Laurens, *Les Origines intellectuelles de l'expédition d'Égypte*, p. 63-64.

43. 为了对抗18世纪八十年代时再度活跃的殖民埃及派，韦尔热纳派沃尔内前往东方，意在让他证明法国即便占领埃及也将一无所获（Gaulmier, *Volney*, p. 30-42）。他于1783年到1785年间，遍历了从亚历山大到贝鲁特的广大地区，这坚定了他反对殖民埃及的决心。相对于扩大殖民领地，他更倾向于在法国振兴已经被忽视的农业。在1788年（韦尔热纳在一年前去世了），沃尔内发表了第二部著作，揭露了奥斯曼帝国的衰落，并建议政府顺其自然，将其交给俄国：法国应从全局重新审视它的对外政策，并寻求与圣彼得堡结盟，这带来的利益是与苏丹联盟所无法获取的（Volney, *Considérations sur la guerre des Turcs*, p. 44-59 et 70 et suiv）。

44. M. Terrasse, « Ottoman », in Tulard, *Dictionnaire Napoléon*, t. II, p. 440.

45. Cité in Marcère, *Une ambassade à Constantinople*, t. II, p. 260.

46. *Ibid.*, p. 258-259.

47. *Correspondance de Napoléon Ier*, t. XXIX, p. 361-362.

48. Lettre du 27 octobre 1797 (La Jonquière, *L'Expédition d'Égypte*, t. I, p. 42-43).

49. Laurens, *Les Origines intellectuelles de l'expédition d'Égypte*, p. 22.

50. Napoléon Ier, *Manuscrits inédits*, p. 123-141, 241-248, 319-334.

51. Cité in Brégeon, *L'Égypte de Bonaparte*, p. 82-83.

52. *Correspondance générale*, no 52 [à Sucy, 17 février 1792], t. I, p. 103.

53. Sur le séjour corse de Volney, voir Gaulmier, *Volney*, p. 129-142.

54. Carré, *Voyageurs et écrivains français en Égypte*, t. I, p. 101.

55. Voir A. Thépot, « Le rêve oriental », in Mistler, *Le Grand Livre de Napoléon*, t. II, p. 115.

56. Savary, *Lettres sur l'Égypte*, t. I, p. 60-61.

57. Volney, *Voyage en Égypte et en Syrie*, t. I, p. 15.

58. Savary, *Lettres sur l'Égypte*, t. I, p. 43-44.

59. Volney, *Voyage en Égypte et en Syrie*, t. I, p. 3, 209-210.

60. Rodinson, *La Fascination de l'Islam*, p. 77-88 ; Laurens, *Orientales*, p. 23-33.

61. Condorcet, *Esquisse d'un tableau historique des progrès de l'esprit humain*, p. 163.

62. 我们不要误解启蒙思想家们对伊斯兰教的“支持”或“善意”。这些善意与其说是对于其宗教的，不如说是直接针对阿拉伯人的，有些人认为他们就是自然状态下的人的忠实写照。据说，这些人仍保留着单纯、质朴、直爽、忠诚和好客的品性，他们是“地球上最好的民族”(Savary, *Lettres sur l'Égypte*, t. II, p. 27)。在18世纪三十年代，布兰维利耶（Boulainvilliers）已经描绘出了阿拉伯人的近似画像，此外，即便他过度赞扬了他们的淳朴天性，也并未将其视为温文尔雅的代表，反而，他们对宗教的极度狂热让他们看上去不可战胜（*Vie de Mahomet*, p. 2）。沃尔内也在穆斯林的宗教中看到了“一种激情而顽固的狂热”的萌芽——甚至认为其教义便于实现最为绝对的专制（*Voyage en Égypte et en Syrie*, t. II, p. 237）——我们在18世纪的许多文学作品中都可以看到对伊斯兰教的支持。

穆斯林简朴的宗教仪式，和其神话为数之少被看作是伊斯兰教中理性一面的表现，这使得某些欧洲人将其视为东方式的自然神论。孔多塞发自内心地承认：在宗教宽容方面，穆斯林的宗教比基督教要好；但是同时他又极其严苛地指责《古兰经》"中充满了各种虚构故事"（*Esquisse*, p. 160-161）。因此，并不能说整个18世纪都用"理解的、兄弟般的目光看待穆斯林的东方"（Rodinson, *La Fascination de l'islam*, 74）。如果此时伊斯兰教能够在与基督教的对比中胜出，那么则是因为对穆斯林的东方在科学和艺术方面的贡献的强调，使得其可以在这方面挑战基督教世界。启蒙思想家们对伊斯兰教的好感等同于他们对基督教的敌视。除此之外，他们只是把它看作"迷信"。

63. Laurens, « Napoléon, l'Europe et le monde arabe », p. 367-368.
64. *Ibid.*
65. Voir surtout Volney, *Voyage en Égypte et en Syrie*, t. I, p. 154-162.
66. Sainte-Beuve, *Causeries du lundi*, t. VII, p. 410.
67. Volney, *Les Ruines*, p. 74-76, 85-86.
68. Voltaire, *Le Fanatisme ou Mahomet le prophète*, p. 36 et 16. Il est vrai que Voltaire changea de point de vue : voir les chapitres VI, XXVII et XLIV de l'*Essai sur les mœurs* et l'article «Mahométans » du *Dictionnaire philosophique*.
69. Bourrienne, *Mémoires*, t. II, p. 34.
70. Voir Laurens, *Orientales*, p. 162, et Bertrand, *Cahiers*, t. I, p. 65.
71. "关于穆罕默德的宗教建立的问题仍未解决，"读了培尔（Bayle）在 *Dictionnaire* 上的文章后，他说道，"我们没有足够的信息来解决这个问题。我们得了解穆罕默德时期的阿拉伯的状态。我们对此知之甚少。有可能那时在打内战，在穆罕默德介入时人们正饱受战争之苦。穆罕默德的征服是不可思议的。他用4.5万人就征服了波斯，1.9万人就征服了埃及；他用如此短的时间完成了如此神奇的功绩。哥特人和其他蛮族的入侵是可以理解的；他们有着20万、30万，甚至60万的大军；而且他们接踵而至。但是这些从沙漠中出来的阿拉伯人，突然就征服了半个世界！"（Bertrand, *Cahiers*, p. 121）。
72. Voir Las Cases, *Mémorial*, t. II, p. 525-526. 他曾异想天开地试图消除伏尔泰创作的悲剧中的"污点"，他说："穆罕默德是一位伟人，一位英勇无畏的军人；他只带着屈指可数的追随者就在白德尔之战中大获全胜；他是一个伟大的统帅、雄辩家和政治家，他重塑了他的国家，在阿拉伯沙漠中创立了一个新的民族和一个新的强权。"（« Observations sur la tragédie de *Mahomet*, par Voltaire », *Correspondance de Napoléon Ier*, t. XXXI, p. 488）
73. Napoléon Bonaparte, *Manuscrits inédits*, p. 335-337.
74. Je paraphrase, bien sûr, la fameuse conversation qu'il eut plus tard avec Mme de Rémusat (*Mémoires*, t. I, p. 274).
75. *Correspondance générale*, no 1379 [au Directoire, 15 février 1797], t. I, p. 839.
76. *Ibid.*, no 1586 [à Delacroix, 27 mai 1797], no 1587 [au Directoire, 27 mai] et no 1608 [au Directoire, 1er juin], p. 962-963, 974.
77. Voir *ibid.*, no 1567 [à Baraguey d'Hilliers, 21 mai 1797], p. 952, no 1582 [à Gentili, 26 mai], p. 959-960, no 1583 [à Bourdé, 26 mai], p. 960, et le document annexé à la lettre no 1719, p. 1028.
78. Lettre du 16 août 1797 au pacha de Scutari (Shkodra, en Albanie), *ibid.*, no 1909, p. 1118-1119.
79. *Ibid.*, no 1840 [30 juillet 1797], p. 1090.
80. 塔列朗于1798年7月10日在其报告 *Sur la situation de la République française considérée dans ses rapports extérieurs avec les autres puissances* 中使用了这一表述："地中海必须完全成为法国的海。"（cité in Lacour-Gayet, *Talleyrand*, p. 333-334）这个说法很快就被广泛使用：数学家傅立叶在 *Description de l'Égypte* 的前言中写道，埃及远征使得"地中海成了法国的海"（*Description de l'Égypte*, « Introduction historique », p. XXXV-XXXVI）。
81. 波拿巴与舒瓦瑟尔的关系可以参考 X. Tabet, « Bonaparte, Venise et les îles ioniennes », et F. Pomponi, « Les îles du bassin occidental de la Méditerranée et la "redécouverte" par la France d'une politique méditerranéenne (1769-1799) »。
82. 关于这些，我们可以在1797年5月4日的 *la Quotidienne* 中看到一篇非常有意思的文章（« Questions sur la paix »）。文章作者认为坎波福米奥和约是"不完善、代价高昂且不稳固的"。他说，因为缺乏对法国利益的考虑，它的目标不会实现。得到比利时，并不能弥补失去殖民地的损失，因此也无助于法国重塑经济地位，他总结道："只要英国仍保有他们在这场战争中夺得的殖民地，我们所建造的就只是一座泥足巨像。"战胜奥地利并未解决任何问题，只是推迟了问题的解决。

83. Voir les témoignages de Lavalette (cité in Mascilli Migliorini, *Napoléon*, p. 515), Bourrienne, *Mémoires*, t. II, p. 44-45, Marmont, *Mémoires*, t. I, p. 295, Miot de Melito, *Mémoires*, t. I, p. 231, et Arnault, *Souvenirs*, t. III, p. 329.

84. Bourrienne, *Mémoires*, t. II, p. 44-45.ue

85. 他们中就有马泰奥·加尔迪（Matteo Galdi），他也建议法国殖民埃及："是的，长久存在于哲学家的梦想中最为辉煌壮丽的那些想法，现在都可以实现了……希腊的解放……将不会由专制的俄罗斯帝国来实行，那只会加重它的负担，一个仁慈而强大的国家将会让它重拾古时的自由，以及对科学和美术的热情。开通苏伊士运河也会实现；或者人们可以恢复古运河或是开凿一条新的运河，通过尼罗河将亚历山大港与红海连接起来。这样，人们不仅缩短了通往印度的道路，而且可以在更风平浪静的海中航行，沿着人烟稠密、物产丰富的海岸，充满了可供水手消遣的地方，免于风暴和长途航行中的无聊。它让欧洲更容易地与亚洲和非洲海岸取得联系，扩大商业贸易、政治往来，了解不同地区的文化与风俗；我们也可以更容易深入神秘的非洲大陆。简而言之，两个半球最偏远最难以接近的地区将被聚到一起。"

86. Monge, cité in Arnault, *Souvenirs*, t. III, p. 329.

87. Cité in Herold, *Bonaparte en Égypte*, p. 30.

88. Talleyrand, *Essai sur les avantages à retirer des colonies nouvelles*, p. 4.

89. 1798年2月14日的报告，cité in La Jonquière, *L'Expédition d'Égypte*, t. I, p. 159-160. Voir également Talleyrand, *Mémoires*, p. 161-165。

90. Poniatowski, *Talleyrand aux États-Unis*, p. 237-356.

91. 在读了1797年7月5日法兰西学院的初期报告后，他在7月23日又送了3份报告给督政府（La Jonquière, *L'Expédition d'Égypte*, t. I, p. 169-170 ; Laurens, *L'Expédition d'Égypte*, p. 24）。

92. *Correspondance générale*, no 1910, t. I, p. 1119.

93. Talleyrand, *Correspondance diplomatique*, p. 124.

94. 所有这些观点都在很久以前就由外交家们提出过了，最近又由马加隆、韦尼纳茨和塔列朗等"干涉派"翻新，我们可以在塔列朗1797年9月13日给波拿巴的信中看到这些观点。*Correspondance générale*, no 2019, t. I, p. 1171.

95. 他很早就提出了这个主意："马耳他是我们的核心利益。"5月26日在给督政府的信上写道（*ibid.*, no 1580, p. 958）。9月13日，他再次提出了这个问题："为什么我们不去占领马耳他？我们就将控制地中海。"他在给塔列朗的信上写道（*ibid.*,no 2019, p. 1171）。

96. 大司令官洪佩施（Hompesch）接替了1797年7月13日死去的埃马纽埃尔·德·罗昂（Emmanuel de Rohan）。

97. Masson, *Napoléon et sa famille*, t. I, p. 205.

98. 有关登陆的技术准备，参见1797年12月14日题为 *Travail pour l'expédition contre l'Angleterre* 的备忘（*Correspondance Napoléon Ier*, no 2388, t. III, p. 462-463. 但该书编者只给出了备忘的前四段，其余部分见 La Jonquière, *L'Expédition d'Égypte*, t. I, p. 71-73）。

99. La Jonquière, *L'Expédition d'Égypte*, t. I, p. 74.

100. 谢里姆三世的大使于1797年3月离开君士坦丁堡，7月13日抵达巴黎，直到1802年7月。

101. "至于埃及，"他于1797年9月23日写信给波拿巴，"如果我们占领了它，那也是为土耳其好，这是为了阻挠俄罗斯和英国对这个不幸的国家的阴谋诡计。帮他们这么大的忙，可以轻易让土耳其允许我们获得我们需要的贸易优势。"（Talleyrand, *Correspondance diplomatique*, p. 155）为了争取土耳其人，为什么不向他们伸出援助之手来对付俄国人呢？塔列朗毫不犹豫地迈出了这一步，他在 *Mémoire sur la situation de la République française considérée dans ses rapports extérieurs avec les autres puissances, présenté au Directoire le 22 messidor an VI*（10 juillet 1798）中写道："如果波拿巴拿下了埃及，当他指挥他的部分军队在印度对付英国人的时候，谁会阻止法国舰队深入黑海，与土耳其人的舰队联合起来，帮助他们重新征服克里米亚呢？这足以让土耳其心甘情愿地放弃埃及，对它来说，克里米亚与埃及带来的利益大不相同，埃及的贝伊们几个世纪以来叛乱不断。"（*ibid.*, p. 247-248）

102. Cité in Lacour-Gayet, *Talleyrand*, p. 324.

103. Mémoire du 14 février 1798, cité in La Jonquière, *L'Expédition d'Égypte*, t. I, p. 163.

104. Voir Bertrand, *Cahiers*, t. II, p. 305.

105. 这是塔列朗1798年2月14日提交给督政府的报告；其全文，包括波拿巴的批注，见La Jonquière, *L'Expéditiond'Égypte*, t. I, p. 154-168。

106. Bourrienne, *Mémoires*, t. II, p. 34.

107. Rapports des 20 et 22 février, cités in La Jonquière, *L'Expédition d'Égypte*, t. I, p. 114-116.

108. *Correspondance générale*, no 2315, t. II, p. 36-37.

109. La Jonquière, *L'Expédition d'Égypte*, t. I, p. 185.

110. *Ibid.*, p. 186.

111. Wheeler et Broadley, *Napoleon and the Invasion of England*, p. 84-85.

112. La Jonquière, *L'Expédition d'Égypte*, t. I, p. 136-144.

113. 2月8日的报告，副本见于La Jonquière, *ibid.*, p. 133-134。

114. Bainville, *Bonaparte en Égypte*, p. 12.

第17章　征服尼罗河

1. 另外两艘，一艘是曾被英国人登船检查的*Le Commerce de Marseille*，另一艘是尚在布雷斯特的干船坞内的*L'Océan*。

2. *Correspondance générale*, no 2496, t. II, p. 129.

3. 科学家的人数很长时间都无法确定，取决于不同作者的说法，介于150人到200人之间。在仔细研究后，让–埃度·戈比（Jean-Édouard Goby）认为有151人（*La Composition du premier institut d'Égypte*），而阿兰·皮雅尔（Alain Pigeard）给出的167人是现今更为广泛接受的数据（«La commission des sciences et des arts de l'expédition d'Égypte », in Tranié et Carmigniani, *La Campagne d'Égypte*, p. 277-304）。

4. La Jonquière, *L'Expédition d'Égypte*, t. I, p. 507-528. 在出发前一个月，战争部长谢雷的部下编写的« Tableau des corps de troupes rassemblés à Toulon, Marseille, Gênes et Civitavecchia » 显示约有29 402人 "在军中"（*Correspondance de Napoléon Ier*, no 2508 [14 avril 1798], t. IV, p. 61-62)。Tranié et Carmigniani（La Campagne d'Égypte, p. 33）公布了一份总表，显示船上共有34 910人。

5. Niello Sargy, *Mémoires*, p. 24。

6. Voir le chapitre précédent.

7. *Correspondance de Napoléon Ier*, no 2426 [« Note au Directoire exécutif », 5 mars 1798], t. IV, p. 1-4.

8. *Correspondance générale*, no 2298 [11 janvier 1798], t. II, p. 28.

9. Lettre du 19 janvier 1798, citée in Sorel, *L'Europe et la Révolution française*, t. V, p. 291.

10. *Correspondance générale*, no 2310 [au directoire exécutif de la République cisalpine, 6 février 1798], t. II, p. 34.

11. Trois millions, selon Bourrienne, *Mémoires*, t. II, p. 41-42.

12. 舰队中有13艘战列舰，包括*L'Orient*（120门炮），3艘80门炮战列舰，9艘74门炮战列舰；6艘有40门或36门炮的护卫舰；一艘有30门8磅跑的巡航舰；9艘武装补给舰，即总共29艘。还有26艘轻型船只（双桅横帆船、通信舰、臼炮艇和加农炮艇）。这支舰队护送着280艘运输船。

13. Voir la préface d'Henry Laurens au deuxième volume de la *Correspondance générale* de Napoléon.

14. *Correspondance générale*, no 2352 [à Sucy, 30 mars 1798], t. II, p. 61.

15. Voir les témoignages de Kléber (Laurens, *Kléber en Égypte*, t. II, p. 534), de Bernoyer (*Avec Bonaparte en Égypte*, p. 15), du soldat Laporte (*Mon voyage en Égypte*, p. 23-24) et *l'Agenda* de Malus, p. 35-36.

16. Cité in Buti, « Convois pour l'expédition d'Égypte », p. 177.

17. 以图尔曼（Thurman）船长的信为例：尽管他在土伦就听说目的地可能是埃及，但并不能确定，只有在离开了马耳他之后疑虑才消除（*Souvenirs*, p. 3-13）。

18. Citation extraite de *La Clef du cabinet et du Moniteur* (La Jonquière, *L'Expédition d'Égypte*, t. I, p. 252, n. 1).

19. Carré, *Voyageurs et écrivains français en Égypte*, t. I, p. 119-120.

20. 居维叶（Cuvier）在远征军出发前几天给朋友的信上，称那些响应波拿巴的号召的法兰西学院同僚为"我们的埃及人"（cité in Laissus, *Une aventure savante*, p. 53）。他是从若弗鲁瓦·圣–伊莱尔那里得到的消息（*L'Expédition d'Égypte*, p. 22）。塔列朗也没能管住嘴。特别自豪于这个由他起头的主意，他将此事透露给了普鲁士大使，消息很快就传到了君士坦丁堡和伦敦（Battesti, *La Bataille d'Aboukir*, p. 35-38）。

21. Cité in La Jonquière, *L'Expédition d'Égypte*, t. I, p. 252, n. 1.

22. Pairault, *Gaspard Monge*, p. 260-261.

23. Martin, *Histoire de l'expédition française en Égypte*, t. I, p. 137.

24. 在1793年，英国就曾派出一个带有科学家的商业使团前往中国（Cranmer-Byny, « Lord Macartney's Embassy to Peking in 1793 »）。

25. Cité in Laurens, *L'Expédition d'Égypte*, p. 31.

26. *La Décade égyptienne*, t. I, p. 6 (prospectus).

27. Arrêté reproduit in Villiers du Terrage, *Journal et souvenirs*, p. 2.

28. 尽管如此，德农补充说："你还没有接受过来自埃及的爱；我或许会在金字塔上刻上我们的名字。"（*Lettres à Bettine*, p. 486-487）。

29. Cité in Laissus, *Une aventure savante*, p. 33.

30. Arnault, *Souvenirs*, t. IV, p. 34-40.

31. Ainsi le poète Lemercier, selon Chaptal, *Mes souvenirs sur Napoléon*, p. 145.

32. La formule est de Charles-Roux, *Bonaparte gouverneur d'Égypte*.

33. *Correspondance générale*, no 2368 [à Monge, 5 avril 1798], t. II, p. 70.

34. Thibaudeau, *Mémoires sur la Convention et le Directoire*, t. II, p. 346.

35. Morand, *Lettres*, p. 3 (lettre du 25 mai 1798).

36. La Révellière-Lépeaux, cité in Benoist-Méchin, *Bonaparte en Égypte*, p. 43.

37. 参考卡法雷利给奥拉斯·德·塞伊以波拿巴名义感谢他的工作的信。（*Correspondance de Napoléon Ier*, no 2458 [28 mars 1798], t. IV, p. 27-28），而且在信的附文上将军列了书单，其中就有卢梭的《新爱洛伊丝》：科学和技术；游记；历史书（普鲁塔克、蒂雷纳、孔代、维拉尔、卢森堡、迪盖克兰［Du Guesclin］、萨克森元帅、马尔伯勒、欧根亲王、腓特烈二世、彼得大帝和卡尔十二世的传记和20卷的法国元帅回忆录），雷纳尔的哲学史，大量古代著作（朱斯蒂尼安、阿里恩、修昔底德、维尔托神甫的小说）；诗歌（莪相、拉塔司、维尔日勒、伏尔泰的《亨利亚特》、拉封丹、20卷的法国戏剧巨著）；小说（伏尔泰、韦尔泰、马蒙泰尔，还有40卷英国小说），还有精神世界的典籍，新约、旧约、吠陀经、古兰经还有希腊神话（*Correspondance de Napoléon Ier*, t. IV, p. 27-28）。

38. Bourrienne, *Mémoires*, t. II, p. 41-42.

39. *Correspondance générale*, no 2361 [2 avril 1798], t. II, p. 67.

40. Benoist-Méchin, *Bonaparte en Égypte*, p. 42.

41. 米奥·德·梅利托在回忆录中没有点名，但无疑指的就是约瑟芬："一位极度优雅的女士，不辞辛劳地参与进军需生意中，甚至亲自为她和她情夫的货物呈送样品。"（*Mémoires*, t. I, p. 228-229）

42. J. de Beauharnais, *Correspondance*, p. 60-61 (lettre du 17 mars 1798 à Hippolyte Charles).

43. Lettre reproduite in Pairault, *Gaspard Monge*, p. 299-300.

44. *Correspondance générale*, no 2361 [à Monge, 2 avril 1798], t. II, p. 67.

45. Aubry, *Monge*, p. 228-229.

46. Cité in Pairault, *Gaspard Monge*, p. 314-315.

47. Barras, *Mémoires*, t. III, p. 207-214.

48. Miot de Melito, *Mémoires*, t. I, p. 233.

49. *Correspondance générale*, no 2431 [à Louis de Cobenzl, 25 avril 1798], t. II, p. 102-103.

50. *Ibid.*, no 2433 [28 avril 1798], p. 103-104.

51. Chateaubriand, *Mémoires d'outre-tombe*, t. I, p. 1165.

52. Le rapport de Bruix est daté du 14 mai 1798 (La Jonquière, *L'Expédition d'Égypte*, t. II, p. 88, n. 1).

53. "我认为他们的目标是埃及。"他在6月9日写道（cité in Battesti, *La Bataille d'Aboukir*, p. 37）。他从法兰克福和不伦瑞克收到了准确的报告（Charles-Roux, *L'Angleterre et l'expédition française en Égypte*, t. I, p. 11-13）。

54. 印度起义领袖，他当时已与阿富汗的军阀以及麦加的大谢里夫取得了联系，此时刚派了一位使者去见法兰西岛总督马拉蒂克（Malartic）将军，希望建立联盟。马拉蒂克对这一提议表示欢迎，并命令他的船只要有机会，就去袭击印度洋上的英国船（Spillmann, *Napoléon et l'Islam*, p. 47-48）。

55. Charles-Roux, *L'Angleterre et l'expédition française en Égypte*, t. I, p. 6-49.

56. Arnault, *Souvenirs*, t. IV, p. 81.

57. Bourrienne, *Mémoires*, t. II, p. 73.

58. *Correspondance de Napoleon Ier*, no 2496 [arrêté du 12 avril 1798], t. IV, p. 53- 54.

59. Voir La Jonquière, *L'Expédition d'Égypte*, t. I, p. 39-40. Poussielgue, envoyé à Malte par Bonaparte, le suggéra lui aussi dans son rapport du 8 février 1798 (*ibid.*, p. 134).

60. *Ibid.*, p. 612-613.

61. *Correspondance générale*, no 2518, t. II, p. 142 ; *Correspondance de Napoléon Ier*, no 2650, t. IV, p. 147-148.

62. La Jonquière, *L'Expédition d'Égypte*, t. I, p. 577.

63. 710 canons pour Nelson, 1026 pour Brueys (Battesti, *La Bataille d'Aboukir*, p. 54).

64. Bertrand, *Cahiers*, t. I, p. 139.

65. Voir les « Campagnes d'Égypte et de Syrie », *Correspondance de Napoléon Ier*, t. XXIX, p. 459-460.

66. Thurman, *Bonaparte en Égypte*, p. 20-21.

67. 这个圆柱建于4世纪，以纪念戴克里先皇帝，这里很长时间都被当作庞培的墓地，它因此得名。

68. Denon, *Voyage dans la basse et la haute Égypte*, p. 56.

69. Le rapport de Berthier, daté du 6 juillet 1798, est reproduit in La Jonquière, *L'Expédition d'Égypte*, t. II, p. 42-49.

70. Laporte, *Mon voyage en Égypte*, p. 32-33. Voir aussi Morand, Lettres, p. 41.

71. 在这点上，各方证词基本一致: voir en particulier le carnet du capitaine Gerbaud (Mangerel, *Le Capitaine Gerbaud*, p. 212-214)。

72. 在贝尔蒂埃7月6日的报告上，他列出有15人战死，20人溺亡和60人受伤（La Jonquière, *L'Expédition d'Égypte*, t. II, p. 48）。而波拿巴则提到“有30人到40人战死，80人到100人受伤”（*Correspondance générale*, no 2593 [au Directoire,6 juillet 1798], t. II, p. 176）。但是当时担任兄长副官的路易・波拿巴在一封信中提到的数字要更多：100人死亡，100人受伤。而布瓦耶参谋上校在信上说法军死了150人（Larchey, *Correspondance intime de l'armée d'Égypte*, p. 4, 39）；多格罗（Doguereau）在回忆录中称法军伤亡200人（*Journal de l'expédition d'Égypte*, p. 12）。拿破仑后来说法国方面伤亡300人，这个数字显然是夸大的（*Correspondance de Napoléon Ier*, t. XXIX, p. 434）。

73. Chateaubriand parle d'un « égorgement effroyable » (*Mémoires d'outre-tombe*, t. I, p. 1139).

74. Thurman, *Bonaparte en Égypte*, p. 24.

75. Cité in Skakowski, *Les Polonais en Égypte*, p. 22. 一个世纪后，事情也没有发生任何变化，如 T. E. 劳伦斯说的：“按照当地习俗，那些土耳其士兵没有任何质疑就接受了命运。他们就像羔羊一样，没有善恶。他们放任自己，不做任何事，或者是晒傻了。人们给他们下令，他们也不慌不忙，他们是你可以找到的好朋友和温和的敌人。如果有人命令他们鸡奸亲爹，给亲妈开膛，他们也会就像什么也没做一样平静地完成。他们缺乏进取精神，这让士兵更加服从，更加忍耐又更缺少活力。这些人天生就是他们黎凡特长官的牺牲品，那些浮夸的小人会耗干他们的生命或将他们随意丢弃。”（*Les Sept Piliers de la sagesse*, p. 68-69）

76. 此处摘录自波拿巴1798年5月10日在土伦发布的第一份声明。我们要注意，它有两个版本：第一份与波拿巴的演说一致（La Jonquière, *L'Expédition d'Égypte*, t. I, p. 461-462），另一份做了改动发表在《箴言报》上（*Correspondancede Napoléon Ier*, no 2570, t. IV, p. 96）。

77. 1798年6月22日的公告，但到了登陆前一天的28日才发表（*ibid.*, no 2710, p. 182-183）。

78. Proclamation du 22 juin 1798 (*ibid.*, no 2710, p. 183).

79. Chateaubriand, *Mémoires d'outre-tombe*, t. I, p. 1146.

80. Niello Sargy, *Mémoires*, p. 49.

81. Miot, *Mémoires pour servir à l'histoire des expéditions en Égypte et en Syrie*, p. 27-28.

82. Lacorre, *Journal inédit*, p. 68.

83. Lettre du général Dupuy du 29 juillet 1798 (Petitfrère, *Le Général Dupuy*, p. 203).

84. Leclerc d'Ostein, *Mémoires*, p. 28.

85. Norry, *Relation de l'expédition d'Égypte*, p. 33-34.

86. "我在这里看到或是遇到的任何事，都不会让我吃惊了，"圣–伊莱尔在8月12日给朋友的信上说，"在离开巴黎时我就已经料到了。然而，那些认为在这里能找到如在法国首都时那样的乐事的人是多么地失望啊。他们不停地咒骂把埃及看作天堂的萨瓦里，他们发现沃尔内写的才是事实，他们有理由这么认为！"（*L'Expédition d'Égypte*, p. 44-45）

87. 关于这个谣言，voir Laurens, *L'Expédition d'Égypte*, p. 87.

88. Bourrienne, *Mémoires*, t. II, p. 137.

89. Cité in La Jonquière, *L'Expédition d'Égypte*, t. II, p. 166-167.

90. Niello Sargy, *Mémoires*, p. 56.

91. La formule est de Napoléon (Las Cases, *Mémorial*, t. III, p. 54).

92. Joseph Sulkowski, cité in Laurens, *L'Expédition d'Égypte*, p. 84. 他出身古老的波兰贵族世家，他在1793年来到法国并参与了大革命。他在1796年入伍并来到了意大利，被波拿巴看中并成为了他的副官。

93. *Journal du capitaine François*, p. 215.

94. Savary, cité in La Jonquière, *L'Expédition d'Égypte*, t. II, p. 108, n. 1.

95. 我们不知道公开拒绝跟随远征军的米雷乌将军（Morand, *Lettres*, p. 8）离队后是自杀了还是死于贝都因人之手（La Jonquière, *L'Expédition d'Égypte*,t. II, p. 136-138）。舒尔科夫什基说他尸体的伤残证明他是被贝都因人杀害的（Skakowski, *Les Polonais en Égypte*, p. 41），而德韦尔努瓦断定，钱财和武器都还在他身上，说明是自杀（*Mémoires*, p. 109-111）。未来的莫朗将军在7月9日的信上详细描述了当时的场面，但也没有给出定论（*Lettres*, p. 53-55）。

96. Instructions aux généraux de division du 3 juillet (*Correspondance de Napoléon Ier*, no 2735, t. IV, p. 199).

97. 这一表述出自军需官若贝尔（Jaubert）在1798年7月9日给海军上将布吕克斯的信（Larchey, *Correspondance intime de l'armée d'Égypte*, p. 19）。莫朗将军7月8日的信上用了更不得体的说法（*Lettres*, p. 42），et le *Journal* du canonnier Bricard, p. 312-313。

98. Le chiffre est donné par le général Desvernois, *Mémoires*, p. 109.

99. Niello Sargy, *Mémoires*, p. 58.

100. 1 500人的数据肯定夸大了：1800年12月1日起草的一份列表显示，自三年半前远征开始以来，死者共有8 915人，包括战死者和因伤病去世的人，占总人数的四分之一（Brégeon, *L'Égypte de Bonaparte*, p. 249-250）。

101. « Campagnes d'Égypte et de Syrie » (*Correspondance de Napoléon Ier*, t. XXIX, p. 446-447); Las Cases, *Mémorial*, t. I, p. 141-142.

102. 以苏丹的名义统治埃及的两位马穆鲁克头领之一，另一位是易卜拉欣贝伊。

103. Denon et al-Jabartî, *Sur l'expédition de Bonaparte en Égypte*, p. 30-31.

104. *Correspondance générale*, no 2625 [au Directoire, 24 juillet 1798], t. II, p. 193.

105. Sulkowski, cité in Skakowski, *Les Polonais en Égypte*, p. 51.

106. *Journal du capitaine François*, p. 229.

107. Michalon et Vernet, « Adaptation d'une armée française », p. 75. L'armée française avait adopté ce dispositif en 1776, mais ne l'avait encore jamais appliqué (Brégeon, *L'Égypte de Bonaparte*, p. 158-159).

108. Sulkowski, cité par Skakowski, *Les Polonais en Égypte*, p. 54.

109. Thiers, *Histoire de la Révolution française*, t. X, p. 36-37. 他们一直等到敌人进入"最能发挥效力的20步以内时"才开火（Michalonet Vernet, « Adaptation d'une armée française », p. 76）。

110. Laurens, *L'Expédition d'Égypte*, p. 87.

111. *Correspondance générale*, no 2625 [au Directoire, 24 juillet 1798], t. II, p. 193.

112. Benoist-Méchin, *Bonaparte en Égypte*, p. 103. La cavalerie mamelouke était forte de six à douze mille hommes, selon les sources (Herold, *Bonaparte en Égypte*, p. 122-123).

113. Lacroix, *Bonaparte en Égypte*, p. 112.

114. 伤亡情况并不确定：根据波拿巴的报告，有2 000名马穆鲁克阵亡（*Correspondance générale*, no 2625 [au Directoire, 24 juillet 1798], t. II, p. 194）；佩雷船长说不会超过1 200

人，而仲马将军则说只有不到 800 人。亨利·洛朗斯（Henry Laurens）甚至坚称只有至多 20 个马穆鲁克阵亡，绝大部分死者是跟着他们的仆人，以及在因巴拜作战的步兵（*L'Expédition d'Égypte*, p. 88-89）。至于法国方面，据称阵亡者有 30 人，可能会有 50 人。但是拿破仑在他的 *Campagnes d'Égypte et de Syrie* 中给出了马穆鲁克阵亡 1 万人，法军阵亡 300 人的数据，这并不十分可信（*Correspondance de Napoléon Ier*, t. XXIX, p. 450-451）。

115. Larchey, *Correspondance intime de l'armée d'Égypte*, p. 105.

116. 波波巴后来曾回顾，关于与马穆鲁克的战斗中"战术、纪律和机动的影响"（« Notes sur l'art de la guerre », *Correspondance de Napoléon Ier*, t. XXXI, p. 321-322）。

117. 我们应该意识到，在十字军东征时期，穆斯林军在武器上更有优势，他们从拜占庭人那里得到了可怕的希腊火的秘密（Le Goff, *Saint Louis*, p. 189-190）。

118. Voir Hanson, *Le Modèle occidental de la guerre*, p. 33-34, 42-43.

119. L'Égypte avait été conquise par les Turcs en 1517.

120. Voir Keegan, *Histoire de la guerre*, p. 56-66. 他引用了马穆鲁克历史学家伊本·扎布的话，他在 1516 年被土耳其打败时，对其首领说："你们带着欧洲基督徒因为无法战胜穆斯林军队而发明的精巧火器，这个火枪，即使一个女人操作，也能放倒一个男人。"（p. 62）

121. Lacroix, *Bonaparte en Égypte*, p. 117-118.

122. Flaubert, *Correspondance*, t. I, p. 538 (lettre du 1er décembre 1849 à L. Bouilhet).

123. Cité in Larchey, *Correspondance intime de l'armée d'Égypte*, p. 38.

124. *Correspondance de Napoléon Ier*, t. XXIX, p. 446-447.

125. *Ibid.*, no 2635 [à Joseph, 25 juillet 1798], p. 199-200.

126. *Ibid.*

127. Cité in Bainville, *Napoléon*, p. 125.

128. *Correspondance générale*, no 3476 [au Directoire, 17 octobre 1798], t. II, p. 543.

129. 沙普塔尔在回忆录中记录了这次转变："一天拿破仑对诗人勒梅西埃（Lemercier）说，很遗憾他没能跟自己一起去埃及。勒梅西埃表示他不喜欢这个人权不被承认的国家。'那好吧，'波拿巴回应道，'你会看到一个君主视子民为无物，臣民又视自己生命为无物的国度，然后你的博爱病就好了。'"（*Mes souvenirs sur Napoléon*, p. 145）。

130. Battesti, *La Bataille d'Aboukir*, p. 50.

131. Bourrienne, *Mémoires*, t. II, p. 132.

132. Voir Marmont, *Mémoires*, t. I, p. 389-390. 他后来称自己曾做过这一演讲："那么，我们现在要开始伟大的事业了：我们需要亲手建立一个伟大的帝国。我们无法控制的海洋，隔绝了我们和家乡；但是海洋没有分隔非洲和亚洲。我们人数众多，也不缺应征者。我们也不缺战争需要的弹药，这有的是，如果还有需要，尚皮和孔泰会为我们制造的。"（« Campagnes d'Égypte et de Syrie », *Correspondance de Napoléon Ier*, t. XXIX, p. 457）。

133. Cité in Battesti, *La Bataille d'Aboukir*, p. 126.

134. Denon et al-Jabartî, *Sur l'expédition de Bonaparte en Égypte*, p. 69. L'expression « maladie morale » est employée par Malus (*Agenda*, p. 92-93).

135. *Correspondance de Napoléon Ier*, no 3228 [lettre à Kléber du 4 septembre], t. IV, p. 459.

136. Douin, *La Flotte de Bonaparte sur les côtes d'Égypte*.

137. Battesti, *La Bataille d'Aboukir*, p. 75-81 ; J.-F. Maréchal, « Recherches sur un désastre », p. 137-138.

138. Battesti, *La Bataille d'Aboukir*, p. 99.

139. *Ibid.*, p. 96.

140. *Ibid.*, p. 84-90.

141. 在他的 « Campagnes d'Égypte et de Syrie » 中，他说自己在 7 月 7 日就告诉过布吕埃斯如果旧港无法提供庇护，要么去科孚岛，要么就去土伦（*Correspondance de Napoléon Ier*, t. XXIX, p. 436）。

142. *Correspondance générale*, no 2870 [au Directoire, 19 août 1798], t. II, p. 298.

143. *Correspondance de Napoléon Ier*, no 2728 [à Brueys, 3 juillet 1798], t. IV, p. 195-196.

144. Voir Battesti, *La Bataille d'Aboukir*, p. 180.

145. Bourrienne, *Mémoires*, t. II, p. 144.

146. "当上第一执政后，"亨利·洛朗斯写道，"波拿巴就把军事档案中自己见不得人的文件都去掉了，还进行了其他改动。"（*L'Expédition d'Égypte*, p. 105-106）1802 年 6 月 17 日，布列纳让费恩（Fain）"把所有存于政府档案馆有关远征埃及的资料拿来"（AN AF IV 1687）。费恩分别在6月26日和9月20日，将两捆资料交给了第一执政。一份笔记显示，这些文件"在陛下的命令下，于1807年9月烧了"（Laissus, *Une aventure savante,* p. 557）。

147. Maréchal, « Recherches sur un désastre », p. 137. Sur la copie figurant sur le registre du général Berthier, voir La Jonquière, *L'Expédition d'Égypte,* t. II, p. 83, n. 6.

148. "在当时军队的处境下，必须作出这样的安排，使舰队能够根据可能发生的事件进行机动，躲避英国人可能拥有的海上优势兵力。所以，总司令下达的命令如下：第一条，如果天气允许而且水深足够，明日布吕埃斯上将应将舰队开进亚历山大旧港……第三条，他还要冈托姆公民上岸，亲自主持和监督对港口的测量……第七条，海军上将在第二天要以报告的形式告知总司令，舰队能否进入亚历山大旧港，以及在阿布基尔港下锚能否抵御一支强于我方舰队的敌军的攻击，如果两者都不行，他应离开此处前往科孚岛。"（*Correspondance de Napoléon Ier,* no 2728, t. IV, p. 195-196）拿破仑后来向古尔戈承认，他希望舰队在亚历山大港下锚，"这对军团和总司令日后的计划都是必要的"。（Gourgaud, *Journal,* t. II, p. 170）。

149. Voir sa lettre du 6 juillet au Directoire (*Correspondance générale,* no 2593, t. II, p. 176).

150. Voir *ibid.,* no 2601, p. 181.

151. Le rapport de Barré est reproduit dans les « Campagnes d'Égypte et de Syrie », *Correspondance de Napoléon Ier,* t. XXIX, p. 462-463.

152. Le 20 juillet. La lettre de Brueys à Barré est reproduite dans les « Campagnes d'Égypte et de Syrie » (*ibid.,* p. 463-464). 布吕埃斯或许也不乏可辩解的理由，因为波拿巴本人后来也数次问过同样的问题：舰队真能在高水位时进入亚历山大旧港吗？冈托姆含糊的回答也是同样的意思（voir Battesti, *La Bataille d'Aboukir,* p. 183-184, et *Correspondance générale,* no 3871 [à Ganteaume, 7 décembre 1798], t. II, p. 698）。

153. Lettre citée in Lachadenède, « L'amiral Brueys à Aboukir », p. 69. 拿破仑日后承认这一指责是有依据的：他告诉冈托姆布吕埃斯在权衡之后仍留在阿布基尔，是因为在得不到总司令军队占领开罗的确切消息前他不敢有任何动作（Gourgaud, *Journal,* t. II, p. 173-174）。

154. *Correspondance générale,* no 2654 [à Brueys, 27 juillet 1798], t. II, p. 207.

155. 7月30日的同一封信，波拿巴重复了他7月27日所写的内容："我从亚历山大那里得到了水深测量成功的消息，我希望现在你们已经进入了港口。"（*ibid.,* no 2676, p. 216）波拿巴在8月3日写给科孚岛指挥官沙博（Chabot）将军的信上没有提到任何关于舰队即将到来的事（*ibid.,* no 2748, p. 244-245）。

156. Battesti, *La Bataille d'Aboukir,* p. 82-83.

157. « Campagnes d'Égypte et de Syrie », *Correspondance de Napoléon Ier,* t. XXIX, p. 466-467.

158. 卡萨比安卡的话出现在一封克莱贝尔写给梅努的日期为8月15日的报告上（Laurens, *Kléber en Égypte,* t. I, p. 263）。

第18章　治理埃及

1. Cité in Battesti, *La Bataille d'Aboukir,* p. 123.

2. Charles-Roux, *L'Angleterre et l'expédition française en Égypte,* t. I, p. 58.

3. *Correspondance générale,* no 2884 [à Ganteaume, 21 août 1798], t. II, p. 305.

4. *Ibid.,* no 2857 [au Directoire, 18 août 1798], p. 289-290.

5. 在11月21日给督政府的报告上，他坦言自己的海上力量不值一提："所有的武装船只，还剩下3艘建于法国的护卫舰，两艘装有18磅炮的建于威尼斯但由我们为其船底包铜的护卫舰，还有两艘威尼斯建的64门炮的战列舰，6艘双桅横帆船。"（*ibid.,* no 3755, p. 653）

6. 一艘名为 Le Simple 的邮船在那天抵达亚历山大（voir *ibid.,* no 3112 [au Directoire, 8-9 septembre 1798], p. 399-400, et no 3404 [7 octobre], p. 513）。他收到了约瑟夫的信以及其他的东西（*ibid.,* no 3116 [à Joseph, 9 septembre 1798], p. 401-402）。最后，在7月26日一艘名为 l'Artémise 的船带来了一些其他消息（Laurens, *Kléber en Égypte,* t. I, p. 161-162）。

7. *Correspondance générale,* no 3380, t. II, p. 503.

8. *Ibid.,* no 3424, p. 523.

9. *Ibid.,* no 3755, p. 653.

10. *Ibid.*, no 3948 [au Directoire], p. 729.

11. *Ibid.*, no 3743 [à Desaix, 20 novembre 1798], p. 648.

12. *Ibid.*, no 2860 [à A. Guys, consul de France à Tripoli, 18 août 1798], p. 292.

13. 战争特派员朱利安在1798年年底成功回到了法国（Boulay de la Meurthe, *Le Directoire et l'Expédition d'Égypte*, p. 66-67）。1798年10月底离开亚历山大的路易·波拿巴也在1799年3月11日抵达巴黎（Masson, *Napoléon et sa famille*, t. I, p. 239-241）。其他的信使也在3月和4月陆续抵达目的地（La Jonquière, *L'Expédition d'Égypte*, t. V, p. 144, n. 1），到了5月中旬，督政府收到了波拿巴3个月前寄的信（*ibid.*, p. 145）。

14. 布莱·德·拉·默尔特对此列出了一份详细的清单（*Le Directoire et l'Expédition d'Égypte*, p. 228-236, 243-274）。

15. 1799年4月12日塔列朗给法国驻的黎波里领事的信，使得有些人相信波拿巴通过跨越沙漠的陆路与巴黎进行定期联络："你经迦太基送来的三封信我收到了。我感谢你及时将埃及的消息发给我，也同样告诉波拿巴将军他想知道的欧洲发生的事情。我请求您尽可能久地维持这种联络，并且与突尼斯的德瓦兹（Devoize）公民交流你从埃及得到的消息，如果你的包裹被拦截，那么从突尼斯来的消息就能弥补损失"（Iung, *Lucien Bonaparte et ses Mémoires*, t. III, p. 271-272）。这封信只能证明驻的黎波里领事将一切他从埃及收到的消息通过突尼斯告知他的政府，以及当局在努力与波拿巴将军取得联系，但显然不能证明他与巴黎有着定期、秘密的联系。波拿巴和他的支持者进行秘密联络的"证据"也并不可靠：约瑟芬给巴拉斯的信上说，约瑟夫收到了一份没有日期的来自他弟弟的信（J. De Beauharnais, *Correspondance*, p. 96），然而这封据说由约瑟夫收到的，经过突尼斯送达的，说波拿巴马上要回来并打算离婚的信，是伪造的（elle est citée in Castelot, *Joséphine*, p. 209）。巴拉斯断言他有证据证明约瑟夫和吕西安与他们的兄弟进行定期联系的说法也并不可靠（*Mémoires*, t. III, p. 437-438）。

16. *Correspondance générale*, no 3404 [7 octobre 1798], t. II, p. 515.

17. *Ibid.*, no 2635 [à Joseph Bonaparte, 25 juillet 1798], p. 199.

18. Bainville, *Napoléon*, p. 124.

19. Las Cases, *Mémorial*, t. I, p. 140.

20. Sainte-Beuve, « Souvenirs militaires et intimes du général vicomte de Pelleport », *Causeries du lundi*, t. XIII, p. 335.

21. *Ibid.*, t. I, p. 193. « Son astre impérial se lève à l'Orient », écrira même Victor Hugo (*Les Orientales*).

22. 这一结合了武力与政治、征服与治理的政策，我们可以在后来利奥泰元帅关于加列尼（Gallieni）在马达加斯加的作为的论文中再次看到：*Du rôle colonial de l'armée*, notamment p. 16-17。从奥斯曼的压迫下解放埃及、巴勒斯坦和叙利亚的"阿拉伯政策"也被归功于波拿巴。他说自己小心翼翼地"拨动着阿拉伯爱国主义的心弦"，鼓动他们脱离奥斯曼的宗主权和那些"来自高加索山的人"的统治，重建一个伟大的阿拉伯（« Campagnes d'Égypte et de Syrie », *Correspondance de Napoléon Ier*, t. XXIX, p. 481）。除了阿拉伯政策，我们还注意到波拿巴关于"犹太国"的计划，这一说法基于两篇登在《箴言报》上的文章，1799年5月22日的第一篇提到了"重建古老的耶路撒冷"，第二篇是在1799年6月27日。亨利·洛朗斯在对这些文章进行了详细分析后，得出结论这个计划并不存在，因为波拿巴一直支持吸纳犹太人，所以这并不是要建立一个犹太人的国家（*Orientales*, p. 123-143）。然而当时的确有人提出过这个想法，以1800年在巴黎出版了埃及远征史闻名的Laus de Boissy，就支持在耶路撒冷建立一个犹太殖民地（*Bonaparte au Caire*, t. I, p. 98, n. 2）。*Le Propagateur*在1799年5月22日的一篇报道更能证明这点："君士坦丁堡，4月17日：波拿巴发布公告，邀请所有亚洲和非洲的犹太人加入他的部队，来重建古老的耶路撒冷。他已经武装了许多犹太人，这些部队正威胁着阿勒颇。"（cité in Bourgeois, *Bonaparte et la presse*, 2e série, p. 39）

23. Bertrand, *Cahiers*, t. II, p. 54.

24. *Correspondance de Napoléon Ier*, no 2723 [proclamation du 2 juillet 1798], t. II, p. 191.

25. Charles-Roux, *Bonaparte gouverneur d'Égypte*, p. 76.

26. Al-Jabartî, *Journal*, p. 48.

27. *Correspondance générale*, no 2576 [à Desaix, 4 juillet 1798], t. II, p. 168 ; no 2601 [à Kléber, 7 juillet], p. 180 ; no 2602 [à Menou, 7 juillet], p. 182.

28. *Ibid.*, no 2894 [22 août 1798], p. 311.

29. «Campagnes d'Égypte et de Syrie» (*Correspondance de Napoléon Ier*, t. XXIX,p. 479). 在 8 月 28 日的信件上他说他"每十天都要见他们三四次"（*Correspondance générale,* no 2984 [à Marmont, 28 août 1798], t. II, p. 348 ）。例如 *Le Propagateur* 报道的他和三位穆夫提在胡夫金字塔内的会面，一些其他报纸也转载了该报道，包括《箴言报》（*Réimpression de l'ancien Moniteur*, t. XXIX, p. 500-502 ）。尽管这一报道引人入胜，但它是完全虚构的：在文章发表的 1798 年 11 月，波拿巴还没造访过金字塔呢；而当他参观胡夫金字塔时，他为了不在所有下属面前爬进去而拒绝进入内部（Villiers du Terrage, *Journal et souvenirs*, p. 77 ）。为波拿巴担任谈话的中间人的前翻译员旺蒂尔·德·帕拉迪（ Venture de Paradis ）在 1799 年 5 月 16 日去世，他的死，因为没有能够胜任的后继人而结束了波拿巴与开罗的教俗显贵间的会谈（ Bertrand, *Cahiers*, t. II, p. 263 ）。

30. *Correspondance de Napoléon Ier*, no 2723 [proclamation du 2 juillet 1798], t. IV, p. 191.

31. *Correspondance générale*, no 3148, t. II, p. 414.

32. Chalbrand, *Les Français en Égypte*, p. 96-97.

33. Petitfrère, *Le Général Dupuy*, p. 208.

34. Marmont, *Mémoires*, t. I, p. 412.

35. Boustamy, *The Journals of Bonaparte in Egypt*, t. IX, p. 140.

36. 梅努的妻子，Zubayda al-Rashîdiyya，是罗塞塔的一位谢里夫兼浴室经营者的女儿（ Bret, *L'Égypte au temps de l'expédition de Bonaparte*, p. 133 ）。在离开埃及时抛弃了妻儿的梅努，他的这一回答见于 Lockroy, *Ahmed le Boucher*, p. 217.

37. Roederer, *Bonaparte me disait*, p. 24.

38. L'expression est de Napoléon (Gourgaud, *Mémoires pour servir à l'histoire de France sous Napoléon*, t. II, p. 216).

39. Voir Cherfils, *Bonaparte et l'Islam*, p. 263-278.

40. 他写道一篇长文对比这两种宗教，他证明了自己对它们有着深入了解，而且人们会饶有兴致地阅读他讲述的关于两种宗教的历史起源和教义的对立（基督教的传教代表着被击败的希腊人对罗马征服者的复仇，而伊斯兰教的扩张则代表着一个宣扬暴力与征服的"新生民族"的胜利）、三大一神论宗教的谱系以及伊斯兰教在穆罕默德死后得以迅速传播的原因等。特别有两个段落让人们觉得波拿巴更偏爱伊斯兰教：一段是他为伊斯兰教被谴责为带有宗教蒙昧主义而辩护（并未免除某些穆斯林对此的责任）；另一段中他对一夫多妻制进行了奇特而有趣的分析，他将其视为是消除多民族社会中或明或暗的内战威胁的手段（ Gourgaud, *Mémoires pour servir à l'histoire de France sous Napoléon,* t. II, p. 251-267 ）。同样参见贝特朗的作品，在其中波拿巴谈到了伊斯兰教偏狭、狂热、好战的一面在战争中的优势（ *Cahiers*, t. I, p. 120-121 et 225 ）。

41. Goethe y voyait justement un indice sur la manière dont Napoléon considérait « les choses de la religion » (*Conversations avec Eckermann*, p. 300).

42. Volney, *Considérations sur la guerre actuelle des Turcs*, p. 124-125.

43. « Campagnes d'Égypte et de Syrie », *Correspondance de Napoléon Ier*, t. XXIX, p. 479.

44. Cité in Cherfils, *Bonaparte et l'Islam*, p. 265.

45. Voir Bertrand, *Cahiers*, t. II, p. 55. Mais à Las Cases, il dira qu'il n'avait jamais envisagé sérieusement de s'habiller à la turque, et moins encore de se convertir à l'islam (*Mémorial de Sainte-Hélène*, t. II, p. 529).

46. « Campagnes d'Égypte et de Syrie », *Correspondance de Napoléon Ier*, t. XXIX, p. 482-484.

47. Citations extraites de lettres du divan du Caire, reproduites in Cherfils, *Napoléon et l'Islam*, p. 90-95.

48. Cité par La Jonquière, *L'Expédition d'Égypte*, t. III, p. 8.

49. Sainte-Beuve, *Causeries du lundi*, p. 193.

50. 波拿巴对犹太人进行了和其他群体同样的保护，也只是为了更好地控制他们。他对曾被他指责不诚实的科普特人也是一样（ *Correspondance générale*, no 3872 [à Girgès el-Gawhari, intendant général de l'Égypte, 7 décembre 1798], t. II, p. 699 ）。像袒护这两个宗教一样，他同样袒护伊斯兰教，仅仅因为这是当地的主流宗教。犹太教和基督教信仰得到了保护，但也仅仅是容忍，并且要受到严密监管。例如，犹太教信徒：他组织了他们的社团（他们大概有 5 000 人，绝大部分住在开罗），并在其中选出了两位高级教士和 7 名顾问，但这只是为了让他们日后为"犹太人可能犯下的错误和引起的混乱承担负责"（ *Correspondance de Napoléon Ier,* no 3258 [arrêté du 7 septembre 1798], t. IV, p.

474）。不过犹太社团的代表们并未因此遭殃。某一事件——我们不知道起因——牵涉了7名犹太人，5男2女，他下令将男人斩首，女人溺死，并没有对社团其他成员进行报复（*Correspondance générale*, no 4162 [au général Destaing, 25 janvier 1799], t. II, p. 815）。

51. Denon et al-Jabartî, *Sur l'expédition de Bonaparte en Égypte*, p. 51-52.

52. Gourgaud, *Mémoires pour servir à l'histoire de France sous Napoléon*, t. II, p. 225-227.

53. Lewis, *Comment l'Islam a découvert l'Europe*, p. 186.

54. Louca, *L'Autre Égypte*, p. 7.

55. *Ibid.*, p. 5. Voir aussi la récente étude de Coller, *Arab France*.

56. *Correspondance générale*, no 3129 [à Regnaud de Saint-Jean d'Angély, 10 septembre 1798], t. II, p. 406.

57. 穆罕默德·库拉伊姆被押解回开罗后，于9月6日被处决，他的头被砍了下来，插在长矛上游城："这就是对抗法国人的暴徒的下场！"（*Correspondance de Napoléon Ier*, no 3248, t. IV, p. 469-470）

58. Cité in Louca, *L'Autre Égypte*, p. 7.

59. "埃及人，"军团的财务官后来说，"或许看起来非常彬彬有礼，但他们善于隐藏自己的想法，而且他们完全不喜欢我们，即便他们得到的待遇好过曾经所有的被征服者……我们周围隐藏着1万个敌人，每一个都装成我们的朋友。"（Poussielgue, *Lettre à M. Thiers*, p. 24-25）

60. Laporte, *Mon voyage en Égypte et en Syrie*, p. 242.

61. Laurens, « Napoléon, l'Europe et le monde arabe », p. 373-374.

62. *Correspondance de Napoléon Ier*, no 3785 [aux habitants du Caire, 21 décembre 1798], t. V, p. 221-222.

63. Denon et al-Jabartî, *Sur l'expédition de Bonaparte en Égypte*, p. 160. 然而，这篇东方风格的文章并不比它效仿的对象逊色，我们将它和土耳其朝廷号召起来对抗法国人的圣战的公告进行对比："啊！你们！真主的敬拜者啊！阿卜杜拉之子穆罕默德事业的信士们啊！聚集起来，在至高真主的庇佑下进行战争吧！那些疯狗可能幻想着真正的信士会和那些他们曾经交战过、被他们欺骗、被他们强迫接受虚假的教义的异教徒一样；但这些受诅咒的人不知道，伊斯兰的教义铭记在我们心中。"（cité in Brégeon, *L'Égypte de Bonaparte*, p. 118-119）

64. *La Décade égyptienne*, t. I, p. 6.

65. Arago, « Gaspard Monge », p. 527-528.

66. Saïd, *L'Orientalisme*, p. 100, 144.

67. Cité in Bret, *L'Expédition d'Égypte*, p. 108.

68. André Raymond, in Bret, *L'Expédition d'Égypte*, p. 105.

69. *Correspondance de Napoléon Ier*, no 3238 [arrêté convoquant le Divan général, 4 septembre 1798], t. IV, p. 464-465 ; instructions délivrées à Monge et Berthollet, commissaires français auprès du Divan général, le 4 octobre 1798 (*Correspondance générale*, no 3385, t. II, p. 505).

70. Lewis, *Comment l'Islam a découvert l'Europe*, p. 219-220.

71. Denon et al-Jabartî, *Sur l'expédition de Bonaparte en Égypte*, p. 154-155.

72. Arago, « Gaspard Monge », p. 544.

73. Denon et al-Jabartî, *Sur l'expédition de Bonaparte en Égypte*, p. 168.

74. André Raymond, in Bret, *L'Expédition d'Égypte*, p. 115-117 ; Imad Abou Ghazi, « L'expédition française dans les écrits des historiens égyptiens du XXe siècle : implications politiques de l'historiographie », in Humbert, *Bonaparte et l'Égypte*, p. 129- 134.

75. Lettres du 14 décembre 1849 et du 15 janvier 1850 (Flaubert, *Correspondance*, t. I, p. 552 et 565).

76. La formule est extraite d'un discours prononcé par Robespierre le 2 janvier 1792 pour s'opposer à la déclaration de guerre à l'Autriche (*OEuvres*, t. VIII, p. 81-82).

77. Kléber et al., *L'État-major de Kléber en Égypte*, p. 54.

78. Doguereau, *Journal*, p. 23. La bouillotte était un nouveau jeu de cartes, inventé quelques années avant la Révolution française, et très à la mode (http:// academiedesjeux.jeuxsoc.fr/bouillotte.htm).

79. Lettre du 23 juin 1799 (Geoffroy Saint-Hilaire, *L'Expédition d'Égypte*, p. 80- 81).

80. Sur tout ceci, voir les lettres du chef de l'atelier d'habillement de l'armée d'Orient Bernoyer,

Avec Bonaparte en Égypte et en Syrie, p. 94-116, Norry, *Relation de l'expédition d'Égypte*, p. 46, et les éléments fournis par Bret, *L'Égypte au temps de l'expédition de Bonaparte*, p. 134-135.

81.　Lettre du contre-amiral Perrée, in Larchey, *Correspondance intime de l'armée d'Égypte*, p. 38.

82.　Moiret, *Mémoires*, p. 63-64. La formule du toast est citée in Bourgeois, *Bonaparte et la presse*, 2e série, p. 33.

83.　因此，1798年11月6日缪拉在给父亲的信上写道，他"很快"就能回到法国（*Lettres et documents pour servir à l'histoire de Murat,*t. I, p. 25）。La citation est extraite de Jacques-François Miot, qui n'avait à l'époque que dix-neuf ans (*Mémoires*, éd. 1804, p. 92-93).

84.　Morand, *Lettres*, p. 65.

85.　Lettre citée in Audebaud, *Le Général de division Dugua*, p. 164.

86.　*Correspondance générale*, no 3878 [8 décembre 1798], t. II, p. 701.

87.　见1798年10月4日他给波拿巴的信，他让自己的一个副官将信转交给了波拿巴，publiée in Brouwet, *Napoléon et son temps*, t. III, p. 180。

88.　*Correspondance générale*, no 2676 [à Brueys, 30 juillet 1798], t. II, p. 216.

89.　*Ibid.*, no 3295 [à Poussielgue, 21 septembre 1798], p. 468-469.

90.　贴身侍从让–巴蒂斯特·埃贝尔（Jean-Baptiste Hébert），司膳总管菲舍尔，马厩总管维戈涅（Vigogne）（sur celui-ci, voir Méneval, *Napoléon et Marie-Louise*, t. I, p. 139），以及在他从叙利亚回来后，巴克伊（Bekry）谢赫送给他的一名年轻格鲁吉亚马穆鲁克，鲁斯塔姆·拉扎（Roustam Raza）。我们不知道波拿巴其他惯用的仆役是否还在他身边，如管家夏尔–路易·普菲斯特（Charles-Louis Pfister）、仆人让–约瑟夫·安巴尔（Jean-Joseph Ambard）、厨师路易–奥古斯坦·加利约特（Louis-Augustin Gallyot）和艾蒂安·科隆（Étienne Collomb）等。

91.　约瑟夫·舒尔科夫什基和弗朗索瓦·克鲁瓦齐耶都死在了埃及。

92.　« Campagnes d'Égypte et de Syrie », *Correspondance de Napoléon Ier*, t. XXIX, p. 365.

93.　Marcel, *Contes du Cheykh êl-Mohdy*, t. III, p. 489-491.

94.　Voir l'étude de Gabriel Madec sur « L'état-major de Bonaparte en Égypte », publiée en annexe au deuxième tome de la *Correspondance générale*, p. 1139-1145, et Dehérain, *Histoire de la nation égyptienne*, p. 307-310. Signalons aussi la présence, auprès de Bonaparte, d'un autre interprète, le Syrien Élias Pharaon.

95.　Jaubert, cité in Dehérain, *Histoire de la nation égyptienne*, p. 309.

96.　Cité in Mme de Rémusat, *Mémoires*, t. I, p. 252.

97.　*Ibid.*, p. 274.

98.　J. M. Le Père, « Mémoire sur la communication de la mer des Indes à la Méditerranée, par la mer Rouge et l'isthme de Soueys [Suez] », *Description de l'Égypte*, « État moderne », t. I, p. 133-134. Voir également les témoignages de Bricard, *Journal*, p. 325-330, et de Galland, *Tableau de l'Égypte*, t. I, p. 46-47.

99.　他对古尔戈说起过："如果埃及这个靠着尼罗河的定期泛滥就能繁荣的特殊地区需要好好治理的话，必须要解决那两三万躲在沙漠里逃过制裁的盗匪，除此之外不需要其他的积极管理了"（*Mémoires pour servir à l'histoire de France sous Napoléon*, t. II,p. 221）。这让我们想到了卡尔·魏特夫的经典著作《东方专制主义》中谈到的"水利社会"和专制主义，以及必要的官僚政治体系。

100.　« Campagnes d'Égypte et de Syrie », *Correspondance de Napoléon Ier*, t. XXIX, p. 385-386.

101.　Barras, *Mémoires*, t. IV, p. 25-28.

102.　Laurens, *L'Expédition d'Égypte*, p. 188.

103.　Bernoyer, *Avec Bonaparte en Égypte et en Syrie*, p. 58.

104.　Clausewitz, *De la guerre*, p. 52-53.

105.　Larchey, *Correspondance intime de l'armée d'Égypte*, p. 130-131.

106.　Carbonnier, « La guerre des géants sous la toise du droit », p. 1084-1085 ; voir également Heller-Roazen, *L'Ennemi de tous*.

107.　*Journal du capitaine François*, p. 224.

108.　*Correspondance générale*, no 3404 [au Directoire, 7 octobre 1798], t. II, p. 513-516.

109.　Lockroy, *Ahmed le Boucher*, p. 15, 135.

110.　*Ibid.*, p. 198.

111. *Correspondance générale*, no 2699 [à Menou, 31 juillet 1798], t. II, p. 224-225.

112. *Ibid.*, no 3171 [à Dugua, 13 septembre 1798], p. 422.

113. Marcel, *Contes du Cheykh êl-Mohdy*, t. III, p. 462-466. 1849 年 11 月 23 日，福楼拜给他的母亲写信道："另外，你想象不到棍棒在这里有多重要。这里滥用笞刑的现象极其严重，这一极有地方特色的惩罚全程都伴随着惨叫。"(*Correspondance*, t. I, p. 534)

114. Galland, *Tableau de l'Égypte*, t. I, p. 161.

115. *Correspondance générale*, no 2958 [27 août 1798], t. II, p. 337.

116. *Correspondance de Napoléon Ier*, no 3105 [arrêté du 25 août 1798], t. IV, p. 397.

117. *Correspondance générale*, no 3398 [à Murat, 6 octobre 1798], t. II, p. 510.

118. *Ibid.*, no 4124 [à Berthier, 20 janvier 1799], p. 801-802.

119. *Ibid.*, no 3177 [à Lanusse, 13 septembre 1798], p. 424. Voir également no 3300 [à Dugua, 23 septembre], p. 470-471.

120. *Ibid.*, no 3425 [à Murat, 11 octobre 1798], p. 524.

121. *Correspondance de Napoléon Ier*, no 3570 [3 novembre 1798], t. V, p. 111.

122. 1799 年 6 月 23 日，波拿巴在给克莱贝尔的信上写道："我马上就要释放哈桑·图巴了。他今晚要把儿子送来做人质……他几天后将前往杜姆亚特；他看起来已经接受教训了；此外，他的儿子给我们做了他的担保。我相信他对你治理曼萨拉湖、管理杜姆亚特省、联络阿里什和在叙利亚开展情报工作很有用。"(*Correspondance générale*, no 4445, t. II, p. 960) 波拿巴甚至将他的财物都物归原主 (lettre à Kléber du 1er juillet, *ibid.*, no 4500, p. 980)。

123. *Ibid.*, no 3626 [à Berthier, 6 novembre 1798], p. 602-603.

124. *Ibid.*, no 2691 [à Zayonchek, 30 juillet 1798], p. 222.

125. *Ibid.*, no 3656 [à Berthier, 11 novembre 1798], p. 613. 然而，我们得注意到两个月后，他就下了完全不同的命令，以获得某个村子的谢赫的口供，他被指控串通马穆鲁克 (*ibid.*, no 4110[à Verdier, 18 janvier 1799], p. 797)。

126. *Ibid.*, no 2850 [16 août 1798], p. 286.

127. *Correspondance de Napoléon Ier*, no 2882 [à Kléber, 30 juillet 1798], t. IV, p. 277.

128. Kléber *et al.*, *L'État-major de Kléber en Égypte*, p. 22-23, 107-109.

129. Laurens, *Kléber en Égypte*, t. I, p. 318-319.

130. *Correspondance générale*, no 2981 [à Kléber, 28 août 1798], t. II, p. 346-347.

131. 根据普西耶尔格的说法，他们每年的收入最多只有 900 万到 1 000 万，但仅军团本身的开支就要 1 500 万到 1 600 万 (*Lettre à M. Thiers*, p. 20-22)。米里是一种基于收成的土地税，可以用现金或实物支付。

132. Le chef de l'habillement Bernoyer nous a laissé le récit d'une de ces expéditions (*Avec Bonaparte en Égypte et en Syrie*, p. 84-86).

133. Laurens, *L'Expédition d'Égypte*, p. 125.

134. Denon et al-Jabartî, *Sur l'expédition de Bonaparte en Égypte*, p. 85.

135. Chalbrand, *Les Français en Égypte*, p. 103. Voir également Denon et al- Jabartî, *Sur l'expédition de Bonaparte en Égypte*, p. 86.

136. Chalbrand, *Les Français en Égypte*, p. 103-104.

137. Denon et al-Jabartî, *Sur l'expédition de Bonaparte en Égypte*, p. 99.

138. Chef de brigade Detroye, cité in La Jonquière, *L'Expédition d'Égypte*, t. III, p. 279.

139. Denon et al-Jabartî, *Sur l'expédition de Bonaparte en Égypte*, p. 101.

140. *Ibid.*, p. 101-102.

141. « Campagnes d'Égypte et de Syrie », *Correspondance de Napoléon Ier*, t. XXIX, p. 500.

142. *Correspondance de Napoléon Ier*, no 3571 [3 novembre 1798], t. V, p. 112 ; *Correspondance générale*, no 3614 [à Destaing, 4 novembre], t. II, p. 598.

143. Geoffroy Saint-Hilaire, *L'Expédition d'Égypte*, p. 75 (lettre à son père, 25 octobre 1798).

144. Denon et al-Jabartî, *Sur l'expédition de Bonaparte en Égypte*, p. 116-117.

145. Cité in Laurens, *L'Expédition d'Égypte*, p. 152.

146. Numéro du 27 novembre 1798, cité in Laurens, *ibid.*, p. 161-162. 波拿巴得知数学家傅立叶辞去了在 *Courrier* 编务委员会的职务，以抗议将军的"软弱"时很是生气。德热内特当时在场，波拿巴向他吐露道："我来告诉你他为什么这么生气。那我从未咨询过他的意见，也绝不会接受他的意见的人，跑到这里来，在我的会客室里，对这次暴动及其前因后果妄下论断，声称其后续发展值得忧虑，最后，他还要教导我该怎么做。你想想，我怎么听他的！我是告诉他此事已经结束了，他向我提议的激进手段并不比那些懦夫经常提出的极端建议来得明智，这里的暴乱不能和他们在巴黎烂泥般的街道上见到的同日而语。"（*ibid.*, p. 433）

147. Cité in Benoist-Méchin, *Bonaparte en Égypte*, p. 192.

148. Brégeon, *L'Égypte de Bonaparte*, p. 205-206. 另一个版本：他和卡法雷利站在金字塔底下看贝尔蒂埃停在了半途，他冲他喊道："怎么样了？你要下来吗？我可怜的贝尔蒂埃，她不在塔顶吧，是不是？但是她也不在下面呀！"（Ch. Reybaud, cité in La Jonquière, *L'Expédition d'Égypte*, t. III, p. 18-19）

149. Voir Collaveri, *Napoléon franc-maçon?*

150. Madelin, *Histoire du Consulat et de l'Empire*, t. II, p. 244-245.

151. Roederer, *Bonaparte me disait*, p. 15.

152. 他在给迪加将军的信上谈到此事，就像"一件小小的意外"一样（*Revue des études napoléoniennes*, vol. XLI [1935], p. 163-167）。

153. Bourrienne, *Mémoires*, t. II, p. 174.

154. 9月8日在他给督政府的信上："我不能像之前保证的那样，在10月返回巴黎了，但也就再多几个月。"（*Correspondance générale*, no 3112, t. II, p. 399-400）

155. *Ibid.*, no 3948, p. 729.

第19章 雅 法

1. « Mémoire sur la situation de la République française considérée dans ses rapports extérieurs avec les autres puissances, présenté au Directoire le 22 messidor an VI [10 juillet 1798] » (Talleyrand, *Correspondance diplomatique*, p. 247-248, 338-339).

2. La garnison commandée par le général Vaubois résistera jusqu'au 4 septembre 1800.

3. Marcère, *Une ambassade à Constantinople*, t. II, p. 360.

4. *Ibid.*

5. Voir le *Projet de mémoire pour servir d'instructions au ministre plénipotentiaire de la République auprès de la Porte ottomane, présenté au Directoire le 26 ventôse an VI [16 mars 1798]*, reproduit dans Talleyrand, *Correspondance diplomatique*, p. 336-338, note. 在奥斯曼帝国经历了长久的衰退，即将"土崩瓦解"之时，我们在塔列朗给法国大使的指令中读到："了解欧洲的贸易体系，尤其是英国在印度的，计算埃及在当下和未来能够带给法兰西共和国的好处，（督政府）已决定登陆埃及并在此处建立法国政权。埃及是奥斯曼的所有省份中，朝廷的统治最不稳固的。我们甚至可以说连其权威的影子也看不见。他们在开罗的帕夏仅仅是（马穆鲁克）贝伊们的头等奴隶……因此，占领埃及对土耳其朝廷不会有任何实际损害。"（p. 338）

6. 与俄国的同盟条约于1798年12月23日签署，与英国的在1799年1月5日签署，与那不勒斯的1799年1月21日签署。

7. *Correspondance générale*, no 2904, t. II, p. 316.

8. 5月23日，当舰队刚绕过科西嘉角时，他请他等到远征军离开西西里再动身（*ibid.*, no 2501, p. 133）。一个月后，他派了一艘护卫舰到土伦接塔列朗去君士坦丁堡（no 2556, p. 159）。他坚信塔列朗会去，还写信通知吕芬塔列朗即将赴任（no 2592 [6 juillet], p. 175）。他在8月19日第一次表现了怀疑，"塔列朗到君士坦丁堡了吗？"他问督政府（no 2870, p. 299）。他直接给塔列朗部长的信寄到了君士坦丁堡，并称其为"大使公民"，好像他的问题已经得到了肯定回答（no 2904, p. 316）。但是同天他给大维齐尔的信就更为谨慎："公民塔列朗-佩里戈尔，应该已经到了。如果有什么事故，他没到……"（no 2906, p. 317）8月30日，在给督政府的信上，他只说自己"想象"塔列朗已经到了目的地（no 3017, p. 360）。到了10月，所有的幻想都破灭了，他在给督政府的信上愤怒地说："你们应该经维也纳派一个大使到君士坦丁堡，这才是最重要的！塔列朗应该履行他的诺言。"（no 3404, p. 514）

9. *Correspondance de Napoléon Ier*, t. XXIX, p. 474.

10. Kléber, *L'État-major de Kléber en Égypte*, t. I, p. 289. Al-Jabartî signale son arrivée le 15 septembre (*Sur l'expédition de Bonaparte en Égypte*, p. 84-85).

11. *Correspondance de Napoléon Ier*, t. XXIX, p. 474.

12. *Correspondance générale*, no 2894 [à Djezzar, 22 août 1798], t. II, p. 311-312.

13. *Ibid.*, no 3647, p. 610-611. En décembre, il lui enverra un émissaire nommé Beauchamp, ancien consul de France à Mascate.

14. Instructions du 4 novembre 1798, citées dans La Jonquière, *L'Expédition d'Égypte*, t. III, p. 266-268.

15. Voir *Correspondance générale*, no 4235 [au Directoire, 10 février 1799], t. II, p. 850. La nouvelle était fausse.

16. *Ibid.*, no 4235 [10 février 1799], p. 850. 他向古尔戈解释了他为何要立刻行动:"如果法军安静地待在埃及,那就会同时遭到两支军队的进攻;此外,还要担心欧洲来的军队,以及在遭到攻击的同时内部爆发骚乱。那样,即便法军获胜,他们也不能从胜利中得到好处。海上,他们没有军舰,在陆地,埃及和叙利亚之间隔着75里格的沙漠,任何军队都无法在炎热的季节穿越它。因此,战争的法则告诉将军他得先敌人一步在冬季穿过沙漠,夺取他们在叙利亚海湾边的仓库,在敌人集结前打击并毁灭他们的军队。"(Gourgaud, *Mémoires pour servir à l'histoire de France sous Napoléon*, t. II, p. 300)

17. *Correspondance de Napoléon Ier*, t. XXX, p. 14. 目标是在伊朗东南方和巴基斯坦西南方的莫克兰,在印度洋沿岸。他还对古尔戈说:"如果运气好的话,我们就能在仲夏到达幼发拉底河,由10万辅助军支援的2.5万名法国老兵,这将是世界上最优秀的部队,还有数不清的大炮。我们就能威胁君士坦丁堡;如果能与他们修好,我们就能在秋天穿过沙漠向印度进军。"(Gourgaud, *Mémoires pour servir à l'histoire de France sous Napoléon*, t. II, p. 301)

18. Parmi les exceptions, Benoist-Méchin (*Bonaparte en Égypte*, p. 232-234).

19. Bourrienne, *Mémoires*, t. II, p. 243-244.

20. 英国人并不认为法军无力在印度发起进攻。因此他们将主力部队交给韦尔斯利勋爵,让他彻底打败扎哈曼沙阿——英国人担心法国和阿富汗建立良好关系——和蒂普苏丹。阿富汗人在1799年1月被赶回了喀布尔,迈索尔苏丹在5月被杀。从此英国人控制了印度次大陆,能够把注意力转到红海和波斯湾。为了阻止法军舰队离开苏伊士,他们占领了丕林岛,又为了阻止法国在占领叙利亚后从巴士拉出发登陆,他们还派了舰队在波斯湾巡航(Laurens, *L'Expédition d'Égypte*, p. 175-178)。

21. Cité in La Jonquière, *L'Expédition d'Égypte*, t. III, p. 266-268.

22. *Réimpression de l'ancien Moniteur*, t. XXIX, p. 497.

23. *Ibid.* 亨利·洛朗斯认为波拿巴入侵叙利亚,不仅是为了"消除奥斯曼军队的威胁",还"为了煽动其各民族起义以颠覆这个帝国,至少是其东部"(*L'Expédition d'Égypte*, p. 180-185)。

24. 前往叙利亚的部队共12 945人,构成如下:克莱贝尔师(2 349),邦师(2 499),拉纳师(2 924),雷尼耶师(2 160);以及骑兵(800),工兵(340),炮兵(1 385),400名走路或骑马的向导,88名骆驼骑兵(chiffres donnés par Berthier dans sa *Relation de la campagne de Syrie* [*Réimpression de l'ancien Moniteur*, t. XXIX, p. 842-843])。

25. *Correspondance générale*, no 4200 [3 février 1799], t. II, p. 832.

26. *Ibid.*, no 4317, p. 895.

27. 贝尔蒂埃在他关于此战役的叙述中确认了这一点:"向叙利亚行进,惩罚吉扎尔,如果土耳其与法国的敌人结盟,那么就摧毁他们打算进攻埃及的军队;倘若他们仍与共和国维持友谊,他将恢复土耳其对叙利亚帕夏的任命和其在这里的权威;之后立刻返回埃及去和从海上进犯的敌军交战。"(*Relation des campagnes du général Bonaparte en Égypte et en Syrie*, p. 39)

28. Napoléon Bonaparte, *Lettres du cap de Bonne-Espérance*, p. 354.

29. *Correspondance de Napoléon Ier*, no 3746 [Instructions du 11 décembre 1798], t. V, p. 201-203.

30. *Correspondance générale*, no 3404 [7 octobre 1798], t. II, p. 515.

31. Voir le compte rendu de cet entretien, in *Correspondance de Napoléon Ier*, no 3944 [8 février 1799], t. V, p. 300-302.

32. Pour en juger, voir la lettre dans laquelle Bonaparte informe Kléber des « nouvelles » arrivées de France (*Correspondance générale*, no 4208 [5 février 1799], t. II, p. 835).

33. *Ibid.*, no 4231 [à Marmont, 9 février 1799], p. 846.

34. *Ibid.*, no 4235 [au Directoire, 10 février 1799], p. 850.

35. *Ibid.*, no 3040 [à Kléber, 1er septembre 1798], p. 371.

36. Lettre à Bonaparte du 7 septembre 1798 (Laurens, *Kléber en Égypte*, t. I, p. 301-302). Il remit ses pouvoirs au général Manscourt, sans attendre la permission de Bonaparte, le 18 septembre.

37. 可以看波拿巴在9月12日（*Correspondance générale*, no 3151, t. II, p. 415）和10月4日的和解信："请相信……我对您的尊重和友好。我很担心我们之间有些许矛盾；如果您怀疑它给我带来的痛苦，那就太不公平了。在埃及的土地上，当阴云出现后6个小时就会消失，而如果我心中有任何阴霾，它3个小时后就会消失。"（*ibid.*, no 3384, p. 504）

38. 正如在« Campagnes d'Égypte et de Syrie »开头的画像显示的那样，圣–伯夫对此只做了字面上的理解（*Causeries du lundi*, t. I, p. 185-186）。但要正确理解其含义，就要将其与拿破仑描写克莱贝尔在1799年和1800年的行政管理的那些令人震惊的内容联系起来看（*Correspondance de Napoléon Ier*, t. XXX, p. 97-128）。Voir *ibid.*, t. XXIX, p. 364-365.

39. "懒惰"、寻欢作乐、贪婪、野蛮、没有政治判断力、平庸的管理者；但当他不得不在"荣誉与耻辱中选择"时，他也能办到"最伟大的事"（Gourgaud, *Journal*, t. II, p. 185-186）。

40. Laurens, *Kléber en Égypte*, t. II, p. 544-545.

41. 雷尼耶抱怨波拿巴对待自己总是比对自己的同僚差，他抱怨自己部队的人数，抱怨交付给他掌管的地区"不宜居住，没有其他人想要"，抱怨他吝于表彰他的胜利——"某次在我的师遭遇敌人时，他没有任何表扬这支履行了自己的职责的部队的话"（cité in La Jonquière, *L'Expédition d'Égypte*, t. IV, p. 186）。

42. Villiers du Terrage, *Journal et souvenirs*, p. 93-94.

43. *Correspondance de Napoléon Ier*, no 3976 [18 février 1799], t. V, p. 325, et no 3979 [même jour], p. 326-327.

44. *Ibid.*, no 3982 [19 février 1799], p. 328-329.

45. Cité in La Jonquière, *L'Expédition d'Égypte*, t. IV, p. 199.

46. Laurens, *L'Expédition d'Égypte*, p. 186.

47. 关于部分战俘返回埃及一事，voir *Correspondance de Napoléon Ier*, no 3984 [à Dugua, 21 février 1799], t. V, p. 329. 第二天，波拿巴命令雷尼耶在阿里什塞留下了100名土耳其人留守，他们后来被补充进了在开罗的苏丹亲兵连，并征募"所有自愿弃暗投明的人"（*ibid.*, no 3989, p. 332）。同天，他又给迪加写道："我征募了和我们一起行军的三四百马格里布人。"（*Correspondance générale*, no 4251, t. II, p. 858）

48. La Jonquière, *L'Expédition d'Égypte*, t. IV, p. 202-204.

49. "柠檬树，橄榄林，陡峭的地势都让人们想起了朗格多克；人们会以为自己已经到了贝济耶附近。"（*Correspondance générale*, no 4265 [à Desaix, 27 février 1799], t. II, p. 867）。

50. *Ibid.*, no 4260-4261 [à Dugua et à Marmont, 26 février 1799], p. 864-865.

51. Laporte, *Mon voyage en Égypte et en Syrie*, p. 160.

52. *Journal du capitaine François*, p. 270.

53. Lacorre, *Journal inédit*, p. 92.

54. Volney, *Voyage en Égypte et en Syrie*, t. I, p. 116-117.

55. Niello Sargy, *Mémoires*, p. 254-255.

56. Malus, *L'Agenda de Malus*, p. 134-136.

57. Niello Sargy, *Mémoires*, p. 255-256.

58. Cité in Benoist-Méchin, *L'Expédition d'Égypte*, p. 236. 弗朗索瓦上尉补充说劫掠持续了4天，直到3月11日（*Journal*, p. 274-275）。但博纳丰（Bonnefons）说不超过24小时（*Souvenirs et cahiers sur la campagne d'Égypte*, p. 45-46）。

59. 在贝尔蒂埃给土耳其要塞指挥官的照会上，波拿巴说，他"不忍看到被强攻破城的城市所遭遇的不幸"，并保证对方只要投降就能"保全守军的性命"和"让城市免于兵灾"（*Correspondance de Napoléon Ier*, no 4011 [à Abdallah Aga, 7 mars 1799], t. V, p. 347）。

60. Bourrienne l'affirme (*Mémoires*, t. II, p. 221).

61. *Ibid.*, p. 222-223.

62. *Ibid.*, p. 223-226.

63. La Jonquière, *L'Expédition d'Égypte*, t. V, p. 266-267.

64. *Correspondance générale*, no 4271, t. II, p. 870.

65. Voir les chiffres donnés par La Jonquière, *L'Expédition d'Égypte*, t. V, p. 269-270.

66. E. de Beauharnais, *Mémoires et correspondance*, t. I, p. 54.

67. Chateaubriand, *Mémoires d'outre-tombe*, t. I, p. 1152.

68. Miot, *Mémoires*, éd. de 1814, p. 145-148. La première édition, publiée en 1804, contient un récit édulcoré de l'exécution (p. 138). Voir également les témoignages de Detroye (in La Jonquière, *L'Expédition d'Égypte*, t. V, p. 270), Peyrusse (*ibid.*, p. 271) et Bourrienne (*Mémoires*, t. II, p. 220-227).

69. Thiers, *Histoire de la Révolution française*, t. X, p. 401.

70. Reggenbogen, *Napoléon a dit*, p. 18.

71. Les citations qui suivent sont extraites du 8e chapitre du livre III, « Du droit des nations dans la guerre, et de ce qu'on est en droit de faire et de ce qui est permis, dans une guerre juste, contre la personne de l'ennemi » (Vattel, *Le Droit des gens*, t. II, p. 104-122).

72. *Ibid.*

73. 守军指挥官阿卜杜拉将军暂时免于一死，被送往开罗。在从叙利亚回来后，波拿巴下令将其斩首（*Correspondance générale*, no 4558 [à Dugua, 8 juillet 1799], t. II, p. 1001 ）。

74. *Correspondance de Napoléon Ier*, no 3983 [au commandant du fort d'El-Arich, 20 février 1799], t. V, p. 329.

75. *Ibid.*, p. 109.

76. *Archives parlementaires*, t. XLVII, p. 131-132 (séance du 24 juillet 1792).

77. 贝亨奥普佐姆，于奥地利王位继承战争中，在1747年7月到9月被法军围攻；奥恰科夫在黑海沿岸，它于最近一次俄土战争中，在1789年6月到12月被俄军围攻。

78. Vattel, *Le Droit des gens*, t. II, p. 118.

79. "〔战俘们〕在营地前20步处露宿，" 管理官多尔写道，"他们只有10个步行向导看守；我们每天只能分给他们少量食物，而波拿巴打算把他们送到塞浦路斯去。一直跟着军队的海军中将冈托姆收到命令，征用了我们在港中找到的船，就在即将做好准备时，一艘敌人的船被我灯塔发出的信号迷惑，开进了港口落入我们手中。他们都被逮捕了，船长和包括一位名叫穆斯塔法·哈吉（Mustafa Hadj）的医生在内的几名乘客被带到了波拿巴那里。询问了他们登陆的目的和意图，他们说他们是土耳其大君正在叙利亚平原集结的部队的一部分；他们从君士坦丁堡来；土耳其已经对法国宣战了；所有的法国人都在范围内，甚至还包括黎凡特的贸易人员，他们都被逮捕入进了监狱；甚至还有一些人成了人们愤怒的牺牲品，而所有囚犯的财产都被充公。这个坏消息改变了波拿巴的策略和安排。这些他打算送去塞浦路斯的土耳其人，将是土耳其宫廷在这里建立的部队的核心。他们会被派回雅法沿岸，煽动当地人和曾残暴袭击我们的阿拉伯游牧部落来反抗我们。在这种情况下，波拿巴该怎么做？"（*Bourrienne et ses erreurs*, t. I, p. 72-74 ）

80. Benoist-Méchin, *Bonaparte en Égypte*, p. 237-238.

81. La Jonquière, *L'Expédition d'Égypte*, t. IV, p. 283.

82. Desgenettes, *Histoire médicale de l'armée d'Orient*, p. 22.

83. Vattel, *Le Droit des gens*, t. II, p. 119.

84. 这也是为什么他在后来试图减轻雅法发生之事带来的恐慌时，会如此无视事实地声称自己只处死了背誓之人……这显然是少算了2 000名其他受害者，他甚至说他们是在战斗中丧生或已经回来了。波拿巴回到法国后，贝尔蒂埃在刚出版的 *Relation de la campagne de Syrie* 中，甚至表示投降者都回了家（*Réimpression de l'ancien Moniteur*, t. XXIX, p. 845-846 ）。在圣赫勒拿重写自己故事的拿破仑，把死亡的人数降到了与阿里什的背誓者等同，大概有八九百人。我们可以在 *Campagnes d'Égypte et de Syrie* 中读到："有2 500名战俘，其中有八九百人是阿里什要塞守军。后者在一年前保证了不回叙利亚，并且向巴格达方向走了3天的路程，但是转头又加入了雅法守军。他们已经违背了誓言：他们得被处死。其他战俘（大概有1 500人）要被送到埃及去。"（*Correspondance de Napoléon Ier*, t. XXX, p. 27-28 ）在与奥梅哈医生的对话中也说起同样的事："我处决了阿里什要塞投降后又被发现重新参加战斗的守军。我们宽恕了数量相当大的其他人。"（cité in La Jonquière, *L'Expédition d'Égypte*, t. V, p. 269 ）

85. Marmont, *Mémoires*, t. II, p. 13-14.

86. Stendhal, *Vie de Napoléon*, p. 27-30.

87. Bourrienne, *Mémoires*, t. II, p. 226-227。总的来说对波拿巴评判苛刻的德热内特也认为，雅法是 "符合战争时期恐怖且必要的律法的可怕行径之一"（*Histoire médicale de l'armée d'Orient*, p. 45 ）。而马尔蒙说："如果一位将军出于对敌人的虚伪的人道主义动机，牺牲了军队的安全和士兵的性命，那他应受何种指责？欧洲有交换战俘的成例，为了换回自己的士兵和保住他们的性命，各方就得小心对待自己的战俘。但是对这些肆意杀戮的野蛮人，除了杀死他们别无选择。"（*Mémoires*, t. II, p. 13）

88. Niello Sargy, *Mémoires*, p. 328.

89. Bernoyer, *Avec Bonaparte en Égypte et en Syrie*, p. 147-148.

90. Herold, *Bonaparte en Égypte*, p. 337.

91. 屠杀罪行是在1776年5月19日犯下的。Voir Volney, *Voyage en Égypte et en Syrie*, t. I, p. 117-120.

92. *Correspondance générale*, no 4276, t. II, p. 872. 同天给耶路撒冷当局的公告则是其变种："他们得知道，对我的敌人，我就像天火一样恐怖，而对人民和想成为我朋友的人来说，我就是宽宏而仁慈的神明。"（*ibid.*, no 4277, p. 872-873）

93. 在法荷战争（1672—1679年）中，卢森堡元帅在向海牙进军时，洗劫了斯旺莫丹和博德格拉夫（1672年12月）。他的军队纵情杀戮，卢森堡元帅对此颇为自豪，在给卢瓦的信上表达了他看到熊熊燃烧的奥兰治亲王的城堡和被烧死的敌军士兵时的欣喜之情："我看到了一些赏心悦目的小小废墟，烈火把房子和里面的人一同吞噬。"屠杀是有计划的。卢森堡元帅说他想要在荷兰人中引发"有益的恐慌"（Petitfils, *Louis XIV*, p. 376-377）。

94. 在荷兰，恐怖策略的影响也与预期相反。实际上，1672年的屠杀招致了长久以来都没有消散的对法国人的恨意，半个世纪后造访荷兰的伏尔泰仍见证了这种反法情绪。在最初的震惊和恐怖过后，这些"典型"并未让敌人放下武器，反而激起了他们的爱国热情和抵抗意志。

95. 见第20章。

96. La Jonquière, *L'Expédition d'Égypte*, t. IV, p. 283.

97. 6-15天, selon Larrey, « Mémoire sur la peste qui a régné dans l'armée d'Orient pendant son expédition de Syrie » (Larrey, *Mémoires de chirurgie militaire*, t. I, p. 316).

98. 在和拉斯卡斯谈到瘟疫时，"他说最危险、蔓延最广泛的就是恐惧，它主要存在于人们的想象中：在埃及，每个有此想象的人都受到了死亡的攻击。战胜它的方法以及最有效的治愈手段就是鼓起勇气"（*Mémorial*, t. II, p. 432）。

99. Sur le tableau de Gros, voir O'Brien, *Antoine Jean Gros*, p. 90-117.

100. Bourrienne, *Mémoires*, t. II, p. 256-258. 布列纳还说此事发生在两个月后，是他们从圣-让·阿克返回后的事。

101. Desgenettes, *Histoire médicale de l'armée d'Orient*, p. 49-50.

102. Cité in La Jonquière, *L'Expédition d'Égypte*, t. IV, p. 285, n. 1.

103. Chef de bataillon Detroye, *ibid.*, p. 285, n. 1.

104. *Ibid.*

105. 我们在1804年沙龙的小册子里可以读到："为了进一步证明这种疾病不是立刻感染且无药可救的，波拿巴在他面前割开了几个鼠疫导致的肿块并触碰了它们。"（O'Brien, *Antoine Jean Gros*, p. 98）。

106. 1804年9月24日，在庆祝格罗的 *Pestiférés de Jaffa* 大获成功的晚宴上，吉罗代（Girodet）为格罗的画写了一首诗："当谣言四起，在这悲惨之地，／一位守护天使在此现身；／瞬间万众欢腾；所有人都急切赶来一睹真容／他们濒死的眼睛里闪起了希望的光。／他们中的一位，在赶来时瞎了眼，／他渴望聆听他的统帅：／没有向导，也没有手杖，他急切地赶到这里／只要那位英雄对他说话，他就会当即被治愈。"（Louca, *L'Autre Égypte*, p. 61）

107. Goethe, *Conversations avec Eckermann*, p. 300.

108. Voir Friedlaender, « Napoleon as *roi thaumaturge* ».

109. 他面对的不是鼠疫，而是伤寒、痢疾和坏血病；鼠疫在8世纪就从地中海沿岸消失了，在15世纪前没有再次出现过（Le Goff, *Saint Louis*, p. 189）。Voir la *Vie de Saint Louis* par Joinville.

110. Cité par Chateaubriand, *Mémoires d'outre-tombe*, t. I, p. 1153.

111. Évangile selon saint Marc, I 40-41.

112. « Campagnes d'Égypte et de Syrie », *Correspondance de Napoléon Ier*, t. XXX, p. 24.

113. *Ibid.*

114. Bloch, *Les Rois thaumaturges*, p. XVI-XXVI (préface de J. Le Goff) ; p. 79-86, 185-260, 381-405.

115. O'Meara, *Documents particuliers sur Napoléon Bonaparte*, p. 111.

116. Faure, *Napoléon*, p. 106.
117. *Ibid.*

第20章　从东方归来

1. Cité in Bainville, *Bonaparte en Égypte*, p. 74. 贝尔蒂埃也同样责怪波拿巴。在他的报告中，他归咎于全军，以便不单独指责波拿巴："雅法的胜利使得法军过于自信，认为阿克的要塞不足为虑。"（*Récit des campagnes du général Bonaparte en Égypte*, p. 70）

2. Napoléon expose le plan mis au point par Caffarelli dans ses « Campagnes d'Égypte et de Syrie » (*Correspondance de Napoléon Ier*, t. XXX, p. 39-40).

3. Ader, *Histoire de l'expédition d'Égypte*, p. 189-191.

4. *Journal du capitaine François*, p. 310.

5. Miot, *Mémoires*, p. 240.

6. Cité in Laurens, *L'Expédition d'Égypte*, p. 196.

7. Miot, *Mémoires*, p. 224.

8. Laurens, *Kléber en Égypte*, t. II, p. 554-555.

9. 有7艘军舰落入英国人手中（Barrow, *Life and Correspondence of Admiral Smith*, t. I, p. 268, note）。斯坦莱特船长成功救下了剩余6艘，但他把船带回了法国，当然，之后他并未回来（« Campagnes d'Égypte et de Syrie », *Correspondance de Napoléon Ier*, t. XXX, p. 32 et 37-38）。

10. *Correspondance de Napoléon Ier*, t. XXX, p. 51-52. 攻城炮直到4月30日才运抵阿克。在那之前，法军只有两门从海法找到的没有炮架的短重炮，一门32磅，另一门24磅，以及4门6寸白炮和36门轻炮（*ibid.*, p. 40）。

11. 这次屠杀发生在法军初次进攻失败后，即3月28日（Lockroy, *Ahmed le Boucher*, p. 254）。

12. 这显然不同于波拿巴在4月5日写给阿尔梅拉参谋上校的信中的判断："所有人都会归顺我：莫托乌利（Motouâly）、马龙派和德鲁兹派都会站在我这边。大马士革只等听到阿克陷落的消息，就会交出城门钥匙欢迎我。"（*Correspondance générale*, no 4315, t. II, p. 894）

13. 4月6日增援吉扎尔的援军在阿克登陆，英国派来了"100多名经验丰富的军官和炮手"（« Campagnes d'Égypte et de Syrie », *Correspondance de Napoléon Ier*, t. XXX, p. 43）。

14. Sur William Sidney Smith (1764-1840), voir Smith, *Memoirs*, Barrow, *Life and Correspondence of Admiral Smith* (notamment t. I, p. 235-260), et la notice qui lui est consacrée dans la *Biographie universelle* de Michaud (t. XXXIX, p. 465-472).

15. Smith, *Memoirs*, t. I, p. 171-172. Le capitaine Krettly affirme lui aussi avoir été reçu par Sidney Smith à bord du *Tigre* (*Souvenirs*, p. 58).

16. Bainville, *Napoléon*, p. 126.

17. Voir le récit de Lavalette (*Mémoires et souvenirs*, t. I, p. 312).

18. « Campagnes d'Égypte et de Syrie », *Correspondance de Napoléon Ier*, t. XXX, p. 50. Sur les conférences du 17 avril, voir p. 50. 后来，拿破仑夸大了他从贝卡的什叶派、加利利的基督徒和巴勒斯坦的犹太人——他们谣传波拿巴要"重修所罗门的神殿"——那里获得的援助，以及人们对吉扎尔残酷统治的反抗（*ibid.*, p. 36-37）。

19. Bernoyer, *Avec Bonaparte en Égypte et en Syrie*, p. 163.

20. Niello Sargy, *Mémoires*, p. 286.

21. Lockroy, *Ahmed le Boucher*, p. 257.

22. Lettre du 30 mai 1799, reproduite in Barrow, *Life and Correspondence of Admiral Smith*, t. I, p. 309-310.

23. Bernoyer, *Avec Bonaparte en Égypte et en Syrie*, p. 164.

24. C'est ainsi qu'il appelle Acre dans une conversation avec Bourrienne (*Mémoires*, t. II, p. 243-244).

25. « Campagnes d'Égypte et de Syrie », *Correspondance de Napoléon Ier*, t. XXX, p. 57.

26. *Correspondance générale*, no 4315, t. II, p. 894.

27. « Campagnes d'Égypte et de Syrie », *Correspondance de Napoléon Ier*, t. XXX, p. 57.

28. Goethe, *Conversations avec Eckermann*, p. 299.

29. Bainville, *Napoléon*, p. 126.

30. Sainte-Beuve, « Campagnes d'Égypte et de Syrie, par Napoléon », *Causeries du lundi*, t. I, p. 195.

31. « Campagnes d'Égypte et de Syrie », *Correspondance de Napoléon Ier*, t. XXX, p. 57.

32. *Correspondance générale*, no 4346 [10 mai 1798], t. II, p. 910-913.

33. *Correspondance de Napoléon Ier*, no 4138 [17 mai 1799], t. V, p. 429-430.

34. Sorel, *L'Europe et la Révolution française*, t. V, p. 447.

35. Bourrienne, *Mémoires*, t. II, p. 250-251. 他们花了17天从阿克回到了123里格外的开罗，平均每天要走7里格（Desgenettes, *Histoire médicale de l'armée d'Orient*, p. 110-113）。

36. Ordre du 28 mai (*Correspondance de Napoléon Ier*, no 4158, t. V, p. 441-442).

37. *Correspondance générale*, no 4347 [à Perrée, 11 mai 1799], t. II, p. 913. 关于送走伤员，可以参考no 4350 [à l'adjudant général Leturcq, 16 mai 1799], p. 914，还有同天给瓦耶、阿尔梅拉参谋上校和迪加将军的信（no 4351-4353）（p. 914-916），还有贝尔蒂埃第二天给拉纳的指令（*Correspondance de Napoléon Ier*, no 4141, t. V, p. 431-432）。

38. Voir *Correspondance de Napoléon Ier*, no 4145 [Berthier à Leturcq, 19 mai 1799], t. V, p. 433, no 4147-4149 [Berthier à Dommartin, 21 mai], p. 435 ; *Correspondance générale*, no 4358 [à Berthier, 25 mai], t. II, p. 918, 尤其是5月24日贝尔蒂埃给布瓦耶参谋上校的命令（*Correspondance de Napoléon Ier*, no 4150, t. V, p. 435-436）。

39. Desgenettes, *Histoire médicale de l'armée d'Orient*, éd. 1830, p. 97.

40. *Memoir of a Campaign with the Ottoman Army in Egypt*, Londres, 1801 (voir De Meulenaere, *Bibliographie raisonnée*, p. 200).

41. Cité par Cadet de Gassicourt, *Voyage en Autriche*, p. 386-387. L'éditeur anglais du livre de Wilson en publia une traduction française en 1803.

42. Cet extrait du journal militaire du colonel Vigo-Roussillon est cité in Warden, *Lettres de Sainte-Hélène*, p. 122, n. 1.

43. La première version est celle des « Campagnes d'Égypte et de Syrie » (*Correspondance de Napoléon Ier*, t. XXX, p. 60-61). 在与奥梅拉医生的交谈中，波拿巴只谈及了7个病患。（Warden, *Lettres de Sainte-Hélène*, p. 121-122）。他和拉斯卡斯说起此事时也给出了一样的数据（*Mémorial*, t. I, p. 136-137），并补充说最终没有一个病患被处死，因为他们在后卫部队离开雅法时都死了。同样也可以参考Bertrand, *Cahiers*, t. III, p. 91。第二个版本是拿破仑给拉斯卡斯的（*Mémorial*, t. I, p. 135-138）。最后一个版本是布列纳给出的（*Mémoires*, t. II, p. 263-264）。

44. 只有拉雷坚称无人被毒死（*Mémoires de chirurgie militaire*, t. I, p. 311-312 et 355）。

45. Bourrienne, *Mémoires*, t. II, p. 255.

46. Laurens, *Kléber en Égypte*, t. II, p. 543.

47. 他仅说他拒绝了解感染者的性命，并承认无法送走他们："我向上级指出，将这些病患从绝境中运走是危险又无法实现的。"（*Histoire médicale de l'armée d'Orient*, éd. de 1802, p. 99）。

48. Desgenettes, *Histoire médicale de l'armée d'Orient*, 2e éd., 245-246. 我们要注意到是罗伯特·威尔逊（Robert Wilson）将军第一个宣称这是"谋杀"的，但他之后的判断又有了微妙的变化。就像他在几年后写的那样，他看到了"一个俄国亲王为了结束一个法国军官的痛苦亲手割了他的喉咙"（cité in Randolph, *life of General Sir Robert Wilson*, t. I, p. 238）。

49. 卢瓦耶3年后死在了埃及，据说波拿巴反对让他回法国：是因为他知道得太多吗？Voir l'étude consacrée à l'affaire par le docteur Cabanès (*ibid.*, p. 452-466).

50. Voir Bourrienne, *Mémoires*, t. II, p. 257 ; François, *Journal*, p. 316 ; Lacorre, *Journal inédit*, p. 94 ; Desgenettes, *Histoire médicale de l'armée d'Orient*, p. 99 ; Niello Sargy, *Mémoires*, p. 295-296.

51. Voir *Correspondance générale*, no 4363 [à Berthier, 27 mai 1799], t. II, p. 921.

52. 布瓦耶参谋上校的说法是700人（*Historique de ma vie*, t. I, p. 25-26），而波拿巴则说有1 700人（« Campagnes d'Égypte et de Syrie », *Correspondance de Napoléon Ier*, t. XXX, p. 58-59）。Voir le témoignage de l'ordonnateur en chef Dauredans le volume collectif *Bourrienne et ses erreurs*, t. I, p. 35-38.

53. 英军在雅法找到了几艘船，里面躺着几十名重伤员，拦截了这支船队的英国人把伤员送到了杜姆亚特（Herold, *Bonaparte en Égypte*, p. 373-374）。

54. *Correspondance générale*, no 4323 [à Berthier, 18 avril 1799], t. II, p. 900.

55. Voir le témoignage du colonel Vigo-Roussillon, cité in Warden, *Lettres de Sainte-Hélène*, p. 123, note.

56. « Campagnes d'Égypte et de Syrie », *Correspondance de Napoléon Ier*, t. XXX, p. 58-61.

57. Desgenettes ramène ce chiffre à 700 (*Histoire médicale de l'armée d'Orient*, p. 109).

58. Michalon et Vernet, « Adaptation d'une armée française de la fin du XVIIIe siècle à un théâtre d'opérations proche-oriental », p. 109.

59. « Campagnes d'Égypte et de Syrie », *Correspondance de Napoléon Ier*, t. XXX, p. 62.

60. *Correspondance générale*, no 4424 [à Ganteaume, 21 juin 1799], t. II, p. 949-950.

61. Niello Sargy, *Mémoires*, p. 299.

62. *Ibid.*, p. 325-326. Voir également la note du savant Redouté sur « La dispute entre Desgenettes et Bonaparte à l'Institut d'Égypte, 4 juillet 1799 », reproduite par Carmélia Opsomer, « Les manuscrits de Redouté, dessinateur et chroniqueur de l'expédition » (Bret, *L'Expédition d'Égypte*, p. 77).

63. 他曾嘱咐傅立叶销毁开罗学院的记录中所有涉及此事的内容，就像傅立叶对英军将领威尔逊说的那样。威尔逊在傅立叶于1802年3月13日写给他的信的背后，草草写下："这个人是学院的秘书：他奉波拿巴指令，就像他告诉我的那样，销毁了学院中关于波拿巴和德热内特争吵的记录。"（Randolph, *Life of General Sir Robert Wilson*, t. I, p. 237）

64. *Correspondance générale*, no 4431 [à Desaix, 22 juin 1799], t. II, p. 952. Voir aussi la lettre qu'il écrit le 30 juin au sultan du Darfour (*ibid.*, no 4492, p. 977-978).

65. *Ibid.*, no 4479 [28 juin 1799], p. 972.

66. Denon et al-Jabartî, *Sur l'expédition de Bonaparte*, p. 255.

67. Voir La Jonquière, *L'Expédition d'Égypte*, t. V, p. 231, n. 2 ; Audebaud, *Dugua*, p. 163. 女性的传统处决方式就是溺死：就像1月25日的那两个犹太女人那样，波拿巴下令将她们"扔到水里"（*Correspondance générale*, no 4162 [à Destaing], t. II, p. 815）。在阿克，他给迪加的信里也提到了一名德斯坦逮捕的"放荡女人"，他回到开罗后就要"把她溺死"（*ibid.*, no 4327 [à Dugua, 19 avril 1799], p. 901-902）。

68. Herold, *Bonaparte en Égypte*, p. 201.

69. Notamment le général Donzelot, commandant la Moyenne-Égypte. Au Caire, c'est l'aghâ des janissaires qui fut chargé de l'exécution (Bret, *L'Égypte au temps de l'expédition de Bonaparte*, p. 177-178).

70. Il n'était pas le seul, Galland parle lui aussi d'un « moyen un peu violent » (*Tableau de l'Égypte*, t. I, p. 171).

71. *Correspondance générale*, no 4405 [au Directoire, 19 juin 1799], t. II, p. 941-942. Sur le Mahdi, voir Brégeon, *L'Égypte de Bonaparte*, p. 123.

72. *Correspondance générale*, no 4550 [à Murat, 7 juillet 1799], t. II, p. 999.

73. Voir les ordres de Bonaparte à Dugua : *ibid.*, no 4407 [19 juin 1799], p. 943, no 4422 [21 juin], p. 948-949, et no 4432 [22 juin], p. 953. Le 8 juillet, il fera exécuter Abdallah Aghâ, le gouverneur de Jaffa qui, après avoir eu la vie sauve, avait été conduit au Caire (*ibid.*, no 4558 [à Dugua], p. 1001).

74. *Ibid.*, no 4527 [5 juillet 1799], p. 991.

75. 对登陆阿布基尔的人数的估计分歧很大，介于7 000人（Laurens, *L'Expédition d'Égypte*, p. 218）到1.8万人（Benoist-Méchin, *Bonaparte en Égypte*, p. 283）之间。拿破仑在7月25日的信上给出的数据是1.5万人（*Correspondance générale*, no 4654 [à Desaix, 27 juillet 1799], t. II, p. 1042），而贝尔蒂则估计战斗当天土耳其投入的兵力在1.1万人到1.2万人之间（La Jonquière, *L'Expédition d'Égypte*, t. V, p. 407-408）。土耳其关于这场战役的命令肯定了这一估计：7月25日在这半岛登陆的兵力略少于1.3万人。

76. 7月15日，他收到了奥斯曼舰队于12日抵近亚历山大的消息；17日，他在特拉内停留时写信给马尔蒙，命他坚守阿布基尔（*Correspondance générale*, no 4623, t. II, p. 1027），然而当天要塞最后的抵抗者就已放下了武器，20日时他还在向马尔蒙说他会给他派去援军，加强要塞守备（*ibid.*, no 4627, p. 1029-1030）。直到7月20日晚，他才得知土耳其人在3天前就攻下要塞了。

77. *Correspondance générale*, no 4622 [17 juillet 1799], t. II, p. 1026-1027.

78. Marmont, *Mémoires*, t. II, p. 28.

79. Voir *Correspondance générale*, no 4647 [à Dugua, 26 juillet 1799], t. II, p. 1039-1040, no 4654 [à Desaix, 27 juillet], p. 1042, no 4659 [au Directoire, 28 juillet], p. 1045, no 4669 [au Directoire, 4 août], p. 1050 ; Hourtoulle, « La campagne d'Égypte » ; Bernède et Chaduc, *La Campagne d'Égypte*, p. 90.

80. 波拿巴投入战斗的共有 9 000 人，死者约占 3%。如果算上伤员，法军的损失达到了 14%。这符合同时代的战损比。例如奥斯特里茨，法军在战斗中的损失达到了 14%，死亡人数占参战者的 2%（Muir, *Tactics*, p. 8-9）。

81. Lettre du 2 août 1799, citée in Barrow, *Life and Correspondence of Admiral Smith*, t. I, p. 364.

82. *Correspondance de Napoléon Ier*, no 4294 [20 juillet 1799], t. V, p. 524.

83. Cité in La Jonquière, *L'Expédition d'Égypte*, t. V, p. 405.

84. *Ibid.*

85. *Correspondance générale*, no 4762 [au Directoire, 10 octobre 1799], t. II, p. 1089-1090 ; *Correspondance de Napoléon Ier*, no 4383 [« Retour du général Bonaparte en Europe », 15 octobre 1799], t. V, p. 579-582.

86. *Correspondance générale*, no 4762 [au Directoire, 10 octobre 1799], t. II, p. 1089. Les journaux communiqués à Bonaparte étaient des périodiques publiés par des émigrés, le *Courrier français de Londres* et la *Gazette de Francfort*.

87. Cité in Marmont, *Mémoires*, t. II, p. 32.

88. *Correspondance générale*, no 4762 [au Directoire, 10 octobre 1799], t. II, p. 1089.

89. Le numéro le plus récent était daté du 10 juin (« Retour du général Bonaparte en Europe », *Correspondance de Napoléon Ier*, t. V, p. 579-582).

90. Arago, « Gaspard Monge », p. 556.

91. Lucien Bonaparte, *Révolution de brumaire*, p. 26.

92. 斯塔埃尔夫人在她的 *Dix années d'exil* 中写道："波拿巴家的两个兄弟，约瑟夫和吕西安……写信给他们的兄弟，告诉他法国的局势已经到了他只要登场就有望夺取最高权力的地步。"（p. 65）

93. Vandal, *L'Avènement de Bonaparte*, t. I, p. 271. 他本人则说，他看不出他那位仅拥有"战争的天赋"的哥哥有什么"文治之才"（Lucien Bonaparte, *Révolution de brumaire*, p. 29-30）。

94. 1817 年，*Campagnes mémorables des Français en Egypte, en Italie, en Hollande, en Allemagne* 的作者鲁永 – 伯蒂（Rouillon-Petit）写道："波拿巴离开埃及时的突兀行动中，包含了一个只有少数人知道真相的政治谜团。"（cité in Massie, *Roger Ducos*, p. 305）一位五百人院的前代表也谈到了"对内和对外的秘密联系，不仅让他得知要何时从埃及回来，而且确保了他的舰队能够通过敌人的封锁"（Bigonnet, *Coup d'État du dix-huit brumaire*, p. 9）。诺尔维说得更明确："我们无法解释这个奇迹，为何载着波拿巴和他的随员的这 4 条船能够一路毫无阻碍地回到法国。试图解答这一问题的历史学家们，不知该将其解释为这位英雄的运气，还是一种外国的政治图谋。"（*Histoire de Napoléon*, t. I, p. 262）C. 格兰特·罗伯逊（C. Grant Robertson）断言，波拿巴离开埃及奇迹般地抵达法国的假设是不可信的（*England under the Hanoverians* [1948], cité in Massie, *Roger Ducos*, p. 305）。蒂埃里·伦茨（Thierry Lentz）在他所写的执政府时期的历史中，提到了一种可能的假设："是英国海军有意放行，因为波拿巴回到巴黎，就意味着埃及远征的结束，和法国内部问题的开始。"（*Le Grand Consulat*, p. 46）

95. Proth, *Bonaparte commediante tragediante*, p. 298-300.

96. Mackesy, *Statesmen at War*, p. 18.

97. 公告全文见于 Berthier, *Relation des campagnes du général Bonaparte*, p. 106-108。

98. Niello Sargy, *Mémoires*, p. 359.

99. Cité in Sparrow, *Secret Service*, p. 189.

100. 马尔蒙确认会谈发生在亚历山大（*Mémoires*, t. II, p. 30-32）。炮手布里卡尔（Bricard）也提到了这次"秘密会谈"，并补充说它因在阿布基尔作战的士兵回到开罗而延后了几天（*Journal*, p. 373）。

101. Cité in Douin, « Le retour de Bonaparte », p. 191.

102. Reybaud, *Histoire scientifique et militaire de l'expédition*, t. VI, p. 264.

103. Nigulà ibn Yusufal-Turk, *Histoire de l'expédition des Français en Égypte*, p. 150-151.

104. Laurens, *L'Expédition d'Égypte*, p. 222.

105. Douin, « Le retour de Bonaparte ».

106. Lettre citée in Douin (*ibid.*, p. 203).

107. *Ibid.*, p. 203-209.

108. 11月8日给纳尔逊写信时他还在撒谎："逃亡者躲过了'忒修斯'号，土耳其的舰队正占据着亚历山大东边，随时准备拦截他们……很不幸……'忒修斯'号当时为了寻找补给而离开了，由于土耳其在巴法的总督的腐败，它已经好几天没有补给了。"（cité in Barrow, *Life and Correspondence of Admiral Smith*, t. I, p. 380）

109. *Correspondance générale*, no 4470 [à Marmont, 26 juin 1799], t. II, p. 968.

110. Cité in Reilly, *Pitt the Younger*, p. 292.

111. Cité in La Jonquière, *L'Expédition d'Égypte*, t. V, p. 572-573.

112. *Correspondance générale*, no 4702 [12 août 1799], t. II, p. 1063.

113. Voir le témoignage de Jomard, in Villiers du Terrage, *Journal et souvenirs*, p. 225.

114. 在她回到法国后，波拿巴拒绝见她。他给了她一笔钱，后来还安排她和被任命为驻西班牙领事的兰舒（Ranchoup）骑士再婚（Dupont, *Pauline Fourès*, p. 221-245）。

115. Cité in La Jonquière, *L'Expédition d'Égypte*, t. V, p. 579.

116. *Correspondance générale*, no 4751 [à Kléber, 19 août 1799], t. II, p. 1083.

117. *Correspondance de Napoléon Ier*, no 4372 [à Menou, 20 août 1799], t. V, p. 571.

118. Bourrienne, *Mémoires*, t. II, p. 313. Voir également la note de l'aide de camp Eugène Merlin sur le départ d'Égypte (Guitry, *L'Armée de Bonaparte en Égypte*, p. 353-362).

119. « Campagnes d'Égypte et de Syrie », *Correspondance de Napoléon Ier*, t. XXX, p. 94-95.

120. *Correspondance générale*, no 4757 [à Junot, 22 août 1799], t. II, p. 1085.

121. Cité in La Jonquière, *L'Expédition d'Égypte*, t. V, p. 609.

122. « Retour du général Bonaparte en Europe », *Correspondance de Napoléon Ier*, t. V, p. 744-745.

123. Reggenbogen, *Napoléon a dit*, p. 15.

第五部分　渡过卢比孔河，1799

第21章　密　谋

1. 就像我们之后会看到的，他已被允许返回了，只是他当时不知道。

2. Thiers, *Histoire de la Révolution française*, t. X, p. 312.

3. Thiébault, *Mémoires*, t. III, p. 60.

4. *Correspondance de Napoléon Ier*, t. XXX, p. 94-95.

5. Voir ci-dessus, chapitre 5.

6. Cité in La Jonquière, *L'Expédition d'Égypte*, t. V, p. 166-167.

7. Douin, *La Campagne de Bruix en Méditerranée*.

8. 果月十八后，政府解除了莫罗的指挥权，把奥热罗派往了德意志。尽管政府已向波拿巴让步，但在1798年底它突然对军方摊牌，要重建1796年在将军们的要求下被废止的公民代表驻军制度。这给了将军们一个名副其实的宣战理由。贝纳多特在1799年7月成为了战争部长，他不负将军们的期望：在1799年的9月和10月，公民代表驻军制度被废除了。

9. Vandal, *L'Avènement de Bonaparte*, t. I, p. 195-196. Sur le néo-jacobinisme de 1799, voir Gainot, *1799, un nouveau jacobinisme ?*

10. Cité in Vandal, *L'Avènement de Bonaparte*, t. I, p. 212.

11. Cité in Bredin, *Sieyès*, p. 419.

12. La Révellière-Lépeaux, *Mémoires*, t. II, p. 383.

13. C'est la thèse de Louis Madelin (*Histoire du Consulat et de l'Empire*, t. II, p. 302), qu'on a discutée au chapitre précédent.

14. 他和他的哥哥约瑟夫一样，也卷入了海事保险欺诈事件：voir Pietri, *Lucien Bonaparte*, p. 64-70, et Martineau,*Lucien Bonaparte*, p. 46-47. Voir aussi Masson, *Napoléon et sa famille*, t. I, p. 268。

15. Zweig, *Joseph Fouché*, p. 112.

16. Vandal, *L'Avènement de Bonaparte*, t. I, p. 134-135, 185.

17. Cité in Kermina, *Bernadotte et Désirée Clary*, p. 70.

18. Cité in Höjer, *Bernadotte*, p. 189.

19. 军事局面不见好转不是促成这一决定的唯一因素。几个月来，埃及军团的命运如何完全不得而知。谣言四起，巴黎有人相信波拿巴占领君士坦丁堡再经德意志回国——这是政府 6 月授意刊登的文章带来的效果（La Jonquière, *L'Expédition d'Égypte*, t. V, p. 178, n. 2）——有人则相信他已经完蛋了（voir les articles de presse et les rapports de police cités in Schmidt, *Tableaux de la Révolution française*, t. III, p. 413-447）。谣言很快就转变为猜疑，人们控诉督政府，说他们故意"把波拿巴将军和我们军队中最精锐的 4 万人放逐到了阿拉伯沙漠，还带去了我们科学家、文学家和艺术家中的翘楚"（cité in La Jonquière,*L'Expédition d'Égypte*, t. V, p. 179）。这一问题很快就出现在了议会上，那些新雅各宾派把其作为找政府麻烦的新借口。勒贝尔辩驳称波拿巴才是该计划的发起人，前督政拉勒维里、塔列朗乃至塔列朗的前任夏尔·德拉克罗瓦都拒绝承担责任（voir les documents reproduits in La Jonquière, *ibid.*,p. 180-181）。但这都是徒劳，没人相信他们。因此政府谨慎地考虑着一旦波拿巴被俘或是死去，他们该怎么为自己开脱：如果他们没有为远征军提供任何帮助，到时候人们会说什么？因此他们在 9 月初给他下了第二道命令，让他返回法国。这几乎没什么代价，特别是因为塔列朗 9 月 3 日的报告表明远征埃及已经失败了，因此撤退是必要的（Boulay de la Meurthe, *Le Directoire et l'expédition d'Égypte*, p. 305）。这件事交到了塔列朗的继任者，新任外交部长雷纳尔手里，他在 9 月 18 日的信上写道："将军，执行督政府正等着您和在您身边的勇士。"

20. Boulay de la Meurthe, *Le Directoire et l'expédition d'Égypte*, p. 325-329.

21. Cité in Bainville, *Le Dix-huit brumaire*, p. 18.

22. Bourrienne, *Mémoires*, t. III, p. 19.

23. Cité in Thiry, *Le Coup d'État du 18 brumaire*, p. 12-13.

24. Norvins, *Histoire de Napoléon*, t. II, p. 4.

25. *Réimpression de l'ancien Moniteur*, t. XXIX, p. 853.

26. Boulart, *Mémoires*, p. 67-68.

27. Marbot, *Mémoires*, t. I, p. 67-72.

28. 这些控诉信直到雾月十八后才送到法国。可以想见，没人听到关于这些信的消息。

29. Crouzet, *La Grande Inflation*.

30. Voir les quatre volumes de la série *Du Directoire au Consulat* dirigés par J.-P. Jessenne, et Bourdin et Gainot, *La République directoriale*.

31. Thiers, *Histoire de la Révolution française*, t. X, p. 386.

32. Quinet, *La Révolution*, p. 689-690.

33. 塔列朗的确说过，但只在政府内部（见前文）。

34. Miot de Melito, *Mémoires*, t. I, p. 267.

35. Voir ci-dessus, chapitre 19.

36. Staël, *Considérations sur la Révolution française*, p. 353.

37. Furet, *La Révolution*, p. 211-212.

38. Staël, *Considérations sur la Révolution française*, p. 357.

39. 提到的这位间谍是鲁瓦耶-科拉尔（Royer-Collard），他在 1802 年 6 月 14 日给路易十八的匿名报告上谈及此事（Remacle, *Relations secrètes des agents de Louis XVIII àParis*, p. 38）。

40. *Correspondance de Napoléon Ier*, t. XXX, p. 303.

41. *Ibid.*, p. 363.

42. La scène est racontée par Barras, *Mémoires*, t. IV, p. 29.

43. Le mot est cité in Buchez et Roux, *Histoire parlementaire de la Révolution française*, t. XXXVIII, p. 154.

44. Gohier, *Mémoires*, t. I, p. 202.

45. Barras, *Mémoires*, t. IV, p. 30-35.

46. Bourrienne, *Mémoires*, t. IV, p. 116-118. 认识科洛的米舍莱证实了这个轶事（*Histoire du XIXe siècle*, t. II, p. 375）。这一幕发生在10月18日，而非伊万杰琳·布鲁斯（Evangeline Bruce）所说的10月17日（*Napoleon and Josephine*, p. 272-273）。

47. Lettre à Barras, citée in Wagener, *L'Impératrice Joséphine*, p. 178.

48. 当时在约瑟芬身边的仆人康斯坦确定她想和丈夫到埃及去，若不是在普隆比耶的不幸事故导致她推迟动身，她就已经出发了。等到她的情况好转时，法军舰队已经沉没在阿布基尔了，于是她和赶来陪她的奥尔唐斯一起回了巴黎（*Mémoires intimes*, t. I, p. 88-89）。

49. Gohier, *Mémoires*, t. I, p. 199.

50. H. de Beauharnais, *Mémoires*, t. I, p. 62.

51. 不少历史学家都附和巴拉斯的说法（*Mémoires*, t. IV, p. 29），认为波拿巴在抵达巴黎前就见到了他的兄弟（Masson, *Napoléon et sa famille*, t. I, p. 275-277；Lentz, *Le 18 Brumaire*, p. 213）。但同时代的人不持此看法。和波拿巴在一起的布列纳（*Mémoires*, t. III, p. 36-37；戈耶也和他们在一起，*Mémoires*, t. I, p. 199）说，波拿巴回到巴黎前"既没有见到他的妻子，也没有见到他的兄弟们"。外务部部长的夫人克里斯蒂娜·雷纳尔在10月20日的信上写道："波拿巴夫人和他的兄弟们，都赶着迎接他，但都走错了路，在他后面回到巴黎。"（*Lettres*, p. 90）

52. Bourrienne, *Mémoires*, t. IV, p. 118-119.

53. Castelot, *Joséphine*, p. 224.

54. Furet, « Bonaparte », in Furet et Ozouf, *Dictionnaire critique de la Révolution française*, p. 221.

55. Abrantès, *Souvenirs sur Napoléon*, p. 48.

56. Roederer, *OEuvres*, t. III, p. 295.

57. Cité in Fierro, Palluel-Guillard et Tulard, *Histoire et dictionnaire du Consulat et de l'Empire*, p. 8.

58. *Ibid.*

59. Cité in Lentz, *Le 18 Brumaire*, p. 217.

60. Cité in Bredin, *Sieyès*, p. 446-447.

61. Bainville, *Le Dix-huit brumaire*, p. 22.

62. Cité in Ollivier, *Le Dix-huit brumaire*, p. 158-159.

63. 雷亚尔当时是执行督政府在塞纳省中央行政区的代表；因此他掌握着首都的警察。

64. Cité in Buchez et Roux, *Histoire parlementaire de la Révolution française*, t. XXXVIII, p. 162, n. 1.

65. Bertrand, *Cahiers*, t. II, p. 278-279.

66. Cité in Thiry, *Le Coup d'État du 18 brumaire*, p. 67.

67. Barras, *Mémoires*, t. IV, p. 50-52.

68. Bourrienne, *Mémoires*, t. III, p. 67.

69. Cité in L. Bonaparte, *Révolution de brumaire*, p. 60-63.

70. Bainville, *Le Dix-huit brumaire*, p. 36.

71. Comme en témoigne la note de l'agent prussien Sandoz-Rollin, datée du 7 novembre, cité in Poniatowski, *Talleyrand et le Directoire*, p. 828.

72. Cité in Thiry, *Le Coup d'État du 18 brumaire*, p. 79.

73. Cité in Aulard, *Paris pendant la réaction thermidorienne et sous le Directoire*, t. V, p. 786.

74. Lavalette, *Mémoires*, t. I, p. 345-346.

第22章 雾 月

1. 督政府的主席由五位督政轮流担任，每人每次一个月。

2. J. de Beauharnais, *Correspondance*, p. 91.

3. "波拿巴，"他在回忆录中写道，"同意了要和他的家人在雾月十八日来我家吃饭！……坦率地说，这个约定使得我忽略了一切关于这一天是关键时刻的警告。"（Gohier, *Mémoires*, t. I, p. 228）

4. Constant, *Mémoires intimes de Napoléon Ier*, t. I, p. 81-82.

5. *Réimpression de l'ancien Moniteur*, t. XXIX, p. 883.

6.　Buchez et Roux, *Histoire parlementaire de la Révolution française*, t. XXXVIII, p. 168-169.

7.　Thiers, *Histoire de la Révolution française*, t. X, p. 363-364.

8.　布列纳称自己见证了这一对话（*Mémoires,*t. III, p. 68-69），约瑟夫则质疑其真实性（voir Bessand-Massenet, *Le 18 brumaire*, p. 103-106, 257）。按照他的说法，贝纳多特被要求前往胜利街，但他看到发生了什么后又回去了。贝纳多特（*Notes historiques sur le 18 brumaire*）和布列纳的说法一样，约瑟夫带他去见了拿破仑，两人有过如上对话。在比较了不同资料后，赫耶尔（Höjer）更倾向于相信布列纳和贝纳多特的说法（*Bernadotte*, p. 191-195）。

9.　Barras, *Mémoires*, t. IV, p. 70-72. La version donnée par Bourrienne diffère peu de celle-ci (*Mémoires*, t. III, p. 68-69).

10.　*Réimpression de l'ancien Moniteur*, t. XXIX, p. 883.

11.　这一宣誓没有出现在《箴言报》上，也没有被比谢记录，但勒德雷尔（*OEuvres*, t. III, p. 297）和波拿巴（*Correspondance de Napoléon Ier*, t. XXX, p. 314）都提到了此事。

12.　Bourrienne, *Mémoires*, t. III, p. 71.

13.　*Ibid.*, p. 108.

14.　Gohier, *Mémoires*, t. I, p. 239.

15.　*Ibid.*, p. 235.

16.　Bertrand, *Cahiers*, t. II, p. 279.

17.　Lombard de Langres, *Le Dix-huit brumaire*, p. 159-163 ; [Anonyme] *Mémoires historiques sur le dix-huit brumaire*, p. 10.

18.　根据勒德雷尔的说法，布吕克斯无须塔列朗的帮助，一个人就完成了任务（*OEuvres*, t. III, p. 301）。

19.　Gohier, *Mémoires*, t. I, p. 235-236.

20.　Cité in Garnier, *Barras*, p. 296.

21.　Barras, *Mémoires*, t. IV, p. XXIV.

22.　Buchez et Roux, *Histoire parlementaire de la Révolution française*, t. XXXVIII, p. 179.

23.　在波拿巴声称西哀士和迪科已经递交辞呈后，二人真的正式辞职了吗？见证者隆巴尔·德·郎格尔（Lombard de Langres）说他们这么做了（*Le Dix-huit brumaire*, p. 157-159）。皮埃尔·朗弗雷（Pierre Lanfrey）也坚称两位督政在巴拉斯递交辞呈前就已经辞职了（*Histoire de Napoléon Ier*, t. I, p. 458）。但是第二天，当几位五百人院的代表在圣克卢宫质问督政们在哪时，只有巴拉斯的辞职信被公开了。西哀士和迪科可能什么都没签，然而在一些代表要求议会选出巴拉斯的替代者时，其他人则喊道："还有其他的呢，我们得等！"

24.　Voir Gohier, *Mémoires*, t. I, p. 264-265.

25.　Thibaudeau, *Mémoires*, p. 4.

26.　Bourrienne, *Mémoires*, t. III, p. 82.

27.　Höjer, *Bernadotte*, p. 192.

28.　*Correspondance de Napoléon Ier*, t. XXX, p. 319.

29.　Buchez et Roux, *Histoire parlementaire de la Révolution française*, t. XXXVIII, p. 187-194.

30.　Cité in Masson, *Napoléon et sa famille*, t. I, p. 290.

31.　Cité in Ollivier, *Le Dix-huit brumaire*, p. 212, n. 1.

32.　Staël, *Considérations sur la Révolution française*, p. 358.

33.　L. Bonaparte, *Révolution de brumaire*, p. 109-110.

34.　Buchez et Roux, *Histoire parlementaire de la Révolution française*, t. XXXVIII, p. 192-193.

35.　Bainville, *Le Dix-huit brumaire*, p. 101.

36.　Bessand-Massenet, *Le 18 brumaire*, p. 147-148.

37.　Staël, *Considérations sur la Révolution française*, p. 359.

38.　L. Bonaparte, *Révolution de brumaire*, p. 111.

39.　Cité in Vandal, *L'Avènement de Bonaparte*, t. I, p. 378-379.

40.　Cité in Roederer, *OEuvres*, t. III, p. 302.

41.　Buchez et Roux, *Histoire parlementaire de la Révolution française*, t. XXXVIII, p. 219-220.

42.　事实上，此事的具体过程已经说不清了。我们不知道是波拿巴在得知消息后决定进行了干预，还是吕西安自己组织了这次"解救行动"。在他还在抵抗雅各宾的进攻时，据说他让他的一个支持者，弗雷韦耶（Frégeville）将军去叫军队。弗雷韦耶离开后，据说吕西安喊道议会已处于某个派系的暴政之中，他将不再担任主席。他朝着门口走去，被一大帮代表追上并拉了回去，直到他安排的士兵进入橘园解救了他。

43. *Réimpression de l'ancien Moniteur*, t. XXIX, p. 899-900.

44. Cité in Lentz, *Le 18 Brumaire*, p. 335.

45. *Mémoires historiques sur le dix-huit brumaire* 的匿名作者称，只有一件长袍被他的主人丢弃在花园里，它的主人是来自下莱茵省的安德烈。（p. 74）

46. Cité in Thiry, *Le Coup d'État du 18 brumaire*, p. 162.

47. Bourrienne, *Mémoires*, t. III, p. 101.

48. *Ibid.*, p. 97; Thibaudeau, *Mémoires*, p. 7; [anonyme], *Mémoires historiques sur le dix-huit brumaire*, p. 76.

49. Récit de Collot, cité in Bourrienne, *Mémoires*, t. IV, p. 158-159.

50. *Ibid.*

51. *Moniteur universel*, année 1799, t. II, p. 207.

52. Bourrienne, *Mémoires*, t. III, p. 105.

53. *Ibid.*, p. 105-108.

54. 根据一些人的说法，贝纳多特和德西蕾匆忙离开巴黎后，躲藏在他的老参谋长克拉克将军在新圣乔治城（Villeneuve-Saint-Georges）的家中；根据另一些人的说法，他们去了与他们关系紧密的萨拉赞将军家中避难（Pingaud, *Bernadotte, Napoléon et les Bourbons*, p. 48）。

第六部分　革命之王，1799—1802

第23章　第一执政

1. Tocqueville, « Comment la nation en cessant d'être républicaine était restée révolutionnaire », *L'Ancien Régime et la Révolution*, p. 1119-1120.

2. 参见罗伯斯庇尔在 1791 年 12 月 18 日反对向奥地利开战的演讲，in Michon, *Robespierre et la guerre révolutionnaire*, p. 40.

3. Thiébault, *Mémoires*, t. III, p. 67-69.

4. Cité in Vandal, *L'Avènement de Bonaparte*, t. I, p. 480-481.

5. Thibaudeau, *Mémoires*, p. 7.

6. Vandal, *L'Avènement de Bonaparte*, t. I, p. 279.

7. Reggenbogen, *Napoléon a dit*, p. 30.

8. Thibaudeau, *Mémoires*, p. 7.

9. Cité in Furet, « Dix-huit brumaire », *Dictionnaire critique de la Révolution française. Événements*, p. 115-116.

10. Michaud, *Lettre d'un citoyen français au général Buonaparte*.

11. Hyde de Neuville, *Mémoires et souvenirs*, t. I, p. 251-252.

12. *Mercure britannique*, no 30, t. IV, p. 339-406.

13. Lettre du 14 janvier au comte de Sainte-Aldegonde, citée in Mallet du Pan, *Mémoires et correspondance*, t. II, p. 434.

14. *Mercure britannique*, t. IV, p. 388.

15. Las Cases, *Mémorial*, t. IV, p. 545.

16. *Gazette nationale ou le Moniteur universel*, 1799, t. II, p. 205-206.

17. Il devait se réunir « de plein droit » le 20 février 1800.

18. Aulard, *Registre des délibérations du Consulat provisoire*, p. 5. 波拿巴主持了临时执政府 39 次会议中的 14 场。（Piétri, *Napoléon et le parlement*, p. 37）。

19. 拿破仑有时说是 50 万法郎，有时说是 90 万法郎（Bertrand, *Cahiers*, t. II, p. 166, 282-283）。他向拉斯卡斯详细描述了此事，突出了西哀士的贪婪（*Mémorial*, t. III, p. 5-6）。米奥确信，留任的督政府秘书长约瑟夫·拉加德拿了 10 万法郎（t. I, p. 268）。

20. Las Cases, *Mémorial*, t. I, p. 180.
21. 康巴塞雷斯保住了司法部部长的职位，富歇仍是警务部部长，几天后，雷纳尔和布东·德·瓦特里（Bourdon de Vatry）也分别留任外务部和海军部的部长。但是布东反对将两艘军舰派往马耳他，因此两天后就被工程师福尔费替换了。早在准备远征埃及时，他的业绩就得到了波拿巴的赏识；十天后，雷纳尔把外交部部长的职务交给了塔列朗。贝尔蒂埃接替迪瓦-克朗塞担任战争部部长，拉普拉斯接替了内政部部长基内特，戈丹接替了财政部部长兰代。督政府的秘书长约瑟夫·拉加德继续留任，新设置的国务秘书职位则给了马雷。
22. 他曾建议戈耶和穆兰，在波拿巴去圣克卢宫的路上逮捕并枪毙他（Norvins, *Histoire de Napoléon*, t. II, p. 25）。
23. Carnot, *Mémoires*, t. II, p. 211.
24. 塔列朗当时成了舆论战中雅各宾派攻击的对象，他被指责贪污，甚至有人认为他叛国，他们指控他一手炮制远征埃及的计划是为了支开波拿巴，导致现在联军不仅重新占领了意大利，还威胁到了法国边境。另一件事进一步影响了他的部长生涯：巴贝夫的追随者中有一位叫若里的前军人，曾报销了他并未执行的秘密外交任务的费用，他向法庭控告塔列朗无理逮捕他。尽管7月12日法庭驳回了他的控告，但影响已经造成，而塔列朗为了避免被解职，干脆主动辞去了部长职务（Lacour-Gayet, *Talleyrand*, p. 338-358）。
25. Bourrienne, *Mémoires*, t. III, p. 183.
26. « Consuls provisoires », *Correspondance de Napoléon Ier*, t. XXX, p. 331.
27. Fouché le dit dans ses *Mémoires*, t. I, p. 149.
28. Zweig, *Fouché*, p. 124-125.
29. 例如塔列朗曾告诉他，自己在雾月十八前预料到政变后政府公债价格可能回升，因此在低价时大量购入，从中获利颇丰（Lacretelle, *Dix années d'épreuves*, p. 226-227）。
30. Gourgaud, *Journal de Sainte-Hélène*, t. I, p. 485.
31. Cité in Orieux, *Talleyrand*, p. 369.
32. Cité in Lacour-Gayet, *Talleyrand*, p. 385.
33. Sainte-Beuve, « Essai sur Talleyrand », *Nouveaux lundis*, t. XII, p. 41.
34. Ces mots de Napoléon sont cités in Orieux, *Talleyrand*, p. 367.
35. Talleyrand, *Mémoires et correspondances*, p. 233.
36. Bertrand, *Cahiers*, t. II, p. 128.
37. Gourgaud, *Journal de Sainte-Hélène*, t. I, p. 480.
38. Voir Talleyrand, *Mémoires et correspondances*, p. 232-233.
39. Mme de Chastenay, citée in Fierro, *La France et les Français par eux-mêmes : le Consulat et l'Empire*, p. 1137-1139.
40. Pasquier, *Mémoires*, t. I, p. 244.
41. Beugnot, *Mémoires*, t. I, p. 309.
42. Gaudin, *Notice historique sur les finances*, p. 1-8.
43. Bruguière, *Gestionnaires et profiteurs*, p. 110. Il accepta toutefois en 1798 le poste de commissaire du Directoire près l'administration des postes.
44. «Là où il n'y a ni finances, ni moyen d'en faire, un ministre est inutile », aurait-il dit en 1795 (Crouzet, *La Grande Inflation*, p. 396).
45. Gaudin, *Mémoires*, t. I, p. 44-45.
46. *Ibid.*, p. 45-46.
47. 波拿巴拒绝接受他的辞呈，而一向唯将军马首是瞻的戈丹最终还是留在了岗位上（*Correspondance générale*, no 5151 [à Gaudin, 28 mars 1800], t. III, p. 166）。直到1804年2月专卖局成立，他的要求才得到了满足。
48. Latour, *Le Grand Argentier de Napoléon*, p. 77.
49. Reggenbogen, *Napoléon a dit*, p. 343.
50. Gaudin, *Mémoires*, t. III, p. 185.
51. Gaudin, *Notice historique sur les finances*, p. 13-14. Sur la tenue vestimentaire de Gaudin, voir le témoignage de Beugnot, qui travailla sous ses ordres (*Mémoires*, t. I, p. 310).
52. La liste était annexée à l'article 1er de la loi du 19 brumaire.
53. Voir Cherrier, *18 brumaire et 2 décembre*, t. II, p. 595-597, et Lentz, *Le Grand Consulat*, p. 149-154.

54. *Gazette nationale ou le Moniteur universel*, 1799, t. II, p. 206.

55. 11 月 20 日的执政令（*Correspondance de Napoléon Ier*, no 4395,t. VI, p. 9-10）。雾月十九日颁布的法律的第四条，准许执政府"自行派遣特别代表"。

56. *Gazette nationale ou le Moniteur universel*, 1799, t. II, p. 225-226.

57. 参见马尔蒙提到的荷兰军团的疑虑（*Mémoires*,t. II, p. 108-109）以及马赛的特雷克将军在雾月十九日的法律上写的话："共和国万岁！比以前更万岁！"反击很快，特雷克将军和其他几十个军官都被解职（Lentz, *Le Grand Consulat*, p. 159-161）。同样也可以参考 Thiry, *Le Coup d'État du 18 brumaire*, p. 200-202, Granger, «L'Opinion de l'armée au lendemain du 18 brumaire», p. 46-54,Picard, *Bonaparte et Moreau*, p. 43-49, et Bodinier, «Que veut l'armée? Soutien et résistance à Bonaparte», p. 65-87。

58. Sur l'opinion et Brumaire, voir l'étude récente de M. Crook, *Napoleon Comes to Power*, et les études réunies par J.-P. Jessenne dans *Du Directoire au Consulat,3. Brumaire*.

59. 雾月十七日，三一公债（tiers consolidé）的价格是11法郎，临时年金（rente provisoire）则是3.75法郎，到雾月二十一日分别涨到了16.38法郎和6.75法郎。之后前者稳定在20法郎左右，后者则是13法郎左右。

60. *Le Messager des relations extérieures*, cité in Aulard, *Paris sous le Consulat*, t. I, p. 11-12.

61. Voir Roederer, *OEuvres*, t. VI, p. 396.

62. Voir Aulard, *Paris sous le Consulat*, t. I, p. 17.

63. Cité in Madelin, *Histoire du Consulat et de l'Empire*, t. III, p. 26.

64. Adresse aux Français du 12 novembre 1799 (*Correspondance de Napoléon Ier*, no 4391, t. VI, p. 7).

65. 它确实被取缔了，但立刻又被加在直接税上的25%战争税所取代，由于这针对所有纳税人，"所以它并不比针对富人的强制公债更受欢迎"（Lentz, *Le Grand Consulat*, p. 210）。

66. *Gazette nationale ou le Moniteur universel*, 1799, t. II, p. 221.

67. Cambacérès, *Mémoires*, t. I, p. 490.

68. Thibaudeau, *Le Consulat et l'Empire*, t. I, p. 115.在 11 月 15 日，他回答塞纳省民事法庭的代表团时说："不要再分什么雅各宾、恐怖主义者和温和派等了，所有人都是法国人。"（*Gazette nationale ou le Moniteur universel*, 1799, t. II, p. 218）

69. Cité in Madelin, *Histoire du Consulat et de l'Empire*, t. III, p. 24.

70. Cité in Aulard, *Paris sous le Consulat*, t. I, p. 42.

71. « Sur la fausseté de cette maxime : l'autorité qui recule est perdue », *Gazette nationale ou le Moniteur universel*, 1799, t. II, p. 259.

72. Gourgaud, *Mémoires pour servir à l'histoire de la France sous Napoléon*, t. I, p. 122.

73. *Gazette nationale ou le Moniteur universel*, 1799, t. II, p. 268.

74. *Ibid.*, p. 258.

75. Lanfrey, *Histoire de Napoléon*, t. II, p. 13.

76. 执政们11月11日起草的名单上没有茹尔当的名字（Aulard, *Registre des délibérations du Consulat provisoire*, p. 7-8）。但他无疑后来被加进了名单，因为之后他也在要被驱逐的人员之列。

77. 波拿巴后来说是西哀士；康巴塞雷斯则说首倡此事的是富歇（*Mémoires*, t. I, p. 444-445），而富歇说是西哀士让他起草要驱逐出境的可疑人员名单的（*Mémoires*, t. I, p. 152-153）。

78. Bourrienne, *Mémoires*, t. III, p. 133-134, 216.

79. Gourgaud, *Mémoires pour servir à l'histoire de la France sous Napoléon*, t. I, p. 115-116.

80. 两艘军舰收到命令在罗什福尔等待37名驱逐出境者，分别是 *Syrène* 和要送总督维克多·于格去圭亚那上任的 *Mutine*（Destrem, *Les Déportations*, p. 4-6）。

81. Voir les articles de presse reproduits in Aulard, *Paris sous le Consulat*, t. I, p. 23-27.

82. 被从名单划去的著名人士包括茹尔当和终审法庭的法官埃克斯维尔·奥杜安（Xavier Audouin）（关于删去奥杜安，voir *L'Ami des lois* du 23 novembre, cité in Aulard, *ibid.*, p. 16-17）。至于塔列朗，他把夏天指控他的若里的名字划去了（Lacour-Gayet, *Talleyrand*, p. 377-379）。取消流放的命令11月22日送往罗什福尔的维克多·于格那里。

83. Vandal, *L'Avènement de Bonaparte*, t. I, p. 427.

84. *Correspondance générale*, no 4771 [24 novembre 1799], t. II, p. 1094.

85. *Ibid.*, no 4772 [à J.-F. Beyts, 24 novembre 1799], p. 1094-1095. 出生于布鲁日并作为利斯省代表，贝特1800年3月1日被任命为卢瓦尔-歇尔地区区长。

86.　Lentz, *Les Coups d'État de Napoléon Bonaparte*, p. 375.
87.　西土士的计划留下了多个版本：布莱·德·拉·默尔特听其口述记录的版本（*Théorie constitutionnelle de Sieyès*），米涅的概述版（*Histoire de la Révolution française*, t. II, p. 640-643），米奥·德·梅利托速记的版本（*Mémoires*, t. I, p. 253-255），还有12月1日登在《箴言报》上的方案（*Gazette nationale ou le Moniteur universel*, 1799, t. II, p. 276-277）。
88.　Boulay de la Meurthe, *Théorie constitutionnelle de Sieyès*, p. 40.
89.　L. Bonaparte, *Mémoires*, p. 391.
90.　Bastid, *Sieyès et sa pensée*, p. 254.
91.　Roederer, *OEuvres*, t. III, p. 303-304. 蒂博多给出了一个不同的版本，更为复杂："大选长，"他说，"倘若他完全按照你赋予的职能行事，那就只不过是懒王的倒影。哪里有如此胸无大志的人会乐于扮演这样可笑的角色？……相信一个倒影可以代替真实的事物，真是一个大错！"（*Le Consulat et l'Empire*, t. I, p. 105-106）
92.　Montholon, *Récits*, t. II, p. 475.
93.　Thiers, *Histoire du Consulat et de l'Empire*, t. I, p. 94-95.
94.　Boulay de la Meurthe, *Théorie constitutionnelle de Sieyès*, p. 58.
95.　Son projet a été publié par Taillandier, *Documents biographiques sur P. C. F. Daunou*, p. 174-188.
96.　Cité in Taillandier (*ibid.*, p. 171).
97.　Cité in Boulay de la Meurthe, *Théorie constitutionnelle de Sieyès*, p. 61.
98.　Staël, *Considérations sur la Révolution française*, p. 363.
99.　La Fayette, *Mémoires, correspondance et manuscrits*, t. V, p. 159.
100.　*Gazette nationale ou le Moniteur universel*, 1799, t. II, p. 325-326.
101.　*Ibid.*, p. 330.
102.　Bourrienne, *Mémoires*, t. III, p. 126.
103.　关于这次会议的场景，拉勒维里、康巴塞雷斯和多努的描述都很类似（Vandal, *L'Avènement de Bonaparte*, t. I, p. 523）。

第24章　迈出第一步

1.　Furet, *La Révolution, de Turgot à Jules Ferry*, p. 222-223. 关于第三执政的人选，波拿巴曾在勒库托·德·康特勒（Le Couteulx de Canteleu）、克雷泰（Crétet）、勒布伦和沃尔内之间犹豫：沃尔内拒绝担任（Gaulmier, *Volney*, p. 243）。在咨询了康巴塞雷斯后，波拿巴向勒德雷尔询问了勒布伦的事，特别是想知道他是否好相处（Roederer, *OEuvres*, t. III, p. 304-306）。
2.　"勒布伦是第三等级狂热的捍卫者，他难以忍受贵族等级。"他说，而康巴塞雷斯"如果没有投过那张票，他会接近波旁家族的。他反对勒布伦对贵族的评价，并为其流弊辩护"（Gourgaud, *Journal*, t. I, p. 308）。
3.　政变几周后，路易十八以他为中间人试图与波拿巴接触。很久之后，在1812年，拿破仑对科兰古透露，让他不要告诉别人，他说，"生来就颇有城府、冷淡、顽固、对人没有好感"的勒布伦，在一开始曾是波旁的间谍（Chrétienne, *Charles-François Lebrun*, t. II, p. 602-613）。
4.　Bourrienne, *Mémoires*, t. III, p. 221.
5.　Thibaudeau, *Mémoires*, p. 18.
6.　Pasquier, *Mémoires*, t. I, p. 239.
7.　Cité in Pinaud, *Cambacérès*, p. 134.
8.　Molé, *Sa vie, ses mémoires*, t. I, p. 70.
9.　Pinaud, *Cambacérès*, p. 91-99.
10.　Cité in Bory, *Les Cinq Girouettes*, p. 151-152.
11.　Chrétienne, *Charles-François Lebrun*, t. II, p. 568.
12.　Barante, *Souvenirs*, t. I, p. 47.
13.　Pinaud, *Cambacérès*, p. 121.
14.　Selon la *Gazette de France* (Aulard, *Paris sous le Consulat*, t. I, p. 55).

15. 第41条规定第一执政独掌大权，不必与他的同僚商议（第二和第三执政只起顾问作用）：
"第一执政有权颁布法律；任意任命和罢免参政院成员、各部部长、大使和其他对外代
表、陆军和海军军官、地方行政官员和政府在法院中的代表。他有权任命除治安法官和
翻案法院法官之外，所有的民事和刑事法官，但无权罢免他们。"第44条到第47条，以
及第50、第52条规定了政府的权力：委任权、提案权、召集议会和宣布休会的权力、监
督权、宣战和媾和的权力，以及在有人"阴谋颠覆政府"时可以行使一系列特殊权力。

16. Necker, *Dernières vues de politique et de finance*, p. 46-59.

17. Bertrand, *Cahiers*, t. III, p. 34.

18. 元老院成员共有60人。元老院在未来的十年中，每年都要增选两人，直到1809年时有
80人（Thiry, *Le Sénat de Napoléon*, p. 39-50）。

19. 波拿巴更青睐沃尔内，但他拒绝了，就像他后来拒绝出任第三执政一样（Guillois, *Le
Salon de Mme Helvétius*, p. 136-137）。

20. « Consuls provisoires », *Correspondance de Napoléon Ier*, t. XXX, p. 330.

21. *Correspondance générale*, no 4811 [à Laplace, 24 décembre 1799], t. II, p. 1113. 据说波拿巴
曾在约瑟夫的建议下，要求元老院任命吕西安去保民院，但在12月24日他改变了主意
（Piétri, *Lucien Bonaparte*, p. 110-111）。12月24日元老院起草的报告上没有吕西安的名字
（*Archives parlementaires*, 2e série, t. I, p. 8-9）。

22. 在回答勒德雷尔对他为何不干涉的询问时，他说："我认识的人不够组成一个好的多
数派，而我也不想牵扯进一个不好的多数派的组建工作。"（Roederer, OEuvres, t. III,
p. 330）。

23. Voir le témoignage de Chabaud-Latour, cité in Dutruch, *Le Tribunat*, p. 29-30.

24. « Sur les nouveaux coureurs de bénéfices », *Gazette nationale ou le Moniteur universel*, 1799,
t. II, p. 369 (numéro du 23 décembre 1799).

25. 元老院的60人中，37人之前曾担任过代表，有26人是督政府时议会的成员；立法团
的300人中有279人担任过代表，余下的21人中，4人是波拿巴的亲戚，1人是西哀士
的，还有7人是法兰西学院成员，保民院的100人也有74人曾是代表（Brotonne, *Les
Sénateurs du Consulat et de l'Empire*, p. 1-58; Chevallier, *Histoire des institutions*, p. 108;
Collins, *Napoleon and his Parliaments*, p. 18-20; Halperin, « La composition du Corps
législatif », p. 40-42）。如果我们把三个议会的成员算在一起，前督政府时期的代表占了
75%，如果把之前的议会代表也算上，则占了85%。

26. 参政院于1799年成立，这个计划由西哀士提出，之后又被波拿巴做了修改，他尤其
想要避免出现一个拥有实权的议会，voir l'étude de Durand, *Études sur le Conseil d'État
napoléonien*, p. 58-61, et, plus récemment, [Collectif], *Le Conseil d'État*, p. 1-32。

27. Voir les listes reproduites par Bourrienne, *Mémoires*, t. III, p. 134-161.

28. Woloch, *Napoleon and his Collaborators*, p. 36-45.

29. Molé, *Sa vie, ses mémoires*, t. I, p. 53.

30. Thibaudeau, *Mémoires*, p. 45. 据说波拿巴曾对想要穿上元老院制服的勒德雷尔说，元老
院？那只是一个"为那些生涯已经结束的人，或是想要著书立说的人准备的坟墓"。波拿
巴之后就让他去了参政院（Roederer, *Bonaparte me disait*, p. 13）。

31. 葡月一日是共和国成立日，在公历9月21日或9月22日（取决于是否是闰年）。1月21日
（处死路易十六），8月10日（推翻君主制），热月九日和果月十八日的节日都被取消了。
"我们欢庆胜利，"波拿巴宣布，"但我们也哀悼受害者，即便那是我们的敌人。1月21日
节是不道德的。不要争论路易十六的死公正或不公正，明智或不明智，有用或无用，而
且即便那是公正、有用又明智的，那仍是一桩悲剧。在这种情况下，遗忘是最好的。"（«
Consuls provisoires », *Correspondance de Napoléon Ier*, t. XXX, p. 336-337）。

32. Thibaudeau, *Le Consulat et l'Empire*, t. I, p. 117.

33. Vandal, *L'Avènement de Bonaparte*, t. II, p. 30.

34. *Ibid.*

35. *Archives parlementaires*, 2e série, t. I, p. 17 (séance du 3 janvier 1800).

36. Bourrienne, *Mémoires*, t. III, p. 243-244.

37. Guillois, *La Marquise de Condorcet*, p. 172.

38. 见于一篇很可能由波拿巴所写的文章，刊登于勒德雷尔的*Journal de Paris*1801年2月4日
刊（cité in Guillois, *Le Salon de Mme Helvétius*, p. 157）。

39. *Archives parlementaires*, 2e série, t. I, p. 31.

40. *Des circonstances actuelles qui peuvent terminer la Révolution.*

41. 在雾月十八后，她以 *Examen de la Constitution de l'an III, extrait du dernier ouvrage de M. Necker* 为题再版了内克尔的书（*De la révolution française*），这是为了影响当时关于宪法的讨论。

42. Staël, *Dix années d'exil*, p. 217.

43. *Ibid.*, p. 219-220.

44. Voir Staël, *Correspondance générale*, t. IV, p. 250, n. 3.

45. Voir *ibid.*, p. 255-257.

46. 据当时已是保民院成员的米奥·德·梅利托说，他的第一反应是："我对付敌人的办法只有钢铁。"（*Mémoires*, t. I, p. 278）

47. Staël, *Dix années d'exil*, p. 221-222.她回到了圣－奥安（Saint-Ouen）的住所。据说并未置身事外的西哀士也被驱逐了（Bredin, *Sieyès*, p. 497-498）。成了政府喉舌的《箴言报》否认了这一点，它的编辑说西哀士绝没有被驱逐，他只是到他的朋友克莱芒特·德·里斯家去，"在乡下疗养几天"（*Gazette nationale ou le Moniteur universel*, 1800, t. I, p. 443）。

48. "我以现在治理共和国的人为荣，"他说，并补充道，"我曾经只赞颂被流放者的美德，而现在我将表现出新的勇气，去赞颂位于权力和胜利中心的那位天才。"（*Archives parlementaires*, 2e série, t. I, p. 35）

49. 见他1月5日关于向宪法宣誓效忠的必要性的演说（*ibid.*, p. 23-24, et Girardin, *Discours et opinions, journal et souvenirs*, t. I, p. 89-93）。

50. 约有30席，这是蒂博多在仔细研究了1800年会期的议会投票后得出的结论（*Mémoires sur le Consulat*, p. 191-197）。

51. Lanfrey, *Histoire de Napoléon*, t. II, p. 97.

52. Lacretelle, *Dix années d'épreuves*, p. 228.

53. Thibaudeau, *Le Consulat et l'Empire*, t. I, p. 132-133.

54. *Gazette nationale ou le Moniteur universel*, 1800, t. I, p. 417-418.

55. Numéro du 5 janvier 1800 (Roederer, *OEuvres*, t. VI, p. 399).

56. Vandal, *L'Avènement de Bonaparte*, t. II, p. 53.

57. Mollien, *Mémoires*, t. I, p. 255-256.

58. Trinkle, *The Napoleonic Press.*

59. Necker, *Dernières vues de politique et de finance*, p. 66-67.

60. Staël, *Considérations sur la Révolution française*, p. 356.

61. Bourrienne, *Mémoires*, t. III, p. 214.

62. "我不知怎么，就和他谈起了他将要带给法国的宪法，"在卢森堡宫被波拿巴接见的王党丹迪涅叙述道，"'那部宪法！'他说着就大笑起来。他的回应清楚地表达了他的意思，他公布这部宪法只是为了打发时间,，而且他也保留了破坏它的权力，只要这符合他的个人利益，他就会这么做。"（cité in Fierro, *Les Français vus par eux-mêmes: le Consulat et l'Empire*, p. 199, d'après les M*émoires du comte d'Andigné*, t. I, p. 414-429）

63. Bourrienne, *Mémoires*, t. III, p. 214.

64. Ce mot est de Paul Valéry, *OEuvres*, t. I, p. 549.

65. Le 25 décembre.

66. Langlois, « Le plébiscite de l'an VIII et le coup d'État du 18 pluviôse an VIII », p. 60-61, et Crook, « La pratique plébiscitaire sous Napoléon ».

67. Numéro du 10 janvier 1800, cité in *ibid.*, p. 55.

68. Chateaubriand, *Voyage en Amérique*, p. 45-48.

69. Las Cases, *Mémorial*, t. I, p. 250-251.

70. Baczko, *Politiques de la Révolution française*, p. 608.

71. Fontanes, *OEuvres*, t. I, p. XVI.

72. Madelin, *Histoire du Consulat et de l'Empire*, t. IV, p. 95-96.

73. Fontanes, *OEuvres*, t. II, p. 151.

74. *Ibid.*, p. 155.

75. *Ibid.*

76. *Ibid.*, p. 160.

77. Thiers, *Histoire du Consulat et de l'Empire*, t. I, p. 217.

78. Cambacérès, *Mémoires*, t. I, p. 470-471.

79. Cité in Cabanis, *Le Sacre de Napoléon*, p. 43. 这些涂鸦并未全都被擦掉。很长时间后，人们还能在卡鲁赛尔广场卫兵室的墙上看到："1792 年 8 月 10 日，君主制终结了：它将不会再次出现。"（Norvins, *Histoire de Napoléon*, t. II, p. 53）。

80. Vandal, *L'Avènement de Bonaparte*, t. II, p. 150-151.

81. Bourrienne, *Mémoires*, t. IV, p. 3.

82. Cité in Cabanis, *Le Sacre de Napoléon*, p. 32.

第 25 章　从杜伊勒里宫到马伦戈

1. *Correspondance de Napoléon Ier*, no 4422 [aux Français, 15 décembre 1799], t. VI, p. 25.

2. Voir l'étude de Th. Lentz, « Les consuls de la République: *la Révolution est finie* », p. 19-37, et la mise au point insérée dans le *Moniteur* du 15 janvier 1800 (*Gazette nationale ou le Moniteur universel*, 1800, t. I, p. 456-457).

3. *Correspondance de Napoléon Ier*, no 4447 [aux Français, 25 décembre 1799], t. VI, p. 37-38.

4. 勒德雷尔被要求根据波拿巴的提纲来起草宣言，波拿巴对他说："我有两点意见：首先，你们想让我做出承诺，而我不愿做出任何承诺，因为我不确定我能否遵守。其次，你们要我做出近期的承诺，而很多事情我要做上十年之久。"（Roederer, *Journal*, p. 6）

5. 尽管他在对法国人民的讲话中没有提到"和平"这个词，但他同日发表的"致法国军人"的讲话中提到了这一点："士兵们！我代表你们，向法国人民承诺了未来的和平！"（*Correspondance de Napoléon Ier*, no 4449, t. VI, p. 38）

6. 参考波拿巴最初的口述版，以及由波拿巴修改过的勒德雷尔的草案，见 Roederer, *OEuvres*, t. III, p. 328-329。勒德雷尔的版本在内容上没有任何不同，但更加准确详细。

7. Driault, *Napoléon et l'Europe*, t. I, p. 16-23.

8. Voir Sorel, *L'Europe et la Révolution française*, t. VI, p. 22-23.

9. *Ibid.*, p. 20.

10. *Correspondance de Napoléon Ier*, no 4449 [25 décembre 1799], t. VI, p. 38.

11. *Ibid.*, no 4447 [25 décembre 1799], p. 37.

12. *Ibid.*, no 4649, p. 170-171.

13. Cité in *ibid.*, p. 9. Sur un effectif théorique de 150 000 hommes, l'armée d'Italie ne comptait pas 28 000 hommes en état de combattre (Masséna, *Mémoires*, t. IV, p. 32-34).

14. *Correspondance de Napoléon Ier*, no 4482 [aux bourgmestre et sénat de Hambourg, 30 décembre 1799], t. VI, p. 58-59. Voir « Consuls provisoires », *ibid.*, t. XXX, p. 335-336. 汉堡为了避免制裁，急忙交出了 450 万法郎（参考波拿巴在 1800 年 1 月 13 日给塔列朗的便条 [*ibid.*, no 4520, t. VI, p. 84]）。布列纳说，这些钱一部分被用来偿还约瑟芬的债务，其余则被波拿巴分给了身边的人（Bourrienne, *Mémoires*, t. IV, p. 22-34）。

15. Cité in Thibaudeau, *Le Consulat et l'Empire*, t. I, p. 168.

16. Kérautret, *Histoire de la Prusse*, p. 262.

17. 撤退的命令在 1799 年 10 月 23 日下达。

18. Petrov, « Paul Ier et Napoléon Bonaparte: l'alliance impossible ? », p. 247.

19. 可以参考一个叫居坦的间谍在 1799 年 10 月 25 日的报告，cité in Sorel, *L'Europe et la Révolution française*, t. VI, p. 29-31。

20. *Correspondance générale*, no 4815 [à François II, 25 décembre 1799], t. II, p. 1114-1115 ; no 4817 [à George III], p. 1115-1116.

21. Bourrienne, *Mémoires*, t. III, p. 183 ; Gaudin, *Supplément aux mémoires*, p. 124-128.

22. Driault, *Napoléon et l'Europe*, t. I, p. 36.

23. Cité in Lanfrey, *Histoire de Napoléon*, t. II, p. 59-60. Les communications furent rompues à la fin de janvier 1800.

24. Cambacérès, *Mémoires*, t. I, p. 474.

25. Talleyrand, *Mémoires et correspondance*, p. 233-234.

26. Lacretelle, *Dix années d'épreuves*, p. 229.

27. 它的全名叫"担保与偿债基金"（Caisse de garantie et d'amortissement），它的主要职责包括：一、将从总税收中拨给它的现金作为偿还公债的担保，保证公债可以每年从税收中得到偿还；二、赎回证券交易市场中的年金债券，以缩减公债规模（Tulard, *Dictionnaire*

Napoléon, t. I, p. 347-348)。

28. 财政管理部门成立于11月24日，偿债基金成立于27日，法兰西银行成立于1800年2月13日，省级管理机构成立于17日，新司法系统于3月18日成立。

29. Voir Lentz, *Le Grand Consulat*, p. 195, 357.

30. Gaudin, *Mémoires*, t. I, p. 285.

31. Mirabeau, *Entre le roi et la Révolution*, p. 58-59 (note du 3 juillet 1790).

32. 米拉波在他1790年12月23日的题为« Aperçu de la situation de la France et des moyens de concilier la liberté publique avec l'autorité royale » 的长篇记录中承认过这点（*ibid.*, p. 173-231 ）。

33. Voir Branda, *Le Prix de la gloire*, p. 208-209.

34. Propos tenus par Bonaparte et rapportés in Jullien, *Entretien politique sur la situation actuelle de la France*, p. 42.

35. Branda, *Le Prix de la gloire*, p. 210.

36. Constitution de l'an VIII, art. 60-68. Sur la loi du 18 mars 1800 et la question du déroulement des carrières, voir Szramkiewicz et Bouineau, *Histoire des institutions*, p. 269.

37. 拿破仑很好地说明了他的省级行政制度与专制制度下的行政体系有何异同。Voir Las Cases, *Mémorial*, t. IV, p. 526-527.

38. Marx, *La Sainte Famille* (*Philosophie*, p. 270).

39. *Ibid.*

40. Voir Garcia de Enterria, *Révolution française et administration contemporaine*, p. 36, note.

41. Ardant, « Napoléon et le rendement des services publics », p. 181.

42. Lentz, *La Conspiration du général Malet*.

43. Voir Jourdan, *L'Empire de Napoléon*, p. 86-88.

44. Tocqueville, *L'Ancien Régime et la Révolution*, p. 1073.

45. Cité in Garcia de Enterria, *Révolution française et administration contemporaine*, p. 44.

46. Vandal, *L'Avènement de Bonaparte*, t. II, p. 194-195 ; Aulard, in Lavisse et Rambaud, *Histoire générale du IVe siècle à nos jours*, t. IX [*Napoléon*, 1800-1815], p. 1-38 ; Taine, *Les Origines de la France contemporaine*, t. II, p. 452-453.

47. Voir Poussou, « Les conséquences financières et économiques de la guerre d'indépendance américaine pour les royaumes de France et de Grande-Bretagne ».

48. 英国有900万的人口，法国是2 800万。

49. 在共和八年，收得的现金税款不到1.13亿法郎，而应收税款则是2.66亿法郎，而且这一财年的税收工作花了18个月才完成（Marion, *Histoire financière de la France*, t. IV, p. 181-183 ）。

50. Gaudin, *Notice historique sur les finances*, p. 81-82.

51. *Ibid.*, p. 23-44.

52. Marion, *Histoire financière de la France*, t. IV, p. 173-174.

53. 当他在指挥意大利军团时，就已见识过这些什么买卖都敢做的军需供应商们，他对他们的憎恶，与"普遍的仇富心态"也不无关系，在这方面，他还是一个1793年的人（Mollien, *Mémoires*, t. I, p. 360-361 ）。

54. L'ordre est daté du 27 janvier 1800.

55. Wolff, *Le Financier Ouvrard*, p. 69-78. 根据乌夫拉尔的说法，是勒布伦让第一执政做出了基于经济角度重新安排的保证，后者已经打算把乌夫拉尔送到马赛，经一个军事委员会审判后再把他枪毙（*Mémoires*, t. I, p. 25-58 ）。乌夫拉尔还承诺要资助下一场战役。

56. Bainville, *Napoléon*.

57. Machiavel, *Discours sur la première décade de Tite-Live*, chap. 10, p. 95-96.

58. Bourrienne, *Mémoires*, t. IV, p. 40.

59. Gabory, *Napoléon et la Vendée*, t. III, p. 68.

60. Chassin, *Les Pacifications de l'Ouest*, t. III, p. 444-445.

61. *Mémoires* d'Andigné, cités in Fierro, *Les Français vus par eux-mêmes*, p. 195-200.

62. Hyde de Neuville, *Mémoires*, t. I, p. 270-273.

63. *Ibid.*

64. *Correspondance générale*, no 4823 [aux habitants des départements de l'Ouest, 28 décembre 1799], t. II, p. 1118-1119. 在离开巴黎前，丹迪涅做了最后的尝试，他再次写信给波拿

巴，请求他"将王位还给不幸的路易十六的合法继承人"（Fierro, *Les Français vus par eux-mêmes,* p. 202）。第一执政给他回了信，礼貌但彻底地拒绝了他（*Correspondance générale*, no 4826[30 décembre 1799], t. II, p. 1122）。

65. *Ibid.*, no 4872 [à Brune, 14 janvier 1800], t. III, p. 39.

66. Thiébault, *Mémoires*, t. III, p. 346.

67. « Consuls provisoires », *Correspondance de Napoléon Ier*, t. XXX, p. 339.

68. Mathieu, *Le Concordat de 1801*, p. 50-51.

69. Hyde de Neuville, *Mémoires*, t. I, p. 300-302 ; Barras, *Mémoires*, t. IV, p. 63-65.

70. 没有任何文件能证实弗罗泰上过军校（La Sicotière, *Louis de Frotté*, t. I, p. 563）。

71. *Correspondance générale*, no 4944 [à Brune, 8 février 1800], t. III, p. 74.

72. Madelin, *Histoire du Consulat et de l'Empire*, t. III, p. 190-191.

73. *Correspondance générale*, no 5046 [à Brune, 5 mars 1800], t. III, p. 121.

74. Thiers, *Histoire du Consulat et de l'Empire*, t. I, p. 209-210. 梯也尔借鉴了拿破仑向拉斯卡斯的叙述（*Mémorial*, t. II, p. 690）。

75. 然而，皇帝在圣赫勒拿岛时，他说他当时考虑在德塞从埃及回来（根据克莱贝尔在1月4日签署的投降书）后，就由他接替莫罗指挥莱茵军团，因为他已决定由德塞来负责德意志方向的行动（Bertrand, *Cahiers*, t. II, p. 231）。

76. Las Cases, *Mémorial*, t. I, p. 258. 还有其他原因把马塞纳调到意大利：首先，之所以选马塞纳，是因为他"对亚平宁的山谷了如指掌"（« Marengo », *Correspondance de Napoléon Ier*, t. XXX, p. 397）；其次，他说，"在雾月十八后把莫罗派去莱茵，把马塞纳派去热那亚的真正原因是，他们都对雾月十八的消息感到不满，他们身边的人都非常同情督政府，而且略有雅各宾派倾向，把他们调走，就切断了他们的一切危险联系"。（Bertrand, *Cahiers*, t. II, p. 373）

77. Thiers, *Histoire du Consulat et de l'Empire*, t. I, p. 234.

78. *Correspondance générale*, no 4786 [à Clarke, chef du bureau topographique], t. II, p. 1102. 第一道命令于1月7日下达，而后是25日关于预备军团的构成和集结地的明确指令（*ibid.*, no 4903 [à Berthier], t. III, p. 54-56）。在结束西部叛乱只是时间问题时，3月1日又最后下达了细节指令（*ibid.*, no 5032 [à Berthier], p. 113-114）。

79. *Correspondance de Napoléon Ier*, no 4651, t. VI, p. 172.

80. Cugnac, *Campagne de l'armée de réserve*, t. I, p. 37-85 ; « Marengo », *Correspondance de Napoléon Ier*, t. XXX, p. 371.

81. Voir *Correspondance générale*, no 2271 [au Directoire, 26 novembre 1797], t. I, p. 1311, et Reinhard, *Le Grand Carnot*, t. II, p. 241-245.

82. Gourgaud, *Journal*, t. I, p. 287.

83. « Marengo », *Correspondance de Napoléon Ier*, t. XXX, p. 399-400. 拿破仑在 « Événements des six premiers mois de 1799 » 中强调了在沙夫豪森渡过莱茵河的好处（*ibid.*, p. 249）。

84. Voir *Correspondance générale*, no 4804 [à Moreau, 21 décembre 1799], t. II, p. 1109, 在莫罗给波拿巴的信上，他也提到了同样的事："当我们征服了巴伐利亚而非仅是阿尔卑斯山以南地区时，皇帝就会求和的。"（cité in Picard, *Bonaparte et Moreau*, p. 143）

85. « Il n'est pas impossible, si les affaires continuent à bien marcher ici, écrit-il à Moreau le 1er mars, que je ne sois des vôtres pour quelques jours » (*Correspondance générale*, no 5033, t. III, p. 115).

86. « Marengo », *Correspondance de Napoléon Ier*, t. XXX, p. 368. 必须指出的是，共和八年宪法并没有提及二者不能兼任，然而，就像拿破仑承认的那样，这是不言而喻的。

87. *Ibid.*

88. Le *Moniteur* dut même publier un démenti (*Gazette nationale, ou le Moniteur universel*, 1799, t. II, p. 357).

89. Chandler, *The Campaigns of Napoleon*, p. 266.

90. Lanfrey, *Histoire de Napoléon*, t. II, p. 151-152.

91. Le 8 mars (Picard, *Bonaparte et Moreau*, p. 156).

92. *Correspondance de Napoléon Ier*, no 4695, t. VI, p. 203-204. 根据屈尼亚克（Cugnac）的说法，这一文件的日期被误标为1800年3月22日。他说这一文件写于3月15日并由德索勒做了批注（*Campagne de l'armée de réserve*, t. I, p. 93-94）。同样也可以参考 « Marengo », *Correspondance de Napoléon Ier*, t. XXX, p. 400, et Picard, *Bonaparte et Moreau*, p. 159-

178。

93. 从 2 月开始，像是 2 月 18 日由波拿巴撰写的《 Note sur la campagne prochaine 》中就提到预备军团"经贝林佐纳（Bellinzona）进入意大利，在 5 月向米兰行进"（*Correspondance de Napoléon Ier*, no 4605, t. VI, p. 137-138）。大卫·钱德勒则倾向于他在 3 月中旬做出了这一决定（*The Campaigns of Napoleon*, p. 267）。

94. Thiers, *Histoire du Consulat et de l'Empire*, t. I, p. 262. 3 月 20 日，塔列朗就将波拿巴的最新计划告诉了普鲁士大使，大使第一时间通知了奥地利，然而奥地利无动于衷（Picard, *Bonaparte et Moreau*, p. 178）。

95. Voir *Correspondance de Napoléon Ier*, no 4694 [« Plan de campagne pour l'armée du Rhin », 22 mars 1800], t. VI, p. 201-203, et no 4695 [à Moreau, 22 mars], p. 203-204.

96. *Correspondance générale*, no 5032 [à Berthier, 1er mars 1800], t. III, p. 113-114.

97. Thibaudeau, *Le Consulat et l'Empire*, t. I, p. 261-262. Voir également les commentaires de Chandler, *The Campaigns of Napoleon*, p. 269-270.

98. Voir Picard, *Bonaparte et Moreau*, p. 210-212.

99. *Correspondance générale*, no 5245 [5 mai 1800], t. III, p. 216.

100. *Ibid.*, no 5157 [1er avril 1800], p. 168-170.

101. Ils s'emparent du mont Cenis le 8 avril.

102. Il réussira au début de mai à rejoindre Masséna dans Gênes.

103. « Défense de Gênes par Masséna », *Correspondance de Napoléon Ier*, t. XXX, p. 354-355.

104. *Correspondance générale*, no 5195 [à Carnot, 24 avril 1800], t. III, p. 187 ; no 5197 [à Moreau, 24 avril], p. 188.

105. Thiers, *Histoire du Consulat et de l'Empire*, t. I, p. 344. Moreau entra à Augsbourg le 28 mai, à Munich le lendemain.

106. 他责怪他用了一周才渡过莱茵河，给了克赖重整旗鼓的时间；责怪他没有将勒古布 5 月 3 日在施托卡赫的胜利转化为对奥军的致命一击；责怪他在 5 月 6 日克赖的一部于西格玛林根（Sigmaringen）渡过多瑙河来到左岸时，没有进攻并摧毁留在右岸的奥军；最后，责怪他错失了占领乌尔姆的时机，他说："这就是犹豫不决，而且行动没有计划和原则的将军会犯下的错误，"他总结说，"首鼠两端，半途而废，葬送了战争。"（« Marengo », *Correspondance de Napoléon Ier*, t. XXX, p. 401-404, 410-413, cit. p. 412）他还说，1800 年战役让他明白了莫罗有名不副实："可怜人""一个优秀的师级将军，勇敢的人，能够很好地指挥 1.5 万人到 2 万人的部队""他整日和副官们一起谈笑抽烟"（Bertrand, *Cahiers*, t. I, p. 117-118）。

107. Thiers, *Histoire du Consulat et de l'Empire*, t. I, p. 347-348.

108. Cette « convention de Bâle » est citée in Picard, *Bonaparte et Moreau*, p. 208.

109. *Correspondance de Napoléon Ier*, no 4754, t. VI, p. 254.

110. Cité in Picard, *ibid.*, p. 239.

111. 1 月 31 日，迪罗克前往瑞士勘察通往意大利的道路和哨站（*Correspondance générale*, no 4915 [à Moreau, 31 janvier 1800], t. III, p. 61）。

112. Sur le choix du Splügen, voir la « Note pour l'approvisionnement de la réserve », dictée à Bourrienne le 18 février (*Correspondance de Napoléon Ier*, no 4605, t. VI, p. 137-138).

113. *Correspondance générale*, no 5033 [à Moreau, 1er mars 1800], t. III, p. 115. 直到 3 月 5 日，在他给马塞纳的信上才提到了大圣伯纳德山口（*ibid.*, no 5048, p. 122-123）。

114. Voir ses instructions du 1er mars (*ibid.*, no 5032, p. 113-114).

115. Cugnac, *Campagne de l'armée de réserve*, t. I, p. 197-198. Voir *Correspondance générale*, no 5206 [à Berthier, 27 avril 1800], t. III, p. 195 ; no 5220 [à Berthier, 1er mai], p. 202 ; no 5229 [à Berthier, 4 mai], p. 209-210 (dans laquelle Bonaparte évoque la possible capitulation de Masséna à Gênes).

116. Voir le rapport du sous-lieutenant Tourné sur les passages du Valais, daté du 31 mars 1800, reproduit in Cugnac, *Campagne de l'armée de réserve*, t. I, p. 99-108, notamment p. 104-105, et celui de Marescot, cité in Thiers, *Histoire du Consulat et de l'Empire*, t. I, p. 359-360.

117. 布列纳说这一幕发生在 3 月 17 日，而那时他还远没有选定圣伯纳德山口。这不可能早于 4 月底，如布列纳在谈到热那亚的围城时暗示的那样（Bourrienne, *Mémoires*, t. IV, p. 85-87）。

118. « Marengo », *Correspondance de Napoléon Ier*, t. XXX, p. 371.

119. Botta, *Histoire d'Italie*, t. IV, p. 293-294.
120. 山口最高处海拔为2 472米，马蒂尼的海拔只有469米，奥斯塔583米。
121. 有大炮60门，包括榴弹炮和4磅、8磅、12磅加农炮。12磅加农炮的重量超过2吨（Künzi, *Bicentenaire du passage des Alpes,* p. 12-15）。
122. Cugnac, *Campagne de l'armée de réserve*, t. I, p. 421.
123. Bulletin de l'armée de réserve (24 mai 1800), cité in Cugnac, *ibid.*, p. 512.
124. Stendhal, *Aux âmes sensibles*, p. 26. « Le Saint-Bernard, n'est-ce que ça ? », se serait-il écrié après avoir franchi le sommet du col (*Vie de Henry Brulard*, p. 420).
125. Bertrand, *Cahiers*, t. II, p. 352. Le récit de la traversée des Alpes par Annibal se trouve dans l'*Histoire romaine* de Tite-Live, livre XXI, chap. 23-38.
126. Bertrand, *Cahiers*, t. II, p. 287 ; Gourgaud, *Journal*, t. II, p. 336.
127. Thiers, *Histoire du Consulat et de l'Empire*, t. I, p. 382-383. 大卫·钱德勒的看法则相反，他认为该行动很冒险，有可能会使奥军减少对围攻热那亚的关注，而比历史上的结果更快地做出反应（*The Campaigns of Napoleon*, p. 276-277）。
128. Voir notamment son billet à Berthier, le 22 mai à 23 heures (*Correspondance générale*, no 5353, t. III, p. 265).
129. 5月19日，在得知拉纳未能突破障碍时，他写道："到了军团命运的关键点，需要迅速决断。"第二天他再次提到进行必要的"后撤行动"的可能性，如果拿不下巴德要塞的话（lettres citées in Cugnac, *Campagne de l'armée de réserve*, t. I, p. 437 et 440）。
130. Marmont, *Mémoires*, t. II, p. 117-121.
131. *Correspondance générale*, no 5366 [24 mai 1800], t. III, p. 272.
132. 拿破仑后来将他的成功解释为奥军缺乏远见（Gourgaud, *Journal de Sainte-Hélène*, t. II, p. 336）。
133. Chandler, *The Campaigns of Napoleon*, p. 277. Voir Neipperg, *Aperçu militaire de la bataille de Marengo*, p. 4.
134. *Correspondance générale*, no 5398 [à Carnot, 4 juin 1800], t. III, p. 283.
135. *Ibid.*, no 5346 [à Moncey], p. 260-261.
136. "您处在一个艰难的位置上，"在5月14日给马塞纳的信上说；但他补充道："最让我安心的是您在热那亚：对我来说您一人就相当于2万大军。"（*ibid.*, no 5300, p. 240）
137. Voir les accusations du général Thiébault, *Mémoires*, t. III, p. 90-91.
138. 穿过亚平宁山脉的7万名奥军，如今只剩下不到4万人（Thiers, *Histoire du Consulat et de l'Empire*, t. I, p. 407）。
139. 1 500名热那亚守军跟着马塞纳从海上离开，之后在昂蒂布登陆；8 500人带着武器离开城市向法国边境行进，几天后遇到了絮歇的军队（« Défense de Gênes par Masséna », *Correspondance de Napoléon Ier*, t. XXX, p. 366, et « Marengo », p. 380）。
140. Thiers, *Histoire du Consulat et de l'Empire*, t. I, p. 417.
141. *Ibid.*, p. 417-418.
142. « Marengo », *Correspondance de Napoléon Ier*, t. XXX, p. 380.
143. 在圣赫勒拿，波拿巴仍严厉地责备马塞纳，称他犯下了大错，让奥军把他的军队分隔成两段，并把他赶回了热那亚，而且围城时他的1.6万人（实际上只剩下不到8 000人）本应再坚持10天，即便为此夺分散在市民手里的少量食物也在所不惜："一些老人，一些女人可能会死，但是，他能保住热那亚。"而且他还谴责他"为了保住他的钱财"带着1 500人乘船离开（Gourgaud, *Journal*, t. II, p. 449）。至于马塞纳，他在离开热那亚时说："我为那个该死的家伙已经做得够多了！"（Thiébault, *Mémoires*, t. III, p. 116）
144. "我看不出梅拉斯要怎么脱离困境：他要么进攻斯特拉代拉，那么他就会被击溃……要么渡过波河、塞西亚河和提契诺河，那他的结果也好不到哪里去。"（*Correspondance générale*, no 5430 [9 juin 1800], t. III, p. 299）
145. 当时预备军团有5.8万人，其中2.8万人在主要前线（Chandler, *The Campaigns of Napoleon*, p. 288）。
146. 这次交战他损失了大约4 000人（Neipperg, *Aperçu militaire sur la bataille de Marengo*, p. 6）。
147. Chandler, *The Campaigns of Napoleon*, p. 289-290.
148. Neipperg, *Aperçu militaire sur la bataille de Marengo*, p. 6.
149. *Ibid.*, p. 13.
150. *Ibid.*, p. 14.

151. Bourrienne, *Mémoires*, t. IV, p. 124.
152. Dumas, *Souvenirs*, t. III, p. 182.
153. Berthier, *Relation de la bataille de Marengo*, p. 41.
154. *Ibid.*, p. 44. 拿破仑后来说，德塞刚抵达时怀疑还能否取胜，他告诉德塞他们将会赢得胜利（Las Cases, *Mémorial*, t. III, p. 252）。
155. Botta, *Histoire d'Italie*, t. IV, p. 319.
156. *Bulletin de l'armée de réserve*du 15 juin (*Correspondance de Napoléon Ier*,no 4910, t. VI, p. 361). Voir également Berthier, *Relation de la bataille de Marengo*, p. 48, et « Marengo » (*Correspondance de Napoléon Ier*, t. XXX, p. 389).
157. Botta, *Histoire d'Italie*, t. IV, p. 323.
158. Thibaudeau, *Le Consulat et l'Empire*, t. I, p. 319.
159. *Correspondance de Napoléon Ier*, no 4911-4912, t. VI, p. 362-365.
160. Cité in Vandal, *L'Avènement de Bonaparte*, t. II, p. 450.

第26章　工作与日常

1. *Correspondance générale*, no 5476 [à Lucien, 29 juin 1800], t. III, p. 319.
2. Botta, *Histoire d'Italie*, t. IV, p. 326.
3. *Correspondance générale*, no 5440 [à François II, 16 juin 1800], t. III, p. 305.
4. 拟议的法律允许父母将其子女中一人的遗产份额增加一倍，从而对严格平等的继承原则提出了挑战，但没有重新确立长子继承权。
5. Cité in Kitchin, *Un journal philosophique : La Décade*, p. 71.
6. Voir Thiers, *Histoire du Consulat et de l'Empire*, t. I, p. 167-168, et le compte rendu des discussions dressé par Roederer (*OEuvres*, t. III, p. 396-399).
7. Thibaudeau, *Mémoires*, p. 35.
8. 更确切地说，该委员会通过司法部向第一执政提出建议——他是唯一有权签署解封令的人。
9. Chastenay, *Mémoires*, p. 358.
10. La Tour du Pin, *Journal d'une femme de cinquante ans*, t. II, p. 217. 此委员会成立于1800年3月18日。在7月18日，波拿巴迫于大量对该委员会松弛和腐败的指控，严苛地斥责了司法部长（*Correspondance générale*, no 5535 [à Abrial], t. III, p. 343-344）。
11. 这个有着15万人的流亡者名单，被宣布自1799年12月25日起不再生效。
12. 他在雾月十八的第二天，对前来询问他意图的马克－安东·于连如此说（*Entretien politique sur la situation actuelle de la France*, p. 71-72）。
13. Cité in Madelin, *Histoire du Consulat et de l'Empire*, t. I, p. 301.
14. Bourrienne, *Mémoires*, t. III, p. 216, 220-221 ; Cambacérès, *Mémoires*, t. I,p. 494. Voir également Chastenay, *Mémoires*, p. 358-359.
15. 拿破仑多次提到，尽管身边人都倍感厌恶，但他仍坚持推行这项政策（voir, par exemple, Las Cases, *Mémorial*,t. II, p. 604-605, et t. III, p. 33-35）。
16. Cité par G. de Diesbach, « Émigration » (Tulard, *Dictionnaire Napoléon*, t. I, p. 717-718).
17. Voir Thibaudeau, *Mémoires*, p. 35-36.
18. Lettre du 2 mai 1800 à Dupont de Nemours (Staël, *Correspondance générale*, t. IV, p. 271).
19. Après le coup d'État du 18 fructidor.
20. Thibaudeau, *Mémoires*, p. 20.
21. 5月9日，在抵达日内瓦时，他写信给康巴塞雷斯和勒布伦："我无法向你们描绘我穿过法国时的经历，我不得不经常换路，否则不可能8天就到。"（*Correspondance générale*, no 5259, t. III, p. 222）
22. Masson, *Napoléon et sa famille*, t. I, p. 335.
23. *Ibid.* ; Pietri, *Lucien Bonaparte*, p. 113-114. 蒂博多向我们保证，他们之间的问题已经超过了简单的争吵，而且一个牵扯贝纳多特和吕西安的阴谋正被谋划着，打算在波拿巴动身去军队的第二天发难。他说，此事被掩盖了（*Mémoires*, p. 22-23）。米奥·德·梅利托在回忆录中也提到了这个"谣言"（t. I, p. 281-282）。
24. 与波拿巴对话失败的伊德·德·纳维尔，决定用自己的方式纪念路易十六死亡的纪念日。

1 月 21 日早晨，马德莱娜挂满了黑纱，国王的遗言在巴黎散发。

25. En mai 1800 (voir Tulard, *Joseph Fouché*, p. 122-125).

26. Voir *Correspondance générale*, no 5297 [à Fouché, 14 mai 1800], t. III, p. 239, no 5333 [18 mai], p. 255, et no 5365 [24 mai], p. 271.

27. 保民院的成员吉拉尔丹留下了这种议论的记录，他说这出现于波拿巴动身前往军中之后，因此远在 6 月 20 日意大利战败的谣言之前（*Discours et opinions, journal et souvenirs*, t. III, p. 175-188）。Voir aussi Miot de Melito, *Mémoires*, t.. I, p. 290-301.

28. 哲学家爱尔维修的遗孀在不久后就去世了，在 8 月 13 日。

29. Thiry, *Marengo*, p. 156.

30. Bourrienne, *Mémoires*, t. IV, p. 165-166.

31. 流亡者的报刊 *Courrier de Londres*，在 7 月 1 日刊上提到了此事（voir Roederer, *OEuvres*, t. VI, p. 411）。

32. 约瑟夫·波拿巴质疑其真实性，*Bourrienne et ses erreurs*, t. I,p. 268.

33. 克莱芒特·德·里斯在 1800 年 9 月 23 日被绑架。根据由于巴尔扎克的小说 *Une ténébreuse affaire* 而广为人知的传说，富歇的人闯入了他的朋友在图尔的城堡，去收回不宜外泄的文件，但他的手下过于狂热，居然把这位元老院成员绑架了，然后又将事件伪装成索求钱财的绑架案。历史学家们的共识是这是前朱安党人策划的绑架，与巴尔扎克的著名论断正相反，他们有意将这次犯罪披上政治外衣（Rinn, *Un mystérieux enlèvement*；Hauterive, *L'Enlèvement du sénateur Clément de Ris*）。另一方面，保罗·加法雷尔（Paul Gaffarel）则评价巴尔扎克指控富歇时表现得像个历史学家一样（« L'affaire Clément de Ris », p. 704-714）。

34. Fouché, *Mémoires*, t. I, p. 182.

35. 由富歇掌管的警察，听命于警察长迪布瓦的警察（自从 1800 年 2 月 17 日创立以来），隶属于塞纳省的中央办公室，参谋部的警察由勒菲弗负责，迪罗克手下的警察负责杜伊勒里宫（Tulard, *Joseph Fouché*, p. 121-146），而且，富歇补充道，还有吕西安的内政部警察（Fouché, *Mémoires*, t. I,p. 191）。

36. Constant Wairy, *Mémoires intimes*, t. I, p. 116-117.

37. 他怀疑过康巴塞雷斯想取代他的位置吗？普鲁士间谍桑多 - 罗兰（Sandoz-Rollin）的报告上认为他怀疑过，但是没有这方面的证据（Metzger,« Cambacérès », p. 551-552）。

38. Cambacérès, *Mémoires*, t. I, p. 524.

39. *Ibid.*

40. Bastid, *Sieyès et sa pensée*, p. 270.

41. Fouché, *Mémoires*, t. I, p. 183-185.

42. *Ibid.*, p. 180-182.

43. Vandal, *L'Avènement de Bonaparte*, t. II, p. 441.

44. Sorel, *L'Europe et la Révolution française*, t. VI, p. 51.

45. *Correspondance générale*, no 5625 [à Carnot], t. III, p. 379-380.

46. Reinhard, *Le Grand Carnot*, t. II, p. 266-269. Berthier absent, Lacuée assura l'intérim.

47. Voir Thiers, *Histoire du Consulat et de l'Empire*, t. I, p. 474-475. 拉图尔·杜班侯爵几乎是唯一一个说"巴黎的人民冷漠地面对马伦戈会战的消息"的人（*Journal d'une femme de cinquante ans*, t. II, p. 220）。帕基耶在回忆录上的说法则正相反，他提到了当时人们"高度"热情（t. I, p. 152）。

48. Fouché, *Mémoires*, t. I, p. 182.

49. Staël, *Dix années d'exil*, p. 228.

50. Cité in Madelin, *Histoire de la Révolution et de l'Empire*, t. III, p. 291.

51. Les citations sont extraites de G. de Staël, *Correspondance générale*, t. IV, p. 271-300. 拉法耶特本人也无法阻止自己对马伦戈的波拿巴的崇敬，尽管他反对他的统治（*Mémoires*, t. V, p. 164）。

52. Bertrand, *Cahiers*, t. I, p. 93.

53. *Correspondance générale*, no 5642 [à Lucien, 10 septembre 1800], t. III, p. 387- 388.

54. 约瑟夫在 1798 年 10 月 20 日，他的弟弟尚在埃及时，就已经买了桑利斯（Senlis）附近的蒙特枫丹城堡及它的附属建筑和庄园。

55. Roederer, *OEuvres*, t. III, p. 330-331.

56. 卢梭的遗体已经在 1794 年 10 月被移进了先贤祠。

57. 根据勒德雷尔的说法，他说得更为直接："您的卢梭就是个疯子；是他把我们带到了现在这种境遇。"（*OEuvres*, t. III, p. 336）

58. Girardin, *Discours et opinions, journal et souvenirs*, t. III, p. 190.

59. Bourrienne, *Mémoires*, t. IV, p. 170-171.

60. 他在7月9日，8月3日和18日，9月17日，10月12日，以及10月31日到11月2日都待在马尔迈松。

61. 方丹已经参与过杜伊勒里的修缮工作，他是由大卫介绍给波拿巴的；佩西耶刚刚重装了雷卡米耶夫人巴黎公馆的沙龙。根据其他见证者的说法，是画家伊萨贝介绍他们为约瑟芬进行马尔迈松的装修和美化工程的。

62. Wagener, *L'Impératrice Joséphine*, p. 190. 弗雷德里克·马松认为她仍有几次出轨，例如她对她的朋友克尼夫人提过的神秘的园丁（*Mme Bonaparte*, p. 320-321）。

63. Las Cases, *Mémorial*, t. II, p. 655.

64. Wagener, *L'Impératrice Joséphine*, p. 204.

65. *Ibid.*, p. 221-222.

66. Masson, *Napoléon et les femmes*, p. 123.

67. Niello Sargy, *Mémoires sur l'expédition d'Égypte*, t. I, p. 195-199. Voir ce que Napoléon dit à Las Cases, *Mémorial*, t. III, p. 31. Bizarrement, il situe l'époque de leurs retrouvailles à l'époque du couronnement de Milan, en 1805.

68. Vigée-Lebrun, *Souvenirs*, t. II, p. 133-134. 然而弗雷德里克·马松把她描述成了"一个矮胖的长舌妇"（*Mme Bonaparte*, p. 335）。

69. *Correspondance générale*, nos 5277 et 5322 [à Joséphine, 11 et 16 mai 1800], t. III, p. 230, 250.

70. Masson, *Napoléon et les femmes*, p. 113.

71. *Bulletin de l'armée d'Italie* du 5 juin 1800 (*Correspondance de Napoléon Ier*, no 4886, t. VI, p. 341). 伊丽莎白·比林顿（1765或1768—1818）是英国著名的女高音，路易吉·马尔凯西（1754—1829）是著名的意大利阉人歌手。

72. Bourrienne, *Mémoires*, t. IV, p. 167.

73. *Correspondance générale*, no 5461 [à Lucien, 21 juin 1800], t. III, p. 313. Voir également, no 5459, la lettre du même jour à Berthier (p. 313).

74. Gourgaud, *Journal*, t. I, p. 305, t. II, p. 52-53 ; Masson, *Napoléon et les femmes*, p. 115-116.

75. 尽管她是棕发，这点他不是特别喜欢，就像他对古尔戈说的（*Journal*, t. II, p. 311-312）。

76. Blangini, *Souvenirs*, p. 109-110. 格拉西尼夫人在1813年回到伦敦，成了威灵顿的情妇。

77. Las Cases, *Mémorial*, t. II, p. 655.

78. Bertrand, *Cahiers*, t. I, p. 47.

79. Masson, *Napoléon et les femmes*, p. 166-178.

80. Constant Wairy, *Mémoires intimes*, t. I, p. 121-122.

81. 柏辽兹说，他很有天赋，具有一种我们无法想象的"乐感"。柏辽兹讲了帝国时期的一个小故事：音乐会的组织者不得不临时替换歌手，还将一首帕伊谢洛创作的曲子换成了杰内拉利（Generali）的；但由于担心皇帝不高兴，他们谎称那是帕伊谢洛早年的作品。已经将帕伊谢洛的作品烂熟于心的拿破仑拒绝相信，并且多次打断演出，说这绝对不是帕伊谢洛的曲子（*Critique musicale*, t. III, p. 213）。

82. *Correspondance générale*, no 1821 [26 juillet 1797], t. I, p. 1081.

83. 这是大卫·沙尤（David Chaillou）在 *Napoléon et l'Opéra* 中坚持的观点。

84. Sur celle-ci, voir Mongrédien, « Le Théâtre-Italien de Paris sous le Consulat et l'Empire ».

85. Mongrédien, « Musique », in Tulard, *Dictionnaire Napoléon*, t. II, p. 364.

86. 他也喜欢斯蓬蒂尼的 *La Vestale*（1807），这能让他想起18世纪末的音乐大师格鲁克（Gluck），至于凯鲁比尼（Cherubini）的 *Abencérages*（1813），他认为太过新奇了。

87. Fleischmann, *Napoléon et la musique*, p. 86.

88. "技巧，更多技巧，这就是您给我们的，我的朋友啊，"他对梅于尔说，"但是优雅和愉悦是法国音乐所不具备的，不比意大利的更多。"（cité in Lecomte, *Napoléon et le monde dramatique,* p. 455）但是，他也不像卢梭说得那么极端："法国音乐既没有旋律也没有节奏，因为他们的语言不适宜；法国的歌曲就像是喊叫一样，任何耳朵都不能容忍；和声是原始的，没有表现力，感染力如同小学生的作文；法国的曲调算不上曲调；朗诵也算不上朗诵。所以，我的结论是，法国人没有音乐，而且也不会有，或者说，如果这算音

乐，那对他们来说也太不幸了。"（*Lettre sur la musique française*, p. 70）

89. Voir en particulier Masson, *Napoléon chez lui, la journée de l'empereur aux Tuileries*.
90. Méneval, *Napoléon et Marie-Louise*, t. I, p. 109-116 ; Fain, *Mémoires*, p. 10-15 ; Masson, *Napoléon chez lui*, p. 153-160.
91. 这个接待室后来变成了地图室。
92. 这张写字台后来被由他自己设计的更大的办公桌取代（Fain, *Mémoires*, p. 12-13）。
93. 此地戒备森严，为了防止外来入侵，守卫同时还要负责清扫和维护工作（Fain, *Mémoires*, p. 11-12）。
94. Mollien, *Mémoires*, t. I, p. 382.
95. Il emploie la formule de « moine militaire » (Fain, *Mémoires*, p. 180).
96. Branda, *Les Hommes de Napoléon*, p. 13, 273-274.
97. Voir en particulier Masson, *Napoléon chez lui*.
98. 他在1809年疯了，不久就死了（Fain, *Mémoires*, p. 192-193）。
99. 另一个跟波拿巴从埃及回来的马穆鲁克叫易卜拉欣，后来改名为阿里（路易-埃蒂安·德·圣-德尼［Louis-Étienne de Saint-Denis］成为马穆鲁克后的名字也叫阿里，不要把他们弄混了），并成为了约瑟芬的随从，但他性格暴躁，有时甚至很有威胁性，不得不被送走（Constant Wairy,*Mémoires intimes*, t. I, p. 109-110）。
100. 安托尔和埃贝尔后来仍为波拿巴服务：前者在默东（Meudon）看门，后者在朗布依埃（Rambouillet）（Masson, *Napoléon chez lui*,p. 67）。安托尔在1815年自杀了（他们的画像见Constant Wairy, *Mémoires intimes*, t. I, p. 106-108）。
101. 布列纳说他有一套"表达亲密的方式"："你就是个傻子、笨蛋、蠢货、低能儿。"还会很用力地拧人耳朵，或用掌拍人和用拳头锤人（Bourrienne,*Mémoires*, t. III, p. 226-227）。
102. Constant Wairy, *Mémoires intimes*, t. I, p. 266.
103. *Ibid.*
104. *Ibid.*, p. 271. Il était si frileux qu'on faisait du feu en toute saison (p. 267).
105. Nommés Landoire et Haugel (Fain, *Mémoires*, p. 11-12).
106. 1806年，之前在战争资料保管处工作的巴克莱·德尔博进入了皇帝的内阁（*ibid.*, p. 39）。
107. 伊万很快就被在1801年获得了"政府医生"头衔的科维萨尔取代（Tulard, *Dictionnaire Napoléon,* t. I, p. 564-566）。
108. Constant Wairy, *Mémoires intimes*, t. I, p. 262-263.
109. 1796年时，波拿巴就请他的老同学来意大利当他的秘书，因为他的秘书雅库托（Jacoutot）突然死了（Fain, *Mémoires*, p. 26）。但布列纳当时正在等待自己被从流亡人员名单中除名，因此无法离开法国。1797年3月，马尔蒙作为将军的中间人再次邀请他，这次布列纳出发了，他在莱奥本加入了波拿巴（Bourrienne, *Mémoires*, t. I, p. 110-113）。
110. Bourrienne, *Mémoires*, t. I, p. 132-133.
111. Gourgaud, *Journal*, t. I, p. 565.
112. 他总抱怨马雷不勤奋（Cambacérès, *Mémoires*, t. I, p. 466）。
113. Chardigny, *Les Maréchaux de Napoléon*, p. 81.
114. Bourrienne, *Mémoires*, t. IV, p. 188-190.
115. 波拿巴让迪罗克在1800年4月3日的文件里记录下来（Bourrienne, *Mémoires*, t. IV, p. 58-60）。
116. Fain, *Mémoires*, p. 46.
117. Cambacérès, *Mémoires*, t. I, p. 489.
118. Méneval, *Napoléon et Marie-Louise*, t. I, p. 199.
119. Gourgaud, *Journal*, t. II, p. 110.
120. Montholon, *Récits*, t. II, p. 10.
121. 他把 « afin que » 说成« enfin que »，« infanterie » 说成« enfanterie »，« cabinet »说成« gabinet»（Méneval, cité in Fierro, *Les Français vus par eux-mêmes*, p. 1034）。地名也是这样：« l'Èbre »就是« l'Elbe »，« Hysope »是 forteresse d'Osoppo，« Smolensk »是« Salamanque »（Fain, *Mémoires*, p. 59）。沙普塔尔又举了其他一些例子：îles Philippiques 是 Philippines, section 是 session, point fulminant 是 point culminant, rentes voyagères 是 rentes viagères, armistice 是 amnistie（*Mes souvenirs*, p. 90-91）。
122. Méneval, *Napoléon et Marie-Louise*, t. I, p. 115. Voir également p. 235-236, et Montholon, *Récits*, t. II, p. 265-266.

123. 有个小故事非常有名：他让日后的内政部部长沙普塔尔写了一条关于在枫丹白露建立军校的提案，对结果极不满意的他，让沙普塔尔坐下拿起笔，记录他的口述，经过了紧张的两个小时后，一个有着517条条款的新提案诞生了（Chaptal, *Mes souvenirs*, p. 160）。

124. Fain, *Mémoires*, p. 26-27.

125. *Ibid.*, p. 28. 他1795年在历史与地形办公室结识了克拉克，在1797年与奥地利和谈期间两人的关系变得紧密起来。

126. 举个例子，他曾在 *Le Barbier de Séville* 中演巴尔托洛（Bartholo）（Didelot, *Bourrienne et Napoléon*, p. 78-80）。

127. Gourgaud, *Journal*, t. I, p. 565.

128. Bertrand, *Cahiers*, t. II, p. 11-12, 415-416.

129. Gaudin, *Supplément aux Mémoires*, p. 192.

130. 关于库隆兄弟的破产，voir J. Jourquin, « Bourrienne », in Tulard, *Dictionnaire Napoléon*, t.I, p. 305-306。据说波拿巴得到消息，他的秘书与臭名昭著的王党间谍博内伊夫人保持着可疑的联系，他甚至还写了一本秘密散播的小册子，宣传莫罗要优于波拿巴（Didelot, *Bourrienne et Napoléon*, p. 103-105）。布列纳在1802年11月6日被解职了（*Correspondance générale*, no 7267 [à Bourrienne], t. III, p. 1150）。

131. 关于波拿巴与他的秘书的第一次关系破裂，voir Bourrienne, *Mémoires*, t. V, p. 70-77.

132. Molé, *Le Comte Molé*, t. I, p. 96-97.

133. 拉瓦莱特也险些为他雾月的抗命付出了代价。他是波拿巴的副官，也是他的姻亲，因为他娶了约瑟芬的侄女米莉·德·博阿尔内，路易·波拿巴曾爱上了她，但波拿巴拒绝让自己的弟弟娶这个没有嫁妆的年轻女孩，并把她嫁给了自己的副官。这事发生在1798年，远征埃及前。在雾月十八后，波拿巴让拉瓦莱特去管新成立的偿债基金。拉瓦莱特不喜欢这种工作，就拒绝了。这是个错误："如您所愿，我不想再听到关于任何您的事了！"波拿巴回复道，背过身去。要是没有欧仁的调停，拉瓦莱特可能就永久失宠了。这次他明白了，而且当波拿巴建议他去管邮政部门时，他答应了（Lavalette, *Mémoires et souvenirs*, p. 240-241 ; Bertrand, *Cahiers*, t. I, p. 164）。

134. Bourrienne, *Mémoires*, t. V, p. 162 ; Bertrand, *Cahiers*, t. II, p. 12.

135. Méneval, *Napoléon et Marie-Louise*, t. I, p. 113.

136. 尽管波拿巴在11月8日给了布列纳曾为他忠诚良好服务的证明 (Bourrienne, *Mémoires*, t. V, p. 182)，但是直到1805年3月，他才给了他一个驻汉堡代办的职位，负责与汉萨城市的外交事务。

137. Fain, *Mémoires*, p. 30.

138. Même s'il n'aura rang de ministre qu'à partir de 1804 (Lentz, *Le Grand Consulat*, p. 48-49).

139. Las Cases, *Mémorial*, t. III, p. 366-367.

140. 他曾这么说过后来在帝国时代当了巴萨诺公爵的马雷："只有一个人能比马雷先生还蠢，那就是巴萨诺公爵！"（cité in Tulard, *Dictionnaire Napoléon*, t. II, p. 272）。

141. Cité in Fierro, *Les Français vus par eux-mêmes*, p. 799.

142. En 1797, après son retour d'Italie.

143. Barante, *Souvenirs*, t. I, p. 393-394, Ernouf, *Maret*, p. 210-229.

144. Barante, *Souvenirs*, t. I, p. 394.

145. Pasquier, *Mémoires*, t. I, p. 253-254.

146. Tocqueville, « Discours de M. de Tocqueville, prononcé à la séance publique du 21 avril 1842 », p. 251-269.

147. *Ibid.*, p. 275.

148. Voir Woloch, *Napoleon and his Collaborators*, p. 36-51.

149. 我们在这名单中还可以加上让–邦·圣–安德烈，他在共和二年时曾是救国委员会的成员，后来当了美因茨省长，我们可以在托克维尔的前言中看到圣–伯夫对他做的刻画（*Nouveaux lundis*, t. VIII, p. 138-189）。

150. Talleyrand, *Mémoires et correspondance*, p. 233.

151. Bertrand, *Cahiers*, t. II, p. 117.

152. Durand, « Conseils privés, conseils des ministres, conseils d'administration », p. 818.

153. Une dizaine par mois (Lentz, *Le Grand Consulat*, p. 44-45).

154. Fain, *Mémoires*, p. 120-121.

155. Cambacérès, *Mémoires*, t. I, p. 480.

156. Bourrienne, *Mémoires*, t. IV, p. 305.

157. Dès le 27 décembre 1799.

158. 可以参考马雷给勒德雷尔的信件，其中传达了第一执政关于报刊上文章的命令，in Roederer, *OEuvres*, t. III, p. 429.

159. Madelin, *Histoire du Consulat et de l'Empire*, t. I, p. 283.

160. Elle disparut après le no 73, sorti le 3 juin 1803.

161. Sur tout ceci, voir Mitton, *La Presse française sous la Révolution*, p. 208-224.

162. Fain, *Mémoires*, p. 53.

163. 康巴塞雷斯在回忆录上提到了他和勒布伦每天早上与波拿巴的会面，他写道：“他专心听我们说话，不时提出质疑，有时一针见血有时只浮于表面，但他从来都不会忘记自己听到了什么。”（t. I, p. 490）同样也可以参考 Chaptal, *Mes souvenirs*, p. 55-56。

164. Vandal, *L'Avènement de Bonaparte*, t. II, p. 186.

165. Bastid, *Sieyès et sa pensée*, p. 466-473.

166. Bourdon, *La Réforme judiciaire de l'an VIII*, t. I, p. 319-326. 阿布里亚尔（Abrial）接替了康巴塞雷斯的司法部部长之职。

167. Lentz, *Le Grand Consulat*, p. 213.

168. Vandal, *L'Avènement de Bonaparte*, t. II, p. 186-187.

169. Roederer, *OEuvres*, t. III, p. 381.

170. Thibaudeau, *Mémoires*, p. 257.

171. Voir Durand, *Études sur le Conseil d'État napoléonien*, p. 87-103, et « Napoléon et le Conseil d'État », p. 146-148. 在构思了参政院的西哀士的多种计划中，参政院被赋予了真正的权力，尤其是在立法提案方面（Durand, *Études sur le Conseil d'État napoléonien*, p. 58-61）。

172. Locré, *La Législation civile, commerciale et criminelle de la France*, t. I, p. 53-54.

173. Thibaudeau, *Mémoires*, p. 75. Voir également Durand, « Napoléon et le Conseil d'État », p. 153.

174. Molé, *Le Comte Molé*, t. I, p. 79-80. 这里描述的情景是他后来当了皇帝时的事，但第一执政时期的他也没有什么不同之处。在他缺席时主持会议的康巴塞雷斯则表现得完全不同。帕基耶描述道：“他领导讨论时不会妨碍讨论，只有必要时才会介入，而且方式很明智，语调冷静，……他的总结和提问都很清晰，即使不那么灵光的人也能理解。”（Pasquier, *Mémoires*, t. I, p. 269）

175. Fain, *Mémoires*, p. 76. Voir également Méneval, *Napoléon et Marie-Louise*, t. I, p. 211-213.

176. Mollien, *Mémoires*, t. I, p. 314.

177. Gourgaud, *Journal*, t. I, p. 471-472.

178. Las Cases, *Mémorial*, t. III, p. 394.

179. *Ibid*. Voir également Roederer, *OEuvres*, t. III, p. 381, et Gaudin, *Supplément aux Mémoires*, p. 20, 76.

180. 他不愿让任何人被当成是他的指导者。当他夸赞他的财政部部长莫利安时，有人对他说：“将军，整个巴黎都和您的看法一样；人们说他是您财政方面的导师。”效果立竿见影：“整整5个月，第一执政就像忘了有我这么个人一样。”莫利安说。在此之前他每周都被召见（Mollien, *Mémoires*, t. I, p. 320）。

181. Fain, *Mémoires*, p. 88-90.

182. L'observation est faite par Molé (*Le Comte Molé*, t. I, p. 177) et par Goethe dans ses *Conversations avec Eckermann*, p. 550.

183. Mollien, *Mémoires*, t. I, p. 360.

184. *Revue française*, no 12 (nov. 1829), p. 196-198.

185. 勒德雷尔承认，这一体系无疑并非“德治的典范”，但无论如何，它能保证长治久安（voir ses deux « Mémoires sur le gouvernement de la Chine », *OEuvres*, t. VIII, p. 98-112）。Thierry Lentz a attiré l'attention sur ces textes peu connus dans « Roederer et le modèle chinois » (1994).

186. Voir, par exemple, Voltaire, *Anecdotes sur Pierre le Grand* [1748], p. 281.

187. Durand, «Rome a remplacé Sparte », p. 173.

188. Mollien, *Mémoires*, t. I, p. 262.

189. *Ibid*., p. 283.

190. Las Cases, *Mémorial*, t. III, p. 367.

191. 佩雷·德·拉·洛泽尔（Pelet de la Lozère）准确地指出，对部长们来说，参政院就是他们的 "保障"（*Opinions de Napoléon*, p. 4）。
192. Voir Durand, *Études sur le Conseil d'État napoléonien*, p. 125-127.
193. Tocqueville, *L'Ancien Régime et la Révolution*, p. 1039. Voir également, sur les « économistes » ou « physiocrates », le chapitre 3 du livre III (p. 1047-1050).
194. *Mémoires de la reine Hortense*, t. I, p. 77-78.
195. Bourrienne, *Mémoires*, t. III, p. 229 ; Chaptal, *Mes souvenirs*, p. 145.
196. *Mémoires de la reine Hortense*, t. I, p. 77.
197. Bourrienne, *Mémoires*, t. IV, p. 36-37 ; Fain, *Mémoires*, p. 202.
198. Las Cases, *Mémorial*, t. III, p. 383.
199. Bourrienne, *Mémoires*, t. III, p. 212 ; Pelet de la Lozère, *Opinions de Napoléon*, p. 11 ; Méneval, *Napoléon et Marie-Louise*, t. I, p. 210.
200. Asprey, *Frédéric le Grand*, p. 250-251.
201. Le pianiste Jean-Népomucène Hummel (1778-1837).
202. Goethe, *Conversations avec Eckermann*, p. 299.
203. Roederer, *OEuvres*, t. III, p. 377.
204. *Ibid.*
205. Constant Wairy, *Mémoires intimes*, t. I, p. 254-255.
206. Lentz et Macé, *La Mort de Napoléon*, p. 48.
207. 科维萨尔在1801年治愈了他，用了一种基于沙巴草籽（一种中美洲植物的种子）、橄榄油和纯酒精的溶液（Constant Wairy, *Mémoires intimes*, t. I, p. 557）。
208. Warden, *Lettres de Sainte-Hélène*, p. 63 ; Gourgaud, *Journal*, t. I, p. 439.
209. Cambacérès, *Mémoires*, t. I, p. 562-563. 弗雷德里克·马松的看法正相反，他认为波拿巴得的是 "外交病"，是为了不去见孔萨尔维（M*me Bonaparte*, p. 296）。
210. Bourrienne, *Mémoires*, t. IV, p. 339.
211. Las Cases, *Mémorial*, t. I, p. 243.
212. Constant Wairy, *Mémoires intimes*, t. I, p. 259 et 557.
213. Lettre de Volney à Bonaparte citée in Warden, *Lettres de Sainte-Hélène*, p. 388-389.
214. 布列纳认为是这些溃疡导致拿破仑死于1821年（*Mémoires*, t. IV, p. 314）。关于这一最终发展为胃穿孔的溃疡，voir Lentz et Macé, *La Mort de Napoléon*, p. 61-69。

第27章　1801年的转折

1. Voir la lettre de Bonaparte à François II, du 29 juillet (*Correspondance générale*, no 5578, t. III, p. 361). Je reviens sur « l'affaire Saint-Julien » plus loin, p. 611.
2. 他刚掌权时，波拿巴就对当时的外交部部长雷纳尔说，他必须尽快恢复 "与美国的友好关系"（*ibid.*, no 4765 [10 novembre 1799], t. II, p. 1091）。
3. 与美国最初的交涉失败了：继雷亚尔担任外交部部长的塔列朗，仅为接见杰斐逊总统的三位特使就狮子大开口地索要5万英镑。这一被塔列朗的特使称为 "XYZ事件" 的丑闻，引起了大洋两岸两个国家的一片哗然。
4. 勒德雷尔和前海军部部长弗勒里厄随约瑟夫一起前往。
5. « 1° Le pavillon couvre la marchandise [...]. 2° Il n'y a d'exception à cette règle que pour la contrebande de guerre, et cette contrebande ne s'étend pas aux denrées alimentaires, [...] mais uniquement aux armes et munitions de guerre confectionnées [...]. 3° Le neutre peut aller de tout port à tout port ; il n'y a d'exception à sa liberté de naviguer qu'à l'égard des ports réellement bloqués, et il n'y a de ports réellement bloqués, que ceux qui sont gardés par une force telle, qu'il y ait un danger sérieux à vouloir forcer le blocus. 4°　Le neutre doit subir la visite pour constater sa qualité véritable ; mais [...] si le neutre est convoyé par un bâtiment de guerre, la visite ne peut avoir lieu, la présence du pavillon militaire étant une garantie suffisante contre toute espèce de fraude » (Thiers, *Histoire du Consulat et de l'Empire*, t. II, p. 218).
6. 他们在巴黎的代表，德·穆斯基斯阁下，1800年4月22日就给波拿巴带来了对话的建议（*Correspondance générale*, no 5192 [à Talleyrand, 23 avril], t. III, p. 185）。

7. Peyre, *La Cour d'Espagne*, p. 6. Portrait très différent, moins flatteur encore, in Grandmaison, *L'Ambassade française en Espagne*, p. 185-187.

8. La Parra, *Godoy*, p. 223-227.

9. Lettre à Menou du 25 août 1799 (F. Rousseau, *Kléber et Menou*, p. 1).

10. *Ibid.*, p. 76-84.

11. *Correspondance de Napoléon Ier* , no 4689 [à Mazaredo, 20 mars 1800], t. VI, p. 199.

12. *Ibid.*, no 5148 [à Bruix, 28 mars 1800], t. III, p. 165.

13. 直到 1800 年 3 月 5 日，阿里什条约签订后，执政府的信使参谋上校拉图尔－莫布尔（Latour-Maubourg）才抵达开罗（Laurens, *L'Expédition d'Égypte*, p. 247）。

14. *Correspondance générale*, no 5295 [à Desaix, 14 mai 1800], t. III, p. 238.

15. *Ibid.*, no 5317 [à Talleyrand, 15 mai 1800], p. 248.

16. Las Cases, *Mémorial*, t. I, p. 155.

17. 出于同样的原因，他也担心东方军团回到法国会带来的后果：他是如此担心，以至于据东方军团的人说，他曾写信告诉克莱贝尔，回家的士兵要先去法国南部海岸附近的小岛（在马赛和耶尔群岛一带）上"休养"（*Correspondance de Napoléon Ier*,no 4721 [à Kléber, 19 avril 1800], t. VI, p. 222-223）。

18. *Correspondance générale*, no 5453 [à Carnot, 20 juin 1800], t. III, p. 311. 然而他主张尽快与埃及恢复联络（*Correspondance de Napoléon Ier*, no 4932, t. VI, p. 380）。

19. "不管怎样，他们谈到了它，"索雷尔写道，"波拿巴仍在考虑此事，企图瓜分这个王国以驱逐英国的势力。西班牙王后准备废黜她的女婿，把他的国土的一部分划给自己的情人：戈多伊一直想成为真正的亲王，而不是"和平亲王"，一个有着领土和子民的亲王，而不是纸上的亲王。西班牙的大臣们不同意此事，只好再次搁置。"（*L'Europe et la Révolution française*, t. VI, p. 75）。

20. 波拿巴 7 月 22 日就提议让西班牙用路易斯安那交换"帕尔马公国在意大利扩张领土"（*Correspondance générale*, no 5554 [à Talleyrand], t. III, p. 351）。除了路易斯安那，贝尔蒂埃还提议割让佛罗里达（英国占据这一地区两个世纪后，根据 1783 年的巴黎条约将其归还给了西班牙），但是马德里拒绝了（Driault, *Napoléon et l'Europe*, t. I, p. 104）。Voir Garnier, *Bonaparte et la Louisiane* [1992], et Lentz, «Un rendez-vous manqué : Napoléon et les États-Unis », *Napoléon diplomate*, p. 199-232.

21. 以及法兰西岛、印度洋的留尼汪岛和非洲海岸的塞内加尔。

22. Voir le remarquable livre de L. Dubois, *Les Vengeurs du nouveau monde*, p. 237 et suiv. ; P. Pluchon, *Toussaint Louverture* [1989] et, plus récemment, M. S. Bell, *Toussaint Louverture* [2007].

23. Voir James, *The Black Jacobins*, p. 418.

24. Dubois, *Les Vengeurs du nouveau monde*, p. 237. Voir le recueil de la «correspondance» et des discours de Toussaint in Toussaint-Louverture, *The Haitian Revolution* [2008]. Norvins a peint un beau portrait de Toussaint-Louverture dans son *Histoire de Napoléon*, t. II, p. 176-180 ; il affirme que Toussaint apprit à lire à l'âge de quarante ans, et découvrit ensuite l'*Histoire philosophique des deux Indes* de l'abbé Raynal, qui devint dès lors son « prophète » (p. 176).

25. 埃杜维尔将军让杜桑和里戈分别指挥岛北和岛南的部队，而这最终引发了他们之间的内战。

26. 分别签订于 1798 年 8 月 13 日和 1799 年 7 月 13 日。

27. "卢维杜尔对种植园实行军事化管理，在整个殖民地的军队中推行崇尚纪律和惩罚的措施。就像士兵服从军官一样，种植园工人也必须服从上级。就像士兵在不履行职责时接受军事法庭的审判一样，不听话的工人也会受到惩罚。最后，正如士兵没有行动自由，不能离开自己的部队而不受到严厉的惩罚一样，那些未经允许离开住所的人也要受到罚款或监禁。试图通过这种方式来消除任何逃离种植园的可能性……至于工人的地位，和早期种植园中的奴隶制一样，他们被命令留在种植园中，这种地位是不可改变的、永久的。最后，任何试图逃离过去，创造不同的未来的企图——除了在卢维杜尔的军队中服役之外——都被定为刑事犯罪。"（Dubois, *Les Vengeurs du nouveau monde*, p. 323-324）

28. 然而有一点不同：杜桑时期的种植园工人有工资。

29. 他们是米歇尔将军，樊尚上校（他出生在殖民地，和杜桑·卢维杜尔有联系）和同样出生在圣多明戈的朱利安·雷蒙，他亲身参与了大革命和解放斗争，并在 1796 年到 1798 年担任督政府的代表。

30. *Correspondance de Napoléon Ier*, no 4726 [à Forfait, 22 avril 1800], t. VI, p. 227.

31. 他们从1795年就开始反对1794年2月4日的废除奴隶制法令（Dubois, *Les Vengeurs du nouveau monde*, p. 265-268）。

32. "根据共和三年宪法第6条，法国的殖民地是共和国不可或缺的一部分，实行同样的宪法。"

33. 第91条。1799年12月27日，波拿巴曾询问海军上将冈托姆"关于圣多明戈、瓜德罗普、法兰西岛、留尼汪岛地方政府的法规提案"（*Correspondance générale,* no 4820, t. II, p. 1117）。

34. 根据这一体制，岛上所有的产品都为法国市场服务，它的需求也必须完全由母国供给。

35. 拿破仑对奥马拉说，他身边都是"前殖民者、投机者和商人"："简而言之，整个国家都热切希望收回圣多明戈，而我只能屈服。"（*Napoléon dans l'exil*, t. II,p. 129）相反，约瑟芬在她丈夫制订圣多明戈计划的过程中没有起到什么作用。Sur tout ceci, voir Branda et Lentz, *Napoléon, l'esclavage et les colonies*, p. 54-60, 105-112. Sur l'absence d'influence de Joséphine, voir également Bénot, *La Démence coloniale sous Napoléon*, p. 33.

36. 他在回忆录中，提到了他与"黑人之友"的讨论："我们一贯认为，那些自由的黑人和黑白混血人，应获得与白人同样的政治和公民权利，至于奴隶，不应该一下子解开他们的枷锁，但要逐渐让他们进入文明社会。"在补充了法国内外所有的废奴主义者都是这个观点后，他补充道："因此就可以理解，为何勒瓦瑟推动的共和二年雨月十六日的法令，直接废除了奴隶制，在我们看来是一个灾难性的错误：它在政治上如同一场火山爆发。"（*Mémoires*, t. I, p. 390-391）。

37. Voir la transcription de cet échange in Thibaudeau, *Mémoires sur le Consulat*, p. 116-121.

38. *Ibid.*

39. Montholon, *Récits*, t. I, p. 259-260.

40. "部长公民，"波拿巴在这封5月10日的信上写道，"我已经仔细读了你在我动身（从第戎到日内瓦）前一晚送来的各种报告。我认为你对于我给你的关于圣多明戈的报告的看法是正确的，尤其是关于给黑人自由的部分。在你们的所有文件上把这部分删掉。"（*Correspondance générale*, no 5265, t. III, p. 225）

41. Voir Cambacérès, *Mémoires*, t. I, p. 587-588.

42. *Correspondance de Napoléon Ier*, no 4455 [25 décembre 1799], t. VI, p. 42. 他为圣多明戈团的旗帜题词时写道："勇敢的黑人，要记住，只有法国人民承认你们自由与平等的权利。"（*ibid.*, no 4456, p. 43）以及参考1800年5月2日的公告（*ibid.*, no 4748, p. 251）。我们必须意识到，当时只有法国废除了奴隶制。

43. Roederer, *OEuvres*, t. III, p. 334.

44. *Correspondance générale*, no 5860 [à Forfait, 22 décembre 1800], t. III, p. 487.

45. 1799年12月25日的法令称杜桑的军队为"圣多明戈殖民地的国民自卫军"（*Correspondance de Napoléon Ier*, no 4456, t. VI, p. 43）。

46. Voir *ibid.*, no 5097 [arrête du 10 septembre 1800], p. 458-459, no 5163-5164 [à Roume et à Toussaint-Louverture, 5 novembre 1800], p. 498-499, et no 5219 [notes pour le ministre de la Marine, 14 décembre 1800], p. 529-531. 另一支远征军也在准备，目的地是瓜德罗普（*Correspondance générale,*no 5834 [à Berthier, 15 décembre 1800], t. III, p. 474-475）。

47. 根据巴尔贝·马布瓦1801年9月11日给波拿巴的报告（Branda et Lentz, *Napoléon, l'esclavage et les colonies*, p. 71）。和许多其他作者一样，托克维尔坚持认为种植园制度总的来说效率不高（*De la démocratie en Amérique I*, 2e partie, chap. X, p. 320-322）。De nombreux travaux historiques ont montré depuis qu'il n'en était rien (Fogel et Engerman, *Time on the Cross: The Economics of American Slavery* [1974], Fogel, *Without Consent or Contract: The Rise and Fall of American Slavery* [1990], Ransom, *Conflict and Compromise: The Political Economy of Slavery* [1990]). Voir aussi la préface de Ph. Raynaud à McPherson, *La Guerre de Sécession*, p. VIII.

48. 60%的甘蔗种植园和50%的咖啡种植园被毁（Branda et Lentz, *Napoléon, l'esclavage et les colonies*, p. 95）。

49. *Ibid.*, p. 138.

50. 托马斯·普罗尼耶（Thomas Pronier）在研究了波拿巴和执政府自雾月政变以来，所有宣言、倡议和决定的发展过程后，认为他宣称自己从一开始就偏向于重建奴隶制的说法是完全错误的（« L'implicite et l'explicite dans la politique de Napoléon », in Bénot et

Dorigny, *Rétablissement de l'esclavage*, p. 51-67）。在最近的研究中，菲利普·吉拉尔得出了更为细微的结论，作为一个实用主义者，波拿巴仍犹豫了很长时间后才做出决定：他的信仰远不是在1800年和1801年建立的（《Napoleon Bonaparte and the Emancipation Issue》）。

51. 杰斐逊总统坚决反对法国控制路易斯安那："世界上只有一个地方的所有者是我们天然和永远的敌人。这个地方就是新奥尔良。通过它，实际上只能通过它，我们土地上八分之三的产品才能进入市场。而从它的富饶程度来看，不久之后那里就会有超过我们半数的人口和物产。法国站到了这扇大门前，对我们表现出敌视态度。西班牙拥有它还能多年与我们相安无事。西班牙爱好和平，力量衰弱，让我们能够在那里顺利发展，以至于几乎意识不到西班牙才是路易斯安那的拥有者……但它到了法国手中的话，情况就大不相同了。法国行事冲动，精力充沛而且绝不安分，又处在这样一个会与我们永远摩擦的地点。而我们的性格虽然安静，热爱和平和追求财富，但又心高气傲，在争夺财富时不惧侮辱或伤害，像世界上任何一个国家一样有进取心和活力，这些情况使法国和美国不可能在如此恶劣的环境中相遇后，还能成为长期的朋友。"（*ibid.*, p. 179）

52. Driault, *Napoléon et l'Europe*, t. I, p. 101-102.

53. Warden, *Lettres de Sainte-Hélène*, p. 276.

54. *Correspondance générale*, no 5736 [29 octobre 1800], t. III, p. 431.

55. 托斯卡纳大公爵斐迪南三世也是神圣罗马帝国的大公，他是弗兰茨二世的弟弟。

56. 他给刚刚带着一个师占领了佛罗伦萨的杜邦将军下了命令："不要在公告和行动中表现出我们有在托斯卡纳建立共和国的企图。"（*Correspondance générale,* no 5707 [à Lacuée, 22 octobre 1800], t. III, p. 416.）

57. Michaud, *Biographie universelle*, t. XV, p. 540. Voir Baczko, *Politiques de la Révolution française*, p. 529, 742.

58. Sur cet épisode, voir l'étude de B. Baczko, « Turenne au Temple de Mars », *ibid.*, p. 492-534. 这次在荣军院的仪式不是孤立的："前后几周，皮伊市举行了一场庆典向迪盖克兰的遗体致敬，在奥尔良市，人们立起了贞德的像……同时还重建了纪念维拉尔元帅德南（Denain）大捷的纪念碑。"（Madelin, *Histoire du Consulat et de l'Empire*, t. IV,p. 24）

59. Masson, *Mme Bonaparte*, p. 277-283, d'après le récit de Jean-Étienne Despréaux.

60. Bourrienne, *Mémoires*, t. IV, p. 5.

61. Masson, *Napoléon et sa famille*, t. I, p. 306.

62. Bertrand, *Cahiers*, t. I, p. 192.

63. 据说朱诺在埃及将此事告诉了波拿巴（Bourrienne, *Mémoires*, t. III, p. 287）。

64. *Ibid.*, p. 284-285.

65. "缪拉不过是个旅店老板的儿子！"据说他曾这样说，"命运和荣誉让我升上了如此高位，我不能让他的血混到我的血脉中！"（Bourrienne, *Mémoires*, t. III, p. 289）

66. Masson, *Mme Bonaparte*, p. 232.

67. Miot de Melito, *Mémoires*, t. I, p. 279 ; Norvins, *Histoire de Napoléon*, t. II, p. 52-53.

68. Furet, « Bonaparte », p. 221.

69. Cité in Masson, *Napoléon et sa famille*, t. I, p. 322.

70. *Correspondance générale*, no 6382 [à Louis Ier, 27 juillet 1801], t. III, p. 738.

71. Masson, *Napoléon et sa famille*, t. I, p. 340-341. 这封马松没有给出来源的信，没有收录到最近的拿破仑与约瑟芬往来书信的全集中（éd. Haegelé）。

72. Le 31 juillet 1800 (Miot de Melito, *Mémoires*, t. I, p. 314).

73. *Ibid.*, p. 290-292.

74. La Fayette, *Mémoires*, t. V, p. 167. 这个建议是亚历山大·汉密尔顿在1787年提出的（*Works of Alexander Hamilton*, t. I, chap. « Federal Convention »）。

75. Roederer, *Journal*, p. 13.

76. *Ibid.*, p. 12 ; Miot de Melito, *Mémoires*, t. I, p. 294 ; Bourrienne, *Mémoires*, t. IV, p. 81-83.

77. Cité in Roederer, *OEuvres*, t. III, p. 340.

78. Roederer, *Journal*, p. 12-13.

79. Thibaudeau, *Le Consulat et l'Empire*, t. II, p. 3.

80. *Mémoires de la reine Hortense*, t. I, p. 101.Gabriel Hanotaux, l'éditeur des Mémoires d'Hortense, cite en note, p. 102. 1800年4月10日 *Journal des défenseurs de la patrie* 上的一篇文章报道了这个谣言（également reproduit in Aulard, *Paris sous le Consulat*, t. I, p. 259-

260)。

81. 在1800年年底，她有过昙花一现的希望：科维萨尔的治疗让她再次有了月经；因此她还没有绝经。为了延长这次治疗的结果，她才去了据说有助于治疗不育的普隆比耶温泉（Masson, *Napoléon et sa famille*, t. I, p. 386-387)。

82. Bourrienne, *Mémoires*, t. V, p. 21-22.

83. "将法国从不幸中拯救出来吧，"在得知了雾月十八的消息后，路易十八在第一封信中写道，"您将填补我内心最深处的愿望。将它交还给它的国王吧，后世将传颂您的伟业。"这封信的日期是12月19日，本应经过约瑟芬或贝尔蒂埃之手交给波拿巴，但这封信甚至被带到了伦敦，这证明它很难被平安带进法国（Norvins, *Histoire de Napoléon*, t. II, p. 89)。信使最后带着它回到了米陶（Daudet, *Histoire de l'émigration*, t. II, p. 370-373, 401-402)。几个月之后，路易十八又试了一次，请求波拿巴在"虚有其表的荣誉"和真正的光荣中选择（Norvins, *Histoire de Napoléon,*t. II, p. 89-90)。波拿巴一起收到了这两封信。

84. Bourrienne, *Mémoires*, t. IV, p. 74-75.

85. La Fayette, *Mémoires*, t. V, p. 178.

86. *Correspondance générale*, no 5639 [au comte de Provence, 7 septembre 1800], t. III, p. 386. 路易十八没有放弃：1801年3月22日，他给克莱蒙–加勒朗写了一封长信，还谈到了与波拿巴对话的要点（Thibaudeau, *Le Consulat et l'Empire*, t. II, p. 201-202)。

87. 1801年6月，她对吉什公爵夫人——她正是波利尼亚克夫人的女儿——打开了马尔迈松的大门，她是被波拿巴驱逐流亡伦敦的阿图瓦伯爵的代理人（Gourgaud, *Journal*, t. I, p. 229-230)。

88. Thiers, *Histoire du Consulat et de l'Empire*, t. II, p. 197-198.

89. Talleyrand, *Mémoires*, p. 232-233.

90. Voir l'étude de A. Cabanis, «Un idéologue bonapartiste ».

91. Sur le « parti » de la *Décade* en 1800, voir Kitchin, *Un journal philosophique*, p. 72-78.

92. Fontanes, *OEuvres*, t. II, p. 164.

93. Staël, *Correspondance*, t. IV, p. 283.

94. Villefosse et Bouissounouse, *L'Opposition à Napoléon*, p. 147.

95. "我希望波拿巴战败，"她写道，"因为这是阻止他走向暴政的唯一途径。"（Staël, *Dix années d'exil,* p. 228)

96. Staël, *Correspondance*, t. IV, p. 302-303.

97. La Fayette, *Mémoires*, t. V, p. 166-167.

98. Staël, *De la littérature*, p. 76-82. 她写道，"当一个国家沉浸于对一个人的狂热崇拜时，它就已经完了"。(p. 282) 她进一步解释，对个人的热情并不一定是坏事，尤其是在民主国家（p. 328-330)。

99. *Ibid.*, p. 208-209.

100. 克劳德·福里埃尔同时还是富歇的秘书，他不久后就成了苏菲·德·孔多塞的情人，并因此与斯塔埃尔夫人不和。

101. Voir sa lettre à Daunou du 17 août (*Correspondance*, t. IV, p. 302-304).

102. Fontanes, *OEuvres*, t. II, p. 161-205.

103. 孔多塞的著作《人类精神进步史纲要》，于他死后在1795年出版。

104. Voir la préface à la 2e édition (Staël, *De la littérature*, p. 53-64).

105. Chateaubriand, *Mémoires d'outre-tombe*, t. I, p. 763-765. 他的 *Lettre sur la perfectibilité, lettre au citoyen Fontanes sur la deuxième édition de l'ouvrage de Mme de Staël* 于1800年12月22日登了在了 *Mercure* 上。

106. 克莱蒙–托内尔伯爵夫人是1792年8月10日被杀害的斯坦尼斯拉斯·德·克莱蒙–托内里的寡妇，她建立了一个"受马丁主义影响的新天主教"小团体，拉阿尔普经常在那里露面（Berchet, *Chateaubriand*, 311–312)。

107. Voir Simonetta et Arikha, *Napoleon and the Rebel*.

108. Masson, *Napoléon et sa famille*, t. I, p. 335-338 ; Piétri, *Lucien Bonaparte*, p. 111-113. Sur le ministère de Lucien, voir surtout Iung, *Lucien Bonaparte et ses Mémoires*, t. II, p. 380-435 ; sur le ministère de l'Intérieur sous le Consulat, Moullier, *Le Ministère de l'Intérieur*.

109. Berchet, *Chateaubriand*, p. 319.

110. Fontanes, *Chant du 14 juillet 1800*, p. 5.

111. Voir Madelin, *Fouché*, t. I, p. 330.

112. Sur cette affaire, voir Thibaudeau, *Le Consulat et l'Empire*, t. I, p. 405-407.

113. Le *Parallèle* est reproduit in Roederer, *OEuvres*, t. III, p. 342-346. Barante suggère qu'Esménard en était peut-être l'auteur (*Souvenirs*, t. I, p. 67).

114. 吕西安和勒德雷尔是这么说的（*OEuvres*, t. III, p. 348）。而布列纳说富歇私下对他说过此事（*Mémoires*, t. IV, p. 218）。蒂博多也说此事是拿破仑和吕西安策划的（*Le Consulat et l'Empire,* t. II, p. 32）。Voir à ce sujet le dossier rassemblé par F. Piétri dans son, *Lucien Bonaparte*,p. 122-123.

115. Fouché, *Mémoires*, t. I, p. 201 ; Roederer, *OEuvres*, t. III, p. 350-353.康巴塞雷斯也持同样看法（*Mémoires*, t. I, p. 539）。他说第一执政听到了风声，但是为了借机摆脱他一个月前决定开除的吕西安，他任由事态发展（p. 538）。

116. Roederer, *OEuvres*, t. III, p. 353.

117. *Ibid.*, p. 350.

118. Miot de Melito, *Mémoires*, t. I, p. 340.

119. Bourrienne, *Mémoires*, t. IV, p. 219.

120. Miot de Melito, *Mémoires*, t. I, p. 339-340. Voir le récit de Fouché, *Mémoires*, t. I, p. 202-204.

121. Girardin, *Discours*, t. III, p. 192-194.

122. "我们没必要在寻找继承人这件事上劳心费力，"他对勒德雷尔说，"我已经找到一个了，我弟弟路易：他没有他兄弟们的缺点，却有他们的所有优点。"然后，勒德雷尔补充道："他在我面前对路易赞不绝口，还把他的信给我看，里面充满了慈爱的手足之情。"（勒德雷尔的说法见于 Girardin, *Discours*, t. III, p. 199）。波拿巴也向约瑟芬说过此事——除非这个主意是她出的——因为，几天后她把勒德雷尔叫到一边（尽管她认为他是最危险的敌人之一），告诉勒德雷尔他已经有路易了，不需要再有孩子，路易有着"杰出的灵魂""出众的头脑"，并且像"爱自己的情人"一样爱着他的哥哥（Roederer, *OEuvres*, t. III, p. 347）。她已经打算要让奥尔唐斯和路易结婚了吗？我们会在第29章再次谈到这个问题。

123. Voir ci-dessus, p. 562.

124. Ces préliminaires sont reproduits in Kérautret, *Les Grands Traités du Consulat*, p. 139-142.

125. 这是个惩罚：在让克勒曼与奥地利在7月7日签订了允许其保留部分费拉拉地区的协议后，1800年8月12日，马塞纳恢复了指挥权。

126. Thiers, *Histoire du Consulat et de l'Empire*, t. II, p. 226-277.

127. *Ibid.*, p. 253.

128. *Ibid.*

129. Bourrienne, *Mémoires*, t. IV, p. 249. 后来，他严苛地评判莫罗在霍恩林登的胜利。他在圣赫勒拿岛写的文章中，说那只是"撞了大运"（voir « Diplomatie, guerre », in *Correspondance de Napoléon Ier*, t. XXX, p. 427-432, et les observations détaillées reproduites p. 438-442）。Voir également Bertrand, *Cahiers*, t. I, p. 117-118.

130. 他给法国的条件包括将马耳他归还给圣约翰骑士团，在都灵恢复撒丁王国，以及保证巴伐利亚王国与两西西里王国领土完整（Daudet, *Histoire de l'émigration*, t. III, p. 164）。

131. *Correspondance générale*, no 5411 [à Talleyrand, 4 juin 1800], t. III, p. 288.

132. *Ibid.*, no 5680 [à Talleyrand, 30 septembre 1800], p. 402-403. Sur le rapprochement franco-russe, voir l'étude de F. Petrov, « Paul Ier et Napoléon Bonaparte : l'alliance impossible ? », p. 243-258.

133. *Correspondance générale*, no 5853 [21 décembre 1800], t. III, p. 484.

134. La Fayette, *Mémoires*, t. V, p. 189.

135. Voir par exemple Las Cases, *Mémorial*, t. III, p. 118-119, 124.

136. Driault, *Napoléon et l'Europe*, t. I, p. 141-142. Ce mémoire était daté du 2 octobre 1800.

137. O'Meara, *Napoléon dans l'exil*, t. I, p. 311-312 ; Bertrand, *Cahiers*, t. II, p. 292 ; Bourrienne, *Mémoires*, t. IV, p. 263. 阿尔贝·索雷尔不相信这个计划是真的（*L'Europe et la Révolution*, t. VI, p. 113-115）。

138. *Ibid.*, p. 53-54.

139. 波拿巴建议法国正式宣布自己是中立国的保护者（*Correspondance générale,* no 5820 [à Talleyrand, 7 décembre 1800], t. III,p. 468）。

140. Thiers, *Histoire du Consulat et de l'Empire*, t. II, p. 175. Voir M. Cottret, *Tuer le tyran ?*, p. 325-362.

141. Gaubert, *Conspirateurs*, p. 13-126.

142. Ferrero, *Pouvoir*, p. 199-200.

143. 约瑟夫·阿雷纳的兄弟巴泰勒米，是曾在圣克卢宫的橘园殴打波拿巴的五百人院代表之一；切拉基与波拿巴1796年相识于米兰，他的半身像现存于南特博物馆。

144. Tulard, *Dictionnaire Napoléon*, t. I, p. 513.

145. 巴雷尔从德梅维尔口中得知这个秘密后，据说他担心自己被怀疑，去见了朱诺并告知他有针对波拿巴的阴谋（Miot de Melito, *Mémoires*, t. I, p. 329-330）。

146. 蒂博多详细描述了这个炸弹，在它的制造者舍瓦利耶和他的12名同党被捕后，蒙日检查了它（*Le Consulat et l'Empire*, t. II, p. 35-36）。

147. Warden, *Lettres de Sainte-Hélène*, p. 128-129.

148. Lettre du 25 janvier 1799, citée in Lebon, *L'Angleterre et l'émigration*, p. 267-269. Sur James Talbot et l'agence de Souabe, voir Sparrow, « Secret service », p. 280-294.

149. Tulard, *Dictionnaire Napoléon*, t. I, p. 344-345. 伊德·德·纳维尔也声称，这次谋杀不是党派行为，而是"几个默默无闻的朱安党人"的作为（*Mémoires*, t. I, p. 360）。

150. Sur ce « moment terroriste de la chouannerie », voir l'étude de A. Lignereux.

151. 约瑟芬和奥尔唐斯本应和拉普一起在第二辆马车上。因为波拿巴批评了妻子的打扮，她去换了衣服；而将军先走了。这个延迟可能救了约瑟芬的命，如果按照往常，她应该跟在丈夫后面的，正好在爆点（*Mémoires de la reine Hortense*, t. I, p. 79-80）。

152. 内政部部长沙普塔尔1801年1月1日的报告，Thiry, *La Machine infernale*, p. 191。根据富歇的说法，造成了20死，56伤，*Mémoires*, t. I, p. 214, note。

153. Thiry, *La Machine infernale*, p. 169.

154. 警察长迪布瓦和富歇不同，他"怀疑"此事是雅各宾派所为，他支持波拿巴继续向这个方向调查（Cambacérès, *Mémoires*, t. I, p. 542）。

155. Miot de Melito, *Mémoires*, t. I, p. 356-357.

156. 勒德雷尔把这归于他（*OEuvres*, t. III, p. 360）。康巴塞雷斯也说是自己提出的建议（*Mémoires*, t. I, p. 543）。米奥·德·梅利托则认识到塔列朗，他认为，这个提议是波拿巴在私下告诉他的（*Mémoires*, t. I, p. 362-363）。

157. Lanfrey, *Histoire de Napoléon*, t. II, p. 261.

158. Roederer, *OEuvres*, t. III, p. 361-362.

159. *Ibid.*, p. 363.

160. *Ibid.*, p. 364. 勒德雷尔曾对雷亚尔说他反对"大规模的惩罚"（*ibid.*, p. 355）。

161. *Ibid.*, p. 364.

162. 130人中有1792年的9月屠杀参与者，有国民公会的成员（Choudieu, Talot），有革命巴黎的著名成员（Félix Le Peletier, Villain-Daubigny, Thirion, Charles de Hesse, Fournier l'Américain），有在圣克卢宫试图袭击波拿巴的埃贝尔派将领（Rossignol, Destrem）。他们中55人被关在国内，4人被流放到雷岛，71人流放到塞舌尔（Destrem, *Les Déportations du Consulat*）。大部分人都死在了关押过程中，其中就有传说跑到了非洲，在"穆赞波王国"自立为王，自称"阿里斯蒂德一世"的罗西尼奥尔（préface de A. de Baecque à Rossignol, *Vie*）。关于1月4日的元老院法令的起源，以及这一程序的源头，参考 C. Zacharie, *Le Sénat*, p. 145-164, 217-229, 239-260。

163. 他们在4月21日上了断头台。

164. Thiers, *Histoire du Consulat et de l'Empire*, t. II, p. 336.

165. 关于这个法庭，它的组成、功能和成员，可以参考 Lentz, *Quand Napoléon inventait la France*, p. 629-630.

166. Thibaudeau, *Le Consulat et l'Empire*, t. II, p. 126-127. 这一言论有很多版本，例如："我是一个军人，一个大革命之子，我从人民中走出来；我不允许有人像辱骂国王一样辱骂我。"或者："我，我敢自称为国家的缔造者之一，而非任由它毁灭的人。"（Roederer, *OEuvres*, t. III, p. 377）

167. 他在10月20日给约瑟夫的信上表述了他的条件（*Correspondance générale*, no 5700, t. III, p. 411-412）。

168. 见吕内维尔条约的独立秘密条款（Kérautret, *Les Grands Traités du Consulat*, p. 171）。

169. Lanfrey, *Histoire de Napoléon*, t. II, p. 249-250.

170. Voir ci-dessus, p. 561.

171. 至少有80名王党在1801年1月底被捕，其中有布尔蒙、苏桑和德·奥尚蒂等旺代和朱安党叛乱的头目（Madelin, *Fouché*, t. I, p. 343-347）。

172. Zacharie, *Le Sénat*, p. 304.
173. 从这个视角来看从1797年到1802年的连续性，可以参考 H. G. Brown, « War on brigandage »，p. 661-695，和同一作者的 *Ending the French Revolution*。
174. Miot de Melito, *Mémoires*, t. I, p. 379-380.

第28章　与教廷的和平

1. *Correspondance générale*, no 5999 [à Chaptal, 5 février 1801], t. III, p. 554.
2. Chateaubriand, *Mémoires d'outre-tombe*, t. I, p. 752-753.
3. Voir ses *Voyages en France*.
4. Voir Rocquain, *L'État de la France au 18 brumaire*.
5. 见1802年造访法国的英国人亨利·雷德黑德·约克的证词，他描写了著名的巴黎汤锅食堂（*Letters from France*, t. II, p. 166-176）。
6. 关于当时的这番情感，可以看 X. Martin, *La France abîmée*.
7. *Correspondance générale*, no 6006 [à Cambacérès et Lebrun, 10 février 1801], t. III, p. 557.
8. Dean Paul, *Journal d'un voyage à Paris*, p. 14-15, 23.
9. 关于拿破仑的经济理念，可以参考 Th. Lentz dans sa *Nouvelle histoire du Premier Empire*, t. III, p. 416-442。
10. Voir le compte rendu de son long entretien avec Mollien dans les *Mémoires* de celui-ci, t. I, p. 251-273.
11. 1803年2月20日，他宣称自己考虑过了要如何重整金融秩序，在1803年3月18日（共和十一年芽月七日）通过了建立芽月法郎的法案。
12. 他是科尔贝主义者吗？他在 *Exposé de la situation de la République* de 1801 中阐述了自己的观点，在例举了长长一串过去两年中所有领域的惊人成就之后，他指出，国家可以在工业和商业方面依靠"国家天才"，并最大程度地促进个人的主动性："当普遍的和平恢复了工商业的一切活动时，政府最重要的责任是为他们指明方向，鼓励他们的工作，消除一切可能阻碍他们发展的障碍；政府将把所有的光亮都集中在这些伟大的利益上，并征求所有的经验建议；政府将在其身边建立与他们协商的人，他们以积极的知识、严谨的正直和无私的意见，值得公众的信任和尊敬。如果国家的天才们能响应国家的热情和狂热，如果有一天，通过国家的关怀，共和国的繁荣与共和国的胜利和荣耀相提并论，那将是一件多么幸福的事！"（*Correspondance de Napoléon Ier*, no 5874, t. VII, p. 334-335）
13. Chaptal, *Mes souvenirs*, p. 30.
14. Chaussinand-Nogaret, *Les Financiers du Languedoc au XVIIIe siècle* ; Bergeron, *Banquiers, négociants et manufacturiers parisiens* ; Bruguière, *Gestionnaires et profiteurs de la Révolution*.
15. Bruguière, *Gestionnaires et profiteurs de la Révolution*, p. 75-76.
16. 重建贝勒库尔广场，修建辛普朗山口穿过瓦莱山的道路以促进法国与山南共和国的交流，在塞纳河上新建了数座桥梁，以及在阿尔卑斯山道上修建庇护所。
17. Thiers, *Histoire du Consulat et de l'Empire*, t. I, p. 69.
18. 1800年10月20日的法令将禁止归国的流亡者的人数从10万以上降到了5.2万。同时，单独的禁令撤销工作也在进行，因此，流亡人员名单上的人数很快降到了3 373人。
19. Chateaubriand, *Mémoires d'outre-tombe*, t. I, p. 761-762.
20. "我不惧怕效仿过去的规则和成例，"他对莫利安说，"在保留大革命一切卓有成效的创新的同时，我也不会放弃那些之前被错误摧毁的优秀制度。"（Mollien, *Mémoires*, t. I, p. 261）
21. Voir les biographies consacrées à Joseph II par François Fejtö et Jean Bérenger, et l'ouvrage classique de François Bluche sur *Le Despotisme éclairé*.
22. 从这个法案通过到罗马提出反对，中间间隔的8个月的时间证明不了什么：阿尔贝·马蒂耶（*Rome et le clergé français sous la Constituante*）认为这证明了教宗除了宗教之外还有其他方面的考虑，直到在其他未决问题上失去了获得满足的希望之后，才决定做出了断。这忘记了，罗马的工作进展是非常缓慢的。波拿巴在1801年再次抱怨，谈判工作一次又一次地无法在预定日期结束，先是2月，然后是7月14日，最后是8月15日。教会和世俗政府的时间观念是完全不同的。Voir La Gorce, *Histoire religieuse de la Révolution française*, t. I, p. 264-350.

23. Mathiez, *La Révolution et l'Église*, p. 274.

24. 这一宽松的方案仅仅是一种民事承诺，其含义完全是消极的：签署这一承诺的人并没有承诺"维护、支持和捍卫一个不能要求任何人认可的法典"，而仅仅是"服从和不反对"（Thibaudeau, *Le Consulat et l'Empire*, t. I, p. 152-153）。

25. Lanfrey, *Histoire de Napoléon*, t. II, p. 342.

26. 见西斯蒙迪（Sismondi）1813年在迪拉夫人家中听了夏多布里昂关于宗教的谈话后，对他的信仰的看法，参见 Sainte-Beuve, « Sismondi », *Nouveaux lundis*, t. VI, p. 57-58。

27. Lanfrey, *Histoire de Napoléon*, t. II, p. 349. Analyse reprise plus tard par Mathiez, *La Révolution et l'Église*, p. 270-300.

28. Sur ces débats, voir Boulay de la Meurthe, *Histoire de la négociation*, p. 22-30.

29. 它只有57名主教和七八千名信徒（*ibid.*, p. 6-9）。

30. Montholon, *Récits*, t. II, p. 275.

31. 1800年8月他在参政院的讲话至今仍很有名："我的政策就是顺应大多数人的意愿治理民众。我相信，这是承认人民主权的方式。"他又补充，他在意大利是天主教徒，在埃及是穆斯林，如果他统治了犹太人，那么他就会重建所罗门神庙（Roederer, *OEuvres*, t. III, p. 334）。

32. Cité in Boulay de la Meurthe, *Histoire de la négociation*, p. 55.

33. Lentz, *Le Grand Consulat*, p. 302-304.

34. 向参政院的声明，出自：Molé, *Sa vie, ses mémoires*, t. I, p. 76。同样也可以参考1800年8月他与勒德雷尔的会面（*OEuvres*, t. III, p. 335）。

35. La Fayette, *Mémoires*, t. V, p. 184.

36. 某个夜晚，他指着布满繁星的夜空，对随行的人说："试着解释一下，先生，谁创造了这些？"（Bourrienne, *Mémoires,* t. III, p. 232）。Voir aussi Thibaudeau, *Mémoires sur le Consulat*, p. 152-153, et Las Cases, *Mémorial*, t. II, p. 777-780, t. III, p. 179-180. 尽管他说他对自己的无信仰感到"烦恼"，但他并不相信基督教的教义（Bertrand, *Cahiers*, t. I, p. 182）。关于太阳的"神性"，voir Gourgaud, *Journal*, t. I, p. 440-441, t. II, p. 269-272, 310-311.

37. O'Meara, *Napoléon dans l'exil*, t. I, p. 188.

38. 勒德雷尔在他的日记上记录了1802年春天正式公布教务专约时的这个轶事：当教廷的法令在参政院宣读到结尾，念到教皇用圣保罗和圣彼得的怒火来威胁暴徒时，第一执政笑了，所有的议员都笑了（*Journal,* p. 109-110）。

39. Roederer, *OEuvres*, t. III, p. 430.

40. Bourrienne, *Mémoires*, t. IV, p. 281.

41. *Ibid.*, p. 281-282.

42. Thibaudeau, *Mémoires sur le Consulat*, p. 152.

43. "我认为每个人都应该保留他儿时的信仰，那是他父辈的宗教。"他在圣赫勒拿岛时依旧这么说（*Napoléon dans l'exil*, t. I, p. 195）。

44. 例如参政院议员富克鲁瓦（Fourcroy），他在教务专约签署后表示接受，但仍遗憾1790年立宪议会错过了在法国推行新教教义的机会，因为"它比天主教更宽容，更容易实现政教分离"（Rocquain, *L'État de la France au 18 brumaire*, p. 154）。

45. Cité in Thiers, *Histoire du Consulat et de l'Empire*, t. III, p. 216-218. 在他看来，新教不可行不仅由于历史原因。"我喜欢天主教，因为它和我的灵魂对话，"他对蒙托隆说，"因为当我祈祷时，它让我全身心投入行动；而新教只和我的理性对话。"（*Récits*, t. II, p. 174）。Voir également Bourrienne, *Mémoires,* t. IV, p. 276 (contre un anglicanisme à la française), Thibaudeau, *Le Consulat et l'Empire*, t. II, p. 181-182, Las Cases, *Mémorial*, t. III, p. 181-182 (contre l'adoption du protestantisme).

46. "在所有内战中，哪次在人们心中最为深刻，最让人饱受骨肉分离之苦？是宗教战争。"在回应那些质疑他政策的人时他说道。"我们应该结束，宗教的和平是最重要的。"（cité in Thiers, *Histoire du Consulat et de l'Empire,* t. III, p. 221-222）。关于教务专约在法国政教分离过程中的地位，voir, notamment, les analyses de Jean Baubérot, *Vers un nouveau pacte laïque ?*, et Marcel Gauchet, *La Religion dans la démocratie*, p. 31-45。

47. 蒂博多这样总结道："高卢派教会可以行使其权利并保有其惯例，教宗无法以任何方式阻挠他们，或是做任何反对他们的事。根据这些自由，高卢派教会要选举自己的牧师。它不承认教宗的代表和宗教法庭。也不允许教宗向法国派遣任何代表；制宪议会确定的教区划分应予保留。就宗教而言，法国领土的任何部分都不能依赖外国主教，除了与普世教会的有形领袖保持纯粹的精神关系之外。作为教友们的共同父亲，教宗应该利用他的智慧和仁慈所建议的手段来平息法国教会的动荡。在他要寄给共和国的公文中，他将建议对分裂他们的意见分歧保持最深的沉默。法国的主教们会再次以教团的名义向教宗去信，教宗会对此作出回应。如某一教区只有一位主教居住在法国，如果他已宣誓效忠于宪法，他将得到所有人的承认。如果〔一个教区〕有两名主教，其中一名在1791年之前任命并被任命为主教，另一名在1791年之后经选举产生并被任命为主教，如果年长的主教居住在法国，并对宪法宣誓效忠，则该主教将得到承认；另一名主教按权利继承他的职务。作为一个例外，为了促进和平，被禁止的现任主教可以通过服从法律的规定继续任职，但不能有继任者。同样的安排也适用于教区神父。"（Le Consulat et l'Empire, t. II, p. 178-180）。
48. Cité in Lanfrey, Histoire de Napoléon, t. II, p. 201-202.
49. Cité in Thiry, Marengo, p. 170.
50. 朗扎克·德·拉沃列（Lanzac de Laborie）准确形容了大革命后的数年间，巴黎人，尤其是新政权的精英和官员对恢复宗教的敌意（Paris sousNapoléon, t. I, p. 313-335）。"除了极少数真正虔诚的人之外，"他写道，"对大多数人来说宗教只是一种习惯，或是为了从众，社会倾向于宗教只是出于美学和感性的原因，知识精英激烈地反对宗教，当局则应采取不偏不倚的中立态度……然而直到教务专约公布，行政措施都是对天主教带有敌意的。"（p. 316）
51. Barante, Souvenirs, t. I, p. 98-99.
52. 这一教务专约出自西班牙首相马里亚诺·卢伊西·德·乌尔基霍（Mariano Luis de Urquijo）之手，他利用教宗空位期，以1799年9月5日的法令让西班牙教会在事实上"国家化"。布莱·德·拉·默尔特总结了其主要条款："剥夺西班牙境内所有有争议的宗教法庭，废除免税权和空缺的有俸圣职收取的费用，将教廷大使降格至和普通大使相同的地位，禁止正规修会服从居住在罗马的会长的命令，允许主教出售修道院的地产，最后，承认王室有完全的庇护权。"（Histoire de la négociation, p. 228）执政府上台后，法国的对罗马政策发生了转变，卡洛斯四世和乌尔基霍撤回了决议：9月5日的法令在1800年3月29日被废止（La Parra, Manuel Godoy, p. 230-232）。
53. Boulay de la Meurthe, Documents sur la négociation du Concordat, t. I, p. 11-12 (lettre de Pie VII à Louis XVIII, 14 mars 1800).
54. Lentz, Le Grand Consulat, p. 204.
55. 出自枢机主教孔萨尔维之口，cité in Thiers, Histoire du Consulat et de l'Empire, t. II, p. 169。
56. Correspondance de Napoléon Ier, no 4884 [Allocution aux curés de la ville de Milan, 5 juin 1800], t. VI, p. 338-340. 演讲稿最初以意大利语刊印，9月被译成法文，由 Annales philosophiques 在法国发行。早在7月3日，勒德雷尔的 Journal de Paris 就给出了一个更为简短的版本，或许更符合原文："意大利的天然盟友是法国，""你们能指望新教徒、希腊人和穆斯林吗？而法国人，有着和你们一样的宗教信仰。我们是有过一些争端，但都是可以解决的。"（Roederer, OEuvres, t. VI, p. 411）几天后，6月18日，他在米兰大教堂出席了为庆祝马伦戈大捷而举行的感恩赞美诗仪式。他在给康巴塞雷斯和勒布伦的信中说："今天，不管我们巴黎的无神论者会说些什么，我都要去参加一个隆重的赞美诗仪式。"（Correspondance générale, no 5449, t. III, p. 308）
57. 波拿巴曾在与马丁尼亚纳的对话中用了此番表达（Thiry, Marengo, p. 170）。
58. Cité in Mathieu, Le Concordat, p. 3-5.
59. Boulay de la Meurthe, Documents sur la négociation du Concordat, t. I, p. 26-28 (lettre du pape à Martiniana, 10 juillet 1800).
60. 选中斯皮纳的不是教宗，而是波拿巴，他认为马丁尼亚纳去巴黎太老了，他认为谈判必须在那里进行。他在从埃及返回途中在格勒诺布尔（Grenoble）结识了斯皮纳主教，那时庇护六世刚死不久（Mathieu, Le Concordat, p. 10）。
61. Boulay de la Meurthe, Histoire de la négociation, p. 103-127, 149-153.
62. Voir ci-dessus, p. 544-545.

63. "我知道这就是个恶棍，"他回答指责他任用这样的人的沃尔内时说，"但是我需要他。"（Mathieu, *Le Concordat,* p. 52）之后，波拿巴拒绝任命贝尔尼尔为巴黎大主教，并说这位神父的效命并不能抹去旺代的流血。贝尔尼尔最后成了奥尔良主教（*ibid.*, p. 55）。

64. 见贝尔尼尔给斯皮纳的第一版计划，也是后来讨论的基础，Boulay de la Meurthe, *Documents sur la négociation du Concordat*, t. I, p. 113-115

65. 参考贝尔尼尔1800年11月30日的信（Boulay de la Meurthe,*Documents sur la négociation du Concordat,* t. I, p. 145）。11月26日斯皮纳和贝尔尼尔定下了最初的草案（Mathieu, *Le Concordat,* p. 109-114）。从这一天到次年1月底，完成了三版草案。

66. Talleyrand, *Mémoires*, p. 238.

67. Montholon, *Récits*, t. II, p. 275.

68. "一般来说，"科本茨写道，"塔列朗总是极力反对在法国恢复天主教；考虑到这会让曾经当过主教的他处于何等窘迫的境地，这并不难理解。"（cité in Lacour-Gayet, *Talleyrand,* p. 460）

69. Boulay de la Meurthe, *Histoire de la négociation*, p. 236-239.

70. *Ibid.*, p. 252-256.

71. Ce cinquième projet est reproduit inBoulay de la Meurthe, *Documents sur la négociation du Concordat*, t. I, p. 351-353.

72. "教宗，"新版规定，"宣布他承认新的教区划分以及其大主教和主教的身份，且只承认由第一执政任命的，其他人一律开除，无论是主教还是大主教。"（Boulay de la Meurthe, *Histoire de la négociation,*p. 312）

73. Cité in Boulay de la Meurthe, *Histoire de la négociation*, p. 313. 作为额外的姿态，法国把1796年从洛雷托圣地带走的圣母雕像还给了教宗。

74. Voir le texte du contre-projet in Mathieu, *Le Concordat*, p. 145-148.

75. Cité in Boulay de la Meurthe, *Histoire de la négociation*, p. 377.

76. *Ibid.*, p. 376-377.

77. Thiers, *Histoire du Consulat et de l'Empire*, t. III, p. 249.

78. Mathieu, *Le Concordat*, p. 156.

79. 在1799年法军撤退后推进到了托斯卡纳的那不勒斯军，被缪拉赶回了罗马。1801年2月18日签了停战协定，协定在一个月后变成了和约：那不勒斯国王对英国船只关闭了港口，尤其是塔兰托湾的港口，并将其交由法军镇守。

80. La Parra, *Manuel Godoy*, p. 295-296.

81. 托斯卡纳大公爵斐迪南大公，获得了萨尔茨堡主教领作为交换。

82. *Correspondance générale*, nos 5996 et 6018 [à Talleyrand, 4 et 13 février 1801], t. III, p. 552-553, 562-563.

83. 根据这一安排，当时的帕尔马公爵斐迪南得放弃帕尔马的王冠。波拿巴在3月初派了莫罗·德·圣-梅里作为特使去见他（voir les instructions pour Moreau de Saint-Méry in *Correspondance de Napoléon Ier*, no 5512 [à Talleyrand, 7 avril 1801], t. VII, p. 109-110），但斐迪南拒绝了（Driault, *Napoléon et l'Europe*, t. I, p. 113-115）。法国不得不等到他在1802年10月死去后，才占领了帕尔马。

84. Voir *Correspondance générale*, no 5682 [à Talleyrand, 30 septembre 1800], t. III, p. 403 ; no 6335 [à Lucien, 17 juin 1801], p. 712-713.

85. *Mémoires* de Lucien, « Guerre d'Espagne », fo 26v. 我感谢马尔塞洛·西莫内塔（Marcello Simonetta），他完成了吕西安手稿的编辑工作，多亏了他我才能读到这段材料。Voir également *Correspondance générale*, no 6335 [à Lucien,17 juin 1801], t. III, p. 712-713.

86. 7月10日，他写信给塔列朗，如果戈多伊"被英国人收卖，试图让国王和王后对抗共和国，那么西班牙君主制的丧钟就敲响了"（*ibid.*, no 6360, p. 726）。

87. 1801年6月6日和9月29日的两个条约，可以参考Kérautret, *Les Grands Traités du Consulat*, p. 184-188, 201-204.

88. *Mémoires* de Lucien, « Guerre d'Espagne », fo 27.

89. Driault, *Napoléon et l'Europe*, t. I, p. 183. 关于吕西安的大使生涯，最好的研究仍是Piétri, *Lucien Bonaparte*, p. 131-157.

90. Thiry, *La Machine infernale*, p. 259.

91. 俄国要求，作为和平的前提，要将埃及还给苏丹，马耳他岛还给圣约翰骑士团，并且让意大利独立（Driault, *Napoléon et l'Europe*, t. I, p. 146-148）。

92. Watson, *Reign of George III*, p. 399-405.

93. 波拿巴曾在1800年10月29日告诉梅努增援已经在路上了（*Correspondance générale,* no 5736, t. III, p. 431-432）。冈托姆离开土伦时"心头萦绕着被英国舰队发现的恐惧；两次，他都回来了……并没有走太远（1801年2月19日和4月5日）；最后，他开始穿越公海；他安全地渡过了地中海，并到了埃及沿岸；但是他不敢让士兵在亚历山大登陆，因为担心被英国人发现；他往东去想找个地方放下登陆部队，但是没有找到好的地方就一事无成地返回了土伦（6月底）"（Driault, *Napoléon et l'Europe*, t. I, p. 184）。可以参考被波拿巴派去监察准备工作的萨瓦里的叙述（*Mémoires*, t. I, p. 341-345, 353-361）。

94. Menou capitulera le 30 août.

95. Voir les remarques de Bourrienne, *Mémoires*, t. IV, p. 288-292.

96. La Fayette, *Mémoires*, t. V, p. 188.

97. Cambacérès, *Mémoires*, t. I, p. 561.

98. Thibaudeau, *Mémoires*, p. 60.

99. 丹麦在4月9日离开了联盟，瑞典是5月18日，俄罗斯是6月17日。

100. 在他收到了消息后，他就在《箴言报》上写道："让历史来解释这一悲剧性的死亡背后的谜团，到底是哪个国家会因挑起这样的灾难而获利。"（cité in Driault,*Napoléon et l'Europe*, t. I, p. 171）他在圣赫勒拿岛时也对拉斯卡斯（*Mémorial*, t. III, p. 118-119）和古尔戈（*Journal*, t. II, p. 60）说过。

101. Cité in Sorel, *L'Europe et la Révolution française*, t. VI, p. 140.

102. Voir *ibid.*, p. 118-138.

103. 第二天，他签署了法令，追溯日期至4月2日，准备通过在皮埃蒙特建立军区的方式将其整合进法国，并指派马伦戈后被任命为共和国驻都灵公使的茹尔当为"皮埃蒙特主管将军"（*Correspondance de Napoléon Ier*, nos 5525-5526, t. VII, p. 116-119）。皮埃蒙特被宣布正式并入法国是在1802年9月11日。

104. *Correspondance générale*, no 6206 [à Joseph Bonaparte, 12 avril 1801], t. III, p. 649 ; no 6211 [à Lucien, 13 avril], p. 652-653.

105. Sorel, *L'Europe et la Révolution française*, t. VI, p. 105.

106. 关于伊特鲁里亚国王的造访，参考les *Mémoires de la reine Hortense*, t. I, p. 98-100, et Constant Wairy, *Mémoires intimes*, t. I, p. 131-137。

107. Cité in Thiers, *Histoire du Consulat et de l'Empire*, t. III, p. 144.

108. Cité in Thiry, *Le Concordat et le Consulat à vie*, p. 62.

109. Boulay de la Meurthe, *Histoire de la négociation*, p. 424-426.

110. *Ibid.*, p. 426-428.

111. Cité in Mathieu, *Le Concordat*, p. 211. Voir également le récit de cette même scène dans les *Mémoires* du cardinal Consalvi, rédigés en 1812, t. I, p. 348-356.

112. Cité in Thiry, *Le Concordat et le Consulat à vie*, p. 77.

113. Boulay de la Meurthe, *Histoire de la négociation*, p. 436.

114. *Ibid.*, p. 441-444.

115. 7月7日，波拿巴对塔列朗说，他对谈判的结果有信心（*Correspondance générale*, no 6339, t. III, p. 725）。

116. Boulay de la Meurthe, *Histoire de la négociation*, p. 452.

117. Ce document est reproduit in Boulay de la Meurthe, *Documents sur la négociation du Concordat*, t. III, p. 201-204.

118. 圣母玛利亚修会的前会长和圣职部顾问卡塞利神父跟着斯皮纳到了巴黎，看起来他在解决巴黎和罗马之间的困难中起到了重要作用。"我们必须为波拿巴做些什么，"他在罗马一再重复，"我们必须帮助他，他比人们想的更有信心。"（Bertrand, *Cahiers*, t. I, p. 182）

119. 因此，波拿巴7月14日向法国人民发表讲话时，已来不及夸耀自己取得了宗教和平，他只加上了这一句："宗教分裂的丑行就快结束了。"（*Correspondance de Napoléon Ier*, no 5634, t. VII, p. 193）

120. Cité in Madelin, *Histoire du Consulat et de l'Empire*, t. IV, p. 123-124. 约瑟夫给波拿巴的修改版本可以参考Boulay de la Meurthe, *Documents sur la négociation du Concordat*, t. III, p. 205-210。

121. 在他得知了波拿巴与马丁尼亚纳的会面后，路易十八在1800年9月8日给保罗一世去信，请求保罗一世介入并劝说庇护七世"回绝那个虚伪的篡夺者的不怀好意的提议"。路易十八称他在1801年8月5日得到消息时"十分错愕":"目前的危机十分严峻,"他写信给弟弟,阿图瓦伯爵,"自从波拿巴取得马伦戈的胜利,我就看到了噩兆,他利用枢机主教马丁尼亚纳的愚蠢向教宗示好。现在,这个噩兆更强烈了……几乎可以肯定,以宗教为借口,君主制和法国神职人员被牺牲了。"尽管,他仍宣称他的权利"并不会因庇护七世的软弱受到损害,就像卜尼法斯八世的暴行未能伤及美男子腓力一样",然而这是沉重的一击,很沉重(E. Daudet, *Histoire de l'émigration*, t. III, p. 258)。

122. "我们做了个比预想要好的交易,"他对布里尼奥莱夫人说,"我有能力获得更多的让步。"(cité in Barante, *Souvenirs*, t. I, p. 102)孔萨尔维在回忆录中写道:"所有牺牲的代价,对所有让步的补偿,对所有痛苦的平衡,定能消灭所有的分裂,无条件地信任宣誓效忠宪法的教士。"(t. I, p. 368)

123. 实际上已经不复存在的宣誓派教会的委员会,直到8月16日,在参政院公布了教务专约,才被废除。

124. Thiers, *Histoire du Consulat et de l'Empire*, t. III, p. 268. Sur cette séance, voir Thibaudeau, *Mémoires sur le Consulat*, p. 158-159.

125. Norvins, *Histoire de Napoléon*, t. II, p. 147.

126. Sur les discussions à Rome relatives à la ratification du concordat, voir Botta, *Histoire d'Italie*, t. IV, p. 386-391.

127. "我后悔签订1801年教务专约的说法是假的,"他在圣赫勒拿说,"我从没有说过教务专约是我统治时的错误,我今天仍相信,就像我1801年时那样,教务专约是有用的,对于宗教、共和国和政府来说都是必要的。"(Montholon, *Récits*, t. II, p. 270-271)

128. Pradt, *Les Quatre Concordats*, t. II, p. 137-138.

129. "天主教是王室的万能帮手,"他对蒙托隆说,"如果没有想象而只有冷冰冰的理性,王室会变成什么样子?如果国王和普通人一样,那他凭什么生来就是国王,无论他是愚笨还是道德败坏或为人中之杰。一旦他们被剥夺了从天父那里领受的圣油,你用理性的眼光看,他们就不再是君王了,就仅仅是个行政官员了;而且也就从这一刻开始,野心也就登上了舞台,革命也开始了。"(Montholon, *Récits*, t. II, p. 174)

第29章 阶梯尽头

1. 在1801年10月6日。

2. 在沃州起义和法军入侵瑞士之后,1798年建立了效仿督政府制度的赫尔维蒂共和国。它很快就陷入了长期不稳定的无政府状态,最终在1802年爆发了内战。单一制的拥护者对抗联邦制的拥护者,州对抗州,"民主主义"对抗"贵族主义":不知所措的瑞士人请求波拿巴仲裁。瑞士的政治处境不是波拿巴的优先考虑事项,在1801年徒劳地用新的联邦制宪法取代了1798年单一制宪法后,他只要能确保从法国到伦巴第的山道畅通,就任由瑞士的情况恶化。在1802年,他重启此事,派了4位法国元老院成员前往瑞士监督他们草拟新宪法:这部宪法被称为"仲裁法案",它于1803年2月19日公布,恢复了各州的独立,建立了一个联邦。

3. 联省共和国的末代总督,奥兰治家族的威廉五世,在1795年被推翻。自北美独立战争后,他就是英国的支持者,同时他也是普鲁士国王的妹夫,他在自己于不伦瑞克公国的领地过着退休生活。波拿巴试图在德意志给他以补偿,但拒绝让这个英国的支持者在低地国家掌权,就像他对勒德雷尔说的那样。

4. Cité in Thiry, *La Machine infernale*, p. 155.

5. 他建议保障普鲁士占有它刚刚占领的汉诺威。

6. 关于亚历山大的统治的开端,见 Rey, *Alexandre Ier*, p. 131-147.

7. 1798年他就是沃州革命的煽动者之一,这场革命也招致法国干涉瑞士。

8. 斯特罗加诺夫有一位欧洲顾问,前国民公会成员吉尔贝·罗默(Gilbert Romme)。

9. Voir Rey, *Alexandre Ier*, p. 135-136.

10. 雾月十八之后,此事仍备受重视:建立了临时执政府的雾月十九日法案,指定了两名来自督政府议会的"立法委员"为民法典做准备。

11. J. Carbonnier, « Le Code civil », in Nora, *Les Lieux de mémoire*, t. I, p. 1332. 关于波塔利斯的角色,voir d'Onorio, *Portalis*。委员会成立于1800年8月12日,另外两个成员是比戈·德·佩阿梅努(Bigot de Préameneu)和特罗歇(Tronchet),以及"秘书"马勒维尔

(Malleville)，他是翻案法院的法官之一（*Correspondance de Napoléon Ier*, no 5059, t. VI, p. 440）。

12. Sainte-Beuve, « Portalis », *Causeries du lundi*, t. V, p. 475.

13. Lettre du 23 septembre 1799 à Mallet du Pan (Sayous, *Mémoires et correspondance de Mallet du Pan*, t. II, p. 398-399).

14. Lentz, *Le Grand Consulat*, p. 437-438.

15. Madelin, *Histoire du Consulat et de l'Empire*, t. IV, p. 184. 其他的会议由康巴塞雷斯主持。

16. Thiers, *Histoire du Consulat et de l'Empire*, t. III, p. 299-302.

17. Lanfrey, *Histoire de Napoléon*, t. II, p. 410.

18. Thibaudeau, *Mémoires sur le Consulat*, p. 412.

19. Cambacérès, *Mémoires*, t. I, p. 566-567.

20. De ce point de vue, note Alfred Marquiset qui publia quelques comptes rendus sténographiés en 1804 et 1805, toutes les transcriptions sont fautives (*Napoléon sténographié*, p. 20).

21. Thibaudeau, *Mémoires sur le Consulat*, p. 420-424.

22. Locré, *Législation civile*, t. I, p. 93-96. 据说他要求洛克尔不要公开这次讨论的记录（p. 98-99）。

23. Art. 353-360 du Code civil de 1804.

24. Thibaudeau, *Mémoires sur le Consulat*, p. 441.

25. *Ibid.*, p. 437, 439-440.

26. *Ibid.*, p. 447.

27. *Ibid.*, p. 443-444, 447-448.

28. Carbonnier, « Le Code civil », in Nora, *Les Lieux de mémoire*, t. I, p. 1335.

29. "1789年前，有大量的法律和律法观点：谁能在短短几个月内重新发明出新的民事律法？但是1789年后的时期，律法并未完善也可能不稳固：民事权利，离婚，有利息借贷，专注于私有财产意味着对封建制度的废除，并稳固国家既得利益"（*ibid.*, p. 1339）。Voir également Arnaud, Halpérin et Martinage, « L'esprit des codes napoléoniens », in Goyard-Fabre, *L'État moderne*, p. 227-243.

30. Carbonnier, « Le Code civil », in Nora, *Les Lieux de mémoires*, t. I, p. 1335.

31. *Correspondance générale*, no 19416 [à Murat, 27 novembre 1808], t. VIII, p. 1285.

32. Cité in Carbonnier, « Le Code civil », in Nora, *Les Lieux de mémoire*, t. I, p. 1337.

33. 例如沙普塔尔，尽管他日后对他的这位老上司评价苛刻："尤其是在会议上，我了解了那个我们刚刚委以治理国家重任的伟人。仍旧很年轻，尽管没有接受过太多要管理的各个领域的教育，他给讨论带来的光亮，准确来说，是理性的力量和让我们倍感错愕的开阔眼光。在工作中不知疲倦，知识无穷无尽，他极富远见的连接又协调着分散在各个管理领域里的观点和事实。他十分渴望学习他的年龄和军校没能给他的知识，他总是询问词句的意思，咨询他的政府前面存在着什么，在稳固地建立根基后，他又推演着对当前形势有利的结论。"（note de Chaptal citée in *Mes souvenirs*, p. 30）

34. 斯塔埃尔夫人也不禁"对第一执政在讨论中表现的才能和洞察力感到钦佩"（*Correspondance*, t. IV, p. 440）。

35. L'expression est de Jean Carbonnier (Nora, *Les Lieux de mémoire*, t. I, p. 1334).

36. 波塔利斯自1801年8月8日起负责所有的宗教事务。

37. *Mémoires de la reine Hortense*, t. I, p. 102-103.

38. 从17世纪最后几年起，亨利·基辛格写道："英国的政策是衡量情势，然后站在较弱或受威胁较大的一方，以为制衡……英国是欧洲各国当中唯一不需在欧洲扩张便可维持国家最高利益的国家。有鉴于欧洲的均势对英国有利，因此她成为对欧陆仅求其不出现独霸的强权，此外别无所求的唯一一国。为达成这个目标，英国愿加入任何反对独大势力的组合……英国扮演制衡者的角色乃是反映地缘政治的现实需要。像这样一个位于欧洲外海的小岛，设若整个欧陆的资源全部汇集在一个统治者之下动员起来，则其生存势必受到威胁……要设法维持哈布斯堡与波旁王朝之间大致的平衡，好让较弱的一方在英国协助之下，维持着欧洲的平衡。而自黎塞留以来，较弱的一边始终是奥地利，因此英国与哈布斯堡结盟，反抗法国之扩张。"（*Diplomatie*, p. 60-63）

39. Avec la Turquie, la Bavière et la Russie, notamment.

40. Voir Cambacérès, *Mémoires*, t. I, p. 569-570.

41. Voir ci-dessus, p. 595.

42. *Correspondance générale*, no 5919 [au général Combis, 14 janvier 1801], t. III, p. 517.

43. 关于1801年1月14日给孔比将军的秘密指令和建议西班牙参与圣多明戈远征（*ibid.*, no 5920, p. 517-518）。

44. Voir *ibid.*, no 6627 [instructions pour le général Leclerc, 31 octobre 1801], p. 837-843.

45. Bourrienne, *Mémoires*, t. IV, p. 310-311.

46. Branda et Lentz, *Napoléon, l'esclavage et les colonies*, p. 118-131. 1802年4月6日成立了一个由海军部部长主持的为殖民地起草新法律的委员会（*Correspondance de Napoléon Ier*, no 6027, t. VII, p. 430）。为了获得元老院法令，他的工作递交给康巴塞雷斯进行协商（*Correspondance générale*, no 6863, t. III, p. 956-957）。记录附在了一封信上（p. 957-958），显示了委员会考虑在殖民地恢复1789年生效的宪法法规。在那些"多多少少完整"执行了1794年2月法律的土地上例外。在这种情况下，要在律法投票前起草出要解放的黑人和那些"帮助捍卫共和国领土或者用其他形式为国家服务"的人的名单。那些人，也只有那些人，自由会得到认可，除非他们是土地所有者或者从事贸易；除非他们"被指派给土地所有者"从事农活。"不服从者"和"流浪者"失去自由人的权利，应该被送到奴隶制仍然存在的殖民地上去。非洲黑奴的进口应该在各地恢复，并且黑人们将被禁止进入国境。

47. Voir *Correspondance générale*, no 6642 [à Talleyrand, 13 novembre 1801], t. III, p. 850-851, 为了获得对远征许可而与英国进行交流的信息。

48. Fouché, *Mémoires*, t. I, p. 249-251. 拉法耶特在回忆录上也对他做了这样的指责（t. V, p. 198, 227-228），还有蒂博多将军（*Mémoires,* t. III, p. 305）和马尔博（*Mémoires,* t. I, p. 180-181）。布列纳从他的角度，也确信波拿巴有意愿支开"对他掌权不满"的勒克莱尔（*Mémoires*, t. IV, p. 309）。在圣赫勒拿，拿破仑否认自己对殖民地一事的责任和富歇做出的怀疑（Gourgaud, *Journal*, t. I, p. 402-403）。康巴塞雷斯也否认波拿巴组织远征是为了支开莱茵军团老兵（*Mémoires*, t. I, p. 589-590）。

49. 关于投入远征的经济投机者和濒临破产的投机商，参考 voir Las Cases, *Mémorial*, t. III,p. 363-365。

50. 特别是1799年6月关于共和国国情给督政府的报告（Pallain, *Ministère de Talleyrand*, p. 424-433）。

51. Thiers, *Histoire du Consulat et de l'Empire*, t. III, p. 379.

52. *Ibid.*, p. 319.

53. Cité in Masson, *Napoléon et sa famille*, t. II, p. 89. 波拿巴厌倦了那些"空想家"的指责，难以自控地打了沃尔内吗？一些历史学家说他只是转过身躯，但是一直与路易十八有秘密通信的罗耶－科拉尔说，波拿巴打了沃尔内，并让他失去了知觉（rapport du 14 juin 1802, in Remacle, *Relations secrètes des agents de Louis XVIII*, p. 44-45）。

54. 1801年10月8日至10日签署。

55. Kérautret, *Les Grands Traités du Consulat*, p. 213.

56. 条款在保民院以77对14票通过，在立法团以229对21票通过。

57. 后面两位在意大利效命，前者在1800年，后者在1798和1799年。

58. 两个新成员根据政府、保民院和立法团提供的候选人名单已由元老院自行遴选。

59. 这是一种在1791年就被废除的、用红铁在身上烙下记号的刑罚。它在1801年被恢复，不过只用于惩罚造假和蓄意纵火之人。这个刑罚被写进了1810年刑法典。

60. Voir les remarques de Gobert, *L'Opposition des assemblées*, p. 195-196.

61. Thibaudeau, *Le Consulat et l'Empire*, t. II, p. 339.

62. Par 65 voix contre 13 au Tribunat, 142 contre 139 au Corps législatif.

63. Par 64 voix contre 26.

64. Par 61 voix contre 31.

65. 斯塔埃尔夫人在这方面并没有像他想的那么多，为她在保民院决定攻击民法典的朋友们感到遗憾，这个计划对她来说是在"公正""开明"的精神中的政府所起草的（*Correspondance*, t. IV, p. 446-447）。

66. Voir Thibaudeau, *Mémoires sur le Consulat*, p. 216-226.

67. "这一年，和前一年，"勒德雷尔在 *La Seconde Année du Consulat de Bonaparte*（1801年11月）中写道，"都是雾月十八这伟大一天的产物。那一天，要么死亡，要么荣耀；它用给我们一个可以负责国家安全的伟人的方式给予了我们荣耀。在所有的这些改变中，这个人看见了一切，操控一切；通过指导大家，他做得比每个专业负责这个领域的人都多。

他出色的精力能够让他每天工作18个小时……当我们还在冥思过去的工作时，他已经
向未来迈进了。没人能比他想得更靠前，对能跟上他的人他很开心！因荣耀而精神焕发
的头脑充满着新的想法和关乎所有人利益的工作；当你的目光注视他时，他的目光就在
寻找你的需要和你的利益。当这一年快要结尾时，你们将还会讨论前一年，另一个雾月
十八将向他彰显你们对他新的感谢和钦佩。"（OEuvres, t. III, p. 395-396）。

68. Thiers, *Histoire du Consulat et de l'Empire*, t. III, p. 288.
69. Girardin, *Discours et opinions*, t. III, p. 235.
70. 这个表述的作者是波塔利斯（Thibaudeau, *Mémoires sur le Consulat*, p. 224）。
71. *Correspondance de Napoléon Ier*, no 5907, t. VII, p. 356.共和八年宪法第26条授予政府退
　　还律法条款之权，无论正在讨论的是何种法令。
72. Girardin, *Discours et opinions*, t. III, p. 248-249.
73. 他们借口没有收到立法团已经选出了多努的统治，而且他们把另外两个会议授予多努的
　　职位给了拉马尔蒂耶将军。元老院，蒂里说，就是这样与波拿巴一致的（*Le Sénat,* p. 82）。
74. Cambacérès, *Mémoires*, t. I, p. 601.
75. Voir Roederer, *OEuvres*, t. III, p. 427-428.
76. Voir ci-dessus, p. 307-309.
77. Thibaudeau, *Mémoires sur le Consulat*, p. 226-229 ; *Le Consulat et l'Empire*, t. II, p. 410-417.
78. 保民院最终通过了87个条款，在他们中，反对者仅占代表们的10%—20%。立法团
　　也是同样，反对的选票并未超过10%（voir l'analyse de Durand, *Exercice de la fonction
　　législative*, p. 66-67）。
79. 主席将通过三级间接选举选出：首先在三个分别代表地主、工商业人士、教士与学者的
　　选举团中选出21人，组成一个"审查委员会"，由其选出（它还负责选出其他所有职位）
　　一个有8名成员的"参政院"，再由参政院选出主席。新宪法的起草工作开始于1800年9
　　月；波拿巴自那时起就建议这项工作可以"拖长"一点，因为他要先决定这个新国家的
　　边界，然后才能给意大利一部最终的宪法。
80. Thiry, *Le Concordat et le Consulat à vie*, p. 165-166.
81. Botta, *Histoire d'Italie*, t. IV, p. 411.
82. Dard, *Napoléon et Talleyrand*, p. 49-50.
83. *Correspondance de Napoléon Ier*, no 5934 [allocution aux députés de la consulte de Lyon, 26
　　janvier 1802], t. VII, p. 371-373.
84. Thiry, *Avènement de Napoléon*, p. 46. 讨价还价取得了成功，1802年8月26日，厄尔巴岛
　　割让给了法国。
85. 马耳他岛已经归还给了骑士们，但是英国人撤走后由那不勒斯人守卫，俄国呼吁遵守
　　条约。
86. Chateaubriand, *Mémoires d'outre-tombe*, t. I, p. 835.
87. Lefebvre, *La France du Directoire*, p. 349-350.
88. 参考康巴塞雷斯在波拿巴停留里昂期间给他的信（*Lettres inédites à Napoléon*, t. I, p. 21-
　　39），而波拿巴给他的信上，他坚持摆脱反对者的必要，否则就不再有任何提案需要议
　　会们投票了。（par exemple, *Correspondance générale*, nos 6721 et 6733 [18 et 21 janvier
　　1802], t. III, p. 364, 367）
89. 1802年3月13日的元老院法令。大部分被驱逐者都获得了别处的职务：谢尼埃成为了教
　　育巡查官，沙扎尔成了塔布的地方长官，多努成了国家图书馆的管理官。只有邦雅曼·贡
　　斯当没有获得任何慰藉。
90. 他给了前宣誓派教士10个大主教位置中的两个，50个主教中的10个。主教团中另外还
　　有17个旧制度下的主教和31个新获得职务的主教。
91. Cité in Thiers, *Histoire du Consulat et de l'Empire*, t. III, p. 437.
92. 这是波舒埃的作品：它规定了教宗在四个宗教问题上的权威，授予了主教会议超过大祭
　　司的权威，给予法国教廷不可侵犯自由，并服从普世教廷与罗马宗教制度的一致。路易
　　十四在1693年放弃了这个宣言。
93. 保民院7票反对，15票弃权，对78票；立法团21票反对，50票弃权，对228票。
　　（Gobert, *L'Opposition des assemblées*, p. 246-247）。
94. 贝尔尼尔接受了奥尔良主教一职。之后，波拿巴拒绝让他成为枢机主教，就如教宗建议
　　的一样："这样的任命会引起恐慌，而且贝尔尼尔头上的红帽子会唤醒太多同样颜色的记
　　忆。"（Cambacérès, *Mémoires,* t. I, p. 668）

95. 贝卢瓦阁下已经92岁了，他在1755年就被任命为马赛主教了。

96. Thiébault, *Mémoires*, t. III, p. 274.

97. *Ibid.*, p. 274-275.

98. 这里关于仪式的描述，我用了波拿巴对参政院议员富克鲁瓦说的话，后者在杜伊勒里宫受到接见而且还闻到了一股香气。"味道挺好，"波拿巴回答道，"这是神圣的芬芳，将净化你的罪孽。"（Roederer, *OEuvres*, t. III, p. 430）更为具体的我们可以看到波拿巴喜欢这种小仪式。只是4月11日私底下会议，尤其是波塔利斯和康巴塞雷斯，建议他给这个仪式加个弥撒以增添其重要性（Roederer, *Journal*, p. 111）。

99. Voir les souvenirs de Ferdinand de Bertier, cités in Lentz, *Le Grand Consulat*, p. 325.

100. Thibaudeau, *Mémoires sur le Consulat*, p. 163.

101. Picard, *Bonaparte et Moreau*, p. 352-387.

102. Voir Masson, *Napoléon et sa famille*, t. II, p. 112-113.

103. Voir le dossier réuni par Höjer, *Bernadotte*, p. 216-228.

104. 1802年6月10日的报告（Remacle, *Relations secrètes des agents de Louis XVIII*, p. 31）。

105. 关于这番违宪的程序，可以参考迪朗的研究《Transformations de l'an X》, p. 71。波拿巴长期都坚持这个观点，由富歇维护着（Madelin, *Fouché*, t. I, p. 343-347），一个广泛的大赦，他则更倾向于就事论事的和解。他已经改变了关于亚眠和约的观点。临时条款在4月11日经过长期而艰难的讨论后成为条令（Roederer, *Journal*, p. 111-112），又在16日与参政院讨论后，在26日变成了元老院法令。后者将那些流亡者置于10年的警察监视之下，归还他们还没有被卖掉、没有被充公也没有被另做他途的财产，最后，打算大赦上千流亡者，王公贵族的血亲，西部叛乱的领袖，拒绝接受教宗解职的教士和被指控叛国罪的个人，例如皮什格鲁。

106. 它在5月1日投票通过。统计结果是保民院9票反对，立法团27票反对，分别对应80和251票赞同。

107. 关于波拿巴在参政院前的争论具体细节和蒂博多的报告，*Mémoires sur le Consulat*, p. 75-91。

108. Voir Lentz, *Le Grand Consulat*, p. 394-399.

109. Roederer, *OEuvres*, t. III, p. 441.

110. Madelin, *Histoire du Consulat et de l'Empire*, t. IV, p. 168.

111. Thibaudeau, *Mémoires sur le Consulat*, p. 92. 1802年5月19日投票，这个法案在两年后被官方公布，即1804年7月10日。

112. *Ibid.*, p. 15-17.

113. Berry, *Voyages*, p. 95-96.

114. Fiévée, *Correspondance*, t. I, p. CLXXV. "温和又美丽"的微笑，出自Chateaubriand, *Mémoires d'outre-tombe*, t. I, p. 835.

115. Berry, *Voyages*, p. 102-104.

116. Chateaubriand, *Mémoires d'outre-tombe*, t. I, p. 835-838.

117. 例如，可以参考丰塔纳对吕西安的建议Masson, *Napoléon et sa famille*, t. II, p. 100.

118. Thibaudeau, *Mémoires sur le Consulat*, p. 241.

119. Thiers, *Histoire du Consulat et de l'Empire*, t. III, p. 502-505.

120. 一位公民写给一位元老院成员的信（Roederer, *OEuvres*, t. III, p. 448-449）。

121. Voir Fouché, *Mémoires*, t. I, p. 264-266.

122. 这个假设是斯坦尼斯拉斯·德·吉拉尔丹在这些插曲之后向保民院提出的（*Discours et opinions*, t. III, p. 267-270）。

123. Durand, « Transformations de l'an X », p. 72.

124. Bourrienne, *Mémoires*, t. IV, p. 362.

125. Thiers, *Histoire du Consulat et de l'Empire*, t. III, p. 507. 参考波拿巴1802年5月9日给元老院的消息（*Correspondance*, no 6079, t. VII, p. 460）。

126. 克莱芒斯·扎沙里耶在关于元老院的论述上对1799年的全民公决和1802年及1804年的全民投票做了公证的评价（*Le Sénat*, p. 415-417）。

127. 斯塔埃尔夫人相信，那些投票者，除了"被收买的人"，就是军人和没有别的选择的公职人员（*Correspondance*, t. IV, p. 510）。

128. F. Bluche, « Plébiscite », in Tulard, *Dictionnaire Napoléon*, t. II, p. 514.

129. Voir ci-dessus, p. 525.

130. 大多数反对票都是军人投的。拉法耶特也投了不，卡诺也是。他给波拿巴写信解释他的投票说，他只有到了"自由政策得到了广泛认可"时才会承认他的终身执政（La Fayette, *Mémoires*, t. V, p. 199-200）。"他觉得他还在美国呢！"波拿巴说（Madelin, *Histoire du Consulat et de l'Empire*, t. IV, p. 233）。唯一一个没有参与到广泛的喜悦中的省是科西嘉。"如果所有法国的省都和戈洛和利亚莫讷一样，"当时在岛上执行任务的米奥·德·梅利托写道，"他的迅速崛起就障碍重重了。"在科西嘉，人们没有原谅他的崛起（Miot de Melito, *Mémoires*, t. II, p. 22-23）。

131. 除了给予他选择继承人的权力，它还给了他提名第二、第三执政的继承者，任命选举团主席、治安法官和地方官员的权力，还授予他特赦的权力，并确保了他对元老院的掌控。

132. 公民们（所有定居法国的年龄超过21岁的人）选举地区和省级团体的成员，前者按1:1 500的比例选出，后者按1:1 000选出，有必要从地区纳税的前600人中选出。这个团体的职能就是提供有时供第一执政任命、有时供元老院遴选的官员候选人。

133. 但是同时，它面对着新成立的由参政院、部长、荣誉军团中的主要成员构成的枢密院的竞争。

134. 他提到过1月份的保民院改革计划；这个计划收录在Thibaudeau, *Mémoires sur le Consulat*, p. 228。吕西安·波拿巴在3月27日被任命为保民院成员，两天之后就按他哥哥的意思提交了一份计划（Masson, *Napoléon et sa famille*, t. II, p. 108）。1802年4月1日和8日，两个法令将保民院分成了三个而非五个常设机构，以检查和讨论新的法案，让保民院的全体会议变得完全无用（Gobert, *L'Opposition des assemblées*, p. 239-243）。

135. 1802年8月4日的元老院法令，就像反对这一法令的勒德雷尔理解的那样，改变了议会天生的选举权，变成了"选出政府管理者想要的答案的真正工具"。"那里就是代表制度的完全倒置，"他又说道，"然而在那时才应该高声反对，而不是等第一执政变成了皇帝时。帝国和继承人，都不会对共和国有什么改变；改革将元老院的绝对权力交付到了管理的执政手中，然而人们没说什么。所有人都任其随意发展，不是出于卑鄙，也不是出于利益，而是出于信任，认可和对第一执政的中意，若出于恐惧，一场动乱就会剥夺他的权力，他没有这么说过吗？若出于恐惧，他必将因政权与他宏大目标不匹配而遭到厌恶。"（Roederer, *OEuvres*, t. III, p. 417-418）。

136. 1803年1月4日的元老院法令，在每个上诉法院的管辖区设置一位元老，享有至少2万法郎的国家税收，这一职位将由波拿巴从元老院提供的3位候选人中选择。1803年年底，设立了31位元老。"这位元老的职能，"蒂里说，"就是唤起激烈的竞争并能够使当局不再面对政府会议里反对者的再度出现。"（*Le Concordat et le Consulat à vie*, p. 266）

137. Cité in Thibaudeau, *Le Consulat et l'Empire*, t. III, p. 17.

138. Cité in *ibid.*, p. 39-40.

139. Dean Paul, *Journal d'un voyage à Paris*, p. 103-104.

140. Staël, *Correspondance*, t. IV, p. 391, 494-495.

141. Hyde de Neuville, *Mémoires*, t. I, p. 372-373.

142. Fouché, *Mémoires*, t. I, p. 276.

143. Masson, *Mme Bonaparte*, p. 331-332.

144. Dean Paul, *Journal d'un voyage à Paris*, p. 104.

145. Thiers, *Histoire du Consulat et de l'Empire*, t. III, p. 554.

146. Thiry, *Le Concordat et le Consulat à vie*, p. 197.

147. 这个"第一执政是否有能力指派继承人"的问题，是约瑟夫向勒德雷尔提议的（voir Roederer, *OEuvres*, t. III, p. 447-448）。

148. 约瑟夫确定，他弟弟担心政权获得稳固而使他的出现不再那么必要："他尤其渴望让人们强烈感受到他的存在，而且这个存在要有如此大的好处，让人们除了敬畏什么也看不到。"（cité in Masson, *Napoléon et sa famille*, t. II, p. 126）

149. 在1801年夏天，她甚至在巴黎见了吉什公爵夫人，阿图瓦伯爵派的特使。关于约瑟芬与这些特使们的关系，参考Masson, *Mme Bonaparte*, p. 237-269.

150. 约瑟夫自己也明白，他说他不会做他弟弟的继承人（Roederer, *OEuvres*, t. III, p. 449）。而且他弟弟也没有问他的打算。

151. *Ibid.*, p. 296-297. 内克尔在他的 *Dernières vues de politique et de finance* 中回答了这个问题，怀疑波拿巴可能会根据自己的利益恢复世袭的君主制。内克尔不太相信这些，他也不怎么相信"有一天只能靠记忆维持，可能很短的时间，还要靠着脆弱的感恩之心维持"头衔的第一执政指定出合法的继承人（p. 238-242）。

152. Roederer, *OEuvres*, t. III, p. 347.

153. 奥尔唐斯似乎认为这个计划是出自她的继父而非母亲（*Mémoires de la reine Hortense*, t. I, p. 104 et suiv.）；康巴塞雷斯也是如此（*Mémoires*, t. I, p. 577）。

154. Piétri, *Napoléon et le parlement*, p. 141-142.

155. Masson, *Napoléon et sa famille*, t. II, p. 146-164. 在伦敦，让－加布里埃·佩尔蒂埃在他自己的报纸上刊登了这个谣传。亚眠和约的签署能够让他受到了起诉。庭审 1803 年 2 月 21 日在伦敦开始；佩尔蒂埃被处以罚款，而且在 1802 年 7 月 25 日，在第一执政的命令下，驻伦敦的法国公使奥托要求起诉所有传播此谣言的人（voir J.-G. Peltier, *The Trial of John Peltier*, p. 229-232, et Bourrienne, *Mémoires*, t. IV, p. 306-307）。这番诉讼让佩尔蒂埃获了利，他收获了新的读者，而且一直辱骂和诋毁这位"小个子科西嘉人"直到他倒台（Mitton, *La Presse française*, p. 224-225）。

156. *Correspondance de Napoléon Ier*, no 6230 [1802 年 8 月 3 日，第一执政对刚刚宣布他为终身执政的元老院的讲话], t. VII, p. 551.

157. Fouché, *Mémoires*, t. I, p. 276.

158. "要相信，"她对蒂博多在参政院的朋友说，"他们没有放弃继承人计划，而且这早晚都会来的。"（Thibaudeau, *Mémoires sur le Consulat*, p. 309）当然，约瑟芬这里所指的，是第一执政的兄弟们。

159. Girardin, *Discours et opinions*, t. III, p. 276, 282-283. "它被证明，"他补充道，"对所有想要认真研读有关继承人任命的条款的人来说，他们只是为了准备一个继承人。"（p. 283）

160. Thiry, *Le Concordat et le Consulat à vie*, p. 220-221.

161. *Ibid.*, p. 221.

162. Madelin, *Histoire du Consulat et de l'Empire*, t. IV, p. 232.

163. Cambacérès, *Mémoires*, t. I, p. 636.

164. Thiers, *Histoire du Consulat et de l'Empire*, t. V, p. 58-59.

165. Furet, « Bonaparte », *Dictionnaire critique de la Révolution française*, p. 216.

166. Bourrienne, *Mémoires*, t. II, p. 135.

参考文献

[ANONYME] *Mémoires historiques sur le dix-huit brumaire, contenant les détails exacts et plus circonstanciés que tous ceux qui ont paru jusqu'à ce jour, des séances des deux Conseils, des 18 et 19 brumaire an VIII, et des événements remarquables, qui se sont passés dans ces journées, avec les pièces officielles qui s'y rapportent*, Paris, Gauthier, 1800.

[ANONYME] *Comment s'est formé le génie militaire de Napoléon Ier ? Réponse au général Pierron*, Paris, Baudoin, 1889.

[ANONYME] *Manuscrit venu de Sainte-Hélène d'une manière inconnue*, Paris, Gallimard, 1974.

ABRANTÈS Laure d', *Souvenirs sur Napoléon*, Paris, Plon, 1937.

ADER Jean-Joseph, *Histoire de l'expédition d'Égypte et de Syrie*, Paris, Ambroise Dupont, 1826.

ANTONETTI Pierre, *Histoire de la Corse*, Paris, Robert Laffont, 1990.

ARAGO François, « Gaspard Monge. Biographie lue en séance publique de l'Académie des Sciences, le 11 mai 1848 », in *Œuvres complètes*, Paris, Gide et Baudry ; Leipzig, T. O. Weigel, 1854-1862, 13 vol., t. II, p. 427-592.

Archives parlementaires. Recueil complet des débats législatifs et politiques des Chambres françaises, 2e série, 1800-1860, Paris, Dupont, 1862-?, 127 vol.

Archives parlementaires. Recueil complet des débats législatifs et politiques des Chambres françaises, 1re série, 1787-1794, éd. Mavidal et Laurent, puis IHRF/ Université-Paris I, Paris, Dupont puis CNRS, depuis 1867, 92 vol. parus.

ARDANT Gabriel, « Napoléon et le rendement des services publics », *Revue de défense nationale*, août-septembre 1953, p. 166-181.

ARNAUD André-Pierre, HALPÉRIN Jean-Louis et MARTINAGE René, « L'esprit des codes napoléoniens », in S. Goyard-Fabre, *L'État moderne*, Paris, Vrin, 2000.

ARNAULT Antoine-Vincent, *Souvenirs d'un sexagénaire*, Paris, Dufey, 1833, 4 vol.

ARON Raymond, *Une histoire du xxe siècle*, Paris, Grand livre du mois, 1997.

ARRIGHI Paul, *Histoire de la Corse*, Paris, PUF, coll. « Que sais-je ? », 1969.

ARTHUR-LÉVY, *Napoléon intime*, Paris, Nelson, 1936.

ASPREY Robert B., *Frédéric le Grand*, Paris, Hachette, 1989.

AUBRY Paul V., *Monge, le savant ami de Napoléon Bonaparte, 1746-1818*, Paris, Gauthier-Villars, 1954.

AUDEBAUD Christian, *Le Général de division Dugua, 1744-1802. De l'Égypte à Saint-Domingue*, s. l., S.P.M., 2007.

AULARD Alphonse (puis P. Mautouchet, puis M. Bouloiseau), *Recueil des actes du Comité de salut public, avec la correspondance officielle des représentants en mission et le registre du Conseil exécutif provisoire*, Paris, Imprimerie nationale, 1889-1992, 37 vol.

AULARD Alphonse, *in* E. Lavisse et P. Rambaud, *Histoire générale du IVᵉ siècle à nos jours*, t. IX [*Napoléon, 1800-1815*].

–, *Paris pendant la réaction thermidorienne et sous le Directoire. Recueil de documents pour l'histoire de l'esprit public à Paris*, Paris, Cerf, Noblet et Quantin, 1898-1902, 5 vol.

–, *Paris sous le Consulat. Recueil de documents pour l'histoire de l'esprit public à Paris*, Paris, Cerf, Noblet et Quantin, 1903-1906, 3 vol.

–, *Registre des délibérations du Consulat provisoire, 20 brumaire-3 nivôse an VIII (11 novembre-24 décembre 1799)*, Paris, Société de l'histoire de la Révolution française, 1894.

BACZKO Bronislaw, *Comment sortir de la Terreur, Thermidor et la Révolution*, Paris, Gallimard, 1989.

–, *Politiques de la Révolution française*, Paris, Gallimard, coll. « Folio-Histoire », 2008.

BAINVILLE Jacques, *Bonaparte en Égypte*, Paris, Éd. de la Seine, 1998.

–, *Le Dix-huit Brumaire et autres écrits sur Napoléon*, Paris, B. Giovanangeli, 1998.

–, *Napoléon*, Paris, Gallimard, coll. « Tel », 2005.

BALDASSARI Pietro, *Histoire de l'enlèvement et de la captivité de Pie VI*, Paris, A. Le Clère, 1839.

BALZAC Honoré de, *Une ténébreuse affaire*, éd. R. Guise, Paris, Gallimard, coll. « Folio », 1973.

BARANTE Amable-Guillaume-Prosper Brugière de, *Souvenirs, 1782-1866*, Paris, Calmann-Lévy, 1890-1895, 5 vol.

BARBAUD Charles, « La maison Bonaparte. L'immeuble et le mobilier », *Revue des études napoléoniennes*, vol. 23, 1924, p. 46-71.

BARRAS Paul, *Mémoires de Barras, membre du Directoire*, éd. G. Duruy, Paris, Hachette, 1895-1896, 4 vol.

BARROW John, *The Life and Correspondence of Admiral Sir William Sidney Smith*, Londres, Bentley, 1848, 2 vol.

BARRY Étienne, « Discours sur les dangers de l'idolâtrie individuelle dans une république », *in Discours prononcés les jours de décadi dans la section Guillaume Tell*, Paris, Massot, 1794, t. IV, p. 1-28.

BARTEL Paul, *La Jeunesse inédite de Napoléon*, Paris, Amiot-Dumont, 1954.

BARTHES Roland, *La Chambre claire*, in *Œuvres complètes*, Paris, Éd. du Seuil, 1993-1995, 3 vol. (t. III).

BASTID Paul, *Sieyès et sa pensée*, Paris, Hachette, 1970.

BATTESTI Michèle, *La Bataille d'Aboukir, 1798. Nelson contrarie la stratégie de Bonaparte*, Paris, Economica, 1998.

BAUBÉROT Jean, *Vers un nouveau pacte laïque ?*, Seuil, 1990.

BEAUHARNAIS Eugène de, *Mémoires et correspondance politique et militaire*, éd. A. Du Casse, Paris, Michel Lévy frères, 1858-1860, 10 vol.

BEAUHARNAIS Hortense de, *Mémoires*, éd. J. Hanoteau, Paris, Plon, 1927, 3 vol.

BEAUHARNAIS Joséphine de, *Correspondance, 1782-1814*, éd. B. Chevallier, M. Catinat et C. Pincemaille, Paris, Payot, 1996.

BELL Madison Smartt, *Toussaint Louverture*, Arles, Actes Sud, 2007.

BENOIST-MÉCHIN Jacques, *Bonaparte en Égypte ou le rêve inassouvi*, Paris, Perrin, 1978.

BÉNOT Yves et DORIGNY Marcel, *Rétablissement de l'esclavage dans les colonies françaises, 1802. Aux origines d'Haïti*, Paris, Maisonneuve et Larose, 2003.

BÉNOT Yves, *La Démence coloniale sous Napoléon*, Paris, La Découverte, 1992.

BÉRAUD Stéphane, *Bonaparte en Italie : naissance d'un stratège*, Paris, B. Giovanangeli, 1996.

BERCHET Jean-Claude et BERTHIER Philippe, *Chateaubriand, mémorialiste, Colloque du cent cinquantenaire, 1848-1998*, Genève, Droz, 1999.

BÉRENGER Jean, *Joseph II d'Autriche, serviteur de l'État*, Fayard, 2007.

BERGERON Louis et CHAUSSINAND-NOGARET Louis, *Grands notables du Premier Empire*, Paris, CNRS puis Guénégaud, 1978-2011, 30 vol.

BERGERON Louis, *Banquiers, négociants et manufacturiers parisiens du Directoire à l'Empire*, Paris et La Haye, Éd. de l'E.H.E.S.S. et Mouton, 1978.

–, *L'Épisode napoléonien, 1. Aspects intérieurs, 1799-1815* (Nouvelle histoire de la France contemporaine, 4), Paris, Éd. du Seuil, coll. « Points histoire », 1972.

BERGOUNIOUX E., *Essai sur la vie de Lazare Hoche*, Paris, Julien, Lanier et Cie, 1852.

BERLIOZ Hector, *Critique musicale*, t. III [1837-1838], Paris, Buchet-Chastel, 2001.

BERNARDIN DE SAINT-PIERRE Jacques-Henri, « D'un Élysée » [1784], in *Études de la nature*, Paris, Crapelet, 1804, t. III, p. 375-403.

BERNÈDE Alain et CHADUC Gérard-Jean, *La Campagne d'Égypte, 1798-1801. Mythes et réalités*, Paris, Musée de l'Armée, 1998.

BERNOYER François, *Avec Bonaparte en Égypte et en Syrie, 1798-1800. Dix-neuf lettres inédites*, éd. C. Tortel, Poët Laval, Curandera, 1981.

BERRY Mary, *Voyages à Paris, 1782-1836*, Paris, Roblot, 1905.

BERTAUD Jean-Paul, *La Révolution armée. Les soldats-citoyens et la Révolution française*, Paris, R. Laffont, 1979.

BERTHIER Alexandre, *Récit des campagnes du général Bonaparte en Égypte et en Syrie*, Paris, Didot aîné, an VIII [1799-1800].

–, *Relation de la bataille de Marengo gagnée le 25 prairial an VIII, par Napoléon Bonaparte, Premier consul, commandant en personne l'armée française de réserve, sur les Autrichiens aux ordres du lieutenant-général Mélas*, Paris, Impr. Impériale, 1805.

BERTRAND Henri-Gatien, *Cahiers de Sainte-Hélène*, éd. P. Fleuriot de Langle, Paris, Sulliver-Albin Michel, 1949-1959, 3 vol.

BESSAND-MASSENET Pierre, *Le 18 Brumaire*, Paris, Hachette, 1965.

BEUGNOT Jacques-Claude, *Mémoires*, Paris, Dentu, 1866, 2 vol.

BIGONNET Jean-Adrien, *Coup d'État du dix-huit brumaire*, Paris, Bureau du Censeur européen, 1819.

BILICI Faruk, *Louis XIV et son projet de conquête d'Istanbul*, Ankara, Imprimerie de la société d'histoire turque, 2004.

BIRNBAUM Antonia, « L'héroïsme n'est plus ce qu'il était… », *Les Cahiers philosophiques de Strasbourg*, n° 2, déc. 1994, p. 111-124.

BLANC Olivier, *Regnaud de Saint-Jean d'Angély, l'éminence grise de Napoléon*, Paris, Pygmalion/Gérard Watelet, 2002.

BLANGINI Félix, *Souvenirs*, Paris, Allardin, 1834.

BLAUFARB Rafe, *The French Army, 1750-1820. Careers, Talent, Merit*, Manchester et New York, Manchester University Press, 2002.

BLOCH Marc, *Les Rois thaumaturges. Étude sur le caractère surnaturel attribué à la puissance royale particulièrement en France et en Angleterre*, Paris, Gallimard, 1983.

BLOOM Harold, « Napoleon and Prometheus : The Romantic Myth of Organic Energy », *Yale French Studies*, vol. 26, 1961.

BLUCHE François, *Le Despotisme éclairé*, Paris, Hachette, coll. « Pluriel », 2000.

BODINIER Gilbert, « *Que veut l'armée ? Soutien et résistance à Bonaparte* », in Musée de l'Armée, *Terminer la Révolution*, Paris, Economica, 2003, p. 65-87.

BONALD Louis de, « Du traité de Westphalie et de celui de Campoformio », in *Œuvres*, Bruxelles, Société nationale pour la propagation des bons livres, 1845, t. II, p. 411-452.

BONAPARTE Joseph, *Mémoires et correspondance politique et militaire*, éd. A. Du Casse, Paris, Perrotin, 1853-1854, 10 vol.

BONAPARTE Lucien, *Mémoires*, Paris, Charles Gosselin, 1836.

–, *Révolution de brumaire, ou relation des principaux événements des journées des 18 et 19 brumaire*, Paris, Charpentier, 1846.

BONAPARTE Napoléon, *Clisson et Eugénie*, éd. É. Barthet et P. Hicks, Paris, Fayard, 2007.

–, *Correspondance de Napoléon Ier publiée par ordre de l'Empereur Napoléon III*, Paris, 1869, 32 vol.

–, *Correspondance générale publiée par la Fondation Napoléon*, Paris, Fayard, depuis 2002, 10 vol. parus.

–, *Manuscrits inédits, 1786-1791*, éd. F. Masson et G. Biagi, Paris, Société d'Éditions Littéraires et Artistiques, 1907.

–, *Napoléon inconnu. Papiers inédits (1786-1793), accompagnés de notes sur la jeunesse de Napoléon (1769-1793)*, éd. F. Masson et G. Biagi, Paris, Ollendorff, 1895, 2 vol.

–, *Œuvres littéraires et écrits militaires*, éd. J. Tulard, Paris, Claude Tchou/Bibliothèque des Introuvables, 2001, 3 vol.

BONNEFONS Antoine-Mathias, CAILLEUX, Pierre-Louis et BARALLIER, *Souvenirs et cahiers sur la campagne d'Égypte. Extraits du Carnet de La Sabretache, années 1903-1906-1931-1932*, Paris, Teissèdre, 1997.

BONNET Jean-Charles, *Histoire de Croissy-sur-Seine*, Paris, Res Universis, 1991.

BORGES Jorge Luis, « Biographie de Tadeo Isidoro Cruz (1829-1874) », in *L'Aleph*, Paris, Gallimard, coll. « L'Imaginaire », 1967.

BORY Jean-Louis, *Les Cinq Girouettes ou servitudes et souplesses de Son Altesse Sérénissime le prince archichancelier de l'Empire Jean-Jacques Régis de Cambacérès, duc de Parme*, Paris, Ramsay, 1979.

BOSSÉNO Christian-Marc, « *Je me vis dans l'histoire* : Bonaparte de Lodi à Arcole, généalogie d'une image de légende », *Annales historiques de la Révolution française*, n° 313, juillet-septembre 1998, p. 449-465.

BOSWELL James, *L'Île de Corse. Journal d'un voyage*, éd. D. Carrington, Paris, Hermann, 1991.

BOTTA Charles, *Histoire d'Italie de 1789 à 1814*, Paris, Dufart, 1824, 5 vol.

BOTTOT François-Marie, « Compte rendu par le citoyen Bottot de sa mission en Italie » (A. N. AF III 473, plaquette 2906, pièce 14).

BOUDON Jacques-Olivier, *L'Épiscopat français à l'époque concordataire : 1802-1905, origines, formation, nomination*, Paris, Cerf, 1996.

–, *Histoire du Consulat et de l'Empire*, Paris, Perrin, 2000.

BOULAINVILLIERS Anne-Gabriel-Henri-Bernard de, *La Vie de Mahomet*, Londres, *s. i.*, 1730.

BOULART Jean-François, *Mémoires (1792-1815)*, Paris, La Librairie illustrée, *s. d.*

BOULAY DE LA MEURTHE Alfred, *Documents sur la négociation du Concordat et sur les autres rapports de la France avec le Saint-Siège en 1800 et 1801*, Paris, Leroux, 1891-1905, 6 vol.

–, *Histoire de la négociation du Concordat de 1801*, Tours, Mame, 1920.

–, *Le Directoire et l'expédition d'Égypte. Étude sur les tentatives du Directoire pour communiquer avec Bonaparte, le secourir et le ramener*, Paris, Hachette, 1885.

BOULAY DE LA MEURTHE Antoine-Jacques, *Théorie constitutionnelle de Sieyès : extraits des mémoires inédits de M. Boulay de la Meurthe. Constitution de l'an VIII*, Paris, Renouard, 1836.

BOURCET Pierre-Joseph de, *Principes de la guerre de montagnes* [1775], Paris, Imprimerie nationale, 1888.

BOURDON Jean, *La Réforme judiciaire de l'an VIII*, Rodez, Carrère, 1941, 2 vol.

BOURGEOIS Armand, *Bonaparte et la presse*, 2e série, Paris, Champion, 1906.

BOURRIENNE Louis-Antoine Fauvelet de, *Mémoires sur Napoléon, le Directoire, le Consulat, l'Empire et la Restauration*, Paris, Ladvocat, 1831, 10 vol.

Bourrienne et ses erreurs, Paris, Heideloff et Canel, 1830, 2 vol.

BOUSTAMY Saladin [éd.], *The Journals of Bonaparte in Egypt, 1798-1801*, Le Caire, Al Arab Bookshop, 1971-1977, 10 vol.

BOUTANT Charles, *L'Europe au grand tournant des années 1680. La succession palatine*, Paris, SEDES, 1985.

BOUTHILLON Fabrice, « Comme quoi Napoléon n'a jamais existé, ou le révisionnisme en histoire », *Commentaire*, automne 1988, vol. 11, n° 43, p. 769-777.

BOUVIER Félix, *Bonaparte en Italie. 1796*, Paris, Cerf, 1899.

BOYER F., « Les responsabilités de Napoléon dans le transfert à Paris des œuvres d'art de l'étranger », *Revue d'histoire moderne et contemporaine*, vol. 11, 1964, p. 241-262.

BOZARSLAN Hamit, *Histoire de la Turquie*, Paris, Tallandier, 2013.

BRANDA Pierre et LENTZ Thierry, *Napoléon, l'esclavage et les colonies*, Paris, Fayard, 2006.

BRANDA Pierre, *Le Prix de la gloire. Napoléon et l'argent*, Paris, Fayard, 2007.

–, *Napoléon et ses hommes*, Paris, Fayard, 2011.

BREDIN Jean-Denis, *Sieyès, la clé de la Révolution française*, Paris, Éd. de Fallois, 1988.

BRÉGEON Jean-Joël, *L'Égypte de Bonaparte*, Paris, Perrin, coll. « Tempus », 2006.

BRET Patrice, *L'Égypte au temps de l'expédition de Bonaparte, 1798-1801*, Paris, Hachette, 1998.

BRICARD Jules et BRICARD Alfred, *Journal du canonnier Bricard, 1792-1802*, Paris, Delagrave, 1891.

BRICE Catherine, *Histoire de l'Italie*, Paris, Perrin, coll. « Tempus », 2002.

BROERS Michael, *The Napoleonic Empire in Italy, 1796-1814. Cultural Imperialism in a European Context ?*, New York, Palgrave Macmillan, 2005.

–, *The Politics of Religion in Napoleonic Italy : the War Against God, 1801-1814*, Londres et New York, Routledge, 2002.

BROTONNE Léonce de, *Les Sénateurs du Consulat et de l'Empire. Tableau historique des pairs de France (1789-1814-1848). Les sénateurs du Second Empire*, Genève, Slatkine-Megariotis, 1974.

BROUWET Émile, *1934, 16 novembre. Napoléon et son temps, catalogue de livres*, Paris, s. i.

BROWN Howard G., « From Organic Society to Security State : The War on Brigandage in France, 1797-1802 », *The Journal of Modern History*, vol. 69, n° 4 (déc. 1997), p. 661-695.

–, *Ending the French Revolution : Violence, Justice and Repression from the Terror to Napoleon*, Charlottesville, University of Virginia Press, 2006.

BRUCE Evangeline, *Napoleon and Josephine. An Improbable Marriage*, Londres, Phoenix, 1995.

BRUGUIÈRE Michel, *Gestionnaires et profiteurs de la Révolution. L'administration des finances françaises de Louis XVI à Bonaparte*, Paris, Olivier Orban, 1986.

BUCHEZ B.-J. et ROUX P.-C., *Histoire parlementaire de la Révolution française ou Journal des Assemblées nationales depuis 1789 jusqu'en 1815*, Paris, Paulin, 1834-1838, 40 vol.

Bulletin de Paris, 95 numéros, 13 sept.-18 déc. 1797.

BURGESS Anthony, *La Symphonie Napoléon*, Paris, R. Laffont, 1977.

BUTI Gilbert, « Convois pour l'expédition d'Égypte », in *Bonaparte, les îles méditerranéennes et l'appel de l'Orient, Cahiers de la Méditerranée*, n° 57, déc. 1998, p. 173-205.

CABANIS André, « Un idéologue bonapartiste : Roederer », *Revue de l'Institut Napoléon*, 1977, p. 3-19.

CABANIS José, *Le Sacre de Napoléon*, Paris, Gallimard, coll. « Les journées qui ont fait la France », 2007.

CADET DE GASSICOURT Charles-Louis, *Voyage en Autriche, en Moravie et en Bavière, fait à la suite de l'armée française pendant la campagne de 1809*, Paris, l'Huillier, 1818.

Cahiers d'Alexandre Des Mazis (http://napoleonbonaparte.wordpress.com/2007/08/11/les-cahiers-alexandre-des-mazis-ecole-militaire-1/)

CALDWELL Ronald J., *The Era of Napoleon, a Bibliography of the History of the Western Civilization, 1799-1815*, New York, Garland Publishing, 1991, 2 vol.

CAMBACÉRÈS Jean-Jacques-Régis de, *Lettres inédites à Napoléon*, éd. J. Tulard, Paris, Klincksieck, 1973, 2 vol.

–, *Mémoires inédits*, éd. L. Chatel de Brancion, Paris, Perrin, 1999, 2 vol.

CAMON Hubert, *Quand et comment Napoléon a conçu son système de manœuvre*, Paris, Berger-Levrault, 1931.

CANDELA Gilles, *L'Armée d'Italie, des missionnaires armés à la naissance de la guerre napoléonienne*, Rennes, Presses universitaires de Rennes, 2011.

CAPRA Carlo, *I progressi della ragione : Vita di Pietro Verri*, Bologne, Il Mulino, 2002.

CARATINI Roger, *Napoléon, une imposture*, Paris, L'Archipel, 2002.

CARBONNIER Jean, « La Guerre des Géants sous la toise du Droit (ca 1943). Essai d'un examen juridique de la première insurrection de l'Ouest », *Écrits*, Paris, PUF, 2008, p. 1077-1109.

–, « Le Code civil », in P. Nora, *Les Lieux de mémoire*, Paris, Gallimard, coll. « Quarto », 1997, 3 vol., t. I, p. 1331-1351.

CARLYLE Thomas, *Les Héros*, Paris, Maisonneuve et Larose/Éd. des Deux Mondes, 1998.

CARNOT Lazare, *Mémoires, 1753-1823*, éd. H. Carnot, Paris, Hachette, 1907, 2 vol.
–, *Réponse au rapport fait sur la conjuration du 18 fructidor au Conseil des Cinq-Cents par J.-Ch. Bailleul*, Paris, *s. i.*, 1798.
CARRÉ Jean-Marie, *Voyageurs et écrivains français en Égypte*, Le Caire, Institut français d'archéologie orientale, 1990, 2 vol.
CARRINGTON Dorothy, « Les Pozzo di Borgo et les Bonaparte (jusqu'en 1793), d'après les mémoires manuscrits de Charles-André Pozzo di Borgo », *Problèmes d'histoire de la Corse (de l'Ancien Régime à 1815). Actes du Colloque d'Ajaccio, 29 octobre 1969*, Paris, Société des études robespierristes, 1971, p. 101-129.
–, *Napoleon and his Parents. On the Threshold of History*, New York, Dutton, 1990.
CARROT Georges, « Napoléon Bonaparte et le maintien de l'ordre, d'août 1786 à Vendémiaire an IV », *Revue de l'Institut Napoléon*, n° 165, avril 1994, p. 7-20.
CASANOVA Antoine et ROVÈRE Ange, *La Révolution française en Corse, 1789-1800*, Toulouse, Privat, 1989.
CASTELOT André, *Joséphine*, Paris, Perrin, 1964.
CAULAINCOURT Armand-Augustin-Louis de, *Mémoires*, Paris, Plon, 1933, 3 vol.
CEVALLOS GUERRA Pedro, *Política peculiar de Buonaparte en quanto a la Religión Católica; Medios de que se vale para extinguirla y subyugar los Españoles por la seducción ya que no puede dominarles por la fuerza* [*Politique particulière de Bonaparte à l'égard de la religion catholique*], Guadalajara, *s.i.*, 1812.
CHAILLOU David, *Napoléon et l'Opéra, la politique sur la scène, 1810-1815*, Paris, Fayard, 2004.
CHALBRAND (colonel), *Les Français en Égypte, ou souvenirs des campagnes d'Égypte et de Syrie par un officier de l'expédition*, Tours, Mame, 1868.
CHANDLER David G., *The Campaigns of Napoleon*, New York, Macmillan, 1966.
CHAPTAL Jean-Antoine, *Mes souvenirs sur Napoléon*, éd. P. Gueniffey, Paris, Mercure de France, coll. « Le Temps retrouvé », 2009.
CHARDIGNY Louis, *Les Maréchaux de Napoléon*, Paris, Tallandier, 1977.
CHARLES NAPOLÉON, *Bonaparte et Paoli. Aux origines de la question corse*, Paris, Perrin, 2000.
CHARLES-ROUX François, « Le projet français de conquête de l'Égypte sous le règne de Louis XVI », *Mémoires présentés à l'Institut d'Égypte*, Le Caire, IFAO, 1929, vol. 14.
–, *Bonaparte gouverneur d'Égypte*, Paris, Plon, 1936.
–, *L'Angleterre et l'expédition française en Égypte*, Le Caire, Société royale de géographie d'Égypte, 1925, 2 vol.
–, *La Politique française en Égypte à la fin du XVIIIᵉ siècle* (extrait de la *Revue historique*, vol. 91, année 1906), Paris, 1906.
CHASSIN Charles-Louis, *Les Pacifications de l'Ouest, 1794-1801-1815*, Paris, Dupont, 1899, 3 vol.
CHASTENAY Victorine de, *Deux révolutions pour une seule vie, Mémoires, 1771-1855*, Paris, Tallandier, 2009.
CHATEAUBRIAND François-René de, *De l'Ancien Régime au Nouveau Monde. Écrits politiques*, éd. J.-P. Clément, Paris, Hachette, coll. « Pluriel », 1987.
–, *Mémoires d'outre-tombe*, éd. J.-P. Clément, Paris, Gallimard, coll. « Quarto », 1997, 2 vol.
CHAUSSINAND-NOGARET Guy, *Les Financiers du Languedoc au XVIIIᵉ siècle*, Paris, S.E.V.P.E.N., 1970.
CHERFILS Christian, *Bonaparte et l'Islam, d'après les documents français et arabes*, Paris, Pedone, 1914.
CHERRIER Emmanuel, *18 Brumaire et 2 Décembre : d'un coup d'État à l'autre. Éléments pour une étude du coup d'État*, thèse de doctorat, Paris, EHESS, 1999, 3 vol.
CHEVALLIER Jean-Jacques, *Histoire des institutions et des régimes politiques de la France de 1789 à nos jours*, 6ᵉ édition, Paris, Dalloz, 1981.
CHRÉTIENNE Valérie, *Charles-François Lebrun (1739-1824)*, Villeneuve-d'Ascq, Presses universitaires du Septentrion, 1998, 2 vol.
CHUQUET Arthur, *La Jeunesse de Napoléon*, Paris, Armand Colin, 1898-1899, 3 vol.
CINI Marco, *Nascita di un mito : Pasquale Paoli*, Pisa, BFS, 1998.
CLAUSEWITZ Carl von, *Bonaparte en Italie. La campagne de 1796 en Italie*, Paris, Pocket, 1999.

–, *De la guerre*, Paris, Éd. de Minuit, 1955.

–, *La Campagne de 1815 en France*, Paris, Ivréa, 1993.

Code corse, ou recueil des édits, déclarations, lettres patentes, arrêts et règlements publiés dans l'île de Corse depuis sa soumission à l'obéissance du roi, Paris, Imp. Royale, 1778, 3 vol.

COLIN Jean, *L'Éducation militaire de Napoléon*, Paris, Teissèdre, 2001.

COLLAVERI François, *Napoléon franc-maçon ?*, Paris, Tallandier, 2003.

COLLER Ian, *Arab France : Islam and the Making of Modern Europe, 1798-1831*, Berkeley, University of California Press, 2011.

COLLINS Irene, *Napoleon and his Parliaments, 1800-1815*, Londres, Edward Arnold, 1979.

CONDORCET Jean-Antoine-Nicolas de Caritat de, *Esquisse d'un tableau historique des progrès de l'esprit humain*, Paris, Dubuisson et Marpon, 1864, 2 vol.

CONSALVI Hercule, *Mémoires du cardinal Consalvi*, Paris, Plon, 1864, 2 vol.

Conseil d'État (Le). Son histoire à travers les documents d'époque, 1799-1974, Paris, CNRS, 1974.

CONSTANT [Constant WAIRY dit], *Mémoires intimes de Napoléon Ier par Constant, son valet de chambre*, éd. M. Dernelle, Paris, Mercure de France, coll. « Le temps retrouvé », 2002, 2 vol.

CONSTANT Benjamin, *De la force du gouvernement actuel de la France et de la nécessité de s'y rallier (1796). Des réactions politiques. Des effets de la Terreur (1797)*, éd. Ph. Raynaud, Paris, Flammarion, coll. « Champs », 1988.

–, *Journaux intimes (1804-1807)*, in *Œuvres complètes*, t. VI, éd. P. Delbouille, S. Balayé, A. Blaeschke et K. Kloocke, Tübingen, Niemeyer, 2002.

COQUELLE Pierre, *Les Projets de descente en Angleterre, d'après les archives des Affaires étrangères*, Paris, Plon-Nourrit, 1902.

COSTA DE BEAUREGARD, Charles-Albert, *Un homme d'autrefois*, Paris, Plon, 1886.

COSTON Adolphe de, *Biographie des premières années de Napoléon Bonaparte, c'est-à-dire depuis sa naissance jusqu'à l'époque de son commandement en chef de l'armée d'Italie*, Paris, Marc Aurel frères, 1840, 2 vol.

COTTRET Monique, *Tuer le tyran ? Le tyrannicide dans l'Europe moderne*, Paris, Fayard, 2009.

COVIN Michel, *Les Mille Visages de Napoléon*, Paris, L'Harmattan, 1999.

CRANMER-BYNG John L., « Lord Macartney's Embassy to Peking in 1793 », *Journal of Oriental Studies*, vol. 4, 1957-1958, p. 117-187.

CROOK Malcolm, « Confiance d'en bas, manipulation d'en haut : la pratique plébiscitaire sous Napoléon (1799-1815) », *in* Ph. Bourdin, J.-C. Caron et M. Bernard, *L'Incident électoral de la Révolution française à la Ve République*, Clermont-Ferrand, Univ. Blaise-Pascal, 2002.

–, *Napoleon Comes to Power. Democracy and Dictatorship in Revolutionary France, 1795-1804*, Cardiff, University of Wales Press, 1998.

CROUZET François, *La Grande Inflation. La monnaie en France de Louis XVI à Napoléon*, Paris, Fayard, 1993.

CUGNAC Jean de, *Campagne de l'armée de réserve en 1800*, Paris, Chapelot, 1900-1901, 2 vol.

CUOCO Vicenzo, *Essai historique sur la révolution de Naples*, éd. A. De Francesco, Paris, Les Belles Lettres, 2004.

DAMAMME Jean-Claude, *Les Soldats de la Grande Armée*, Paris, Perrin, coll. « Tempus », 1998.

DARD Émile, *Napoléon et Talleyrand*, Paris, Plon, 1935.

DAUDET Ernest, *Histoire de l'émigration pendant la Révolution française*, Paris, Hachette, 1905-1907, 3 vol.

DAYOT Armand, *Napoléon raconté par l'image, d'après les sculpteurs, les graveurs et les peintres*, Paris, Hachette, 1895.

DE BAECQUE Antoine, *Le Corps de l'histoire. Métaphores et politique (1770-1800)*, Paris, Calmann-Lévy, 1993.

DE FRANCESCO Antonino, *L'Italia di Bonaparte : politica, statualità e nazione nella penisola tra due rivoluzioni, 1796-1821*, Turin, UTET Libreria, 2011.

DE GAULLE Charles, *Le Fil de l'épée*, Paris, Perrin, « Les Mémorables », 2010.

DE MEULENAERE Philippe, *Bibliographie raisonnée des témoignages oculaires imprimés de l'expédition d'Égypte (1798-1801)*, Paris, Chamonal, 1993.

DEAN PAUL John, *Journal d'un voyage à Paris au mois d'août 1802*, éd. P. Lacombe, Paris, Picard, 1913.

DEBIDOUR Augustin, *Recueil des actes du Directoire exécutif (procès-verbaux, arrêtés, instructions, lettres et actes divers)*, Paris, Imp. nationale, 1910-1917, 4 vol.

Décade égyptienne, journal littéraire et d'économie politique (La), Le Caire, Imp. nationale, 1798-1799, 3 vol.

DÉFOSSÉ Gabriel, *Montenotte, la première victoire de Napoléon Bonaparte, général en chef, commandant l'armée d'Italie, 12 avril 1796*, Cagnes-sur-Mer, EDICA, 1986.

DEFRANCESCHI Jean, « Le rôle du lieutenant Bonaparte aux débuts de la Révolution française en Corse », *Revue de l'Institut Napoléon*, 1978, n° 134, p. 3-20.

–, *La Corse française (30 novembre 1789-15 juin 1794)*, Paris, Société des études robespierristes, 1980.

–, *La Jeunesse de Napoléon. Les dessous de l'histoire*, Paris, Lettrage, 2001.

DEHÉRAIN Henri, *Histoire de la nation égyptienne. V, L'Égypte turque. Pachas et mamelouks du XVIᵉ au XVIIIᵉ siècle. L'expédition du général Bonaparte*, Paris, Société de l'histoire nationale et Librairie Plon, 1934.

DELBEKE Francis, *Action politique et sociale des avocats au XVIIIᵉ siècle*, Louvain, Impr. des Trois-Rois, 1927.

DELÉCLUZE Étienne-Jean, *Louis David, son école et son temps. Souvenirs*, éd. J.-P. Mouilleseaux, Paris, Macula, 1983.

DEMOLINS Edmond, *Les Français d'aujourd'hui : les types sociaux du Midi et du Centre*, Paris, Librairie de Paris, 1900.

DENON Dominique-Vivant et AL-JABARTÎ 'Abd al-Rahmân, *Sur l'expédition de Bonaparte en Égypte*, éd. Mahmoud Hussein, Arles, Actes Sud, coll. « Babel », 2008.

DENON Dominique-Vivant, *Lettres à Bettine*, Arles, Actes Sud, 1999.

–, *Voyage dans la basse et la haute Égypte pendant les campagnes du général Bonaparte*, éd. R. Brunon, Paris, Pygmalion/Gérard Watelet, 1990.

Description de l'Égypte publiée par les ordres de Sa Majesté l'Empereur Napoléon le Grand, version numérique intégrale, Le Mans, Harpocrate, 2006.

DESGENETTES René-Nicolas, *Histoire médicale de l'armée d'Orient*, Paris, Croullebois, 1802, 2 parties en 1 vol.

DESPREZ Claude, *Lazare Hoche d'après sa correspondance et ses notes*, Paris, Dumaine, 1858.

DESTREM Jean, *Les Déportations du Consulat et de l'Empire*, Paris, Jeanmaire, 1885.

DESVERNOIS Nicolas-Philibert, *Mémoires*, éd. A. Dufourcq, Paris, Plon, 1898.

DIDELOT Jean, *Bourrienne et Napoléon*, Levallois-Perret, Centre d'études napoléoniennes, 1999.

DJUVARA T. G., *Cent projets de partage de la Turquie*, Paris, Alcan, 1914.

DOGUEREAU Jean-Pierre, *Journal de l'expédition d'Égypte*, Paris, La Vouivre, 1997.

DOSSE François, *Le Pari biographique*, Paris, La Découverte, 2005.

DOUIN Georges, « Le retour de Bonaparte d'Égypte en France », *Bulletin de l'Institut d'Égypte*, vol. 23, 1941, p. 184-216.

–, *La Campagne de Bruix en Méditerranée, mars-août 1799*, Paris, Société d'éditions géographiques, maritimes et coloniales, 1923.

–, *La Flotte de Bonaparte sur les côtes d'Égypte. Les prodromes d'Aboukir*, Le Caire, 1922.

DRIAULT Édouard, *Napoléon en Italie (1800-1812)*, Paris, 1906.

–, *Napoléon et l'Europe. La politique extérieure du Premier consul (1800-1803)*, Paris, Alcan, 1910.

DUBOIS Laurent, *Les Vengeurs du nouveau monde, histoire de la Révolution haïtienne*, Rennes, Les Perséides, 2005.

DUCHER Gaspard-Joseph-Amand, *Acte de navigation avec ses rapports au commerce, aux finances, à la nouvelle diplomatie des Français, imprimé par ordre de la Convention nationale, décret du 18 août 1793*, Paris, Imp. nationale, 1793, 2 vol.

DUFRAISSE Roger, « Bonaparte a-t-il sacrifié le Rhin à l'Italie en 1796-1797 ? », *Le Souvenir napoléonien*, n° 416, janvier-février 1998, p. 5-20.

DUMAS Guy, *La Fin de la République de Venise, aspects et reflets littéraires*, Rennes, Imp. bretonne, 1964.

DUMAS Mathieu, *Souvenirs*, Paris, Gosselin, 1839, 3 vol.

DUMOLARD Joseph-Vincent, *Conseil des Cinq Cents. Motion d'ordre sur nos rapports actuels avec l'Italie. Séance du 5 messidor an V*, Paris, Imp. nationale, 1797.

DUMOURIEZ Charles-François, *La Vie et les mémoires du général Dumouriez*, Paris, Baudouin, 1822-1823, 4 vol.

DUPONT Marcel, *Pauline Fourès, une maîtresse de Napoléon*, Paris, Hachette, 1942.

DURAND Charles, « Conseils privés, conseils des ministres, conseils d'administration de 1800 à 1814 », *Revue d'histoire moderne et contemporaine*, juillet-septembre 1970, vol. 17, p. 814-828.

–, « Les transformations de l'an X dans les rapports entre le gouvernement et les assemblées », *Revue de l'Institut Napoléon*, 1969, p. 69-78.

–, « Napoléon et le Conseil d'État », *Revue de l'Institut Napoléon*, 1962, p. 145-156.

–, « Rome a remplacé Sparte », *in* J. Mistler, *Le Grand livre de Napoléon*, t. I, p. 172-186.

–, *Études sur le Conseil d'État napoléonien*, Paris, PUF, 1949.

–, *L'Exercice de la fonction législative de 1800 à 1814*, extrait des « Annales de la faculté de droit d'Aix-en-Provence », nouv. série, n° 48, année 1955, Aix-en-Provence, Imprimerie des Croix provençales, 1955.

DUTOURD Jean, *Rivarol, les plus belles pages*, Paris, Mercure de France. 1963.

DUTRUCH Roger, *Le Tribunat sous le Consulat et l'Empire*, Paris, Rousseau, 1921.

DWYER Philip G., *Napoleon. The Path to Power, 1769-1799*, Londres, Bloomsbury, 2007.

EMERSON Ralph Waldo, « Napoléon ou l'homme du monde », *in* R. W. Emerson et W. E. Channing, *Vie et caractère de Napoléon Bonaparte*, éd. F. Van Meenen, Bruxelles, Van Meenen, 1857, p. 143-178.

ENGLUND Steven, *Napoléon*, Paris, Éd. de Fallois, 2004.

ERNOUF, *Maret, duc de Bassano*, Paris, Charpentier, 1878.

ESPITALIER Albert, *Vers Brumaire. Bonaparte à Paris, 5 décembre 1797-4 mai 1798*, Paris, Perrin, 1914.

ETTORI Fernand, « Pascal Paoli, modèle du jeune Bonaparte », *Problèmes d'histoire de la Corse (de l'Ancien Régime à 1815). Actes du Colloque d'Ajaccio, 29 octobre 1969*, Paris, Société des études robespierristes, 1971, p. 89-99.

FAIN Agathon Jean-François, *Mémoires*, Paris, Plon, 1908.

FAURE Élie, *Napoléon*, Paris, Éd. G. Crès, 1921.

FEJTÖ François, *Joseph II, un Habsbourg révolutionnaire*, Paris, Perrin, 1982.

FERRERO Guglielmo, *Bonaparte en Italie (1796-1797)*, Paris, Éd. de Fallois, 1994.

–, *Pouvoir. Les génies invisibles de la cité*, Paris, LGF, 1988.

FIERRO Alfred, *Les Français vus par eux-mêmes : le Consulat et l'Empire. Anthologie des mémorialistes du Consulat et de l'Empire*, Paris, R. Laffont, coll. « Bouquins », 1998.

FIERRO Alfred, PALLUEL-GUILLARD André et TULARD Jean, *Histoire et dictionnaire du Consulat et de l'Empire*, Paris, R. Laffont, coll. « Bouquins », 1995.

FIÉVÉE Joseph, *Correspondance et relations avec Bonaparte Premier consul et Empereur, pendant onze années (1802-1813)*, Paris, Desrez et Beauvais, 1837.

FLAUBERT Gustave, *Correspondance*, t. I [janvier 1830-mai 1851], éd. J. Bruneau, Paris, Gallimard, Bibl. de la Pléiade, 1973.

FLEISCHMANN Hector, *Charlotte Robespierre et ses Mémoires. Édition critique*, Paris, Albin Michel, 1910.

FLEISCHMANN Théo, *Napoléon et la musique*, Bruxelles, Paris, Brepols, 1965.

FOGEL Robert William et ENGERMAN Stanley L., *Time on the Cross : The Economics of American Slavery*, Boston et Toronto, Little Brown, 1974.

FOGEL Robert William, *Without Consent or Contract : The Rise and Fall of American Slavery*, New York et Londres, W.W. Norton, 1989.

FONTANES Louis-Jean-Pierre, *Œuvres*, Paris, Hachette, 1839. 2 vol.

FORREST Alan, « L'Angleterre face à la France napoléonienne », *in* J.-P. Bertaud,

A. Forrest et A. Jourdan, *Napoléon, le monde et les Anglais. Guerre des mots et des images*, Paris, Éditions Autrement, 2004.

FOUCART Bruno, « Les Salons sous le Consulat et les diverses représentations de Bonaparte », Paris, *Revue de l'Institut Napoléon*, 1969, p. 113-119.

FOUCHÉ Joseph, *Mémoires*, Osnabrück, Proff, 1824, 2 vol.

FOURNOUX Amable de, *Napoléon et Venise, 1796-1814*, Paris, Éd. de Fallois, 2002.

FRANCESCHINI Émile, « Saliceti et Napoléon », *Revue des études napoléoniennes*, vol. 31, 1930, p. 131-155.

FRANÇOIS Charles, *Journal du capitaine François, dit le Dromadaire d'Égypte, 1792-1830*, éd. Ch. Grolleau et J. Jourquin, Paris, Tallandier, 2003.

FRIEDLANDER Walter, « Napoleon as *roi thaumaturge* », *Journal of Warburg Studies*, vol. 4, 1940-1941.

FUGIER André, *Napoléon et l'Italie*, Paris, J.-B. Janin, 1947.

FURET François et RICHET Denis, *La Révolution française*, Paris, Hachette, coll. « Pluriel », 1973, 544 p.

FURET François, « Bonaparte », *in* F. Furet et M. Ozouf, *Dictionnaire critique de la Révolution française*, Paris, Flammarion, 1988, p. 216-229.

–, « Dix-huit brumaire », *in* F. Furet et M. Ozouf, *Dictionnaire critique de la Révolution française*, 2e éd. Paris, Flammarion, coll. « Champs », 1992, 4 vol., *Événements*, p. 101-121.

–, *La Révolution, de Turgot à Jules Ferry, 1770-1880*, Paris, Hachette, 1988.

–, *Le Passé d'une illusion. Essai sur l'idée communiste au XXe siècle*, Paris, R. Laffont/Calmann-Lévy, 1995.

FURET François, LINIERS Antoine et RAYNAUD Philippe, *Terrorisme et démocratie*, Paris, Fayard, 1985.

GABORY Émile, *Napoléon et la Vendée*, Paris, Perrin, 1914, 3 vol.

GAFFAREL Paul, « L'affaire Clément de Ris d'après un document inédit », *La Révolution française*, vol. 12, janvier-juin 1887, p. 704-714.

–, *Bonaparte et les Républiques italiennes (1796-1799)*, Paris, Félix Alcan, 1895.

GAINOT Bernard et BOURDIN Philippe, *La République directoriale : actes du colloque de Clermont-Ferrand, 22-24 mai 199*, Clermont-Ferrand, Société des études robespierristes ; Centre d'histoire des entreprises et des communautés ; Centre de recherches révolutionnaires et romantiques, 1998, 2 vol.

GAINOT Bernard, *1799, un nouveau jacobinisme ? La démocratie représentative, une alternative à Brumaire*, Paris, Comité des travaux historiques et scientifiques, 2001.

GALANTINI Federico, *Napoléon et Sarzane. Les origines italiennes de Bonaparte*, Paris, Michel de Maule, 2004.

GALLAND Antoine, *Tableau de l'Égypte pendant le séjour de l'armée française. Ouvrage où l'on traite des mœurs, usages et caractère des Égyptiens*, Paris, Galland, An XIII-1804, 2 vol.

GARCIA DE ENTERRIA Eduardo, *Révolution française et administration contemporaine*, Paris, Economica, 1993.

GARNIER Jean-Paul, *Barras, le roi du Directoire*, Paris, Perrin, 1970.

GARNIER Michaël, *Bonaparte et la Louisiane*, Paris, SPM, 1992.

GAUBERT Henri, *Conspirateurs au temps de Napoléon Ier*, Paris, Flammarion, 1962.

GAUCHET Marcel, *La Religion dans la démocratie, parcours de la laïcité*, Paris, Gallimard, 1998.

–, *La Révolution des pouvoirs. La souveraineté, le peuple et la représentation, 1789-1799*, Paris, Gallimard, 1995.

GAUDIN Martin-Michel-Charles, *Mémoires, souvenirs, opinions et écrits*, Paris, Armand Colin, 1926, 3 vol.

–, *Notice historique sur les finances de France, de l'an VIII (1800) au 1er avril 1814*, Paris, Ange Clo, 1818.

–, *Supplément aux mémoires et souvenirs de M. Gaudin*, Paris, Goetschy, 1834.

GAULMIER Jean, *L'Idéologue Volney, 1757-1820. Contribution à l'histoire de l'orientalisme en France*, Genève, Slatkine, 1980.

Gazette nationale ou le Moniteur universel, année 1796, 2 vol.

Gazette nationale ou le Moniteur universel, année 1799, 2 vol.

GENDRY Jules, *Pie VI, sa vie, son pontificat (1717-1799)*, Paris, Picard, 1906, 2 vol.

GEOFFROY SAINT-HILAIRE Étienne, *L'Expédition d'Égypte, 1798-1802*, s.l., Paleo, 2000.

GEYL Pieter, *Napoleon For and Against*, New Haven et Londres, Yale University Press, 1949.

GILLES Christian, *Madame Tallien, la reine du Directoire (1773-1835)*, Biarritz, Atlantica, 1999.

Giornale Patriottico di Corsica, 3 avr.- 27 nov. 1790 (n°1-32), Bastia [s.n.]

GIRARD Philippe, « Napoleon Bonaparte and the Emancipation Issue in Saint-Domingue, 1799-1803 », *French Historical Studies*, vol. 32, n° 4, automne 2009, p. 587-618.

GIRARDIN Stanislas, *Discours et opinions, journal et souvenirs*, Paris, Moutardier, 1828, 3 vol.

GIROD DE L'AIN Gabriel, *Désirée Clary*, Paris, Hachette, 1959.

GOBERT Adrienne, *L'Opposition des assemblées pendant le Consulat, 1800-1804*, Paris, Librairie générale de droit et de jurisprudence Ernest Sagot, 1925.

GOBY Jean-Édouard, *La Composition du premier institut d'Égypte*, Le Caire, Impr. de l'Institut français, 1948.

GODECHOT Jacques, « Le babouvisme et l'unité italienne (1796-1799) », *in* J. Godechot, *Regards sur l'époque révolutionnaire*, p. 269-288.

–, « Les Français et l'unité italienne sous le Directoire », *in* J. Godechot, *Regards sur l'époque révolutionnaire*, p. 303-327.

–, *La Contre-Révolution, 1789-1804*, Paris, PUF, coll. « Quadrige », 1984.

–, *Les Commissaires aux armées sous le Directoire. Contribution à l'étude des rapports entre les pouvoirs civils et militaires*, Paris, Fustier, 1937, 2 vol.

–, *Regards sur l'époque révolutionnaire*, Toulouse, Privat, 1980.

GOETHE Johann Wolfgang von, *Conversations avec Eckermann*, éd. C. Roëls, Paris, Gallimard, 1988.

GOHIER Louis-Jérôme, *Mémoires*, Paris, Bossange frères, 1824, 2 vol.

GOURGAUD Gaspard, *Journal de Sainte-Hélène, 1815-1818*, éd. O. Aubry, Paris, Flammarion, 1947, 2 vol.

–, *Mémoires pour servir à l'histoire de la France sous Napoléon, écrits à Sainte-Hélène, par les généraux qui ont partagé sa captivité*, Paris, Firmin-Didot et Bossange, 1823, 2 vol.

GRANDMAISON Geoffroy de, *L'Ambassade française en Espagne pendant la Révolution (1789-1804)*, Paris, Plon, 1892.

GRANGER J., « L'opinion de l'armée au lendemain du 18 brumaire », *Revue de l'Institut Napoléon*, 1954, p. 46-54.

GRAZIANI Antoine-Marie, *Pascal Paoli, père de la patrie corse*, Paris, Tallandier, 2004.

GUIBERT Jacques-Antoine-Hippolyte, *Essai général de tactique*, in *Stratégiques*, éd. J.-P. Charnay et M. Burgos, Paris, L'Herne, 1977.

GUILLOIS Antoine, *La Marquise de Condorcet. Sa famille, son salon, ses amis, 1764-1822*, Paris, Ollendorff, 1897.

–, *Le Salon de Mme Helvétius. Cabanis et les Idéologues*, Paris, Calmann-Lévy, 1894.

GUITRY Paul, *L'Armée de Bonaparte en Égypte*, 1798-1799, Paris, Flammarion, 1898.

GUYOT Raymond, « Du Directoire au Consulat. Les transitions », *Revue historique*, vol. 111, septembre-décembre 1912, p. 1-31.

–, *Le Directoire et la paix de l'Europe, des traités de Bâle à la deuxième coalition (1795-1799)*, Paris, Félix Alcan, 1911.

HAHN Roger, *Le Système du monde. Pierre-Simon Laplace, un itinéraire dans la science*, Paris, Gallimard, 2004.

HALPERIN Jean-Louis, « La composition du Corps législatif sous le Consulat et l'Empire : de la notabilité révolutionnaire à la notabilité impériale », *Revue de l'Institut Napoléon*, 1985, p. 37-57.

HAMELIN Antoine-Romain, « Douze ans de ma vie (1796-1808) », *La Revue de Paris*, 33e année, vol. 6, novembre-décembre 1926, p. 5-24, 281-309, 544-566, 811-839 ; 34e année, vol. 1, janvier-février 1927, p. 46-71.

HAMILTON Alexander, *Works of Alexander Hamilton*, t. I, New York, Haskell House, 1971.

HANLEY Wayne, *The Genesis of Napoleonic Propaganda, 1796 to 1799*, New York, Columbia University Press, 2005.

HANSON Victor Davis, *Le Modèle occidental de la guerre. La bataille d'infanterie dans la Grèce classique*, Paris, Les Belles Lettres, 2001.

HAROUEL Jean-Louis, *Les Républiques sœurs*, Paris, PUF, coll. « Que sais-je ? », 1997.

HASTIER Louis, *Le Grand Amour de Joséphine*, Paris, Corréa/Buchet-Chastel, 1955.

HAUTERIVE Ernest d', « Lettres de jeunesse de Bonaparte (1789-1792) », *Revue des Deux Mondes*, septembre-décembre 1931, p. 767-792.

–, *L'Enlèvement du sénateur Clément de Ris*, Paris, Perrin, 1926.

HAVARD Oscar, *Histoire de la Révolution dans les ports de guerre. I. Toulon, II. Brest, Rochefort*, Paris, Nouvelle librairie nationale, 1911-1913, 2 vol.

HAZAREESINGH Sudhir, *La Saint-Napoléon : quand le 14 juillet se fêtait le 15 août*, Paris, Tallandier, 2007.

HEINE Henri, *De l'Allemagne*, éd. P. Grappin, Paris, Gallimard, coll. « Tel », 1998.

HELLER-ROAZEN Daniel, *L'Ennemi de tous. Le pirate contre les nations*, Paris, Seuil, 2009.

HÉNIN Michel, *Histoire numismatique de la Révolution française*, Maastricht, 1987, 2 vol.

HEROLD J. Christopher, *Bonaparte en Égypte*, Paris, Plon, 1964.

HEUSER Beatrice, *The Evolution of Strategy. Thinking War from Antiquity to the Present*, Cambridge University Press, 2010.

HÖJER Torvald T., *Bernadotte maréchal de France*, Paris, Plon, 1943.

HOUDECEK François, « Un projet avorté, Bonaparte chez les Turcs en 1795 », *Revue du souvenir napoléonien*, 69e année, n° 464, avril-mai 2006, p. 27-33.

HOURTOULLE François-Guy, « La campagne d'Égypte », *Revue du souvenir napoléonien*, n° 383, juin 1992, p. 29-38.

HUGO Victor, *Les Orientales. Les Feuilles d'automne*, éd. P. Albouy, Paris, Poésie/Gallimard, 1981.

HUMBERT Jean-Marcel, *Bonaparte et l'Égypte, feu et lumières*, Paris, Institut du monde arabe/Région Nord-Pas-de-Calais, 2008.

HUMBOLDT Wilhelm von, *Journal parisien (1797-1799)*, Arles, Actes Sud, 2001.

HYDE DE NEUVILLE Guillaume, *Mémoires et souvenirs*, Paris, Plon-Nourrit, 1888-1892, 3 vol.

IUNG Théodore, *Lucien Bonaparte et ses mémoires, 1775-1840*, Paris, Charpentier, 1882-1883, 3 vol.

JAMES C.L.R., *Les Jacobins noirs, Toussaint-Louverture et la Révolution de Saint-Domingue*, Paris, Éd. Caribéennes, 1983.

JESSENNE Jean-Pierre, LEUWERS Hervé *et al.*, *Du Directoire au Consulat*, Villeneuve-d'Ascq, CRHEN-O (Université Charles-de-Gaulle-Lille 3), GRHIS (Université de Rouen) et Région Haute-Normandie, 1999-2001, 4 vol.

JOFFRIN Laurent, *Les Batailles de Napoléon*, Paris, Seuil, 2000.

JOINVILLE Jean de, *Histoire de Saint Louis*, éd. J. Monfrin, Paris, Les Classiques Garnier, 2010.

JOLLIVET Maurice, *La Révolution française en Corse. Paoli–Bonaparte–Pozzo di Borgo*, Paris, Bureaux de la *Revue de la France moderne*, 1892.

JOMARD Edme-François, *Souvenirs sur Gaspard Monge et ses rapports avec Napoléon*, Paris, Thunot et Cie, 1853.

JOUBERT Joseph, *Pensées, essais et maximes, suivis de Lettres à ses amis et précédés d'une notice sur sa vie, son caractère et ses travaux*, Paris, C. Gosselin, 1842, 2 vol.

JOURDAN Annie, *L'Empire de Napoléon*, Paris, Flammarion, coll. « Champs Université », 2000.

–, *Napoléon. Héros, imperator, mécène*, Paris, Aubier, 1998.

JOURQUIN Jacques, « Un jour de mars 1796 : le mariage de Napoléon Bonaparte et Joséphine de Beauharnais », *Revue du souvenir napoléonien*, n° 406, mars 1996, p. 20-26.

JULLIARD Jacques, *Que sont les grands hommes devenus?*, Paris, Perrin, coll. « Tempus », 2010.

JULLIEN Marc-Antoine, *Entretien politique sur la situation actuelle de la France, et sur les plans du nouveau gouvernement*, Paris, Léger, 1799.

KADARÉ Ismaïl, *Avril brisé*, Paris, Fayard, coll. « Biblio », 1982.

KEEGAN John, *Histoire de la guerre : du néolithique à la guerre du Golfe*, Paris, Dagorno, 1996.

KÉRAUTRET Michel, *Histoire de la Prusse*, Paris, Seuil, 2005.

–, *Les Grands Traités du Consulat (1799-1804). Documents diplomatiques du Consulat et de l'Empire, tome I*, Paris, Nouveau Monde Éditions/Fondation Napoléon, 2002.

KERMINA Françoise, *Bernadotte et Désirée Clary. Le Béarnais et la Marseillaise, souverains de Suède*, Paris, Perrin, 1991.

KISSINGER Henry, *Diplomatie*, Paris, Fayard, 1996.

KITCHIN Joanna, *Un journal « philosophique » : La Décade (1794-1807)*, Paris, Minard, 1965.

KLÉBER Jean-Baptiste, DAMAS Auguste, MORAND Charles, MICHAUX Antoine, LAZOWSKI Joseph, FERRUS Jean et al., *L'état-major de Kléber en Égypte, 1798-1800, d'après leurs carnets, journaux, rapports et notes*, éd. St. Le Couëdic, Paris, La Vouivre, 1997.

KNAPTON Ernest J., « A contemporary impression of Napoleon Bonaparte in 1797 », *French Historical Studies*, vol. 1, n° 4, automne 1960, p. 476-481.

KREBS Léonce et MORIS Henri, *Campagnes des Alpes pendant la Révolution, d'après les archives des états-majors français et austro-sarde*, Paris, Plon-Nourrit, 1891-1895, 2 vol.

KRETTLY Élie, *Souvenirs historiques*, éd. G. Bodinier, Paris, Nouveau Monde Éditions/Fondation Napoléon, 2003.

KÜNZI Frédéric, *Bicentenaire du passage des Alpes par Bonaparte, 1800-2000*, Martigny, Fondation Pierre Gianadda, 2000.

LA FAYETTE Gilbert du Motier, marquis de, *Mémoires, correspondance et manuscrits*, Paris, H. Fournier aîné ; Leipzig, Brockhaus, 1837-1838, 6 vol.

LA GORCE Pierre de, *Histoire religieuse de la Révolution française*, Paris, Plon-Nourrit, 1922-1923, 5 vol.

LA HARPE Jean-François, « Éloge de Nicolas de Catinat, maréchal de France », in *Choix d'éloges couronnés par l'Académie française, précédé de l'Essai sur les éloges par Thomas*, Paris, Chaumerot, 1812, 2 vol., t. II, p. 279-343.

LA JONQUIÈRE Clément de, *L'Expédition d'Égypte, 1798-1801*, Paris, Charles-Lavauzelle, 1899-1907, 5 vol.

LA PARRA, *Manuel Godoy, la aventura del poder*, Barcelone, Tusquets, coll. « Fabula », 2005.

La Quotidienne ou feuille du jour, [J.-F. Michaud], 22 oct. 1796-4 sept. 1797.

LA RÉVELLIÈRE-LÉPEAUX Louis-Marie de, *Mémoires*, Paris, Plon-Nourrit, 1895, 3 vol.

LA SICOTIÈRE Louis de, *Louis de Frotté et les insurrections normandes, 1793-1832*, Paris, Plon, 1889, 3 vol.

LA TOUR DU PIN Henriette-Lucie Dillon de, *Journal d'une femme de cinquante ans (1778-1815)*, Paris, Chapelot, 1913, 2 vol.

LACHADENÈDE René de, « L'amiral Brueys à Aboukir », *La Nouvelle Revue maritime*, n° 378, juin 1983, p. 52-71.

LACORRE Alexandre, *Journal inédit d'un commis aux vivres pendant l'expédition d'Égypte*, Bordeaux, Émile Crugy, 1852.

LACOUR-GAYET Georges, *Talleyrand*, Paris, Payot, 1990.

LACRETELLE Charles de, *Dix années d'épreuves pendant la Révolution*, Paris, Tallandier, 2011.

LACROIX Désiré, *Bonaparte en Égypte (1798-1799)*, Paris, Garnier, 1899.

LAISSUS Yves, *L'Égypte, une aventure savante, 1798-1801*, Paris, Fayard, 1998.

LANDRIEUX Jean, *Mémoires*, éd. L. Grasilier, Paris, Savine, 1893.

LANFREY Pierre, *Histoire de Napoléon Ier*, Paris, Charpentier, 1892-1896, 5 vol.

LANGLOIS Claude, « Le plébiscite de l'an VIII et le coup d'État du 18 pluviôse an VIII »,

Annales historiques de la Révolution française, vol. 44, 1972, p. 43-65, 231-246, 390-415.

LANZAC DE LABORIE Léon de, *Paris sous Napoléon*, Paris, Plon, 1905-1913, 8 vol.

LAPORTE Joseph, *Mon voyage en Égypte et en Syrie : Carnets d'un jeune soldat de Bonaparte*, Paris, PUF et Fondation Martin Bodmer, 2007.

LARCHEY Loredan, *Correspondance intime de l'armée d'Égypte interceptée par la croisière anglaise*, Paris, Pincebourde, 1866.

LARREY Dominique-Jean, *Mémoires de chirurgie militaire et campagnes. I., 1787-1811 : Campagnes de l'Amérique septentrionale, du Rhin, de Corse, des Alpes-Maritimes, de Catalogne, d'Italie, d'Égypte et de Syrie, de Boulogne, d'Ulm et d'Austerlitz, de Saxe, de Prusse, de Pologne, d'Espagne et d'Autriche*, Paris, Tallandier, 2004.

LARREY Hippolyte, *Madame Mère. Essai historique*, Paris, Dentu, 1892, 2 vol.

LAS CASES Emmanuel de, *Mémorial de Sainte-Hélène*, éd. A. Fugier, Paris, Garnier, 1961, 4 vol.

LATOUR François, *Le Grand Argentier de Napoléon*, Paris, Éd. du Scorpion, 1962.

LATREILLE André, *L'Église catholique et la Révolution française*, Paris, Hachette, 1946-1950, 2 vol.

LAURENS Henry, « Napoléon, l'Europe et le monde arabe », *in* Th. Lentz, *Napoléon et l'Europe*, Paris, Fayard, 2005, p. 366-377.

LAURENS Henry, GILLISPIE Charles C., GOLVIN Jean-Claude, TRAUNECKER Claude, *L'Expédition d'Égypte, 1798-1801*, Paris, Armand Colin, 1989.

LAURENS Henry, *Kléber en Égypte, 1798-1800. Kléber et Bonaparte, 1798-1799*, Le Caire, IFAO, 1988, 2 vol.

–, *Les Origines intellectuelles de l'expédition d'Égypte. L'orientalisme islamisant en France (1698-1798)*, Istanbul et Paris, Isis, 1987.

–, *Orientales I. Autour de l'expédition d'Égypte*, Paris, CNRS, 2004.

LAUS DE BOISSY Louis de, *Bonaparte au Caire, ou mémoires sur l'expédition de ce général en Égypte, avec des détails curieux et instructifs sur cette intéressante partie du globe*, Amsterdam, Société typographique, 1799.

LAVALETTE Antoine-Marie Chamans de, *Mémoires et souvenirs*, Paris, Fournier jeune, 1831, 2 vol.

LAWRENCE Thomas Edward, *Les Sept Piliers de la sagesse*, Paris, Gallimard, coll. « Folio », 1992.

LE DOULCET DE PONTÉCOULANT Gustave, *Souvenirs historiques et parlementaires*, Paris, Lévy frères, 1861-1865, 4 vol.

LE GOFF Jacques, *Saint Louis*, Paris, Gallimard, 1996.

LEBON André, *L'Angleterre et l'émigration française de 1794 à 1801*, Paris, Plon, 1882.

LECLERC D'OSTEIN François, *Mémoires, campagne d'Égypte*, Bruxelles, Association belge napoléonienne, 1992.

LECOMTE L.-Henry, *Napoléon et le monde dramatique*, Paris, Daragon, 1912.

LEFEBVRE Georges, *La France sous le Directoire (1795-1799)*, éd. J.-R. Suratteau, Paris, Éd. sociales, 1977.

–, *Napoléon*, Paris, PUF, 1941.

LEIBNIZ Gottfried Wilhelm, « Projet de conquête de l'Égypte présenté par Leibniz à Louis XIV », *Œuvres de Leibniz*, éd. A. Foucher de Careil, t. V, Paris, Firmin-Didot, 1864.

LEIJENDECKER Marcel, « Un amour inconnu de Bonaparte », *Revue des études napoléoniennes*, vol. 36, janvier-juin 1933, p. 52-53.

LENTZ Thierry et MACÉ Jacques, *La Mort de Napoléon. Mythes, légendes et mystères*, Paris, Perrin, 2009.

LENTZ Thierry, « Les consuls de la République : La Révolution est finie », *in* Musée de l'Armée, *Terminer la Révolution*, Paris, Economica, 2003, p. 19-37.

–, « Roederer et le *modèle chinois* », *Revue de l'Institut Napoléon*, n° 163, 1994-II, p. 45-53.

–, « Un rendez-vous manqué : Napoléon et les États-Unis », *in* Th. Lentz, *Napoléon diplomate*, Paris, CNRS, 2012, p. 199-232.

–, *100 questions sur Napoléon*, Paris, La Boétie, 2013.

–, *La Conspiration du général Malet, 23 octobre 1812, premier ébranlement du trône de Napoléon*, Paris, Perrin, 2012.

–, *Le 18-Brumaire. Les coups d'État de Napoléon Bonaparte*, Paris, Jean Picollec, 1997.

–, *Le Grand Consulat, 1799-1804*, Paris, Fayard, 1999.

–, *Napoléon*, Paris, Le Cavalier Bleu, coll. « Idées reçues », 2001.

–, *Nouvelle histoire du Premier Empire*, Paris, Fayard, 2002-2010, 4 vol.

–, *Quand Napoléon inventait la France. Dictionnaire des institutions politiques, administratives et de cour du Consulat et de l'Empire*, Paris, Tallandier, 2008.

LEOPARDI Giacomo, *Le Massacre des illusions*, éd. M. A. Rigoni, Paris, Allia, 1993.

LEVI Carlo, *Le Christ s'est arrêté à Eboli*, Paris, Gallimard, coll. « Folio », 2003.

LEWIS Bernard, *Comment l'islam a découvert l'Europe*, Paris, Gallimard, coll. « Tel », 2005.

LEYS Simon, *La Mort de Napoléon*, Paris, Hermann, 1986.

–, *Protée et autres essais*, Paris, Gallimard, 2001.

LIDDELL HART Basil Henry, *Stratégie*, Paris, Perrin, coll. « Tempus », 2007.

LIGNEREUX Aurélien, « Le moment terroriste de la chouannerie : des atteintes à l'ordre public aux attentats contre le Premier consul », *in* G. Malandain, G. Mazeau et K. Salomé, *L'Attentat, objet d'histoire* (*La Révolution française, cahiers de l'IHRF*, 12) [http://lrf.revues.org/index390.html]

–, *Histoire de la France contemporaine : L'Empire des Français, 1799-1815*, Paris, Éd. Seuil, 2012.

LOCKROY Édouard, *Ahmed le Boucher. La Syrie et l'Égypte au XVIIIe siècle*, Paris, Ollendorff, 1888.

LOCRÉ Jean-Guillaume, *La Législation civile, commerciale et criminelle de la France, ou commentaire et complément des codes français*, Paris, Treuttel et Würtz, 1827, 5 vol.

LOMBARD DE LANGRES Vincent, *Le Dix-Huit Brumaire, ou tableau des événements qui ont amené cette journée ; des moyens secrets par lesquels elle a été préparée ; des faits qui l'ont accompagnée, et des résultats qu'elle doit avoir*, Paris, Garnery, Catineau et Rat, an VIII [1800].

LORIGA Sabina, *Le Petit X : de la biographie à l'histoire*, Paris, Éd. du Seuil, 2010.

LOUCA Anouar, *L'Autre Égypte, de Bonaparte à Taha Hussein*, Le Caire, IFAO, 2006.

LUDWIG Émile, *Napoléon*, Paris, Payot, 1928.

LYAUTEY Hubert, *Du rôle colonial de l'armée*, Paris, A. Colin, 1900.

MACHIAVEL Nicolas, *Discours sur la première décade de Tite-Live*, éd. A. Fontana et X. Tabet, Paris, Gallimard, 2004.

–, *Œuvres complètes*, éd. E. Barincou, Paris, Gallimard, Bibl. de la Pléiade, 1952.

MACKESY Piers, *Statesmen at War. The Strategy of Otherthrow, 1798-1799*, Londres, Longman, 1974.

MADELÉNAT Daniel, *La Biographie*, Paris, PUF, 1984.

MADELIN Louis, *Fouché, 1759-1820*, Paris, Nouveau Monde Éd./Fondation Napoléon, 2002, 2 vol.

–, *Histoire du Consulat et de l'Empire*, Paris, Tallandier, 1974, 16 vol.

MAGNIEZ Émile, *Histoire de l'idée d'une conquête française de l'Égypte*, Paris, Jouve, 1900.

MAISTRE Joseph de, *Considérations sur la France*, Bruxelles, Éd. Complexe, 1988.

–, *Discours à Madame la marquise de Costa, sur la vie et la mort de son fils Alexis-Louis-Eugène de Costa*, Chambéry, Impr. savoisienne, 1892.

–, *Œuvres complètes*, Genève, Slatkine, 1979, 14 t. en 7 vol.

MALLET DU PAN Jacques, *Mémoires et correspondance de Mallet du Pan pour servir à l'histoire de la Révolution française*, éd. A. Sayous, Paris, Amyot et Cherbuliez, 1851, 2 vol.

–, *Mercure britannique ou notices historiques et critiques sur les affaires du temps*, Londres, Spilsbury, Snowhill et Fauche, 1798-1800, 5 vol.

MALLET Bernard, *Mallet du Pan and the French Revolution*, Londres, Longmans-Green, 1902.

MALUS Étienne, *L'Agenda de Malus. Souvenirs de l'expédition d'Égypte, 1798-1801*, éd. Thoumas, Paris, Honoré Champion, 1892.

MANGEREL Maxime, *Le Capitaine Gerbaud, 1773-1799*, Paris, Plon-Nourrit, 1910.

MANTRAN Robert, *Histoire de l'Empire ottoman*, Fayard, 1989.

MARBOT Jean-Baptiste-Antoine-Marcelin, *Mémoires*, éd. J. Garnier, Paris, Mercure de France, coll. « Le Temps retrouvé », 2001, 2 vol.

MARCAGGI Jean-Baptiste, *La Genèse de Napoléon. Sa formation intellectuelle et morale jusqu'au siège de Toulon*, Paris, Perrin, 1902.

MARCEL Jean-Joseph, *Contes du Cheykh Êl-Mohdy, traduits de l'arabe d'après le manuscrit original*, Paris, Dupuy, 1832-1835, 3 vol.

MARCÈRE Édouard de, *Une ambassade à Constantinople : la politique orientale de la Révolution française*, Paris, Alcan, 1927, 2 vol.

MARCHAND Louis-Joseph-Narcisse, *Mémoires de Marchand, premier valet de chambre et exécuteur testamentaire de l'Empereur*, Paris, Tallandier, 1991, 2 vol.

MARÉCHAL Jean-François, « Recherches sur un désastre (Aboukir) », in *La Campagne d'Égypte (1798-1801), mythes et réalités. Actes du colloque des 16 et 17 juin 1998 à l'Hôtel national des Invalides*, Paris, Éd. in Forma, 1998, p. 135-145.

MARELLI Giuseppe, *Giornale storico della Repubblica cisalpina* [1796-1797].

MARION Marcel, *Histoire financière de la France depuis 1715*, Paris, Rousseau, 1925, 6 vol.

MARMONT Auguste Frédéric Louis Wiesse de, *Mémoires*, Paris, Perrotin, 1857, 9 vol.

MARQUISET Alfred, *Napoléon sténographié au Conseil d'État, 1804-1805*, Paris, Honoré Champion, 1913.

MARTIN Andy, *Napoléon écrivain*, Toulouse, Privat, 2003.

MARTIN Marc, *Les Origines de la presse militaire en France à la fin de l'Ancien Régime et sous la Révolution (1770-1799)*, Vincennes, EMAT-Service historique, 1975.

MARTIN P., *Histoire de l'expédition française en Égypte*, Paris, J.-M. Eberhart, 1815, 2 t. en 1 vol.

MARTIN Roger et PIGEARD Alain, *Bibliographie napoléonienne*, Dijon, Cléa, 2010.

MARTIN Xavier, *La France abîmée, essai historique sur un sentiment révolutionnaire (1780-1820)*, Bouère, Dominique Martin Morin, 2009.

MARTINEAU Gilbert, *Lucien Bonaparte, prince de Canino*, Paris, France-Empire, 1989.

MARX Karl, *La Sainte Famille*, in K. Marx, *Philosophie*, éd. M. Rubel, Paris, Gallimard, coll. « Folio Essais », 1982.

MASCILLI MIGLIORINI Luigi, *Napoléon*, Paris, Perrin, 2004.

MASSÉNA André, *Mémoires*, Paris, J. de Bonnot, 1966-1967, 7 vol.

MASSIE Michel, *Le Troisième Consul Roger Ducos*, Biarritz, J & D Éditions, 1992.

MASSON DE PEZAY Alexandre-Frédéric-Jacques, *Histoire des campagnes de M. le maréchal de Maillebois en Italie pendant les années 1745 et 1746*, Paris, Imp. royale, 1775, 4 vol.

MASSON Frédéric, *Mme Bonaparte (1796-1804)*, Paris, Ollendorff, 1920.

–, *Napoléon chez lui. La journée de l'empereur aux Tuileries*, Paris, Ollendorff, 1909.

–, *Napoléon dans sa jeunesse, 1769-1793*, Paris, Ollendorff, 1907.

–, *Napoléon et les femmes*, Paris, Borel, 1899.

–, *Napoléon et sa famille*, Paris, Albin Michel, 1927-1930, 13 vol.

MATHIEU (cardinal), *Le Concordat de 1801 : ses origines, son histoire*, Paris, Perrin, 1904.

MATHIEZ Albert, *La Révolution et l'Église, études critiques et documentaires*, Paris, A. Colin, 1910.

–, *Rome et le clergé français sous la Constituante : la Constitution civile du clergé ; l'affaire d'Avignon*, Paris, A. Colin, 1911.

MAUGUIN Georges, « Saliceti et l'arrestation de Bonaparte à Nice », *Revue des études napoléoniennes*, vol. 39, juillet-décembre 1934, p. 261-263.

–, « Trois lettres du lieutenant Fourès », *Revue des études napoléoniennes*, vol. XLI [1935], p. 163-167.

McERLEAN John Michael Peter, « Between Paoli and Bonaparte : Philippe Masseria, an Anglomaniac in Corsica, 1789-1793 », in *Proceedings 1986 / Consortium on Revolutionary Europe 1750-1850*, Tallahassee, Institute on Napoleon and the French Revolution ; Florida State University, 1986.

–, *Napoleon and Pozzo di Borgo in Corsica and after, 1764-1821. Not Quite a Vendetta*, Lewiston, Queenston and Lampeter, Edwin Mellen Press, 1996.

McLYNN Frank, *Napoleon. A Biography*, New York, Arcade Publishing, 2002.

McPherson James M., *La Guerre de Sécession: 1861-1865*, Paris, R. Laffont, coll. « Bouquins », 1991.

Menant Sylvain et Morrissey Robert, *Héroïsme et Lumières*, Paris, Champion, 2010.

Méneval Claude-François de, *Napoléon et Marie-Louise, souvenirs historiques*, Paris, Amyot, 1844, 3 vol.

Mercier Louis-Sébastien, *Tableau de Paris*, éd. J.-C. Bonnet, Paris, Mercure de France, 1994, 2 vol.

Metzger P., « Cambacérès, son rôle comme remplaçant de Bonaparte », *La Révolution française*, vol. 43, juillet-décembre 1902, p. 528-558.

Meyer Jack Allen, *An Annotated Bibliography of the Napoleonic Era*, New York, Westport (CT) et Londres, Greenwood Press, 1987.

Meyer Philippe, *Dans mon pays lui-même...*, Paris, Flammarion, 1993.

Michalon Roger et Vernet Jacques, « Adaptation d'une armée française de la fin du XVIIIᵉ siècle à un théâtre d'opérations proche-oriental (Égypte, 1798-1801) », *Revue internationale d'histoire militaire*, nº 49, 1980, p. 67-144.

Michaud Louis-Gabriel, *Biographie universelle ancienne et moderne*, nouv. éd., Paris, Michaud, 1843-?, 45 vol.

–, *Lettre d'un Français au général Buonaparte*, Paris, 1799.

Michelet Jules, *Histoire de la Révolution française*, éd. G. Walter, Paris, Gallimard, Bibl. de la Pléiade, 1952, 2 vol.

–, *Histoire du XIXᵉ siècle*, Paris, Germer Baillière, 1872-1875, 3 vol.

Michon Georges, *Robespierre et la guerre révolutionnaire, 1791-1792*, Paris, Marcel Rivière, 1937.

Mignet François-Auguste, *Histoire de la Révolution française depuis 1789 jusqu'en 1814*, Paris, F. Didot, 1824, 2 vol.

Miot de Mélito André François, *Mémoires*, Paris, Michel Lévy frères, 1858, 3 vol.

Miot Jacques-François, *Mémoires pour servir à l'histoire des expéditions en Égypte et en Syrie, pendant les années VI, VII et VIII de la République française*, Paris, Demonville, 1804.

–, *Mémoires pour servir à l'histoire des expéditions en Égypte et en Syrie, revue et augmentée d'une introduction, d'un appendice et de faits, pièces et documents qui n'ont pu paraître sous le gouvernement précédent*, Paris, Le Normant, 1814.

Mirabeau Honoré-Gabriel Riqueti de, *Mirabeau entre le roi et la Révolution. Notes à la cour suivies de discours*, éd. G. Chaussinand-Nogaret, Paris, Hachette, coll. « Pluriel », 1986.

Mistler Jean, *Le Grand Livre de Napoléon*, Paris, Bibliothèque des Arts, 1968, 2 vol.

Mitton Fernand, *La Presse française sous la Révolution, le Consulat, l'Empire*, Paris, Guy Le Prat, 1945.

Moiret Joseph-Marie, *Mémoires sur l'expédition d'Égypte*, Paris, Belfond, 1984.

Molé Mathieu, *Le Comte Molé, 1781-1855, sa vie, ses mémoires*, éd. E.-H.-V. Noailles, Paris, Édouard Champion, 1922-1930, 6 vol.

Mollien Nicolas François, *Mémoires d'un ministre du Trésor public, 1780-1815*, Paris, Guillaumin, 1898, 3 vol.

Monestier Louis, *Compte rendu des opérations des commissaires civils envoyés en Corse, avec des observations propres à faire connaître la situation de ce département au 1ᵉʳ avril 1791*, Paris, Imp. nationale, s. d. [1792], 38 p.

Monge Gaspard, *Correspondance*, archives de l'École polytechnique, Paris.

Mongrédien Jean, « Le Théâtre-Italien de Paris sous le Consulat et l'Empire », *Napoleonica. La Revue*, nº 2010/1, nº 7, p. 79-87.

Monteagle H., « La première rencontre de Barras et de Bonaparte », *Revue de l'Institut Napoléon*, nº 69, octobre 1958, p. 141-145.

Montholon Charles de, *Récits de la captivité de l'empereur Napoléon à Sainte-Hélène*, Paris, Paulin, 1847, 2 vol.

Morand Charles Antoine, *Lettres sur l'expédition d'Égypte, de l'Italie à la prise du Caire, suivies de son carnet de chef de brigade de Rome à Assouan, 1798-1799*, Paris, La Vouivre, 1998.

Morrissey Robert, *L'Empereur à la barbe fleurie: Charlemagne dans la mythologie et l'histoire de France*, Paris, Gallimard, 1997.

Moullier Igor, *Le Ministère de l'Intérieur sous le Consulat et le Premier Empire (1799-*

1814). Gouverner la France après le 18 Brumaire, thèse de doctorat, Université de
Lille 3, 2004 <http://documents.univ-lille3.fr/files/pub/www/recherche/theses/
moullier/html/these.html>
MURAT Joachim, *Lettres et documents pour servir à l'histoire de Joachim Murat*, éd. P.
Le Brethon, Paris, Plon, 1908-1914, 7 vol.

NABONNE Bernard, *La Diplomatie du Directoire et Bonaparte d'après les papiers inédits
de Reubell*, Paris, La Nouvelle Édition, 1951.
NASICA T., *Mémoires sur l'enfance et la jeunesse de Napoléon Ier jusqu'à l'âge de vingt-
trois ans, précédés d'une notice historique sur son père*, Paris, P. Dupont, 1865.
NECKER Jacques, *De la Révolution française*, s.l., s.i., 1796, 2 vol.
–, *Dernières vues de politique et de finance*, s. l., s. n., an X [1802].
–, *Examen de la Constitution de l'an III, extrait du dernier ouvrage de M. Necker*, Paris,
Maradan, an VIII.
NEIPPERG Adam Albert de, *Aperçu militaire de la bataille de Marengo*, Saint-Amand,
Bussière, 1906.
NICOLAS LE TURC [Nigulà ibn Yusufal-Turk], *Histoire de l'expédition des Français en
Égypte*, Paris, Imp. royale, 1839.
NIELLO SARGY Jean Gabriel de, *Mémoires sur l'expédition d'Égypte*, Paris, Vernarel et
Tenon, 1825.
NIETZSCHE Friedrich, *Œuvres philosophiques complètes, 13: Fragments posthumes
(automne 1887-mars 1888)*, éd. G. Colli et M. Montinari, Paris, Gallimard, 1973.
–, *Œuvres philosophiques complètes, 9: Fragments posthumes (été 1882-printemps
1884)*, éd. G. Colli et M. Montinari, Paris, Gallimard, 1997.
–, *Œuvres philosophiques complètes, 7: Généalogie de la morale*, éd. G. Colli et
M. Montinari, Paris, Gallimard, 1971.
NORRY Charles, *Relation de l'expédition d'Égypte, suivie de la description de plusieurs
monuments de cette contrée*, Paris, Charles Pougens-Magimel, 1799.
NORVINS Jacques Marquet de Montbreton de, *Histoire de Napoléon*, Paris, Furne,
1833, 4 vol.
–, *Mémorial*, Paris, Plon-Nourrit, 1896-1897, 3 vol.

O'BRIEN David, *Antoine Jean Gros*, Paris, Gallimard, 2006.
O'MEARA Barry E., *Napoléon dans l'exil*, éd. P. Ganière, Paris, Fondation Napoléon,
1993, 2 vol.
OLLIVIER Albert, *Le Dix-Huit Brumaire*, Paris, Gallimard, 1959.
ONORIO Joël-Benoît d', *Portalis, l'esprit des siècles*, Paris, Dalloz, 2005.
ORIEUX Jean, *Talleyrand ou le Sphinx incompris*, Paris, Flammarion, 1970.
OUTIN Edmond, *Napoléon fils du comte de Marbeuf…*, Paris, France-Empire, 2006.
OUVRARD Gabriel-Julien, *Mémoires de G.-J. Ouvrard sur sa vie et ses diverses opéra-
tions financières*, Paris, Moutardier, 1826, 3 vol.
OZOUF Mona, *La Fête révolutionnaire (1789-1799)*, Paris, Gallimard, 1976.

PAIRAULT François, *Gaspard Monge, le fondateur de Polytechnique*, Paris, Tallandier,
2000.
PASQUIER Étienne-Denis, *Mémoires, histoire de mon temps*, Paris, Plon-Nourrit, 1893-
1895, 6 vol.
PAYARD Maurice, « Bonaparte et le fournisseur Collot », *Revue des études napoléo-
niennes*, vol. 40, janvier–juin 1935, p. 129-143.
PELET DE LA LOZÈRE Jean, *Opinions de Napoléon sur divers sujets de politique et
d'administration*, Paris, Firmin Didot, 1833.
PELLETIER Gérard, *Rome et la Révolution française. La théologie et la politique du
Saint-Siège devant la Révolution française (1789-1799)*, Rome, École française de
Rome, 2004.
PELTIER Jean-Gabriel, *The Trial of John Peltier, for a libel against Napoleon
Buonaparte, first consul of the French republic, at the Court of King's Bench,
Middlesex, on Monday the 21st of February, 1803*, Londres, Cox et Baylis, 1803.
PÉRÈS Jean-Baptiste, *Comme quoi Napoléon n'a jamais existé, ou grand erratum, source*

d'un nombre infini d'errata à noter dans l'histoire du XIXᵉ siècle, éd. G. Davois, Paris, Éd. Bibliographique, 1909.

PETITEAU Natalie, *Napoléon de la mythologie à l'histoire*, Paris, Éd. du Seuil, 1999.

–, *Voies nouvelles pour l'histoire du Premier Empire : territoires, pouvoirs, identités. Colloque d'Avignon, 9-10 mai 2000*, Paris, La Boutique de l'Histoire, 2003.

PETITFILS Jean-Christian, *Louis XIV*, Paris, Perrin, coll. « Tempus », 2002.

–, *Louis XVI*, Paris, Perrin, coll. « Tempus », 2010, 2 vol.

PETITFRÈRE Claude, *Le Général Dupuy et sa correspondance (1792-1798)*, Paris, Société des études robespierristes, 1962.

PETROV Fyodor, « Paul Iᵉʳ et Napoléon Bonaparte : l'alliance impossible ? », *in* Musée de l'Armée, *Terminer la Révolution*, Paris, Economica, 2003, p. 243-257.

PEYRE Roger, *La Cour d'Espagne au commencement du XIXᵉ siècle, d'après la correspondance de l'ambassadeur de France Alquier*, Paris, Émile-Paul, 1909.

PICARD Ernest, *Bonaparte et Moreau*, Paris, Plon, 1905.

PICAVET François, *Les Idéologues. Essai sur l'histoire des idées et des théories scientifiques, philosophiques, religieuses, etc., en France depuis 1789*, Paris, Félix Alcan, 1891.

PIERRON Édouard, *Comment s'est formé le génie militaire de Napoléon Iᵉʳ ?*, Paris, Libr. militaire L. Baudoin, 1899.

PIÉTRI François, *Lucien Bonaparte*, Paris, Plon, 1939.

–, *Napoléon et le parlement, ou la dictature enchaînée*, Paris, Fayard, 1955.

PIGEARD Alain, *Dictionnaire des batailles de Napoléon*, Paris, Tallandier, 2004.

PILLEPICH Alain, *Napoléon et les Italiens. République italienne et royaume d'Italie (1802-1814)*, Paris, Nouveau Monde Éditions/Fondation Napoléon, 2003.

PINAUD Pierre-François, *Cambacérès, 1753-1824*, Paris, Perrin, 1996.

PINGAUD Albert, *Bonaparte président de la République italienne*, Paris, Perrin, 1914, 2 vol.

–, *Les Hommes d'État de la République italienne, 1802-1805. Notices et documents biographiques*, Honoré Champion, 1914.

PINGAUD Léonce, *Bernadotte, Napoléon et les Bourbons (1797-1844)*, Paris, Plon, 1901.

PLUCHON Pierre, *Toussaint Louverture, un révolutionnaire noir d'Ancien Régime*, Paris, Fayard, 1989.

POMMEREUL François-Xavier-Jean de, *Histoire de l'île de Corse*, Nîmes, C. Lacour, 1990, 2 t. en 1 vol.

POMMIER Édouard, *L'Art de la liberté. Doctrines et débats de la Révolution française*, Paris, Gallimard, 1991.

POMPONI Francis, « Les îles du bassin occidental de la Méditerranée et la "redécouverte" par la France d'une politique méditerranéenne (1769-1799) », in *Bonaparte, les îles méditerranéennes et l'appel de l'Orient, Cahiers de la Méditerranée*, nᵒ 57, déc. 1998, p. 1-32.

–, « Sentiment révolutionnaire et esprit de parti en Corse au temps de la Révolution », *Annales historiques de la Révolution française*, 1971, p. 56-87.

–, *Histoire de la Corse*, Paris, Hachette, 1979.

–, *Le Mémorial des Corses*, Marseille, Éd. méditerranéennes du Prado, 1980, 6 vol.

PONIATOWSKI Michel, *Talleyrand aux États-Unis, 1794-1796*, Paris, Perrin, 1976.

–, *Talleyrand et le Directoire, 1796-1800*, Paris, Perrin, 1982.

POUMARÈDE Géraud, *Pour en finir avec la Croisade. Mythes et réalités de la lutte contre les Turcs aux XVIᵉ et XVIIᵉ siècles*, Paris, PUF, 2004.

POUSSIELGUE Jean-Baptiste-Étienne, *Lettre de M. Poussielgue, ancien administrateur général des finances de l'Égypte, accompagnée de pièces justificatives, à M. Thiers, auteur de l'Histoire du Consulat et de l'Empire*, Paris, G. Pissin, 1845.

POUSSOU Jean-Pierre, « Les conséquences financières et économiques de la guerre d'Indépendance américaine pour les royaumes de France et de Grande-Bretagne », *in* Ph. Bonnichon, O. Chaline et Ch.-Ph. De Vergennes, *La France et l'Indépendance américaine*, Paris, PUPS, 2008, p. 203-219.

PRADT Dominique-Dufour de, *Les Quatre Concordats*, Paris, Béchet, 1818, 3 vol.

PRENDERGAST Christopher, *Napoleon and History Painting*, Oxford, Oxford University Press, 1997.

PROSPERI Adriano, « Otras Indias : missionari della Contrariforma tra contadini e salvaggi », in *America e apocalisse e altri saggi*, Rome et Pise, Instituti et Poligrafici Internazionali, 1999.

PROTH Mario, *Bonaparte commediante tragediante*, Paris, A. Le Chevalier, 1869.

QUINET Edgar, *La Révolution*, Paris, Belin, 1987.

RANDOLPH Herbert, *Life of General Sir Robert Wilson*, Londres, John Murray, 1862, 2 vol.

RANSOM Roger L., *Conflict and Compromise: The Political Economy of Slavery, Emancipation and the American Civil War*, Cambridge (MA) et Londres, Cambridge University Press, 1990.

RAO Anna Maria, « Les républicains démocrates italiens et le Directoire », *in* Ph. Bourdin et B. Gainot, *La République directoriale*, Clermont-Ferrand, Société des études robespierristes, Centre d'histoire des entreprises et des communautés, Centre de recherches révolutionnaires (Université Blaise-Pascal/Clermont-Ferrand II), 1998, 2 vol., t. II, p. 1057-1090.

RAYNAL Guillaume, *La Négresse couronnée, ou mœurs des peuples mises en action, histoire remplie d'événements singuliers, amusants et curieux*, Paris, Cailleau, 1787, 2 vol.

RAYNAUD Philippe et RIALS Stéphane, *Dictionnaire de philosophie politique*, Paris, PUF, 1996.

REGENT Nikola, « Nietzsche's Napoleon : A Renaissance Man », *History of Political Thought*, vol. 33, n° 2, été 2012, p. 305-347.

REGGENBOGEN Lucian, *Napoléon a dit. Aphorismes, citations et opinions*, Paris, Les Belles Lettres, 1998.

REILLY Robin, *Pitt the Younger, 1759-1806*, Londres, Cassell, 1978.

Réimpression de l'ancien Moniteur, seule histoire authentique et inaltérée de la Révolution française depuis la réunion des États généraux jusqu'au Consulat (mai 1789-novembre 1799), avec des notes explicatives, Paris, Plon, 31 vol.

REINHARD Christine, *Lettre de Madame Reinhard à sa mère, 1798-1815 : une femme de diplomate*, Paris, Picard, 1900.

REINHARD Marcel, *Avec Bonaparte en Italie, d'après les lettres inédites de son aide de camp Joseph Sulkowski*, Paris, Hachette, 1946.

–, *Le Grand Carnot*, Paris, Hachette, 1952, 2 vol.

REISS René, *Clarke, maréchal et pair de France*, Strasbourg, Coprur, 1999.

REMACLE Albert de, *Relations secrètes des agents de Louis XVIII à Paris sous le Consulat (1802-1803)*, Paris, Plon, 1899.

RÉMUSAT Claire Élisabeth Jeanne Gravier de Vergennes de, *Mémoires (1802-1808)*, éd. P. de Rémusat, Paris, Calmann-Lévy, 1881, 3 vol.

–, *Mémoires (1802-1808)*, éd. P. de Rémusat, Paris, Calmann-Lévy, 1881, 3 vol.

REY Marie-Pierre, *Alexandre Ier*, Paris, Flammarion, 2009.

REYBAUD Louis, *Histoire scientifique et militaire de l'expédition française en Égypte*, Paris, Denain, 1830-1836, 10 vol.

RICCIOLI Jean-Louis, « Le franchissement des cours d'eaux pendant la campagne [d'Italie] » (http://195.154.144.20/fr/hors_serie/1campagne-italie/lesecrits/colloques/eau.html).

RINN Charles, *Un mystérieux enlèvement. L'affaire Clément de Ris, 1800-1801*, Paris, Lefrançois, 1910.

ROBERT Marthe, *Roman des origines et origines du roman*, Paris, Gallimard, coll. « Tel », 2002.

ROBESPIERRE Augustin et ROBESPIERRE Maximilien, *Correspondance de Maximilien et Augustin Robespierre*, éd. G. Michon, Paris, A. Nizet et M. Bastard, 1926-1941, 2 vol.

ROCQUAIN Félix, *L'État de la France au 18 brumaire, d'après les rapports des conseillers d'État chargés d'une enquête sur la situation de la République*, Paris, Didier, 1874.

RODINSON Maxime, *La Fascination de l'islam*, Paris, La Découverte, 2003.

ROEDERER Pierre-Louis, *Bonaparte me disait. Conversations notées par le comte P.-L. Roederer*, éd. M. Vox, Paris, Horizons de France, 1942.

–, *Journal du comte P.-L. Roederer*, éd. M. Vitrac, Paris, Daragon, 1909.

–, *Œuvres*, Paris, Firmin Didot, 1853-1859, 8 vol.

ROLLIN Charles, *Traité des études [De la manière d'enseigner et d'étudier les belles-lettres par rapport à l'esprit et au cœur]*, [1726], Paris, Mame, 1810, 4 vol.

ROSSIGNOL Jean, *Vie de Jean Rossignol, vainqueur de la Bastille*, éd. A. de Baecque, Paris, Mercure de France, coll. « Le Temps retrouvé », 2011.

ROUART Jean-Marie, *Napoléon ou la destinée*, Paris, Gallimard, 2012.

ROUSSEAU François, *Kléber et Menou en Égypte depuis le départ de Bonaparte (août 1799-septembre 1801)*, Paris, Picard, 1900.

ROUSSEAU Jean-Jacques, « Lettre sur la musique française » [1753], in *Œuvres complètes*, Paris, Daliban, 1826, 25 vol., t. XIV.

–, *Du contrat social*, éd. B. de Jouvenel, Paris, Hachette, coll. « Pluriel », 1978.

–, *Œuvres complètes. I. Les Confessions. Autres textes autobiographiques*, éd. B. Gagnebin, R. Osmont et M. Raymond, Paris, Gallimard, Bibl. de la Pléiade, 1959.

–, *Œuvres complètes. III. Du contrat social. Écrits politiques*, éd. B. Gagnebin et M. Raymond, Paris, Gallimard, Bibl. de la Pléiade, 1964.

ROUSTAN Antoine-Jacques, *Défense du christianisme considéré du côté politique où l'on répond en particulier au chapitre VIII du quatrième livre du Contrat social*, Amsterdam, Rey, 1764.

SAÏD Edward W., *L'Orientalisme. L'Orient créé par l'Occident*, Paris, Éd. du Seuil, 2005.

SAINTE-BEUVE Charles-Augustin, *Causeries du lundi*, Paris, Garnier, 1858-1872, 16 vol.

–, *Nouveaux lundis*, Paris, Calmann-Lévy, 1883-1886, 13 vol.

SAINT-PRIEST François-Emmanuel Guignard de, *Mémoires*, Paris, Calmann-Lévy, 1929.

SAITTA Armando, *Alle origini del Risorgimento : i testi di un celebre concorso, 1796*, Rome, Istituto storico italiano per l'età moderna e contemporanea, 1964, 3 vol.

SAVANT Jean, *Les Amours de Napoléon*, Paris, Hachette, 1956.

–, *Les Ministres de Napoléon*, Paris, Hachette, 1959.

SAVARY Claude-Étienne, *Lettres sur l'Égypte*, Paris, Onfroi, 1785-1786, 2 vol.

SAVARY Jean-Marie-René, *Mémoires*, Paris, Bossange, 1828, 8 vol.

SAYOUS André, *Mémoires et correspondance de Mallet du Pan, pour servir à l'histoire de la Révolution française*, Paris, Amyot-Cherbuliez, 1851, 2 vol.

SCHMIDT Adolphe, *Tableaux de la Révolution française, publiés sur les papiers inédits du département et de la police secrète de Paris*, Leipzig, Veit, 1870, 3 vol.

SCHNETTGER Matthias, « *De vasallo non statu Imperii*. Les fiefs impériaux en Italie à l'époque moderne », *in* C. Lebeau, *L'Espace du Saint-Empire du Moyen Âge à l'époque moderne*, Strasbourg, Presses universitaires de Strasbourg, 2004.

SÉCHÉ Léon, *Les Origines du Concordat*, Paris, Delagrave, 1894, 2 vol.

SÉNÈQUE, « Consolation à ma mère Helvia », in *Entretiens. Lettres à Lucilius*, éd. P. Veyne, Paris, R. Laffont, coll. « Bouquins », 1993.

SERRA Maurizio, *Malaparte, vies et légendes*, Paris, Perrin, coll. « Tempus », 2012.

SICARD Augustin, *Les Études classiques avant la Révolution*, Paris, Didier et Perrin, 1887.

SIMIOT Bernard, *De quoi vivait Bonaparte*, Paris, Deux Rives, 1952.

SIMONETTA Marcello et ARIKHA Noga, *Napoleon and the Rebel : Lucien Bonaparte*, New York, Palgrave Macmillan, 2011.

SISMONDI Jean-Charles-Léonard Simonde, *Histoire des Français*, Paris, Treuttel et Würtz, 1821-1844, 31 vol.

SKAKOWSKI Adam Mieczysaw, *Les Polonais en Égypte, 1798-1801*, Cracovie, G. Gebethner, 1910.

SMITH William Sidney, *Memoirs of Admiral Sidney Smith*, Londres, R. Bentley, 1839, 2 vol.

SOLOMON Maynard, *Beethoven*, Paris, J.-C. Lattès, 1985.

SOREL Albert, *Bonaparte et Hoche en 1797*, Paris, Plon-Nourrit, 1896.

–, *L'Europe et la Révolution française*, Paris, Claude Tchou–La Bibliothèque des Introuvables, 2003, 8 vol.

SPARROW Elizabeth, *Secret Service. British Agents in France 1792-1815*, Woodbridge, The Boydell Press, 1999.

SPILLMANN Georges, *Napoléon et l'islam*, Paris, Perrin, 1969.

STAËL Germaine de, *Considérations sur la Révolution française*, éd. J. Godechot, Paris, Tallandier, 1983.

–, *Correspondance générale*, Paris-Genève, Champion/Slatkine, 2009, 7 vol. parus (1771-1812).

–, *De l'influence des passions sur le bonheur des individus et des nations*, suivi de *Réflexions sur le suicide*, éd. Ch. Thomas, Paris, Payot, coll. « Rivages poche », 2000.

–, *De la littérature*, éd. G. Gengembre et J. Goldzink, Paris, Garnier-Flammarion, 1991.

–, *Des circonstances actuelles qui peuvent terminer la Révolution et des principes qui doivent fonder la République en France*, éd. L. Omacini, Genève, Droz, 1979.

–, *Dix années d'exil, précédé d'une notice sur la vie et les ouvrages de Madame de Staël, par Mme Necker de Saussure*, éd. D. Lacroix, Paris, Garnier, s. d.

STENDHAL, *Aux âmes sensibles, lettres choisies*, éd. E. Boudot-Lamotte, Paris, Gallimard, 1942.

–, *La Chartreuse de Parme*, éd. H. Martineau, Paris, Le Divan, 1927, 2 vol.

–, *Rome, Naples et Florence en 1817*, éd. P. Brunel, Paris, Gallimard, coll. « Folio », 1987.

–, *Vie de Henry Brulard*, éd. B. Didier, Paris, Gallimard, coll. « Folio », 1973.

–, *Vie de Napoléon*, Cahors, Éd. Climats, 1998.

SZRAMKIEWICZ Romuald et BOUINEAU Jacques, *Histoire des institutions, 1750-1914. Droit et société en France de la fin de l'Ancien Régime à la Première Guerre mondiale*, 3e éd., Paris, Litec, 1996.

TABET Xavier, « Bonaparte, Venise et les îles ioniennes : de la politique territoriale à la géopolitique », in *Bonaparte, les îles méditerranéennes et l'appel de l'Orient, Cahiers de la Méditerranée*, no 57, déc. 1998, p. 131-141.

–, « Venise, mai 1797 : la révolution introuvable », *in* A. Fontana et G. Saro, *Venise 1297-1797. La République des Castors*, Fontenay-aux-Roses, ENS Éditions, 1997, p. 129-148.

TAILLANDIER Alphonse-Honoré, *Documents biographiques sur P. C. F. Daunou*, Paris, Firmin Didot, 1847.

TAINE Hippolyte, *Les Origines de la France contemporaine*, éd. F. Léger, Paris, R. Laffont, coll. « Bouquins », 1986, 2 vol.

TALLEYRAND Charles-Maurice de, *Correspondance diplomatique de Talleyrand. Le Ministère de Talleyrand sous le Directoire*, éd. G. Pallain, Paris, Plon-Nourrit, 1891.

–, *Essai sur les avantages à retirer des colonies nouvelles dans les circonstances présentes. Lu à la séance publique de l'Institut national le 15 messidor an V*, Paris, Baudouin, [1797].

–, *Mémoires et correspondance*, éd. E. de Waresquiel, Paris, R. Laffont, coll. « Bouquins », 2007.

THIBAUDEAU Antoine Clair, *Mémoires sur la Convention et le Directoire*, Paris, Baudouin frères, 1824, 2 vol.

–, *Mémoires sur le Consulat. 1799 à 1804. Par un ancien conseiller d'État*, Paris, Ponthieu, 1827.

–, *Mémoires, 1799-1815*, Paris, Plon, 1913.

–, *Le Consulat et l'Empire, ou Histoire de la France et de Napoléon Bonaparte de 1799 à 1815*, Paris, J. Renouard, 1834-1835, 10 vol.

THIÉBAULT Paul-Charles-François-Adrien-Henri-Dieudonné, *Mémoires*, éd. F. Calmettes, Paris, Plon, 1893-1896, Plon, 5 vol.

THIER, Adolphe, *Histoire de la Révolution française*, Paris, Furne, 1839, 10 vol.

–, *Histoire du Consulat et de l'Empire*, Paris, Lheureux, 1845-1862, 20 vol.

THIRY Jean, *Bonaparte en Italie, 1796-1797*, Paris, Berger-Levrault, 1973.

–, *L'Avènement de Napoléon*, Paris, Berger-Levrault, 1959.

–, *La Machine infernale*, Paris, Berger-Levrault, 1952.

–, *Le Concordat et le Consulat à vie*, Paris, Berger-Levrault, 1956.

–, *Le Coup d'État du 18 brumaire*, Paris, Berger-Levrault, 1947.

–, *Le Sénat de Napoléon (1800-1814)*, Paris, Berger-Levrault, 1932.

–, *Marengo*, Paris, Berger-Levrault, 1949.

THOMAS Antoine-Léonard, *Essai sur les éloges*, in *Œuvres complètes*, Paris, Desessarts, 1802, t. III-IV.

THUREAU-DANGIN Paul, *Royalistes et républicains. Essais historiques sur des questions de politique contemporaine*, Paris, Plon-Nourrit, 1888.

THURMAN Louis, *Bonaparte en Égypte. Souvenirs*, Paris, E. Paul, 1902.

TITE-LIVE, *Histoire romaine*, Paris, Les Belles Lettres, 1940-1984, 34 t. en 35 vol.

TOCQUEVILLE Alexis de, « Discours de M. de Tocqueville, prononcé à la séance publique du 21 avril 1842, et venant prendre séance à la place de M. le comte de Cessac », *Œuvres complètes*, t. XVI, *Mélanges*, éd. F. Mélonio, Paris, Gallimard, 1989, p. 251-269.

–, *De la démocratie en Amérique. Souvenirs. L'Ancien Régime et la Révolution*, éd. J.-Cl. Lamberti et F. Mélonio, Paris, R. Laffont, coll. « Bouquins », 1986.

TOLSTOÏ Léon, *La Sonate à Kreutzer. Le Diable. Le Bonheur conjugal*, éd. S. Luneau, Paris, Gallimard, coll. « Folio », 1974.

TOMI Pierre, « Les biens de la famille Bonaparte », *Études corses*, nouv. série, n° 12, octobre-décembre 1956, p. 47-52.

TOMICHE Natalie, *Napoléon écrivain*, Paris, Armand Colin, 1952.

TOUSSAINT-LOUVERTURE Jean-Dominique, *The Haitian Revolution*, Londres-New York, Verso Books, 2008.

TRANIÉ Jean et CARMIGNIANI Juan Carlos, *Bonaparte. La campagne d'Égypte*, Paris, Pygmalion, 1988.

TRINKLE Dennis A., *The Napoleonic Press : the Public Sphere and Oppositionary Journalism*, Lewinston (N.Y.), Queenston (Ont.) et Lampeter (GB), Mellen Press, 2002.

TULARD Jean et GARROS Louis, *Itinéraire de Napoléon au jour le jour (1769-1821)*, nouv. éd. revue par J. Tulard et J. Jourquin, Paris, Tallandier, 2002.

TULARD Jean, « Robespierre vu par Napoléon », in *Actes du colloque Robespierre, XIIᵉ Congrès international des Sciences historiques (Vienne, 3 septembre 1965)*, Paris, Société des études robespierristes, 1967, p. 35-45.

–, *Dictionnaire Napoléon*, Paris, Fayard, 1999, 2 vol.

–, *Joseph Fouché*, Paris, Fayard, 1998.

–, *Le Mythe de Napoléon*, Paris, Armand Colin, 1971.

–, *Napoléon ou le mythe du sauveur*, Paris, Fayard, 1987.

–, *Napoléon, le pouvoir, la nation, la légende*, Paris, LGF, 1997.

–, *Le 18 Brumaire, comment terminer une révolution*, Paris, Perrin, 1999.

VALÉRY Paul, *Cahiers*, t. I, éd. J. Robinson, Paris, Gallimard, Bibl. de la Pléiade, 1973.

–, *Œuvres*, t. I, éd. J. Hytier, Paris, Gallimard, Bibl. de la Pléiade, 1957.

VANDAL Albert, *L'Avènement de Bonaparte*, Paris, Plon, 1907-1915, 2 vol.

VATTEL Emer de, *Le Droit des gens ou principes de la loi naturelle appliqués à la conduite et aux affaires des nations et des souverains*, Londres, s. i., 1758, 2 vol.

VENTURI Franco, *Settecento riformatore. V L'Italia dei lumi (1764-1790). 1. La rivoluzione di Corsica. Le grande carestie degli anni sessanta. La Lombardia delle riforme*, Turin, Giulio Einaudi, 1987.

VERGÉ-FRANCESCHI Michel, *Histoire de Corse. Le pays de la grandeur*, Paris, Éd. du Félin, 1996, 2 vol.

–, *Napoléon, une enfance corse*, Paris, Larousse, 2009.

–, *Paoli, un Corse des Lumières*, Paris, Fayard, 2005.

VERSINI Xavier, *M. de Buonaparte ou le livre inachevé*, Paris, Albatros, 1977.

VIGÉE-LEBRUN Élisabeth, *Souvenirs*, Paris, Charpentier, 1869, 2 vol.

VILLEFOSSE Louis de, et BOUISSOUNOUSE Janine, *L'Opposition à Napoléon*, Paris, Flammarion, 1969.

VILLIERS DU TERRAGE René-Édouard de, *Journal et souvenirs sur l'expédition d'Égypte, 1798-1801*, Paris, Plon, 1899.

VOLNEY Constantin-François, *Les Ruines, ou méditation sur les révolutions des empires*, Paris, Parmantier et Froment, 1826.

–, *Tableau du climat et du sol des États-Unis d'Amérique*, Paris, Courcier et Dentu, 1803, 2 vol.

–, *Voyage en Égypte et en Syrie pendant les années 1783, 1784 et 1785, suivi de Considérations sur la guerre des Russes et des Turcs, publiées en 1788 et 1789*, Paris, Parmantier et Froment, 1825, 2 vol.

VOLTAIRE, *Dictionnaire philosophique*, éd. A. Pons, Paris, Gallimard, coll. « Folio », 1994.

–, *Anecdotes sur Pierre le Grand*, in *Œuvres*, Paris, 1879, t. XXIV-3 (*Mélanges*, 2).

–, *Essai sur les mœurs*, t. XV-XVII des *Œuvres complètes*, Paris, Lefèvre, 1829.

–, *Le Fanatisme, ou Mahomet le Prophète*, Amsterdam, Estienne Ledet, 1753.

–, *Œuvres historiques*, éd. R. Pomeau, Paris, Gallimard, Bibl. de la Pléiade, 1957.

VOVELLE Michel, « Nascita e formazione del mito napoleonico in Italia durante il Trienno : la lezione delle immagini », in *1796-1797. Da Montenotte a Campoformio : la rapida marcia di Napoleone Bonaparte*, Rome, « L'Erma » di Bretschneider, 1997, p. 11-17.

WAGENER Françoise, *L'Impératrice Joséphine*, Paris, Perrin, 2005.

WARDEN William, *Napoléon jugé par un Anglais. Lettres de Sainte-Hélène, lettres de W. Warden, chirurgien de S. M. à bord du Northumberland qui a transporté Napoléon Bonaparte à Sainte-Hélène, suivies des Lettres du Cap de Bonne-Espérance, réponses de Napoléon aux Lettres de Warden*, éd. A. Cabanès, Paris, H. Vivien, 1901.

WARESQUIEL Emmanuel de, *Talleyrand, le prince immobile*, Paris, Fayard, 2003.

WATSON J. Steven, *The Reign of George III, 1760-1815*, Oxford, Clarendon Press, 1960.

WEGELER Franz Gerhard et RIES Ferdinand, *Notices biographiques sur Ludwig van Beethoven*, Paris, Dentu, 1862.

WHALEY Leigh Ann, *The Impact of Napoleon 1800-1815 : An Annotated Bibliography*, Lanham et Londres ; the Scarecrow Press ; Pasadena et Englewood Cliffs, Salem Press, 1997.

WHATELY Richard, *Peut-on prouver l'existence de Napoléon ?*, éd. J.-C. Martin, Paris, Vendémiaire, 2012.

WHEELER Harold F. B. et BROADLEY A. M., *Napoleon and the Invasion of England. The Story of the Great Terror*, Chalford, Nonsuch, 2007.

WILLIS F. Roy, « Development Planning in Eighteenth-Century France : Corsica's Plan Terrier », *French Historical Studies*, vol. 11, n° 3 (printemps 1980), p. 328-351.

WILSON Robert Thomas, *History of the British Expedition to Egypt, to which is subjoined a sketch of the present state of that country and its means of defence*, Londres, T. Egerton, 1802.

WITTFOGEL Karl, *Le Despotisme oriental. Étude comparative du pouvoir total*, Paris, Éd. de Minuit, 1964.

WOLFF Jacques, *Le Financier Ouvrard : l'argent et la politique*, Paris, Tallandier, 1992.

WOLOCH Isser, *Napoleon and his Collaborators. The Making of a Dictatorship*, New York et Londres, W. W. Norton, 2001.

WOOLF Stuart Joseph, *A History of Italy 1700-1860 : the Social Constraints of Political Change*, Londres, Methuen, 1979.

YAVETZ Zvi, *César et son image. Des limites du charisme en politique*, Paris, Les Belles Lettres, 1990.

YORKE Henry Redhead, *Letters from France in 1802*, Londres, Symonds, 1804, 2 vol.

YOUNG Arthur, *Voyage en France*, Paris, Tallandier, 2009.

ZACHARIE Clémence, *Le Sénat du Consulat et de l'Empire, contribution à l'étude du contrôle de constitutionnalité des lois en France*, Paris, Université de Paris II, 2004.

ZAGHI Carlo, *Bonaparte e il Direttorio dopo Campoformio, il problema italiano nella diplomazia europea, 1797-1798*, Naples, Edizioni scientifiche italiane, 1956.

ZIVY Henry, *Le Treize Vendémiaire An IV*, Paris, Félix Alcan, 1898.

ZORZI Alvise, *La République du lion. Histoire de Venise*, Paris, Payot, 1996.

ZWEIG Stefan, *Joseph Fouché*, Paris, Le Livre de Poche, 2000.

出版后记

初见此书，相信很多读者都会有同样的疑问：像拿破仑这样我们如此耳熟能详的人物，如今还有必要由历史学家专门为他立传吗？以及传记，尤其是重要政治人物的传记，不是已渐渐淡出了严肃历史写作的领域，而更近于文学了吗？

帕特里斯·格尼费教授用这部书向我们证明了，在当代，人物传记仍有其不可取代的地位和独特的史学价值。拿破仑个人的命运，已与法国历史的进程融为一体。格尼费教授讲述的不是他的奇闻轶事，而是他投身于历史的洪流并最终成为其推动者的历程。基于历史研究的最新成果，他在书中分析了拿破仑性格中的过人之处，描绘了大革命时代的背景，同时还评估了当时的社会舆论。作者通过对种种细节的辨析还原，让我们得以接近当事人的视角，来看待拿破仑和他所处的这个时代。可以说，这是一部不可多得的关于拿破仑及其时代的历史著作，格尼费教授也因此于2014年荣获法兰西学术院历史学领域的重要奖项戈贝尔奖。同时本书丰富生动的历史细节和拿破仑跌宕传奇的人生经历，想必也能使读者沉浸其中。

本书篇幅颇巨，格尼费教授博闻强识，善旁征博引。编者水平有限，虽竭心尽力，编校工作耗时甚久，想必仍难免有不少错漏之处，望广大读者不吝赐教，多多批评指正。

图书在版编目（CIP）数据

帝国之路：通向最高权力的拿破仑，1769—1802 /
(法) 帕特里斯·格尼费著；王雨涵，黎炜健译. -- 北
京：九州出版社，2020.12（2024.6重印）
　　ISBN 978-7-5108-9817-4

　　Ⅰ.①帝… Ⅱ.①帕… ②王… ③黎… Ⅲ.①拿破仑
(Napoleon, Bonaparte 1769-1821)—生平事迹 Ⅳ.
①K835.655.2

中国版本图书馆CIP数据核字(2020)第222370号

Bonaparte:1769-1802 by Patrice Gueniffey
Copyright©Éditions GALLIMARD 2013

著作权合同登记号：图字：01-2020-7313

审图号：GS（2020）5058号

帝国之路：通向最高权力的拿破仑，1769—1802

作　　者	［法］帕特里斯·格尼费 著　王雨涵　黎炜健 译
责任编辑	周　春
出版发行	九州出版社
地　　址	北京市西城区阜外大街甲35号（100037）
发行电话	（010）68992190/3/5/6
网　　址	www.jiuzhoupress.com
印　　刷	北京盛通印刷股份有限公司
开　　本	655毫米×1000毫米　16开
印　　张	52.5
字　　数	780千字
版　　次	2021年3月第1版
印　　次	2024年6月第5次印刷
书　　号	ISBN 978-7-5108-9817-4
定　　价	158.00元

★ 版权所有 侵权必究 ★